ENGLISH-RUSSIAN DICTIONARY

20 000 entries

Edited by
O. S. AKHMANOVA
and ELIZABETH A. M. WILSON

Twenty-fourth Revised and Enlarged Edition

RUSSIAN LANGUAGE PUBLISHERS
MOSCOW – 1974

АНГЛО-РУССКИЙ СЛОВАРЬ

20 000 слов

Под редакцией
О. С. АХМАНОВОЙ
и Е. А. М. УИЛСОН

Издание двадцать четвертое,
переработанное и дополненное

ИЗДАТЕЛЬСТВО «РУССКИЙ ЯЗЫК»
МОСКВА — 1974

4И (Англ) (03)
А 64

В СОСТАВЛЕНИИ СЛОВАРЯ ПРИНИМАЛИ УЧАСТИЕ:

Г. И. Бункин, О. В. Буренкова, Т. П. Горбунова, Н. Д. Лукина, Г. В. Мирошниченко, Л. А. Новикова, В. К. Перельман, Л. И. Разинкова

Словарь содержит 20 тыс. слов. Он пригоден для перевода текстов средней трудности, в нем даны основные значения слов и наиболее употребительные словосочетания.

Словарь рассчитан на советских и иностранных читателей с разной степенью подготовки.

ПРЕДИСЛОВИЕ

Краткий англо-русский словарь предназначается для изучающих английский язык и имеет целью помочь в переводе текста средней трудности. Им могут пользоваться также зарубежные читатели, изучающие русский язык.

В двадцать четвертом издании был пересмотрен словник и уточнены значения многозначных слов. Благодаря участию г-жи Уилсон в подготовке данного издания словарь был значительно пополнен лексикой, вошедшей в литературный язык за последние годы, а также были изменены и уточнены переводы ряда слов и выражений.

Для того чтобы облегчить нахождение слов, многие гнезда были разукрупнены и переработаны. Разукрупнение гнезд шло в основном за счет выделения производных и сложных слов.

В ряде случаев была уточнена грамматическая характеристика слов. В частности, был увеличен объем даваемых сведений при подаче вспомогательных и модальных глаголов, а также местоимений. При переводе глаголов больше внимания обращалось на разграничение значений переходной и непереходной форм.

После текста словаря дается список наиболее употребительных сокращений, принятых в Англии и в США, составленный канд. филол. наук Ю. В. Семеновым.

Все пожелания читателей и рецензентов были тщательно изучены Издательством.

При составлении словаря были использованы следующие пособия:

The Concise Oxford Dictionary of Current English by H. W. Fowler. Oxford, 1969.

A. S. Hornby, E. V. Gatenby, H. Wakefield. The Advanced Learner's Dictionary of Current English. London, 1971.

The Pocket Oxford Dictionary. Oxford, 1970.

H. C. Wyld. The Universal Dictionary of the English Language. London, 1956.

An English Pronouncing Dictionary by Daniel Jones, 11th ed. London, 1957.

Проф. В. К. Мюллер. Англо-русский словарь, изд. 13-е, издательство «Советская Энциклопедия». Москва, 1967.

В. Д. Аракин, З. С. Выгодская, Н. Н. Ильина. Англо-русский словарь, изд. 9-е, издательство «Советская Энциклопедия». Москва, 1971.

А. В. Кунин. Англо-русский фразеологический словарь, изд. 3-е, издательство «Советская Энциклопедия». Москва, 1967.

Краткий англо-русский технический словарь под редакцией д-ра техн. наук проф. А. Е. Десова, изд. 2-е, издательство «Советская Энциклопедия». Москва, 1965.

Англо-русский военный словарь под общей редакцией Судзиловского Г. А., изд. 2-е, Военное издательство Министерства обороны СССР. Москва, 1968.

О всех замеченных в словаре недостатках просьба сообщать в издательство «Русский язык», 101000, Москва, Центр, Лучников пер., 5.

ПОСТРОЕНИЕ СЛОВАРЯ

Словарь построен по гнездовой системе; слова расположены в строго алфавитном порядке.

Часть заглавного слова гнезда, повторяющаяся во всех производных, отделяется от остальной части слова двумя параллельными вертикальными линиями (‖).

Внутри словарного гнезда заглавное слово заменяется знаком тильда (~). В случае изменения окончания слова тильда заменяет первую часть слова, отделенную двумя параллельными линиями. Если внутри словарного гнезда заглавное слово встречается в написании с прописной буквы, то оно обозначается прописной буквой с точкой, напр.:

privy [ʹprɪvɪ] тайный; P. Council тайный совет;...

При каждом слове дается фонетическая транскрипция (см. ниже).

Особых пояснений требует семантический анализ слова — определение и оформление разных его значений — и, далее, отграничение слова от его омонимов. Так например фонетико-орфографический комплекс **bar** [bɑː] представляет собой звуковую оболочку трех омонимов, каждый из которых является отдельной словарной единицей, подразделяющейся на несколько значений, а именно:

bar I [bɑː] **1.** *n* 1) полоса *(железа, дерева)*; плитка *(шоколада)*; брусок *(мыла)* 2) засов 3) *pl* решётка *(тюремная)*... **2.** *v* 1) запирать засовом, задвижкой 2) преграждать 3) исключать; запрещать 4) отстранять *(from)*

bar II 1) бар 2) буфет, стойка

bar III 1) адвокатура 2) перила *(отделяющие судей от подсудимых)* ◇ be called to the ~ получить право заниматься адвокатурой

В плане лексикографического оформления разъясненные выше и показанные на примере семантические отношения оформляются в словаре следующим образом: омонимы даны в отдельных гнездах и обозначаются римскими цифрами (I, II и т. д.). Частичные лексикограмматические омонимы, совпадающие по своей словарной форме (напр., bite (bit; bit, bitten) кусаться и т. п. и bite— кусок), даны наряду с другими словами одного корня с пометами *v* (verb—глагол) и *n* (noun—существительное) за черной арабской цифрой с точкой. Разные группы значений английского слова отмечаются арабской цифрой со скобкой. Все пояснения отдельных значений английского слова даны курсивом в скобках.

В тех случаях, когда разные значения глаголов, прилагательных и т. п. связаны с различием управления, управление указывается курсивом в скобках при переводах этих значений, напр.:

abound [ə'baund] изобиловать (*in*); кишеть (*with*).

Синонимы в переводе даны через запятую, точка с запятой отделяет различные оттенки значений.

Фразеология и идиоматика могли бы быть включены в настоящий словарь в самом ограниченном количестве; фразеологические единицы, не относящиеся ни к одному из приведенных значений, даны за знаком ромб (◊).

На всех русских словах, кроме односложных, ставится знак ударения.

Географические названия, общеупотребительные сокращения и таблицы даны в конце словаря.

О ФОНЕТИЧЕСКОЙ ТРАНСКРИПЦИИ

Произношение в словаре дается по международной фонетической системе.

Ударение в фонетической транскрипции ставится перед ударным слогом.

В словаре указывается главное и второстепенное ударение (обозначаются знаками ударения сверху ['...] и снизу [...,...]).

В настоящем издании ударение указывается также и в тех словах, в которых ядром второго безударного слога является сонорный l, m, n, напр.:

cable ['keɪbl]
kitten ['kɪtn]

Неясный безударный звук, который при произнесении

слова может также выпадать совсем, обозначается в словаре (ə) (u), напр.:

region ['rɪdʒ(ə)n] следует читать ['rɪdʒən *или* 'rɪdʒn]
momentum [mo(u)'mentəm] следует читать [mou'mentəm *или* mo'mentəm]

В сложных словах, пишущихся через дефис, фонетическая транскрипция дается полностью.

passer-by ['pɑːsə'baɪ]..., **book-keeping** ['buk͵kiːpɪŋ]...

Фонетическая транскрипция производных гнездовых слов дана или в виде наращения к неизменяемой части транскрипции абзацного слова, или полностью — когда производное слово меняет свое произношение по сравнению с основным словом, напр.:

vaca‖ncy ['veɪkənsɪ]..., **~nt** [-nt]..., **~tion** [və'keɪʃ(ə)n]...

Наиболее распространенные суффиксы, имеющие твердо установившееся произношение, в словаре не транскрибируются.

К этой категории относятся следующие суффиксы: **-er, -or** [-ə], **-ful** [-ful], **-ing** [-ɪŋ], **-ish** [-ɪʃ], **-ism** [ɪzm], **-ist** [-ɪst], **-less** [-lɪs], **-ly** [-lɪ], **-ment** [-mənt], **-ness** [-nɪs], **-ship** [-ʃɪp].

Произношение производного слова может быть получено путем простого присоединения суффикса к основному слову.

ФОНЕТИЧЕСКИЕ ЗНАКИ

Гласные

iː — долгое **и**
ɪ — краткое и очень открытое **и**
e — **е** в слове «шесть»
æ — **э**, но более открытое; этот звук встречается в начале слова или следует за твердыми согласными
ɑː — долгое заднее **а**, похожее на **а** в ударном слоге слова «палка»
ɔ — краткое очень открытое **о**
ɔː — долгое **о**

ɯ — краткое **у** со слабым округлением губ
ɯː — долгое **у** без сильного выдвижения губ
ʌ — как русское неударное **о** и **а** в словах «мосты́», «сады́»; но английский звук «ʌ» почти всегда стоит под ударением
ə — неясный безударный звук, близкий к «ʌ»
əː — произносится как долгое **ё** (напр., в слове «Фёкла»), но встречается и под ударением.

Двугласные

eɪ...**эй**   ɔɪ...**ой**
ou...**оу**   ɪə...**и**ᵃ
aɪ...**ай**   ɛə...**э**ᵃ
au...**ау**   uə...**у**ᵃ

Ударение в двугласных падает на первый элемент.

Согласные

p — п
b — б
m — м
w — звук, близкий к **у**, но не образующий слога
f — ф
v — в

θ (без голоса) ⎫ Для того чтобы получить эти два
ð (с голосом)   ⎬ щелевых звука — один без голоса,
                ⎭ а другой с голосом, — следует образовать щель между передним краем языка и верхними зубами

s — с
z — з
t — т   произносится не у зубов, а у десен (альвеол)
d — д   произносится не у зубов, а у десен (альвеол)
n — н   произносится не у зубов, а у десен (альвеол)
l — л   произносится не у зубов, а у десен (альвеол)
r — нераскатистое, невибрирующее, очень краткое слабое **р** (кончик языка, немного завернутый назад, находится против той части твердого неба, где производится звук **ж**)

ʃ—мягкое **ш**
ʒ—мягкое **ж**
tʃ—**ч**
dʒ—очень слитное мягкое **дж**, иными словами — звонкое **ч**, произнесенное с голосом
'k—к
g—г
ŋ—задненебное **н** (т. е. н, произнесенное не кончиком языка, а задней частью его спинки)
h—простой выдох
j—слабое **й**

УСЛОВНЫЕ СОКРАЩЕНИЯ

Английские

a—adjective имя прилагательное
adv—adverb наречие
attr.—attributive атрибутивное употребление (в качестве определения)
cj—conjunction союз
demonstr — demonstrative (pronoun) указательное (местоимение)
etc—et cetera и так далее
inf—infinitive инфинитив
int—interjection междометие
n—noun имя существительное
num—numeral числительное
part—particle частица
pass—passive страдательный залог
pers—personal (pronoun) личное (местоимение)
poss—possessive (pronoun) притяжательное (местоимение)
pl—plural множественное число
p. p.—past participle причастие прошедшего времени
predic—predicative предикативное употребление (в качестве сказуемого)
pref—prefix префикс
prep—preposition предлог
pres. p.—present participle причастие настоящего времени
pron—pronoun местоимение
refl—reflexive (pronoun) возвратное (местоимение)
relat—relative (pronoun) относительное (местоимение)
sing—singular единственное число
smb.—somebody кто-л.
smth.—something что-л.
v—verb глагол

Русские

ав.—авиация
авт.—автомобильное дело
агр.—агрономия
амер.—американизм
анат.—анатомия
архит.—архитектура
астр.—астрономия
безл.—безличная форма
биол.—биология
бот.—ботаника
бухг.—бухгалтерия
вет.—ветеринария
воен.—военное дело

вопр.—вопросительный
высок.—высокий стиль
геогр.—география
геол.—геология
геом.—геометрия
гидр.—гидрология
гл.—глагол
горн.—горное дело
грам.—грамматика
груб.—грубое слово, выражение
дат.—дательный (падеж)
детск.—детская речь
дип.—дипломатия
дор.—дорожное дело
ед.—единственное (число)
ж.-д.—железнодорожное дело
жив.—живопись
зоол.—зоология
им.—именительный (падеж)
инд.—индийские языки
ирл.—ирландский (язык)
ирон.—ироническое выражение
ист.—история
ит.—итальянский (язык)
карт.—термин карточной игры
кино—кинематография
книжн.—книжный стиль
ком.—коммерческий термин
кул.—кулинария
-л.—-либо
лат.—латинский (язык)
лингв.—лингвистика
лит.—литературоведение
лог.—логика
мат.—математика
мед.—медицина
метеор.—метеорология
мин.—минералогия
миф.—мифология
мн.—множественное (число)
мор.—морское дело
муз.—музыка
нем.—немецкий (язык)
несов.—несовершенный вид глагола
объектн.—объектный (падеж)
обыкн.—обыкновенно
особ.—особенно
отриц.—отрицательный
офиц.—официальный термин, выражение
охот.—охота
п.—падеж
парл.—парламентское выражение
перен.—в переносном значении
перс.—персидский (язык)
погов.—поговорка
полигр.—полиграфия
полит.—политика
полит.-эк.—политическая экономия
посл.—пословица
поэт.—поэтическое выражение
превосх. ст.—превосходная степень
предлож.—предложение
презр.—презрительно
психол.—психология
радио—радиотехника
разг.—разговорное слово, выражение
редк.—редко; редкое слово, выражение
рел.—религия
см.—смотри
собир.—собирательно
сокр.—сокращенно
спорт.— физкультура и спорт

сравн. ст.—сравнительная степень
стр.— строительное дело
с.-х.—сельское хозяйство
тв.—творительный (падеж)
театр.—театральный термин
текст.—текстильное дело
тех.—техника
тж.—также
тк.—только
топ.—топография
уст.—устаревшее слово, выражение
физ.—физика
филос.—философия

фон.—фонетика
фото—фотография
фр.—французский (язык)
хим.—химия
церк.—церковное слово, выражение
ч.—число
шахм.—шахматы
школ.—школьное слово, выражение
шотл.—шотландский
шутл.—шутливо
эвф.—эвфемизм
эк.—экономика
эл.—электротехника
юр.—юридический термин

АНГЛИЙСКИЙ АЛФАВИТ

Печатные буквы	Рукописные буквы	Транскрипция
A a	*A a*	eı
B b	*B b*	bi:
C c	*C c*	si:
D d	*D d*	di:
E e	*E e*	i:
F f	*F f*	ef
G g	*G g*	dʒi:
H h	*H h*	eıtʃ
I i	*I i*	aı
J j	*J j*	dʒeı
K k	*K k*	keı
L l	*L l*	el
M m	*M m*	em

Продолжение

Печатные буквы	Рукописные буквы	Транскрипция
N n	*N n*	en
O o	*O o*	ou
P p	*P p*	piː
Q q	*Q q*	kjuː
R r	*R r*	ɑː
S s	*S s*	es
T t	*T t*	tiː
U u	*U u*	juː
V v	*V v*	viː
W w	*W w*	ˈdʌblju:
X x	*X x*	eks
Y y	*Y y*	waɪ
Z z	*Z z*	zed

A

A, a I [eɪ] *первая буква английского алфавита*

a II [eɪ *(полная форма)*, ə *(редуцированная форма)*] *грам. форма неопределённого артикля, употребляющаяся перед словами, начинающимися с согласного звука*

aback [ə'bæk]: taken ~ смущённый; захваченный врасплох

abandon [ə'bændən] 1. *n* непринуждённость 2. *v* 1) отказываться от; покидать; бросать 2): ~ oneself *(to)* предаваться чему-л.; ~ed [-d] 1) заброшенный; покинутый 2) распутный; ~ment 1) оставление 2) заброшенность 3) *юр.* отказ *(от иска)*

abase [ə'beɪs] 1) понижать *(в чине и т. п.)* 2) унижать; ~ment унижение

abashed [ə'bæʃt] смущённый, сконфуженный; пристыжённый

abate [ə'beɪt] 1) уменьшать 2) сбавлять *(цену)* 3) уменьшаться, ослабевать, стихать 4) *юр.* аннулировать; ~ment 1) уменьшение 2) скидка 3) *юр.* аннулирование

abbey ['æbɪ] аббатство

abbot ['æbət] аббат

abbreviat||**e** [ə'briːvɪeɪt] сокращать; ~**ion** [ə,briːvɪ'eɪʃ(ə)n] сокращение

ABC ['eɪbiː'siː] 1) алфавит 2) основы; the ~ of chemistry основы химии 3) алфавитный железнодорожный указатель 4) *attr.*: ~ book букварь

abdicat||**e** ['æbdɪkeɪt] отрекаться *(от престола)*; отказываться *(от прав и т. п.)*; слагать полномочия; ~**ion** [,æbdɪ'keɪʃ(ə)n] отречение

abdom||**en** ['æbdəmen] *анат.* живот, брюшная полость; ~**inal** [æb'dɔmɪnl] брюшной

abduct [æb'dʌkt] уводить силой, похищать; ~**ion** [-kʃ(ə)n] похищение, увод

aberration [,æbə'reɪʃ(ə)n] 1) уклонение от правильного пути; заблуждение 2) *физ.* аберрация

abet [ə'bet] подстрекать; содействовать *(обыкн. дурному)*; ~**ment** подстрекательство; ~**tor** подстрекатель

abeyance [ə'beɪəns]: be in ~ быть временно отменённым *(о законе, праве и т. п.)*

abhor [əb'hɔː] питáть отвращéние; **~rence** [-'hɔr(ə)ns] отвращéние

abide [ə'baɪd] (abode) 1) выносúть, терпéть *(в отриц. и вопр. предложéниях)*; he cannot ~ him он егó не вынóсит 2) *уст.* жить, пребывáть; ~ **by** *(smth.)* твёрдо держáться, придéрживаться *(чего-л.)*

ability [ə'bɪlɪtɪ] 1) спосóбность; умéние; to the best of one's ~ по мéре сил 2) *pl* одарённость

abject ['æbdʒekt] жáлкий; презрéнный; ◇ in ~ poverty в крáйней нищетé

abjure [əb'dʒuə] отрекáться

ablative ['æblətɪv] *грам.* творúтельный падéж

ablaze [ə'bleɪz] *predic* в огнé ◇ ~ with anger в я́рости

able ['eɪbl] спосóбный; be ~ быть в состоя́нии, мочь

able-bodied ['eɪbl'bɒdɪd] крéпкий, здорóвый; гóдный *(к военной службе)*; ~ seaman матрóс *(звание)*

ablution [ə'bluːʃ(ə)n] омовéние

ably ['eɪblɪ] умéло

abnormal [æb'nɔːməl] из ря́да вон выходя́щий

aboard [ə'bɔːd] 1. *adv* на корáбль; на пóезд; go ~ (a ship) сесть на корáбль 2. *prep* на корáбле; на пóезде

abode I [ə'bəud] *книжн.* жилúще; местопребывáние

abode II *past и p. p. от* abide

aboli∥**sh** [ə'bɔlɪʃ] отменя́ть, упраздня́ть, уничтожáть; **~tion** [,æbə'lɪʃ(ə)n] отмéна, упразднéние, уничтожéние

A-bomb ['eɪbɔm] áтомная бóмба

abomina∥**ble** [ə'bɔmɪnəbl] отвратúтельный, протúвный; **~tion** [ə,bɔmɪ'neɪʃ(ə)n] отвращéние

aboriginal [,æbə'rɪdʒənl] 1. *a* искóнный; тузéмный 2. *n* тузéмец

abort [ə'bɔːt] выкúдывать, преждеврéменно родúть; **~ion** [-ʃ(ə)n] абóрт, выкидыш; **~ive** [-tɪv] неудáчный; бесплóдный

abound [ə'baund] изобúловать *(in)*; кишéть *(with)*

about [ə'baut] 1. *prep* 1) *(в отношéнии мéста)* вокрýг, по; при; óколо; they crowded ~ the old man онú столпúлись вокрýг старикá; run ~ the garden бéгать по сáду 2) о, относúтельно; he was much troubled ~ his work он óчень беспокóился о своéй рабóте; there is no doubt whatever ~ that в э́том нет никакóго сомнéния; I'll see ~ it я позабóчусь об э́том 2. *adv* 1) *(в отношéнии врéмени)* óколо; for ~ fifteen minutes óколо пятнáдцати минýт; he is ~ thirty емý óколо тридцатú лет 2) *(пéред обозначéнием мéры и числá)* óколо; почтú; we walked ~ a mile мы прошлú óколо мúли; he got ~ fifteen roubles он получúл óколо пятнáдцати рублéй 3) *(в отношéнии мéста)* вокрýг, óколо, при; he must be somewhere ~ он должен быть где-то здесь ◇ be ~ to собираться; I was ~ to ask you that я собирался спросить вас об этом; he is ~ to go он собирается уходить; just the other way ~ как раз наоборот; rumours are ~ ходят слухи

above [ə'bʌv] 1. *prep* 1) над; выше, свыше; the sun rose ~ the mountain tops солнце поднялось над вершинами гор; it was five degrees ~ freezing-point было пять градусов выше нуля; ~ criticism выше критики 2) (*при обозначении меры и числа*) более, свыше; ~ 300 persons perished свыше трёхсот человек погибло ◇ ~ all прежде всего 2. *adv* 1) наверху; наверх 2) ранее, до; as ~ как выше сказано

abrasion [ə'breɪʒ(ə)n] 1) ссадина 2) снашивание

abrasive [ə'breɪsɪv] наждачная бумага, шлифовальный материал

abreast [ə'brest] в ряд; keep ~ of (*или* be~ with) the times идти в ногу с жизнью

abridge [ə'brɪdʒ] сокращать; ~ment сокращение

abroad [ə'brɔːd] 1) за границей; за границу 2) широко, повсюду; there are rumours ~ ходят слухи

abrog||ate ['æbro(u)geɪt] отменять (*закон и т. п.*); ~ation [ˌæbro(u)'geɪʃ(ə)n] отмена (*закона и т. п.*)

abrupt [ə'brʌpt] 1) внезапный 2) обрывистый, крутой 3) резкий; отрывистый; ~ness 1) крутизна; 2) резкость; отрывистость

abscess ['æbsɪs] нарыв

abscond [əb'skɔnd] скрыться (*украв что-л.*)

absence ['æbsəns] отсутствие; неявка

absent 1. *a* ['æbsənt] 1) отсутствующий; be ~ отсутствовать 2) рассеянный **2.** *v* [æb'sent]: ~ oneself (*from*) уклоняться (*от*)

absentee [ˌæbsən'tiː] отсутствующий; прогулявший (*работу и т. п.*); ~ism прогул

absently ['æbsəntlɪ] рассеянно

absent-minded ['æbsənt-'maɪndɪd] рассеянный; ~ness рассеянность

absolute ['æbsəluːt] абсолютный, безусловный; неограниченный

absolutely ['æbsəluːtlɪ] совершенно, абсолютно

absolution [ˌæbsə'luːʃ(ə)n] прощение

absolve [əb'zɔlv] (*from*) 1) прощать 2) освобождать (*от обязательств*)

absorb [əb'sɔːb] всасывать; поглощать (*тж. перен.*); ~ed in thought погружённый в мысли; ~ent [-ənt] всасывающий; ~ing увлекательный, захватывающий

absorption [əb'sɔːpʃ(ə)n] 1) поглощение 2) погружённость (*в мысли, заботы*)

abstain [əb'steɪn] воздерживаться (*from*); ~er: total ~er трезвенник

abstemious [æb'sti:mjəs] умеренный *(в пище, питье)*

abstention [æb'stenʃ(ə)n] воздержание ◇ ~ from voting отказ от голосования

abstinence ['æbstɪnəns] воздержание

abstract 1. *a* ['æbstrækt] отвлечённый, абстрактный **2.** *n* ['æbstrækt] 1) резюме; извлечение *(из книги и т. п.)* 2) отвлечённое понятие; абстракция; in the ~ абстрактно **3.** *v* [æb'strækt] 1) отнимать 2) абстрагировать 3) *разг.* красть; ~ed [æb'stræktɪd] 1) отдалённый 2) рассеянный; ~ion [æb'strækʃ(ə)n] 1) отвлечение 2) абстракция 3) рассеянность

abstruse [æb'stru:s] 1) трудный для понимания 2) глубокий *(о мыслях)*

absurd [əb'sə:d] нелепый; абсурдный; ~ity [-ɪtɪ] нелепость; абсурдность

abund‖ance [ə'bʌndəns] изобилие; ~ant [-ənt] обильный, изобилующий *(чем-л.)*

abus‖e 1. *n* [ə'bju:s] 1) злоупотребление 2) оскорбление **2.** *v* [ə'bju:z] 1) злоупотреблять 2) оскорблять; ~ive [ə'bju:sɪv] оскорбительный; ~ive language брань, ругань

abut [ə'bʌt] *(on)* примыкать к, граничить с

abysmal [ə'bɪzməl]: ~ ignorance полное невежество

abyss [ə'bɪs] пучина; пропасть

acacia [ə'keɪʃə] акация

academic [ˌækə'demɪk] 1) учёный 2) академический; ~al [-(ə)l] университетский; ~ian [əˌkædə'mɪʃ(ə)n] академик

academy [ə'kædəmɪ] 1) специальное учебное заведение 2) академия

accede [æk'si:d] 1) соглашаться *(с—to)* 2) присоединиться, вступить *(в союз и т. п.)*

accelerat‖e [æk'seləreɪt] ускорять; ~ion [ækˌselə'reɪʃ(ə)n] ускорение

accent 1. *n* ['æksənt] 1) ударение 2) произношение; акцент **2.** *v* [æk'sent] делать *или* ставить ударение; ~uate [æk'sentjueɪt] 1) делать ударение 2) подчёркивать, выделять

accept [ək'sept] принимать; допускать; ~able [-əbl] приемлемый; ~ance [-əns] 1) принятие, приём 2) *ком.* акцепт

access ['ækses] 1) доступ; easy of ~ доступный 2) проход 3) приступ *(гнева, болезни)*

accessary [æk'sesərɪ] соучастник

access‖ibility [ækˌsesɪ'bɪlɪtɪ] доступность; ~ible [æk'sesəbl] доступный

accession [æk'seʃ(ə)n] 1) вступление *(на престол)* 2) прибавление

accessory [æk'sesərɪ] **1.** *a* 1) добавочный, вспомогательный 2) побочный **2.** *n* 1) *см.* accessary 2) *pl* принадлежности

accidence ['æksɪdəns] *грам.* морфология

accident ['æksɪdənt] 1) несчастный случай 2) случай; случайность; by ~ случайно, нечаянно; by a lucky ~ по счастливой случайности; ~al [ˌæksɪ'dentl] случайный

acclaim [ə'kleɪm] 1. *v* 1) шумно приветствовать 2) провозглашать 2. *n* шумное одобрение

acclamation [ˌæklə'meɪʃ(ə)n] (шумное) одобрение; *pl* овация; carried by ~ принято единодушно *(без голосования)*

acclimatize [ə'klaɪmətaɪz] акклиматизировать

accommodat‖e [ə'kɔmədeɪt] 1) приспособлять 2) предоставлять жильё; размещать 3) вмещать; a hall ~ing 500 people зал, вмещающий 500 человек 4) снабжать 5) примирять; согласовывать; ~ing любезный; ~ion [əˌkɔmə'deɪʃən] 1) помещение; жильё; стол и ночлег 2) приспособление 3) согласование

accompany [ə'kʌmpənɪ] 1) сопровождать 2) *муз.* аккомпанировать

accomplice [ə'kɔmplɪs] сообщник, соучастник

accomplish [ə'kɔmplɪʃ] совершать, выполнять; ~ed [-t] 1) законченный 2) получивший хорошее образование; культурный; ~ment 1) завершение; выполнение 2) достижение 3) *pl* образованность, знания

accord [ə'kɔːd] 1. *n* 1) согласие; of one's own ~ добровольно; with one ~ единодушно 2) соглашение 3) аккорд 2. *v* 1) предоставлять; ~ a hearty welcome оказать радушный приём 2) согласовать; ~ance [-əns] согласие; in ~ance with в соответствии с; ~ing: ~ing as смотря по; в соответствии с; ~ing to согласно; ~ingly соответственно, поэтому

accordion [ə'kɔːdjən] аккордеон, гармоника

accost [ə'kɔst] 1) обратиться *(к кому-л.)*; подойти и заговорить *(с кем-л.)* 2) приставать *(к кому-л.)*

account [ə'kaunt] 1. *n* 1) счёт; ~ current текущий счёт 2) отчёт; give an ~ of smth. описывать что-л.; делать отчёт о чём-л. 3) доклад 4) *ком.* фактура ◊ of no ~ незначительный; on no ~ ни в коем случае; on ~ of вследствие, из-за; on ~ в кредит; turn to ~ обратить в свою пользу; take into ~ принимать в расчёт 2. *v* считать, рассматривать; ~ for объяснять; ~able [-əbl] 1) ответственный; подотчётный *(о лице)* 2) объяснимый

accountant [ə'kauntənt] бухгалтер

accredit [ə'kredɪt] 1) уполномочивать; аккредитовать *(посла)* 2) приписывать *(кому-л. что-л.)*

accretion [æ'kriːʃ(ə)n] 1) прирост 2) *геол.* нанос земли

accrue [ə'kruː] 1) накопляться; нарастать *(особ. о процентах)* 2) происходить

accumulat||e [ə'kju:mjuleɪt] накапливать; **~ion** [ə,kju:mju'leɪʃn] накопление; **~or** *эл.* аккумулятор

accur||acy ['ækjurəsɪ] точность, правильность; **~ate** [-ɪt] точный, правильный; меткий

accursed [ə'kə:sɪd] проклятый

accusation [,ækju:'zeɪʃ(ə)n] обвинение

accusative [ə'kju:zətɪv] *грам.* винительный падеж

accuse [ə'kju:z] обвинять

accustom [ə'kʌstəm] приучать *(to)*; be **~ed** *(или* oneself*)* привыкнуть; **~ed** [-d] привычный, обычный

ace [eɪs] 1) *карт.* туз 2) ас ◊ within an **~** of на волосок от

ache [eɪk] 1. *n* боль *(ноющая)* 2. *v* болеть, ныть; my head **~**s у меня болит голова

achieve [ə'tʃi:v] 1) достигать 2) выполнять; **~ment** 1) достижение 2) выполнение

acid ['æsɪd] 1. *a* кислый 2. *n* кислота; **~ify** [ə'sɪdɪfaɪ] 1) окислять 2) окисляться; **~ity** [ə'sɪdɪtɪ] 1) кислота 2) едкость; **~ulous** [ə'sɪdjuləs] кисловатый

acknowledge [ək'nɔlɪdʒ] 1) признавать 2) подтверждать получение *(письма, пакета)* 3) отблагодарить; **~ment** 1) признание 2) расписка 3) благодарность

acme ['ækmɪ]: the **~** of perfection верх совершенства

acorn ['eɪkɔ:n] жёлудь

acoustic [ə'ku:stɪk] акустический

acoustics [ə'ku:stɪks] акустика

acquaint [ə'kweɪnt] *(with)* знакомить с; get **~**ed познакомиться; **~ance** [-əns] 1) знакомый 2) знакомство; make smb'.s **~**ance познакомиться

acquiesc||e [,ækwɪ'es] молча соглашаться *(на что-л.)*, уступать; **~ence** [-ns] молчаливое согласие; уступчивость; **~ent** [-nt] уступчивый

acquire [ə'kwaɪə] 1) приобретать; получать 2) достигать; **~ment** приобретение *(привычек, знаний)*

acquisition [,ækwɪ'zɪʃ(ə)n] приобретение

acquit [ə'kwɪt] 1) оправдывать 2) освобождать *(от обязательств)*; **~tal** [-əl] оправдание

acre ['eɪkə] акр *(около 0,4 га)*; **~age** [-rɪdʒ] площадь в акрах

acrid ['ækrɪd] 1) едкий *(о запахе)*; острый *(на вкус)* 2) резкий *(о характере)*

acrimonious [,ækrɪ'mounjəs] язвительный

acrimony [,ækrɪmənɪ] язвительность

acrobat ['ækrəbæt] акробат; **~ics** [,ækrə'bætɪks] акробатика

across [ə'krɔs] 1. *prep* через, сквозь; **~** the bridge через мост; **~** the road через дорогу 2. *adv* 1) поперёк; в ширину 2) на той стороне, по ту сторону

act ['ækt] 1. *n* 1) дело; поступок 2) *театр.* действие, акт 3) акт, закон 2. *v* 1) действовать 2) поступать, вести себя; ~ as an interpreter выступать в качестве переводчика 3) играть *(на сцене)* ◇ ~ the fool валять дурака; ~ing 1. *a* 1) действующий 2) временно исполняющий обязанности 2. *n* игра *(актёра)*

action ['ækʃ(ə)n] 1) действие, поступок; акт 2) деятельность 3) *юр.* иск, дело 4) сражение; in ~ в бою ◇ put out of ~ вывести из строя; through enemy ~ под давлением противника

activ‖e ['æktɪv] активный, деятельный; энергичный; ~ duty *(или* service*) воен.* действительная служба; ~ity [æk'tɪvɪtɪ] 1) деятельность 2) активность, энергия

act‖or ['æktə] актёр; ~ress [-trɪs] актриса

actual ['æktjuəl] действительный; настоящий; ~ity [ˌæktju'ælɪtɪ] 1) действительность 2) *pl* факты; ~ly 1) на самом деле, действительно 2) даже

actuate ['æktjueɪt] побуждать

acumen [ə'kju:men] проницательность; сообразительность

acute [ə'kju:t] 1) проницательный, сообразительный 2) резкий, сильный *(о боли и т. п.)* 3) пронзительный, резкий *(о звуке)* 4) острый, тонкий *(о слухе и т. п.);* ~ness 1) сообразительность 2) острота *(слуха и т. п.)*

adamant ['ædəmənt] 1) твёрдый 2) *predic* непреклонный; on this point I am ~ в этом вопросе я совершенно твёрд

adapt [ə'dæpt] приспособлять; адаптировать; ~ability [əˌdæptə'bɪlɪtɪ] применимость; ~ation [ˌædæp'teɪʃ(ə)n] 1) приспособление; адаптация 2) применение 3) обработка, переделка *(музыкального произведения, книги)*

add [æd] 1) *мат.* складывать 2) прибавлять; присоединять

addendum [ə'dendəm] *(pl* -da [-də]) приложение *(к книге)*

adder ['ædə] 1) гадюка 2) *амер.* уж

addict ['ædɪkt] наркоман ◇ he is a T.-V. ~ он помешан на телевизоре 2. *v* [ə'dɪkt]: ~ oneself to smth. предаваться чему-л.; ~ed [-ɪd] склонный *(обыкн. к дурному);* ~ion [-ʃ(ə)n] наркомания

addition [ə'dɪʃ(ə)n] 1) *мат.* сложение 2) прибавление, дополнение; in ~ *(to)* к тому же, кроме того; ~al [-əl] добавочный, дополнительный; ~al charges накладные расходы

addled ['ædld] испорченный *(о яйце)*

address [ə'dres] 1. *n* 1) адрес 2) обращение; речь 3) такт; ловкость 2. *v* 1) направлять, адресовать 2) обращаться; ~ee [,ædre'siː] адресат

adduce [ə'djuːs] представлять, приводить *(доказательство)*

adept ['ædept] 1. *a* 1) сведущий 2) способный, ловкий 2. *n* знаток, эксперт

adequacy ['ædɪkwəsɪ] соразмерность; соответствие; достаточность

adequate ['ædɪkwɪt] отвечающий требованиям; адекватный; достаточный

adher‖e [əd'hɪə] 1) прилипать 2): ~ to smth. придерживаться чего-л., оставаться верным *(принципам и т. п.)*; ~ence [-rəns] приверженность; ~ent [-rənt] приверженец

adhes‖ion [əd'hiːʒ(ə)n] прилипание; ~ive [-sɪv] 1. *a* липкий 2. *n* клей

ad hoc ['æd 'hɔk] *лат.* на данный случай, специальный

adieu [ə'djuː] 1. *int* прощай(те) 2. *n* прощание

adipose ['ædɪpous] жировой; жирный

adjac‖ency [ə'dʒeɪsənsɪ] соседство; ~ent [-ənt] смежный, соседний

adjective ['ædʒɪktɪv] *грам.* имя прилагательное

adjoin [ə'dʒɔɪn] примыкать

adjourn [ə'dʒəːn] 1) отсрочивать 2) объявлять перерыв; ~ment 1) отсрочка 2) перерыв

adjudge [ə'dʒʌdʒ] 1) выносить решение, приговор 2) присуждать *(премию и т. п.)*

adjudicator [ə'dʒuːdɪkeɪtə] член жюри *(конкурса и т. п.)*

adjunct ['ædʒʌŋkt] приложение

adjure [ə'dʒuə] молить, заклинать

adjust [ə'dʒʌst] 1) приводить в порядок 2) приспособлять; прилаживать; регулировать *(механизм)*; выверять; устанавливать; ~ment регулирование; регулировка

adjutant ['ædʒutənt] *воен.* адъютант

administer [əd'mɪnɪstə] 1) управлять 2) давать *(лекарство и т. п.)*; снабжать; ~ first aid оказывать первую помощь 3) отправлять *(правосудие)*

administrat‖ion [əd,mɪnɪs'treɪʃ(ə)n] 1) администрация 2) правительство; ~ive [əd'mɪnɪstrətɪv] административный; исполнительный; ~or [əd'mɪnɪstreɪtə] администратор

admirable ['ædmərəbl] превосходный, восхитительный

admiral ['ædm(ə)r(ə)l] адмирал

Admiralty ['ædm(ə)r(ə)ltɪ] военно-морское министерство *(Великобритании)*; First Lord of the ~ морской министр *(Великобритании)*

admiration [,ædmə'reɪʃ(ə)n] восхищение

admir‖e [əd'maɪə] любоваться *(чем-л.)*; восхищаться *(чем-л.)*; ~er поклонник

admissible [əd'mɪsəbl] допустимый, приемлемый

admission [əd'mɪʃ(ə)n] 1) вход 2) принятие 3) признание *(факта)*

admit [əd'mɪt] 1) допускать; принимать 2) вмещать *(о помещении)* 3) признавать; **~tance** [-əns] доступ; no **~tance** входа нет; **~tedly** [-ɪdlɪ] как признано

admixture [əd'mɪkstʃə] примесь

admoni‖**sh** [əd'mɔnɪʃ] увещевать 2) предостерегать; **~tion** [ˌædmə'nɪʃ(ə)n] 1) предостережение 2) упрёк; нарекание

ado [ə'duː]: without more **~** сразу; much **~** about nothing *погов.* много шума из ничего

adolesc‖**ence** [ˌædo(u)'lesns] юность; **~ent** [-nt] 1. *n* юноша 2. *a* юношеский

adopt [ə'dɔpt] 1) усыновлять 2) принимать 3) усваивать 4) *лингв.* заимствовать; **~ion** [ə'dɔpʃ(ə)n] 1) усыновление 2) принятие 3) *лингв.* заимствование; **~ive** [-ɪv] приёмный

adora‖**ble** [ə'dɔːrəbl] 1) обожаемый 2) восхитительный; **~tion** [ˌædɔː'reɪʃ(ə)n] обожание; поклонение

adore [ə'dɔː] обожать, очень любить; *высок.* поклоняться

adorn [ə'dɔːn] украшать; **~ment** украшение

adrift [ə'drɪft] по течению; по воле волн

adroit [ə'drɔɪt] ловкий; находчивый; искусный

adulation [ˌædju'leɪʃ(ə)n] лесть; **~ory** [ˌædjuleɪtərɪ] льстивый

adult ['ædʌlt] взрослый

adulterate [ə'dʌltəreɪt] фальсифицировать *(продукт)*; **~** milk with water разбавлять молоко водой

adulter‖**er** [ə'dʌltərə] совершивший прелюбодеяние; **~y** [-ɪ] супружеская измена

advance [əd'vɑːns] 1. *v* 1) продвигаться; повышаться *(в должности)* 2) продвигаться вперёд; *воен.* наступать 3) продвигать; повышать *(в должности)* 4) выдвигать *(предложение)* 5) повышаться *(о ценах)* 6) платить авансом 2. *n* 1) продвижение 2) повышение *(цен)* 3) аванс, ссуда 4) успех ◇ in **~** вперёд, заранее; **~d** [-t] 1) передовой *(об идеях и т. п.)* 2) выдвинутый 3) продвинутый *(об учащемся)*; повышенного типа *(о занятиях)*; **~-guard** [-gɑːd] авангард; **~ment** прогресс, успех

advantage [əd'vɑːntɪdʒ] *n* 1) выгода; польза; show smth. to **~** представить что-л. в выгодном свете; take **~** *(of)* воспользоваться 2) преимущество *(над — over)*

advantageous [ˌædvən'teɪdʒəs] выгодный; благоприятный

advent ['ædvənt] приход; наступление

adventitious [ˌædvən'tɪʃəs] случайный

adventur||e [əd'ventʃə] 1. *n* приключение; авантюра 2. *v* рисковать; **~ous** [-rəs] смелый; отважный; предприимчивый

adverb ['ædvə:b] *грам.* наречие; **~ially** [əd'və:bjəli] *грам.* 1) в функции обстоятельства 2) в качестве наречия

adversary ['ædvəs(ə)rɪ] противник

advers||e ['ædvə:s] 1) враждебный 2) противоположный 3) неблагоприятный; **~ity** [əd'və:sɪtɪ] несчастье; напасти

advertise ['ædvətaɪz] помещать объявление; рекламировать; **~ment** [əd'və:tɪsmənt] объявление; реклама

advice [əd'vaɪs] 1) совет; take smb.'s ~ послушать чьего-л. совета 2) *ком.* авизо

advisable [əd'vaɪzəbl] (благо)разумный

advis||e [əd'vaɪz] 1) советовать 2) уведомлять; **~edly** [-ɪdlɪ] намеренно; **~ory** [-(ə)rɪ] совещательный, консультативный

advocacy ['ædvəkəsɪ] защита

advocate 1. *n* ['ædvəkɪt] защитник; сторонник 2. *v* ['ædvəkeɪt] защищать; проповедовать

aegis ['i:dʒɪs]: under the ~ of под эгидой, под покровительством

aerate ['eɪəreɪt] газировать

aerial ['ɛərɪəl] 1. *a* воздушный; ~ survey наблюдение с воздуха; ~ warfare воздушная война 2. *n* антенна

aerobatics [,ɛərə'bætɪks] высший пилотаж

aerodrome ['ɛərədroum] аэродром

aerodynamics ['ɛərədaɪ'næmɪks] аэродинамика

aeronautics [,ɛərə'nɔ:tɪks] воздухоплавание

aeroplane ['ɛərəpleɪn] самолёт

aesthete ['i:sθi:t] эстет

aesthetic [i:s'θetɪk] эстетический; **~s** [-s] эстетика

afar [ə'fɑ:] далеко; from ~ издалека

affab||ility [,æfə'bɪlɪtɪ] приветливость; **~le** ['æfəbl] приветливый

affair [ə'fɛə] 1) дело 2) роман, связь; have an ~ with smb. иметь роман с кем-л.

affect I [ə'fekt] 1) воздействовать; ~ reciprocally иметь обратное (воздействие 2) трогать 3) поражать (*о болезни*)

affect II притворяться

affectation [,æfek'teɪʃ(ə)n] притворство, аффектация

affected [ə'fektɪd] 1) деланный, неискренний; with ~ indifference с напускным равнодушием; ~ manners жеманные манеры 2) поражённый (*болезнью*)

affection [ə'fekʃ(ə)n] 1) любовь 2) болезнь; **~ate** [-ɪt] любящий, нежный

affiance [ə'faɪəns]: be ~d to быть обручённым

affidavit [ˌæfɪˈdeɪvɪt] письменное показа́ние под прися́гой

affiliat‖e [əˈfɪlɪeɪt] присоединя́ть; **~ion** [əˌfɪlɪˈeɪʃ(ə)n] присоедине́ние

affinity [əˈfɪnɪtɪ] 1) ро́дственность 2) схо́дство; бли́зость 3) влече́ние 4) *хим.* сродство́

affirm [əˈfɜːm] 1) утвержда́ть 2) подтвержда́ть; **~ation** [ˌæfəˈmeɪʃ(ə)n] утвержде́ние; **~ative** [-ətɪv] утверди́тельный; answer in the ~ative отвеча́ть утверди́тельно

affix I [əˈfɪks] 1) прикрепля́ть 2) ста́вить *(печа́ть, по́дпись)*

affix II [ˈæfɪks] *грам.* а́ффикс

afflict [əˈflɪkt] 1) огорча́ть 2) поража́ть *(о боле́зни)*; **~ion** [-kʃ(ə)n] 1) огорче́ние 2) неду́г 3) несча́стье

afflu‖ence [ˈæfluəns] изоби́лие, оби́лие; **~ent** [-ənt] 1. *a* 1) оби́льный, бога́тый 2) прилива́ющий 2. *n* прито́к *(реки́)*

afford [əˈfɔːd] 1) быть в состоя́нии позво́лить себе́ что-л. 2) приноси́ть; дава́ть

afforest [æˈfɔrɪst] засади́ть ле́сом; **~ation** [æˌfɔrɪsˈteɪʃ(ə)n] облесе́ние, лесонасажде́ние

affray [əˈfreɪ] дра́ка

affront [əˈfrʌnt] 1. *n* оскорбле́ние 2. *v* оскорбля́ть

afire [əˈfaɪə] *predic* в огне́; set ~ заже́чь

aflame [əˈfleɪm] *predic* в огне́

afloat [əˈfləʊt] *predic* 1) на воде́, на пове́рхности; get a ship ~ снима́ть кора́бль с ме́ли 2) в ходу́; в разга́ре

afoot [əˈfʊt] *predic* пешко́м ◇ be ~ затева́ться, гото́виться

aforesaid [əˈfɔːsed] вышеупомя́нутый

afraid [əˈfreɪd] испу́ганный; be ~ боя́ться

afresh [əˈfreʃ] сно́ва, за́ново

African [ˈæfrɪkən] 1. *a* африка́нский 2. *n* африка́нец

aft [ɑːft] *мор.* на корме́; за кормо́й

after [ˈɑːftə] 1. *cj* по́сле того́ как 2. *prep* 1) *(в отноше́нии ме́ста)* за, позади́; she entered ~ him она́ вошла́ за ним 2) *(в отноше́нии вре́мени)* по́сле, спустя́; ~ dinner по́сле обе́да; the day ~ tomorrow послеза́втра 3) по, согла́сно; ~ the same pattern по тому́ же образцу́; a drawing ~ Gainsborough рису́нок в сти́ле ге́йнсборо; she takes ~ her mother она́ похо́жа на свою́ мать; be named ~ быть на́званным в честь *(кого́-л.)* ◇ day ~ day день за днём; ~ a fashion нева́жно, так себе́; he got what he was ~ он получи́л то, чего́ добива́лся; ~ all в конце́ концо́в; what's he ~ ? куда́ он гнёт? 3. *a* после́дующий; in ~ years в бу́дущем

after-effect [ˈɑːftərɪˌfekt] после́дствие

afterglow [ˈɑːftəɡloʊ] вече́рняя заря́

aftermath ['ɑːftəmæθ] последствие

afternoon ['ɑːftə'nuːn] время после полудня; in the ~ днём; good ~ добрый день

afterthought ['ɑːftəθɔːt] мысль, пришедшая слишком поздно

afterwards ['ɑːftəwədz] потом, позже; впоследствии

again [ə'gen] 1) снова, опять 2) с другой стороны 3) кроме того

against [ə'genst] 1) против; (*с гл.* fight, struggle) с; I am ~ this я против этого 2) (*при столкновении, соприкосновении*) на; с; к; ~ the background на фоне; the ship ran ~ a rock корабль наскочил на скалу; he leaned ~ the wall он прислонился к стене 3) (*с гл.* guard, warn) от; о; I warned you ~ this я вас об этом предупреждал

agape [ə'geɪp] *predic* разинув рот (*от удивления, при зевоте*)

agate ['ægət] агат

age [eɪdʒ] **1.** *n* 1) возраст; be of ~ быть совершеннолетним; be under ~ быть несовершеннолетним; come of ~ достичь совершеннолетия 2) старость; век; эпоха 3) *разг.* долгий срок, вечность **2.** *v* 1) стареть, стариться 2) старить

aged 1) ['eɪdʒɪd] пожилой 2) [eɪdʒd] достигший (*такого-то*) возраста; ~ ten десяти лет

agency ['eɪdʒ(ə)nsɪ] 1) агентство 2) содействие, посредничество; by the ~ (*of*) через посредство (*чего-л., кого-л.*)

agenda [ə'dʒendə] повестка дня

agent ['eɪdʒ(ə)nt] **1.** *a уст.* действующий **2.** *n* 1) агент 2) посредник 3) действующая сила; фактор

agglomerate [ə'glɒmərɪt] 1) собираться, скопляться 2) собирать

aggrandize [ə'grændaɪz] 1) увеличивать (*мощь, благосостояние страны*) 2) повышать (*в ранге*)

aggravat||**e** ['ægrəveɪt] отягчать; ухудшать 2) *разг.* раздражать; надоедать; **~ing** *разг.* досадный, раздражающий; **~ion** [ægrə'veɪʃ(ə)n] ухудшение; обострение

aggregate 1. *v* ['ægrɪgeɪt] собирать вместе **2.** *a* ['ægrɪgɪt] собранный вместе **3.** *n* ['ægrɪgɪt] совокупность; in the ~ в совокупности, в целом

aggress||**ion** [ə'greʃ(ə)n] нападение; агрессия; **~ive** [-sɪv] агрессивный; нападающий; **~or** [-sə] 1) агрессор 2) зачинщик

aggrieve [ə'griːv] (*обыкн. pass.*) огорчать; обижать; be (*или* feel) **~d** обижаться

aghast [ə'gɑːst] *predic* поражённый ужасом; ошеломлённый

agil||**e** ['ædʒaɪl] подвижный, проворный; **~ity** [ə'dʒɪlɪtɪ] подвижность; ловкость

agitate I ['ædʒɪteɪt] агитировать

agitate II 1) волновать; возбуждать 2) мешать, перемешивать

agitation I [ˌædʒɪ'teɪʃ(ə)n] агитация

agitation II 1) волнение; возбуждение 2) размешивание

ago [ə'gou] тому назад; not long ~ недавно; years ~ много лет тому назад

agog [ə'gɔg] *predic*: be ~ for с нетерпением ждать *(чего-л.)*

ago‖nize ['ægənaɪz] 1) мучить 2) мучиться, быть в агонии; ~**nizing** мучительный; ~**ny** [-nɪ] 1) сильнейшая боль; агония 2) страдание

agrarian [ə'grɛərɪən] 1. *a* аграрный 2. *n* аграрий

agree [ə'griː] 1) соглашаться *(с чем-л.—to smth.; с кем-л. — with smb.)* 2) соответствовать 3) быть полезным, приятным; wine doesn't ~ with me вино мне вредно (пить) 4) *грам.* согласовываться; ~**able** [ə'grɪəbl] 1) приятный 2) согласный; ~**ment** 1) соглашение, договор 2) согласие

agricultural [ˌægrɪ'kʌltʃər(ə)l] сельскохозяйственный

agricultur‖e ['ægrɪkʌltʃə] сельское хозяйство; ~**ist** [-rɪst] агроном

agronom‖ic(al) [ˌægrə'nɔmɪk(əl)] агрономический; ~**ics** [-ɪks] агрономия; ~**ist** [ə'grɔnəmɪst] агроном; ~**y** [ə'grɔnəmɪ] агрономия

aground [ə'graund] *predic мор.* на мели; run ~ сесть на мель

ahead [ə'hed] вперёд, впереди; ~ of time *разг.* досрочно

aid [eɪd] 1. *v* помогать 2. *n* помощь

aide-de-camp ['eɪddə'kɔːŋ] адъютант

ail ['eɪl] беспокоить; причинять боль; what ~s him? что его беспокоит, мучит?; ~**ing** хилый, хворый; ~**ment** недуг; болезнь

aim [eɪm] 1. *n* 1) прицел; take ~ прицелиться 2) цель; намерение 2. *v* 1) прицеливаться, нацеливаться *(at)* 2) стремиться

ain't [eɪnt] *разг.*=am not; are not

air I [ɛə] 1. *n* воздух ◊ be in the ~ a) «висеть в воздухе»; б) распространяться; on the ~ по радио; take the ~ прогуляться; vanish into thin ~ бесследно исчезнуть; be on the ~ вести передачи, передаваться по радио 2. *a* воздушный 2) авиационный; ~ force военно-воздушные силы 3. *v* 1) проветривать 2) сушить, просушивать ◊ ~ one's opinions пространно излагать своё мнение.

air II вид; with an ~ of indifference с безразличным видом; give an ~ of importance придавать внушительный вид ◊ give oneself ~s, put on ~s ва́жничать, задава́ться

air III [ɛə] пе́сня; мело́дия

air‖-balloon ['ɛəbə‚luːn] аэроста́т; **~-base** [-beɪs] авиаба́за; **~-conditioning** [-kən'dɪʃənɪŋ] кондициони́рование во́здуха; **~craft** [-krɑːft] самолёт; *собир.* самолёты; авиа́ция; **~drome** [-droum] аэродро́м; **~drop** [-drɔp] *воен.* вы́броска параши́отного деса́нта; **~field** [-fiːld] аэродро́м; **~-ga(u)ge** [-geɪdʒ] мано́метр; **~-hostess** [-‚houstɪs] бортпроводни́ца, стюарде́сса; **~less** ду́шный; **~lift** [-lɪft] возду́шный тра́нспорт; **~-lock** [-lɔk] *тех.* возду́шная про́бка; **~-mail** [-meɪl] авиапо́чта; **~man** [-mæn] лётчик; **~plane** [-pleɪn] *амер.* самолёт; **~-pocket** [-'pɔkɪt] возду́шная я́ма; **~port** [-pɔːt] аэропо́рт; **~-raid** [-reɪd] возду́шный налёт; **~ship** [-ʃɪp] дирижа́бль; **~-space** [-speɪs] возду́шное простра́нство; **~-stop** [-stɔp] аэровокза́л (для вертолётов); **~-strip** [-strɪp] взлётно-поса́дочная площа́дка; **~-tight** [-taɪt] воздухонепроница́емый, гермети́ческий

airy ['ɛərɪ] 1) просто́рный 2) возду́шный, лёгкий

aisle [aɪl] 1) прохо́д ме́жду ряда́ми, места́ми (*в поезде, театре*) 2) боково́й приде́л (*храма*)

ajar [ə'dʒɑː] приоткры́то, непло́тно закры́то

akimbo [ə'kɪmbou]: with arms ~ подбочня́сь

akin [ə'kɪn] 1. *a predic* ро́дственный 2. *adv* сродни́

alacrity [ə'lækrɪtɪ] 1) быстрота́, жи́вость 2) гото́вность

alarm [ə'lɑːm] 1. *n* 1) трево́га 2) переполо́х 2. *v* пуга́ть; волнова́ть; **~-clock** [-klɔk] буди́льник

alarmist [ə'lɑːmɪst] паникёр

alas! [ə'lɑːs] увы́!

Albanian [æl'beɪnjən] 1. *a* алба́нский 2. *n* 1) алба́нец; алба́нка 2) алба́нский язы́к

albumen ['ælbjumɪn] бело́к; альбуми́н

alcohol ['ælkəhɔl] алкого́ль

alder ['ɔːldə] ольха́

alderman ['ɔːldəmən] ольдерме́н (член муниципалите́та)

ale [eɪl] пи́во; **~-house** [-haus] пивна́я

alert [ə'ləːt] 1. *a* бди́тельный; насторо́женный 2. *n* трево́га; on the ~ настороже́

alga ['ælgə] (*pl* -gae [-dʒiː]) морска́я во́доросль

algebra ['ældʒɪbrə] а́лгебра; **~ic** [‚ældʒɪ'breɪk] алгебраи́ческий

alias ['eɪlɪæs] 1. *n* вы́мышленное и́мя 2. *adv* ина́че (называ́емый)

alibi ['ælɪbaɪ] *юр.* а́либи

alien ['eɪljən] 1. *a* чужо́й, иноро́дный 2. *n* иностра́нец; **~ate** [-eɪt] отчужда́ть; **~ation** [‚eɪljə'neɪʃ(ə)n] 1) отчужде́ние 2) *мед.* умопомеша́тельство

alight I [ə'laıt] 1) сходи́ть *(с трамвая и т. п.)* 2) спуска́ться 3) *ав.* приземля́ться

alight II зажжённый; в огне́

align [ə'laın] выстра́ивать в ли́нию *(войска)*; ~**ment** выра́внивание; *тех.* центро́вка

alike [ə'laık] **1.** *a predic* похо́жий; подо́бный; одина́ковый **2.** *adv.* одина́ково

aliment ['ælımənt] пи́ща; ~**ary** [,ælı'mentərı]: ~ary canal пищевари́тельный тракт

alimony ['ælımənı] алиме́нты

alive [ə'laıv] *predic* 1) живо́й 2) бо́дрый 3) киша́щий *(чем-л.— with)* ◇ be ~ to smth. я́сно понима́ть что-л.; жи́во воспринима́ть что-л.

alkali ['ælkəlaı] щёлочь; ~**ne** [-n] щелочно́й

all [ɔ:l] **1.** *a* 1) весь; всё 2) вся́кий ◇ for ~ that тем не ме́нее; ~ right хорошо́, ла́дно **2.** *adv* всеце́ло, вполне́ ◇ ~ the better тем лу́чше; ~ out на всех пара́х; ~ present and correct все налицо́; ~ the same всё равно́; not ~ there не в своём уме́; be ~ in быть в по́лном изнеможе́нии

allay [ə'leı] 1) облегча́ть *(боль)* 2) успока́ивать *(волнение и т. п.)* 3) утоля́ть *(жажду)*

allegation [,ælе'geıʃ(ə)n] заявле́ние, утвержде́ние *(голословное)*

alleg‖**e** [ə'ledʒ] 1) утвержда́ть *(голословно)* 2) ссыла́ться; припи́сывать; ~**edly** [-ıdlı] бу́дто бы, я́кобы

allegiance [ə'li:dʒəns] ве́рность

allegoric(al) [,ælе'gɔrık(əl)] аллегори́ческий

allegory ['ælıgərı] аллего́рия

allevia‖**te** [ə'li:vıeıt] облегча́ть; ~**tion** [ə,li:vı'eıʃ(ə)n] облегче́ние

alley ['ælı] у́зкая у́лица, переу́лок

alliance [ə'laıəns] 1) сою́з 2) бра́чный сою́з

allied [ə'laıd] 1) сою́зный 2) ро́дственный, бли́зкий

allocat‖**e** ['æləkeıt] 1) размеща́ть; распределя́ть 2) ассигнова́ть; ~**ion** [,ælə'keıʃ(ə)n] 1) распределе́ние; размеще́ние; назначе́ние 2) ассигнова́ние

allocution [,ælo(u)'kju:ʃ(ə)n] речь, обраще́ние *(в торжественных случаях)*

allot [ə'lɔt] 1) распределя́ть; предназнача́ть 2) отводи́ть *(время)*; ~**ment** 1) распределе́ние 2) до́ля 3) уча́сток земли́

allow [ə'lau] 1) позволя́ть 2) дава́ть, предоставля́ть; ~ time дава́ть вре́мя 3) допуска́ть, признава́ть; ~ for принима́ть в расчёт; ~**ance** [-əns] 1) де́нежная по́мощь; содержа́ние; карма́нные де́ньги 2) паёк; ски́дка 3) *тех.* до́пуск ◇ make ~ance(s) *(for)* принима́ть в расчёт; учи́тывать *(что-л.)*

alloy ['ælɔɪ] сплав *(металла)*

allude [ə'luːd] *(to)* намекáть *(на)*, ссылáться *(на)*; упоминáть

All-Union ['ɔːl'juːnjən] всесоюзный

allur||e [ə'ljuə] замáнивать; привлекáть; **~ement** примáнка; **~ing** [-rɪŋ] соблазнительный; привлекáтельный

allusion [ə'luːʒ(ə)n] 1) намёк 2) ссылка; упоминáние

ally 1. *v* [ə'laɪ] соединять 2. *n* ['ælaɪ] союзник

almanac ['ɔːlmənæk] календáрь; альманáх

almighty [ɔːl'maɪtɪ] всемогущий

almond ['ɑːmənd] миндáль

almost ['ɔːlmoust] почти

alms ['ɑːmz] милостыня; **~-house** [-haus] богадéльня

aloft [ə'lɔft] наверху

alone [ə'loun] 1. *a predic* один; одинóкий; сам; he can do it ~ он мóжет это сдéлать сам ◊ leave ~ остáвить в покóе 2. *adv* тóлько; he ~ can do it тóлько он мóжет это сдéлать

along [ə'lɔŋ] 1. *prep* вдоль, по; ~ the river's bank вдоль бéрега реки 2. *adv*: all ~ всё врéмя; get ~ with you! *разг.* убирáйтесь!; ~ with вмéсте

alongside [ə'lɔŋ'saɪd] рядом, бок ó бок

aloof [ə'luːf] *a predic, adv* поóдаль, в сторонé

aloud [ə'laud] вслух; he called ~ for help он грóмко позвáл на пóмощь

alphabet ['ælfəbɪt] алфавит; **~ic(al)** [,ælfə'betɪk(əl)] алфавитный

Alpine ['ælpaɪn] альпийский

already [ɔːl'redɪ] ужé

also ['ɔːlsou] тóже, тáкже, к тому же

altar ['ɔːltə] алтáрь

alter ['ɔːltə] 1) изменять, передéлывать 2) изменяться; **~ation** [,ɔːltə'reɪʃ(ə)n] изменéние, перемéна

altercat||e ['ɔːltəːkeɪt] ссóриться, препирáться; **~ion** [,ɔːltəː'keɪʃ(ə)n] перебрáнка; препирáтельство

alternat||e 1. *a* [ɔːl'təːnɪt] чередующийся, поперемéнный; they worked ~ shifts они рабóтали посмéнно; on ~ days чéрез день 2. *v* ['ɔːltəːneɪt] 1) чередовáть 2) чередовáться; **~ing**: ~ing current переменный ток; **~ion** [,ɔːltəː'neɪʃ(ə)n] чередовáние

alternative [ɔːl'təːnətɪv] 1. *n* альтернатива 2. *a* альтернативный

although [ɔːl'ðou] хотя, éсли бы дáже; несмотря на

altimeter ['æltɪmiːtə] высотомéр

altitude ['æltɪtjuːd] высотá

altogether [,ɔːltə'geðə] 1) вполнé, всецéло 2) в цéлом; всегó

alum ['æləm] квасцы

aluminium [,æljuː'mɪnjəm] алюминий

alumnus [ə'lʌmnəs] *(pl* -ni [-naɪ])* бывший питóмец *(учебного заведения)*

always ['ɔːlwəz] всегдá

am [æm *(полная форма)*, əm *(редуцированная форма)*] *1 л. ед. ч. наст. врем. изъявительного накл. гл.* be

amalgamat∥e [ə'mælgəmeɪt] 1) соединять; сливать 2) соединяться; сливаться; **~ion** [ə,mælgə'meɪʃ(ə)n] 1) смешение 2) слияние, объединение

amass [ə'mæs] 1) собирать 2) накоплять

amateur ['æmətə:] любитель; **~ish** любительский, непрофессиональный

amatory ['æmətərɪ] любовный

amaze [ə'meɪz] изумлять; **~ment** изумление

ambassador [æm'bæsədə] посол

amber ['æmbə] 1. *n* янтарь 2. *a* янтарный

ambidextrous [,æmbɪ'dekstrəs] 1) владеющий одинаково свободно обеими руками 2) двуличный

ambient ['æmbɪənt] окружающий

ambigu∥ity [,æmbɪ'gjuɪtɪ] двусмысленность; **~ous** [æm'bɪgjuəs] 1) двусмысленный 2) неясный, нечёткий

ambit∥ion [æm'bɪʃ(ə)n] 1) честолюбие 2) стремление; **~ious** [-'bɪʃəs] честолюбивый

ambulance ['æmbjuləns] карета скорой помощи

ambuscade [,æmbəs'keɪd] *см.* ambush

ambush ['æmbuʃ] 1. *n* засада; make, lay (*или* set) an ~ устраивать засаду; run into ~ натыкаться на засаду 2. *v*: be ~ed находиться в засаде

ameliorat∥e [ə'mi:ljəreɪt] улучшать; **~ion** [ə,mi:ljə'reɪʃ(ə)n] улучшение; мелиорация

amen ['ɑ:'men] аминь

amenable [ə'mi:nəbl] податливый; ~ to argument поддающийся убеждению

amend [ə'mend] 1) улучшать, исправлять 2) улучшаться, исправляться; **~ment** поправка *(к закону и т. п.)*; исправление

amends [ə'mendz] *pl*: make ~ to smb. for smth. возмещать что-л. кому-л.

amenity [ə'mi:nɪtɪ] 1) приятность, прелесть 2) *pl* удобства

American [ə'merɪkən] 1. *a* американский 2. *n* американец; американка

amia∥bility [,eɪmjə'bɪlɪtɪ] любезность; **~ble** ['eɪmjəbl] любезный

amicable ['æmɪkəbl] дружеский, дружелюбный

amid(st) [ə'mɪd(st)] среди, между

amiss [ə'mɪs] *predic* 1) неладно; what is ~? в чём дело? 2) некстати

amity ['æmɪtɪ] дружба

ammoni∥a [ə'mounjə] аммиак; **~ac** [ə'mounɪæk], **~acal** [,æmo(u)'naɪək(ə)l] аммиачный

ammunition [,æmju'nɪʃ(ə)n] боеприпасы

amnesty ['æmnestɪ] 1. *n* амнистия 2. *v* амнистировать

amok [ə'mɔk] см. amuck

among(st) [ə'mʌŋ(st)] между *(многими)*; среди; из; it is one instance ~ many это один из многих случаев

amoral [æ'mɔrəl] аморальный

amorous ['æmərəs] 1) влюбчивый 2) влюблённый

amorphous [ə'mɔːfəs] 1) бесформенный 2) *мин., хим.* некристаллический

amortization [ə,mɔːtɪ'zeɪʃ(ə)n] амортизация; погашение

amortize [ə'mɔːtaɪz] погашать в рассрочку *(долг)*

amount [ə'maunt] 1. *v* доходить до, составлять *(сумму)*; равняться 2. *n* количество, сумма, итог

ampere ['æmpɛə] *эл.* ампер

amphibi‖**an** [æm'fɪbɪən] 1. *n* 1) *зоол.* амфибия 2) самолёт-амфибия 2. *a* земноводный; **~ous** [-'fɪbɪəs] земноводный

ample ['æmpl] обильный, обширный; достаточный

ampli‖**fication** [,æmplɪfɪ'keɪʃ(ə)n] 1) увеличение, расширение 2) *радио* усиление; **~fier** ['æmplɪfaɪə] *радио* усилитель; **~fy** ['æmplɪfaɪ] 1) расширять; увеличивать 2) *радио* усиливать

amplitude ['æmplɪtjuːd] 1) полнота, обилие 2) *физ.* амплитуда

amputat‖**e** ['æmpjuteɪt] ампутировать; **~ion** [,æmpju'teɪʃ(ə)n] ампутация

amuck [ə'mʌk]: run ~ безумствовать, быть в бешенстве

amus‖**e** [ə'mjuːz] забавлять, развлекать; **~ement** развлечение; **~ing** забавный, смешной

an [æn *(полная форма)*, ən *(редуцированная форма перед гласными)*] см. a II; *грам.* форма неопределённого артикля, употребляемая перед словами, начинающимися с гласного звука

anaem‖**ia** [ə'niːmjə] малокровие; **~ic** [ə'niːmɪk] малокровный

analogous [ə'næləgəs] аналогичный

analogy [ə'nælədʒɪ] аналогия, сходство

analy‖**se** ['ænəlaɪz] разбирать, анализировать; **~sis** [ə'næləsɪs] анализ; **~tic(al)** [,ænə'lɪtɪk(əl)] аналитический

anar‖**chic(al)** [æ'nɑːkɪk(əl)] анархический; **~chist** ['ænəkɪst] анархист; **~chy** ['ænəkɪ] анархия

anatomical [,ænə'tɔmɪk(ə)l] анатомический

anatomy [ə'nætəmɪ] анатомия

ancest‖**or** ['ænsɪstə] предок; **~ral** [æn'sestr(ə)l] 1) наследственный 2) родовой; **~ry** ['ænsɪstrɪ] 1) *собир.* предки 2) происхождение

anchor ['æŋkə] 1. *n* якорь; cast ~ стать на якорь; weigh ~ сниматься с якоря 2. *v* стать на якорь; **~age** [-rɪdʒ] 1) якорная стоянка 2) якорный сбор

anchovy ['æntʃəvɪ] анчоус

ancient ['eɪnʃ(ə)nt] 1) античный 2) старинный, древний

ancillary [æn'sɪlərɪ] вспомогательный, подсобный, служебный

and [ænd *(полная форма)*, ənd *(редуцированная форма)*] 1) *(соединительный союз)* и; he saw me ~ my sister он увидел меня и мою сестру 2) *(противительный союз)* а; I went to the institute ~ he to the theatre я пошёл в институт, а он в театр 3) *(с числительными)*: four ~ twenty двадцать четыре; two hundred ~ forty двести сорок 4) *(при повторении слова для усиления)*: miles ~ miles много миль 5) *(при повторении слова для противопоставления)*: there are books ~ books есть книги—и книги 6) *(при выражении предостережения, угрозы)* иначе; stir, ~ you are a dead man! ни с места, иначе вы погибли!

anecdote ['ænɪkdout] анекдот

aneroid ['ænərɔɪd] барометр-анероид

anew [ə'njuː] сызнова, заново

angel ['eɪndʒəl] ангел

anger ['æŋgə] 1. *n* гнев 2. *v* сердить

angina [æn'dʒaɪnə] ангина

angle I ['æŋgl] *мат.* угол; *перен.* угол зрения; точка зрения

angl∥e II ['æŋgl] удить рыбу; ~**er** рыболов

angry ['æŋgrɪ] сердитый, раздражённый; разгневанный; be ~ сердиться

anguish ['æŋgwɪʃ] мука, боль

angular ['æŋgjulə] 1) угольный; угловой; 2) угловатый, неловкий

animal ['ænɪm(ə)l] 1. *n* животное 2. *a* животный; ~ products продукты животноводства

animat∥e 1. *a* ['ænɪmɪt] живой 2. *v* ['ænɪmeɪt] одушевлять; воодушевлять; ~**ed** [-meɪtɪd] живой, оживлённый; воодушевлённый; ~**ion** [ænɪ'meɪʃ(ə)n] 1) живость 2) оживление; воодушевление

animosity [ænɪ'mɔsɪtɪ] враждебность; злоба

animus ['ænɪməs] враждебность

ankle ['æŋkl] лодыжка

annalist ['ænəlɪst] летописец

annals ['ænlz] *pl* летопись, хроника

annex 1. *v* [ə'neks] присоединять 2. *n* ['æneks] 1) дополнение, приложение *(к документу)* 2) пристройка, крыло; ~**ation** [ænek'seɪʃ(ə)n] присоединение, аннексия

annihilat∥e [ə'naɪəleɪt] 1) уничтожать 2) упразднять; ~**ion** [ə,naɪə'leɪʃ(ə)n] уничтожение

anniversary [ænɪ'vəːs(ə)rɪ] годовщина

annotate ['æno(u)teɪt] снабжать примечаниями; аннотировать

announce [ə'nauns] возвещать, объявлять; сообщать; ~ement объявление; сообщение; ~er диктор

annoy [ə'nɔɪ] досаждать, надоедать; ~ance [-əns] раздражение; досада

annual ['ænjuəl] 1. *a* ежегодный, годовой 2. *n* 1) ежегодник *(книга)* 2) однолетнее растение

annuity [ə'njuːɪtɪ] ежегодная рента

annul [ə'nʌl] отменять, уничтожать, аннулировать

annunciation [ə,nʌnsɪ'eɪʃ(ə)n] *рел.* благовещение

anode ['ænoud] *эл.* анод

anodyne ['æno(u)daɪn] 1. *a* болеутоляющий 2. *n* болеутоляющее средство

anomalous [ə'nɔmələs] неправильный, ненормальный; ~ly аномалия

anonymous [ə'nɔnɪməs] анонимный

another [ə'nʌðə] 1) другой 2) ещё один; he is ~ Shakespeare он новый Шекспир

answer ['ɑːnsə] 1. *n* 1) ответ 2) *мат.* решение *(задачи)* 2. *v* 1) отвечать; ~ in the affirmative ответить утвердительно 2) соответствовать 3) ручаться *(for)*; ~able ['ɑːns(ə)rəbl] ответственный *(перед кем-л. — to smb.)*

ant [ænt] муравей

antagonism [æn'tægənɪzm] вражда; антагонизм; class ~(s) классовые противоречия; ~ist противник; ~istic [æn,tægə'nɪstɪk] враждебный, антагонистический

antarctic [ænt'ɑːktɪk] антарктический; A. Circle Южный полярный круг

antecedent [,æntɪ'siːd(ə)nt] 1. *a* предшествующий 2. *n* 1) предшествующее; his ~s его прошлое 2) *грам.* антецедент

antechamber ['æntɪ,tʃeɪmbə] передняя

antediluvian ['æntɪdɪ'luːvɪən] допотопный

ante meridiem ['æntɪmɪ'rɪdɪəm] *(сокр.* a. m.*)* до полудня

antenna [æn'tenə] *(pl* -nae [-niː]) 1) *зоол.* щупальце; усик 2) *радио* антенна

anterior [æn'tɪərɪə] предшествующий

ante-room ['æntɪrum] передняя

anthem ['ænθəm] гимн; national ~ государственный гимн

ant-hill ['ænthɪl] муравейник

anthology [æn'θɔlədʒɪ] антология

anthracite ['ænθrəsaɪt] антрацит

anthropology [,ænθrə'pɔlədʒɪ] антропология

anti- ['æntɪ-] *pref* противо-, анти- *(в сложных словах)*

anti-aircraft ['æntɪ'ɛəkrɑːft] зенитный, противовоздушный; ~ gunner зенитчик

antic ['æntɪk] *обыкн.* pl кривлянье; шалости *мн.*

anticipate [æn'tɪsɪpeɪt] 1) предвидеть 2) предвкушать; предчувствовать 3) предупреждать; ~ion [æn,tɪsɪ'peɪʃ(ə)n] 1) предвкушение 2) предчу́вствие; ~ory [-ǝrɪ] предвари́тельный; предвосхища́ющий

anticlimax [ˌæntɪˈklaɪmæks] спад, разря́дка напряже́ния

anticlockwise [ˌæntɪˈklɔkwaɪz] про́тив часово́й стре́лки

antidote [ˈæntɪdout] противоя́дие

anti-fascist [ˌæntɪˈfæʃɪst] 1. *n* антифаши́ст 2. *a* антифаши́стский

antimony [ˈæntɪmǝnɪ] *хим.* сурьма́

antinomy [ænˈtɪnǝmɪ] парадо́кс

antipathy [ænˈtɪpǝθɪ] антипа́тия

antiqua‖rian [ˌæntɪˈkwɛǝrɪǝn] 1. *a* антиква́рный 2. *n* собира́тель дре́вностей; антиква́р; ~ry [ˈæntɪkwǝrɪ] *см.* antiquarian 2

antiquated [ˈæntɪkweɪtɪd] устаре́лый; старомо́дный

antique [ænˈtiːk] 1. *a* дре́вний 2. *n* 1) антиква́рная вещь 2) анти́чное произведе́ние иску́сства

antiquity [ænˈtɪkwɪtɪ] дре́вность

antisocial [ˌæntɪˈsouʃ(ǝ)l] 1) антиобще́ственный 2) необщи́тельный

antitank [ˌæntɪˈtæŋk] противота́нковый

anvil [ˈænvɪl] накова́льня

anxiety [æŋˈzaɪǝtɪ] беспоко́йство; трево́га

anxious [ˈæŋkʃǝs] 1) озабо́ченный, беспоко́ящийся; feel ~ беспоко́иться 2) стремя́щийся, жела́ющий; I am very ~ to see him мне о́чень хо́чется повида́ть его́

any [ˈenɪ] 1. *pron* 1) кто́-нибудь 2) како́й-нибудь 3) любо́й *(в утверд. предл.)* 2. *adv* ско́лько-нибудь *(в вопр. предл.)*; ниско́лько *(в отриц. предл.)*

anybody [ˈenɪˌbɔdɪ] 1) вся́кий 2) кто́-нибудь

anyhow [ˈenɪhau] 1) ка́к-нибудь, ко́е-ка́к 2) во вся́ком слу́чае

anyone [ˈenɪwʌn] *см.* anybody

anything [ˈenɪθɪŋ] 1) что́-нибудь 2) всё

anyway [ˈenɪweɪ] во вся́ком слу́чае

anywhere [ˈenɪwɛǝ] 1) где́-нибудь *(в вопр. и отриц. предл.)* 2) где уго́дно, куда́ уго́дно *(в утв. предл.)*

apart [ǝˈpɑːt] 1) в стороне́; особняко́м; отде́льно; set ~ отложи́ть 2) по́рознь; I cannot tell them ~ я не могу́ их отличи́ть друг от дру́га 3): ~ from кро́ме, незави́симо от; не говоря́ уже́ о ◊ joking ~ шу́тки в сто́рону; take ~ разбира́ть на ча́сти

apartheid [ǝˈpɑːthaɪd] ра́совая сегрега́ция *(в Ю́жной А́фрике)*, апарте́йд, апа́ртхейд

apartment [ǝˈpɑːtmǝnt] 1) *уст.* ко́мната 2) кварти́ра

apathetic [ˌæpǝˈθetɪk] безразли́чный; апати́чный, вя́лый

apathy [ˈæpǝθɪ] апа́тия, вя́лость

ape [eɪp] 1. *n* обезья́на *(че-*

ловекообразная) **2.** *v* подражать, обезьянничать

aperient [ə'pɪərɪənt] *мед.* слабительное

aperture ['æpətjuə] отверстие

apex ['eɪpeks] верхушка, вершина

api‖arist ['eɪpjərɪst] пчеловод; **~ary** [-ərɪ] пчельник

apiece [ə'piːs] 1) за штуку 2) на каждого

apish ['eɪpɪʃ] обезьяний

apolo‖getic [ə,pɔlə'dʒetɪk] извиняющийся; **~gize** [ə'pɔlədʒaɪz] извиняться; **~gy** [ə'pɔlədʒɪ] извинение; offer an ~ принести извинение

apoplexy ['æpəpleksɪ] удар, паралич

aposta‖sy [ə'pɔstəsɪ] (веро)отступничество; **~te** [ə'pɔstɪt] (веро)отступник; изменник *(своей партии, делу)*

apostle [ə'pɔsl] апостол

apostrophe [ə'pɔstrəfɪ] 1) обращение *(к кому-л. в речи)* 2) апостроф

appal [ə'pɔːl] пугать; **~ling** ужасный

apparatus [,æpə'reɪtəs] прибор, аппарат

apparel [ə'pær(ə)l] *поэт.* платье, одежда

apparent [ə'pær(ə)nt] 1) явный, очевидный 2) кажущийся; **~ly** по-видимому

apparition [,æpə'rɪʃ(ə)n] видение, привидение

appeal [ə'piːl] **1.** *n* 1) просьба, мольба 2) призыв, воззвание 3) *юр.* апелляция 4) привлекательность **2.** *v* 1) взывать, обращаться 2) просить, молить 3) *юр.* подавать апелляционную жалобу 4) привлекать, нравиться; **~ing** трогательный

appear [ə'pɪə] 1) появляться 2) казаться; **~ance** [-r(ə)ns] 1) появление 2) внешний вид; наружность ◊ to all ~ances по-видимому; keep up ~ances соблюдать приличия; put in an ~ance появляться

appease [ə'piːz] умиротворять, успокаивать; **~ment** умиротворение; успокоение

appell‖ant [ə'pelənt] апеллирующий; жалующийся; **~ation** [,æpe'leɪʃ(ə)n] имя, название

append [ə'pend] прибавлять, прилагать *(к письму и т. п.)*; **~age** [-ɪdʒ] придаток; прибавление

append‖icitis [ə,pendɪ'saɪtɪs] *мед.* аппендицит; **~ix** [ə'pendɪks] 1) приложение *(к книге, документу)* 2) *мед.* аппендикс

appertain [,æpə'teɪn] принадлежать, относиться *(к чему-л.)*

appet‖ite ['æpɪtaɪt] 1) аппетит 2) желание; **~izing** [-aɪzɪŋ] аппетитный, вкусный

applaud [ə'plɔːd] 1) аплодировать 2) одобрять

applause [ə'plɔːz] аплодисменты 2) одобрение

apple ['æpl] яблоко ◊ ~ of the eye а) зрачок; б) зеница ока; the ~ of discord яблоко раздора; **~-tree** [-triː] яблоня

appliance [ə'plaɪəns] приспособление, прибор

applicable ['æplɪkəbl] применимый

applicant ['æplɪkənt] 1) проситель 2) претендент

application [ˌæplɪ'keɪʃ(ə)n] 1) заявление; просьба 2) применение 3) старание ◇ ~ form анкета *(поступающего на работу и т. п.)*

apply [ə'plaɪ] 1) обращаться 2) прикладывать; прилагать 3) применять, употреблять 4): ~ oneself to заниматься ◇ that doesn't ~ to our problem это к нашему вопросу не относится

appoint [ə'pɔɪnt] 1) назначать 2) определять; **~ment** 1) свидание; keep an ~ment прийти на свидание *(вовремя)* 2) приём *(у врача и т. п.)*; have an ~ment with the doctor быть записанным на приём к врачу 3) назначение на должность 4) место, должность 5) *pl* обстановка, мебель ◇ by ~ment по договорённости

apportion [ə'pɔːʃ(ə)n] делить, распределять

apposite ['æpəzɪt] уместный *(to)*; ~ remark уместное замечание; **~ly** кстати

apprais‖**al** [ə'preɪz(ə)l] оценка; **~e** [ə'preɪz] оценивать, расценивать

appreci‖**able** [ə'priːʃəbl] заметный, ощутимый; **~ate** [-ʃeɪt] ценить; **~ation** [əˌpriːʃɪ'eɪʃ(ə)n] 1) (высокая) оценка 2) уважение 3) вздорожание, повышение цен(ы)

apprehen‖**d** [ˌæprɪ'hend] 1) постигать, понимать 2) предчувствовать; бояться 3) арестовывать; **~sion** [-ʃ(ə)n] 1) понимание 2) опасение; **~sive** [-sɪv] опасающийся *(чего-л.)*; боязливый

apprentice [ə'prentɪs] ученик, подмастерье; **~ship** ученичество

apprise [ə'praɪz] извещать

appro ['æproʊ] : on ~ *ком.* на пробу *(о товарах, присланных с правом возврата)*

approach [ə'proʊtʃ] 1. *v* 1) приближаться, подходить 2) обращаться *(к кому-либо)* 2. *n* 1) приближение 2) подход 3) *(обыкн. pl)* подступы *мн.*

approbation [ˌæprə'beɪʃ(ə)n] одобрение, санкция

appropriat‖**e** 1. *v* [ə'proʊprɪeɪt] 1) присваивать 2) предназначать 3) ассигновать 2. *a* [ə'proʊprɪɪt] подходящий, соответствующий; **~ion** [əˌproʊprɪ'eɪʃ(ə)n] 1) присвоение 2) ассигнование

approv‖**al** [ə'pruːv(ə)l] одобрение; **~e** [ə'pruːv] одобрять; **~ed** [-d]: ~ed school исправительная школа

approximat‖**e** 1. *v* [ə'prɒksɪmeɪt] приближаться, почти равняться 2. *a* [ə'prɒksɪmɪt] приблизительный

appurtenance [ə'pɜːtɪnəns] принадлежность

apricot ['eɪprɪkɒt] абрикос

April ['eɪpr(ə)l] 1) апрель 2) *attr.* апрельский

apron ['eɪpr(ə)n] передник, фартук

apropos ['æprəpoʊ] 1. *a* уместный 2. *adv* кстати

apt [′æpt] 1) спосо́бный *(at)* 2) подходя́щий 3) скло́нный *(to)*; ~**itude** [-ɪtjuːd] 1) спосо́бность 2) скло́нность

aqualung [′ækwəlʌŋ] аквала́нг

aquarium [ə′kwɛərɪəm] аква́риум

aquatic [ə′kwætɪk] во́дный

aqueous [′eɪkwɪəs] водяно́й; во́дный

aquiline [′ækwɪlaɪn] орли́ный

Arab [′ærəb] ара́б; ~**ian** [ə′reɪbjən] 1. *a* ара́бский ◇ ~**ian Nights** ска́зки «Ты́сяча и одно́й но́чи» 2. *n* ара́б; ара́бка; ~**ic** [-ɪk] 1. *a* ара́бский 2. *n* ара́бский язы́к

arable [′ærəbl] па́хотный

arbit‖**er** [′ɑːbɪtə] арби́тр, трете́йский судья́; ~**rary** [-rərɪ] произво́льный; ~**rate** [-reɪt] выноси́ть трете́йское реше́ние; быть трете́йским судьёй; ~**ration** [,ɑːbɪ′treɪʃ(ə)n] арбитра́ж; трете́йский суд

arbour [′ɑːbɔː] бесе́дка

arc [ɑːk] 1) дуга́ 2) ра́дуга 3) электри́ческая дуга́

arcade [ɑː′keɪd] 1) пасса́ж *(с магазинами)* 2) *архит.* арка́да

arch I [ɑːtʃ] 1. *n* 1) а́рка 2) свод 3) дуга́ 2. *v* 1) покрыва́ть сво́дом 2) изгиба́ться

arch II прока́зливый

archaeology [,ɑːkɪ′ɔlədʒɪ] археоло́гия

archai‖**c** [ɑː′keɪɪk] архаи́ческий, устаре́вший; ~**sm** [′ɑːkeɪɪzm] устаре́вшее сло́во *или* выраже́ние, архаи́зм

archbishop [′ɑːtʃ′bɪʃəp] архиепи́скоп

arch-enemy [′ɑːtʃ′enɪmɪ] закля́тый враг

archipelago [,ɑːkɪ′pelɪɡoʊ] архипела́г

architect [′ɑːkɪtekt] архите́ктор; ~**ural** [,ɑːkɪ′tektʃ(ə)rəl] архитекту́рный; ~**ure** [′ɑːkɪtektʃə] архитекту́ра, зо́дчество

archives [′ɑːkaɪvz] *pl* архи́в

archway [′ɑːtʃweɪ] прохо́д под а́ркой

arctic [′ɑːktɪk] 1. *a* аркти́ческий, поля́рный 2. *n*: the A. А́рктика

ardent [′ɑːd(ə)nt] горя́чий, пы́лкий; ре́вностный

ardour [′ɑːdə] пыл; рве́ние, энтузиа́зм

arduous [′ɑːdjuəs] 1) круто́й, труднодосту́пный *(о дорогах и т. п.)* 2) тру́дный *(о работе и т. п.)*

are [ɑː, ɑːr *(перед гласными полные формы)*; ə, ər *(перед гласными редуци́рованные формы)*] мн. ч. наст. вр. изъяви́тельного наклоне́ния гл. be

area [′ɛərɪə] 1) свобо́дное простра́нство 2) пло́щадь; зо́на, о́бласть, сфе́ра; ~ sown to maize посевна́я пло́щадь под кукуру́зой 3) *мат.* пло́щадь

arena [ə′riːnə] аре́на

aren't [ɑːnt] *сокр. от* are not

argot [′ɑːɡoʊ] арго́

argue [′ɑːɡjuː] 1) спо́рить 2) дока́зывать; аргументи́ровать

argument ['ɑːgjumənt] 1) спор, дискуссия 2) довод

arid ['ærɪd] сухой, засушливый; бесплодный

arise [ə'raɪz] (arose; arisen) 1) происходить, возникать 2) *уст.* восставать

arisen [ə'rɪzn] *p. p. от* arise

aristocr||acy [ˌærɪs'tɔkrəsɪ] аристократия; ~**at** ['ærɪstəkræt] аристократ

arithmetic [ə'rɪθmətɪk] арифметика

arm I [ɑːm] 1) рука *(от плеча до кисти)* 2) сук, ветвь 3) рукав; ответвление 4) *тех.* рычаг, плечо рычага ◇ at ~'s length на почтительном расстоянии; with open ~s с распростёртыми объятиями; take smb. by the ~ брать кого-л. под руку; carry under one's ~ нести под мышкой; go ~-in-~ идти под руку

arm II 1. *n (обыкн. pl)* 1) оружие; take up ~s взяться за оружие; lay down ~s сложить оружие; under ~s под ружьём; up in ~s охваченный восстанием; восставший; be up in ~s against smb. а) нападать на кого-л.; б) жаловаться на кого-л. 2) род войск 2. *v* вооружаться

armament ['ɑːməmənt] 1) вооружение 2) *attr.*: ~ works военный завод; ~ drive *(или* race) гонка вооружений

armature ['ɑːmətjuə] 1) вооружение 2) арматура

armband ['ɑːmbænd] *см.* armlet.

arm-chair ['ɑːm'tʃɛə] кресло

armed [ɑːmd] вооружённый; ~ attack вооружённое нападение; ~ resistance вооружённое сопротивление

Armenian [ɑː'miːnjən] 1. *a* армянский 2. *n* 1) армянин; армянка 2) армянский язык

armful ['ɑːmful] охапка

arm-hole ['ɑːmhoul] пройма

armistice ['ɑːmɪstɪs] перемирие

armless ['ɑːmlɪs] безрукий

armlet ['ɑːmlɪt] 1) нарукавник 2) небольшой морской залив; рукав реки

armour ['ɑːmə] 1. *n* 1) броня 2) *ист.* вооружение, доспехи 2. *v* покрывать бронёй; ~-**clad** [-klæd] 1. *a* броненосный 2. *n* броненосец

armour||ed ['ɑːməd] бронированный; броненосный; ~ car бронеавтомобиль; ~ forces бронесилы; ~**er** [-rə] оружейный мастер

armoury ['ɑːmərɪ] 1) арсенал 2) *амер.* оружейный завод

armpit ['ɑːmpɪt] подмышка

army ['ɑːmɪ] 1) армия; войско; standing ~ регулярная армия 2) масса, множество

aromatic [ˌæro(u)'mætɪk] благовонный

arose [ə'rouz] *past от* arise

around [ə'raund] 1. *prep* вокруг; the people ~ him were laughing люди вокруг него смеялись 2. *adv* 1) всюду, вокруг; he looked

~ он посмотре́л вокру́г; all ~ повсю́ду 2) *амер.* вблизи́

arouse [ə'rauz] буди́ть; *перен.* пробужда́ть; вызыва́ть *(возмуще́ние и т. п.)*

arraign [ə'rein] *v* 1) привлека́ть к суду́, обвиня́ть 2) *книжн.* придира́ться

arrange [ə'reindʒ] 1) приводи́ть в поря́док 2) догова́риваться 3) *муз.* аранжи́ровать 4) ула́живать *(спор)*; ~ment устро́йство

arrant ['ær(ə)nt]: ~ knave отъя́вленный негодя́й; ~ nonsense су́щий вздор

array [ə'rei] **1.** *v* 1) облача́ть *(пы́шно)*; ~ oneself разоде́ться 2) выстра́ивать **2.** *n* 1) *поэт.* одея́ние 2) построе́ние

arrears [ə'riəz] *pl* задо́лженность; недои́мки; be in ~ име́ть задо́лженность; collect ~ взы́скивать недои́мки

arrest [ə'rest] **1.** *v* 1) заде́рживать; аресто́вывать 2) прико́вывать *(внима́ние)* **2.** *n* 1) аре́ст; заде́ржание 2) *юр.* наложе́ние запреще́ния; ~ing захва́тывающий

arrival [ə'raiv(ə)l] 1) прибы́тие 2) прибы́вший

arrive [ə'raiv] 1) прибыва́ть 2) достига́ть; ~ at a conclusion прийти́ к заключе́нию; ~ at a decision приня́ть реше́ние 3) наступа́ть *(о вре́мени, собы́тии)*

arrog‖ance ['ærəgəns] высокоме́рие, надме́нность; ~ant [-ənt] высокоме́рный; надме́нный; зано́счивый

arrow ['ærou] стрела́

arsenal ['ɑːsinl] арсена́л

arsenic ['ɑːsnik] мышья́к

arson ['ɑːsn] поджо́г

art I [ɑːt] 1) иску́сство 2) мастерство́

art II уст. 2 л. ед. ч. наст. вр. изъяви́тельного наклоне́ния гл. be

arte‖rial [ɑː'tiəriəl] 1) *анат.* артериа́льный 2) магистра́льный *(о доро́гах)*; ~ry *анат.* ['ɑːtəri] арте́рия

artful ['ɑːtful] хи́трый, ло́вкий

article ['ɑːtikl] 1) предме́т, вещь 2) статья́; leading ~ передови́ца *(газе́ты)* 3) пара́граф, пункт *(соглаше́ния и т. п.)* 4) *грам.* член, арти́кль

articulate **1.** *a* [ɑː'tikjulit] 1) членоразде́льный; я́сный *(о ре́чи)* 2) я́сно выража́ющий свои́ мы́сли **2.** *v* [ɑː'tikjuleit] произноси́ть *(членоразде́льно)*

artific‖e ['ɑːtifis] 1) хи́трость 2) иску́сная проде́лка; ~er [ɑː'tifisə] 1) реме́сленник 2) вое́нный те́хник

artificial [ˌɑːti'fiʃ(ə)l] иску́сственный

artillery [ɑː'tiləri] артилле́рия; ~man [-mən] артиллери́ст

artisan [ˌɑːti'zæn] 1) реме́сленник 2) ма́стер

artist ['ɑːtist] 1) худо́жник, живопи́сец 2) арти́ст

artistic [ɑː'tistik] худо́жественный, артисти́ческий

artless ['ɑːtlis] просто́й *(о челове́ке)*; бесхи́тростный

arty ['ɑːti] *разг.* с претензней на худо́жественность *(о веща́х)*; претенду́ющий на то́нкий вкус *(о лю́дях)*

as [æz *(по́лная фо́рма)*, əz *(реду́цированная фо́рма)*] 1) *(для введе́ния прида́т. предло́ж. вре́мени)* в то вре́мя как, как то́лько, по ме́ре того́ как, до тех пор пока́; as they were going home в то вре́мя как они́ шли домо́й; as soon as I saw you как то́лько я уви́дел вас; as he grew up по ме́ре того́ как он рос; as long as I live пока́ я жив 2) *(для введе́ния прида́т. предло́ж. причи́ны)* потому́ что, так как; he dined alone as his wife was away он обе́дал оди́н, так как его́ жены́ не́ было до́ма 3) *(для введе́ния обстоя́тельства сле́дствия)* так... что; he arranged matters so as to suit everyone он так всё устро́ил, что всем угоди́л 4) *(для введе́ния прида́т. предло́ж. о́браза де́йствия)* как, так... как; run as quickly as you can беги́те как мо́жно быстре́е; I know that as well as you do я зна́ю э́то так же хорошо́, как и вы 5) *(для введе́ния прида́т. уступи́тельного предло́ж.)* хотя́; much as I love you хотя́ я и о́чень люблю́ вас 6) *(с после́дующим if для введе́ния прида́т. предло́ж. о́браза де́йствия и́ли сравне́ния)* как бу́дто; you speak as if... вы говори́те так, как бу́дто... ◊ as to you что каса́ется вас; as far as I know наско́лько мне изве́стно; it was known as early as the Middle Ages э́то бы́ло изве́стно ещё в сре́дние века́; as it is и так, и без того́; as yet пока́ что; as it were как бы; так сказа́ть; as for, as to что каса́ется, что до; as well то́же

asbestos [æz'bestɔs] *мин.* асбе́ст

ascend [ə'send] поднима́ться; восходи́ть; **~ancy** [-ənsɪ] могу́щественное влия́ние; **~ant** [-ənt] 1. *a* 1) восходя́щий 2) госпо́дствующий 2. *n* влия́ние, власть над; **~ency** [-ənsɪ] *см.* ascendancy; **~ent** [-ənt] *см.* ascendant

ascension [ə'senʃ(ə)n] 1) восхожде́ние 2) *рел.* вознесе́ние

ascent [ə'sent] восхожде́ние, подъём

ascertain [ˌæsə'teɪn] установи́ть; удостове́риться

ascetic [ə'setɪk] 1. *a* аскети́ческий 2. *n* аске́т

ascribe [əs'kraɪb] припи́сывать

ascription [əs'krɪpʃ(ə)n] припи́сывание

aseptic [æ'septɪk] стери́льный

ash I [æʃ] я́сень; mountain ~ ряби́на

ash II *(обыкн. pl)* зола́, пе́пел; прах ◊ burn to ~es сжига́ть до тла

ashamed [ə'ʃeɪmd] пристыжённый; be ~ of oneself стыди́ться; he was ~ to

ASH

tell the truth ему́ бы́ло сты́дно сказа́ть пра́вду

ash-bin ['æʃbɪn] ведро́ *или* я́щик для му́сора

ashen ['æʃn] пе́пельный; пе́пельного цве́та; мёртвенно-бле́дный

ashore [ə'ʃɔː] к бе́регу, на бе́рег; go ~ выса́живаться на бе́рег

ash-tray ['æʃtreɪ] пе́пельница

ashy ['æʃɪ] 1) пе́пельный 2) бле́дный

Asia∥n ['eɪʃ(ə)n] 1. *a* азиа́тский 2. *n* уроже́нец А́зии; ~**tic** [,eɪʃɪ'ætɪk] азиа́тский

aside [ə'saɪd] в сто́рону, прочь; speak ~ говори́ть в сто́рону *(обыкн. об актёре)* ◊ ~ from *амер.* кро́ме того́

asinine ['æsɪnaɪn] 1) осли́ный 2) глу́пый

ask [ɑːsk] 1) спра́шивать 2) попроси́ть *(for)* 4) приглаша́ть *(на обед, чай — то)*

askance [əs'kæns] сбо́ку; и́скоса; look ~ at подозри́тельно смотре́ть

askew [əs'kjuː] кри́во, ко́со

asking ['ɑːskɪŋ]: for the ~ сто́ит то́лько попроси́ть

aslant [ə'slɑːnt] 1. *adv* ко́со, наи́скось 2. *prep* поперёк

asleep [ə'sliːp] спя́щий; be ~ спать; fall ~ засну́ть; half ~ в полусне́

asp [æsp] випе́ра *(змея)*

asparagus [əs'pærəgəs] спа́ржа

aspect ['æspekt] 1) аспе́кт; вид *(тж. грам.)* 2) взгляд; то́чка зре́ния

aspen ['æspən] 1. *a* оси́новый 2. *n* оси́на

asperity [æs'perɪtɪ] 1) гру́бость; жёсткость; ре́зкость *(тона)* 2) суро́вость *(климата)*

asper∥se [əs'pəːs] черни́ть, позо́рить *(кого-л.)*; ~**sion** [əs'pəːʃ(ə)n] клевета́

asphalt ['æsfælt] асфа́льт

asphyxiate [æs'fɪksɪeɪt] вызыва́ть удушье; be ~d задыха́ться

aspic ['æspɪk] *кул.* заливно́е

aspirant [əs'paɪərənt] претенде́нт

aspirat∥e 1. *v* ['æspəreɪt] произноси́ть с придыха́нием 2. *n* ['æsp(ə)rɪt] 1) придыха́тельный согла́сный 2) знак придыха́ния; ~**ion** [,æspə'reɪʃ(ə)n] 1) придыха́ние 2) *(часто pl)* стремле́ние; жела́ние *(честолюбивое)*

aspir∥e [əs'paɪə] стреми́ться, домога́ться; ~**ing** [-rɪŋ] 1) стремя́щийся 2) честолюби́вый

ass [æs] осёл

assail [ə'seɪl] 1) напада́ть 2) забра́сывать *(вопросами)*; ~**able** [-əbl] уязви́мый; ~**ant** [-ənt] напада́ющий; зачи́нщик

assassin [ə'sæsɪn] уби́йца; hired ~ наёмный уби́йца; ~**ate** [-eɪt] убива́ть; ~**ation** [ə,sæsɪ'neɪʃ(ə)n] уби́йство

assault [ə'sɔːlt] 1. *n* 1) нападе́ние 2) штурм 2. *v* 1) напада́ть 2) штурмова́ть

assay [ə'seɪ] 1. *n* проба *(металлов)* 2. *v* испытывать; опробовать

assemblage [ə'semblɪdʒ] 1) собрание; сбор 2) сборка *(машин)*

assemble [ə'sembl] 1) собирать 2) собираться

assembly [ə'semblɪ] 1) собрание, общество; ассамблея; General A. Генеральная Ассамблея 2) *амер.* законодательное собрание *(отдельных штатов США)* 3) *воен.* сигнал сбора

assent [ə'sent] 1. *v* соглашаться; уступать *(просьбе)* 2. *n* согласие, санкция

assert [ə'sə:t] утверждать; отстаивать; ~ one's rights отстаивать свой права; ~ oneself быть напористым; ~ion [ə'sə:ʃ(ə)n] 1) утверждение 2) защита *(прав и т. п.)*; ~ive [-ɪv] напористый

assess [ə'ses] 1) оценивать *(для обложения)* 2) оценивать по достоинству; ~ment обложение; ~or эксперт (-консультант) *(при суде, комиссии)*

asset ['æset] 1) ценное качество 2) *pl юр.* имущество; ~s and liabilities актив и пассив

assidu||ity [ˌæsɪ'djuɪtɪ] усердие, прилежание; ~ous [ə'sɪdjuəs] прилежный, неутомимый

assign [ə'saɪn] назначать, определять, ассигновать; ~ment 1) задание 2) передача *(прав, имущества)* 3) назначение

assimilate [ə'sɪmɪleɪt] 1) усваивать, ассимилировать 2) уподоблять 3) ассимилироваться

assist [ə'sɪst] помогать; ~ance [-(ə)ns] помощь; mutual ~ance взаимопомощь; ~ant [-(ə)nt] помощник, ассистент

assizes [ə'saɪzɪz] *pl* выездная сессия суда присяжных

associat||e 1. *v* [ə'souʃɪeɪt] 1) соединять, связывать 2) соединяться 3) общаться *(с — with)* 2. *n* [ə'souʃɪt] товарищ, соучастник; ~ professor доцент; ~ion [əˌsouʃɪ'eɪʃ(ə)n] ассоциация, общество

assonant ['æsənənt] созвучный

assort [ə'sɔ:t] подбирать *(по сортам)*; ~ment подбор, ассортимент

assuage [ə'sweɪdʒ] 1) успокаивать; смягчать *(горе)* 2) утолять

assum||e [ə'sju:m] 1) принимать (на себя); ~ responsibility брать на себя ответственность; ~ office вступать в должность 2) присваивать, узурпировать; he ~ed a new name он принял псевдоним 3) напускать на себя; притворяться 4) предполагать; let us ~ that допустим что...; ~ed [-d] 1) вымышленный; an ~ed name вымышленное имя 2) притворный 3) предполагаемый; ~ing самонадеянный

assumption [əˈsʌmpʃ(ə)n] 1) принятие (на себя); присвоение 2) притворство 3) предположение

assurance [əˈʃuər(ə)ns] 1) заверение 2) (само)уверенность 3) страхование

assure [əˈʃuə] 1) уверять 2) гарантировать 3) страховать; ~dly [-rɪdlɪ] несомненно, конечно

aster [ˈæstə] астра

asterisk [ˈæst(ə)rɪsk] *полигр.* звёздочка *(знак)*

astern [əsˈtəːn] *мор.* позади, за кормой; назад; full speed ~ полный ход назад

astir [əˈstəː] *predic* в движении; на ногах; возбуждённый

astonish [əsˈtɔnɪʃ] удивлять, изумлять; ~ing удивительный, изумительный; ~ment удивление, изумление

astound [əsˈtaund] изумлять, поражать

astray [əˈstreɪ] *predic*: go ~ заблудиться; lead smb. ~ сбить кого-л. с пути (истинного)

astride [əˈstraɪd] *predic*: sit ~ сидеть верхом

astronaut [ˈæstrəˈnɔːt] астронавт, космонавт; ~ics [-ɪks] астронавтика

astrono‖**mer** [əsˈtrɔnəmə] астроном; ~**my** [-mɪ] астрономия

astute [əsˈtjuːt] проницательный; хитрый

asunder [əˈsʌndə] 1) порознь 2) на куски; пополам

asylum [əˈsaɪləm] 1) приют, убежище 2) психиатрическая больница

at [æt *(полная форма)*, ət *(редуцированная форма)*] 1) *(в отношении места)* у; за; при; at the door у дверей; at supper за ужином; at the corner of the table на краю стола 2) *(при обозначении времени)* в; на; at six o'clock в шесть часов; at daybreak на рассвете; at night ночью 3) *(после глаголов* look, gaze, stare; hint) на; *(после глаголов* arrive, get, rush; shoot, aim) на; в; *(после глаголов* laugh, sneer, mock) над; *(после глаголов* catch, clutch) за; *(после глаголов* wonder, be surprised, be astonished — *часто переводится русск. дат. и тв. п.)* ◇ at all вообще *(в отриц. предл.)*; at best в лучшем случае; at first сначала; at one (with) в согласии; at the sight (of) при виде; at times иногда; not at all нисколько

ate [et] *past от* eat

athe‖**ism** [ˈeɪθɪzm] атеизм, безбожие; ~**ist** атеист, безбожник

athlet‖**e** [ˈæθliːt] 1) спортсмен 2) атлет, силач; ~**ic** [æθˈletɪk] атлетический; ~**ics** [æθˈletɪks] физкультура, атлетика

athwart [əˈθwɔːt] *мор.* поперёк; ~ ship на траверзе

Atlantic [ətˈlæntɪk] **1.** *a* атлантический **2.** *n* Атлантический океан *(тж.* ~ ocean)

atmospher‖**e** [ˈætməsfɪə] атмосфе́ра; ~ic [ˌætməsˈferɪk] атмосфе́рный; ~ics [ˌætməsˈferɪks] *pl* атмосфе́рные поме́хи

atom [ˈætəm] а́том; ~ic [əˈtɔmɪk] а́томный; ~ic stockpile запа́с а́томного ору́жия; ~ic warfare а́томная война́

atomizer [ˈætəmaɪzə] пульвериза́тор, распыли́тель

atone [əˈtoun] 1) искупа́ть 2) возмеща́ть *(for)*; ~ment искупле́ние

atroci‖ous [əˈtrouʃəs] 1) зве́рский; жесто́кий 2) *разг.* ужа́сный, отврати́тельный; ~ty [əˈtrɔsɪtɪ] зве́рство, жесто́кость

attach [əˈtætʃ] 1) прикрепля́ть 2) присоединя́ть; ~ oneself присоединя́ться 3) привя́зывать, располага́ть к себе́ 4) придава́ть *(значение и т. п.)*

attaché [əˈtæʃeɪ] атташе́ ◊ ~ case ко́жаный чемода́нчик

attached [əˈtætʃt] 1. *p. p. от* attach 2. *a* привя́занный *(к кому-л.)*

attachment [əˈtætʃmənt] 1) прикрепле́ние 2) привя́занность

attack [əˈtæk] 1. *n* 1) наступле́ние; нападе́ние 2) при́ступ *(боле́зни)*, припа́док 2. *v* наступа́ть, атакова́ть

attain [əˈteɪn] достига́ть; ~able [-əbl] достижи́мый; ~ment достиже́ние

attempt [əˈtempt] 1. *n* 1) попы́тка 2) покуше́ние 2. *v* 1) пыта́ться, про́бовать 2) покуша́ться

attend [əˈtend] 1) посеща́ть; прису́тствовать *(на ле́кции и т. п.)* 2) *(to)* занима́ться *(де́лом, вопро́сом)* 3) уха́живать *(за больны́м)*; what doctor ~ed you? како́й врач лечи́л вас?; ~ance [-əns] 1) прису́тствие; посеща́емость; посеще́ние 2) пу́блика 3) ухо́д, обслу́живание; ~ant [-ənt] слуга́; провожа́тый

attent‖ion [əˈtenʃ(ə)n] внима́ние; внима́тельность; draw one's ~ привле́чь чье́-л. внима́ние; pay ~ *(to)* обраща́ть внима́ние *(на кого́-л., что́-л.)*; ~ive [-tɪv] внима́тельный

attenuate 1. *v* [əˈtenjueɪt] 1) истоща́ть 2) разжижа́ть 3) ослабля́ть, смягча́ть 2. *a* [əˈtenjuɪt] 1) исхуда́вший; худо́й 2) разжижённый

attest [əˈtest] свиде́тельствовать, удостоверя́ть; ~ation [ˌætesˈteɪʃ(ə)n] 1) свиде́тельство; подтвержде́ние 2) приведе́ние к прися́ге

attic [ˈætɪk] мансарда; черда́к

attire [əˈtaɪə] 1. *n книжн.* наря́д, пла́тье 2. *v* наряжа́ть

attitude [ˈætɪtjuːd] 1) по́за, оса́нка 2) отноше́ние, пози́ция; ~ of mind склад ума́

attorney [əˈtəːnɪ] пове́ренный, адвока́т; A. General генера́льный атто́рней *(прокуро́р)*; district ~ *амер.* атто́рней, прокуро́р

attract [əˈtrækt] привлека́ть; прельща́ть; притя́гивать; ~ion [-kʃ(ə)n] притяжéние, тяготéние; привлекáтельность; ~ive [-ɪv] привлекáтельный; притягáтельный

attribut‖e 1. n [ˈætrɪbjuːt] 1) свóйство, прúзнак 2) *грам.* определéние 2. v [əˈtrɪbjuːt] припúсывать; ~ive [əˈtrɪbjutɪv] *грам.* атрибутúвный, определúтельный

attune [əˈtjuːn] приводúть в созвýчие, настрáивать

auburn [ˈɔːbən] каштáнового цвéта

auction [ɔːkʃ(ə)n] 1. n аукциóн 2. v распродавáть с молоткá

audaci‖**ous** [ɔːˈdeɪʃəs] смéлый; дéрзкий; ~**ty** [ɔːˈdæsɪtɪ] смéлость; дéрзость

audib‖**le** [ˈɔːdəbl] слышимый, внятный; ~**ly** слышно, внятно

audience [ˈɔːdjəns] 1) аудиéнция; give ~ *(to)* назначáть комý-л. аудиéнцию; выслýшивать 2) аудитóрия, слýшатели *мн.*; пýблика; зрúтели *мн.*

audit [ˈɔːdɪt] 1. n провéрка счетóв, ревúзия 2. v ревизовáть отчётность

audition [ɔːˈdɪʃ(ə)n] 1) прослýшивание 2) прóба *(голосóв и т. п.)*

auditor [ˈɔːdɪtə] ревизóр

auditorium [ˌɔːdɪˈtɔːrɪəm] зрúтельный зал; аудитóрия

auditory [ˈɔːdɪtərɪ] слуховóй

auger [ˈɔːgə] бурáв, сверлó

aught [ɔːt] нéчто, кóе-чтó, чтó-нибудь; for ~ I know наскóлько мне извéстно

augment [ɔːgˈment] увелúчивать, прибавлять; ~**ation** [ˌɔːgmenˈteɪʃ(ə)n] прирóст, увеличéние

augur [ˈɔːgə] 1. n áвгур, прорицáтель 2. v предскáзывать *(судьбý)*; гадáть; ~**y** [ˈɔːgjurɪ] 1) гадáние 2) прорицáние

August [ˈɔːgəst] 1) áвгуст 2) *attr.* áвгустовский

aunt [ɑːnt] тётя, тётка; ~**y** [-ɪ] *ласк.* тётенька

aural [ˈɔːr(ə)l] ушнóй

aureola [ɔːˈrɪələ] ореóл, венéц, сияние

auricular [ɔːˈrɪkjulə] ушнóй, слуховóй

auriferous [ɔːˈrɪfərəs] золотонóсный

aurora [ɔːˈrɔːrə] ýтренняя заря; ~ borealis сéверное сияние

auscultation [ˌɔːsk(ə)lˈteɪʃ(ə)n] выслýшивание *(больнóго)*

auspices [ˈɔːspɪsɪz] *pl* 1) предзнаменовáние 2) покровúтельство; under smb.'s ~ под чьим-л. покровúтельством

auspicious [ɔːsˈpɪʃəs] благоприятный

auster‖**e** [ɔsˈtɪə] 1) стрóгий, сурóвый 2) простóй *(об óбразе жúзни)*; ~**ity** [ɔsˈterɪtɪ] 1) стрóгость, простотá 2) сурóвость; аскетúзм

Australian [ɔsˈtreɪljən] 1. a австралúйский 2. n австралúец; австралúйка

Austrian [ˈɔstrɪən] 1. a австрúйский 2. n австрúец; австрúйка

authentic [ɔːˈθentɪk] пóдлинный, достоверный; ~ity [ˌɔːθenˈtɪsɪtɪ] подлинность

author [ˈɔːθə] 1) автор; писатель 2) творец ◇ ~ of a crime виновник преступления

authoritative [ɔːˈθrɪtət(ə)tɪv] 1) авторитетный; надёжный 2) внушительный

author‖ity [ɔːˈθɔrɪtɪ] 1) авторитет 2) власть; pl власти 3) вес, влияние 4) полномочие; ~ization [ˌɔːθəraɪˈzeɪʃ(ə)n] уполномочивание; разрешение, санкция; ~ize [ˈɔːθəraɪz] уполномочивать, дозволять; ~ized [ˈɔːθəraɪzd]: ~ized translation авторизованный перевод

authorship [ˈɔːθəʃɪp] авторство

autobiogra‖phic [ˌɔːtə(ʊ)baɪə(ʊ)ˈɡræfɪk] автобиографический; ~phy [ˌɔːtə(ʊ)baɪˈɔɡrəfɪ] автобиография

auto‖cracy [ɔːˈtɔkrəsɪ] самодержавие; ~crat [ˈɔːtəkræt] самодержец; ~cratic [ˌɔːtəˈkrætɪk] самодержавный, властный, деспотический

autogenous [ɔːˈtɔdʒɪnəs] автогенный

autograph [ˈɔːtəɡrɑːf] автограф; оригинал рукописи; ~ic(al) [ˌɔːtəˈɡræfɪk(ə)l] собственноручно написанный

automat‖ic [ˌɔːtəˈmætɪk] 1. a 1) автоматический 2) машинальный 2. n автоматический пистолет; ~ion [ˌɔːtəˈmeɪʃ(ə)n] автоматика; ~on [ɔːˈtɔmət(ə)n] автомат

automobile [ˈɔːtəməbiːl] автомобиль

autonomous [ɔːˈtɔnəməs] автономный

autonomy [ɔːˈtɔnəmɪ] автономия

autopilot [ˌɔːtəˈpaɪlət] *ав.* автопилот

autopsy [ˈɔːtəpsɪ] *мед.* вскрытие (трупа)

autumn [ˈɔːtəm] 1) осень 2) *attr.* осенний

auxiliary [ɔːɡˈzɪljərɪ] 1. a вспомогательный 2. n 1) помощник 2) *грам.* вспомогательный глагол

avail [əˈveɪl] 1. v помогать, быть полезным; ~ oneself of smb.'s services воспользоваться чьими-л. услугами; ~ oneself of an opportunity воспользоваться случаем 2. n: of no ~, without ~ бесполезный; to little ~ малополезный; ~able [-əbl] 1) имеющийся в распоряжении; наличный; all ~able funds все наличные средства; make ~able предоставлять 2) годный, действительный 3) достижимый

avalanche [ˈævəlɑːnʃ] снежный обвал; лавина

avaric‖e [ˈævərɪs] скупость; ~ious [ˌævəˈrɪʃəs] скупой

avenge [əˈvendʒ] мстить; ~r мститель

avenue [ˈævɪnjuː] 1) проход; аллея; дорога, обсаженная деревьями 2) *амер.* широкая улица, проспект 3) *перен.* путь; средство

average [ˈævərɪdʒ] 1. n среднее число 2. a средний;

~ height средний рост; on the ~, an ~ (of) в среднем 3. *v* выводить среднее число

avers‖**e** [ə'vəːs] нерасположенный, питающий отвращение *(к чему-л.)*; ~**ion** [ə'vəːʃ(ə)n] отвращение, антипатия

avert [ə'vəːt] отвращать; he ~ed his face он отвернулся

aviary ['eɪvjərɪ] птичник

aviat‖**ion** [ˌeɪvɪ'eɪʃ(ə)n] авиация; ~**or** ['eɪvɪeɪtə] лётчик

avid ['ævɪd] алчный, жадный; ~**ity** [ə'vɪdɪtɪ] алчность, жадность

avoid [ə'vɔɪd] 1) избегать, сторониться 2) *юр.* уничтожать, делать недействительным; ~**able** [-əbl] такой, которого можно избежать; ~**ance** [-(ə)ns] 1) уклонение 2) упразднение

avoirdupois [ˌævədə'pɔɪz] *английская система мер веса (для всех товаров, кроме благородных металлов, драгоценных камней и аптекарских товаров; 1 фунт = 453,59 г)*

avouch [ə'vautʃ] 1) ручаться 2) уверять, утверждать

avow [ə'vau] 1) признавать, открыто заявлять 2): ~ oneself признаваться; ~**al** [-əl] признание; ~**edly** [-ɪdlɪ] прямо, открыто

await [ə'weɪt] ждать, ожидать

awake [ə'weɪk] 1. *v* (awoke; awoke, awaked) 1) будить 2) просыпаться; *перен.* становиться деятельным 3) *(to)* понять, осознать 2. *a predic* бодрствующий

awakeu [ə'weɪk(ə)n] 1) просыпаться 2) будить, пробуждать *(талант, чувства)*; ~**iug** пробуждение; a rude ~ing горькое разочарование

award [ə'wɔːd] 1. *v* присуждать *(что-л.)*, награждать *(чем-л.)* 2. *n* 1) присуждённая награда, присуждённое наказание *и т. п.* 2) присуждение, решение суда

aware [ə'wεə] осведомлённый, знающий; be ~ *(of)* знать, сознавать

away [ə'weɪ] 1. *adv* прочь 2. *a predic* в отсутствие; be ~ уехать; отсутствовать ◇ far ~, ~ off далеко; far and ~, out and ~ вне сравнения; намного; ~ back давно, тому назад; right ~ тотчас

awe ['ɔː] 1. *n* страх; благоговение 2. *v* внушать страх или благоговение, запугивать; ~**struck** [-strʌk] охваченный благоговейным страхом

awful ['ɔːful] 1) ужасный 2) вызывающий страх или благоговение; ~**ly** 1) ['ɔːfulɪ] ужасно 2) ['ɔːflɪ] *разг.* очень, крайне

awhile [ə'waɪl] на некоторое время, ненадолго

awkward ['ɔːkwəd] 1) неудобный, затруднительный 2) неловкий, неуклюжий; ~**ness** неловкость, неуклюжесть

awl [ɔːl] шило

awning ['ɔːnıŋ] навес, тент

awoke [ə'wouk] *past и p. p. от* awake

awry [ə'raı] 1) косо, набок 2) неудачно

axe [æks] топор

axial ['æksıəl] *тех., мат.* осевой

axiom ['æksıəm] аксиома; ~atic [,æksıə'mætık] самоочевидный; неопровержимый

axis ['æksıs] *(pl* axes [-iːz]) ось

axle ['æksl] *тех.* ось; ~d [-d] *тех.* осевой

Azerbaijan [,ɑːzəːbaı-'dʒɑːn] азербайджанский; ~ian [-ıən] 1) азербайджанец; азербайджанка 2) азербайджанский язык

azimuth ['æzıməθ] азимут; true ~ истинный азимут

azot∥e [ə'zout] азот; ~ic [ə'zɔtık] азотный; азотистый

azure ['æʒə] 1. *a* голубой, лазурный 2. *n* 1) лазурь 2) *поэт.* небо

B

B, b [biː] 1) *вторая буква англ. алфавита* 2) *муз.* нота си

babble ['bæbl] 1. *v* 1) журчать 2) лепетать; бормотать 2. *n* 1) журчание 2) лепет; бормотание; ~r болтун

babe [beıb] *поэт.* дитя; *перен.* ребёнок

baby ['beıbı] младенец; ребёнок; ~ish ребяческий, детский

bachelor I ['bætʃ(ə)lə] холостяк

bachelor II бакалавр

bacillus [bə'sıləs] *(pl* -lli [-laı]) бацилла

back [bæk] 1. *n* 1) спина 2) хребет 3) спинка *(кресла)* 4) задняя, оборотная *или* тыльная сторона 5) корешок *(книги)* 6) *спорт.* защитник 2. *a* 1) задний; ~ street переулок 2) просроченный *(о платеже)* 3. *adv* 1) назад; обратно; ~ and forth взад и вперёд; be ~ вернуться 2) тому назад 4. *v* 1) двигаться в обратном направлении, идти задним ходом; давать задний ход 2) поддерживать; ~ out отступать, отказываться *(от обещания)*

back-bencher ['bæk,bentʃə] рядовой член парламента

backbite ['bækbaıt] злословить; клеветать

backbone ['bækboun] спинной хребет; *перен.* а) твёрдость характера; б) главная опора; основа; суть

back-door ['bæk'dɔː] закулисный, тайный

backfire ['bæk'faıə] 1) *тех.* обратная вспышка 2) встречный пожар, устраиваемый для прекращения лесного пожара

background ['bækgraund] 1) фон, задний план 2) подоплёка ◊ stay in the ~ оставаться, держаться в тени

back-handed ['bæk'hændıd]

нанесённый тыльной стороной руки ◇ a ~ compliment сомнительный комплимент

backing ['bækɪŋ] поддержка

back-log ['bæklɔg] задолженность; невыполненные заказы; **~-stage** [-steɪdʒ] закулисный

backward ['bækwəd] 1. *adv* (*тж.* ~s) назад 2. *a* 1) обратный (*о движении*) 2) отсталый; ~ children умственно отсталые дети; **~ness** отсталость

bacon ['beɪk(ə)n] бекон, копчёная свиная грудинка ◇ save one's ~ спасать свою шкуру

bacteriology [bæk,tɪərɪ-'ɔlədʒɪ] бактериология

bacterium [bæk'tɪərɪəm] (*pl* -ia [-ɪə]) бактерия

bad [bæd] (worse; worst) 1) плохой 2) вредный; wine is ~ for you вино вам вредно 3) сильный (*о боли*) 4) грубый (*об ошибке*) ◇ feel ~ *разг.* плохо себя чувствовать

bad(e) [beɪd] *past от* bid 1

badge [bædʒ] значок

badger I ['bædʒə] барсук

badger II приставать

badly ['bædlɪ] 1) плохо, ошибочно 2) очень, сильно ◇ ~ off обедневший; come off ~ потерпеть неудачу

baffle ['bæfl] ставить в тупик (*кого-л.*); расстраивать (*планы и т. п.*) ◇ ~ pursuit ускользнуть от преследования

bag [bæg] 1. *n* мешок; сумка; чемодан 2. *v* класть в мешок

baggage ['bægɪdʒ] багаж

baggy ['bægɪ] мешковатый

bagpipe(s) ['bægpaɪps] (*pl*) волынка (*музыкальный инструмент*)

bail [beɪl] 1. *n* залог, поручительство; go ~ for smb. поручиться за кого-л.; let out on ~ отпускать на поруки 2. *v*: ~ smb. out отпускать кого-л. на поруки

bailiff ['beɪlɪf] судебный пристав, бейлиф

bait [beɪt] 1. *n* приманка; *перен.* искушение 2. *v* 1) насаживать, ставить приманку 2) травить собаками; *перен.* насмехаться, травить, изводить, не давать покоя

baize [beɪz] *текст.* байка; грубое сукно (*особ.* зелёное)

bake [beɪk] (ис)печь

bake‖r ['beɪkə] пекарь ◇ ~'s dozen чёртова дюжина; **~ry** [-rɪ] пекарня; булочная

balance ['bæləns] 1. *n* 1) весы 2) равновесие 3) маятник 4) эк. баланс 2. *v* 1) приводить в равновесие 2) взвешивать; **~d** [-t] уравновешенный; **~-sheet** [-ʃiːt] сводный баланс

balcony ['bælkənɪ] балкон

bald [bɔːld] 1) лысый (*о человеке и т. п.*) 2) оголённый (*о местности и т. п.*)

bald-headed ['bɔːld'hedɪd]: go ~ at (*или* for) smth. идти (*или* действовать) напролом

baldly ['bɔːldlɪ] открыто, напрямик

bale I [beɪl] 1. *n* кипа, тюк 2. *v* складывать в тюки

bale II: ~ **out** *ав.* выбрасываться с парашютом

baleful ['beɪlful] гибельный

balk [bɔːk] 1. *n* 1) препятствие 2) бревно, балка 2. *v* 1) задерживать, препятствовать 2) артачиться *(о лошади)*

Balkan ['bɔːlkən] балканский

ball I [bɔːl] 1. *n* 1) шар; мяч 2) клубок 3) пуля ◇ keep the ~ rolling поддерживать разговор 2. *v* свиваться в клубок

ball II бал

ballad ['bæləd] баллада

ballast ['bæləst] 1. *n* 1) балласт 2) щебень 2. *v* грузить балластом

ball-bearing ['bɔːl'bɛərɪŋ] шарикоподшипник

ballerina [ˌbælə'riːnə] балерина

ballet ['bæleɪ] балет; ~-**dancer** ['bælɪˌdɑːnsə] балерина

ballistics [bə'lɪstɪks] баллистика

balloon [bə'luːn] воздушный шар; аэростат

ballot ['bælət] 1. *n* 1) избирательный бюллетень, баллотировочный шар 2) голосование, баллотировка; by secret ~ тайным голосованием 2. *v* голосовать; баллотировать

bal‖**m** ['bɑːm] бальзам *(тж. перен.)*; ~**my** [-mɪ] 1) ароматный 2) успокаивающий; целительный 3) *разг.* глупый

bamboo [bæm'buː] 1) бамбук 2) бамбуковая трость

bamboozle [bæm'buːzl] *разг.* надувать; ~ smb. out of smth. обманом взять что-л. у кого-л.

ban [bæn] 1. *v* запрещать 2. *n* запрещение

banal [bə'nɑːl] пошлый

banana [bə'nɑːnə] банан

band I [bænd] лента; полоса материи

band II 1) группа людей; отряд 2) банда

band III оркестр

bandage ['bændɪdʒ] 1. *n* бинт; повязка; бандаж 2. *v* перевязывать, бинтовать

bandit ['bændɪt] бандит, разбойник

bandy ['bændɪ] 1. *v (обыкн. перен.)* перебрасываться, обмениваться *(словами)* 2. *a* кривоногий *(тж.* ~-**legged**)

bane [beɪn] отрава; *перен.* погибель; несчастье; ~**ful** гибельный, губительный

bang I [bæŋ] 1. *v* ударять; хлопать *(о двери)* 2. *n* удар; хлопанье *(двери)* 3. *adv разг.* как раз; вдруг 4. *int* бац!

bang II чёлка

banish ['bænɪʃ] изгонять; ~**ment** изгнание, высылка

banisters ['bænɪstəz] *pl* перила

banjo ['bændʒou] банджо *(музыкальный инструмент)*

bank I [bæŋk] 1. *n* 1) берег *(реки, канала)* 2) вал,

насыпь 3) отмель 4) нанос, занос 2. *v* 1) делать насыпь 2) образовывать наносы; the snow has ~ed up много снегу навалило 3) *ав.* накренять 4) *ав.* накреняться

bank II [bæŋk] 1. *n* банк 2. *v* 1) класть деньги в банк 2) *(on, upon)* основываться *(на чём-л.);* полагаться, делать ставку *(на кого-л.)*

banker ['bæŋkə] банкир

bank-note ['bæŋknout] банкнота

bankrupt ['bæŋkrəpt] 1. *n* банкрот; become *(или* go) ~ обанкротиться 2. *a* несостоятельный; ~cy [-sɪ] банкротство

banner ['bænə] знамя, стяг

banquet ['bæŋkwɪt] 1. *n* банкет 2. *v* 1) угощать 2) пировать

banter ['bæntə] 1. *n* добродушное подшучивание 2. *v* подшучивать

bapt‖**ism** ['bæptɪzm] крещение ◊ ~ of fire боевое крещение; ~**ize** [-'taɪz] крестить

bar I [bɑː] 1. *n* 1) полоса *(железа, дерева);* плитка *(шоколада);* брусок *(мыла и т. п.)* 2) засов 3) *pl* решётка *(тюремная)* 4) *муз.* такт 4) препятствие 2. *v* 1) запирать засовом, задвижкой 2) преграждать 3) исключать; запрещать 4) отстранять *(from)*

bar II 1) бар 2) буфет, стойка

bar III 1) адвокатура 2) перила *(отделяющие су-*дей *от подсудимых)* ◊ be called to the ~ получить право заниматься адвокатурой

barb [bɑːb] 1) зазубрина, зубец *(стрелы, удочки)* 2) колючка

barbar‖**ian** [bɑː'bɛərɪən] 1. *n* варвар 2. *a* варварский; ~**ic** [bɑː'bærɪk] *см.* barbarous; ~**ous** ['bɑːbərəs] варварский; грубый, жестокий

barbed [bɑːbd]: ~ words колкости

barbed-wire ['bɑːbd'waɪə] колючая проволока

barber ['bɑːbə] парикмахер

barberry ['bɑːbərɪ] барбарис

bare [bɛə] 1. *a* 1) голый; *перен.* неприкрашенный 2) скудный, убогий 3) малейший, незначительный 2. *v* обнажать; ~**back** [-bæk] без седла

barefaced ['bɛəfeɪst] наглый

barefoot ['bɛəfut] босиком

barely ['bɛəlɪ] едва, только, чуть не

bargain ['bɑːgɪn] 1. *n* 1) сделка 2) торг 3) удачная покупка ◊ into the ~ к тому же, в придачу 2. *v* торговаться

barge [bɑːdʒ] 1. *n* 1) баржа 2) адмиральский катер 2. *v* 1) *(into, against)* наталкиваться *(на кого-л., что-л.)* 2) *(in)* вторгаться

barium ['bɛərɪəm] барий

bark I [bɑːk] 1. *n* кора дерева. 2. *v* 1) сдирать кору 2) содрать, ссадить кожу

bark II [bɑ:k] барк

bark III 1. *v* 1) ла́ять 2) *разг.* ря́вкать 3) *разг.* ка́шлять 2. *n* лай

barkeeper ['bɑ:,ki:pə] буфе́тчик

barley ['bɑ:lı] ячме́нь

barm [bɑ:m] пивны́е дро́жжи

bar‖maid ['bɑ:meɪd] буфе́тчица; ~**man** [-mən] буфе́тчик

barmy ['bɑ:mɪ] *разг.* глу́пый; поме́шанный

barn [bɑ:n] 1) амба́р; сара́й 2) *амер.* трамва́йный парк

baromet‖er [bə'rɔmɪtə] баро́метр; ~**ric** [,bærə'metrɪk] барометри́ческий

baron ['bær(ə)n] 1) баро́н 2) *амер.* магна́т

baroque [bə'rouk] 1. *n* *архит.* баро́кко 2. *a* причу́дливый

barque [bɑ:k] *см.* bark II

barrack ['bærək] 1. *n* бара́к; (*обыкн. pl*) каза́рмы 2. *v разг.* гро́мко высме́ивать, освистывать (*спортсменов*)

barrage ['bærɑ:ʒ] 1) загражде́ние 2) *воен.* загради́тельный ого́нь, огнево́й вал 3) *attr.*: ~ balloon аэроста́т загражде́ния

barrel ['bær(ə)l] 1. *n* 1) бо́чка 2) ствол (*ружья́*) 3) *тех.* вал, бараба́н 2. *v* разлива́ть в бочо́нки

barren ['bær(ə)n] беспло́дный; неплодоро́дный

barricade [,bærɪ'keɪd] 1. *n* баррика́да 2. *v* стро́ить баррика́ды

barrier ['bærɪə] 1) барье́р; заста́ва 2) препя́тствие

barring ['bɑ:rɪŋ] за исключе́нием, исключа́я

barrister ['bærɪstə] адвока́т

barrow I ['bærou] та́чка; (ручна́я) теле́жка

barrow II моги́льный холм, курга́н

barter ['bɑ:tə] 1. *v* меня́ть, обме́нивать 2. *n* менова́я торго́вля

base I [beɪs] 1. *n* 1) осно́ва, основа́ние; ба́зис 2) ба́за, исхо́дный пункт 2. *v* 1) закла́дывать основа́ние 2) осно́вывать (*on*); ~ oneself on осно́вываться на

base II ни́зменный, ни́зкий; по́длый

baseball ['beɪsbɔ:l] бейсбо́л

baseless ['beɪslɪs] не име́ющий основа́ния, необосно́ванный

basement ['beɪsmənt] подва́льное помеще́ние

bashful ['bæʃful] засте́нчивый, ро́бкий

basic ['beɪsɪk] основно́й

basin ['beɪsn] 1) таз, ми́ска 2) ме́лкая бу́хта 3) бассе́йн (*любо́го во́дного простра́нства*)

basis ['beɪsɪs] (*pl* -es [-i:z]) 1) осно́ва, основа́ние; ба́зис; ба́за 2) исхо́дный пункт

bask [bɑ:sk] гре́ться (*на со́лнце, у огня́*); *перен.* наслажда́ться (*чем-л.*)

basket ['bɑ:skɪt] корзи́на, корзи́нка

basket-ball ['bɑ:skɪtbɔ:l] баскетбо́л

bas-relief ['bæsrɪˌliːf] барельеф

bass I [bæs] лыко, луб

bass II [beɪs] 1. *n* бас 2. *a муз.* басовый, низкий

bastard ['bæstəd] 1. *n* внебрачный ребёнок; *груб.* ублюдок 2. *a* 1) внебрачный 2) поддельный

baste I [beɪst] смётывать

baste II поливать жиром *(жаркое во время жаренья)*

bastion ['bæstɪən] бастион; укрепление

bat I [bæt] летучая мышь

bat II 1. *n спорт.* бита 2. *v* бить битой

batch [bætʃ] пачка, кучка

bate [beɪt]: with ~d breath затаив дыхание

bath [bɑːθ] *(pl* baths [bɑːðz]) 1. *n* 1) ванна; купание 2) ванна; баня; купальня 2. *v* 1) мыть, купать 2) мыться, купаться

bath‖**e** ['beɪð] 1) купаться *(в море, реке)* 2) промывать *(рану и т. п.)* ◊ be ~d in sweat (tears) обливаться потом (слезами); ~ing купание

bath‖**robe** ['bɑːθroub] (купальный) халат; ~**room** [-rum] ванная (комната)

baton ['bæt(ə)n] жезл; *муз.* дирижёрская палочка

battalion [bə'tæljən] батальон

batten I ['bætn] 1. *n* рейка; дранка 2. *v* скреплять рейками

batten II *(on)* откармливаться; *перен.* наживаться за счёт других

batter ['bætə] 1. *v* колотить, бить 2. *n* взбитое тесто

battery ['bætərɪ] 1) *воен.* батарея 2) *эл.* батарея, гальванический элемент ◊ assault and ~ оскорбление действием

battle ['bætl] 1. *n* битва; сражение; бой 2. *v* сражаться; ~**-cry** [-kraɪ] боевой клич; *перен.* призыв, лозунг; ~**-field** [-fiːld] поле боя; ~**-ship** [-ʃɪp] линейный корабль

bauble ['bɔːbl] игрушка; безделушка

baulk [bɔːk] *см.* balk

bauxite ['bɔːksaɪt] боксит

bawdy ['bɔːdɪ] непристойный

bawl [bɔːl] орать

bay I [beɪ] залив, бухта

bay II: ~ window эркер, выступ комнаты с окном, «фонарь»

bay III 1. *n* лай ◊ hold at ~ *охот.* не подпускать; bring to ~ *охот.* загнать 2. *v* лаять

bay IV 1. *n* гнедая лошадь 2. *a* гнедой

bay V 1) лавровое дерево 2) *pl см.* laurel 2

bayonet ['beɪənɪt] 1. *n* штык 2. *v* колоть штыком

bazaar [bə'zɑː] 1) (восточный) базар 2) благотворительный базар

be [biː: *(полная форма)*, bɪ *(редуцированная форма)*] *(sing* was, *pl* were; been) 1) быть, находиться; the pupil is at the desk ученик за па́ртой 2) *с последующим инфинитивом значит* до́лжен, должны́ *и т. п.*: you are to come here вы должны́ прийти́ сюда́; he is to go there at once он до́лжен отпра́виться туда́ неме́дленно 3) *является глаголом--связкой и в наст. вр. на русский язык не переводится*: labour in the USSR is a matter of honour труд в СССР—де́ло че́сти; be able быть в состоя́нии, мочь; be afraid боя́ться; be glad быть дово́льным, ра́доваться; be ill боле́ть; be sorry жале́ть, сожале́ть; be sure быть уве́ренным; be well хорошо́ себя́ чу́вствовать 4) *является вспомогательным глаголом*: а) *для образования длительной формы в сочетании с прич. наст. вр. спрягаемого глагола*; he is writing он пи́шет; б) *для образования форм пассива в сочетании с прич. прош. вр. спрягаемого глагола*; the work was done well рабо́та была́ сде́лана хорошо́; be **away** отсу́тствовать; be **back** верну́ться; be **in** быть до́ма, быть на ме́сте; be **off** уезжа́ть, уходи́ть ◇ so be it! пусть бу́дет так!; be going to do smth. собира́ться сде́лать что́-то; what's up? в чём де́ло?; что случи́лось?; the game is up игра́ зако́нчилась; let be оста́вить в поко́е; as it were как бы; так сказа́ть; how are you? как вы поживае́те?; how much is it? ско́лько э́то сто́ит?

beach [bi:tʃ] 1. *n* взмо́рье; пляж 2. *v* выта́скивать на бе́рег *(лодку)*

beacon ['bi:k(ə)n] 1) мая́к 2) ба́кен; буй 3) сигна́льный ого́нь

bead [bi:d] 1) бу́синка 2) ка́пля *(пота)* 3) *pl* чётки

beak [bi:k] клюв

beaker ['bi:kə] 1) мензу́рка 2) ку́бок

beam I [bi:m] 1. *n* луч; сия́ние 2. *v* сия́ть

beam II 1) ба́лка 2) *тех.* баланси́р, коромы́сло 3) *мор.* ширина́ *(судна)*

bean [bi:n] боб ◇ full of ~s *разг.* в припо́днятом настрое́нии; spill the ~s *разг.* проболта́ться

bear I [beə] 1) медве́дь 2) биржево́й спекуля́нт, игра́ющий на пониже́ние; ◇ the Great (Little) B. *астр.* Больша́я (Ма́лая) Медве́дица

bear II (bore; born) рожда́ть

bear III (bore; borne) 1) носи́ть 2) подде́рживать 3) выноси́ть, терпе́ть 4) пита́ть *(чувство)* 5): ~ oneself держа́ться, вести́ себя́ 6) име́ть отноше́ние *(к чему-л. — on)*; ~ **down** преодолева́ть; ~ **out** подтвержда́ть ◇ ~ one's age well вы́глядеть моло́же свои́х лет; ~ smb. company соста́вить кому́-л. компа́нию; ~ in mind по́мнить; ~ witness свиде́тельствовать

bearable ['bɛərəbl] сносный, терпимый
beard I [bɪəd] борода
beard II смело выступать против
bearded ['bɪədɪd] бородатый
bear‖er ['bɛərə] 1) податель, предъявитель 2) носитель 3) подпорка; **~ing** 1) отношение 2) *pl* направление по компасу; пеленг; азимут 3) поведение 4) терпение 5) рождение; плодоношение 6) подшипник
beast ['biːst] зверь; *перен.* грубый человек, скотина; ~ of burden вьючное животное; ~ of prey хищник; **~ly 1.** *a* 1) грубый, непристойный 2): what ~ly weather! какая мерзкая погода! **2.** *adv* ужасно, отвратительно
beat [biːt] **1.** *v* (beat; beaten) 1) бить; колотить 2) отбивать, ударять 3) взбивать *(тесто, яйца; тж.* ~ up) 4) ковать *(металл)* 5) выбивать, выколачивать *(ковёр, одежду и т. п.)* 6) превосходить; побивать, побеждать; ~ **off** отбивать *(атаку и т. п.)* ◇ that ~s me! понять не могу! **2.** *n* 1) удар 2) *муз.* такт
beaten ['biːtn] *p. p. от* beat 1
beautiful ['bjuːtəful] красивый, прекрасный
beautify ['bjuːtɪfaɪ] украшать
beauty ['bjuːtɪ] 1) красота 2) красавица 3) *attr.*: ~ parlour косметический кабинет

beaver ['biːvə] 1) бобр 2) бобёр, бобровый мех
became [bɪ'keɪm] *past от* become
because [bɪ'kɔz] **1.** *cj* так как, потому что **2.** *prep*: ~ of из-за
beck [bek]: be at smb.'s ~ and call быть в чьём-л. распоряжении
beckon ['bek(ə)n] кивать, подзывать
become I [bɪ'kʌm] (became; become) становиться; what became of him? что с ним случилось?
become II идти, быть к лицу
becoming [bɪ'kʌmɪŋ] 1) соответствующий, подходящий 2) (идущий) к лицу
bed ['bed] 1) кровать; постель; ложе; go to ~ ложиться спать; make a ~ стелить постель 2) грядка, клумба 3) русло *(реки)* 4) *геол.* пласт, слой 5) *тех.* основание *(для фундамента)* ◇ ~ and board пансион, квартира и стол; **~-clothes** [-klouðz] *pl* постельное бельё
bedding ['bedɪŋ] постельные принадлежности
bedeck [bɪ'dek] украшать
bedlam ['bedləm] *тж. перен.* бедлам
bedridden ['bed͵rɪdn] прикованный к постели болезнью
bedroom ['bedrum] спальня
bed‖sore ['bedsɔː] пролежень; **~spread** [-spred] (по-

стёльное) покрывáло; ~stead [-sted] кровáть; ~time [-taɪm] врéмя отхóда ко сну

bee [biː] пчелá ◊ have a ~ in one's bonnet быть с причýдой

beech [biːtʃ] бук

beef [biːf] 1) говя́дина; corned ~ солонина 2) *attr.*: ~ tea крéпкий бульóн; ~steak [-'steɪk] бифштéкс

beefy ['biːfɪ] мускулистый, мясистый

bee‖garden ['biːˌgɑːdn] пáсека; ~**hive** [-haɪv] ýлей; ~**keeper** [-ˌkiːpə] пчеловóд; ~**line** [-laɪn] прямáя лúния

been [biːn *(полная форма)*, bɪn *(редуцированная форма)*] *p. p.* от be

beer ['bɪə] пи́во; ~**y** [-rɪ] 1) пивнóй; отдающий пи́вом 2) подвыпивший

bees-wax ['biːzwæks] воск

beet [biːt] свёкла; sugar ~ сáхарная свёкла

beetle I ['biːtl] трамбóвка

beetle II жук

beetle III выступáть, выдавáться, нависáть

beetle-browed ['biːtlbraʊd] с нави́сшими бровя́ми

beetroot ['biːtruːt] свекло́вица, бура́к

befall [bɪ'fɔːl] (befell; befallen) случáться, происходи́ть

befallen [bɪ'fɔːl(ə)n] *p. p.* от befall

befell [bɪ'fel] *past* от befall

befit [bɪ'fɪt] *безл.* приличествовать, слéдовать

before [bɪ'fɔː] **1.** *prep* 1) *(в отношении времени)* пéред, до; ~ dinner пéред обéдом; ~ the war до войны́; the day ~ yesterday позавчерá, трéтьего дня 2) *(в отношении места)* пéред; he stood ~ us он стоя́л пéред нáми 3) скорéе чем; he loves her ~ himself он лю́бит её бóльше себя́ **2.** *adv* вы́ше, рáньше, ужé ◊ ~ long вскóре; long ~ задóлго **3.** *cj* прéжде чем, скорéе чем

beforehand [bɪ'fɔːhænd] зарáнее

befriend [bɪ'frend] помогáть, поддéрживать

beg [beg] проси́ть, умоля́ть; ~ pardon извиня́ться; we ~ to inform you *(в деловом письме)* извещáем вас

began [bɪ'gæn] *past* от begin

beggar ['begə] **1.** *n* ни́щий **2.** *v* довести́ до нищеты́

begin [bɪ'gɪn] (began; begun) 1) начинáть 2) начинáться; to ~ with прéжде всегó; во-пéрвых; ~**ner** начинáющий; новичóк; ~**ning** начáло

begone! [bɪ'gɔn] *int* убирáйся!

begrudge [bɪ'grʌdʒ] 1) завидовать 2) скупи́ться

beguile [bɪ'gaɪl] обмáнывать ◊ ~ the time коротáть врéмя

begun [bɪ'gʌn] *p. p.* от begin

behalf [bɪ'hɑːf]: on ~ of в интерéсах когó-л.; от и́мени когó-л.

behav||e [bɪ'heɪv] вести себя, поступать; **~iour** [-jə] поведение

behead [bɪ'hed] обезглавить

behest [bɪ'hest] *поэт.* завет, повеление; at the ~ (of) по приказу, по требованию

behind [bɪ'haɪnd] **1.** *prep* 1) за, позади; после; ~ the house за домом; ~ time с опозданием; ~ the times устарелый; ~ the scenes за кулисами 2) ниже *(по качеству)* **2.** *adv* позади

being ['bi:ɪŋ] **1.** *n* 1) существо; human ~ человек 2) бытие, существование; come into ~ начинаться; call into ~ создать **2.** *pres. p.* будучи **3.** *a* существующий, настоящий; for the time ~ а) в данное время; б) на некоторое время

belated [bɪ'leɪtɪd] запоздалый, поздний; застигнутый ночью

belch [beltʃ] **1.** *v* 1) рыгать 2) извергать *(лаву и т. п.)*; выбрасывать *(дым)* **2.** *n* отрыжка

beleaguer [bɪ'li:gə] осаждать

belfry ['belfrɪ] колокольня

Belgian ['beldʒ(ə)n] **1.** *a* бельгийский **2.** *n* бельгиец; бельгийка

belief [bɪ'li:f] 1) вера; верование 2) убеждение; мнение

believe [bɪ'li:v] 1) верить 2) полагать, думать

belittle [bɪ'lɪtl] умалять, преуменьшать

bell [bel] 1) колокол, колокольчик 2) звонок; ring the ~ позвонить 3) *(обыкн. pl) мор.* склянки

bell-boy ['belbɔɪ] коридорный, посыльный *(в гостинице)*

bell-flower ['bel,flauə] колокольчик

bellicose ['belɪkous] воинственный

belligerent [bɪ'lɪdʒər(ə)nt] **1.** *a* воюющий **2.** *n* воюющая сторона

bellow ['belou] **1.** *v* мычать, реветь от боли **2.** *n* рёв, мычание

bellows ['belouz] *pl* мехи

belly ['belɪ] **1.** *n* живот, брюхо **2.** *v* надуваться; **~-ache** [-eɪk] боль в животе

belong [bɪ'lɔŋ] принадлежать, относиться *(to)*

belongings [bɪ'lɔŋɪŋz] *pl* вещи, принадлежности

beloved [bɪ'lʌvd] возлюбленный (-ная), любимый (-мая)

below [bɪ'lou] **1.** *prep* 1) под, ниже; ~ zero ниже нуля 2) ниже *(о качестве)*; ~ (the) average ниже среднего **2.** *adv* ниже, внизу

belt [belt] **1.** *n* 1) пояс, ремень 2) *воен.* перевязь; портупея 3) *геогр.* зона **2.** *v* 1) опоясывать 2) пороть ремнём

bemoan [bɪ'moun] оплакивать

bench [bentʃ] 1) скамья 2) место судьи в суде 3) *собир.* суд, судьи 4) верстак, станок

bend [bend] 1. *v* (bent) 1) сгибáться; наклоняться, гнýться; изгибáться 2) сгибáть; наклонять, гнуть 3) напрягáть *(силы, внимáние)*; ~ every effort напрягáть все силы 4) покоряться *(to)* ◇ be bent on smth. стремиться к чемý-л. 2. *n* 1) изгиб 2) *мор.* ýзел

beneath [bɪ'niːθ] 1. *prep* под, ниже 2. *adv* внизý

benediction [ˌbenɪ'dɪkʃ(ə)n] благословéние

benefact‖ion [ˌbenɪ'fækʃ(ə)n] благодеяние; ~or ['benɪfæktə] благодéтель

benefice ['benɪfɪs] *церк.* приход

beneficence [bɪ'nefɪs(ə)ns] благотворительность

beneficial [ˌbenɪ'fɪʃəl] выгодный, полéзный

benefit ['benɪfɪt] 1. *n* 1) выгода, пóльза 2) пособие 3) бенефис ◇ give smb. the ~ of the doubt оправдáть *(когó-л.)* за недостáточностью улик; sickness ~ больничное пособие 2. *v* 1) помогáть 2) ~ by *(или* from) извлекáть пóльзу, выгоду из

benevol‖ence [bɪ'nevələns] благосклóнность; ~ent [-ənt] благосклóнный

benighted [bɪ'naɪtɪd] застигнутый нóчью *(в пути)*; *перен.* отстáлый, невéжественный

benign, ~ant [bɪ'naɪn, bɪ'naɪgnənt] 1) милостивый; великодýшный 2) благотвóрный 3) *мед.* неопáсный

bent I [bent] склóнность, наклóнность; follow one's ~ слéдовать своемý влечéнию ◇ to the tóp of one's ~ вдóволь

bent II [bent] *past и p. p.* от bend I

benumb [bɪ'nʌm] *(обыкн. pass.)* приводить в оценепéние; ~ed цепенéть

benzene ['benziːn] бензóл

benzine ['benziːn] бензин

bequeath [bɪ'kwiːð] завещáть

bequest [bɪ'kwest] (завéщанное) наслéдство

bereave [bɪ'riːv] (bereaved, bereft) лишáть *(жизни, надéжды)*; обездóлить; ~ smb. of smth. лишáть когó-л. чегó-л.; be ~d of smb., smth. лишиться когó-л., чегó-л.; ~ment тяжёлая утрáта

bereft [bɪ'reft] *past и p. p.* от bereave

beret ['bereɪ] берéт

berry ['berɪ] ягода

berth [bɜːθ] 1. *n* 1) спáльное мéсто; кóйка *(на парохóде)*; пóлка *(в вагóне)* 2) якорная стоянка 3) *разг.* мéсто, дóлжность ◇ give a wide ~ *(to)* обходить, избегáть 2. *v* 1) стáвить сýдно на якорь 2) *мор.* снабжáть спáльным мéстом

beseech [bɪ'siːtʃ] (besought) просить, умолять; ~ing умоляющий

beset [bɪ'set] (beset) окружáть, теснить, осаждáть

beside [bɪ'saɪd] 1) рядом *(с)*, возле; ~ the river у реки 2) по сравнéнию с; she seems dull ~ her sister она кажется неинтересной по сравнению со своей сестрой ◊ ~ the mark некстати; be ~ oneself *(with)* быть вне себя *(от)*

besides [bɪ'saɪdz] 1. *prep* кроме 2. *adv* кроме того; помимо

besiege [bɪ'siːdʒ] осаждать

besmear [bɪ'smɪə] замарать

besought [bɪ'sɔːt] *past и p. p. от* beseech

bespatter [bɪ'spætə] забрызгивать грязью

bespeak [bɪ'spiːk] (bespoke; bespoken, bespoke) 1) заранее заказывать 2) означать, свидетельствовать

bespok‖**e** [bɪ'spouk] *past и p. p. от* bespeak; **~en** [-(ə)n] *p. p. от* bespeak

best [best] 1. *a (превосх. ст. от* good, well II) лучший ◊ ~ man шафер; the ~ part большая часть; do one's ~ делать всё возможное 2. *adv* лучше всего; больше всего; at ~ в лучшем случае 3. *n*: do smth. for the ~ делать что-л. к лучшему; to the ~ of my knowledge насколько мне известно

bestial ['bestjəl] животный, грубый; развратный; **~ity** [ˌbestɪ'ælɪtɪ] скотство

bestir [bɪ'stəː]: I must ~ myself and be off мне надо собраться и идти

bestow [bɪ'stou] 1) *(on, upon)* давать; дарить 2) помещать, размещать; **~al** [-əl] дар

bestridden [bɪ'strɪdn] *p. p. от* bestride

bestride [bɪ'straɪd] (bestrode; bestridden) 1) садиться *или* сидеть верхом 2) стоять, расставив ноги

bet [bet] 1. *n* пари; lay a ~ on держать пари на 2. *v* держать пари ◊ you ~! *разг.* конечно!; ещё бы!; будьте уверены!

betake [bɪ'teɪk] (betook; betaken): ~ oneself *(to)* отправляться *(куда-л.)*

betaken [bɪ'teɪk(ə)n] *p. p. от* betake

betimes [bɪ'taɪmz] рано

betoken [bɪ'touk(ə)n] означать, указывать

betook [bɪ'tuk] *past от* betake

betray [bɪ'treɪ] предавать, изменять; **~al** [-əl] предательство, измена

betroth [bɪ'trouð] обручать; **~al** [-əl] обручение, помолвка

better 1. *a (сравн. ст. от* good, well II) 1) лучший; высший 2): I feel ~ я чувствую себя лучше; are you ~ ? вам лучше? ◊ the ~ part большинство; be ~ off быть богаче; be ~ than one's word сделать больше обещанного; think ~ *(of)* передумать 2. *n*: one's ~s старшие *или* вышестоящие лица; get the ~ *(of)* получить преимущество *(над кем-л.)*, одолеть, победить *(кого-л.)*; are you the ~ for it? что вы от этого выгадали? 3. *adv* лучше, больше ◊ think ~ of smth. передумать; he knows ~ его не проведёшь

betterment ['betəmənt] улучшение, исправление

between [bɪ'twiːn] 1. *prep* между ◇ ~ ourselves между нами 2. *adv* между ◇ betwixt and ~ ни то ни сё; in ~ между тем; his visits are few and far ~ его посещения редки

beverage ['bevərɪdʒ] напиток

bevy ['bevɪ] 1) собрание, группа *(преим. женщин)* 2) стая *(птиц)*

bewail [bɪ'weɪl] сожалеть, оплакивать; ~ the fact сожалеть о факте

beware [bɪ'weə] остерегаться

bewilder [bɪ'wɪldə] изумлять, озадачивать; ~ment изумление

bewitch [bɪ'wɪtʃ] заколдовать; очаровать; ~ing очаровательный; ~ment колдовство; чары

beyond [bɪ'jɔnd] 1. *adv* вдали, на расстоянии 2. *prep* 1) за, по ту сторону 2) позже, после; ~ the appointed hour позже назначенного часа 3) вне; выше, свыше; it is ~ my power это выше моих сил; ~ belief невероятно

bias ['baɪəs] 1. *n* 1) уклон, наклон 2) косая линия в ткани 3) предубеждение *(против—against);* пристрастие *(towards, in favour of)* 2. *v:* ~ smb. оказывать (плохое) влияние на кого-л.

bib I [bɪb] (детский) нагрудник

bib II [bɪb] много пить, пьянствовать

bible ['baɪbl] библия

biblical ['bɪblɪkəl] библейский

bicentenary [,baɪsen'tiːnərɪ] 1. *a* двухсотлетний 2. *n* двухсотлетие

biceps ['baɪseps] *анат.* бицепс

bicker ['bɪkə] 1) ссориться; драться 2) журчать *(о воде)* 3) стучать *(о дожде)* 4) колыхаться *(о пламени)*

bicycle ['baɪsɪkl] 1. *n* велосипед 2. *v* кататься на велосипеде

bid [bɪd] 1. *v* (bad(e), bid; bidden, bid) 1) приказывать 2) предлагать цену; ~ against, ~ up набавлять цену ◇ ~ farewell прощаться; ~ smb. welcome приветствовать кого-л. 2. *n* предложение цены

bidden ['bɪdn] *p. p.* от bid 1

bidder ['bɪdə] покупщик

biennial [baɪ'enɪəl] двухлетний, двухгодичный

bier [bɪə] похоронные дроги

bifurcate 1. *v* ['baɪfəːkeɪt] 1) раздваивать 2) раздваиваться 2. *a* ['baɪfəːkɪt] раздвоенный

big [bɪg] 1) большой; обширный; крупный 2) важный; высокомерный ◇ talk ~ хвастаться; too ~ for one's boots *разг.* самонадеянный; В. Ben «Большой Бен»*(часы на здании английского парламента в Лондоне)*

bigamy ['bɪgəmɪ] двоежёнство; двоемужие

bight [baɪt] 1) бухта 2) *мор.* бухта троса

bigot||**ed** ['bɪgətɪd] предубеждённый; ~**ry** [-rɪ] предубеждение

bijou ['biːʒuː] 1. *n* драгоценный камень; драгоценность; безделушка 2. *a* небольшой и изящный

bike [baɪk] *разг.* велосипед

bilateral [baɪ'læt(ə)r(ə)l] двусторонний

bilberry ['bɪlb(ə)rɪ] черника

bil||**e** [baɪl] жёлчь; разлив жёлчи; *перен.* раздражительность; ~**ious** ['bɪljəs] жёлчный

bill I [bɪl] клюв

bill II 1. *n* 1) счёт; ~ of fare меню 2) афиша, плакат 3) законопроект; билль 4) список; инвентарь 5) *амер.* банкнота 6) вексель 7) *юр.* иск 2. *v* 1) объявлять в афишах 2) расклеивать афиши

billet ['bɪlɪt] 1. *n воен.* 1) ордер на постой 2) помещение для постоя 2. *v воен.* расквартировывать

billiards ['bɪljədz] бильярд

billion ['bɪljən] 1) биллион 2) *амер.* миллиард

billow ['bɪlou] 1. *n* большая волна, вал 2. *v* волноваться, вздыматься волнами

billy-goat ['bɪlɪgout] козёл

bin [bɪn] 1) бункер; закром; ящик 2) мусорное ведро

binary ['baɪnərɪ] двойной, сдвоенный

bind [baɪnd] (bound) 1) связывать; перевязывать 2) переплетать *(книгу)* 3) обязывать *(тж.* ~ over); ~ oneself to do smth. обязаться что-л. сделать; ~ over to appear обязывать явиться; ~ up перевязывать *(рану)*; ~ up with smth. а) связывать с чем-л; б) обвязывать чем-л.

bind||**er** ['baɪndə] 1) переплётчик 2) *с.-х.* сноповязалка; ~**ery** [-ərɪ] переплётная мастерская; ~**ing** 1. *n* 1) переплёт 2) обшивка 3) *тех.* связь 2. *а* 1) скрепляющий 2) обязательный

binoculars [bɪ'nɔkjuləz] *pl* бинокль

binomial [baɪ'noumjəl] 1. *n* бином 2. *а:* ~ theorem бином Ньютона

biography [baɪ'ɔgrəfɪ] биография

biology [baɪ'ɔlədʒɪ] биология

bipartite [baɪ'pɑːtaɪt] двусторонний

biped ['baɪped] двуногое (животное)

biplane ['baɪpleɪn] биплан

birch [bəːtʃ] 1. *n* 1) берёза 2) розга 2. *v* сечь розгой

birchen ['bəːtʃ(ə)n] берёзовый

bird [bəːd] птица; ~ of passage перелётная птица; ~ of prey хищная птица ◊ ~s of a feather одного поля ягода; queer ~ чудак; ~-**cage** [-keɪdʒ] клетка *(для птиц)*

bird's-eye ['bəːdzaɪ]: ~ view вид с птичьего полёта

birth ['bə:θ] 1) рождение; give ~ *(to)* родить 2) происхождение; ~-**control** [-kən,troul] противозачаточные меры; ~**day** [-deɪ] день рождения; ~**mark** [-mɑ:k] родинка; ~**place** [-pleɪs] место рождения; ~**rate** [-reɪt] коэффициент, процент рождаемости

birthright ['bə:θraɪt] право первородства

biscuit ['bɪskɪt] (сухое) печенье

bisect [baɪ'sekt] разрезать пополам

bisexual ['baɪ'seksjuəl] двуполый

bishop ['bɪʃəp] епископ

bismuth ['bɪzməθ] висмут

bit I [bɪt] *past и p. p. от* bite I

bit II кусочек, кусок ◇ a (little) ~ немножко; by ~ постепенно; not a ~ нисколько; do one's ~ выполнять свой долг; вносить свою лепту; every ~ совершенно; give a ~ of one's mind высказаться напрямик

bit III 1. *n* 1) удила; мундштук 2) *тех.* сверло 2. *v* взнуздать

bitch [bɪtʃ] сука; ~ wolf волчица

bit‖**e** ['baɪt] 1. *v* (bit; bit, bitten) 1) кусаться 2) кусать 3) жечь *(о перце)*; щипать *(о морозе)*; *перен.* язвить, колоть 4) клевать *(о рыбе)* 2. *n* 1) укус 2) кусочек 3) клёв; ~**ing** острый, едкий; язвительный, резкий

bitten ['bɪtn] *p. p. от* bite 1

bitter ['bɪtə] 1) горький 2) озлобленный; резкий 3) жестокий *(о морозе)* ◇ to the ~ end до самого конца; ~**ly** 1) горько 2) резко, жёстко 3) жестоко; ~**ness** 1) горечь 2) злоба

bizarre [bɪ'zɑ:] странный, причудливый

blab [blæb] болтать

black [blæk] 1. *a* чёрный; тёмный, мрачный ◇ ~ diamonds каменный уголь; ~ eye подбитый глаз; ~ frost мороз без снега *или* инея; ~ earth чернозём; things look ~ положение кажется безнадёжным; beat ~ and blue избить до синяков; be in smb.'s ~ books быть у кого-л. в немилости 2. *n* 1) чёрный цвет 2) чернота put down in ~ and white написать чёрным по белому 3. *v* чернить; ваксить; ~ **out** затемнять; маскировать

black-beetle ['blæk'bi:tl] чёрный таракан

blackberry ['blækb(ə)rɪ] ежевика

blackbird ['blækbə:d] чёрный дрозд

black-board ['blækbɔ:d] классная доска

black-cock ['blækkɔk] тетерев

blacken ['blæk(ə)n] 1) чернить 2) пачкать 3) чернеть; загорать 4) очернить

blackguard ['blægɑ:d] 1. *n* подлец 2. *a* подлый 3. *v* ругаться

blacking ['blækɪŋ] вакса

black-lead ['blæk'led] графит

blackleg ['blækleg] *разг.* 1) штрейкбрехер 2) шулер, мошенник

black-list ['blæklɪst] 1. *n* чёрный список 2. *v* заносить в чёрные списки

blackmail ['blækmeɪl] 1. *n* шантаж 2. *v* шантажировать

blackness ['blæknɪs] чернота, темнота, мрачность

black-out ['blækaut] 1) временная потеря сознания 2) затемнение, светомаскировка 3) *театр.* выключение света на сцене

blacksmith ['blæksmɪθ] кузнец

bladder ['blædə] 1) пузырь 2) *анат.* мочевой пузырь

blade [bleɪd] 1) лезвие 2) лопасть *(весла, лопаты)* 3) узкий лист, травинка

blame ['bleɪm] 1. *n* 1) порицание; обвинение 2) вина; take the ~ upon oneself взять вину на себя ◇ take the ~ for smth. взять на себя ответственность за что-л. 2. *v* порицать, винить; **~less** *a* невинный, безупречный; **~worthy** [-,wəðɪ] достойный порицания

blanch [blɑːntʃ] 1) белить *(что-л.)* 2) белеть; бледнеть *(от страха, холода)*

bland [blænd] 1) вежливый 2) вкрадчивый 3) мягкий *(о климате и т. п.)*

blandish ['blændɪʃ] обольщать; льстить; **~ment** обольщение; лесть

blank [blæŋk] 1. *a* 1) пустой 2) неисписанный *(о бумаге)* 3) бессмысленный *(о взгляде)* ◇ ~ cartridge холостой патрон; look ~ быть озадаченным; ~ despair полное отчаяние; ~ verse белый стих; give a ~ cheque дать карт-бланш 2. *n* 1) пустое место; пустота 2) тире, прочерк

blanket ['blæŋkɪt] 1. *n* шерстяное одеяло 2. *v* покрывать одеялом

blare [blɛə] 1. *v* громко трубить 2. *n* звуки труб

blasphem‖**e** [blæs'fiːm] богохульствовать; поносить; **~ous** ['blæsfɪməs] богохульный; **~y** ['blæsfɪmɪ] богохульство

blast [blɑːst] 1. *n* 1) сильный порыв ветра 2) звук духового инструмента 3) взрыв 2. *v* 1) вредить, губить 2) взрывать; **~ed** [-ɪd] 1) разрушенный 2) *разг.* проклятый

blast-furnace ['blɑːst'fəːnɪs] домна

blatant ['bleɪt(ə)nt] 1) шумный, крикливый 2) бесстыдный; a ~ lie наглая ложь

blaze I [bleɪz] 1. *n* 1) пламя 2) вспышка 3) великолепие 2. *v* гореть, пылать; ~ **away!** *разг.* валяй, действуй!; ~ **up** вспыхнуть от гнева

blaze II 1. *n* 1) зарубка на дереве для указания дороги 2) белое пятно *(на лбу животного)* 2. *v* делать заметки *(на дороге, на дереве)* ◇ ~ a trail прокладывать новый путь

blaze III [bleɪz] разглашáть *(часто ~ abroad)*

blazer ['bleɪzə] яркая спортивная кýртка

blazon ['bleɪzn] герб

bleach [bliːtʃ] белúть; отбéливать; обесцвéчивать

bleak [bliːk] лишённый растительности *(о местности)*; холóдный *(о погоде)*; подвéрженный вéтрам; *перен.* унылый, мрáчный

blear ['blɪə] 1. *a* тýсклый, затумáненный 2. *v* затумáнивать *(взор)*; ~y [-ɪ] *см.* blear 1

bleat [bliːt] 1. *v* блéять 2. *n* блéяние

bleed [bliːd] 1) кровоточúть; истекáть крóвью 2) пускáть кровь 3) вымогáть дéньги ◇ ~ white а) обескрóвить; б) выкачать все дéньги

blemish ['blemɪʃ] 1. *n* пятнó *(тж. перен.)* 2. *v* пятнáть *(тж. перен.)*

blench [blentʃ] 1) отступáть *(перед чем-л.)*; трýсить 2) закрывáть глазá *(на что-л.)*

blend [blend] 1. *v* 1) смéшивать 2) смéшиваться 3) сливáться 2. *n* смесь; смешéние

bless ['bles] (blessed, blest) 1) благословлять 2) осчастлúвливать, дéлать счастлúвым; ~ing 1) благословéние 2) благодеяние

blest [blest] *past и р. р. от* bless

blew [bluː] *past от* blow I и II, 1

blight [blaɪt] 1. *n* скрýчивание *(болезнь растéний)*; *перен.* губительное влияние 2. *v* приносúть вред *(растéниям)*; *перен.* пóртить удовóльствие, разрушáть плáны

blind [blaɪnd] 1. *a* 1) слепóй 2) безрассýдный 3) тёмный ◇ ~ alley тупúк; turn a ~ eye to smth. закрывáть глазá на что-л.; ~ drunk *(или* to the world*) разг.* вдрéбезги пьяный; ~ landing посáдка по прибóрам 2. *v* 1) ослеплять 2) затемнять 3) *воен.* закрывáть пóле зрéния 2. *n* 1) штóра; жалюзи 2) обмáн

blindfold ['blaɪndfould] с завязанными глазáми; *перен.* дéйствующий вслепýю; know one's way ~ прекрáсно знать дорóгу

blind-man's-buff ['blaɪndmænz'bʌf] жмýрки

blink [blɪŋk] 1) мигáть 2) мерцáть 3) закрывáть глазá *(на что-л.)*

blinkers ['blɪŋkəz] *pl* наглáзники, шóры

bliss [blɪs] блажéнство; ~ful счастлúвый

blister ['blɪstə] 1) волдырь 2) *тех.* пузырь *(в метáлле)*

blithe [blaɪð] весёлый

blizzard ['blɪzəd] бурáн, метéль

bloated ['bloutɪd] 1) обрюзгший 2) раздýтый

blob [blɔb] 1) кáпелька 2) шáрик *(глины, воска)*

bloc [blɔk] *полит.* блок, союз

block I [blɔk] 1) чурбáн;

глы́ба *(камня)* 2) брусо́к 3) коло́дка 4) болва́нка 5) *attr.*: write in ~ letters писа́ть печа́тными бу́квами

block II [blɔk] кварта́л *(города)*

block III 1. *n* 1) препя́тствие 2) зато́р *(уличного движения)* 3) *ж.-д.* блокиро́вка 2. *v* 1) загора́живать, заде́рживать 2) *парл.* заде́рживать прохожде́ние законопрое́кта

blockade [blɔ'keid] 1. *n* блока́да; run the ~ прорва́ть блока́ду 2. *v* блоки́ровать

blockhead ['blɔkhed] болва́н, тупи́ца

bloke [blouk] *разг.* па́рень

blond [blɔnd] белоку́рый

blonde [blɔnd] блонди́нка

blood [blʌd] 1) кровь 2) происхожде́ние; родови́тость 3) родство́ 4) сок *(плодов)* 5) *attr.* кровяно́й; ~ pressure кровяно́е давле́ние; ~ transfusion перелива́ние кро́ви ◇ in cold ~ хладнокро́вно

bloodhound ['blʌdhaund] ище́йка

bloodless ['blʌdlis] бескро́вный

blood‖-letting ['blʌd‚letiŋ] кровопуска́ние; ~-poisoning [-‚pɔizniŋ] зараже́ние кро́ви; ~-shed [-ʃed] кровопроли́тие; ~-shot [-ʃɔt] нали́тый кро́вью, воспалённый *(о глазах)*; ~-sucker [-‚sʌkə] пия́вка; *перен.* кровопи́йца, эксплуата́тор; ~-thirsty [-‚θəːsti] кровожа́дный; ~-vessel [-‚vesl] кровено́сный сосу́д

bloody ['blʌdi] 1) крова́вый 2) *груб.* прокля́тый

bloom [bluːm] 1. *n* 1) цвете́ние; расцве́т 2) пушо́к *(на плодах)* 3) румя́нец 2. *v* цвести́

bloomer ['bluːmə] *разг.* прома́х

bloomers ['bluːməz] же́нские спорти́вные брю́ки; шарова́ры

blossom ['blɔsəm] 1. *n* 1) цвете́ние 2) цвето́к 2. *v* цвести́, распуска́ться

blot [blɔt] 1. *n* 1) кля́кса 2) пятно́ *(тж. перен.)* 2. *v* 1) па́чкать; *перен.* пятна́ть; ~ one's copy-book запятна́ть свою́ репута́цию 2) промока́ть, высу́шивать черни́ла; ~ out вычёркивать, стира́ть *(написанное)*; *перен.* загла́живать

blotch [blɔtʃ] 1) прыщ 2) пятно́, кля́кса

blotting-paper ['blɔtiŋ‚peipə] промока́тельная бума́га

blouse [blauz] блу́за

blow I [blou] (blew; blown) 1) дуть; ~ one's nose сморка́ться 2) раздува́ть ого́нь 3) гнать *(о ветре)* 4) пыхте́ть 5) игра́ть на духово́м инструме́нте; ~ out туши́ть; ~ up взрыва́ть ◇ ~ out one's brains пусти́ть пу́лю в лоб; ~ one's own trumpet хва́стать

blow II уда́р; at a ~, at one ~ одни́м уда́ром, сра́зу

blowball ['bloubɔːl] одува́нчик

blower ['blouə] 1) труба́ч 2) *тех.* вентиля́тор

blown [bloun] *p. p.* от blow I

blowpipe ['bloupaip] пая́льная тру́бка

blubber ['blʌbə] 1. *v разг.* пла́кать, рыда́ть 2. *n* плач, рёв

bludgeon ['blʌdʒ(ə)n] 1. *n* дуби́нка 2. *v* бить дуби́нкой; *перен.* принужда́ть

blue [blu:] 1. *a* си́ний, голубо́й; dark ~ си́ний ◇ look (*или* feel) ~ быть в плохо́м настрое́нии; once in a ~ moon о́чень ре́дко, в ко́и-то ве́ки; ~ blood «голуба́я кровь» 2. *n* 1) си́ний, голубо́й цвет; голуба́я кра́ска; 2) си́нька ◇ in the ~s в пода́вленном состоя́нии; out of the ~ соверше́нно неожи́данно 3. *v* сини́ть

bluebell ['blu:bel] *бот.* колоко́льчик

bluejacket ['blu:,dʒækit] *разг.* матро́с вое́нного фло́та

blueprint ['blu:'print] си́нька, светоко́пия

bluff I [blʌf] 1. *a* 1) отве́сный, круто́й (*о скалах и т. п.*) 2) резкова́тый, грубова́тый (*о манерах*) 2. *n* отве́сный бе́рег

bluff II 1. *n* обма́н, запу́гивание, блеф ◇ call smb.'s ~ разоблача́ть пусты́е угро́зы, обма́н 2. *v* запу́гивать

bluish ['blu:iʃ] голубова́тый, синева́тый

blunder ['blʌndə] 1. *v* 1) промахну́ться; сде́лать гру́бую оши́бку, про́мах 2) идти́ вслепу́ю, спотыка́ться; ~ on случа́йно натолкну́ться; ~ out сболтну́ть, вы́палить не поду́мав 2. *n* гру́бая оши́бка

blunt [blʌnt] 1. *a* 1) тупо́й; 2) гру́бый, ре́зкий; прямо́й 2. *v* притупля́ть

blur [blə:] 1. *n* 1) расплы́вшиеся очерта́ния 2) пятно́ 2. *v* 1) затума́нить, затемни́ть 2) разма́зать; замара́ть

blurt [blə:t]: ~ out сболтну́ть, не поду́мав

blush [blʌʃ] 1. *v* красне́ть; залива́ться румя́нцем 2. *n* румя́нец; кра́ска (стыда́, смуще́ния)

bluster ['blʌstə] 1. *v* бушева́ть 2. *n* 1) шум 2) угро́зы

bo [bou] *int*: he can't say ~ to a goose он и му́хи не оби́дит

boa ['bo(u)ə] 1) бо́а, уда́в 2) бо́а, горже́тка

boar [bɔ:] бо́ров

board I [bɔ:d] 1. *n* 1) доска́; ironing ~ гладильная доска́ 2) пита́ние; стол; ~ and lodging стол и кварти́ра 3) борт (*судна*) 4) *pl* подмо́стки, сце́на ◇ above ~ че́стно, откры́то 2. *v* 1) настила́ть пол; обшива́ть доска́ми 2) столова́ться 3) сесть (*на корабль, в поезд и т. п.*)

board II правле́ние; сове́т (*учреждения*); колле́гия; департа́мент; министе́рство; B. of Trade а) *англ.* Министе́рство торго́вли; б) *амер.* Торго́вая Пала́та; B. of

Education Министе́рство просвеще́ния

boarding∥-house [ˈbɔːdɪŋhaus] меблиро́ванные ко́мнаты со столо́м; **~-school** [-skuːl] 1) пансио́н *(школа)* 2) шко́ла-интерна́т

boast [ˈboust] 1. *n* хвастовство́ 2. *v* хва́стать *(of)*; **~er** хвасту́н; **~ful** хвастли́вый

boat [ˈbout] 1. *n* ло́дка 2. *v* ката́ться на ло́дке; **~-hook** [-huk] баго́р; **~man** [-mən] ло́дочник; **~-race** [-reɪs] гребны́е го́нки

boatswain [ˈbousn] бо́цман

bob I [bɔb] 1. *n* 1) ко́ротко подстри́женные во́лосы 2) приседа́ть 2. *v* 1) приседа́ть; **~** a curtsy де́лать кни́ксен 2) кача́ться *(обыкн. в воде)* 3) ко́ротко стри́чься *(о женщине)*

bob II *разг.* ши́ллинг

bobbin [ˈbɔbɪn] шпу́лька, кату́шка

bobby [ˈbɔbɪ] *разг.* полисме́н

bob-sled, -sleigh [ˈbɔbsled, -sleɪ] бо́бслей

bobtail [ˈbɔbteɪl] ку́цый

bode [boud] предвеща́ть, сули́ть

bodkin [ˈbɔdkɪn] 1) ши́ло 2) *уст.* кинжа́л

body [ˈbɔdɪ] 1. *n* 1) те́ло, плоть 2) ту́ловище 3) труп 4) гла́вная часть *(чего-л.)*; осто́в, ко́рпус 5) корпора́ция; гру́ппа *(люде́й)* 6) ма́сса, мно́жество 7) *разг.* челове́к ◇ **~** politic госуда́рство; in a **~** в по́лном соста́ве; keep **~** and soul together подде́рживать существова́ние

body-guard [ˈbɔdɪɡɑːd] 1) ли́чная охра́на 2) телохрани́тель

Boer [ˈbo(u)ə] бур *(потомок голландских поселенцев в Южной Африке)*

bog [bɔɡ] 1. *n* боло́то, тряси́на 2. *v (обыкн. pass.)*: be *(или* get*)* **~**ged down увя́знуть в боло́те

bogey [ˈbouɡɪ] *см.* bogy

bogus [ˈbouɡəs] подде́льный

bogy [ˈbouɡɪ] домово́й; привиде́ние

Bohemian [bo(u)ˈhiːmjən] представи́тель боге́мы

boil I [bɔɪl] фуру́нкул, нары́в

boil II [ˈbɔɪl] 1. *v* 1) кипе́ть; кипяти́ться; вари́ться 2) кипяти́ть; вари́ть; **~ down** выпа́ривать, сгуща́ть ◇ it **~**s down *(to)* ... э́то сво́дится к ... 2. *n* кипе́ние; be on the **~**, come to the **~** кипе́ть; **~ed** [-d]: **~ed** shirt *разг.* крахма́льная руба́шка; **~er** 1) парово́й котёл 2) бак для кипяче́ния

boiling-point [ˈbɔɪlɪŋpɔɪnt] то́чка кипе́ния

boisterous [ˈbɔɪst(ə)rəs] нейстовый, бу́рный *(о пого́де и т. п.)* 2) шумли́вый *(о челове́ке)*

bold [bould] 1) сме́лый; make **~** осме́ливаться; make **~** *(with)* позволя́ть себе́ 2) самоуве́ренный 3) де́рзкий; на́глый 4) отчётливый *(о по́черке и т. п.)*

boloney [bə'louni] *амер. разг.* вздор

Bolshevik, Bolshevist ['bɔlʃivik, -vist] 1. *n* большевик 2. *a* большевистский

bolster ['boulstə] 1. *n* валик *(под подушкой)* 2. *v* 1) подкладывать валик под подушку 2) поддерживать

bolt [boult] 1. *n* 1) болт, засов 2) *тех.* установочный винт ◇ make a ~ for it *разг.* броситься, помчаться; ~ from the blue гром среди ясного неба; he has shot his last ~ он сделал последнее усилие 2. *v* 1) скреплять болтами; запирать на засов 2) жадно *или* поспешно глотать 3) понести *(о лошади)* 4) сбежать, удрать 3. *adv:* ~ upright совершенно прямо *(стоять, сидеть и т. п.)*

bomb [bɔm] 1. *n* бомба; incendiary ~ зажигательная бомба; high explosive ~ фугасная бомба 2. *v* сбрасывать бомбы, бомбить

bombardment [bɔm'bɑːdmənt] бомбардировка

bombast ['bɔmbæst] напыщенность; ~ic [-'bæstik] напыщенный

bomber ['bɔmə] бомбардировщик

bomb shelter ['bɔmˌʃeltə] бомбоубежище

bond I [bɔnd] 1) обязательство, соглашение, договор 2) таможенная закладная 3) облигация 4) узы, связь 5) *pl* оковы

bond II [bɔnd] *уст.* крепостной; ~age [-idʒ] рабство, крепостная зависимость

bone [boun] 1. *n* кость *(тж. игральная)* ◇ ~ of contention ≅ яблоко раздора; feel it in one's ~s быть в чём-л. уверенным; I have a ~ to pick with you у меня к вам претензии 2. *v* снимать мясо с костей

bonfire ['bɔnˌfaiə] костёр

bonnet ['bɔnit] 1) дамская шляпка, чепчик 2) *тех.* колпак; покрышка; капот двигателя, автомобиля

bonny ['bɔni] *шотл.* красивый, миловидный

bonus ['bounəs] премия; тантьема

bony ['bouni] костистый; костлявый

boo [buː] *int* фу! *(восклицание неодобрения)*

book ['buk] 1. *n* книга 2. *v* 1) вносить в книгу 2) выдавать, брать *или* заказывать билет; **~binder** [-ˌbaində] переплётчик; **~case** [-keis] книжный шкаф

booking‖-clerk ['bukiŋklɑːk] кассир билетной кассы; **~-office** [-ˌɔfis] билетная касса

bookish ['bukiʃ] книжный

book-keeper ['bukˌkiːpə] бухгалтер; **~keeping** [-ˌkiːpiŋ] бухгалтерия

booklet ['buklit] брошюра

book-maker ['bukˌmeikə] букмекер *(на скачках)*

book‖seller ['bukˌselə] книготорговец; **~stall** [-stɔːl] книжный ларёк; **~worm**

[-wə:m] книжный червь *(тж. перен.)*

boom [buːm] 1. *n* 1) гул 2) внезапный успех в коммерческих делах; «бум» 2. *v* 1) гудеть 2) становиться известным 3) шумно рекламировать

boon [buːn] благо, удобство; милость, благодеяние

boor [buə] грубый, невоспитанный человек

boost [buːst] 1. *v* 1) *разг.* поднимать 2) продвигать *(по службе)* 3) расширять, развивать *(план и т. п.)* 4) *эл.* повышать напряжение 2. *n* 1) ускорение *(снаряда)* 2) *разг.* поддержка, проталкивание

booster ['buːstə] 1) *тех.* усилитель 2) *воен.* ракета-носитель; стартовый двигатель

boot I [buːt]: to ~ в придачу

boot II ['buːt] сапог ◊ get the ~ быть уволенным; give the ~ уволить; with one's heart in one's ~s ≅ *разг.* «душа в пятки ушла»; **~black** [-blæk] чистильщик сапог

booth [buːð] будка; киоск; палатка

bootlace ['buːtleɪs] шнурок для ботинок

bootlegger ['buːt,legə] *амер.* торговец контрабандными спиртными напитками

boot∥maker ['buːt,meɪkə] сапожник; **~-top** [-tɔp] голенище; **~-tree** [-triː] сапожная колодка

booty ['buːtɪ] трофей, добыча

booze [buːz] 1. *v разг.* напиваться 2. *n разг.* спиртной напиток

boozy ['buːzɪ] *разг.* пьяный

boracic [bə'ræsɪk]: ~ acid борная кислота

borax ['bɔːræks] бура

border ['bɔːdə] 1. *n* 1) граница 2) край; бордюр; кайма 2. *v* 1) граничить с *(on)*; окаймлять; **~-land** [-lænd] пограничная полоса

bore I [bɔː] 1. *n* 1) высверленное отверстие 2) *воен.* канал ствола 3) *воен.* калибр 2. *v* сверлить

bore II высокий прилив *(в устье реки)*

bore III *past* от bear II и III

bore IV [bɔː] 1. *n* 1) скука; what a ~! какая скука! 2) скучное занятие; скучный человек 2. *v* надоедать; **~dom** [-dəm] скука

born I [bɔːn] прирождённый

born II *p. p.* от bear II

borne [bɔːn] *p. p.* от bear III

borough ['bʌrə] 1) город, имеющий самоуправление 2) городской район *(в Нью-Йорке)*

borrow ['bɔrou] 1) занимать 2) займствовать

bosom ['buzəm] 1) *поэт.* грудь; сердце 2) пазуха ◊ in the ~ of one's family в лоне семьи; keep in one's ~ сохранить в тайне; **~-friend** [-frend] закадычный друг

boss I [bɔs] 1. *n* хозяин; *разг.* шеф 2. *v* хозяйничать, управлять

boss II шишка

botany ['bɔtənɪ] ботаника
both [bouθ] 1. *pron* оба 2. *cj*: ~... and... как... так и..., и... и...; ~ she and her mother... как она, так и её мать
bother ['bɔðə] 1. *v* 1) беспокоить; надоедать, докучать 2) беспокоиться, волноваться 3) суетиться 2. *n* беспокойство, хлопоты
bottle ['bɔtl] 1. *n* 1) бутылка 2) рожок *(для грудных детей)* 2. *v* разливать в бутылки; ~ **up** скрывать *(чувство и т. п.)*; ~**-neck** [-nek] узкий проход; *перен.* узкое место
bottom ['bɔtəm] 1) дно; ~ **up** вверх дном 2) низ, нижняя часть 3) причина, основание; get to the ~ доискиваться причины ◇ from the ~ of one's heart от всего сердца; ~s up! пей до дна!; ~**less** бездонный *(тж. перен.)*
bough [bau] ветвь, сук
bought [bɔ:t] *past и p. p.* от buy
boulder ['bouldə] валун
boulevard ['bu:lvɑ:] бульвар
bounce [bauns] 1. *v* 1) отскакивать; подпрыгивать 2) обманом заставить сделать *(что-л.)* 2. *n* 1) прыжок; скачок 2) хвастовство
bound I [baund] 1. *n* граница, предел ◇ out of ~s вход запрещён 2. *v* 1) граничить 2) ограничивать
bound II [baund] 1. *v* отскакивать 2. *n* прыжок, скачок
bound III 1. *past и p. p.* от bind 2. *a* назначенный, направляющийся; the ship is ~ *(for)*... судно направляется в...; home-ward ~ возвращающийся на родину
bound IV 1) связанный 2) в переплёте *(о книге)* ◇ he is ~ to come он непременно придёт
boundary ['baund(ə)rɪ] граница; межа
boundless ['baundlɪs] безграничный
boun‖teous [bauntɪəs] щедрый; ~**ty** [-tɪ] 1) щедрость 2) подарок; поощрительная премия
bouquet ['bukeɪ] букет
bourgeois ['buəʒwɑ:] 1. *n* буржуа 2. *a* буржуазный
bourgeoisie [,buəʒwɑ:'zi:] буржуазия; petty ~ мелкая буржуазия
bout [baut] 1) тур, раз; период 2) приступ *(болезни, кашля)*; припадок; drinking ~ запой 3) *спорт.* схватка
bow I [bou] 1. *n* 1) лук 2) смычок *(скрипки)* 3) бант 4) радуга 2. *v* водить смычком, играть на скрипке
bow II [bau] 1. *n* поклон 2. *v* 1) кланяться 2) сгибаться 3) покоряться 4) сгибать ◇ ~**ing** acquaintance шапочное знакомство
bow III *(часто pl)* нос корабля
bowels ['bauəlz] кишки; внутренности ◇ the ~ of the earth недра земли
bower ['bauə] беседка

bowl I [boul] 1) чаша, кубок 2) ваза

bowl II 1. *n* 1) шар 2) *pl* игра в шары 2. *v* 1) играть в шары 2) подавать мяч *(в крикете)* 3) катиться *(along)*

bowler ['boulə] котелок *(шляпа)*

bowling-green ['bouliŋgri:n] лужайка для игры в шары

box I [bɔks] 1) коробка; ящик; сундук 2) козлы *(экипажа)*; облучок 3) *театр.* ложа

box II 1. *n* 1) удар; оплеуха 2) бокс 2. *v* бить кулаком, боксировать ◇ ~ smb.'s ears дать оплеуху

boxing ['bɔksiŋ] бокс; ~-glove [-glʌv] боксёрская перчатка

box-office ['bɔks,ɔfis] театральная касса

boy [bɔi] мальчик, парень

boycott ['bɔikət] 1. *n* бойкот 2. *v* бойкотировать

boyhood ['bɔihud] отрочество

boyish ['bɔiiʃ] мальчишеский

brace [breis] 1. *v* 1) скреплять, связывать 2): ~ oneself up собраться с силами 2. *n* 1) скрепа, связь 2) пара 3) *pl* подтяжки

bracelet ['breislit] браслет

bracing ['breisiŋ] живительный; бодрящий *(о воздухе)*

bracket ['brækit] 1. *n* 1) подпорка, подставка 2) газовый рожок; бра 3) *pl* скобки 4) *тех.* кронштейн 2. *v* 1) ставить в скобки 2) ставить в один ряд

brackish ['brækiʃ] солоноватый *(о воде)*

brag [bræg] 1. *n* хвастовство 2. *v* хвастать

braid [breid] 1. *n* 1) шнурок, тесьма 2) коса *(волос)* 2. *v* плести, заплетать

brain [brein] 1) мозг 2) рассудок, разум 3) *pl разг.* умственные способности ◇ have smth. on the ~ страстно увлечься чем-л., помешаться на чём-л.; cudgel *(или* puzzle) one's ~s ломать голову; pick smb.'s ~ использовать чужие мысли

brainless ['breinlis] безмозглый

brainy ['breini] умный

braise [breiz] тушить мясо с овощами

brake I [breik] чаща; кустарник

brake II 1. *n* тормоз 2. *v* тормозить

bramble ['bræmbl] ежевика

bran [bræn] отруби *мн.*; высевки *мн.*

branch [brɑ:ntʃ] 1. *n* 1) ветвь 2) рукав *(реки)* 3) ответвление *(дороги)* 4) линия *(родства)* 5) филиал, отделение *(банка и т. п.)* 6) отрасль *(науки)* 2. *v* разветвляться; ~ out ответвляться; расширяться

branchy ['brɑ:ntʃi] ветвистый

brand [brænd] 1. *n* 1) клеймо, тавро; (фабричная) марка 2) сорт *(товара)* 3) головня, головёшка 4) *поэт.* фа́кел 2. *v* клейми́ть *(тж. перен.)*

brandish ['brændɪʃ] разма́хивать, потряса́ть (ору́жием)

brand-new ['brænd'njuː] но́венький, с иголочки

brandy ['brændɪ] конья́к, бре́нди

brass [brɑːs] 1. *n* 1) жёлтая медь; лату́нь 2) *разг.* бессты́дство 3) *уст. разг.* де́ньги 2. *a* ме́дный; ~ band духово́й орке́стр; ~ plate ме́дная доще́чка *(на входной двери)* ◇ ~ hat *воен. разг.* высо́кий чин; get down to ~ tacks перейти́ к де́лу

brassy ['brɑːsɪ] 1) ме́дный 2) *разг.* на́глый

brat [bræt] отро́дье

bravado [brəˈvɑːdou] показна́я сме́лость, хвастовство́

brave [breɪv] 1. *a* 1) хра́брый 2) *уст.* превосхо́дный, прекра́сный 2. *v* хра́бро встреча́ть *(опасность и т. п.)*

bravery ['breɪv(ə)rɪ] хра́брость

bravo ['brɑːˈvou] *int* бра́во!

brawl [brɔːl] 1. *n* шу́мная ссо́ра 2. *v* ссо́риться, шуме́ть

brawny ['brɔːnɪ] му́скулистый

bray I [breɪ] 1. *n* 1) крик осла́ 2) ре́зкий звук 2. *v* 1) крича́ть *(об осле)*

braze [breɪz] сва́ривать, спа́ивать

brazen ['breɪzn] 1) ме́дный 2) на́глый

breach [briːtʃ] 1. *n* 1) наруше́ние *(обещания, закона)* 2) брешь, проло́м 2. *v* проби́ть брешь

bread [bred] хлеб ◇ daily ~ сре́дства к существова́нию; he knows which side his ~ is buttered ≅ он па́рень не про́мах; take the ~ out of smb.'s mouth отби́ть хлеб у кого́-л.; ~ and butter a) хлеб с ма́слом; б) сре́дства к существова́нию

breadth ['bredθ] 1) ширина́ 2) полотни́ще 3) широта́ кругозо́ра; ~ways, ~wise [-weɪz, -waɪz] в ширину́

bread-winner ['bred,wɪnə] корми́лец

break ['breɪk] 1. *v* (broke; broken) 1) лома́ть; разруша́ть; взла́мывать 2) лома́ться, разруша́ться 3) наруша́ть *(закон)* 4) прерыва́ть *(сон, путешествие)* 5) сломи́ть *(волю, решимость и т. п.)* 6) разоря́ть(ся) 7) объявля́ть *(новость)* 8) *тех.* прерыва́ть; выключа́ть; ~ down а) расстра́иваться *(о планах)*; б) уху́дшаться *(о здоровье)*; ~ in вторга́ться; ~ into вла́мываться; ~ out вспы́хнуть, разрази́ться; ~ through прорыва́ться; ~ up а) распуска́ть *(учащихся)*; б) расходи́ться *(о собра́нии)*; в) разбива́ть *(на куски)*; ~ with поссо́риться, порва́ть *(с кем-л.)* ◇ ~ free, loose вы́рваться на свобо́ду 2. *n* 1) проры́в, брешь, отвёрстие 2) перерыв; ~able [-əbl] ломкий; ~age [-ɪdʒ] поломка

break-down ['breɪkdaun] 1) поломка, авария 2) полный упадок сил 3) разруха, развал

breakfast ['brekfəst] завтрак

break-neck ['breɪknek] опасный; at (a) ~ speed сломя голову

breakwater ['breɪkˌwɔːtə] *мор.* волнорез

bream [briːm] лещ

breast [brest] 1. *n* 1) грудь 2) душа, совесть; make a clean ~ (of) чистосердечно признаться 2. *v* стать грудью (*против*); противиться

breastwork ['brestwəːk] *воен.* повышенный бруствер

breath [breθ] 1) дыхание 2) дуновение ◇ below one's ~ шёпотом, тихо; out of ~ запыхавшись; waste one's ~ говорить напрасно; take one's ~ away поразить; take ~ перевести дух, отдышаться; in one ~ без передышки

breathe [briːð] 1) дышать 2) дуть (*о ветре*)

breathing ['briːðɪŋ] дыхание

breathing-space ['briːðɪŋspeɪs] передышка

breathless ['breθlɪs] 1) запыхавшийся 2) затаивший дыхание, напряжённый

bred [bred] *past и p. p. от* breed

breeches ['brɪtʃɪz] *pl* штаны; бриджи

breed ['briːd] 1. *v* (bred) 1) выводить, разводить 2) размножаться 3) растить; воспитывать 2. *n* порода; ~ing 1) выведение, разведение 2) воспитание

breeze I [briːz] слепень

breeze II 1) лёгкий ветерок, бриз 2) *разг.* спор

breezy ['briːzɪ] 1) прохладный 2) живой; свежий

brevity ['brevɪtɪ] краткость

brew ['bruː] 1. *v* 1) варить (*пиво*); заваривать (*чай*) 2) смешивать 3) затевать 2. *n* напиток; ~ery [-ərɪ] пивоваренный завод

briar ['braɪə] шиповник

bribe ['braɪb] 1. *n* взятка, подкуп 2. *v* подкупать; ~ry [-ərɪ] взяточничество

brick ['brɪk] 1. *n* 1) кирпич 2) *разг.* молодчина 2. *v*: ~ in, ~ up класть кирпичи; ~-kiln [-kɪln] печь для обжига кирпича; ~layer [-ˌleɪə] каменщик

bridal ['braɪdl] свадебный

bride ['braɪd] невеста; новобрачная; ~-cake [-keɪk] свадебный пирог; ~-groom [-grum] жених; новобрачный

brides||maid ['braɪdzmeɪd] подружка невесты; ~man [-mən] шафер

bridge I [brɪdʒ] 1. *n* 1) мост 2) (капитанский) мостик 3) переносица 2. *v* соединять мостом

bridge II бридж (*карточная игра*)

bridge-head ['brɪdʒhed] плацдарм

bridle ['braɪdl] 1. *n* узда;

повод 2. *v* взну́здывать; *перен.* сде́рживать

brief I [bri:f] кра́ткий, сжа́тый ◇ in ~ вкра́тце

brief II 1) кра́тко инструкти́ровать 2) нанима́ть адвока́та

brief-bag ['bri:fbæg] *см.* brief-case

brief-case ['bri:fkeɪs] ко́жаный чемода́нчик; портфе́ль

briefing ['bri:fɪŋ] инструкта́ж; ~ meeting инструкти́вное совеща́ние

brig [brɪg] бриг *(двухмачтовое судно)*

brigade [brɪ'geɪd] 1. *n* брига́да 2. *v* формирова́ть брига́ду

brigadier [,brɪgə'dɪə] бригади́р

brigand ['brɪgənd] разбо́йник; **~age** [-ɪdʒ] разбо́й

bright ['braɪt] 1) я́ркий; све́тлый 2) смышлёный, сообрази́тельный 3) весёлый; **~en** [-n] 1) проясня́ться, очища́ться 2) оживля́ться

brilli||**ance** ['brɪljəns] блеск; **~ant** [-ənt] 1. *a* блестя́щий 2. *n* бриллиа́нт

brim [brɪm] 1. *n* 1) край 2) поля́ *(шляпы)* 2. *v* наполня́ться до краёв; **~ful** по́лный до краёв

brindled ['brɪndld] пёстрый, полоса́тый

brine [braɪn] 1. *n* 1) рассо́л 2) солёная вода́ 2. *v* соли́ть

bring [brɪŋ] (brought) приноси́ть, доставля́ть, приводи́ть; ~ home to smb. заста́вить кого́-л. поня́ть *(или* почу́вствовать); ~ to life возвраща́ть к жи́зни; ~ about вызыва́ть, быть причи́ной; ~ back напомина́ть; ~ down а) снижа́ть *(цены и т. п.);* б) сбива́ть *(самолёт);* в): ~ down a history to modern times довести́ расска́з *(или* исто́рию) до на́ших дней; ~ forth порожда́ть; ~ in а) вводи́ть; б) приноси́ть *(доход);* в): ~ in a verdict of guilty, ~ ~ smb. in guilty *юр.* объявля́ть вино́вным; ~ out а) выявля́ть; вызыва́ть; б) вывози́ть в свет; ~ round, ~ to приводи́ть в чу́вство; ~ up а) воспи́тывать; б) поднима́ть *(вопрос)* ◇ ~ oneself to believe, to do заста́вить себя́ пове́рить, сде́лать; ~ down the house вы́звать бу́рные аплодисме́нты; ~ up the rear замыка́ть ше́ствие; ~ smb. up to date ввести́ кого́-л. в курс де́ла

brink [brɪŋk] край

brinkmanship ['brɪŋkmənʃɪp] поли́тика баланси́рования на гра́ни войны́

briny ['braɪnɪ] солёный *(о воде)*

briquette [brɪ'ket] брике́т

brisk ['brɪsk] 1) живо́й, прово́рный 2) оживлённый *(о торговле и т. п.)* 3) све́жий *(о ветре и т. п.);* **~ly** жи́во, прово́рно

brist||**le** ['brɪsl] 1. *n* щети́на 2. *v* ощети́ниться, подня́ться ды́бом; **~ly** щети́нистый; жёсткий; колю́чий

British ['brɪtɪʃ] брита́н-

BRI

ский; **~er** *амер.* британец; англичанин

brittle ['brɪtl] хрупкий, ломкий

broach [broutʃ] открыть бочку *или* бутылку; *перен.* направить разговор *(на что-л.)*; поднять разговор *(о чём-л.)*

broad [brɔːd] 1. *a* 1) широкий 2) резкий; he has a ~ accent у него сильный акцент ◊ in ~ daylight средь бела дня 2. *adv:* ~ awake вполне очнувшись от сна

broadcast ['brɔːdkɑːst] 1. *n* радиовещание, радиопередача 2. *v* 1) передавать по радио 2) распространять

broad||en ['brɔːdn] 1) расширять 2) расширяться; **~ly** широко; открыто; **~ly** speaking вообще говоря

broadside ['brɔːdsaɪd] 1) борт корабля 2) *воен.* бортовой залп

Broadway ['brɔːdweɪ] Бродвей *(центральная улица Нью-Йорка)*

brocade [brə'keɪd] парча

brochure ['brouʃjuə] брошюра

brogue [broug] резкий акцент в произношении *(особ. ирландцев)*

broil [brɔɪl] 1) жарить 2) жариться

broke [brouk] 1. *past от* break 2. *a разг.* разорённый, без денег

broken ['brouk(ə)n] м. *a* 1) прерывистый 2) ломаный *(о языке)* 3) разбитый 4) неустойчивый *(о погоде)* 2. *p. p. от* break; ~ country пересечённая местность; **~hearted** [-'hɑːtɪd] убитый горем, с разбитым сердцем

broker ['broukə] 1) маклер; комиссионер 2) торговец подержанными вещами; **~age** [-rɪdʒ] комиссионное вознаграждение

brolly ['brɔlɪ] *n разг. (сокр. от* umbrella*)* зонтик

bronchial ['brɔŋkjəl] бронхиальный

bronchitis [brɔŋ'kaɪtɪs] бронхит

bronze [brɔnz] 1. *n* бронза 2. *v* 1) покрывать бронзой 2) становиться бронзовым 3) загореть 3. *a* бронзовый

brooch [broutʃ] брошь

brood ['bruːd] 1. *n* выводок 2. *v* сидеть на яйцах; высиживать; *перен.* размышлять; **~mare** [-mɛə] племенная кобыла

broody-hen ['bruːdɪhen] наседка

brook I [bruk] терпеть, выносить *(обыкн. в отриц. предлож.)*

brook II ручей

broom [bruːm] 1) метла 2) *бот.* ракитник

broth [brɔθ] бульон; суп

brother ['brʌðə] брат; **~hood** [-hud] братство

brother-in-law ['brʌðərɪnlɔː] шурин *(брат жены)*; зять *(муж сестры)*; деверь *(брат мужа)*; свояк *(муж сестры жены)*

brotherly ['brʌðəlɪ] братский

brougham ['bru:əm] небольшая карета

brought [brɔ:t] *past и p. p. от* bring

brow [brau] 1) лоб 2) край *(пропасти)* 3) выступ *(скалы и т. п.);* ◇ knit one's ~s насупить брови

browbeat ['braubi:t] подавлять, запугивать

brown [braun] **1.** *a* 1) коричневый; ~ bread хлеб из непросеянной муки; ржаной хлеб; ~ paper оберточная бумага 2) смуглый, загорелый ◇ ~ study задумчивость **2.** *n* коричневый цвет; коричневая краска **3.** *v* делать *или* становиться тёмным, коричневым, смуглым; загорать ◇ I'm ~ed off мне надоело

brownie ['brauni] домовой

browse ['brauz] пастись; *перен.* пролистывать, проглядывать книгу

bruise [bru:z] **1.** *n* 1) синяк 2) помятость *(плодов)* **2.** *v* 1) подставлять синяки 2) помять *(фрукты)* 3) толочь

brunette [bru:'net] брюнетка

brunt [brʌnt]: bear the ~ выносить основную тяжесть боя *и т. п.*

brush [brʌʃ] **1.** *n* 1) щётка 2) кисть **2.** *v* 1) чистить щёткой 2) причёсывать *(волосы)*; ~ **against** слегка касаться; ~ **aside** a) отстранить от себя; б) отбросить; ~ **away** смахнуть; *перен.* отметать; ~ **up** подновлять, освежать

brushwood ['brʌʃwud] кустарник

brusque [brusk] отрывистый, резкий

brutal ['bru:tl] жестокий; ~**ity** [-'tælıtı] жестокость; ~**ize** ['bru:təlaız] доводить до скотского состояния

brute [bru:t] животное, скотина

bubble ['bʌbl] **1.** *n* пузырь; blow ~s пускать мыльные пузыри **2.** *v* пузыриться

buccaneer [,bʌkə'nıə] пират

buck [bʌk] **1.** *n* 1) олень *(самец)* 2) *амер. разг.* доллар **2.** *v* брыкаться; ~ **off** сбросить с седла; ~ **up** *разг.* а) спешить; б) оживиться

bucket ['bʌkıt] 1) ведро, бадья 2) ковш *(экскаватора)*; лопатка *(турбины)*

buckle ['bʌkl] **1.** *n* пряжка **2.** *v* 1) застёгивать пряжку 2) сгибать, гнуть 3) сгибаться под давлением 4) *разг.* приниматься за дело *(down to или to)*

buckskin ['bʌkskın] оленья кожа

buckwheat ['bʌkwi:t] гречиха

bud [bʌd] **1.** *n* почка; бутон; ◇ nip in the ~ подавить в зародыше **2.** *v* давать почки

buddhism ['budızm] буддизм

buddy ['bʌdı] *разг.* приятель, дружище

budge [bʌdʒ] 1) пошевельнуть 2) пошевельнуться *(обыкн. в отриц. предлож.)*

budget ['bʌdʒɪt] 1. *n* бюджет 2. *v* предусматривать в бюджете; ~ary [-ərɪ] бюджетный

buff [bʌf] 1) буйволовая кожа 2) тёмно-жёлтый цвет

buffalo ['bʌfəlou] буйвол

buffer ['bʌfə] 1) буфер 2) *attr.* буферный; ~ state буферное государство

buffet I ['bʌfɪt] 1. *n* удар 2. *v* бить ◊ ~ (with) the waves бороться с волнами

buffet II 1) ['bʌfɪt] буфет 2) ['bufeɪ] буфетная стойка

buffoon [bʌ'fu:n] 1. *n* шут 2. *v* строить из себя шута

bug [bʌg] 1) клоп 2) насекомое; жук

buggy ['bʌgɪ] кабриолет

bugle ['bju:gl] горн; охотничий рог

build [bɪld] 1. *v* (built) строить, создавать; ~ in вделывать, встраивать; ~ up возводить; ~ upon основывать 2. *n* 1) форма, конструкция 2) телосложение; ~ing здание

built [bɪlt] *past и p. p. от* build; ~-in встроенный, стенной (о шкафе)

bulb [bʌlb] 1) *бот., анат.* луковица 2) предмет, имеющий форму груши ◊ electric ~ электрическая лампочка

Bulgarian [bʌl'gɛərɪən] 1. *a* болгарский 2. *n* 1) болгарин; болгарка 2) болгарский язык

bulge ['bʌldʒ] 1. *n* 1) выпуклость 2) временное увеличение объёма *или* количества 2. *v* выпячиваться; ~ging выпяченный, оттопыривающийся; ~ging eyes глаза навыкате

bulk ['bʌlk] 1. *n* 1) объём 2) груз (судна) 3) основная масса 2. *v*: ~ large казаться большим *или* важным; ~y [-ɪ] 1) объёмистый 2) грузный; неуклюжий

bull ['bul] 1. *n* 1) бык 2) биржевой спекулянт, играющий на повышение 2. *v* спекулировать на повышение (на бирже)

bulldog ['buldəg] бульдог

bulldozer ['bul,douzə] бульдозер

bullet ['bulɪt] пуля

bulletin ['bulɪtɪn] бюллетень, сводка

bullet-proof ['bulɪtpru:f] не пробиваемый пулями

bullfight ['bulfaɪt] *n* бой быков

bullfinch ['bulfɪntʃ] снегирь

bullion ['buljən] слиток золота *или* серебра

bullock ['bulək] вол

bully ['bulɪ] 1. *n* задира, хулиган 2. *v* 1) задирать 2) запугивать 3. *a амер. разг.* великолепный, первоклассный

bulwark ['bulwək] бастион; вал; *перен.* оплот

bumble-bee ['bʌmblbi:] шмель

bump [bʌmp] 1. *n* 1) удар 2) шишка; опухоль 2. *v* 1) ушибить, стукнуть 2) удариться, стукнуться (о дно,

bumpkin ['bʌmpkɪn] застéнчивый *или* нелóвкий человéк; country ~ деревéнщина

bumptious ['bʌmpʃəs] самодовóльный; нахáльный

bumpy ['bʌmpɪ] нерóвный *(о дороге)*

bun [bʌn] бýлочка

bun‖ch ['bʌntʃ] 1. *n* гроздь; свя́зка, пучóк; *перен.* грýппа *(людéй)* 2. *v* увя́зывать, собирáть; ~chy [-ɪ] растýщий грóздьями

bundle ['bʌndl] 1. *n* у́зел, свя́зка 2. *v* 1) свя́зывать в у́зел 2) отсылáть, спровáживать *(тж.* ~ off*)*

bung [bʌŋ] 1. *n* втýлка; заты́чка 2. *v* затыкáть, закýпоривать

bungalow ['bʌŋɡəlou] бýнгало, одноэтáжный лéтний дом (с верáндой)

bungl‖e ['bʌŋɡl] 1. *v* неумéло *или* плóхо рабóтать 2. *n* плохáя рабóта; ~er головотя́п

bunk I [bʌŋk] кóйка

bunk II *разг.* удирáть

bunker ['bʌŋkə] *мор.* бýнкер, ýгольный я́щик

bunting I ['bʌntɪŋ]: corn ~ овся́нка *(птица)*

bunting II матéрия для флáгов

buoy [bɔɪ] 1. *n* бáкен; буй 2. *v* 1) отмечáть буя́ми 2) ~ up поддéрживать на повéрхности воды́; *перен.* поднимáть *(дух и т. п.)*

buoy‖ancy ['bɔɪənsɪ] плавýчесть; *перен.* жизнерáдостность; ~ant [-ənt] плавýчий; *перен.* жизнерáдостный

bur [bəː] репéй; *перен. разг.* назóйливый человéк

burbot ['bəːbət] налим

burden ['bəːdn] 1. *n* 1) нóша; брéмя 2) тоннáж корабля́ 2. *v* нагружáть, обременя́ть; ~some [-səm] обремени́тельный

bureau [bju(ə)'rou] 1) бюрó, контóра 2) бюрó, контóрка

bureau‖cracy [bju(ə)'rɔkrəsɪ] бюрокрáтия, бюрократи́зм; ~crat ['bjuəro(u)kræt] бюрокрáт; ~cratic [ˌbjuəro(u)'krætɪk] бюрократи́ческий

burgh ['bʌrə] *см.* borough

burgla‖r ['bəːɡlə] вор, взлóмщик; ~ry [-rɪ] крáжа со взлóмом

burial ['berɪəl] пóхороны; ~-ground [-ɡraund] клáдбище; ~-service [-ˌsəːvɪs] *рел.* заупокóйная слýжба

burlesque [bəː'lesk] 1. *n* парóдия; бурлéск 2. *a* пароди́йный 3. *v* пароди́ровать

burly ['bəːlɪ] крéпкий; плóтный

Burmese [bəː'miːz] 1. *a* бирмáнский 2. *n* бирмáнец; бирмáнка

burn ['bəːn] 1. *v* (burnt) 1) жечь, сжигáть; обжигáть 2) горéть; ~ to ashes сгорéть дотлá ◇ ~ the candle at both ends прожигáть жизнь 2. *n* 1) ожóг 2) клеймó; ~er горéлка

burning ['bəːnɪŋ] горя́чий,

жгу́чий; ~ question насу́щный вопро́с

burnish ['bɜːnɪʃ] полирова́ть

burnt [bɜnt] *past и p. p. от* burn 1

burr [bɜː] *см.* bur

burrow ['bʌrou] 1. *n* нора́ 2. *v* 1) рыть нору́ 2) пря́таться в норе́ 3) ры́ться (*в архиве и т. п.*)

burst [bɜst] 1. *n* 1) вспы́шка, взрыв (*тж. перен.*); ~ of energy прили́в эне́ргии 2) поры́в (*тж. перен.*) 3) *воен.* разры́в 2. *v* (burst) 1) ло́пнуть, взорва́ться 2) разрази́ться (*о буре*) 3) ворва́ться 4) разорва́ть (*узы*) 5) зали́ться (*смехом, слезами — into*); ~ **out** воскли́кнуть, восклица́ть

bury ['berɪ] 1) хорони́ть 2) пря́тать; ~ one's face in one's hands закры́ть лицо́ рука́ми ◇ ~ the hatchet прекрати́ть вражду́

bus [bʌs] 1. *n* авто́бус 2. *v* е́хать на авто́бусе

bush [buʃ] куст; куста́рник ◇ beat about the ~ верте́ться, ходи́ть вокру́г да о́коло

bushel ['buʃl] бу́шель (*мера*) ◇ hide one's light under a ~ скрыва́ть свой ум и тала́нт, быть изли́шне скро́мным

bushy ['buʃɪ] 1) покры́тый куста́рником 2) лохма́тый; пуши́стый

business ['bɪznɪs] 1) комме́рческая де́ятельность 2) торго́вое предприя́тие, фи́рма 3) де́ло, заня́тие; обя́занность; let's get down to ~ перейдём к де́лу; on ~ по де́лу; mind your own ~! занима́йся свои́м де́лом!; do ~ занима́ться комме́рцией 4) *attr.*: ~ hours часы́ торго́вли *или* приёма; ~-**like** [-laɪk] делово́й, практи́чный

business man ['bɪznɪsmən] делово́й челове́к; деле́ц, бизнесме́н

bust [bʌst] бюст

bustle ['bʌsl] 1. *n* сумато́ха 2. *v* 1) суети́ться 2) торопи́ть

busy ['bɪzɪ] 1. *a* 1) занято́й 2) оживлённый 2. *v* 1) дава́ть рабо́ту; занима́ть чем-л. 2): ~ oneself занима́ться чем-л.

busybody ['bɪzɪˌbɒdɪ] челове́к, лю́бящий вме́шиваться в чужи́е дела́

busyness ['bɪzɪnɪs] за́нятость

but [bʌt (*полная форма*), bət (*редуцированная форма*)] 1. *prep* кро́ме; I know nobody here ~ you я никого́ здесь не зна́ю, кро́ме вас 2. *cj* 1) но; а (*после отриц. предлож.*); I give it to you ~ not to him я даю́ э́то вам, а не ему́ 2) е́сли не, как не; what could he do ~ confess? что ему́ остава́лось де́лать, как не созна́ться?; ~ for е́сли бы не; ~ for him не будь его́ 3. *adv* лишь, то́лько; it's ~ two o'clock сейча́с то́лько два часа́; do ~ see! посмотри́те то́лько!; all ~ почти́; the last ~ one предпосле́дний

butche∥r ['butʃə] 1. *n* мясник; *перен.* палач 2. *v* забивать, резать *(скот)*; убивать; ~**ry** [-rɪ] бойня

butler ['bʌtlə] дворецкий

butt I [bʌt] большая бочка

butt II 1) стрельбище 2) мишень

butt III 1) толстый, утолщённый конец 2) приклад *(ружья)* 3) *разг.* окурок

butt IV 1. *v* бодаться; ~ **in** вмешиваться 2. *n* удар головой

butter ['bʌtə] 1. *n* масло 2. *v* намазывать маслом; ~**milk** [-mɪlk] пахта

buttercup ['bʌtəkʌp] *бот.* лютик

butterfly ['bʌtəflaɪ] бабочка

buttock ['bʌtək] ягодица

button ['bʌtn] 1. *n* 1) пуговица, кнопка; push the ~ нажмите кнопку 2. *v* застёгивать на пуговицы; ~**hole** [-houl] 1. *n* 1) петля 2) цветок в петлице 2. *v* 1) промётывать петли 2) держать за пуговицу; не отпускать от себя

buxom ['bʌksəm] полная, здоровая *(о женщине)*

buy [baɪ] (bought) 1. *n*: a good ~ выгодная покупка 2. *v* покупать; ~ **in** закупать; ~ **off** откупаться; ~ **out** выкупать; ~ **over** подкупать, переманивать на свою сторону; ~ **up** скупать

buyer ['baɪə] покупатель ◇ ~s market *ком.* конъюнктура рынка, выгодная для покупателя

buzz ['bʌz] 1. *n* 1) жужжание 2) *разг.* слухи, молва 2. *v* 1) жужжать 2) сновать *(about)* 3) гудеть *(о толпе и т. п.)*; ~**er** 1) гудок 2) *радио* зуммер

by [baɪ] 1. *prep* 1) у, при, около, вдоль; by smb.'s bedside у (около) чьей-л. постели; by the river у реки 2) через, посредством *(обыкн. перев. рус. тв. п.; иногда предлогом* по*);* by his father его отцом; by tram на трамвае 3) около; к *(при указании времени);* by two o'clock к двум часам 4) по, согласно; by profession по профессии 5) на *(при обозначении разницы между двумя сравниваемыми величинами);* cheaper by two roubles дешевле на два рубля 6) *(для обозначения последовательности, постепенности действия):* by and by постепенно, со временем; one by one один за другим 7) за; take by the hand взять за руку ◇ what time is it by your watch? который час на ваших часах?; she was all by herself она была совсем одна; by the way между прочим; by accident случайно; by heart наизусть 2. *adv* 1) рядом 2) мимо; he passed me by он прошёл мимо меня; come by зайти

bye-bye I ['baɪbaɪ] *детск.* бай-бай

bye-bye II ['baɪ'baɪ] *разг.* до свидания

by-election ['baɪɪˌlekʃ(ə)n] дополнительные выборы *мн.*

Byelorussian [ˌbjelə'rʌʃ(ə)n] **1.** *a* белорусский **2.** *n* 1) белорус; белоруска 2) белорусский язык

by-law ['baɪlɔː] распоряжение местных властей *или* какой-л. организации

bypass ['baɪpɑːs] **1.** *n* обход **2.** *v* обходить

byplay ['baɪpleɪ] эпизод, немая сцена *(в пьесе)*

by-product ['baɪˌprɔdəkt] побочный продукт

byre ['baɪə] коровник

bystander ['baɪˌstændə] свидетель, зритель

by-way ['baɪweɪ] малопроезжая *или* просёлочная дорога

byword ['baɪwəːd] 1) притча во языцех 2) поговорка

C

c [siː] 1) третья буква англ. алфавита 2) *муз.* нота до

cab [kæb] 1) экипаж 2) такси 3) *ж.-д.* будка машиниста

cabal [kə'bæl] *ист.* политическая клика

cabbage ['kæbɪdʒ] 1) капуста 2) *attr.*: ~ soup щи

cabin ['kæbɪn] 1) хижина; *ав.* закрытая кабина 2) *мор.* каюта; ~-boy [-bɔɪ] *мор.* юнга

cabinet ['kæbɪnɪt] 1) шкафчик, горка 2) корпус *(радиоприёмника и т. п.)* 3) кабинет министров; ~-maker [-ˌmeɪkə] столяр-краснодеревщик

cable ['keɪbl] **1.** *n* 1) канат 2) кабель 3) телеграмма **2.** *v* телеграфировать

cabman ['kæbmən] извозчик

cache [kæʃ] тайник; тайный склад

cackle ['kækl] **1.** *n* 1) кудахтанье 2) болтовня 3) хихиканье **2.** *v* 1) кудахтать 2) хихикать

cad [kæd] невежа, грубиян, хам

caddy ['kædɪ] чайница

cadet [kə'det] 1) младший сын 2) курсант военного училища

cadge [kædʒ] попрошайничать

cadre [kɑːdr] *воен.* кадровый состав

cafe ['kæfeɪ] кафе

cage [keɪdʒ] **1.** *n* 1) клетка 2) кабина лифта 3) лагерь *(для военнопленных)* **2.** *v* сажать в клетку

caisson [kə'suːn] 1) *воен.* зарядный ящик 2) *тех.* кессон

cajole [kə'dʒoul] льстить; ~ smth. out of smb. выманить что-л. у кого-л.

cake [keɪk] 1) торт, пирожное; кекс 2) плитка *(прессованного табака)*; кусок *(мыла)* 3) *pl* лепёшки, брызги *(грязи, глины)* ◊ you cannot eat your ~ and have it один пирог два раза не съешь; like hot ~s нарасхват; ~s and ale веселье

calami‖tous [kə'læmɪtəs] 1)

па́губный 2) бе́дственный; **~ty** [-tɪ] бе́дствие

calcium ['kælsɪəm] ка́льций

calcul‖ate ['kælkjuleɪt] 1) вычисля́ть 2) рассчи́тывать; **~ on** полага́ться на 3) *(обыкн. p. p.)*: **~d** предназна́ченный 4) *амер.* (пред)полага́ть; **~ation** [,kælkju'leɪʃ(ə)n] 1) вычисле́ние 2) расчёт 3) обду́мывание, взве́шивание 4) *амер.* прогно́з

calculus ['kælkjuləs] *мат.* исчисле́ние

caldron ['kɔːldr(ə)n] *см.* cauldron

calendar ['kælɪndə] календа́рь

calf I [kɑːf] *(pl* -ves) телёнок *(тж.* оленёнок, слонёнок *и т. п.);* in *(или* with) ~ сте́льная *(о коро́ве)*

calf II *(pl* -ves) икра́ *(ноги́)*

calibrate ['kælɪbreɪt] калиброва́ть; градуи́ровать

calibre ['kælɪbə] кали́бр; диа́метр; *перен.* вес, досто́инство

calico ['kælɪkou] ко́ленкор; миткаль; ситец

call ['kɔːl] **1.** *v* 1) называ́ть 2) звать 3) заходи́ть *(at, in);* навеща́ть *(on, upon)* 4) призыва́ть *(on, upon)* 5) звони́ть по телефо́ну *(тж.* ~ up); **~ down** *амер.* де́лать вы́говор; **~ for** а) заходи́ть *(за кем-л.);* б) тре́бовать; till ~ed for до востре́бования; **~ forth** вызыва́ть; **~ in** тре́бовать наза́д *(долг);* **~ off** отложи́ть *(свида́ние, собра́ние);* **~ up** а) призыва́ть на вое́нную слу́жбу; б) позвони́ть, вы́звать по телефо́ну ◇ ~ in question подверга́ть сомне́нию; ~ attention *(to)* обрати́ть *(чьё-л.)* внима́ние *(на);* ~ smb. names оскорбля́ть, руга́ть; ~ to account тре́бовать отчёта; ~ to witness призыва́ть в свиде́тели; ~ to mind напомина́ть; ~ a halt останови́ться **2.** *n* 1) вы́зов; о́клик 2) призы́в; at the ~ *(of)* по призы́ву 3) посеще́ние, визи́т ◇ within ~ побли́зости; **~er** посети́тель; гость; тот, кто звони́т по телефо́ну

calling ['kɔːlɪŋ] призва́ние; профе́ссия

callosity [kæ'lɔsɪtɪ] *см.* callus

callous ['kæləs] 1) мозо́листый 2) безду́шный

callow ['kælou] неоперившийся *(тж. перен.);* ~ youth зелёный юне́ц

callus ['kæləs] мозо́ль

calm [kɑːm] **1.** *a* споко́йный **2.** *n* 1) тишина́; споко́йствие 2) *мор.* штиль **3.** *v* успока́ивать; **~ down** успока́иваться

calor‖ie ['kælərɪ] кало́рия; **~ific** [,kælə'rɪfɪk] теплово́й; теплотво́рный

calumniat‖e [kə'lʌmnɪeɪt] клевета́ть; **~or** клеветни́к

calumny ['kæləmnɪ] клевета́

calve [kɑːv] тели́ться

calves [kɑːvz] *pl от* calf I *и* II

cam [kæm] *тех.* кула́к

cambric ['keɪmbrɪk] бати́ст

came [keɪm] *past* от come

camel ['kæm(ə)l] верблюд

cameo ['kæmɪou] камея

camera ['kæm(ə)rə] 1) фотоаппарат; кинокамера 2): in ~ в закрытом (судебном) заседании; *перен.* конфиденциально; ~-man [-mæn] фоторепортёр; кинооператор

camomile ['kæməmaɪl] ромашка

camouflage ['kæmuflɑːʒ] 1. *n* маскировка 2. *v* маскировать

camp [kæmp] 1. *n* лагерь; привал; pitch ~ располагаться лагерем 2. *v* располагаться лагерем

campaign [kæm'peɪn] кампания

camphor ['kæmfə] камфара

camping ['kæmpɪŋ]: go ~ жить в палатках

camp-stool ['kæmpstuːl] складной стул

campus ['kæmpəs] университетский *или* школьный двор *или* городок

cam-shaft ['kæmʃɑːft] *тех.* распределительный вал

can I [kæn *(полная форма)*, kən *(редуцированная форма)*] (could) могу, можешь, может *и т. д.*; I ~ show you my school я могу показать вам свою школу; he ~ answer your question он может ответить на ваш вопрос; ~ you skate? вы умеете кататься на коньках?; he ~ rest now теперь он может (имеет право) отдохнуть; ~ I come in? можно мне войти?

can II [kæn] 1. *n* 1) бидон 2) жестяная коробка *или* банка 3) *амер.* банка консервов 2. *v* консервировать *(мясо, овощи, фрукты)*

Canadian [kə'neɪdjən] 1. *a* канадский 2. *n* канадец; канадка

canal [kə'næl] канал

canard [kæ'nɑːd] «утка», ложный слух

canary [kə'nɛərɪ] канарейка

cancel ['kæns(ə)l] 1) вычёркивать 2) погашать *(марки)* 3) аннулировать *(долги и т. п.)*; отменять *(отпуск и т. п.)*

cancer ['kænsə] рак *(болезнь)*; *перен.* язва, бич

candid ['kændɪd] 1) прямой, искренний; чистосердечный 2) беспристрастный

candidate ['kændɪdɪt] кандидат

candle ['kændl] свеча; ~-end [-end] огарок; ~-stick [-stɪk] подсвечник

candor ['kændə] *амер. см.* candour

candour ['kændə] прямота; откровенность

candy ['kændɪ] 1. *n* 1) леденец 2) *собир.* сласти; *амер.* конфеты 2. *v* 1) засахаривать 2) засахариваться

cane [keɪn] 1. *n* 1) тростник 2) трость 3) розга 4) *attr.*: ~ chair плетёное кресло 2. *v* 1) плести из камыша 2) бить палкой

canine ['keɪnaɪn] 1) собачий 2) *attr.*: ~ tooth клык

canister ['kænɪstə] чайница; банка для кофе *и т. п.*

canker ['kæŋkə] язва (тж. перен.)

canned [kænd] консервированный; ~ meat мясные консервы

cannibal ['kænɪb(ə)l] людоед

cannon ['kænən] пушка; орудие; собир. артиллерийские орудия ◇ ~ fodder пушечное мясо

cannot ['kænɔt] отриц. форма наст. вр. изъявительного наклонения от can

canny ['kænɪ] шотл. осторожный

canoe [kə'nuː] каноэ; челнок; байдарка

cañon ['kænjən] см. canyon

canopy ['kænəpɪ] балдахин; навес

can't [kɑːnt] сокр. от cannot

cantankerous [kən'tæŋk(ə)rəs] сварливый

canteen [kæn'tiːn] 1) буфет 2) воен. войсковая лавка

canter ['kæntə] 1. n лёгкий галоп 2. v ехать лёгким галопом

canton ['kæntən] кантон

canvas ['kænvəs] 1) парусина; холст; брезент 2) канва

canvass ['kænvəs] 1) собирать голоса (перед выборами) 2) домогаться заказов 3) обсуждать

canyon ['kænjən] глубокое ущелье, каньон

cap [kæp] 1) шапка, кепка; колпак; чепец 2) верхушка, крышка ◇ if (или where) the ~ fits, wear it ≅ на воре шапка горит

capability [ˌkeɪpə'bɪlɪtɪ] способность

capable ['keɪpəbl] 1) способный (of) 2) поддающийся (чему-л.), допускающий (что-л.)

capacious [kə'peɪʃəs] вместительный; просторный; объёмистый

capacity [kə'pæsɪtɪ] 1) способность; a mind of great ~ глубокий ум; purchasing ~ покупательная способность 2) объём, вместимость; filled to ~ переполнен до отказа 3) положение, качество; in the ~ of, in one's ~ as в качестве (кого-л.) 4) тех. мощность

cape I [keɪp] накидка; пелерина

cape II мыс

caper ['keɪpə] 1. n: cut a ~, cut ~s a) выкидывать коленца; прыгать; б) дурачиться 2. v прыгать; дурачиться

capillary [kə'pɪlərɪ] капиллярный

capital I ['kæpɪtl] 1. a 1) главный (о городе) 2) заглавный (о букве) 3) основной 4) первоклассный, превосходный ◇ ~ punishment смертная казнь 2. n столица

capital II ['kæpɪtl] капитал; circulating (или floating) ~ оборотный капитал; fixed ~ основной капитал; ~ism капитализм; ~ist капиталист; ~ize превращать в капитал; перен. извлекать выгоду; ~ly [-ɪ] разг. 1) превосходно 2) основательно

capitation [ˌkæpɪˈteɪʃ(ə)n] подушная подать

Capitol [ˈkæpɪtl] 1) Капитолий 2) здание конгресса США

capitul||**ate** [kəˈpɪtjuleɪt] сдаваться, капитулировать; ~**ation** [kəˌpɪtjuˈleɪʃ(ə)n] капитуляция

capric||**e** [kəˈpriːs] каприз; ~**ious** [kəˈprɪʃəs] капризный; непостоянный

capsize [kæpˈsaɪz] 1) опрокидывать 2) опрокидываться (*о лодке, телеге и т. п.*)

capsule [ˈkæpsjuːl] капсула

captain [ˈkæptɪn] капитан

caption [ˈkæpʃ(ə)n] 1) заголовок (*статьи, главы*) 2) подпись под картинкой; *кино* титр

captious [ˈkæpʃəs] придирчивый; каверзный

captivate [ˈkæptɪveɪt] пленять; очаровывать

captive [ˈkæptɪv] пленник, (военно)пленный

captivity [kæpˈtɪvɪtɪ] плен

capt||**or** [ˈkæptə] захвативший в плен; ~**ure** [ˈkæptʃə] 1. *n* 1) захват (*территории*) 2) взятие в плен 3) добыча 2. *v* захватить, взять в плен

car [kɑː] 1) вагон 2) автомобиль

carafe [kəˈræf] графин

caramel [ˈkærəmel] карамель

carat [ˈkærət] карат

caravan [ˌkærəˈvæn] 1) караван 2) фургон

caraway [ˈkærəweɪ] тмин

carbine [ˈkɑːbaɪn] *воен.* карабин

carbolic [kɑːˈbɔlɪk] карболовый

carbon [ˈkɑːbən] *хим.* углерод

carbon-paper [ˈkɑːbənˌpeɪpə] копировальная бумага, копирка

carburettor [ˈkɑːbjuretə] карбюратор

carcass [ˈkɑːkəs] туша (*тж. перен.*)

card [kɑːd] 1) билет (*членский, пригласительный*) 2) карта; карточка; a house of ~s карточный домик 3) *шутл.* тип, чудак ◇ on the ~s возможно, вероятно; have a ~ up one's sleeve иметь козырь про запас; hold the ~s иметь преимущество

cardboard [ˈkɑːdbɔːd] картон

cardiac [ˈkɑːdɪæk] *анат.* сердечный

cardigan [ˈkɑːdɪgən] шерстяной вязаный жакет *или* жилет

cardinal I [ˈkɑːdɪnl] кардинал

cardinal II основной; главный ◇ ~ numbers количественные числительные; four ~ points четыре страны света

care [kɛə] 1. *n* 1) забота; take ~ (of) заботиться 2) попечение; in the ~ of на попечении 3) внимание; осмотрительность; осторожность; take ~! берегись! ~ of (*сокр.* c/o) по адресу; через 2. *v* 1) заботиться 2) любить (for) ◇ I don't ~ мне всё равно, мне безразлично; I don't ~ a damn мне на это наплевать

career [kəˈrɪə] *n* 1) занятие, профессия 2) карьера; успех 3) быстрый бег, карьер 4) *attr.* профессиональный

carefree [ˈkɛəfriː] беззаботный

care‖ful [ˈkɛəful] заботливый; внимательный; осторожный; **~less** 1) небрежный, невнимательный 2) беззаботный

caress [kəˈres] 1. *n* ласка 2. *v* ласкать

care-worn [ˈkɛəwɔːn] измученный заботами

cargo [ˈkɑːgou] груз корабля

caricature [ˌkærɪkəˈtjuə] карикатура

carnage [ˈkɑːnɪdʒ] резня

carnal [ˈkɑːnəl] плотский, чувственный

carnation [kɑːˈneɪʃ(ə)n] гвоздика

carnival [ˈkɑːnɪv(ə)l] карнавал

carol [ˈkær(ə)l] 1. *n* весёлая (рождественская) песнь 2. *v* воспевать

carou‖sal [kəˈrauz(ə)l] кутёж; попойка; **~se** [kəˈrauz] 1. *n* попойка 2. *v* пировать; пьянствовать

carp I [kɑːp] карп

carp II придираться; критиковать

carpen‖ter [ˈkɑːpɪntə] плотник; **~try** [-trɪ] плотничье дело

carpet [ˈkɑːpɪt] 1. *n* ковёр ◊ **on the ~** а) на обсуждении (*о вопросе*); б): have smb. on the ~ бранить кого-л. 2. *v* 1) устилать, покрывать коврами 2) *разг.* вызывать для нагоняя; **~-bag** [-bæg] саквояж

carriage [ˈkærɪdʒ] 1) экипаж 2) *ж.-д.* вагон 3) перевозка; стоимость перевозки 4) осанка

carrier [ˈkærɪə] 1) носильщик 2) *амер.* почтальон 3) багажник (*мотоцикла*) 4) *мед.* бациллоноситель 5) *мор.* авианосец

carrion [ˈkærɪən] падаль

carrot [ˈkærət] морковь; **~y** [-ɪ] 1) морковного цвета 2) рыжий (*о волосах*)

carry [ˈkærɪ] 1) носить; возить 2) поддерживать 3) проводить (*закон, предложение*) 4) *амер.* продавать; **~ away** а) уносить; б) охватывать (*о чувстве*); увлекать; **~ off** уносить, похищать; **~ on** а) продолжать; б) *разг.* флиртовать; **~ out**, **~ through** выполнять ◊ **~ weight** (*или* **authority**) иметь вес, влияние; **~ the day** одерживать победу

cart [kɑːt] телега; двуколка ◊ **put the ~ before the horse** *погов.* ≅ делать шиворот-навыворот

cartel [kɑːˈtel] *эк.* картель

cart-horse [ˈkɑːthɔːs] ломовая лошадь

cartilag‖e [ˈkɑːtɪlɪdʒ] хрящ; **~inous** [ˌkɑːtɪˈlædʒɪnəs] хрящевой

cart-load [ˈkɑːtloud] воз (*как мера*)

carton [ˈkɑːtən] пакетик

(молока), коро́бка *(яиц)* и т. п.

cartoon [kɑː'tuːn] 1) карикату́ра 2) мультипликацио́нный фильм; ~**ist** карикатури́ст

cartridge ['kɑːtrɪdʒ] патро́н; ~-**belt** [-belt] 1) патронта́ш 2) пулемётная ле́нта; ~-**case** [-keɪs] патро́нная ги́льза; ~-**paper** [-,peɪpə] пло́тная бума́га *(для рисования)*

carv||**e** ['kɑːv] 1) выреза́ть *(по дереву, кости)*; высека́ть *(из камня)* 2) ре́зать *(жаркое и т. п.)* ломтя́ми; ~**ing** резна́я рабо́та

cascade [kæs'keɪd] каска́д

case I [keɪs] 1) слу́чай; in any ~ в любо́м *(или* во вся́ком*)* слу́чае; in ~ he comes в слу́чае, е́сли он придёт 2) де́ло *(судебное)* 3) больно́й; the doctor is out on a ~ врач пое́хал к больно́му

case II *грам.* паде́ж

case III *n.* 1) я́щик; ларе́ц 2) футля́р, чехо́л 3): glass ~ витри́на *(в музее и т. п.)* 2. *v* 1) класть в я́щик 2) покрыва́ть; обрамля́ть, вставля́ть в опра́ву

case-hardened ['keɪs,hɑːdnd] закалённый; быва́лый

case-history ['keɪs,hɪst(ə)rɪ] исто́рия боле́зни

casement ['keɪsmənt] око́нный переплёт

cash [kæʃ] 1. *n* нали́чные де́ньги; ~ on delivery нало́женным платежо́м 2. *v* получа́ть де́ньги по чéку

cashier I [kæ'ʃɪə] касси́р

cashier II [kə'ʃɪə] *воен.* увольня́ть

cask [kɑːsk] бочо́нок

casket ['kɑːskɪt] 1) шкату́лка 2) *амер.* гроб

casque [kæsk] *ист., поэт.* шлем

casserole ['kæsərəʊl] кастрю́ля

cassock ['kæsək] ря́са, сута́на

cast [kɑːst] 1. *v* (cast) 1) кида́ть; броса́ть; ~ a glance броса́ть взгляд 2) сбра́сывать, меня́ть *(кожу)* 2) *тех.* отлива́ть 4) распределя́ть *(роли)*; ~ **down** а) сверга́ть; б): to be ~ down быть удручённым ◊ ~ anchor броса́ть я́корь; ~ lots броса́ть жре́бий; the die is ~ жре́бий бро́шен; ~ a vote *(for)* голосова́ть за *(кого-л.)* 2. *n* 1) бросо́к 2) броса́ние, мета́ние 3) распределе́ние роле́й; соста́в исполни́телей 4) фо́рма для литья́ 5) гипс 6) склад *(ума)*

castaway ['kɑːstəweɪ] отве́рженный

caste [kɑːst] ка́ста

castiga||**te** ['kæstɪgeɪt] 1) нака́зывать 2) бичева́ть; жесто́ко критикова́ть; ~**tion** [,kæstɪ'geɪʃ(ə)n] наказа́ние

castiron ['kɑːst'aɪən] чугу́н

cast-iron ['kɑːst,aɪən] чугу́нный; *перен.* твёрдый, непрекло́нный

castle ['kɑːsl] 1) за́мок; ~s in the air возду́шные за́мки 2) *шахм.* ладья́

castor I ['kɑːstə] бобро́вая струя́

castor II ['kɑːstə] 1) колёсико *(на ножке мебели)* 2) перечница; солонка

castor oil ['kɑːstər'ɔɪl] касторовое масло

castrat‖e [kæs'treɪt] кастрировать; **~ion** [-ʃ(ə)n] кастрация

casual ['kæʒjuəl] 1) случайный 2) небрёжный 3) непостоянный; **~ty** [-tɪ] 1) несчастный случай 2) *pl* пострадавшие от несчастного случая 3) *pl* жертвы, потери *(на войне)*

cat [kæt] кот; кошка ◇ let the ~ out of the bag ≅ разболтать секрет

catalogue ['kætəlɔg] 1. *n* каталог 2. *v* внести в каталог

cataract ['kætərækt] 1) водопад 2) *мед.* катаракта 3) *тех.* катаракт

catarrh [kə'tɑː] *мед.* катар

catastrophe [kə'tæstrəfɪ] катастрофа

catcall ['kætkɔːl] 1. *n* 1) освистывание, свист 2) свисток 2. *v* освистывать

catch ['kætʃ] 1. *v* (caught) 1) схватить, поймать 2) уловить *(значение, мотив)* 3) цепляться; ~ **on** а) ухватиться за; б) понимать; в) *разг.* стать модным, привиться; ~ **up** а) подхватить; б) догнать ◇ ~ smb.'s attention *(или* eyes) привлечь чьё-л. внимание; he caught his breath у него перехватило дыхание; ~ cold простудиться; ~ hold of smth. ухватиться за что-л.; ~ it *разг.* получить нагоняй; ~ the train успеть на поезд; ~ up on sleep отоспаться 2. *n* 1) поймка 2) улов *(рыбы)* 3) уловка 4) выгодная добыча 5) щеколда ◇ that's the ~ в этом-то вся хитрость; **~ing** 1) прилипчивый, заразный *(о болезни)* 2) привлекательный

catchword ['kætʃwəːd] 1) лозунг 2) *полигр.* колонтитул 3) заглавное слово *(в словарях)*

catchy ['kætʃɪ] 1) легко запоминающийся *(о мотиве)* 2) хитроумный, заковыристый

catego‖rical [ˌkætɪ'gɔrɪk(ə)l] решительный, безусловный; **~ry** ['kætɪgərɪ] категория

cater ['keɪtə] 1) снабжать провизией *(for)*; поставлять 2) обслуживать; **~er** [-rə] поставщик *(провизии)*

caterpillar ['kætəpɪlə] 1) гусеница 2) *тех.* гусеничный ход 3) *attr.*: ~ tractor гусеничный трактор

caterwaul ['kætəwɔːl] задавать кошачий концерт

catgut ['kætgʌt] кишечная струна, кетгут

cathedral [kə'θiːdr(ə)l] 1. *n* собор 2. *a* соборный

cathode ['kæθoud] *эл.* катод

catholic ['kæθəlɪk] 1. *a* 1) католический 2) *церк.* вселенский 3) широкий; всеобъемлющий 2. *n* католик

cat-o'-nine-tails ['kætə'naɪnteɪlz] кошка *(плеть)*

cattle ['kætl] рогатый скот

Cahcasian [kɔːˈkeɪzjən] 1. *a* кавка́зский 2. *n* кавка́зец

caught [kɔːt] *past и p. p. от* catch 1

cauldron [ˈkɔːldr(ə)n] котёл

cauliflower [ˈkɔlɪflauə] цветна́я капу́ста

caulk [kɔːk] конопа́тить

caus‖**al**, ~**ative** [ˈkɔːz(ə)l, ˈkɔːzətɪv] причи́нный

cause [kɔːz] 1. *n* 1) причи́на 2) сторона́ *(тж. юр.)*; make common ~ *(with)* станови́ться на чью-л. сто́рону, быть заодно́ с кем-л. 3) де́ло; the ~ of peace де́ло ми́ра 2. *v* 1) причиня́ть 2) вызыва́ть *(возмущение, смех, слёзы)* 3) заставля́ть

causeway [ˈkɔːzweɪ] мостова́я

caustic [ˈkɔːstɪk] е́дкий *(тж. перен.)*

cauti‖**on** [ˈkɔːʃ(ə)n] 1. *n* 1) осторо́жность 2) предостереже́ние 2. *v* предостерега́ть; ~**ous** [ˈkɔːʃəs] осторо́жный, осмотри́тельный

cavalier [ˌkævəˈlɪə] 1. *n* 1) вса́дник 2) *ист.* роялист 2. *a* 1) надме́нный, высокоме́рный 2) бесцеремо́нный

cavalry [ˈkæv(ə)lrɪ] кавале́рия, ко́нница

cave [keɪv] 1. *n* пеще́ра 2. *v* выда́лбливать; ~ in a) уступа́ть, сдава́ться; б) зава́ливаться, подломи́ться

cavern [ˈkævən] больша́я пеще́ра

caviar(e) [ˈkævɪɑː] икра́ *(рыбья)*

cavity [ˈkævɪtɪ] 1) по́лость; впа́дина 2) *мед.* каве́рна

caw [kɔː] 1. *v* ка́ркать 2. *n* ка́рканье

cease [siːs] 1) прекраща́ть ~ fire! прекрати́ть ого́нь! 2) прекраща́ться; ~**less** непреры́вный

cedar [ˈsiːdə] кедр

cede [siːd] 1) сдава́ть *(территорию)* 2) уступа́ть *(в споре)*

ceiling [ˈsiːlɪŋ] потоло́к

celebr‖**ate** [ˈselɪbreɪt] 1) пра́здновать 2) прославля́ть; ~**ated** [-ɪd] знамени́тый; ~**ation** [ˌselɪˈbreɪʃ(ə)n] пра́зднование

celebrity [sɪˈlebrɪtɪ] 1) изве́стность 2) знамени́тость *(о человеке)*

celerity [sɪˈlerɪtɪ] быстрота́

celery [ˈselərɪ] *бот.* сельдере́й

celestial [sɪˈlestjəl] небе́сный; *перен.* боже́ственный

celibacy [ˈselɪbəsɪ] безбра́чие

cell [sel] 1) тюре́мная ка́мера 2) ке́лья *(монаха)* 3) яче́йка 4) *эл.* элеме́нт 5) *биол.* кле́тка

cellar [ˈselə] по́греб; подва́л

'cellist [ˈtʃelɪst] *(сокр. от* violoncellist*)* виолончели́ст

'cello [ˈtʃeloʊ] *(сокр. от* violoncello*)* виолонче́ль

cellul‖**e** [ˈseljuːl] *биол.* кле́точка; ~**ose** [ˈseljuləʊs] клетча́тка; целлюло́за

cement [sɪˈment] 1. *n* цеме́нт; *перен.* связь, сою́з 2. *v* цементи́ровать, скрепля́ть *(тж. перен.)*

cemetery [ˈsemɪtrɪ] кла́дбище

censer ['sensə] кадило; курильница

censor ['sensə] цензор; ~ship цензура

censure ['senʃə] 1. осуждение, порицание; vote of ~ вотум недоверия 2. *v* осуждать

census ['sensəs] перепись

cent [sent] цент *(монета = 0,01 доллара)* ◇ per ~ процент

centen‖arian [,sentɪ'nɛərɪən] 1. *a* столетний 2. *n* человек ста (и более) лет; ~ary [sen'tɪnərɪ] 1. *a* столетний 2. *n* столетняя годовщина

centennial [sen'tenjəl] см. centenary

center ['sentə] *амер.* см. centre

centigrade ['sentɪgreɪd] стоградусный; по стоградусной шкале

centimeter ['sentɪ,mi:tə] *амер.* см. centimetre

centimetre ['sentɪ,mi:tə] сантиметр

centipede ['sentɪpi:d] сороконожка

central ['sentr(ə)l] 1) центральный 2) главный; ~ize [-aɪz] централизовать

centre ['sentə] 1. *n* центр ◇ ~ of infection очаг инфекции; shopping ~ район магазинов 2. *v* 1) концентрировать; сосредоточивать 2) сосредоточиваться

centrifugal [sen'trɪfjug(ə)l] центробежный

centripetal [sen'trɪpɪtl] центростремительный

centuple ['sentjupl] стократный

century ['sentʃurɪ] столетие, век

ceramic [sɪ'ræmɪk] гончарный; керамический; ~s [-s] *pl* керамика

cereal ['sɪərɪəl] 1. *a* хлебный 2. *n* 1) *амер.* блюдо из овсянки, кукурузных хлопьев *(как завтрак)* 2) крупа 3) *pl* злаки, хлеба

cerebral ['serɪbr(ə)l] *анат.* мозговой

ceremonial [,serɪ'mounjəl] 1. *a* формальный; церемониальный 2. *n* церемониал

ceremonious [,serɪ'mounjəs] 1) церемониальный 2) церемонный

ceremony ['serɪmənɪ] 1) обряд, церемония 2) церемонность ◇ stand (up)on ~ держаться чопорно, церемониться

cert [sə:t] *разг.*: it's a dead ~ ≅ обязательно, наверняка получится

certain ['sə:tn] 1) определённый 2) *predic* уверенный; be ~ (of) быть уверенным; for ~ наверняка 3) *predic* несомненный *(о факте)* 4) некий; некоторый; ~ly конечно; ~ty [-tɪ] уверенность

certificate [sə'tɪfɪkɪt] удостоверение; свидетельство *(тж. о болезни)*; сертификат

certify ['sə:tɪfaɪ] (за)свидетельствовать; удостоверять

certitude ['sə:tɪtjuːd] уверенность; несомненность

cessation [seˈseɪʃ(ə)n] прекращение; остановка; перерыв

cession ['seʃ(ə)n] 1) уступка 2) передача *(прав и т. п.)*

cesspit ['sespɪt] *см.* cesspool

cesspool ['sespuːl] выгребная яма

chafe [tʃeɪf] 1) тереть, растирать 2) натирать 3) раздражаться, горячиться

chafer ['tʃeɪfə] *см.* cockchafer

chaff I [tʃɑːf] 1. *n* добродушная насмешка; поддразнивание 2. *v* дразнить, подшучивать

chaff II мякина; мелко нарезанная солома, сечка

chaffinch ['tʃæfɪntʃ] зяблик

chagrin ['ʃægrɪn] досада; огорчение

chain ['tʃeɪn] 1. *a* цепь; цепочка ◇ mountain ~ горный хребет; ~ of events ход событий; ~ of restaurants сеть ресторанов 2. *v* сковывать; *перен.* привязывать; **~-drive** [-draɪv] цепная передача

chair ['tʃɛə] 1) стул; take a ~ а) возьмите стул; б) садитесь 2) кафедра 3) председательство; be in the ~ председательствовать; take the ~ быть председателем 4) председатель; **~man** [-mən] председатель

chaise [ʃeɪz] фаэтон

chalk [tʃɔːk] 1. *n* мел 2. *v* писать, чертить мелом; ~ out набрасывать, намечать *(план)*

challenge ['tʃælɪndʒ] 1. *n* 1) оклик 2) вызов *(на соревнование, на дуэль)* 3) *юр.* отвод 4) *attr.*: ~ banner переходящее знамя 2. *v* 1) окликать 2) вызывать *(на соревнование, на дуэль)* 3) отводить *(кандидата)* 4) требовать *(внимания и т. п.)*

chamber ['tʃeɪmbə] 1) комната 2) палата *(парламентская, торговая)*; C. of Commerce торговая палата ◇ ~ music камерная музыка; **~maid** [-meɪd] горничная; **~-pot** [-pɔt] ночной горшок

chamois [ˈʃæmwɑː] серна; **~-leather** [ˈʃæmɪˌleðə] замша

champ I [tʃæmp] чавкать; *перен.* выказывать нетерпение; ~ with rage горячиться

champ II *разг. сокр. от* champion

champagne [ʃæmˈpeɪn] шампанское

champion ['tʃæmpjən] 1. *n* 1) чемпион; победитель 2) защитник, сторонник; ~ of peace сторонник мира 2. *a разг.* первоклассный; **~ship** 1) первенство, чемпионат 2) звание чемпиона 3) защита, поборничество

chance [tʃɑːns] 1. *n* 1) случай; случайность; by ~ случайно 2) возможность; stand a good ~ иметь надежду, шанс 3) удача, счастье ◇

take a ~ рисковать 2. *a* случайный 3. *v*: he ~d to be there он случайно был там; it ~d that случилось, что; ~ **upon** случайно найти, наткнуться

chancel ['tʃɑːnsəl] алтарь

chancellor ['tʃɑːnsələ] 1) канцлер; Lord C. лорд-канцлер; C. of the Exchequer министр финансов Англии 2) ректор университета

chancery ['tʃɑːns(ə)rɪ] 1) суд лорда-канцлера 2) *амер.* суд права справедливости

chandelier [ˌʃændɪ'lɪə] люстра

change ['tʃeɪndʒ] 1. *n* 1) перемена; изменение 2) пересадка *(на железной дороге и т. п.)* 3) смена *(белья)* 4) сдача, мелкие деньги ◊ for a ~ для разнообразия 2. *v* 1) менять; ~ front *перен.* менять позицию, направление, отношение; ~ hands переходить в другие руки; ~ trains делать пересадку; ~ one's mind раздумать 2) меняться; ~ colour меняться в лице 3) переодеваться; **~able** [-əbl] непостоянный, изменчивый; неустойчивый

channel ['tʃænl] 1) пролив; the (English) C. Ла-Манш 2) русло 3) канал; *перен. тж.* источник *(сведений)* 4) сток; сточная канава

chant [tʃɑːnt] 1. *n* 1) песнопение 2) *поэт.* песнь 2. *v* петь

chao‖s ['keɪɔs] хаос; **~tic** [keɪ'ɔtɪk] хаотический

chap I [tʃæp] *разг.* малый, парень

chap II *(обыкн. pl)* 1) челюсть 2) щёки

chap III трещина *(на коже)*

chap‖el ['tʃæp(ə)l] часовня; **~lain** ['tʃæplɪn] капеллан

chaplet ['tʃæplɪt] 1) венок 2) чётки; бусы

chapter ['tʃæptə] глава *(книги)*

char I [tʃɑː] 1) обжигать 2) обугливать

char II 1. *n* 1) подённая работа 2) *разг.* приходящая уборщица 2. *v* работать подённо

character ['kærɪktə] 1) характер 2) свойство, особенность 3) репутация 4) личность 5) персонаж 6) характеристика 7) буква; литера ◊ in ~ в духе; **~istic** [ˌkærɪktə'rɪstɪk] 1. *n* характерная особенность 2. *a* характерный; **~ize** [-raɪz] характеризовать

charade [ʃə'rɑːd] шарада

charcoal ['tʃɑːkoʊl] древесный уголь

charg‖e ['tʃɑːdʒ] 1. *n* 1) обвинение 2) атака 3) цена; *pl* расходы; free of ~ бесплатно 4) эл. заряд 5) предписание; поручение 6) обязанность; ответственность; be in ~ *(of)* быть ответственным за 7) попечение 8) питомец 2. *v* 1) обвинять 2) атаковать 3) назначать цену 4) записывать *(на* *чей-л. счёт)*; ~ this to my account запишите это на мой счёт 5) *эл.* заряжать 6) поручать, вменять в обязанность 7) обременять; ~**er** 1) боевой конь 2) патронная обойма

chariot ['tʃærɪət] колесница

chari‖table ['tʃærɪtəbl] 1) милосердный 2) благотворительный; ~**ty** ['tʃærɪtɪ] 1) милосердие 2) благотворительность; милостыня

charlatan ['ʃɑːlət(ə)n] шарлатан; знахарь

charm ['tʃɑːm] 1. *n* 1) обаяние, очарование 2) *pl* чары 2. *v* очаровывать; ~**ing** очаровательный, прелестный

chart [tʃɑːt] 1) морская карта 2) диаграмма

charter ['tʃɑːtə] 1. *n* 1) хартия 2) устав 3) право 2. *v* даровать привилегию

charter II ['tʃɑːtə] зафрахтовать судно; ~-**party** [-,pɑːtɪ] *мор., ком.* чартер-партия

charwoman ['tʃɑː,wumən] *см.* char II 1, 2)

chary ['tʃɛərɪ] осторожный; ~ of (giving) praise скупой на похвалы

chase I [tʃeɪs] 1. *n* 1) погоня; give ~ *(to)* гнаться за; in ~ *(of)* в погоне за 2): the ~ охота 2. *v* преследовать; охотиться

chase II гравировать *(орнамент)*

chasm [kæzm] расселина; бездна; *перен. тж.* пропасть

chassis ['ʃæsɪ] шасси

chaste [tʃeɪst] целомудренный; *перен.* простой, строгий *(о стиле и т. п.)*

chasten ['tʃeɪsn] карать

chastise [tʃæs'taɪz] наказывать, бить

chastity ['tʃæstɪtɪ] целомудрие

chat [tʃæt] 1. *n* болтовня 2. *v* болтать

chattel ['tʃætl] *(обыкн. pl)* движимость

chatter ['tʃætə] 1. *n* 1) болтовня 2) щебетание *(птиц)* 2. *v* 1) болтать 2) щебетать 3) стучать *(зубами)*; ~**box** [-bɔks] болтун, пустомеля

chatty ['tʃætɪ] болтливый

chauffeur ['ʃoufə] шофёр

chauvin‖ism ['ʃouvɪnɪzm] шовинизм; ~**ist** шовинист; ~**istic** [,ʃouvɪ'nɪstɪk] шовинистический

cheap ['tʃiːp] дешёвый; ~**en** [-(ə)n] дешеветь

cheat [tʃiːt] 1. *n* 1) обман 2) обманщик; жулик 2. *v* обманывать

check I [tʃek] 1. *n* 1) контроль, проверка 2) задержка; препятствие 3) *шахм.* шах ◊ hold *(или* keep) in ~ сдерживать, держать в узде 2. *v* 1) проверять 2) сдерживать; приостанавливать; ~ oneself сдерживаться; ~ speed замедлить скорость 3) *шахм.* объявлять шах

check II 1. *n* 1) багажная квитанция; номерок *(в гардеробе)* 2) *амер.* чек 3) *амер.* счёт 2. *v* сдавать *(на хранение, в багаж и т. п.; тж.* ~ in)

checker ['tʃekə] *см.* chequer

checkers ['tʃekəz] *pl амер.* (игра в) шашки

checkmate ['tʃek'meɪt] шах и мат; *перен.* полное поражение

cheek I [tʃiːk] щека

cheek II дерзость, нахальство

cheek-bone ['tʃiːkbəun] скула

cheeky ['tʃiːkɪ] нахальный, дерзкий

cheep [tʃiːp] 1. *n* писк 2. *v* пищать

cheer ['tʃɪə] 1. *n* 1) одобрительное *или* приветственное восклицание; ура 2) *pl* аплодисменты 3) веселье; радость; be of good ~ быть в хорошем настроении ◇ good ~ хорошее угощение 2. *v* 1) ободрять; поощрять 2) обрадовать 3) аплодировать; ~ up а) ободрять; б) приободриться; **~ful** 1) бодрый, весёлый 2) яркий, светлый (*о дне*); **~ing** 1. *n* аплодисменты 2. *a* ободряющий; **~less** мрачный; **~y** [-rɪ] *см.* cheerful

cheese [tʃiːz] сыр

cheese-paring ['tʃiːz‚pɛərɪŋ] 1. *n* скупость 2. *a* скупой

chef [ʃef] шеф-повар

chemical ['kemɪk(ə)l] 1. *a* химический; ~ warfare химическая война 2. *n pl* химикалии

chemise [ʃɪ'miːz] женская сорочка

chemist ['kemɪst] 1) химик 2) аптекарь; **~ry** [-rɪ] химия

cheque [tʃek] чек; write a ~ выписывать чек

chequer ['tʃekə] 1) материя в клетку 2) *pl см.* checkers

cherish ['tʃerɪʃ] 1) лелеять (*надежду и т. п.*) 2) нежно любить; ~ed [-t] заветный; a ~ed possession ≅ что-то очень дорогое (*для кого-л.*)

cherry ['tʃerɪ] вишня; **~-stone** [-stəun] вишнёвая косточка

cherub ['tʃerəb] херувим

chess [tʃes] шахматы; **~-board** [-bɔːd] шахматная доска; **~-man** [-mæn] шахматная фигура; **~-player** [-‚pleɪə] шахматист

chest [tʃest] 1) сундук; ящик; ~ of drawers комод 2) грудная клетка, грудь 3) *attr.:* ~ trouble *эвф.* туберкулёз; бронхит

chestnut ['tʃesnʌt] 1. *n* каштан 2. *a* каштановый; гнедой

chew [tʃuː] жевать; ~ over, ~ upon *перен.* обдумывать

chewing-gum ['tʃuːɪŋgʌm] жевательная резинка

chic [ʃiːk] элегантный

chicane [ʃɪ'keɪn] придираться; **~ry** [-ərɪ] 1) придирка 2) крючкотворство

chick [tʃɪk] цыплёнок

chicken ['tʃɪkɪn] цыплёнок; птенец ◇ count one's ~s before they are hatched *посл.* цыплят по осени считают; **-hearted** [-‚hɑːtɪd] робкий; малодушный, трусливый

chicken-pox ['tʃɪkɪnpɔks] ветряная оспа

chicory ['tʃɪkərɪ] цикорий
chide [tʃaɪd] бранить
chief ['tʃiːf] **1.** *n* 1) глава; начальник *(тж. воен.)* 2) вождь **2.** *a* главный; руководящий; ~**ly** главным образом
chieftain ['tʃiːftən] 1) вождь клана *(в Шотландии)* 2) атаман *(шайки разбойников)*
chilblain ['tʃɪlbleɪn] обмороженное место
child ['tʃaɪld] *(pl* children) ребёнок; be with ~ быть беременной; ~'s play пустяковое *(или* лёгкое*)* дело; ~**hood** [-hʊd] детство; ~**ish** 1) детский 2) ребяческий, несерьёзный
children ['tʃɪldrən] *pl* от child
chill [tʃɪl] **1.** *n* 1) холод; *перен.* холодность *(в отношениях)* 2) озноб; have a ~ быть простуженным 3) *тех.* закалка **2.** *v* 1) охлаждать 2) охлаждаться; холодеть **3.** *a* холодный *(тж. перен.)*
chilly ['tʃɪlɪ] **1.** *a* 1) прохладный; *перен.* холодный, сухой 2) зябкий **2.** *adv* холодно *(тж. перен.)*
chime [tʃaɪm] **1.** *n* 1, колокола 2) *pl* колокольный звон **2.** *v* 1) звонить *(о колоколах)* 2) пробить *(о часах)*
chimney ['tʃɪmnɪ] труба; дымоход; ~**piece** [-piːs] полка над камином; ~**sweep** [-ˌswiːp] трубочист
chimpanzee [ˌtʃɪmpənˈziː] шимпанзе

chin [tʃɪn] подбородок
China ['tʃaɪnə] китайский
china ['tʃaɪnə] **1.** *n* фарфор; фарфоровая посуда **2.** *a* фарфоровый
Chinese ['tʃaɪˈniːz] **1.** *a* китайский **2.** *n* 1) китаец; китаянка 2) китайский язык
chink I [tʃɪŋk] **1.** *n* 1) звон *(стаканов, монет)* 2) *груб., уст.* наличные деньги **2.** *v* звенеть, звякать *(о монетах, стаканах)*
chink II трещина, щель, скважина
chintz [tʃɪnts] (набивной) ситец
chip [tʃɪp] **1.** *n* 1) стружка; щепка 2) обломок; осколок 3) *pl* кусочки, ломтики *(чего-л.);* 4) *pl разг.* хрустящий картофель **2.** *v* 1) стругать 2) откалывать 3) жарить картофель *(ломтиками)*
chiropody [kɪˈrɔpədɪ] педикюр
chirp, chirrup [tʃəːp, ˈtʃɪrəp] **1.** *n* щебетание, чириканье **2.** *v* щебетать, чирикать
chisel ['tʃɪzl] **1.** *n* 1) резец 2) *тех.* долото **2.** *v* ваять
chit I [tʃɪt] ребёнок; крошка
chit II 1) короткая записка 2) счёт
chit-chat [ˈtʃɪttʃæt] болтовня; пересуды
chival‖rous [ˈʃɪv(ə)lrəs] рыцарский; ~**ry** [-rɪ] рыцарство
chlorine ['klɔːriːn] хлор
chloroform ['klɔrəfɔːm] хлороформ

chock ['tʃɔk] клин; ~-full [-ful] битком набитый

chocolate ['tʃɔk(ə)lɪt] *n* шоколад 2. *a* шоколадный

choice [tʃɔɪs] 1. *n* 1) выбор 2) альтернатива 2. *a* отборный

choir ['kwaɪə] хор

choke [tʃouk] 1. *v* 1) задыхаться 2) душить 2. *n* 1) припадок удушья 2) *тех.* дроссель

choler ['kɔlə] гнев

cholera ['kɔlərə] холера

choleric ['kɔlərɪk] раздражительный, жёлчный

choose [tʃuːz] (chose; chosen) 1) выбирать 2) хотеть; предпочитать ◇ there is nothing to ~ between them они друг друга стоят

chop [tʃɔp] 1. *v* рубить; ~ down a tree срубить дерево 2. *n* 1) удар *(топором)* 2) отбивная котлета

choppy ['tʃɔpɪ] неспокойный *(о море)*

choral ['kɔr(ə)l] хоровой

chord I [kɔːd] *муз.* аккорд

chord II 1) *анат.* связка; vocal ~s голосовые связки 2) струна 3) *мат.* хорда

chorus ['kɔːrəs] хор; in ~ хором

chose [tʃouz] *past от* choose

chosen ['tʃouzn] *p. p. от* choose

Christian ['krɪstjən] *рел.* 1. *n* христианин 2. *a* христианский; ~ity [,krɪstɪ'ænɪtɪ] христианство

Christmas ['krɪsməs] 1) *рел.* рождество 2) *attr.:* ~ tree рождественская ёлка

CIG

chronic ['krɔnɪk] хронический

chronicle ['krɔnɪkl] 1. *n* 1) хроника 2) летопись 2. *v* заносить в летопись, в дневник

chronological [,krɔnə'lɔdʒɪk(ə)l] хронологический

chubby ['tʃʌbɪ] круглолицый

chuck [tʃʌk] *разг.* швырять; ~ away а) упускать *(случай);* б) сорить *(деньгами);* ~ up бросать *(работу и т. п.)*

chuckle ['tʃʌkl] 1. *v* посмеиваться, хихикать 2. *n* хихиканье

chum [tʃʌm] *разг.* закадычный друг, товарищ

chump [tʃʌmp] 1) чурбан *(тж. перен.)* 2) филейная часть *(туши)*

chunk [tʃʌŋk] кусок; ломоть

church ['tʃəːtʃ] церковь; ~warden [-'wɔːdn] церковный староста; ~yard [-'jɑːd] кладбище при церкви

churl ['tʃəːl] грубиян; ~ish грубый

churn [tʃəːn] 1. *n* маслобойка 2. *v* сбивать масло

chute [ʃuːt] стремнина; крутой скат

cicatr||ice ['sɪkətrɪs] рубец; ~ize [-raɪz] заживать

cicerone [,tʃɪtʃə'rounɪ] *(pl* -ni [-niː]) гид, проводник

cigar [sɪ'ɡɑː] сигара

cigarette [,sɪɡə'ret] папироса; сигарета; ~-case [-keɪs] портсигар; ~-holder [-,houldə] мундштук

cinder ['sındə] *(часто pl)* тлеющие угли; зола

Cinderella [,sındə'relə] Золушка

cinema ['sınımə] кинотеатр; the ~ (кино)фильм

cinematograph [,sını'mætəgrɑːf] 1) кинематограф 2) киноаппарат

cinnamon ['sınəmən] корица

cipher ['saıfə] **1.** *n* 1) нуль *(тж. перен.)* 2) шифр 3) арабская цифра **2.** *v* 1) высчитывать 2) зашифровывать

circle ['sə:kl] **1.** *n* 1) круг; draw a ~ начертить круг 2) *театр.* ярус; dress ~ бельэтаж; upper ~ балкон 3) кружок 4) цикл, круговорот **2.** *v* вращаться; кружиться

circuit ['sə:kıt] 1) объезд 2) окружность 3) круговая поездка 4) округ *(судебный)* 5) *эл.* цепь; ~ous [sə'kjuıtəs] окольный *(путь)*

circul‖**ar** ['sə:kjulə] **1.** *a* 1) круглый 2) круговой 3) циркулярный **2.** *n* циркуляр; ~**ate** [-eıt] 1) циркулировать *(о слухах и т. п.)* 2) обращаться *(о деньгах)* 3) распространять 4) распространяться; ~**ation** [,sə:kju'leıʃ(ə)n] 1) циркуляция 2) обращение *(тж. денежное)* 3) тираж *(газет, журналов)*

circum- ['sə:kəm-] *pref* в сложных словах означает вокруг, кругом

circumference [sə'kʌmf(ə)r(ə)ns] *мат.* окружность *(круга)*; периферия

circumlocution [,sə:kəmlə'kjuːʃ(ə)n] многословие

circumnavigate [,sə:kəm'nævıgeıt] совершать кругосветное плавание

circumscribe ['sə:kəmskraıb] 1) описывать *(окружность)* 2) ограничивать

circumspect ['sə:kəmspekt] осторожный, осмотрительный

circumstan‖**ce** ['sə:kəmstəns] 1) *(обыкн. pl)* обстоятельства; in *(или* under*)* the ~s при данных обстоятельствах; in *(или* under*)* no ~s ни в коем случае; ни при каких обстоятельствах 2) подробность 3) *pl* материальное положение; in reduced ~s в стеснённом материальном положении; ~**tial** [,sə:kəm'stænʃ(ə)l] 1) подробный 2) *грам.* обстоятельственный ◇ ~tial evidence косвенные улики

circumvent [,sə:kəm'vent] расстроить *(планы)*, перехитрить, обмануть

circus ['sə:kəs] 1) цирк 2) амфитеатр 3) круглая площадь

cistern ['sıstən] цистерна, резервуар

citadel ['sıtədl] крепость; цитадель; *перен.* убежище

citation [saı'teıʃ(ə)n] 1) цитата; ссылка 2) перечисление 3) вызов *(в суд)*

cite [saıt] 1) цитировать 2) вызывать *(в суд)*

citizen ['sıtızn] 1) горожа́нин 2) граждани́н; ~ship гражда́нство

city ['sɪtɪ] большо́й го́род; the C. Си́ти *(торго́вая и деловая часть Лондона)*

civic ['sɪvɪk] гражда́нский

civics ['sɪvɪks] осно́вы гражда́нственности

civil ['sɪvl] 1) гражда́нский; ~ war гражда́нская война́; ~ service госуда́рственная слу́жба 2) шта́тский 3) ве́жливый; ~ian [sɪ'vɪljən] 1. *a* шта́тский 2. *n* шта́тский челове́к

civili||**zation** [,sɪvɪlaɪ'zeɪʃ(ə)n] цивилиза́ция; ~**ze** ['sɪvɪlaɪz] цивилизова́ть; ~**zed** ['sɪvɪlaɪzd] цивилизо́ванный; культу́рный

clack [klæk] 1. *n* треск; *перен.* болтовня́ 2. *v* гро́мко болта́ть

clad ['klæd] *p. p.* от clothe

claim [kleɪm] 1. *n* 1) тре́бование 2) *юр.* иск 3) утвержде́ние 4) *амер.* зая́вка на отво́д уча́стка под разрабо́тку недр 2. *v* 1) тре́бовать 2) претендова́ть 3) заявля́ть *(о чём-л.);* ~**ant** [-ənt] претенде́нт

clairvoy||**ance** [klɛə'vɔɪəns] яснови́дение; ~**ant** [-ənt] яснови́дящий

clamber ['klæmbə] кара́бкаться

clammy ['klæmɪ] холо́дный и вла́жный на о́щупь

clamor ['klæmə] *см.* clamour

clamorous ['klæm(ə)rəs] крикли́вый, шумли́вый

clamour ['klæmə] 1. *n* шум 2. *v* шу́мно тре́бовать *(to, for);* крича́ть; ~ **against** шу́мно отверга́ть *(что-л.)*

clamp [klæmp] 1. *n* 1) ско́ба 2) зажи́м 2. *v* скрепля́ть

clan [klæn] клан, род *(в Шотла́ндии)*

clandestine [klæn'destɪn] та́йный

clang [klæŋ] 1. *n* ре́зкий металли́ческий звук 2. *v* ля́згать

clank [klæŋk] 1. *n* звон *(цепе́й)* 2. *v* греме́ть *(цепью)*

clap [klæp] 1. *v* 1) хло́пать *(в ладо́ши)* 2) похло́пывать *(по плечу́, спине́)* 2. *n* 1) уда́р *(грома)* 2) хло́панье

clapper ['klæpə] язы́к *(колокола)*

claptrap ['klæptræp] треску́чая фра́за

clarify ['klærɪfaɪ] 1) проясни́ться *(о вопросе, созна́нии)* 2) очища́ть *(жи́дкость)*

clarinet [,klærɪ'net] кларне́т

clarity ['klærɪtɪ] 1) я́сность 2) чистота́; прозра́чность

clash [klæʃ] 1. *n* 1) гул, шум, лязг 2) столкнове́ние; конфли́кт 2. *v* ста́лкиваться; *перен.* ссо́риться

clasp [klɑːsp] 1. *n* 1) застёжка; пря́жка 2) рукопожа́тие 2. *v* 1) обнима́ть 2) сжима́ть *(руки)* 3) застёгивать

clasp-knife ['klɑːsp'naɪf] складно́й нож

class I [klɑːs] класс *(обще́ственный)*; working ~ ракóчий класс ◇ ~ struggle блáссовая борьбá

class II [klɑːs] 1. *n* 1) *биол.* класс 2) разря́д; род; сорт 3) класс *(в шко́ле)* 4) заня́тие, уро́к 5) *амер.* вы́пуск *(студе́нтов одного́ го́да)* 2. *v* классифици́ровать

class-conscious ['klɑːs'kɔn-ʃəs] созна́тельный, облада́ющий кла́ссовой созна́тельностью; ~**ness** кла́ссовое созна́ние

classical ['klæsɪk(ə)l] класси́ческий

classi‖fication [ˌklæsɪfɪ'keɪ-ʃ(ə)n] классифика́ция; ~**fy** ['klæsɪfaɪ] классифици́ровать

classless ['klɑːslɪs] бескла́ссовый

classroom ['klɑːsrum] кла́ссная ко́мната

clatter ['klætə] 1. *n* стук, гро́хот; *перен.* болтовня́ 2. *v* греме́ть

clause [klɔːz] 1) *грам.* предложе́ние *(как часть сло́жного предло́ж.)* 2) статья́; пункт *(в догово́ре)*

claw [klɔː] 1. *n* 1) ко́готь 2) ла́па с когтя́ми 3) клешня́ 4) *тех.* кле́щи 2. *v* цара́пать

clay [kleɪ] гли́на

clayey ['kleɪɪ] гли́нистый

clean [kliːn] 1. *a* чи́стый 2. *adv* соверше́нно 3. *v* 1) очища́ть 2) очища́ться; ~ **up** прибира́ть

clean-cut ['kliːn'kʌt] ре́зко оче́рченный; ~ features чёткие че́рты лица́

cleaner(s) ['kliːnə(z)] *разг.* химчи́стка; I must send my suit to the ~ мне на́до отда́ть костю́м в чи́стку

cleanly 1. *a* ['klenlɪ] чистопло́тный 2. *adv* ['kliːnlɪ] чи́сто

cleanse [klenz] 1) чи́стить, очища́ть 2) дезинфици́ровать

clean-shaven ['kliːn'ʃeɪvn] чи́сто вы́бритый

clear [klɪə] 1. *a* 1) прозра́чный; я́сный, све́тлый 2) чи́стый; with a ~ conscience с чи́стой со́вестью 3) поня́тный 4) свобо́дный *(о пути́)* 5) це́лый, по́лный; three ~ days це́лых три дня ◇ keep ~ *(of)* остерега́ться 2. *v* 1) очища́ть; убира́ть *(со стола́ и т. п.)*; ~ one's throat отка́шляться 2) проясня́ться 3) опра́вдывать *(обвиня́емого)* 4) перепры́гивать, брать препя́тствие; ~ **away** а) убира́ть *(со стола́)*; б) рассе́иваться; ~ **off** убира́ться; ~ **out** а) опорожня́ть, убира́ть; б) уходи́ть; ~ **up** а) выясня́ть; б) проясня́ться *(о пого́де)* ◇ all ~ а) путь свобо́ден; б) «отбо́й» *(по́сле трево́ги)* 3. *adv* 1) я́сно 2) соверше́нно; целико́м

clearance ['klɪərəns] 1) очи́стка, расчи́стка 2) устране́ние препя́тствий 3) *тех.* зазо́р ◇ ~ sale (дешёвая) распрода́жа; security ~ прове́рка благонадёжности

clear-sighted ['klɪə'saɪtɪd] проница́тельный, дальнови́дный

cleave [kliːv] (clove, cleft;

clef [klef] *муз.* ключ

cleft [kleft] 1. *v past и p. p. от* cleave 2. *n* ущелье, расселина

clem‖ency ['klemənsɪ] 1) милосе́рдие 2) мя́гкость *(характера, погоды)*; **~ent** [-ənt] 1) милосе́рдный 2) мя́гкий *(о характере, погоде)*

clench [klentʃ] 1) сжима́ть *(кулаки, зубы)* 2) кре́пко держа́ть 3) *см.* clinch

clergy ['klə:dʒɪ] духове́нство; **~man** [-mən] свяще́нник

cleric ['klerɪk] духо́вное лицо́

clerical ['klerɪkəl] конто́рский служащий

clerk [klɑ:k] чино́вник; секрета́рь; military ~ *воен.* писарь

clever ['klevə] 1) у́мный 2) тала́нтливый; спосо́бный 3) ло́вкий ◇ be ~ at smth. уме́ть хорошо́ де́лать что́-л.

click [klɪk] 1. *n* щёлканье *(затвора)* 2. *v* щёлкать

client ['klaɪənt] 1) клие́нт 2) покупа́тель; зака́зчик

cliff [klɪf] утёс

climat‖e ['klaɪmɪt] кли́мат; **~ic** [-'mætɪk] климати́ческий

climax ['klaɪmæks] кульминацио́нный пункт

climb ['klaɪm] 1. *n* подъём 2. *v* 1) взбира́ться; подни-ма́ться 2) ви́ться *(о растениях)* 3) *ав.* набира́ть высоту́; ~ **down** а) слеза́ть; б) *перен.* призна́ть себя́ побеждённым; **~er** 1) альпини́ст 2) выющееся расте́ние 3) карьери́ст

clinch [klɪntʃ] 1) *тех.* заклёпывать 2) утвержда́ть, оконча́тельно реша́ть

cling [klɪŋ] (clung) 1) цепля́ться *(за что́-л. — to)* 2) прилипа́ть; облега́ть *(о платье)*

clinic ['klɪnɪk] кли́ника; **~al** [-l] клини́ческий

clink [klɪŋk] 1) звуча́ть 2) звене́ть

clip I [klɪp] 1. *n* 1) зажи́м; скре́пка 2) скоба́ 3) обойма́ *(патрона)* 2. *v* 1) скрепля́ть 2) зажима́ть

clip II 1. *v* стричь 2. *n* 1) стри́жка *(волос, шерсти)* 2) *разг.* уда́р

clipper ['klɪpə] быстрохо́дное па́русное су́дно

clippers ['klɪpəz] *pl* но́жницы *(для стри́жки ове́ц и т. п.)*

clippings ['klɪpɪŋz] *pl* вы́резки из газе́т

clique [kli:k] кли́ка

cloak ['klouk] 1. *n* 1) плащ; *перен.* покро́в 2) предло́г *(отгово́рка)* 2. *v* скрыва́ть; **~-room** [-rum] 1) гардеро́б, раздева́льня 2) ка́мера хране́ния *(багажа́)*

clock ['klɔk] 1. *n* часы́ *(стенны́е, насто́льные)* 2. *v* 1) *спорт.* пока́зывать вре́мя 2): ~ in (out) отмеча́ть вре́мя прихо́да на рабо́ту (ухо́да с работы); ~-face [-feɪs] циферблат; ~wise [-waɪz] в направлении часовой стрелки; ~-work [-wəːk] часовой механизм

clod ['klɔd] ком земли; глыба; ~hopper [-,hɔpə] деревенщина

clog [klɔg] 1. *n* башмак *(на деревянной подошве)* 2. *v* 1) засорять 2) засоряться 3) препятствовать

cloister ['klɔɪstə] монастырь

close I [klous] 1. *a* 1) скрытный 2): ~ by близкий; a ~ shave на волосок от; at ~ quarters в непосредственном соприкосновении 3) спёртый, душный 4) пристальный *(о внимании)* 5) закрытый, тесный 2. *adv* близко; ~ at hand близко, под рукой; ~ upon почти, около 3. *n* огороженное стеной место *(около дома и т. п.)*

close II [klouz] 1. *v* 1) закрывать 2) заканчивать; ~ a discussion прекратите дискуссию 3) сближаться, смыкаться; ~ in а) приближаться; б) сокращаться *(о днях)*; ~ up а) запечатывать *(письма)*; б) закрывать; ликвидировать 2. *n* заключение; окончание; закрытие

close-cropped ['klouskrɔpt] коротко остриженный

closely ['klouslɪ] 1) внимательно; listen ~ слушать внимательно ◊ they resemble one another ~ они очень похожи друг на друга 2) тесно, плотно

closet ['klɔzɪt] 1) (стенной) шкаф 2) уборная

close-up ['klousʌp] *кино* крупный план

clot [klɔt] 1. *n* 1) сгусток 2) *мед.* тромб 3) комок 2. *v* сгущаться, свёртываться

cloth [klɔθ] 1) ткань 2) сукно 3) скатерть *(тж.* table ~) 4) (пыльная) тряпка

clothe [klouð] (clothed, *уст.* clad) 1) одевать; *перен.* облекать 2) покрывать

cloth||es, ~ing ['klouðz, -ɪŋ] одежда, платье

cloud ['klaud] 1. *n* туча; облако ◊ under a ~ в немилости 2. *v* 1) омрачать 2) омрачаться; ~less безоблачный

cloudy ['klaudɪ] 1) облачный 2) мутный; туманный *(тж. перен.)*

clout [klaut] 1. *n* 1) лоскут 2) *разг.* затрещина 2. *v* 1) латать 2) давать затрещину

clove I [klouv] *past* от cleave

clove II гвоздика *(пряность)*

clove III долька чесноку

cloven ['klouvn] *p. p.* от cleave

clover ['klouvə] клевер ◊ be in ~ ≅ как сыр в масле кататься

clown [klaun] шут, клоун

cloy [klɔɪ] пресыщать

club I [klʌb] *n* 1) дубина 2) *спорт.* клюшка 2. *v*

бить дубинкой, прикладом винтовки

club II [klʌb] 1. *n* клуб 2. *v*: ~ together а) собираться; б) делать что-л. в складчину

cluck [klʌk] 1. *v* кудахтать 2. *n* кудахтанье

clue [kluː] ключ к разгадке

clump [klʌmp] 1. *n* группа *(деревьев)* 2. *v* 1): ~ about тяжело ступать 2): ~ together сажать группами

clumsiness ['klʌmzɪnɪs] неуклюжесть; неловкость

clumsy ['klʌmzɪ] 1) неуклюжий; неловкий 2) бестактный

clung [klʌŋ] *past* и *p. p.* от cling

cluster ['klʌstə] 1. *n* 1) кисть; гроздь; пучок 2) группа *(деревьев)* 2. *v* 1) расти пучками, гроздьями 2) собираться группами

clutch I [klʌtʃ] 1. *v (часто* ~ at*)* схватить; зажать 2. *n* 1) хватка; сжатие 2) *тех.* сцепление ◇ fall into smb.'s ~es попасть в чьи-л. лапы; escape from smb.'s ~es вырваться из чьих-л. когтей

clutch II выводок *(цыплят)*

clutter ['klʌtə] 1. *n* беспорядок, хаос 2. *v*: ~ up with приводить в беспорядок

co- [kou-] *pref* в сложных словах указывает на совместность действий, усилий и т. п.; часто переводится на русский язык приставкой со-

coach I [koutʃ] 1) репетитор 2) инструктор; тренер

coach II [koutʃ] 1) карета 2) *ж.-д.* вагон

coagulat‖**e** [kou'ægjuleɪt] свёртываться; сгущаться; **~ion** [kou,ægju'leɪʃn] свёртывание; коагуляция

coal ['koul] (каменный) уголь; **~-bed** [-bed] угольный пласт

coalesce [,kouə'les] срастаться, соединяться; *перен.* объединяться *(в группы и т. п.)*

coal-field ['koulfiːld] каменноугольный бассейн

coalition [,kouə'lɪʃn] 1) объединение 2) коалиция

coal‖**-mine** ['koulmaɪn] каменноугольная копь; **~-pit** [-pɪt] шахта

coarse [kɔːs] 1) грубый *(тж. перен.)* 2) необработанный; неотделанный

coast ['koust] 1. *n* побережье ◇ the ~ is clear путь свободен 2. *v* плавать вдоль берега; **~al** [-əl] береговой

coat ['kout] 1) пальто 2) пиджак 3) шерсть *(животного)* 4) *см.* coating; **~ing** слой *(краски и т. п.)*

co-author [kou'ɔːθə] соавтор

coax [kouks] задабривать; льстить

cobble I ['kɔbl] 1. *n* булыжник 2. *v* мостить булыжником

cobbl‖**e** II ['kɔbl] чинить, латать *(обувь);* **~er** сапожник 2) плохой мастер

cobweb ['kɔbweb] паутина

cock I [kɔk] 1. *n* 1) петух 2) *(в составных существительных)* самец 3) кран ◇

~ and bull story небылица 2. *v*: ~ one's ears навострить уши

cock II [kɔk] копна сена

cockade [kɔ'keɪd] кокарда

cockchafer ['kɔk,tʃeɪfə] майский жук

cockle ['kɔkl] съедобный моллюск

cockney ['kɔknɪ] 1) кокни, лондонец из низов 2) кокни *(лондонский диалект)*

cockpit ['kɔkpɪt] 1) место петушиных боёв; *перен.* арена борьбы 2) *ав.* открытая кабина 3) *мор.* кубрик

cockroach ['kɔkroutʃ] таракан

cock-sure ['kɔk'ʃuə] (само)уверенный

cocktail ['kɔkteɪl] коктейль

coco ['koukou] кокосовая пальма

cocoa ['koukou] какао

cocoa-nut ['koukənʌt] кокос(овый орех)

cocoon [kə'ku:n] кокон

cod [kɔd] треска

coddle ['kɔdl] нянчиться, изнеживать

code [koud] 1) кодекс *(тж. моральный)* 2) код, шифр; система сигналов

codger ['kɔdʒə] *разг., уст.* чудак

codify ['kɔdɪfaɪ] кодифицировать

cod-liver ['kɔd,lɪvə] 1) печень трески 2) *attr.*: ~ oil рыбий жир

co-ed ['kou'ed] *амер. разг.* учащаяся школы совместного обучения

co-education [,kou,edju:'keɪʃ(ə)n] совместное обучение

coefficient [,kouɪ'fɪʃ(ə)nt] 1) коэффициент 2) содействующий фактор

coerc‖**e** [kou'ə:s] заставлять; ~**ion** [-'ə:ʃ(ə)n] принуждение; ~**ive** [-ɪv] принудительный

coeval [kou'i:vəl] **1.** *n* 1) сверстник 2) современник **2.** *a* современный

coexist ['kouɪg'zɪst] сосуществовать; ~**ence** [-ns] сосуществование; peaceful ~ence мирное сосуществование

coffee ['kɔfɪ] кофе; ~**-graunds** [-graundz] кофейная гуща; ~**-mill** [-mɪl] кофейная мельница; ~**-pot** кофейник

coffer ['kɔfə] 1) ящик 2) *pl* казна; ~**-dam** [-dæm] *гидр.* кессон

coffin ['kɔfɪn] гроб

cog [kɔg] зубец

cog‖**ency** ['koudʒənsɪ] убедительность; ~**ent** [-nt] убедительный; неоспоримый

cogged [kɔgd] зубчатый

cogitate ['kɔdʒɪteɪt] обдумывать; размышлять

cognac ['kounjæk] коньяк

cognate ['kɔgneɪt] 1) родственный; ~ words слова одного корня 2) сходный

cognition [kɔg'nɪʃ(ə)n] 1) познание 2) познавательная способность

cogniz‖**able** ['kɔgnɪzəbl] 1) познаваемый 2) *юр.* подсудный; ~**ance** [-əns] 1) знание 2) компетенция 3) подсудность

cog-wheel ['kɔgwiːl] *тех.* зубчатое колесо

cohabit [kou'hæbɪt] сожительствовать

coheir ['kou'ɛə] сонаследник

coher‖**e** [kou'hɪə] 1) быть сцепленным, связанным 2) согласовываться; **~ence**, **~ency** [-rns, -rnsɪ] 1) связность; связь 2) согласованность; **~ent** [-rnt] связный *(тж. о речи)*; понятный, ясный; последовательный

cohesion [kou'hiːʒn] сцепление

coiffure [kwɑː'fjuə] причёска

coil [kɔɪl] 1. *v* 1) свёртывать кольцом, спиралью 2) свёртываться 2. *n* 1) виток, кольцо 2) эл. катушка

coin [kɔɪn] 1. *n* монета. *v* 1) чеканить 2) фабриковать, измышлять 3) создавать новые слова, выражения

coincid‖**e** [ˌkouɪn'saɪd] 1) совпадать 2) соответствовать; **~ence** [kou'ɪnsɪdəns] совпадение

coke [kouk] кокс

colander ['kʌləndə] дуршлаг

cold ['kɔld] 1. *a* холодный *(тж. перен.)*; I am ~ мне холодно; ~ reception холодный приём ◇ ~ comfort слабое утешение; get *(или* have*)* ~ feet *разг.* трусить; give the ~ shoulder to smb. принимать кого-л. холодно 2. *n* 1) холод 2) простуда; a ~ in the head насморк; **~-blooded** [-'blʌdɪd] хладнокровный; **~-hearted** [-'hɑːtɪd] бессердечный

coldness ['kouldnɪs] 1) холод 2) холодность; равнодушие

cold-storage ['kould,stɔːrɪdʒ] холодильник

collaborat‖**e** [kə'læbəreɪt] сотрудничать; **~ion** [kəˌlæbə'reɪʃ(ə)n] сотрудничество; **~ionist** [kəˌlæbə'reɪʃənɪst] коллаборационист; **~or** сотрудник

collapse [kə'læps] 1. *n* 1) разрушение 2) упадок сил 3) крушение *(планов, надежд)* 2. *v* 1) рушиться 2) изнемочь; упасть духом

collapsible [kə'læpsəbl] складной

collar ['kɔlə] 1. *n* 1) воротник, воротничок 2) ошейник 3) хомут 4) *тех.* втулка 2. *v* 1) схватить за шиворот 2) *разг.* захватить; **~bone** [-boun] ключица

collate [kɔ'leɪt] сравнивать, сличать

collateral [kɔ'lætər(ə)l] 1) второстепенный 2) параллельный

colleague ['kɔliːg] сослуживец, коллега

collect [kə'lekt] 1) собирать 2) собираться 3) коллекционировать ◇ ~ oneself овладеть собой

collection [kə'lekʃ(ə)n] 1) собирание; ~ of mail выемка писем *(из почтового ящика)* 2) коллекция 3) денежный сбор

collectiv‖**e** [kə'lektɪv] коллекти́вный; ~ agreement коллекти́вный догово́р; ~ farm колхо́з; ~ farmer колхо́зник; ~ security коллекти́вная безопа́сность; ~ization [kə͵lektɪvaɪˈzeɪʃ(ə)n] коллективиза́ция

collector [kəˈlektə] 1) сбо́рщик; ticket ~ *ж.-д.* контролёр *(проверяющий билеты)* 2) коллекционе́р

colleg∥e [ˈkɔlɪdʒ] 1) высшее уче́бное заведе́ние; колле́дж; *амер.* университе́т 2) колле́гия; ~**iate** [kəˈliːdʒɪɪt] университе́тский

collide [kəˈlaɪd] ста́лкиваться *(с — with)*

collie [ˈkɔlɪ] шотла́ндская овча́рка, ко́лли

collie∥r [ˈkɔlɪə] 1) углеко́п; шахтёр 2) у́гольщик *(судно)*; ~**ry** [ˈkɔljərɪ] каменноуго́льная копь

collision [kəˈlɪʒn] столкнове́ние, колли́зия

colloquial [kəˈloukwɪəl] разгово́рный; ~**ism** разгово́рное выраже́ние

colloquy [ˈkɔləkwɪ] *книжн.* разгово́р; бесе́да

collusion [kəˈluːʒ(ə)n] (тайный) сго́вор

colon [ˈkoulən] двоето́чие

colonel [ˈkəːnl] полко́вник

colonial [kəˈlounjəl] колониа́льный

colonist [ˈkɔlənɪst] колони́ст; поселе́нец

coloniz∥e [ˈkɔlənaɪz] колонизи́ровать; ~**er** колониза́тор

colony [ˈkɔlənɪ] коло́ния

color [ˈkʌlə] *амер. см.* colour

colossal [kəˈlɔsl] 1) колосса́льный; грандио́зный 2) *разг.* великоле́пный, замеча́тельный

colossus [kəˈlɔsəs] коло́сс

colour [ˈkʌlə] **1.** *n* 1) цвет, тон 2) кра́ска 3) цвет лица́; high ~ румя́нец; lose one's ~ побледне́ть 4) колори́т; local ~ ме́стный колори́т 5) *pl* знамя; join the ~s вступи́ть в а́рмию ◇ be off ~ нева́жно себя́ чу́вствовать; with flying ~s победоно́сно; ~ question ра́совая пробле́ма **2.** *v* 1) кра́сить, раскра́шивать 2) приукра́шивать; ~**ing** [-rɪŋ] окра́ска, раскра́ска; ~**less** бесцве́тный

colt [koult] 1) жеребёнок 2) новичо́к

column [ˈkɔləm] 1) коло́нна; столб(и́к) 2) столбе́ц *(газе́тный)*; графа́; ~**ist** [-nɪst] *амер.* обозрева́тель; фельетони́ст

comb [koum] **1.** *n* 1) гре́бень; wide-toothed (close-toothed) ~ ре́дкий (густо́й) гре́бень 2) *текст.* чеса́лка 3) со́ты *мн.* **2.** *v* 1) чеса́ть, расчёсывать *(во́лосы)* 2) *воен.* прочёсывать *(местность)*

combat [ˈkɔmbət] **1.** *n* бой, сраже́ние; single ~ единобо́рство **2.** *v* сража́ться; ~**ant** [-nt] бое́ц

combination [͵kɔmbɪˈneɪʃ(ə)n] соедине́ние; сочета́ние

combine 1. *v* [kəm'baɪn] комбинировать; сочетать **2.** *n* ['kɔmbaɪn] 1) синдикат, комбинат 2) *с.-х.* комбайн

combus‖tible [kəm'bʌstəbl] **1.** *a* горючий **2.** *n pl* горючее; **~tion** [-'bʌstʃ(ə)n] 1) сгорание 2) *attr.*: ~tion engine двигатель внутреннего сгорания

come [kʌm] (came; come) 1) приходить, приезжать 2) делаться, становиться 3) случаться 4) происходить, бывать *(from)* 5) овладевать, охватывать *(over)* 6) доходить, составлять *(to)* 7) натолкнуться, напасть *(upon)* 8): ~ in(to) sight показаться *(в поле зрения);* ~ into property разбогатеть; ~ about случаться, происходить; ~ across случайно встретиться, натолкнуться; on the way she came across only one man по дороге ей попался только один человек; ~ along: ~ along! идём!; поторапливайся!; ~ along with сопровождать; ~ apart, ~ asunder распадаться; ~ back возвращаться; ~ by a) приобретать; б) *амер.* заходить; ~ forward выйти вперёд; ~ in входить; ~ of происходить; ~ off отрываться *(о пуговице и т. п.);* ~ on а) наступать; б) преуспевать; ~ out а) выходить; б) обнаруживаться; в) бастовать; г) выступать; ~ out in defence of peace выступить в защиту мира; ~ out of action *воен.* выйти из боя, выйти из строя; ~ round а) заходить; б) поправляться; в) приходить в себя; ~ to *см.* ~ round 5); ~ upon натолкнуться; ~ up (to) подойти, сравняться; ◊ ~ to know узнать; ~ to pass случаться, происходить; it has ~ to stay это надолго; ~ undone развязаться; ~ true сбываться; things to ~ грядущее; ~ what may будь что будет

comedian [kə'mɪdjən] комик

come-down ['kʌmdaun] упадок

comedy ['kɔmɪdɪ] комедия

comely ['kʌmlɪ] миловидный

comet ['kɔmɪt] комета

comfort ['kʌmfət] **1.** *n* 1) утешение; поддержка *(моральная)* 2) комфорт; *pl* удобства **2.** *v* утешать; **~able** [-əbl] удобный, уютный; do you feel ~able? вам удобно?; **~ing** утешительный

comfy ['kʌmfɪ] *разг.* от comfortable

comic ['kɔmɪk] 1) комический 2) смешной; **~al** [-əl] потешный

coming ['kʌmɪŋ] будущий; наступающий

comity ['kɔmɪtɪ]: ~ of nations взаимное признание законов и обычаев другой нации

comma ['kɔmə] запятая

command [kə'mænd] **1.** *v* 1) приказывать 2) командовать; управлять 3) господствовать 4) владеть; иметь в своём распоряжении; 5) внушать; ~ respect внушать уважение 2. *n* 1) приказ; распоряжение; команда 2) командование; be in ~ (*of*) командовать; under the ~ (*of*) под командованием 3) военный округ ◇ have a good ~ of a language хорошо владеть языком; ~ of the air господство в воздухе

commandant [,kɔmən'dænt] 1) комендант (*крепости, города*) 2) начальник военного учебного заведения

commandeer ['kɔməndɪə] реквизировать

commander [kə'mɑːndə] командир, командующий; C.-in-Chief главнокомандующий

commanding [kə'mɑːndɪŋ] 1) командующий 2) властный

commandment [kə'mɑːndmənt] 1) приказ 2) заповедь

commemora||**te** [kə'meməreɪt] 1) праздновать (*годовщину*) 2) служить напоминанием; ~**tion** [kə,memə'reɪʃn] празднование (*годовщины*); in ~tion of в память о; ~**tive** [-'memərətɪv] мемориальный

commence [kə'mens] начинать; ~**ment** 1) начало 2) *амер.* актовый день; at ~ment на выпускном акте

commend [kə'mend] 1) хвалить 2) *уст.* вверять, поручать; ~**able** [-əbl] похвальный

commensur||**able** [kə'menʃ(ə)rəbl] соизмеримый; ~**ate** [-ʃ(ə)rɪt] соразмерный, пропорциональный

comment ['kɔment] 1. *n* замечание 2. *v* делать критические замечания; комментировать; ~**ary** ['kɔmənt(ə)rɪ] комментарий; ~**ator** ['kɔmenteɪtə] комментатор

commerc||**e** ['kɔməːs] торговля; ~**ial** [kə'məːʃəl] торговый, коммерческий

commingle [kɔ'mɪŋgl] 1) смешиваться 2) смешивать

commiserate [kə'mɪzəreɪt] сочувствовать, соболезновать (*with*)

commissa||**r** [,kɔmɪ'sɑː] комиссар; ~**riat** [,kɔmɪ'sɛərɪət] 1) комиссариат 2) интендантство; ~**ry** ['kɔmɪsərɪ] 1) комиссар 2) интендант

commission [kə'mɪʃ(ə)n] 1. *n* 1) поручение 2) полномочие (*на куплю, продажу*) 3) комиссия 4) совершение (*преступления и т. п.*) ◇ gain a ~ получить офицерское звание; resign one's ~ выходить в отставку 2. *v* 1) назначать на должность 2) давать поручение; уполномочивать; ~**er** 1) член комиссии 2) специальный уполномоченный; High Commissioner Верховный комиссар

commit [kə'mɪt] 1) совершать (*преступление, самоубийство и т. п.*) 2) вверять; ~ to paper (*или* writing) записать; ~ to memory заучивать, запоминать 3) предава́ть *(огню, суду́ и т. п.)* ◇ ~ oneself свя́зывать себя́ *(обеща́ниями и т. п.)*; ~ment обяза́тельство

committee [kə'mɪtɪ] комите́т; коми́ссия; Standing C. постоя́нный комите́т, -ная коми́ссия; Joint C. сме́шанная коми́ссия; International C. of the Red Cross Междунаро́дный комите́т Кра́сного Креста́

commodious [kə'moudjəs] просто́рный

commodity [kə'mɔdɪtɪ] проду́кт, това́р

commodore ['kɔmədɔː] *мор.* коммодо́р

common ['kɔmən] 1. *a* 1) о́бщий; обще́ственный 2) обыкнове́нный; зауря́дный, обы́чный 3) ча́стый 4) вульга́рный ◇ ~ sense здра́вый смысл; they have much in ~ у них есть мно́го о́бщего; they have nothing in ~ у них нет ничего́ о́бщего 2. *n* общи́нная земля́

commonplace ['kɔmənpleɪs] 1. *a* бана́льный 2. *n* бана́льность

commons ['kɔmənz] *pl* 1) наро́д 2) дово́льствие ◇ House of C. пала́та о́бщин

commonwealth ['kɔmənwelθ] 1) госуда́рство; респу́блика 2) федера́ция

commotion [kə'mouʃ(ə)n] 1) волне́ние, смяте́ние 2) сумато́ха

commu||nal ['kɔmjunl] общи́нный; ~ne 1. *n* ['kɔmjuːn] 1) комму́на 2) общи́на 2. *v* [kə'mjuːn] инти́мно бесе́довать, обща́ться

communica||te [kə'mjuːnɪkeɪt] 1) передава́ть, сообща́ть 2) сообща́ться *(with)*; ~tion [kə,mjuːnɪ'keɪʃ(ə)n] 1) связь, сообще́ние 2) сре́дство свя́зи, сообще́ния 3) *pl воен.* коммуникацио́нные ли́нии; ~tive [-kətɪv] общи́тельный

communion [kə'mjuːnjən] те́сное (духо́вное) обще́ние, о́бщность

communiqué [kə'mjuːnɪkeɪ] официа́льное сообще́ние; коммюнике́

commun||ism ['kɔmjunɪzm] коммуни́зм; ~ist 1. *n* коммуни́ст 2. *a* коммунисти́ческий; the Communist Party of the Soviet Union Коммунисти́ческая па́ртия Сове́тского Сою́за; ~istic [,kɔmju'nɪstɪk] коммунисти́ческий

community [kə'mjuːnɪtɪ] 1) общи́на 2) о́бщность

commutable [kə'mjuːtəbl] го́дный для обме́на *(о биле́те на по́езд, самолёт и т. п.)*

commutation [,kɔmjuː'teɪʃ(ə)n] 1) заме́на 2) смягче́ние *(наказа́ния)* 3): ~ ticket *амер.* сезо́нный биле́т *(при́городного сообще́ния)* 4) *эл.* коммута́ция

commutator ['kɔmjuːteɪtə] коммута́тор

commute [kə'mjuːt] 1) заменя́ть 2) смягча́ть *(наказа́ние)* 3) соверша́ть ежедне́вные пое́здки *(о жи́телях при́городов)*

compact I ['kɔmpækt] договор

compact II 1. *a* [kəm'pækt] 1) компа́ктный; пло́тный 2) сжа́тый *(о стиле)* 2. *n* ['kɔmpækt] прессо́ванная пу́дра 3. *v* [kəm'pækt] уплотня́ть

companion [kəm'pænjən] 1) това́рищ; спу́тник 2) предме́т, составля́ющий па́ру 3) спра́вочник; ~**able** [-əbl] общи́тельный

company ['kʌmp(ə)nɪ] компа́ния *(тж. торговая)*; о́бщество; го́сти; bear *(или* keep) ~ составля́ть компа́нию; keep ~ *(with)* обща́ться с кем-л.; part ~ *(with)* прекрати́ть знако́мство с кем-л.; I am expecting ~ this evening я жду госте́й сего́дня ве́чером 2) тру́ппа 3) *воен.* ро́та 4) *мор.* экипа́ж, кома́нда

compar‖**able** ['kɔmp(ə)rəbl] сравни́мый; ~**ative** [kəm'pærətɪv] 1. *a* сравни́тельный; относи́тельный 2. *n грам.* сравни́тельная сте́пень

compar‖**e** [kəm'pɛə] 1. *v* 1) *(with, to)* сра́внивать, слича́ть 2) образо́вывать сте́пени сравне́ния 2. *n* сравне́ние, приме́р; ~**ison** [kəm'pærɪs(ə)n] сравне́ние

compartment [kəm'pɑːtmənt] 1) купе́; отделе́ние 2) *тех.* отсе́к

compass ['kʌmpəs] 1. *n* 1) ко́мпас 2) *pl* ци́ркуль 3) объём, диапазо́н 4) преде́л, грани́ца 2. *v* .*книжн.* 1) достига́ть; осуществля́ть 2) замышля́ть

compassion [kəm'pæʃ(ə)n] сострада́ние; ~**ate** [-'pæʃənɪt] сострада́тельный; сочу́вствующий

compat‖**ibility** [kəm,pætə'bɪlɪtɪ] совмести́мость; ~**ible** [kəm'pætəbl] совмести́мый

compatriot [kəm'pætrɪət] соотéчественник

compel [kəm'pel] вынужда́ть, заставля́ть

compend‖**ious** [kəm'pendɪəs] кра́ткий; сжа́тый *(об изложении);* ~**ium** [-dɪəm] 1) конспе́кт 2) резюме́

compensat‖**e** ['kɔmpenseɪt] 1) возмеща́ть *(убытки);* компенси́ровать 2) вознагражда́ть; ~**ion** [,kɔmpen'seɪʃ(ə)n] 1) возмеще́ние *(убытков)* 2) вознагражде́ние

compère ['kɔmpɛə] *фр.* конферансье́

compet‖**e** [kəm'piːt] 1) конкури́ровать 2) состяза́ться соревнова́ться; ~**ence** ['kɔmpɪt(ə)ns] 1) уме́ние, спосо́бность 2) доста́ток 3) *юр.* компете́нция; правомо́чность; ~**ent** [-(ə)nt] компете́нтный; ~**ition** [,kɔmpɪ'tɪʃ(ə)n] 1) конкуре́нция 2) состяза́ние, соревнова́ние; ко́нкурс; socialist ~ition социалисти́ческое соревнова́ние; ~**itor** [kəm'petɪtə] конкуре́нт, сопе́рник

compilation [,kɔmpɪ'leɪʃ(ə)n] компиля́ция

compile [kəm'paɪl] 1) собира́ть *(факты, данные)* 2) составля́ть *(словари и т. п.);* компили́ровать

complacen‖**ce**, ~**cy** [kəm'pleɪsns. -sɪ] 1) самодово́льство 2) благоду́шие; ~t [-t] 1) самодово́льный 2) благоду́шный

complai‖**n** [kəm'pleɪn] 1) жа́ловаться 2) выража́ть недово́льство, се́товать; ~**nt** [-t] 1) недово́льство; жа́лоба 2) недомога́ние

complaisant [kəmp'leɪz(ə)nt] услу́жливый; любе́зный

complement 1. *n* ['kɔmplɪmənt] 1) дополне́ние *(тж. грам.)* 2) компле́кт **2.** *v* ['kɔmplɪment] дополня́ть

complet‖**e** [kəm'pliːt] **1.** *a* 1) по́лный; ~ works по́лное собра́ние сочине́ний 2) зако́нченный 3) соверше́нный **2.** *v* зака́нчивать, заверша́ть; ~**ion** [-'pliːʃ(ə)n] заверше́ние

complex ['kɔmpleks] **1.** *a* сло́жный; составно́й **2.** *n* ко́мплекс

complexion [kəm'plekʃ(ə)n] цвет лица́; *перен.* вид;. аспе́кт

compli‖**ance** [kəm'plaɪəns] 1) согла́сие 2) пода́тливость, усту́пчивость; ~**ant** [-nt] пода́тливый, усту́пчивый

complicat‖**e** ['kɔmplɪkeɪt] осложня́ть; ~**ed** [-ɪd] запу́танный; сло́жный; ~**ion** [ˌkɔmplɪ'keɪʃ(ə)n] 1) сло́жность; запу́танность 2) *мед.* осложне́ние

complicity [kəm'plɪsɪtɪ] соуча́стие *(в преступле́нии и т. п.)*

compliment 1. *n* ['kɔmplɪmənt] 1) комплиме́нт 2) *pl* поздравле́ние 3) *pl* покло́н *(в пи́сьмах)* **2.** *v* ['kɔmplɪment] 1) говори́ть комплиме́нты, хвали́ть 2) поздравля́ть; ~**ary** [ˌkɔmplɪ'ment(ə)rɪ] ле́стный ◊ ~**ary ticket** беспла́тный пригласи́тельный биле́т *(в теа́тр и т. п.)*

comply [kəm'plaɪ] 1) исполня́ть *(про́сьбу, прика́з — with)* 2) уступа́ть 3) подчиня́ться *(пра́вилам — with)*

component [kəm'pounənt] **1.** *a* 1) составна́я часть **2.** *a* 1) составно́й 2) составля́ющий

comport [kəm'pɔːt]: ~ **oneself** вести́ себя́

compose [kəm'pouz] 1) составля́ть 2) сочиня́ть *(му́зыку, стихи́ и т. п.)* 3) успока́ивать; ула́живать; ~ **oneself** успока́иваться

composed [kəm'pouzd] споко́йный

composer [kəm'pouzə] компози́тор

composit‖**e** ['kɔmpəzɪt] **1.** *a* 1) составно́й; комбини́рованный 2) *бот.* сложноцве́тный **2.** *n* смесь; ~**ion** [ˌkɔmpə'zɪʃ(ə)n] 1) составле́ние 2) сочине́ние *(шко́льное)* 3) произведе́ние *(литерату́рное, музыка́льное)* 4) *хим.* соста́в

compositor [kəm'pɔzɪtə] набо́рщик

compost ['kɔmpɔst] *с.-х.* компо́ст

composure [kəm'pouʒə] споко́йствие; хладнокро́вие; самооблада́ние

compound 1. *a* ['kɔmpaund] 1) составно́й 2) сло́жный 3) *грам.* сложносочинённый *(о предложе́нии)*

8 Англо-русский сл.

2. *n* ['kɔmpaund] 1) смесь; соединение 2) составное слово 3. *v* [kəm'paund] 1) соединять, смешивать 2) улаживать; примирять *(интересы)* 3) приходить к соглашению

comprehen‖d [,kɔmprɪ'hend] 1) понимать 2) включать, охватывать; ~sible [-'hensəbl] понятный; ~sion [-'henʃ(ə)n] 1) понимание; this passes my ~sion это выше моего понимания 2) включение; ~sive [-'hensɪv] 1) всесторонний, исчерпывающий; ~sive school общеобразовательная школа 2) понятливый

compress 1. *n* ['kɔmpres] компресс 2. *v* [kəm'pres] сжимать; ~ion [kəm'preʃ(ə)n] сжатие

comprise [kəm'praɪz] заключать в себе; охватывать

compromise ['kɔmprəmaɪz] 1. *n* компромисс 2. *v* 1) пойти на компромисс 2) компрометировать

compul‖sion [kəm'pʌlʃ(ə)n] принуждение; under (*или* upon) ~ вынужденный; ~sive [-'pʌlsɪv] принудительный; he is a ~sive smoker *разг.* он не выпускает папиросы изо рта

compulsory [kəm'pʌls(ə)rɪ] принудительный; обязательный; ~ military service воинская повинность

compunction [kəm'pʌŋkʃ(ə)n] угрызения совести; without ~ без сожаления

computation [,kɔmpjuː'teɪʃ(ə)n] вычисление

comput‖e [kəm'pjuːt] подсчитывать; ~er счётно-решающее устройство, (электронно-) вычислительная машина, компьютер

comrade ['kɔmrɪd] товарищ; ~ship товарищеские отношения

con I [kɔn] заучить наизусть

con II: the pros and the ~s за и против

concave ['kɔn'keɪv] вогнутый

conceal [kən'siːl] скрывать; ~ment 1) утаивание 2) тайное убежище

concede [kən'siːd] 1) уступать 2) допускать

conceit [kən'siːt] самомнение; тщеславие; ~ed [-ɪd] тщеславный; самодовольный

conceivable [kən'siːvəbl] мыслимый, постижимый

conceive [kən'siːv] 1) задумывать 2) зачать

concentr‖ate ['kɔnsentreɪt] 1) сосредоточивать 2) сосредоточиваться, концентрироваться 3) *хим.* сгущать; ~ation [,kɔnsen'treɪʃ(ə)n] 1) концентрация; сосредоточенность 2) *attr.*: ~ation camp концентрационный лагерь

concentric [kɔn'sentrɪk] концентрический

concept ['kɔnsept] понятие; ~ion [kən'sepʃ(ə)n] 1) понимание 2) понятие, представление 3) зачатие

concern [kən'sə:n] 1. *n* 1) интерес; a matter of great ~ важное дело 2) забота; участие; it is no ~ of mine это меня не касается; with deep ~ с глубоким сочувствием 3) предприятие, концерн 2. *v* 1) касаться, относиться 2) интересоваться 3) беспокоиться; ~ing относительно, в отношении

concert 1. *n* ['kɔnsət] 1) концерт 2) согласие; in ~ (*with*) совместно, по уговору 2. *v* [kən'sə:t] сговариваться

concess||ion [kən'seʃ(ə)n] 1) уступка; make ~s идти на уступки 2) концессия; ~ive [-'sesɪv] 1) уступчивый 2) *грам.* уступительный

conch [kɔŋk] ракушка, раковина

conciliat||e [kən'sɪlɪeɪt] примирять; ~ion [kən,sɪlɪ'eɪʃ(ə)n] примирение

concise [kən'saɪs] сжатый, краткий

conclude [kən'klu:d] 1) заканчивать 2) заканчиваться 3) заключать 4) делать вывод; *амер.* решать

conclus||ion [kən'klu:ʒ(ə)n] 1) окончание 2) заключение; ~ive [-'klu:sɪv] 1) заключительный 2) решающий; убедительный

concoct [kən'kɔkt] 1) (со-)стряпать 2) придумывать, замышлять; ~ion [-ʃ(ə)n] 1) варево, стряпня 2) небылицы

concomitant [kən'kɔmɪt(ə)nt] сопутствующий

concord ['kɔŋkɔ:d] 1) соглашение; договор 2) согласие 3) согласование *(тж. грам.)*; ~ant [kən'kɔ:d(ə)nt] 1) согласующийся 2) гармоничный

concourse ['kɔŋkɔ:s] 1) стечение *(народа)* 2) скопление 3) *амер.* главный зал вокзала

concrete I ['kɔnkri:t] конкретный, реальный

concrete II ['kɔnkri:t] 1. *n* бетон 2. *a* бетонный 3. *v* 1) бетонировать 2) [kən'kri:t] твердеть

concupiscence [kən'kju:pɪs(ə)ns] вожделение

concur [kən'kə:] 1) совпадать 2) соглашаться *(with)*; ~rence [-'kʌr(ə)ns] 1) совпадение; стечение *(обстоятельств)* 2) согласие; ~rent [-'kʌr(ə)nt] совпадающий

concussion [kən'kʌʃ(ə)n] контузия; ~ of the brain сотрясение мозга

condemn [kən'dem] 1) осуждать, приговаривать 2) браковать, признавать негодным; ~ation [,kɔndem'neɪʃ(ə)n] приговор *(судебный)*; ~atory [-nət(ə)rɪ] осуждающий; обвинительный

condens||e [kən'dens] 1) сгущать *(молоко и т. п.)* 2) сокращать *(изложение)* 3) конденсировать; ~er конденсатор

condescen||d [,kɔndɪ'send] снизойти; удостоить; ~sion [,kɔndɪ'senʃ(ə)n] 1) снисхождение 2) снисходительность

condiment ['kɔndɪmənt] приправа

condition [kən'dɪʃ(ə)n] 1. 1) состояние 2) *pl* обстоятельства; under existing ~s при существующих условиях 3) условие; on ~ that при условии, что 4) *амер.* «хвост» (*несданный экзамен*) 2. *v* обусловливать; ~al [-əl] условный; ~ed [-d] обусловленный

condol||e [kən'doul] соболезновать; сочувствовать; ~ence [-əns] соболезнование, сочувствие

condone [kən'doun] смотреть сквозь пальцы, мириться (*с чем-л.*)

conduc||e [kən'djuːs] способствовать; приводить (к); ~ive [-ɪv] способствующий

conduct 1. *n* ['kɔndəkt] 1) поведение 2) ведение (*дела*) 3) *воен.* управление 2. *v* [kən'dʌkt] 1) вести; ~ oneself вести себя 2) сопровождать; водить 3) руководить, управлять 4) дирижировать 5) проводить (*тепло и т. п.*); ~ion [kən'dʌkʃ(ə)n] *физ.* проводимость; ~or [kən'dʌktə] 1) руководитель; гид 2) дирижёр 3) кондуктор 4) *физ.* проводник

conduit ['kɔndɪt] водопроводная труба; трубопровод

cone [koun] 1) конус 2) *бот.* шишка

coney ['kounɪ] *см.* cony

confection [kən'fekʃ(ə)n] сласти; ~er [-'fekʃnə] кондитер; ~ery [-'fekʃnərɪ] кондитерская

confeder||acy [kən'fed(ə)rəsɪ] конфедерация; ~ate [-'fed(ə)rɪt] 1. *a* союзный; федеративный 2. *n* [-'fed(ə)rɪt] соучастник 3. *v* [-'fedəreɪt] вступать в союз, федерацию

confederation [kən,fedə'reɪʃ(ə)n] конфедерация, союз

confer [kən'fəː] 1) даровать; присуждать (*учёную степень и т. п.*—on) 2) совещаться (*with*) 3): ~! сравни! (*сокр. cf.*); ~ence ['kɔnf(ə)r(ə)ns] 1) совещание 2) конференция

confess [kən'fes] 1) признавать 2) исповедовать 3) признаваться 4) исповедоваться; ~ion [-'feʃ(ə)n] признание; *церк.* исповедь; ~or духовник

confidant [,kɔnfɪ'dænt] задушевный друг; *уст.* наперсник

confide [kən'faɪd] 1) доверять (*in*) 2) поверять, сообщать по секрету (*to*) 3) вверять, поручать (*to*)

confid||ence ['kɔnfɪd(ə)ns] 1) уверенность; смелость 2) доверие 3) секрет; конфиденциальное сообщение; ~ent [-(ə)nt] 1) уверенный 2) самонадеянный; ~ential [,kɔnfɪ'denʃ(ə)l] 1) не подлежащий разглашению, секретный 2) пользующийся доверием

configuration [kən,fɪgju'reɪʃ(ə)n] конфигурация; очертания, форма

confine 1. *v* [kən'faɪn] 1)

ограни́чивать 2) заключа́ть (*тж. в тюрьму́*) 2. *n* ['kɔnfaɪn] *pl* преде́лы; грани́ца (*тж. перен.*); ~ment 1) тюре́мное заключе́ние 2) ро́ды

confirm [kən'fə:m] 1) подтвержда́ть 2) утвержда́ть; ратифици́ровать; ~ation [,kɔnfə'meɪʃ(ə)n] 1) подтвержде́ние 2) *рел.* конфирма́ция

confiscat‖e ['kɔnfɪskeɪt] конфискова́ть; ~ion [,kɔnfɪs'keɪʃ(ə)n] конфиска́ция

conflagration [,kɔnflə'greɪʃ(ə)n] большо́й пожа́р

conflict 1. *n* ['kɔnflɪkt] столкнове́ние, конфли́кт 2. *v* [kən'flɪkt] противоре́чить; боро́ться (*with*)

conflu‖ence ['kɔnfluəns] 1) слия́ние (*рек*) 2) стече́ние (*наро́да*); ~ent [-ənt] 1. *a* слива́ющийся 2. *n* прито́к (*реки́*)

conform [kən'fɔ:m] 1) приспоса́бливаться (*to*) 2) сообразова́ться; приводи́ть в соотве́тствие (*to*); ~able [-əbl] подчиня́ющийся (*to*); ~ation [,kɔnfɔ:'meɪʃ(ə)n] устро́йство, фо́рма; структу́ра; ~ing соотве́тствующий (*to*)

conformity [kən'fɔ:mɪtɪ] соотве́тствие; in ~ (*with*) в соотве́тствии с

confound [kən'faund] 1) поража́ть, ста́вить в тупи́к, смуща́ть 2) сме́шивать, пу́тать 3) разруша́ть (*пла́ны, наде́жды*) ◇ ~ it! чёрт возьми́!

confront [kən'frʌnt] 1) стоя́ть лицо́м к лицу́ 2) смотре́ть в лицо́ (*опа́сности*) 3) сопоставля́ть; ~ation [,kɔnfrən'teɪʃ(ə)n] о́чная ста́вка

confu‖se [kən'fju:z] 1) приводи́ть в замеша́тельство; смуща́ть 2) сме́шивать, спу́тывать; ~sion [-'fju:ʒ(ə)n] 1) беспоря́док 2) смуще́ние 3) пу́таница

confute [kən'fju:t] опроверга́ть

congeal [kən'dʒi:l] замора́живать; *перен.* застыва́ть

congenial [kən'dʒi:njəl] 1) бли́зкий по ду́ху 2) подходя́щий

congenital [kən'dʒenɪtl] прирождённый; врождённый

congest [kən'dʒest] 1) переполня́ть 2) переполня́ться; ~ed [-ɪd] те́сный; перенаселённый; the streets are ~ed with traffic у́лицы перегру́жены тра́нспортом; ~ion [-ʃ(ə)n] 1) *мед.* заку́порка 2) теснота́; перенаселённость 3) зато́р (*у́личного движе́ния*)

conglomerat‖e 1. *n* [kən'glɔmərɪt] конгломера́т 2. *v* [kən'glɔməreɪt] скопля́ться; ~ion [kən,glɔmə'reɪʃ(ə)n] конгломера́ция

congratulat‖e [kən'grætjuleɪt] поздравля́ть; ~ion [kən,grætju'leɪʃ(ə)n] поздравле́ние; ~ory [-(ə)rɪ] поздрави́тельный

congregat‖e ['kɔŋgrɪgeɪt] 1) собира́ть 2) собира́ться; ~ion [,kɔŋgrɪ'geɪʃ(ə)n] собра́ние (*в ра́зн. знач.; тж. ве́рующих в це́ркви*)

congress ['kɔŋgres] 1) конгрéсс; съезд; World Peace C. Всемирный конгрéсс сторóнников мира 2) (C.) конгрéсс США

conic ['kɔnɪk] конический; **~al** [-(ə)l] конусообрáзный

conifer ['kounɪfə] хвóйное дéрево

conjectural [kən'dʒektʃ(ə)rəl] предположительный

conjecture [kən'dʒektʃə] 1. *n* предположéние 2. *v* предполагáть

conjoi‖**n** [kən'dʒɔɪn] соединять; **~nt** ['kɔndʒɔɪnt] соединённый; присоединённый

conjugal ['kɔndʒug(ə)l] брáчный, супрýжеский

conjugat‖**e** 1. *v* ['kɔndʒugeɪt] *грам.* спрягáть; **~ion** [ˌkɔndʒu'geɪʃ(ə)n] *грам.* спряжéние

conjuncti‖**on** [kən'dʒʌŋkʃ(ə)n] 1) *грам.* союз 2) соединéние; in **~** *(with)* в связи с 3) совпадéние; **~ve** [-tɪv] 1) связывающий 2) *грам.* союзный

conjur‖**e** ['kʌndʒə] 1) покáзывать фóкусы 2) заклинáть 3): **~** up вызывáть в воображéнии ◇ a name to **~** with влиятельное лицó; **~er**, **~or** [-rə] фóкусник

conk [kɔŋk]: **~** out *разг.* сломáться *(о машине)*

connate ['kɔneɪt] врождённый

connect [kə'nekt] 1) связывать; соединять 2) связываться; соединяться 3) ассоциировать

connection, connexion [kə'nekʃ(ə)n] 1) связь 2) согласóванность 3) *(обыкн. pl)* связи, знакóмства 4) родствó 5) рóдственник

conning-tower ['kɔnɪŋˌtauə] *мор.* боевáя рýбка

connivance [kə'naɪv(ə)ns] потвóрство

connive [kə'naɪv] потвóрствовать

connoisseur [ˌkɔnɪ'səː] знатóк

connotation [ˌkɔno(u)'teɪʃ(ə)n] *лингв.* созначéние

connubial [kə'njuːbɪəl] супрýжеский

conquer ['kɔŋkə] завоёвывать; побеждáть; **~or** [-rə] завоевáтель, победитель

conquest ['kɔŋkwest] завоевáние, покорéние

consanguinity [ˌkɔnsæŋ'gwɪnɪtɪ] крóвное родствó

conscien‖**ce** ['kɔnʃəns] сóвесть; **~tious** [ˌkɔnʃɪ'enʃəs] совестливый; добросóвестный

conscious ['kɔnʃəs] 1) сознающий; be **~** *(of)* сознавáть; with **~** superiority с сознáнием своегó превосхóдства 2) сознáтельный; здрáвый; **~ness** 1) сознáние; recover **~ness** прийти в себя 2) сознáтельность; social **~ness** обществéнное сознáние

conscript ['kɔnskrɪpt] призванный на воéнную слýжбу **~ion** [kən'skrɪpʃ(ə)n] вóинская повинность

consecra‖**te** ['kɔnsɪkreɪt] 1) освящáть 2) посвящáть; **~tion** [ˌkɔnsɪ'kreɪʃ(ə)n] 1) освящéние 2) посвящéние

consecutive [kən'sekjutɪv] послéдовательный

consent [kən'sent] **1.** *n* 1) согласие 2) разрешение **2.** *v* соглашаться *(to)*

consequ‖ence ['kɔnsɪkwəns] 1) следствие *(логическое)*; последствие; in ~ *(of)* вследствие чего 2) значение; важность; of no ~ несущественный, неважный; a person of ~ важная персона; **~ent** [-ənt] 1) последовательный 2) являющийся результатом *(чего-либо—и pron)*; **~ently** следовательно; поэтому

conservation [,kɔnsə:'veɪʃ(ə)n] сохранение

conservat‖ive [kən'sə:v(ə)tɪv] **1.** *a* 1) консервативный 2) умеренный **2.** *n полит.* консерватор; **~ory** [-trɪ] 1) оранжерея 2) *амер.* консерватория

conserve [kən'sə:v] сохранять

consider [kən'sɪdə] 1) рассматривать; принимать во внимание 2) считаться 3) считать, полагать

considerable [kən'sɪd(ə)rəbl] значительный

considerate [kən'sɪd(ə)rɪt] внимательный к другим; деликатный

consider‖ation [kən,sɪdə'reɪʃ(ə)n] 1) соображение; take into ~ принимать во внимание 2) рассмотрение; обсуждение 3) уважение; предупредительность 4): for a ~ за вознаграждение; **~ing** [kən'sɪd(ə)rɪŋ] принимая во внимание

consign [kən'saɪn] 1) передавать; препоручать; 2) предавать *(земле)* 3) *ком.* отправлять товары; **~ee** [,kɔnsaɪ'ni:] грузополучатель; **~ment** 1) груз, партия товаров 2) консигнационная отправка товаров

consist [kən'sɪst] 1) состоять из *(of)* 2) заключаться в *(in)*; **~ence** [-(ə)ns] 1) консистенция 2) плотность; густота; **~ency** [-(ə)nsɪ] последовательность; постоянство; **~ent** [-(ə)nt] 1) согласующийся 2) последовательный

conso‖lation [,kɔnsə'leɪʃ(ə)n] утешение ◇ ~ prize *спорт* утешительный приз; **~latory** [kən'sɔlətərɪ] утешительный; **~le** [kən'soul] утешать

consolidat‖e [kən'sɔlɪdeɪt] 1) укреплять 2) укрепляться 3) объединять 4) объединяться; **~ion** [kən,sɔlɪ'deɪʃ(ə)n] консолидация; укрепление

consols [kən'sɔlz] *pl ком.* консоли, консолидированная рента

conson‖ance ['kɔnsənəns] созвучие; *перен.* согласованность; **~ant** [-ənt] **1.** *a* согласный **2.** *n* согласный звук

consort 1. *n* ['kɔnsɔ:t] супруг, супруга *(особ. о королевской семье)* **2.** *v* [kən'sɔ:t] 1) общаться *(с кем-л.)* 2) гармонировать, соответствовать

conspicuous [kən'spɪkjuəs] заметный, видный, бросающийся в глаза; make oneself ~ обращать на себя внимание

conspira‖cy [kən'spɪrəsɪ] 1) заговор 2) конспирация; **~tor** [-tə] заговорщик

conspire [kən'spaɪə] устраивать заговор

constable ['kʌnstəbl] констебль, полицейский (чин); полисмен

const‖ancy ['kɔnst(ə)nsɪ] постоянство; **~ant** [-(ə)nt] 1. *a* постоянный 2. *n мат.* постоянная величина, константа

constellation [ˌkɔnstə'leɪʃ(ə)n] созвездие

consternation [ˌkɔnstə'neɪʃ(ə)n] ужас, оцепенение

constipation [ˌkɔnstɪ'peɪʃ(ə)n] *мед.* запор

constitu‖ency [kən'stɪtjuənsɪ] 1) избиратели 2) избирательный округ; **~ent** [-nt] 1. *a* 1) избирательный; ~ent assembly учредительное собрание 2) составной 2. *n* 1) избиратель 2) составная часть

constitut‖e ['kɔnstɪtjuːt] 1) назначать 2) образовывать, составлять 3) издавать *или* вводить в силу закон; **~ion** [ˌkɔnstɪ'tjuːʃ(ə)n] 1) *полит.* конституция 2) телосложение 3) устройство; **~ional** [ˌkɔnstɪ'tjuːʃənl] 1) *полит.* конституционный 2) *мед.* органический

constrai‖n [kən'streɪn] 1) принуждать 2) сдерживать; **~ned** [-nd] 1) вынужденный 2) натянутый (*о манерах*); **~nt** [-nt] 1) принуждение 2) принуждённость (*манер*)

constrict [kən'strɪkt] стягивать; сжимать; сужать; **~or** *анат.* мышца, сжимающая орган

construct [kən'strʌkt] 1) строить 2) создавать; **~ion** [-kʃ(ə)n] 1) строительство; under ~ion в стройке, строящийся 2) строение, сооружение 3) истолкование 4) *грам.* конструкция; **~ive** [-ɪv] 1) конструктивный; строительный 2) творческий, созидательный

construe [kən'struː] разбирать, толковать (*текст*)

consul ['kɔns(ə)l] консул; **~ar** [-ə] консульский; **~ate** ['kɔnsjulɪt] консульство

consult [kən'sʌlt] 1) консультироваться; советоваться 2) советовать 3) учитывать (*интересы, чувства*) 4) справляться (*по книге*); **~ant** [-ənt] консультант; **~ation** [ˌkɔnsəl'teɪʃ(ə)n] 1) консультация 2) совещание; **~ative** [-ətɪv] совещательный; **~ing**: ~ing room врачебный кабинет

consum‖e [kən'sjuːm] 1) пожирать (*об огне*) 2) потреблять, расходовать 3) поглощать (*тж. перен.*) 4): be ~ed with быть снедаемым; he is ~ed with envy его гложет зависть; **~er** 1) потребитель 2) *attr.*: ~er goods товары широкого потребления

consummate 1. *a* [kən'sʌmɪt] совершенный (*по ка-*

честву); законченный 2. v ['kɔnsʌmeit] доводить до конца, завершать

consumpt‖ion [kən'sʌmpʃ(ə)n] 1) потребление; расход 2) *мед.* туберкулёз лёгких; ~ive [-'sʌmptɪv] туберкулёзный

contact 1. *n* ['kɔntækt] соприкосновение; контакт; come into ~ (with) войти в контакт; be in ~ (with) быть в контакте; make ~ включать ток; break ~ выключать ток 2) *мат.* касание 3) (*часто pl*) знакомства, связи 2. *v* [kən'tækt] устанавливать связь (*с кем-л.*)

contagion [kən'teidʒ(ə)n] зараза, инфекция

contagious [kən'teidʒəs] заразный; *перен.* заразительный (*смех и т. п.*)

contain [kən'tein] 1) содержать (в себе) 2) сдерживать (*гнев, радость*); ~ oneself сдерживаться; ~er 1) сосуд, вместилище 2) контейнер

contaminat‖e [kən'tæmineit] 1) осквернять; портить 2) загрязнять; заражать; ~ion [kən,tæmɪ'neiʃ(ə)n] 1) заражение 2) загрязнение

contemplat‖e ['kɔntempleit] 1) созерцать 2) размышлять 3) иметь в виду; ~ion [,kɔntem'pleiʃ(ə)n] созерцание; ~ive ['kɔntempleɪtɪv] созерцательный

contemporary [kən'temp(ə)rərɪ] 1. *a* современный 2. *n* 1) современник 2) сверстник, ровесник

contempt [kən'tempt] 1) презрение; hold in ~ презирать; show ~ (for) выказывать презрение 2) неуважение (*к власти и т. п.*); ~ible [-əbl] презренный; ~uous [-juəs] презрительный

contend [kən'tend] 1) бороться, соперничать (with) 2) оспаривать; утверждать

content 1. *a* [kən'tent] довольный 2. *v* [kən'tent] удовлетворять; be ~ed довольствоваться. 3. *n* ['kɔntent] удовлетворение; удовольствие; to one's heart's ~ вволю; ~ed [kən'tentid] довольный

conten‖tion [kən'tenʃ(ə)n] 1) спор 2) соревнование 3) точка зрения (*в споре*); ~tious [-ʃəs] 1) любящий спорить 2) спорный

contentment [kən'tentmənt] удовлетворённость

contents ['kɔntents] *pl* 1) содержание (*книги*) 2) содержимое (*сосуда и т. п.*)

contest 1. *v* [kən'test] 1) спорить 2) оспаривать 3) состязаться 2. *n* ['kɔntest] 1) спор 2) соревнование, состязание, конкурс; ~ed [kən'testid]: ~ed election *амер.* выборы, на которые выдвинуто несколько кандидатов

context ['kɔntekst] контекст

contiguous [kən'tigjuəs] соприкасающийся, прилегающий

continence ['kɔntɪnəns] 1) сдержанность 2) воздержание (*особ. половое*)

continent I ['kɔntɪnənt] **1.**

a 1) сдержанный 2) целомудренный

continent II ['kɔntɪnənt] континент; **~al** [,kɔntɪ'nentl] 1. *a* континентальный, материковый 2. *n* житель европейского материка

conting‖ency [kən'tɪndʒ(ə)nsɪ] случайность; **~ent** [-(ə)nt] 1) случайный 2) зависящий *(от — upon)*

contin‖ual [kən'tɪnjuəl] непрерывный; **~uation** [kən,tɪnju'eɪʃ(ə)n] продолжение

continu‖e [kən'tɪnjuː] 1) продолжать 2) продолжаться; **~ous** [-juəs] 1) непрерывный 2) грам. длительный *(о виде)*

contort [kən'tɔːt] 1) искривлять 2) искажать

contour ['kɔntuə] 1) горизонталь *(тж.* **~** line) 2) контур

contraband ['kɔntrəbænd] 1. *n* контрабанда 2. *a* контрабандный

contraceptive [,kɔntrə'septɪv] противозачаточное средство

contract 1. *n* ['kɔntrækt] контракт, договор 2. *v* [kən'trækt] 1) заключать договор 2) сжиматься; сужаться; сокращаться 3) подхватывать *(болезнь)* 4) приобретать *(привычки и т. п.)*; **~ion** [kən'trækʃ(ə)n] сжатие, сокращение

contradict [,kɔntrə'dɪkt] 1) противоречить 2) опровергать

contradict‖ion [,kɔntrə'dɪkʃ(ə)n] 1) противоречие 2) опровержение; **~ory** [-t(ə)rɪ] противоречивый

contradistinction [,kɔntrədɪs'tɪŋkʃ(ə)n] противопоставление

contraposition [,kɔntrəpə'zɪʃ(ə)n] противоположение, антитеза

contraption [kən'træpʃ(ə)n] *разг.* хитроумное изобретение

contrariwise ['kɔntrərɪwaɪz] наоборот

contrary ['kɔntrərɪ] 1. *a* 1) противоположный *(to)* 2) неблагоприятный 3) *разг.* упрямый 2. *n* противоположность; on the *(или* to the) **~** наоборот 3. *adv* вопреки; act **~** to common sense поступать вопреки здравому смыслу

contrast 1. *n* ['kɔntræst] контраст, противоположность 2. *v* [kən'træst] противопоставлять; контрастировать

contraven‖e [,kɔntrə'viːn] нарушать *(закон)*; **~tion** [-'venʃ(ə)n] нарушение *(закона и т. п.)*

contribut‖e [kən'trɪbjuːt] 1) способствовать 2) жертвовать *(деньги)* 3) делать вклад *(в науку и т. п. — to)* 4) сотрудничать *(в журнале, газете—to)*; **~ion** [,kɔntrɪ'bjuːʃ(ə)n] 1) содействие 2) вклад 3) контрибуция, налог; **~or** 1) жертвователь 2) соучастник 3) сотрудник *(журнала, газеты)*; **~ory** [-ərɪ] 1) способствующий 2) делающий взнос

contrite ['kɔntraɪt] кающийся, раскаивающийся

contri||vance [kən'traɪv(ə)ns] 1) выдумка; затея 2) изобретательность 3) *тех.* приспособление; ~**ve** [-'traɪv]: he ~ved to do it ему удалось это сделать, он нашёл способ это сделать

control [kən'troul] 1. *n* 1) проверка, контроль 2) управление 2. *v* 1) проверять, контролировать 2) управлять 3) сдерживать *(чувства)*

controversial [,kɔntrə'və:ʃ(ə)l] спорный

controversy ['kɔntrəvə:sɪ] спор, полемика; beyond *(или* without) ~ бесспорно

controvert ['kɔntrəvə:t] спорить; отрицать

contumely ['kɔntjumɪlɪ] оскорбление

contus||e [kən'tju:z] контузить; ~**ion** [-'tju:ʒ(ə)n] контузия; ушиб

conundrum [kə'nʌndrəm] загадка

convalesc||e [,kɔnvə'les] выздоравливать; ~**ent** [-nt] выздоравливающий

convene [kən'vi:n] созывать

conveni||ence [kən'vi:njəns] 1) удобство 2) материальная выгода 3) уборная 4) *pl* удобства, комфорт; ~**ent** [-nt] удобный; подходящий

convent ['kɔnv(ə)nt] женский монастырь

convention [kən'venʃ(ə)n] 1) съезд 2) договор; конвенция 3) обычай; ~**al** [-'venʃənl] общепринятый, обычный; традиционный

converge [kən'və:dʒ] сходиться в одной точке *(о линиях и т. п.)*

conversant [kən'və:s(ə)nt] хорошо знакомый *(с чем-либо* with*)*

conversation [,kɔnvə'seɪʃ(ə)n] разговор; ~**al** [-əl] 1) разговорчивый 2) разговорный

converse I [kən'və:s] беседовать

converse II ['kɔnvə:s] 1. *a* перевёрнутый; обратный 2. *n* 1) обратное положение, утверждение 2) *мат.* обратная теорема

conversion [kən'və:ʃ(ə)n] 1) превращение 2) обращение *(в другую веру)* 3) конверсия

convert [kən'və:t] 1) превращать 2) обращать *(в другую веру)* 3) конвертировать

convex ['kɔnveks] выпуклый

convey [kən'veɪ] 1) перевозить, переправлять 2) сообщать *(известие)* 3) выражать *(мысль)* 4) *юр.* передавать права, имущество *(кому-л.)*; ~**ance** [-əns] 1) перевозка 2) перевозочные средства 3) передача *(новостей)* 4) *юр.* передача прав, имущества *(кому-л.)*; ~**er** конвейер

convict 1. *v* [kən'vɪkt] 1) *юр.* признавать виновным; осуждать 2) изобличать 2. *n* ['kɔnvɪkt] осуждённый; каторжник; ~**ion** [kən'vɪkʃ(ə)n]

1) *юр.* осуждение 2) убеждение 3) убеждённость

convinc||e [kən'vɪns] убеждать *(of)*; **~ing** убедительный

convivial [kən'vɪvɪəl] весёлый; праздничный

convocation [͵kɔnvə'keɪʃ(ə)n] 1) созыв; собрание 2) *церк.* собор

convoke [kən'vouk] созывать *(собрание и т. п.)*

convoy ['kɔnvɔɪ] 1. *v* конвоировать 2. *n* 1) сопровождение 2) *воен.* конвой 3) колонна автотранспорта 4) караван судов

convuls||e [kən'vʌls] *(обыкн. pass)* 1) потрясать 2) вызывать судороги; be ~ed with anger дрожать от злости; **~ion** [-'vʌlʃ(ə)n] 1) *(обыкн. pl)* конвульсии, судороги; ~ions of laughter судорожный смех 2) потрясение 3) *геол.* катаклизм; **~ive** [-ɪv] судорожный, конвульсивный

cony ['kounɪ] кролик «под котик» *(мех)*

coo [ku:] 1. *v* ворковать 2. *n* воркование

cook ['kuk] 1. *v* стряпать; готовить пищу; ~ **up** *перен.* состряпать 2. *n* повар; кухарка ◇ too many ~s spoil the broth у семи нянек дитя без глазу; **~er** плита, печь; **~ery** [-ərɪ] кулинария, стряпня

cookie ['kukɪ] *амер.* печенье

cool ['ku:l] 1. *a* 1) прохладный 2) хладнокровный, невозмутимый 3) дерзкий 2. *n*: the ~ прохлада 3. *v* 1) охлаждать 2) охлаждаться 3) остывать *(тж. перен.)*; **~er** 1) холодильник 2) *разг.* тюремная камера

coolie ['ku:lɪ] кули

coon [ku:n] енот *(амер. сокр. от* rac(c)oon)

coop [ku:p] 1. *n* курятник 2. *v* сажать в курятник; ~ **in**, ~ **up** держать взаперти в тесном помещении; набивать битком

cooper ['ku:pə] бондарь, бочар

co-operat||e [ko(u)'ɔpəreɪt] 1) сотрудничать 2) содействовать; **~ion** [ko(u)͵ɔpə'reɪʃ(ə)n] 1) сотрудничество 2) кооперация 3) *воен.* взаимодействие; **~ive** [-rətɪv] 1. *a* 1) совместный, объединённый 2) кооперативный 2. *n* кооперативный магазин

co-opt [ko(u)'ɔpt] кооптировать

co-ordinate 1. *a* [ko(u)'ɔ:dənɪt] 1) координированный 2) одинаковый; той же степени 2. *v* [ko(u)'ɔ:dɪneɪt] координировать; устанавливать правильное соотношение

cop [kɔp] *разг.* 1. *v*: you'll ~ it тебе попадёт 2. *n* полисмен

copartner ['kou'pɑ:tnə] сотоварищ, компаньон

cope [koup] справляться *(with)*

copeck ['koupek] копейка

co-pilot ['kou'paɪlət] второй пилот

copious ['koupjəs] обильный; ~ writer плодовитый писатель

copper ['kɔpə] 1. *n* 1) медь 2) медная монета 3) котёл 4) *разг.* полицейский 2. *a* медный 3. *v* покрывать медью

coppice, copse ['kɔpɪs, kɔps] роща; подлесок

copula ['kɔpjulə] *грам.* связка

copy ['kɔpɪ] 1. *v* 1) копировать; переписывать 2) подражать 3) списывать 2. *n* 1) копия 2) экземпляр 3) рукопись; fair (*или* clean) ~ чистовик; rough ~ черновик

copy-book ['kɔpɪbuk] тетрадь с прописями

copyright ['kɔpɪraɪt] 1. *n* авторское право 2. *v* обеспечивать авторское право

coquetry ['koukɪtrɪ] кокетство

coquette [ko(u)'ket] кокетка

coral ['kɔr(ə)l] 1. *n* коралл 2. *a* 1) коралловый 2) кораллового цвета

cord [kɔ:d] 1. *n* верёвка, шнур(ок) 2. *v* связывать верёвкой

cordial ['kɔ:djəl] 1. *a* сердечный, радушный (*о приёме*) 2. *n ком.* крепкий ароматный подслащённый напиток (*ликёр и т. п.*)

cordiality [,kɔ:dɪ'ælɪtɪ] сердечность; радушие

cordite ['kɔ:daɪt] кордит (*бездымный порох*)

cordon ['kɔ:dn] 1) кордон 2) орденская лента (*которую носят через плечо*)

corduroy ['kɔ:dərɔɪ] 1) вельвет 2) *pl* вельветовые брюки

core [kɔ:] 1) сердцевина; внутренность; ядро 2) суть, сущность

co-respondent ['kouris,pɔndənt] *юр.* соответчик

cork [kɔ:k] 1. *n* 1) пробка 2) поплавок 2. *v* затыкать пробкой; закупоривать

cork-screw ['kɔ:kskru:] штопор

corn I [kɔ:n] 1) зерно 2) *собир.* хлеба; пшеница 3) *амер.* маис, кукуруза

corn II: ~ed beef солонина

corn III мозоль

corner ['kɔ:nə] 1. *n* угол, уголок; drive into a ~ загнать в угол; turn the ~ завернуть за угол 2. *v* 1) загонять в угол, в тупик 2): ~ the market скупать товар на рынке (*со спекулятивными целями*); ~stone [-stoun] краеугольный камень

cornet ['kɔ:nɪt] *муз.* корнет

corn-flower ['kɔ:nflauə] василёк

cornice ['kɔ:nɪs] карниз

cornucopia [,kɔ:nju'koupjə] рог изобилия

corolla [kə'rɔlə] *бот.* венчик

coronary ['kɔrənərɪ] *анат.* венечный, коронарный

coroner ['kɔrənə] следователь, ведущий дела о насильственной *или* внезапной смерти

corporal I ['kɔ:p(ə)r(ə)l] телесный; физический

corporal II ['kɔ:p(ə)r(ə)l] капрал

corporat||e ['kɔ:p(ə)rɪt] 1) корпоративный 2) общий; ~**ion** [,kɔ:pə'reɪʃ(ə)n] корпорация

corporeal [kɔ:'pɔ:rɪəl] телесный; материальный

corps [kɔ:] (pl corps [kɔ:z]) воен., дип. корпус ◊ ~ de ballet кордебалет

corpse [kɔ:ps] труп

corpulent ['kɔ:pjulənt] дородный, тучный

corpuscle ['kɔ:pʌsl] частица; red (white) ~s красные (белые) кровяные шарики

corral [kɔ'rɑ:l] амер. загон (для скота)

correct [kə'rekt] 1. a 1) правильный; точный 2) подходящий 2. v 1) исправлять 2) делать замечания, наказывать; ~**ion** [-kʃ(ə)n] исправление, поправка; ~**ive** [-ɪv] 1. a исправительный 2. n корректив

correlat||e ['kɔrɪleɪt] находиться в каком-л. соотношении; ~**ion** [,kɔrɪ'leɪʃ(ə)n] соотношение, корреляция; ~**ive** [kɔ'relətɪv] соотносительный, соответственный

correspond [,kɔrɪs'pɔnd] 1) соответствовать (to) 2) переписываться (with); ~**ence** [-'pɔndəns] 1) соответствие 2) переписка, корреспонденция 3) attr.: ~ence courses заочные курсы; ~**ent** [-ənt] корреспондент

corridor ['kɔrɪdɔ:] коридор

corrigible ['kɔrɪdʒəbl] исправимый, поправимый

corroborat||e [kə'rɔbəreɪt] подтверждать; ~**ion** [kə,rɔbə'reɪʃ(ə)n] подтверждение

corro||de [kə'roud] 1) разъедать 2) ржаветь; ~**sion** [-'rouʒ(ə)n] коррозия; ~**sive** [-'rousɪv] едкий; ~sive sublimate сулема

corrugate ['kɔrugeɪt] 1) морщить 2) морщиться; ~d iron рифлёное железо

corrupt [kə'rʌpt] 1. a 1) испорченный, развращённый 2) продажный 3) искажённый, недостоверный (о тексте) 2. v 1) портить, развращать 2) развращаться 3) разлагаться 3) подкупать 4) засорять (язык); ~**ion** [-pʃ(ə)n] 1) испорченность 2) разложение 3) продажность, коррупция

cortège [kɔ:'teɪʒ] кортеж, шествие

cortex ['kɔ:teks] анат., бот. кора

co-signatory ['kou'sɪgnət(ə)rɪ] юр. лицо или государство, подписывающее соглашение совместно с кем-л.

cosily ['kouzɪlɪ] уютно

cosmetic [kɔz'metɪk] 1. a косметический 2. n косметика

cosm||ic ['kɔzmɪk] космический; ~ flight космический полёт; ~ speed космическая скорость; ~**odrome** [-ədroum] космодром; ~**onaut** [,kɔzmə'nɔ:t] космонавт; ~**onautics** [,kɔzmə'nɔ:tɪks] космонавтика

cosmopolitan [,kɔzmə'pɔlɪt(ə)n] 1. n космополит 2. a

космополити́ческий; ~ism [ˌkɔzməˈpɔlɪt(ə)nɪzm] космополити́зм

cosmos [ˈkɔzməs] ко́смос, вселе́нная

cosset [ˈkɔsɪt] балова́ть, не́жить

cost [kɔst] 1. *n* 1) сто́имость; цена́; prime ~ себесто́имость 2) *pl* изде́ржки 3) *attr*.: ~ price себесто́имость ◇ at all ~s во что бы то ни ста́ло 2. *v* (cost) сто́ить, обходи́ться

coster(monger) [ˈkɔstə-(ˌmʌŋgə)] у́личный торго́вец фру́ктами *и т. п.*

costly [ˈkɔstlɪ] дорого́й, це́нный

costume [ˈkɔstjuːm] костю́м

cosy I [ˈkouzɪ] ую́тный

cosy II стёганая покры́шка *(для ча́йника и т. п.)*

cot [kɔt] де́тская крова́ть ◇ ~ case лежа́чий больно́й

coterminous [ˈkouˈtəːmɪnəs] име́ющий о́бщую грани́цу

cottag‖e [ˈkɔtɪdʒ] дереве́нский дом, котте́дж

cotton I [ˈkɔtn]: ~ on (to) *разг.* схва́тывать, понима́ть

cotton II [ˈkɔtn] 1) хло́пок 2) бума́жная ткань 3) ни́тка 4) *attr*.: ~ wool а) хло́пок-сыре́ц; б) ва́та; ~-mill [-mɪl] тексти́льная фа́брика

couch [kautʃ] 1) куше́тка, дива́н 2) *поэт.* ло́же

cough [kɔf] 1. *n* ка́шель 2. *v* ка́шлять; ~ out, ~ up отха́ркивать

could [kud *(по́лная фо́рма)*, kəd *(реду́ци́рованная фо́рма)*] *past* от can

coulisse [kuːˈliːs] *фр. театр.* кули́са

coulter [ˈkoultə] реза́к *(плу́га)*

council [ˈkaunsl] 1) сове́т *(организа́ция)*; World Peace C. Всеми́рный Сове́т Ми́ра; Security C. Сове́т Безопа́сности; C. of Ministers Сове́т Мини́стров; town ~ муниципалите́т 2) совеща́ние, консили́ум; ~lor [-sɪlə] член сове́та

counsel [ˈkauns(ə)l] 1. *n* 1) сове́т *(указа́ние)* 2) адвока́т; ~ for the prosecution прокуро́р 3) совеща́ние ◇ keep one's own ~ пома́лкивать *(о чём-л.)* 2. *v* сове́товать; ~lor 1) сове́тник, консульта́нт 2) *амер.* адвока́т

count I [kaunt] 1. *v* 1) счита́ть, подсчи́тывать 2) полага́ть, счита́ть; it ~s for much э́то име́ет большо́е значе́ние; it ~s for little э́то не име́ет значе́ния 3) рассчи́тывать *(на что́-л. — on, upon)* 2. *n* счёт; lose ~ теря́ть счёт

count II граф *(неангли́йского происхожде́ния)*

countenance [ˈkauntɪnəns] 1. *n* выраже́ние лица́; лицо́; keep one's ~ а) не пока́зывать ви́да; б) уде́рживаться от сме́ха; put out of ~ смуща́ть; ◇ give ~ to smb. подде́рживать кого́-л. 2. *v* подде́рживать, соглаша́ться

counter I [ˈkauntə] прила́вок

counter II ['kauntə] 1. *a* противополо́жный 2. *adv* вопреки́; напереко́р; run ~ *(to)* идти́ напереко́р; противоре́чить 3. *v* проти́виться

counter- ['kauntə-] *pref* противо-, контр-

counteract [,kauntə'rækt] 1) противоде́йствовать 2) нейтрализова́ть

counter-attack ['kaunt(ə)rə,tæk] 1. *n* контрата́ка 2. *v* контратакова́ть, вести́ контрнаступле́ние

counterbalance [,kauntə'bæləns] уравнове́шивать

countercharge ['kauntətʃɑːdʒ] 1. *n* встре́чное обвине́ние 2. *v* предъявля́ть встре́чное обвине́ние

counter-espionage ['kauntə(r),espiə'nɑːʒ] контрразве́дка

counterfeit ['kauntəfɪt] 1. *v* 1) подде́лывать *(документы)* 2) подража́ть 2. *n* подде́лка, подло́г 3. *a* подде́льный

counterfoil ['kauntəfɔɪl] корешо́к *(талона, чека)*

countermand [,kauntə'mɑːnd] 1. *n* контрприка́з 2. *v* 1) отменя́ть приказа́ние 2) отзыва́ть

counterpane ['kauntəpeɪn] покрыва́ло *(на кровати)*

counterpart ['kauntəpɑːt] 1) двойни́к 2) дублика́т 3) что-л., дополня́ющее друго́е

counterplot ['kauntəplɔt] (контр)за́говор

counterpoise ['kauntəpɔɪz] 1. *n* равнове́сие 2. *v* уравнове́шивать

counter-revolution ['kauntə,revə'luːʃ(ə)n] контрреволю́ция; ~ary [-,revə'luːʃnərɪ] 1. *a* контрреволюцио́нный 2. *n* контрреволюционе́р

countersign ['kauntəsaɪn] 1. *n* 1) паро́ль 2) контрассигна́ция 2. *v* ста́вить втору́ю по́дпись *(на документе)*

countervail ['kauntəveɪl] компенси́ровать, уравнове́шивать

countess ['kauntɪs] графи́ня

counting-house ['kauntɪŋhaus] бухгалте́рия *(помещение)*

countless ['kauntlɪs] несчётный, бесчи́сленный, неисчисли́мый

countrified ['kʌntrɪfaɪd] дереве́нский

country ['kʌntrɪ] 1. *n* 1) страна́ 2) ро́дина 3) дере́вня, се́льская ме́стность; go to the ~ пое́хать за́ город 2. *a* дереве́нский, се́льский; ~man [-mən] 1) соотечественник 2) крестья́нин; ~-side [-'saɪd] дере́вня, се́льская ме́стность

county ['kauntɪ] 1) гра́фство *(в Англии)* 2) *амер.* о́круг

coup d'état ['kuːdeɪ'tɑː] госуда́рственный переворо́т

couple ['kʌpl] 1. *n* па́ра 2. *v* 1) соединя́ть 2) соединя́ться 3) сцепля́ть *(вагоны)*

couplet ['kʌplɪt] двусти́шие, купле́т

coupling ['kʌplɪŋ] 1) соедине́ние 2) *тех.* сцепле́ние

coupon ['kuːpɔn] купо́н; тало́н

courage ['kʌrɪdʒ] хра́брость, сме́лость; бо́дрость ду́ха; **~ous** [kə'reɪdʒəs] сме́лый

course [kɔːs] 1. *n* 1) курс; направле́ние 2) ход *(собы́тий)*; тече́ние *(вре́мени, реки́)*; in due ~ своевре́менно; as a matter of ~ как до́лжное; в поря́дке веще́й 3) блю́до *(за обе́дом)* 4) курс *(ле́кций)* ◇ in the ~ of в тече́ние; of ~ коне́чно 2. *v* 1) охот. пресле́довать; гна́ться 2) течь, ли́ться *(о слеза́х и т. п.)*

court I [kɔːt] 1. *n* 1) двор *(тж. короля́)* 2) *спорт* корт; площа́дка 3) уха́живание 2. *v* 1) уха́живать 2) иска́ть расположе́ния ◇ ~ disaster наклика́ть беду́

court II суд; Supreme C. Верхо́вный суд; ~ of justice суд 2) *attr.*: ~ martial вое́нный трибуна́л

courteous ['kɔːtjəs] ве́жливый, учти́вый

courtesy ['kɔːtɪsɪ] учти́вость, ве́жливость

courtier ['kɔːtjə] придво́рный

courtly ['kɔːtlɪ] ве́жливый, изы́сканный

court-martial ['kɔːt'mɑːʃ(ə)l] суди́ть вое́нным судо́м

courtship ['kɔːtʃɪp] уха́живание

courtyard ['kɔːt'jɑːd] двор *(при до́ме)*

cousin ['kʌzn] двою́родный брат, -ная сестра́; second ~ трою́родный брат, -ная сестра́

cove I [kouv] небольша́я бу́хта

cove II *разг.* па́рень, ма́лый

covenant ['kʌvɪnənt] 1) соглаше́ние 2) *юр.* догово́р

cover ['kʌvə] 1. *v* 1) покрыва́ть; прикрыва́ть 2) скрыва́ть 3) охва́тывать 4) дава́ть репорта́ж *(для пре́ссы)*; ~ up пря́тать 2. *n* 1) покрыва́ло; покры́шка, чехо́л 2) покро́в, укры́тие 3) конве́рт 4) прибо́р *(обе́денный)* ◇ under the ~ *(of)* под предло́гом

coverlet ['kʌvəlɪt] покрыва́ло *(на крова́ти)*

covert 1. *a* ['kʌvət] скры́тый; a ~ sneer скры́тая насме́шка 2. *n* ['kʌvə] ча́ща *(ле́са)*

covet ['kʌvɪt] жа́ждать *(особ. чужо́го)*; зави́довать; **~ous** [-əs] жа́дный; зави́стливый

covey ['kʌvɪ] вы́водок, ста́я *(особ. куропа́ток)*

cow I [kau] коро́ва

cow II запу́гивать

coward ['kauəd] трус; **~ice** [-ɪs] тру́сость; **~ly** трусли́вый, малоду́шный

cow-boy ['kaubɔɪ] *амер.* ковбо́й

cower ['kauə] приседа́ть; пригиба́ться; съёживаться *(от стра́ха и т. п.)*

cowherd ['kauhəːd] *уст.* пасту́х

cowl [kaul] 1) ма́нтия с капюшо́ном; капюшо́н 2) зонт *(дымово́й трубы́)*

coxcomb ['kɔkskoum] щёголь; хлыщ

coy [kɔɪ] застенчивый

crab [kræb] 1. *n* краб 2. *v* царапать

crack ['kræk] 1. *n* 1) треск 2) трещина 3) затрещина 2. *v* 1) производить треск, шум, щёлкать 2) трескаться 3) ломаться *(о голосе)* ◇ ~ a joke отпустить шутку 3. *a разг.* великолепный; ~ed [-t] *разг.* помешанный; ~er *амер.* сухое печенье; ~le [-l] 1. *n* потрескивание; хруст 2. *v* потрескивать; ~ling поджаристая корочка

cradle ['kreɪdl] 1. *n* колыбель 2. *v* убаюкивать

craft [krɑːft] 1) судно; *собир.* суда 2) ремесло 3) ловкость, хитрость

craftsman ['krɑːftsmən] мастер, ремесленник

crafty ['krɑːftɪ] хитрый

crag ['kræg] скала; ~gy [-ɪ] скалистый

cram ['kræm] 1) набивать 2) пичкать 3) натаскивать *(к экзаменам)*; ~full [-'ful] набитый битком

cramp [kræmp] 1. *n* судорога, спазма 2) скоба 2. *v* 1) сводить судорогой 2) стеснять 3) *тех.* скреплять скобой; ~ed 1) стиснутый 2) неразборчивый *(о почерке)*

cranberry ['krænb(ə)rɪ] клюква

crane [kreɪn] 1. *n* 1) журавль 2) *тех.* подъёмный кран 2. *v* вытягивать шею 2) поднимать краном

crani‖al ['kreɪnjəl] черепной; ~um [-jəm] череп

crank I [kræŋk] 1. *n тех.* кривошип; колено 2. *v* заводить рукояткой

crank II [kræŋk] 1) чудачество, причуда 2) человек с причудами

crankshaft ['kræŋkʃɑːft] *тех.* коленчатый вал

cranky ['kræŋkɪ] 1) расшатанный *(о механизме)* 2) эксцентричный

cranny ['krænɪ] щель; трещина

crape [kreɪp] креп; *перен.* траур

crash [kræʃ] 1. *n* 1) грохот, треск 2) авария 3) крах, банкротство 2. *v* 1) падать, рушиться с треском, грохотом 2) потерпеть крах 3) разбиться *(о самолёте и т. п.)* 4) разбить 5) потерпеть аварию

crass [kræs] совершенный, полнейший *(о невежестве и т. п.)*

crater ['kreɪtə] 1) кратер 2) воронка от снаряда

crave [kreɪv] 1) просить, умолять 2) жаждать *(for)*

craven ['kreɪvn] 1. *a* трусливый 2. *n* трус

craving ['kreɪvɪŋ] страстное желание, стремление

crawl [krɔːl] 1) ползти; тащиться 2) плавать стилем «кроль»

crayfish ['kreɪfɪʃ] речной рак

crayon ['kreɪən] 1) цветной мелок 2) рисунок пастелью, цветным карандашом

craze [kreɪz] 1. *n* 1) мания 2) мода 2. *v* доводить до безу́мия; ~d [-d] сумасше́дший

crazy ['kreɪzɪ] 1) безу́мный 2) поме́шанный (на чём-л. – on, about)

creak [kriːk] 1. n скрип 2. v скрипе́ть

cream ['kriːm] 1. n 1) сли́вки мн. 2) крем (в разн. знач.) 2. a кре́мовый 3. v снима́ть сли́вки (тж. перен.); ~ery [-ərɪ] маслобо́йня; моло́чная

crease ['kriːs] 1. n скла́дка 2. v 1) де́лать скла́дки 2) мя́ться (о материи); ~d [-ɪ] лежа́щий скла́дками; помя́тый

creat||e [kriː'eɪt] 1) твори́ть, создава́ть 2) возводи́ть (в звание); ~ion [-'eɪʃ(ə)n] 1) сотворе́ние ми́ра 2) созда́ние, творе́ние; ~ive [-ɪv] тво́рческий; ~or творе́ц, созда́тель

creature ['kriːtʃə] 1) созда́ние; живо́е существо́ 2) ста́вленник

crèche [kreɪʃ] sing де́тские я́сли мн.

cred||ence ['kriːd(ə)ns] ве́ра, дове́рие; letter of ~ рекоменда́тельное письмо́; ~entials [krɪ'denʃ(ə)lz] pl дип. вери́тельные гра́моты

credible ['kredəbl] заслу́живающий дове́рия, вероя́тный

credit ['kredɪt] 1. n 1) дове́рие 2) честь; he is a ~ to the school он го́рдость шко́лы; it does not do you any ~ э́то не де́лает вам че́сти; she gets no ~ for her work её рабо́ту не це́нят 3) креди́т; letter of ~ аккредити́в; on ~ в креди́т, в долг 2. v 1) доверя́ть 2) кредитова́ть 3) припи́сывать; ~able [-əbl] похва́льный, де́лающий честь (кому́-л.); ~or кредито́р

cred||o ['kriːdou] см. creed; ~ulity [krɪ'djuːlɪtɪ] дове́рчивость; ~ulous ['kredjuləs] легкове́рный; дове́рчивый

creed [kriːd] 1) кре́до 2) ве́ра

creek [kriːk] 1) зали́в; бу́хточка; рука́в реки́ 2) амер. ручеёк

creep ['kriːp] 1. v (crept) 1) по́лзать; стла́ться 2) е́ле но́ги таска́ть 3) подкра́дываться 4) содрога́ться (от стра́ха, отвраще́ния); it makes his flesh ~ э́то приво́дит его́ в содрога́ние 2. n pl мура́шки; содрога́ние; give one the ~s приводи́ть в содрога́ние; ~er ползу́чее расте́ние; ~y [-ɪ] вызыва́ющий страх, отвраще́ние

cremat||e [krɪ'meɪt] креми́ровать; ~ion [-'meɪʃ(ə)n] крема́ция; ~orium [ˌkremə'tɔːrɪəm], амер. ~ory ['kremət(ə)rɪ] кремато́рий

crêpe [kreɪp] креп (ткань)

crept [krept] past и p. p. от creep 1

crescent ['kresnt] 1. n полу́месяц 2. a 1) серпови́дный 2) нараста́ющий

crest [krest] 1) гребешо́к (петуха́); хохоло́к (пти́цы) 2) гре́бень (горы́, волны́) 3) гри́ва; хо́лка

crest-fallen ['krestˌfɔːl(ə)n]

(у)па́вший ду́хом, удручённый

cretin ['kretɪn] крети́н; ~**ous** [-əs] слабоу́мный, страда́ющий кретини́змом

crevice ['krevɪs] щель, расще́лина

crew I [kru:] 1) экипа́ж (судна); кома́нда 2) брига́да, арте́ль рабо́чих 3) презр. компа́ния, ша́йка

crew II past от crow II, 2

crib I [krɪb] 1. n 1) де́тская крова́тка 2) я́сли (корму́шка для скота́) 2. v заключа́ть в те́сное помеще́ние

crib II 1. n шпарга́лка 2. v спи́сывать (тайко́м)

cricket I ['krɪkɪt] сверчо́к

cricket II спорт. крике́т ◊ not (quite) ~ разг. не по пра́вилам, нече́стно

crier ['kraɪə] глаша́тай

crim‖**e** [kraɪm] преступле́ние; ~**inal** ['krɪmɪnl] 1. a престу́пный 2. n престу́пник

crimp [krɪmp] завива́ть; гофри́ровать; ~**ed** [-t] зави́той

crimson ['krɪmzn] 1. a тёмно-кра́сный; мали́новый 2. v красне́ть

cringe [krɪndʒ] раболе́пствовать, низкопокло́нничать (to)

cripple ['krɪpl] 1. n кале́ка 2. v кале́чить

crisis ['kraɪsɪs] (pl crises [-si:z]) 1) кри́зис 2) перело́м

crisp [krɪsp] 1. a 1) ло́мкий, рассы́пчатый 2) хрустя́щий 3) живи́тельный (о воздухе) 4) живо́й (о сти́ле) 5) кудря́вый (о волоса́х) 2. v де́лать хрустя́щим хлеб, подогрева́я его́ на огне́

criss-cross ['krɪskrɔs] перекре́щивающийся, располо́женный крест-на́крест

criterion [kraɪ'tɪərɪən] крите́рий

criti‖**c** ['krɪtɪk] кри́тик; ~**cal** [-(ə)l] крити́ческий; ~**cism** [-sɪzm] кри́тика; ~**cize** [-saɪz] критикова́ть

critique [krɪ'ti:k] (крити́ческий) разбо́р, реце́нзия

croak [krouk] 1. n 1) ква́канье 2) ка́рканье 2. v 1) ква́кать 2) ка́ркать

crockery ['krɔkərɪ] фая́нсовая посу́да

crocodile ['krɔkədaɪl] крокоди́л

croft [krɔft] небольша́я фе́рма (в Шотла́ндии)

crone [kroun] стару́ха, ста́рая карга́

crony ['krounɪ] закады́чный друг

crook ['kruk] 1. n 1) крюк 2) изги́б (ручья́, доро́ги) 3) разг. обма́нщик, плут 2. v скрю́чиваться; ~**ed** [-ɪd] криво́й; перен. нече́стный

croon ['kru:n] 1. n ти́хое приглушённое пе́ние 2. напева́ть, мурлы́кать; ~**er** исполни́тель эстра́дных пе́сен

crop I [krɔp] 1. n 1) урожа́й; жа́тва; хлеб на корню́; industrial ~s техни́ческие культу́ры 2) ко́ротко подстри́женные во́лосы 3) attr.: ~ failure неурожа́й 2. v 1) собира́ть урожа́й 2) подстрига́ть *(ко́ротко)* 3) засева́ть; ~ out *геол.* обнажа́ться; ~ up неожи́данно обнару́живаться; возника́ть, появля́ться

crop II [krɔp] зоб *(пти́цы)*

cropper ['krɔpə] жнец ◇ come a ~ *разг.* потерпе́ть неуда́чу

croquet ['kroukei] кроке́т

cross I [krɔs] **1.** *n* 1) крест 2) гибри́д, по́месь **2.** *a* 1) попере́чный 2) перекрёстный **3.** *v* 1) переходи́ть, переезжа́ть 2) скре́щивать 3) скре́щиваться 4) разминуться 5) препя́тствовать; ~ off, ~ out вычёркивать ◇ ~ one's path а) встре́титься; б) встать поперёк доро́ги; a thought ~ed my mind мне пришла́ в го́лову мысль

cross II серди́тый

cross-bar ['krɔsbɑː] 1) *тех.* попере́чина 2) *спорт.* пла́нка; шта́нга *(в футбо́ле)*

cross-bred ['krɔsbred] гибри́дный

cross-breed ['krɔsbriːd] по́месь, гибри́д

cross-country ['krɔs'kʌntri] **1.** *n спорт.* кросс **2.** *a* вездехо́дный; ~-cut [-kʌt]: ~-cut saw попере́чная пила́; ~-examination [-ig‚zæmi'neiʃ(ə)n] перекрёстный допро́с

crossing ['krɔsiŋ] 1) пересече́ние; скре́щивание 2) перекрёсток 3) перепра́ва; *ж.-д.* перее́зд

cross-legged ['krɔslegd]: sit ~ сиде́ть «по-туре́цки»

cross-patch ['krɔspætʃ] *разг.* ворчу́н, брюзга́

cross-purpose ['krɔs'pəːpəs]: be at ~s спо́рить

cross-roads ['krɔsroudz] перекрёсток

crotche‖**t** ['krɔtʃit] четвертна́я но́та; ~ty [-i] своенра́вный

crouch [krautʃ] сгиба́ться

crow I [krou] воро́на ◇ as the ~ flies по прямо́й *(ли́нии)*; ~'s foot морщи́нка *(в уголка́х глаз)*; ~'s nest *мор.* воро́нье гнездо́ *(наблюда́тельный пункт)*

crow II **1.** *n* пе́ние петуха́ **2.** *v* (crowed, crew; crowed) петь; кукаре́кать *(о петухе́)*; гу́кать *(о младе́нце)*

crowd ['kraud] **1.** *n* 1) толпа́ 2) *разг.* компа́ния; гру́ппа люде́й 3) ма́сса, мно́жество **2.** *v* 1) толпи́ться 2) набива́ться битко́м; ~ed [-id] перепо́лненный

crown [kraun] **1.** *n* 1) вене́ц, коро́на; *перен.* короле́вская власть 2) вено́к *(из цвето́в)* 3) кро́на *(моне́та)* 4) маку́шка *(де́рева, головы́)* 5) коро́нка *(зу́ба)* 6) *attr.*: ~ law уголо́вное пра́во; C. Office суде́бная пала́та; C. Prince насле́дник престо́ла **2.** *v* 1) коронова́ть 2) увенчивать 3) заверша́ть

crucial ['kruːʃəl] 1) реша́ющий; крити́ческий 2) *анат.* крестообра́зный

crucible ['kruːsibl] ти́гель; *перен.* суро́вое испыта́ние

cruci‖**fix** ['kruːsifiks] распя́тие; ~fy [-fai] распина́ть

crud||e ['kruːd] 1) сырой; незрелый 2) необработанный; ~ oil сырая нефть 3) грубый (*о манерах*); ~ity [-ɪtɪ] грубость

cruel ['kruəl] 1) жестокий 2) мучительный; ~ty [-tɪ] жестокость

cruet ['kruɪt] графинчик для масла, уксуса; ~-stand [-stænd] судок

cruis||e ['kruːz] 1. *v* совершать рейс, крейсировать 2. *n* плавание, рейс; ~er крейсер

crumb [krʌm] 1. *n* крошка (*хлеба*); *перен.* крупица 2. *v* крошить; ~le ['krʌmbl] крошиться; осыпаться; разрушаться

crumpet ['krʌmpɪt] сдобная пышка

crumple ['krʌmpl] 1) мять 2) мяться

crunch [krʌntʃ] 1) грызть, хрустеть (*на зубах*) 2) скрипеть (*под ногами*)

crusad||e [kruːˈseɪd] 1) *ист.* крестовый поход 2) поход, кампания; ~er крестоносец

crush ['krʌʃ] 1. *v* 1) давить; подавлять (*сопротивление*) 2) мять; 3) уничтожать 4) толочь 2. *n* 1) давка 2) *разг.* раут 3) фруктовый сок ◊ have a ~ on smb. потерять голову из-за кого-л.; ~er *тех.* дробилка

crush-room ['krʌʃrum] фойе

crust [krʌst] 1. *n* 1) корка (*хлеба*) 2) земная кора 3) твёрдая поверхность дороги 2. *v* покрываться корой; коркой; ~ed [-ɪd] покрытый коркой; ~у [-ɪ] 1) застарелый; закостенелый 2) *разг.* раздражительный, резкий

crutch [krʌtʃ] 1) костыль (*больного*) 2) опора

crux [krʌks]: the ~ of the matter суть дела

cry [kraɪ] 1. *v* 1) кричать; ~ for help звать на помощь 2) плакать; ~ one's heart out горько рыдать; ~ out выкрикивать; ~ up превозносить ◊ ~ for the moon желать (*или* требовать) невозможного; ~ over spilt milk горевать о непоправимом 2. *n* 1) крик 2) боевой клич; лозунг 3) плач ◊ a far ~ *разг.* а) большое расстояние; б) существенная разница

cry-baby ['kraɪˌbeɪbɪ] плакса, рёва

crying ['kraɪɪŋ]: a ~ shame вопиющее безобразие

crypt [krɪpt] склеп

crystal ['krɪstl] 1. *n* 1) кристалл 2) хрусталь 3) *амер.* стекло для ручных часов 2. *a* 1) хрустальный 2) кристальный; прозрачный; ~line ['krɪstəlaɪn] 1) кристальный; прозрачный 2) хрустальный; ~lize ['krɪstəlaɪz] 1) кристаллизовать 2) выкристаллизоваться (*тж. перен.*) 3) засахаривать (*фрукты*)

cub [kʌb] 1. *n* 1) детёныш 2) щенок (*тж. перен.*) 2. *v* щениться

cub||e ['kjuːb] 1. *n* куб 2. *v* возводить в куб; ~ed [-d] возведённый в куб, в кубе; а ~ed=a³; ~ic(al) [-ık(əl)] кубический

cuckoo ['kuku:] кукушка

cucumber ['kju:kəmbə] огурец ◇ as cool as a ~ невозмутимый

cud [kʌd] жвачка

cuddle ['kʌdl] 1. *v* 1) прижаться 2) сжимать в объятиях 3) свернуться *(клубком)* 2. *n* объятие

cudgel ['kʌdʒ(ə)l] 1. *n* дубина. 2. *v* бить дубин(к)ой ◇ ~ one's brains ломать себе голову

cue I [kju:] 1) *театр.* реплика 2) намёк

cue II кий *(бильярдный)*

cuff [kʌf] 1. *n* 1) манжета 2) удар рукой 2. *v* бить рукой *(слегка)*

cul-de-sac ['kuldə'sæk] тупик *(тж. перен.)*

culinary ['kʌlınərı] кулинарный, кухонный

cull [kʌl] 1) собирать 2) отбирать

culminat‖e ['kʌlmıneıt] достигать высшей точки *(in; тж. перен.)*; ~ion [,kʌlmı'neıʃ(ə)n] кульминационный пункт

culp‖able ['kʌlpəbl] преступный; виновный; ~rit [-rıt] виновник; преступник

cult [kʌlt] культ

cultivat‖e ['kʌltıveıt] 1) обрабатывать, возделывать 2) культивировать; *перен.* развивать *(способности)*; ~ion [,kʌltı'veıʃ(ə)n] 1) обработка 2) разведение, культура *(растений)* 3) культивирование; *перен.* развитие; ~or 1) земледелец 2) *с.-х.* культиватор

cultural ['kʌltʃər(ə)l] культурный

cultur‖e ['kʌltʃə] культура; ~ed [-d] *см.* cultural

culvert ['kʌlvət] дренажная труба

cumb‖er ['kʌmbə] затруднять, обременять; ~ersome, ~rous [-səm, 'kʌmbrəs] обременительный; громоздкий

cumulative ['kju:mjulətıv] совокупный

cunning ['kʌnıŋ] 1) ловкий; хитрый 2) *амер. разг.* милый, привлекательный

cup ['kʌp] 1. *n* 1) чашка 2) кубок; чаша 2. *v мед.* ставить банки; ~-bearer [-,beərə] *ист.* виночерпий

cupboard ['kʌbəd] шкаф

cupful ['kʌpful] полная чашка *(как мера)*

Cupid ['kju:pıd] Купидон; Амур

cupidity [kju:'pıdıtı] алчность, жадность

cupola ['kju:pələ] купол

cuppa ['kʌpə] *разг.* чашка чаю

cur [kə:] дворняжка; *перен.* трусливый нахал; негодяй

curable ['kjuərəbl] излечимый

cura‖cy ['kjuərəsı] 1) сан священника 2) приход *(церковный)*; ~te ['kjuərıt] помощник приходского священника

curative ['kjuərətıv] целебный

curator [kjuə'reɪtə] хранитель музея

curb [kə:b] 1. *n* 1) узда 2) обочина *(тротуара)* 2. *v* обуздывать

curd [kə:d] творог; **~le** ['kə:dl] свёртываться

cure [kjuə] 1. *n* 1) лекарство, средство 2) лечение; а ~ курс лечения 2. *v* 1) лечить *(of)* 2) консервировать

curfew ['kə:fju:] комендантский час

curio ['kjuərɪou] антикварная вещь

curi||osity [,kjuərɪ'ɔsɪtɪ] 1) любопытство 2) редкость *(о вещи)*; **~ous** ['kjuərɪəs] 1) любопытный 2) странный

curl [kə:l] 1. *v* 1) виться, завиваться 2) завивать; ~ up свернуться в клубок; скручиваться 2. *n* 1) локон 2) завивка 3) спираль; кольцо *(дыма)*

curl-paper ['kə:l,peɪpə] папильотка

curly ['kə:lɪ] 1) кудрявый *(о волосах)* 2) волнистый *(о линии)*

currant ['kʌrənt] 1) коринка 2) смородина; black (red) ~ чёрная (красная) смородина

currency ['kʌr(ə)nsɪ] 1) денежное обращение 2) деньги; валюта

current ['kʌr(ə)nt] 1. *a* 1) ходовой, находящийся в обращении 2) текущий *(о событии, годе и т. п.)* 2. *n* 1) течение, поток; а ~ of air струя воздуха 2) эл. ток 3) ход, течение *(событий)*

curriculum [kə'rɪkjuləm] *(pl* -la [-lə]) курс обучения, учебный план

curry I ['kʌrɪ] 1) кэрри *(острая приправа)* 2) мясное, рыбное *и. т. г.* блюдо, приправленное кэрри

curry II ['kʌrɪ] 1) чистить скребницей 2) выделывать кожу ◇ ~ favour *(with)* заискивать; **~-comb** [-koum] скребница

curse ['kə:s] 1. *n* 1) проклятие 2) бедствие 3) ругательство 2. *v* 1) проклинать 2) ругаться; **~d** [-ɪd] проклятый, окаянный

cursive ['kə:sɪv] 1. *n* скоропись 2. *a* скорописный; рукописный

cursory ['kə:sərɪ] беглый; поверхностный

curt [kə:t] 1) резкий, односложный *(об ответе)* 2) сжатый *(о стиле)*

curtail [kə:'teɪl] сокращать, урезывать; **~ment** сокращение, урезывание

curtain ['kə:tn] 1. *n* 1) занавеска 2) *театр.* занавес ◇ ~ of fire *воен.* дымовая завеса 2. *v* занавешивать

curts(e)y ['kə:tsɪ] 1. *n* реверанс, приседание 2. *v* делать реверанс

curvature ['kə:vətʃə] кривизна; искривление

curve [kə:v] 1. *v* 1) гнуть; изгибать 2) изгибаться; сгибаться 2. *n* кривая линия

cushion ['kuʃ(ə)n] (диванная) подушка

cuspidor ['kʌspɪdɔ:] *амер.* плевательница

cussed ['kʌsɪd] *амер. разг.* упрямый

custard ['kʌstəd] заварной крем из яиц и молока

custo‖dian [kʌs'toudjən] 1) страж, хранитель 2) опекун; **~dy** ['kʌstədɪ] 1) охрана; опека 2) арест, заключение; take into **~dy** арестовать, взять под стражу

custom ['kʌstəm] обычай; привычка; **~ary** [-(ə)rɪ] обычный; привычный

customer ['kʌstəmə] покупатель *(обыкн.* постоянный*)*

custom-house ['kʌstəmhaus] таможня

customs ['kʌstəmz] *pl* таможенные пошлины

cut [kʌt] **1.** *v* (cut) 1) резать; разрезать; срезать 2) стричь 3) рубить *(лес)* 4) высекать; резать *(по камню)* 5) жать, косить 6) урезывать, сокращать 7) снижать *(цены, налоги)*; ~ the cost of production снизить себестоимость продукции 8) пересекать, перекрёщивать 9) кроить; **~ down** сокращать *(статью и т. п.)*; **~ in** вмешиваться *(в разговор)*; **~ off** а) отрезать; б) *эл.* выключать; **~ out** а) вырезать; б): ~ it out! *разг.* бросьте!; **~ up** разрезать *(на куски)* ◇ ~ off with a shilling лишить наследства; ~ smb. dead игнорировать кого-л.; ~ the record побить рекорд; ~ to pieces разбить наголову; раскритиковать; it ~ him to the quick это задело его за живое; ~ up rough *разг.* возмущаться, негодовать 2. *n* 1) резаная рана; порез 2) сечение 3) вырезка *(из книги и т. п.)* 4) снижение; сокращение 5) покрой *(одежды)* 6) путь; short ~ кратчайший путь 7) удар

cute [kjuːt] 1) умный; остроумный 2) *разг.* милый, привлекательный

cutler ['kʌtlə] ножовщик; **~y** [-rɪ] ножевые изделия

cutlet ['kʌtlɪt] отбивная котлета

cut-out ['kʌtaut] 1) очертание, контур, профиль 2) *эл.* предохранитель

cutter ['kʌtə] 1) резец; резак 2) резчик 3) закройщик 4) катер *(гребной)*

cutthroat ['kʌtθrout] головорез

cutting ['kʌtɪŋ] 1) разрезание 2) *стр.* выемка 3) газетная вырезка

cuttle, **~-fish** ['kʌtl, -fɪʃ] каракатица

cybernetics [ˌsaɪbəˈnetɪks] кибернетика

cycle ['saɪkl] **1.** *n* 1) цикл, полный круг 2) велосипед *(сокр. от* bicycle*)* **2.** *v* ездить на велосипеде

cyclist ['saɪklɪst] велосипедист

cyclone ['saɪkloun] циклон

cyclotron ['saɪklətrɔn] *физ.* циклотрон

cylinder ['sɪlɪndə] цилиндр; gas ~ газобаллон; ~ of a revolver барабан револьвера

cymbals ['sɪmb(ə)lz] *pl муз.* тарелки

cynic ['sɪnɪk] циник; ~al [-(ə)l] циничный; ~ism [-ɪzm] цинизм

cypher ['saɪfə] *см.* cipher

cypress ['saɪprɪs] кипарис

cyst [sɪst] 1) *анат.* пузырь 2) *мед.* киста

czar [zɑː] царь

Czech [tʃek] 1. *a* чешский 2. *n* 1) чех; чешка 2) чешский язык

Czechoslovak ['tʃekou(u)'slouvæk] 1. *a* чехословацкий 2. *n* житель Чехословакии

Czekh [tʃek] *см.* Czech

D

D, d [diː] 1) четвёртая буква *англ. алфавита* 2) *муз.* нота ре

dab [dæb] 1. *v* 1) дотрагиваться, тыкать *(at)* 2) прикладывать; прикасаться *(чем-л. мягким или мокрым)* 3) наносить мазки *(краской)* 2. *n* 1) лёгкое прикосновение, тычок 2) мазок, пятно *(краски и т. п.)*

dabble ['dæbl] 1) забрызгивать *(грязью)* 2) плескаться *(в воде); перен.* заниматься чем-л. поверхностно

dad, dada, daddy [dæd, 'dædə, 'dædɪ] *разг.* папа, папочка

daffodil ['dæfədɪl] *бот.* бледно-жёлтый нарцисс

dagger ['dægə] кинжал

Dail Eireann [daɪl'ɛərən] нижняя палата парламента Ирландской республики

daily ['deɪlɪ] 1. *adv* ежедневно 2. *a* ежедневный; суточный ◊ ~ needs насущные потребности 3. *n* 1) ежедневная газета 2) *разг.* приходящая прислуга

dainty ['deɪntɪ] 1. *n* лакомство; деликатес 2. *a* 1) изысканный; изящный 2) лакомый

dairy ['dɛərɪ] 1) маслодельня 2) молочная 3) *attr.*: ~ cattle молочный скот; ~-farm [-fɑːm] молочное хозяйство

dairymaid ['dɛərɪmeɪd] доярка

daisy ['deɪzɪ] маргаритка

dale [deɪl] *поэт.* долина

dally ['dælɪ] прохлаждаться, несерьёзно относиться *(к чему-л.)*

dam I [dæm] матка *(о животных)*

dam II 1. *n* дамба, плотина 2. *v* запруживать

damage ['dæmɪdʒ] 1. *n* 1) повреждение 2) убыток; ущерб 3) *pl юр.* компенсация за убытки 2. *v* наносить ущерб; повреждать

dame [deɪm] 1) *уст.* госпожа 2) титул супруги баронета *или* женщины, награждённой орденом Британской империи

damn [dæm] 1. *n* проклятие ◊ not to care a ~ наплевать; not worth a ~ ≅ выеденного яйца не стоит 2. *v* проклинать; I'll be ~ed if будь я проклят, если...;

~ it all! пропади оно всё пропадом!; ~ation [-'neɪʃ(ə)n] проклятие

damp ['dæmp] 1. *n* сырость; *перен.* уныние 2. *a* сырой, влажный 3. *v* 1) увлажнять, смачивать 2) угнетать; обескураживать; ~ing 1. *n радио* затухание 2. *a* затухающий

damp-proof ['dæmppruːf] влагонепроницаемый

danc||e ['dɑːns] 1. *v* 1) танцевать, плясать 2) прыгать, скакать ◊ ~ attendance *(ирон)* ходить перед кем-л. на задних лапках 2. *n* 1) танец 2) бал; ~er танцовщик; балерина

dandelion ['dændɪlaɪən] одуванчик

dandified ['dændɪfaɪd] щегольской

dandle ['dændl] качать *(ребёнка)*

dandruff ['dændrəf] перхоть

dandy ['dændɪ] 1. *n* денди, щёголь 2. *a амер. разг.* превосходный

Dane [deɪn] датчанин

danger ['deɪndʒə] опасность; ~ous ['deɪndʒrəs] опасный

dangle ['dæŋgl] 1) свисать; качаться 2) волочиться *(after)* 3): ~ hopes in front of smb. обольщать кого-л. надеждами

Danish ['deɪnɪʃ] 1. *a* датский 2. *n* датский язык

dank [dæŋk] сырой

dapper ['dæpə] опрятный; щеголеватый

dappl||e ['dæpl] испещрять; ~ed [-d] пятнистый

dare ['dɛə] (dare, durst; dared; *3-е л. ед. ч. наст. вр. тж.* dare) сметь, отваживаться; how ~ you! как вы смеете!; I ~ you to go! ты не посмеешь пойти! ◊ I ~ say я полагаю; пожалуй *(иногда ирон.)*; ~devil [-,devl] 1. *a* безрассудный, смелый 2. *n* сорвиголова

daring ['dɛərɪŋ] 1. *n* отвага, смелость; дерзание 2. *a* дерзкий, смелый, отважный

dark ['dɑːk] 1. *a* 1) тёмный 2) смуглый; темноволосый 3) мрачный ◊ keep smth. ~ скрывать что-л.; D. Ages средневековье; ~ horse a) *спорт.* «тёмная лошадка»; б) *амер. полит.* малоизвестный кандидат на президентских выборах; ~ slide *фото* кассета; grow ~ темнеть 2. *n* 1) тьма; after ~ после наступления темноты; in the ~ в потёмках 2) невежество 3) *жив.* тень ◊ be in the ~ *(about)* быть в неведении, не знать; ~en [-(ə)n] затемнять, делать тёмным; ~ening потемнение; ~ness темнота, мрак

darling ['dɑːlɪŋ] дорогой, милый, любимый

darn [dɑːn] штопать, чинить

dart [dɑːt] 1. *n* 1) дротик 2) стремительное движение 3) жало 2. *v* 1) мчаться стрелой; ринуться 2) бросать, метать; ~ glances бросать взгляды

Darwinism [ˈdɑːwɪnɪzm] дарвинизм

dash [dæʃ] **1.** *v* бросать, швырять 2) брызгать 3) разбивать 4) ринуться, броситься; понестись **2.** *n* 1) стремительность; порыв, рывок 2) *спорт.* бросок 3) *спорт.* забег *(на короткие дистанции)* 4) тире, чёрточка 5) всплеск 6) примесь *(чего-л.)* 7) энергия ◇ cut a ~ ≅ выделяться; ~ing лихой

dastard [ˈdæstəd] трус; подлец

data [ˈdeɪtə] *(pl от* datum) данные, факты

date I [deɪt] финик

date II 1. *n* 1) дата, число; out of ~ устаревший; up to ~ современный 2) период 3) *разг.* свидание **2.** *v* 1) датировать 2): ~ from вести начало от; относиться *(к определённой эпохе)*

dative [ˈdeɪtɪv] дательный падеж

datum [ˈdeɪtəm] *(pl* data) данная величина

daub [dɔːb] **1.** *v* 1) мазать *(глиной)* 2) пачкать 3) малевать **2.** *n* 1) штукатурка 2) пачкотня, плохая картина, мазня

daughter [ˈdɔːtə] дочь; **~-in-law** [ˈdɔːt(ə)rɪnlɔː] *(pl* ~s-in-law) невестка, сноха

daunt [dɔːnt] устрашать, запугивать; **~less** неустрашимый

daw [dɔː] *см.* jackdaw

dawdle [ˈdɔːdl] бездельничать; слоняться без дела

dawn [dɔːn] **1.** *v* 1) рассветать 2) появляться 3) приходить в голову; it has just ~ed on me меня вдруг осенило **2.** *n* рассвет, заря; *перен.* начало, зарождение

day [deɪ] день; сутки; ~ in ~ out изо дня в день; ~ off выходной день; by ~ днём; some ~ когда-нибудь; this ~ week через неделю ◇ ~ of grace льготный срок; let's call it a ~ *разг.* на сегодня хватит; пора кончать

day-break [ˈdeɪbreɪk] рассвет

day-dream [ˈdeɪdriːm] грёзы, мечты *мн.*

day-labourer [ˈdeɪˌleɪbərə] подёнщик

daylight [ˈdeɪlaɪt] 1) дневной свет 2) рассвет

day-time [ˈdeɪtaɪm] день; in the ~ днём

daze [deɪz] **1.** *v* изумлять, ошеломлять **2.** *n:* in a ~ в изумлении

dazzle [ˈdæzl] **1.** *v* 1) ослеплять 2) поражать **2.** *n* ослепительный блеск

deacon [ˈdiːkən] дьякон

dead [ded] **1.** *a* 1) мёртвый; he is ~ он умер 2) онемевший *(о пальцах)*; my fingers are ~ у меня онемели пальцы 3) полный, совершённый; ~ certainty полная уверенность; верное дело; be in ~ earnest быть совершенно серьёзным 4) глубокий; ~ of night глубокая ночь; a ~ faint глубокий обморок 5) вышедший из употребления (*о законе, обычае*) ◇ as ~ as a doornail мёртвый, бездыханный; I am ~ certain я абсолютно уверен; ~ calm мёртвая тишина; ~ loss чистый убыток; ~ sleep непробудный сон; ~ tired до смерти усталый; ~ drunk мертвецки пьян; be ~ against быть решительно против 2. *n* 1): the ~ *собир.* мёртвые 2): at the ~ of night глубокой ночью; in the ~ of winter в глухую зимнюю пору; **~-beat** [-'bi:t] смертельно усталый; **~-centre** [-'sentə] мёртвая точка

deaden ['dedn] заглушать (*звуки*); притуплять (*боль*)

deadlock ['dedlɔk] тупик; безвыходное положение

deadly ['dedlɪ] смертельный; смертоносный

deaf [def] глухой; **~en** ['defn] 1) оглушать 2) заглушать; **~-mute** ['def'mju:t] глухонемой

deal ['di:l] 1. *v* (dealt) 1) раздавать, распределять (*тж.* ~ out); ~ a blow наносить удар 2) иметь дело; обходиться (*with*) 3) торговать (*in*) 4) *карт.* сдавать 2. *n* 1): a good ~ много; a great ~ очень много 2) *разг.* сделка 3) *карт.* сдача; **~er** торговец

dealing ['di:lɪŋ] 1) поведение 2) *pl* дела, деловые отношения; сделки

dealt [delt] *past и p. p. от* deal 1

dean [di:n] 1) настоятель собора 2) декан; **~'s office** деканат

dear [dɪə] 1. *a* 1) дорогой, ценный 2) милый, любимый 3) глубокоуважаемый (*обращение в письме*) 2. *n* 1) возлюбленный, -ная 2) *разг.* прелесть 3. *adv* дорого 4. *int*: ~ me!, oh ~! боже мой!

dearth [də:θ] недостаток, нехватка (*особ. продуктов*); голод

death ['deθ] смерть ◇ be the ~ of smb. загнать в гроб кого-л.; put to ~ казнить, умертвить; I am (*или* feel) worked to ~ я устал до смерти; **~-blow** [-blou] смертельный удар (*тж. перен.*); **~less** бессмертный

deathly ['deθlɪ] 1. *a* смертельный 2. *adv* смертельно

death‖-rate ['deθreɪt] смертность; **~-roll** [-roul] список убитых

débâcle [deɪ'bɑ:kl] разгром; паническое бегство

debar [dɪ'bɑ:] воспрещать; лишать (*права*)

debarkation [,di:bɑ:'keɪʃ(ə)n] выгрузка; высадка

debase [dɪ'beɪs] понижать (*качество, ценность*)

debatable [dɪ'beɪtəbl] спорный

debate [dɪ'beɪt] 1. *v* 1) обсуждать, дискутировать; спорить 2) обдумывать; рассматривать 2. *n* дебаты; дискуссия, прения; спор

debauch [dɪ'bɔ:tʃ] 1. *v* развращать 2. *n* дебош; **~ed** [-t] развращённый; **~ery**

[-(ə)rɪ] распущенность; развращённость

debenture [dɪ'bentʃə] долговое обязательство

debilitate [dɪ'bɪlɪteɪt] ослаблять

debit ['debɪt] *ком.* 1. *n* дебет 2. *v* заносить в дебет *(against* или *to smb.)*

debris ['debri:] 1) развалины *мн.* 2) *геол.* обломки пород *мн.*

debt [det] долг; get *(*или run) into ~ влезть в долги; ~or должник

debunk ['di:'bʌŋk] *разг.* развенчивать

decade ['dekeɪd] десятилетие

decad||ence ['dekəd(ə)ns] упадок; ~ent [-(ə)nt] 1. *a* 1) приходящий в упадок 2) декадентский 2. *n* декадент

decamp [dɪ'kæmp] удирать

decant [dɪ'kænt] переливать *(вино)* из бутылки в графин; ~er графин

decapitate [dɪ'kæpɪteɪt] обезглавливать

decay [dɪ'keɪ] 1. *v* 1) гнить, разлагаться 2) приходить в упадок 2. *n* 1) гниение 2) упадок, разрушение 3) расстройство *(здоровья)*

deceas||e [dɪ'si:s] 1. *n* смерть, кончина 2. *v* скончаться; ~ed [-t] покойный, умерший

deceit [dɪ'si:t] обман; ~ful обманчивый, лживый

deceiv||e [dɪ'si:v] обманывать; ~er обманщик

Decemb||er [dɪ'sembə] 1) декабрь 2) *attr.* декабрьский; ~rist [-rɪst] декабрист

decency ['di:snsɪ] приличие, благопристойность

decennary [dɪ'senərɪ] десятилетие

decent ['di:snt] приличный; порядочный

decept||ion [dɪ'sepʃ(ə)n] обман; ~ive [-tɪv] обманчивый

decid||e [dɪ'saɪd] решать; ~ed [-ɪd] 1) бесспорный 2) решительный; ~edly 1) решительно 2) несомненно, явно; feeling ~ly better чувствуя себя значительно лучше

decimal ['desɪm(ə)l] 1. *a* десятичный 2. *n* десятичная дробь; ~ize [-aɪz] переводить в десятичную систему

decimetre ['desɪˌmi:tə] дециметр

decipher [dɪ'saɪfə] расшифровывать; разбирать

decis||ion [dɪ'sɪʒ(ə)n] 1) решение 2) решимость; ~ive [-'saɪsɪv] 1) решительный 2) решающий

deck [dek] 1. *n* палуба 2. 1) настилать палубу 2) украшать

declaim [dɪ'kleɪm] 1) декламировать 2) говорить напыщенно, с пафосом

declamation [ˌdeklə'meɪʃ(ə)n] декламация

declaration [ˌdeklə'reɪʃ(ə)n] 1) объявление 2) заявление; декларация 3) *юр.* исковое заявление

declare [dɪ'kleə] 1) объявлять, провозглашать 2) заявлять 3) высказываться за, против *(for, against)* 4) предъявлять вещи, облагаемые пóшлиной *(на тамóжне)* ◊ well, I ~! вот так так!; ну и ну!

déclassé [ˌdeɪklɑːˈseɪ] *фр.* деклассированный

declension [dɪˈklenʃ(ə)n] *грам.* склонéние

declin||**e** [dɪˈklaɪn] 1. *v* 1) отклонять *(предложéние и т. п.)*; отказываться 2) подходить к концý; уменьшáться; the day is ~ing день клóнится к вéчеру 3) ухудшáться *(о здорóвье);* приходить в упáдок *(об экономике, искусстве)* 4) спадáть *(о температýре)* 5) наклоняться; склоняться 6) *грам.* склонять 2. *n* 1) склон, закáт 2) упáдок; ухудшéние

declivity [dɪˈklɪvɪtɪ] склон; покáтость

decode [ˈdiːˈkoʊd] расшифрóвывать

decompos||**e** [ˌdiːkəmˈpoʊz] 1) разлагáть на составные чáсти 2) разлагáться, гнить; ~**ition** [-pəˈzɪʃ(ə)n] разложéние; распáд

decontaminate [ˈdiːkənˈtæmɪneɪt] обеззарáживать; дегазировать; дезактивировать

decorat||**e** [ˈdekəreɪt] 1) украшáть 2) отдéлывать *(дом)* 3) награждáть знáком отличия; ~**ion** [ˌdekəˈreɪʃ(ə)n] 1) украшéние; убрáнство 2) знак отличия; confer a ~ on smb. наградить когó-л. знáком отличия; ~**ive** [ˈdekərətɪv] декоративный; ~**or** 1) декорáтор 2) маляр

decor||**ous** [ˈdekərəs] соблюдáющий приличия, пристóйный; ~**um** [dɪˈkɔːrəm] приличие

decoy [dɪˈkɔɪ] 1. *n* ловýшка, примáнка 2) *воен.* макéт 2. *v* замáнивать в ловýшку; вводить в заблуждéние

decrease 1. *v* [dɪˈkriːs] 1) уменьшáть 2) уменьшáться, убывáть 2. *n* [ˈdiːkriːs] уменьшéние, ýбыль; понижéние *(цен)*

decree [dɪˈkriː] 1. *n* 1) декрéт, укáз 2) решéние 2. *v* 1) издавáть укáз, декрéт 2) предписывать, постановлять

decrepit [dɪˈkrepɪt] 1) дряхлый 2) вéтхий; ~**ude** [-juːd] 1) дрях́хлость 2) вéтхость

decry [dɪˈkraɪ] принижáть, умалять значéние *(чего-л.)*

dedicat||**e** [ˈdedɪkeɪt] посвящáть *(to)*; ~**ion** [ˌdedɪˈkeɪʃ(ə)n] 1) посвящéние, нáдпись *(в книге)* 2) освящéние *(церкви)*

deduce [dɪˈdjuːs] выводить *(заключéние и т. п.)*; дéлать вывод

deduct [dɪˈdʌkt] вычитáть; ~**ion** [-kʃ(ə)n] 1) вычитáние; удержáние 2) вывод, заключéние

deed [diːd] 1) пóдвиг 2) дéйствие; дéло, постýпок; in word and ~ слóвом и дéлом 2) *юр.* докумéнт, акт

deem [diːm] полагáть, считáть

deep [ˈdiːp] 1. *a* 1) глубóкий 2) тёмный и густóй *(о цвете)* 3) низкий *(о звýке)* 4): ~ in smth. погружённый во что-л., поглóщённый чем-л. ◇ in ~ waters в беде́, в затрудне́нии 2. *n (обыкн. pl)* пучи́на, бе́здна 3. *adv* глубоко́; ~en [-(ə)n] 1) углубля́ть 2) углубля́ться

deep-rooted ['di:p'ru:tɪd] укорени́вшийся

deer [dɪə] оле́нь; ~skin [-skɪn] оле́нья ко́жа; за́мша

deface [dɪ'feɪs] обезобра́живать, уро́довать

defa||mation [,defə'meɪʃ(ə)n] клевета́; ~**matory** [dɪ'fæmət(ə)rɪ] бесче́стящий; клеветни́ческий; ~**me** [dɪ'feɪm] клевета́ть; поро́чить, бесче́стить

default [dɪ'fɔ:lt] 1. *n* 1) недоста́ток; отсу́тствие *(чего-л.)* 2) нея́вка в суд 3) неупла́та 2. *v* 1) не выполня́ть обяза́тельств 2) *юр.* не явля́ться по вы́зову суда́

defeat [dɪ'fi:t] 1. *n* 1) пораже́ние; crushing ~ разгро́м 2) расстро́йство 2. *v* 1) побежда́ть, разбива́ть 2) расстра́ивать *(план)*; ~**ism** *полит.* пораже́нчество; ~**ist** *полит.* пораже́нец

defect [dɪ'fekt] недоста́ток, (узъя́н); дефе́кт; ~**ive** [-ɪv] 1) несоверше́нный 2) неиспра́вный, поврежде́нный 3) *грам.* недоста́точный *(о глаго́ле)*

defence [dɪ'fens] оборо́на, защи́та; ~**less** беззащи́тный

defend [dɪ'fend] 1) защища́ть, обороня́ть 2) защища́ться, обороня́ться; ~**er** обороня́ющийся

defense [dɪ'fens] = defence
defensive [dɪ'fensɪv] 1. *n*: be on the ~ находи́ться в оборо́не 2. *a* оборони́тельный

defer I [dɪ'fə:] откла́дывать, отсро́чивать

defer II уступа́ть

defer||ence ['def(ə)r(ə)ns] уваже́ние, почти́тельное отноше́ние; ~**ential** [,defə'renʃ(ə)l] почти́тельный

defi||ance [dɪ'faɪəns] неповинове́ние; open ~ откры́тое неповинове́ние; in ~ *(of)* а) в наруше́ние; б) вопреки́; ~**ant** [-ənt] вызыва́ющий; откры́то неповину́ющийся

defici||ency [dɪ'fɪʃ(ə)nsɪ] недоста́ток; отсу́тствие чего́-л.; ~**ent** [-(ə)nt] 1) недоста́точный; непо́лный 2) несоверше́нный

deficit ['defɪsɪt] недочёт, нехва́тка, дефици́т

defile I ['di:faɪl] тесни́на, уще́лье

defile II [dɪ'faɪl] загрязня́ть; *перен.* развраща́ть; ~**ment** загрязне́ние; оскверне́ние; развраще́ние

define [dɪ'faɪn] устана́вливать значе́ние *(слова и т. п.)*; определя́ть

definit||e ['defɪnɪt] 1) определённый; ~ article определённый арти́кль 2) я́сный, то́чный; ~**ion** [,defɪ'nɪʃ(ə)n] 1) определе́ние 2) я́сность, то́чность; ~**ive** [dɪ'fɪnɪtɪv] оконча́тельный

deflat||e [dɪ'fleɪt] 1) выка́чивать; ~ a tyre спусти́ть шину 2) *эк.* сокращать выпуск денежных знаков 3) снижать *(цены)* ◇ ~ smb. *разг.* осадить кого-л.; **~ion** [-'fleɪʃ(ə)n] *эк.* дефляция

defle‖**ct** [dɪ'flekt] 1) отклонять 2) отклоняться; **~ction**, **~xion** [-kʃ(ə)n] отклонение

deform [dɪ'fɔ:m] обезображивать; деформировать; **~ity** [-ɪtɪ] безобразие, уродство

defraud [dɪ'frɔ:d] обманывать; выманивать

defray [dɪ'freɪ] оплачивать

defrost [di:'frɔst] размораживать *(лёд в холодильнике и т. п.)*

deft [deft] ловкий; проворный; искусный

defunct [dɪ'fʌŋkt] умерший

defy [dɪ'faɪ] открыто не повиноваться; не поддаваться; игнорировать

degenera‖**cy** [dɪ'dʒen(ə)rəsɪ] вырождение, дегенерация; **~te** 1. *a* [-rɪt] вырождающийся 2. *v* [-reɪt] вырождаться; **~tion** [dɪ,dʒenə'reɪʃ(ə)n] вырождение; **~tive** [dɪ'dʒenərətɪv] вырождающийся

degradation [,degrə'deɪʃ(ə)n] 1) упадок; деградация 2) унижение 3) понижение; разжалование

degrad‖**e** [dɪ'greɪd] 1) понижать; разжаловать 2) унижать 3) деградировать; **~ing** унизительный

degree [dɪ'gri:] 1) градус 2) ступень, степень by **~s** постепенно 3) положение, ранг 4) учёная степень 5) *грам.* степень сравнения ◇ to what **~**? до какой степени?; to such a **~** that... до такой степени, что...

deify ['di:ɪfaɪ] 1) обожествлять 2) боготворить

deign [deɪn] соизволить, соблаговолить

deject‖**ed** [dɪ'dʒektɪd] удручённый; **~ion** [-ʃ(ə)n] уныние

delay [dɪ'leɪ] 1. *n* 1) промедление; задержка 2) отсрочка 2. *v* 1) медлить; задерживать 2) откладывать

delega‖**te** 1. *v* ['delɪgeɪt] делегировать, посылать 2. *n* ['delɪgɪt] представитель, делегат; **~tion** [,delɪ'geɪʃ(ə)n] делегация

delete [dɪ'li:t] вычёркивать, стирать; *перен.* уничтожать

delft [delft] фаянс

deliberat‖**e** 1. *v* [dɪ'lɪbəreɪt] 1) обсуждать, совещаться 2) обдумывать 2. *a* [dɪ'lɪbərɪt] 1) намеренный; обдуманный 2) осмотрительный, неторопливый; **~ion** [dɪ,lɪbə'reɪʃ(ə)n] 1) обсуждение 2) обдумывание 3) осмотрительность, неторопливость; **~ive** [dɪ'lɪb(ə)rətɪv] совещательный

delica‖**cy** ['delɪkəsɪ] 1) изящество 2) деликатность 3) чувствительность *(прибора)* 4) деликатес; лакомство; **~te** [-kɪt] 1) нежный *(о цвете)*; лёгкий *(о пище)*; слабый *(о здоровье)* 2) изя́щный 3) щекотли́вый *(о вопро́се и т. п.)* 4) чувстви́тельный *(о прибо́ре)*

delicatessen [ˌdelɪkə'tesn] *pl* гастрономи́ческий магази́н

delicious [dɪ'lɪʃəs] 1) восхити́тельный, преле́стный 2) о́чень вку́сный

delight [dɪ'laɪt] 1. *n* восто́рг, восхище́ние; удово́льствие 2. *v* 1) восхища́ть 2) восхища́ться; наслажда́ться; be ~ed быть в восто́рге; ~ful восхити́тельный

delimitation [dɪˌlɪmɪ'teɪʃ(ə)n] определе́ние грани́ц

delineate [dɪ'lɪnɪeɪt] обрисо́вывать, опи́сывать

delinqu‖**ency** [dɪ'lɪŋkwənsɪ] 1) просту́пок 2) престу́пность; ~ent [-ənt] правонаруши́тель; престу́пник

deliri‖**ous** [dɪ'lɪrɪəs] 1) находя́щийся в бреду́, в исступле́нии 2) бредово́й; бессвя́зный *(о ре́чи)*; ~um [-əm] *мед.* бред; исступле́ние; ~um tremens *мед.* бе́лая горя́чка

deliver [dɪ'lɪvə] 1) доставля́ть, вруча́ть 2) произноси́ть *(речь)*; чита́ть *(ле́кцию)* 3) освобожда́ть, избавля́ть 4) наноси́ть *(уда́р)* 5) разреша́ться *(от бре́мени)*; ~ance [dɪ'lɪv(ə)r(ə)ns] 1) освобожде́ние, избавле́ние 2) заявле́ние; ~y [-rɪ] 1) доста́вка; переда́ча, вруче́ние; поста́вка 2) ро́ды 3) сда́ча; вы́дача ◇ general ~y *амер.* до востре́бования

dell [del] леси́стая лощи́на

delta ['deltə] де́льта

delude [dɪ'luːd] обма́нывать

deluge ['deljuːdʒ] 1. *n* наводне́ние; пото́п 2. *v* затопля́ть, наводня́ть *(тж. перен.)*; ~ with questions засы́пать вопро́сами

delus‖**ion** [dɪ'luːʒ(ə)n] заблужде́ние; иллю́зия; ~ive [-'luːsɪv] обма́нчивый

de luxe [də'luks] *фр.* роско́шный

delve [delv] *уст.* 1) копа́ть, рыть 2) копа́ться, ры́ться *(в кни́гах и т. п.)*

demagogue ['deməgɔg] демаго́г

demand [dɪ'mɑːnd] 1. *n* 1) тре́бование; запро́с 2) *эк.* спрос 2. *v* тре́бовать

demarcation [ˌdiːmɑː'keɪʃ(ə)n] разграниче́ние; демарка́ция

demean I [dɪ'miːn] унижа́ть

demean II [dɪ'miːn]: ~ oneself вести́ себя́ недосто́йно, роня́ть своё досто́инство; ~our [-ə] поведе́ние, мане́ра держа́ться

demented [dɪ'mentɪd] сумасше́дший, безу́мный

demerit [diː'merɪt] недоста́ток

demilitari‖**zation** ['diːˌmɪlɪtəraɪ'zeɪʃ(ə)n] демилитариза́ция; ~ze ['diː'mɪlɪtəraɪz] демилитаризова́ть

demise [dɪ'maɪz] 1. *v* 1) передава́ть по насле́дству 2) сдава́ть в аре́нду 2. *n* кончи́на

demobili‖**zation** ['diːˌmoubilai'zeiʃ(ə)n] демобилизация; **~ze** [diː'moubilaiz] демобилизовать

democracy [di'mɔkrəsi] демократия

democrat ['deməkræt] демократ; **~ic** [,demə'krætik] демократический, демократичный; **~ization** [di,mɔkrətai'zeiʃ(ə)n] демократизация; **~ize** [di'mɔkrətaiz] демократизировать

demoli∥sh [di'mɔliʃ] 1) разрушать *(здание)*; разбивать *(довод)* 2) *разг.* съедать; **~tion** [,demə'liʃ(ə)n] 1) разрушение; снос 2) уничтожение

demon ['diːmən] демон; ◇ he is a ~ for work он работает как одержимый **~iacal** [,diːmə'naiək(ə)l] дьявольский, демонический

demonstrat∥e ['demənstreit] 1) доказывать 2) демонстрировать 3) участвовать в демонстрации; **~ion** [,demən'streiʃ(ə)n] 1) доказательство 2) демонстрирование 3) демонстрация; **~ive** [di'mɔnstrətiv] 1) несдержанный 2) наглядный 3) демонстративный 4) *грам.* указательный; **~or** 1) демонстрант 2) ассистент профессора

demorali∥zation [di,mɔrəlai'zeiʃ(ə)n] деморализация; **~ze** [di'mɔrəlaiz] деморализовать

demote [di'mout] понижать в должности, звании; смещать с должности

demur [di'məː] **1.** *v* возражать **2.** *n*: without ~ без возражений

demure [di'mjuə] 1) скромный, сдержанный 2) притворно застенчивый

den [den] берлога; нора *(тж. перен.)*

denary ['diːnəri] десятичный

denatured [diː'neitʃəd] денатурированный *(о спирте)*

denial [di'nai(ə)l] 1) отрицание 2) отказ

denigrate ['denigreit] чернить, порочить

denim ['denim] грубая хлопчатобумажная ткань *(для джинсов и т. п.)*

denizen ['denizn] 1) натурализовавшийся иностранец 2) акклиматизировавшееся растение *или* животное

denominat∥e [di'nɔmineit] называть, именовать, определять; **~ion** [di,nɔmi'neiʃ(ə)n] 1) наименование; название 2) вероисповедание; **~or** *мат.* знаменатель; делитель

denote [di'nout] обозначать, означать

dénouement [dei'nuːmɑːŋ] *фр.* развязка *(в романе, драме)*

denounce [di'nauns] 1) разоблачать; осуждать 2) доносить 3) *юр.* денонсировать

dens∥e ['dens] 1) густой; плотный 2) тупой, глупый; **~ity** [-iti] 1) густота; плотность 2) глупость 3) *физ.* удельный вес

dent [dent] 1. *n* выемка, вмятина 2. *v* вдавливать, оставлять вмятину

dent||al ['dentl] зубной; **~ifrice** [-tıfrıs] зубной порошок, **~ная** паста; **~ist** зубной врач; **~istry** [-tıstrı] лечение зубов

denude [dı'nju:d] 1) обнажать 2) лишать *(чего-л.)*

denunciat||ion [dı,nʌnsı-'eıʃ(ə)n] 1) разоблачение; публичное обвинение 2) *юр.* денонсирование; **~or** [dı-'nʌnsıeıtə] обвинитель

deny [dı'naı] 1) отрицать 2) отказывать 3) отказываться *(от чего-л.)*

depart [dı'pɑ:t] 1) уходить; уезжать; отправляться 2) отклоняться, отступать

department [dı'pɑ:tmənt] 1) отдел 2) ведомство; *амер.* министерство; State D. государственный департамент *(министерство иностранных дел США)* 3) *attr.*: **~ store** универсальный магазин

departure [dı'pɑ:tʃə] 1) отъезд; уход; take one's **~** уходить; уезжать 2) отступление, отклонение

depend [dı'pend] 1) зависеть *(on, upon)*; it **~s** это зависит (от обстоятельств) 2) полагаться; **~ant** [-ənt] *см.* dependent; **~ence** [-əns] 1) зависимость; подчинение 2) доверие; **~ency** [-ənsı] зависимое государство; колония; **~ent** [-ənt] 1. *a* 1) подчинённый *(тж. грам.)* 2) зависимый 2. *n* иждивенец

depict [dı'pıkt] 1) рисовать, изображать 2) описывать

deplete [dı'pli:t] истощать, исчерпывать *(запасы и т. п.)*

deplo||rable [dı'plɔ:rəbl] плачевный, прискорбный; **~re** [dı'plɔ:] 1) оплакивать, сожалеть *(о чём-л.)*, не одобрять *(чего-л.)*

deponent [dı'pounənt] *юр.* свидетель

depopulate [di:'pɔpjuleıt] обезлюдить

deport [dı'pɔ:t] ссылать, высылать; **~ation** [,di:pɔ:-'teıʃ(ə)n] ссылка, высылка

deportment [dı'pɔ:tmənt] 1) поведение, манеры 2) осанка

depose [dı'pouz] 1) смещать, свергать 2) *юр.* свидетельствовать

deposit [dı'pɔzıt] 1. *n* 1) взнос; задаток; залог; вклад в банк 2) осадок, отложение 2. *v* 1) класть, отдавать на хранение *или* под залог; вверять 2) отлагать 3) давать осадок; **~ary** [-(ə)rı] лицо, которому вверены вклады; **~ion** [,depə'zıʃ(ə)n] 1) *юр.* показание под присягой 2) свержение *(с престола)*; **~or** вкладчик; **~ory** [-(ə)rı] склад, хранилище

depot ['depou] 1) склад 2) *амер.* железнодорожная станция 3) *ж.-д.* депо 4) *воен.* сборный пункт; учебная *или* запасная войсковая часть

deprav||e [dı'preıv] развращáть; ~ity [-'præviti] испóрченность; развращённость

deprecate ['deprikeit] возражáть, выступáть прóтив

depreciate [di'priːʃieit] 1) обесцéнивать; понижáть цéну 2) обесцéниваться 3) унижáть, умалять

depredation [ˌdepri'deiʃ(ə)n] грабёж, расхищéние

depress [di'pres] 1) подавлять, угнетáть 2) нажимáть (на что-л.); ~ion [-'preʃ(ə)n] 1) унынье, угнетённое состояние 2) впáдина, лощина 3) эк. депрéссия, упáдок 4) падéние (давления)

depriv‖ation [ˌdepri'veiʃ(ə)n] лишéние; отнятие; ~e [di'praiv] лишáть (чего-л.— of)

depth [depθ] глубинá, глубь; pl пучина ◇ get out of one's ~ быть не по силам, быть выше чьегó-л. понимáния

deputation [ˌdepjuː'teiʃ(ə)n] делегáция, депутáция

deput‖e [di'pjuːt] передавáть полномóчия или власть (комý-л.); ~ize ['depjutaiz] 1) представлять (когó-л.) 2) замещáть (в концертах — for)

deputy ['depjuti] 1) депутáт 2) заместитель

derail [di'reil] (обыкн. pass) вызвать крушéние; пустить под откóс; be ~ed сходить с рéльсов

derang‖e [di'reindʒ] 1) приводить в беспорядок; расстрáивать (плáны, рабóту) 2) сводить с умá; ~ed [-d] помéшанный

Derby ['dɑːbi] дéрби (скачки)

derelict ['derilikt] 1. a остáвленный, брóшенный; ~ion [ˌderi'likʃ(ə)n] упущéние

derestrict [di'restrikt] снимáть ограничéния

deride [di'raid] насмехáться, осмéивать

deris‖ion [di'riʒ(ə)n] высмéивание, осмéяние; ~ive, ~ory [-'raisiv,-'raisəri] насмéшливый

derivat‖ion [ˌderi'veiʃ(ə)n] 1) истóчник, происхождéние 2) лингв. деривáция, словообразовáние; ~ive [di'rivətiv] произвóдный (о слóве)

derive [di'raiv] 1) получáть, извлекáть 2) происходить 3) устанáвливать происхождéние; производить (от)

derogatory [di'rɔgət(ə)ri] 1) умаляющий (что-л.) 2) унизительный, уничижительный

derrick ['derik] 1) кран 2) буровáя вышка

descant I ['deskænt] дискант

descant II [dis'kænt] рассуждáть, распространяться (о чём-л. — on, upon)

descend [di'send] 1) спускáться, сходить 2) происходить (from) 3) обрýшиваться (on, upon)

descendant [di'sendənt] потóмок

descent [di'sent] 1) спуск; снижéние 2) склон (горы)

3) происхождение 4) *воен.* десант

describe [dɪsˈkraɪb] 1) описывать, изображать 2) начертить, описать; ~ a circle описывать круг

descript||**ion** [dɪsˈkrɪpʃ(ə)n] 1) описание; изображение 2) вид, род, сорт; ~ive [-tɪv] описательный; образный ◇ ~ive geometry начертательная геометрия

descry [dɪsˈkraɪ] замечать, распознавать

desecrate [ˈdesɪkreɪt] осквернять

desert 1. *n* [ˈdezət] пустыня 2. *a* [ˈdezət] необитаемый, пустынный 3. *v* [dɪˈzəːt] 1) покидать, оставлять 2) *воен.* дезертировать; ~er [dɪˈzəːtə] *воен.* дезертир, перебежчик

deserts [dɪˈzəːts] *pl* заслуги; he got his ~ он получил по заслугам

deserv||**e** [dɪˈzəːv] заслуживать; ~edly [-ɪdlɪ] по заслугам

desiccate [ˈdesɪkeɪt] высушивать

desideratum [dɪˌzɪdəˈreɪtəm] (*pl* -ta) *лат.* что-л. недостающее, желаемое

design [dɪˈzaɪn] 1. *v* 1) предназначать; намереваться; замышлять 2) составлять план; проектировать 2. *n* 1) рисунок, узор 2) проект; чертёж; конструкция 3) намерение, умысел; have ~s on (*или* against) smb. злоумышлять против кого-л.; ~ate [ˈdezɪgneɪt] 1) определять; обозначать 2) назначать на должность; ~edly [dɪˈzaɪnɪdlɪ] умышленно; ~er 1) художник-декоратор; модельер, дизайнер 2) конструктор 3) чертёжник; ~ing 1. *n* проектирование, конструирование 2. *a* интригующий; коварный

desirable [dɪˈzaɪərəbl] желательный; желанный

desir||**e** [dɪˈzaɪə] 1. *n* 1) желание; предмет желания 2) просьба; требование 2. *v* 1) желать; there is much to be ~d оставляет желать лучшего 2) просить; требовать; ~ous [-rəs] желающий (*of*)

desist [dɪˈzɪst] воздерживаться (*from*); прекращать, переставать (*что-л. делать*)

desk [desk] 1) конторка 2) письменный стол 3) парта

desolate 1. *a* [ˈdesəlɪt] 1) заброшенный 2) безлюдный 3) покинутый, одинокий; несчастный 2. *v* [ˈdesəleɪt] 1) опустошать 2): be ~d быть несчастным

despair [dɪsˈpɛə] 1. *n* отчаяние 2. *v* отчаиваться, терять надежду

desperate [ˈdesp(ə)rɪt] отчаянный; безнадёжный

desp||**icable** [ˈdespɪkəbl] презренный, подлый; ~**ise** [dɪsˈpaɪz] презирать

despite [dɪsˈpaɪt]: ~ of вопреки, несмотря на

despoil [dɪsˈpɔɪl] грабить

despond [dɪsˈpɔnd] падать духом; терять надежду; ~ency [-ənsɪ] упадок духа;

подáвленность; ~ent [-ənt] подáвленный

despot ['despɔt] тирáн, дéспот; ~ic [des'pɔtɪk] деспотúческий

dessert [dɪ'zəːt] десéрт

destination [,destɪ'neɪʃ(ə)n] 1) (пред)назначéние 2) мéсто назначéния

destine ['destɪn] (пред)назначáть, предопределя́ть

destiny ['destɪnɪ] судьбá

destitute ['destɪtjuːt] 1) сильно нуждáющийся 2) лишённый *(чего-л.)*

destroy [dɪs'trɔɪ] уничтожáть; разрушáть; ~er *мор.* эскáдренный миноно́сец

destruct‖ion [dɪs'trʌkʃ(ə)n] разрушéние; уничтожéние; ~ive [-'trʌktɪv] 1) разрушúтельный 2) врéдный

desultory ['des(ə)lt(ə)rɪ] несвя́зный, отры́вочный; беспоря́дочный; ~ reading бессистéмное чтéние

detach [dɪ'tætʃ] 1) отделя́ть; отвя́зывать 2) *воен.* откомандиро́вывать; ~ment *воен.* орудúйный *или* миномётный расчёт

detail ['diːteɪl] 1. *n* подро́бность, детáль; go into ~s вдавáться в подро́бности; in ~ обстоя́тельно 2) наря́д, комáнда 2. *v* 1) подро́бно расскáзывать; входúть в подро́бности 2) *воен.* наряжáть, назначáть в наря́д

detain [dɪ'teɪn] 1) задéрживать 2) содержáть под стрáжей

detect [dɪ'tekt] открывáть, обнарýживать; ~ive [-ɪv] 1. *a* сыскно́й; детектúвный; ~ive novel детектúвный ромáн 2. *n* сыщик, детектúв

detention [dɪ'tenʃ(ə)n] 1) оставлéние 2) содержáние под арéстом, арéст

deter [dɪ'təː] удéрживать *(from)*; отговáривать

detergent [dɪ'təːdʒ(ə)nt] мо́ющее срéдство

deteriorat‖e [dɪ'tɪərɪəreɪt] ухудшáться; по́ртиться; ~ion [dɪ,tɪərɪə'reɪʃ(ə)n] ухудшéние, по́рча

determin‖ant [dɪ'təːmɪnənt] 1. *a* определя́ющий, решáющий 2. *n* решáющий фáктор; ~ate [-ɪt] 1) определённый, устано́вленный 2) решúтельный; ~ation [dɪ,təːmɪ'neɪʃ(ə)n] 1) решúтельность; решúмость 2) определéние, установлéние 3) решéние; ~ative [-ətɪv] 1) *a* определя́ющий, решáющий 2. *n* решáющий фáктор

determine [dɪ'təːmɪn] 1) определя́ть; устанáвливать; обусло́вливать 2) решáть 3) решáться

deterrent [dɪ'ter(ə)nt] удéрживающий; сдéрживающий

detest [dɪ'test] ненавúдеть; питáть отвращéние; ~able [-əbl] отвратúтельный

dethrone [dɪ'θroun] сверáть с престо́ла; *перен.* развéнчивать

detonate ['deto(u)neɪt] 1) взрывáть 2) взрывáться

detour ['deɪtuə]: make a ~ сдéлать крюк *(или* объéзд*)*

detract [dɪ'trækt] умаля́ть, уменьшáть *(from)*

detrain [di:'trein] высаживаться из поезда (*особ. о войсках*)

detriment ['detrimənt] вред, ущерб; without ~ to без ущерба для; to the ~ of one's health в ущерб своему здоровью; **~al** [,detri'mentl] вредный, убыточный

deuce I [dju:s] двойка, два очка (*в картах, домино*)

deuce II чёрт ◇ what the ~? какого чёрта?; there will be the ~ to pay будут большие неприятности

devaluation [,di:vælju'eiʃ(ə)n] девальвация

devastate ['devəsteit] опустошать, разорять

develop [di'veləp] 1) развивать 2) развиваться 3) проявлять (*тж. фото*); **~ment** 1) развитие 2) *фото* проявление

deviat‖**e** ['di:vieit] отклоняться; уклоняться (*from*); **~ion** [,di:vi'eiʃ(ə)n] 1) отклонение 2) *полит.* уклон

device [di'vais] 1) план; проект; затея 2) девиз; эмблема 3) *тех.* приспособление; механизм, прибор, устройство

devil ['devl] дьявол, чёрт ◇ go to the ~ разориться; poor ~ бедняга; give the ~ his due отдавать должное противнику; there will be the ~ to pay будут большие неприятности; talk of the ~ (and he will appear) ≅ лёгок на помине; **~ish** 1. *a* дьявольский; адский 2. *adv разг.* чертовски

devil-may-care ['devlmei'kɛə] беззаботный, бесшабашный

devilment ['devlmənt] озорство, проказы

devilry ['devlri] *см.* devilment

devious ['di:vjəs] 1) извилистый, окольный 2) неискренний; хитрый

devis‖**e** [di'vaiz] придумывать, изобретать; **~er** изобретатель

devoid [di'void] лишённый (*чего-л.*); ~ of sense бессмысленный; ~ of inhabitants незаселённый

devolution [,di:və'lu:ʃ(ə)n] 1) передача (*власти и т. п.*) 2) *биол.* вырождение

devolve [di'volv] передавать (*обязанности, полномочия*)

devot‖**e** [di'vout] посвящать; ~ oneself to smth. предаваться чему-л.; **~ed** [-id] 1) посвящённый 2) преданный

devotee [,devo(u)'ti:] 1) поборник; приверженец; энтузиаст своего дела 2) истово верующий

devotion [di'vouʃ(ə)n] 1) сильная привязанность; преданность 2): be at one's ~s молиться

devour [di'vauə] 1) пожирать 2) *перен.* поглощать; ~ a novel проглотить роман 3) истреблять 4) (*обыкн. pass*): be ~ed by curiosity быть снедаемым любопытством

devout [di'vaut] 1) благоговейный; набожный 2) искренний

dew [ˈdjuː] роса́; ~**y** [-ɪ] покры́тый росо́й; роси́стый; вла́жный

dexter‖ity [deksˈterɪtɪ] прово́рство, ло́вкость; ~**ous** [ˈdekst(ə)rəs] прово́рный, ло́вкий; уме́лый

diabetes [ˌdaɪəˈbiːtiːz] диабе́т

diabolic(al) [ˌdaɪəˈbɔlɪk(ə)l] дья́вольский

diagnos‖e [ˈdaɪəɡnouz] ста́вить диа́гноз; ~**is** [ˌdaɪəɡˈnousɪs] (pl ~**es** [-ˈnousiːz]) диа́гноз; ~**tic** [ˌdaɪəɡˈnɔstɪk] диагности́ческий

diagonal [daɪˈæɡənl] 1. a диагона́льный 2. n диагона́ль

diagram [ˈdaɪəɡræm] диагра́мма

dial [ˈdaɪ(ə)l] 1. n 1) цифербла́т 2) диск (телефона) 2. v набира́ть но́мер (по телефону)

dialect [ˈdaɪəlekt] диале́кт, наре́чие, го́вор; local ~ ме́стный диале́кт

dialectic‖al [ˌdaɪəˈlektɪk(ə)l] диалекти́ческий; ~**s** [-s] диале́ктика

dialogue [ˈdaɪəlɔɡ] разгово́р, диало́г

diamet‖er [daɪˈæmɪtə] диа́метр; ~**rical** [ˌdaɪəˈmetrɪk(ə)l] диаметра́льный

diamond [ˈdaɪəmənd] 1) алма́з; брилья́нт 2) pl карт. бу́бны ◊ ~ cut ~ ≅ нашла́ коса́ на ка́мень; ~-**fields** [-fiːldz] pl алма́зные ко́пи

diaper [ˈdaɪəpə] 1) узо́рчатое полотно́ 2) амер. подгу́зник

diaphragm [ˈdaɪəfræm] диафра́гма

diary [ˈdaɪərɪ] дневни́к

diathermic [ˌdaɪəˈθəːmɪk] физ. диатерми́ческий

diatribe [ˈdaɪətraɪb] обличи́тельная речь; уничтожа́ющая кри́тика

dice [daɪs] pl от die I

dickens [ˈdɪkɪnz] разг. чёрт

dicky [ˈdɪkɪ] разг. 1) неусто́йчивый, ша́ткий 2) ненадёжный

dictat‖e 1. v [dɪkˈteɪt] 1) диктова́ть 2) предпи́сывать 2. n [ˈdɪkteɪt] предписа́ние; ~**ion** [-ˈteɪʃ(ə)n] 1) дикта́нт; дикто́вка 2) предписа́ние

dictator [dɪkˈteɪtə] дикта́тор; ~**ship** диктату́ра; ~**ship of the proletariat** диктату́ра пролетариа́та

diction [ˈdɪkʃ(ə)n] 1) стиль, мане́ра выража́ться 2) ди́кция

dictionary [ˈdɪkʃ(ə)nrɪ] слова́рь

did [dɪd] past от do III

didactic [dɪˈdæktɪk] 1) поучи́тельный 2) лю́бящий поуча́ть

die I [daɪ] (pl dice) игра́льная кость

die II 1) умира́ть 2) увяда́ть (о цветах) 3) разг. томи́ться жела́нием; ~ **away** замира́ть (о звуке); затиха́ть (о ветре)

die-hard [ˈdaɪhɑːd] (обыкн. полит.) твердоло́бый

diet I [ˈdaɪət] парла́мент (не английский)

diet II [ˈdaɪət] 1) пи́ща, стол 2) дие́та; ~**ary** [-(ə)rɪ]

1. *a* диетический **2.** *n* 1) паёк 2) диета; ~etic [,daɪˈtetɪk] диетический

differ [ˈdɪfə] 1) различаться, отличаться *(from)* 2) расходиться *(во мнениях)*; ~ence [-r(ə)ns] 1) разница, различие 2) ссора; разногласие; ~ent [-r(ə)nt] 1) другой 2) различный, разный

differential [,dɪfəˈrenʃ(ə)l] **1.** *a* дифференциальный **2.** *n* дифференциал

differentiate [,dɪfəˈrenʃɪeɪt] 1) различать, отличать 2) различаться, отличаться

difficul||**t** [ˈdɪfɪk(ə)lt] трудный; ~ty [-ɪ] 1) трудность 2) затруднение

diffident [ˈdɪfɪd(ə)nt] неуверенный в себе, застенчивый

diffus||**e 1.** *v* [dɪˈfjuːz] распространять; рассеивать **2.** *a* [dɪˈfjuːs] 1) рассеянный *(о свете)* 2) многословный; ~ion [dɪˈfjuːʒ(ə)n] 1) распространение 2) *физ.* диффузия

dig [dɪg] **1.** *v* (dug, *уст.* digged) 1) копать, рыть; *перен.* выискивать, докапываться 2) *разг.* тыкать, толкать; ~ smb. in the ribs ткнуть кого-л. в бок; ~ in окапываться *(тж.* ~ oneself in); ~ up а) вырыть; б) вспахать; в) откопать **2.** *n разг.* 1) толчок 2) шпилька, колкость 3) *pl* нора *(о жилище)*

digest 1. *v* [dɪˈdʒest] 1) переваривать *(пищу)* 2) усваивать **2.** *n* [ˈdaɪdʒest] краткое изложение; ~ible [dɪˈdʒestəbl] удобоваримый; ~ive [dɪˈdʒestɪv] 1) пищеварительный 2) способствующий пищеварению

digger [ˈdɪgə] 1) копатель; землекоп 2) экскаватор

diggings [ˈdɪgɪŋz] *pl* 1) золотые прииски 2) *разг.* жильё

digit [ˈdɪdʒɪt] 1) палец 2) цифра; однозначное число

digni||**fied** [ˈdɪgnɪfaɪd] величавый, полный достоинства ~tary [-t(ə)rɪ] 1) сановник 2) прелат; ~ty [-tɪ] 1) достоинство; благородство 2) звание, сан

digress [daɪˈgres] отступать, отклоняться

dike [daɪk] 1) дамба, плотина 2) ров, канава

dilapida||**ted** [dɪˈlæpɪdeɪtɪd] полуразрушенный, ветхий; ~tion [dɪ,læpɪˈdeɪʃ(ə)n] обветшание; упадок

dilate [daɪˈleɪt] 1) расширять; распространять 2) расширяться; распространяться

dilatory [ˈdɪlət(ə)rɪ] 1) медленный, медлительный 2) замедляющий

dilettante [,dɪlɪˈtæntɪ] дилетант, любитель

diligence I [ˈdɪlɪʒæns] дилижанс

dilig||**ence** II [ˈdɪlɪdʒəns] прилежание; старание; ~ent [-dʒ(ə)nt] прилежный, старательный

dill [dɪl] укроп

dilly-dally [ˈdɪlɪˈdælɪ] *разг.* колебаться, мешкать

dilut||**e** [daɪˈljuːt] **1.** *v* разбавлять, разводить; *перен.* ослаблять; выхолащивать 2. *a* разбавленный; разведённый; *перен.* ослабленный; ~ion [-'lu:ʃ(ə)n] разбавление; растворение; *перен.* ослабление ◇ ~ion of labour замена квалифицированных рабочих неквалифицированными

dim [dɪm] 1. *a* 1) тусклый; матовый 2) смутный 3) слабый *(о зрении)* 2. *v* 1) делать тусклым 2) затемнять 3) тускнеть

dime [daɪm] *амер.* монета в 10 центов

dimension [dɪ'menʃ(ə)n] 1) измерение 2) *pl* размеры, величина

dimin||ish [dɪ'mɪnɪʃ] 1) уменьшать; ослаблять 2) уменьшаться; ~ution [ˌdɪmɪ-'nju:ʃ(ə)n] уменьшение; ~utive [dɪ'mɪnjutɪv] 1) маленький, крохотный 2) *грам.* уменьшительный

dimple ['dɪmpl] 1) ямочка *(на лице)* 2) рябь *(на воде)*

din [dɪn] 1. *n* шум, грохот 2. *v* шуметь ◇ ~ into smb.'s head вбивать кому-л. в голову

din||e ['daɪn] 1) обедать 2) угощать обедом; ~er 1) обедающий 2) вагон-ресторан

dingey, dinghy ['dɪŋgɪ] шлюпка, ялик

dingy ['dɪndʒɪ] тусклый; грязноватый

dining||-car ['daɪnɪŋkɑ:] вагон-ресторан; ~-room [-rum] столовая

dinky ['dɪŋkɪ] *разг.* нарядный

dinner ['dɪnə] обед; have ~ обедать; ~-jacket [-ˌdʒækɪt] смокинг; ~-service [-sə:vɪs] обеденный сервиз

dint [dɪnt]: by ~ of посредством *(чего-л.)*

dip [dɪp] 1. *v* 1) погружать, окунать 2) погружаться, окунаться; ~ into the future *перен.* заглядывать в будущее 3) наклоняться; опускаться 4) *мор.* приспускать *(флаг и т. п.)* ◇ ~ one's headlights *авто* переключить на ближний свет; ~ a dress покрасить платье 2. *n* 1) погружение; купание 2) уклон, наклон

diploma [dɪ'pləumə] диплом

diplom||acy [dɪ'pləuməsɪ] дипломатия; ~at ['dɪpləmæt] дипломат; ~atic [ˌdɪplə'mætɪk] дипломатический

dipper ['dɪpə] 1) ковш; черпак 2) (the D., *амер.* Big D.) Большая Медведица *(созвездие)*

dire ['daɪə] ужасный, страшный; ~ plight ужасное положение

direct [dɪ'rekt] 1. *a* 1) прямой 2) ясный; точный ◇ ~ current *эл.* постоянный ток 2. *adv* прямо; непосредственно 3. *v* 1) направлять; указывать путь 2) отправлять, адресовать 3) руководить 4) приказывать; ~ion [-'rekʃ(ə)n] 1) направление, руководство 2) управление 3) указание; *(обыкн. pl)* предписания, директи́вы 4) а́дрес; ~ive [-ɪv] 1. *a* направля́ющий; ука́зывающий 2. *n* директи́ва; нака́з *(избира́телей)*; ~ly 1) пря́мо; непосре́дственно 2) неме́дленно

director [dɪˈrektə] 1) дире́ктор 2) режиссёр; ~ate [-rɪt] правле́ние; директора́т; ~y [-rɪ] а́дресная кни́га; спра́вочник

dirge [dəːdʒ] погреба́льная песнь

dirigible [ˈdɪrɪdʒəbl] 1. *n* дирижа́бль 2. *a* управля́емый

dirk [dəːk] кинжа́л

dirt [ˈdəːt] 1) грязь 2) по́чва, грунт 3) по́длость; ~-cheap [-ˈtʃiːp] *разг.* ≃ дешёвле па́реной ре́пы

dirty [ˈdəːtɪ] 1) гря́зный *(в разн. знач.)* 2) нена́стный

dis- [dɪs-] *pref* придаёт отриц. значение не-, раз- *и т. п.*

disability [ˌdɪsəˈbɪlɪtɪ] неспосо́бность, бесси́лие; инвали́дность

disabl||**e** [dɪsˈeɪbl] де́лать неспосо́бным; лиша́ть возмо́жности; де́лать нетрудоспосо́бным; ~ed [-d] нетрудоспосо́бный

disabuse [ˌdɪsəˈbjuːz]: ~ smb. of error выводи́ть из заблужде́ния кого́-л.

disaccord [ˌdɪsəˈkɔːd] разногла́сие, расхожде́ние

disadvantage [ˌdɪsədˈvɑːntɪdʒ] 1) невы́годное положе́ние; be at a ~ быть в невы́годном положе́нии 2) уще́рб, вред; ~ous [ˌdɪsædvɑːnˈteɪdʒəs] невы́годный, неблагоприя́тный

disagree [ˌdɪsəˈgriː] 1) не соглаша́ться; ссо́риться 2) быть вре́дным *(о пи́ще, кли́мате и т. п. — with)* 3) не соотве́тствовать, противоре́чить друг дру́гу; ~able [-ˈgrɪəbl] неприя́тный; ~ment 1) разногла́сие 2) разла́д, ссо́ра

disallow [ˈdɪsəˈlau] 1) отверга́ть; не признава́ть 2) запреща́ть

disappear [ˌdɪsəˈpɪə] исчеза́ть, скрыва́ться; ~ance [-r(ə)ns] исчезнове́ние

disappoint [ˌdɪsəˈpɔɪnt] разочаро́вывать; обма́нывать *(ожида́ния)*; ~ment разочарова́ние; доса́да

disapprobation [ˌdɪsæproʊˈbeɪʃ(ə)n] *см.* disapproval

disappro||**val** [ˌdɪsəˈpruːv(ə)l] неодобре́ние; ~ve [ˈdɪsəˈpruːv] не одобря́ть

disarm [dɪsˈɑːm] 1) обезору́живать *(тж. перен.)* 2) разоружа́ть 3) разоружа́ться; ~ament [-əmənt] разоруже́ние

disarrange [ˈdɪsəˈreɪndʒ] расстра́ивать, приводи́ть в беспоря́док; ~ment расстро́йство, беспоря́док

disarray [ˈdɪsəˈreɪ] беспоря́док; замеша́тельство

disast||**er** [dɪˈzɑːstə] бе́дствие; ~rous [-strəs] бе́дственный, ги́бельный

disavow [ˈdɪsəˈvau] отрица́ть; отка́зываться; не признава́ться; ~al [-əl] отрица́ние; отрече́ние; отка́з *(от* *своих слов и т. п.);* непризнание

disband [dɪs'bænd] *воен.* расформировывать

disbelief ['dɪsbɪ'li:f] неверие

disbelieve ['dɪsbɪ'li:v] не верить, сомневаться

disburse [dɪs'bə:s] оплачивать; платить

disc [dɪsk] *см.* disk

discard [dɪs'ka:d] 1) сбрасывать *(карту)* 2) отбрасывать *(за ненадобностью);* отвергать

discern [dɪ'sə:n] различать, видеть *(тж. перен.);* ~ing 1) умеющий различать, распознающий 2) проницательный; ~ment умение различать; проницательность

discharge [dɪs'tʃa:dʒ] 1. *v* 1) разгружать 2) выпускать; выливать 3) выстрелить 4) *эл.* разряжать 5) увольнять 6) выполнять *(обязательства, долг);* расплачиваться *(с долгами)* 7) впадать *(о реке)* 2. *n* 1) разгрузка 2) выстрел 3) *эл.* разряд 4) спуск, сток 5) освобождение 6) увольнение 7) уплата *(долга)* 8) выполнение *(обязанностей)* 9) *юр.* оправдание

disciple [dɪ'saɪpl] ученик, последователь

discipline ['dɪsɪplɪn] 1. *n* 1) дисциплина; порядок 2) дисциплина *(отрасль науки)* 3) наказание 2. *v* 1) дисциплинировать 2) наказывать

disclaim [dɪs'kleɪm] отрекаться; отказываться *(от кого-л., чего-л.);* ~er отказ; отречение

disclo||**se** [dɪs'klouz] обнаруживать, разоблачать; ~**sure** [-'klouʒə] раскрытие, разоблачение

discolour [dɪs'kʌlə] обесцвечивать

discomfi||**t** [dɪs'kʌmfɪt] 1) смущать, приводить в замешательство 2) расстраивать планы; ~**ture** [-tʃə] 1) смущение 2) расстройство планов

discomfort [dɪs'kʌmfət] неудобство, трудности

discompose [,dɪskəm'pouz] смущать, тревожить

disconcert [,dɪskən'sə:t] 1) смущать, приводить в замешательство 2) расстраивать *(планы и т. п.)*

disconnect ['dɪskə'nekt] разъединять, разобщать; *эл.* выключать

disconnexion [,dɪskə'nekʃ(ə)n] разъединение; разобщение

disconsolate [dɪs'kɔns(ə)lɪt] неутешный, безутешный

discontent ['dɪskən'tent] недовольство; досада; ~ed [-ɪd] недовольный

discontinu||**e** ['dɪskən'tɪnju:] прерывать, прекращать; ~**ous** [-'tɪnjuəs] прерывистый

discord ['dɪskɔ:d] 1) разногласие 2) диссонанс; ~ant [-'kɔ:dnt] 1) несогласный; противоречивый 2) нестройный *(о звуках)*

discount 1. *n* ['dɪskaunt] 1) учёт векселей 2) скидка 2. *v* [dɪs'kaunt] 1) учитывать векселя 2) делать скидку 3) не принимать в расчёт

discountenance [dɪs'kauntɪnəns] не одобря́ть

discourage [dɪs'kʌrɪdʒ] обескура́живать, озада́чивать; расхола́живать

discourse [dɪs'kɔːs] 1. *n* речь; рассужде́ние; ле́кция 2. *v* рассужда́ть; ора́торствовать

discove‖**r** [dɪs'kʌvə] открыва́ть, де́лать откры́тие; обнару́живать; ~**ry** [-rɪ] откры́тие

discredit [dɪs'kredɪt] 1. *v* 1) дискредити́ровать; позо́рить 2) не доверя́ть 2. *n* 1) дискредита́ция 2) недове́рие

discreet [dɪs'kriːt] осмотри́тельный, благоразу́мный; сде́ржанный; уме́ющий молча́ть

discrepancy [dɪs'krep(ə)nsɪ] разли́чие; противоре́чие; несоотве́тствие

discrete [dɪs'kriːt] отде́льный; разъединённый

discretion [dɪs'kreʃ(ə)n] 1) осмотри́тельность, осторо́жность 2) свобо́да де́йствий 3) *юр.* усмотре́ние

discriminat‖**e** [dɪs'krɪmɪneɪt] 1) различа́ть, распознава́ть 2) дискримини́ровать; ~**ion** [dɪs,krɪmɪ'neɪʃ(ə)n] 1) проница́тельность; разбо́рчивость 2) дискримина́ция

discus ['dɪskəs] диск

discuss [dɪs'kʌs] обсужда́ть, дискути́ровать; ~**ion** [-'kʌʃ(ə)n] обсужде́ние, пре́ния, диску́ссия

disdain [dɪs'deɪn] 1. *v* пренебрега́ть 2. *n* пренебреже́ние, презре́ние; ~**ful** пренебрежи́тельный, презри́тельный

diseas‖**e** [dɪ'ziːz] боле́знь; ~**ed** [-d] больно́й

disembark ['dɪsɪm'bɑːk] 1) выгружа́ть; выса́живать на бе́рег 2) выгружа́ться; выса́живаться на бе́рег

disenchant [,dɪsɪn'tʃɑːnt] разочаро́вывать

disengag‖**e** ['dɪsɪn'geɪdʒ] высвобожда́ть; выпу́тывать; отвя́зывать; ~**ed** [-d] свобо́дный

disentangle ['dɪsɪn'tæŋgl] распу́тывать, высвобожда́ть

disfavour ['dɪs'feɪvə] 1. *n* неми́лость; fall into ~ впасть в неми́лость 2. *v* не одобря́ть

disfigure [dɪs'fɪgə] обезобра́живать, уро́довать; ~**ment** обезобра́живание; уро́дство

disfranchise ['dɪs'fræntʃaɪz] лиша́ть избира́тельного пра́ва *или* го́лоса

disgorge [dɪs'gɔːdʒ] 1) изверга́ть *(лаву и т. п.)*; изрыга́ть *(пищу)* 2) впада́ть *(о реке)* 3) неохо́тно отдава́ть *(что-л., особ. присвоенное незаконно)*

disgrace [dɪs'greɪs] 1. *n* 1) неми́лость 2) позо́р; be a ~ *(to)* быть позо́ром *(для)* 2. *v* позо́рить; ~ oneself опозо́риться; ~**ful** бесче́стный, позо́рный

disgruntled [dɪs'grʌntld]: be ~ быть не в ду́хе

disguise [dɪs'gaɪz] 1. *v* маскирова́ть; скрыва́ть 2. *n* маскирóвка; in ~ переодéтый, замаскирóванный

disgust [dɪsˈgʌst] 1. *n* отвращéние 2. *v* внушáть отвращéние; **~ing** отвратительный, противный

dish [ˈdɪʃ] 1. *n* 1) блюдо, тарéлка 2) *pl собир.* посýда 3) кýшанье, блюдо 2. *v* 1) класть на блюдо, подавáть 2) *разг.* провалить; he was ~ed егó «засыпáли» *(на экзáмене и т. п.)*; **~-cloth** [-klɔθ] посýдное *(или* кýхонное*)* полотéнце

dishearten [dɪsˈhɑːtn] приводить в уныние, расхолáживать

dishevelled [dɪˈʃev(ə)ld] растрёпанный, взъерóшенный

dishon‖est [dɪsˈɔnɪst] нечéстный; **~esty** [-ˈɔnɪstɪ] нечéстность; **~our** [-ˈɔnə] 1. *v* 1) бесчéстить, позóрить, оскорблять 2): ~our a cheque отказáть в уплáте *(по чéку)* 2. *n* бесчéстие, позóр; **~ourable** [-rəbl] бесчéстный, позóрный; пóдлый

dish-water [ˈdɪʃˌwɔːtə] помóи *мн.*

disillusion [ˌdɪsɪˈluːʒ(ə)n] 1. *n* разочаровáние 2. *v* разочарóвывать

disinclin‖ation [ˌdɪsɪnklɪˈneɪʃ(ə)n] нежелáние; **~e** [-ˈklaɪn]: be ~ed не имéть желáния

disinfect [ˌdɪsɪnˈfekt] дезинфицировать

disingenuous [ˌdɪsɪnˈdʒenjuəs] нейскрéнний

disinherit [ˈdɪsɪnˈherɪt] лишáть наслéдства; **~ance** [ˌdɪsɪnˈherɪt(ə)ns] лишéние наслéдства

disintegrat‖e [dɪsˈɪntɪgreɪt] 1) разделять на составные чáсти 2) распадáться на составные чáсти; **~ion** [dɪsˌɪntɪˈgreɪʃ(ə)n] разложéние на составные чáсти

disinterested [dɪsˈɪntrɪstɪd] 1) бескорыстный 2) беспристрáстный

disjoin [dɪsˈdʒɔɪn] разъединять; разобщáть

disjoint [dɪsˈdʒɔɪnt] разрезáть *(птицу)*; расчленять; **~ed** [-ɪd] несвязный *(о рéчи)*

disk [dɪsk] 1) диск 2) (грам)пластинка

dislike [dɪsˈlaɪk] 1. *n* неприязнь; антипáтия 2. *v* не любить; испытывать неприязнь

dislocat‖e [ˈdɪsləkeɪt] 1) вывихнуть 2) смещáть, сдвигáть; **~ion** [ˌdɪsləˈkeɪʃ(ə)n] 1) вывих 2) нарушéние 3) *геол.* смещéние

dislodge [dɪsˈlɔdʒ] вытеснять, выбивáть

disloyal [ˈdɪsˈlɔɪ(ə)l] веролóмный, предáтельский

dismal [ˈdɪzməl] гнетýщий; мрáчный

dismantle [dɪsˈmæntl] 1) выносить *(мéбель и т. п.)* 2) разоружáть; расснáщивать *(корáбль)* 3) разбирáть *(машину)*

dismay [dɪsˈmeɪ] 1. *n* страх, испýг 2. *v* пугáть, тревóжить

dismember [dɪsˈmembə] расчленять; **~ment** расчленéние

dismiss [dɪs'mɪs] 1) отпускать; увольнять; распускать 2) перестать думать *(о чём-л.)*; ~al [-(ə)l] увольнение; роспуск

dismount ['dɪs'maunt] 1) спешиваться 2) снимать

disobedi‖**ence** [ˌdɪsə'biːdjəns] непослушание; ~**ent** [-ənt] непослушный

disobey ['dɪsə'beɪ] ослушаться; не слушаться

disoblige ['dɪsə'blaɪdʒ] поступать неучтиво, невежливо; не считаться *(с кем-л.)*

disorder [dɪs'ɔːdə] 1. *n* 1) беспорядок; расстройство 2) *pl* волнения 2. *v (обыкн. p. p.)* расстраивать *(здоровье и т. п.)*; ~**ly** 1) беспорядочный 2) недисциплинированный

disorganize [dɪs'ɔːgənaɪz] расстраивать; дезорганизовать

disorientate [dɪs'ɔːrɪenteɪt] дезориентировать, сбивать с толку

disown [dɪs'oun] отказываться, отрекаться

disparage [dɪs'pærɪdʒ] говорить с пренебрежением; умалять, недооценивать

disparity [dɪs'pærɪtɪ] неравенство, несоответствие, несоразмерность

dispassionate [dɪs'pæʃnɪt] беспристрастный

dispatch [dɪs'pætʃ] 1. *v* 1) посылать 2) быстро справляться *(с делом)* 3) *книжн.* убивать 2. *n* 1) отправка 2) официальное донесение; депеша ◊ with ~ быстро *(сделать что-л.)*; ~**er** диспетчер

dispel [dɪs'pel] разгонять, рассеивать

dispensable [dɪs'pensəbl] необязательный

dispensary [dɪs'pens(ə)rɪ] аптека

dispensation [ˌdɪspen'seɪʃ(ə)n] 1) раздача, распределение 2) разрешение

dispense [dɪs'pens] 1) раздавать, распределять 2) приготовлять *(лекарство)* 3): ~ **with** обойтись без чего-л.; ~ **from** освобождать *(от обязательств)*

dispenser [dɪs'pensə] фармацевт

disper‖**sal** [dɪs'pɜːs(ə)l] рассеивание; распространение; ~**se** [-'pɜːs] 1) разгонять; рассеивать; распространять 2) рассыпаться, рассеиваться, разбегаться; ~**sion** [-'pɜːʃ(ə)n] *см.* dispersal

dispirited [dɪ'spɪrɪtɪd] удручённый, унылый

displace [dɪs'pleɪs] 1) смещать; перемещать; переставлять 2) вытеснять ◊ ~**d persons** перемещённые лица; ~**ment** 1) смещение; перемещение 2) водоизмещение 3) *геол.* сдвиг *(пластов)*

display [dɪs'pleɪ] 1. *v* 1) выставлять, показывать 2) проявлять, обнаруживать 2. *n* 1) выставка; показ 2) проявление 3) выставление напоказ, хвастовство

displeas‖**e** [dɪs'pliːz] 1) не нравиться 2) сердить, раздражать; ~**ure** [-'pleʒə] неудовольствие, недовольство

disport [dɪs'pɔːt]: ~ oneself развлекаться

dispos||able [dɪs'pouzəbl] 1) доступный; могущий быть использованным 2) от которого легко отделаться; **~al** [-'pouz(ə)l] 1) расположение; расстановка 2) распоряжение; be at smb.'s ~al быть в чьём-л. распоряжении

dispos||e [dɪs'pouz] 1) располагать, расставлять 2) склонять; **~ of** а) отделываться (от чего-л.); б) распоряжаться; **~ition** [,dɪspə-'zɪʃ(ə)n] 1) характер 2) склонность (to) 3) расположение, размещение 4) распоряжение 5) (обыкн. pl) приготовления, планы

dispossess ['dɪspə'zes] лишать собственности, (права) владения (of)

disproof ['dɪs'pruːf] опровержение

disproportion ['dɪsprə'pɔː-ʃ(ə)n] непропорциональность, несоразмерность; **~ate** [,dɪsprə'pɔːʃnɪt] непропорциональный, несоразмерный

disprove ['dɪs'pruːv] опровергать

disput||able [dɪs'pjuːtəbl] спорный; **~ant** [-(ə)nt] 1) спорщик 2) участник диспута

dispute [dɪs'pjuːt] 1. v 1) спорить; оспаривать 2) обсуждать, дискутировать 3) оказывать сопротивление 2. n 1) диспут; обсуждение; beyond ~ без сомнения 2) спор, пререкания

disqualif||ication [dɪs,kwɔlɪfɪ'keɪʃ(ə)n] 1) дисквалификация, лишение права (на что-л.) 2) непригодность (к чему-л. — for); **~y** [dɪs'kwɔlɪfaɪ] делать неспособным (или негодным); дисквалифицировать

disquiet [dɪs'kwaɪət] беспокойство, тревога

disquisition [,dɪskwɪ'zɪʃ(ə)n] исследование

disregard ['dɪsrɪ'gɑːd] 1. n невнимание; пренебрежение 2. v игнорировать; пренебрегать

disrepu||table [dɪs'repjutəbl] пользующийся дурной репутацией; постыдный; позорный; **~te** ['dɪsrɪ'pjuːt] дурная слава

disrespect ['dɪsrɪs'pekt] неуважение; непочтительность; **~ful** непочтительный

disrupt [dɪs'rʌpt] разрывать; **~ion** [-'rʌpʃ(ə)n] разрыв; раскол

dissatis||faction ['dɪs,sætɪs-'fækʃ(ə)n] неудовлетворённость, недовольство; **~fied** [-faɪd] недовольный; **~fy** [-'sætɪsfaɪ] (обыкн. pass) не удовлетворять

dissect [dɪ'sekt] 1) анатомировать 2) анализировать

dissemble [dɪ'sembl] 1) скрывать (чувства и т. п.)

disseminate [dɪ'semɪneɪt] распространять (учение, взгляды)

dissension [dɪ'senʃ(ə)n] разногласие

dissent [dɪ'sent] 1. *v* расходиться в убеждениях, мнениях 2. *n* разногласие; ~**er** сектант; раскольник

dissertation [ˌdɪsə:'teɪʃ(ə)n] диссертация

disservice ['dɪsˈsə:vɪs] плохая услуга, ущерб

dissiden‖**ce** ['dɪsɪd(ə)ns] раскол; разногласие; ~**t** 1) инакомыслящий 2) раскольник

dissimilar ['dɪ'sɪmɪlə] несходный; ~**ity** [ˌdɪsɪmɪ'lærɪtɪ] несходство

dissimulate [dɪ'sɪmjuleɪt] 1) скрывать *(чувства и т. п.)* 2) притворяться, лицемерить

dissipat‖**e** ['dɪsɪpeɪt] 1) рассеивать, разгонять *(облака, страх)* 2) расточать; проматывать *(состояние)* 3) *редк.* кутить; ~**ed** [-ɪd] распутный; беспутный

dissocia‖**ble** [dɪ'souʃəbl] необщительный; ~**te** [dɪ'souʃɪeɪt] разъединять, разобщать

dissolute ['dɪsəlu:t] распущенный, развратный

dissolution [ˌdɪsə'lu:ʃ(ə)n] 1) растворение 2) разложение *(на составные части)* 3) расторжение *(договора, брака)* 4) роспуск *(организации, парламента и т. п.)*

dissolve [dɪ'zɔlv] 1) растворять 2) растворяться 3) разлагать 4) расторгать *(договор, брак)* 5) распускать *(организацию, парламент и т. п.)*

disson‖**ance** ['dɪsənəns] неблагозвучие, диссонанс; ~**ant** [-ənt] нестройный *(о звуках)*

dissuade [dɪ'sweɪd] отговаривать, отсоветовать

dist‖**ance** ['dɪst(ə)ns] 1. *n* 1) расстояние 2) промежуток *(времени)* 2. *v* обойти, обогнать; ~**ant** [-nt] 1) отдалённый, дальний 2) сдержанный

distaste ['dɪs'teɪst] отвращение *(for)*; ~**ful** неприятный, противный

distemper [dɪs'tempə] 1. *n* клеевая краска 2. *v* красить клеевой краской

disten‖**d** [dɪs'tend] 1) надувать *(шар)*; раздувать *(ноздри)* 2) растягивать; ~**sible** [-'tensəbl] растяжимый; ~**sion** [-'tenʃ(ə)n] растяжение; расширение

distil [dɪs'tɪl] 1) дистиллировать; очищать 2) *мор.* опреснять *(воду)* 3) перегонять *(спирт)* 4) сочиться, капать; ~**ler** винокур; ~**lery** [-ərɪ] винокуренный завод

distinct [dɪs'tɪŋkt] 1) отчётливый; ясный 2) отличный *(от других)*; ~**ion** [-kʃ(ə)n] 1) различие, отличие 2) выдающиеся качества 3) оригинальность; индивидуальность 4) знак отличия; ~**ive** [-ɪv] отличительный, характерный; ~**ly** ясно, отчётливо

distinguish [dɪs'tɪŋgwɪʃ] 1) различать, отличать 2): ~ oneself отличиться; ~**ed** [-t] видный, заслуженный, выдающийся; Distinguished Service Order (D.S.O.) орден за отличную боевую службу *(в Англии)*

distort [dɪs'tɔːt] искривлять; искажать; **~ion** [-'tɔːʃ(ə)n] искривление; искажение

distract [dɪs'trækt] 1) отвлекать 2) приводить в смятение; **~ed** [-ɪd] 1) рассеянный 2) обезумевший; drive smb. **~ed** доводить кого-л. до безумия; **~ion** [-kʃ(ə)n] 1) развлечение 2) отвлечение внимания 3) сумасшествие; love to **~ion** любить до безумия

distrait [dɪs'treɪ] *фр.* рассеянный

distraught [dɪs'trɔːt] обезумевший *(от горя и т. п.)*

distress [dɪs'tres] **1.** *n* 1) горе 2) бедствие 3) нужда 4) истощение, утомление 5) *attr.*: **~** signal сигнал бедствия **2.** *v* огорчать; терзать; be **~ed** for smb. переживать за кого-л.; **~ed** [-t] 1) огорчённый 2) утомлённый 3): **~ed** areas районы хронической безработицы; **~ful** многострадальный; скорбный, горестный

distribut‖**e** [dɪs'trɪbjuːt] распределять, раздавать; **~ion** [ˌdɪstrɪ'bjuːʃ(ə)n] 1) распределение, раздача 2) распространение; **~ive** [dɪs'trɪbjutɪv] 1) распределительный 2) *грам.* разделительный

district ['dɪstrɪkt] район, округ

distrust [dɪs'trʌst] **1.** *n* недоверие, сомнение **2.** *v* не доверять; **~ful** недоверчивый

disturb [dɪs'təːb] 1) беспокоить, мешать 2) расстраивать, нарушать *(покой, равновесие)*; **~ance** [-(ə)ns] 1) беспокойство; волнение 2) нарушение *(порядка, тишины и т. п.)*

disuni‖**on** ['dɪs'juːnjən] 1) разъединение, разобщение 2) разлад; **~te** ['dɪsjuː'naɪt] 1) разъединять 2) разъединяться

disuse 1. *v* ['dɪs'juːz] *(обыкн. p. p.)* переставать пользоваться; a **~d** well колодец, которым не пользуются **2.** *n* ['dɪs'juːs] неупотребление; fall into **~** выйти из употребления

ditch [dɪtʃ] **1.** *n* канава, ров **2.** *v* 1) окапывать *(рвом, канавой)* 2) *разг.* угробить, разбить *(машину и т. п.)* 3) *разг.* выбрасывать

ditto ['dɪtou] то же (самое) ◇ say **~** *(to)* поддакивать

ditty ['dɪtɪ] песенка

divan I [dɪ'væn] диван

divan II диван *(государственный совет на Востоке)*

div‖**e** ['daɪv] **1.** *v* 1) нырять; погружаться *(о подводной лодке)*; *перен.* углубляться *(в лес, работу и т. п.)*; запускать руку *(во что-л.)* 2) *ав.* пикировать **2.** *n* 1) ныряние 2) специализированная закусочная 3) *амер.* пивнушка; **~er** 1) водолаз 2) искатель жемчуга; ловец губок

diverg∥**e** [daɪ'və:dʒ] 1) расходи́ться 2) отклоня́ться; ~**ence** [-(ə)ns] расхожде́ние

divers ['daɪvəs] *уст.* ра́зные

diver∥**se** [daɪ'və:s] ра́зный, отли́чный; ~**sify** [-'və:sɪfaɪ] разнообра́зить; ~**sion** [-'və:ʃ(ə)n] 1) отклоне́ние 2) отвлече́ние *(внима́ния)* 3) развлече́ние 4): ~sion of traffic отво́д движе́ния в сто́рону 5) *воен.* диве́рсия; ~**sity** [-'və:sɪtɪ] разли́чие; разнообра́зие

divert [daɪ'və:t] 1) отклоня́ть 2) отвлека́ть *(внима́ние)* 3) забавля́ть, развлека́ть

divest [daɪ'vest] 1) раздева́ть, разоблача́ть 2) лиша́ть; I cannot ~ myself of the idea я не могу́ отде́латься от мы́сли; ~**ment** 1) раздева́ние 2) лише́ние *(прав и т. п.)*

divide [dɪ'vaɪd] 1) дели́ть, отделя́ть 2) расходи́ться *(во взгля́дах)* 3) разделя́ть *(from)*; разъединя́ть 4) разделя́ться *(from)*; разъединя́ться

dividend ['dɪvɪdend] 1) *ком.* дивиде́нд 2) *мат.* дели́мое

dividers [dɪ'vaɪdəz] *pl* ци́ркуль-измери́тель *ед.*

divine I [dɪ'vaɪn] 1. *a* 1) боже́ственный 2) *разг.* превосхо́дный 2. *n* богосло́в

divine II уга́дывать; предска́зывать

divinity [dɪ'vɪnɪtɪ] 1) божество́ 2) богосло́вие

divisible [dɪ'vɪzəbl] дели́мый

division [dɪ'vɪʒ(ə)n] 1) деле́ние; разделе́ние; ~ of labour разделе́ние труда́ 2) часть, разде́л, отде́л 3) *воен.* диви́зия 4) разногла́сие, разла́д; ~**al** [-l] *воен.* дивизио́нный

divisor [dɪ'vaɪzə] *мат.* дели́тель

divorce [dɪ'vɔ:s] 1. *n* 1) разво́д, расторже́ние бра́ка 2) разъедине́ние 2. *v* 1) расторга́ть брак 2) разъединя́ть, отделя́ть *(from)*

divulge [daɪ'vʌldʒ] разглаша́ть *(та́йну)*

Dixie ['dɪksɪ] Ю́жные шта́ты США *(тж.* ~'s Land*)*

dixie, dixy ['dɪksɪ] 1) *воен.* ку́хонный котёл 2) похо́дный котело́к

diz∥**ziness** ['dɪzɪnɪs] головокруже́ние; ~**zy** ['dɪzɪ] 1. *a* 1) испы́тывающий головокруже́ние 2) головокружи́тельный 2. *v* вызыва́ть головокруже́ние

do I [dou] *муз.* но́та до

do II [du:] *разг.* 1. *n* 1) обма́н, моше́нничество 2) вечери́нка 2. *v* обма́нывать; мистифици́ровать

do III [du: *(по́лная фо́рма)*; də *(редуци́рованная фо́рма пе́ред согла́сным)*; du *(пе́ред* [w] *и пе́ред гла́сным)*; did; done [dʌn]) 1) де́лать, поступа́ть; выполня́ть; do harm причиня́ть вред, вреди́ть; do one's duty исполня́ть свой долг 2) годи́ться, подходи́ть; быть доста́точным; that will do! хватит!; do you think this colour will do? вы думаете, что этот цвет подойдёт? 3) *употребляется как служебный глагол*: а) do justice отдавать должное; do smb. credit делать кому-л. честь; do smb. good приносить кому-л. пользу; б) *вместо другого глагола*: she goes where I do она ходит туда же, куда и я (хожу); Do you know them? — Yes, I do. Вы их знаете? — Да (знаю); she speaks French well. So does her sister. она хорошо говорит по-французски. И её сестра тоже (хорошо говорит по-французски) 4) *употребляется как вспомогательный глагол*: а) *для образования вопр. и отриц. формы Present и Past Indefinite, на русский не переводится*: I do not smoke я не курю; does he speak English? говорит ли он по-английски?; she did not see them она их не видела; б) *для образования отриц. формы повелительного накл.*: don't be noisy! не шуми(те)!; в) *для усиления глагола в Past и Present Indefinite и в повелительном накл.*: we did see you! мы же вас видели!; do come to-night! ну, приходите же сегодня вечером!; do **away** (with) покончить, уничтожить; отменять; do **for** *разг.*: be done for а) погибать *(о людях)*; б) быть совершенно негодным *(о вещах)*;

do **up** a) приводить в порядок; б) завёртывать *(пакет)*; в): be done up утомлять; do **with** a) терпеть, выносить; б) довольствоваться *(без чего-л.)* ◇ how do you do? как вы поживаете?; do one's best делать всё возможное; there is nothing to be done ничего нельзя сделать; are you done with it? вы кончили?; вам это больше не нужно?; it won't do us harm if... нам не помешало бы...; do well преуспевать, успешно вести дела; do a room убирать комнату; do to death убивать; do one's hair сделать причёску

docil||e ['dousail] 1) понятливый 2) послушный; ~**ity** [do(u)'siliti] 1) понятливость 2) послушание

dock I [dɔk] щавель

dock II 1) обрубать *(хвост животного)*; коротко стричь *(волосы)* 2) сокращать, уменьшать *(жалованье)*

dock III скамья подсудимых; in the ~ на скамье подсудимых

dock IV 1. *п.* док 2. *v* ставить судно в док

docker ['dɔkə] докер, рабочий в доке

docket ['dɔkit] 1. *п* надпись на документе 2. *v* делать надпись, выписку

doctor ['dɔktə] 1. *п* врач, доктор 2. *v* 1) *разг.* лечить 2) чинить на скорую руку *(машину и т. п.)* 3) подделывать *(документы и т. п.)*; фальсифицировать *(продукты)*; ~al [-rəl] докторский; ~ate [-rɪt] докторская степень

doctri‖naire [ˌdɔktrɪˈnɛə] доктринёр; ~nal [-ˈtraɪnl] относящийся к доктрине; ~ne [ˈdɔktrɪn] 1) учение, доктрина 2) вера, догма

document 1. *n* [ˈdɔkjumənt] документ; свидетельство 2. *v* [ˈdɔkjument] снабжать доказательствами *или* документами; ~ary [ˌdɔkjuˈment(ə)rɪ] 1. *a* документальный 2. *n* документальный фильм

dodder [ˈdɔdə] ковылять

dodge [dɔdʒ] 1. *n* увёртка, уловка 2. *v* увёртываться; увиливать

doe [dou] самка *(оленя, зайца, кролика)*

does [dʌz *(полная форма)*, dəz *(редуцированная форма)*] *3 л. ед. ч. наст. вр. изъяв. накл. от* do III

doeskin [ˈdouskɪn] оленья кожа; замша

doff [dɔf] снимать *(одежду, шляпу)*

dog [dɔg] 1. *n* собака ◇ go to the ~s погибать; let sleeping ~s lie ≅ спящего пса не буди; от греха подальше; ~ in the manger ≅ собака на сене 2. *v* ходить по пятам

dog-days [ˈdɔgdeɪz] жаркие летние дни

dog-eared [ˈdɔgɪəd]: a ~ book потрёпанная книга

dogged [ˈdɔgɪd] упорный, упрямый; it's ~ does it ≅ упорством всего добьёшься

doggie [ˈdɔgɪ] *детск.* собачка

dogma [ˈdɔgmə] 1) догма 2) догмат; ~tic [-ˈmætɪk] догматический

doings [ˈduɪŋz] *pl* 1) дела, поступки 2) *амер. разг.* затейливые блюда

doldrums [ˈdɔldrəmz] *pl*: in the ~ не в духе

dole I [doul] 1. *n разг.* пособие по безработице 2. *v*: ~ out *разг.* раздавать

dole II [doul] горе; ~ful скорбный

doll [dɔl] кукла

dollar [ˈdɔlə] доллар

dolly [ˈdɔlɪ] куколка

dolorous [ˈdɔlərəs] *поэт.* печальный

dolphin [ˈdɔlfɪn] дельфин

dolt [doult] болван

domain [dəˈmeɪn] владения *мн.*; имение; *перен.* область, сфера

dome [doum] 1) купол; ~ of heaven *поэт.* небесный свод 2) *поэт.* величественное здание

domestic [dəˈmestɪk] 1. *a* 1) домашний 2) внутренний; отечественный 3) ручной 2. *n* домашняя работница, прислуга; ~ate [-eɪt] выращивать, культивировать *(растения)*; приручать *(животных)*

domicile [ˈdɔmɪsaɪl] *офиц.* постоянное местожительство; жилище

domin‖ant [ˈdɔmɪnənt] 1. *a* господствующий 2. *n муз.*

доминанта; ~ate [-neɪt] 1) господствовать; преобладать 2) возвышаться; ~ation [ˌdɔmɪˈneɪʃ(ə)n] господство; ~eer [ˌdɔmɪˈnɪə] 1) властвовать; господствовать 2) тиранить

dominion [dəˈmɪnjən] 1) владычество 2) доминион 3) владение

don I [dɔn] 1) дон *(испанский титул)* 2) преподаватель *(в Оксфорде и Кембридже)*

don II *уст.* надевать

donat||e [douˈneɪt] дарить, жертвовать; ~ion [do(u)ˈneɪʃ(ə)n] дар; пожертвование

done [dʌn] *р. р. от* do III

donkey [ˈdɔŋkɪ] осёл

donor [ˈdounə] 1) жертвователь 2) донор

don't [dount] *сокр. от* do not

doom [du:m] 1. *n* 1) рок 2) гибель 2. *v (обыкн. pass)* обрекать *(на что-л.)*

doomsday [ˈdu:mzdeɪ]: till ~ до второго пришествия

door [ˈdɔ:] дверь; out of ~s на улице, на открытом воздухе; ~keeper [-ˌki:pə] привратник; ~step [-step] порог; ~way [-weɪ] вход

dope [ˈdoup] 1. *n* 1) смазка, паста, аэролак 2) наркотик; дурман 3) *разг.* (секретная) информация 4) *разг.* дурак 2. *v* одурманивать; ~fiend [-fi:nd] наркоман

dormant [ˈdɔ:mənt] 1) бездействующий, дремлющий; lie ~ бездействовать 2) находящийся в спячке *(о животных)*

dormer-window [ˈdɔ:mə-ˈwɪndou] слуховое окно

dormitory [ˈdɔ:mɪtrɪ] общая спальня

dosage [ˈdousɪdʒ] 1) дозировка 2) доза

dose [dous] 1. *n* доза 2. *v* давать лекарство дозами

doss-house [ˈdɔshaus] ночлежный дом

dot [dɔt] 1. *n* точка 2. *v* 1) ставить точки; ~ the i's and cross the t's ставить точки над i 2) отмечать пунктиром 3) усеивать

dotage [ˈdoutɪdʒ] старческое слабоумие

dote [dout] любить до безумия *(on)*

dotty I [ˈdɔtɪ] усеянный точками

dotty II *разг.* рехнувшийся; be ~ рехнуться

double [ˈdʌbl] 1. *a* 1) двойной 2) двойственный 2. *adv* вдвое; вдвоём ◊ I see ~ у меня двоится в глазах 3. *n* 1) двойное количество 2) двойник 4. *v* 1) удваивать; складывать вдвое 2) дублировать 3) сжимать *(кулак)*; ~ up скрючиться *(от боли)*; корчиться *(от смеха)*; ~-barrelled [-ˌbær(ə)ld] двуствольный; *перен.* двусмысленный; ~-breasted [-ˈbrestɪd] двубортный; ~-dealer [-ˈdi:lə] двурушник; ~-dealing [-ˈdi:lɪŋ] двурушничество; ~-faced [-feɪst] двуличный

doubly [ˈdʌblɪ] вдвойне, вдвое

doubt [ˈdaut] 1. *n* сомнение; no *(или* beyond) ~

несомненно 2. *v* 1) сомневаться 2) не доверять; ~ful сомнительный, недостоверный; ~less несомненный

douche [du:ʃ] обливание; промывание *(тж. мед.)*

dough ['dou] 1) тесто; паста 2) *разг.* деньги; ~boy [-bɔi] *амер. разг.* пехотинец; ~nut [-nʌt] пончик; ~y [-ɪ] тестообразный

dour [duə] суровый; упрямый

dove ['dʌv] голубь; ~-cot(e) [-kɔt, -kout] голубятня

dovetail ['dʌvteɪl] *тех.* соединять «ласточкиным хвостом»; *перен.* согласовывать, увязывать

dowdy ['daudɪ] старомодный, безвкусный

down I [daun] *(обыкн. pl)* холмистая местность

down II пух

down III 1. *prep* вниз; по; he went ~ the hill он спустился с холма 2. *adv* вниз; внизу; prices went ~ цены упали ◇ ~ (with)! долой!; up and ~ вверх и вниз; взад и вперёд 3. *n*: ups and ~s *см.* up 4 4. *v* 1): ~ tools забастовать, прекратить работу 2): ~ a glass of beer выпить стакан пива до дна

downcast ['daunkɑ:st] 1) потупленный *(о взгляде)* 2) удручённый; подавленный

downfall ['daunfɔ:l] ливень; сильный снегопад; *перен.* падение; ниспровержение

downhearted ['daun'hɑ:tɪd] (у)павший духом

downhill ['daun'hɪl] 1. *a* покатый 2. *adv* под гору; вниз ◇ go ~ ухудшаться *(о здоровье и т. п.)*

Downing Street ['daunɪŋ'stri:t] Даунингстрит *(улица в Лондоне, где помещаются официальная резиденция премьера и министерство иностранных дел); перен.* английское правительство

downpour ['daunpɔ:] ливень

downright ['daunraɪt] 1. *a* 1) прямой; откровенный; честный 2) явный 2. *adv* совершенно

downstairs ['daun'stɛəz] 1. *adv* 1) вниз *(по лестнице)* 2) внизу; в нижнем этаже 2. *a* расположенный в нижнем этаже

downstream ['daun'stri:m] вниз по течению

downtown ['daun'taun] *амер.* деловая часть города

downtrodden ['daun,trɔdn] угнетённый

downward ['daunwəd] 1) спускающийся 2) ухудшающийся *(о карьере и т. п.)*

downward(s) ['daunwəd(z)] вниз, книзу

downy ['daunɪ] пушистый; мягкий как пух

dowry ['dauərɪ] 1) приданое 2) природный дар, талант

doze [douz] 1. *v* дремать 2. *n* дремота

dozen ['dʌzn] дюжина

drab [dræb] 1. *a* 1) тускло-коричневый 2) скучный 2. *n* 1) тускло-коричневый цвет 2) однообразие

draft I [drɑːft] **1.** *n* 1) чертёж, план; эскиз; черновик *(документа и т. п.)* 2) проект, набросок 3) чек; тратта **2.** *v* набросать *(документ, законопроект)*; сделать чертёж

draft II призыв; набор в армию

draftsman [ˈdrɑːftsmən] 1) чертёжник 2) составитель документа, автор законопроекта

drag [dræg] **1.** *v* 1) тащить; волочить 2) тащиться; волочиться; ~ **on** тянуться *(о времени)*; ~ **out** тянуть; вытаскивать; ~ **up** *разг.* грубо воспитывать *(ребёнка)* **2.** *n* 1) драга; землечерпалка 2) тормоз; торможение 3) обуза; бремя

draggle [ˈdrægl] 1) пачкать *(волоча по земле)* 2) тащиться в хвосте

dragon [ˈdræg(ə)n] дракон

dragon-fly [ˈdræg(ə)nflaɪ] стрекоза

dragoon [drəˈguːn] **1.** *n* драгун **2.** *v* принудить *(посредством репрессии и т. п.)*; he was ~ed into giving this party *шутл.* его вынудили устроить эту вечеринку

drain [dreɪn] **1.** *v* 1) дренировать, осушать *(почву)* 2) стекать в реку 3) истощать *(силы, средства)* 4) пить до дна **2.** *n* 1) дренажная труба, канава 2) расход, истощение *(сил, средств)* 3) *разг.* глоток; ~age [-ɪdʒ] дренаж; осушение

dram [dræm] глоток спиртного

drama [ˈdrɑːmə] драма; ~**tic** [drəˈmætɪk] драматический; ~**tics** [drəˈmætɪks] 1) драматическое искусство 2) спектакль ◇ she goes in for ~tics она устраивает сцены, закатывает истерики; ~**tist** [ˈdræmətɪst] драматург; ~**tize** [ˈdræmətaɪz] инсценировать

drank [dræŋk] *past* от drink 1

drape [dreɪp] драпировать; ~**ry** [-ərɪ] 1) драпировка 2) ткани 3) *attr.*: ~ry store магазин тканей

drastic [ˈdræstɪk] 1) сильнодействующий *(о лекарствах)* 2) решительный *(о мерах)*

draught I [drɑːft] 1) сквозняк; тяга *(воздуха)* 2) тяга; beasts of ~ тягловый скот

draught II глоток; drink at a ~ выпить залпом

draught III *pl* шашки

draught IV чертёж

draught-board [ˈdrɑːftbɔːd] 1) шашечная доска 2) чертёжная доска

draught-horse [ˈdrɑːfthɔːs] ломовая лошадь

draughtsman [ˈdrɑːftsmən] 1) шашка *(в игре)* 2) *см.* draftsman

draw I [drɔː] **1.** *v* (drew; drawn) 1) тащить, волочить; вести 2) тянуть, бросать *(жребий)* 3) привлекать *(внимание)* 4) получать *(жалованье и т. п.)*; добывать *(информацию)*; чер-

пать *(вдохновение)* 5) задёргивать *(занавес)* 6) настаивать(ся) *(о чае)* 7): ~ a fowl потрошить курицу; ~ back отступать; ~ in а) вовлекать; б) укорачиваться *(о днях)*; ~ off отводить *(войска и т. п.)*; ~ on а) натягивать *(перчатки и т. п.)*; б) наступать, приближаться; ~ out удлиняться *(о днях)*; ~ up а) составлять *(документ)*; б) выстраиваться *(о войсках)*; в) останавливаться ◇ ~ tears вызывать слёзы; ~ a breath передохнуть 2. *n* 1) вытягивание 2) жеребьёвка; лотерея 3) приманка 4) *спорт.* игра вничью

draw II [drɔː] *(drew; drawn)* 1) чертить, рисовать 2) выписывать чек ◇ ~ a conclusion выводить заключение

drawback ['drɔːbæk] 1) недостаток; отрицательная сторона 2) препятствие, помеха

drawbridge ['drɔːbrɪdʒ] подъёмный мост

drawer I [drɔː] выдвижной ящик

drawer II чертёжник; рисовальщик

drawers [drɔːz] *pl* кальсоны

drawing ['drɔːɪŋ] 1) рисунок 2) рисование, черчение; **~-board** [-bɔːd] чертёжная доска; **~-pen** [-pen] рейсфедер; **~-pin** [-pɪn] канцелярская кнопка

drawing-room ['drɔːɪŋrum] гостиная

drawl [drɔːl] 1. *n* протяжное произношение 2. *v* растягивать слова

drawn [drɔːn] *p. p. от* draw I, 1 и II

dray [dreɪ] подвода

dread ['dred] 1. *v* страшиться 2. *n* страх; **~ful** ужасный, страшный

dream [driːm] 1. *n* 1) сон 2) мечта; грёза 2. *v (dreamt, dreamed)* 1) видеть во сне 2) мечтать, грезить *(of)*

dreamt [dremt] *past и p. p. от* dream 2

dreamy ['driːmɪ] мечтательный

dreary ['drɪərɪ] мрачный, унылый

dredge ['dredʒ] драга; **~r** землечерпалка

dregs [dregz] *pl* отбросы; подонки ◇ drink to the ~ выпить до дна

drench [drentʃ] промачивать насквозь

dress [dres] 1. *v* 1) одевать; наряжать 2) одеваться; наряжаться 3) украшать 4) перевязывать *(рану)* 5) причёсывать *(волосы)* 6) чистить *(лошадь)* 7) выделывать *(кожу)* 8) приправлять *(кушанье)* 9) *воен.* равняться; ~ up надевать маскарадный костюм 2. *n* одежда; платье; evening ~ фрак; вечернее платье ◇ ~ rehearsal генеральная репетиция

dress-circle ['dres'səːkl] бельэтаж

dresser ['dresə] кухонный шкаф

dressing ['dresɪŋ] 1) перевя́зочные сре́дства 2) припра́ва, со́ус, гарни́р

dressing-down ['dresɪŋ'daun] *разг.* нагоня́й, взбу́чка

dressing||-gown ['dresɪŋgaun] хала́т; **~-room** [-rum] туале́тная ко́мната, убо́рная; **~-table** [-,teɪbl] туале́тный сто́лик

dressmaker ['dres,meɪkə] портни́ха

dressy ['dresɪ] 1) лю́бящий хорошо́ одева́ться 2) мо́дный *(о платье)*

drew [druː] *past* от draw I, 1 *и* II

dribble I ['drɪbl] 1) ка́пать 2) пуска́ть слю́ни

dribble II *спорт.* вести́ мяч *(в футболе и т. п.)*

drift [drɪft] 1. *n* 1) (ме́дленное) тече́ние; *мор.* дрейф 2) направле́ние 3) смысл; стремле́ние 4) сугро́б, наносы 2. *v* 1) сноси́ть ве́тром, водо́й; дрейфова́ть 2) сноси́ться ве́тром, водо́й; *перен.* плыть по тече́нию 3) наноси́ть, намета́ть в ку́чу *(о снеге, песке)*; ~ apart разойти́сь *(тж. перен.)*

drill I [drɪl] 1. *n* 1) обуче́ние *(строевое)*; муштро́вка 2) упражне́ние, трениро́вка 2. *v* обуча́ть; трениро́вать; ~ in grammar ната́скивать по грамма́тике

drill II 1. *n тех.* сверло́ 2. *v* сверли́ть

drill III 1. *n* рядова́я се́ялка 2. *v* се́ять *или* сажа́ть ряда́ми

drink [drɪŋk] 1. *v* (drank; drunk) пить; ~ in впи́тывать, внима́ть; ~ off пить за́лпом; ~ up вы́пить до дна 2. *n* 1) питьё, напи́ток 2) глото́к; стака́н *(вина и т. п.)* ◊ soft ~s безалкого́льные напи́тки; fall into the ~ *разг.* упа́сть за́ борт

drip [drɪp] 1. *v* ка́пать; ~ping wet мо́крый наскво́зь 2. *n* ка́панье

dripping ['drɪpɪŋ] жир *(вытекающий из жарящегося мяса)*

drive [draɪv] 1. *v* (drove; driven) 1) управля́ть *(автомобилем)*; пра́вить *(лошадью)* 2) е́хать *(в автомобиле и т. п.)* 3) *pass* приводи́ть в движе́ние *(машину)*; machinery is ~n by steam механи́змы приво́дятся в движе́ние па́ром 4) прогоня́ть, гнать 5) вбива́ть *(гвоздь)* 6) доводи́ть, приводи́ть *(в какое-л. состоя́ние)*; ~ mad своди́ть с ума́ 7) бы́стро дви́гаться, нести́сь *(о судне)*; ~ at *разг.* клони́ть *(к чему-л.)*; what's he driving at? к чему́ он кло́нит?; ~ away а) прогна́ть; б) уе́хать; ~ out выгоня́ть; выбива́ть *(противника)* ◊ ~ home доводи́ть до созна́ния; ~ hard переутомля́ть; ~ a bargain заключа́ть сде́лку 2. *n* 1) ката́ние, прогу́лка 2) подъездна́я алле́я 3) побужде́ние, сти́мул 4) пресле́дование *(зверя)* 5) го́нка, спе́шка 6) эне́ргия, си́ла 7) *воен.* наступле́ние 8) *тех.* переда́ча, приво́д

drivel ['drɪvl] 1. *v* 1) распустить слюни 2) нести чепуху 2. *n* глупая болтовня

driven ['drɪvn] *p. p.* от drive 1

driver ['draɪvə] 1) шофёр; водитель; машинист; вагоновожатый; кучер 2) погонщик скота 3) *тех.* ведущее колесо

drizzle ['drɪzl] 1. *v* моросить 2. *n* мелкий дождь

droll ['droul] забавный, чудной; ~ery [-ərɪ] 1) шутки 2) юмор

drone [droun] 1. *n* 1) трутень; *перен.* тунеядец 2) жужжание, гудение 2. *v* 1) жужжать, гудеть 2) монотонно говорить, заунывно петь

droop [dru:p] 1) поникать, увядать; слабеть; падать духом, унывать 2) понурить *(голову)* 3) потупить *(глаза)*

drop ['drɔp] 1. *n* 1) капля 2) глоток *(вина и т. п.)* 3) понижение *(температуры, цен и т. п.)* 4) опускание *(занавеса и т. п.)* 2. *v* 1) ронять, бросать 2) опускать 3) опускаться 4) потупить *(глаза)*; понижать *(голос)* 5) капать 6) падать 7) прекращать *(работу, разговор и т. п.)*; ~ **behind** отставать; ~ **in** зайти; ~ **out** выбывать, отсеиваться *(по конкурсу и т. п.)* ◇ ~ **it!** оставь(те)!, брось(те)!; ~**let** [-lɪt] капелька

droppings ['drɔpɪŋz] помёт животных

dropsy ['drɔpsɪ] водянка

dross [drɔs] *тех.* окалина; шлак

drought [draut] засуха

drove I [drouv] *past* от drive 1

drove II стадо, гурт

drown [draun] 1) тонуть; be ~ed утонуть 2) топиться

drow||se ['drauz] дремать; ~**sy** [-ɪ] 1) сонный 2) усыпляющий

drub [drʌb] колотить

drudge ['drʌdʒ] 1. *v* исполнять тяжёлую, нудную работу 2. *n* лицо, исполняющее тяжёлую, нудную работу; ~**ry** [-(ə)rɪ] тяжёлая, нудная работа

drug ['drʌg] 1. *n* 1) лекарство 2) наркотик 2. *v* 1) подмешивать наркотик, яд *(в питьё, еду)* 2) употреблять наркотические средства, быть наркоманом; *перен.* притуплять *(чувства)*; ~**gist** [-ɪst] аптекарь

drug-store ['drʌgstɔ:] *амер.* аптека

drum [drʌm] 1. *n* барабан 2. *v* 1) бить в барабан 2) барабанить 3): ~ smth. into smb. вдалбливать что-л. кому-л.

drummer ['drʌmə] барабанщик

drunk ['drʌŋk] 1. *p. p.* от drink 1 2. *a* пьяный; *перен.* опьянённый; ~**ard** [-əd] пьяница; ~**en** [-(ə)n] пьяный; хмельной

dry ['draɪ] 1. *a* 1) сухой; ~ measure мера сыпучих тел 2) холодный, бесстрастный 3) сухой, несладкий *(о вине)* 4) *разг.* испытывающий жажду ◇ ~ cow яловая корова; ~ dock сухой док; ~ goods *амер.* мануфактура, галантерея; ~ facts голые факты 2. *v* 1) сушить 2) сохнуть; ~ **up** а) высушивать; б) высыхать; в) *разг.* замолчать; ~**cleaning** [-'kli:nɪŋ] химическая чистка; ~**er** сушилка; ~**shod** [-ʃɔd] не замочив ног

dual ['djuːəl] 1. *a* двойственный 2. *п грам.* двойственное число; ~**ity** [-'ælɪtɪ] двойственность

dub I [dʌb] *шутл.* давать прозвище

dub II дублировать *(фильм)*

dubious ['djuːbjəs] 1) сомневающийся 2) сомнительный

ducal ['djuːk(ə)l] герцогский

duchess ['dʌtʃɪs] герцогиня

duchy ['dʌtʃɪ] герцогство

duck I [dʌk] 1) нырять; окунаться 2) быстро наклонять голову, уклоняясь от удара *и т. п.* 3) *разг.* приседать

duck II 1) грубое полотно, парусина 2) *pl* парусиновые брюки

duck III ['dʌk] 1) утка 2) *разг.* голубушка; голубчик ◇ like water off a ~'s back ≅ как с гуся вода; ~**ling** [-lɪŋ] утёнок; ~**y** [-ɪ] *см.* duck 2)

duct [dʌkt] *анат.* проток, канал

ductile ['dʌktaɪl] 1) гибкий; ковкий; тягучий 2) податливый, покорный

dud [dʌd] *разг.* 1. *n* 1) никчёмный человек 2) *воен.* неразорвавшийся снаряд 3) *pl* рвань, лохмотья 2. *а* никчёмный

due [djuː] 1. *a* 1) должный, надлежащий; in ~ course в своё время 2) *predic*: her baby is ~ at the beginning of December она должна родить в начале декабря 3): ~ to *(употр. как prep.)* благодаря 2. *adv* точно, прямо 3. *n* 1) должное; то, что причитается 2) *pl* налоги, пошлины 3) *pl* членские взносы

duel ['djuːəl] дуэль; *перен.* состязание, борьба

duet [djuː'et] дуэт

duffer ['dʌfə] тупица, никчёмный человек

dug [dʌg] *past от* dig 1

dug-out ['dʌgaut] 1) челнок, выдолбленный из ствола дерева 2) землянка; *воен.* убежище; блиндаж

duke ['djuːk] герцог; ~**dom** [-dəm] 1) герцогство 2) титул герцога

dull ['dʌl] 1. *a* 1) тупой *(тж. перен.)* 2) скучный 3) тусклый; пасмурный 4) вялый *(о торговле)* 2. *v* 1) притуплять 2) притупляться 2) делаться вялым, скучным; ~**ard** [-əd] тупица

duly ['djuːlɪ] должным образом; вовремя

dumb [dʌm] 1) немой; бессловесный; ~ show пантоми́ма 2) молчали́вый 3) *амер.* глу́пый

dumb-bells ['dʌmbelz] *pl спорт.* гантéли

dumbfound [dʌm'faund] ошара́шить

dumb-waiter ['dʌm'weɪtə] *амер.* небольшо́й лифт на ку́хне для пода́чи блюд с одного́ этажа́ на друго́й

dummy ['dʌmɪ] 1. *n* 1) манекéн 2) макéт 3) подставно́е лицо́; болва́н *(в карта́х)* 2. *a* 1) подде́льный 2) учéбный; ~ cartridge учéбный патро́н 3) *тех.* холосто́й *(ход)*

dump ['dʌmp] 1. *n* 1) сва́лка, гру́да хла́ма 2) *воен.* полево́й склад 2. *v* 1) сбра́сывать *(груз)*; выгружа́ть 2) *эк.* устра́ивать дéмпинг; ~ing *эк.* дéмпинг, бро́совый экспорт

dumpling ['dʌmplɪŋ] 1) клёцка 2) я́блоко, запечённое в тéсте

dumps [dʌmps] *pl* пода́вленное состоя́ние

dumpy ['dʌmpɪ] корена́стый

dun [dʌn] серова́то-кори́чневый

dunce [dʌns] тупи́ца

dunderhead ['dʌndəhed] болва́н

dune [djuːn] дю́на

dung [dʌŋ] наво́з

dungeon ['dʌndʒ(ə)n] подзéмная тюрьма́; темни́ца

dupe [djuːp] 1. *n* обма́нутый человéк; простофи́ля 2. *v* обма́нывать

duplex ['djuːpleks] двусторо́нний, двойно́й

duplicat‖**e** 1. *a* ['djuːplɪkɪt] 1) запасно́й 2) двойно́й; удво́енный 2. *n* ['djuːplɪkɪt] ко́пия; дублика́т 3. *v* ['djuːplɪkeɪt] 1) снима́ть ко́пию 2) удва́ивать; ~**ion** [ˌdjuːplɪ'keɪʃ(ə)n] 1) удвоéние 2) сня́тие ко́пии; ~**or** ['djuːplɪkeɪtə] копирова́льный аппара́т

duplicity [djuː'plɪsɪtɪ] двули́чность

dur‖**able** ['djuərəbl] дли́тельный, про́чный; ~**ation** [dju(ə)'reɪʃ(ə)n] продолжи́тельность, дли́тельность; of short ~ation недолговéчный

duress(e) [dju(ə)'res] принуждéние; under ~ по принуждéнию

during ['djuərɪŋ] в течéние, в продолжéние

durst [dəːst] *past от* dare

dusk [dʌsk] су́мерки; ~**y** [-ɪ] 1) су́меречный, тёмный; ~y thicket тёмная ча́ща 2) сму́глый

dust ['dʌst] 1. *n* 1) пыль 2) прах ◇ bite the ~ упа́сть *(о ра́неном или уби́том)*; throw ~ in smb.'s eyes пуска́ть пыль в глаза́ кому́-л. 2. *v* 1) вытира́ть пыль; ~ the table вытира́ть пыль со стола́ 2) пыли́ть; осыпа́ть *(пы́лью, муко́й, пéрцем и т. п.)*; ~**bin** [-bɪn] му́сорный я́щик; ~-**coat** [-kout] пы́льник *(плащ)*

dust-colour ['dʌstˌkʌlə] серова́то-кори́чневый цвет

duster ['dʌstə] тря́пка для стира́ния пы́ли

dustpan ['dʌstpæn] сово́к для со́ра

dusty ['dʌstɪ] пыльный, запылённый

Dutch ['dʌtʃ] 1. *a* голландский 2. *n* 1) нидерландский язык 2): the ~ голландцы ◇ double ~ тарабарщина; ~**man** [-mən] голландец

dutiful ['dju:tɪful] исполнительный, послушный

duty ['dju:tɪ] 1) долг, обязанность 2) дежурство; on ~ на дежурстве; off ~ вне службы 3) пошлина; ~-**free** [-'fri:] беспошлинный

dwarf ['dwɔ:f] карлик; ~**ish** малорослый, карликовый

dwell ['dwel] (dwelt) жить, пребывать; ~ **on**, ~ **upon** подробно останавливаться *(на чём-л.)*; ~**ing** дом, жилище; местожительство

dwelt [dwelt] *past и p. p. от* dwell

dwindle ['dwɪndl] уменьшаться, истощаться

dy‖**e** ['daɪ] 1. *v* красить 2. *n* краска; ~**er** красильщик

dye-stuff ['daɪstʌf] красящее вещество, краситель

dying ['daɪɪŋ] *pres. p. от* die II

dyke [daɪk] *см.* dike

dynam‖**ic** [daɪ'næmɪk] динамический; ~**ics** [-s] динамика

dynamite ['daɪnəmaɪt] динамит

dynamo ['daɪnəmou] динамо-машина

dynasty ['dɪnəstɪ] династия

dysentery ['dɪsntrɪ] *мед.* дизентерия

E

E, e [i:] 1) пятая буква *англ. алфавита* 2) *муз.* нота ми

each [i:tʃ] каждый; ~ other друг друга

eager ['i:gə] стремящийся *(к чему-л.)*; нетерпеливый; ~**ness** пыл, рвение

eagl‖**e** ['i:gl] 1) орёл 2) *амер.* золотая монета в 10 долларов; ~**et** [-ɪt] орлёнок

ear I [ɪə] 1) ухо 2) слух

ear II колос

earl [ə:l] граф

early ['ə:lɪ] 1. *a* ранний; keep ~ hours рано вставать и рано ложиться 2. *adv* рано

earmark ['ɪəmɑ:k] 1. *n* 1) тавро, клеймо 2) отличительный признак 2. *v* 1) накладывать клеймо 2) откладывать, предназначать

earn [ə:n] 1) зарабатывать 2) заслуживать

earnest I ['ə:nɪst] 1. *a* 1) серьёзный; важный 2) убеждённый, искренний 2. *n* серьёзность; in ~ серьёзно

earnest II задаток, залог

earnings ['ə:nɪŋz] *pl* заработок

ear-phone ['ɪəfoun] наушник

ear-ring ['ɪərɪŋ] серьга

earshot ['ɪəʃɔt]: within ~ близко *(в пределах слышимости)*; out of ~ далеко *(вне пределов слышимости)*

earth [ə:θ] 1. *n* 1) земля; земной шар 2) суша; почва 3) *эл.* заземление ◇ on ~

EAR

разг. (для усиления вопроса и отрицания); why on ~? с какой стати?; no use on ~ нет никакого смысла 2. *v* эл. заземлять; ~ **up** а) зарывать в землю; б) окучивать

earthen ['ə:θ(ə)n] земляной; глиняный; ~**ware** [-wɛə] глиняная посуда

earthly ['ə:θlɪ] земной

earthquake ['ə:θkweɪk] землетрясение

earthwork ['ə:θwə:k] 1) земляное сооружение 2) земляные работы *мн.*

earwig ['ɪəwɪg] уховёртка *(насекомое)*

ease [i:z] 1. *n* 1) покой; take one's ~ отдыхать 2) лёгкость, непринуждённость; be ill at ~ чувствовать себя неловко; at ~! *воен.* вольно! *(команда)* 2. *v* 1) облегчать, успокаивать *(боль)* 2) ослаблять, распускать

easel ['i:zl] мольберт

east [i:st] 1. *n* восток; Far E. Дальний Восток; Near E. Ближний Восток 2. *a* восточный; E. End Ист-Энд *(восточная, рабочая часть Лондона)* 3. *adv* на восток, к востоку

Easter ['i:stə] *рел.* пасха

eastern ['i:stən] восточный

Easterner ['i:stənə] житель Востока

eastward(s) ['i:stwəd(z)] к востоку, на восток

easy ['i:zɪ] 1. *a* 1) лёгкий 2) удобный, спокойный; ~ chair мягкое кресло 3) непринуждённый *(о манерах)* 2. *adv* покойно, удобно; ~-**going** [-ˌgo(u)ɪŋ] беспечный; добродушный

eat ['i:t] (ate; eaten) 1) есть 2) разъедать; ~**en away with rust** съеденный ржавчиной ◊ ~ one's words брать назад свои слова; ~**able** [-əbl] съедобный

eatables ['i:təblz] *pl разг.* съестное

eaten ['i:tn] *р. р.* от eat

eating-house ['i:tɪŋhaus] *уст.* столовая

eaves [i:vz] *pl* карниз

eavesdrop ['i:vzdrɔp] подслушивать

ebb ['eb] 1. *n* морской отлив; *перен.* упадок 2. *v* убывать; *перен.* ослабевать; ~-**tide** [-'taɪd] отлив

ebony ['ebənɪ] 1. *n* чёрное дерево 2. *a* из чёрного дерева

ebullient [ɪ'bʌljənt] 1) кипящий 2) кипучий

eccentric [ɪk'sentrɪk] 1. *a* 1) эксцентричный 2) *тех.* эксцентрический 2. *n* 1) эксцентричный человек 2) *тех.* эксцентрик; ~**ity** [ˌeksen'trɪsɪtɪ] эксцентричность

ecclesiastic [ɪˌkli:zɪ'æstɪk] духовное лицо; ~**al** [-(ə)l] церковный, духовный

echelon ['eʃəlɔn] *воен.* эшелон

echo ['ekou] 1. *n* 1) эхо 2) подражание 2. *v* 1) вторить; подражать 2) отдаваться *(о звуке)*

éclat ['eɪklɑ:] *фр.* известность; успех

eclectic [ek'lektɪk] эклектический

eclip‖se [ɪ'klɪps] 1. *n астр.* затмение; *перен.* упадок; his fame suffered an ~ его слава померкла 2. *v астр.* затмевать; *перен.* затмевать; **~tic** [-tɪk] *астр.* 1. *а* эклиптический 2. *n* эклиптика

econo‖mic [ˌiːkə'nɒmɪk] 1. *а* 1) экономический 2) выгодный, доходный 2. *n pl* экономика; народное хозяйство; **~mical** [ˌiːkə'nɒmɪk(ə)l] экономный, бережливый; **~mize** [ɪ'kɒnəmaɪz] экономить; **~my** [ɪ'kɒnəmɪ] 1) экономия, бережливость 2) хозяйство; экономика; political ~my политическая экономия

ecsta‖sy ['ekstəsɪ] экстаз; in an ~ of joy в порыве радости; **~tic** [eks'tætɪk] исступлённый, восторженный; в экстазе

eddy ['edɪ] 1. *n* 1) небольшой водоворот 2) клуб *(дыма, пыли)* 2. *v* 1) кружиться в водовороте 2) клубиться

Eden ['iːdn] Эдем; рай

edge ['edʒ] 1. *n* 1) лезвие 2) край; окраина *(города и т. п.)*; on the ~ of a forest на опушке леса 3) ребро *(стола, линейки и т. п.)* ◇ have the ~ on smb. *разг.* иметь преимущество перед кем-л.; be on ~ нервничать; on ~ раздражённый; set smb.'s teeth *(или* nerves*)* on ~ раздражать кого-л. 2. *v* 1) точить 2) обшивать *(кругом)* 3): ~ one's way *(или* through*)* протиснуться; **~-tool** [-tuːl] режущий инструмент

edge‖ways, ~wise ['edʒweɪz, -waɪz] остриём (вперёд) ◇ get a word in ~ ввернуть словечко

edging ['edʒɪŋ] 1) край 2) кайма; кант

edgy ['edʒɪ] раздражённый

edible ['edɪbl] 1. *а* съедобный 2. *n pl* съестное, пища

edification [ˌedɪfɪ'keɪʃ(ə)n] наставление

edifice ['edɪfɪs] здание; сооружение

edify ['edɪfaɪ] наставлять, поучать

edit ['edɪt] редактировать; **~ion** [ɪ'dɪʃ(ə)n] издание; **~or** редактор; **~orial** [ˌedɪ'tɔːrɪəl] 1. *а* редакционный, редакторский 2. *n* передовая статья

editor-in-chief ['edɪtərɪn'tʃiːf] главный редактор

educat‖e ['edjuːkeɪt] давать образование; воспитывать; **~ion** [ˌedjuː'keɪʃ(ə)n] образование; воспитание; **~ional** [ˌedjuː'keɪʃənl] образовательный, воспитательный; учебный

educe [ɪ'djuːs] 1) развивать 2) выводить *(заключение)*

eel [iːl] угорь

e'en [iːn] *поэт. см.* even II

e'er [ɛə] *поэт. см.* ever

eerie, eery ['ɪərɪ] жуткий, сверхъестественный

efface [ɪ'feɪs] стирать; *перен.* вычёркивать; изглаживать; ~ oneself стушёвы-

EFF

ваться; ~ment стирание; *перен.* вычёркивание

effect [ɪ'fekt] **1.** *n* 1) действие 2) следствие, результат; эффект 3) *pl* вещи; имущество ◇ bring into ~, carry into ~ осуществлять; take ~ а) дать желаемый результат; б) вступать в силу *(о законе и т. п.)*; in ~ фактически; в действительности **2.** *v* совершать, выполнять; ~ive [-ɪv] 1) эффективный 2) вступающий в силу *(о законе и т. п.)* 3) эффектный 4) *воен.* годный к службе; ~ual [-juəl] достигающий цели, эффективный; ~uate [-jueɪt] приводить в исполнение

effemina||**cy** [ɪ'femɪnəsɪ] изнеженность, женственность *(о мужчине)*; ~te [-nɪt] женоподобный, изнеженный

effervesc||**e** [,efə'ves] пузыриться *(при кипении, брожении)*; *перен.* быть в возбуждении; ~ence [-ns] вскипание; брожение; ~ent [-nt] кипучий

effete [e'fiːt] 1) истощённый; ослабевший 2) упадочный

effica||**cious** [,efɪ'keɪʃəs] действенный, эффективный *(о лечении и т. п.)*; ~**cy** ['efɪkəsɪ] сила, действенность, эффективность

effici||**ency** [ɪ'fɪʃ(ə)nsɪ] 1) действенность, эффективность, производительность 2) *тех.* коэффициент полезного действия; ~ent [-(ə)nt] 1) действенный, эффективный; продуктивный 2) квалифицированный, умелый

effigy ['efɪdʒɪ] изображение, портрет

efflorescence [,eflɔː'resns] цветение

effluent ['efluənt] река, вытекающая из другой реки *или* протока

efflux ['eflʌks] истечение; исток

effort ['efət] усилие; старание, попытка ◇ that's a (pretty) good ~! *разг.* недурно, неплохо сделано!

effrontery [e'frʌntərɪ] наглость, бесстыдство

effulg||**ence** [e'fʌldʒ(ə)ns] лучезарность; ~ent [-(ə)nt] лучезарный

effus||**e** [e'fjuːz] изливать *(свет)*; испускать *(запах)*; ~**ion** [ɪ'fjuːʒ(ə)n] излияние; ~ive [ɪ'fjuːsɪv] экспансивный; she was ~ive in her thanks она рассыпалась в благодарностях

egg I [eg] яйцо ◇ bad ~ *разг.* непутёвый, никудышный человек

egg II: ~ on подстрекать

eglantine ['egləntaɪn] шиповник

egocentric [,ego(u)'sentrɪk] эгоцентричный, эгоистичный

ego||**ism** ['ego(u)ɪzm] эгоизм; ~ist эгоист; ~istic(al) [,ego(u)'ɪstɪk(əl)] эгоистичный; эгоистический

egotism ['ego(u)tɪzm] самомнение

egress ['iːgres] выход

egret ['iːgret] 1) белая цапля 2) эгрет

Egyptian [ɪ'dʒɪpʃ(ə)n] **1.** *a* египетский **2.** *n* египтянин; египтянка

eh! [eɪ] *восклицание, выражающее удивление*

eider ['aɪdə] гага; **~-down** [-daun] 1) гагачий пух 2) пуховое стёганое одеяло

eigh∥t ['eɪt] восемь; **~teen** ['eɪ'ti:n] восемнадцать; **~teenth** ['eɪ'ti:nθ] восемнадцатый; **~th** [-θ] восьмой; **~ties** [-tɪz]: the ~ а) восьмидесятые годы; б) возраст между 79 и 90 годами; **~tieth** [-tɪɪθ] восьмидесятый; **~ty** [-tɪ] восемьдесят

either ['aɪðə] **1.** *a* 1) тот или другой 2) каждый *(из двух)* **2.** *pron* любой *(из двух)* **3.** *adv, conj* 1) или, либо 2) также *(в отриц предл.)*

ejaculat∥e [ɪ'dʒækjuleɪt] восклицать; **~ion** [ɪˌdʒækjuˈleɪʃ(ə)n] восклицание

eject [i'dʒekt] 1) изгонять *(from)* 2) извергать; **~ion** [-kʃ(ə)n] изгнание

eke [i:k] добавлять недостающее *(out)*

elaborate 1. *a* [ɪ'læb(ə)rɪt] тщательно сделанный; детально разработанный; ~ plan хорошо подготовленный план; ~ hair-do замысловатая причёска **2.** *v* [ɪ'læbəreɪt] детально разрабатывать

elapse [ɪ'læps] проходить *(о времени)*

elasti∥c [ɪ'læstɪk] **1.** *a* эластичный, упругий; *перен.* гибкий **2.** *n* резинка *(шнурок)*;

~city [ˌelæs'tɪsɪtɪ] эластичность

elat∥e [ɪ'leɪt] поднимать настроение; **~ed** [-ɪd] в приподнятом настроении; **~ion** [-ʃ(ə)n] приподнятое настроение

elbow ['elbou] **1.** *n* 1) локоть 2) *тех.* колено, коленчатая труба **2.** *v* толкать локтем, локтями; ~ one's way through проталкиваться, работать локтями

elder I ['eldə] бузина

elder II ['eldə] **1.** *a (сравн. ст. от* old*)* старший **2.** *n pl* старшие; **~ly** пожилой

eldest ['eldɪst] *(превосх. ст. от* old*)* самый старший

elect [ɪ'lekt] **1.** *v* 1) выбирать, избирать 2) решать **2.** *a* избранный; **~ion** [-kʃ(ə)n] 1) выборы; general ~ion всеобщие выборы 2) *attr*.: ~ion campaign избирательная кампания; **~ive** [-ɪv] 1) выборный; избирательный 2) имеющий избирательные права; **~or** избиратель; **~oral** [-(ə)r(ə)l] избирательный; **~orate** [-(ə)rɪt] состав избирателей

electri∥c(al) [ɪ'lektrɪk(əl)] электрический; **~cian** [ɪˌlek'trɪʃ(ə)n] электрик; **~city** [ɪˌlek'trɪsɪtɪ] электричество; **~fication** [ɪˌlektrɪfɪ'keɪʃ(ə)n] 1) электрификация 2) электризация; **~fy** [-faɪ] 1) электрифицировать 2) электризовать *(тж. перен.)*; **~fy** an audience наэлектризовать слушателей

electrocut∥e [ɪ'lektrəkju:t]

1) убивать электрическим током 2) казнить на электрическом стуле; ~ion [ɪˌlektrəˈkjuːʃ(ə)n] казнь на электрическом стуле

electrode [ɪˈlektroud] электрод

electrolysis [ɪlekˈtrɔlɪsɪs] электролиз

electron [ɪˈlektrɔn] электрон; ~ic [ɪlekˈtrɔnɪk] электронный; ~ics [ɪlekˈtrɔnɪks] электроника

electroplate [ɪˈlektro(u)pleɪt] гальванизировать

eleg‖ance [ˈelɪɡəns] изящество, элегантность; ~ant [-ənt] элегантный, изящный; изысканный

elegy [ˈelɪdʒɪ] элегия

element [ˈelɪmənt] 1) элемент (тж. хим.) 2) pl стихия 3) pl основы (знания); the ~s of geometry основы геометрии; ~al [ˌelɪˈmentl] 1) стихийный 2) основной; ~ary [ˌelɪˈment(ə)rɪ] элементарный, первоначальный

elephant [ˈelɪfənt] слон; ~ine [ˌelɪˈfæntaɪn] слоновый; перен. слоноподобный; неуклюжий; ~ine humour тяжеловесный юмор

elevat‖e [ˈelɪveɪt] поднимать, повышать; перен. возвышать; ~ the voice говорить громче; ~ hopes возбуждать надежды; ~ed [-ɪd] возвышенный; приподнятый ◇ ~ed railway железная дорога на эстакаде; ~ion [ˌelɪˈveɪʃ(ə)n] 1) подъём, возвышение 2) высота над уровнем моря; ~or 1) тех. подъёмник 2) элеватор 3) амер. лифт

eleven [ɪˈlevn] одиннадцать; ~th [-θ] одиннадцатый ◇ at the ~th hour в последнюю минуту

elf [elf] (pl elves) эльф; перен. проказник (о ребёнке)

elicit [ɪˈlɪsɪt]. выявлять, извлекать

elide [ɪˈlaɪd] опускать (слог или гласный) при произнесении

eligible [ˈelɪdʒəbl] 1) могущий быть избранным 2) подходящий; ~ young man жених

eliminat‖e [ɪˈlɪmɪneɪt] изымать, исключать, устранять; ~ a possibility исключать возможность; ~ion [ɪˌlɪmɪˈneɪʃ(ə)n] изъятие, исключение

elision [ɪˈlɪʒ(ə)n] лингв. элизия

elixir [ɪˈlɪksə] эликсир; ~ of life эликсир жизни

elk [elk] лось

ell [el]: give him an inch and he'll take an ~ ≅ дай ему палец, он всю руку откусит

elm [elm] вяз, ильм

elocution [ˌeləˈkjuːʃ(ə)n] ораторское искусство

elongate [ˈiːlɔŋɡeɪt] растягивать; удлинять

elope [ɪˈloup] сбежать (с возлюбленным—with); ~ment побег (влюблённых)

eloqu‖ence [ˈeləkw(ə)ns] красноречие; ~ent [-kw(ə)nt] красноречивый (тж. перен.)

else ['els] 1) ещё, кроме; who ~? кто ещё?; what ~? что ещё? 2): or ~ иначе; **~where** [-'wεə] где-нибудь в другом месте

elucidat‖e [ı'lu:sıdeıt] освещать, разъяснять; **~ion** [ı,lu:sı'deıʃ(ə)n] разъяснение

elu‖de [ı'lu:d] избегать; уклоняться; **~sive** [-sıv] уклончивый; ускользающий; **~sory** [-sərı] легко ускользающий; неуловимый

elves [elvz] *pl* от elf

emaciate [ı'meıʃıeıt] истощать, изнурять

emanat‖e ['eməneıt] исходить; проистекать; происходить *(from)*; **~ion** [,emə'neıʃ(ə)n] происхождение

emancipat‖e [ı'mænsıpeıt] освобождать, эмансипировать; **~ion** [ı,mænsı'peıʃ(ə)n] освобождение, эмансипация

emasculate 1. *v* [ı'mæskjuleıt] 1) ослаблять; изнеживать 2) выхолащивать **2.** *a* [ı'mæskjulıt] 1) расслабленный; изнеженный 2) выхолощенный

embalm [ım'bɑ:m] бальзамировать; **~ment** бальзамирование

embankment [ım'bæŋkmənt] 1) насыпь 2) набережная

embargo [em'bɑ:gou] **1.** *n* эмбарго **2.** *v* накладывать эмбарго

embark [ım'bɑ:k] 1) грузить на корабль 2) садиться на корабль 3): ~ (up)on вступать *(в дело и т. п.)*

embarrass [ım'bærəs] 1) смущать; стеснять 2) затруднять; **~ment** 1) смущение, замешательство 2) затруднение

embassy ['embəsı] посольство

embed [ım'bed] *(обыкн. pass)* вделывать; *перен.* запечатлеть; the facts ~ded in his memory факты, запечатлевшиеся в его памяти

embellish [ım'belıʃ] украшать; *перен.* приукрашивать

ember ['embə] *(обыкн. pl)* горячая зола; тлеющие угли

embezzle [ım'bezl] растрачивать чужие деньги; **~ment** растрата

embitter [ım'bıtə] озлоблять; отравлять *(жизнь)*

emblem ['embləm] **1.** *n* символ, эмблема **2.** *v* символизировать, изображать

embo‖diment [ım'bɔdımənt] воплощение, олицетворение; **~dy** [ım'bɔdı] 1) воплощать, олицетворять 2) заключать в себе, содержать 3) осуществлять *(идею)*

embolden [ım'bould(ə)n] ободрять

embrace [ım'breıs] **1.** *v* 1) обнимать 2) обниматься 3) принимать *(теорию, учение и т. п.)* 4) включать, охватывать **2.** *n* объятия

embrasure [ım'breıʒə] амбразура, бойница

embrocation [,embro(u)'keıʃ(ə)n] жидкая мазь для растирания

embroide‖**r** [ɪmˈbrɔɪdə] вышивать; *перен.* приукрашивать *(рассказ)*; ~**ry** [-rɪ] вышивка

embroil [ɪmˈbrɔɪl] 1) запутывать *(дела)* 2) впутывать 3) впутываться; ~**ment** 1) путаница 2) впутывание *(в неприятности и т. п.)*

embryo [ˈembrɪou] **1.** *n (pl* ~s) зародыш; in ~ в зачаточном состоянии **2.** *a* зачаточный; ~**nic** [ˌembrɪˈɔnɪk] эмбриональный

emend [iˈmend] исправлять, вносить поправки

emerald [ˈemər(ə)ld] изумруд

emerg‖**e** [ɪˈməːdʒ] 1) появляться *(неожиданно)*; возникать 2) всплывать *(тж. перен.)*; ~**ence** [-(ə)ns] появление

emerg‖**ency** [ɪˈməːdʒ(ə)nsɪ] 1) крайность, критическое положение 2) *attr.*: ~ door *(или* exit) запасный выход; ~ landing *ав.* вынужденная посадка; ~ powers чрезвычайные полномочия; ~**ent** [-(ə)nt]: the ~ent countries *(of* Africa etc) развивающиеся страны *(Африки и т. п.)*

emersion [iˈməːʃ(ə)n] появление *(солнца, луны после затмения)*

emery [ˈemərɪ] наждак, корунд

emetic [ɪˈmetɪk] **1.** *n* рвотное *(лекарство)* **2.** *a* рвотный

emigrant [ˈemɪgr(ə)nt] **1.** *a* эмигрирующий **2.** *n* эмигрант *(не политический)*

emigrat‖**e** [ˈemɪgreɪt] эмигрировать; ~**ion** [ˌemɪˈgreɪʃ(ə)n] эмиграция; ~**ory** [-ərɪ] эмиграционный

émigré [ˈemɪgreɪ] *фр.* эмигрант *(обыкн. политический)*

emin‖**ence** [ˈemɪnəns] 1) высокое положение 2) возвышенность 3) (E.) преосвященство *(титул кардинала)*; ~**ent** [-ənt] выдающийся, замечательный

emissary [ˈemɪs(ə)rɪ] 1) эмиссар 2) *воен.* лазутчик

emission [ɪˈmɪʃ(ə)n] 1) выделение *(тепла)*; излучение *(света)* 2) *физ.* эмиссия электронов

emit [ɪˈmɪt] испускать *(свет)*; выделять *(тепло)*; издавать *(звук)*

emoilient [ɪˈmɔlɪənt] **1.** *a* смягчающий **2.** *n* смягчающее средство

emolument [ɪˈmɔljumənt] *книжн.* жалованье; гонорар

emotion [ɪˈmouʃ(ə)n] 1) волнение 2) эмоция; ~**al** [ɪˈmouʃənl] 1) эмоциональный 2) волнующий

emperor [ˈemp(ə)rə] император

empha‖**sis** [ˈemfəsɪs] 1) ударение, подчёркивание 2) особое значение; ~**size** [-saɪz] 1) делать ударение 2) подчёркивать, придавать особое значение; ~**tic** [ɪmˈfætɪk] выразительный; эмфатический

empire [ˈempaɪə] империя

empiric [emˈpɪrɪk] **1.** *a* эмпирический **2.** *n* эмпирик;

~ai [-əl] *см.* empiric 1; ~ism эмпири́зм

empirio-criticism [em'pɪrɪou'krɪtɪsɪzm] *филос.* эмпириокритици́зм

emplacement [ɪm'pleɪsmənt] 1) расположе́ние 2) *воен.* обору́дованная огнева́я пози́ция

emplane [ɪm'pleɪn] сади́ться, производи́ть погру́зку на самолёт

employ [ɪm'plɔɪ] 1) нанима́ть 2) применя́ть, испо́льзовать (*in, on, for*); ~ee [ˌemplɔɪ'iː] слу́жащий; ~er работода́тель; ~ment 1) наём 2) примене́ние, испо́льзование 3) слу́жба, рабо́та, заня́тие

emporium [em'pɔːrɪəm] 1) торго́вый центр; ры́нок 2) *разг.* универма́г

empower [ɪm'pauə] уполномо́чивать

empress ['emprɪs] императри́ца

empty ['emptɪ] 1. *a* пусто́й (*тж. перен.*) 2. *n pl* 1) поро́жняя та́ра (*пустые ящики, бутылки и т. п.*) 2) порожня́к (*вагоны и т. п.*) 3. *v* 1) опорожня́ть, перелива́ть 2) впада́ть (*о реке*)

emul||**ate** ['emjuleɪt] соревнова́ться; стреми́ться превзойти́; ~ation [ˌemju'leɪʃ(ə)n] соревнова́ние; ~ous [-ləs] 1) сорев́нующийся 2) жа́ждущий (*чего-л.— of*)

emuls||**ion** [ɪ'mʌlʃ(ə)n] эму́льсия; ~ive [-sɪv] эмульсио́нный

enable [ɪ'neɪbl] дава́ть пра́во, возмо́жность (*кому-л. сделать что-л.*)

enact [ɪ'nækt] 1) предпи́сывать, постановля́ть 2) игра́ть роль; ~ment указ

enamel [ɪ'næm(ə)l] 1. *n* эма́ль 2. *v* покрыва́ть эма́лью

enamour [ɪ'næmə] (*обыкн. pass*) возбужда́ть любо́вь; be ~ed of smb. быть влюблённым в кого́-л.

encamp [ɪn'kæmp] 1) располага́ть ла́герем 2) располага́ться ла́герем; ~ment ла́герь

encase [ɪn'keɪs] упако́вывать; ~ment упако́вка

enchain [ɪn'tʃeɪn] прико́вывать, зако́вывать

enchant [ɪn'tʃɑːnt] очаро́вывать; ~ment очарова́ние

encircle [ɪn'səːkl] окружа́ть; ~ment окруже́ние

en clair [ɑːn'klɛə] *фр.* не зашифро́ванный (*о телеграммах и т. п.*)

enclos||**e** [ɪn'klouz] 1) вкла́дывать (*в пакет*) 2) огора́живать (*участок земли*); ~ure [-'klouʒə] 1) вложе́ние (*содержимое пакета*) 2) огоро́женное ме́сто 3) огра́да

encomium [en'koumjəm] (*обыкн. pl*) *книжн.* панеги́рик

encompass [ɪn'kʌmpəs] окружа́ть

encore [ɔŋ'kɔː] 1. *int* бис! 2. *v* бисси́ровать 3. *n* бис

encounter [ɪn'kauntə] 1. *v* 1) встре́тить(ся) (*неожиданно и т. п.*) 2) ната́лкиваться (*на трудности и т. п.*) 2. *n* 1) (неожи́данная) встре́ча 2) столкнове́ние, сты́чка

encourage [ɪnˈkʌrɪdʒ] ободря́ть, поощря́ть; подде́рживать; ~ment ободре́ние, поощре́ние; подде́ржка

encroach [ɪnˈkroʊtʃ] вторга́ться (*в чужие владения*); покуша́ться (*на чьи-л. права*); ~ment вторже́ние

encrust [ɪnˈkrʌst] 1) покрыва́ть ко́ркой 2) инкрусти́ровать

encumb‖er [ɪnˈkʌmbə] 1) затрудня́ть (*движение, действие*) 2) загроможда́ть 3) обременя́ть; ~rance [-br(ə)ns] 1) препя́тствие 2) бре́мя 3) *юр.* закладна́я на иму́щество

encyclop(a)e‖dia [enˌsaɪklo(u)ˈpiːdjə] энциклопе́дия; ~dic [-dɪk] энциклопеди́ческий

end [end] 1. *n* 1) коне́ц; make both ~s meet своди́ть концы́ с конца́ми; be at a loose ~ не знать, что с собо́й де́лать; put an ~ (*to*) положи́ть коне́ц 2) смерть 3) цель; gain one's ~s дости́чь це́ли 2. *v* 1) конча́ть 2) конча́ться

endanger [ɪnˈdeɪndʒə] подверга́ть опа́сности

endear [ɪnˈdɪə] расположи́ть к себе́; ~ment ла́ска, выраже́ние не́жности, привя́занности

endeavour [ɪnˈdevə] 1. *v* пыта́ться, стара́ться 2. *n* попы́тка, уси́лие

ending [ˈendɪŋ] оконча́ние, коне́ц

endless [ˈendlɪs] бесконе́чный

endorse [ɪnˈdɔːs] 1) *ком.* индосси́ровать 2) подтвержда́ть; ~ment 1) *ком.* индоссаме́нт 2) подтвержде́ние

endow [ɪnˈdau] 1) обеспе́чивать (постоя́нным) дохо́дом 2) (*обыкн.* pass) наделя́ть (*качествами*), одаря́ть; ~ment 1) вклад, поже́ртвование 2) дарова́ние

endue [ɪnˈdjuː] (*обыкн.* pass) наделя́ть (*полномочиями, качествами*)

endu‖rance [ɪnˈdjuər(ə)ns] выно́сливость, терпе́ние, вы́держка; ~re [-ˈdjuə] 1) выде́рживать, терпе́ть, выноси́ть 2) продолжа́ться, дли́ться

enema [ˈenɪmə] кли́зма

enemy [ˈenɪmɪ] враг, неприя́тель, проти́вник

energetic [ˌenəˈdʒetɪk] энерги́чный

energy [ˈenədʒɪ] 1) эне́ргия, си́ла 2) *pl* уси́лия

enervate [ˈenəːveɪt] обесси́ливать, расслабля́ть

enfeeble [ɪnˈfiːbl] ослабля́ть

enfold [ɪnˈfould] 1) заверну́ть (*кого-л. во что-л.*); ~ oneself in one's cloak заверну́ться в плащ 2) обхвати́ть, обня́ть

enforce [ɪnˈfɔːs] 1) принужда́ть; наста́ивать 2) проводи́ть в жизнь (*закон*)

enfranchise [ɪnˈfræntʃaɪz] предоставля́ть избира́тельное пра́во

engag‖e [ɪnˈgeɪdʒ] 1) нанимать 2) обязываться 3) заниматься *(чем-л.)* 4) вступать в бой 5) *тех.* зацеплять 6) привлекать, приковывать *(внимание)* 7) *pass*: become ~ed обручиться; ~ement 1) обязательство 2) дело, занятие 3) помолвка 4) свидание 5) бой, стычка

engaging [ɪnˈgeɪdʒɪŋ] привлекательный, обаятельный

engender [ɪnˈdʒendə] *книжн.* порождать, вызывать, возбуждать *(чувство)*

engine [ˈendʒɪn] 1) машина, двигатель 2) паровоз 3) *уст.* орудие, средство; ~s of war орудия войны; ~-crew [-kruː] паровозная бригада; ~-driver [-ˌdraɪvə] машинист

engineer [ˌendʒɪˈnɪə] 1. *n* 1) инженер 2) механик 3) машинист 4) сапёр 2. *v* 1) сооружать 2) *разг.* затевать; ~ing [-rɪŋ] инженерное дело; техника

engine-room [ˈendʒɪnrum] машинное отделение

English [ˈɪŋglɪʃ] 1. *a* английский 2. *n* 1) английский язык 2): the ~ англичане, английский народ; ~man [-mən] англичанин; ~woman [-ˌwumən] англичанка

engraft [ɪnˈgrɑːft] делать прививку *(дереву)*; *перен.* прививать *(идеи и т. п.)*

engrain [ɪnˈgreɪn] глубоко внедрять; ~ed [-d] 1) укоренившийся 2) закоренелый

engrav‖**e** [ɪnˈgreɪv] гравировать; *перен.* запечатлевать *(в памяти)*; ~ing 1) гравирование 2) гравюра

engross [ɪnˈgrous] *(обыкн. pass)*: ~ed in his work погружённый в работу

engulf [ɪnˈgʌlf] поглощать, засасывать

enhance [ɪnˈhɑːns] повышать *(ценность, качество)*; увеличивать

enigma [ɪˈnɪgmə] загадка; ~tic [ˌenɪgˈmætɪk] загадочный

enjoin [ɪnˈdʒɔɪn] предписывать *(on, upon)*; приказывать

enjoy [ɪnˈdʒɔɪ] 1) наслаждаться; получать удовольствие 2) пользоваться, обладать; ~able [-əbl] приятный; ~ment 1) наслаждение; удовольствие 2) обладание *(чем-л.)*

enkindle [ɪnˈkɪndl] *перен.* зажигать, воспламенять

enlarge [ɪnˈlɑːdʒ] 1) расширять; увеличивать 2) расширяться 3) распространяться *(о чём-л.—on)*; ~ment расширение; увеличение

enlighten [ɪnˈlaɪtn] просвещать; ~ment просвещение

enlist [ɪnˈlɪst] 1) добровольно поступать на военную службу 2) вербовать на военную службу 3) заручаться *(поддержкой)*

enliven [ɪnˈlaɪvn] оживлять, вливать новые силы

enmesh [ɪnˈmeʃ] опутывать

enmity [ˈenmɪtɪ] неприязнь, вражда

ennoble [ɪ'noubl] облагораживать

ennui [ɑː'nwiː] *фр.* скука

enorm‖**ity** [ɪ'nɔːmɪtɪ] 1) гнусность 2) чудовищное преступление; **~ous** [-məs] громадный, огромный

enough [ɪ'nʌf] 1. *a* достаточный 2. *n* достаточное количество 3. *adv* достаточно; довольно ◊ I have had ~ of him он мне надоел

enquire [ɪn'kwaɪə] *см.* inquire

enrage [ɪn'reɪdʒ] бесить

enrapture [ɪn'ræptʃə] восхищать

enrich [ɪn'rɪtʃ] 1) обогащать *(тж. перен.)* 2) удобрять *(почву)*

enrol(l) [ɪn'roul] вносить в список, регистрировать; ~ in the army зачислять на военную службу; **~ment** внесение в списки, регистрация; ~ment of new members прием новых членов; ~ment in the army зачисление на военную службу

ensconce [ɪn'skɔns]: ~ oneself устраиваться удобно

ensign ['ensaɪn] 1) флаг, знамя 2) значок, эмблема, кокарда 3) *амер. мор.* энсин *(первичное офицерское звание)* 4) *ист.* прапорщик

ensilage ['ensɪlɪdʒ] *см.* silage

enslave [ɪn'sleɪv] порабощать; **~ment** порабощение

ensnare [ɪn'snɛə] поймать в ловушку; *перен.* опутать

ensue [ɪn'sjuː] следовать; вытекать

ensure [ɪn'ʃuə] обеспечивать, гарантировать

entail I [ɪn'teɪl] влечь за собой, вызывать

entail II майорат

entangle [ɪn'tæŋgl] запутать *(тж. перен.)*; become ~d *(или* ~ oneself*)* запутаться; **~ment** 1) запутывание 2) *pl воен.* заграждение; barbed-wire ~ment проволочное заграждение

enter ['entə] 1) входить; вступать 2) поступать *(в учебное заведение)* 3) вносить, записывать *(в список и т. п.)*; ~ into а) входить, вникать *(в детали и т. п.)*; б) вступать *(в переговоры и т. п.)*; ~ on приступать *(к чему-л.)*

enteric [en'terɪk] 1. *a анат.* кишечный 2. *n мед.* брюшной тиф

enterpris‖**e** ['entəpraɪz] 1) предприимчивость 2) предприятие; **~ing** предприимчивый

entertain [,entə'teɪn] 1) принимать гостей 2) развлекать 3) питать *(надежду и т. п.)*; **~ment** 1) развлечение, увеселение 2) *(званый)* вечер; прием *(гостей)* 3) эстрадное представление

enthrone [ɪn'θroun] возводить на престол

enthus‖**iasm** [ɪn'θjuːzɪæzm] энтузиазм; восторг; **~iast** [-zɪæst] энтузиаст; **~iastic** [ɪn,θjuːzɪ'æstɪk] восторженный; полный энтузиазма

entic‖**e** [ɪn'taɪs] переманивать *(from, away from)*; соблазня́ть; ~ement 1) перема́нивание 2) прима́нка; собла́зн; ~ing соблазни́тельный, зама́нчивый

entire [ɪnˈtaɪə] 1) по́лный, це́лый, весь; the ~ journey вся пое́здка; the ~ cost о́бщая су́мма 2) сплошно́й; ~ly всеце́ло, соверше́нно; ~ty [-tɪ] полнота́, це́льность

entitle [ɪnˈtaɪtl] 1) дава́ть пра́во; be ~d to име́ть пра́во на 2) озагла́вливать

entity [ˈentɪtɪ] 1) бытие́ 2) су́щность

entomb [ɪnˈtuːm] книжн. погреба́ть; перен. заточа́ть; ~ment 1) погребе́ние 2) гробни́ца

entomology [ˌentəˈmɔlədʒɪ] энтомоло́гия

entrails [ˈentreɪlz] pl вну́тренности; кишки́

entrain [ɪnˈtreɪn] 1) сажа́ть, грузи́ть в по́езд (войска́) 2) сади́ться в по́езд

entrance I [ˈentr(ə)ns] 1) вход 2) пра́во вхо́да 3) поступле́ние 4) attr.: ~ examinations вступи́тельные экза́мены; ~ fee (или money) пла́та за вход

entranc‖e II [ɪnˈtrɑːns] восхища́ть; ~ing восхити́тельный

entrap [ɪnˈtræp] пойма́ть в лову́шку; перен. провести́

entrea‖t [ɪnˈtriːt] умоля́ть; ~ty [-tɪ] мольба́

entrench [ɪnˈtrentʃ] воен. ока́пывать, укрепля́ть транше́ями; ~ oneself ока́пываться; ~ed [-t]; ~ed habits укорени́вшиеся привы́чки; ~ment воен. око́п, полево́е укрепле́ние

entrust [ɪnˈtrʌst] вверя́ть, поруча́ть

entry [ˈentrɪ] 1) вход, вступле́ние 2) за́пись, занесе́ние в спи́сок

entwine [ɪnˈtwaɪn] вплета́ть (with); обвива́ть (about)

enumerat‖e [ɪˈnjuːməreɪt] перечисля́ть; ~ion [ɪˌnjuːməˈreɪʃ(ə)n] 1) перечисле́ние 2) пе́речень

enunciat‖e [ɪˈnʌnsɪeɪt] 1) произноси́ть 2) объявля́ть, провозглаша́ть; ~ion [ɪˌnʌnsɪˈeɪʃ(ə)n] 1) произноше́ние; ди́кция 2) возвеще́ние

envelop [ɪnˈveləp] 1) обёртывать, завёртывать 2) воен. окружа́ть, обходи́ть

envelope [ˈenvɪloup] 1) конве́рт, обёртка 2) оболо́чка

envenom [ɪnˈvenəm] отравля́ть (тж. перен.)

enviable [ˈenvɪəbl] зави́дный

envious [ˈenvɪəs] зави́стливый

environ [ɪnˈvaɪər(ə)n] окружа́ть; ~ment окруже́ние; окружа́ющая обстано́вка; среда́; ~s [-z] pl окре́стности, при́городы

envisage [ɪnˈvɪzɪdʒ] 1) смотре́ть в лицо́ (опа́сности и т. п.) 2) рассма́тривать (вопро́с) 3) представля́ть себе́

envoy [ˈenvɔɪ] посла́нник, послане́ц

envy [ˈenvɪ] 1. n за́висть (of, at) 2. v зави́довать

enwrap [ın'ræp] завёртывать *(in)*

epaulet(te) ['epo(u)let] эполёт

ephemeral [ı'femər(ə)l] преходящий, эфемерный

epic ['epık] 1. *a* эпический 2. *n* эпическая поэма

epicure ['epıkjuə] эпикуреец

epidemic [ˌepı'demık] 1. *a* эпидемический 2. *n* эпидемия

epigram ['epıgræm] эпиграмма

epigraph ['epıgrɑːf] эпиграф

epilepsy ['epılepsı] эпилепсия

epilogue ['epılɔg] эпилог

episcopal [ı'pıskəp(ə)l] епископский

episod||e ['epısoud] эпизод; ~ic [ˌepı'sɔdık] эпизодический

epistle [ı'pısl] послание

epitaph ['epıtɑːf] эпитафия

epithet ['epıθet] эпитет

epitome [ı'pıtəmı] конспект

epoch ['iːpɔk] эпоха

equable ['ekwəbl] 1) ровный *(о климате и т. п.)* 2) уравновешенный, спокойный *(о человеке)*

equal ['iːkw(ə)l] 1. *a* равный 2. *n* равный, ровня 3. *v* равняться; ~ity [iː'kwɔlıtı] равенство; ~ize ['iːkwəlaız] равнять, уравнивать; ~ly равно, в равной мере

equanimity [ˌiːkwə'nımıtı] уравновешенность

equat||e [ı'kweıt] равнять, уравнивать; ~ion [-ʃ(ə)n] 1) *мат.* уравнение 2) выравнивание

equator [ı'kweıtə] экватор; ~ial [ˌekwə'tɔːrıəl] экваториальный

equerry [ı'kwerı] *ист.* конюший

equestrian [ı'kwestrıən] 1. *a* конный 2. *n* всадник, наездник

equidistant ['iːkwı'dıst(ə)nt] *мат.* равноотстоящий

equilateral ['iːkwı'læt(ə)r(ə)l] *мат.* равносторонний

equilibr||ate [ˌiːkwı'laıbreıt] 1) уравновешивать 2) уравновешиваться; ~ist [iː'kwılıbrıst] канатоходец, эквилибрист; ~ium [-'lıbrıəm] равновесие

equine ['iːkwaın] конский, лошадиный

equinox ['iːkwınɔks] равноденствие

equip [ı'kwıp] снаряжать; снабжать; оборудовать *(with)*, оснащать *(with)*

equipage ['ekwıpıdʒ] экипаж

equipment [ı'kwıpmənt] снаряжение; снабжение; оборудование

equipoise ['ekwıpɔız] 1. *n* 1) равновесие 2) противовес 2. *v* уравновешивать

equitable ['ekwıtəbl] справедливый, беспристрастный

equity ['ekwıtı] справедливость, беспристрастность

equivalent [ı'kwıvələnt] 1. *a* равноценный, эквивалентный 2. *n* эквивалент

equivocal [ı'kwıvək(ə)l]

двусмысленный; сомнительный

era ['ıərə] эра

eradicat||**e** [ı'rædıkeıt] искоренять; **~ion** [ı,rædı'keıʃ(ə)n] искоренение

eras||**e** [ı'reız] выскабливать, стирать; **~er** резинка, ластик; **~ure** [ı'reıʒə] подчистка

ere [ɛə] *уст., поэт.* до, перед; **~** long вскоре

erect [ı'rekt] **1.** *v* 1) устанавливать; воздвигать, сооружать 2) выпрямлять 3) создавать **2.** *a* прямой, вертикальный; **~ion** [-kʃ(ə)n] 1) сооружение 2) выпрямление 3) *тех.* монтаж

Erin ['ıərın] *поэт.* Ирландия

ermine ['ə:mın] горностай

ero||**de** [ı'roud] 1) разъедать 2) *геол.* размывать; **~sion** [-ʒ(ə)n] 1) разъедание 2) *геол.* эрозия

erotic [ı'rɔtık] эротический

err [ə:] заблуждаться

errand ['er(ə)nd] поручение; run **~s** for smb. быть на побегушках у кого-л.; **~-boy** [-bɔı] мальчик на посылках; рассыльный

errant ['er(ə)nt] странствующий, блуждающий

errata [e'rɑ:tə] *pl* от erratum

erratic [ı'rætık] 1) неустойчивый *(о взглядах, поведении)* 2) *эк.* неравномерный

erratum [e'rɑ:təm] *(pl* errata) опечатка

erroneous [ı'rounjəs] ошибочный

error ['erə] ошибка; commit an **~** сделать ошибку

erudit||**e** ['eru:daıt] учёный, эрудированный; **~ion** [,eru:'dıʃ(ə)n] начитанность, эрудиция

erupt [ı'rʌpt] извергаться *(о вулкане)*; **~ion** [-pʃ(ə)n] 1) извержение 2) сыпь; высыпание; **~ive** [-ıv] извергающийся *(о вулкане)*

escalator ['eskəleıtə] эскалатор

escapade [,eskə'peıd] выходка, проделка

escape [ıs'keıp] **1.** *v* 1) бежать *(из тюрьмы, плена — from)* 2) избежать *(опасности, наказания)* 3) улетучиваться *(о газе)* 4) ускользать 5) вырываться **2.** *n* 1) побег 2) спасение 3) утечка *(газа)* 4) *тех.* выпуск, выход

escarpment [ıs'kɑ:pmənt] крутая насыпь, откос

eschew [ıs'tʃu:] *книжн.* воздерживаться *(от чего-л.)*

escort 1. *n* ['eskɔ:t] охрана, эскорт **2.** *v* [ıs'kɔ:t] эскортировать, сопровождать

Eskimo ['eskımou] эскимос; эскимосский

especial [ıs'peʃ(ə)l] особенный, специальный; **~ly** в особенности, особенно

Esperanto [,espə'ræntou] эсперанто

espionage [,espıə'nɑ:ʒ] шпионаж

espouse [ıs'pauz] *уст.* жениться ◇ **~** a theory поддерживать теорию

esprit ['esprı:] *фр.* остро-

ESP

у́мие ◇ ~ de corps честь мунди́ра

espy [ɪsˈpaɪ] уви́деть, заме́тить издалека́

esquire [ɪsˈkwaɪə] 1) эсква́йр 2) *в сокраще́нии Esq. ста́вится по́сле фами́лии в а́дресе на конве́рте*

essay 1. *n* [ˈeseɪ] 1) о́черк, эссе́ 2) сочине́ние *(шко́льное)* 3) попы́тка 2. *v* [eˈseɪ] 1) пыта́ться 2) испы́тывать *(си́лы и т. п.)*; ~ist очерки́ст

essence [ˈesns] 1) су́щность, существо́ 2) эссе́нция, экстра́кт

essential [ɪˈsenʃ(ə)l] 1. *a* суще́ственный; неотъе́млемый; основно́й ◇ ~ oil эфи́рное, лету́чее ма́сло 2. *n* су́щность; неотъе́млемая часть; *pl* осно́ва; ~ity [ɪˌsenʃɪˈælɪtɪ] существо́; су́щность

establish [ɪsˈtæblɪʃ] 1) осно́вывать; учрежда́ть 2) устана́вливать *(обы́чай, факт)* 3) устра́ивать; ~ment 1) учрежде́ние 2) штат *(слу́жащих)* 3) хозя́йство

estate [ɪsˈteɪt] 1) поме́стье 2) иму́щество; personal ~ дви́жимое иму́щество; real ~ недви́жимое иму́щество 3) сосло́вие

esteem [ɪsˈtiːm] 1. *v* 1) уважа́ть 2) счита́ть 2. *n* уваже́ние

estimable [ˈestɪməbl] досто́йный уваже́ния

estimate 1. *n* [ˈestɪmɪt] 1) оце́нка 2) сме́та 2. *v* [ˈestɪmeɪt] 1) оце́нивать 2) составля́ть сме́ту

Estonian [esˈtəʊnjən] 1. *a* эсто́нский 2. *n* 1) эсто́нец; эсто́нка 2) эсто́нский язы́к

estrange [ɪsˈtreɪndʒ] отдаля́ть, отчужда́ть; ~ment отчужде́ние, отчуждённость

estuary [ˈestjʊərɪ] широ́кое у́стье реки́

et cetera [ɪtˈsetrə] и т. д., и пр.; ~s вся́кая вся́чина

etch [ˈetʃ] гравирова́ть, трави́ть *(на мета́лле, стекле́)*; ~ing 1) гравирова́ние; травле́ние 2) гравю́ра, офо́рт

etern||al [ɪˈtɜːnl] 1) ве́чный 2) постоя́нный; ~ity [-nɪtɪ] ве́чность

ether [ˈiːθə] эфи́р *(в разн. знач.)* 2) *поэт.* не́бо; ~eal, ~ial [iːˈθɪərɪəl] эфи́рный *(тж. перен.)*

ethical [ˈeθɪk(ə)l] эти́чный, эти́ческий

ethics [ˈeθɪks] э́тика

Ethiopian [ˌiːθɪˈəʊpjən] 1. *a* эфио́пский 2. *n* эфио́п; эфио́пка

ethnic(al) [ˈeθnɪk(ə)l] этни́ческий

ethnography [eθˈnɔɡrəfɪ] этногра́фия

ethnology [eθˈnɔlədʒɪ] этноло́гия

etiquette [ˌetɪˈket] 1) этике́т 2) профессиона́льная э́тика

etymology [ˌetɪˈmɔlədʒɪ] *лингв.* этимоло́гия

eulo||gize [ˈjuːlədʒaɪz] восхваля́ть; ~gy [-dʒɪ] восхвале́ние; панеги́рик

euphony [ˈjuːfənɪ] благозву́чие

European [ˌjʊərəˈpiːən] 1. *n* европе́ец 2. *a* европе́йский

evacuat∥e [ɪ'vækjueɪt] 1) эвакуировать 2) эвакуироваться 3) опорожнять *(желудок)*; **~ion** [ɪˌvækju'eɪʃ(ə)n] 1) эвакуация 2) испражнение

evacuee [ɪˌvækju'iː] эвакуированный; эвакуируемый

evade [ɪ'veɪd] 1) избегать, уклоняться 2) обходить *(закон и т. п.)*

evaluat∥e [ɪ'væljueɪt] оценивать; **~ion** [ɪˌvælju'eɪʃ(ə)n] оценка

evanescent [ˌiːvə'nesnt] мимолётный; недолговечный

evaporat∥e [ɪ'væpəreɪt] 1) выпаривать 2) испаряться *(тж. перен.)*; **~ion** [ɪˌvæpə'reɪʃ(ə)n] испарение, парообразование; **~ive** [-ɪv] испаряющийся; **~or** *тех.* испаритель

evas∥ion [ɪ'veɪʒ(ə)n] 1) уклонение *(от исполнения долга и т. п.)* 2) обход *(закона и т. п.)*; **~ive** [ɪ'veɪsɪv] уклончивый

eve [iːv] канун; Christmas E. сочельник

even I ['iːvən] 1. *a* 1) ровный; гладкий 2) уравновешенный 3) равный, одинаковый 4) чётный *(о числах)* ◊ now we are ~ теперь мы квиты 2. *v* 1) равнять, уравнивать 2) выравнивать, делать ровным

even II даже; ~ if даже если; ~ though хотя бы; ~ as как раз; ~ better ещё лучше; ~ so всё-таки

even III *поэт.* вечер

evening ['iːvnɪŋ] 1) вечер 2) *attr.* вечерний

event [ɪ'vent] 1) случай, событие, происшествие; at all ~s во всяком случае; in the ~ of his death в случае его смерти 2) исход, результат; **~ful** полный событиями

eventide ['iːv(ə)ntaɪd] *поэт.* вечер, сумерки

eventual [ɪ'ventjuəl] 1) возможный при известных обстоятельствах 2) окончательный; **~ity** [ɪˌventju'ælɪtɪ] возможный случай

ever ['evə] 1) когда-либо; hardly ~ почти никогда 2) всегда ◊ ~ since с этого времени; с тех пор как; ~ so очень, гораздо; it is ~ so much better это гораздо лучше

evergreen ['evəgriːn] 1. *a* вечнозелёный 2. *n* вечнозелёное растение

everlasting [ˌevə'læstɪŋ] вечный

evermore ['evə'mɔː] всегда *(о будущем)*

every ['evrɪ] каждый; ~ other каждый второй; ~ other day через день; **~body** [-bədɪ] каждый (человек); все; **~day** [-deɪ] ежедневный, повседневный; **~one** [-wʌn] каждый человек, все до одного; **~thing** [-θɪŋ] всё; **~way** [-weɪ] 1) во всех направлениях 2) всячески; во всех смыслах; **~where** [-weə] всюду, везде

evict [ɪ'vɪkt] выселять; **~ion** [-kʃ(ə)n] 1) выселение

2) *юр.* лишéние имýщества *(по судý)*

evidence ['evɪd(ə)ns] 1) основáние, доказáтельство 2) *юр.* улика, свидéтельское показáние ◊ in ~ замéтный

evil ['ɪ:vl] 1. *a* злой, пáгубный 2. *n* 1) зло, вред 2) бéдствие, несчáстье

evince [ɪ'vɪns] проявля́ть, выка́зывать

evocative [ɪ'vɔkətɪv] воскрешáющий в пáмяти

evoke [ɪ'vouk] вызывáть *(улы́бку, восхищéние, воспоминáния и т. п.)*

evolution [‚ɪ:və'lu:ʃ(ə)n] 1) эволю́ция 2) *мат.* извлечéние кóрня 3) *воен.* передвижéние; манёвр; ~ary [-ʃnərɪ] эволюциóнный

evolve [ɪ'vɔlv] 1) развёртывать, развивáть 2) развёртываться, развивáться

ewe [ju:] овцá

ewer ['ju:ə] кувши́н

ex- [eks-] *pref* 1) из-, вне- 2) экс-, бы́вший

exacerbat‖e [eks'æsəbeɪt] 1) обостря́ть, уси́ливать *(боль и т. п.)* 2) раздражáть; ~ion [eks‚æsə'beɪʃ(ə)n] 1) обострéние *(болéзни и т. п.)* 2) раздражéние

exact [ɪg'zækt] 1. *a* тóчный, аккурáтный 2. *v* 1) трéбовать 2) взы́скивать *(плáту);* ~ing трéбовательный; ~itude [-ɪtju:d] тóчность; ~ly и́менно так; тóчно

exaggerat‖e [ɪg'zædʒəreɪt] преувели́чивать; ~ion [ɪg‚zædʒə'reɪʃ(ə)n] преувеличéние

exalt [ɪg'zɔ:lt] 1) возвели́чивать 2) превозноси́ть; ~ation [‚egzɔ:l'teɪʃ(ə)n] 1) возвели́чивание 2) востóрг; экзальтáция; ~ed [-ɪd] востóрженный

examination [ɪg‚zæmɪ'neɪʃ(ə)n] 1) исслéдование, осмóтр 2) экзáмен 3) *юр.* допрóс

examin‖e [ɪg'zæmɪn] 1) исслéдовать, рассмáтривать 2) допрáшивать 3) экзаменовáть; ~ee [ɪg‚zæmɪ'nɪ:] допрáшиваемый; ~er экзаменáтор

example [ɪg'zɑ:mpl] примéр, образéц; for ~ напримéр

exasperat‖e [ɪg'zɑ:spəreɪt] серди́ть, раздражáть; ~ion [ɪg‚zɑ:spə'reɪʃ(ə)n] раздражéние

excavat‖e ['ekskəveɪt] копáть, рыть; вынимáть грунт; ~ion [‚ekskə'veɪʃ(ə)n] 1) выкáпывание 2) вы́рытая я́ма 3) *тех.* экскавáция 4) раскóпки; ~or экскавáтор

exceed [ɪk'sɪ:d] превышáть; превосходи́ть; ~ the bounds of decency переходи́ть грани́цы прили́чия ~ingly [-ɪŋlɪ] чрезвычáйно, исключи́тельно; óчень

excel [ɪk'sel] 1) превосходи́ть *(in, at)* 2) отличáться

excell‖ence ['eks(ə)ləns] превосхóдство; ~ency [-ɪ] превосходи́тельство *(ти́тул);* Your Excellency Вáше превосходи́тельство; ~ent [-ənt] превосхóдный

except [ɪk'sept] 1. *v* исключать 2. *prep* исключая, кроме; ~ion [-pʃ(ə)n] исключение; with the ~ion (of) за исключением; take ~ion (to) возражать; **~ionable** [-pʃnəbl] допускающий возражения; небезупречный; **~ional** [-pʃnəl] исключительный, необычный

excerpt ['eksəːpt] отрывок; выдержка

excess [ɪk'ses] 1) излишек 2) крайность; **~ive** [-ɪv] чрезмерный

exchange [ɪks'tʃeɪndʒ] 1. *n* 1) обмен 2) размен *(денег)*; rate of ~ валютный курс 3) биржа 4) центральная телефонная станция ◊ bill of ~ вексель 2. *v* 1) обмениваться 2) обменивать 3) разменивать; **~able** [-əbl]: ~able value меновая стоимость

exchequer [ɪks'tʃekə] 1) казначейство 2) казна

excise I [ek'saɪz] вырезать; ампутировать

excise II 1. *n* акциз 2. *v* взимать акцизный сбор

excit‖**able** [ɪk'saɪtəbl] возбудимый; **~ant** ['eksɪtənt] возбуждающий

excite [ɪk'saɪt] 1) вызывать *(интерес и т. п.)* 2) возбуждать; **~ment** возбуждение, волнение

excl‖**aim** [ɪks'kleɪm] восклицать; **~amation** [ˌeksklə'meɪʃ(ə)n] 1) восклицание 2) *attr*.: ~amation mark восклицательный знак; **~amatory** [eks'klæmət(ə)rɪ] восклицательный

exclu‖**de** [ɪks'kluːd] исклю-

чать *(from)*; **~sion** [-ʒ(ə)n] исключение; to the ~sion of за исключением; **~sive** [-sɪv] 1) исключительный 2) изысканный

excommunicate [ˌekskə'mjuːnɪkeɪt] отлучать от церкви

excrement ['ekskrɪmənt] *sing* экскременты, испражнения *мн.*

excrescence [ɪks'kresns] нарост

excre‖**te** [eks'kriːt] выделять из организма *(о животных, растениях)*; **~tion** [-'kriːʃ(ə)n] выделение; **~tive** [-tɪv] способствующий выделению; **~tory** [-tərɪ]: ~tory duct *анат*. выводной проток

exculpat‖**e** ['ekskʌlpeɪt] оправдывать, реабилитировать; **~ory** [-'kʌlpət(ə)rɪ] оправдывающий; оправдательный

excurs‖**ion** [ɪks'kəːʃ(ə)n] экскурсия; **~ive** [eks'kəːsɪv] отклоняющийся, уклоняющийся

excuse 1. *n* [ɪks'kjuːs] 1) извинение, оправдание 2) отговорка, предлог 2. *v* [ɪks'kjuːz] 1) извинять, прощать 2) освобождать *(от выполнения обязательства — from)*

execra‖**ble** ['eksɪkrəbl] отвратительный; **~te** [-kreɪt] 1) ненавидеть 2) проклинать

execu‖**tant** [ɪg'zekjutənt] исполнитель; **~te** ['eksɪkjuːt] 1) исполнять; выполнять 2) казнить 3) оформлять *(документ)*; **~tion** [ˌeksɪ'kjuː-

ʃ(ə)n] 1) выполнение; исполнение 2) казнь; экзекуция; ~tioner [ˌeksɪˈkjuːʃnə] палач; ~tive [ɪgˈzekjutɪv] 1. *a* исполнительный; ~tive committee исполнительный комитет 2. *n* 1) должностное лицо 2) исполнительная власть; ~tor [ɪgˈzekjutə] душеприказчик, исполнитель завещания

exempl‖**ar** [ɪgˈzemplə] образец, тип; ~**ary** [-rɪ] образцовый; ~**ification** [ɪgˌzemplɪfɪˈkeɪʃ(ə)n] 1) пояснение примером 2) заверенная копия; ~**ify** [-ɪfaɪ] служить примером

exempt [ɪgˈzempt] 1. *a* освобождённый (*от налога, военной службы и т. п.* — *from*) 2. *v* освобождать (*от военной службы и т. п.* — *from*)

exercise [ˈeksəsaɪz] 1. *n* 1) упражнение 2) моцион; take ~ двигаться 3) проявление; осуществление 4) *воен.* учение 2. *v* 1) упражнять 2) упражняться 3) применять (*силу, способности*); выполнять (*обязанности*) 4) проявлять (*терпение*) 5) *pass* беспокоиться

exert [ɪgˈzəːt] 1) напрягать; ~ oneself стараться; ~ every effort напрягать все силы 2) оказывать (*влияние*); ~**ion** [-ˈzəːʃ(ə)n] напряжение, усилие

exhale [eksˈheɪl] 1) выдыхать 2) испаряться

exhaust [ɪgˈzɔːst] 1 *v* истощать, исчерпывать; опустошать; ~ a subject исчерпать тему; ~ oneself «выкладываться» (*на работе и т. п.*) 2. *n тех.* выпуск, выхлоп, выкачивание воздуха; ~**ed** [-ɪd] истощённый, измученный; ~**ible** [-əbl] истощимый; ~**ion** [-ˈzɔːstʃ(ə)n] изнеможение; истощение; ~**ive** [-ɪv] исчерпывающий

exhibit [ɪgˈzɪbɪt] 1. *n* 1) экспонат 2) *юр.* вещественное доказательство 2. *v* 1) проявлять (*качества*) 2) выставлять (*на выставке и т. п.*); ~**ion** [ˌeksɪˈbɪʃ(ə)n] выставка; make an ~ion of oneself показать себя с дурной стороны; ~**or** экспонент

exhilarat‖**e** [ɪgˈzɪləreɪt] веселить; оживлять; ~**ion** [ɪgˌzɪləˈreɪʃ(ə)n] возбуждение, радостное настроение

exhort [ɪgˈzɔːt] убеждать, увещевать

exhume [eksˈhjuːm] выкапывать (*труп*)

exig‖**ency** [ˈeksɪdʒ(ə)nsɪ] (*часто pl*) острая необходимость, крайность; ~**ent** [-(ə)nt] 1) срочный 2) требовательный

exile [ˈeksaɪl] 1. *n* 1) ссылка, изгнание 2) изгнанник; ссыльный 2. *v* ссылать, изгонять

exist [ɪgˈzɪst] существовать, жить; ~**ence** [-(ə)ns] 1) существование 2) всё существующее; ~**ent** [-(ə)nt] существующий, происходящий

exit [ˈeksɪt] 1) выход 2) *театр.* уход (*со сцены*)

exonerat‖**e** [ɪgˈzɔnəreɪt]

EXP

оправдывать; ~ion [ɪg‚zɔnə'reɪʃ(ə)n] оправдание; ~ive [-ɪv] оправдательный

exorbitant [ɪg'zɔːbɪt(ə)nt] непомерный, чрезмерный

exotic [eg'zɔtɪk] экзотический

expan‖d [ɪks'pænd] 1) расширять 2) распускать 3) расширяться 4) распускаться; расцветать (*тж. перен.*); ~se [-s] протяжение, пространство; ~sible [-səbl] растяжимый, расширяемый; ~sien [-nʃ(ə)n] 1) расширение, растягивание 2) *полит.* экспансия; ~sive [-sɪv] 1) экспансивный 2) обширный 3) *полит.* экспансионистский

expatiate [eks'peɪʃɪeɪt] распространяться (*о чём-л. — on*)

expatriat‖e [eks'pætrɪeɪt] 1. *v* изгонять (*из отечества*); ~ oneself отказываться от гражданства; эмигрировать 2. *n* 1) эмигрант 2) *attr.* эмигрантский

expect [ɪks'pekt] 1) ожидать 2) надеяться 3) *разг.* предполагать; ~ancy [-(ə)nsɪ] ожидание; ~ant [-(ə)nt] 1) ожидающий; ~ant mother беременная женщина 2) рассчитывающий; ~ation [‚ekspek'teɪʃ(ə)n] 1) ожидание; beyond ~ation сверх ожидания; contrary to ~ation против ожидания 2) надежда, упование

expectorat‖e [eks'pektəreɪt] отхаркивать, выплёвывать (*мокроту*); ~ion [eks‚pektə'reɪʃ(ə)n] отхаркивание

expedi‖ence, ~ency [ɪks'piːdjəns, -sɪ] целесообразность; ~ent [-ənt] 1. *a* целесообразный 2. *n* приём, способ; уловка

expedite ['ekspɪdaɪt] 1) содействовать 2) быстро завершать (*дело и т. п.*)

expedition [‚ekspɪ'dɪʃ(ə)n] 1) экспедиция 2) быстрота; ~ary [-ʃnərɪ] экспедиционный

expel [ɪks'pel] выгонять, исключать (*from*)

expend [ɪks'pend] тратить, расходовать; ~iture [-ɪtʃə] трата, расход; by the ~iture of much effort прилагая все усилия

expens‖e [ɪks'pens] расход; *pl* издержки; at the ~ (*of*) а) на чей-л. счёт; б) ценой (*чего-л.*); at one's own ~ на собственные средства; I can't afford the ~ of this это мне не по средствам; go to the ~ of тратить деньги на; ~ive [-ɪv] дорогой

experienc‖e [ɪks'pɪərɪəns] 1. *n* 1) опыт 2) испытание; переживание; приключение 2. *v* испытывать, чувствовать; убеждаться на опыте; ~ed [-t] опытный; сведущий

experiment 1. *n* [ɪks'perɪmənt] опыт, эксперимент 2. *v* [ɪks'perɪment] экспериментировать, производить опыт (*on, with*); ~al [eks‚perɪ'mentl] экспериментальный; ~alise [eks‚perɪ'mentəlaɪz] производить опыты, экспериментировать

expert ['ekspəːt] 1. *n* знато́к, экспе́рт 2. *a* [*тж.* eks'pəːt] о́пытный, иску́сный *(at, in)*

expertise [,ekspəː'tiːz] *фр.* эксперти́за

expiat‖**e** ['ekspieit] искупа́ть *(вину, грех)*; ~**ion** [,ekspi'eiʃ(ə)n] искупле́ние

expirat‖**ion** [,ekspaiə'reiʃ(ə)n] 1) выдыха́ние 2) истече́ние *(срока)*; ~**ory** [iks'paiərət(ə)ri] выдыха́тельный, экспирато́рный

expire [iks'paiə] 1) выдыха́ть 2) умира́ть; угаса́ть 3) конча́ться, истека́ть *(о сроке)*

expl‖**ain** [iks'plein] объясня́ть; ~**anation** [,eksplə'neiʃ(ə)n] объясне́ние; ~**anatory** [-'plænət(ə)ri] объясни́тельный

expletive [eks'pliːtiv] 1. *a лингв.* вставно́й 2. *n* бра́нное выраже́ние

explic‖**able** ['eksplikəbl] объясни́мый; ~**ative**, ~**atory** [eks'plikətiv, eks'plikət(ə)ri] объясни́тельный

explicit [iks'plisit] по́лностью вы́сказанный, не оставля́ющий сомне́ний, то́чный, определённый

explod‖**e** [iks'ploud] 1) взрыва́ться 2) взрыва́ть; *перен.* разража́ться *(смехом, гне́вом)* 3) подрыва́ть *(веру, тео́рию)*; ~**er** детона́тор; взрыва́тель

exploit I ['eksploit] по́двиг

exploit II [iks'ploit] 1) разраба́тывать *(месторожде́ние и т. п.)* 2) эксплуати́ровать; ~**ation** [,eksploi'teiʃ(ə)n] эксплуата́ция; ~**er** эксплуата́тор

explorat‖**ion** [,eksplɔː'reiʃ(ə)n] иссле́дование; ~**ive** [eks'plɔːrətiv], ~**ory** [eks'plɔːrət(ə)ri] иссле́дующий; иссле́довательский

explor‖**e** [iks'plɔː] 1) иссле́довать; изуча́ть 2) *геол.* разве́дывать 3) *мед.* иссле́довать ра́ну; ~**er** [-rə] иссле́дователь

explos‖**ion** [iks'plouʒ(ə)n] взрыв *(тж. перен.)*; ~**ive** [-siv] 1. *a* 1) взрывча́тый 2) *перен.* вспы́льчивый 3) взрывно́й *(о зву́ке)* 2. *n* взры́вчатое вещество́

exponent [eks'pounənt] 1) представи́тель *(уче́ния и т. п.)* 2) исполни́тель *(музыка́льных произведе́ний)* 3) тип, образе́ц 4) *мат.* показа́тель сте́пени; ~**ial** [,ekspo(u)'nenʃ(ə)l] *мат.* показа́тельный

export 1. *v* [eks'pɔːt] экспорти́ровать, вывози́ть 2. *n* ['ekspɔːt] 1) э́кспорт, вы́воз 2) предме́т вы́воза; ~**ation** [,ekspɔː'teiʃ(ə)n] экспорти́рование, вы́воз

expose [iks'pouz] 1) оставля́ть незащищённым; подверга́ть *(опа́сности — to)* 2) выставля́ть *(напока́з, на прода́жу)* 3) разоблача́ть 4) *фото* де́лать вы́держку

exposition [,ekspə'ziʃ(ə)n] 1) описа́ние, разъясне́ние 2) вы́ставка *(това́ров)* 3) *кино* экспози́ция

expostulat||**e** [ıks'pɔstjuleıt] дру́жески пеня́ть, увещева́ть (*with smb. about, for, on smth.*); **~ion** [ıks,pɔstju-'leıʃ(ə)n] увеща́ние

exposure [ıks'pouʒə] 1) выставле́ние 2) разоблаче́ние 3) *фото* экспози́ция, вы́держка

expound [ıks'paund] 1) излага́ть 2) разъясня́ть, толкова́ть

express I [ıks'pres] 1. *a* курье́рский, сро́чный 2. *n* 1) *ж.-д.* экспре́сс 2) курье́р, наро́чный

express II [ıks'pres] 1. *v* выража́ть 2. *a* то́чно вы́раженный; **~ible** [-əbl] вырази́мый; **~ion** [-'preʃ(ə)n] 1) вырази́тельность; экспре́ссия 2) выраже́ние; **~ive** [-ıv] вырази́тельный; **~ly** 1) я́сно, то́чно 2) специа́льно, наро́чно

expropria||**te** [eks'prouprıeıt] экспроприи́ровать; **~tion** [eks,prouprı'eıʃ(ə)n] экспроприа́ция; **~tor** экспроприа́тор

expulsion [ıks'pʌlʃ(ə)n] изгна́ние; исключе́ние (*из школы, клуба*)

expunge [ıks'pʌndʒ] вычёркивать (*from*)

expurgat||**e** ['ekspə:geıt] вычёркивать нежела́тельные места́ (*в книге*); **~ion** [,ekspə:'geıʃ(ə)n] вычёркивание нежела́тельных мест (*в книге*)

exquisite ['ekskwızıt] 1) изы́сканный 2) преле́стный 3) о́стрый, си́льный

ex-service ['eks'sə:vıs] отставно́й

extant [eks'tænt] существу́ющий, сохрани́вшийся, доше́дший до нас

extempo||**re** [eks'tempərı] 1. *a* импровизи́рованный 2. *adv.* экспро́мтом; **~rise** [ıks'tempəraız] импровизи́ровать

exten||**d** [ıks'tend] 1) вытя́гивать, тяну́ть 2) продлева́ть 3) расширя́ть 4) растя́гивать (*войска*) 5) вытя́гиваться 6) тяну́ться, простира́ться; **~ded** [-ıd] 1) растя́нутый 2) продлённый; **~dible**, **~sible** [-dəbl, -səbl] растяжи́мый; **~sion** [-'tenʃ(ə)n] 1) вытя́гивание 2) расшире́ние 3) добавле́ние 4) отсро́чка, продле́ние; **~sive** [-sıv] простра́нный, обши́рный; экстенси́вный; **~sively** широко́; простра́нно

extent [ıks'tent] 1) разме́р, протяже́ние 2) сте́пень; to a great ~ в значи́тельной сте́пени; to what ~? наско́лько?, до како́й сте́пени?

extenuate [eks'tenjueıt] смягча́ть, уменьша́ть (*вину и т. п.*)

exterior [eks'tıərıə] 1. *a* вне́шний, нару́жный 2. *n* вне́шность, нару́жность

exterminat||**e** [eks'tə:mıneıt] искореня́ть, истребля́ть; **~ion** [eks,tə:mı'neıʃ(ə)n] истребле́ние

external [eks'tə:nl] нару́жный, вне́шний

extinct [ıks'tıŋkt] 1) поту́хший (*о вулкане*) 2) вы́мерший (*о племени, виде жи-*

вотного и т. п.); ~**ion** [-kʃ(ə)n] 1) потухание 2) вымирание

extinguish [ıks'tıŋgwıʃ] 1) гасить 2) уничтожать 3) погашать *(долг)*; ~**er** огнетушитель

extirpat‖**e** ['ekstə:peıt] искоренять, истреблять; ~**ion** [,ekstə:'peıʃ(ə)n] искоренение, истребление; ~**or** 1) искоренитель 2) *с.-х.* культиватор, экстирпатор

extol [ıks'tɔl] превозносить

extort [ıks'tɔ:t] 1) вымогать *(деньги)* 2) выпытывать *(секрет)*; ~**ion** [-'tɔ:ʃ(ə)n] вымогательство; ~**ionate** [-'tɔ:ʃnıt] вымогательский; грабительский *(о ценах)*; ~**ioner** [-ʃnə] вымогатель

extra ['ekstrə] дополнительный *(о расходах и т. п.)*

extra- ['ekstrə-] *pref* экстра-, сверх-, вне-

extract 1. *v* [ıks'trækt] 1) удалять *(зуб)*; извлекать *(пулю)*; добывать *(из недр земли)* 2) вытягивать *(деньги, сведения)* 3) выжимать *(сок)* 4) выбирать цитаты, делать выдержки *(из книги и т. п.)* 5) *мат.* извлекать корень 2. *n* ['ekstrækt] 1) экстракт 2) извлечение; выдержка *(из книги)*; ~**ion** [ıks'trækʃ(ə)n] 1) извлечение, добывание 2) происхождение; ~**ive** [ıks'træktıv] 1. *a* извлекаемый; ~**ive industry** добывающая промышленность 2. *n* экстракт

extradi‖**te** ['ekstrədaıt] выдавать преступника *(по месту совершения преступления)*; ~**tion** [,ekstrə'dıʃ(ə)n] выдача преступника *(по месту совершения преступления)*

extraneous [eks'treınjəs] чуждый, посторонний

extraordinary [ıks'trɔ:dnrı] необычайный; экстраординарный; чрезвычайный

extravag‖**ance** [ıks'trævıgəns] 1) расточительность 2) экстравагантность; сумасбродство; ~**ant** [-ənt] 1) расточительный 2) непомерный *(о требованиях и т. п.)* 3) сумасбродный *(о поведении)*

extrem‖**e** [ıks'trı:m] 1. *a* крайний 2) чрезмерный 2. *n* крайняя степень, крайность; ~**ely** крайне; ~**ist** *полит.* сторонник крайних мер, экстремист; ~**ity** [-'tremıtı] 1) конец, край 2) чрезмерность, крайность 3) крайняя нужда 4) *pl* конечности 5) *pl* чрезвычайные меры

extricate ['ekstrıkeıt] выпутывать, выводить *(из затруднительного положения — from)*; ~ oneself from difficulties выпутываться из затруднительного положения

extrinsic [eks'trınsık] 1) несвойственный; не относящийся *(к делу — to)* 2) внешний

extrovert ['ekstro(u)və:t] 1) человек, интересующийся только внешней средой 2) человек без духовных интересов

extrude [eks'tru:d] выта́лкивать, вытесня́ть *(from)*

exuber‖ance [ɪg'zju:b(ə)r(ə)ns] избы́ток *(чувств и т. п.)*; изоби́лие *(расти́тельности)*; **~ant**[-(ə)nt] 1) оби́льный, роско́шный *(о расти́тельности)* 2) бью́щий че́рез край *(об энергии, радости и т. п.)* 3) цвети́стый *(о стиле)*

exude [ɪg'zju:d] выделя́ть *(жидкость)*

exult [ɪg'zʌlt] ликова́ть, торжествова́ть; **~ant** [-(ə)nt] лику́ющий; **~ation** [ˌegzʌl'teɪʃ(ə)n] торжество́, ликова́ние

eye ['aɪ] **1.** *n* глаз; have an ~ *(for)* а) быть знатоко́м; б) следи́ть *(за чем-л.)*; keep an ~ *(on)* присма́тривать, следи́ть за; be all ~s гляде́ть во все глаза́; set ~s *(on)* заме́тить; ~s right (left) *воен.* равне́ние напра́во (нале́во); catch smb.'s ~ пойма́ть чей-л. взгляд; see ~ to ~ with smb. быть согла́сным с кем-л. 2) ушко́ *(иголки)* 3) пе́телька 4) *бот.* глазо́к **2.** *v* смотре́ть; наблюда́ть; рассма́тривать; **~ball** [-bɔ:l] глазно́е я́блоко; **~brow** [-brau] бровь; **~drops** [-drɔps] глазны́е ка́пли; **~glass** [-glɑ:s] 1) стекло́ для очко́в 2) *pl* очки́, пенсне́, лорне́т; **~hole** [-houl] глазна́я впа́дина; **~lash** [-læʃ] ресни́ца; **~let** [-lɪt] 1) глазо́к, щёлка 2) ушко́, пе́телька; **~lid** [-lɪd] ве́ко; **~piece** [-pi:s] окуля́р *(телескопа)*; **~shot** [-ʃɔt] по́ле зре́ния; **~sight** [-saɪt] зре́ние; **~sore** [-sɔ:] что-л. неприя́тное для гла́за; *перен.* бельмо́ на глазу́; **~witness** [-'wɪtnɪs] очеви́дец

F

F, f [ef] 1) *шестая буква англ. алфавита* 2) *муз.* но́та фа

fable ['feɪbl] 1) ба́сня 2) небыли́ца, ска́зка

fabric ['fæbrɪk] 1) ткань, мате́рия 2) структу́ра, строе́ние 3) зда́ние, сооруже́ние

fabricate ['fæbrɪkeɪt] 1) выду́мывать 2) подде́лывать *(документ)*

fabul‖ous ['fæbjuləs] 1) легенда́рный, мифи́ческий, баснословный 2) *разг.* невероя́тный; потряса́ющий

façade [fə'sɑ:d] фаса́д; *перен.* вне́шний вид

face ['feɪs] **1.** *n* 1) лицо́; full in the ~ пря́мо в лицо́; in the ~ *(of)* а) перед лицо́м; б) вопреки́, несмотря́ на; he pulled *(или* made) a long ~ у него́ был огорчённый (опеча́ленный) вид 2) выраже́ние *(лица)*; грима́са; make ~s стро́ить ро́жи 3) на́глость; have the ~ *(to)* име́ть на́глость 4) вне́шний вид 5) лицева́я сторона́ 6) грань 7) фаса́д 8) цифербла́т 9) *горн.* забо́й 10) *attr.*: ~ value нарица́тельная цена́ ◇ set one's ~ *(against)* противиться *(чему-л.)*, возражать *(против чего-л.)* 2. *v* 1) смотреть в лицо 2) встречать без страха *(трудности и т. п.)* 3) быть обращённым *(к чему-л., в сторону чего-л.)* 4) отделывать *(платье)* 5) облицовывать *(камнем)*; ~card [-kɑːd] фигура *(в картах)*

facet ['fæsɪt] фасетка; грань

facetious [fə'siːʃəs] шутливый

facial ['feɪʃ(ə)l] 1. *a* лицевой 2. *n* массаж лица

facil‖e ['fæsaɪl] 1) лёгкий 2) податливый; уступчивый; мягкий *(о характере)*; ~itate [fə'sɪlɪteɪt] облегчать; содействовать; ~ity [fə'sɪlɪtɪ] 1) лёгкость 2) способность 3) *pl* возможности; удобства; средства обслуживания; льготы; оборудование

facing ['feɪsɪŋ] наружная отделка; облицовка

facsimile [fæk'sɪmɪlɪ] факсимиле

fact [fækt] факт, событие; обстоятельство; in ~ в самом деле; the ~ is дело в том

facti‖on ['fækʃ(ə)n] 1) клика 2) фракция 3) разногласия *(в партии)*; ~ous ['fækʃəs] фракционный

factitious [fæk'tɪʃəs] искусственный

factor ['fæktə] 1) фактор 2) *мат.* множитель 3) агент, комиссионер 4) *тех.* коэффициент

factory ['fækt(ə)rɪ] 1) фабрика; завод 2) *уст.* фактория 3) *attr.*: ~ committee фабрично-заводской комитет; F. Acts фабричное законодательство

faculty ['fæk(ə)ltɪ] 1) способность, дар(ование) 2) факультет

fad ['fæd] конёк, причуда; ~dy [-ɪ] чудаковатый

fad‖e ['feɪd] 1) вянуть, увядать; блёкнуть; выцветать 2) замирать *(о звуках)* 3) стираться *(в памяти)* 4) обесцвечивать; ~ away постепенно исчезать, сходить на нет; угасать ~ing *радио* затухание

fag [fæg] 1. *v* 1) трудиться 2) утомлять; his work ~s him (out) работа его утомляет 2. *n* 1) нудная и тяжёлая работа 2) *разг.* папироса; ~-end ['fægend] ненужный остаток *(чего-л.)*; окурок

fag(g)ot ['fægət] вязанка, охапка хвороста

Fahrenheit ['fær(ə)nhaɪt] шкала, термометр Фаренгейта

fail ['feɪl] 1. *v* 1) оказаться не в состоянии *(сделать что-л.)*; обмануть надежды 2) провалить *(на экзаменах, выборах)* 3) провалиться *(на экзаменах, выборах)* 4) недоставать, не хватать, отсутствовать 5) ослабевать, слабеть 6) обанкротиться 2. *n*: without ~ наверняка, безусловно; ~ing 1. *n* недостаток, слабость 2. *prep* за неимением; в случае отсутствия ◇ ~ing an answer to my letter I shall cable если я не получу ответа на своё письмо, то буду телеграфировать; ~ure [-jə] 1) неудача, провал 2) нехватка, недостаток 3) банкротство 4) неудачник ◇ heart ~ure паралич сердца

faint ['feɪnt] 1. *a* 1) слабый *(тж. перен.)*; I haven't the ~ est idea у меня нет ни малейшего представления 2) тусклый, неясный 3) робкий ◇ I feel ~ мне дурно 2. *v* падать в обморок, терять сознание 3. *n* обморок; ~-hearted [-'hɑːtɪd] малодушный, трусливый

faintly ['feɪntlɪ] слабо, едва

fair I [fɛə] 1) ярмарка 2) торгово-промышленная выставка 3) благотворительный базар

fair II ['fɛə] 1. *a* 1) порядочный, справедливый; ~ play игра по правилам, честная игра; ~ trade торговля на основе взаимных привилегий 2) белокурый, светлый 3) благоприятный *(о погоде)* 4) посредственный ◇ ~ copy чистовик 2. *adv* справедливо, честно; ~ and square честно и справедливо; ~ly 1) справедливо 2) достаточно, довольно 3) *разг.* совершенно

fairway ['fɛəweɪ] *мор.* фарватер

fairy ['fɛərɪ] 1. *n* фея 2. *a* волшебный, сказочный; прекрасный; ~-tale [-teɪl] 1) сказка 2) выдумка, небылица

fait accompli [ˌfetɑːkɔːŋ'pliː] *фр.* совершившийся факт

faith ['feɪθ] 1) вера, доверие 2) религия 3) верность; лояльность 4) обещание; break ~ не выполнить обещания ◇ in good ~ честно, добросовестно; ~ful 1) верный, преданный 2) правоверный; ~fully: yours ~fully «с совершенным почтением» *(заключительная фраза в письме)*; ~less вероломный, неверный

fake [feɪk] 1. *v* 1) подделывать; фальсифицировать 2) фабриковать *(тж.* ~ up) 2. *n* фальшивка; подделка

fakir ['fɑːkɪə] факир

falcon ['fɔːlkən] сокол

fall [fɔːl] 1. *v* (fell; fallen) 1) падать; опускаться; ~ into disgrace впасть в немилость 2) обваливаться 3) снижаться *(о цене)* 4) приходиться *(на — on; о дате)* 5) погибнуть; ~ in action пасть в бою; ~ a prey *(to)* пасть жертвой *(чего-л.)* 6) стихать *(о ветре)* 7) впадать *(в — into; о реке)* 8) впасть *(в ошибку)* 9) выпасть на долю; ~ away а) покидать; б) исчезать; ~ back отступать; ~ back on а) прибегать *(к чему-л.)*; б) ссылаться *(на что-л.)*; ~ behind отставать; ~ in становиться в строй; ~ in with а) встретиться *(случайно)*; б) соглашаться; ~ on а) нападать, набрасываться; б) приступить *(к чему-л.)*; ~ out а) ссориться; б) выпадать; ~ out of use выходить из употребления; ~ through потерпеть неудачу; ~ **to** приступи́ть *(к чему́--либо)*; ~ to blows перейти́ в рукопа́шную; ~ **under** а) подходи́ть *(под ру́брику)*; б): ~ under suspicion попа́сть под подозре́ние ◇ asleep засну́ть; ~ silent замолча́ть; ~ ill заболе́ть; ~ in love *(with)* влюби́ться; ~ short *(of)* не хвата́ть, недостава́ть 2. *n* 1) паде́ние; ~ of snow снегопа́д; heavy ~ of rain ли́вень 2) *(обыкн. pl)* водопа́д 3) *амер.* о́сень

fallac∥ious [fəˈleɪʃəs] оши́бочный; ~**y** [ˈfæləsɪ] оши́бка; заблужде́ние

fallen [ˈfɔːl(ə)n] *p. p. от* fall 1

fallow [ˈfæloʊ] земля́ под па́ром

fallow-deer [ˈfælo(ʊ)dɪə] лань

false [ˈfɔːls] 1) ло́жный; оши́бочный 2) лжи́вый 3) фальши́вый, подде́льный; иску́сственный; ~ teeth иску́сственные зу́бы; ~**hood** [-hʊd] ложь

falsify [ˈfɔːlsɪfaɪ] подде́лывать; фальсифици́ровать; иска́жать

falter [ˈfɔːltə] 1) спотыка́ться; идти́ неуве́ренно 2) говори́ть заика́ясь; запина́ться 3) колеба́ться

fam∥e [feɪm] сла́ва, изве́стность; репута́ция; ~**ed** [-d] изве́стный; знамени́тый; просла́вленный

familiar [fəˈmɪljə] 1) хорошо́ зна́ющий *(что-л.)*; осведомлённый *(with)* 2) хорошо́ изве́стный *(to)* 3) обы́чный

4) бли́зкий, инти́мный 5) фамилья́рный; ~**ity** [fəˌmɪlɪˈærɪtɪ] 1) знако́мство *(с предме́том)* 2) бли́зкие отноше́ния 3) фамилья́рность; ~**ize** [fəˈmɪljəraɪz] осва́ивать *(что-л.)*; знако́мить *(с чем--либо)*; ~ize oneself with smth. ознако́миться с чем-л.

family [ˈfæmɪlɪ] 1) семья́; семе́йство 2) *attr.*: ~ man оте́ц семе́йства; семьяни́н ◇ in a ~ way по-сво́йски, без церемо́ний; in the ~ way «в положе́нии» *(о бере́менной)*

fam∥ine [ˈfæmɪn] го́лод; голода́ние; ~**ish** 1) голода́ть 2) мори́ть го́лодом

famous [ˈfeɪməs] 1) знамени́тый; be ~ сла́виться *(чем-л.)* 2) *разг.* отме́нный, превосхо́дный

fan I [fæn] 1. *n* 1) ве́ер 2) вентиля́тор 2. *v* 1) освежа́ть; обма́хивать *(ве́ером и т. п.)* 2) разжига́ть *(войну́, стра́сти и т. п.)* 3) *с.-х.* ве́ять

fan II *разг.* энтузиа́ст, «боле́льщик»

fanatic [fəˈnætɪk] 1. *n* фана́тик; изуве́р 2. *a* фанати́ческий; ~**al** [-(ə)l] фанати́ческий

fanciful [ˈfænsɪfʊl] 1) мечта́тельный 2) причу́дливый; фантасти́ческий

fancy [ˈfænsɪ] 1. *n* 1) воображе́ние, фанта́зия 2) капри́з 3) скло́нность; конёк; have a ~ *(for)* люби́ть, увлека́ться; I took a ~ to him, he took my ~ он мне полюби́лся, пришёлся по душе́ 2. *a*

1) расши́тый, разукра́шенный 2) мо́дный; ~ articles (*или* goods) галантере́я ◇ ~ dress маскара́дный костю́м; ~ prices ду́тые це́ны **3.** *v* 1) вообража́ть, представля́ть себе́ 2) люби́ть, нра́виться 3): ~ oneself *разг.* мно́го понима́ть о себе́, «вообража́ть»

fancy-dress ['fænsɪ'dres]: ~ ball маскара́д, костюми́рованный бал

fancy-work ['fænsɪwəːk] вы́шивка

fang [fæŋ] 1) клык 2) ядови́тый зуб (*змеи*) 3) ко́рень зуба́

fan-light ['fænlaɪt] окно́ над две́рью

fantastic [fæn'tæstɪk] фантасти́ческий; причу́дливый, эксцентри́чный

fantasy ['fæntəsɪ] 1) фанта́зия, воображе́ние 2) капри́з

far ['fɑː] (farther, further; farthest, furthest) **1.** *adv* 1) далеко́; ~ into the night далеко́ за́ по́лночь 2) гора́здо; ~ better гора́здо лу́чше ◇ as ~ as, (in) so ~ as a) до; б) поско́льку, наско́лько; ~ and away, by ~ значи́тельно, гора́здо; so ~ до сих пор; ~ gone a) погря́зший (*в пья́нстве и т. п.*); б) о́чень больно́й **2.** *a* далёкий, да́льний; отдалённый (*тж.* ~ off); ~-away [-rəweɪ] 1) отдалённый, далёкий 2) мечта́тельный (*о взгля́де*);
~-between [-bɪ'twiːn]: few and ~-between ре́дкий

farc||e ['fɑːs] фарс; шу́тка; ~ical [-ɪk(ə)l] шуто́чный

fare ['feə] **1.** *n* 1) пла́та за прое́зд; сто́имость прое́зда 2) пасса́жир 3) пи́ща, еда́; стол **2.** *v*: how ~s it? как дела́?, как пожива́ете?; ~well [-'wel] **1.** *int* проща́йте!, до свида́ния! **2.** *n* проща́ние

far||-famed ['fɑː'feɪmd] широкоизве́стный; ~-fetched [-'fetʃt] натя́нутый, иску́сственный; ~-flung [-'flʌŋ] широко́ раски́нувшийся, обши́рный

farinaceous [ˌfærɪ'neɪʃəs] мучни́стый

farm ['fɑːm] **1.** *n* 1) фе́рма; ху́тор 2) хозя́йство; state ~ совхо́з; госуда́рственное хозя́йство **2.** *v* занима́ться се́льским хозя́йством, обраба́тывать зе́млю; ~ out сдава́ть в аре́нду; ~er крестья́нин; фе́рмер

farm-hand ['fɑːmhænd] сельскохозя́йственный рабо́чий; батра́к

farm-house ['fɑːmhaus] дом на фе́рме

farming ['fɑːmɪŋ] се́льское хозя́йство

far-reaching ['fɑː'riːtʃɪŋ] 1) име́ющий широ́кое примене́ние, распростране́ние 2) далеко́ иду́щий, чрева́тый после́дствиями

farrow ['færou] **1.** *n* 1) опоро́с 2) помёт порося́т **2.** *v* поро́ситься

far||-seeing ['fɑː'siːɪŋ] прозорли́вый, дальнови́дный; ~-sighted [-'saɪtɪd] дальнозо́ркий; *перен.* предусмотри́тельный, дальнови́дный

farth∥er ['fɑːðə] *(сравн. ст. от* far) 1. *adv* да́льше 2. *а* дальне́йший, бо́льший; **~ermost** [-moust] са́мый да́льний; **~est** [-ðɪst] *(превосх. ст. от* far) 1. *adv* да́льше всего́ 2. *а* са́мый да́льний, отдалённый

farthing ['fɑːðɪŋ] *уст.* фа́ртинг *(монета в* $^1/_4$ *пенни)*

fascinat∥e ['fæsɪneɪt] 1) очаро́вывать 2) зачаро́вывать *(взглядом);* **~ion** [ˌfæsɪ'neɪʃ(ə)n] очарова́ние

fasc∥ism ['fæʃɪzm] фаши́зм; **~ist** 1. *n* фаши́ст 2. *а* фаши́стский

fashion ['fæʃ(ə)n] 1. *n* 1) мо́да, фасо́н; out of ~ вы́шедший из мо́ды, устаре́вший 2) стиль, мане́ра; обы́чай 2. *v* придава́ть фо́рму, вид; **~able** [-əbl] мо́дный, фешене́бельный

fast I [fɑːst] 1. *а* 1) твёрдый; кре́пкий; сто́йкий 2) нелиня́ющий *(о краске)* 3) ве́рный *(о друге)* 2. *adv* кре́пко; сто́йко

fast II 1. *а* 1) ско́рый, бы́стрый 2) легкомы́сленный, беспу́тный 2. *adv* бы́стро ◇ live ~ прожига́ть жизнь

fast III 1. *n* пост 2. *v* пости́ться

fasten ['fɑːsn] 1) привя́зывать, прикрепля́ть 2) устремля́ть *(взгляд)* 3) запира́ть 4) застёгивать 5) застёгиваться

fasten∥er ['fɑːsnə] 1) запо́р 2) кно́пка; застёжка 3) скре́пка для бума́г; **~ing** скрепле́ние

fastidious [fæs'tɪdɪəs] приве́редливый; брезгли́вый

fat [fæt] 1. *а* 1) жи́рный 2) упи́танный; то́лстый, по́лный; get ~ полне́ть 2. *n* жир, са́ло

fatal ['feɪtl] 1) па́губный, смерте́льный 2) роково́й; **~ity** [fə'tælɪtɪ] 1) рок 2) несча́стье 3) смерть *(от несча́стного слу́чая, на по́ле бо́я и т. п.)*

fate ['feɪt] 1. *n* судьба́, рок; уде́л 2. *v (обыкн. pass)* предопределя́ть; **~ful** 1) роково́й 2) реши́тельный, ва́жный

father ['fɑːðə] 1. *n* 1) оте́ц; *перен.* творе́ц, созда́тель 2) *(обыкн. pl)* пре́док 3) старе́йший член *(о́бщества и т. п.)* 4) *pl* старе́йшины 2. *v* 1) порожда́ть, быть отцо́м 2) создава́ть; **~hood** [-hud] отцо́вство

father-in-law ['fɑːð(ə)rɪnlɔː] свёкор *(husband's father);* тесть *(wife's father)*

fatherland ['fɑːðəlænd] оте́чество, отчи́зна

fathom ['fæðəm] 1. *n* морска́я са́жень *(= 182 см)* 2. *v* измеря́ть глубину́; *перен.* вника́ть, понима́ть

fatigue [fə'tiːg] 1. *n* утомле́ние, уста́лость 2. *v* утомля́ть

fat∥ten ['fætn] 1) отка́рмливать 2) жире́ть 3) удобря́ть; **~ty** ['fætɪ] 1. *а* 1) жи́рный; отко́рмленный 2) жирово́й 2. *n* толстя́к

fatuous ['fætjuəs] 1) глупый 2) бесполезный

faucet ['fɔ:sit] водопроводный кран

faugh [fɔ:] тьфу!, фу!

fault ['fɔ:lt] 1) недостаток; погрешность, ошибка 2) вина; проступок; find ~ *(with)* придираться, осуждать 3) *тех.* повреждение; ~less безошибочный; безупречный

faulty ['fɔ:lti] 1) ошибочный 2) имеющий недостатки 3) неисправный

fauna ['fɔ:nə] фауна

faux pas ['fou'pa:] *фр.* промах, ложный шаг

favour ['feivə] 1. *n* 1) расположение, благосклонность 2) be in ~ of быть за; it speaks in his ~ это говорит в его пользу 3) покровительство 4) одолжение 5) значок; бант; сувенир ◊ by your ~ *уст.* с вашего позволения; by ~ of smb. через кого-л. 2. *v* 1) относиться благосклонно 2) благоприятствовать 3) быть похожим; ~able [-rəbl] 1) благоприятный, подходящий 2) благосклонный; ~ite [-rɪt] 1. *a* излюбленный, любимый 2. *n* фаворит, любимец

fawn I [fɔ:n] оленёнок

fawn II 1) вилять хвостом 2) подхалимничать *(on, upon)*

fay [fei] *поэт.* фея; эльф

fear ['fɪə] 1. *n* страх, боязнь; опасение 2. *v* бояться; опасаться; never ~ не бойтесь; ~ful ужасный, страш-

ный 2) *разг.* огромный; ~some [-səm] *(обыкн. шутл.)* грозный, страшный

feasible ['fi:zbl] 1) возможный 2) осуществимый

feast [fi:st] 1. *n* праздник; банкет; пир 2. *v* 1) пировать 2) чествовать; потчевать 3) ~ one's eyes on smb. *(или* smth.) любоваться кем-л. *(или* чем-л.)

feat [fi:t] подвиг; ~ of arms боевой подвиг

feather ['feðə] 1. *n* 1) перо; as light as a ~ лёгкий как пёрышко 2) *pl* оперение *ed.* ◊ show the white ~ струсить 2. *v* украшать перьями; ~-**brain(ed)** [-brein(d)] глупый, ветреный

feathering ['feðərɪŋ] оперение

feathery ['feðərɪ] 1) оперённый 2) лёгкий (как пёрышко)

feature ['fi:tʃə] 1. *n* 1) особенность; (характерная) черта; distinguishing ~s отличительные черты 2) *pl* черты лица 3) большая статья в газете *или* журнале 4) (кино)боевик 5) *pl* характеристика; детали 6) *attr.*: ~ film художественный фильм 2. *v* 1) быть характерной чертой; набросать, зарисовать 3) показывать на экране

febrile ['fi:brail] лихорадочный

February ['februəri] 1) февраль 2) *attr.* февральский

feckless ['feklis] 1) бесполезный 2) пустой

fecund ['fiːkənd] плодоро́дный; плодови́тый; ~**ate** [-eit] 1) де́лать плодоро́дным 2) оплодотворя́ть; ~**ity** [fɪˈkʌndɪtɪ] плодоро́дие; *перен.* плодови́тость

fed [fed] *past и p. p. от* feed 1

federa‖**l** [ˈfedər(ə)l] федера́льный, сою́зный; ~**te** 1. *v* [ˈfedəreit] объединя́ться в федера́цию 2. *a* [ˈfedərit] федерати́вный; ~**tion** [ˌfedəˈreɪʃ(ə)n] федера́ция; ~**tive** [ˈfedərətɪv] федерати́вный

fee [fiː] 1) пла́та; гонора́р 2) (вступи́тельный) взнос

feeble [ˈfiːbl] сла́бый; хи́лый

feed [fiːd] 1. *v* (fed) 1) пита́ть, корми́ть 2) пита́ться, корми́ться 3) пасти́ 4) пасти́сь 5) *тех.* подава́ть; нагнета́ть; ~ **up** отка́рмливать; I am fed up! я сыт по го́рло!, надое́ло! 2. *n* пита́ние; еда́; корм

feedback [ˈfiːdbæk] *радио* обра́тная связь

feeder [ˈfiːdə] 1) едо́к 2) *тех.* пита́тель, подаю́щий механи́зм 3) прито́к *(реки́)* 4) де́тский рожо́к *(для молока́)* 5) де́тский нагру́дник

feel [fiːl] *v* (felt) 1) чу́вствовать; ~ tired чу́вствовать себя́ уста́лым 2) ощуща́ть; осяза́ть; ~ one's way идти́ о́щупью; де́йствовать осторо́жно ◇ ~ **about** *(for)* нащу́пывать; ~ **like** (doing smth.) быть скло́нным (что-л. сде́лать); ~**er** 1) щу́пальце, у́сик 2) *воен.* разве́дывательный дозо́р ◇ put out a ~**er** зонди́ровать по́чву; ~**ing** 1. *n* 1) чу́вство; эмо́ция 2) ощуще́ние 3) симпа́тия, сочу́вствие 2. *a* 1) чувстви́тельный 2) прочу́вствованный 3) по́лный сочу́вствия

feet [fiːt] *pl от* foot 1

feign [fein] притворя́ться; симули́ровать; ~ an excuse приду́мывать оправда́ние; ~**ed** [-d] притво́рный; фальши́вый

feint [feint] 1) притво́рство 2) *воен.* ло́жная ата́ка

felicitate [fɪˈlɪsɪteit] поздравля́ть

felicitous [fɪˈlɪsɪtəs] уда́чный, подходя́щий

feline [ˈfiːlain] коша́чий

fell I [fel] шку́ра

fell II руби́ть, вали́ть *(дере́вья)*

fell III *past of* fall 1

fellow [ˈfelo(u)] 1. *n* 1) *разг.* па́рень, ма́лый; old ~ старина́, дружи́ще 2) това́рищ, прия́тель 3) собра́т 4) член учёного о́бщества, сове́та колле́джа 5) *attr.*: ~ creature бли́жний; ~ citizen согражда́нин ◇ my dear ~! дорого́й мой! 2. *a* това́рищеский; ~**-countryman** [-ˈkʌntrɪmən] соотече́ственник, земля́к; ~**feeling** [-ˈfiːlɪŋ] сочу́вствие, симпа́тия; ~**ship** 1) соо́бщество 2) компа́ния; това́рищество 3) о́бщество, бра́тство 4) чле́нство *(в нау́чном о́бществе)*; ~**traveller** [-ˈtrævlə] попу́тчик, спу́тник

felo||n ['felən] уголо́вный престу́пник; ~**ny** [-ɪ] уголо́вное преступле́ние

felt I [felt] фетр, во́йлок

felt II *past и p. p. от* feel

female ['fi:meɪl] **1.** *n* 1) же́нщина 2) *зоол.* са́мка **2.** *a* же́нский

feminin||e ['femɪnɪn] 1) же́нский 2) же́нственный 3) *грам.* же́нского ро́да; ~**ity** [ˌfemɪ'nɪnɪtɪ] же́нственность

fen [fen] боло́то, топь

fenc||e ['fens] **1.** *n* 1) и́згородь, забо́р; sit on the ~ *перен.* занима́ть выжида́тельную пози́цию 2) *разг.* укрыва́тель *или* ску́пщик кра́деного **2.** *v* 1) фехтова́ть 2) огора́живать; загора́живать 3) укрыва́ть кра́деное; ~**ing** 1) фехтова́ние 2) и́згородь, огра́да 3) огора́живание

fend ['fend] 1): ~ off отвраща́ть, отража́ть *(удары и т. п.)* 2): ~ for oneself обеспе́чивать себя́; ~**er** 1) ками́нная решётка 2) предохрани́тельная решётка

fennel ['fenl] укро́п

ferment 1. *n* ['fəːment] ферме́нт, дро́жжи; заква́ска; *перен.* возбужде́ние **2.** *v* [fəː'ment] 1) броди́ть 2) вызыва́ть броже́ние; *перен.* возбужда́ть; ~**ation** [ˌfəːmen'teɪʃ(ə)n] ферме́нта́ция; броже́ние; *перен.* возбужде́ние, волне́ние

fern [fəːn] па́поротник (мужско́й)

feroci||ous [fə'rouʃəs] свире́пый, жесто́кий; ~**ty** [-'rɔsɪtɪ] свире́пость, лю́тость, жесто́кость

ferret ['ferɪt] **1.** *n* хорёк; *перен.* сы́щик **2.** *v*: ~ about иска́ть, разы́скивать; ~ out разню́хивать, выве́дывать

ferro-concrete ['ferə(u)-'kɔŋkriːt] железобето́н

ferrous ['ferəs] *хим.* желе́зистый; ~ metals чёрные мета́ллы; ~ metallurgy чёрная металлу́ргия

ferry ['ferɪ] **1.** *v* перевози́ть *или* переезжа́ть *(через реку и т. п.)* **2.** *n* 1) перево́з; перепра́ва 2) паро́м; ~-**boat**[-bout] паро́м; ~-**bridge** [-brɪdʒ] железнодоро́жный паро́м; ~-**man** [-mən] перево́зчик, паро́мщик

fertil||e ['fəːtaɪl] плодоро́дный; изоби́лующий; ~**ity** [-'tɪlɪtɪ] плодоро́дие; ~**ize** [-tɪlaɪz] удобря́ть; ~**izer** [-tɪlaɪzə] удобре́ние

ferv||ency ['fəːv(ə)nsɪ] горя́чность, пыл; ~**ent** [-(ə)nt] горя́чий; пы́лкий; ~**our** [-və] *см.* fervency

festal ['festl] пра́здничный, весёлый

fester ['festə] **1.** *v* гнои́ться; *перен.* му́чить; изводи́ть **2.** *n* нагное́ние

festi||val ['festəv(ə)l] пра́зднество; фестива́ль; ~**ve** ['festɪv] пра́здничный; весёлый; ~**vity** [fes'tɪvɪtɪ] 1) весе́лье; пра́зднование 2) *pl* торжества́

festoon [fes'tuːn] гирля́нда; фесто́н

fetch ['fetʃ] 1) принести́, привести́; сходи́ть *(за кем-л.,* *чем-л.*) 2) вызвать *(слёзы и т. п.)* 3) приносить доход, выручать ◇ ~ a sigh вздохнуть; ~ing привлекательный

fetid ['fetɪd] зловонный, вонючий

fetish ['fetɪʃ] 1) фетиш 2) йдол, кумир

fetter ['fetə] 1. *n pl* кандалы; оковы; узы, путы *(тж. перен.)* 2. *v* заковывать *(в кандалы); перен.* связывать (по рукам и ногам)

fettle ['fetl]: be in fine ~ быть в хорошем настроении

feud [fjuːd] вражда; blood ~ кровная вражда

feudal ['fjuːdl] феодальный; ~ism феодализм; ~ist феодал

fever ['fiːvə] лихорадка, жар; *перен.* (нервное) возбуждение *(обыкн.* a ~); ~ish [-rɪʃ] лихорадочный; *перен.* возбуждённый

few [fjuː] 1. *a* немногие; немногочисленные 2. *n* малое число; a ~ несколько; a good ~, some ~ *разг.* порядочное число, довольно много

fez [fez] феска

fianc||é [fɪ'ɑːnseɪ] *фр.* жених; ~ée [fɪ'ɑːnseɪ] *фр.* невеста

fiasco [fɪ'æskou] провал, неудача, фиаско

fiat ['faɪæt] указ, декрет

fib [fɪb] *разг.* 1. *n* ложь, выдумка 2. *v* врать

fibr||e ['faɪbə] волокно, фибра; ~ous [-brəs] волокнистый, фиброзный

fickle ['fɪkl] изменчивый, непостоянный

fiction ['fɪkʃ(ə)n] 1) беллетристика 2) вымысел, фикция ◇ science ~ научная фантастика

fictitious [fɪk'tɪʃəs] фиктивный; вымышленный, воображаемый

fiddle ['fɪdl] 1. *n* скрипка 2. *v* 1) играть на скрипке 2) попусту тратить время; ~-faddle [-,fædl] 1. *n* пустяки 2. *a* пустячный 3. *v* бездельничать

fiddler ['fɪdlə] скрипач

fiddlestick ['fɪdlstɪk] 1) смычок 2): ~s! глупости!, чепуха!

fidelity [fɪ'delɪtɪ] верность; точность

fidge||t ['fɪdʒɪt] 1. *n* 1) *(обыкн. pl)* нервные движения; беспокойство 2) суетливый человек; непоседа 2. *v* ёрзать; суетиться; нервничать; ~ty [-ɪ] суетливый; неугомонный

fie! [faɪ] тьфу!, фи!; ~ upon you! какой стыд!

field ['fiːld] 1. *n* 1) поле; луг 2) поле боя; in the ~ в действующей армии; в полевых условиях; F. Marshal фельдмаршал 3) *геол.* месторождение 4) область *(знаний, деятельности)* 5) *спорт.* площадка 2. *a* полевой; ~-artillery [-ɑː'tɪlərɪ] полевая артиллерия; ~-glasses [-,glɑːsɪz] полевой бинокль; ~-officer [-,ɔfɪsə] старший офицер

fiend ['fiːnd] 1) дьявол, бес 2) злодей, изверг 3) *шутл.* энтузиаст *(чего-л.);* a fresh-air ~ любитель свежего воздуха 4) *разг.* жертва вредной привычки *(см.* dope-fiend); ~ish дьявольский, жестокий

fierce [fɪəs] 1) жестокий; свирепый; лютый 2) сильный *(о буре, жаре и т. п.)*

fiery ['faɪərɪ] 1) огненный, раскалённый 2) сверкающий *(о глазах)* 3) вспыльчивый 4) пылкий, горячий

fife [faɪf] маленькая флейта; дудка

fifteen ['fɪf'ti:n] пятнадцать; ~th [-θ] пятнадцатый

fifth [fɪfθ] 1. *a* пятый 2. *n* пятая часть

fifties ['fɪftɪz]: the ~ a) пятидесятые годы; б) шестой десяток; возраст между 49 и 60 годами

fiftieth ['fɪftɪɪθ] пятидесятый

fifty ['fɪftɪ] пятьдесят ◇ go fifty-fifty делить поровну

fig [fɪg] винная ягода, инжир, фига ◇ I don't care a ~ *груб.* мне наплевать

fight ['faɪt] 1. *n* 1) бой, сражение 2) драка 3) борьба 4) сеанс бокса 2. *v* (fought) сражаться, драться; вести бой; ~er 1) боец 2) самолёт-истребитель; ~ing 1) бой 2) борьба

figment ['fɪgmənt] вымысел

figurat||ion [,fɪgju'reɪʃ(ə)n] оформление; орнаментация; ~ive ['fɪgjurətɪv] 1) образный; переносный *(о значении)* 2) изобразительный; пластический

figure ['fɪgə] 1. *n* 1) цифра 2) *pl разг.* арифметика 3) диаграмма 4) статуя 5) образ; изображение 6) фигура 2. *v* 1) изображать *(графически)* 2): ~ to oneself представлять себе 3) фигурировать 4) украшать *(фигурами);* ~ out а) вычислять; б) понимать, разгадывать

figure-head ['fɪgəhed] 1) *мор.* носовое украшение 2) номинальный начальник; «марионетка»

filament ['fɪləmənt] волокно; нить

filch [fɪltʃ] стянуть, утащить

file I [faɪl] 1. *n* 1) напильник 2. *v* подпиливать, шлифовать

file II 1. *n* 1) очередь, «хвост» 2) ряд, шеренга; in single *(или* in Indian) ~ гуськом 2. *v* проходить в колонне по одному, идти гуськом

file III 1. *n* 1) регистратор *(для бумаг)* 2) подшитые бумаги; дело 3) картотека 2. *v* подшивать бумаги *(к делу)*

filia||l ['fɪlɪəl] сыновний, дочерний; ~tion [,fɪlɪ'eɪʃ(ə)n] отношение родства; происхождение

filigree ['fɪlɪgri:] филигрань, филигранная работа

filings ['faɪlɪŋz] *pl* металлические опилки; стружка

fill [fɪl] 1. *v* 1) наполнять, заполнять; насыщать 2) наполняться 3) исполнять *(обязанности)* 4) пломбиро-

FIL

ва́ть *(зуб)*; ~ in а) пополня́ть; б) заполня́ть; в) замеща́ть; ~ out а) расширя́ть; б) расширя́ться; в) *амер.* заполня́ть *(анкету)*; ~ up наполня́ть, заполня́ть 2. *n* доста́точное коли́чество *(чего-л.)*; eat your ~ е́шьте до́сыта; I've had my ~ of it с меня́ хва́тит

fillet ['fɪlɪt] 1. *n* 1) ле́нта, повя́зка 2) *кул.* филе́ 2. *v* 1) обвя́зывать, повя́зывать ле́нтой 2) приготовля́ть филе́ *(из рыбы)*

filling ['fɪlɪŋ] 1) наполне́ние; наси́пка; наби́вка 2) пло́мба *(в зубе)* 3) *текст.* уто́к 4) *attr.*: ~ station *амер.* бензи́новая коло́нка

fillip ['fɪlɪp] щелчо́к; *перен.* возбуди́тель

filly ['fɪlɪ] кобыли́ца

film ['fɪlm] 1. *n* 1) плёнка *(тж. фото)* 2) ды́мка 3) (кино)фильм 4) *pl* кино́, киноиску́сство 5) *анат.* оболо́чка, плева́ 2. *v* 1) производи́ть киносъёмку 2) покрыва́ться плёнкой *(over)* 3): she ~s well она́ фотогени́чна; ~y [-ɪ] 1) покры́тый плёнкой 2) тума́нный

filter ['fɪltə] 1. *n* фильтр 2. *v* фильтрова́ть, проце́живать

filth ['fɪlθ] 1) грязь; отбро́сы 2) ни́зость; непристо́йность; ~y [-ɪ] 1) гря́зный; мёрзкий 2) развращённый

filtrate ['fɪltreɪt] фильтрова́ть, проце́живать

fin [fɪn] 1) плавни́к *(рыбы)* 2) *ав.* киль

final ['faɪnəl] 1. *a* 1) после́дний, заключи́тельный; коне́чный 2) окончательный; реша́ющий 2. *n* 1) *спорт.* реша́ющая игра́; после́дний заёзд в ска́чках *(и т. п.)* 2) *(обыкн. pl)* выпускны́е экза́мены 3) *разг.* после́дний вы́пуск газе́ты

finale [fɪ'nɑːlɪ] *муз., лит.* фина́л

finality [faɪ'nælɪtɪ] зако́нченность; оконча́тельность

financ∥**e** [faɪ'næns] 1. *n* 1) фина́нсовое де́ло 2) *pl* фина́нсы; дохо́ды 2. *v* 1) финанси́ровать 2) управля́ть фина́нсами; ~ial [-nʃ(ə)l] фина́нсовый; ~ier [-ɪə] финанси́ст

finch [fɪntʃ] зя́блик

find ['faɪnd] 1. *v* (found) находи́ть; обнару́живать; ~out обнару́жить, узна́ть; раскры́ть ◇ one's feet стать на́ ноги; ~ oneself осозна́ть свои́ си́лы, найти́ себя́ 2. *n* нахо́дка; ~er 1) наше́дший 2) *фото* видоиска́тель; ~ing 1) нахо́дка, откры́тие 2) *(обыкн. pl)* реше́ние *(суда)*

fine I [faɪn] 1. *n* штраф, пе́ня 2. *v* налага́ть штраф

fine II: in ~ вкра́тце, в о́бщем

fine III ['faɪn] 1) превосхо́дный, прекра́сный; one ~ day одна́жды, в оди́н прекра́сный день 2) я́сный *(о пого́де)* 3) то́нкий; *перен. тж.* утончённый 4) высокока́чественный 5) ме́лкий, то́нкий 6) изя́щный; наря́дный; ~ arts изя́щные иску́сства; ~ry [-ərɪ] наря́д, украше́ния

finesse [fɪ'nes] 1) тонкость 2) ухищрение, ловкость

finger ['fɪŋgə] 1. *n* палец; little ~ мизинец ◇ have a ~ in the pie быть замешанным в каком-л. деле 2. *v* трогать *(пальцами)*; ~-**alphabet** [-r,ælfəbɪt] азбука глухонемых; ~-**board** [-bɔːd] клавиатура; ~-**post** [-poust] указательный столб *(на перекрёстке дорог)*; ~-**print** [-prɪnt] отпечаток пальца; ~-**tip** [-tɪp] кончик пальца ◇ have at one's ~-tips знать как свои пять пальцев

finical ['fɪnɪk(ə)l] разборчивый, привередливый

finicking ['fɪnɪkɪŋ] *см.* finical

finis ['faɪnɪs] конец

finish ['fɪnɪʃ] 1. *v* 1) кончать; прекращать 2) кончаться, заканчиваться; прекращаться 3) отделывать, завершать *(тж.* ~ off, ~ up) 2. *n* 1) окончание, конец, финиш 2) отделка 3) *текст.* аппретура; ~**ed** [-t] законченный; отделанный; *перен.* лощёный; ~**er** 1) аппретурщик; полировщик 2) последний штрих

finite ['faɪnaɪt] 1) ограниченный 2) *грам.* личный *(о глаголе)*

Finn [fɪn] финн; финка; ~**ish** 1. *a* финский 2. *n* финский язык

fiord [fjɔːd] фиорд

fir [fəː] ель

fire ['faɪə] 1. *n* 1) огонь; catch *(или* take) ~ загореться; set on ~, set ~ (*to*) поджигать; make a ~ разжигать огонь 2) жар 3) пожар 4) *воен.* орудийный огонь, стрельба 2. *v* 1) зажигать, поджигать 2) обжигать *(кирпичи)* 3) воодушевлять 4): be ~d воодушевляться 5) стрелять, вести огонь 6) *разг.* увольнять; ~ **away**: ~ away! валяй!, начинай!; ~ **up** вспылить

fire‖**-alarm** ['faɪərə,lɑːm] пожарный сигнал, пожарная тревога; ~-**arm** [-ɑːm] огнестрельное оружие

fire‖**-ball** ['faɪəbɔːl] шаровая молния; ~-**bar** [-bɑː] *тех.* колосник; ~-**bomb** [-bɔm] зажигательная бомба; ~-**brand** [-brænd] 1) головня 2) зачинщик; ~-**brick** [-brɪk] огнеупорный кирпич; ~-**brigade** [-brɪ,geɪd] пожарная команда; ~-**clay** [-kleɪ] огнеупорная глина; ~-**control** [-kən,troul] 1) *воен.* управление огнём 2) борьба с пожарами; ~-**damp** [-dæmp] рудничный газ; ~-**engine** [-r,endʒɪn] пожарная машина; ~-**escape** [-rɪs,keɪp] пожарная лестница; ~-**fighting** [-,faɪtɪŋ] противопожарный; ~-**fly** [-flaɪ] светляк; ~-**guard** [-gɑːd] каминная решётка; ~-**hose** [-houz] пожарный рукав, шланг; ~-**insurance** [-rɪn,ʃuərəns] страхование от огня; ~-**irons** [-r,aɪənz] *pl* каминный прибор *(кочерга, щипцы и т. п.)*; ~-**man** [-mən] 1) пожарный 2) кочегар; ~-**place** [-pleɪs] камин, очаг; ~-**plug**

FIR

[-plʌg] пожа́рный кран; **~proof** [-pruːf] огнеупо́рный; **~side** [-said] 1. *n* месте́чко у огня́ 2. *a* дома́шний, инти́мный; **~wood** [-wud] дрова́ *мн.*; **~work(s)** [-wəːk(s)] фейерве́рк

firing ['faiəriŋ] 1. *n* 1) стрельба́; cease **~**! *воен.* отбо́й! 2) то́пливо 3) за́пуск *(двигателя)* 2. *a* 1) огнево́й 2) спусково́й, стреля́ющий ◊ **~** field *(или* ground) *воен.* полиго́н

firm I [fəːm] фи́рма

firm II 1) кре́пкий, про́чный 2) твёрдый, сто́йкий

firmament ['fəːməmənt] небе́сный свод

first ['fəːst] 1. *a* пе́рвый ◊ F. Lord of the Admiralty морско́й мини́стр *(Англии);* F. Lord of the Treasury мини́стр фина́нсов*(Англии);* F. Sea Lord нача́льник *(английского)* морско́го шта́ба; **~** name и́мя *(в отличие от фамилии);* at **~** sight с пе́рвого взгля́да 2. *adv* 1) снерва́, снача́ла; **~** and foremost, **~** of all пре́жде всего́ 2) впервы́е 3. *n*: from the **~** снача́ла; **~-born** [-bɔːn] пе́рвенец; **~-class** ['klɑːs] первокла́ссный; **~-cousin** [-'kʌzn] двою́родный брат, -ная сестра́; **~-hand** [-'hænd] из пе́рвых рук

firstling ['fəːstliŋ] *(обыкн. pl)* пе́рвые плоды́ *или* результа́ты

firstly ['fəːstli] во-пе́рвых

first-night ['fəːstnait] *театр.* премье́ра

first-rate ['fəːst'reit] первокла́ссный, превосхо́дный

firth [fəːθ] 1) у́зкий морско́й зали́в 2) у́стье реки́ *(особ. в Шотландии)*

fiscal ['fisk(ə)l] фина́нсовый; фиска́льный

fish [fiʃ] *(pl тж. без изм.)* 1. *n* ры́ба. 2. *v* лови́ть ры́бу, уди́ть; **~** out выпы́тывать; выу́живать

fisher, ~man ['fiʃə, -mən] рыба́к

fishery ['fiʃəri] 1) ры́бный про́мысел 2) ры́бные места́

fish-hook ['fiʃhuk] рыболо́вный крючо́к

fishing ['fiʃiŋ] ры́бная ло́вля; **~-line** [-lain] леса́; **~-rod** [-rɔd] уди́лище; у́рочка

fish||monger ['fiʃˌmʌŋgə] торго́вец ры́бой; **~-pond** [-pɔnd] пруд для разведе́ния ры́бы; садо́к

fishy ['fiʃi] 1) ры́бный, ры́бий 2) *разг.* подозри́тельный

fiss||ile ['fisail] расщепля́ющийся; **~ion** ['fiʃ(ə)n] 1) *биол.* деле́ние кле́ток 2) расщепле́ние; **~ure** ['fiʃə] тре́щина, щель; разры́в

fist [fist] кула́к, рука́

fisticuffs ['fistikʌfs] *pl* кула́чный бой

fit I [fit] 1) припа́док; при́ступ 2) поры́в; by **~**s and starts уры́вками 3) настрое́ние; капри́з ◊ throw a **~** *разг.* закати́ть исте́рику

fit II 1. *a* 1) го́дный, подходя́щий; the food here isn't **~** to eat пи́ща здесь неприго́дна для еды́; be not ~ to hold a candle (to) в подмётки не годи́ться (кому́-л.); ~ for nothing никуда́ не го́дный 2) гото́вый 3) здоро́вый 2. v 1) годи́ться, быть впо́ру; this suit ~s you perfectly э́тот костю́м сиди́т на вас отли́чно; have you got a key to ~ this lock? у вас есть ключ от э́того замка́? 2) пригоня́ть, прила́живать 3) обору́довать, снабжа́ть (with); ~ in приноровля́ть; пригоня́ть; ~ on примеря́ть; ~ out, ~ up снабжа́ть; экипирова́ть 3. n: this suit is not a good ~ for him э́тот костю́м пло́хо сиди́т на нём

fitful ['fɪtful] поры́вистый; су́дорожный

fitt∥**er** ['fɪtə] 1) портно́й 2) монтёр, сле́сарь; ~**ing** 1. n 1) обору́дование; устано́вка 2) сбо́рка, монта́ж 3) приме́рка (оде́жды) 2. a подходя́щий, го́дный; ~**ings** армату́ра; приспособле́ния

fiv∥**e** ['faɪv] пять; ~**er** разг. пятёрка (о деньга́х)

fix ['fɪks] 1. v 1) укрепля́ть, устана́вливать 2) определя́ть 3) амер. исправля́ть, приводи́ть в поря́док 4) привлека́ть, остана́вливать (внима́ние, взор) 5) фото фикси́ровать 6) затвердева́ть, густе́ть 7) останови́ться (на чём-л. — ирон.); ~ **up** разг. организова́ть 2. n разг. диле́мма, затрудни́тельное положе́ние; get into a terrible ~ попа́сть в переде́лку 2) определе́ние местонахожде́ния (самолёта, корабля́) 3) разг. до́за нарко́тика; ~**ation** [-'seɪʃ(ə)n] 1) фикса́ция; закрепле́ние 2) мед. навя́зчивая иде́я; ма́ния 3) хим. сгуще́ние; ~**ed** [-t] 1) неподви́жный 2) назна́ченный, устано́вленный 3) при́стальный 4) хим. свя́занный; ~**ings** pl амер. 1) снаряже́ние 2) гарни́р; ~**ture** [-tʃə] 1) армату́ра 2) зара́нее назна́ченный день соревнова́ний и т. п. 3) разг. челове́к, про́чно обоснова́вшийся в како́м-л. ме́сте; ста́рый сотру́дник; засиде́вшийся гость

fizz [fɪz] 1. v шипе́ть 2. n 1) шипе́ние 2) разг. шампа́нское

fizzle ['fɪzl] 1. v сла́бо шипе́ть; ~ **out** а) выдыха́ться б) перен. потерпе́ть неуда́чу 2. n сла́бое шипе́нию

flabbergast ['flæbəgɑːst] разг. поража́ть, изумля́ть

flabby ['flæbɪ] 1) отви́слый, вя́лый 2) слабово́льный, слабохара́ктерный

flag I [flæg] 1. n флаг; зна́мя 2. v сигнализи́ровать фла́гами, флажка́ми

flag II 1) пови́снуть, пони́кнуть (о расте́ниях и т. п.) 2) ослабева́ть (о си́ле, энтузиа́зме и т. п.)

flag III 1. n ка́менная плита́ 2. v выстила́ть пли́тами

flagon ['flægən] больша́я буты́ль, фля́га

flagrant ['fleɪgrənt] вопию́щий, сканда́льный

flag∥ship ['flægʃɪp] флагманский корабль; **~staff** [-stɑːf] флагшток

flail [fleɪl] цеп

flair [fleə] 1) чутьё, нюх 2) способность, склонность

flake [fleɪk] 1. *n pl* хлопья 2. *v* падать хлопьями; **~ off** шелушиться; отслаиваться

flamboyant [flæm'bɔɪənt] цветистый, пышный

flame ['fleɪm] 1. *n* 1) пламя 2) яркий свет 3) пыл; **~ of love** любовь 4) *разг.* предмет любви, пассия 2. *v* 1) пылать, гореть 2) вспыхнуть, разозлиться; **~ out, ~ up** вспылить; **~-thrower** [-'θrouə] *воен.* огнемёт

flaming ['fleɪmɪŋ] 1) пламенеющий, пылающий 2) пламенный, пылкий

flamingo [flə'mɪŋɡou] фламинго

flan [flæn] открытый пирог с фруктами *и т. п.*

flange [flændʒ] 1) *тех.* фланец, закраина 2) *ж.-д.* реборда *(колеса)*

flank [flæŋk] 1. *n* 1) бок; сторона 2) бочок *(часть мясной туши)* 3) *воен.* фланг 2. *v* 1) быть расположенным сбоку 2) *воен.* атаковать во фланг

flannel ['flænl] 1) фланель 2) *pl* брюки из фланели *(особ. спортивные)*

flap [flæp] 1. *v* 1) хлопать, шлёпать 2) взмахивать крыльями 3) *разг.* трепыхаться 2. *n* 1) пола; клапан 2) заслонка 3) хлопанье, шлёпанье

flapper ['flæpə] 1) хлопушка 2) *разг.* молоденькая девушка 3) клапан 4) ласт *(тюленя, моржа)*

flare [fleə] 1. *v* вспыхивать; **~ up** вспыхнуть; *перен.* разозлиться 2. *n* 1) яркое неровное пламя; сверкание 2) вспышка 3) сигнальная ракета

flare-up ['flɛər'ʌp] вспышка *(гнева и т. п.)*

flash [flæʃ] 1. *v* 1) вспыхнуть, сверкнуть 2) *(часто* **~ past, ~ into, ~ across)** мелькнуть; пронестись 3) передать *(по радио и т. п.)* 2. *n* 1) вспышка, яркий свет 2) проблеск 3) краткое сообщение в газете, «в последний час» ◇ **~ in the pan** неудача; осечка

flash-light ['flæʃlaɪt] 1) сигнальный огонь 2) карманный фонарь 3) *фото* вспышка магния

flashy ['flæʃɪ] кричащий; бросающийся в глаза

flask [flɑːsk] колба, фляга, фляжка

flat I [flæt] квартира

flat II ['flæt] 1. *a* 1) плоский, ровный 2) скучный, однообразный, вялый 3) категорический, прямой; **~ refusal** категорический отказ ◇ **~ joke** плоская шутка; **fall ~** а) упасть плашмя; б) не иметь успеха 2. *n* 1) плоская поверхность; **~ of the hand** ладонь 2) равнина, низменность 3) отмель 4) *pl разг.* туфли без каблуков 5) *муз.* бемоль;

~-car [-kɑː] *амер.* вагон--платформа; **~-fish** [-fɪʃ] камбала; **~-foot** [-fut] *мед.* плоскостопие; **~-iron** [-ˌaɪən] утюг

flatten [ˈflætn] 1) выравнивать, разравнивать 2) выравниваться

flatte‖r [ˈflætə] 1) льстить 2): ~ oneself that льстить себя надеждой, что; **~rer** [-rə] льстец; **~ry** [-rɪ] лесть

flaunt [flɔːnt] 1) гордо развеваться 2) рисоваться, важничать

flautist [ˈflɔːtɪst] флейтист

flavour [ˈfleɪvə] 1. *n* 1) вкус *(обыкн. приятный)* 2) привкус 2. *v* 1) придавать вкус, запах 2) приправлять *(пищу)*

flaw [flɔː] 1) щель, трещина 2) брешь; изъян, недостаток; **~less** без изъяна

flax [flæks] лён; **~en** [-(ə)n] льняной

flay [fleɪ] 1) сдирать кожу, свежевать 2) резко критиковать

flea [fliː] блоха

fleck [flek] пятно́, крапинка

fled [fled] *past и p. p. от* flee

fledg(e)ling [ˈfledʒlɪŋ] оперившийся птенец; *перен.* зелёный юнец

flee [fliː] (fled) 1) бежать, спасаться бегством 2) исчезать 3) избегать

flee‖ce [fliːs] 1. *n* шерсть, руно 2. *v* стричь овец; *перен.* обдирать; вымогать; **~cy** [-ɪ] 1) пушистый; кудрявый 2) перистый *(об облаках)*

fleet I [fliːt] 1) флот, эскадра 2) парк *(автомобилей и т. п.)*

fleet II [fliːt] *поэт.* быстрый; ~ of foot быстроногий; **~ing** скоропреходящий, мимолётный

Fleet Street [ˈfliːtˈstriːt] английская пресса *(по названию улицы в Лондоне)*

flesh [fleʃ] 1) тело; put on ~ полнеть 2) мясо 3) мякоть *(плодов)* 4) плоть; **~-colour** [-ˌkʌlə] телесный цвет; **~-wound** [-wuːnd] лёгкое ранение; **~y** [-ɪ] мясистый, толстый

flew [fluː] *past от* fly II, 1

flex [fleks] 1. *n* эл. гибкий шнур 2. *v* сгибать, гнуть; **~ible** [-əbl] 1) гибкий 2) уступчивый; **~ion** [-kʃ(ə)n] 1) сгибание; сгиб 2) *грам.* флексия 3) *мат.* кривизна

flick [flɪk] 1. *n* 1) лёгкий удар 2) *pl разг.* кино 2. *v* слегка ударить; ~ off смахнуть

flicker [ˈflɪkə] 1. *v* мерцать; мигать; вспыхивать 2. *n* мерцание; *перен.* проблеск

flier [ˈflaɪə] *см.* flyer

flight I [flaɪt] 1) полёт *(тж. перен.)*; перелёт 2) стая *(птиц)* 3) течение *(времени)* 4) *ав.* рейс 5) марш *(лестницы)* 6) *ав.* звено *(самолётов)*

flight II бегство; отступление; put to ~ обратить в бегство

flighty ['flaɪtɪ] непостоянный, капризный

flimsy ['flɪmzɪ] 1. *a* лёгкий, непрочный; *перен.* неубедительный 2. *n* 1) тонкая бумага, папиросная бумага 2) *разг.* банкнота

flinch [flɪntʃ] 1) отступать; увиливать (*от неприятных обязанностей и т. п. — from*) 2) вздрагивать (*от боли*)

fling [flɪŋ] 1. *v* (flung) 1) бросать, кидать; швырять 2) бросаться, кидаться ◇ ~ in one's teeth бросить в лицо (*упрёк, оскорбление и т. п.*) 2. *n* 1) бросок 2): have a ~ повеселиться 3) пляска

flint [flɪnt] кремень, огниво

flinty ['flɪntɪ] кремнёвый; кремнистый

flip I [flɪp] 1. *n* щелчок 2. *v* слегка ударить; щёлкнуть

flip II [flɪp] *амер. разг.* флип, род спиртного напитка

flipp‖ancy ['flɪpənsɪ] 1) несерьёзность 2) непочтительность; ~ant [-ənt] 1) легкомысленный 2) непочтительный

flipper ['flɪpə] плавник; плавательная перепонка; ласт

flirt [flə:t] 1. *v* флиртовать (with) 2. *n* кокетка; ~ation [flə:'teɪʃ(ə)n] флирт

flit [flɪt] 1) перелетать 2) переселяться

flivver ['flɪvə] *амер. разг.* дешёвый автомобиль

float ['flout] 1. *v* 1) плавать (*на поверхности*); парить; носиться (*в воздухе*) 2) пускать в ход (*дело, предприятие*); ~ a loan выпустить заём 3) переправлять, перевозить (*водой*) 2. *n* 1) поплавок 2) плот 3) низкая телега; ~able [-əbl] плавучий; сплавной; ~ation [flo(u)-'teɪʃ(ə)n] 1) плавание 2) *ком.* основание (*предприятия*)

floating ['floutɪŋ] плавающий, плавучий; ~ bridge плавучий мост; ~ light плавучий маяк ◇ ~ capital оборотный капитал; ~ cargo морской груз; ~ debt текущая задолженность; ~ kidney блуждающая почка

flock I [flɔk] 1) пушинка 2) *pl* шерстяные очёски 3) *pl* хлопья

flock II 1. *n* 1) стая (*птиц*); стадо (*овец, коз*) 2) толпа 3) *церк.* паства 2. *v* 1) держаться стаей, стадом 2) толпиться

floe [flou] плавучая льдина

flog ['flɔg] 1) пороть 2) *разг.* «загонять» (*продавать*); ~ging порка

flood [flʌd] 1. *n* наводнение, половодье; *перен.* поток (*слов и т. п.*) ◇ the F. всемирный потоп 2. *v* 1) заливать, затоплять; *перен.* наводнять 2) выступать из берегов (*о реке и т. п.*)

flood-light ['flʌdlaɪt] освещать прожекторами

floor ['flɔ:] 1. *n* 1) пол 2) этаж 3) дно (*моря, пещеры*) ◇ have, take the ~ *амер.*

выступать *(на собрании)*; взять слово 2. *v* 1) настилать пол 2) одолеть, справиться 3) смущать; ставить в тупик; ~ing 1) настилка полов 2) пол, настил

floor-walker ['flɔːˌwɔːkə] *амер.* администратор универмага

flop [flɔp] 1) плюхнуться, шлёпнуться 2) полоскаться *(о парусах)* 3) ронять 4) *разг.* провалиться *(о пьесе и т. п.)*

flora ['flɔːrə] флора

floral ['flɔːr(ə)l] цветочный

florescence [flɔːˈresns] цветение

floriculture ['flɔːrɪkʌltʃə] цветоводство

florid ['flɔrɪd] 1) румяный 2) цветистый, витиеватый *(о стиле и т. п.)* 3) кричащий, вульгарный *(об украшении)*

florist ['flɔrɪst] 1) торговец цветами 2) цветовод

floss [flɔs] шёлк-сырец

flotation [flo(u)ˈteɪʃ(ə)n] *см.* floatation

flotilla [flo(u)ˈtɪlə] флотилия

flotsam ['flɔtsəm] обломки кораблекрушения

flounce I [flauns] 1. *v* бросаться, метаться 2. *n* резкое движение

flounce II 1. *n* оборка 2. *v* отделывать оборками

flounder I ['flaundə] камбала

flounder II 1) барахтаться 2) путаться *(в словах)*; говорить с трудом

flour ['flauə] 1. *n* мука 2. *v* посыпать *(мукой)*

flourish ['flʌrɪʃ] 1. *v* 1) процветать; быть в расцвете 2) делать росчерк 3) размахивать *(оружием)* 2. *n* 1) размахивание, потрясание *(оружием)* 2) росчерк 3) цветистое выражение 4) *муз.* туш, фанфары

flout [flaut] относиться с пренебрежением, пренебрегать

flow [flou] 1. *v* 1) течь; литься 2): ~ from происходить 2. *n* 1) течение 2) прилив

flower ['flauə] 1. *n* цветок; *перен.* расцвет; цвет 2. *v* цвести; ~-bed [-bed] клумба; ~-girl [-gəːl] цветочница; ~ing [-rɪŋ] цветение; расцвет; ~-pot [-pɔt] цветочный горшок; ~-show [-ʃou] выставка цветов; ~-stand [-stænd] жардиньерка

flowery ['flauərɪ] 1) изобилующий цветами 2) *перен.* цветистый

flown [floun] *p. p.* от fly II, 1

flu [fluː] *(сокр. от* influenza*) разг.* грипп

fluctu||ate ['flʌktjueɪt] колебаться, быть неустойчивым; ~ation [ˌflʌktjuˈeɪʃ(ə)n] колебание, неустойчивость

flue I 1) дымоход 2) *тех.* жаровая труба

flue II род рыболовной сети

fluency ['fluːənsɪ] плавность, беглость

fluent ['fluːənt] плавный, беглый *(о речи)*

fluff ['flʌf] **1.** *n* пух **2.** *v* взбивать; ~y [-ɪ] пушистый, ворсистый

fluid ['flu:ɪd] **1.** *a* текучий, жидкий **2.** *n* жидкость

fluke [flu:k] счастливая случайность

flummox ['flʌməks] *разг.* смущать, ставить в затруднительное положение

flung [flʌŋ] *past и р. р. от* fling **1**

flunk [flʌŋk] *разг.* провалиться *(на экзамене)*

flunkey ['flʌŋkɪ] 1) *презр.* лакей 2) низкопоклонник, подхалим

fluorescent [fluə'resnt]: ~ lamp лампа дневного света

flurry ['flʌrɪ] **1.** *n* 1) волнение 2) шквал, порыв ветра **2.** *v*: don't get flurried не волнуйтесь

flush I [flʌʃ]. **1.** *v* 1) приливать к лицу *(о крови)* 2) краснеть *(от стыда и т. п.)* 3) воодушевлять, возбуждать 4) промывать *(струёй)*; ~ the toilet спустить воду в уборной 5) затоплять **2.** *n* 1) внезапный прилив воды 2) прилив крови; румянец 3) упоение *(успехом и т. п.)* 4) расцвет 5) приступ *(лихорадки)* **3.** *a* 1) находящийся на одном уровне 2) изобилующий 3) полный

flush II 1. *v* 1) вспорхнуть 2) спугнуть *(дичь)* **2.** *n* вспугнутая стая *(птиц)*

fluster ['flʌstə] **1.** *v* 1) волновать 2) волноваться; возбуждаться 3) *уст.* подпоить **2.** *n* возбуждение

flute [flu:t] флейта

flutter ['flʌtə] **1.** *v* 1) бить *(крыльями)*; порхать 2) развеваться 3) волноваться, трепетать **2.** *n* 1) порхание 2) возбуждение; сенсация 3) *разг.* риск *(обыкн. в азартной игре)*

fluvial ['flu:vjəl] речной

flux [flʌks] **1.** *n* 1) постоянное движение 2) течение; поток; прилив 3) *мед.* истечение 4) *тех.* флюс; плавень **2.** *v* 1) истекать 2) плавить; ~ion [-kʃ(ə)n] *мат.* флюксия, производная

fly I [flaɪ] муха ◊ a ~ in the ointment ≅ ложка дёгтя в бочке мёда

fly II 1. *v* (flew; flown) 1) летать; пролетать 2) развеваться *(о флаге)* 3) нестись, проноситься 4) *(at)* нападать; *перен.* набрасываться с бранью 5) перемахнуть *(over)* 6) поднимать *(аэростат)*; управлять *(самолётом)* ◊ ~ into a rage прийти в ярость; ~ into pieces разлететься на куски; ~ open распахнуться **2.** *n* 1) полёт 2) одноконный экипаж 3) откидное полотнище *(палатки)*

flyer ['flaɪə] 1) лётчик 2) быстроходная машина; быстроногое животное и т. п. 3) *разг.* честолюбивый человек

flying ['flaɪɪŋ] 1) летающий 2) лётный 3) развевающийся 4) быстрый, мимолётный

fly-leaf ['flaili:f] *полигр.* фо́рзац

fly-paper ['flaɪˌpeɪpə] ли́пкая бума́га от мух

fly-sheet ['flaɪʃi:t] листо́вка

fly-trap ['flaɪtræp] 1) мухоло́вка 2) *бот.* дионе́я

fly-wheel ['flaɪwi:l] *тех.* махови́к

foal [foul] 1. *n* жеребёнок 2. *v* жереби́ться

foam [foum] 1. *n* пе́на 2. *v* 1) пе́ниться; покрыва́ться пе́ной 2) быть в мы́ле (*о лошади*) ◇ ~ with rage (*или* at the mouth) быть в бе́шенстве

foam-rubber ['foumˌrʌbə] пенопла́ст

foamy ['foumɪ] пе́нящийся, пе́нистый; покры́тый пе́ной; взмы́ленный

fob I [fɔb] *уст.* карма́шек (*для часов*)

fob II: ~ smb. off with smth., ~ smth. off on smb. «наду́ть» кого́-л. (*ло́жными обеща́ниями, всучи́в подде́лку и т. п.*)

focal ['fouk(ə)l] *физ.* фо́кусный

focus ['foukəs] 1. *n* 1) фо́кус, средото́чие 2) центр 2. *v* 1) собира́ть, помеща́ть в фо́кусе 2) собира́ться, помеща́ться в фо́кусе 3) сосредото́чивать 4) сосредото́чиваться

fodder ['fɔdə] фура́ж; корм

foe [fou] враг

fog [fɔg] 1. *n* тума́н; мгла 2. *v* 1) оку́тывать тума́ном 2) (*часто* ~ up) затума́ниваться 3) озада́чивать

fogey ['fougɪ] старомо́дный челове́к

foggy ['fɔgɪ] тума́нный, мгли́стый

foible ['fɔɪbl] сла́бая стру́нка; причу́да

foil I [fɔɪl] 1) фольга́ 2) контра́ст; фон

foil II 1) сбива́ть со следа́ 2) отража́ть, пари́ровать 3) расстра́ивать, срыва́ть (*пла́ны и т. п.*)

foil III рапи́ра

foist [fɔɪst] всучи́ть, всу́нуть

fold I [fould] 1. *n* 1) заго́н (*для ове́ц*) 2) *церк.* па́ства 2. *v* загоня́ть (*ове́ц*)

fold II ['fould] 1. *v* 1) скла́дывать, сгиба́ть 2) обнима́ть (*тж.* ~ in one's arms) 3): ~ one's arms скре́щивать ру́ки 4) завёртывать 5) оку́тывать 2. *n* 1) скла́дка, сгиб 2) створ (*две́ри*) 3) *тех.* фальц; ~er 1) па́пка, скоросшива́тель 2) несши́тая брошю́рка; ~ing складно́й, ство́рчатый; похо́дный; откидно́й; ~ing door двуство́рчатая дверь

foliage ['foulɪɪdʒ] листва́

foliate ['foulɪɪt] ли́ственный

folio ['foulɪou] 1) фо́лио 2) фолиа́нт

folk [fouk] 1) наро́д, лю́ди; old ~ старики́; young ~ молодёжь 2) *pl разг.* родня́, семья́; my ~s моя́ родня́; «мои́»

folk-lore ['fouklɔ:] фолькло́р

folk-songs ['foukˌsɔŋz] наро́дные пе́сни

follow ['fɔlou] 1) следовать, идти *(за)*; ~ me! за мной! 2) заниматься *(чем-л.)* 3) быть преемником, последователем 4) вытекать *(логически)* 5) следить *(глазами)* 6) понимать; do you ~ me? понятно?; ~ up а) упорно преследовать; б) доводить до конца *(работу и т. п.)*; в) развивать *(успех, идею и т. п.)* ◇ as ~s как ниже следует; ~ suit а) *карт.* ходить в масть; б) следовать примеру; ~er 1) последователь 2) поклонник; ~ing следующий

follow-through ['fɔlou'θruː] завершение *(дела и т. п.)*

folly ['fɔli] 1) глупость 2) безрассудное поведение 3) прихоть, каприз

foment [fo(u)'ment] 1) класть припарки 2) подстрекать; раздувать, разжигать *(ненависть и т. п.)*

fond [fɔnd] нежный, любящий; be ~ *(of)* любить

fondle ['fɔndl] ласкать

fondness ['fɔndnis] нежность

font [fɔnt] *церк.* купель

food [fuːd] пища, питание; корм; ~-stuff [-stʌf] продукт питания

fool [fuːl] 1. *n* 1) глупец, дурак 2) *ист.* шут ◇ make a ~ of smb. дурачить кого-либо; make a ~ of oneself поставить себя в глупое положение; ~'s errand бесполезное предприятие; ~'s paradise мнимое благополучие 2. *v* 1) дурачить, обманывать 2) шутить; ~ about болтаться без дела

foolery ['fuːləri] дурачество; глупый поступок

foolhardy ['fuːlˌhɑːdi] безрассудно храбрый

foolish ['fuːliʃ] глупый; ~ness глупость

foolproof ['fuːlpruːf] 1) несложный, простой 2) *тех.* защищённый от неумелого обращения

foot ['fut] 1. *n (pl* feet) 1) нога; ступня; on ~ пешком 2) подножие, подошва 3) фут *(30,48 см)* ◇ fall on one's feet счастливо отделаться 2. *v* 1) надвязывать *(чулок)* 2) идти пешком; ~ it *разг.* идти пешком ◇ ~ the bill *разг.* оплатить счёт *(или* расходы*)*; ~ball [-bɔːl] 1) футбольный мяч 2) футбол; ~bridge [-bridʒ] пешеходный мостик

footer ['futə] *разг.* футбол

footfall ['futfɔːl] звук шагов; поступь

Foot Guards ['futgɑːdz] *pl* гвардейская пехота

foothold ['futhould] точка опоры

footing ['futiŋ] 1) опора для ног 2) положение; get *(или* gain*)* a ~ in society приобрести положение в обществе 3) взаимоотношения *мн.*; be on a friendly ~ with быть в дружеских отношениях с

footle ['fuːtl] *разг.* валять дурака

footlights ['futlaits] *pl* рампа *ед.*

footling ['fuːtlɪŋ] *разг.* пустяковый

footman ['futmən] (ливрейный) лакей

foot-mark ['futmɑːk] след

foot-note ['futnout] сноска, примечание

foot-path ['futpɑːθ] тропинка

footprint ['futprɪnt] след, отпечаток ноги

foot-race ['futreɪs] состязание в беге

footsore ['futsɔː] со стёртыми ногами

footstep ['futstep] 1) шаг 2) след

footstool ['futstuːl] скамеечка для ног

foot-wear ['futwɛə] обувь

foozle ['fuːzl] делать кое-как *(работу и т. п.)*

fop [fɔp] фат, хлыщ; **~pery** [-ərɪ] щегольство, фатовство; **~pish** фатоватый

for [fɔː *(перед согласными полная форма)*, fə *(редуцированная форма)*, fɔːr *(перед гласными полная форма)*, fər *(редуцированная форма)*] 1. *prep* 1) *(в отношении времени)* на, в течение; ~ a few minutes на несколько минут; ~ life на всю жизнь; ~ ever, ~ good навсегда 2) *(в отношении пространства)* на протяжении; ~ miles and miles на многие и многие мили 3) за, из-за, по причине 4) *(при обозначении направления)* в, к; the ship is bound ~ Odessa корабль отправляется в Одессу 5) для, ради; ~ money ради денег 6) за, вместо; в обмен; pay ~ заплатить за; exchange ~ обменять на; not ~ the world ни за что на свете 7) для *(часто тж. перев. дат. п.)*; will you get it ~ me? не достанете ли вы это для меня (мне)?; it's good ~ you вам это полезно ◇ whom do you take me ~? за кого вы меня принимаете?; I am ~ doing it я за то, чтобы это сделать; as ~ me что касается меня; ~ all I know насколько я знаю; ~ all that несмотря на всё это; при всём том; ~ my part что касается меня 2. *cj* так как, потому что, ибо

forage ['fɔrɪdʒ] 1. *n* фураж; корм 2. *v* фуражировать

forasmuch... as [f(ə)rəz'mʌtʃ... æz] поскольку

foray ['fɔreɪ] 1. *n* набег; налёт 2. *v* совершать налёт

forbad, forbade [fə'bæd, fə'beɪd] *past от* forbid

forbear I ['fɔːbɛə] *(обыкн. pl)* предок

forbear II [fɔː'bɛə] (forbore; forborne) воздерживаться *(от чего-л. — from)*; **~ance** [-r(ə)ns] 1) воздержанность 2) терпеливость

forbid [fə'bɪd] (forbad(e); forbidden) запрещать, не позволять

forbid||den [fə'bɪdn] *p. p. от* forbid; **~ding** 1) отталкивающий, непривлекательный 2) угрожающий; страшный

forbore [fɔː'bɔː] *past от* forbear II

forborne [fɔː'bɔːn] *p. p.* от forbear II

force [fɔːs] 1. *n* 1) сила; ~ of law сила закона 2) насилие; by ~ силой, насильно 3) *(обыкн. pl) воен.* войска; armed ~s вооружённые силы; ~s in the field действующая армия ◇ in ~ а) силой; б) толпами 2. *v* 1) заставлять, вынуждать; ~ smb. to his knees поставить кого-л. на колени 2) взламывать 3) форсировать 4) нагнетать; вгонять; вталкивать *(into)* 5) искусственно выращивать выгонять *(растение)*; ~ under *мор.* заставить погрузться; ~ upon навязывать; **~d** [-t] 1) вынужденный 2) натянутый *(об улыбке)* 3) *воен.* форсированный; **~ful** 1) сильный, волевой *(о человеке)* 2) убедительный *(об аргументе)*

force-meat ['fɔːsmiːt] фарш

forceps ['fɔːseps] *pl* щипцы; пинцет

force-pump ['fɔːspʌmp] *тех.* нагнетательный насос

forcible ['fɔːsəbl] 1) насильственный 2) убедительный *(о доводе и т. п.)*

ford [fɔːd] 1. *n* брод 2. *v* переправляться вброд; **~able** [-əbl] проходимый вброд

fore [fɔː] 1. *adv мор.* в носовой части, впереди 2. *a* передний 3. *n мор.* носовая часть ◇ to the ~ на переднем плане; поблизости

fore-and-aft ['fɔːrənd'ɑːft] *мор.* продольный; ~ sail косой парус

forearm ['fɔːrɑːm] предплечье

forebear ['fɔːbɛə] *см.* forbear I

forebod‖**e** [fɔː'boud] 1) предвещать 2) предчувствовать; **~ing** 1) плохое предзнаменование 2) предчувствие *(дурного)*

forecast 1. *v* [fɔː'kɑːst] (forecast, forecasted) предвидеть, предсказывать 2. *n* ['fɔːkɑːst] предсказание

forecastle ['fouksl] *мор.* бак; полубак

foreclose [fɔː'klouz] *юр.* лишать права пользования

forefather ['fɔːˌfɑːðə] предок

forefinger ['fɔːˌfɪŋɡə] указательный палец

forefront ['fɔːfrʌnt] передовая линия фронта; *перен.* центр деятельности

foregoing [fɔː'ɡo(u)ɪŋ] предшествующий

foregone [fɔː'ɡɔn]: ~ conclusion заранее принятое решение

foreground ['fɔːɡraund] передний план; *театр.* авансцена

forehead ['fɔrɪd] лоб

foreign ['fɔrɪn] 1) иностранный; F. Office министерство иностранных дел *(Англии)*; ~ policy внешняя политика 2) чужой, чуждый 3) посторонний; **~er** иностранец

foreland ['fɔːlənd] мыс, нос

foreleg ['fɔːleɡ] передняя нога

forelock ['fɔːlɔk] чёлка; прядь волос

foreman ['fɔ:mən] 1) мастер; десятник; прораб 2) *юр.* старшина присяжных

foremast ['fɔ:mæst] *мор.* фок-мачта

foremost ['fɔ:moust] **1.** *a* 1) передовой; первейший 2) самый главный; выдающийся **2.** *adv* прежде всего; во-первых

forenoon ['fɔ:nu:n] время до полудня

forerunner ['fɔ:,rʌnə] 1) предвестник 2) предшественник; предтеча

foresaw [fɔ:'sɔ:] *past* от foresee

foresee [fɔ:'si:] (foresaw; foreseen) предвидеть

foreseen [fɔ:'si:n] *p. p.* от foresee

foreshadow [fɔ:'ʃædou] предзнаменовать, предвещать

foresight ['fɔ:saɪt] предусмотрительность

forest ['fɔrɪst] лес

forestall [fɔ:'stɔ:l] предупредить, предвосхитить, опередить

forester ['fɔrɪstə] лесничий

forestry ['fɔrɪstrɪ] 1) лесоводство 2) лесничество

foretaste 1. *n* ['fɔ:teɪst] предвкушение **2.** *v* [fɔ:'teɪst] предвкушать

foretell [fɔ:'tel] (foretold) предсказывать

forethought ['fɔ:θɔ:t] **1.** *n* 1) предусмотрительность 2) преднамеренность **2.** *a* преднамеренный

foretold [fɔ:'tould] *past* и *p. p.* от foretell

forever [fə'revə] навсегда, навечно

forewarn [fɔ:'wɔ:n] предостерегать ◇ ~ed is forearmed *посл.* кто предостережён, тот вооружён

foreword ['fɔ:wə:d] предисловие

forfeit ['fɔ:fɪt] **1.** *a* 1) штрафной 2) конфискованный **2.** *n* расплата **3.** *v* лишиться *(чего-л.)*; поплатиться *(чем-либо)*; ~ure [-fɪtʃə] конфискация

forgather [fɔ:'gæðə] собираться, сходиться

forgave [fə'geɪv] *past* от forgive

forge I [fɔ:dʒ] **1.** *n* 1) кузница 2) (кузнечный) горн **2.** *v* ковать ◇ ~ ahead настойчиво, с трудом продвигаться

forge II 1) фабриковать 2) подделывать

forger I ['fɔ:dʒə] кузнец

forge‖r II ['fɔ:dʒə] фальшивомонетчик; ~ry [-rɪ] подделка, подлог

forget [fə'get] (forgot; forgotten) забывать, не помнить; ~ful забывчивый

forget-me-not [fə'getmɪnɔt] незабудка

forgive [fə'gɪv] (forgave; forgiven) прощать

forgive‖n [fə'gɪvn] *p. p.* от forgive; ~ness прощение

forgo [fɔ:'gou] (forwent; forgone) отказываться, воздерживаться *(от чего-л.)*

forgone [fɔ:'gɔn] *p. p.* от forgo

forgot [fə'gɔt] *past* от forget

forgotten [fə'gɔtn] *p. p.* от forget

fork [fɔːk] **1.** *n* 1) вилка 2) вилы 3) стык дорог, разветвление, развилка **2.** *v* 1) работать вилами 2) разветвляться; ~ **out** *разг.* раскошеливаться

forlorn [fə'lɔːn] 1) покинутый 2) в жалком состоянии, в отчаянии ◇ ~ hope безнадёжное дело

form [fɔːm] **1.** *n* 1) форма, внешний вид; бланк; анкета 3) формальность, проформа; in due ~ должным образом 4) скамья, парта 5) класс *(школьный)* ◇ in good ~ в отличной форме, в хорошем состоянии; out of ~ не в форме, в плохом состоянии **2.** *v* 1) придавать *или* принимать форму 2) формировать, образовывать 3) составлять; создавать 4) *воен.* строить 5) *воен.* строиться

formal ['fɔːm(ə)l] 1) формальный, официальный 2) церемонный 3) внешний; ~**ity** [fɔː'mælɪtɪ]

format‖**ion** [fɔː'meɪʃ(ə)n] 1) образование, формирование 2) *воен.* войсковое соединение; построение, (боевой) порядок 3) *геол.* формация; ~**ive** ['fɔːmətɪv] 1) образующий 2) *лингв.* словообразующий

former ['fɔːmə] 1) прежний, бывший 2) предшествующий 3) первый *(из вышеупомянутых)*; ~**ly** прежде

formidable ['fɔːmɪdəbl] 1) грозный; страшный 2) трудный; ~ task трудная задача 3) значительный, внушительный

formless ['fɔːmlɪs] бесформенный

formula ['fɔːmjulə] *n* (*pl* -s. [-ləz], -e [-liː]) 1) формула 2) рецепт

formulate ['fɔːmjuleɪt] формулировать

forsake [fə'seɪk] (forsook; forsaken) 1) оставлять, покидать 2) отказываться *(от)*

forsaken [fə'seɪk(ə)n] *p. p.* от forsake

forsook [fə'suk] *past* от forsake

forswear [fɔː'sweə] (forswore; forsworn) 1) отрекаться 2) зарекаться

forswore [fɔː'swɔː] *past* от forswear

forsworn [fɔː'swɔːn] *p. p.* от forswear

fort [fɔːt] форт

forte 1) *муз* ['fɔːtɪ] форте 2) [fɔːt] сильная сторона *(в человеке)*

forth [fɔːθ] 1) вперёд; наружу 2) дальше, впредь; and so ~ и так далее

forthcoming [fɔːθ'kʌmɪŋ] 1) предстоящий; грядущий 2): the money we hoped for was not ~ деньги, на которые мы рассчитывали, мы не получили

forthright ['fɔːθ'raɪt] **1.** *a* прямой; откровенный; честный **2.** *adv* прямо; решительно

forthwith ['fɔːθ'wɪθ] тотчас, немедленно

forties ['fɔːtɪz]: the ~ a) сороковые годы; б) пятый десяток; возраст между 39 и 50 годами

fortieth ['fɔːtɪɪθ] сороковой

forti‖fication [,fɔːtɪfɪ'keɪʃ(ə)n] фортификация; укрепление; ~fy ['fɔːtɪfaɪ] укреплять, усиливать

fortitude ['fɔːtɪtjuːd] мужество; стойкость; сила духа

fortnight ['fɔːtnaɪt] две недели; this day ~ через две недели; ~ly двухнедельный

fortress ['fɔːtrɪs] крепость

fortui‖tous [fɔː'tjuːɪtəs] случайный; ~ty [-tɪ] случай, случайность

fortunate ['fɔːtʃnɪt] счастливый; удачливый; ~ly к счастью

fortune ['fɔːtʃ(ə)n] 1) судьба; фортуна; bad (*или* ill) ~ несчастье; good ~ счастье 2) богатство; состояние; make a ~ разбогатеть; ~-teller [-,telə] гадальщик, гадалка

forty ['fɔːtɪ] сорок ◊ ~ winks *разг.* лёгкий сон; have ~ winks вздремнуть, соснуть

forum ['fɔːrəm] 1) форум 2) зал для совещаний; *перен.* суд (*совести, чести, общественного мнения*)

forward ['fɔːwəd] 1. *a* 1) передний; передовой 2) ранний, скороспелый 3) готовый (*помочь и т. п.*) 4) дерзкий; развязный 5) *мор.* носовой 2. *adv* вперёд, дальше 3. *v* 1) ускорять, способствовать 2) отправлять, препровождать

forwent [fɔː'went] *past от* forgo

fossil ['fɒsl] ископаемое ◊ he is an old ~ *шутл.* он музейная редкость (*о человеке с устаревшими взглядами*)

foster ['fɒstə] 1) воспитывать 2) лелеять (*мысль*); питать (*чувства*) 3) благоприятствовать; поощрять; ~-child [-tʃaɪld] приёмыш; ~-father [-,fɑːðə] приёмный отец

fosterling ['fɒstəlɪŋ] питомец, подопечный

foster-mother ['fɒstə,mʌðə] приёмная мать

fought [fɔːt] *past и p. p. от* fight 2

foul ['faul] 1. *a* 1) вонючий 2) грязный; ~ play нечестная игра; предательство 3) отвратительный 4) *разг.* скверный 2. *n* нарушение правил 3. *v* 1) испортить 2) запутать 3) испортиться 4) запутаться; ~-mouthed [-mauðd] сквернословящий

found I [faund] *past и p. p. от* find 1

found II 1) закладывать (фундамент) 2) основывать; учреждать; создавать 3) обосновывать

foundation [faun'deɪʃ(ə)n] 1) основание; учреждение 2) организация, учреждение 3) фундамент; базис; основа

founder I ['faundə] основатель, учредитель

founder II 1) наполниться водой и затонуть (*о судне*) 2) охрометь (*о лошади*)

foundling ['faundliŋ] подкидыш, найдёныш

foundry ['faundrɪ] литейный завод

fount [faunt] *поэт.* источник

fountain ['fauntɪn] фонтан; *перен.* источник

fountain-pen ['fauntɪnpen] автоматическая ручка

four ['fɔ:] четыре; четвёрка; on all ~s на четвереньках; **~fold** [-fould] вчетверо; **~-footed** [-'futɪd] четвероногий; **~-in-hand** ['fɔ:rɪn'hænd] экипаж четвёркой; **~-masted** [-'mɑ:stɪd] четырёхмачтовый; **~score** [-'skɔ:] восемьдесят; **~-seater** [-'si:tə] четырёхместная машина; **~-square** [-'skwɛə] 1. *n* квадрат 2. *a* квадратный; *перен.* прямой, честный

fourteen ['fɔ:'ti:n] четырнадцать; **~th** [-θ] четырнадцатый

fourth [fɔ:θ] 1. *пит* четвёртый 2. *n* четверть

fowl ['faul] 1. *n* домашняя птица 2. *v* ловить птиц; охотиться за дичью; **~er** птицелов; охотник

fowling-piece ['faulɪŋpi:s] охотничье ружьё

fox ['fɔks] 1. *n* лисица 2. *v* хитрить; **~-brush** [-brʌʃ] лисий хвост; **~-earth** [-ə:θ] лисья нора

foxglove ['fɔksglʌv] *бот.* наперстянка

foxhole ['fɔkshoul] *воен.* одиночный окоп

foxy ['fɔksɪ] 1) лисий 2) хитрый 3) красно-бурый, рыжий

foyer ['fɔɪeɪ] фойе

fracas ['frækɑ:] ссора, потасовка

fraction ['frækʃ(ə)n] 1) доля, частица 2) *мат.* дробь; **~al** ['frækʃənl] дробный

fractious ['frækʃəs] капризный; раздражительный

fracture ['fræktʃə] 1. *n* 1) *мед.* перелом 2) *тех.* излом 2. *v* ломать, сломать

fragil||**e** ['frædʒaɪl] хрупкий, ломкий; *перен.* слабый; **~ity** [frə'dʒɪlɪtɪ] хрупкость; *перен.* слабость

fragment ['frægmənt] 1) осколок, обломок 2) фрагмент; отрывок; **~ary** [-(ə)rɪ] отрывочный; **~ation** [,frægmen'teɪʃ(ə)n] разрыв (снаряда) на осколки

fragr||**ance, ~ancy** ['freɪgr(ə)ns, -ɪ] аромат; **~ant** [-(ə)nt] ароматный, душистый

frail [freɪl] 1) хрупкий, непрочный 2) хилый, слабый

frame ['freɪm] 1. *v* 1) сооружать; придавать (*или* приобретать) форму 2) обрамлять, вставлять в рамку 3) *разг.* фабриковать (*дело, обвинение*), ложно обвинять (*тж.* ~ up) 2. *n* 1) каркас; скелет 2) телосложение, тело 3) рама 4) строение; структура 5): (weaver's) ~ ткацкий станок 6) *кино* кадр ◊ ~ of mind настроение; **~-up** [-ʌp] *разг.* подтасовка фактов; ложное обвинение; **~work** [-wə:k] конструкция; структура

franchise ['fræntʃaɪz] право голоса

frank ['fræŋk] искренний; открытый; откровенный; ~ness искренность; откровенность

frantic ['fræntɪk] бешеный, нейстовый

fratern∥al [frə'tə:nl] братский; ~ity [-nɪtɪ] братство; община; ~ization [,frætənaɪ'zeɪʃ(ə)n] братание; ~ize ['frætənaɪz] брататься

fratricid∥al [,freɪtrɪ'saɪdl] братоубийственный; ~e ['freɪtrɪsaɪd] 1) братоубийца 2) братоубийство

fraud [frɔ:d] 1) обман, мошенничество 2) обманщик; ~ulent ['frɔ:djulənt] обманный; мошеннический, жульнический

fraught [frɔ:t] чреватый, полный *(with)*

fray I [freɪ] драка, борьба *(тж. перен.)*

fray II обтрепаться, протереться

frazzle ['fræzl]: worn to a ~ *разг.* измотанный

freak ['fri:k] 1) каприз; причуда 2) чудак; уродец; ~ish причудливый; капризный

freckl∥e ['frekl] веснушка; ~ed [-d] веснушчатый

free [fri:] 1. *a* 1) свободный 2) освобождённый 3) бесплатный; ~ of charge бесплатно 4) добровольный; of one's own ~ will по доброй воле, добровольно 5) незанятый 6) *хим.* несвязанный ◊ ~ and easy непринуждённый; give smb. a ~ hand предоставить кому-л. свободу действий 2. *v* освобождать; избавлять

freebooter ['fri:,bu:tə] пират

freedom ['fri:dəm] свобода; ~ of speech, press and assembly свобода слова, печати и собраний; ~-loving [-,lʌvɪŋ] свободолюбивый

free-hand ['fri:hænd]: a ~ drawing рисунок от руки; ~ed [-ɪd] щедрый

freeholder ['fri:,houldə] земельный собственник

freemason ['fri:,meɪsn] масон

free-thinker ['fri:'θɪŋkə] вольнодумец

freez∥e ['fri:z] 1. *v* (froze; frozen) 1) морозить 2) замерзать; примерзать; стать *(о реке)* 3) мёрзнуть, стынуть 2. *n* мороз ◊ wage ~ *эк.* замораживание заработной платы; ~ing 1) замораживающий; it's ~ing морозит 2) ледяной; a ~ing glance холодный взгляд

freezing-point ['fri:zɪŋpɔɪnt] точка замерзания

freight [freɪt] 1. *n* фрахт; груз 2. *v* фрахтовать; грузить

French ['frentʃ] 1. *a* французский ◊ ~ leave уход без прощания 2. *n* 1) французский язык 2): the ~ французы, французский народ; ~man [-mən] француз; ~woman [-,wumən] француженка

fren∥zied ['frenzɪd] взбешённый; в ярости; ~zy [-zɪ] бешенство, ярость

frequ||ency ['fri:kwənsı] частота́; часто́тность; повторе́ние; ~ent 1. *a* [-ənt] ча́стый; многокра́тный 2. *v* [frɪ'kwent] ча́сто посеща́ть

frequentative [frɪ'kwentətɪv] *грам.* многокра́тный

fresco ['freskou] 1. *n* 1) фре́сковая жи́вопись 2) фре́ска 2. *v* писа́ть фре́ски

fresh [freʃ] 1. *a* 1) све́жий 2) но́вый 3) чи́стый 4) нео́пытный; ~ from а) то́лько что прие́хавший, прибы́вший; б) то́лько что око́нчивший 5) пре́сный (*о воде*) 6) прохлади́тельный 7) бо́дрый 8) *амер.* де́рзкий, гру́бый 2. *adv* неда́вно (*особ. в сочетаниях*): ~-killed meat парно́е мя́со; ~ from institute пря́мо из институ́та; ~en [-n] 1) освежа́ть 2) свеже́ть; ~er *разг.* первоку́рсник

freshet ['freʃıt] разли́в реки́, полово́дье

freshly ['freʃlɪ] неда́вно, то́лько что

freshman ['freʃmən] *разг.* первоку́рсник

fret I [fret] 1. *v* 1) беспоко́иться, му́читься 2) беспоко́ить, му́чить 3) разъеда́ть, подта́чивать ◊ ~ and fume «рвать и мета́ть» 2. *n* раздраже́ние; муче́ние

fret II 1. *n* прямоуго́льный орна́мент 2. *v* украша́ть резны́м *или* ле́пным орна́ментом

fret III лад (*в гита́ре и т. п.*)

fretful ['fretful] раздражи́тельный

fret-saw ['fretsɔ:] ло́бзик

fretwork ['fretwə:k] *архит.* резно́е *или* ле́пное украше́ние

friable ['fraɪəbl] кроша́щийся, ры́хлый

fria||r ['fraɪə] мона́х; ~ry [-rɪ] мужско́й монасты́рь

fric||ative ['frɪkətɪv] *фон.* 1. *a* фрикати́вный 2. *n* фрикати́вный звук; ~tion ['frɪkʃ(ə)n] 1) тре́ние; *перен.* конфли́кт, тре́ния 2) *мед.* растира́ние 3) *тех.* сцепле́ние 4) *фон.* шум 2) *attr.* фрикцио́нный; ~tional [-kʃənl] фрикцио́нный

Friday ['fraɪdɪ] пя́тница

friend ['frend] 1) друг; подру́га; прия́тель, прия́тельница 2) знако́мый, знако́мая; ~less одино́кий; ~ly дру́жеский; дру́жественный; ~ship дру́жба; дружелю́бие

frigate ['frɪgɪt] *мор.* фрега́т

frige [frɪdʒ] *разг.* (*сокр. от* refrigerator) холоди́льник

fright ['fraɪt] 1) испу́г; страх 2) *разг.* страши́лище; ~en [-n] пуга́ть; ~ful 1) стра́шный; ужа́сный 2) *разг.* безобра́зный

frigid ['frɪdʒɪd] холо́дный; ~ity [frɪ'dʒɪdɪtɪ] хо́лодность

frill [frɪl] 1) обо́рка (*на пла́тье*); бры́жи, жабо́ 2) украша́тельство 3) ва́жничанье; put on ~s жема́нничать; ~ed [-d] 1) укра́шенный обо́рками 2) гофри́рованный

fringe [frɪndʒ] **1.** *n* 1) бахрома 2) кайма 3) чёлка (причёска) 4) окраина (города); опушка (леса) **2.** *v* украшать бахромой

frippery ['frɪpərɪ] мишура; безделушки

fris‖k ['frɪsk] 1) резвиться 2) *разг.* обыскивать (кого-л., ища оружие); **~ky** [-ɪ] резвый

fritter I ['frɪtə] оладья

fritter II *v* крошить; **~ away** распылять; растрачивать по пустякам (время, силы, деньги)

frivol‖ity [frɪ'vɔlɪtɪ] пустота, легкомыслие; **~ous** ['frɪvələs] пустой, легкомысленный

frizz I [frɪz] *см.* frizzle

frizz II 1. *v* завивать; **~ up** виться 2. *n* завивка

frizzle ['frɪzl] шипеть (при жаренье)

frizzy ['frɪzɪ] завитой; вьющийся

fro [frou]: to and **~** взад и вперёд

frock [frɔk] 1) платье 2) платьице (детское)

frock-coat ['frɔk'kout] сюртук

frog ['frɔg] лягушка ◇ **~ in the throat** хрипота; **~man** [-mən] ныряльщик (с аквалангом)

frolic ['frɔlɪk] **1.** *a поэт.* резвый; весёлый **2.** *n* резвость; шалость **3.** *v* проказничать; веселиться; **~some** [-səm] игривый

from [frɔm (*полная форма*), frəm (*редуцированная форма*)] *prep* 1) (*на вопрос «откуда?», «от кого?»*) из; с; от; **~ the top** с вершины; **~ my brother** от моего брата 2) (*на вопрос «с каких пор?», «с какого времени?»*) с; от; **~ morning till night** с утра до ночи; **~ three o'clock till seven** от трёх часов до семи 3) (*после гл.* hide, conceal, disguise, differ, distinguish, tell) от; **she concealed it ~ me** она скрыла это от меня 4) (*для обозначения причины, мотива и т. п.*) по; из-за; от; **~ my own experience** по своему собственному опыту ◇ **~ day to day** изо дня в день; **~ time to time** время от времени, изредка; **paint ~ nature** писать с натуры

front ['frʌnt] **1.** *n* 1) фасад, передняя сторона; перёд (чего-л.); **in ~ of** спереди, впереди 2) *воен.* фронт; **at the ~** на фронте 3) бесстыдство 4) *поэт.* лицо, лик; чело **2.** *a* передний; **~ door** парадная дверь, парадное **3.** *v* 1) противостоять 2) выходить окнами; быть обращённым фасадом 3) ставить во фронт; **~age** [-ɪdʒ] фасад

frontier ['frʌntjə] граница

frontispiece ['frʌntɪspiːs] *архит., полигр.* фронтиспис

frost ['frɔst] **1.** *n* 1) мороз 2) *разг.* фиаско, провал **2.** *v* 1) побить морозом 2) подмораживать 3) посыпать сахарной пудрой); покрывать глазурью ◇ **~ed glass**

FRO

мáтовое стекло́; ~-bite [-baɪt] отморо́женное мéсто; ~-bitten [-,bɪtn] отморо́женный; ~-bound [-baund] ско́ванный моро́зом; ~-hardy [-,hɑːdɪ] морозосто́йкий (о растениях); ~-work [-wəːk] моро́зный узо́р (на стекле́)

frosty ['frɒstɪ] моро́зный; перен. холо́дный

fro||**th** ['frɒθ] 1. n 1) пéна, нáкипь 2) пустосло́вие 2. v пéниться; ~**thy** [-ɪ] пéнистый; перен. пусто́й

frown [fraun] 1. v 1) хму́рить бро́ви 2): ~ on smth. быть недово́льным чем-л. 2. n хму́рый, недово́льный взгляд

frowzy ['frauzɪ] зáтхлый, спёртый

froze [frouz] past от freeze 1

frozen ['frouzn] 1. p. p. от freeze 1 2. a замёрзший; заморо́женный; перен. холо́дный, сдéржанный

frugal ['fruːg(ə)l] 1) эконо́мный, бережли́вый 2) умéренный; ~**ity** [fruːˈgælɪtɪ] бережли́вость

fruit ['fruːt] 1) pl плоды́, фру́кты (различ. сорта́) 2) результа́т; плоды́ мн.; ~**erer** [-ərə] торго́вец фру́ктами; ~**ful** 1) плодоро́дный; перен. плодотво́рный, плодови́тый 2) вы́годный

fruition [fruːˈɪʃ(ə)n] осуществлéние (наде́жд и т. п.)

fruit||**less** ['fruːtlɪs] 1) беспло́дный 2) безрезульта́тный; ~**y** ['fruːtɪ] 1) фрукто́вый 2) разг. сканда́льный, скабрёзный (о рома́не и т. п.) 3) слáдкий, слащáвый (о голосе)

frumpish ['frʌmpɪʃ] старомóдный

frustrat||**e** [frʌsˈtreɪt] расстрáивать, срывáть (планы, наме́рения); ~**ion** [-ˈtreɪʃ(ə)n] расстро́йство (пла́нов); крушéние (наде́жд)

fry I [fraɪ] мáлький ◊ small ~ презр. мелюзгá; мéлкая со́шка

fry II 1. v 1) жáрить 2) жáриться 2. n жарко́е

frying-pan ['fraɪɪŋpæn] сковорода́; ◊ out of the ~ into the fire погов. ≅ из огня́ да в по́лымя

fuddle ['fʌdl] 1. v напои́ть допьяна́; ~ oneself (или be ~d) (with drink) напива́ться 2. n 1) попо́йка 2) опьянéние

fudge [fʌdʒ] 1. v дéлать ко́е-ка́к 2. int вздор!

fuel [fjuəl] 1) то́пливо; горю́чее 2) attr.: ~ engineering техноло́гия то́плива; ~ oil мазу́т; жи́дкое то́пливо

fugitive ['fjuːdʒɪtɪv] беглéц; бéженец

fugue [fjuːg] муз. фу́га

fulcrum ['fʌlkrəm] (pl fulcra [-rə]) тех. то́чка опо́ры; центр враще́ния

fulfil [fulˈfɪl] исполня́ть; осуществля́ть; ~**ment** исполнéние, осуществлéние

full [ful] 1. a по́лный; work ~ time рабо́тать по́лный рабо́чий день ◊ ~ dress пара́дная фо́рма; ~ face (повёрнутый) анфа́с, лицо́м (к); ~ stop то́чка; ~ up битко́м наби́тый; до отка́за 2. *adv* как раз, пря́мо

full-blooded ['ful'blʌdɪd] полнокро́вный

full-blown ['ful'bloun] совсе́м распусти́вшийся

full-length ['ful'leŋθ] во всю длину́

fullness ['fulnɪs] полнота́, сы́тость

fulminant ['fʌlmɪnənt] 1) молниено́сный 2) *мед.* скороте́чный

fulminat∥e ['fʌlmɪneɪt] 1) сверка́ть 2) греме́ть; взрыва́ться 3) громи́ть, обру́шиваться (*against*); ~ion [,fʌlmɪ'neɪʃ(ə)n] стра́стный проте́ст

fulness ['fulnɪs] *см.* fullness

fulsome ['fulsəm] неискренний; гру́бый (*о лести и т. п.*); чрезме́рный

fumble ['fʌmbl] 1) нащу́пывать 2) верте́ть в рука́х

fume [fjuːm] 1. *n* 1) дым 2) испаре́ние; ~s of wine (ви́нный) перега́р 3) возбужде́ние 2. *v* 1) испаря́ться 2) серди́ться 3) оку́ривать

fumigation [,fjuːmɪ'geɪʃ(ə)n] оку́ривание

fumy ['fjuːmɪ] ды́мный; напо́лненный пара́ми

fun [fʌn] шу́тка, заба́ва; развлече́ние; make ~ (*of*) высме́ивать; for ~ шу́тки ра́ди

function ['fʌŋkʃ(ə)n] 1. *n* 1) фу́нкция; назначе́ние 2) (*часто pl*) обя́занности, до́лжность 3) торже́ственное собра́ние, ве́чер, приём (*часто* public ~, social ~) 2. *v* функциони́ровать; де́йствовать; ~al [-ʃənl] функциона́льный; ~ary [-ʃnərɪ] 1. *n* должностно́е лицо́; Party ~ary парти́йный рабо́тник 2. *a* функциона́льный

fund [fʌnd] 1. *n* 1) запа́с, резе́рв 2) фонд 3) *pl* капита́л, де́нежные сре́дства 2. *v* 1) консолиди́ровать 2) финанси́ровать; вкла́дывать

fundamental [,fʌndə'mentl] 1. *a* основно́й, коренно́й 2. *n pl* осно́вы, основны́е при́нципы

funer∥al ['fjuːnərəl] 1. *n* по́хороны; похоро́нная проце́ссия 2. *a* похоро́нный; ~eal [fjuː'nɪərɪəl] мра́чный, тра́урный

fungous ['fʌŋgəs] гу́бчатый, ноздрева́тый

fungus ['fʌŋgəs] (*pl* fungi ['fʌŋgaɪ]) гриб; грибо́к; пле́сень

funicular [fjuː'nɪkjulə] кана́тный; ~ railway фуникулёр

funk [fʌŋk] *разг.* 1. *n* 1) страх, па́ника 2) трус 2. *v* 1) тру́сить 2) уклоня́ться, уви́ливать

funnel ['fʌnl] 1) воро́нка 2) дымова́я труба́; дымохо́д

funny ['fʌnɪ] 1) поте́шный, заба́вный; смешно́й 2) *разг.* стра́нный, чудно́й

fur [fəː] 1) мех; шерсть; *pl* меха́, пушни́на 2) налёт (*на языке́ больно́го*) 3) на́кипь (*в котле́ и т. п.*)

furbish ['fəːbɪʃ] 1) полирова́ть 2) подновля́ть

furious ['fjuərɪəs] свире́-

FUR

пый; нейстовый; бешеный; ~ struggle яростная борьба

furl [fə:l] 1) убирать *(паруса)*; свёртывать 2) свёртываться 3) складывать *(зонтик)*

furlong ['fə:lɒŋ] фарлонг (=$1/8$ английской мили)

furlough ['fə:lou] отпуск

furnace ['fə:nɪs] 1) печка; очаг; горн 2) топка

furnish ['fə:nɪʃ] 1) снабжать; доставлять 2) меблировать, обставлять; ~ed [-t]: ~ed rooms меблированные комнаты

furnishings ['fə:nɪʃɪŋz] *pl* 1) обстановка, меблировка 2) оборудование 3) украшения 4) домашние принадлежности

furniture ['fə:nɪtʃə] мебель, обстановка

furore [fjuə'rɔ:rɪ] фурор

furrier ['fə:rɪə] меховщик

furrow ['fʌrou] 1. *n* 1) борозда 2) глубокая морщина 2. *v* 1) пахать, бороздить 3) морщить; ~ed [-d] морщинистый

furry ['fə:rɪ] 1) меховой 2) пушистый

further I ['fə:ðə] *(сравн. ст. от* far) 1. *adv* 1) дальше; далее 2) затем 3) кроме того 2. *a* 1) более отдалённый 2) дальнейший; добавочный, дополнительный

further II содействовать, способствовать

furthest ['fə:ðɪst] *превосх. ст. от* far

furtive ['fə:tɪv] сделанный украдкой, тайный; ~ly украдкой

fury ['fjuərɪ] 1) ярость, бешенство 2) (F.) *миф.* фурия; *перен.* сварливая, злая женщина

fuse I [fju:z] 1. *v* 1) плавить; сплавлять, сваривать 2) сплавляться, свариваться 2. *n* 1) плавка 2) эл. плавкий предохранитель; blow a ~ сделать короткое замыкание

fuse II взрыватель; бикфордов шнур

fusible ['fju:zəbl] плавкий

fusillade [,fju:zɪ'leɪd] 1) стрельба 2) расстрел

fusion ['fju:ʒ(ə)n] 1) плавка 2) расплавленная масса 3) сплав 4) слияние, объединение

fuss ['fʌs] 1. *n* суета, суматоха 2. *v* 1) суетиться 2) беспокоиться; хлопотать; ~ed [-t] *амер.* разряженный; ~y [-ɪ] суетливый

fusty ['fʌstɪ] 1) затхлый; спёртый 2) устаревший, старомодный

futile ['fju:taɪl] 1) пустой, ничтожный 2) тщетный; ~ity [fju:'tɪlɪtɪ] 1) пустота, ничтожность 2) тщета, тщетность

future ['fju:tʃə] 1. *a* будущий 2. *n* 1) будущее время 2) будущее, будущность 3) *pl* товары, закупаемые заблаговременно

fuze [fju:z] *см.* fuse II

fuzz [fʌz] пух, пушинка

fuzzy ['fʌzɪ] 1) пушистый 2) запущенный 3) неясный

G

G, g [dʒiː] 1) *седьмая буква англ. алфавита* 2) *муз.* но́та соль

gab [gæb] *разг.*: stop your ~ *груб.* заткни́сь; he has the gift of the ~ у него́ язы́к хорошо́ подве́шен

gabble ['gæbl] 1. *n* бормота́ние 2. *v* бормота́ть

gable ['geɪbl] 1) фронто́н 2) *attr.*: ~ roof двуска́тная кры́ша; ~ window слухово́е окно́; ~d [-d] остроконе́чный *(о крыше)*

gad [gæd]: ~ **about** *разг.* шля́ться

gadabout ['gædəbaʊt] бродя́га

gad-fly ['gædflaɪ] о́вод, слепе́нь

gadget ['gædʒɪt] *разг.* приспособле́ние *(в механизме)*

gaffe [gæf] опло́шность, оши́бка

gag [gæg] 1. *n* 1) кляп 2) *театр.* отсебя́тина 2. *v* вставля́ть кляп

gaga ['gæɡɑː] *разг.* спя́тивший

gage I [geɪdʒ] 1. *v* дава́ть в ка́честве зало́га 2. *n* зало́г

gage II *см.* gauge

gaiety ['geɪətɪ] весёлость; весе́лье

gaily ['geɪlɪ] ве́село

gain [geɪn] 1. *v* 1) получа́ть; приобрета́ть *(опыт и т. п.)* 2) зараба́тывать *(на жизнь)* 3) достига́ть 4) извлека́ть по́льзу, вы́году; ~ **up(on)** нагоня́ть ◇ ~ ground де́лать успе́хи, преуспева́ть; ~ strength набира́ться сил *(после болезни)*; ~ time выи́грывать вре́мя; the clock ~s часы́ спеша́т 2. *n* 1) при́быль; вы́игрыш 2) *pl* дохо́ды 3) *pl* достиже́ния 4) увеличе́ние, приро́ст

gainsay [geɪn'seɪ] 1) противоре́чить 2) отрица́ть

gait [geɪt] похо́дка

gaiter ['geɪtə] гама́ша; *pl* ге́тры

gala ['gɑːlə] пра́зднество

galaxy ['gæləksɪ] Мле́чный Путь; *перен.* плея́да

gale [geɪl] 1) шторм 2) взрыв *(хохота)*

gall I [ɡɔːl] 1. *n* сса́дина, натёртое ме́сто 2. *v* ссади́ть *(кожу)*, натере́ть; *перен.* раздража́ть

gall II жёлчь; *перен.* го́речь

gallant ['gælənt] 1) хра́брый 2) прекра́сный *(о корабле, коне)* 3) гала́нтный; ~ry [-rɪ] 1) хра́брость 2) гала́нтность 3) любо́вная интри́га

gall-bladder ['ɡɔːl,blædə] жёлчный пузы́рь

gallery ['gælərɪ] 1) галере́я 2) *театр.* галёрка 3) *горн.* што́льня

galley ['gælɪ] 1) *ист.* гале́ра 2) *мор.* ка́мбуз 3) *мор.* вельбо́т, ки́чка 4) *attr.*: ~ proof *полигр.* гра́нка

Gallic ['gælɪk] га́льский; *шутл.* францу́зский

gallivant [,gælɪ'vænt] слоня́ться

gallon ['gælən] галлóн *(около 4,5 литра)*

gallop ['gæləp] 1. *n* галóп 2. *v* 1) скакáть галóпом, галопи́ровать 2) бы́стро прогресси́ровать

gallows ['gælouz] *(обыкн. с гл. в ед. ч.)* ви́селица

Gallup poll ['gæləppoul] выявле́ние обще́ственного мне́ния

galore [gə'lɔː] в изоби́лии

galosh [gə'lɔʃ] галóша

galvan∥ic [gæl'vænɪk] гальвани́ческий; ~**ize** ['gælvənaɪz] гальванизи́ровать; *перен.* возбужда́ть

gamble ['gæmbl] 1. *v* 1) игра́ть в аза́ртные и́гры 2) рискова́ть; ~ away проигра́ть 2. *n* риско́ванное предприя́тие; military ~ вое́нная авантю́ра; ~**r** аза́ртный игро́к

gambol ['gæmb(ə)l] 1. *n* прыжо́к 2. *v* пры́гать

game I [geɪm] дичь

game II 1. *n* игра́ ◊ play the ~ соблюда́ть пра́вила; поступа́ть благоро́дно; none of your ~s! *разг.* оста́вьте свои́ штучки!; make ~ *(of)* высме́ивать; the ~ is up де́ло про́играно 2. *a* 1) сме́лый 2) гото́вый *(сделать что-л.);* he's ~ for anything он гото́в на всё 3. *v* игра́ть в аза́ртные и́гры

gamekeeper ['geɪm‚kiːpə] лесни́к *(охраняющий дичь)*

gaming ['geɪmɪŋ] и́горный

gammon ['gæmən] о́корок

gamp [gæmp] *шутл.* зо́нтик

gamut ['gæmət] га́мма

gander ['gændə] 1) гуса́к 2) о́лух

gang [gæŋ] 1) гру́ппа, па́ртия *(людей)* 2) ша́йка; ба́нда

ganger ['gæŋə] деся́тник

ganglion ['gæŋglɪən] *(pl тж.* -lia [-lə]) *анат.* не́рвный у́зел

gangren∥e ['gæŋgriːn] гангре́на; ~**ous** [-əs] гангрено́зный

gangster ['gæŋstə] банди́т, га́нгстер

gangway ['gæŋweɪ] 1) прохо́д *(между рядами)* 2) схо́дни

gantry ['gæntrɪ] порта́л *(подъёмного крана)*

gaol [dʒeɪl] 1. *n* тюрьма́ 2. *v* заключа́ть в тюрьму́; ~**er** тюре́мщик

gap [gæp] 1) брешь 2) расхожде́ние *(во взглядах)* 3) проры́в, пробе́л; stop a ~ запо́лнить про́пуск *(или* пробе́л) 4) уще́лье

gape [geɪp] 1. *v* 1) широко́ разева́ть рот; зева́ть 2) глазе́ть *(at)* 3) зия́ть 2. *n* 1) зево́к 2) изумлённый взгляд 3) зия́ние

garage ['gærɑːʒ] 1. *n* гара́ж 2. *v* ста́вить в гара́ж

garb [gɑːb] оде́жда, одея́ние

garbage ['gɑːbɪdʒ] му́сор, отбро́сы

garble ['gɑːbl] подтасо́вывать *(факты, цитаты и т. п.);* искажа́ть *(факты, и т. п.)*

garden ['gɑːdn] сад; ~**er** садо́вник; ~**ing** садово́дство

gargantuan [gɑ:'gæntjuən] огромный

gargle ['gɑ:gl] полоскать горло

garish ['gɛərɪʃ] кричащий *(о красках и т. п.)*

garland ['gɑ:lənd] гирлянда

garlic ['gɑ:lɪk] чеснок

garment ['gɑ:mənt] одежда

garnet ['gɑ:nɪt] *мин.* гранат

garnish ['gɑ:nɪʃ] 1. *n* гарнир 2. *v* гарнировать *(блюдо)*

garret ['gærət] чердак; мансарда

garrison ['gærɪsn] 1. *n* гарнизон 2. *v* ставить гарнизон

garrul‖ity [gæ'ru:lɪtɪ] болтливость; **~ous** ['gæruləs] болтливый

garter ['gɑ:tə] подвязка; the G. орден Подвязки

gas ['gæs] 1. *n* 1) газ 2) *амер.* бензин, горючее 3) *attr.*: ~ chamber газовая камера, «душегубка» 2. *v* 1) отравлять газом 2) *разг.* болтать; **~-bag** [-bæg] *разг.* болтун; **~-burner** [-,bə:nə] газовая горелка

gaseous ['geɪzjəs] газообразный

gash [gæʃ] 1. *n* глубокая рана; разрез 2. *v* наносить глубокую рану

gasify ['gæsɪfaɪ] превращать в газ, газифицировать

gas-jet ['gæsdʒet] газовый рожок, -ая горелка

gas-mask ['gæsmɑ:sk] противогаз

gasolene, gasoline ['gæsəli:n] газолин; *амер.* бензин

gasp [gɑ:sp] 1. *v* 1) задыхаться 2) открывать рот от изумления; ~ out произносить задыхаясь ◇ at one's last ~ при последнем издыхании 2. *n* затруднённое дыхание

gas-ring ['gæs'rɪŋ] газовая горелка

gassed [gæst] отравленный газами

gastr‖ic ['gæstrɪk] желудочный; **~itis** [gæs'traɪtɪs] *мед.* гастрит; **~onomy** [gæs'trɔnəmɪ] кулинария

gate ['geɪt] 1) ворота; калитка 2) шлюзные ворота; **~-keeper** [-,ki:pə] привратник; **~way** [-weɪ] ворота, вход

gather ['gæðə] 1. *v* 1) собирать 2) собираться, скопляться 3) рвать *(цветы)* 4) делать вывод 5) нарывать *(о фурункуле)* ◇ ~ speed набирать скорость, ускорять ход 2. *n pl* сборки; **~ing** [-rɪŋ] 1) сбор 2) собрание 3) собрание *(людей)* 4) *мед.* нагноение

gauche [gouʃ] *фр.* 1) неуклюжий, неловкий 2) бестактный

gaudy ['gɔ:dɪ] безвкусный, кричащий

gauge ['geɪdʒ] 1. *n* 1) измерительный прибор 2) масштаб; калибр 2. *v* точно измерять; *перен.* оценивать; **~-glass** [-glɑ:s] водомерное стекло

gaunt [gɔ:nt] худой, тощий

gauntlet ['gɔ:ntlɪt] 1. *ист.* латная рукавица 2) рука-

gauze [gɔːz] 1) газ *(материя)* 2) марля

gave [geɪv] *past* от give

gawky ['gɔːkɪ] неуклюжий, неловкий

gay [geɪ] 1) весёлый 2) яркий; пёстрый *(о красках)* 3) беспутный

gaze [geɪz] 1. *v* пристально смотреть 2. *n* пристальный взгляд

gazelle [gə'zel] газель

gazette [gə'zet] 1. *n* официальная правительственная газета 2. *v (обыкн. pass)* помещать в официальной правительственной газете *(сообщения о назначениях, наградах и т. п.)*

gazetteer [ˌgæzɪ'tɪə] географический справочник

gear ['gɪə] 1. *n* 1) механизм; приспособление *перен.* принадлежности; collect one's ~ собирать свои вещи 2) *тех.* зубчатая передача; шестерня; go into 1st, 2d ~ переключать на 1-ю, 2-ю скорость; throw out of ~ выключить передачу 3) *мор.* оснастка 2. *v* 1) приводить в движение механизм 2) направлять по заранее намеченному плану *(что-либо)* ~-**box** [-bɔks] *тех.* коробка скоростей; ~-**wheel** [-wiːl] зубчатое колесо

gee [dʒiː] 1) *амер.* вот здорово! 2) но! *(понукание лошади)*

geese [giːs] *pl* от goose

gee-up ['dʒiːʌp] *см.* gee 2)

Geiger counter ['gaɪgə'kauntə] *физ.* счётчик Гейгера

gelatine [ˌdʒelə'tiːn] желатин

gem [dʒem] драгоценность; драгоценный камень

gen [dʒen] *разг.* информация

gender ['dʒendə] *грам.* род

genea∥logical [ˌdʒiːnjə'lɔdʒɪk(ə)l] генеалогический; ~**gy** [ˌdʒiːnɪ'ælədʒɪ] генеалогия, родословная

genera ['dʒenərə] *pl* от genus

general ['dʒen(ə)r(ə)l] 1. *a* 1) общий; in ~ вообще; G. Assembly Генеральная Ассамблея; ~ election всеобщие выборы; ~ strike всеобщая забастовка 2) обычный 3) главный, основной 4) генеральный 2. *n* генерал

generality [ˌdʒenə'rælɪtɪ] 1): the ~ большинство 2) всеобщность 3) *pl* общие места 4) неопределённость

general∥ize ['dʒen(ə)rəlaɪz] 1) обобщать 2) вводить в употребление; ~**ly** 1) обычно 2) широко 3) вообще, в общем смысле

generate ['dʒenəreɪt] порождать, производить

generation [ˌdʒenə'reɪʃ(ə)n] поколение

generator ['dʒenəreɪtə] генератор

generic [dʒɪ'nerɪk] 1) общий 2) *биол.* родовой

gener∥osity [ˌdʒenə'rɔsɪtɪ] 1) щедрость 2) великодушие; ~**ous** ['dʒen(ə)rəs] 1) щедрый 2) великодушный 3) обильный *(о еде и т. п.)* 4) крепкий *(о вине)*

genesis ['dʒenɪsɪs] 1) генезис 2) (G.) *библ.* Книга Бытия

genetics [dʒɪ'netɪks] генетика

genial ['dʒiːnjəl] 1) сердечный, дружелюбный 2) мягкий *(о климате)*; ~ity [ˌdʒiːnɪ'ælɪtɪ] 1) мягкость *(климата)* 2) добродушие

genii ['dʒiːnɪaɪ] *pl* от genius 3)

genitive ['dʒenɪtɪv] родительный (падеж)

genius ['dʒiːnjəs] 1) гениальность, одарённость; man of ~ гениальный человек 2) *(pl* geniuses [-ɪz]) гений 3) *(pl* genii) дух, демон

gent [dʒent] *разг., шутл* gentleman

genteel [dʒen'tiːl] *ирон.* 1) элегантный 2) благовоспитанный

gentility [dʒen'tɪlɪtɪ] *(часто ирон.)* аристократические замашки

gentle ['dʒentl] 1) мягкий, кроткий 2) знатный

gentlefolk(s) ['dʒentlfouk(s)] дворянство, знать

gentleman ['dʒentlmən] джентльмен

gentleness ['dʒentlnɪs] мягкость, доброта

gently ['dʒentlɪ] 1) мягко *(о манере)* 2) нежно, осторожно ◇ ~ born знатный, родовитый

gentry ['dʒentrɪ] мелкопоместное дворянство

genuine ['dʒenjuɪn] 1) подлинный 2) искренний, неподдельный

genus ['dʒiːnəs] *(pl* genera) *биол.* род, класс

geodesy [dʒiː'ɔdɪsɪ] геодезия
geograph||**er** [dʒɪ'ɔgrəfə] географ; ~y [-ɪ] география

geolog||**ist** [dʒɪ'ɔlədʒɪst] геолог; ~y [-ɪ] геология

geometr||**ic** [dʒɪə'metrɪk] геометрический; ~y [dʒɪ'ɔmɪtrɪ] геометрия

Georgian I ['dʒɔːdʒjən] **1.** *a* грузинский **2.** *n* 1) грузин; грузинка 2) грузинский язык

Georgian II относящийся к штату Джорджия *(США)*

Georgian III времени, эпохи одного из английских королей Георгов

geranium [dʒɪ'reɪnjəm] герань

germ [dʒəːm] 1) микроб 2) зародыш

German ['dʒəːmən] **1.** *a* германский, немецкий ◇ silver мельхиор, нейзильбер **2.** *n* 1) немец; немка 2) немецкий язык

germinate ['dʒəːmɪneɪt] 1) прорастать 2) зарождаться

gerrymander ['dʒerɪmændə] 1) подтасовывать результаты выборов 2) искажать факты

gerund ['dʒer(ə)nd] *грам.* герундий

gesticulat||**e** [dʒes'tɪkjuleɪt] жестикулировать; ~**ion** [dʒesˌtɪkju'leɪʃ(ə)n] жестикуляция

gesture ['dʒestʃə] жест

get [get] (got; *уст. и амер. p. p.* gotten) 1) доставать, получать 2) достигать (*тж.* ~ at) 3) брать 4): ~ hold of схватить 5) становиться; it's getting cold становится холодно; ~ angry рассердиться; ~ married жениться; выйти замуж; ~ tired устать; ~ well оправиться (*после болезни*); ~ old стареть; ~ ill заболеть; ~ a living зарабатывать на жизнь 6) покупать 7) приносить; ~ **about,** ~ **abroad** распространяться, становиться известным; ~ **along** а) делать успехи; б) ладить, уживаться; ~ **away** удирать, убираться прочь; ~ **into** а) входить; б) надевать; ~ **off** а) слезать; б) отделываться, спасаться; в) снимать; ~ **on** а) садиться (*в поезд и т. п.*); б) продолжать; в) (*with*) уживаться, ладить; г): ~ on in years стареть; ~ **out** а) выходить (*из дома, машины и т. п.*); б) вынимать, уносить; в): what did you ~ out of his lecture? что вам дала его лекция?; ~ **over** а) преодолеть; б) оправиться (*после болезни*); ~ **round** обойти; ~ **through** а) пройти через что-л.; б) сдать экзамен; ~ **up** подниматься, вставать ◇ have got *разг.* иметь; have got to... надо; I've got to go мне надо идти; I don't ~ you *разг.* я не понимаю вас; ~ the better (*of*) победить; ~ into one's head забрать себе в голову; ~ it *разг.* получить нагоняй; ~ one's way добиться своего; ~ home попасть в цель; ~ one's feet wet промочить ноги; ~ dinner ready приготовить обед; ~ out of hand выйти из-под контроля; ~ smb. to do smth. убедить кого-л. сделать что-л., уговорить; ~ together собираться; ~ the worst of it оказаться битым; how are you getting on? как ваши дела?

getaway ['getəweɪ] бегство

gewgaw ['gjuːgɔː] безделушка

geyser 1) ['gaɪzə] гейзер 2) ['giːzə] газовая колонка для подогрева воды

ghastly ['gɑːstlɪ] **1.** *a* страшный, ужасный **2.** *adv* страшно, ужасно

ghetto ['getou] гетто

ghost ['goust] 1) привидение, дух 2) тень, лёгкий след (*чего-л.*); ~ly похожий на привидение; призрачный

ghoul [guːl] вампир

giant ['dʒaɪənt] великан, гигант

gibber ['dʒɪbə] **1.** *v* говорить быстро и невнятно, бормотать **2.** *n* быстрая, невнятная речь

gibberish ['dʒɪbərɪʃ] *см.* gibber 2

gibbet ['dʒɪbɪt] виселица

gibe [dʒaɪb] **1.** *n* насмешка **2.** *v* насмехаться

gid‖diness ['gɪdɪnɪs] 1) головокружение 2) ветреность; ~**dy** [-ɪ] 1) головокружительный 2) ветреный, легкомысленный

gift ['gɪft] 1) подарок 2) дар, талант; ~ed [-ɪd] одарённый

gig [gɪg] 1) кабриолет 2) *мор.* гичка

gigantic [dʒaɪ'gæntɪk] гигантский

giggle ['gɪgl] 1. *v* хихикать 2. *n* хихиканье

gild [gɪld] золотить

gills [gɪlz] *pl* 1) жабры 2) *ирон.* второй подбородок

gillyflower ['dʒɪlɪ,flauə] левкой

gilt ['gɪlt] 1. *n* позолота 2. *a* золочёный; ~-edged [-'edʒd]: ~-edged securities надёжные ценные бумаги

gimcrack ['dʒɪmkræk] мишурный

gimlet ['gɪmlɪt] бурав(чик)

gin I [dʒɪn] джин

gin II 1) хлопкоочистительная машина 2) капкан, ловушка

ginger ['dʒɪndʒə] 1. *n* 1) имбирь 2) *разг.* огонёк, воодушевление 2. *a* красновато-жёлтый; ~bread [-bred] имбирный пряник

gingerly ['dʒɪndʒəlɪ] в высшей степени осторожный

gingham ['gɪŋəm] полосатая *или* клетчатая бумажная материя

Gipsy ['dʒɪpsɪ] 1. *n* цыган; цыганка 2. *a* цыганский

giraffe [dʒɪ'rɑ:f] жираф(а)

gird [gə:d] (girded, girt) опоясывать

girder ['gə:də] *тех.* балка; ферма

girdle ['gə:dl] 1. *n* пояс 2. *v* подпоясывать

girl ['gə:l] 1) девочка; девушка 2) молодая женщина; ~ish девический

girt [gə:t] *past и p. p.* от gird

girth [gə:θ] 1) подпруга 2) обхват

gist [dʒɪst] суть, сущность; главный пункт

give [gɪv] (gave; given) 1) давать; отдавать, дарить 2) *при соединении с прямым дополнением часто передаётся глаголом, соответствующим дополнению:* ~ a cry (a look) вскрикнуть (взглянуть); ~ away а) отдавать; б) выдавать, проговариваться; ~ back возвращать; ~ in а) уступать; б) вручать *(отчёт и т. п.)*; ~ out а) объявлять; б) раздавать; в) иссякать, кончаться *(о запасах, силах и т. п.)*; г) издавать; ~ over бросать *(привычку и т. п.)*; ~ up а) отказаться *(от чего-л.)*; бросить *(курение, занятия)*; б) сдаться ◇ ~ ear *(to)* слушать; ~ ground уступать; отходить; ~ smb. his due отдавать должное кому-л.; ~ oneself airs важничать; ~ way под(д)аваться; I don't ~ a damn! мне наплевать!

given ['gɪvn] 1. *p. p.* от give 2. *a* 1) данный 2) установленный; in a ~ time к установленному сроку 3) *predic*: be ~ to smth. иметь склонность к чему-л.

gizzard ['gɪzəd] *разг.* глотка

glaci||al ['gleɪsjəl] 1) ледяной; леденящий 2) ледниковый; **~er** ['glæsjə] ледник, глетчер

glad [glæd] *predic* радостный; be ~ быть довольным; I am ~ я рад

gladden ['glædn] радовать

glade [gleɪd] прогалина; поляна

glamorous ['glæmərəs] чарующий, обаятельный

glamour ['glæmə] чары *мн.*

glance [glɑːns] 1. *v* 1) взглянуть 2) сверкнуть; ~ **off** скользнуть; ~ **over** бегло просматривать 2. *n* 1) взгляд; fleeting ~ беглый взгляд; at a ~ с одного взгляда 2) вспышка

gland [glænd] железа

glanders ['glændəz] *вет.* сап

glare [glɛə] 1. *v* 1) ослепительно сверкать 2): ~ at свирепо смотреть 2. *n* 1) ослепительный блеск 2) свирепый взгляд

glass ['glɑːs] 1) стекло 2) стакан 3) рюмка 4) *pl* очки; **~-cutter** [-ˌkʌtə] 1) стекольщик 2) резец, алмаз; **~-house** [-haus] теплица

glassy ['glɑːsɪ] зеркальный, гладкий; *перен.* стеклянный (*о взгляде*)

glaze [gleɪz] 1. *v* 1) застеклять 2) покрывать глазурью 2. *n* глазурь; глянец

gleam [gliːm] 1. *n* слабый свет; отблеск; *перен.* проблеск (*надежды и т. п.*) 2. *v* светиться

glean [gliːn] подбирать колосья; *перен.* собирать (*по мелочам из разных источников*)

glee [gliː] веселье

glen [glen] узкая долина (*особ. в Шотландии*)

glib [glɪb] бойкий (*на язык*)

glid||e ['glaɪd] 1. *v* скользить; *ав.* планировать 2. *n* скольжение; *ав.* планирование; **~er** планёр

glimmer ['glɪmə] 1. *v* мерцать 2. *n* мерцание

glimpse [glɪmps] 1. *n* проблеск; at a ~ мельком; have (*или* catch) a ~ увидеть мельком 2. *v* видеть мельком

glint [glɪnt] 1. *n* блеск; отблеск 2. *v* блестеть, давать отблеск

glisten ['glɪsn] блестеть, сверкать

glitter ['glɪtə] 1. *n* блеск 2. *v* блестеть

gloaming ['gloumɪŋ]: the ~ *поэт.* сумерки

gloat [glout] 1) пожирать глазами (*over, upon*) 2) внутренне ликовать, злорадствовать

globe ['gloub] 1) земной шар 2) глобус 3) шар; **~-trotter** [-ˌtrɔtə] много путешествующий человек

globul||ar ['glɔbjulə] сферический; **~e** [-bjuːl] шарик

gloo||m ['gluːm] мрак; *перен.* уныние; **~my** [-ɪ] мрачный (*тж. перен.*)

glori||fication [ˌglɔːrɪfɪˈkeɪʃ(ə)n] прославление; **~fy** ['glɔːrɪfaɪ] прославлять

glorious ['glɔːrɪəs] славный; великолепный

glory ['glɔːrɪ] 1. *n* 1) слава

2) великолепие 2. *v* гордиться

gloss [glɔs] лоск; *перен.* обманчивая наружность

glossary ['glɔsərɪ] словарь; глоссарий

glossy ['glɔsɪ] глянцевитый

glove [glʌv] перчатка

glow [glou] 1. *v* пылать 2. *n* 1) пыл, жар 2) зарево 3) румянец

glower ['glauə] смотреть сердито

glue [glu:] 1. *n* клей 2. *v* клеить, приклеивать

glum [glʌm] мрачный

glut [glʌt] 1. *v* пресыщать 2. *n* 1) пресыщение 2): ~ in the market затоваривание рынка

glutinous ['glu:tɪnəs] клейкий

glutton ['glʌtn] обжора; ~ous ['glʌtnəs] прожорливый

glycerine [ˌglɪsə'ri:n] глицерин

gnarled [nɑ:ld] сучковатый; искривлённый

gnash [næʃ] скрежетать зубами

gnat [næt] комар

gnaw [nɔ:] грызть, глодать; *перен.* мучить

gnome [noum] гном

go [gou] 1. *v* (went; gone) 1) идти, ходить; let's go! пошли! 2) ездить 3) уходить 4) исчезать а) **about** а) расхаживать; б): the rumour is going about ходят слухи; в) предпринимать; браться *(за работу и т. п.)*; go **ahead**

а) двигаться вперёд; б) продолжать; go **along** *(with)* сопровождать; ~ **back** возвращаться; go **beyond** превышать *(что-л.)*; go **by** а) проходить мимо; б) проходить *(о времени)*; go **in for** smth. заняться, интересоваться чем-л.; go **off** а) выстрелить *(об орудии)*; б) пройти хорошо; в) портиться *(о мясе и т. п.)*; go **on** продолжать; go **out** а) выходить; б) погаснуть; go **over** а) переходить; б) перечитывать; повторять; go **through** испытывать, подвергаться; go **through with** smth. доводить что-л. до конца; go **under** погибать; go **up** повышаться *(о ценах)*; go **with** а) сопровождать; б) подходить; соответствовать ◊ be going to do smth. собираться сделать что-л.; go ahead! а) вперёд!; б) продолжай(те)!; go bad портиться; go blind слепнуть; go crazy *(или* mad) сойти с ума; it goes without saying само собой разумеется; everything goes wrong всё идёт вверх дном; where is this carpet to go? куда постелить этот ковёр?; the story goes говорят; his sight is going он теряет зрение; the house went to the elder son дом достался старшему сыну; let's go at that пусть будет так; go easy! осторожно!; she is six months gone (with child) она на шестом месяце 2. *n разг.* энергия ◊ it's no

go это не пройдёт; quite the **go** по моде; в ходу, ходовой

goad [goud] подгонять; *перен.* побуждать, подстрекать

go-ahead ['go(u)əhed] предприимчивый

goal ['goul] 1) цель 2) *спорт.* ворота; гол; keep ~ стоять в воротах *(футбол)*; ~keeper [-,ki:pə] *спорт.* вратарь

goat ['gout] коза, козёл; ~herd [-hə:d] *уст.* козий пастух

gob [gɔb] *разг.* рот

gobble ['gɔbl] жадно проглатывать

go-between ['goubɪ,twi:n] посредник

goblet ['gɔblɪt] кубок; бокал

goblin ['gɔblɪn] домовой

god ['gɔd] бог; ~child [-tʃaɪld] крестник; крестница; ~daughter [-,dɔ:tə] крестница

goddess ['gɔdɪs] богиня

god‖father ['gɔd,fɑ:ðə] крёстный отец; ~forsaken [-fə,seɪkn] заброшенный, захолустный

godless ['gɔdlɪs] безбожный

god‖mother ['gɔd,mʌðə] крёстная мать; ~send [-send] неожиданное счастье, находка; ~son [-sʌn] крестник

goggle ['gɔgl] 1. *v* таращить, выпучивать глаза 2. *n pl* защитные очки

goings-on ['go(u)ɪŋz'ɔn] *pl* поступки, поведение

goitre ['gɔɪtə] *мед.* зоб

gold ['gould] 1. *n* золото 2. *a* золотой; ~digger [-,dɪgə] золотоискатель; *разг.* авантюристка

golden ['gould(ə)n] золотистый

gold‖-field ['gouldfi:ld] золотоносный участок; ~mine [-maɪn] золотой прииск; *перен.* «золотое дно»; ~smith [-smɪθ] золотых дел мастер

golf [gɔlf] гольф

golly ['gɔlɪ] *разг.*: by ~! ей-богу!

gondola ['gɔndələ] гондола

gone [gɔn] 1) *p. p. от* go 1 2): be ~ *(on)* быть влюблённым

gong [gɔŋ] гонг

good [gud] 1. *a* (better; best) 1) хороший 2) добрый 3) милый, любезный ◊ ~ morning доброе утро; as ~ as всё равно что; почти; be ~ *(at)* быть способным к; be ~ enough to будьте так добры; make ~ а) исполнять *(обещание)*; б) возмещать; в) доказывать; с) преуспевать 2. *n* 1) добро, благо; do smb. ~ помогать кому-л. 2) польза; to the ~ на пользу; for the ~ of ради, из-за

good-bye ['gud'baɪ] 1. *n* прощание 2. *int* до свидания, прощайте

good-for-nothing ['gudfə,nʌθɪŋ] 1. *n* бездельник 2. *a* негодный, никчёмный

good-humoured ['gud'hju:məd] добродушный

good-looking ['gud'lukɪŋ] красивый

goodly ['gudlɪ] 1) красивый 2) значительный

good-natured ['gud'neɪtʃəd] добродушный

goodness ['gudnɪs] 1) доброта 2) добродетель ◇ ~ gracious! господи!; ~ knows кто его знает; for ~' sake ради бога

goods [gudz] *pl* 1) товары 2) вещи, имущество

goodwill ['gud'wɪl] 1) доброжелательность 2) добрая воля

goody ['gudɪ] *(обыкн. pl)* сласти, конфеты

goofy ['guːfɪ] *разг.* глупый

goose [guːs] *(pl* geese) 1) гусь 2) *разг.* дурак, простак

gooseberry ['guzb(ə)rɪ] крыжовник

goose-flesh ['guːsfleʃ] гусиная кожа *(от холода, страха)*

gore I [gɔː] забодать; пронзить *(клыками)*

gore II *поэт.* кровь

gorge [gɔːdʒ] 1. *n* 1) ущелье 2) глотка ◇ his ~ rises at it его тошнит от этого 2. *v* жадно глотать

gorgeous ['gɔːdʒəs] 1) великолепный 2) ярко окрашенный

gormandize ['gɔːməndaɪz] объедаться; пожирать

gorse [gɔːs] *бот.* дрок

gory ['gɔːrɪ] 1) окровавленный 2) кровопролитный

gosh [gɔʃ]: by ~! чёрт побери!

gosling ['gɔzlɪŋ] гусёнок

gospel ['gɔsp(ə)l] евангелие ◇ ~ truth непререкаемая истина; take for ~ принимать слепо за истину

gossamer ['gɔsəmə] тонкая ткань

gossip ['gɔsɪp] 1. *n* 1) болтовня; сплетни 2) кумушка 2. *v* сплетничать

got [gɔt] *past и p. p. от* get

Goth ['gɔθ] 1) гот 2) варвар; ~ic [-ɪk] 1) готский 2) готический

gotten ['gɔtn] *уст. и амер. p. p. от* get

gouge [gaudʒ] 1. *n* полукруглое долото 2. *v* 1) выдалбливать 2) выкалывать *(глаза)*

gourd [guəd] тыква

gou‖t ['gaut] подагра; ~ty [-ɪ] подагрический

govern ['gʌv(ə)n] управлять, править; регулировать

governess ['gʌvənɪs] гувернантка

government ['gʌvnmənt] 1) правительство 2) форма правления 3) управление; ~al [,gʌv(ə)n'mentl] правительственный

governor ['gʌvənə] 1) правитель 2) губернатор 3) *разг.* хозяин 4) *уст. разг.* отец 5) *тех.* регулятор; ~-general [-'dʒen(ə)r(ə)l] вице-король; губернатор колонии *или* доминиона

gown [gaun] 1) платье 2) мантия

grab [græb] 1. *v* хватать, захватывать 2. *n* 1) захват 2) *тех.* ковш, черпак

grace [greɪs] 1. *n* 1) грация 2) благосклонность, милость 3) молитва до *или* после еды ◇ your G., his (her) G. ва́ша, его́ (её) ми́лость; be in (*или* get into) smb.'s good ~s по́льзоваться чьей-л. благоскло́нностью 2. *v* 1) украша́ть 2) удоста́ивать; ~ful грацио́зный; ~less бессты́дный; неподоба́ющий, неприли́чный

gracious ['greɪʃəs] ми́лостивый; снисходи́тельный; ~ me! бо́же мой!

gradation [grə'deɪʃ(ə)n] 1) града́ция 2) *лингв.* чередова́ние

grade [greɪd] 1. *n* 1) сте́пень; ранг 2) *амер.* класс (шко́лы) 3) *амер.* отме́тка 4) гра́дус 5) сорт, ка́чество 2. *v* 1) располага́ться по степеня́м 2) нивели́ровать (*ме́стность*)

gradient ['greɪdjənt] укло́н, скат, накло́н

gradual ['grædjuəl] постепе́нный; ~ly постепе́нно

graduate 1. *v* ['grædjueɪt] 1) конча́ть университе́т 2) *амер.* конча́ть (*любо́е*) уче́бное заведе́ние 3) располага́ть в после́довательном поря́дке 4) градуи́ровать, наноси́ть деле́ния 2. *n* ['grædjuɪt] *амер.* око́нчивший уче́бное заведе́ние

graft I [grɑːft] *амер.* 1. *n* взя́точничество, систе́ма по́дкупа 2. *v* дава́ть, брать взя́тки

graft II 1. *n бот.* приви́вка, приво́й 2. *v бот.* привива́ть; *мед.* переса́живать ткань

grain [greɪn] 1) зерно́; крупи́нка 2) гран 3) строе́ние, структу́ра (*де́рева, ка́мня*)

grammar ['græmə] грамма́тика; ~-school [-skuːl] 1) *амер.* ста́ршие кла́ссы сре́дней шко́лы 2) сре́дняя шко́ла

grammatical [grə'mætɪk(ə)l] граммати́ческий

gramme [græm] грамм

gramophone ['græməfoun] граммофо́н, патефо́н

grampus ['græmpəs] каса́тка

granary ['grænərɪ] амба́р, жи́тница

grand [grænd] 1) вели́чественный 2) превосхо́дный 3) гла́вный ◊ ~ jury *юр.* большо́е жюри́; ~child [-tʃaɪld] внук, вну́чка; ~dad [-dæd] *разг.* дед; ~daughter [-,dɔːtə] вну́чка

grandeur ['grændʒə] 1) вели́чие 2) великоле́пие; пы́шность

grandfather ['grænd,fɑːðə] дед

grandiloquence [græn'dɪləkwəns] высокопа́рность, напы́щенность

grandiose ['grændɪous] грандио́зный

grand‖ma, **~mother** ['grænd,mɑː, ,mʌdə] ба́бушка; ~pa [-pɑː] де́душка; ~sire [-,saɪə] 1) дед 2) пре́док; ~son [-sʌn] внук

grange [greɪndʒ] мы́за

granite ['grænɪt] грани́т

granny ['grænɪ] *разг.* ба́бушка

grant [grɑːnt] 1. *v* 1) предоставля́ть (*заём, креди́т*) 2) дозволя́ть; допуска́ть 3) жа́ловать (*чем-л.*) ◊ take for ~ed счита́ть само́ собо́й разумеющимся 2. *n* 1) субсидия, дотация 2) стипендия

granula||**r** ['grænjulə] зернистый; **~te** [-leɪt] 1) дробить, мельчить; гранулировать 2) зерниться; дробиться; **~ted** sugar сахарный песок

grape ['greɪp] виноград; **~-fruit** [-fruːt] грейпфрут

graphic ['græfɪk] 1) графический 2) наглядный

graphite ['græfaɪt] графит

grapple ['græpl] 1. *v* сцепиться *(борясь)*; бороться *(сцепившись)*; **~ with** а) пытаться преодолеть *(затруднение)* или разрешить *(задачу)*; б) *мор.* сцепиться на абордаж 2. *n* 1) схватка 2) *тех.* кошка, крюк

grasp [grɑːsp] 1. *v* схватывать *(тж. перен.)*; улавливать *(мысль и т. п.)* 2. *n* 1) сжатие; хватка 2) понимание; схватывание

grass ['grɑːs] 1) трава 2) пастбище ◇ **~** widow соломенная вдова; **~** widower соломенный вдовец; **~hopper** [-,hɔpə] кузнечик; **~-snake** [-sneɪk] уж

grate I [greɪt] каминная решётка

grate II 1) тереть; измельчать 2) скрипеть; *перен.* раздражать

grateful ['greɪtful] благодарный

gratify ['grætɪfaɪ] удовлетворять; доставлять удовольствие

grating ['greɪtɪŋ] решётка

gratis ['greɪtɪs] бесплатно

gratitude ['grætɪtjuːd] благодарность

gratui||**tous** [grə'tjuːɪtəs] даровой; **~ty** [-tɪ] 1) денежное пособие 2) чаевые

grave I [greɪv] серьёзный; степенный

grave II могила

gravel ['græv(ə)l] гравий

grave||**stone** ['greɪvstoun] надгробный памятник; **~yard** [-jɑːd] кладбище

gravi||**tate** ['grævɪteɪt] тяготеть; **~tation** [,grævɪ'teɪʃ(ə)n] тяготение, притяжение; **~ty** [-tɪ] 1) серьёзность 2) *физ.* сила тяжести

gravy ['greɪvɪ] подливка *(мясная)*

gray [greɪ] *см.* grey

graze I [greɪz] 1) слегка касаться, задевать 2) ссадить *(руку и т. п.)*; натереть *(кожу)*

graze II 1) пасти 2) пастись

grease ['griːs] 1. *n* жир, сало *(топлёное)*; густая смазка 2. *v* [griːz] смазывать жиром; *перен.* подмазывать; **~** smb.'s palm дать кому-л. взятку; **~-paint** [-peɪnt] *театр.* грим

greasy ['griːzɪ] сальный; скользкий

great ['greɪt] 1) великий; большой; the Great October Socialist Revolution Великая Октябрьская социалистическая революция 2) *разг.* замечательный; that's **~** замечательно 3) пра- *(в степени родства)*; **~grand-**

father прадед; ~coat [-'kout] пальто; шинель

great||ly ['greitli] очень; ~ness 1) величина 2) величие

Grecian ['griːʃ(ə)n] греческий

gree||d, ~diness ['griːd,-ɪnɪs] жадность; ~dy [-ɪ] жадный

Greek [griːk] 1. *a* греческий ◇ it's all ~ to me ≅ это для меня китайская грамота 2. *n* 1) грек; гречанка 2) греческий язык

green [griːn] 1. *a* 1) зелёный 2) незрелый; *перен.* неопытный ◇ turn ~ позеленеть, побледнеть 2. *n* 1) зелёный цвет 2) растительность 3) зелёная лужайка

greenback ['griːnbæk] *амер.* банкнота

greenery ['griːnərɪ] зелень, растительность

green-eyed ['griːnaɪd] ревнивый, завистливый

greengrocer ['griːn,grousə] зеленщик; фруктовщик

greenhorn ['griːnhɔːn] новичок, молокосос

greenhouse ['griːnhaus] теплица

greenish ['griːnɪʃ] зеленоватый

greenness ['griːnnɪs] зелень; *перен.* неопытность

greet [griːt] приветствовать; ~ing приветствие

gregarious [gre'gɛərɪəs] 1) живущий стадами, стаями 2) общительный

grenad||e [grɪ'neɪd] граната; ~ier [,grenə'dɪə] 1) гренадёр 2) гранатомётчик

grew [gruː] *past от* grow

grey [greɪ] 1) серый; ~ matter серое вещество мозга; *перен.* ум 2) седой; hairs седины; turn ~ седеть

greyhound ['greɪhaund] борзая

grid [grɪd] 1) решётка, сетка 2) *эл.* сеть высокого напряжения

grief [griːf] горе ◇ come to ~ потерпеть неудачу, дожить до беды

griev||ance ['griːv(ə)ns] 1) обида 2) жалоба; ~e [griːv] 1) огорчать 2) горевать; ~ous ['griːvəs] тяжёлый, мучительный

grill [grɪl] 1. *n* 1) решётка *(для жаренья мяса)*; рашпер 2) жареное на рашпере мясо 2. *v* 1) жарить 2) жариться 3) строго допрашивать

grim [grɪm] 1) мрачный; зловещий 2) жестокий; неумолимый

grimace [grɪ'meɪs] 1. *n* гримаса 2. *v* гримасничать

gri||me ['graɪm] сажа, грязь *(впитавшаяся во что-л., особ. в кожу)*; ~my [-ɪ] закоптелый, грязный

grin [grɪn] 1. *v* скалить зубы; усмехаться ◇ ~ and bear it стойко переносить *(боль, неудачу)* 2. *n* оскал *(при улыбке)*; усмешка

grind ['graɪnd] 1. *v* (ground) 1) молоть 2) подавлять, угнетать 3) точить 4) вертеть ручку *(чего-л.)* 5) скрежетать 6) *разг.* усердно работать, трудиться 7) *разг.* зубрить 2. *n разг.* тяжёлая, скучная работа; ~er 1) точильный камень 2) точильщик; ~stone [-stoun] 1) жёрнов 2) точильный камень

grip [grɪp] **1.** *n* 1) сжимание; схватывание; come to ~s схватываться *(в борьбе)* 2) саквояж 3) ручка, рукоятка 4) тиски **2.** *v* 1) сжимать; схватывать 2) овладевать вниманием

gripes [graɪps] *pl (обыкн.* the ~) резь, колики, боль в животе

grippe [grɪp] *разг.* грипп

grisly ['grɪzlɪ] страшный

grist [grɪst] зерно для помола ◇ bring ~ to the mill приносить доход, быть выгодным

gristly ['grɪstlɪ]: ~ meat *разг.* жёсткое мясо

grit [grɪt] **1.** *n* 1) гравий, крупный песок 2) *разг.* твёрдость характера, выдержка **2.** *v* скрежетать (зубами)

grits [grɪts] *pl* овсяная крупа

gritty ['grɪtɪ] песчаный

grizz‖led ['grɪzld] седой; ~ly ['grɪzlɪ] **1.** *n* гризли, серый медведь **2.** *a* 1) серый 2) с проседью

groan [groun] **1.** *n* стон **2.** *v* стонать

groats [grouts] *pl* крупа

groce‖r ['grousə] 1) торговец бакалейными товарами 2) *см.* grocery; ~ry [-rɪ] продуктовый магазин

grog ['grɔg] грог; ~gy [-gɪ] 1) неустойчивый; шаткий 2) нетвёрдый на ногах, слабый *(после болезни и т. п.)*

groin I [grɔɪn] пах

groin II *архит.* крестовый свод

groom [grum] **1.** *n* 1) грум, конюх 2) жених **2.** *v* 1) ходить за лошадьми 2): well ~ed хорошо одетый, выхоленный

groove [gruːv] **1.** *n* выемка, желобок; нарезка; паз; *перен.* рутина **2.** *v* делать выемку

grope [group] идти ощупью; *перен.* нащупывать

gross ['grous] 1) объёмистый 2) толстый 3) грубый, явный 4) вульгарный 5) валовой; ~ly [-lɪ] грубо; вульгарно

grotesque [gro(u)'tesk] гротескный, комический, нелепый

grotto ['groutou] грот

grouch [grautʃ] 1) недовольство, дурное настроение 2) брюзга

ground I [graund] past и p. p. от grind 1

ground II 1. *n* 1) почва, земля 2) *pl* сад, парк при доме; участок земли *(вокруг дома)* 3) основание, причина 4) местность 5) *pl* осадок, гуща *ед.* 6) *жив.* грунт, фон ◇ cover the ~ а) покрывать расстояние; б) изучать вопрос; give ~ уступить **2.** *v* 1) наскочить на мель, на берег 2) основывать; обосновывать 3) обучать 4) *ав.* приземляться

ground floor ['graund'flɔː] нижний, цокольный этаж

groundless ['graundlɪs] беспричинный; неосновательный

groundwork ['graundwə:k] фундамент, основа

group [gru:p] 1. *n* 1) группа 2) *амер.* авиационная группа 3) *attr.*: ~ captain полковник авиации 2. *v* 1) группировать 2) группироваться

grouse I [graus] рябчик

grouse II *разг.* ворчать

grove [grouv] роща

grovel ['grɔvl] пресмыкаться; ~er низкопоклонник

grow ['grou] (grew; grown) 1) расти 2) увеличиваться 3) делаться, становиться; it grew cold стало холодно 4) выращивать ◇ that music ~s on me эта музыка мне нравится всё больше и больше; he grew away from his family он стал чужим в своей собственной семье; ~ing растущий

growl [graul] 1. *v* 1) рычать 2) ворчать 2. *n* 1) рычание 2) ворчание

grown [groun] *p. p.* от grow

grown-up ['grounʌp] взрослый

growth [grouθ] рост; увеличение

grub ['grʌb] 1. *v* 1) рыться 2) выкапывать 3) откапывать (*в архивах и т. п.*) 2. *n* 1) *зоол.* личинка 2) *разг.* еда; ~by [-ɪ] 1) неряшливый 2) червивый

grudg‖**e** ['grʌdʒ] 1. *n* недовольство; зависть; have a ~ (against). ≅ иметь зуб против (*кого-л.*) 2. *v* 1) выражать недовольство 2) жалеть, неохотно давать; ~ingly [-ɪŋlɪ] неохотно

gruel ['gruəl] жидкая каша; ~ling изнурительный

gruesome ['gru:səm] ужасный, отвратительный

gruff [grʌf] грубоватый

grumbl‖**e** ['grʌmbl] 1. *n* ворчание; ропот 2. *v* ворчать; ~er брюзга, ворчун

grumpy ['grʌmpɪ] брюзгливый

grunt [grʌnt] 1. *v* 1) хрюкать 2) ворчать 2. *n* 1) хрюканье 2) ворчание

guaran‖**tee** [,gær(ə)n'ti:] 1. *n* 1) поручительство; гарантия; залог 2) поручитель 2. *v* гарантировать; ручаться; ~**tor** *юр.* поручитель; ~**ty** ['gær(ə)ntɪ] залог, гарантия

guard ['gɑ:d] 1. *n* 1) стража, охрана; ~ of honour почётный караул 2) часовой 3) *ж.-д.* кондуктор 4) *pl* гвардия ◇ be on ~ a) остерегаться; б) *воен.* быть в карауле; be off one's ~ быть застигнутым врасплох 2. *v* 1) охранять, сторожить, караулить 2): ~ against защищаться; принимать меры предосторожности; ~ed [-ɪd] осторожный; сдержанный

guardian ['gɑ:djən] 1) опекун 2) хранитель; страж; ~ship опёка

guardroom ['gɑ:drum] 1) караульное помещение 2) гауптвахта

guardsman ['gɑːdzmən] 1) гвардеец 2) караульный

gudgeon ['gʌdʒ(ə)n] пескарь

guerilla [gəˈrɪlə] 1. *n* партизан 2. *a* партизанский

guess ['ges] 1. *v* 1) угадывать 2) предполагать 3) *амер. разг.* считать, полагать 2. *n* 1) приблизительный подсчёт 2) догадка; ~**work** [-wəːk] предположения, догадки *мн.*

guest [gest] 1) гость 2) постоялец (*в гостинице*)

guffaw [gʌˈfɔː] 1. *n* хохот (*грубый*) 2. *v* хохотать (*грубо*)

guidance ['gaɪd(ə)ns] руководство

guide ['gaɪd] 1. *v* 1) руководить 2) вести; быть чьим-л. проводником 2. *n* 1) проводник, гид 2) руководитель 3) путеводитель; руководство, учебник; ~**book** [-buk] путеводитель; ~**post** [-poust] указательный столб

guild [gɪld] 1) гильдия, цех 2) союз

Guildhall ['gɪld'hɔːl] ратуша в Лондоне

guile ['gaɪl] обман; хитрость; коварство; ~**less** простодушный

guilt ['gɪlt] виновность, вина; ~**less** невинный, невиновный; ~**y** [-ɪ] виновный

guinea ['gɪnɪ] *уст.* гинея (*денежная единица = 21 шиллингу*)

guinea-pig ['gɪnɪpɪg] морская свинка; *перен.* подопытное животное

guise [gaɪz] облик; under the ~ (*of*) под видом

guitar [gɪˈtɑː] гитара

gulch [gʌlʃ] *амер.* узкое глубокое ущелье (*с золотоносной жилой*)

gulf [gʌlf] 1) морской залив 2) пропасть, бездна (*тж. перен.*)

gull I [gʌl] чайка

gull II 1. *n* простак 2. *v* обманывать, дурачить

gullet ['gʌlɪt] 1) глотка 2) пищевод

gullible ['gʌləbl] легковерный, доверчивый

gully ['gʌlɪ] 1) овраг 2) сток

gulp [gʌlp] 1. *v* (*жадно*) глотать 2. *n* большой глоток

gum I [gʌm] десна

gum II ['gʌm] 1. *v* склеивать 2. *n* 1) клей 2) *амер. разг.* резина; ~**my** [-ɪ] клейкий, липкий

gumption ['gʌmpʃ(ə)n] *разг.* смышлёность; находчивость

gun ['gʌn] 1) винтовка; ружьё 2) орудие, пушка 3) *амер. разг.* револьвер 4) *разг.* охотник; ~**boat** [-bout] канонерка; ~**man** [-mən] *амер. разг.* вооружённый бандит, убийца

gun‖**ner** ['gʌnə] 1) пулемётчик 2) артиллерист; ~**nery** [-ərɪ] 1) артиллерийское дело 2) пушечная стрельба

gun‖**powder** ['gʌnˌpaudə] порох; ~**running** [-ˌrʌnɪŋ] незаконный ввоз оружия; ~-

-stock [-stɔk] ружейная ложа

gurgle ['gə:gl] 1. *n* бульканье 2. *v* булькать

gush ['gʌʃ] 1. *n* сильный поток; *перен.* излияние 2. *v* хлынуть; *перен.* изливать чувства; ~er мощный нефтяной фонтан

gust [gʌst] порыв *(ветра)*; *перен.* взрыв *(гнева)*

gusto ['gʌstou]: do smth. with ~ делать что-л. с подъёмом

gusty ['gʌstɪ] бурный, порывистый

gut [gʌt] 1. *n* 1) кишка; *pl* внутренности 2) *pl разг.* мужество 2. *v* 1) потрошить 2) опустошать *(о пожаре)*

gutter ['gʌtə] канавка; водосточный жёлоб ◊ ~ press бульварная пресса; ~-snipe [-snaip] *уст.* уличный мальчишка

guttural ['gʌt(ə)r(ə)l] 1. *n* гортанный звук 2. *a* гортанный, горловой

guy [gai] 1. *n* 1) пугало; чучело 2) *амер. разг.* парень, малый 2. *v разг.* насмехаться

guzzle ['gʌzl] 1) жадно глотать 2) пропивать, проедать

gym [dʒim] *сокр.* 1) *от* gymnasium 2) *от* gymnastic 2

gymnasium [dʒim'neizjəm] 1) гимнастический зал 2) гимназия

gymnast ['dʒimnæst] гимнаст

gymnastic [dʒim'næstik] 1. *a* гимнастический 2. *n pl* гимнастика

gynaecology [,gaini'kɔlədʒi] гинекология

gyps(um) ['dʒips(əm)] гипс

Gypsy ['dʒipsi] *см.* Gipsy

gyrate [,dʒai(ə)'reit] вращаться по кругу, двигаться по спирали

H

H, h [eitʃ] *восьмая буква англ. алфавита*; drop one's h's не произносить [h] в ударных, сильных слогах, *особ.* в начале слова *(особенность лондонского говора Cockney)*

haberdash||er ['hæbədæʃə] 1) торговец галантереей 2) *амер.* торговец предметами мужского туалета; ~ery [-ri] галантерея

habit ['hæbit] 1) привычка; обыкновение; обычай; acquire *(или* get) the ~ of приобретать привычку; be in the ~ of doing smth. иметь привычку *(или* обыкновение) делать что-л. 2) телосложение 3) особенность, свойство; характерная черта 4) *уст.* одежда

habitation [,hæbi'teiʃ(ə)n] 1) жилище, жильё 2) местожительство

habitu||al [hə'bitjuəl] привычный; обычный; ~ drunkard горький пьяница; ~ate [hə'bitjueit] 1) приучать 2) *амер. разг.* часто посещать

habitué [hə'bitjuei] *фр.* завсегдатай

hack I [hæk] 1. *n* 1) наёмная лошадь; *перен.* литературный подёнщик, халтурщик 2) *амер.* наёмный экипаж 2. *v* ехать верхом не спеша

hack II 1. *n* зарубка 2. *v* 1) грубо обтёсывать *(камень или кирпич)* 2) делать зарубку

hacking ['hækɪŋ]: ~ cough частый сухой кашель

hackle ['hækl] перья на шее птицы ◇ with his ~s up разъярённый

hackney ['hæknɪ] верховая лошадь; **~-coach** [-koutʃ] наёмная карета

hackneyed ['hæknɪd] избитый, банальный

hack-work ['hækwəːk] халтура

had [hæd] *past и p. p.* от have 1

haddock ['hædək] пикша *(род трески)*

Hades ['heɪdiːz] ад

hadn't ['hædnt] *сокр.* от had not

haemorrhage ['hemərɪdʒ] кровоизлияние

haft [hɑːft] рукоятка *(кинжала, ножа)*

hag [hæg] ведьма, карга

haggard ['hægəd] изможденный

haggle ['hægl] торговаться, спорить *(o – about, over)*

hail I [heɪl] 1. *v* 1) приветствовать 2) окликать ◇ where do you ~ from? откуда вы родом? 2. *n* оклик, приветствие

hail II 1. *n* град 2. *v* сыпаться градом; it is ~ing идёт град

hair [hɛə] 1) волос(ы); have one's ~ done сделать причёску 2) шерсть *(у животных)* ◇ keep your ~ on не горячитесь; let one's ~ down дать волю своим чувствам; not turn a ~ не показать виду; to a ~ точь-в-точь; within a ~'s breadth на волосок от

hair||-do ['hɛəduː] причёска; **~dresser** [-ˌdresə] парикмахер; **~net** [-net] сетка для волос; **~pin** 1) шпилька 2) *attr.*: **~pin bend** крутой поворот дороги; **~-splitting** [-ˌsplɪtɪŋ] 1. *n* педантичность; крохоборство 2. *a* педантичный; **~spring** [-sprɪŋ] волосок *(в часах)*

hairy ['hɛərɪ] волосатый; покрытый волосами

halcyon ['hælsɪən] тихий *(о погоде)*; ~ **days** безмятежные дни, благоденствие

hale [heɪl] крепкий, здоровый

half [hɑːf] 1. *n (pl halves)* половина; in ~ пополам; one and a ~ полтора 2. *a* половинный 3. *adv* наполовину, полу- ◇ not ~ bad неплохо; too clever by ~ *ирон.* слишком уж умён; **~-bred** [-bred] смешанных кровей; **~-brother** [-ˌbrʌðə] сводный брат; **~-heartedly** [-ˈhɑːtɪdlɪ] нехотя; **~penny** ['heɪpnɪ] полпенни; **~-price** [-'praɪs] пол-цены; **~-seas-over** [-siːz'ouvə] *разг.* пьяный; ≅ море по колено; **~-sister** [-ˌsɪstə] свод-

HAL

ная сестра́; ~-time [-'taɪm] 1) непо́лный рабо́чий день 2) *спорт.* переры́в ме́жду та́ймами; ~-way [-'weɪ] на полпути́; meet smb. ~-way *перен.* идти́ на усту́пки; ~-witted [-'wɪtɪd] слабоу́мный

hall [hɔːl] 1) зал 2) столо́вая *(в университе́те)* 3) пере́дняя, вестибю́ль, холл

hallo(a)! [hə'lou] алло́! *(возглас приветствия или удивления)*

halloo [hə'luː] улюлю́кать, натра́вливать *(собак)*

hallucination [hə,luːsɪ'neɪʃ(ə)n] галлюцина́ция

hallway ['hɔːlweɪ] *амер.* 1) пере́дняя 2) коридо́р

halo ['heɪlou] сия́ние, нимб, орео́л

halt [hɔːlt] 1. *n* прива́л, остано́вка 2. *v* 1) де́лать прива́л 2) остана́вливаться 3) остана́вливать 3. *int* стой!

halter ['hɔːltə] 1) недоу́здок 2) верёвка с пе́тлей *(для ка́зни или для ло́шади)*

halting ['hɔːltɪŋ]: speak in a ~ way говори́ть прерыва́ющимся го́лосом

halve [hɑːv] 1) дели́ть попола́м 2) сокраща́ть наполови́ну

halves [hɑːvz] *pl* от half 1 ◇ do smth. by ~ де́лать ко́е-ка́к; go ~ дели́ть попола́м *(дохо́ды, расхо́ды)*

ham [hæm] 1. *n* о́корок ◇ ~ actor *разг.* плохо́й актёр 2. *v разг.* пло́хо игра́ть

hamlet ['hæmlɪt] дереву́шка

hammer ['hæmə] 1. *n* 1) молото́к 2) молото́чек *(в пиани́но и т. п.)* ◇ bring under the ~ продава́ть с аукцио́на 2. *v* 1) вбива́ть, прибива́ть, рабо́тать молотко́м; ~ into smb.'s head вбива́ть кому́-л. в го́лову; ~ (at) упо́рно рабо́тать *(над чем-л.)* 2) *разг.* нанести́ пораже́ние, разби́ть

hammock ['hæmək] гама́к; *мор.* подвесна́я ко́йка

hamper I ['hæmpə] корзи́на с кры́шкой

hamper II меша́ть, затрудня́ть; тормози́ть *(разви́тие и т. п.)*

hamster ['hæmstə] хомя́к

hamstring ['hæmstrɪŋ] 1. *v* кале́чить *(тж. перен.)* 2. *n* подколе́нное сухожи́лие

hand [hænd] 1. *n* 1) рука́; by ~ от руки́ *(напи́сано)*; ~s up! ру́ки вверх!; ~s off! ру́ки прочь!; at ~ под руко́й, нагото́ве; at first ~ из пе́рвых рук 2) рабо́тник; исполни́тель 3) *pl* кома́нда корабля́ 4) по́черк 5) стре́лка *(часова́я)* ◇ be ~ in glove *(with)* быть в те́сной свя́зи *(с кем-л.)*; in ~ а) в рука́х; б) под контро́лем; в) в рабо́те; off ~ без подгото́вки; on the one ~..., on the other ~... с одно́й стороны́..., с друго́й стороны́..; a good ~ *(at)* иску́сный в чём-л.; live from ~ to mouth жить впро́голодь; have *(или* take*)* a ~ *(in)* принима́ть уча́стие; a poor ~ *(at)* неиску́сный, слабый *(в чём-л.)*; take smb. in ~ взять кого-л. в руки; have one's ~s full иметь очень много работы **2.** *v* передавать, вручать; ~ **down** передавать потомству; ~ **in** подавать, вручать; ~ **over** передавать *(вещь кому-л.)*

handbag ['hændbæg] сумка *(женская)*

handbook ['hændbuk] руководство, пособие; справочник

handcuff ['hændkʌf] наручник

handful ['hændful] 1) пригоршня, горсть 2) малое количество

handicap ['hændıkæp] **1.** *n* 1) гандикап 2) помеха **2.** *v* ставить в невыгодное положение, быть помехой

handicraft ['hændıkrɑːft] ремесло; ручная работа; ремесленное производство

handicraftsman ['hændıkrɑːftsmən] ремесленник

handkerchief ['hæŋkətʃıf] 1) носовой платок 2) шейный платок, косынка

handle ['hændl] **1.** *n* ручка, рукоять **2.** *v* 1) трогать, брать руками 2) обходиться, обращаться *(с кем-л., чем-л.)* 3) управлять; **~-bar** [-bɑː] руль велосипеда *или* мотоцикла

handmade ['hænd'meıd] ручной работы

handshake ['hændʃeık] рукопожатие

handsome ['hænsəm] 1) красивый 2) значительный *(о сумме, выгоде)* 3) щедрый

hand-to-hand ['hændtə'hænd]: ~ fighting рукопашный бой

handwriting ['hænd,raıtıŋ] почерк

handy ['hændı] 1) ловкий, искусный 2) удобный ◇ come in ~ пригодиться

hang I [hæŋ] **1.** *v* (hung) 1) висеть 2) вешать; развешивать 3) оклеивать *(обоями)*; ~ **about**, ~ **around** держаться неподалёку, быть на подхвате; ~ **back** колебаться, не вызваться добровольно; ~ **out** а) высовываться *(из окна)*; б) вывешивать *(флаги, бельё)*; в) *разг.* обитать, жить; ~ **up** а) повесить телефонную трубку; б) медлить, откладывать ◇ ~ down one's head повесить голову, приуныть; ~ upon smb.'s lips *(или* words) внимательно слушать кого-л.; ~ by a thread висеть на волоске **2.** *n*: get the ~ of smth. *разг.* приобретать сноровку

hang II (hanged) вешать *(казнить)*; ~ oneself повеситься

hangar ['hæŋə] ангар

hang-dog ['hæŋdɔg] виноватый *(о виде)*

hanger ['hæŋə] вешалка

hanger-on ['hæŋər'ɔn] прихлебатель

hanging ['hæŋıŋ] 1) *(обыкн. pl)* драпировка 2) повешение *(казнь)*

hangman ['hæŋmən] палач

hang-over ['hæŋ,ouvə] *разг.* похмелье

hank [hæŋk] моток

hanker ['hæŋkə] страстно желать *(after)*

hanky-panky ['hæŋkı'pæŋkı] *разг.* проделки *мн.*

hansom ['hænsəm] двухколёсный экипаж

haphazard ['hæp'hæzəd] 1. *a* случайный 2. *adv* случайно

hapless ['hæplıs] несчастный, злополучный

happen ['hæp(ə)n] случаться, происходить; I ~ed to be there я случайно был там; ~ing случай, событие

happiness ['hæpınıs] счастье

happy ['hæpı] 1) счастливый 2) удачный; **~-go-lucky** ['hæpıgo(u)ˌlʌkı] беспечный

harangue [hə'ræŋ] 1. *n* шумное выступление, препирательство; горячее, страстное обращение 2. *v* разглагольствовать

harass ['hærəs] беспокоить

harbinger ['hɑːbındʒə] *книжн.* предвестник

harbour ['hɑːbə] 1. *n* гавань; *перен.* убежище 2. *v* 1) стать на якорь *(в гавани)* 2) давать убежище, укрывать 3) затаить *(злобу)*

hard ['hɑːd] 1. *a* 1) твёрдый; чёрствый; жёсткий 2) сильный 3) тяжёлый *(о работе)* 4) суровый *(о климате)* ◇ be ~ on smb. быть несправедливо строгим с кем-л.; be ~ up нуждаться *(материально);* ~ cash наличные *(деньги);* ~ and fast rules раз навсегда установленные (строгие) правила;

~ drink *амер.* спиртной напиток; ~ labour каторга; ~ water жёсткая вода; ~ of hearing тугой на ухо 2. *adv* сильно; упорно; breathe ~ тяжело дышать; work ~ много работать; it is raining ~ идёт сильный дождь ◇ ~ by близко; it will go with him ему трудно (плохо) придётся; **~-boiled** [-'bɔıld] 1) крутой *(о яйце)* 2) *разг.* чёрствый, бездушный

harden ['hɑːdn] 1) твердеть 2) закаливать *(железо);* перен. закалять, укреплять 3) закаляться 4) ожесточать 5) ожесточаться

hard-headed ['hɑːd'hedıd] 1) практичный; трезвый 2) упрямый

hard-hearted ['hɑːd'hɑːtıd] бесчувственный

hardihood ['hɑːdıhud] смелость, дерзость

hardily ['hɑːdılı] смело, отважно

hardly ['hɑːdlı] 1) едва 2) едва ли 3) резко, сурово 4) с трудом

hardship ['hɑːdʃıp] лишения, нужда

hardware ['hɑːdwɛə] скобяные изделия

hardy ['hɑːdı] 1) выносливый *(о человеке)* 2) морозостойкий *(о растениях)*

hare [hɛə] заяц

harebell ['hɛəbel] колокольчик

hare-brained ['hɛəbreınd] *разг.* легкомысленный, опрометчивый

harem ['hɛərem] гарем

haricot ['hærɪkou] фасоль

hark! [hɑːk] чу!

harken ['hɑːk(ə)n] см. hearken

harlot ['hɑːlət] уст. проститутка

harm [hɑːm] 1. *n* вред, ущерб; keep smb. out of ~'s way уберечь кого-л. от опасности; he meant no ~ он не хотел вас обидеть 2. *v* 1) вредить; повреждать; be ~ed пострадать 2) обижать; ~ful вредный; ~less безвредный

harmoni||ous [hɑːˈmounjəs] гармоничный; *перен.* дружный; ~**y** [ˈhɑːmənɪ] гармония ◇ be in ~y ладить

harness [ˈhɑːnɪs] 1. *n* упряжь 2. *v* 1) запрягать 2) использовать *(водные ресурсы)*

harp [hɑːp] 1. *n* арфа 2. *v* 1) играть на арфе 2) твердить одно и то же *(on)*

harpoon [hɑːˈpuːn] острога, гарпун

harpsichord [ˈhɑːpsɪkɔːd] клавесин

harpy [ˈhɑːpɪ] гарпия; *перен.* хищник

harridan [ˈhærɪd(ə)n] ведьма, карга

harrier [ˈhærɪə] гончая *(собака)*

harrow [ˈhærou] 1. *n* борона 2. *v* 1) боронить 2) нервировать; мучить, терзать

harry [ˈhærɪ] 1) совершать набеги; опустошать, грабить 2) тревожить

harsh [hɑːʃ] грубый; резкий; ~**ly** резко

harum-scarum [ˈhɛərəmˈskɛərəm] легкомысленный безрассудный

harvest [ˈhɑːvɪst] 1. *n* жатва, урожай 2. *v* собирать урожай; ~**er** 1) жнец 2) уборочная машина

has [hæz *(полная форма)*, həz, əz *(редуцированная форма)*] 3 л. ед. ч. наст. вр. гл. have

hash [hæʃ] 1. *v* рубить, крошить *(мясо)* 2. *n*: make a ~ of smth. напутать, напортить в чём-л.

hasn't [ˈhæznt] *сокр. от* has not

hasp [hɑːsp] 1) засов, запор 2) застёжка

has||te [ˈheɪst] спешка; make ~ торопиться; ~**ten** [ˈheɪsn] 1) торопить 2) торопиться, спешить; ~**tily** [-ɪlɪ] поспешно; ~**ty** [-ɪ] 1) поспешный 2) вспыльчивый

hat [hæt] шляпа

hatch I [hætʃ] люк

hatch II 1. *v* 1) высиживать *(птенцов)* 2) замышлять *(что-л.)* 3) вылупливаться *(о птенцах)* 2. *n* выводок

hatch III штриховать

hatchet [ˈhætʃɪt] топорик

hatchway [ˈhætʃweɪ] *см.* hatch I

hate [ˈheɪt] 1. *v* ненавидеть 2. *n* ненависть; ~**ful** ненавистный

hatred [ˈheɪtrɪd] ненависть

hatter [ˈhætə] 1) шляпный мастер 2) продавец шляп

haughty [ˈhɔːtɪ] надменный

haul [hɔːl] 1. *v* 1) тянуть

2) перевозить ◇ ~ over the coals сделать выговор 2. *n* 1) перевозка 2) добыча, улов; трофеи

haulage ['hɔ:lɪdʒ] перевозка

haunch [hɔ:ntʃ] ляжка

haunt [hɔ:nt] 1. *v* часто посещать; (по)являться *(как призрак)*; *перен.* преследовать *(о мыслях и т. п.)* 2. *n* 1) часто посещаемое, любимое место 2) притон

hautboy ['oubɔɪ] гобой

have [hæv] 1. *v* (had) 1) иметь; they ~ a room у них есть комната; I ~ a headache (toothache) у меня болит голова (зуб); I ~ no time у меня нет времени; ~ no fear!, не бойтесь! 2) *с последующим инфинитивом*: должен, должна и т. п.; she has to go there она должна пойти туда 3) [hæv *(полная форма)*, həv, əv *(редуцированная форма)*] вспомогательный глагол в сочетании с *прич. прош. вр.* для образования перфектных форм: they ~ come они (уже) пришли; he will ~ done it by 6 o'clock он (уже) сделает это к 6 часам; she had written it by 5 o'clock она (уже) это написала к 5 часам; ~ on а) быть одетым *(во что-л.)*; б): ~ smb. on надувать кого-л.; в): ~ smth. on *разг.* быть занятым чем-л.; ~ out: ~ it out *(with)* выяснить, обсудить что-л. ◇ ~ breakfast (dinner, supper) завтракать (обедать, ужинать); ~ a smoke покурить; ~ a walk пройтись; ~ a talk побеседовать; ~ smb. do smth. поручить кому-л. какое-л. дело; had better, had rather лучше бы, ~ done! перестаньте!; I won't ~ it any longer я этого больше не допущу 2. *n разг.* мошенничество

haven ['heɪvn] гавань; *перен.* убежище

haversack ['hævəsæk] ранец-рюкзак

havoc ['hævək] опустошение ◇ play ~ разрушать

haw [hɔ:] ягода боярышника

hawk I [hɔ:k] ястреб

hawk II торговать вразнос

hawker ['hɔ:kə] разносчик, уличный торговец

hawthorn ['hɔ:θɔ:n] боярышник

hay ['heɪ] сено ◇ make ~ *(of)* вносить путаницу; make ~ while the sun shines ≅ куй железо, пока горячо; **~cock** [-kɔk] копна сена; **~fork** [-fɔ:k] вилы; **~loft** [-lɔft] сеновал; **~rick**, **~stack** [-rɪk, -stæk] стог сена

hazard ['hæzəd] 1. *n* 1) риск 2) азартная игра ◇ at all ~s при любых обстоятельствах 2. *v* 1) рисковать 2) осмеливаться; **~ous** [-əs] рискованный

haze [heɪz] туман

hazel ['heɪzl] 1. *n* орешник 2. *a* светло-коричневый, карий *(о глазах)*; **~nut** [-nʌt] орех

hazy ['heɪzɪ] туманный; *перен.* смутный

H-bomb ['eɪtʃbɔm] водородная бомба

he [hi: *(полная форма)*, hɪ *(редуцированная форма)*] *им. п. pers. pron. (объектн. п.* him*)* 1) он 2) *pref* при добавлении к сущ. обозначает самца; he-goat козёл

head [hed] 1. *n* 1) голова; two shillings per ~ по два шиллинга с человека 2) *(pl без измен.)* голова скота; how many ~ of cattle...? сколько голов скота...? 3) головка *(винта, булавки и т. п.)*; назревшая головка *(нарыва)*; кочан *(капусты)* 4) глава, вождь; руководитель; директор *(школы, предприятия)* 5) передняя *или* верхняя часть *(чего-л.)* 6) пена 7) заголовок 8) ум; способности 9) кризис ◇ be ~ over ears in love быть по уши влюблённым; off one's ~ сумасшедший; at the ~ *(of)* во главе; ~ over heels вверх тормашками; lose one's ~ потерять голову; растеряться; put ~s together *разг.* совещаться; ~s or tails ≅ орёл или решка; be unable to make ~ or tail of smth. быть не в состоянии разобраться в чём-л.; she took it into her ~ ей взбрело в голову 2. *v* 1) возглавлять, вести 2) озаглавливать *(статью)* 3) направляться, держать курс на *(for)*; ~ **back**, ~ **off** преграждать путь 3. *а* 1) главный; ~ waiter метрдотель 2) головной, передний

headache ['hedeɪk] головная боль

heading ['hedɪŋ] 1) заголовок 2) *ав.* направление полёта

headland ['hedlənd] мыс

headlight ['hedlaɪt] фара автомобиля; головной фонарь *(паровоза)*

headline ['hedlaɪn] заголовок

headlong ['hedlɔŋ] опрометчивый

head-on ['hed'ɔn]: ~ collision between two cars столкновение машин в лоб

headquarters ['hed'kwɔːtəz] 1) *воен.* штаб; general ~ ставка, главное командование 2) центр

headstrong ['hedstrɔŋ] своевольный

headway ['hedweɪ]: make ~ продвигаться вперёд; *перен.* делать успехи

heady ['hedɪ] 1) поспешный, внезапный 2) хмельной

heal [hiːl] 1) заживать *(о ране)* 2) излечивать, исцелять

heal‖th ['helθ] 1) здоровье 2) *attr.*: ~ service медицинское обслуживание; **~thy** [-ɪ] здоровый

heap [hiːp] 1. *n* 1) груда, куча *(вещей)* 2) *pl разг.* масса, «куча» *(времени, денег и т. п.)* ◇ she is ~s better *разг.* ей гораздо лучше 2. *v* нагружать; наваливать; ~ a person with presents засыпать кого-л. подарками

hear [hɪə] (heard) 1) слышать 2) слушать, выслушивать *(наставления)* 3) узнавать *(о чём-л.)* 4) получать известия, письма *(from)* 5) *юр.* разбирать ⋄ ~!, ~! правильно!

heard [həːd] *past и p. p. от* hear

hearing ['hɪərɪŋ] 1) слух 2) *юр.* слушание *(дела)*

hearken ['hɑːk(ə)n] *книжн.* слушать

hearsay ['hɪəseɪ] слух *(о чём-л.)*

hearse [həːs] катафалк

heart [hɑːt] 1) сердце; *перен.* душа; after one's own ~ по душе; at ~ в глубине души; в сущности 2) сердцевина, суть 3) pl *карт.* черви 4) *тех.* сердечник ⋄ by ~ наизусть; eat one's ~ out чахнуть от горя *(или* тоски); have the ~ *(to)* быть достаточно мужественным *(для того, чтобы)*; ~ and soul всей душой; have one's ~ in one's mouth ≅ душа в пятки ушла; it does my ~ good это меня радует; lose ~ падать духом; set one's ~ upon smth. упорно стремиться к чему-л.; очень хотеть; take smth. to ~ принимать близко к сердцу; win the ~ of smb., win smb.'s ~ добиться чьей-л. взаимности; with all one's ~ от всей души, всей душой

heartache ['hɑːteɪk] душевная боль

heart-breaking ['hɑːtˌbreɪkɪŋ] душераздирающий

heartburn ['hɑːtbəːn] изжога

hearten ['hɑːtn] ободрять

heartfelt ['hɑːtfelt] искренний

hearth [hɑːθ] очаг, камин; *перен.* домашний очаг; **~-rug** [-rʌg] коврик перед камином

heartily ['hɑːtɪlɪ] сердечно, искренне

heartsease ['hɑːtsiːz] анютины глазки

hearty ['hɑːtɪ] 1) сердечный, искренний; ~ welcome радушный приём; ~ thanks сердечная благодарность 2) обильный *(о еде)*

heat [hiːt] **1.** *n* 1) жара, зной 2) жар *(при болезни)* 3) сильное возбуждение; гнев, пыл 4) тепло 5) *физ.* теплота 6) *тех.* плавка 7) *спорт.* забег, заезд ⋄ turn on the ~ включите отопление **2.** *v* 1) топить 2) разгорячить 3) накалять; нагревать 4) нагреваться 5) воспламеняться; **~ up** подогревать, согревать

heater ['hiːtə] нагревательный прибор

heath [hiːθ] 1) степь *(поросшая вереском)* 2) вереск

heathen ['hiːðən] **1.** *a* языческий **2.** *n* язычник; **~ish** 1) языческий 2) варварский

heather ['heðə] вереск

heating ['hiːtɪŋ] отопление

heave [hiːv] (hove, heaved) 1) вздыматься 2) поднимать *(тяжесть)* 3) *мор.*

тяну́ть *(канат—at)* ◇ ~ in sight появи́ться на горизо́нте *(о корабле)*; ~ a sigh глубоко́ вздохну́ть

heaven ['hevn] не́бо, небеса́; ~**ly** небе́сный; ~ly bodies небе́сные свети́ла ◇ ~ly day изуми́тельный день

heavy ['hevɪ] 1) тяжёлый 2) тяжелове́сный *(о стиле)* 3) оби́льный *(об урожае)* 4) бу́рный *(о море)* 5) си́льный *(о стрельбе, буре, снеге, дожде)* 6) тупо́й, ску́чный *(о человеке)* ◇ ~ traffic си́льное движе́ние; time hangs ~ вре́мя тя́нется ме́дленно

Hebrew ['hiːbruː] **1.** *n* 1) евре́й 2) древнееврейский язы́к **2.** *a* (древне)евре́йский

heckle ['hekl] прерыва́ть ора́тора, не дава́ть говори́ть *(репликами; замечаниями с места и т. п.)*

hectare ['hektɑː] гекта́р

hectic ['hektɪk] 1) чахо́точный; ~ fever изнури́тельная лихора́дка *(при туберкулёзе)* 2) *разг.* возбуждённый, лихора́дочный; ~ time ≅ горя́чее вре́мя

hector ['hektə] задира́ть *(кого-л.)*

hedge [hedʒ] **1.** *n* (жива́я) и́згородь; *перен.* препя́тствие **2.** *v* 1) обноси́ть и́згородью 2) огражда́ть *(себя)*; уклоня́ться *(от ответа)*; ~ off отгора́живаться

hedgehog ['hedʒhɔg] ёж

heed [hiːd] **1.** *n* 1) внима́ние 2) осторо́жность; take ~ остерега́ться; pay ~ обраща́ть внима́ние **2.** *v* обраща́ть внима́ние; забо́титься *(о ком-л.)*; ~**less** 1) невнима́тельный 2) небре́жный; неосторо́жный

heel I [hiːl] 1) пя́тка 2) каблу́к ◇ at (on, upon) one's ~s по пята́м; down at ~ сто́птанный *(о ботинке)*; kick one's ~s стоя́ть в ожида́нии; take to one's ~s улепётывать; turn on one's ~ кру́то поверну́ться

heel II *мор.* **1.** *v* крени́ться **2.** *n* крен

hefty ['heftɪ] дю́жий, здорове́нный

hegemony [hɪ'geməni] гегемо́ния

heifer ['hefə] тёлка

height ['haɪt] 1) высота́; вышина́, рост; *перен.* верх *(глупости и т. п.)* 2) возвы́шенность; ~**en** [-n] 1) повыша́ть 2) преувели́чивать; раздува́ть

heinous ['heɪnəs] отврати́тельный, ужа́сный

heir ['eə] насле́дник; ~**ess** [-rɪs] насле́дница

heirloom ['eəluːm] вещь, передава́емая из ро́да в род по насле́дству

held [held] *past и p. p.* от hold II, 1

helicopter ['helɪkɔptə] *ав.* геликопте́р, вертолёт

helium ['hiːljəm] *хим.* ге́лий

hell [hel] ад ◇ go to ~! *груб.* иди́ к чёрту!; what the ~ do you want? *груб.* како́го чёрта вам ну́жно?

he'll [hiːl] *сокр. от* he will

hello ['he'lou] *см.* hallo(a)

helm I [helm] руль; ~ of state *перен.* кормило правления

helm II *уст. см.* helmet

helmet ['helmɪt] шлем

helmsman ['helmzmən] рулевой

help ['help] 1. *v* 1) помогать; I cannot ~ it я ничего не могу сделать 2): ~ yourself (yourselves) берите, пожалуйста, (сами), не церемоньтесь; may I ~ you to some fish? позвольте предложить вам рыбы; ~ (out) раскладывать *(по тарелкам еду)* 3): cannot ~ doing smth. быть не в состоянии удержаться от чего-л.; I cannot ~ saying (going *и т. п.)* я не могу не сказать (не пойти *и т. п.)* 2. *n* 1) помощь 2) помощник; she is a great ~ она нам очень помогает 3) домработница, прислуга; ~**ful** полезный

helping ['helpɪŋ] порция *(кушанья)*

helpless ['helplɪs] беспомощный, неумелый

helpmate ['helpmeɪt] 1) помощник; товарищ 2) супруг; супруга

helter-skelter ['heltə'skeltə] как попало, беспорядочно

hem I [hem] 1. *n* рубец *(на платье)* 2. *v* 1) подрубать 2) окружать *(in, about, round)*

hem II [mm] *int* гм!

he-man ['hi:'mæn] *разг.* настоящий мужчина

hemisphere ['hemɪsfɪə] полушарие

hemorrhage ['hemərɪdʒ] *см.* haemorrhage

hemp [hemp] 1) конопля 2) пенька

hem-stitch ['hemstɪtʃ] мережка *(вышивка)*

hen [hen] курица

henbane ['henbeɪn] белена

hence ['hens] 1) с этих пор 2) следовательно; ~**forth**, ~**forward** [-'fɔːθ, -'fɔːwəd] с этих пор, отныне

henchman ['hentʃmən] приверженец, ставленник

hen-hearted ['hen'hɑːtɪd] малодушный

hen-house ['henhaus] курятник

henpecked ['henpekt]: be ~ быть у жены под каблуком

her I [hə: *(перед согласными и в конечном положении полная форма),* hə *(редуцированная форма);* hə:r *(перед гласными полная форма),* hər *(редуцированная форма)* pers pron *(объектн. п. от* she) её, ей

her II *poss pron* её *(принадлежащий ей);* свой, своя, своё, свои

herald ['herəld] 1. *n* герольд; предвестник 2. *v* возвещать *(прибытие)*

herald‖**ic** [he'rældɪk] геральдический; ~**ry** ['herəldrɪ] геральдика

herb [hə:b] трава, растение; ~**aceous** [hə:'beɪʃəs]: ~aceous border цветочный бордюр; ~**arium** [hə:'bɛərɪəm] гербарий; ~**ivorous** [hə:'bɪvərəs] травоядный *(о животном)*

Herculean [ˌhəːkjuˈliːən] геркулесовский

herd [həːd] 1. *n* 1) стадо 2) пастух 2. *v* 1) ходить стадом; толпиться 2) пасти *(скот)* 3) собирать вместе

herdsman [ˈhəːdzmən] пастух

here [hɪə] 1) здесь 2) сюда 3) вот; ~ they come! вот и они *(идут)*!; ~ you are! *разг.* а) вот вам, пожалуйста!, вот полюбуйтесь!; б) вот возьмите, пожалуйста ◇ ~'s to you за ваше здоровье

here‖abouts [ˈhɪərəˌbauts] поблизости; **~after** [hɪərˈɑːftə] 1. *adv* позднее, в будущем 2. *n*: the ~after будущее, грядущее

heredi‖tary [hɪˈredɪt(ə)rɪ] наследственный; **~ty** [-tɪ] наследственность

herein [ˈhɪərˈɪn] в этом; здесь, при сём

hereof [hɪərˈɔv] 1) отсюда, из этого 2) об этом

here‖sy [ˈherəsɪ] ересь; **~tic** [-tɪk] еретик

herewith [ˈhɪəˈwɪð] при этом

herit‖able [ˈherɪtəbl] наследуемый; **~age** [-tɪdʒ] наследство; наследие

hermetic [həːˈmetɪk] герметический

hermit [ˈhəːmɪt] отшельник, пустынник; **~age** [-ɪdʒ] жилище отшельника

hernia [ˈhəːnjə] грыжа

hero [ˈhɪərou] герой; H. of the Soviet Union Герой Советского Союза; H. of Socialist Labour Герой Социалистического Труда; **~ic** [hɪˈro(u)ɪk] героический; **~ine** [ˈhero(u)ɪn] героиня; **~ism** [ˈhero(u)ɪzm] героизм

heron [ˈher(ə)n] цапля

herring [ˈherɪŋ] сельдь; red ~ копчёная селёдка

herring-bone [ˈherɪŋboun] «ёлочка» *(рисунок)*

hers [həːz] *poss pron (несвязанная форма к* her II) *употр. вместо сущ.* её; свой, своя, своё, свой

herself [həːˈself] 1) *refl pron* 3 *л. ед. ч. женск. р.* себя; -ся; she knew ~ well enough она знала себя достаточно хорошо 2) *emphatic pron* сама; she ~ knew nothing она сама ничего не знала ◇ she came to ~ она пришла в себя; she is not ~ она сама не своя; she did the work all by ~ она сделала эту работу совершенно самостоятельно (одна)

he's [hiːz] *сокр. от* he is *или* he has

hesitant [ˈhezɪt(ə)nt] нерешительный; **~ly** *см.* hesitatingly

hesitat‖e [ˈhezɪteɪt] колебаться; стесняться, не решаться; **~ingly** нерешительно; **~ion** [ˌhezɪˈteɪʃ(ə)n] 1) колебание, нерешительность; сомнение 2) запинание

heterogeneous [ˌhetəro(u)ˈdʒiːnjəs] разнородный

hew [hjuː] рубить *(топором, саблей)*; ~ one's way прокладывать себе дорогу; ~ **down** срубать; **~er**

1) дровосе́к 2) каменотёс 3) *горн.* забо́йщик

hexagon ['heksəgən] шестиуго́льник

hey! [heɪ] эй! *(оклик)*

heyday ['heɪdeɪ] расцве́т *(жизни)*

hiatus [haɪ'eɪtəs] 1) пробе́л, про́пуск 2) *лингв.* хиа́тус

hibernate ['haɪbə:neɪt] 1) находи́ться в зи́мней спя́чке *(о животных)* 2) зимова́ть в тёплых края́х *(о лю́дях)*

hiccough, hiccup ['hɪkʌp] 1. *v* ика́ть 2. *n* ико́та

hickory ['hɪkərɪ] ги́кори *(американский орех)*

hid [hɪd] *past* и *p. p.* от hide I

hidden ['hɪdn] *p. p.* от hide I

hide I [haɪd] (hid; hid, hidden) пря́тать, скрыва́ть ◊ ~-and-seek игра́ в пря́тки

hide II ['haɪd] шку́ра; ~bound [-baʊnd] *перен.* у́зкий, ограни́ченный *(о челове́ке)*

hideous ['hɪdɪəs] отврати́тельный

hiding ['haɪdɪŋ] по́рка

hiding-place ['haɪdɪŋpleɪs] убе́жище, пота́йное ме́сто, тайни́к

hierarchy ['haɪərɑːkɪ] иера́рхия

hieroglyph ['haɪərəglɪf] иеро́глиф

higgledy-piggledy ['hɪgldɪ'pɪgldɪ] 1. *a* беспоря́дочный 2. *adv* в стра́шном беспоря́дке

high [haɪ] 1. *a* 1) высо́кий 2) вы́сший; ~ command *воен.* вы́сшее кома́ндование 3) возвы́шенный *(о цели, стремлении)* 4) большо́й *(о скорости)* 5) *разг.* пья́ный ◊ ~ colour румя́нец; ~ noon са́мый по́лдень; ~ seas *мор.* откры́тое мо́ре; ~ water *мор.* по́лная вода́; ~ wind си́льный ве́тер; ~ words перебра́нка; the meat is ~ мя́со с душко́м 2. *adv* 1) высоко́ 2) си́льно, в высо́кой сте́пени ◊ ~ and low повсю́ду, везде́

highball ['haɪbɔːl] *амер. разг.* стака́н ви́ски с содо́вой водо́й

high-born ['haɪbɔːn] зна́тного происхожде́ния

highlander ['haɪləndə] (шотла́ндский) го́рец

highlands ['haɪləndz] *pl* го́рная страна́; the H. го́ры се́верной Шотла́ндии

highly ['haɪlɪ] о́чень, в вы́сшей сте́пени

highness ['haɪnɪs] высо́чество *(титул)*

highway ['haɪweɪ] больша́я доро́га; шоссе́

highwayman ['haɪweɪmən] разбо́йник с большо́й доро́ги

hike [haɪk] 1. *v разг.* соверша́ть дли́нный путь пешко́м 2. *n* пешехо́дная экску́рсия

hilarious [hɪ'lɛərɪəs] весёлый, шу́мный

hill [hɪl] холм; возвы́шенность

hillock ['hɪlək] хо́лмик, буго́р

hillside ['hɪl'saɪd] склон горы

hilly ['hɪlɪ] холмистый

hilt [hɪlt] рукоятка *(сабли, кинжала)* ◊ (up) to the ~ *разг.* полностью

him [hɪm] *pers pron (объектн. п. от* he*)* его, ему

himself [hɪm'self] 1) *refl pron* 3 *л. ед. ч. мужск. р.* себя, -ся; he knew ~ well enough он знал себя достаточно хорошо 2) *emphatic pron* сам; he ~ knew nothing он сам ничего не знал ◊ he came to ~ он пришёл в себя; he is not ~ он сам не свой; he did the work all by ~ он сделал эту работу совершенно самостоятельно (один)

hind I [haɪnd] лань

hind II задний *(о ногах и лапах животного, о колёсах)*

hinder I ['haɪndə] *уст. см.* hind II

hinder II ['hɪndə] мешать, препятствовать *(выполнению чего-л.)*

Hindi ['hɪn'di:] хинди *(язык)*

hindmost ['haɪn(d)moust] самый задний; последний

Hindoo ['hɪn'du:] *см.* Hindu

hindrance ['hɪndr(ə)ns] помеха

hindsight ['haɪndsaɪt] ≃ задним умом крепок

Hindu ['hɪn'du:] 1. *n* индус 2. *a* индусский

hinge [hɪndʒ] 1. *n* петля *(на двери)*; шарнир *(в машине)* 2. *v* 1) прикреплять

(на петлях) 2) зависеть от *(on)*

hint [hɪnt] 1. *n* намёк; take the ~ понять (намёк) с полуслова 2. *v* намекать; ~ at намекать на

hinterland ['hɪntəlænd] районы вглубь от прибрежной полосы *или* границы

hip I [hɪp] 1) бедро 2) *attr.*: ~ pocket задний карман

hip II: ~, ~, hurrah! ура!

hippodrome ['hɪpədroum] ипподром

hippopotamus [,hɪpə'pɔtəməs] *(pl* -es [-ɪz], -mi [-maɪ]*)* гиппопотам

hire ['haɪə] 1. *v* 1) нанимать *(работника)*; брать напрокат *(вещь)* 2) (out) сдавать в наём 2. *n* 1) наём 2) наёмная плата; ~ling [-lɪŋ] *презр.* наёмник

hirsute ['hə:sju:t] волосатый

his [hɪz] *poss pron (связанная и несвязанная форма)* его *(принадлежащий ему)*; свой, своя, своё, свой

hiss [hɪs] 1. *v* 1) шипеть 2) освистать *(в театре)* 2. *n* 1) шипение 2) свист

histor|ian [hɪs'tɔ:rɪən] историк; ~ic [-ɪk] исторический, имеющий историческое значение; ~ical [ɪc(ə)l] исторический, относящийся к истории; ~ical approach (method) исторический подход (метод)

history ['hɪst(ə)rɪ] история

histrionic [,hɪstrɪ'ɔnɪk] драматический, театральный

hit [hɪt] 1. *v* (hit) 1) ударять 2) удариться 3) попадать в цель 4) найти, натолкнуться *(on)* ◇ ~ it, ~ the (right) nail on the head ≅ попасть в точку, угадать; ~ it off with smb. ладить с кем-л. 2. *n* 1) удар 2) попадание 3) (большой) успех, удача 4) выпад; ядовитое замечание

hitch [hitʃ] 1. *v* 1) подтягивать 2) прицеплять *(крючком)* 3) прицепляться, зацепляться 2. *n* 1) толчок 2) *мор.* узел 3) задержка, помеха ◇ without a ~ гладко; без сучка, без задоринки

hitch(-hike) ['hitʃhaik] *разг.* бесплатно проехать на попутной машине

hither ['hiðə] сюда ◇ ~ and thither, *амер.* ~ and yon то туда, то сюда; ~to [-'tu:] до сих пор, прежде

hit-or-miss ['hitɔ:'mis] как попало

hive [haiv] 1. *n* улей 2. *v* сажать пчёл в улей; ~ off *разг.* отделиться, выделиться *(в дочернее предприятие и т. п.)*

hives [haivz] *pl мед.* крапивница

hoar [hɔ:] 1. *n* иней 2. *a* седой

hoard [hɔ:d] 1. *n* запас 2. *v* откладывать

hoarding ['hɔ:diŋ] временный забор *(вокруг строящегося дома)*

hoar-frost ['hɔ:'frɔst] иней, изморозь

hoarse [hɔ:s] хриплый

hoary ['hɔ:ri] покрытый инеем, седой

hoax [houks] 1. *v* подшучивать 2. *n* мистификация, розыгрыш

hob [hɔb] полка, выступ в камине для разогревания пищи

hobble ['hɔbl] 1) хромать 2) стреножить *(лошадь)*

hobby ['hɔbi] излюбленное занятие, конёк, хобби; ~-horse [-hɔ:s] палочка с головой лошади *(игрушка)* ◇ now he's started on his ~-horse теперь он сел на своего конька

hobgoblin ['hɔb,gɔblin] домовой; *перен.* пугало

hobnailed ['hɔbneild]: ~ boots горные ботинки

hob-nob ['hɔbnɔb] пить вместе; общаться

hobo ['houbou] *амер. разг.* бродяга

hock I [hɔk] *анат.* поджилки

hock II рейнвейн

hockey ['hɔki] хоккей

hocus-pocus ['houkəs-'poukəs] фокус-покус; надувательство

hodge-podge ['hɔdʒpɔdʒ] *см.* hotchpotch

hoe [hou] 1. *n* мотыга. 2. *v* мотыжить

hog [hɔg] 1. *n* свинья ◇ go the whole ~ сделать что-л. полностью, до конца 2. *v*: ~ it *разг.* обжираться

hogmanay ['hɔgmənei] *шотл.* канун Нового года

hogshead ['hɔgzhed] 1) большая бочка 2) мера жидкости *(около 238 л)*

hoist [hɔist] 1. *v* поднимать *(парус, флаг, груз)*; ~in поднять на борт 2. *n* 1) подъёмник 2) подсаживание

hoity-toity ['hɔɪtɪ'tɔɪtɪ] *разг.* надменный

hold I [hould] *мор.* трюм

hold II 1. *v* (held) 1) держать 2) вмещать 3) придерживаться *(мнения)*; I ~ him to be wrong я считаю, что он неправ 4) *воен.* оборонять 5) владеть; иметь 6) проводить *(собрание, демонстрацию)* 7) иметь силу *(о законе)*; ~ good остаться в силе 8) *амер.* держать в тюрьме; ~ **back** а) воздерживаться; сдерживаться; б) удерживать; сдерживать *(from)*; ~ **down** держать в подчинении; ~ **forth** разглагольствовать; ~ **off** держаться поодаль; ~ **on** а) держаться *(за что-л.)*; б): ~ on подождите; ~ **out** а) держаться, не сдаваться; выдержать; б) протягивать *(руку)*; ~ **over** отложить; ~ **up** а) поддерживать; б) выставлять; в) задерживать, останавливать; грабить ◇ dear дорожить; ~ in esteem уважать; ~ oneself ready быть наготове; ~ one's own *(или* ground*)* а) сохранять свой позиции; б) сохранять достоинство *или* самообладание; it doesn't ~ water это не выдерживает никакой критики, это нелогично; ~ it against smb. иметь претензию к кому-л. 2. *n* 1) владение; захват; take ~ *(of)* схватить; завладеть 2) власть; влияние; have a ~ *(on)* иметь влияние

holdall ['houldɔːl] портплед; вещевой мешок

holdback ['houldbæk] задержка

hold‖er ['houldə] 1) владелец; держатель 2) обладатель *(приза)* 3) ручка, рукоятка 4) *эл.* патрон; ~**ing** владение

hold-up ['houldʌp] *разг.* налёт, вооружённое ограбление *(на улице, дороге)*

hole [houl] 1. *n* 1) дыра, отверстие 2) углубление, яма 3) нора *(зверя)* ◇ pick ~s *(in)* находить недостатки 2. *v* продырявливать

holiday ['hɔlədɪ] 1) праздник; *pl* каникулы 2) *attr.* праздничный; каникулярный

holiness ['houlɪnɪs] святость

hollo(a) ['hɔlou] кричать; звать

hollow ['hɔlou] 1. *a* 1) пустой, полый; ~ tree дуплистое дерево 2) впалый *(о щеках)* 3) глухой *(о звуке и. т. п.)* 4) неискренний 5) голодный 2. *n* 1) впадина, углубление 2) дупло 3. *v* выдалбливать *(часто* ~ out*)* 4. *adv*: beat ~ разбить наголову

holly ['hɔlɪ] остролист

hollyhock ['hɔlɪhɔk] *бот.* алтей

holocaust ['hɔləkɔːst] полное уничтожение

holster ['houlstə] кобура

holy ['houlɪ] святой; H. Writ библия

holystone ['houlstoun] мя́гкий песча́ник *(для чистки палубы)*

homage ['hɔmidʒ] почте́ние, уваже́ние

home [houm] **1.** *n* 1) дом *(место постоянного жительства)*; at ~ до́ма; feel at ~ чу́вствовать себя́ как до́ма 2) ро́дина 3) дом *(инвалидов и т. п.)* ◇ make yourself at ~ бу́дьте как до́ма **2.** *a* 1) дома́шний 2) родно́й *(о городе)* 3) вну́тренний *(о торго́вле и т. п.)*; H. Office министе́рство вну́тренних дел ◇ H. Army, H. Fleet а́рмия, флот метропо́лии; ~ truth го́рькая и́стина **3.** *adv* 1) домо́й; go ~ идти́ домо́й 2) (то́чно) в цель; the thrust went ~ уда́р попа́л (пря́мо) в цель; **~grown** [-'groun] 1) дома́шний 2) ме́стного произво́дства; **~sick** [-sɪk]: be ~sick тоскова́ть по ро́дине, до́му; **~stead** [-sted] 1) уса́дьба 2) *амер.* уча́сток *(поселенца)*

homicide ['hɔmɪsaɪd] 1) уби́йца 2) уби́йство

homily ['hɔmɪlɪ] *церк.* про́поведь

hominy ['hɔmɪnɪ] мамалы́га

homogeneous [,hɔmə-'dʒɪnjəs] одноро́дный

hones‖**t** ['ɔnɪst] че́стный; и́скренний **~ty** [-ɪ] че́стность; правди́вость

honey ['hʌnɪ] 1) мёд 2) *разг.* ми́лый, ми́лая *(в обращении)*; **~comb** [-koum] 1) медо́вые со́ты 2) *тех.* свищ; **~combed** [-koumd] *тех.* по́ристый; **~moon** [-mʉːn] медо́вый ме́сяц

honeysuckle ['hʌnɪ,sʌkl] жи́молость

honk [hɔŋk] 1) крик ди́ких гусе́й 2) звук автомоби́льной сире́ны

honor ['ɔnə] *см.* honour

honorary ['ɔn(ə)rərɪ] 1) почётный 2) неопла́чиваемый

honorific [,ɔnə'rɪfɪk] *лингв.* относя́щийся к фо́рмам ве́жливости

honour ['ɔnə] **1.** *n* честь; *pl* по́чести; do the ~ оказа́ть честь; graduate with ~s око́нчить с отли́чием *(высшее учебное заведение)* **2.** *v* 1) уважа́ть; ~ (with) удоста́ивать 2) оплати́ть *(чек)*; **~able** [-rəbl] 1) че́стный 2) почётный 3): Right Honourable достопочте́нный *(титул)*

hooch [hʉːtʃ] *амер. разг.* спиртно́й напи́ток

hood [hud] 1) капюшо́н 2) ка́пор 3) *тех.* колпа́к

hoodlum ['hʉːdləm] *амер.* хулига́н

hoodwink ['hudwɪŋk] обма́нывать, дура́чить

hoof [hʉːf] *(pl* hoofs [-s] *и* hooves) копы́то; **~ed** [-t] копы́тное

hook [huk] **1.** *n* крючо́к; ~ and eye крючо́к с пе́тлей ◇ by ~ or by crook все́ми пра́вдами и непра́вдами **2.** *v* 1) цепля́ть крючко́м 2) застёгивать *(на крючок)* 3) лови́ть, пойма́ть *(рыбу)* ◇ be ~ed (on drugs) пристрасти́ться к нарко́тикам; **~ed**

[-t] кривой; **~-nosed** [-'nouzd] с орлиным носом

hooligan ['huːlɪɡən] хулиган

hoop [huːp] 1. *n* 1) обруч; серсо 2) ворота *(в крокете)* 2. *v* скреплять обручем

hooping-cough ['huːpɪŋkɔf] = whooping-cough

hoot ['huːt] 1. *v* 1) кричать *(о сове)* 2): ~ down (away, off) освистывать *(актёра)* 3): ~ with laughter разразиться громким смехом 4) давать гудок *(об автомобиле)* 2. *n* 1) совиный крик 2) освистывание 3): ~s of laughter *разг.* громкий смех; **~er** сирена, гудок

hooves [huːvz] *pl* от hoof

hop I [hɔp] 1. *v* прыгать 2. *n* 1) прыжок 2) *разг.* танец

hop II хмель

hope ['houp] 1. *n* надежда 2. *v* надеяться; **~ful** 1) надеющийся 2) многообещающий; **~less** безнадёжный

hopscotch ['hɔpskɔtʃ] «классы» *(детская игра)*

horde [hɔːd] 1) орда 2) стая, рой *(насекомых)* 3) *(часто pl) презр.* ватага, шайка; толпы, полчища *(народа)*

horizon [hə'raɪzn] горизонт; **~tal** [,hɔrɪ'zɔntl] 1. *n* горизонталь 2. *a* горизонтальный

horn [hɔːn] 1) рог 2) усик *(насекомого)* 3) гудок; рожок *(муз. инструмент)*

hornbeam ['hɔːnbiːm] граб *(дерево)*

hornet ['hɔːnɪt] *зоол.* шершень ◊ bring a ~'s nest about one's ears растревожить осиное гнездо

horny ['hɔːnɪ] 1) роговой 2) мозолистый

horr||ible ['hɔrəbl] ужасный; **~id** ['hɔrɪd] 1) страшный 2) *разг.* ужасный; **~ify** ['hɔrɪfaɪ] приводить в ужас; **~or** ['hɔrə] ужас; отвращение

horse ['hɔːs] лошадь; конь ◊ ~ sense *разг.* здравый смысл; don't look a gift ~ in the mouth дарёному коню в зубы не смотрят; put the cart before the ~ сделать наоборот; be on one's high ~ *разг.* важничать; **~back** [-bæk]: on **~back** верхом

horse||collar ['hɔːs,kɔlə] хомут; **~man** [-mən] всадник; **~power** [-,pauə] *тех.* лошадиная сила; **~-radish** [-,rædɪʃ] хрен; **~shoe** [-ʃuː] подкова; **~woman** [-,wumən] всадница, амазонка

horticultur||e ['hɔːtɪkʌltʃə] садоводство; **~ist** [,hɔːtɪ'kʌltʃ(ə)rɪst] садовод

hos||e [houz] 1) *собир.* чулки 2) шланг *(для поливки)*; *разг.* кишка; **~iery** ['houʒərɪ] трикотаж; чулочные изделия

hospitable ['hɔspɪtəbl] гостеприимный

hospital ['hɔspɪtl] больница; *воен.* госпиталь

hospitality [,hɔspɪ'tælɪtɪ] гостеприимство

host [houst] хозяин *(дома, гостиницы)*

host II сонм, множество

hostage ['hɔstɪdʒ] заложник

hostel ['hɔst(ə)l] общежитие

hostess ['houstɪs] хозяйка (*дома*)

hostil||**e** ['hɔstaɪl] враждебный; неприятельский; **~ity** [hɔs'tɪlɪtɪ] 1) враждебность 2) *pl воен.* боевые действия

hot ['hɔt] **1.** *a* горячий; жаркий; boiling ~ кипящий 2) пылкий; he has a ~ temper он вспыльчив 3) острый (*о пище*) 4) свежий (*о следе*) ◇ ~ air *разг.* бахвальство; get into ~ water попасть в немилость **2.** *adv* горячо; жарко; пылко; give it smb. ~ *перен.* «задать баню» кому-л.; **~bed** [-bed] парник; *перен.* рассадник, очаг; **~-blooded** [-'blʌdɪd] страстный; горячий

hotchpotch ['hɔtʃpɔtʃ] суп из мяса и овощей; *перен.* всякая всячина

hot dog ['hɔtdɔg] *амер.* бутерброд с горячей сосиской

hotel [ho(u)'tel] гостиница, отель

hot-headed ['hɔt'hedɪd] горячий, вспыльчивый

hothouse ['hɔthaus] теплица

hound [haund] **1.** *n* 1) гончая собака 2) мерзавец **2.** *v* травить собаками; *перен.* преследовать

hour ['auə] час; half an ~ полчаса; in an ~ через час ◇ keep early ~s рано ложиться спать; keep late ~s поздно ложиться спать; dinner ~ обеденное время; at the eleventh ~ в последнюю минуту; **~ly 1.** *a* 1) ежечасный 2) почасовой (*об оплате*) **2.** *adv* ежечасно

house 1. *n* [haus] 1) дом; prefabricated ~ сборный дом (*изготовленный заводским способом*) 2) палата (*в парламенте*); H. of Commons палата общин; H. of Lords палата лордов 3) сеанс (*в кино*) 4) *театр;* full ~ полный сбор; bring down the ~ вызвать гром аплодисментов 5) династия (*королевская*) ◇ keep ~ вести (домашнее) хозяйство; like a ~ on fire *разг.* быстро и энергично **2.** *v* [hauz] 1) обеспечивать жильём 2) приютить 3) поместить, располагать

house||**hold** ['haushould] 1) домашние (*семья*) 2) хозяйство; **~keeper** [-,ki:pə] экономка; **~keeping** [-,ki:pɪŋ] домашнее хозяйство; **~maid** [-meɪd] горничная; **~warming** [-,wɔ:mɪŋ] празднование новоселья

housewife ['hauswaɪf] домашняя хозяйка

housing ['hauzɪŋ] 1) жилищное строительство 2) обеспечение жильём

hove [houv] *past и p. p. от* heave

hovel ['hɔv(ə)l] лачуга

hover ['hɔvə] 1) парить (*о птице*) 2) держаться поблизости, быть на подхвате; ◇ ~ about слоняться ◇ ~ on the verge of death быть на краю могилы

how [hau] как, каким образом

разом; ~ many?, ~ much? сколько? ◇ ~ do you do? здравствуйте!

however [hau'evə] **1.** *cj* однако, тем не менее **2.** *adv* как бы ни

howitzer ['hautsə] *воен.* гаубица

howl ['haul] **1.** *v* выть, завывать **2.** *n* завывание; **~er** *разг.* грубейшая *или* глупейшая ошибка

hoy! [hɔɪ] эй!

hub [hʌb] ступица *(колеса)*; *перен. тж.* центр *(чего--либо)*

hubbub ['hʌbʌb] гам, шум

hubby ['hʌbɪ] *разг.* муженёк

huckleberry ['hʌklberɪ] черника

huckster ['hʌkstə] разносчик

huddle ['hʌdl] **1.** *n* 1) беспорядочная куча; свалка; груда 2) толпа ◇ go *(или* get) into a ~ *разг.* собираться для совещания **2.** *v* 1) жаться, тесниться, толпиться 2) *(обыкн.* ~ up) ёжиться

hue I [hjuː] оттенок

hue II: ~ and cry a) шум, крик; б) погоня

huf‖f ['hʌf]: take the ~, be in a ~ обижаться; **~fy** [-ɪ] обидчивый

hug [hʌg] **1.** *v* 1) обнимать 2) держаться чего-л. *(тж. перен.)* ◇ ~ oneself *(for)* поздравлять себя *(с чем-л.)* **2.** *n* крепкое объятие

huge ['hjuːdʒ] огромный; **~ly** очень

hugger-mugger ['hʌgə-‚mʌgə] 1) тайно 2) беспорядочно

hulk ['hʌlk] 1) корпус корабля *(не пригодного для плавания)* 2) *разг.* большой неуклюжий человек; **~ing** неуклюжий

hull I [hʌl] **1.** *n* шелуха, кожура **2.** *v* очищать от кожуры, лущить

hull II корпус *(корабля, танка и т. п.)*

hullo ['hʌ'lou] *см.* hallo(a)

hum [hʌm] **1.** *v* 1) жужжать 2) напевать про себя 3) мямлить; ~ and haw a) запинаться, мямлить; б) колебаться 4) *разг.* развивать бурную деятельность; the work is fairly ~ming работа кипит **2.** *n* жужжание; гудение **3.** *int (тж.* h'm) гм!

human ['hjuːmən] человеческий; **~e** [-'meɪn] 1) человечный 2) гуманитарный *(о науке)*; **~ism** 1) гуманность 2) гуманизм; **~itarian** [hjuːˌmænɪ'tɛərɪən] **1.** *n* гуманист **2.** *a* гуманитарный; **~ity** [-'mænɪtɪ] 1) человечество 2) человеческая природа 3) гуманность

humble ['hʌmbl] **1.** *a* 1) покорный, смиренный; your ~ servant *уст.* ваш покорный слуга 2) скромный *(о достатке, вещи)* ◇ eat ~ pie унижаться **2.** *v* унижать, смирять; ~ oneself унижаться

humble-bee ['hʌmblbiː] *см.* bumble-bee.

humbug ['hʌmbʌg] **1.** *n* 1) надувательство 2) обманщик 2. *v* обманывать 3. *int* чепуха!

humdrum ['hʌmdrʌm] скучный, банальный

humid ['hjuːmɪd] влажный, сырой; ~**ity** [-'mɪdɪtɪ] влажность, сырость

humil‖**iate** [hjuː'mɪlɪeɪt] унижать; ~**ation** [hjuːˌmɪlɪ'eɪʃ(ə)n] унижение; ~**ity** [-ɪtɪ] скромность, смирение

hummock ['hʌmək] пригорок

humor ['hjuːmə] *см.* humour

humor‖**ist** ['hjuːmərɪst] юморист; ~**ous** [-rəs] юмористический; забавный

humour ['hjuːmə] **1.** *n* 1) юмор 2) настроение; out of ~ не в духе 2. *v* ублажать; потворствовать

hump ['hʌmp] горб; ~**back** [-bæk] горбун; ~**backed** [-bækt] горбатый

humus ['hjuːməs] перегной

hunch ['hʌntʃ] **1.** *v* 1) сгибать 2) горбить 2. *n* 1) горб 2) толстый кусок 3) *разг.* подозрение; предчувствие; ~**backed** [-bækt] горбатый

hundred ['hʌndrəd] сотня; ~**fold** [-fould] стократный; ~**th** [-θ] сотый

hundredweight ['hʌndrədweɪt] центнер (*в Англии* = 50,8 *кг, в Америке* = 45,36 *кг*)

hung [hʌŋ] *past и p. p. от* hang I, 1

Hungarian [hʌŋ'gɛərɪən] **1.** *n* 1) венгр, венгерец; венгерка 2) венгерский язык 2. *a* венгерский

hunger ['hʌŋgə] **1.** *n* голод; *перен.* жажда (*чего-л.*) 2. *v* 1) испытывать чувство голода 2): ~ for *перен.* жаждать (*чего-л.*); ~-**strike** [-straɪk] голодовка (*тюремная*)

hungry ['hʌŋgrɪ] голодный

hunk [hʌŋk] толстый кусок

hunt ['hʌnt] **1.** *v* охотиться; ~ down выследить, поймать; ~ out, ~ up выискивать; разыскивать 2. *n* 1) охота; погоня 2) поиски (*работы и т. п.*); ~**er** охотник; ~**ing** **1.** *n* охота 2. *a* охотничий

huntsman ['hʌntsmən] 1) егерь 2) охотник

hurdle ['həːdl] 1) переносная загородка 2) *спорт.* барьер; ~-**race** [-reɪs] *спорт.* барьерный бег

hurdy-gurdy ['həːdɪˌgəːdɪ] шарманка

hurl [həːl] **1.** *v* швырять 2. *n* резкий бросок

hurly-burly ['həːlɪˌbəːlɪ] смятение

hurrah [hu'rɑː] ура!

hurricane ['hʌrɪkən] ураган

hurriedly ['hʌrɪdlɪ] наспех

hurry ['hʌrɪ] **1.** *v* 1) торопить 2) торопиться; ~ up! поторопитесь!; скорее! 2. *n* спешка; торопливость; in a ~ второпях, наспех; be in a ~ торопиться; спешить; what is the ~? к чему такая спешка?

hurt [həːt] **1.** *v* (hurt) 1) повредить 2) причинять боль; *перен.* задевать, обижать 3) *разг.* болеть (*о руке, ноге и т. п.*) 2. *n* 1) ущерб 2) вред; ~**ful** вредный

hurtle ['hə:tl] сталкиваться; нестись, мчаться

husband ['hʌzbənd] 1. *n* муж 2. *v* относиться по-хозяйски; тратить экономно; ~**ry** [-rɪ] хозяйство *(тж. сельское)*; земледелие

hush [hʌʃ] 1. *v* водворять тишину; ~ **up** замять *(дело)*; замалчивать 2. *n* тишина; ~-**money** [-,mʌnɪ] взятка за молчание

husk [hʌsk] 1. *n* шелуха; скорлупа 2. *v* снимать шелуху

husky I ['hʌskɪ] 1) полный шелухи 2) хриплый 3) *разг.* рослый, сильный

husky II лайка *(собака)*

hussar [hu'zɑ:] гусар

hussy ['hʌsɪ] нахальная девка

hustle ['hʌsl] 1. *v* 1) толкать 2) проталкиваться *(сквозь толпу)* 3) действовать быстро и энергично 2. *n* 1) толкотня 2) энергичная деятельность

hut [hʌt] хижина, лачуга

hutch [hʌtʃ] 1) клетка *(для кроликов и т. п.)* 2) ларь, сундук

hybrid ['haɪbrɪd] 1. *n* гибрид, помесь 2. *a* гибридный, смешанный, разнородный

hydra ['haɪdrə] гидра

hydrangea [haɪ'dreɪndʒə] гортензия

hydrant ['haɪdr(ə)nt] водоразборный кран

hydrate ['haɪdreɪt] *хим.* гидрат; ~ of lime гашёная известь

hydraulic [haɪ'drɔ:lɪk] гидравлический; ~**s** [-s] гидравлика

hydrocarbon [,haɪdro(u)-'kæbən] *хим.* углеводород

hydrogen ['haɪdrɪdʒ(ə)n] водород

hydropathic [,haɪdrə'pæθ-ɪk] 1. *n* водолечебница 2. *a* водолечебный

hydrophobia [,haɪdrə'foubjə] водобоязнь, бешенство

hydroplane ['haɪdro(u)pleɪn] гидроплан

hyena [haɪ'i:nə] гиена

hygiene ['haɪdʒi:n] гигиена

hygroscopic [,haɪgrəskoupɪk] гигроскопический

hymn [hɪm] церковный гимн

hyperbol‖**e** [haɪ'pə:bəlɪ] гипербола; ~**ical** [,haɪpə'bɔlɪk(ə)l] преувеличенный

hyperborean [,haɪpəbɔ:'ri:ən] житель крайнего севера

hypercritical ['haɪpə:,krɪtɪk(ə)l] придирчивый

hypersonic ['haɪpə:'sounɪk] сверхзвуковой

hyphen ['haɪf(ə)n] 1. *n* дефис, соединительная чёрточка 2. *v* писать через дефис; ~**ate** [-eɪt] *см.* hyphen 2

hypno‖**sis** [hɪp'nousɪs] гипноз; ~**tic** [-'nɔtɪk] 1) гипнотический 2) снотворный, наркотический

hypnotize ['hɪpnətaɪz] гипнотизировать

hypocri‖**sy** [hɪ'pɔkrəsɪ] лицемерие; ~**te** ['hɪpəkrɪt] лицемер

hypodermic [,haɪpə'də:mɪk] подкожный

hypothe‖**sis** [haɪ'pɔθɪsɪs]

(*pl*-ses [-si:z]) гипо́теза; ~tical [ˌhaɪpo(u)'θetɪk(ə)l] гипотети́ческий

hysteri‖**a** [hɪs'tɪərɪə] истери́я; ~**cal** [-'terɪk(ə)l] истери́ческий; ~**cs** [-'terɪks] исте́рика, истери́ческий припа́док

I

I, i I [aɪ] *девятая буква англ. алфавита*

I II *pers pron им. п. (объекти. п.* me*)* я

ibidem [ɪ'baɪdem] *лат.* там же

ice ['aɪs] 1. *n* 1) лёд 2) моро́женое ◇ break the ~ слома́ть лёд, нару́шить молча́ние; cut no ~ ничего́ не доби́ться 2. *v* 1) замора́живать 2) покрыва́ть са́харной глазу́рью; ~ **up** обледене́ть *(о самолёте и т. п.)*; ~-**age** [-eɪdʒ] леднико́вый пери́од; ~**berg** [-bə:g] а́йсберг; ~**boat** [-bout] бу́ер *(парусные сани)*; ~-**box** [-bɔks] ко́мнатный ле́дник; ~-**breaker** [-ˌbreɪkə] ледоко́л; ~-**cream** [-'kri:m] (сли́вочное) моро́женое

Iceland‖**er** ['aɪsləndə] исла́ндец; исла́ндка; ~**ic** [aɪs'lændɪk] 1. *a* исла́ндский 2. *n* исла́ндский язы́к

icicle ['aɪsɪkl] сосу́лька

icing ['aɪsɪŋ] са́харная глазу́рь

icon ['aɪkɔn] ико́на; изображе́ние

iconoclast [aɪ'kɔnəklæst] *ист.* иконобо́рец; *перен.* бунта́рь

icy ['aɪsɪ] ледяно́й

I'd [aɪd] *сокр. от* I should, I would, I had

ide‖**a** [aɪ'dɪə] 1) иде́я, мысль; поня́тие 2) наме́рение, цель; ~**al** [-l] 1. *a* идеа́льный 2. *n* идеа́л; ~**alism** идеали́зм; ~**alist** идеали́ст; ~**alize** [-laɪz] идеализи́ровать

idem ['aɪdem] *лат.* 1) тот же а́втор 2) то же сло́во

identi‖**cal** [aɪ'dentɪk(ə)l] 1) тожде́ственный 2) тот же са́мый *(об одном и том же предмете)*; ~**fication** [aɪˌdentɪfɪ'keɪʃ(ə)n] 1) отождествле́ние 2) опознава́ние; ~**fy** [aɪ'dentɪfaɪ] 1) отождествля́ть 2) отождествля́ться *(with)* 3) опознава́ть; ~**ty** [aɪ'dentɪtɪ] 1) тожде́ственность 2) *мат.* ра́венство; ◇ ~**ty card** удостовере́ние ли́чности

ideolo‖**gical** [ˌaɪdɪə'lɔdʒɪk(ə)l] идеологи́ческий; ~**gist** [ˌaɪdɪ'ɔledʒɪst] идео́лог; ~**gy** [ˌaɪdɪ'ɔledʒɪ] идеоло́гия

idiocy ['ɪdɪəsɪ] идиоти́зм

idiom ['ɪdɪəm] 1) идио́ма, идиомати́ческое выраже́ние 2) го́вор, диале́кт; ~**atic** [ˌɪdɪə'mætɪk] идиомати́ческий

idiot ['ɪdɪət] идио́т; ~**ic** [ˌɪdɪ'ɔtɪk] идио́тский

idl‖**e** ['aɪdl] 1. *a* 1) лени́вый; пра́здный 2) нерабо́тающий, незаня́тый; stand ~ не рабо́тать *(о заводе)* 3) бесполе́зный, тще́тный 2. *v* 1) лени́ться; безде́льничать; ~ away one's time безде́льничать 2) *тех.* работать вхолостую *(о моторе и т. п.)*; **~er** бездельник; лентяй

idol ['aɪdl] 1) кумир 2) идол; **~ize** ['aɪdəlaɪz] 1) делать кумира *(из кого-л.)* 2) поклоняться, обожать

idyll ['ɪdɪl] идиллия

if [ɪf] **1.** *cj* 1) если; if I see him I'll speak to him я поговорю с ним, если я его увижу 2) ли; I don't know if they are here я не знаю, здесь ли они 3): as if как будто, словно; as if you did not know! как будто вы не знали!; even if даже если 4) если бы; if he'd only come! если бы он только пришёл! **2.** *n*: if ifs and ans were pots and pans *погов.* ≅ если бы да кабы

igneous ['ɪgnɪəs] 1) огненный 2) *геол.* вулканического происхождения

ignite [ɪg'naɪt] 1) зажигать 2) загораться

ignoble [ɪg'noʊbl] подлый, низкий

ignomi‖nious [ˌɪgnə'mɪnɪəs] позорный; **~ny** ['ɪgnəmɪnɪ] позор; бесчестье

ignoramus [ˌɪgnə'reɪməs] невежда

ignor‖ance ['ɪgn(ə)r(ə)ns] 1) невежество 2) неведение; **~ant** [-(ə)nt] невежественный; несведущий

ignore [ɪg'nɔː] игнорировать

ikon ['aɪkɔn] *см.* icon

il- [ɪl-] *префикс, имеющий отрицательное значение*

ilk [ɪlk] *шотл.*: and others of that ~ и другие того же рода

ill [ɪl] **1.** *a* 1) *predic* больной; be ~ быть больным; fall ~ заболеть 2) дурной, нехороший; ~ will враждебность **2.** *n* 1) зло 2) *pl* несчастья **3.** *adv* 1) плохо; speak ~ of smb. плохо отзываться о ком-л. 2) едва ли; I can ~ afford... я с трудом могу себе позволить... ◇ ~ at ease не по себе

ill-advised ['ɪləd'vaɪzd] неблагоразумный

ill-bred ['ɪl'bred] невоспитанный

ill-considered ['ɪlkən'sɪdəd] необдуманный

illegal [ɪ'liːg(ə)l] нелегальный; незаконный; **~ity** [ˌɪliː'gælɪtɪ] незаконность

illeg‖ibility [ɪˌledʒɪ'bɪlɪtɪ] неразборчивость; **~ible** [ɪ'ledʒəbl] неразборчивый, нечёткий

illegitimate [ˌɪlɪ'dʒɪtɪmɪt] **1.** *n* незаконнорождённый **2.** *a* незаконный

ill-fated ['ɪl'feɪtɪd] злополучный

ill-favoured ['ɪl'feɪvəd] некрасивый

ill-gotten ['ɪl'gɔtn] полученный нечестным путём; ~ wealth награбленное богатство

illiberal [ɪ'lɪb(ə)r(ə)l] 1) ограниченный *(о взглядах)* 2) скупой

illicit [ɪ'lɪsɪt] незаконный; запрещённый

illimitable [ɪ'lɪmɪtəbl] неограниченный

illitera‖cy [ɪˈlɪt(ə)rəsɪ] неграмотность; ~te [-rɪt] неграмотный

ill-mannered [ˈɪlˈmænəd] невоспитанный

illness [ˈɪlnɪs] болезнь

illogical [ɪˈlɔdʒɪk(ə)l] нелогичный

ill-omened [ˈɪlˈoumend] зловещий

ill-spoken [ˈɪlˈspouk(ə)n] пользующийся дурной репутацией

ill-starred [ˈɪlˈstɑːd] несчастливый

ill-tempered [ˈɪlˈtempəd] дурного нрава; раздражительный

ill-timed [ˈɪlˈtaɪmd] несвоевременный

ill-treat [ˈɪlˈtriːt] плохо обращаться

illumina‖nt [ɪˈljuːmɪnənt] осветительное средство, источник света; ~te [-neɪt] освещать; ~tion [ɪˌljuːmɪˈneɪʃ(ə)n] освещение; иллюминация

illumine [ɪˈljuːmɪn] 1) освещать 2) просвещать

illus‖ion [ɪˈluːʒ(ə)n] иллюзия; ~ive, ~ory [ɪˈluːsɪv, ɪˈluːs(ə)rɪ] обманчивый, иллюзорный

illustrat‖e [ˈɪləstreɪt] иллюстрировать; пояснять; ~ion [ˌɪləsˈtreɪʃ(ə)n] рисунок, иллюстрация; ~ive [ˈɪləstreɪtɪv] иллюстративный

illustrious [ɪˈlʌstrɪəs] известный, знаменитый; прославленный

im- [ɪm-] *префикс, имеющий отрицательное значение*

I'm [aɪm] *сокр. от* I am

image [ˈɪmɪdʒ] 1. *n* 1) образ; изображение 2) отражение *(в зеркале)* 3) точное подобие *(тж.* living ~, spitting ~) 2. *v* 1) изображать 2) отображать; ~ry [-(ə)rɪ] 1) образность *(речи)* 2) образы

imagin‖able [ɪˈmædʒɪnəbl] воображаемый; ~ary [-(ə)rɪ] воображаемый, мнимый; ~ation [ɪˌmædʒɪˈneɪʃ(ə)n] воображение; ~ative [-ətɪv] 1) одарённый воображением 2) образный

imagine [ɪˈmædʒɪn] 1) воображать, представлять себе 2) предполагать

imbecil‖e [ˈɪmbɪsiːl] слабоумный; ~ity [ˌɪmbɪˈsɪlɪtɪ] слабоумие

imbibe [ɪmˈbaɪb] впитывать; поглощать

imbroglio [ɪmˈbrouliou] путаница

imbue [ɪmˈbjuː] вдохновлять

imitat‖e [ˈɪmɪteɪt] подражать; имитировать; ~ion [ˌɪmɪˈteɪʃ(ə)n] 1) подражание; имитация 2) *attr.*: ~ion jewelry бижутерия, искусственные драгоценности; ~ive [ˈɪmɪtətɪv] подражательный; ◇ ~ive arts изобразительные искусства

immaculate [ɪˈmækjulɪt] безупречный *(часто ирон.)*; ~ conduct безупречное поведение; an ~ suit безукоризненный костюм

immanent [ˈɪmənənt] присущий; постоянный

immaterial [ˌɪməˈtɪərɪəl] 1)

несущественный 2) невещественный

immature [ˌɪmə'tjuə] незрелый

immeasurable [ɪ'meʒ(ə)rəbl] неизмеримый

immediate [ɪ'miːdjət] 1) непосредственный, прямой; ~ wants насущные потребности 2) немедленный, безотлагательный, срочный; **~ly** 1) непосредственно 2) немедленно, тотчас же

immemorial [ˌɪmɪ'mɔːrɪəl] незапамятный; from time ~ с незапамятных времён

immense [ɪ'mens] необъятный; огромный, громадный; **~ly** *разг.* чрезвычайно

immerse [ɪ'məːs] погружать

immigra||nt ['ɪmɪgr(ə)nt] 1. *n* иммигрант 2. *a* переселяющийся; **~te** [-greɪt] иммигрировать; **~tion** [ˌɪmɪ'greɪʃ(ə)n] иммиграция

immin||ence ['ɪmɪnəns] близость *(опасности)*; угроза; **~ent** [-ənt] близкий, нависший *(об опасности)*; грозящий

immobil||e [ɪ'moubaɪl] неподвижный; **~ity** [ˌɪmou'bɪlɪtɪ] неподвижность; **~ize** [-bɪlaɪz] делать неподвижным

immoderate [ɪ'mɒd(ə)rɪt] неумеренный, чрезмерный

immodest [ɪ'mɒdɪst] 1) нескромный 2) наглый

immoral [ɪ'mɔr(ə)l] безнравственный; **~ity** [ˌɪmə'rælɪtɪ] безнравственность

immortal [ɪ'mɔːtl] бессмертный; **~ity** [ˌɪmɔː'tælɪtɪ] бессмертие

immovable [ɪ'muːvəbl] 1. *a* 1) неподвижный 2) непоколебимый 2. *n pl* недвижимость

immun||e [ɪ'mjuːn] 1) невосприимчивый *(к какой-л. болезни)* 2) свободный *(от —from)*; **~ity** [-ɪtɪ] 1) невосприимчивость *(к какой-л. болезни)*; иммунитет 2): diplomatic ~ity дипломатическая неприкосновенность

immure [ɪ'mjuə] заточать; ~ oneself запереться в четырёх стенах

immut||ability [ɪˌmjuːtə'bɪlɪtɪ] неизменность; **~able** [ɪ'mjuːtəbl] неизменный, незыблемый

imp [ɪmp] чертёнок; *шутл.* шалун

impact ['ɪmpækt] удар; столкновение; *перен.* влияние

impair [ɪm'pɛə] повреждать

impalp||ability [ɪmˌpælpə'bɪlɪtɪ] неосязаемость; **~able** [ɪm'pælpəbl] неосязаемый, неощутимый

impart [ɪm'pɑːt] 1) давать, передавать 2) сообщать; делиться *(мыслями, чувствами и т. п.)*

impartial [ɪm'pɑːʃ(ə)l] беспристрастный; **~ity** [ɪmˌpɑːʃɪ'ælɪtɪ] беспристрастие

impas||sable [ɪm'pɑːsəbl] непроходимый; **~se** [æm'pɑːs] тупик *(тж. перен.)*

impassioned [ɪm'pæʃ(ə)nd] страстный

impassive [ɪmˈpæsɪv] бесстрастный

impati‖ence [ɪmˈpeɪʃ(ə)ns] нетерпение; **~ent** [-(ə)nt] 1) нетерпеливый; беспокойный; be ~ent ожидать с нетерпением *(чего-л. - for)* 2) раздражительный

impeach [ɪmˈpiːtʃ] 1) обвинять *(of, with)* 2) брать под сомнение; **~ment** обвинение; привлечение к суду *(за государственное преступление)*

impeccable [ɪmˈpekəbl] непогрешимый; безупречный

impecunious [ˌɪmpɪˈkjuːnjəs] бедный, неимущий

imped‖e [ɪmˈpiːd] препятствовать, задерживать; **~iment** [-ˈpedɪmənt] препятствие, задержка ◇ ~iment of speech дефект речи, *особ.* заикание

impel [ɪmˈpel] 1) приводить в движение 2) принуждать *(to)*; побуждать *(to)*

impending [ɪmˈpendɪŋ] предстоящий; грозящий, неминуемый

impenetra‖bility [ɪmˌpenɪtrəˈbɪlɪtɪ] непроницаемость; **~ble** [ɪmˈpenɪtrəbl] непроницаемый

imperative [ɪmˈperətɪv] 1. *a* 1) повелительный 2) крайне необходимый 2. *n*: ~ mood *грам.* повелительное наклонение

imperceptible [ˌɪmpəˈseptəbl] незаметный

imperfect [ɪmˈpəːfɪkt] 1. *a* 1) несовершенный 2) неполный 2. *n грам.* имперфект, прошедшее несовершенное время; **~ion** [ˌɪmpəˈfekʃ(ə)n] несовершенство; неполнота; **~ive** [ˌɪmpəˈfektɪv] *грам.* несовершенный *(вид)*

imperial [ɪmˈpɪərɪəl] 1) имперский 2) императорский; *перен.* величественный

imperial‖ism [ɪmˈpɪərɪəlɪzm] империализм; **~ist** 1. *n* империалист 2. *a* империалистический; **~istic** [ɪmˌpɪərɪəˈlɪstɪk] империалистический

imperil [ɪmˈperɪl] подвергать опасности

imperious [ɪmˈpɪərɪəs] 1) повелительный, властный, могущественный; высокомерный 2) настоятельный

imperishable [ɪmˈperɪʃəbl] нерушимый, вечный

impermeable [ɪmˈpəːmjəbl] непроницаемый *(обыкн.* водонепроницаемый*)*

impersonal [ɪmˈpəːsnl] безличный

impersonate [ɪmˈpəːsəneɪt] 1) исполнять роль 2) олицетворять, воплощать

impertinent [ɪmˈpəːtɪnənt] 1) дерзкий, нахальный 2) неуместный

imperturbable [ˌɪmpəˈtəːbəbl] невозмутимый, спокойный

impervious [ɪmˈpəːvjəs] 1) непроницаемый 2) глухой *(к доводам)*

impetu‖osity [ɪmˌpetjuˈɒsɪtɪ] стремительность, порывистость; **~ous** [-ˈpetjuəs] стремительный, порывистый

impetus [ˈɪmpɪtəs] 1) движущая сила; толчо́к 2) и́мпульс; побужде́ние

impious ['ɪmpɪəs] нечести́вый

impish ['ɪmpɪʃ] шаловли́вый

implacable [ɪm'plækəbl] неумоли́мый; непримири́мый

implant [ɪm'plɑːnt] насажда́ть *(идеи и т. п.)*; внуша́ть

implement 1. *n* ['ɪmplɪmənt] 1) ору́дие, инструме́нт; принадле́жность; agricultural ~s сельскохозя́йственный инвента́рь 2): kitchen ~s ку́хонная у́тварь **2.** *v* ['ɪmplɪment] выполня́ть

implicat||**e** ['ɪmplɪkeɪt] впу́тывать, вовлека́ть; **~ion** [ˌɪmplɪ'keɪʃ(ə)n] 1) вовлече́ние 2) прича́стность; заме́шанность 3) подразумева́емое

implicit [ɪm'plɪsɪt] 1) подразумева́емый 2) безогово́рочный, по́лный

implore [ɪm'plɔː] умоля́ть

imply [ɪm'plaɪ] подразумева́ть

impolite [ˌɪmpə'laɪt] неве́жливый

imponderable [ɪm'pɒnd(ə)rəbl] невесо́мый; *перен.* неощути́мый

import I 1. *v* [ɪm'pɔːt] ввози́ть, импорти́ровать **2.** *n* ['ɪmpɔːt] 1) и́мпорт, ввоз 2) *(обыкн. pl)* ввози́мые това́ры

import II 1. *v* [ɪm'pɔːt] име́ть значе́ние, зна́чить **2.** *n* ['ɪmpɔːt] значе́ние, смысл

import||**ance** [ɪm'pɔːt(ə)ns] ва́жность, значи́тельность; **~ant** [-(ə)nt] ва́жный, значи́тельный

importation [ˌɪmpɔː'teɪʃ(ə)n] ввоз, и́мпорт

importu||**nate** [ɪm'pɔːtjunɪt] 1) насто́йчивый, назо́йливый 2) настоя́тельный; **~ne** [-'pɔːtjuːn] насто́йчиво домога́ться, докуча́ть; **~nity** [ˌɪmpɔː'tjuːnɪtɪ] насто́йчивость; назо́йливость

impose [ɪm'pəuz] 1) облага́ть *(налогом и т. п.)* 2) навя́зывать *(решение и т. п.)*; ~ oneself upon smb. навя́зываться кому́-л. 3) обма́нывать *(ироn)*

imposing [ɪm'pəuzɪŋ] внуши́тельный

imposs||**ibility** [ɪmˌpɒsə'bɪlɪtɪ] невозмо́жность; **~ible** [ɪm'pɒsəbl] невозмо́жный *(в разн. знач.)*; *разг.* невыноси́мый

impostor [ɪm'pɒstə] самозва́нец; обма́нщик

impot||**ence** ['ɪmpət(ə)ns] бесси́лие; **~ent** [-(ə)nt] 1) бесси́льный 2) *мед.* импоте́нтный

impound [ɪm'paund] 1) *уст.* загоня́ть *(скот)* 2) *юр.* конфискова́ть

impoverish [ɪm'pɒv(ə)rɪʃ] 1) доводи́ть до бе́дности, нищеты́ 2) истоща́ть *(почву, силы и т. п.)*

impracticable [ɪm'præktɪkəbl] 1) невыполни́мый 2) непроходи́мый *(о дороге)*

imprecation [ˌɪmprɪ'keɪʃ(ə)n] прокля́тие

impregnable [ɪm'pregnəbl]

неприступный; неуязвимый, стойкий

impregnate 1. *v* ['ımpregneıt] 1) оплодотворять 2): ~ with насыщать; пропитывать **2.** *a* [ım'pregnıt] *уст. см.* impregnated; ~d [-ıd] *(with)* оплодотворённый 2) насыщенный; пропитанный

impresario [,ımpre'sɑːrıou] *ит.* импресарио, антрепренёр

impress I [ım'pres] *ист.* 1) насильно вербовать 2) реквизировать

impress II 1. *v* [ım'pres] 1) отпечатывать; штемпелевать 2) производить впечатление 3) внушать; ~ on him that внушите ему, что 2. *n* ['ımpres] 1) отпечаток 2) штемпель; печать *(тж. перен.)* 3) впечатление; ~ion [ım'preʃ(ə)n] 1) отпечаток, оттиск 2) издание; переиздание *(книги)* 3) впечатление; ~ionable [-ʃnəbl] впечатлительный, восприимчивый; ~ive [ım'presıv] производящий глубокое впечатление; выразительный; волнующий

imprint 1. *v* [ım'prınt] 1) отпечатывать; печатать 2) запечатлевать **2.** *n* ['ımprınt] отпечаток *(тж. перен.)*

imprison [ım'prızn] заключать в тюрьму; ~ment заключение в (тюрьму)

improbable [ım'prɔbəbl] невероятный, неправдоподобный

impromptu [ım'prɔmptjuː] **1.** *adv* без подготовки, экспромтом **2.** *n* экспромт; импровизация

improp||er [ım'prɔpə] 1) неподходящий 2) неправильный 3) неприличный ◇ ~ fraction *мат.* неправильная дробь; ~riety [,ımprə'praıətı] 1) неуместность 2) неприличие, некорректность

improve [ım'pruːv] 1) улучшать; ~ one's skill повышать свою квалификацию 2) улучшаться 3) усовершенствовать *(проп)*; ~ment улучшение; (у)совершенствование

improvid||ence [ım'prɔvıd(ə)ns] непредусмотрительность; ~ent [-(ə)nt] непредусмотрительный

improvise ['ımprəvaız] импровизировать

imprud||ence [ım'pruːd(ə)ns] неблагоразумие; опрометчивость; ~ent [-(ə)nt] неблагоразумный; опрометчивый

impud||ence ['ımpjud(ə)ns] бесстыдство, наглость; ~ent [-(ə)nt] бесстыдный, наглый; дерзкий

impugn [ım'pjuːn] оспаривать, опровергать

impuls||e ['ımpʌls] 1) побуждение, толчок 2) импульс, порыв; act on ~ действовать по внутреннему побуждению; ~ion [ım'pʌlʃ(ə)n] побуждение, импульс; ~ive [ım'pʌlsıv] 1) побуждающий 2) импульсивный

impunity [ım'pjuːnıtı] безнаказанность; with ~ безнаказанно

impur||e [ɪm'pjuə] 1) нечистый 2) смешанный, с примесью; **~ity** [-rɪtɪ] 1) нечистота 2) примесь; засорение

im.pute [ɪm'pjuːt] 1) вменять в вину 2) приписывать

in [ɪn] 1. *prep.* 1) *(при обозначении места, на вопр. «где?»)* в, на; in that town в том городе; in the street на улице 2) *(при обозначении времени, на вопр. «когда?»)* в; во время; через; в продолжение *(иногда сочетание* in *с существительным переводится наречием)*; in March в марте; in such a storm во время такой бури; in the morning (evening) утром (вечером); in summer (winter) летом (зимой) 3) *(сочетание* in *с существительным в функции обстоятельства образа действия переводится тв. п. или наречием)*: in pencil карандашом; paint in oils писать масляными красками; he answered in the negative он ответил отрицательно 4) *(при обозначении состояния или обстоятельств)* в; при; I found him in a gloomy mood я застал его в мрачном настроении; in crossing the river при переправе через реку 5) *(с абстрактными существительными при обозначении цели, причины)* в; in honour в честь; in memory в память; in reply *(to)* в ответ 6) по, согласно; in all probability по всей вероятности ⋄ hand in hand рука об руку; the man in question человек, о котором идёт речь 2. *adv* внутри; внутрь; be in быть дома ⋄ be in *(for)* быть обречённым *(на)*; we are in for a cold winter нас ожидает холодная зима 3. *n pl*: ins and outs все углы и закоулки; подробности, детали

in- [ɪn-] *префикс, имеющий отрицательное значение*

inability [ˌɪnə'bɪlɪtɪ] неспособность; невозможность

inaccessible [ˌɪnæk'sesəbl] недосягаемый, неприступный, недоступный

inaccur||acy [ɪn'ækjurəsɪ] неточность, ошибка; **~ate** [ɪn'ækjurɪt] неточный, неправильный

inact||ion [ɪn'ækʃ(ə)n] бездействие; **~ive** [-tɪv] бездеятельный

inadequate [ɪn'ædɪkwɪt] неадекватный; недостаточный

inadmissible [ˌɪnəd'mɪsəbl] недопустимый

inadvertent [ˌɪnəd'vəːt(ə)nt] 1) невнимательный; небрежный 2) неумышленный

inalienable [ɪn'eɪljənəbl] неотчуждаемый, неотъемлемый

inane [ɪ'neɪn] пустой, бессодержательный; глупый

inanimate [ɪn'ænɪmɪt] 1) неодушевлённый; **~ matter** неживая материя 2) скучный

inanition [ˌɪnə'nɪʃ(ə)n] истощение

inanity [ɪ'nænɪtɪ] пустота,

бессодержа́тельность; глу́пость

inapplicable [ɪnˈæplɪkəbl] неприменимый

inapprecia||ble [ˌɪnəˈpriːʃəbl] незаме́тный

inappropriate [ˌɪnəˈproupriɪt] неподходя́щий

inapt [ɪnˈæpt] 1) неподходя́щий 2) неуме́лый, неиску́сный

inarticulate [ˌɪnɑːˈtɪkjulɪt] нечленоразде́льный, невня́тный

inasmuch [ɪnəzˈmʌtʃ]: ~ as ввиду́ того́, что; так как

inattent||ion [ˌɪnəˈtenʃ(ə)n] невнима́ние; ~ive [-tɪv] невнима́тельный

inaudible [ɪnˈɔːdəbl] неслы́шный

inaugur||al [ɪˈnɔːgjur(ə)l] вступи́тельный *(о речи)*; вво́дный *(о лекции)*; ~ate [-reɪt] (торже́ственно) открыва́ть *(выставку и т. п.)*; ~ation [ɪˌnɔːgjuˈreɪʃ(ə)n] 1) торже́ственное откры́тие 2) торже́ственное вступле́ние в до́лжность

inauspicious [ˌɪnɔːsˈpɪʃəs] злове́щий

inborn [ˈɪnbɔːn] врождённый, прирождённый; приро́дный

inbred [ˈɪnbred] 1) *см.* inborn 2) рождённый от роди́телей, состоя́щих в (кро́вном) родстве́ ме́жду собо́й

incalculable [ɪnˈkælkjuləbl] несме́тный, неисчисли́мый

incandescent [ˌɪnkænˈdesnt] раскалённый; ~ lamp ла́мпа нака́ливания

incap||able [ɪnˈkeɪpəbl] неспосо́бный; ~acitate [ˌɪnkəˈpæsɪteɪt] 1) де́лать неспосо́бным 2) *юр.* лиша́ть пра́ва; ~acity [ˌɪnkəˈpæsɪtɪ] 1) неспосо́бность 2) *юр.* неправоспосо́бность

incarcerate [ɪnˈkɑːsəreɪt] заключа́ть в тюрьму́

incarnat||e 1. *v* [ˈɪnkɑːneɪt] воплоща́ть 2. *a* [ɪnˈkɑːnɪt] воплощённый; ~ion [ˌɪnkɑːˈneɪʃ(ə)n] воплоще́ние

incautious [ɪnˈkɔːʃəs] опроме́тчивый

incendiary [ɪnˈsendjərɪ] 1. *a* зажига́тельный; *перен.* подстрека́ющий 2. *n* поджига́тель; *перен. тж.* подстрека́тель

incense I [ɪnˈsens] серди́ть

incense II [ˈɪnsens] ла́дан; фимиа́м

incentive [ɪnˈsentɪv] 1. *a* побуди́тельный 2. *n* побужде́ние, сти́мул

incept||ion [ɪnˈsepʃ(ə)n] нача́ло; ~ive [-tɪv] начина́ющий; нача́льный; ~ive verb *грам.* начина́тельный глаго́л

incertitude [ɪnˈsəːtɪtjuːd] неуве́ренность

incessant [ɪnˈsesnt] непрекраща́ющийся, непреры́вный, непреста́нный

incest [ˈɪnsest] кровосмеше́ние

inch [ɪntʃ] дюйм ⋄ by ~es понемно́гу; every ~ цели́ком, по́лностью; he's every ~ a soldier он настоя́щий солда́т

inchoate [ˈɪnko(u)eɪt] 1)

только что начатый 2) зачаточный

incidence ['ɪnsɪd(ə)ns] 1) падение, наклон 2) сфера действия

incident ['ɪnsɪd(ə)nt] **1.** *a* свойственный *(чему-л. — to smth.)* **2.** *n* 1) случай; происшествие; инцидент 2) эпизод; ~al [ˌɪnsɪ'dentl] случайный; ~ally [ˌɪnsɪ'dentəlɪ] 1) случайно 2) между прочим

incinerat‖**e** [ɪn'sɪnəreɪt] сжигать; испепелять; ~ion [ɪnˌsɪnə'reɪʃ(ə)n] сжигание; ~or мусоросжигательная печь

incipient [ɪn'sɪpɪənt] начинающийся; зарождающийся

incis‖**e** [ɪn'saɪz] 1) надрезать 2) вырезать; ~ion [-'sɪʒ(ə)n] надрез; ~ive [-'saɪsɪv] острый, резкий, язвительный

incite [ɪn'saɪt] возбуждать; подстрекать; побуждать; ~ment возбуждение; подстрекательство

incivility [ˌɪnsɪ'vɪlɪtɪ] неучтивость

inclement [ɪn'klemənt] суровый *(о погоде, климате)*

inclination [ˌɪnklɪ'neɪʃ(ə)n] 1) наклонение, наклон 2) склонность, наклонность *(to, for)*

incline [ɪn'klaɪn] **1.** *v* 1) наклонять 2) склонять 3) наклоняться 4) склоняться 5) *(обыкн. pass)*: be ~d to быть расположенным *(к чему-л.)* **2.** *n* наклон, скат

inclu‖**de** [ɪn'klu:d] включать, заключать; ~sion [-ʒ(ə)n] включение; ~sive [-sɪv] заключающий в себе, содержащий, включающий

incognito [ɪn'kɔgnɪtou] инкогнито, под чужим именем

incoherent [ˌɪnko(u)'hɪər(ə)nt] бессвязный

incombustible [ˌɪnkəm'bʌstəbl] несгораемый, огнестойкий

income ['ɪnkəm] доход, поступление; ~-tax [-tæks] подоходный налог

incoming ['ɪnˌkʌmɪŋ] 1) прибывающий 2) сменяющий

incommensura‖**ble** [ˌɪnkə'menʃ(ə)rəbl] несоизмеримый; ~te [-'menʃ(ə)rɪt] несоразмерный; несоизмеримый

incommod‖**e** [ˌɪnkə'moud] беспокоить, стеснять; ~ious [-jəs] неудобный

incommunicable [ˌɪnkə'mju:nɪkəbl] непередаваемый, несообщаемый

incompact [ˌɪnkəm'pækt] неплотный

incomparable [ɪn'kɔmp(ə)rəbl] 1) несравненный, бесподобный 2) несравнимый *(with, to)*

incompatible [ˌɪnkəm'pætəbl] несовместимый; несообразный

incompet‖**ence** [ɪn'kɔmpɪt(ə)ns] 1) неспособность; некомпетентность 2) *юр.* неправоспособность; ~ent [-(ə)nt] 1) неспособный; некомпетентный 2) *юр.* неправоспособный

incomplete [ˌɪnkəm'pli:t] неполный, незаконченный

incomprehens||ible [ˌɪnkəmprɪˈhensəbl] непостижимый, непонятный; **~ion** [-ʃ(ə)n] непонимание

incomputable [ˌɪnkəmˈpjuːtəbl] неисчислимый

inconceivable [ˌɪnkənˈsiːvəbl] непостижимый; *разг.* невероятный

inconclusive [ˌɪnkənˈkluːsɪv] 1) неубедительный 2) нерешающий, неокончательный

incongru||ity [ˌɪnkɔŋˈgruːɪtɪ] 1) несоответствие 2) неуместность; **~ous** [ɪnˈkɔŋgruəs] 1) несоответственный 2) неуместный

inconsequent, **~ial** [ɪnˈkɔnsɪkwənt, ɪnˌkɔnsɪˈkwenʃ(ə)l] непоследовательный; несвязный

inconsiderable [ˌɪnkənˈsɪdərəbl] незначительный

inconsiderate [ˌɪnkənˈsɪdərɪt] 1) необдуманный 2) невнимательный к другим, неделикатный

inconsistent [ˌɪnkənˈsɪst(ə)nt] 1) несовместимый 2) противоречивый

inconsolable [ˌɪnkənˈsouləbl] безутешный, неутешный

inconspicuous [ˌɪnkənˈspɪkjuəs] незаметный

inconstant [ɪnˈkɔnst(ə)nt] непостоянный, неустойчивый

incontestable [ˌɪnkənˈtestəbl] неопровержимый, неоспоримый

incontinent [ɪnˈkɔntɪnənt] невоздержанный; несдержанный

incontrovertible [ɪnˈkɔntrəˈvəːtəbl] неопровержимый, неоспоримый

inconveni||ence [ˌɪnkənˈviːnjəns] 1. *n* неудобство; беспокойство 2. *v* причинять неудобство *(кому-л.)*, беспокоить; **~ent** [-nt] неудобный

inconvertible [ˌɪnkənˈvəːtəbl] не подлежащий обмену; неразменный *(о деньгах)*; ~ currency необратимая валюта

incorpora||te [ɪnˈkɔːpəreɪt] 1) объединяться, соединять *(в одно целое)* 2) смешивать; **~tion** [ɪnˌkɔːpəˈreɪʃ(ə)n] 1) объединение, слияние 2) корпорация

incorporeal [ˌɪnkɔːˈpɔːrɪəl] бесплотный, бестелесный

incorrect [ˌɪnkəˈrekt] неправильный

incorrigible [ɪnˈkɔrɪdʒəbl] неисправимый

incorrupt||ibility [ˈɪnkəˌrʌptəˈbɪlɪtɪ] 1) неподкупность 2) неподверженность порче; **~ible** [ˌɪnkəˈrʌptəbl] 1) неподкупный 2) непортящийся

increase 1. *v* [ɪnˈkriːs] 1) увеличивать, усиливать 2) увеличиваться, усиливаться 2. *n* [ˈɪnkriːs] возрастание, увеличение, рост

incredible [ɪnˈkredəbl] невероятный

incredul||ity [ˌɪnkrɪˈdjuːlɪtɪ] недоверчивость; **~ous** [ɪnˈkredjuləs] недоверчивый, скептический

increment [ˈɪnkrɪmənt] прибыль; прирост

incriminate [ɪnˈkrɪmɪneɪt]

обвинять *(в преступлении)*; инкриминировать

incrustation [ˌɪnkrʌs'teɪʃ(ə)n] 1) образование коры, корки 2) кора, корка 3) инкрустация

incubat||e ['ɪnkjubeɪt] выводить цыплят; ~or инкубатор

incubus ['ɪŋkjubəs] кошмар, тяжкое бремя

inculcate ['ɪnkʌlkeɪt] внедрять, внушать

inculpate ['ɪnkʌlpeɪt] обвинять; изобличать

incumbent [ɪn'kʌmbənt]: it is ~ on you to do smth. вам надлежит *(или* на вас возлагается обязанность) сделать что-л.

incur [ɪn'kəː] подвергаться; навлекать на себя; ~ an obligation взять на себя обязательство; ~ losses а) терпеть убытки; б) *воен.* нести потери

incurable [ɪn'kjuərəbl] неизлечимый

incurious [ɪn'kjuərɪəs] нелюбопытный

incursion [ɪn'kəːʃn] вторжение *(тж. перен.)*

indebted [ɪn'detɪd] *predic* в долгу *(у кого-л. — to)*; обязанный *(кому-л.)*

indecent [ɪn'diːsnt] 1) неприличный; нескромный 2) *разг.* неподобающий; he left in ~ haste он ушёл с неприличной поспешностью

indecis||ion [ˌɪndɪ'sɪʒ(ə)n] нерешительность; ~ive [-'saɪsɪv] 1) нерешительный 2) неопределённый

indeclinable [ˌɪndɪ'klaɪnəbl] *грам.* несклоняемый

indecorous [ɪn'dekərəs] неприличный

indeed [ɪn'diːd] 1) в самом деле, действительно 2) неужели! ◊ very glad ~ очень рад

indefatigable [ˌɪndɪ'fætɪgəbl] неутомимый

indefeasible [ˌɪndɪ'fiːzəbl] неотъемлемый

indefensible [ˌɪndɪ'fensəbl] 1) неудобный для обороны 2) не могущий быть оправданным

indefinite [ɪn'defɪnɪt] неопределённый

indelible [ɪn'delɪbl] несмываемый; ◊ ~ pencil химический карандаш

indelica||cy [ɪn'delɪkəsɪ] неделикатность, нескромность; бестактность; ~te [-kɪt] неделикатный, нескромный; бестактный

indemni||fy [ɪn'demnɪfaɪ] 1) страховать *(от потерь)* 2) компенсировать; ~ty [-tɪ] 1) гарантия *(от потерь)* 2) компенсация 3) контрибуция

indent I **1.** *v* [ɪn'dent] 1) вырезывать; зазубривать 2) *полигр.* делать отступ, абзац **2.** *n* ['ɪndent] зазубрина, выемка

indent II **1.** *v* [ɪn'dent] заказывать товары **2.** *n* ['ɪndent] заказ на товары

indentation [ˌɪnden'teɪʃ(ə)n] 1) зубец; выемка 2) абзац, отступ

indenture [ɪn'dentʃə] **1.** *n*

документ; договор 2. *v* связывать договором

independ||**ence** [ˌɪndɪˈpendəns] независимость; **~ent** [-ənt] независимый

indescribable [ˌɪndɪsˈkraɪbəbl] неописуемый

indestructible [ˌɪndɪsˈtrʌktəbl] нерушимый

indeterminate [ˌɪndɪˈtɜːmɪnɪt] 1) неопределённый 2) нерешённый, сомнительный

index [ˈɪndeks] 1. *n (pl тж.* indices) 1) индекс; указатель; показатель 2) стрелка *(на приборах)* 3) указательный палец 4) *мат.* показатель 2. *v* заносить в указатель, снабжать указателем

Indian [ˈɪndjən] 1. *n* 1) индиец; индианка 2) индеец; индианка 2. *a* 1) индийский *(относящийся к Индии)* 2) индейский *(относящийся к амер. индейцам)* ◇ corn маис, кукуруза; ~ ink китайская тушь; ~ summer «бабье лето»

india-rubber [ˈɪndjəˈrʌbə] 1) резина 2) резинка *(для стирания)*

indicat||**e** [ˈɪndɪkeɪt] 1) указывать; показывать 2) предписывать 3) означать; **~ion** [ˌɪndɪˈkeɪʃ(ə)n] 1) указание 2) показание; **~ive** [ɪnˈdɪkətɪv] 1) указывающий 2): ~ive mood *грам.* изъявительное наклонение; **~or** индикатор

indices [ˈɪndɪsiːz] *pl от* index

indict [ɪnˈdaɪt] предъявлять обвинение; **~ment** обвинительный акт

indiffer||**ence** [ɪnˈdɪfr(ə)ns] 1) равнодушие 2) незначительность; **~ent** [-(ə)nt] 1) равнодушный 2) посредственный; неважный 3) нейтральный

indigenous [ɪnˈdɪdʒɪnəs] туземный, местный

indigent [ˈɪndɪdʒənt] нуждающийся

indigestion [ˌɪndɪˈdʒestʃ(ə)n] расстройство желудка

indign||**ant** [ɪnˈdɪgnənt] негодующий; **~ation** [ˌɪndɪgˈneɪʃ(ə)n] негодование

indignity [ɪnˈdɪgnɪtɪ] оскорбление, унижение

indigo [ˈɪndɪgəu] 1) индиго *(краска)* 2) синий цвет

indirect [ˌɪndɪˈrekt] непрямой, косвенный, побочный; окольный *(о пути)*

indiscernible [ˌɪndɪˈsəːnəbl] неразличимый

indiscre||**et** [ˌɪndɪsˈkriːt] 1) 1) нескромный, несдержанный 2) неосторожный; **~tion** [-ˈkreʃ(ə)n] 1) нескромность 2) неосмотрительность

indiscriminate [ˌɪndɪsˈkrɪmɪnɪt] 1) неразборчивый; ~ reader неразборчивый читатель 2) смешанный, беспорядочный

indispensable [ˌɪndɪsˈpensəbl] совершенно необходимый

indispos||**ed** [ˌɪndɪsˈpəuzd] 1) нерасположенный 2) нездоровый; **~ition** [-pəˈzɪʃ(ə)n] 1) недомогание, нездоровье 2) нерасположение, отвращение *(to)*

indisputable [ˌɪndɪs'pjuː-təbl] неоспоримый

indissoluble [ˌɪndɪ'sɔljubl] 1) нерастворимый 2) прочный, неразрывный

indistinct [ˌɪndɪs'tɪŋkt] неясный, смутный

indistinguishable [ˌɪndɪs-'tɪŋgwɪʃəbl] неразличимый

indivertible [ˌɪndɪ'vəːtəbl] неотвратимый

individual [ˌɪndɪ'vɪdjuəl] 1. *a* 1) личный, индивидуальный 2) особенный 2. *n* индивидуум; *разг.* личность, человек; ~**ism** индивидуализм; ~**ity** [ˌɪndɪˌvɪdju'ælɪtɪ] индивидуальность, личность; ~**ize** [-aɪz] 1) придавать индивидуальный характер 2) точно определять

indivisible [ˌɪndɪ'vɪzəbl] неделимый

Indo-European ['ɪndo(u)-ˌjuərə'piːən] индоевропейский

indol‖ence ['ɪndələns] лень; ~**ent** [-ənt] ленивый

indomitable [ɪn'dɔmɪtəbl] неукротимый; упорный

Indonesian [ˌɪndo(u)'niːzjən] 1. *a* индонезийский 2. *n* индонезиец; индонезийка

indoor ['ɪndɔː] находящийся *или* происходящий внутри дома; комнатный; ~ games комнатные игры

indoors ['ɪn'dɔːz] внутри *(дома)*; keep ~ не выходить на улицу

indubitable [ɪn'djuːbɪtəbl] несомненный

induce [ɪn'djuːs] 1) побуждать; убеждать; заставлять *(to)* 2) вызывать 3) *эл.* индуктировать; ~**ment** стимул, побуждение

induction [ɪn'dʌkʃ(ə)n] *эл.* индукция; ~-**coil** [-kɔɪl] индукционная катушка, индуктор

inductive [ɪn'dʌktɪv] *лог., эл.* индуктивный

indulg‖e [ɪn'dʌldʒ] 1) предаваться *(чему-л.)* 2) потворствовать; ~**ence** [-(ə)ns] 1) потворство своим желаниям 2) снисходительность; потворство 3) *рел.* индульгенция; ~**ent** [-(ə)nt] снисходительный

industrial [ɪn'dʌstrɪəl] 1) промышленный; индустриальный; ~ goods промышленные товары 2) производственный; ~ school ремесленное училище

industrialization [ɪnˌdʌstrɪəlaɪ'zeɪʃ(ə)n] индустриализация

industrious [ɪn'dʌstrɪəs] трудолюбивый, усердный, прилежный

industry ['ɪndəstrɪ] 1) трудолюбие, прилежание 2) промышленность; large-scale ~ крупная промышленность 3) отрасль производства *или* торговли

indwelling ['ɪn'dwelɪŋ] постоянно пребывающий

inebriate 1. *n* [ɪ'niːbrɪɪt] пьяница 2. *a* [ɪ'niːbrɪɪt] пьяный 3. *v* [ɪ'niːbrɪeɪt] опьянять

inedible [ɪn'edɪbl] несъедобный

ineffable [ɪn'efəbl] невыразимый; ~ joy неописуемый восторг

ineffaceable [ˌɪnɪ'feɪsəbl] неизгладимый

ineffective [ˌɪnɪ'fektɪv] 1) безрезультатный 2) недействительный

ineffectual [ˌɪnɪ'fektjuəl] бесплодный

ineffici‖ency [ˌɪnɪ'fɪʃ(ə)nsɪ] 1) неспособность 2) безрезультатность; ~ent [-(ə)nt] 1) неспособный 2) безрезультатный

ineligible [ɪn'elɪdʒəbl] неподходящий; негодный

inept [ɪ'nept] 1) неуместный 2) глупый

inequality [ˌɪnɪ'kwɔlɪtɪ] 1) неравенство; различие; разница 2) неровность *(поверхности)*

inequitable [ɪn'ekwɪtəbl] несправедливый

ineradicable [ˌɪnɪ'rædɪkəbl] неискоренимый

inert [ɪ'nəːt] инертный, вялый; ~ia [ɪ'nəːfjə] 1) *физ.* инерция 2) инертность

inescapable [ˌɪnɪs'keɪpəbl] неизбежный

inessential ['ɪnɪ'senʃ(ə)l] несущественный; неважный

inestimable [ɪn'estɪməbl] неоценимый

inevitable [ɪn'evɪtəbl] неизбежный

inexact [ˌɪnɪg'zækt] неточный; ~itude [-ɪtjuːd] неточность

inexcusable [ˌɪnɪks'kjuːzəbl] непростительный

inexhaustible [ˌɪnɪg'zɔːstəbl] неистощимый, неисчерпаемый

inexorable [ɪn'eks(ə)rəbl] безжалостный; непреклонный

inexpedient [ˌɪnɪks'piːdjənt] нецелесообразный; неблагоразумный

inexpensive [ˌɪnɪks'pensɪv] недорогой, дешёвый

inexperienced [ˌɪnɪks'pɪərɪənst] неопытный

inexpert [ˌɪneks'pəːt] неумелый, неопытный

inexpiable [ɪn'ekspɪəbl] 1) неискупимый 2) непримиримый

inexplicable [ɪn'eksplɪkəbl] необъяснимый

inexplicit [ˌɪnɪks'plɪsɪt] неясно выраженный

inexpress‖ible [ˌɪnɪks'presəbl] невыразимый, неописуемый; ~ive [-ɪv] невыразительный

inextinguishable [ˌɪnɪks'tɪŋgwɪʃəbl] неугасимый

inextricable [ɪn'ekstrɪkəbl] безнадёжно запутанный

infallible [ɪn'fæləbl] непогрешимый; безошибочный

infamous ['ɪnfəməs] имеющий позорную известность; низкий; бесчестный

infamy ['ɪnfəmɪ] 1) позор 2) гнусность

inf‖ancy ['ɪnfənsɪ] 1) раннее детство 2) *юр.* несовершеннолетие; ~ant [-ənt] младенец

infanticide [ɪn'fæntɪsaɪd] детоубийство

infantile ['ɪnfəntaɪl] младенческий; инфантильный

infantry ['ɪnf(ə)ntrɪ] пехота; mounted ~ механизированная пехота

infatuat||**e** [ɪn'fætjueɪt] вскружить голову, увлечь; **~ion** [ɪn,fætju'eɪʃ(ə)n] слепое увлечение

infect [ɪn'fekt] заражать; **~ion** [-kʃ(ə)n] 1) зараза 2) заражение; **~ious** [-kʃəs] 1) заразный 2) заразительный

infelicity [,ɪnfɪ'lɪsɪtɪ] несчастье

infer [ɪn'fəː] 1) выводить заключение 2) подразумевать; **~ence** ['ɪnf(ə)r(ə)ns] вывод

inferior [ɪn'fɪərɪə] 1) низший; подчинённый 2) худший *(по качеству)*; **~ity** [ɪn,fɪərɪ'ɔrɪtɪ] низшая степень; худшее качество

infer||**nal** [ɪn'fəːnl] адский; **~no** [-nou] ад

infertile [ɪn'fəːtaɪl] неплодородный

infest [ɪn'fest] кишеть; **~ed with rats** кишащий крысами

infidel ['ɪnfɪd(ə)l] 1) атеист, неверующий 2) язычник; **~ity** [,ɪnfɪ'delɪtɪ] неверность

infiltrate ['ɪnfɪltreɪt] 1) пропускать *(жидкость)* через фильтр 2) просачиваться, проникать *(об идеях и т. п.)*

infinite ['ɪnfɪnɪt] 1) безграничный; бесконечный; **~ series** *мат.* бесконечный ряд 2) *грам.* неопределённый; **~simal** [,ɪnfɪnɪ'tesɪm(ə)l] мельчайший; бесконечно малый

infinitiv||**al** [ɪn,fɪnɪ'taɪv(ə)l] *грам.* инфинитивный; **~e** [ɪn'fɪnɪtɪv] *грам.* неопределённая форма глагола, инфинитив; split **~e** неопределённая форма глагола с отделённой от него частицей to *(напр:* no one claims to completely understand it никто не утверждает, что вполне понимает это)

infinity [ɪn'fɪnɪtɪ] бесконечность *(тж. мат.)*

infirm [ɪn'fəːm] 1) немощный 2) нерешительный

infirmary [ɪn'fəːmərɪ] больница, лазарет

infirmity [ɪn'fəːmɪtɪ] немощь, слабость

inflam||**e** [ɪn'fleɪm] воспламенять; возбуждать; be **~d** a) воспламеняться; возбуждаться; б) *мед.* воспаляться; **~mation** [,ɪnflə'meɪʃ(ə)n] воспаление; **~matory** [ɪn'flæmət(ə)rɪ] *мед.* воспалительный; *перен.* возбуждающий, подстрекательский

inflat||**e** [ɪn'fleɪt] 1) надувать *(воздухом, газом)* 2) вздувать *(цены)*; **~ion** [-ʃ(ə)n] 1) надувание *(воздухом, газом)* 2) инфляция

inflect [ɪn'flekt] *грам.* изменять *(слово)*; **~ive** [-ɪv] *грам.* изменяемый, склоняемый, спрягаемый

inflexible [ɪn'fleksəbl] негибкий; негнущийся; *перен.* непреклонный

inflexion [ɪn'flekʃ(ə)n] 1) сгибание 2) модуляция голоса 3) *грам.* изменение *(слова)*; флексия

inflict [ɪn'flɪkt] 1) наносить *(удар, ущерб)* 2) причинять *(страдание)*

inflow ['ɪnflou] 1) приток; наплыв 2) втекание; ~ing впадающий, втекающий

influ‖ence ['ɪnfluəns] 1. *n* 1) влияние *(on, upon, over)* 2) лицо *или* фактор, оказывающие влияние 2. *v* влиять; ~ential [ˌɪnflu'enʃ(ə)l] влиятельный

influenza [ˌɪnflu'enzə] *мед.* грипп

influx ['ɪnflʌks] приток *(воды, воздуха)*; *перен.* наплыв *(публики)*

inform [ɪn'fɔːm] 1) сообщать 2): ~ against smb. обвинять кого-л.; ~al [-l] неофициальный; ~ant [-ənt] информант; ~ation [ˌɪnfə'meɪʃ(ə)n] 1) сообщение 2) донесение; ~ed [-d] 1) осведомлённый 2) просвещённый; ~er осведомитель, доносчик

infraction [ɪn'frækʃ(ə)n] нарушение

infra dig ['ɪnfrə'dɪg] *(сокр. от* infra dignitatem) *разг.* ниже чьего-л. достоинства

infrequent [ɪn'friːkwənt] редкий

infringe [ɪn'frɪndʒ] нарушать *(закон и т. п.)*; ~ment нарушение

infuriate [ɪn'fjuərɪeɪt] приводить в ярость

infus‖e [ɪn'fjuːz] 1) вливать 2): ~ tea заваривать чай 3) вселять *(мужество и т. п.* в — into); ~ion [-ʒ(ə)n] 1) вливание 2) настой 3) примесь

ingathering ['ɪnˌgæð(ə)rɪŋ] *поэт.* сбор урожая

ingen‖ious [ɪn'dʒiːnjəs] изобретательный; искусный; ~ mind изобретательный ум; ~ solution оригинальное *(или* остроумное) решение; ~uity [ˌɪndʒɪ'njuːɪtɪ] изобретательность; остроумие

ingenuous [ɪn'dʒenjuəs] бесхитростный, простодушный

ingle-nook ['ɪŋglnuk] местечко у огня

inglorious [ɪn'glɔːrɪəs] 1) бесславный 2) позорный, постыдный

ingot ['ɪŋgət] 1) слиток; брусок *(металла)* 2) *тех.* болванка

ingrained ['ɪn'greɪnd] укоренившийся; закоренелый

ingratiat‖e [ɪn'greɪʃɪeɪt]: ~ oneself into favour with smb. снискать чью-л. милость; ~ing льстивый; заискивающий

ingratitude [ɪn'grætɪtjuːd] неблагодарность

ingredient [ɪn'griːdjənt] составная часть

ingress ['ɪŋgres] 1) вход 2) право входа

inhabit [ɪn'hæbɪt] жить, обитать; ~ant [-(ə)nt] житель; ~ation [ɪnˌhæbɪ'teɪʃ(ə)n] проживание

inha‖lation [ˌɪnhə'leɪʃ(ə)n] вдыхание; *мед.* ингаляция; ~le [ɪn'heɪl] вдыхать; ~ler [ɪn'heɪlə] *мед.* ингалятор

inherent [ɪn'hɪər(ə)nt] присущий; ~ contradictions внутренние противоречия

inherit [ɪn'herɪt] (у)наследовать; ~**ance** [-(ə)ns] 1) наследственность 2) наследство; *перен. тж.* наследие; ~**or** наследник

inhibit [ɪn'hɪbɪt] препятствовать; сдерживать; ~**ion** [ˌɪnhɪ'bɪʃ(ə)n] *физиол.* торможение, задерживание

inhospitable [ɪn'hɔspɪtəbl] негостеприимный

inhuman [ɪn'hjuːmən] 1) бесчеловечный; жестокий 2) нечеловеческий; ~**e** [ˌɪnhju'meɪn] негуманный

inimical [ɪ'nɪmɪk(ə)l] 1) враждебный 2) вредный

inimitable [ɪ'nɪmɪtəbl] неподражаемый

iniqui‖**tous** [ɪ'nɪkwɪtəs] несправедливый; ~**ty** [-tɪ] 1) несправедливость 2) беззаконие

initial [ɪ'nɪʃ(ə)l] 1. *a* (перво-)начальный, исходный; ~ expenditure предварительные расходы 2. *n pl* инициалы 3. *v* (по)ставить инициалы

initiat‖**e** [ɪ'nɪʃɪeɪt] 1) положить начало 2) посвящать *(в тайну)* 3) вводить *(в общество)*; ~**ion** [ɪˌnɪʃɪ'eɪʃ(ə)n] 1) посвящение *(в тайну)* 2) принятие, введение *(в общество)*; ~**ive** [ɪ'nɪʃɪətɪv] 1) инициатива; take the ~ive проявлять инициативу 2) почин; ~**or** инициатор

inject [ɪn'dʒekt] впрыскивать; ~**ion** [-kʃ(ə)n] 1) впрыскивание, инъекция, укол 2) жидкость, которая впрыскивается; ~**or** *тех.* инжектор; форсунка

injudicious [ˌɪndʒuː'dɪʃəs] неразумный; неуместный

injunction [ɪn'dʒʌŋkʃ(ə)n] 1) предписание 2) судебное постановление

iujur‖**e** ['ɪndʒə] повредить; ~**ed** [-d] 1) повреждённый; be ~ed пострадать 2) обиженный; оскорблённый; ~**ious** [ɪn'dʒuərɪəs] 1) вредный 2) оскорбительный; ~**y** [-rɪ] 1) повреждение; ущерб 2) оскорбление, обида 3) рана, ушиб

injustice [ɪn'dʒʌstɪs] несправедливость

ink [ɪŋk] чернила; printer's ~ типографская краска

inkling ['ɪŋklɪŋ] 1) намёк 2) слабое подозрение

ink‖-**pot** ['ɪŋkpɔt] чернильница; ~-**stand** [-stænd] чернильный прибор; ~-**well** [-wel] чернильница *(в парте и т. п.)*

inky ['ɪŋkɪ] 1) в чернилах 2) очень чёрный; ~ darkness тьма кромешная

inlaid [ˌɪn'leɪd] *past и p. p. от* inlay 2

inland 1. *n* ['ɪnlənd] территория, удалённая от моря или границы 2. *a* ['ɪnlənd] 1) удалённый от моря или границы 2) внутренний 3. *adv* [ɪn'lænd] внутри *(страны)*

in-law ['ɪnlɔː] *(обыкн. pl)* родственники со стороны мужа *или* жены

inlay 1. *n* ['ɪnleɪ] мозаичная работа; инкрустация 2. *v* ['ɪn'leɪ] (inlaid) 1) делать инкрустацию 2) выстилать *(пол и т. п.)*

19 Англо-русский сл.

inlet ['ınlet] 1) залив, бухточка 2) *тех.* впуск; впускное отверстие 3) *эл.* ввод 4) *attr.*: ~ sluice впускной шлюз

inmate ['ınmeıt] жилец, обитатель *(приюта)*; заключённый *(в тюрьме)*; больной *(в больнице)*

inmost ['ınmoust] глубочайший, сокровенный

inn [ın] гостиница; *уст.* постоялый двор

innate ['ı'neıt] врождённый, природный

inner ['ınə] внутренний; **~most** [-moust] *см.* inmost

innings ['ınıŋz] *(pl без измен.)* период пребывания у власти *(партии, лица)*

innoc‖**ence** ['ınəsns] 1) невиновность 2) невинность; наивность 3) безвредность; **~ent** [-nt] **1.** *a* 1) невиновный 2) невинный; наивный 3) безвредный 4) *разг.* лишённый *(чего-л.)*; windows ~ent of glass окна без стёкол **2.** *n* 1) невинный младенец 2) простак

innocuous [ı'nɔkjuəs] безвредный

innovat‖**e** ['ıno(u)veıt] 1) вводить новшества 2) обновлять; **~ion** [,ıno(u)'veıʃ(ə)n] нововведение; **~or** новатор

innuendo [,ınju'endou] инсинуация, намёк

innumerable [ı'nju:m(ə)rəbl] бесчисленный, несметный

inoculate [ı'nɔkjuleıt] прививать

inoffensive [,ınə'fensıv] безобидный

inoperative [ın'ɔp(ə)rətıv] 1) бездеятельный 2) недействующий

inopportune [ın'ɔpətju:n] несвоевременный, неуместный

inordinate [ı'nɔ:dınıt] чрезмерный

inorganic [,ınɔ:'gænık] неорганический

in-patient ['ın,peıʃ(ə)nt] стационарный больной

input ['ınput] *тех.* 1) вход; подвод 2) подводимая мощность

inquest ['ınkwest] *юр.* следствие, дознание

inquietude [ın'kwaıətju:d] беспокойство

inqui‖**re** [ın'kwaıə] 1) спрашивать, справляться *(about, after, for)* 2) исследовать; **~ry** [-rı] 1) справка 2) вопрос 3) расследование, следствие 4) *attr.*: **~ry office** справочное бюро

inquisit‖**ion** [,ınkwı'zıʃ(ə)n] 1) расследование 2) инквизиция; **~ive** [ın'kwızıtıv] 1) назойливо любопытный 2) пытливый; **~or** [ın'kwızıtə] 1) судебный следователь 2) *ист.* инквизитор

inroad ['ınroud] вторжение; *перен.* посягательство

inrush ['ınrʌʃ] напор *(воды)*; an ~ of tourists наплыв туристов

insane [ın'seın] безумный

insanitary [ın'sænıt(ə)rı] антисанитарный

insanity [ın'sænıtı] безумие

insatiable, insatiate [ın'seıʃəbl, ın'seıʃıt] ненасы́тный, жа́дный

inscri∥be [ın'skraıb] 1) надпи́сывать 2) начерта́ть *(имя, надпись)* 3) *геом.* впи́сывать *(фигуру)*; **~ption** [ın'skrıpʃ(ə)n] на́дпись

inscrutable [ın'skru:təbl] непостижи́мый; непроница́емый

insect ['ınsekt] насеко́мое

insecur∥e [,ınsı'kjuə] небезопа́сный; ненадёжный; **~ity** [-rıtı] небезопа́сность; ненадёжность

insemina∥te [ın'semıneıt] оплодотворя́ть; **~tion** [ın,semı'neıʃ(ə)n]: artificial **~tion** иску́сственное оплодотворе́ние

insens∥ate [ın'senseıt] бесчу́вственный; **~** rage слепа́я я́рость; **~ibility** [ın,sensə'bılıtı] 1) нечувстви́тельность 2) бессозна́тельное состоя́ние; о́бморок 3) безразли́чие; **~ible** [-əbl] 1) бесчу́вственный 2) равноду́шный; **~ible** of danger не сознаю́щий опа́сности 3) потеря́вший созна́ние 4) незаме́тный, неощути́мый; **~itive** [ın'sensıtıv] 1) нечувстви́тельный 2) равноду́шный

inseparable [ın'sep(ə)rəbl] неразлу́чный; неотдели́мый, нераздельный

insert [ın'sə:t] 1) вставля́ть *(in, into, between)* 2) помеща́ть *(в газете)* 3) *эл.* включа́ть *(в цепь)*; **~ion** [-'sə:ʃ(ə)n] 1) включе́ние 2) вста́вка 3) помеще́ние *(в газете)* 4) прошивка 5) *тех.* прокла́дка

inset ['ınset] 1) вкла́дка, вкле́йка *(в книге)* 2) вста́вка *(в платье)*

inshore ['ın'ʃɔ:] **1.** *a* прибре́жный **2.** *adv* у бе́рега

inside ['ın'saıd] **1.** *n* 1) вну́тренняя сторона́, вну́тренность 2) *разг.* желу́док **2.** *a* вну́тренний **3.** *adv* внутри́

insidious [ın'sıdıəs] 1) кова́рный 2) незаме́тно подкра́дывающийся

insight ['ınsaıt] проница́тельность; понима́ние

insignia [ın'sıgnıə] *pl* зна́ки отли́чия *или* разли́чия

insignific∥ance [,ınsıg'nıfıkəns] незначи́тельность; **~ant** [-ənt] незначи́тельный

insincer∥e [,ınsın'sıə] неи́скренний; **~ity** [,ınsın'serıtı] неи́скренность

insinuat∥e [ın'sınjueıt] 1) намека́ть; инсинуи́ровать 2): **~** oneself *(into)* вкра́дываться *(в доверие и т. п.)*; **~ion** [ın,sınju'eıʃ(ə)n] намёк

insipid [ın'sıpıd] безвку́сный *(о пище)*; *перен.* ску́чный; вя́лый

insist [ın'sıst] наста́ивать *(on, upon)*; утвержда́ть; **~ence** [-(ə)ns] усто́йчивость; **~ent** [-(ə)nt] насто́йчивый

insole ['ınsoul] стелька

insol∥ence ['ıns(ə)ləns] на́глость; **~ent** [-(ə)nt] на́глый

insoluble [ın'sɔljubl] 1) нерастворимый 2) неразреши́мый

insolvent [ın'sɔlv(ə)nt] **1.** *a* несостоя́тельный *(о должнике)* **2.** *n* банкро́т

insomnia [ɪn'sɔmnɪə] бессо́нница

insomuch [ˌɪnso(u)'mʌtʃ]: ~ as (*или* that) насто́лько... что

insouciance [ɪn'suːsjəns] *фр.* беззабо́тность

inspect [ɪn'spekt] 1) осма́тривать 2) инспекти́ровать; **~ion** [-kʃ(ə)n] 1) осмо́тр 2) инспе́кция; **~or** контролёр, инспе́ктор

inspi‖**ration** [ˌɪnspə'reɪʃ(ə)n] вдохнове́ние; **~re** [ɪn'spaɪə] 1) вдохновля́ть 2) та́йно внуша́ть

inspirit [ɪn'spɪrɪt] воодушевля́ть; ободря́ть

instability [ˌɪnstə'bɪlɪtɪ] неусто́йчивость, непостоя́нство

install [ɪn'stɔːl] 1) устра́ивать 2) устана́вливать (*аппарату́ру*) 3) официа́льно вводи́ть в до́лжность 4) *тех.* проводи́ть (*электри́ческую и́ли отопи́тельную сеть*); **~ation** [ˌɪnstə'leɪʃ(ə)n] 1) устано́вка; устро́йство 2) официа́льное введе́ние в до́лжность 3) *тех.* монта́ж, сбо́рка; прово́дка

instalment [ɪn'stɔːlmənt] 1) очередно́й взнос 2) отде́льный вы́пуск (*кни́ги и т. п.*); часть, па́ртия (*това́ров*) ◇ by ~s а) в рассро́чку (*о платежа́х*); б) отде́льными частя́ми (*о лит. произведе́ниях*)

instance I ['ɪnstəns] приме́р ◇ for ~ наприме́р

instance II 1) тре́бование; at smb.'s ~ по чьей-л. про́сьбе 2) *юр.* инста́нция

instant ['ɪnstənt] 1. *а* 1) неме́дленный 2) настоя́тельный 3) теку́щий (*сокр.* inst.); the 10th ~ деся́того (числа́) теку́щего ме́сяца 2. *n* мгнове́ние; on the ~ то́тчас; this ~ сейча́с же; **~aneous** [ˌɪnst(ə)n'teɪnjəs] 1) мгнове́нный 2) одновре́менный; **~ly** то́тчас, неме́дленно

ihstead [ɪn'sted] взаме́н; вме́сто (*of*)

instep ['ɪnstep] подъём (*ноги́*)

instigat‖**e** ['ɪnstɪɡeɪt] подстрека́ть; **~ion** [ˌɪnstɪ'ɡeɪʃ(ə)n] подстрека́тельство; **~or** подстрека́тель

instil(l) [ɪn'stɪl] 1) влива́ть по ка́пле 2) и́сподволь внуша́ть

instinct 1. *n* ['ɪnstɪŋkt] инсти́нкт 2. *а* [ɪn'stɪŋkt]: ~ with по́лный (*жи́зни, эне́ргии*); **~ive** [ɪn'stɪŋktɪv] инстинкти́вный, бессозна́тельный

institut‖**e** ['ɪnstɪtjuːt] 1. *v* учрежда́ть, осно́вывать 2. *n* институ́т, учрежде́ние; **~ion** [ˌɪnstɪ'tjuːʃ(ə)n] 1) учрежде́ние; организа́ция 2) установле́ние

instruct [ɪn'strʌkt] обуча́ть, инструкти́ровать; **~ion** [-kʃ(ə)n] 1) обуче́ние 2) *pl* инстру́кции; **~ive** [-ɪv] поучи́тельный; **~or** руководи́тель, инстру́ктор; преподава́тель

instrument ['ɪnstrəmənt] 1) инструме́нт; прибо́р; *перен.* сре́дство, ору́дие; **~s** of production ору́дия произвóдства 2) музыкáльный инструмéнт 3) *юр.* докумéнт; ~al [ˌɪnstruˈmentl] 1) служащий орýдием, срéдством 2) инструментáльный; ~al case *грам.* твори́тельный падéж

insubordinate [ˌɪnsəˈbɔːdnɪt] неповинýющийся, недисциплини́рованный

insubstantial [ˌɪnsəbˈstænʃ(ə)l] нереáльный; неосновáтельный

insufferable [ɪnˈsʌf(ə)rəbl] нестерпи́мый

insufficient [ˌɪnsəˈfɪʃ(ə)nt] недостáточный

insular [ˈɪnsjulə] 1) островнóй 2) обосóбленный 3) ýзкий *(о взглядах)*; ~ity [ˌɪnsjuˈlærɪtɪ] обосóбленность

insulat‖**e** [ˈɪnsjuleɪt] изоли́ровать; обособля́ть; ~ing *тех.* изоляцио́нный; ~ing tape изоляцио́нная лéнта; ~ion [ˌɪnsjuˈleɪʃ(ə)n] изоля́ция; ~or *эл.* изоля́тор

insult 1. *n* [ˈɪnsʌlt] оскорблéние 2. *v* [ɪnˈsʌlt] оскорбля́ть

insuperable [ɪnˈsjuːp(ə)rəbl] непреодоли́мый

insupportable [ˌɪnsəˈpɔːtəbl] невыноси́мый

insurance [ɪnˈʃuər(ə)ns] 1) страховáние 2) страховáя прéмия 3) *attr.* страховóй; ~ premium страховáя прéмия; ~ policy страховóй пóлис

insure [ɪnˈʃuə] 1) страховáть 2) страховáться 3) обеспéчивать

insurgent [ɪnˈsɜːdʒ(ə)nt] 1. *a* восстáвший 2. *n* повстáнец, бунтáрь

insurmountable [ˌɪnsəˈmauntəbl] непреодоли́мый

insurrection [ˌɪnsəˈrekʃ(ə)n] 1) восстáние 2) мятéж

insusceptible [ˌɪnsəˈseptəbl] невосприи́мчивый; ~ of medical treatment не поддающийся лечéнию

intact [ɪnˈtækt] нетрóнутый, неповреждённый; цéлый

intangible [ɪnˈtændʒəbl] неосязáемый; *перен.* неулови́мый, непостижи́мый

integr‖**al** [ˈɪntɪgr(ə)l] 1) цéльный; ~ part неотдели́мая часть 2) *мат.* интегрáльный; ~**ate** [-reɪt] составля́ть цéлое 2) *мат.* интегри́ровать; ~**ity** [ɪnˈtegrɪtɪ] 1) чéстность 2) цéлостность

intellect [ˈɪntɪlekt] ум, интеллéкт; ~**ual** [ˌɪntɪˈlektjuəl] 1. *a* 1) интеллектуáльный 2) мы́слящий 2. *n* интеллигéнт; the ~uals *pl* интеллигéнция

intellig‖**ence** [ɪnˈtelɪdʒ(ə)ns] 1) ум; смышлёность 2) свéдения 3) *attr.*: ~ service развéдывательная слýжба, развéдка; ~**ent** [-(ə)nt] ýмный, смышлёный

intelligentsia [ɪnˌtelɪˈdʒentsɪə] интеллигéнция

intelligible [ɪnˈtelɪdʒəbl] поня́тный

intemperate [ɪnˈtemp(ə)rɪt] невоздéржанный, неумéренный

intend [ɪnˈtend] 1) намеревáться, хотéть 2): ~ for предназначáть 3) имéть в видý, подразумева́ть; ~ed [-ɪd] 1. *n разг.* наречённый, су́женый, жени́х; наречённая, су́женая, неве́ста 2. *a* наме́ченный, за́данный

intens‖**e** [ɪn'tens] 1) напряжённый; си́льный 2) пы́лкий; ~**ification** [ɪn,tensɪfɪ'keɪʃ(ə)n] усиле́ние; ~**ify** [-ɪfaɪ] 1) уси́ливать 2) уси́ливаться; ~**ity** [-ɪtɪ] напряжённость; интенси́вность; ~**ive** [-ɪv] 1) интенси́вный 2) *грам.* усили́тельный

intent [ɪn'tent] 1. *n* наме́рение; цель ◊ to all ~s and purposes на са́мом де́ле, факти́чески 2. *a* 1) стремя́щийся *(к—on)* 2) погружённый *(во что-л.—on)*; за́нятый *(чем-л.)* 3) внима́тельный *(о взгляде и т. п.)*; ~**ion** [-ʃ(ə)n] наме́рение, за́мысел; цель; ~**ional** [-ʃənl] наме́ренный, умы́шленный

inter [ɪn'tə:] погреба́ть, хорони́ть

inter- [ɪntə(:)-] *префикс, имеющий значение взаимодействия, взаимонаправленности*

interact [,ɪntər'ækt] находи́ться во взаимоде́йствии; ~**ion** [-'ækʃ(ə)n] взаимоде́йствие

interbreed [,ɪntə:'briːd] 1) скре́щивать 2) скре́щиваться

intercede [,ɪntə:'siːd]: ~ with smb. for smb. хода́тайствовать, вступа́ться за кого́-л. перед кем-л.

intercept [,ɪntə:'sept] перехвати́ть; прерва́ть; ~**ion** [-'sepʃ(ə)n] 1) перехва́т(ывание) 2) пресече́ние

intercession [,ɪntə'seʃ(ə)n] засту́пничество, хода́тайство; посре́дничество

interchange 1. *v* [,ɪntə:-'tʃeɪndʒ] 1) обме́нивать 2) чередова́ть 2. *n* ['ɪntə:'tʃeɪndʒ] 1) обме́н 2) чередова́ние; ~**able** [-əbl] взаимозаменя́емый; равнозна́чный

intercity [,ɪntə'sɪtɪ] междугоро́дный

intercom ['ɪntəkɔm] *разг.* вну́тренняя телефо́нная связь *(в самолёте и т. п.)*

intercommunication ['ɪntəkə,mjuːnɪ'keɪʃ(ə)n] 1) сноше́ние, обще́ние 2) собесе́дование 3) связь

interconnection [,ɪntəkə-'nekʃ(ə)n] 1) взаимосвя́зь 2) *эл.* кустова́ние, объедине́ние энергосисте́м

intercontinental ['ɪntə:,kɔntɪ'nentl] межконтинента́льный

intercourse ['ɪntəkɔ:s] 1) обще́ние; сноше́ния *(между странами)* 2) половы́е сноше́ния

interdepartmental ['ɪntə,diːpɑːt'mentl] междуве́домственный

interdependence [,ɪntədɪ'pendəns] взаимозави́симость

interdict [,ɪntə:'dɪkt] 1) воспреща́ть 2) уде́рживать *(от чего-л.)*

interest ['ɪntrɪst] 1. *n* 1) интере́с 2) до́ля (капита́ла) в де́ле 3) вы́года 4) проце́нт 2. *v* 1) интересова́ть 2) интересоваться; ~ing интересный

interfer||e [ˌɪntəˈfɪə] 1) мешать, надоедать *(with)*; препятствовать 2) вмешиваться 3) сталкиваться; ~**ence** [-r(ə)ns] 1) вмешательство 2) препятствие, помеха 3) столкновение 4) *радио* помехи *мн.*

interfuse [ˌɪntəˈfjuːz] 1) перемешивать 2) перемешиваться *(with)*

interim [ˈɪntərɪm] 1. *a* временный; промежуточный; I. Committee межсессионный комитет 2. *n* промежуток, интервал; in the ~ тем временем

interior [ɪnˈtɪərɪə] 1. *a* внутренний 2. *n* 1) внутренность, внутренняя сторона 2) внутренние дела *(государства)*

interjection [ˌɪntəˈdʒekʃ(ə)n] 1) восклицание 2) *грам.* междометие

interlace [ˌɪntəˈleɪs] 1) переплетать 2) сплетать 3) переплетаться 4) сплетаться

interline [ˌɪntəˈlaɪn] вписывать слова между строк

interlock [ˌɪntəˈlɔk] 1) сцеплять 2) сцепляться 3) *тех.* блокировать

interloper [ˈɪntəloupə] незваный гость; навязчивый человек

interlude [ˈɪntəluːd] 1) антракт 2) интерлюдия

intermar||riage [ˌɪntəˈmærɪdʒ] брак между людьми разных рас, национальностей; ~**ry** [-rɪ] смешаться *(о племенах)*

intermedi||ary [ˌɪntəˈmiːdjərɪ] 1. *a* промежуточный 2. *n* посредник; ~**ate** [-ˈmiːdjət] промежуточный

interment [ɪnˈtəːmənt] погребение

interminable [ɪnˈtəːmɪnəbl] бесконечный

intermingle [ˌɪntəˈmɪŋgl] 1) перемешивать 2) перемешиваться *(with)* 3) общаться

inter||mission [ˌɪntəˈmɪʃ(ə)n] перерыв; *мед.* перебой *(пульса)*; ~**mittent** [-ˈmɪt(ə)nt] перемежающийся

intern [ɪnˈtəːn] интернировать;

internal [ɪnˈtəːnl] внутренний; ~ combustion engine *тех.* двигатель внутреннего сгорания

international [ˌɪntəˈnæʃənl] 1. *a* международный 2. *n*: the I. Интернационал

Internationale [ˌɪntənæfəˈnɑːl] Интернационал *(гимн)*

internationalism [ˌɪntəˈnæʃnəlɪzm] интернационализм

internecine [ˌɪntəˈniːsaɪn] междоусобный

internee [ˌɪntəˈniː] *воен.* интернированный

internment [ɪnˈtəːnmənt] интернирование

interplanetary [ˌɪntəˈplænɪt(ə)rɪ] межпланетный

interplay [ˈɪntəˈpleɪ] взаимо(воз)действие

interpose [ˌɪntəˈpouz] 1) вставлять *(замечание)* 2) посредничать

interpret [ɪnˈtəːprɪt] 1) толковать, объяснять 2) переводить *(устно)*; ~**ation**

[ɪn,təːprɪ'teɪʃ(ə)n] толкование, объяснение; **~er** переводчик

interregnum [,ɪntə'regnəm] междуцарствие

interrelation ['ɪntərɪ'leɪʃ(ə)n] взаимоотношение, соотношение

interrogat‖**e** [ɪn'terəgeɪt] 1) спрашивать 2) допрашивать *(в суде и т. п.)*; **~ion** [ɪn,terə'geɪʃ(ə)n] 1) вопрос; mark (*или* note) of ~ion вопросительный знак 2) допрос; **~ive** [,ɪntə'rɔgətɪv] вопросительный

interrupt [,ɪntə'rʌpt] 1) прерывать; мешать 2) препятствовать; преграждать; **~ion** [-pʃ(ə)n] 1) перерыв 2) помеха, препятствие

intersect [,ɪntəː'sekt] 1) пересекать 2) пересекаться

intersperse [,ɪntəː'spəːs] рассыпать, пересыпать

intertwine [,ɪntəː'twaɪn] 1) переплетать 2) переплетаться

interval ['ɪntəv(ə)l] 1) промежуток; расстояние; интервал; at ~s время от времени 2) перемена *(между уроками)*; перерыв; антракт *(в театре)*

interven‖**e** [,ɪntəː'viːn] 1) вмешиваться *(in)* 2) происходить *(за такой-то период времени)* 3) находиться между; **~tion** [-'venʃ(ə)n] интервенция; вмешательство

interview ['ɪntəvjuː] **1.** *n* интервью; встреча; беседа **2.** *v* иметь беседу; интервьюировать

interweave [,ɪntəː'wiːv] (interwove; interwoven) 1) заткать *(узором)* 2) тесно сплетать

interwove [,ɪntəː'wouv] *past* от interweave

interwoven [,ɪntəː'wouvn] *p. p.* от interweave

intestate [ɪn'testɪt]: die ~ умереть, не оставив завещания

intestine [ɪn'testɪn] *(обыкн. pl)* кишки; small (large) ~ тонкая (толстая) кишка

intimacy ['ɪntɪməsɪ] близость

intimate I ['ɪntɪmɪt] 1) близкий; хорошо знакомый 2) интимный; ~ details интимные подробности; 3) сокровенный; ~ feelings сокровенные чувства

intimat‖**e** II ['ɪntɪmeɪt] ставить в известность; объявлять; **~ion** [,ɪntɪ'meɪʃ(ə)n] 1) намёк 2) указание

intimidate [ɪn'tɪmɪdeɪt] запугивать

into ['ɪntu *(полная форма)*, ɪntə *(редуцированная форма перед согласными и в конечном положении)*, ɪntu *(в неударном положении перед гласными)*] 1) *(при обозначении движения, направления, на вопр. «куда?»)* в; ~ the garden в сад 2) *(при обозначении перехода в другое состояние)* в; make ~ перерабатывать; turn ~ превращать

intoler‖**able** [ɪn'tɔl(ə)rəbl] невыносимый, нестерпимый; **~ance** [-(ə)ns] нетерпимость;

~ant [-(ə)nt] нетерпимый *(of)*

inton||ation [ˌintou(u)'neiʃ(ə)n] интонация; модуляция голоса; **~e** [in'toun] интонировать, модулировать

intoxicat||e [in'tɔksikeit] опьянять; возбуждать; **~ion** [inˌtɔksi'keiʃ(ə)n] 1) опьянение 2) отравление *(алкоголем и т. п.)*

intractable [in'træktəbl] неподатливый, непокорный

intransigent [in'trænsidʒ(ə)nt] непреклонный

intransitive [in'trænsitiv] *грам.* непереходный *(о глаголе)*

intrepid [in'trepid] неустрашимый; **~ity** [ˌintri'piditi] неустрашимость, отвага

intricate ['intrikit] запутанный

intrigue [in'triːg] 1. *n* интрига 2. *v* интриговать

intrinsic [in'trinsik] 1) присущий; внутренний 2) существенный

introduc||e [ˌintrə'djuːs] 1) вводить 2) представлять, знакомить 3) вносить *(для обсуждения)*; **~tion** [-'dʌkʃ(ə)n] 1) введение; внесение 2) представление; letter of **~tion** рекомендательное письмо 3) предисловие; **~tory** [-'dʌkt(ə)ri] вступительный, вводный, предварительный

introspection [ˌintrou(u)'spekʃ(ə)n] самоанализ; самонаблюдение

introvert ['intro(u)vəːt] *психол.* человек, сосредоточенный на самом себе

intru||de [in'truːd] 1) вторгаться *(into)*; am I **~ding**? я вам не мешаю? 2) навязывать; **~** oneself upon smb. навязываться кому-л.; **~** one's views upon smb. навязывать свой взгляды кому-л. 3) навязываться *(upon)*; **~sion** [-'truːʒ(ə)n] 1) вторжение *(into)* 2) навязывание своих мнений *(upon)* 3) *геол.* интрузия

intuit||ion [ˌintjuː'iʃ(ə)n] интуиция; **~ive** [in'tjuːitiv] интуитивный

inundat||e ['inʌndeit] наводнять *(with)* *(тж. перен.)*; **~ion** [ˌinʌn'deiʃ(ə)n] наводнение

inure [i'njuə]: **~** oneself to приучать себя к; be **~d** to hardships приучиться переносить трудности

invad||e [in'veid] 1) вторгаться; *перен.* наводнять; tourists **~d** the city город наводнили туристы 2): **~** smb.'s rights посягать на чьи-л. права; **~er** захватчик

invalid I 1. *a* ['invəliːd] 1) больной; нетрудоспособный 2) (предназначенный) для больных; **~** diet диета для больных; **~** chair кресло для инвалидов 2. *n* ['invəliːd] больной; инвалид 3. *v* [ˌinvə'liːd] *(обыкн. pass)*: he was **~ed** out of the army его освободили от военной службы по инвалидности

invalid II [in'vælid] *юр.* недействительный; **~ate**-[-eit] *юр.* делать недействитель-

INV

ным; ~ation [ɪnˌvælɪˈdeɪʃ(ə)n] *юр.* аннули́рование

invalidity [ˌɪnvəˈlɪdɪtɪ] нетрудоспосо́бность

invaluable [ɪnˈvæljuəbl] неоцени́мый

invariab‖le [ɪnˈvɛərɪəbl] 1) неизме́нный 2) *мат.* постоя́нный; ~ly неизме́нно, всегда́; she ~ly dresses in black она́ всегда́ но́сит чёрное

invasion [ɪnˈveɪʒ(ə)n] 1) вторже́ние 2) *юр.* посяга́тельство на чьи-л. права́

invective [ɪnˈvektɪv] 1) бра́нная, обличи́тельная речь 2) *pl* брань

inveigh [ɪnˈveɪ]: ~ against smth. руга́ть, поноси́ть что́-либо

inveigle [ɪnˈviːgl] зама́нивать, обольща́ть

invent [ɪnˈvent] 1) изобрета́ть 2) выду́мывать; ~ion [-nʃ(ə)n] 1) изобрете́ние 2) вы́думка; ~or изобрета́тель

inventory [ˈɪnvəntrɪ] 1. *n* инвента́рь, о́пись иму́щества 2. *v* инвентаризова́ть

inver‖se [ˈɪnˈvəːs] обра́тный; ~sion [ɪnˈvəːʃ(ə)n] инве́рсия, перестано́вка; ~t [ɪnˈvəːt] переставля́ть; переворачивать; ~ted [-tɪd]: ~ted commas кавы́чки

invest [ɪnˈvest] 1) вкла́дывать *(капита́л)* 2) облача́ть 3) облека́ть *(вла́стью и т. п.)* 4) *воен.* блоки́ровать, осажда́ть *(го́род и т. п.)*

investigat‖e [ɪnˈvestɪgeɪt] 1) иссле́довать 2) рассле́довать, разузнава́ть; ~ion [ɪnˌvestɪˈgeɪʃ(ə)n] 1) (нау́чное) иссле́дование 2) сле́дствие *(суде́бное)*

investiture [ɪnˈvestɪtʃə] форма́льное введе́ние в до́лжность

invest‖ment [ɪnˈvestmənt] 1) вклад; капиталовложе́ние 2) вло́женный капита́л 3) облаче́ние, оде́жда 4) *воен.* оса́да, блока́да; ~or вкла́дчик

inveterate [ɪnˈvet(ə)rɪt] закорене́лый

invidious [ɪnˈvɪdɪəs] вызыва́ющий вражде́бное отноше́ние, недоброжела́тельство, за́висть

invigilate [ɪnˈvɪdʒɪleɪt] следи́ть за студе́нтами во вре́мя экза́мена

invigorate [ɪnˈvɪgəreɪt] подба́дривать

invincible [ɪnˈvɪnsəbl] непобеди́мый

inviolable [ɪnˈvaɪələbl] неруши́мый; неприкоснове́нный

invisible [ɪnˈvɪzəbl] неви́димый

invitation [ˌɪnvɪˈteɪʃ(ə)n] приглаше́ние

invit‖e [ɪnˈvaɪt] 1) приглаша́ть 2) проси́ть *(о чём-л.)*; ~ questions проси́ть задава́ть вопро́сы; ~ opinions проси́ть выска́зываться 3) привлека́ть, мани́ть; ~ing привлека́тельный

invoice [ˈɪnvɔɪs] накладна́я, факту́ра, счёт

invoke [ɪnˈvouk] взыва́ть *(о по́мощи)*; заклина́ть

involuntary [ɪnˈvɔlənt(ə)rɪ] непроизво́льный; нево́льный

involve [ɪn'vɔlv] 1) вовлекать; I don't want to ~ you in this affair я не хочу вмешивать вас в это дело 2) включать в себя; the job ~s a lot of travelling при этой работе приходится много разъезжать; ~d [-d] сложный

invulnerable [ɪn'vʌln(ə)rəbl] неуязвимый

inward ['ɪnwəd] 1. *a* 1) внутренний 2) умственный, духовный 2. *n pl* внутренности 3. *adv* внутрь; ~**ly** внутренне, в уме, в душе

inwrought ['ɪn'rɔːt] 1) узорчатый 2) сплетённый

iodine ['aɪədiːn] йод

ion ['aɪən] *физ.* ион

iota [aɪ'outə] йота; not an ~ of truth in a story в этой истории нет ни капли правды

IOU ['aɪo(u)'juː] долговая расписка

ir- [ɪr-] *префикс, имеющий отрицательное значение*

Iranian [ɪ'reɪnjən] 1. *a* иранский; персидский 2. *n* иранец; иранка

Iraqi [ɪ'rɑːkɪ] 1. *n* житель, жительница Ирака 2. *a* иракский

irascible [ɪ'ræsɪbl] раздражительный; вспыльчивый

irate [aɪ'reɪt] гневный, разгневанный

iridescent [,ɪrɪ'desnt] радужный; переливчатый

iris ['aɪərɪs] 1) *анат.* радужная оболочка (*глаза*) 2) ирис

Irish ['aɪərɪʃ] 1. *a* ирландский 2. *n* 1) ирландский язык 2): the ~ ирландцы, ирландский народ; ~**man** [-mən] ирландец; ~**woman** [-,wumən] ирландка

irk ['əːk] утомлять, надоедать; ~**some** [-səm] утомительный, скучный

iron ['aɪən] 1. *n* 1) железо; 2) железное изделие; soldering ~ паяльник 3) утюг 4) *pl* кандалы ◇ strike while the ~ is hot *посл.* куй железо, пока горячо 2. *a* железный 3. *v* утюжить, гладить; ~ **out** сглаживать, улаживать; ~**clad** [-klæd] 1. *a* покрытый бронёй, бронированный 2. *n мор.* броненосец

ironic(al) [aɪ'rɔnɪk(əl)] иронический

ironmonger ['aɪən,mʌŋgə] торговец железными (*или* скобяными) изделиями

ironworks ['aɪənwəːks] железоделательный завод

irony ['aɪərənɪ] ирония

irrational [ɪ'ræʃənl] 1. *a* 1) неразумный 2) *мат.* иррациональный 2. *n мат.* иррациональное число

irreclaimable [,ɪrɪ'kleɪməbl] неисправимый

irreconcilable [ɪ'rekənsaɪləbl] 1) непримиримый (*о человеке*) 2) противоречивый (*о мыслях, поступках и т. п.*)

irrecoverable [,ɪrɪ'kʌv(ə)rəbl] непоправимый

irredeemable [,ɪrɪ'diːməbl] 1) неисправимый; безнадёжный 2) не подлежа́щий вы́купу *(об акциях)*

irreducible [ˌɪrɪˈdjuːsəbl] 1) непревратимый *(в иное состояние)* 2) *мат.* несократи́мый

irrefutable [ɪˈrefjutəbl] неопровержи́мый

irregular [ɪˈregjulə] 1) непра́вильный; ненорма́льный 2) беспоря́дочный 3) неро́вный; **~ity** [ˌɪˌregjuˈlærɪtɪ] 1) нерегуля́рность, неравноме́рность 2) непра́вильность

irrelevant [ɪˈrelɪvənt] не относя́щийся к де́лу

irremediable [ˌɪrɪˈmiːdjəbl] неизлечи́мый; непоправи́мый

irremovable [ˌɪrɪˈmuːvəbl] несменя́емый, назна́ченный постоя́нно *(на какую-л. должность)*

irreparable [ɪˈrep(ə)rəbl] непоправи́мый

irreplaceable [ˌɪrɪˈpleɪsəbl] незамени́мый

irrepressible [ˌɪrɪˈpresəbl] неукроти́мый; неугомо́нный

irreproachable [ˌɪrɪˈproʊtʃəbl] безупре́чный

irresistible [ˌɪrɪˈzɪstəbl] неотрази́мый; непреодоли́мый

irresolute [ɪˈrezəluːt] нереши́тельный

irrespective [ˌɪrɪsˈpektɪv]: ~ of безотноси́тельно; незави́симо *(от чего-л.)*

irresponsible [ˌɪrɪsˈpɔnsəbl] безотве́тственный

irretrievable [ˌɪrɪˈtriːvəbl] непоправи́мый; безвозвра́тный

irreveren||**ce** [ɪˈrev(ə)r(ə)ns] непочти́тельность; **~t** [-(ə)nt] непочти́тельный

irreversible [ˌɪrɪˈvəːsəbl] 1) необрати́мый 2) непрело́жный

irrevocable [ɪˈrevəkəbl] неизменя́емый; неизме́нный; неотменя́емый

irrigat||**e** [ˈɪrɪgeɪt] ороша́ть; **~ion** [ˌɪrɪˈgeɪʃ(ə)n] ороше́ние, иррига́ция

irrit||**able** [ˈɪrɪtəbl] раздражи́тельный; **~ant** [-(ə)nt] 1. *a* вызыва́ющий раздраже́ние 2. *n* раздражи́тель; **~ate** [-teɪt] раздража́ть; **~ation** [ˌɪrɪˈteɪʃ(ə)n] раздраже́ние

irruption [ɪˈrʌpʃ(ə)n] вторже́ние

is, **'s** [ɪz, z *(после гласных и звонких согласных)*, s *(после глухих согласных)*] 3 л. ед. ч. наст. вр. изъяв. накл. от гл. be

Islam [ˈɪzlɑːm] Исла́м; **~ic** [ɪzˈlæmɪk] мусульма́нский

island [ˈaɪlənd] о́стров; **~er** островитя́нин, жи́тель о́строва

isl||**e** [ˈaɪl] о́стров; **~et** [-ɪt] острово́к

isn't [ˈɪznt] *сокр. от* is not

isolat||**e** [ˈaɪsəleɪt] 1) изоли́ровать, разъединя́ть; **~ion** [ˌaɪsəˈleɪʃ(ə)n] 1) изоли́рование; изоля́ция 2) уедине́ние

issue [ˈɪsjuː] 1. *n* 1) истече́ние; вы́ход 2) изда́ние, вы́пуск; но́мер *(журнала и т. п.)* 3) вы́пуск *(денег, за́йма и т. п.)* 4) исхо́д, результáт 5) потóмство ◇ take ~ with спóрить; that is the point at ~ вот об э́том-то и идёт спор 2. *v* 1) выходи́ть 2) выпускáть *(кни́ги, заём и т. п.)* 3) кончáться *(чем-л.)*

isthmus ['ɪsməs] переше́ек

it I [ɪt] 1) *pers pron им. п.* он; онá; онó 2) *demonstr pron* э́то; it is a map э́то кáрта 3) *в безли́чных оборотах, показывающих явления природы, время, расстояние, чáще не переводится*: it is cold (early, far) хóлодно (рáно, далекó); it snows идёт снег 4) *когда* it *вводит инфинити́вный или герундиáльный оборот или це́лое придáточное предложе́ние, оно обы́чно не перево́дится*: it is difficult to get there тудá тру́дно добрáться; it is no use asking them about this беспол́езно их об э́том спрáшивать; it is necessary that you should consult them необходи́мо, что́бы вы с ни́ми посове́товались

it II *pers pron объекти. п.* егó; ему́; ей

Italian [ɪ'tæljən] 1. *a* итальянский 2. *n* 1) итальянец; итальянка 2) итальянский язык

italic [ɪ'tælɪk] *полигр.* 1. *a* курси́вный 2. *n pl* курси́в (*тж.* ~ type)

italicize [ɪ'tælɪsaɪz] выделя́ть курси́вом

itch [ɪtʃ] 1. *n* зуд; чесóтка 2. *v* 1) чесáться, зудéть 2) не терпе́ться; he is ~ing to tell us the news ему́ не те́рпится сообщи́ть нам нóвость

item ['aɪtem] 1. *n* 1) пункт; парáграф; статья́ 2) любо́й из перечи́сленных предме́тов 3) вопро́с *(на повестке дня)*; нóмер *(программы)*; статья́ *(счёта)* 2. *adv* тáкже, тóже

itemize ['aɪtemaɪz] *амер.* укáзывать, перечисля́ть по пу́нктам

iterate ['ɪtəreɪt] повторя́ть

iteration [ˌɪtə'reɪʃ(ə)n] повторе́ние

itinera‖**nt** [ɪ'tɪn(ə)r(ə)nt] стрáнствующий; ~**ry** [aɪ'tɪn(ə)rərɪ] 1. *n* 1) маршрýт 2) путеводи́тель 3) путевы́е замéтки *мн.* 2. *a* путевóй, дорóжный

its [ɪts] *poss pron* егó, её; свой, своя́, своё

it's [ɪts] *сокр. от* it is

itself [ɪt'self] 1) *refl pron 3 л. ед. ч. ср. р.* себя́, самогó себя́; ~ся; when the monkey saw ~ in the mirror… когда́ обезья́на уви́дела себя́ в зе́ркале... 2) *emphatic pron* сам, самá, самó; the room ~ was furnished very simply самá кóмната былá обстáвлена óчень прóсто ◇ the flower grew there by ~ цветóк рос там оди́н (одинóко, сам по себé)

I've [aɪv] *сокр. от* I have

ivory ['aɪv(ə)rɪ] 1) слонóвая кость 2) *pl разг.* игрáльные кóсти

ivy ['aɪvɪ] плющ (обыкновéнный)

J

J, j [dʒeɪ] *десятая буква англ. алфавита*

jab [dʒæb] 1. *v* тыкать, колоть; пырнуть *(ножом и т. п.)* 2. *n* 1) толчок; внезапный удар 2) *разг.* укол

jabber ['dʒæbə] 1. *v* 1) болтать; тараторить 2) бормотать 2. *n* 1) болтовня 2) бормотание

jack [dʒæk] 1. *n* 1) парень 2) рычаг; *тех.* домкрат 3) щука 4) *карт.* валет 2. *v* поднимать домкратом

jackal ['dʒækɔːl] шакал

jackdaw ['dʒækdɔː] галка

jacket ['dʒækɪt] 1) жакет; куртка 2) шкура *(животного)* 3) *тех.* кожух *(машины)* 4) суперобложка *(книги)* ◇ potatoes in their ~s картофель в мундире

jack-knife ['dʒæknaɪf] большой складной нож

Jack-of-all-trades ['dʒækəv'ɔːltreɪdz] мастер на все руки

jade I [dʒeɪd] *мин.* нефрит

jad||**e** II ['dʒeɪd] кляча; **~ed** [-ɪd] изнурённый

jag ['dʒæg] 1. *n* острый выступ 2. *v* делать зазубрины; **~ged**, **-gy** [-ɪd, -ɪ] зазубренный, зубчатый

jaguar ['dʒægjuə] ягуар

jail [dʒeɪl] тюрьма; **~er** тюремщик

jam I [dʒæm] 1. *v* 1) сжимать, прищемлять; ~ one's fingers in the door прищемить пальцы дверью 2) набивать битком 3) *(обыкн. pass)* *тех.* заедать, застревать 4) *радио* искажать передачу ◇ ~ on the brakes резко затормозить 2. *n* 1) давка, толчея; traffic ~ затор, «пробка» 2) перебой в работе *(машины, аппарата и т. п.)* 3) *разг.* неловкое положение

jam II [dʒæm] варенье; джем

jamb [dʒæm] косяк *(двери, окна)*

jangle ['dʒæŋgl] 1. *n* 1) резкий звук 2. *v* 1) шуметь 2) шумно спорить

janitor ['dʒænɪtə] 1) привратник 2) *амер.* дворник

January ['dʒænjuərɪ] 1) январь 2) *attr.* январский

japan [dʒə'pæn] чёрный лак

Japanese [ˌdʒæpə'niːz] 1. *a* японский 2. *n* 1) японец; японка 2) японский язык

jar I [dʒɑː] 1. *v* 1) дребезжать 2) действовать на нервы, раздражать *(on)* 3) ссориться 4) дисгармонировать, не согласовываться 2. *n* 1) режущий ухо звук 2) несогласие, ссора 3) нервное потрясение; шок

jar II кувшин, банка

jargon ['dʒɑːgən] жаргон

jasmin(e) ['dʒæsmɪn] жасмин

jaundic||**e** ['dʒɔːndɪs] 1) *мед.* желтуха 2) жёлчность; **~ed** [-t] больной желтухой; *перен.* жёлчный; завистливый

jaunt [dʒɔːnt] 1. *n* увеселительная прогулка 2. *v* предпринимать увеселительную прогулку

jaunty ['dʒɔːntɪ] развязный; самодовольный;

jaw ['dʒɔː] 1. *n* 1) челюсть; *pl* рот, пасть 2) *pl* узкий вход *(долины, залива)* 3) *pl тех.* тиски, клещи 4) *разг.* скучное нравоучение ◇ in the ~s of death в когтях смерти 2. *v разг.* 1) вести скучный разговор 2) отчитывать; **~-bone** [-boun] челюстная кость

jaw-breaker ['dʒɔːˌbreɪkə] *разг.* труднопроизносимое слово

jay [dʒeɪ] 1) сойка *(птица)* 2) болтун

jay-walker ['dʒeɪˌwɔːkə] неосторожный пешеход

jazz ['dʒæz] 1. *n* джаз; эстрадный оркестр 2. *a* джазовый; **~y** [-ɪ] кричащий *(о красках и т. п.)*, пёстрый

jealou||**s** ['dʒeləs] 1) ревнивый; be ~ ревновать 2) завистливый 3) ревностный, заботливый; **~sy** [-ɪ] 1) ревность 2) зависть

jeer [dʒɪə] 1. *n* насмешка 2. *v* насмехаться *(at)*, глумиться

jelly ['dʒelɪ] 1) желе 2) студень; **~-fish** [-fɪʃ] медуза

jemmy ['dʒemɪ] отмычка

jeopar||**dize** ['dʒepədaɪz] подвергать опасности, риску; **~dy** [-dɪ] опасность, риск

jerk I [dʒəːk] вялить *(мясо и т. п.)*

jer||**k** II ['dʒəːk] 1. *n* 1) внезапный толчок 2) подёргивание *(мускула)* 2. *v* 1) резко толкать, дёргать 2) двигаться толчками; **~ky** [-ɪ] 1) двигающийся резкими толчками 2) отрывистый

jerry||**-builder** ['dʒerɪˌbɪldə] плохой строитель; **~-built** [-bɪlt] построенный на скорую руку, кое-как

jersey ['dʒəːzɪ] 1) фуфайка, свитер; вязаная кофта 2) тонкая шерстяная пряжа 3) джерси

jest ['dʒest] 1. *n* шутка; насмешка; be a standing ~ быть предметом насмешек 2. *v* шутить; **~er** 1) шутник 2) шут

Jesu||**it** ['dʒezjuɪt] иезуит; **~itic(al)** [ˌdʒezjuˈɪtɪk(əl)] иезуитский; *перен.* лицемерный, коварный

jet I [dʒet] 1) струя 2) *attr.* реактивный; ~ aircraft реактивный самолёт

jet II ['dʒet] *мин.* агат; **~-black** [-'blæk] чёрный как смоль

jetsam ['dʒetsəm] груз, сброшенный с корабля во время аварии и прибитый к берегу

jettison ['dʒetɪsn] выбрасывать груз за борт *(при угрозе аварии)*

jetty ['dʒetɪ] мол

Jew [dʒuː] еврей

jewel ['dʒuːəl] 1. *n* 1) драгоценный камень 2) драгоценность; ценная вещь 2. *v* (обыкн. *p. p.*): **~led** украшенный драгоценностями; **~ler** 1) ювелир 2) торговец драгоценностями

jewel||lery, ~ry ['dʒuːəlrɪ] 1) драгоценности 2) ювелирное искусство

Jewess ['dʒuːɪs] еврейка

Jewish ['dʒuːɪʃ] еврейский

jib I [dʒɪb] 1. *n* 1) *тех.* стрела подъёмного крана; укосина 2) *мор.* кливер

jib II ['dʒɪb] пятиться (*о лошади*); *перен.* упираться; **~ber** норовистая лошадь

jibe [dʒaɪb] *см.* gibe

jiff(y) ['dʒɪf(ɪ)] *разг.* миг, мгновение; in a ~ в один миг; wait half a ~ подождите секунду

jig [dʒɪɡ] 1. *n* джига (*танец*) 2. *v* танцевать джигу

jilt [dʒɪlt] 1. *n* обманщица 2. *v* увлечь и обмануть (*обыкн. о женщине*)

jingle ['dʒɪŋɡl] 1. *n* 1) звонок, звяканье 2) *лит.* аллитерация 2. *v* звенеть, звякать

jingo ['dʒɪŋɡou] шовинист; **~ism** шовинизм

jinks [dʒɪŋks]: high ~ шумное веселье

jinx [dʒɪŋks] *разг.* человек *или* вещь, приносящие несчастье

jitters ['dʒɪtəz] *разг.*: the ~ нервное состояние; have the ~ нервничать

job ['dʒɔb] 1. *n* 1) работа; служба; занятие; место; out of a ~ без работы 2) урок, задание 3) *разг.* трудное дело 4) злоупотребление служебным положением 5) *attr.*: a ~ lot вещи, купленные по дешёвке для перепродажи ◇ a bad ~ гиблое дело; an inside ~ кража, совершённая кем-л. из своих 2. *v* 1) выполнять задание; работать сдельно 2) брать *или* давать напрокат (*лошадь, экипаж и т. п.*) 3) злоупотреблять своим служебным положением 4) спекулировать; **~ber** маклер, комиссионер; **~less** безработный

jockey ['dʒɔkɪ] 1. *n* жокей 2. *v* обманывать, надувать

joc||ose [dʒə'kous] шутливый, игривый, весёлый; **~osity**[dʒou'kɔsɪtɪ] весёлость, игривость

jocular ['dʒɔkjulə] *см.* jocose

jocund ['dʒɔkənd] весёлый, живой; забавный

jog [dʒɔɡ] 1. *n* 1) толчок 2) медленная ходьба *или* езда 2. *v* 1) толкать, подталкивать; ~ smb.'s memory *перен.* напомнить кому-л.; помочь кому-л. припомнить 2) ехать *или* двигаться подскакивая 3) *перен.* (*часто* ~ along) медленно продвигаться вперёд

joggle ['dʒɔɡl] 1) трясти 2) трястись

jog-trot ['dʒɔɡ'trɔt] 1) рысца 2) однообразное движение

join [dʒɔɪn] 1. *v* 1) соединять; присоединять 2) соединяться; присоединяться; вливаться 3) вступать (*в армию, партию, общество и т. п.*) 2. *n* соединение; точка, линия, плоскость соединения

joiner ['dʒɔɪnə] столяр

joint [dʒɔɪnt] 1. *n* 1) место соединения 2) *анат.* сустав; сочленение 3) *разг.* кабак 2. *v* расчленять 3. *a* соединённый, общий, совместный

jointly ['dʒɔɪntlɪ] совместно

joint-stock ['dʒɔɪntstɔk] акционерный

jok||e ['dʒouk] 1. *n* шутка; острота 2. *v* шутить, подшучивать; ~er 1) шутник 2) джокер *(в покере)*

jolly ['dʒɔlɪ] 1. *a* 1) весёлый, оживлённый 2) подвыпивший 3) *разг.* приятный, прелестный 2. *adv разг.* очень; ~ fine очень хорошо

jolt [dʒoult] 1. *n* тряска 2. *v* трясти, подбрасывать *(об экипаже)*

jostle ['dʒɔsl] 1) толкать, пихать 2) толкаться

jot [dʒɔt] 1. *n* йота, ничтожное количество 2. *v* кратко записать, набросать, бегло очертить *(обыкн.* ~down*)*

journal ['dʒəːnl] 1) журнал; газета 2) ведомости 3) дневник

journalese [,dʒəːnə'liːz] газетный язык

journal||ism ['dʒəːnəlɪzm] журналистика; ~ist журналист; ~istic [,dʒəːnə'lɪstɪk] журнальный; относящийся к журналистике

journey ['dʒəːnɪ] 1. *n* поездка, путешествие *(сухопутное)*; прогулка 2. *v* совершать поездку, путешествовать

jovial ['dʒouvjəl] весёлый; общительный; ~ity [,dʒouvɪ'ælɪtɪ] весёлость; общительность

jowl [dʒaul] челюсть; челюстная кость

joy ['dʒɔɪ] 1. *n* радость; удовольствие 2. *v* 1) радовать; веселить 2) радоваться; веселиться; ликовать; ~ful, ~ous [-əs] весёлый, радостный

joy-ride ['dʒɔɪraɪd] *разг.* увеселительная прогулка в чужой машине *(особ. без разрешения)*

joystick ['dʒɔɪstɪk] *ав. разг.* ручка управления

jubila||nt ['dʒuːbɪlənt] ликующий; ~te [-leɪt] выражать радость; ликовать

jubilee ['dʒuːbɪliː] юбилей

judge [dʒʌdʒ] 1. *n* 1) судья 2) знаток, ценитель 2. *v* 1) судить 2) рассматривать; составлять мнение; решать, заключать; ~ment 1) приговор, решение суда 2) кара, наказание 3) суждение, мнение 4) здравый смысл

judicial [dʒuː'dɪʃ(ə)l] 1) судебный, законный 2) судейский 3) рассудительный 4) беспристрастный

judicious [dʒuː'dɪʃəs] рассудительный, благоразумный

jug [dʒʌg] 1. *n* 1) кувшин 2) *разг.* тюрьма 2. *v* 1) *разг.* посадить в тюрьму 2) тушить *(зайца, кролика)*

juggl||e ['dʒʌgl] 1) жонглировать; показывать фокусы

2) плутовáть, обмáнывать; ~er 1) жонглёр; фóкусник 2) шарлатáн; ~ery [-əri] 1) жонглúрование; покáзывание фóкусов 2) плутовствó, обмáн

Jugoslav [ˈjuːgo(u)ˈslɑːv] см. Yugoslav

juice [dʒuːs] 1) сок 2) *разг.* бензúн; ~y [-i] 1) сóчный 2) *разг.* замáнчивый, представля́ющий осóбый интерéс

July [dʒuːˈlai] 1) ию́ль 2) *attr.* ию́льский

jumble [ˈdʒʌmbl] 1. *n* толчея́, суматóха 2. *v* 1) беспоря́дочно двúгать; смéшивать, перепу́тывать 2) двúгаться в беспоря́дке; смéшиваться, перепу́тываться; ~-sale [-seil] дешёвый благотворúтельный базáр

jumbo [ˈdʒʌmbou] большóй неуклю́жий человéк, крýпное живóтное, громóздкая вещь

jump [dʒʌmp] 1) пры́гать, скакáть; перескáкивать 2) ухватúться (*за мысль, предложéние — at*) ◇ ~ to conclusions дéлать поспéшные вы́воды

jumper I [ˈdʒʌmpə] прыгýн, скакýн

jumper II 1) джéмпер 2) матрóсская рубáха; рабóчая блýза

jumpy [ˈdʒʌmpi] нервóзный, нéрвный (*о человéке*)

junction [ˈdʒʌŋkʃ(ə)n] 1) соединéние; стык 2) *ж.-д.* ýзел; узловáя стáнция 3) перекрёсток; fly-over ~ пересечéние (дорóг) на рáзных ýровнях

juncture [ˈdʒʌŋktʃə] 1) соединéние 2) положéние дел

June [dʒuːn] 1) ию́нь 2) *attr.* ию́ньский

jungle [ˈdʒʌŋgl] 1) джýнгли 2) *attr.*: ~ fever тропúческая лихорáдка

junior [ˈdʒuːnjə] 1. *a* млáдший 2. *n амер* студéнт млáдшего кýрса

juniper [ˈdʒuːnipə] можжевéльник

junk [dʒʌŋk] 1. *n* ненýжный хлам, отбрóсы 2. *v* выбрáсывать за ненáдобностью

junket [ˈdʒʌŋkit] *амер.* 1. *n* пúршество; пикнúк 2. *v* пировáть; устрáивать пикнúк

juridical [dʒuəˈridik(ə)l] юридúческий; закóнный, правовóй

jurisdiction [ˌdʒuəris'dikʃ(ə)n] 1) правосýдие 2) юрисдúкция

jurisprudence [ˈdʒuərisˌpruːd(ə)ns] юриспрудéнция, правовéдение

jurist [ˈdʒuərist] юрúст; ~ic(al) [-ˈristik(əl)] юридúческий

juror [ˈdʒuərə] 1) прися́жный заседáтель 2) член жюрú 3) присягáющий

jury [ˈdʒuəri] 1) прися́жные 2) жюрú

just I [dʒʌst] 1) справедлúвый 2) прáвильный; дóлжный, надлежáщий

just II 1. *adv* 1) тóчно, úменно, как раз 2) тóлько что; ~ now сейчáс, тóлько что 3) *разг.* совсéм; прямо, прóсто; it's ~ splendid это прóсто великолéпно 2. *part* имéнно, как раз; it is ~ the book I want это как раз та книга, котóрая мне нужнá ◊ ~ a minute подождите минýту

justice ['dʒʌstɪs] 1) правосýдие 2) справедливость 3) судья; chief ~ главный судья; J. of the Peace мировóй судья

justi‖fiable ['dʒʌstɪfaɪəbl] могýщий быть оправданным; позволительный; ~fication [,dʒʌstɪfɪ'keɪʃ(ə)n] оправдáние; ~fy [-faɪ] объяснять; опрáвдывать; извинять

jut [dʒʌt] 1. *n* выступ 2. *v* выдавáться, выступáть

jute [dʒuːt] джут

juvenile ['dʒuːvɪnaɪl] 1. *n* юноша, подрóсток 2. *a* юный, юношеский

juxtapos‖e ['dʒʌkstəpouz] помещáть бок о́ бок, рядом; сопоставлять; ~ition [,dʒʌkstəpə'zɪʃ(ə)n] сопоставлéние

К

К, k [keɪ] *одиннадцатая буква англ. алфавита*

kale [keɪl] капýста кормовáя

kangaroo [,kæŋgə'ruː] кенгурý

Kazakh [kɑː'zɑːk] 1. *a* казáхский 2. *n* 1) казáх; казáшка 2) казáхский язык

keel [kiːl] 1. *n* киль 2. *v* килевáть *(судно)*; ~ over а) опрокидывать; б) опрокидываться

keen [kiːn] 1) óстрый; *перен.* рéзкий, пронзительный; а ~ wind рéзкий вéтер; ~ sarcasm éдкий сарказм 2) проницáтельный 3) тóнкий *(о слухе)* 4) сильный *(о чувстве, морозе, голоде)* 5) энергичный 6) страстно желáющий *(чего-л.)*; увлекáющийся; be ~ on smth. сильно желáть чего-л.

keep [kiːp] 1. *v* (kept) 1) держáть 2) сохранять, хранить 3) держáть *(слово, обещание)* 4) соблюдáть *(закон, правило)* 5) имéть в продáже; we don't ~ postcards мы не продаём открытки 6) содержáть, обеспéчивать 7) находиться; держáться *(в известном положении, на известном расстоянии)*; ~ in good health сохранять здорóвье; ~ in touch *(with)* поддéрживать контáкт; ~ together держáться вмéсте 8) воздéрживаться *(from)* 9) придéрживаться *(to)* 10): ~ (on) продолжáть *(делать что-л.)* 11) вести *(дневник, счета)* 12) прáздновать, справлять *(день рождения и т. п.)*; ~ away а) держáться в отдалéнии; б) препятствовать; what kept you away? что помешáло вам прийти?; ~ back а) удéрживать; мешáть; б) скрывáть *(факты)*; ~ down а) подавлять; б) держáть в подчинéнии; в): he can't ~ down his food его́ непрестанно мучает рвота; ~ in а) заставить сидеть дома *(больного и т. п.)*; ~ in! не показывайтесь!; б) оставлять после уроков *(школьника)*; в) поддерживать *(огонь, отношения)*; ~ off держаться в стороне, вдали; ~ off! назад!; ~ out не допускать, не впускать; ~ up поддерживать; ~ up appearances соблюдать приличия; ~ up correspondence поддерживать переписку ◇ ~ accounts *бухг.* вести книги; ~ one's bed не вставать с постели; ~ cool сохранять хладнокровие; ~ one's feet удержаться на ногах, устоять; ~ one's head не терять головы, сохранять спокойствие; ~ smb. waiting заставлять кого-л. ждать; ~ silence молчать; ~ a stiff upper lip не терять мужества; ~ oneself to oneself быть необщительным **2.** *п* 1) содержание; пища 2) *ист.* башня *(замка)* ◇ for ~s *разг.* навсегда

keeper ['kiːpə] 1) хранитель, сторож 2) санитар *(в психиатрической больнице)* 3) *(в сложных словах)* содержатель; предприниматель; inn~ хозяин гостиницы; shop~ владелец магазина

keeping ['kiːpɪŋ]: in smb.'s ~ на чьём-л. попечении; in safe ~ в верных руках; in ~ *(with)* в соответствии

keepsake ['kiːpseɪk] подарок на память

keg [keg] бочонок

ken [ken] **1.** *n*: beyond my ~ выше моего понимания **2.** *v шотл.* знать

kennel ['kenl] собачья конура

kept [kept] *past* и *p. p.* от keep 1.

kerb [kəːb] край тротуара; обочина

kerchief ['kəːtʃɪf] платок *(головной)*; косынка

kernel ['kəːnl] 1) зерно, ядро *(ореха и т. п.)* 2) суть *(дела и т. п.)*

kerosene ['kerəsiːn] керосин

kestrel ['kestr(ə)l] пустельга *(птица)*

ketchup ['ketʃəp] кетчуп *(соус из томатов, специй и т. п.)*

kettle ['ketl] чайник ◇ a fine (nice *или* pretty) ~ of fish *разг. ирон.* хорошенькое дело; весёленькая история

kettle-drum ['ketldrʌm] литавра

key [kiː] **1.** *n* 1) ключ 2) ключ, разгадка *(к решению вопроса и т. п.)*; подстрочный перевод; собрание ответов к задачам и т. п. 3) *муз.* ключ; тональность 4) клавиша *(рояля)* 5) *тех.* шпонка; клин; чека ◇ ~ industries ведущие отрасли промышленности **2.** *v*: ~ up настраивать *(муз. инструмент)*; *перен.* взвинчивать *(кого-л.)*

keyboard ['kiːbɔːd] 1) клавиатура 2) *эл.* коммутатор

keyhole ['kiːhoul] замочная скважина

key-note ['kiːnout] *муз.* основная нота ключа, тональность; *перен.* преобладающий тон; основная мысль; лейтмотив

keystone ['kiːstoun] *архит.* замковый камень; *перен.* краеугольный камень, основной принцип

khaki ['kɑːkɪ] 1. *a* защитного цвета, хаки 2. *n* материя цвета хаки

kick [kɪk] 1. *v* 1) ударять ногой; лягать; ~ a goal забить гол 2) лягаться 3) *разг.* жаловаться, выражать недовольство *(часто against)* 4) отдавать *(о ружье)*; ~ off сбросить *(туфли)*; ~ out вышвырнуть ◇ ~ up a row поднять скандал 2. *n* 1) удар ногой; брыкание 2) отдача *(ружья)* 3) *разг.* удовольствие; возбуждение 4) *разг.* крепость *(вина и т. п.)*

kid I [kɪd] 1) козлёнок 2) лайка *(кожа)* 3) *разг.* ребёнок

kid II *v разг.* надувать, обманывать

kiddy ['kɪdɪ] *разг.* ребёнок

kid-glove ['kɪdɡlʌv] лайковая перчатка ◇ with ~s мягко, деликатно

kidnap ['kɪdnæp] похищать *(детей)*; насильно или обманом увозить *(с целью вымогательства)*; ~per похититель *(детей)*

kidney ['kɪdnɪ] 1) *анат.* почка 2) темперамент; склад характера; a man of that ~ человек такого склада

kidney-bean ['kɪdnɪ'biːn] фасоль

kidvid ['kɪdvɪd] *разг.* детская телепередача

kill [kɪl] 1. *v* 1) убивать, резать *(скот)* 2) разрушать *(надежды и т. п.)* 3) не пропустить, не принять, забраковать; ~ the bill провалить законопроект 3) ослаблять эффект *(красок, цветов)* ◇ dressed to ~ одетый напоказ; it nearly ~ed me я чуть не умер со смеху; it was ~ing это было уморительно 2. *n* добыча *(на охоте)*

kiln [kɪln] печь для обжига и сушки

kilogram(me) ['kɪləɡræm] килограмм

kilometre ['kɪlə,miːtə] километр

kilowatt ['kɪləwɔt] *эл.* киловатт

kilt [kɪlt] юбка шотландского горца

kin [kɪn] 1. *n* 1) род, семья 2) родственники; next of ~ близкий родственник; близкие родственники 2. *a* родственный *(to)*

kind I [kaɪnd] 1) род; семейство 2) сорт, разновидность; разряд, класс; what ~ of person is he? что он за человек?; all ~s of things всевозможные вещи 3) природа, свойство, качество *(чего-л.)* ◇ ~ of как будто, как-то; pay in ~ платить натурой

kind II добрый; хороший; сердечный; любезный; милый; with ~ regards *(в письме)* с сердечным приветом

kindergarten ['kɪndəˌgɑːtn] детский сад

kind-hearted ['kaɪnd'hɑːtɪd] мягкосердечный, добрый; отзывчивый

kindl||e ['kɪndl] 1) зажигать 2) воспламенять, возбуждать 3) загораться *(тж. перен.)*; ~ing 1) разжигание 2) растопка

kindly ['kaɪndlɪ] 1. *a* 1) добрый, доброжелательный 2) благоприятный 2. *adv* 1) доброжелательно; ~ let me know будьте добры дать мне знать 2) свободно, легко; he took ~ to his new duties он легко освоился со своими новыми обязанностями

kindness ['kaɪndnɪs] 1) доброта 2) одолжение; любезность

kindred ['kɪndrɪd] 1. *n* 1) кровное родство 2) родственники 2. *a* 1) родственный 2) сходный

kinematics [ˌkaɪnɪ'mætɪks] *физ.* кинематика

kinetic [kaɪ'netɪk] *физ.* кинетический

king ['kɪŋ] король; ~dom [-dəm] королевство

kink [kɪŋk] петля, перекручивание *(в проводе, верёвке)*; *перен.* причуда, заскок

kinsfolk ['kɪnzfouk] *pl* родственники

kinship ['kɪnʃɪp] 1) родство 2) сходство

kiosk [kɪ'ɔsk] киоск; telephone ~ будка телефона-автомата

kipper ['kɪpə] копчёная рыба *(особ. селёдка)*

Kirghiz ['kəːgɪz] 1. *a* киргизский 2. *n* 1) киргиз; киргизка 2) киргизский язык

kirk [kəːk] *шотл.* церковь

kiss [kɪs] 1. *n* поцелуй; blow smb. a ~ послать кому-л. воздушный поцелуй 2. *v* целовать

kit [kɪt] 1) снаряжение *(для путешествия и т. п.)* 2) набор инструментов

kit-bag ['kɪtbæg] вещевой мешок

kitchen ['kɪtʃɪn] 1) кухня 2) *attr.*: ~ garden огород; ~-maid [-meɪd] судомойка

kite [kaɪt] 1) бумажный змей; fly a ~ пускать бумажного змея; *перен.* пускать пробный шар 2) коршун; *перен.* хищник

kith [kɪθ]: ~ and kin знакомые и родня

kitten ['kɪtn] котёнок

knack [næk] 1) умение, ловкость, сноровка 2) привычка

knapsack ['næpsæk] ранец; рюкзак

knav||e ['neɪv] 1) негодяй 2) *карт.* валет; ~ery [-ərɪ] мошенничество; ~ish мошеннический

knead [niːd] месить

knee ['niː] колено; ~-cap [-kæp] 1) *анат.* коленная чашка 2) наколенник; ~-deep [-diːp] по колено

kneel [niːl] (knelt, kneeled)

knell [nel] 1) похоро́нный звон; sound a *(или* the*)* ~ звони́ть при похорона́х; *перен.* предвеща́ть дурно́е 2) дурно́е предзнаменова́ние

knelt [nelt] *past и p. p. от* kneel

knew [njuː] *past от* know

knickerbockers ['nɪkəbɒkəz] *pl* бри́джи

knickers ['nɪkəz] *pl* же́нское (тёплое) трико́ до коле́н

knick-knack ['nɪknæk] безделу́шка, украше́ние

knife ['naɪf] 1. *n (pl* knives*)* нож ◇ before you can say ~ момента́льно 2. *v* ре́зать; коло́ть *(ножо́м);* **~-blade** [-bleɪd] ле́звие ножа́; **~-grinder** [-ˌɡraɪndə] точи́льщик

knight ['naɪt] 1) ры́царь 2) зва́ние ни́же бароне́та *(с ти́тулом* Sir*)* 3) *шахм.* конь; **~hood** [-hud] ры́царство

knit [nɪt] (knitted, knit) 1) вяза́ть 2) свя́зывать, соединя́ть, скрепля́ть *(тж. перен.)* 3) соединя́ться, скрепля́ться; сраста́ться ◇ ~ the brows хму́рить бро́ви

knives [naɪvz] *pl от* knife

knob ['nɒb] 1) кру́глая ру́чка *(у две́рей)* 2) ши́шка, вы́пуклость 3) *амер.* хо́лмик ◇ with ~s on в ещё бо́льшей сте́пени; **~by** [-ɪ] 1) узлова́тый, шишкова́тый 2) *амер.* холми́стый

knock [nɒk] 1. *v* 1) стуча́ться 2) бить, ударя́ть; стуча́ть *(at)* 3) *амер. разг.* ре́зко критикова́ть; ~ **about** а) болта́ться *(по све́ту);* б) колоти́ть; ~ **down** сбива́ть с ног; ~ **out** а) выкола́чивать; б) *спорт.* нокаути́ровать; *перен.* ошеломля́ть, потряса́ть; ~ **together** скола́чивать ◇ ~ **home** вбива́ть про́чно; ~ **to pieces** разби́ть вдре́безги; ~ smb. **down** with a feather *разг.* изумля́ть кого́-либо 2. *n* 1) стук 2) уда́р

knocker ['nɒkə] дверно́й молото́к, дверно́е кольцо́

knoll [noul] хо́лмик; буго́рок

knot [nɒt] 1. *n* 1) у́зел; tie a ~ завяза́ть у́зел 2) бант 3) сою́з, у́зы; wedding ~ бра́чные у́зы 4) затрудне́ние; загво́здка 5) сучо́к; наро́ст 6) гру́ппа, ку́чка *(люде́й)* 7) *мор.* у́зел *(едини́ца ско́рости хо́да)* ◇ tie oneself in ~s запу́таться в тру́дностях 2. *v* завя́зывать у́зел

knotty ['nɒtɪ] узлова́тый; *перен.* запу́танный; ~ question тру́дный вопро́с

knout [naut] кнут

know ['nou] (knew; known) 1) знать; not that I ~ *(of)* наско́лько мне изве́стно — нет; ~ how уме́ть; ~ one's mind знать чего́ хо́чешь 2) быть знако́мым 3) узнава́ть; отлича́ть; **~able** [-əbl] *филос.* познава́емый; **~ingly** созна́тельно

knowledge ['nɒlɪdʒ] 1) позна́ния, зна́ния 2) зна́ние; нау́ка; branches of ~ о́трасли нау́ки 3) знако́мство

known [noun] 1. *p. p. от* know 2. *a* изве́стный

knuckle [ˈnʌkl] 1. *n* 1) суста́в *(па́льца)* 2) *тех.* шарни́р 2. *v*: ~ **down** а) уступа́ть; б): ~ down to work энерги́чно взя́ться за рабо́ту

kolkhoz [kɔlˈhɔːz] колхо́з; **~nik** [-nɪk] колхо́зник

Komsomol [ˈkɔmsəmɔl] 1) комсомо́л 2) комсомо́лец 3) *attr.* комсомо́льский

Korean [kəˈrɪən] 1. *a* коре́йский 2. *n* 1) коре́ец; корея́нка 2) коре́йский язы́к

kowtow [ˈkauˈtau] 1. *n* ни́зкий покло́н; *перен.* раболе́пие 2. *v* раболе́пствовать, пресмыка́ться *(to)*

Kremlin [ˈkremlɪn] Кремль

krone [ˈkrounə] кро́на *(моне́та)*

kudos [ˈkjuːdɔs] *разг.* честь и сла́ва

Ku-Klux-Klan [ˈkjuːklʌksˈklæn] ку-клукс-кла́н

Kurd [ˈkəːd] курд; ку́рдка; **~ish** ку́рдский

L

L, l *двена́дцатая бу́ква англ. алфави́та*

label [ˈleɪbl] 1. *n* ярлы́к; этике́тка 2. *v* накле́ивать ярлыки́ *(тж. перен.)*

labial [ˈleɪbjəl] 1. *a* губно́й 2. *n фон.* губно́й звук

laboratory [ləˈbɔrət(ə)rɪ] лаборато́рия

laborious [ləˈbɔːrɪəs] 1) тру́дный, утоми́тельный; трудоёмкий 2) вы́мученный *(о сти́ле)* 3) трудолюби́вый, стара́тельный

labo(u)r [ˈleɪbə] 1. *n* 1) труд, рабо́та; hired ~ наёмный труд; hard ~ ка́торжные рабо́ты 2) *собир.* рабо́чие, рабо́чий класс 3) ро́ды *мн.* 4) *attr.*: ~ union профсою́з; L. party лейбори́стская па́ртия 2. *v* труди́ться ◇ ~ under a delusion быть в заблужде́нии; **~er** [-rə] рабо́чий

labour-saving [ˈleɪbəˌseɪvɪŋ] даю́щий эконо́мию в труде́, рационализа́торский

labyrinth [ˈlæbərɪnθ] лабири́нт

lace [leɪs] 1. *n* 1) кру́жево 2) шнуро́к 2. *v* 1) шнурова́ть 2) *разг.* прибавля́ть конья́к, ром *и т. п.* в ко́фе *и т. п.*

lacerate [ˈlæsəreɪt] раздира́ть; *перен.* терза́ть, му́чить

lachrym‖atory [ˈlækrɪmət(ə)rɪ] слезоточи́вый; **~ose** [-ous] слезли́вый, плакси́вый

lack [læk] 1. *n* недоста́ток, отсу́тствие; for ~ *(of)* из-за отсу́тствия; из-за недоста́тка 2. *v* испы́тывать недоста́ток; нужда́ться; не хвата́ть; he ~s persistence ему́ не хвата́ет насто́йчивости

lackadaisical [ˌlækəˈdeɪzɪk(ə)l] то́мный

lackey [ˈlækɪ] 1. *n* лаке́й 2. *v* прислу́живать; раболе́пствовать

laconic [ləˈkɔnɪk] лакони́чный

lacquer [ˈlækə] лак

lactic [ˈlæktɪk] моло́чный

lad [læd] ма́льчик, ю́ноша; па́рень

ladder ['lædə] 1) приставна́я ле́стница; *перен.* сре́дство для достиже́ния успе́ха 2) спу́щенная пе́тля на чулке́

lading ['leɪdɪŋ] погру́зка; bill of ~ *мор. ком.* коносаме́нт

ladle ['leɪdl] 1. *n* ковш, черпа́к 2. *v* че́рпать; ~ out вычёрпывать ◊ ~ out honours раздава́ть награ́ды

lady ['leɪdɪ] 1) да́ма 2) (L.) ле́ди *(титул)*

ladybird ['leɪdɪbəːd] бо́жья коро́вка

lag I [læg] 1. *n*: time ~ запа́здывание 2. *v* отстава́ть *(тж.* ~ behind); запа́здывать

lag II *(часто* old ~) *разг.* ка́торжник

lager (beer) ['lɑːgə('bɪə)] лёгкое пи́во

laggard ['lægəd] у́валень; неповоро́тливый челове́к

lagoon [lə'guːn] лагу́на

laid [leɪd] *past и p. p. от* lay II

lain [leɪn] *p. p. от* lie II, 1

lair [lɛə] ло́говище, берло́га

laity ['leɪtɪ] *собир.* миря́не

lake [leɪk] о́зеро

lamb [læm] 1. *n* ягнёнок 2. *v* ягни́ться

lambent ['læmbənt] сверка́ющий, лучи́стый *(о звёздах, глазах)*; игра́ющий *(о пламени, свете)*; искря́щийся *(об уме, юморе)*

lame [leɪm] 1. *a* хромо́й; *перен.* неубеди́тельный, сла́бый; ~ excuse неуда́чная отгово́рка 2. *v* изуве́чить

lament [lə'ment] 1. *n* жа́лоба 2. *v* 1) опла́кивать 2) жа́ловаться; ~able приско́рбный, плаче́вный

laminated ['læmɪneɪtɪd] листово́й; пласти́нчатый; слойстый

lamp [læmp] ла́мпа

lampoon [læm'puːn] 1. *n* па́сквиль 2. *v* писа́ть па́сквили

lamppost ['læmppoust] фона́рный столб

lamp-shade ['læmpʃeɪd] абажу́р

lance ['lɑːns] пи́ка; ~-corporal [-'kɔːp(ə)r(ə)l] мла́дший капра́л

lancer ['lɑːnsə] ула́н

lancet ['lɑːnsɪt] ланце́т

land ['lænd] 1. *n* 1) земля́; dry ~ су́ша; по́чва; poor ~ ску́дная по́чва; reach ~ дости́чь бе́рега, вы́йти на зе́млю 2) страна́ 2. *v* 1) сходи́ть, выса́живаться *(на берег с парохода и т. п.)* 2) выса́живать *(на берег с парохода и т. п.)* 3) приземли́ться *(о самолёте)* 4) выта́скивать на бе́рег *(рыбу)*; *перен.* доби́ться *(чего-л.)*; вы́играть; ~ed [-ɪd] земе́льный; ~ing 1) вы́садка; ме́сто вы́садки 2) *ав.* поса́дки; ме́сто поса́дки 3) ле́стничная площа́дка

landing-party ['lændɪŋˌpɑːtɪ] *воен.* деса́нтная гру́ппа; деса́нт

landlady ['lænˌleɪdɪ] 1) хозя́йка кварти́ры, гости́ни-

LAN

цы; владе́лица до́ма 2) *редк.* поме́щица

landlord ['lænlɔːd] 1) хозя́ин кварти́ры, гости́ницы; владе́лец до́ма 2) *редк.* лендло́рд, поме́щик

landmark ['lændmɑːk] 1) межево́й знак, ве́ха 2) поворо́тный пункт, ве́ха *(в исто́рии)* 3) (назе́мный) ориенти́р

landowner ['lænd,ounə] землевладе́лец

landscape ['lænskeɪp] пейза́ж, ландша́фт

landslide ['lændslaɪd] о́ползень

lane [leɪn] переу́лок, прохо́д ◇ 3-~ motorway движе́ние в три ря́да; keep in ~ держи́тесь ря́да

lang-syne ['læŋ'saɪn] *шотл.* 1. *n* далёкое про́шлое 2. *adv* давны́м-давно́, в старину́

language ['læŋgwɪdʒ] язы́к, речь; bad ~ брань

langu‖id ['læŋgwɪd] вя́лый; безжи́зненный; ~ish* [-gwɪʃ] 1) слабе́ть, ча́хнуть 2) принима́ть то́мный вид; ~or [-gə] 1) вя́лость 2) томле́ние

lan‖k ['læŋk] 1) то́щий 2) прямо́й *(о волоса́х)*; ~ky [-ɪ] долговя́зый

lantern ['læntən] фона́рь

lap I [læp] 1. *n* 1) коле́ни 2) *спорт.* диста́нция; заёзд; круг бегово́й доро́жки; ра́унд ◇ in the ~ of luxury в ро́скоши 2. *v* завёртывать, уку́тывать

lap II 1. *n* плеск *(волн)* 2. *v* 1) *(up)* лака́ть; жа́дно пить; 2) плеска́ться *(о волна́х)*

lapel [lə'pel] отворо́т; ла́цкан

lapse [læps] 1. *n* 1) оши́бка, опло́шность; ля́псус; ~ of the pen опи́ска; ~ of memory провал памяти 2) прегреше́ние; паде́ние 3) промежу́ток *(вре́мени)*; тече́ние, ход *(вре́мени)*; with the ~ of time со вре́менем 4) *юр.* прекраще́ние, недействи́тельность пра́ва *(на что-л.)* 2. *v* 1) отклоня́ться (от пра́вильного пути́) 2) *юр.* истека́ть *(о пра́ве)*

larceny ['lɑːsnɪ] воровство́

larch [lɑːtʃ] *бот.* ли́ственница

lard [lɑːd] 1. *n* топлёное свино́е са́ло 2. *v* 1) шпигова́ть 2) уснаща́ть *(речь терми́нами и т. п.)*

larder ['lɑːdə] кладова́я

large ['lɑːdʒ] большо́й; обши́рный; *перен.* широ́кий ◇ at ~ а) на свобо́де *(о престу́пнике и т. п.)*; б) простра́нно; ~ly 1) в большо́й сте́пени 2) оби́льно, ще́дро

largesse ['lɑːdʒes] ще́дрость; ще́дрый дар

lark I [lɑːk] жа́воронок

lark II 1. *n* шу́тка 2. *v* забавля́ться, резви́ться

larva ['lɑːvə] *(pl* -vae [-viː]) личи́нка

laryn‖gitis [,lærɪn'dʒaɪtɪs] *мед.* воспале́ние горта́ни, ларинги́т; ~x ['lærɪŋks] горта́нь

lascivious [lə'sɪvɪəs] похотли́вый

lash [læʃ] 1. *n* 1) плеть 2) *(сокр. от* eyelash) ресни́ца

2. *v* 1) хлестáть 2) бичевáть, высмéивать 3) связывать *(together)*

lass [læs] *шотл.* дéвушка

lassitude ['læsɪtjuːd] устáлость, вялость

last I [lɑːst] *(превосх. ст. от* late*)* 1) послéдний 2) прóшлый; ~ year в прóшлом годý; ~ night вчерá вéчером ◇ at ~ наконéц; ~ but one предпослéдний; to the ~ до концá

last II 1) продолжáться 2) сохраняться *(в хорошем состоянии)*; выдéрживать *(о здорóвье и т. п.)* 3) хватáть, быть достáточным

last III колóдка *(сапожная)*

lasting ['lɑːstɪŋ] длительный; постоянный, прóчный; ~ peace прóчный мир

lastly ['lɑːstlɪ] в заключéние

latch [lætʃ] щеколда, задвижка, запóр; ~**key** [-kiː] ключ английского замкá

late ['leɪt] **1.** *a* (later, latter; latest, last) 1) пóздний 2) I was ~ я опоздáл 2) недáвний 3) покóйный *(умерший)* **2.** *adv* (later; latest, last) 1) пóздно 2) недáвно *(тж.* of ~*)*; ~**ly** 1) недáвно 2) за послéднее врéмя

latent ['leɪt(ə)nt] скрытый, латéнтный

lateral ['læt(ə)r(ə)l] боковóй

lath [lɑːθ] плáнка, рéйка, дрáнка

lathe [leɪð] токáрный станóк

lather ['lɑːðə] **1.** *n* (мыльная) пéна **2.** *v* 1) намыливать 2) взмыливаться *(о лошади)*

Latin ['lætɪn] **1.** *a* латинский **2.** *n* латинский язык

latitude ['lætɪtjuːd] 1) *геогр.* широтá 2) свобóда; терпимость

latrine [lə'triːn] отхóжее мéсто, убóрная *(в лагере, бараке)*

latter ['lætə] *(сравн. ст. от* late 1) 1) недáвний 2) послéдний *(из двух)*

lattice ['lætɪs] решётка

Latvian ['lætvɪən] **1.** *a* латвийский **2.** *n* 1) латыш; латышка 2) латышский язык

laud ['lɔːd] **1.** *n* хвалá **2.** *v* хвалить; ~**able** [-əbl] похвáльный

laugh ['lɑːf] **1.** *n* смех **2.** *v* смеяться; ~ at smb. смеяться над кем-л.; make one ~ рассмешить; ~ **off** отшутиться, отдéлаться смéхом; ~ **over** смеяться над; ~**ing** 1) смеющийся 2) смешнóй, забáвный

laughing-stock ['lɑːfɪŋstɔk] посмéшище

laughter ['lɑːftə] смех; хóхот

launch I [lɔːntʃ] 1) спускáть *(на воду)* 2) начинáть, предпринимáть 3) бросáть, метáть; запускáть 4) выпускáть 5) бросáться

launch II баркáс; (самохóдный) кáтер

launching pad ['lɔːntʃɪŋpæd] *воен.* пусковáя устанóвка

launder ['lɔːndə] 1) стира́ть и гла́дить *(бельё)* 2) стира́ться *(хорошо, пло́хо — о тка́ни)*; will these shirts ~ well? э́ти руба́шки хорошо́ стира́ются?

laund‖ress ['lɔːndrɪs] пра́чка; **~rette** [-ret] пра́чечная самообслу́живания; **~ry** [-rɪ] 1) пра́чечная 2) бельё *(для сти́рки)*

laureate ['lɔːrɪɪt] лауреа́т

laurel ['lɔr(ə)l] 1) лавр 2) *(обыкн. pl)* *перен.* ла́вры, по́чести

lav [læv] *сокр. от* lavatory

lava ['lɑːvə] ла́ва

lavatory ['lævət(ə)rɪ] убо́рная

lave [leɪv] *поэт.* 1) мыть 2) омыва́ть *(о ручье́)*

lavender ['lævɪndə] 1) *бот.* лава́нда 2) бле́дно-лило́вый цвет

lavish ['lævɪʃ] **1.** *a* 1) щéдрый, расточи́тельный; be ~ of praise расточа́ть похвалы́ 2) оби́льный **2.** *v* расточа́ть; ~ care *(upon)* окружа́ть забо́той

law [lɔː] 1) зако́н 2) *юр.* пра́во; civil ~ гражда́нское пра́во 3) суд, суде́бный проце́сс; go to ~ пода́ть в суд ◇ ~ and order правопоря́док

law-court ['lɔːkɔːt] суд

lawful ['lɔːful] зако́нный

lawn I [lɔːn] лужа́йка, газо́н

lawn II бати́ст

lawsuit ['lɔːsjuːt] суде́бный проце́сс; тя́жба

lawyer ['lɔːjə] юри́ст; адвока́т

lax [læks] 1) сла́бый 2) неопределённый 3) небре́жный; неря́шливый

laxative ['læksətɪv] **1.** *n* слаби́тельное сре́дство **2.** *a* слаби́тельный

laxity ['læksɪtɪ] 1) небре́жность 2) распу́щенность

lay I [leɪ] *past от* lie II, 1

lay II (laid) 1) класть, положи́ть 2) нести́ я́йца *(о ку́рице)* 3) приводи́ть в како́е-л. состоя́ние 4) накрыва́ть *(стол)*; ~ aside откла́дывать, приберега́ть; **~down** а) сложи́ть *(ору́жие)*; б) оставля́ть *(слу́жбу)*; в): ~ down one's life пожéртвовать жи́знью; ~ off а) увольня́ть; б) отдыха́ть; ~ up запаса́ть ◇ ~ bare обнару́жить; ~ blame вини́ть; ~ on a party устро́ить вечери́нку; ~ claim *(to)* претендова́ть *(на что-л.)*; ~ heads together *разг.* совеща́ться; ~ hold *(of)* завладе́ть; ~ stress *(on)* подчёркивать

lay III песнь; балла́да

lay IV 1) све́тский, недухо́вный 2) непрофессиона́льный

layer ['leɪə] 1) слой, пласт 2) *бот.* отво́док

layette [leɪ'et] *фр.* прида́ное новорождённого

layman ['leɪmən] миря́нин

lay-out ['leɪaut] 1) схе́ма, план 2) планиро́вка

laze [leɪz] безде́льничать

lazy ['leɪzɪ] лени́вый; **~-bones** [-bounz] *разг.* лентя́й

lea [liː] *поэт.* луг, по́ле

lead I [led] 1) свине́ц; black ~ графи́т; white ~

свинцо́вые бели́ла 2) *мор.* ручно́й лот

lead II [li:d] **1.** *v* (led) 1) вести́, пока́зывать путь 2) руководи́ть 3) быть впереди́; занима́ть пе́рвое ме́сто 4) вести́, проводи́ть; ~ a quiet life вести́ споко́йную жизнь 5) приводи́ть *(к чему́-либо)*; ~ to nowhere ни к чему́ не привести́ 6) заставля́ть; склоня́ть *(к чему́-л.)* 7) *карт.* ходи́ть; ~ hearts ходи́ть с черве́й; ~ **off** начина́ть; ~ **on** увлека́ть, завлека́ть; ~ **up to** наводи́ть разгово́р *(на что-л.)* **2.** *n* 1) приме́р 2) директи́ва ◇ follow the ~ сле́довать *(за кем-л.)*; take the ~ возглавля́ть

leader ['li:də] 1) вождь; руководи́тель; ли́дер 2) передова́я статья́; ~**ship** руково́дство; води́тельство

leading ['li:dɪŋ] веду́щий; руководя́щий; передово́й; ~ question наводя́щий вопро́с

leading-strings ['li:dɪŋstrɪŋz] *pl* помочи, вожжи *(для детей)* ◇ be in ~ быть на поводу́ *(у кого́-л.)*

leaf ['li:f] *(pl* leaves) 1) лист 2) ство́рка *(две́ри)* 3) страни́ца *(в кни́ге)* ◇ turn over a new ~ нача́ть но́вую жизнь; ~**let** [-lɪt] 1) *бот.* листо́к, ли́стик 2) листо́вка

league [li:g] сою́з, ли́га; Young Communist L. комсомо́л

leak ['li:k] **1.** *n* течь; уте́чка *(га́за, жи́дкости)*; *перен.* уте́чка *(информа́ции)* **2.** *v* пропуска́ть во́ду, течь; *перен.* проса́чиваться *(об информа́ции)*; ~**age** [-ɪdʒ] уте́чка

lean I [li:n] 1) то́щий, худо́й 2) по́стный *(о мя́се)* 3) ску́дный *(об урожа́е)*

lean II (leaned, leant) 1) наклоня́ться 2) наклоня́ть 3) прислоня́ться 4) прислоня́ть 5) опира́ться *(on, upon)*; *перен.* полага́ться, осно́вываться *(на)*

leant [lent] *past и p. p. от* lean II

leap [li:p] **1.** *n* прыжо́к, скачо́к ◇ a ~ in the dark прыжо́к в неизве́стность, риско́ванное де́ло; by ~s and bounds бы́стро; не по дням, а по часа́м **2.** *v* (leapt, leaped) пры́гать, скака́ть; переска́кивать

leapt [lept] *past и p. p. от* leap 2

leap-year ['li:pjə:] високо́сный год

learn ['lə:n] (learnt, learned) 1) учи́ться 2) узнава́ть; знако́миться 3) учи́ть *(что́-либо)*; ~**ed** [-ɪd] учёный; ~**ing** 1) позна́ния *мн.* 2) уче́ние

learnt [lə:nt] *past и p. p. от* learn

lease ['li:s] **1.** *n* аре́нда; сда́ча внаём ◇ get a new ~ of life воспря́нуть ду́хом **2.** *v* сдава́ть внаём *(или в* аре́нду); ~**hold** [-hould] арендо́ванная земля́

leash [li:ʃ] свора, привя́зь *(для борзы́х)*; смычо́к *(для го́нчих)*

least [li:st] *(превосх. ст. от*

little 1 *и* 2) 1. *a* наименьший; ◇ at ~ по крайней мере; to say the ~ of it без преувеличения, мягко выражаясь 2. *adv* меньше всего

leastways ['li:stweiz] по крайней мере

leather ['leðə] кожа (*выделанная*); ~y [-rɪ] жёсткий (*перен. о бифштексе и т. п.*)

leave I [li:v] 1) разрешение 2) отпуск (*тж.* ~ of absence) 3) отъезд; уход; прощание; take ~ попрощаться ◇ take ~ of one's senses сойти с ума

leave II (left) 1) уезжать, уходить; уезжать (*куда-л. —for*) 2) оставлять; he left his coat at home он оставил своё пальто дома; ~ in peace оставить в покое; ~ to chance предоставить случаю; ~ behind забыть, оставить; ~ off перестать делать (*что-л.*); ~ out пропустить, упустить; ~ over перенести (*на другой раз*); отложить

leaven ['levn] 1. *n* дрожжи, закваска; *перен.* влияние 2. *v* заквашивать

leaves [li:vz] *pl от* leaf

leavings ['li:vɪŋz] *pl* остатки; объедки

lecherous ['letʃ(ə)rəs] распутный

lecture ['lektʃə] 1. *n* 1) лекция 2) нотация 2. *v* 1) читать лекцию 2) поучать, делать выговор; ~r [-rə] 1) лектор 2) преподаватель университета, колледжа

led [led] *past и p. p. от* lead II, 1

ledge [ledʒ] 1) выступ 2) риф

ledger ['ledʒə] *бухг.* книга счетов, гроссбух

lee [li:] 1) подветренная сторона 2) защита, укрытие; in the ~ of под защитой

leech [li:tʃ] пиявка; *перен.* вымогатель

leek [li:k] лук-порей

leer [lɪə] злобно смотреть

lees [li:z] *pl* осадок; подонки

left I [left] *past и p. p. от* leave II

left II 1. *a* левый 2. *n* 1) левая сторона; on the ~, to the ~ налево 2): the L. *полит.* левые ◇ over the ~ *редк.* как раз наоборот

left-handed ['left'hændɪd] 1. *n* левша 2. *a* неуклюжий, неловкий

leftist ['leftɪst] левый; левацкий

leg [leg] 1) нога (*от бедра до ступни*) 2) ножка (*мебели*) 3) подставка 4) штанина (*брюк*); паголенок (*чулка*) ◇ pull smb.'s ~ *разг.* дурачить, мистифицировать кого-л.

legacy ['legəsɪ] наследство

legal ['li:g(ə)l] 1) юридический, правовой 2) законный; ~ity [li(:)'gælɪtɪ] законность; ~ize ['li:gəlaɪz] узаконивать

legatee [,legə'ti:] *юр.* наследник

legation [lɪ'geɪʃ(ə)n] дипломатическая миссия

legend ['ledʒ(ə)nd] легенда; ~ary [-(ə)rɪ] легендáрный

leggings ['legɪŋz] *pl* гамáши; крáги

legible ['ledʒəbl] разбóрчивый; чёткий

legion ['liːdʒ(ə)n] легиóн; *перен.* мнóжество

legislat‖e ['ledʒɪsleɪt] издавáть закóны; ~ion [ˌledʒɪs-'leɪʃ(ə)n] законодáтельство; ~ive [-ɪv] законодáтельный; ~or законодáтель

legitimate 1. *a* [lɪ'dʒɪtɪmɪt] закóнный 2. *v* [lɪ'dʒɪtɪmeɪt] узакóнивать

leg-pull ['legpul] *разг.* обмáн, мистификáция

leisure ['leʒə] 1) досýг; at ~ на досýге 2) *attr.*: ~ time свобóдное врéмя; ~ly не спешá

lemon ['lemən] лимóн

lend ['lend] (lent) 1) давáть взаймы́; одáлживать *(кому-л.)* 2) сообщáть, придавáть ◇ ~ (an) ear вы́слушать; ~ a hand помóчь; ~ oneself to поддавáться; ~er заимодáвец

length ['leŋθ] 1) длинá 2) расстоя́ние 3) кусóк, отрéзок ◇ at ~ а) наконéц; б) обстоя́тельно, со всéми подрóбностями; go to all ~s *(или* any ~) идти́ на всё; ~en [-(ə)n] 1) удлиня́ть 2) удлиня́ться; ~y [-ɪ] растя́нутый

leni‖ence, -ency ['liːnjəns, -sɪ] снисходи́тельность, мя́гкость; терпи́мость; ~ent [-ənt] снисходи́тельный, мя́гкий; терпи́мый

Leninism ['lenɪnɪzm] ленини́зм

Leninist ['lenɪnɪst] 1. *n* лéнинец 2. *a* лéнинский

lens [lenz] ли́нза

lent [lent] *past и p. p. от* lend

Lent [lent] 1) *рел.* вели́кий пост 2) *attr.*: ~ term весéнний семéстр в университéте

lentil ['lentɪl] чечеви́ца

leonine ['liːənaɪn] льви́ный

leopard ['lepəd] леопáрд

lep‖er ['lepə] прокажённый; ~rosy ['leprəsɪ] прокáза

lesion ['liːʒ(ə)n] повреждéние *(óргана)*

less [les] *(сравн. ст. от* little 1 *и* 2) 1. *a* мéньший 2. *adv* мéньше ◇ no ~ a person than... не ктó инóй, как...; in ~ than no time в мгновéние óка 3. *prep* без; here is your pay~ вот вáша зарплáта за вы́четом тогó, что вы мне должны́

lessee [le'siː] съёмщик; арендáтор

lessen ['lesn] уменьшáть

lesson ['lesn] 1. *n* урóк; the experience taught him a great ~ э́тот слýчай послужи́л для негó хорóшим урóком 2. *v* поучáть

lest [lest] чтóбы не; как бы не

let [let] (let) 1) позволя́ть 2) пускáть 3) сдавáть внаём; ~ by пропускáть; ~ down а) опускáть; б) разочарóвывать; в) подвести́; ~ into а) встáвить *(кружево и т. п.)*;

б) посвятить *(в тайну)*; ~ **loose** выпустить, дать свободу; ~ **off** а) разрядить; выпалить, выстрелить; б) отпустить *(без наказания)*, простить; be ~ off отделаться *(от чего-л.)*; ~ **out** выпускать; ~ **up** прекращаться; the rain hasn't ~ up for 2 days дождь шёл два дня ◇ ~ me alone, ~ me be оставьте меня в покое; ~ **fall** а) ронять; б) спускать; ~ **go** выпускать, освобождать; ~ alone не говоря уже о; ~ pass не обратить внимания; простить; ~'s go! пошли!; please ~ me have the menu дайте мне, пожалуйста, меню

lethal ['liːθ(ə)l] смертельный, смертоносный

lethargy ['leθədʒɪ] вялость

Lett [let] 1) латыш; латышка 2) латышский язык

letter ['letə] 1. *n* 1) буква 2) письмо 3) *полигр.* литера 4) *pl* литература; a man of ~s писатель; учёный ◇ to the ~ точно, буквально 2. *v* 1) надписывать 2) регистрировать; ~-**box** [-bɔks] почтовый ящик

lettered ['letəd] начитанный; (литературно) образованный

Lettish ['letɪʃ] 1. *a* латышский 2. *n* латышский язык

lettuce ['letɪs] салат-латук

levee ['levɪ] *амер.* дамба, насыпь

level ['levl] 1. *n* 1) уровень; высота 2) равнина 3) ватерпас; нивелир ◇ find one's ~ найти своё место 2. *a* 1) горизонтальный 2) ровный 3. *v* 1) сглаживать; выравнивать 2) целиться *(at)*; ~-**headed** [-'hedɪd] хладнокровный

lever ['liːvə] 1. *n* рычаг 2. *v* поднимать рычагом

levity ['levɪtɪ] легкомыслие; ветреность

levy ['levɪ] 1. *n* 1) сбор *(налогов)* 2) набор *(рекрутов)* 2. *v* 1) взимать *(налоги)* 2) набирать *(рекрутов)*

lewd [luːd] развратный

lexicon ['leksɪkən] словарь

li∥ability [ˌlaɪə'bɪlɪtɪ] обязательство, долг; ~**able** ['laɪəbl] 1) ответственный *(за — for)*; обязанный *(to)* 2) подверженный *(to)*; подлежащий *(to)*

liaison [lɪ'eɪzɔŋ] 1) (любовная) связь 2) *воен.* связь взаимодействия

liar ['laɪə] лгун

libel ['laɪb(ə)l] 1. *n* клевета *(в печати и т. п.)* 2. *v* клеветать *(в печати и т. п.)*

liberal I ['lɪb(ə)r(ə)l] 1. *a* либеральный 2. *n* либерал

liberal II 1) щедрый; ~ gifts щедрые дары; ~ of *(или* with) promises щедрый на обещания 2) обильный; ~ table обильный стол

liberat∥e ['lɪbəreɪt] освобождать; ~**ion** [ˌlɪbə'reɪʃ(ə)n] освобождение; war of ~ion освободительная война

libertine ['lɪbətaɪn] распутник

libert∥y ['lɪbətɪ] 1) свобода; civil ~ies гражданские свободы 2) вольность; привилегия; take the ~ *(of, to)* позволить себе *(сделать что-либо)*; take ~ies позволять себе вольности

librar‖ian [laɪˈbrɛərɪən] библиотекарь; **~y** [ˈlaɪbrərɪ] библиотека

lice [laɪs] *pl от* louse

licence [ˈlaɪs(ə)ns] 1. *n* 1) разрешение; лицензия 2) вольность; poetic ~ поэтическая вольность 3) распущенность, разнузданность 2. *v* 1) разрешать 2) выдавать патент

license *см.* licence 2

licentiate [laɪˈsenʃɪɪt] обладатель диплома

licentious [laɪˈsenʃəs] распущенный

lichen [ˈlaɪkən] 1) *бот.* лишайник 2) лишай

lick [lɪk] 1. *v* 1) лизать 2) *разг.* бить, колотить 3) побеждать ◇ ~ one's lips облизываться 2. *n* 1) лизание 2) незначительное количество *(чего-л.)* 3): at a great ~ быстрым шагом; ~ing *разг.* 1) порка 2) *спорт.* поражение

lid [lɪd] 1) крышка 2) *(сокр. от* eyelid) веко

lie I [laɪ] 1. *n* ложь, обман; give smb. the ~ *(или* give the ~ to smb.) уличать кого-л. во лжи 2. *v (pres. p.* lying) лгать

lie II 1. *v* (lay; lain; *pres. p.* lying) 1) лежать; ~ in wait сидеть в засаде; выжидать 2) находиться, быть расположенным 3) заключаться; ~ **around** валяться; ~ **back** а) откинуться *(на подушку и т. п.)*; б) бездействовать; ~ **in** долго спать утром; ~ **up** лежать *(из-за нездоровья и т. п.)* 2. *n* положение ◇ ~ of the land положение дел

lieutenant [lefˈtenənt] лейтенант; **~-colonel** [-ˈkə:nl] подполковник; **~-general** [-ˈdʒen(ə)r(ə)l] генерал-лейтенант

life [laɪf] *(pl* lives) 1) жизнь; social ~ общественная жизнь 2) образ жизни 3) биография 4) долговечность, срок *(службы, машины и т. п.)* 5) энергия, живость, оживление; he's full of ~ жизнь в нём так и кипит ◇ as large as ~ в натуральную величину; run for dear ~ бежать изо всех сил; he was the ~ and soul of the party он был душою общества; upon my ~! честное слово!; **~-belt** [-belt] спасательный пояс; **~-boat** [-bout] спасательная лодка; **~-buoy** [-bɔɪ] спасательный круг; **~-expectation** [-ˌekspekˈteɪʃ(ə)n] вероятная продолжительность жизни; **~-guard** [-gɑ:d] 1) *уст.* личная охрана 2) служащий спасательной станции; **~-long** [-lɔŋ] 1) пожизненный 2) продолжающийся всю жизнь; **~-sized** [-ˈsaɪzd] в натуральную величину

lift [lɪft] 1. *v* 1) поднимать; возвышать 2) копать *(картофель)* 3) красть; совершáть плагиáт 4) рассéиваться *(о тумáне и т. п.)* **2.** *n* 1) поднятие 2) лифт ◊ give a ~ подсадить, подвезти

ligament ['lɪgəmənt] *анат.* связка

light I [laɪt] **1.** *n* 1) свет; освещéние 2) огóнь 3) светило *(тж. перен.)* 4) *pl* светофóр 5) *pl* свéдения ◊ bring to ~ выявлять, выводить на чистую вóду; come to ~ обнаружиться **2.** *a* свéтлый; блéдный **3.** *v* (lit, lighted) 1) освещáть 2) зажигáть 3) зажигáться, загорáться; ~ up а) зажигáть свет; б) загорáться, светиться, сиять *(о лицé, глазáх)*

light II 1) лёгкий 2) незначительный; ~ rain небольшóй дождь 3) непостоянный, легкомысленный; make ~ *(of)* относиться несерьёзно 4) *кул.* воздушный *(о тéсте)* ◊ ~ sleep чуткий сон; ~ mood весёлое настроéние

lighten I ['laɪtn] 1) освещáть 2) светлéть 3) сверкáть

lighten II 1) облегчáть 2) смягчáть

lighter I ['laɪtə] *мор.* лихтер

lighter II зажигáлка

light‖**-headed** ['laɪt'hedɪd] пустóй, легкомысленный; ~-hearted [-'hɑːtɪd] весёлый, беззабóтный

lighthouse ['laɪthaus] маяк

light-minded ['laɪt'maɪndɪd] легкомысленный

lightning ['laɪtnɪŋ] мóлния; summer ~ зарница

lightning-conductor ['laɪtnɪŋkən,dʌktə] молниеотвóд

lightsome ['laɪtsəm] 1) лёгкий; грациóзный 2) весёлый

like I [laɪk] 1) находить приятным, нрáвиться, любить; did you ~ this picture? вам понрáвилась эта картина? 2) хотéть; I should ~ я хотéл бы; I would like мне хóчется

like II **1.** *a* похóжий, подóбный; what is he ~? что он за человéк?; something ~ óколо, приблизительно; and the ~ и тому подóбное, и т. п. **2.** *prep*: ~ anything óчень, чрезвычáйно; ~ a shot в миг; охóтно; do not talk ~ не говорите так **3.** *n*: the ~ подóбное

likelihood ['laɪklɪhud] вероятность

likely ['laɪklɪ] **1.** *a* 1) вероятный; it is ~ to rain to-night похóже, что вéчером бýдет дождь 2) подходящий 3) подающий надéжды **2.** *adv* вероятно

like‖**n** ['laɪk(ə)n] уподоблять; ~ness 1) схóдство 2) портрéт

likewise ['laɪkwaɪz] тáкже

liking ['laɪkɪŋ] 1) расположéние 2) вкус; склóнность

lilac ['laɪlək] **1.** *n* сирéнь **2.** *a* сирéневый

lily ['lɪlɪ] лилия ◊ ~ of the valley лáндыш

limb [lɪm] 1) член *(тéла)* 2) *разг.* неслýх, непослýшный ребёнок 3) вéтка, ветвь

limber ['lɪmbə] 1) гибкий 2) проворный

lime I [laɪm] известь

lime II липа

limelight ['laɪmlaɪt]: in the ~ на виду, в центре внимания

limestone ['laɪmstoun] известняк

limit ['lɪmɪt] 1. *n* граница, предел; it's the ~! это уж(е) слишком! 2. *v* ограничивать; **~ation** [ˌlɪmɪ'teɪʃ(ə)n] 1) ограничение; оговорка 2) предельный срок 3) *pl* недостатки; **~ed** [-ɪd] ограниченный

limp I [lɪmp] хромать, прихрамывать

limp II слабый; безвольный

limpid ['lɪmpɪd] прозрачный

linden ['lɪndən] липа

line I [laɪn] класть на подкладку; покрывать с внутренней стороны

line II 1. *n* 1) линия; черта; пограничная черта 2) линия (связи, железнодорожная и т. п.); hold the ~ не вешайте трубку; the ~'s busy занято (о телефоне); the ~ is bad плохо слышно 3) строка; drop me a few ~s черкните мне несколько строк 4) морщина 5) шеренга, ряд; очередь 6) образ действий ◊ it is not in my ~ это вне моей компетенции, вне круга моих интересов 2. *v* 1) проводить линию 2) выстраивать в шеренгу 3) окаймлять, обсаживать (деревьями)

lineage ['lɪnɪdʒ] происхождение; родословная

linear ['lɪnɪə] 1) линейный 2) узкий и длинный

linen ['lɪnɪn] 1. *a* льняной 2. *n* 1) полотно 2) *собир.* бельё

liner ['laɪnə] лайнер, рейсовый пароход

linesman ['laɪnzmən] *спорт.* судья на линии

linger ['lɪŋgə] 1) медлить 2) задерживаться; засиживаться (над — *on*, *over*) 3) затягиваться (о болезни)

lingerie ['lænʒərɪ] *фр.* дамское бельё

lingo ['lɪŋgou] тарабарщина; жаргон.

linguist ['lɪŋgwɪst] языковед, лингвист; **~istics** [-'gwɪstɪks] языкознание, лингвистика

liniment ['lɪnɪmənt] жидкая мазь

lining ['laɪnɪŋ] 1) подкладка 2) *тех.* облицовка

link [lɪŋk] 1. *n* 1) звено (цепи) 2) *pl* запонки 2. *v* соединять

linoleum [lɪ'nouljəm] линолеум

linseed ['lɪnsiːd] льняное семя

lion ['laɪən] лев; *перен.* знаменитость; **~ness** львица

lip [lɪp] 1) губа 2) край 3) *разг.* дерзость ◊ escape one's ~s сорваться с языка; **~stick** [-stɪk] губная помада

liquefy ['lɪkwɪfaɪ] разжижать; расплавлять

liqueur [lɪˈkjuə] ликёр

liquid [ˈlɪkwɪd] 1. *a* 1) жидкий 2) *фон.* плавный 2. *n* жидкость

liquidat‖e [ˈlɪkwɪdeɪt] ликвидировать; **~ion** [ˌlɪkwɪˈdeɪʃ(ə)n] ликвидация ◇ go into ~ion обанкротиться

liquor [ˈlɪkə] напиток, *особ.* спиртной; the worse for ~ пьяный

lisp [lɪsp] шепелявить

lissom [ˈlɪsəm] 1) гибкий 2) проворный

list I [lɪst] 1. *n* список; перечень 2. *v* вносить в список

list II 1. *n мор.* крен 2. *v* крениться

listen [ˈlɪsn] слушать; прислушиваться; ~ **in** слушать радио

listener [ˈlɪsnə] слушатель

listless [ˈlɪstlɪs] вялый

lit [lɪt] *past и p. p.* от light I, 3

liter‖acy [ˈlɪt(ə)rəsɪ] грамотность; **~al** [ˈlɪt(ə)r(ə)l] буквальный, дословный

literary [ˈlɪt(ə)rərɪ] литературный

literate [ˈlɪtərɪt] грамотный

literature [ˈlɪt(ə)rɪtʃə] литература

lithe [laɪð] гибкий

Lithuanian [ˌlɪθjuˈeɪnjən] 1. *a* литовский 2. *n* 1) литовец; литовка 2) литовский язык

litigant [ˈlɪtɪgənt] *юр.* сторона в гражданском процессе

litigate [ˈlɪtɪgeɪt] судиться *(с кем-л.)*

litmus [ˈlɪtməs] лакмус

litre [ˈliːtə] литр

litter [ˈlɪtə] 1. *n* 1) носилки 2) соломенная и т. п. подстилка *(для скота)* 3) помёт *(выводок)* 4) беспорядок; сор, мусор 2. *v* 1) подстилать 2) разбрасывать 3) пороситься, щениться

little [ˈlɪtl] 1. *a* (less; least) маленький; незначительный 2. *adv* (less; least) 1) мало; ~ by ~ мало-помалу, постепенно; **а** ~ немного; слегка 2) *с глаголами* know, imagine, realize, dream, think *и т. п.* совсем не; ~ did he think that. *(или* he ~ thought that...) он и не думал, что... 3. *n* 1) немногое, кое-что; we see ~ of him мы редко его видим 2) короткое, непродолжительное время

littoral [ˈlɪtər(ə)l] 1. *a* прибрежный 2. *n* побережье; приморский район

live I [lɪv] жить, обитать; ~ to see smth. дожить до чего-л.; ~ **down** загладить, искупить *(своим поведением, образом жизни)*; ~ **in** иметь квартиру по месту службы; ~ **out** иметь квартиру не по месту службы; ~ **through** пережить; he has ~d through two wars он пережил две войны; ~ **up to** жить согласно *(принципам и т. п.)* ◇ ~ it up прожигать жизнь

live II [laɪv] 1) живой 2) деятельный, энергичный 3) действующий 4) горящий; ~ coals раскалённые угли

5) жизненный; реа́льный; ~ issue актуа́льный вопро́с

livelinood ['laıvlıhud] сре́дства к существова́нию

livelong ['lıvlɔŋ] це́лый, весь; the ~ day день-деньско́й

lively ['laıvlı] 1) живо́й, оживлённый, весёлый 2) я́ркий, си́льный *(о впечатле́нии и т. п.)*

liven ['laıvn]: ~ **up** а) развесели́ть; б) развесели́ться

liver ['lıvə] 1) *анат.* пе́чень 2) печёнка *(кушанье)*

livery ['lıvərı] ливре́я

lives [laıvz] *pl от* life

live-stock ['laıvstɔk] скот; живо́й инвента́рь

livid ['lıvıd]: with ~ bruises on the body весь в синяка́х; ~ with rage вне себя́ от я́рости

living ['lıvıŋ] 1. *n* 1) сре́дства к существова́нию; make one's ~ зараба́тывать на жизнь 2) о́браз жи́зни; plain ~ проста́я жизнь 3) *attr.*: ~ wage прожи́точный ми́нимум 2. *a* 1) живо́й; within ~ memory на па́мяти живу́щих 2) о́чень похо́жий; he is the ~ image of his father он вы́литый оте́ц

lizard ['lızəd] я́щерица

lo! [lou] *int уст.* вот!, гляди́-ка!

load [loud] 1. *n* груз; нагру́зка; *перен.* бре́мя 2. *v* 1) грузи́ть; *перен.* обременя́ть 2) заряжа́ть *(оружие)*

loaf I [louf] безде́льничать, слоня́ться *(часто* ~ about, ~ around)

loaf II [louf] *(pl* loaves) бу́лка; карава́й

loafer ['loufə] безде́льник

loaf-sugar ['louf‚ʃugə] куско́вой са́хар

loam [loum] плодоро́дная земля́ *(глина и песок с перегноем)*

loan [loun] 1. *n* заём 2. *v* дава́ть взаймы́

loath [louθ] *тк. predic:* be ~ to+*inf* не быть скло́нным, не хоте́ть что-л. де́лать

loath∥e ['louð] ненави́деть; **~some** [-səm] отврати́тельный

loaves [louvz] *pl от* loaf II

lobby ['lɔbı] 1. *n* 1) прихо́жая, вестибю́ль 2) *парл.* кулуа́ры 2. *v* «обраба́тывать» чле́нов парла́мента, конгре́сса

lobe [loub] *анат., бот.* до́ля ◇ ~ of the ear мо́чка у́ха

lobster ['lɔbstə] ома́р, морско́й рак

local ['louk(ə)l] 1. *a* ме́стный 2. *n* 1) ме́стный жи́тель 2) *разг.* ме́стный тракти́р 3) при́городный по́езд; **~ity** [lo(u)'kælıtı] ме́стность; **~ize** [-aız] локализова́ть

locat∥e [lo(u)'keıt] 1) определя́ть местонахожде́ние; обнару́живать 2) устра́ивать, поселя́ть; устра́иваться, поселя́ться; **~ion** [-ʃ(ə)n] 1) размеще́ние *(предприя́тий и т. п.)* 2) определе́ние ме́ста

loch [lɔk] *шотл.* 1) о́зеро 2) у́зкий морско́й зали́в

lock I [lɔk] 1) локон 2) *pl поэт.* волосы

lock II 1. *n* 1) замок 2) шлюз ◇ ~, stock and barrel *разг.* целиком; всё вместе взятое 2. *v* 1) запирать 2) тормозить; ~ in запереть *(в помещении)*; посадить в тюрьму; ~ out а) запереть дверь и не впускать; б) объявлять локаут; ~ up запирать

lock∥er ['lɔkə] шкаф(чик); ~et [-it] медальон

lock-out ['lɔkaut] локаут

locksmith ['lɔksmiθ] слесарь

locomot∥ion [,loukə'mouʃ(ə)n] передвижение; ~ive ['loukə,moutiv] 1. *а* 1) движущий 2) движущийся 2. *n* паровоз

locust ['loukəst] саранча

lode [loud] (рудная) жила

lodestar ['loudstɑ:] Полярная звезда; *перен.* путеводная звезда

lodestone ['loudstoun] магнетит, магнитный железняк

lodg∥e ['lɔdʒ] 1. *n* 1) сторожка 2) ложа *(масонская)* 2. *v* 1) приютить 2) квартировать 3) засесть, застрять *(о пуле и т. п.)* 4) класть *(в банк)*; давать на хранение *(кому-л.—with)* 5) *юр.* подавать *(жалобу)*; предъявлять *(обвинение)*; ~er квартирант, жилец

lodging ['lɔdʒiŋ] квартира; ~-house [-haus] меблированные комнаты

loft [lɔft] 1) чердак 2) хоры *(в церкви)* 3) голубятня

lofty ['lɔfti] 1) очень высокий *(о башне, горе и т. п.)* 2) возвышенный *(об идеалах)* 3) надменный

log ['lɔg] 1) чурбан; бревно; полено 2) *мор.* лаг 3) *см.* ~-book; ~-book [-buk] *мор.* вахтенный журнал

loggerhead ['lɔgəhed]: be at ~s ссориться; быть на ножах

logic ['lɔdʒik] логика; ~al [-əl] 1) логический 2) логичный, последовательный

loin [lɔin] 1) *pl* поясница 2) филейная часть *(мясной туши)*

loiter ['lɔitə] слоняться, бездельничать

loll [lɔl] сидеть развалясь; стоять облокотясь; ~ out а) высовывать *(язык)*; б) высовываться *(о языке)*

lollipops ['lɔlipɔps] *pl* конфеты, сласти

lone ['loun] 1) одинокий 2) необитаемый; ~ly [-li] одинокий 2) уединённый, необитаемый; ~some [-səm] покинутый, одинокий

long I [lɔŋ] 1. *a* 1) длинный 2) долгий 3) длительный ◇ the ~ and the short of it is коротко говоря 2. *adv* 1) долго 2) давно ◇ ~ ago давно; ~ after спустя много времени, намного позже; ~ live! да здравствует!

long II 1) страстно желать *(чего-л. — to)*; стремиться *(к — for)* 2) тосковать *(по — for)*

longevity [lɔn'dʒeviti] долговечность

longing ['lɔŋiŋ] страстное

желание *(чего-л. — for)*; тоска *(по — for)*

longitude ['lɔndʒɪtjuːd] *геогр.* долгота

long-lived ['lɔŋ'lɪvd] долговечный

look [luk] **1.** *v* 1) смотреть, глядеть 2) выглядеть 3) выходить на *(об окнах и т. п.)*; my room ~s south моя комната выходит на юг 4) искать *(for)* 5) исследовать *(into)* 6) *амер.* стремиться *(to, toward)*; ~ **after** а) заботиться, следить; б) провожать глазами; ~ **at** смотреть на; ~ **down** *(upon)* смотреть сверху вниз; ~ **for** искать; ~ **forward to** ожидать с нетерпением; ~ **in** *(on)* заглянуть *(к)*; ~ **on** а) смотреть; б) считать; ~ **out** а) быть настороже; ~ out! осторожно!, берегись!; б) подыскивать; ~ **over** просматривать, осматривать; ~ **through** просматривать; ~ **up** а) навещать *(кого-л.)*; б) поднимать глаза; в) справляться, искать *(в словаре, расписании поездов и т. п.)*; ~ **up to** уважать ◇ things are ~ing up положение улучшается; ~ here! слушай! **2.** *n* 1) взгляд 2) вид; good ~s красота, привлекательная внешность * I don't like the ~ of things here мне не нравится то, что здесь происходит

looker-on ['lukər'ɔn] зритель, наблюдатель

looking-glass ['lukɪŋglɑːs] зеркало

loom I [luːm] ткацкий станок

loom II неясно вырисовываться

loon [luːn] гагара

loop [luːp] **1.** *n* петля **2.** *v* делать петлю; ~ the loop *ав.* делать мёртвую петлю

loop-hole ['luːphoul] бойница; *перен.* лазейка

loos‖**e** ['luːs] **1.** *a* 1) свободный; широкий 2) небрежный 3) неточный; расплывчатый; 4) распущенный ◇ be at a ~ end бездельничать **2.** *v* распускать, развязывать; ~**en** [-n] распускать; ослаблять

loot [luːt] **1.** *n* добыча **2.** *v* грабить

lop I [lɔp] обкорнать; подрезать

lop II свисать

lope [loup] бежать в припрыжку

lop-eared ['lɔpɪəd] вислоухий

loquacious [lo(u)'kweɪʃəs] болтливый

lord [lɔːd] **1.** *n* лорд **2.** *v*: ~ it разыгрывать из себя лорда

lore [lɔː] предания

lorgnette [lɔː'njet] *фр.* лорнет

lorn [lɔːn] *поэт., шутл.* покинутый

lorry ['lɔrɪ] грузовик

lose [luːz] (lost) 1) терять; лишаться; ~ oneself *(или* one's way) заблудиться 2) проигрывать; пропускать; упускать; ~ one's train опоздать на поезд; ~ a good ор-

portunity упустить хороший случай ◇ ~ the day проигрывать; быть побеждённым

loss [lɔs] 1) потеря, убыток 2) проигрыш ◇ be at a ~ быть в замешательстве; растеряться

lost [lɔst] 1. *past* и *p. p.* от lose 2. *a* погибший

lot [lɔt] 1. *n* 1) жребий 2) участь; судьба 3) *амер.* участок земли 4) партия *(товаров и т. п.)* ◇ a bad ~ плохой, дурной человек; a ~ of, ~s of много, масса; give me a ~ of gravy with my meat дайте мне побольше соуса к мясу 2. *adv* гораздо, намного; a ~ better гораздо лучше

loth [louθ] *см.* loath

lotion ['louʃ(ə)n] 1) примочка 2) лосьон

lottery ['lɔtərɪ] лотерея

loud [laud] 1. *a* 1) громкий 2) шумливый; развязный 3) кричащий *(о красках)* 2. *adv* громко

loudspeaker ['laud,spi:kə] громкоговоритель

lounge [laundʒ] 1. *v* 1) слоняться, бездельничать 2) сидеть развалясь 2. *n* комната отдыха, гостиная *(в отеле и т. п.)*

lour ['lauə] 1. *n* хмурость 2. *v* 1) хмуриться, хмурить брови 2) темнеть, покрываться тучами *(о небе)*

louse [laus] *(pl* lice) вошь

lout [laut] деревенщина; увалень

lovable ['lʌvəbl] милый

lov‖**e** ['lʌv] 1. *n* 1) любовь 2) возлюбленный, возлюбленная ◇ fall in ~ *(with)* влюбиться; give one's ~ to smb. передать привет кому-л. 2. *v* любить ◇ I'd to... я бы очень хотел..; ~**ely** 1) прелестный 2) *разг.* милый; славный; ~**er** 1) любовник, возлюбленный 2) любитель *(чего-л.)*; ~**ing** нежный, любящий

low I [lou] 1. *n* мычание 2. *v* мычать

low II 1) низкий, невысокий 2) слабый *(о пульсе)*; тихий *(о голосе)* 3) вульгарный ◇ L. Countries Нидерланды; feel ~ чувствовать себя неважно

lower I ['louə] *сравн. ст.* от low II

lower II 1) понижать, снижать, опускать 2) унижать

lower III ['lauə] *см.* lour

lowland ['loulənd] *(обыкн. pl)* низменность, долина

loyal ['lɔɪ(ə)l] верный; лояльный; ~**ty** [-tɪ] верность; лояльность

lubber ['lʌbə] увалень

lubrica‖**nt** ['lu:brɪkənt] смазка, смазочный материал; ~**te** [-keɪt] смазывать

lucid ['lu:sɪd] 1) ясный; прозрачный 2) *поэт.* яркий

luck ['lʌk] 1) судьба 2) удача; счастье ◇ down on one's ~ в беде; a run of ~ полоса счастья, удачи; worse ~ тем хуже; he had bad ~ ему не повезло; ~**ily** [-ɪlɪ] счастливо; к счастью; ~**y** [-ɪ] удачливый; счастливый

lucrative ['lu:krətɪv] прибыльный, выгодный, доходный

ludicrous ['lu:dɪkrəs] смешной; нелепый

lug [lʌg] тащить, волочить

luggage ['lʌgɪdʒ] багаж

lugubrious [luˈgju:brɪəs] мрачный

lukewarm ['lu:kwɔ:m] тепловатый; *перен.* равнодушный

lull [lʌl] 1. *v* 1) убаюкивать; усыплять 2) успокаивать 2. *п* затишье; ~**aby** ['lʌləbaɪ] колыбельная песня

lumbago [lʌmˈbeɪgou] *мед.* прострел

lumber I ['lʌmbə] 1. *п* 1) строевой лес 2) рухлядь, хлам 2. *v* загромождать

lumber II двигаться тяжело, неуклюже

lumin‖ary ['lu:mɪnərɪ] светило (*тж. перен.*); ~**ous** [-nəs] светящийся, светлый; *перен.* ясный, понятный

lump [lʌmp] 1. *п* 1) кусок; ком, глыба; *перен.* «медведь» (*о человеке*) 2) шишка ◊ a ~ sum общая сумма; ~ sugar кусковой сахар 2. *v* брать огулом ◊ ~ it *разг.* волей-неволей мириться с чем-л.

lunacy ['lu:nəsɪ] безумие, невменяемость

lunar ['lu:nə] лунный

lunatic ['lu:nətɪk] сумасшедший

lunch [lʌntʃ] 1. *п* ленч, второй завтрак 2. *v* завтракать

lung [lʌŋ] лёгкое ◊ ~s of London скверы и парки Лондона и окрестностей

lunge [lʌndʒ] 1. *п* удар (шпагой) 2. *v* нападать; делать выпад

lurch I [lə:tʃ]: leave in the ~ покидать в беде

lurch II 1. *п* 1) крен (*судна*) 2) нетвёрдая походка 2. *v* 1) крениться 2) идти шатаясь

lure [ljuə] 1. *п охот.* прикорм; приманка; *перен.* соблазн 2. *v* соблазнять, завлекать

lurid ['ljuərɪd] огненный; *перен.* сенсационный

lurk [lə:k] скрываться (в засаде); *перен.* таиться

luscious ['lʌʃəs] сочный; приторный (*тж. перен.*)

lush [lʌʃ] сочный, буйный (*о растительности*)

lust [lʌst] 1. *п* вожделение, похоть 2. *v* страстно желать

lustre ['lʌstə] 1) глянец, блеск 2) слава 3) люстра

lusty ['lʌstɪ] здоровый, сильный; живой

lute [lu:t] лютня

luxuri‖ant [lʌgˈzjuərɪənt] буйный, пышный (*о растительности*); цветистый (*о стиле*); *перен.* богатый (*о воображении*); ~**ous** [-əs] 1) роскошный (*в разн. знач.*)

luxury ['lʌkʃ(ə)rɪ] роскошь

lye [laɪ] щёлок

lying ['laɪŋ] *pres p.* от lie I, 2 и II, 1

lynch [lɪntʃ] линчевать

lynx ['lɪŋks] рысь; ~**-eyed** [-aɪd] востроглазый

lyric ['lɪrɪk] 1. *a* лирический 2. *п* 1) лирическое стихотворение 2) *pl* лирика; ~**al** [-(ə)l] лирический

M

M, m [em] тринадцатая буква англ. алфавита

ma [mɑː] (*сокр. от* mamma) мама

ma'am [mæm] (*сокр. от* madam) сударыня

mac [mæk] *сокр. от* mackintosh

macabre [mə'kɑːbr] жуткий

macadam [mə'kædəm] щебёночное покрытие

macaroni [ˌmækə'rouni] макароны

macaroon [ˌmækə'ruːn] миндальный бисквит

mace [meis] 1) *ист.* булава 2) жезл (*как символ власти*)

machinat‖e ['mækineit] строить козни; **~ion** [ˌmæki-'neiʃ(ə)n] (*обыкн. pl*) козни мн.

machine [mə'ʃiːn] **1.** *n* 1) машина, механизм; станок; *перен.* аппарат; party ~ партийный аппарат 2) *attr.*: ~ building works машиностроительный завод; ~ shop механическая мастерская, цех **2.** *v* обрабатывать на станке; шить (*на машине*); **~-gun** [-gʌn] **1.** *n* пулемёт **2.** *v* обстреливать из пулемёта

machinery [mə'ʃiːnəri] 1) *собир.* машины 2) аппарат, организация

machine tool [mə'ʃiːntuːl] *тех.* станок

machinist [mə'ʃiːnist] 1) слесарь; механик 2) машиностроитель 3) машинист

mack [mæk] *сокр. от* mackintosh

mackintosh ['mækintɔʃ] (непромокаемый) плащ

mad ['mæd] 1) сумасшедший, безумный; like ~ как сумасшедший; be ~ about smth. (*или* smb.) быть без ума от чего-л. (*или* кого-л.) 2) бешеный (*о животном*) 3) *разг.* рассерженный; get ~ сердиться; **~cap** [-kæp] сорвиголова

madam ['mædəm] мадам, госпожа (*форма обращения*)

madden ['mædn] сводить с ума

made [meid] *past и p. p. от* make 1

madman ['mædmən] сумасшедший

madness ['mædnis] сумасшествие

maelstrom ['meilstroum] водоворот; вихрь

magazine [ˌmægə'ziːn] 1) журнал 2) *воен.* склад боеприпасов 3) магазинная коробка (*винтовки*)

maggot ['mægət] личинка

magic ['mædʒik] **1.** *n* магия, волшебство; *перен.* очарование **2.** *a* волшебный

magician [mə'dʒiʃ(ə)n] волшебник

magisterial [ˌmædʒis'tiəriəl] 1) судебный 2) повелительный, властный

magistrate ['mædʒistrit] судья; член магистрата

magnanim‖ity [ˌmægnə'nimiti] великодушие; **~ous** [mæg'nænimə s] великодушный

magnate ['mægneɪt] магнат

magnesium [mæg'ni:zjəm] магний

magnet ['mægnɪt] магнит

magni‖ficent [mæg'nɪfɪsnt] великолепный, пышный; **~fy** ['mægnɪfaɪ] увеличивать; **~tude** ['mægnɪtju:d] 1) величина 2) значительность, важность

magpie ['mægpaɪ] сорока; *перен.* болтунья

Magyar ['mægjɑ:] **1.** *a* венгерский **2.** *n* 1) венгр, венгерец, мадьяр; венгерка, мадьярка 2) венгерский язык

mahogany [mə'hɔgənɪ] красное дерево

maid [meɪd] 1) девица, девушка; **~** of honour фрейлина 2) прислуга; горничная *(в. гостинице и т. п.)*

maiden ['meɪdn] **1.** *n* девица; дева **2.** *a* 1) незамужняя 2) девичий; **~** name девичья фамилия 3) первый; **~** voyage первый рейс *(нового корабля);* **~** speech первое выступление члена парламента; **~hood** [-hud] девичество

maidservant ['meɪd,sə:v(ə)nt] служанка

mail I [meɪl] **1.** *n* почта, почтовая корреспонденция **2.** *v* посылать по почте; опускать в ящик

mail II кольчуга

maim [meɪm] увечить; калечить

main [meɪn] **1.** *a* главный; the **~** body *воен.* главные силы **2.** *n* 1) основное, главное; in the **~** в основном 2): gas **~** газопровод

mainland ['meɪnlənd] материк

mainly ['meɪnlɪ] 1) главным образом 2) большей частью

mainspring ['meɪnsprɪŋ] часовая пружина, пружинка; *перен.* основной двигатель

maintain [men'teɪn] 1) поддерживать; сохранять *(здоровье, порядок и т. п.)* 2) содержать *(семью и т. п.)* 3) утверждать 4) *тех.* обслуживать 5) защищать *(свои права и т. п.)*

maintenance ['meɪntɪnəns] 1) поддержка; содержание 2) *тех.* эксплуатация; техническое обслуживание; *attr.:* **~** work текущий ремонт; **~** equipment ремонтное оборудование

maize [meɪz] маис, кукуруза

majest‖ic [mə'dʒestɪk] величественный; **~y** ['mædʒɪstɪ] 1) величественность 2) (Majesty) величество *(титул)*

major ['meɪdʒə] **1.** *a* 1) больший; **~** forces *воен.* главные силы 2) более важный 3) старший 4) *муз.* мажорный **2.** *n* 1) совершеннолетний 2) майор; **~ity** [mə'dʒɔrɪtɪ] 1) большинство; vast **~ity** громадное большинство 2) совершеннолетие 3) чин, звание майора

make ['meɪk] **1.** *v* (made) 1) делать 2) производить, изготовлять 3) составлять;

равня́ться 4) получа́ть; how much do you ~ a month? ско́лько вы зараба́тываете в ме́сяц? 5) заставля́ть 6) гото́вить *(обед и т. п.)* 7) назнача́ть *(на должность)* 8) *мор.* входи́ть *(в порт и т. п.)*; ~ **away** *(with)* устрани́ть; уби́ть *(кого-л.)*; ~ away with oneself поко́нчить с собо́й; ~ **for** направля́ться; ~ **off** удра́ть; ~ **out** а) разобра́ть, поня́ть; б) выпи́сывать *(чек, счёт)*; ~ **up** а) составля́ть *(речь)*; собира́ть; б) возмеща́ть; навёрстывать *(for)*; в) гримирова́ть(ся) *(об актёрах)*; г) употребля́ть косме́тику *(о женщинах)*; д) выду́мывать; ~ up a story сочини́ть исто́рию ◊ ~ up one's mind а) реши́ть; б) реши́ться; ~ it up мири́ться; ~ up for one's mistake загла́дить свою́ вину́; ~ no bones about it не колеба́ться; ~ war воева́ть; ~ a promise обеща́ть; ~ as if to де́лать вид, что; ~ free а) *(with)* распоряжа́ться *(чужим)*; б) позволя́ть себе́ во́льности; ~ little *(of)* счита́ть несуще́ственным; what am I to ~ of this? как я до́лжен э́то понима́ть? 2. *n* 1) произво́дство 2) фасо́н; ма́рка, тип, моде́ль; **~r** созда́тель, творе́ц

makeshift ['meɪkʃɪft] 1) заме́на, паллиати́в 2) вре́менное приспособле́ние

make-up ['meɪkʌp] 1) грим; косме́тика 2) нату́ра; склад *(ума, характера)*

makeweight ['meɪkweɪt] дове́сок, доба́вок

mal- [mæl-] *pref со значе́нием* плохо́й, недоста́точный

maladjusted ['mælə'dʒʌstɪd] пло́хо приспосо́бленный *(к окружа́ющей среде́ и т. п.)*

maladministration ['mæləd,mɪnɪs'treɪʃ(ə)n] плохо́е управле́ние

malady ['mælədɪ] боле́знь; расстро́йство

Malay [mə'leɪ] 1. *a* мала́йский 2. *n* 1) мала́ец; мала́йка 2) мала́йский язы́к

malcontent ['mælkən,tent] недово́льный

male [meɪl] 1. *n* 1) мужчи́на 2) саме́ц *(животных)* 2. *a* мужско́й

malediction [,mælɪ'dɪkʃ(ə)n] прокля́тие

malefactor ['mælɪfæktə] престу́пник, злоде́й, злоумы́шленник

malevolent [mə'levələnt] недоброжела́тельный

malic||e ['mælɪs] 1) зло́ба 2) *юр.* престу́пное наме́рение; **~ious** [mə'lɪʃəs] зло́бный

malign [mə'laɪn] 1. *a* 1) вражде́бный 2) *мед.* злока́чественный 2. *v* клевета́ть

malignant [mə'lɪgnənt] 1) зло́бный 2) *мед.* злока́чественный

malinger [mə'lɪŋgə] притворя́ться больны́м

malleable ['mælɪəbl] ко́вкий; *перен.* подáтливый, усту́пчивый

mallet ['mælɪt] деревянный молоток

malnutrition [ˌmælnjuː'trɪʃ(ə)n] плохое питание, недоедание

malt [mɔːlt] 1) солод 2) *attr.* солодовый

maltreat [mæl'triːt] дурно обращаться

mamma [mə'mɑː] мама

mammal ['mæm(ə)l] млекопитающее

man [mæn] 1. *n (pl* men) 1) мужчина 2) человек 3) муж; ~ and wife муж и жена 4) слуга 5) рабочий ◊ ~ in the street а) первый встречный; б) обыватель; all to a ~ все до одного; have a ~-to-~ talk поговорить начистоту 2. *v* снабжать людьми, укомплектовывать личным составом

manacle ['mænəkl] 1. *n (обыкн. pl)* кандалы, наручники 2. *v* надевать наручники

manage ['mænɪdʒ] 1) управлять, заведовать 2) справляться, уметь обращаться 3) ухитряться; **~ment** 1) заведование, управление 2) обращение, умение *(владеть инструментом, работать)* 3) (the **~**ment) правление, дирекция; администрация

manager ['mænɪdʒə] 1) руководитель, заведующий, директор; управляющий 2) хозяин, хозяйка; he doesn't earn much but his wife is a good ~ он зарабатывает немного, но его жена хорошая хозяйка

mandat‖**e** ['mændeɪt] мандат; предписание; **~ed** [-ɪd] подмандатный; **~ory** [-dət(ə)rɪ] мандатный

mane [meɪn] грива; *перен.* космы *мн.*

manful ['mænful] мужественный, твёрдый

manganese [ˌmæŋgə'niːz] марганец

mange [meɪndʒ] *вет.* чесотка

manger ['meɪndʒə] ясли, кормушка

mangle I ['mæŋgl] 1) рубить 2) калечить; *перен.* искажать

mangle II 1. *n* каток *(для белья)* 2. *v* катать *(бельё)*

mangy ['meɪndʒɪ] чесоточный, паршивый

manhole ['mænhoul] 1) лаз 2) смотровое отверстие

manhood ['mænhud] 1) возмужалость 2) мужественность

manicure ['mænɪkjuə] делать маникюр

manifest ['mænɪfest] 1. *a* очевидный, явный 2. *v* 1) ясно показывать, проявлять; ~ itself проявляться; **~ation** [ˌmænɪfes'teɪʃ(ə)n] 1) проявление 2) манифестация

manifesto [ˌmænɪ'festou] манифест; the Communist M. Манифест Коммунистической партии

manifold ['mænɪfould] 1. *a* 1) многочисленный 2) разнообразный 2. *v* размножать *(документ)*

manipulate [mə'nɪpjuleɪt] 1)

man умело обращаться 2) подтасовывать

mankind [mæn'kaɪnd] человечество

manly ['mænlɪ] мужественный

mannequin ['mænɪkɪn] 1) манекенщица 2) манекен

manner ['mænə] образ, способ, манера

manoeuvre [mə'nu:və] 1. *n* манёвр 2. *v* маневрировать

man-of-war ['mænəv'wɔ:] *(pl.* men-of-war*)* военный корабль

manor ['mænə] (феодальное) поместье

manse [mæns] дом шотландского пастора; son of the ~ сын пастора

mansion ['mænʃ(ə)n] большой особняк

mantelpiece ['mæntlpi:s] камин

mantle ['mæntl] 1. *n* 1) мантилья; мантия; *перен.* покров 2) *тех.* кожух 2. *v* покрывать; окутывать, укрывать

manual ['mænjuəl] 1. *a* ручной; ~ labour физический труд 2. *n* руководство *(книга)*, учебник

manufactur||**e** [,mænju'fæktʃə] 1. *n* производство, изготовление 2. *v* выделывать, производить; ~**er** [-rə] 1) фабрикант 2) изготовитель

manure [mə'njuə] 1. *n* навоз; удобрение 2. *v* удобрять

manuscript ['mænjuskrɪpt] рукопись

many ['menɪ] 1. *a (сравн. ст.* more; *превосх. ст.* most) многие; многочисленные; a good ~ довольно много; ~ a много; ~ a time часто; as ~ столько же; not so ~ as меньше, чем 2. *n* множество; are there ~ coming to dinner? много народу придёт к обеду?

map [mæp] 1. *n* 1) (географическая) карта 2) план 2. *v* чертить карту; наносить на карту; ~ out планировать, обдумывать

maple ['meɪpl] клён

mar [mɑ:] испортить; расстроить

maraud [mə'rɔ:d] грабить; ~**er** мародёр

marble ['mɑ:bl] мрамор; ~**d** [-d] под мрамор

March [mɑ:tʃ] 1) март 2) *attr.* мартовский

march I [mɑ:tʃ] 1. *v* граничить 2. *n (обыкн. pl)* пограничная область

march II [mɑ:tʃ] 1. *v* маршировать; ~ off а) выступать; б) отводить кого-л. 2. *n* 1) марш 2) переход, пройденное расстояние 3) ход, развитие *(событий);* ~**er** участник похода-демонстрации; ~**ing** 1) маршировка 2) *attr.:* ~ing order а) походный порядок; б) *pl* приказ о выступлении

marchioness ['mɑ:ʃ(ə)nɪs] маркиза

mare [mɛə] кобыла ◊ find a ~'s nest *погов.* попасть пальцем в небо

margarine [,mɑ:dʒə'ri:n] маргарин

marge [mɑːdʒ] *разг. сокр.* от margarine

margin ['mɑːdʒɪn] 1) поле (*книги*) 2) край; полоса; граница 3) резерв, запас; ~al [-l] 1) написанный на полях 2) крайний, предельный

marinade [,mærɪ'neɪd] мариновать

marine [mə'riːn] 1. *a* морской 2. *n* 1): merchant ~ торговый флот 2) солдат морской пехоты; ~r ['mærɪnə] моряк, матрос

marital [mə'raɪtl] супружеский

maritime ['mærɪtaɪm] приморский; морской

mark I [mɑːk] 1. *n* 1) знак, метка; признак 2) отметка, оценка (*знаний, поведения*) 3) мишень; hit the ~ попасть в цель; miss the ~ промахнуться 4) известность, слава; a man of ~ известный человек; make one's ~ отличиться, выдвинуться 5) норма, уровень; below the ~ не на высоте (*положения*); up to the ~ на должной высоте ◊ wide of the ~ а) мимо цели; б) не по существу, некстати 2. *v* 1) маркировать; метить 2) отмечать; 3) замечать; ~ **down** понижать (*цену, курс и т. п.*); ~ **off** разграничивать; ~ **out** а) размечать; б) предназначать; ~ **up** повышать (*цену и т. п.*) ◊ ~ time а) *воен.* обозначать шаг на месте; б) топтаться на месте; выжидать

mark II [mɑːk] марка (*монета*)

market ['mɑːkɪt] 1. *n* рынок 2. *v* 1) продавать *или* покупать на рынке 2) продавать, сбывать; ~**able** [-əbl] 1) ходкий (*о товаре*) 2) годный для продажи

marksman ['mɑːksmən] меткий стрелок

marmalade ['mɑːməleɪd] апельсинное варенье

marmot ['mɑːmət] сурок

maroon I [mə'ruːn] 1. *n* тёмно-красный цвет 2. *a* тёмно-красный

maroon II высаживать на необитаемом острове

marriage ['mærɪdʒ] 1) брак 2) свадьба

married ['mærɪd] женатый; замужняя

marrow ['mærou] костный мозг; *перен.* сущность

marry ['mærɪ] 1) жениться; выходить замуж 2) женить; венчать

marsh [mɑːʃ] 1) болото, топь 2) *attr.*: ~ gas болотный газ, метан

marshal ['mɑːʃ(ə)l] 1. *n* 1) маршал 2) церемониймейстер 3) *амер.* начальник полиции *или* пожарной охраны 2. *v* 1) выстраиваться 2) распоряжаться

marsupial [mɑː'sjuːpjəl] *зоол.* сумчатое животное

mart [mɑːt] *сокр.* от market

marten ['mɑːtɪn] куница

martial ['mɑːʃ(ə)l] 1) военный; ~ law военное положение 2) воинственный; ~ spirit воинственный дух

martinet [ˌmɑːtɪ'net] сторо́нник стро́гой дисципли́ны

martyr ['mɑːtə] 1. *n* му́ченик; he was a ~ to gout он страда́л пода́грой 2. *v* му́чить

marvel ['mɑːv(ə)l] 1. *n* чу́до, ди́во 2. *v* удивля́ться, изумля́ться; **~lous** ['mɑːvɪləs] изуми́тельный, удиви́тельный

Marxian ['mɑːksjən] 1. *n* маркси́ст 2. *a* маркси́стский

Marxism ['mɑːksɪzm] маркси́зм

Marxism-Leninism ['mɑːksɪzm'lenɪnɪzm] маркси́зм-ленини́зм

Marxist ['mɑːksɪst] 1. *a* маркси́стский 2. *n* маркси́ст

mascara [mæs'kɑːrə] кра́ска, тушь *(для ресниц и бровей)*

mascot ['mæskət] талисма́н

masculine ['mɑːskjulɪn] 1. *a* 1) мужско́й 2) му́жественный 3) *грам.* мужско́го ро́да 2. *n грам.* мужско́й род

mash [mæʃ] 1. *n* 1) су́сло 2) по́йло из отрубе́й 3) пюре́ 2. *v* превраща́ть в пюре́, размина́ть

mask [mɑːsk] 1. *n* ма́ска; *воен.* противога́з *(тж.* gas-mask); *перен.* личи́на 2. *v* маскирова́ть, скрыва́ть

mason ['meɪsn] 1) ка́менщик 2) масо́н; **~ry** [-rɪ] ка́менная кла́дка

masquerade [ˌmæskə'reɪd] 1. *n* маскара́д 2. *v*: ~ as выдава́ть себя́ *(за кого-л.)*

mass I [mæs] 1. *n* 1) ма́сса 2) ку́ча, мно́жество 2. *v* собира́ть в ку́чу, в ма́ссу; концентри́ровать

mass II ме́сса, литурги́я; обе́дня

massacre ['mæsəkə] 1. *n* резня́; избие́ние 2. *v* устра́ивать резню́

massage ['mæsɑːʒ] 1. *n* масса́ж 2. *v* масси́ровать

masses ['mæsɪz]: the ~ наро́дные ма́ссы

mass‖eur [mæ'səː] *фр.* масса́жист; **~euse** [-'səːz] *фр.* массажи́стка

massive ['mæsɪv] 1) масси́вный 2) огро́мный

mast [mɑːst] ма́чта

master ['mɑːstə] 1. *n* 1) хозя́ин 2) учи́тель; head ~ дире́ктор шко́лы 3) маги́стр 4) вели́кий худо́жник, ма́стер 5) *attr.* высококвалифици́рованный ◇ M. of Ceremonies а) церемониймейстер; б) конферансье́ 2. *v* 1) овладе́ть *(чем-л.)*; изучи́ть *(что-л.)* 2) одоле́ть; подчини́ть себе́ 3) руководи́ть, управля́ть; **~ful** 1) вла́стный 2) мастерско́й; **~-key** [-kɪ] отмы́чка

masterly ['mɑːstəlɪ] мастерско́й, соверше́нный

master‖piece ['mɑːstəpiːs] шеде́вр; **~-stroke** [-strouk] мастерско́й ход, ло́вкий ход

mastery ['mɑːstərɪ] 1) госпо́дство, влады́чество 2) мастерство́

masticate ['mæstɪkeɪt] жева́ть

mat I [mæt] 1. *n* 1) половик, коврик; циновка; рогожа 2) клеёнка *(столовая)* 3) что-л. спутанное, переплетённое 2. *v* 1) стелить коврик *(и т. п.)* 2) спутывать

mat II [mæt] матовый

match I [mætʃ] спичка

match II 1. *n* 1) состязание 2) ровня, пара 3) брак *(супружество)* 2. *v* 1) состязаться 2) подходить, соответствовать, гармонировать 3) подбирать под пару

match-box ['mætʃbɔks] спичечная коробка

matchless ['mætʃlɪs] несравненный; непревзойдённый

mate I [meɪt] *шахм.* 1. *n* мат 2. *v* сделать мат

mate II 1. *n* 1) товарищ 2) супруг; супруга 3) помощник 2. *v* 1) спаривать *(о животных)* 2) спариваться

material [mə'tɪərɪəl] 1. *a* 1) материальный, вещественный; ~ values материальные блага; ~ evidence вещественные доказательства 2) существенный; ~ witness важный свидетель 2. *n* 1) материал; raw ~s сырьё; writing ~s письменные принадлежности 2) *текст.* материя

material‖ism [mə'tɪərɪəlɪzm] материализм; historical ~ исторический материализм; dialectical ~ диалектический материализм; ~istic [mə,tɪərɪə'lɪstɪk] материалистический

matern‖al [mə'tə:nl] материнский; ~ity [-'tə:nɪtɪ] 1) материнство 2) *attr.*: ~ity home родильный дом

mathematics [,mæθɪ'mætɪks] математика

matinee ['mætɪneɪ] дневной спектакль *или* концерт

matriculate [mə'trɪkjuleɪt] принимать *или* быть принятым в высшее учебное заведение

matrimony ['mætrɪm(ə)nɪ] супружество; брак

matron ['meɪtr(ə)n] 1) матрона 2) мать семейства 2) экономка; сестра-хозяйка *(в школе и т. п.)*

matter ['mætə] 1. *n* 1) дело, вопрос; money ~s денежные дела; as a ~ of fact на самом деле; по правде говоря; what is the ~? в чём дело?; no ~ неважно, безразлично; for that ~ что касается этого; no ~ what несмотря ни на что 2) вещество; *филос.* материя 3) предмет, содержание 4) *мед.* гной 2. *v*: what does it ~? какое это имеет значение?; it doesn't ~ ничего, неважно; it ~s very much to me для меня это очень важно; ~-of-course ['mæt(ə)rəv'kɔ:s] само собой разумеющийся; ~-of-fact ['mæt(ə)rəv'fækt] сухой, прозаический

matting ['mætɪŋ] 1) циновки; материал для циновок 2) рогожа

mattock ['mætək] мотыга

mattress ['mætrɪs] матрац, тюфяк

mature [mə'tjuə] **1.** *a* 1) зрелый; спелый 2) хорошо обдуманный 3) *ком.* подлежащий оплате **2.** *v* 1) созревать 2) доводить до зрелости 3) *ком.* наступать *(о сроке платежа)*

maturity [mə'tjuərıtı] зрелость

maudlin ['mɔːdlın] слезливый, плаксивый *(во хмелю)*

maul [mɔːl] **1.** *n* деревянный молот **2.** *v* калечить; вредить; *перен.* жестоко критиковать

maunder ['mɔːndə] говорить несвязно; бормотать

mausoleum [,mɔːsə'lıəm] мавзолей

mauve [mouv] розовато-лиловый

mawkish ['mɔːkıʃ] сентиментальный

maxim ['mæksım] 1) сентенция, афоризм 2) правило поведения; принцип

maximum ['mæksıməm] максимум

May [meı] 1) май 2) *attr.* майский; ~ Day Первое мая

may [meı] *(past* might) 1) могу, может, можем *и т. д.*; he ~ do it himself он может сделать это сам; they ~ come yet они ещё могут прийти; ~ I come in? могу я, можно мне войти? 2) *(в сочет. с перф. инфинитивом)* возможно, может быть; he ~ have gone возможно *(или* может быть), он уже уехал; they ~ have seen us возможно, что они нас видели 3) *выражает пожелания:* ~ success attend you! желаю вам успеха! ◊ be that as it ~ как бы то ни было

maybe ['meıbı] может быть

mayor [mɛə] мэр

maze [meız] лабиринт; *перен.* путаница

me [miː *(полная форма)*, mı *(редуцированная форма)*] *pers pron (объектн. пад. от* I) меня, мне

meadow ['medou] луг

meagre ['miːgə] 1) худой, тощий 2) постный; скудный 3) бедный *(содержанием)*; ~ information скудная информация

meal I [miːl] еда

meal II мука

mealtime ['miːltaım] время принятия пищи *(обед, ужин и т. п.)*

mealy ['miːlı] 1) мучной, мучнистый 2) рассыпчатый *(о картофеле)*; ~-mouthed [-'mauðd] неискренний

mean I [miːn] (meant) 1) значить 2) предназначать 3) иметь намерение 4) иметь в виду ◊ well ~ (by) желать добра *(кому-л.)*

mean II 1) плохой; захудалый 2) подлый 3) скаредный

mean III **1.** *a* средний; ~ line биссектриса ◊ in the ~ time тем временем, между тем **2.** *n* 1) середина 2) *мат.* среднее число 3) *pl* средство, способ; by ~s of посредством 4) *pl* средства, состояние, богатство; this is beyond my ~s это мне не по срéдствам 5) *attr.*: ~s test провéрка нуждáемости ◇ by any ~s какúм бы то ни бы́ло óбразом; by all ~s а) во что бы то ни стáло; б) конéчно

meander. [mɪ'ændə] 1. *n pl* извúлина *(дорóги, реки)* 2. *v* извивáться

meaning ['mɪ:nɪŋ] 1. *n* значéние; смысл 2. *a* (много-)значúтельный; ~**less** бессмы́сленный

meant [ment] *past и р. р. от* mean I

meantime ['mɪ:n'taɪm] *см.* meanwhile

meanwhile ['mɪ:n'waɪl] мéжду тем, тем врéменем

measles ['mɪ:zlz] (*употр. с гл. в ед. ч.*) корь

measure ['meʒə] 1. *n* 1) мéра; beyond ~ чрезмéрно; in some ~ в извéстной стéпени 2) мéрка; what is your waist ~? какóй у вас объём тáлии?; made to ~ сдéланный на закáз 3) *муз.* такт 2. *v* измерять; снимáть мéрку; отмерять; ~**ment** 1) измерéние 2) размéры

meat [mɪ:t] мя́со

mechanic [mɪ'kænɪk] 1) механик 2) машинúст; оперáтор; ~**al** [-(ə)l] механúческий; *перен.* машинáльный; ~**s** [-s] механúка

mechanize ['mekənaɪz] механизúровать

medal ['medl] медáль

meddle ['medl] вмéшиваться

mediaeval [,medɪ'ɪ:v(ə)l] *см.* medieval

medial ['mɪ:djəl] срéдний, срединный

median ['mɪ:djən] 1. *n* медиáна 2. *а см.* medial

medic||**al** ['medɪk(ə)l] врачéбный; медицúнский; ~ history истóрия болéзни; ~**ament** [me'dɪkəmənt] лекáрство

medicine ['medsɪn] 1) медицúна *(особ. терапия)*; practise ~ занимáться врачéбной прáктикой 2) лекáрство; ~**-man** [-mæn] знáхарь, колдýн, шамáн

medieval [,medɪ'ɪ:v(ə)l] средневекóвый

mediocre ['mɪ:dɪoukə] посрéдственный

meditate ['medɪteɪt] 1) замышля́ть; намеревáться; ~ revenge замышля́ть месть 2) размышля́ть

medium ['mɪ:djəm] 1. *n* (*pl* ~s [-mz], -dia [-djə]) 1) срéдство 2) средá 3) середúна; happy ~ золотáя середúна 2. *а* 1) срéдний 2) умéренный

medley ['medlɪ] 1) смесь; мешанúна 2) разношёрстная толпá

meek [mɪ:k] крóткий, мя́гкий

meet ['mɪ:t] (met) 1) встречáть 2) собирáться, встречáться 3) знакóмиться 4) удовлетворя́ть *(желáние и т. п.)* ◇ ~ a bill оплатúть *(счёт)*; ~ one's death погúбнуть; ~**ing** 1) собрáние, мúтинг; заседáние 2) встрéча *(тж. спорт.)*

megaphone ['megəfoun] 1. *n*

мегафо́н, ру́пор 2. *v* говори́ть в ру́пор

melancholy ['melənkəlı] 1. *n* уны́ние, грусть 2. *a* гру́стный

mêlée ['meleı] *фр.* о́бщая сва́лка

mellifluous [me'lıfluəs] медоточи́вый, сладкоречи́вый

mellow ['melou] 1. *a* 1) спе́лый 2) со́чный, густо́й *(о голосе, цвете и т. п.)* 3) мя́гкий; доброду́шный 4) *разг.* подвы́пивший; be ~ быть навеселе́ 2. *v* зреть

melod‖ious [mı'loudjəs] мелоди́чный; ~y ['melədı] мело́дия

melon ['melən] ды́ня

melt ['melt] 1) та́ять *(о снеге и т. п.)* 2) пла́вить, раста́пливать 3) пла́виться, раста́пливаться; *перен.* смягча́ться; ~ **away** растая́ть; ~ **down** растворя́ть; ~ing: ~ing point то́чка плавле́ния

member ['membə] член; ~ship чле́нство

membrane ['membreın] плева́, плёнка

memoir ['memwɑ:] 1) кра́ткая биогра́фия 2) *pl* мемуа́ры

memorable ['mem(ə)rəbl] па́мятный

memorandum [,memə'rændəm] 1) заме́тка 2) па́мятная запи́ска, мемора́ндум

memorial [mı'mɔ:rıəl] 1) па́мятник 2) *pl* истори́ческая хро́ника

memo‖rize ['meməraız] зау́чивать наизу́сть, запомина́ть; ~**ry** [-rı] 1) па́мять 2) воспомина́ние

men [men] *pl от* man 1

menace ['menəs] 1. *n* угро́за; опа́сность 2. *v* угрожа́ть

menagerie [mı'nædʒərı] звери́нец

mend [mend] 1) исправля́ть, чини́ть; што́пать *(чулки и т. п.);* ремонти́ровать *(дорогу и т. п.)* 2) улучша́ться

mendacious [men'deıʃəs] лжи́вый; ло́жный

mendacity [men'dæsıtı] лжи́вость

menial ['mi:njəl] 1. *n* слуга́; *перен.* лаке́й 2. *a* ни́зкий, лаке́йский

men-of-war ['menəv'wɔ:] *pl от* man-of-war

mensurable ['menʃurəbl] измери́мый

mental ['mentl] 1) у́мственный 2) психи́ческий, душе́вный; ~ home психиатри́ческая лече́бница; ~**ity** [men'tælıtı] склад ума́; мышле́ние

mention ['menʃ(ə)n] 1. *v* упомина́ть; don't ~ it не сто́ит благода́рности; пожа́луйста; not to ~ не говоря́ уже́ о 2. *n* упомина́ние

mercantile ['mə:k(ə)ntaıl] торго́вый; комме́рческий

mercenary ['mə:sın(ə)rı] 1. *a* коры́стный; прода́жный 2. *n* наёмник

merchandise ['mə:tʃ(ə)ndaız] това́ры

merchant ['mə:tʃ(ə)nt] купе́ц, торго́вец

merci∥ful ['mə:sɪful] милосéрдный; **~less** безжáлостный

mercury ['mə:kjurɪ] ртуть

mercy ['mə:sɪ] 1) милосéрдие 2) мúлость; прощéние; at the ~ (*of*) во влáсти, на мúлость; beg for ~ просúть пощáды; have ~ (*upon*) щадúть, мúловать ◇ that's a ~! это прямо счáстье!

mere ['mɪə] 1) явный, сýщий; ~ blunder явная ошúбка 2) простóй; a ~ child could do it дáже ребёнок мог (бы) сдéлать это; **~ly** прямо, тóлько; едúнственно

merg∥e ['mə:dʒ] 1) поглощáть 2) сливáться, соединяться 3) сливáть, соединять; **~er** слияние; объединéние

meridian [mə'rɪdɪən] 1) меридиáн 2) пóлдень 3) высшая тóчка, расцвéт

merino [mə'ri:nou] 1) меринóс (*порода овец*) 2) меринóсовая шерсть

merit ['merɪt] 1. *n* достóинство; заслýга ◇ on its ~s по существý 2. *v* заслýживать, быть достóйным; **~orious** [,merɪ'tɔ:rɪəs] достóйный нагрáды; похвáльный

mer∥riment ['merɪmənt] весéлье; **~ry** [-ɪ] весёлый; рáдостный

merry-go-round ['merɪgo(u)-,raund] карусéль

mesh [meʃ] 1. *n* пéтля; *pl* сéти; западня 2. *v* ловúть, опýтывать сетями

mesmerize ['mezm(ə)raɪz] гипнотизúровать

mess I [mes] 1) беспорядок 2) неприятность, бедá

mess II офицéрская столóвая; кают-компáния

message ['mesɪdʒ] 1) сообщéние; донесéние; послáние 2) поручéние

messenger ['mesɪndʒə] вéстник; посыльный

messmate ['mesmeɪt] однокáшник

met [met] *past и p. p.* от meet

metal ['metl] 1. *n* 1) метáлл 2) щéбень 2. *v* 1) покрывáть метáллом 2) мостúть щéбнем; **~lic** [mɪ'tælɪk] металлúческий

metallurgy [me'tælədʒɪ] металлýргия

metaphor ['metəfə] метáфора

metaphys∥ical [,metə'fɪzɪk(ə)l] метафизúческий; **~ics** [-ɪks] метафúзика

meteor ['mi:tjə] метеóр

meteorite ['mi:tjəraɪt] метеорúт

meteorology [,mi:tjə'rɔlədʒɪ] метеорологúя

meter ['mi:tə] 1) *см.* metre I 2) счётчик

method ['meθəd] 1) мéтод, систéма 2) спóсоб

methodical [mɪ'θɔdɪk(ə)l] 1) методúческий 2) систематúческий

methylated ['meθɪleɪtɪd]: ~ spirit денатурáт

meticulous [mɪ'tɪkjuləs] педантúчный, тщáтельный; дотóшный

MET 342

metre I ['mi:tə] метр *(мера)*
metre II размер, ритм
metric ['metrɪk] метрический
metropoli‖s [mɪ'trɔpəlɪs] столица; **~tan** [,metrə'pɔlɪt(ə)n] столичный
mettle ['metl] 1) характер *(человека)* 2) храбрость ◊ put smb. on his ~ заставить кого-л. сделать всё, что в его силах
mew I [mju:] 1. *v* мяукать 2. *n* мяуканье
mew II *поэт.* чайка
mews [mju:z] конюшни; извозчичий двор
Mexican ['meksɪkən] 1. *n* мексиканец; мексиканка 2. *a* мексиканский
miaw [mi'au] *см.* mew I
mica ['maɪkə] слюда
mice [maɪs] *pl от* mouse 1
microbe ['maɪkroub] микроб
microphone ['maɪkro(u)foun] микрофон
microscope ['maɪkro(u)skoup] микроскоп
mid [mɪd] средний, срединный
midday ['mɪdded] полдень
middle ['mɪdl] 1. *a* средний; ~ peasant середняк 2. *n* середина; **~-aged** [-'eɪdʒd] средних лет; **~man** [-mæn] 1) посредник 2) комиссионер
midge [mɪdʒ] мошка
midget ['mɪdʒɪt] крошечное существо
Midlands ['mɪdləndz] (the ~) центральные графства Англии

midnight ['mɪdnaɪt] полночь
midst [mɪdst]: in the ~ (of) окружённый *(кем-л.)*; среди *(кого-л.)*; in our ~ среди нас
midsummer ['mɪd,sʌmə] середина лета
midway ['mɪdweɪ] на полпути; ~ between на полпути между
midwife ['mɪdwaɪf] акушерка
mien [mi:n] мина, выражение лица
might I [maɪt] *past от* may
migh‖t II ['maɪt] 1) могущество; власть 2) энергия; сила; with ~ and main изо всей силы; **~ty** [-tɪ] 1. *a* могущественный; мощный 2. *adv разг.* очень
migrate [maɪ'greɪt] 1) переселяться 2) совершать перелёт *(о птицах)*
mild [maɪld] нежный, мягкий; слабый
mile ['maɪl] миля; **~age** [-ɪdʒ] расстояние в милях
milepost ['maɪlpoust] верстовой столб
milestone ['maɪlstoun] верстовой камень; *перен.* веха
milieu ['mi:ljə:] *фр.* окружающая среда, окружение
militant ['mɪlɪt(ə)nt] воинствующий; боевой
militarist ['mɪlɪtərɪst] милитарист
militarization [,mɪlɪtəraɪ'zeɪʃ(ə)n] милитаризация
military ['mɪlɪt(ə)rɪ] 1. *a* военный; воинский; ~ age

призывно́й во́зраст 2. *п*: the ~ *собир.* вое́нные

militia [mɪ'lɪʃə] *ист.* наро́дное ополче́ние *(в Англии)*

milk ['mɪlk] 1. *n* 1) молоко́ 2) *бот.* мле́чный сок 2. *v* 1) дои́ть; *перен. разг.* эксплуати́ровать 2) дава́ть молока́; **~maid** [-meɪd] доя́рка; **~man** [-mən] разно́счик молока́; **~sop** [-sɔp] тря́пка, ба́ба, трус; **~y** [-ɪ] моло́чный ◇ Milky Way Мле́чный Путь

mill [mɪl] 1. *n* 1) ме́льница 2) фа́брика 3) прока́тный стан 4) *тех.* фреза́ 2. *v* 1) моло́ть 2) дроби́ть 3) дви́гаться по кру́гу, кружи́ть *(о толпе, стаде)*

millennium [mɪ'lenɪəm] тысячеле́тие

miller ['mɪlə] ме́льник

millet ['mɪlɪt] про́со

milliard ['mɪljɑːd] миллиа́рд

milligram(me) ['mɪlɪɡræm]миллигра́мм

millimetre ['mɪlɪˌmiːtə] миллиме́тр

milliner ['mɪlɪnə] моди́стка; **~y** [-rɪ] магази́н да́мских шляп

million ['mɪljən] миллио́н; **~aire** [ˌmɪljə'nɛə] миллионе́р

mill‖stone ['mɪlstoun] жёрнов; **~-wheel** [-wiːl] ме́льничное колесо́

mimeograph ['mɪmɪəɡrɑːf] мно́жительный аппара́т *(для докуме́нтов)*, мимео́граф

mimic ['mɪmɪk] 1. *a* подража́тельный 2. *n* имита́тор; *перен.* обезья́на 3. *v* имити́ровать

minatory ['m(a)ɪnət(ə)rɪ] угрожа́ющий

mince ['mɪns] кроши́ть; пропуска́ть *(мясо)* через мясору́бку ◇ not to ~ matters говори́ть пря́мо, без обиняко́в; **~meat** [-miːt] фарш

mind ['maɪnd] 1. *n* 1) па́мять; keep in ~ по́мнить 2) ум 3) мне́ние; мысль ◇ to my ~ по-мо́ему; give smb. a piece of one's ~ сказа́ть кому́-л. пря́мо в лицо́ о чём-л.; on one's ~ на душе́; have *(или* keep*)* in ~ име́ть в виду́; go out of one's ~ сходи́ть с ума́; I've got a good ~ to quit у меня́ большо́е жела́ние бро́сить всё это; set one's ~ on реши́ть во что бы то ни ста́ло 2. *v* 1) возража́ть, быть про́тив; are you sure you don't ~? вы, действи́тельно, ничего́ не име́ете про́тив? 2) забо́титься, смотре́ть *(за чем-л.);* ~ the dog while I am gone присма́тривайте за соба́кой, пока́ меня́ не бу́дет 3) быть осторо́жным; ~ how you cross the street бу́дьте осторо́жны при перехо́де у́лицы 4) име́ть в виду́; обраща́ть внима́ние; ~! смотри́!; you have to ~ the traffic rules here вы должны́ здесь соблюда́ть пра́вила у́личного движе́ния ◇ would you ~? мо́жно?, вам не меша́ет?; **~ful** по́мнящий, име́ющий в виду́; забо́тливый

mine I [maɪn] *poss pron*

(*несвязанная форма к* my) *употр. вместо сущ.* мой, моя, моё, мой; свой, своя, своё, свой

min‖e II ['maɪn] **1.** *n* 1) рудник, шахта; *перен.* источник (*сведений и т. п.*) 2) мина **2.** *v* 1) разрабатывать рудник; ~ gold добывать золото 2) подкапываться 3) минировать; ~er 1) шахтёр; горняк 2) *воен.* минёр

mineral ['mɪn(ə)r(ə)l] **1.** *n* минерал **2.** *a* минеральный; ~ resources минеральные богатства; недра; ~ogy [ˌmɪnəˈrælədʒɪ] минералогия

minethrower ['maɪnˌθrouə] миномёт

mingle ['mɪŋgl] 1) смешивать 2) смешиваться

mingy ['mɪndʒɪ] *разг.* скупой

miniature ['mɪnjətʃə] миниатюра

minim‖**al** ['mɪnɪml] минимальный; ~**um** [-əm] минимум

mining ['maɪnɪŋ] 1) горное дело; горная промышленность 2) *attr.*: ~ industry горнорудная промышленность

minion ['mɪnjən] 1) фаворит 2) *презр.* креатура

minister ['mɪnɪstə] **1.** *n* 1) министр 2) посланник 3) священник **2.** *v* 1) служить, прислуживать 2) помогать; способствовать

ministry ['mɪnɪstrɪ] 1) министерство; кабинет, совет министров; form a ~ сформировать кабинет 2) служение

mink [mɪŋk] *зоол.* норка

minor ['maɪnə] **1.** *a* 1) меньший 2) незначительный 3) минорный 4) младший **2.** *n* несовершеннолетний; ~**ity** [maɪˈnɔrɪtɪ] 1) несовершеннолетие 2) меньшинство; insignificant ~ity незначительное меньшинство

minster ['mɪnstə] собор, большая церковь

mint I [mɪnt] *бот.* мята

mint II **1.** *n* монетный двор ◇ ~ of money куча денег; ~ of trouble куча неприятностей **2.** *v* 1) чеканить (*монету*) 2) создавать (*новое слово, выражение*)

minus ['maɪnəs] минус (*в разн. знач.*)

minute I ['mɪnɪt] минута

minute II 1) документ 2) *pl* протокол; take ~s вести протокол

minute III [maɪˈnjuːt] 1) мелкий, мельчайший 2) детальный; ~ account детальный отчёт 3) незначительный; ~ quantity ничтожное количество

minutiae [maɪˈnjuːʃɪiː] *pl* мелочи, детали

minx [mɪŋks] кокетка; шалунья

mirac‖**le** ['mɪrəkl] чудо; ~**ulous** [mɪˈrækjuləs] сверхъестественный; удивительный

mirage ['mɪrɑːʒ] мираж

mire ['maɪə] 1) трясина 2) грязь (*тж. перен.*), болото

mirror ['mɪrə] **1.** *n* зеркало **2.** *v* отражать

mirth [mɜːθ] веселье; радость

mis- [mɪs-] *префикс, означающий неправильность или недостаток*

misadventure [ˈmɪsədˈventʃə] несчастье

misapprehension [ˈmɪsˌæprɪˈhenʃ(ə)n] недоразумение

misappropriate [ˈmɪsəˈprouprɪeɪt] незаконно присваивать

misbehave [ˈmɪsbɪˈheɪv] дурно вести себя

miscarriage [mɪsˈkærɪdʒ] 1) (естественный) выкидыш 2) неудача

miscarry [mɪsˈkærɪ] 1) выкинуть, не доносить *(ребёнка)* 2) потерпеть неудачу *(о планах и т. п.)*

miscellaneous [ˌmɪsɪˈleɪnjəs] 1) смешанный 2) разнообразный

mischance [mɪsˈtʃɑːns] неудача

mischie∥f [ˈmɪstʃɪf] 1) вред 2) зло; беда 3) озорство; ~**vous** [-vəs] 1) озорной 2) вредный

misconduct [mɪsˈkɔndəkt] 1) дурное поведение, проступок 2) супружеская неверность 3) неумелое ведение дел

misconstrue [ˈmɪskənˈstruː] неправильно истолковать

miscount [ˈmɪsˈkaunt] 1. *n* неправильный подсчёт 2. *v* ошибаться при подсчёте

miscreant [ˈmɪskrɪənt] негодяй

misdeed [ˈmɪsˈdiːd] злодеяние

misdemeanour [ˌmɪsdɪˈmiːnə] проступок

miser [ˈmaɪzə] скряга, скупец

miserable [ˈmɪz(ə)r(ə)bl] 1) жалкий; несчастный 2) плохой; скудный

misery [ˈmɪzərɪ] 1) страдание, несчастье; *перен.* «горе» 2) нищета

misfire [ˈmɪsˈfaɪə] 1. *n* осечка 2. *v* давать осечку

misfit [ˈmɪsfɪt] 1) плохо сидящее платье 2) *разг.* неудачник

misfortune [mɪsˈfɔːtʃ(ə)n] несчастье; неудача

misgiving [mɪsˈgɪvɪŋ] *(часто pl)* дурное предчувствие; опасение

mishap [ˈmɪshæp] неудача

misinform [ˈmɪsɪnˈfɔːm] неправильно информировать; вводить в заблуждение

misinterpret [ˈmɪsɪnˈtəːprɪt] неверно истолковывать

misjudge [ˈmɪsˈdʒʌdʒ] недооценивать

mislaid [mɪsˈleɪd] *past и p. p.* от mislay

mislay [mɪsˈleɪ] (mislaid) положить не на место, затерять

mislead [mɪsˈliːd] (misled) ввести в заблуждение

misled [mɪsˈled] *past и p. p.* от mislead

misplace [ˈmɪsˈpleɪs] 1) см. mislay 2): ~ one's affections полюбить недостойного человека

misprint [ˈmɪsˈprɪnt] опечатка

misrule [ˈmɪsˈruːl] плохое управление

miss I [mɪs] мисс; девушка

miss II [mɪs] 1. *v* 1) промахну́ться; не дости́чь це́ли 2) упусти́ть, пропусти́ть; ~ a train опозда́ть на по́езд; ~ a chance упусти́ть слу́чай; don't ~ seeing this house обяза́тельно обрати́те внима́ние на э́тот дом 3) скуча́ть *(по ком-л., чём-л.)* 2. *n* поте́ря; про́мах

missile ['mɪsaɪl] 1. *a* мета́тельный 2. *n* раке́та; реакти́вный снаря́д; guided ~ управля́емая раке́та

missing ['mɪsɪŋ] *predic* находя́щийся в отсу́тствии; без ве́сти пропа́вший; отсу́тствующий, недостаю́щий

mission ['mɪʃ(ə)n] 1) ми́ссия; представи́тельство 2) поруче́ние 3) призва́ние, цель жи́зни; **~ary** [-ərɪ] 1. *n* миссионе́р 2. *a* миссионе́рский

missive ['mɪsɪv] *шутл.* посла́ние

mis-spell ['mɪs'spel] (mis-spelt) де́лать орфографи́ческие оши́бки

mis-spelt ['mɪs'spelt] *past и p. p.* от mis-spell

mis-spend ['mɪs'spend] (mis-spent) зря тра́тить *(де́ньги и т. п.)*

mis-spent ['mɪs'spent] *past и p. p.* от mis-spend; ~ youth растра́ченная мо́лодость

mis-state ['mɪs'steɪt] де́лать неве́рное *или* ло́жное заявле́ние

mist [mɪst] (лёгкий) тума́н; мгла

mistake [mɪs'teɪk] 1. *n* оши́бка, заблужде́ние; make a ~ ошиба́ться ◇ sorry, my ~ винова́т, прости́те 2. *v* (mistook; mistaken) 1) непра́вильно понима́ть 2): be ~n ошиба́ться, заблужда́ться 3): ~ smb. for приня́ть кого́-л. за

mistaken [mɪs'teɪk(ə)n] 1. *p. p.* от mistake 2 2. *a* оши́бочный

mister ['mɪstə] *(в пи́сьменном обраще́нии всегда́ Mr.)* ми́стер, господи́н

mistletoe ['mɪsltou] *бот.* оме́ла

mistook [mɪs'tuk] *past* от mistake 2

mistress ['mɪstrɪs] 1) хозя́йка 2) учи́тельница 3) любо́вница 4) ['mɪsɪz] *(в пи́сьменном обраще́нии всегда́ Mrs.)* ми́ссис, госпожа́

mistrust ['mɪs'trʌst] 1. *n* недове́рие 2. *v* не доверя́ть; **~ful** недове́рчивый

misty ['mɪstɪ] 1) тума́нный; *перен.* сму́тный, нея́сный 2) затума́ненный

misunderstand ['mɪsʌndə'stænd] (misunderstood) непра́вильно поня́ть; **~ing** недоразуме́ние

misunderstood ['mɪsʌndə'stud] *past и p. p.* от misunderstand

misuse 1. *n* ['mɪs'juːs] 1) непра́вильное употребле́ние 2) злоупотребле́ние 2. *v* ['mɪs'juːz] 1) непра́вильно употребля́ть 2) злоупотребля́ть 3) ду́рно обраща́ться

mite [maɪt] 1) скро́мная ле́пта 2) кро́шка *(о ребёнке)*

mitigate ['mɪtɪgeɪt] смягча́ть, ослабля́ть; умеря́ть

mitt(en) ['mɪtn] рукави́ца

mix ['mɪks] 1) сме́шивать 2) сме́шиваться 3) обща́ться; they tried hard to ~ with their neighbours они́ о́чень хоте́ли установи́ть отноше́ния с сосе́дями; **~ up** а) спу́тать, перепу́тать; б) впу́тывать; don't ~ me up in it не впу́тывай меня́ в э́то; be ~ed up быть заме́шанным (*в чём-л.* — in, with); **~ed** [-t] сме́шанный; ра́зных сорто́в; **~er** 1) меша́лка; смеси́тель, ми́ксер 2): a good (a bad) ~er общи́тельный (необщи́тельный) челове́к; **~ture** [-tʃə] смесь

mix-up ['mɪksʌp] пу́таница

mo [mou] *сокр. от* moment; wait (half) a ~ (подожди́те) мину́тку

moan [moun] 1. *n* стон 2. *v* 1) стона́ть 2) жа́ловаться

moat [mout] ров

mob [mɔb] 1. *n* 1) толпа́; сбо́рище 2) *attr.*: ~ law самосу́д. 2. *v* толпи́ться

mobile ['moubaɪl] подвижно́й, моби́льный; передвижно́й; ~ army полева́я а́рмия

mobiliz‖ation [,moubɪlaɪ-'zeɪʃ(ə)n] мобилиза́ция; **~e** ['moubɪlaɪz] 1) мобилизова́ть 2) мобилизова́ться

mock ['mɔk] 1. *v* дразни́ть; передра́знивать; высме́ивать 2. *a* подде́льный; **~ery** [-ərɪ] 1) насме́шка 2) посме́шище

modal ['moudl] *грам.* мода́льный

mode [moud] 1) о́браз де́йствия 2) мо́да, обы́чай

model ['mɔdl] 1. *n* 1) моде́ль; маке́т 2) образе́ц 3) *разг.* то́чная ко́пия 4) нату́рщик; нату́рщица 5) жива́я моде́ль, манеке́нщица 6) манеке́н 2. *v* 1) модели́ровать 2) брать за образе́ц

moderat‖e 1. *a* ['mɔdərɪt] 1) уме́ренный 2) сре́дний 2. *v* ['mɔdəreɪt] умеря́ть; сде́рживать; смягча́ть; **~ion** уме́ренность; **~or** арби́тр; посре́дник

modern ['mɔdən] совреме́нный; но́вый; ~ languages но́вые языки́ ◇ ~ conveniences (*часто сокр.* "all mod. cons.") все удо́бства (*в до́ме и т. п.*)

modes‖t ['mɔdɪst] скро́мный; уме́ренный; **~ty** [-ɪ] скро́мность

modify ['mɔdɪfaɪ] видоизменя́ть

modulate ['mɔdjuleɪt] модули́ровать

moist ['mɔɪst] сыро́й, вла́жный; **~en** ['mɔɪsn] сма́чивать; **~ure** [-tʃə] вла́га; вла́жность, сы́рость

molar ['moulə] коренно́й зуб

molasses [mə'læsɪz] па́тока

Moldavian [mɔl'deɪvjən] 1. *a* молда́вский 2. *n* 1) молдава́нин; молдава́нка 2) молда́вский язы́к

mole I [moul] ро́динка

mole II *зоол.* крот

mole III мол; да́мба

molecule ['mɔlɪkjuːl] молékula

molest [mo(u)'lest] приставáть, досаждáть

mollify ['mɔlɪfaɪ] смягчáть, успокáивать

molly-coddle ['mɔlɪ,kɔdl] 1. *n* нéженка 2. *v* баловáть, нéжить

molten ['moult(ə)n] 1) расплáвленный 2) литóй

moment ['moumənt] 1) миг, момéнт; минýт(к)а; at a ~'s notice в любóй момéнт; in a ~ сейчáс; this very ~ сейчáс же 2): of some ~ вáжный; **~ary** [-(ə)rɪ] минýтный, преходящий; кратковрéменный; **~ous** [mo(u)'mentəs] вáжный

momentum [mo(u)'mentəm] 1) *физ.* инéрция двúжущегося тéла 2) *разг.* úмпульс, толчóк

monar||ch ['mɔnək] монáрх; **~chy** [-ɪ] монáрхия

monastery ['mɔnəst(ə)rɪ] монастыр́ь

Monday ['mʌndɪ] понедéльник

monetary ['mʌnɪt(ə)rɪ] монéтный, дéнежный

money ['mʌnɪ] 1) дéньги; богáтство 2) *attr.*: ~ order дéнежный перевóд; **~-lender** [-,lendə] ростовщúк

Mongol ['mɔŋgɔl] 1. *a* монгóльский 2. *n* 1) монгóл; монгóлка 2) монгóльский язы́к

Mongolian [mɔŋ'gouljən] *см.* Mongol

mongrel ['mʌŋgr(ə)l] 1. *n* 1) дворня́жка 2) пóмесь; ублю́док 2. *a* нечистокрóвный

monitor ['mɔnɪtə] 1. *n* 1) *школ.* стáроста *(в клáссе)* 2) ведýщий радиоперехвáт 2. *v* вестú радиоперехвáт

monk [mʌŋk] монáх

monkey ['mʌŋkɪ] 1. *n* 1) обезья́на 2) *шутл.* шалýн, проказник. *v* 1) передрáзнивать; подшýчивать 2) возúться; забавля́ться

monkey-jacket ['mʌŋkɪ-,dʒækɪt] матрóсская кýртка, бушлáт

monkey-wrench ['mʌŋkɪ-rentʃ] *тех.* разводнóй гáечный ключ

monologue ['mɔnəlɔg] монолóг

monopo||list [mə'nɔpəlɪst] монополúст; **~lize** [-laɪz] монополизúровать; **~ly** монопóлия

monosyllable ['mɔnə,sɪləbl] однослóжное слóво

monoto||ne ['mɔnətoun] однообрáзный звук; **~nous** [mə'nɔtnəs] монотóнный; скýчный; **~ny** [mə'nɔtnɪ] однообрáзие; монотóнность

monoxide [mɔ'nɔksaɪd] *хим.* однооки́сь

monsieur [mə'sjəː] *фр.* мосьё, господúн

monsoon [mɔn'suːn] муссóн

monst||er ['mɔnstə] урóд, чудóвище; **~rous** [-strəs] 1) чудóвищный; громáдный 2) *разг.* нелéпый

month ['mʌnθ] мéсяц; **~ly** 1. *a* ежемéсячный 2. *adv* ежемéсячно

monument ['mɔnjumənt] памятник, монумент

moo [mu:] 1. *n* мычание 2. *v* мычать

mood I [mu:d] *грам* наклонение

mood II настроение

moody ['mu:dɪ] в дурном настроении; унылый

moon ['mu:n] луна; full ~ полнолуние; **~light** [-laɪt] лунный свет; **~lit** [-lɪt] залитый лунным светом; **~shine** [-ʃaɪn] 1) лунный свет 2) фантазия; вздор; **~struck** [-strʌk] *разг.* помешанный

Moor [muə] мавр

moor I [muə] вересковая пустошь

moor II *мор.* швартоваться

moot [mu:t] 1. *a* спорный; ~ point (*или* question) спорный вопрос 2. *v* (*обыкн.* pass) ставить на обсуждение

mop [mɔp] 1. *n* 1) швабра 2) космы, копна (*волос*) 2. *v* чистить шваброй ◇ ~ one's face утирать пот с лица

mope [moup] 1. *n pl* хандра 2. *v* хандрить

mo-ped [mo(u)'ped] велосипед с мотором, мопед

mora∥l ['mɔr(ə)l] 1. *a* моральный; нравственный 2. *n* 1) мораль 2) *pl* нравы; **~le** [mɔ'rɑ:l] моральное состояние; **~lity** [mə'rælɪtɪ] нравственность

morass [mə'ræs] болото, трясина

morbid ['mɔːbɪd] болезненный (*тж. перен.*)

mordant ['mɔːd(ə)nt] 1) едкий (*о хим. веществе*) 2) колкий; саркастический

more [mɔː] (*сравн.* ст *от* many 1 *и* much) 1. *a* больший; give me some ~ дайте мне ещё 2. *adv* больше; what's ~ больше того; ~ or less более или менее ◇ he is no ~ он скончался

moreover [mɔː'rouvə] кроме того, сверх того

morgue [mɔːg] морг

moribund ['mɔrɪbʌnd] умирающий, отживший

morn [mɔːn] *поэт.* утро

morning ['mɔːnɪŋ] 1) утро 2) *attr.* утренний; ~ star утренняя звезда; Венера

morocco [mə'rɔkou] сафьян

moron ['mɔːrɔn] слабоумный, идиот

morose [mə'rous] угрюмый

morphology [mɔː'fɔlədʒɪ] морфология

morrow ['mɔrou] 1) *поэт.* завтрашний день 2) *уст.* утро

Morse [mɔːs]: ~ code азбука Морзе

morsel ['mɔːs(ə)l] кусочек

mortal ['mɔːtl] 1. *n* человек, смертный 2. *a* 1) смертный 2) смертельный; **~ity** [mɔː'tælɪtɪ] 1) смертность 2) смертность; **~ly** ['mɔːtəlɪ] смертельно

mortar ['mɔːtə] 1) известковый раствор 2) ступка 3) *воен.* мортира

mortgage ['mɔːgɪdʒ] 1. *n* заклад; закладная 2. *v* закладывать

mortification [ˌmɔːtɪfɪˈkeɪʃ(ə)n] 1) унижение; чувство стыда, обиды, разочарования 2): ~ of the flesh умерщвление плоти

mortify [ˈmɔːtɪfaɪ] 1) обижать, унижать 2) подавлять *(желания)*; умерщвлять *(плоть)*

mortuary [ˈmɔːtjuərɪ] покойницкая, морг

Moslem [ˈmɔzlem] 1. *n* мусульманин; мусульманка 2. *a* мусульманский

mosque [mɔsk] мечеть

mosquito [məsˈkiːtou] москит, комар; **~net** [-net] противомоскитная сетка; накомарник

moss [mɔs] 1) мох 2) торфяное болото

most [ˈmoust] 1. *a (превосх. ст. от many 1 и much)* самый; ~ interesting наиболее *(или* самый*)* интересный; for the ~ part большей частью 2. *n* большая часть, наибольшее количество; at the ~ самое большее; make the ~ *(of)* использовать наилучшим образом 3. *adv (превосх. ст. от much)* больше всего; at ~ максимально; ~ easily легче всего; it is really ~ absurd это, право, очень глупо; **~ly** большей частью, главным образом

mote [mout] пылинка

motel [mo(u)ˈtel] мотель, гостиница для автотуристов

moth [ˈmɔθ] 1) мотылёк 2) моль; **~-eaten** [-ˌiːtn] изъеденный молью; *перен.* устаревший

mother [ˈmʌðə] 1) мать 2) *attr.*: ~ country а) родина; б) метрополия; ~ ship *мор.* плавучая база; ~ tongue родной язык; ~ wit природный ум; **~hood** [-hud] материнство

mother-in-law [ˈmʌð(ə)rɪnlɔː] тёща *(мать жены)*; свекровь *(мать мужа)*

motherland [ˈmʌðəlænd] родина, отчизна

motherly [ˈmʌðəlɪ] материнский

mother-of-pearl [ˈmʌð(ə)rəvˈpəːl] перламутр

motif [mo(u)ˈtiːf] *фр.* основная тема

motion [ˈmouʃ(ə)n] 1. *n* 1) движение 2) жест 3) предложение *(на собрании)* ◊ ~ picture фильм, кино 2. *v* показывать жестом

motivate [ˈmoutɪveɪt] 1) побуждать 2) *(обыкн. pass)* мотивировать

motive [ˈmoutɪv] 1. *n* мотив; побуждение 2. *a* движущий; ~ power движущая сила

motley [ˈmɔtlɪ] разноцветный, пёстрый

motor [ˈmoutə] 1. *n* двигатель, мотор 2. *v* 1) ехать на автомобиле 2) везти на автомобиле; **~-car** [-kɑː] автомобиль; **~-cycle** [-ˌsaɪkl] мотоцикл

mottle [ˈmɔtl] испещрять

motto [ˈmɔtou] 1) девиз 2) эпиграф

mould I [mould] взрыхлённая земля

mould II плесень

mould III [mould] 1. *n* фо́рма *(литейная)*; *тех.* лека́ло; шабло́н; *перен.* хара́ктер; a man of heroic ~ челове́к геро́ического скла́да 2. *v* формова́ть; де́лать по шабло́ну

moulder ['mouldə] рассыпа́ться; *перен.* разлага́ться

moult [moult] линя́ть *(о птицах)*

mound [maund] на́сыпь; burial ~ моги́льный хо́лмик

mount [maunt] 1. *n* 1) холм, гора́ 2) верхова́я ло́шадь 2. *v* 1) поднима́ться 2) сади́ться на ло́шадь 3) устана́вливать; монти́ровать *(картину и т. п.)* 4) ста́вить *(пьесу)* 5) повыша́ться *(о ценах)*

mountain ['mauntɪn] гора́; *перен.* ма́сса, ку́ча; **~eer** [,mauntɪ'nɪə] 1) го́рец 2) альпини́ст; **~eering** [,mauntɪ'nɪərɪŋ] альпини́зм; **~ous** [-əs] 1) гори́стый 2) грома́дный

mountebank ['mauntɪbæŋk] шарлата́н; фигля́р

mounting ['mauntɪŋ] 1) устано́вка 2) монта́ж 3) опра́ва

mourn ['mɔːn] горева́ть; опла́кивать; **~ful** печа́льный; **~ing** тра́ур

mouse 1. *n* [maus] *(pl* mice) мышь 2. *v* [mauz] лови́ть мыше́й; **~trap** ['maustræp] мышело́вка

moustache [məs'tɑːʃ] ус(ы́)

mouth 1. *n* [mauθ] *(pl* ~s [mauðz]) 1) рот 2) отве́рстие *(мешка)*; вход *(в пеще́ру)*; го́рлышко *(буты́лки)* 3) у́стье *(реки́)* ◇ down in the ~ в уны́нии; keep one's ~ shut держа́ть язы́к за зуба́ми 2. *v* [mauð] дви́гать ртом, выгова́ривая слова́; грима́сничать; **~ful** ['mauθful] по́лный рот *(чего-л.)*; кусо́к; глото́к

mouth-organ ['mauθ,ɔːgən] губна́я гармо́шка

mouthpiece ['mauθpiːs] 1) мундшту́к *(трубки, музыка́льного инструме́нта)* 2) ора́тор *(от группы)*; вырази́тель *(общего мнения)*

movable ['muːvəbl] перено́сный; разбо́рный, съёмный

move [muːv] 1. *v* 1) дви́гать 2) дви́гаться; I'm so tired I can't ~ я так уста́л, что не могу́ дви́нуться с ме́ста 3) волнова́ть, тро́гать 4) переезжа́ть, переселя́ться 5) развива́ться *(о событиях)* 6) вноси́ть *(предложе́ние)*; ~ **away** отодви́нуть; ~ **back** пя́титься, дви́гаться наза́д; ~ **in** а) вдвига́ть; б) въезжа́ть; ~ **off** отодви́нуться; ~ **out** а) выдвига́ть; б) выезжа́ть; ~ **up** пододви́нуть 2. *n* 1) ход 2) посту́пок, шаг 3) переме́на жили́ща ◇ be on the ~ быть в разъе́зде; he won't make a ~ without permission он ша́гу не сде́лает без разреше́ния

movement ['muːvmənt] движе́ние; peace ~ движе́ние сторо́нников ми́ра

movies ['muːvɪz] *pl разг.* кино́(карти́ны)

moving ['mu:viŋ] 1) трогательный 2) движущийся; ~ pictures *см.* movies

mow [mou] 1. *n* 1) стог; скирда́ 2) сеновал 2. *v* коси́ть

much [mʌtʃ] (more; most) 1. *a* мно́го; ~ snow (time) мно́го сне́га (вре́мени); be too ~ (for) быть не под си́лу 2. *adv* о́чень; мно́го; намно́го; гора́здо; very ~ о́чень; ~ the same почти́ то́ же са́мое; ~ better гора́здо лу́чше ◇ so ~ the better тем лу́чше 3. *n* мно́гое; make ~ of smb., smth. цени́ть кого́-л., что-л.

mucilage ['mju:silidʒ] расти́тельный клей

muck [mʌk] 1. *n* наво́з; *перен.* ме́рзость 2. *v* па́чкать; ~ about *разг.* слоня́ться ◇ ~ smth. up *груб.* испога́нить что-л.

mucous ['mju:kəs]: ~ membrane *анат.* сли́зистая оболо́чка

mud [mʌd] грязь, сля́коть

muddle ['mʌdl] спу́тывать; ~ along де́лать ко́е-ка́к

muddy ['mʌdɪ] 1) гря́зный 2) му́тный

muff I [mʌf] му́фта

muff II несве́дущий, неуме́лый в рабо́те; «шля́па»; *спорт.* «ма́зила»

muffin ['mʌfɪn] сдо́бная бу́лка

muffl|**e** ['mʌfl] 1) заку́тывать 2) заглуша́ть; ~**er** 1) шарф, кашне́ 2) *тех.* глуши́тель

mufti ['mʌftɪ] шта́тское пла́тье

mug I [mʌg] 1) кру́жка 2) *груб.* ха́ря, мо́рда; ры́ло

mug II напада́ть сза́ди, схвати́в за го́рло

mugging ['mʌgɪŋ] хулига́нское нападе́ние

muggy ['mʌgɪ] тёплый и вла́жный; удушли́вый

mulberry ['mʌlb(ə)rɪ] шелкови́ца *(де́рево и плод)*

mule [mju:l] 1) мул; *перен.* упря́мец 2) *тех.* мюль-маши́на

mull [mʌl] обду́мывать *(over)*

multi- ['mʌltɪ-] *pref* со значе́нием мно́го-

multifarious [,mʌltɪ'fɛərɪəs] разнообра́зный

multiform ['mʌltɪfɔ:m] многообра́зный

multilateral ['mʌltɪ'læt(ə)r(ə)l] многосторо́нний

multi||**ple** ['mʌltɪpl] 1. *n мат.* кра́тное число́ 2. *a* 1) име́ющий мно́го отде́лов, часте́й; составно́й 2) многокра́тный; ~**plication** [,mʌltɪplɪ'keɪʃ(ə)n] умноже́ние; увеличе́ние; ~**ply** ['mʌltɪplaɪ] 1) *мат.* умножа́ть, мно́жить 2) увели́чивать 3) увели́чиваться

multitude ['mʌltɪtju:d] мно́жество

mum I [mʌm] *см.* mummy

mum II: keep ~ молча́ть

mumble ['mʌmbl] бормота́ть, мя́млить

mummery ['mʌmərɪ] 1) пантоми́ма 2) *презр.* смешно́й ритуа́л; «представле́ние»

mummy ['mʌmɪ] *детск.* ма́ма

mumps [mʌmps] *pl мед.* свинка

munch [mʌntʃ] жевать, чавкать

mundane ['mʌndeɪn] светский; мирской

municipal [mjuː'nɪsɪp(ə)l] муниципальный

munific||**ence** [mjuː'nɪfɪsns] *высок.* чрезмерная щедрость; ~**ent** [-nt] *высок.* чрезмерно щедрый

munition [mjuː'nɪʃ(ə)n] *(обыкн. pl)* военные запасы; снаряжение

mural [mjʊər(ə)l] 1. *a* стенной 2. *n* фреска

murder ['məːdə] 1. *n* убийство 2. *int* караул! 3. *v* убивать; *перен.* плохо исполнять *(произведение и т. п.)*; ~**er** [-rə] убийца; ~**ous** ['məːd(ə)rəs] смертоносный; убийственный

murky ['məːkɪ] тёмный, мрачный; пасмурный

murmur ['məːmə] 1. *n* 1) журчание; жужжание 2) приглушённый шум голосов; шёпот 3) ворчание, бормотание 2. *v* 1) журчать 2) шептать 3) ворчать, роптать

muscle ['mʌsl] мускул, мышца

muse I [mjuːz] размышлять *(о чём-л. — on, upon, over)*

muse II муза

museum [mjuː(ː)'zɪəm] музей

mushroom ['mʌʃrum] 1. *n* 1) гриб 2) *attr.*: ~ growth *перен.* быстрое развитие *(чего-л.)* 2. *v* собирать грибы; *перен.* расти (быстро) как грибы

music ['mjuːzɪk] 1) музыка 2) ноты; ~**al** [-(ə)l] 1. *a* музыкальный 2. *n* музыкальная комедия, мюзикл; ~**ian** [-'zɪʃ(ə)n] музыкант

musket ['mʌskɪt] *ист.* мушкет; ~**ry** [-rɪ] стрелковое дело

Muslim ['mʌslɪm] *см.* Moslem

muss [mʌs] *амер. разг.* беспорядок

must [mʌst] *(полная форма)*, məst *(редуцированная форма)* 1) должен, должна, должно, должны; all ~ work все должны (обязаны) работать; they ~ get up early они должны вставать рано; I ~ finish my work мне нужно (надо) закончить работу 2) *(в сочетании с перфектным инфинитивом)* должно быть, очевидно, вероятно; you ~ have seen them вы должно быть (очевидно, вероятно), уже их видели

mustard ['mʌstəd] 1) горчица 2) *attr.*: ~ gas горчичный газ, иприт

muster ['mʌstə] 1. *n* сбор, смотр; перекличка 2. *v* 1) собирать; ~ (up) all one's courage *перен.* собрать всё своё мужество 2) собираться; ~-**roll** [-roul] список личного состава

musty ['mʌstɪ] 1) заплесневелый, затхлый 2) косный, отсталый

mutable ['mjuːtəbl] переменчивый, непостоянный

mute [mjuːt] 1. *a* молчаливый 2) немой 2. *n* 1) немой (человек) 2) *муз.* сурдинка

mutilate ['mju:tɪleɪt] 1) увечить; 2) искажать *(смысл)*

mutiny ['mju:tɪnɪ] мятеж

mutt [mʌt] *разг.* дурак

mutter ['mʌtə] 1. *v* бормотать; невнятно говорить 2. *n* бормотание

mutton ['mʌtn] баранина

mutual ['mju:tjuəl] 1) взаимный; обоюдный 2) общий, совместный

muzzle ['mʌzl] 1. *n* 1) морда 2) намордник 3) дуло 2. *v* 1) надевать намордник 2) заставить молчать

my [maɪ] *poss pron* мой, моя, моё мой; свой, своя, своё, свой

myrmidon ['mə:mɪdən] *презр.* наёмник, прислужник

myself [maɪ'self] 1) *refl pron 1 л. ед. ч.* себя; -ся; I saw ~ in the mirror я видел себя в зеркале 2) *emphatic pron* сам, сама; I have never been there ~ я сам (сама) там никогда не был(а) ◇ I am not ~ я сам не свой; I came to ~ я пришёл в себя; I can do it by ~ я могу сделать это сам (один); as for ~ что касается меня; all by ~ (совсем) один

mysterious [mɪs'tɪərɪəs] таинственный

mystery ['mɪst(ə)rɪ] 1) тайна 2) таинство

mystify ['mɪstɪfaɪ] мистифицировать; озадачивать

myth [mɪθ] 1) миф 2) мифическое существо

N

N, n [en] 1) *четырнадцатая буква англ. алфавита* 2) *мат.* неопределённая величина

nadir ['neɪdɪə] *астр.* надир; *перен.* упадок, самый низкий уровень

nag I [næg] придираться, изводить

nag II (небольшая) лошадь

nail I [neɪl] 1. *n* гвоздь ◇ pay on the ~ расплачиваться сразу, немедленно; hard as ~s закалённый; drive a ~ in smb.'s coffin вгонять кого-л. в гроб 2. *v* прибивать *(гвоздями)* ◇ ~ smb.'s attention приковать чьё-л. внимание; ~ smb. down to his promise требовать от кого-л. выполнения обещания

nail II ноготь

naïve [nɑ:'i:v] наивный; простоватый; ~te, ~ty [-teɪ, -tɪ] наивность

naked ['neɪkɪd] голый, нагой, обнажённый ◇ with the ~ eye невооружённым глазом; the ~ truth голая истина

name [neɪm] 1. *n* 1) имя by ~ по имени; what's your ~? как вас зовут? 2) название *(вещей)* 3) репутация; make a good ~ for oneself заслужить доброе имя ◇ in the ~ (of) а) во имя; б) от имени; I haven't a cent to my ~ у меня нет ни гроша за душой 2. *v* 1) называть;

~ after называть в честь 2) назначать *(день, цену и т. п.)*

name-day ['neɪmdeɪ] именины

nameless ['neɪmlɪs] 1) безымянный 2) анонимный 3) отвратительный

namely ['neɪmlɪ] а именно, то есть

namesake ['neɪmseɪk] тёзка

nanny ['nænɪ] *детск.* нянюшка, нянечка

nap I [næp] 1. *n* дремота; take a ~ вздремнуть 2. *v* дремать, вздремнуть ◇ be caught ~ping быть застигнутым врасплох

nap II ворс

nape [neɪp] затылок *(тж.* ~ of the neck)

naphtha ['næfθə] *хим.* лигроин

napkin ['næpkɪn] 1) салфетка 2) подгузник

nappy ['næpɪ] *разг.* подгузник

narcotic [nɑː'kɔtɪk] 1. *a* наркотический; усыпляющий 2. *n* наркотическое средство

nark [nɑːk] *разг.* 1. *n* «легавый», стукач 2. *v* раздражать

narrat‖e [næ'reɪt] рассказывать, повествовать; ~**ion** [-'reɪʃ(ə)n] рассказ, повествование; ~**ive** ['nærətɪv] 1. *n* рассказ; повествование 2. *a* повествовательный

narrow ['nærou] 1. *a* узкий; тесный ◇ ~ circumstances стеснённые обстоятельства; have a ~ escape едва избежать опасности 2. *v* 1) суживать, уменьшать; 2) суживаться, уменьшаться; ~-**minded** [-'maɪndɪd] ограниченный, недалёкий; с предрассудками

nasal ['neɪz(ə)l] 1. *n фон.* носовой звук 2. *a* 1) носовой 2) гнусавый

nasty ['nɑːstɪ] 1) гадкий, скверный; play a ~ trick on smb. сделать кому-л. гадость 2) непристойный; грязный

nation ['neɪʃ(ə)n] нация, народ; ~**al** ['næʃənl] 1) народный, национальный; ~al economy экономика страны; ~al park (государственный) заповедник 2) государственный; ~al colours государственный флаг

national‖ism ['næʃnəlɪzm] национализм; ~**ity** [,næʃə'nælɪtɪ] национальность; ~**ization** [,næʃnəlaɪ'zeɪʃ(ə)n] национализация; ~**ize** [-laɪz] 1) национализировать 2) превращать в нацию 3) *редк.* принимать в гражданство

nation-wide ['neɪʃ(ə)nwaɪd] 1) всенародный 2) общенациональный

native ['neɪtɪv] 1. *a* 1) родной, отечественный; ~ land отчизна 2) прирождённый, природный; ~ ability for врождённая способность к 3) местный, туземный 4) чистый, самородный *(о металлах и т. п.)* 5) естественный 2. *n* уроженец, туземец

natural ['nætʃr(ə)l] 1) естественный, натуральный

2) врождённый, присущий *(to)*; непринуждённый; it comes ~ to him это ему легко даётся ◇ ~ resources природные богатства; ~ phenomena явления природы; ~ history естествознание; a ~ child внебрачный ребёнок

naturalist ['nætʃrəlɪst] естествоиспытатель

naturalize ['nætʃrəlaɪz] 1) принимать в гражданство 2) принимать гражданство 3) акклиматизироваться *(о животном, растении)* 4) заимствовать *(слово и т. п.)* 5) ассимилироваться *(о слове и т. п.)*

naturally ['nætʃr(ə)lɪ] 1) естественно 2) конечно; как и следовало ожидать 3) по природе

nature ['neɪtʃə] 1) природа 2) характер, нрав, натура; by ~ по природе; against ~ противоестественный 3) род, сорт; things of this ~ вещи подобного рода

naughty ['nɔːtɪ] капризный, непослушный

nause‖**a** ['nɔːsjə] тошнота; **~ate** [-sɪeɪt] вызывать тошноту; *перен.* чувствовать отвращение; **~ous** [-sjəs] тошнотворный

nautical ['nɔːtɪk(ə)l] морской, мореходный

naval ['neɪv(ə)l] (военно-)морской; ~ power морская держава; ~ warfare война на море

navel ['neɪv(ə)l] пупок, пуп

navigable ['nævɪgəbl] судоходный

navigat‖**e** ['nævɪgeɪt] 1) плавать *(на судне)*; летать *(на самолёте)* 2) управлять *(судном, самолётом)*; **~ion** [ˌnævɪ'geɪʃ(ə)n] 1) навигация 2) штурманское дело; **~or** 1) штурман 2) мореплаватель

navvy ['nævɪ] 1) землекоп, чернорабочий 2) экскаватор

navy ['neɪvɪ] военно-морской флот, военно-морские силы

nay [neɪ] 1. *n* голос против *(в английском парламенте при голосовании)* 2. *adv книжн.* даже; более того

Nazi ['nɑːtsɪ] нацист, немецкий фашист

near [nɪə] 1. *prep (при обозначении места)* 1) вблизи, возле; близко 2) *(при обозначении времени)* к, около; the time draws ~ midnight время подходит к полуночи 2. *adv* 1) подле, около; близко *(о местонахождении)*; ~er and ~er всё ближе и ближе; ~ by рядом, близко 2) почти, чуть не, едва не; I came ~ forgetting я чуть не забыл ◇ as ~ as I can guess насколько я могу догадаться; far and ~ повсюду; ~ at hand под рукой; рукой подать 3. *a* 1) ближайший *(о времени)*; the ~ future ближайшее будущее 2) близлежащий, соседний 3) близкий 4) левый *(о ноге лошади, колесе в экипаже и т. п.)* 5) скупой

4. *v* приближа́ться; подходи́ть

near-by ['nıəbaı] бли́зкий, сосе́дний

nearly ['nıəlı] 1) почти́ 2) о́коло, приблизи́тельно 3) бли́зко ◊ not ~ совсе́м не

near-sighted ['nıə'saıtıd] близору́кий

neat [niːt] 1) опря́тный 2) стро́йный *(о фигу́ре)* 3) изя́щный *(о пла́тье и т. п.)* 4) лакони́чный, отто́ченный *(о языке́ и т. п.)* 5) неразба́вленный *(особ. о спиртны́х напи́тках)*

necessar‖**y** ['nesıs(ə)rı] **1.** *a* 1) необходи́мый 2) неизбе́жный 3) вы́нужденный, недоброво́льный **2.** *n* необходи́мое; ~ies of life предме́ты пе́рвой необходи́мости

necessitate [nı'sesıteıt] де́лать необходи́мым

necessity [nı'sesıtı] 1) необходи́мость 2) нужда́; бе́дность 3) неизбе́жность 4) *(обыкн. pl)* предме́ты пе́рвой необходи́мости

neck [nek] 1) ше́я; break one's ~ сверну́ть себе́ ше́ю 2) го́рлышко *(буты́лки)* 3) *геогр.* переше́ек ◊ ~ or nothing ≅ ли́бо пан ли́бо пропа́л

necklace ['neklıs] ожере́лье

necktie ['nektaı] га́лстук

née [neı] *фр.* урождённая; Mrs. Brown ~ Smith ми́ссис Бра́ун, урождённая Смит

need [niːd] **1.** *n* 1) нужда́, на́добность; be in ~ *(of)* нужда́ться *(в чём-л.)* 2) *pl* потре́бности 3) бе́дность **2.** *v* 1). *(как недоста́точный мода́льный глаго́л в вопроси́т. и отриц. предложе́ниях)* быть вы́нужденным, обя́занным *(что-л. сде́лать);* I ~ not have done it я не́ был обя́зан де́лать э́то, мне не ну́жно бы́ло э́того де́лать 2) име́ть потре́бность, нужда́ться *(в чём-л.);* ну́жно; на́до; if ~ be е́сли ну́жно; ~ you leave now? вам уже́ на́до уходи́ть?; he ~s a haircut ему́ ну́жно подстри́чься; ~**ful 1.** *a* ну́жный **2.** *n разг.* 1): the ~ful де́ньги 2): do the ~ful сде́лать то, что необходи́мо

needle ['niːdl] 1) игла́, иго́лка; ~'s eye иго́льное ушко́ 2) спи́ца *или* крючо́к *(для вяза́ния)* 3) стре́лка *(ко́мпаса)* 4) *архит.* шпиль

needless ['niːdlıs] нену́жный, изли́шний; бесполе́зный; ~ to say изли́шне говори́ть

needle‖**woman** ['niːdl‚wumən] швея́; ~**work** [-wəːk] шитьё; вышива́ние

ne'er [nɛə] *(сокр. от* never*) поэт.* никогда́

ne'er-do-well ['nɛəduːˌwel] безде́льник

negation [nı'geıʃ(ə)n] отрица́ние

negative ['negətıv] **1.** *n* 1) отрица́ние 2) *фо́то* негати́в **2.** *a* отрица́тельный; the ~ sign знак ми́нус **3.** *v* 1) отрица́ть 2) опроверга́ть 3) налага́ть ве́то

neglect [nı'glekt] **1.** *n* 1) пренебреже́ние 2) небре́жность; in a state of ~ в запущенном состоянии 2. *v* пренебрегать; запускать *(занятия, дела и т. п.)*; ~ one's children не заботиться о своих детях; **~ful** небрежный; нерадивый

neglig||ence ['neglɪdʒ(ə)ns] небрежность; **~ent** [-(ə)nt] небрежный; нерадивый

negligible ['neglɪdʒəbl] незначительный; не принимаемый в расчёт

negotiat||e [nɪ'gouʃɪeɪt] 1) вести переговоры 2) совершать сделки; **~ion** [nɪˌgouʃɪ'eɪʃ(ə)n] переговоры; conduct **~ions** вести переговоры; **~or** 1) лицо, ведущее переговоры 2) посредник

Negro ['niːgrou] 1. *n* негр 2. *a* негритянский

neigh [neɪ] 1. *n* ржание 2. *v* ржать

neighbour ['neɪbə] сосед; соседка; he is my next-door ~ он живёт рядом со мной; **~hood** [-hud] 1) соседство, близость; in the **~hood** *(of)* а) по соседству с; б) около, приблизительно 2) район; **~ing** [-rɪŋ] соседний, смежный

neither ['naɪðə] 1. *adv* также не, тоже не; if you don't go, ~ shall I если вы не пойдёте, я тоже не пойду 2. *cj*: ~ ... nor ни... ни; ◇ it is ~ here nor there это не годится, не подходит; ≅ это ни к селу ни к городу 3. *a* никакой; ~ accusation is true ни то, ни другое обвинение не верно 4. *indef pron* ни тот, ни другой; никто, ничто; ~ knows никто не знает; ~ of the accusations is true ни одно из обвинений не верно

neon ['niːən] 1) *хим.* неон 2) *attr.*: ~ lighting неоновое освещение

nephew ['nevjuː] племянник

nerv||e ['nəːv] 1. *n* 1) нерв 2) *бот.* жилка *(листа)* 3) *pl* нервное состояние, нервность; get on smb.'s **~s** действовать кому-л. на нервы 4) сила воли, энергия; strain every ~ напрягать все силы; I haven't the ~ to watch it сил нет на это смотреть ◇ lose one's ~ оробеть, потерять самообладание; he's got a (lot of) ~ to say that у него хватило наглости сказать это 2. *v* придавать силу, энергию; **~ous** [-əs] 1) нервный; be **~ous** *(about smth.)* очень волноваться, беспокоиться *(о чём-л.)* 2) нервозный, возбуждённый

nest [nest] 1. *n* гнездо 2. *v* вить гнездо; гнездиться

nestle ['nesl] 1) уютно устроиться 2) прильнуть, прижаться 3) ютиться

nestling ['neslɪŋ] птенец

net I [net] 1. *n* 1) сеть; тенёта, *перен.* западня 2) сетка *(для волос и т. п.)* 2. *v* 1) ловить сетями; расставлять сети *(тж. перен.)* 2) плести, вязать сети

net II 1. *а ком.* чистый, нетто *(о весе, доходе)*; ~

price цена нетто 2. *v* получать чистый доход

netting ['netıŋ] 1) сеть, сетка 2) плетение сетей 3) ловля сетями

nettle ['netl] 1. *n* крапива 2. *v* раздражать, сердить; ~-**rash** [-ræʃ] *мед.* крапивница

network ['netwə:k] 1) сетка, плетёнка 2) вязание 3) сеть *(проводов, железных дорог и т. п.)*

neurosis [njuə'rousıs] *мед.* невроз

neuter ['nju:tə] *грам.* 1. *a* среднего рода 2. *n* средний род

neutral ['nju:tr(ə)l] 1. *a* нейтральный 2. *n* 1) нейтральное государство 2) нейтрал, гражданин нейтрального государства; ~**ity** [nju:'trælıtı] нейтралитет; ~**ize** [-aız] нейтрализовать *(в разн. знач.)*

never ['nevə] 1) никогда 2) для усиления: he answered a word он ни слова не ответил ◇ well I ~! ничего подобного! *(не видел или не слышал)*; ~ mind ничего, пустяки, не обращайте внимания; ~**more** [-'mɔ:] никогда больше, никогда впредь

nevertheless [,nevəð(ə)'les] 1. *adv* всё же, как бы то ни было; однако 2. *cj* несмотря на; тем не менее

new ['nju:] 1) новый 2) свежий; ~ milk парное молоко; ~ wine молодое вино ◇ N. Year Новый год; ~-**born** [-bɔ:n] новорождённый; ~-**comer** [-'kʌmə] вновь прибывший; новый человек *(в данной местности)*

new-fangled ['nju:,fæŋgld] *презр.* новомодный

newish ['nju:ıʃ] довольно новый

new-laid ['nju:leıd] свежеснесённый *(о яйце)*

newly ['nju:lı] 1) заново, вновь 2) недавно; ~-**weds** ['nju:lı'wedz] *pl* новобрачные

news ['nju:z] *(употр. как sing)* новость; известие; новости; ~-**boy** [-bɔı] газетчик, разносчик газет; ~**casting** [-,ka:stıŋ] передача последних известий *(по радио или по телевидению)*; ~**monger** [-,mʌŋgə] сплетник; ~**paper** [-,peıpə] газета; ~-**reel** [-ri:l] хроника, хроникальный фильм; киножурнал; ~-**stand** [-stænd] газетный киоск; ~-**vendor** [-,vendə] продавец газет, газетчик

newt [nju:t] *зоол.* тритон

next [nekst] 1. *a* 1) следующий, ближайший; ~ door *(to)* рядом, по соседству 2) будущий; ~ time следующий раз 2. *adv* потом, затем; what comes ~? что же дальше? 3. *prep* рядом, около; I was standing ~ to him я стоял около него; she loves him ~ to her own child она любит его почти как своего собственного ребёнка ◇ ~ to nothing почти ничего 4. *n* следующий, ближайший *(человек или предмет)*; ~, please! следующий, пожалуйста

nib [nɪb] кончик, остриё пера

nibble ['nɪbl] 1) покусывать, откусывать маленькими кусочками; надкусывать 2) клевать *(о рыбе)*

nice k'naɪs] 1) приятный, хороший 2) любезный; милый; славный 3) острый, тонкий; ~ ear тонкий слух; ~ judgement тонкое суждение ◇ ~ question щекотливый вопрос; it is ~ and warm today сегодня довольно тепло; **~-looking** [-ˌlukɪŋ] миловидный, привлекательный; **~ly** мило, любезно; хорошо

nicety ['naɪsɪtɪ] 1) точность 2) *(обыкн. pl)* тонкости, детали ◇ to a ~ точно, как следует

nick [nɪk]: in the (very) ~ of time как раз вовремя

nickel ['nɪkl] 1. *n* 1) *хим.* никель 2) *амер. разг.* монета в 5 центов 2. *v* никелировать

nickname ['nɪkneɪm] 1. прозвище 2. *v* давать прозвище

niece [niːs] племянница

niggard ['nɪgəd] 1. скупец, скряга 2. *a см.* niggardly 1; **~ly** 1. *a* 1) скупой 2) скудный 2. *adv* скупо

nigger ['nɪgə] *груб.* «черномазый»

nigh [naɪ] *поэт.* близкий

night ['naɪt] 1) ночь; have a good (bad) ~ хорошо (плохо) выспаться; all ~ long всю ночь напролёт 2) вечер; last ~ вчера вечером 3) темнота, мрак ◇ ~ and day всегда, круглые сутки; make a ~ of it прокутить всю ночь; **~-cap** [-kæp] 1) *уст.* ночной колпак 2) *разг.* стаканчик спиртного на ночь; **~fall** [-fɔːl] наступление ночи; **~-gown** [-gaun] ночная сорочка *(женская или детская)*

nightingale ['naɪtɪŋgeɪl] соловей

nightly ['naɪtlɪ] по ночам, каждую ночь

nightmare ['naɪtmɛə] кошмар

night-school ['naɪtskuːl] вечерняя школа

night-watch ['naɪtwɔtʃ] ночной дозор; *мор.* ночная вахта

nihilism ['naɪ(h)ɪlɪzm] нигилизм

nimble ['nɪmbl] 1) проворный, шустрый; подвижный *(о человеке)* 2) гибкий *(об уме)*

nine ['naɪn] 1. *num* девять 2. *n* девятка ◇ dressed up to the ~s расфранчённый; **~fold** [-fould] 1. *a* девятикратный 2. *adv* в девять раз

ninepins ['naɪnpɪnz] кегли

nineteen ['naɪn'tiːn] девятнадцать; **~th** [-θ] девятнадцатый

ninetieth ['naɪntɪɪθ] девяностый

ninet‖y ['naɪntɪ] 1) девяносто 2): the ~ies девяностые годы

ninny ['nɪnɪ] простофиля

ninth [naɪnθ] девятый

nip [nɪp] 1. *v* 1) щипать; кусать 2) побить *(морозом)*

◇ ~ in the bud пресе́чь в ко́рне 2. *п* щипо́к

nipper ['nɪpə] 1) *pl тех.* куса́чки; кле́щи 2) *разг.* мальчуга́н 3) клешня́ *(рака)*

nipple ['nɪpl] 1) сосо́к *(груди)* 2) со́ска

nit [nɪt] гни́да

nitric ['naɪtrɪk] азо́тный

nitrogen ['naɪtrɪdʒən] азо́т

nitwit ['nɪtwɪt] *разг.* простофи́ля

nix [nɪks] *разг.* ничего́

no [nou] **1.** *отриц. частица* нет **2.** *а* никако́й ◇ by no means ни в ко́ем слу́чае; in no time мгнове́нно; no matter how (when) как (когда́) бы ни; no smoking! не кури́ть! **3.** *adv (перед сравн. ст.)* не, ниско́лько не; no better than before не лу́чше, чем пре́жде; no less (more) than не ме́нее (бо́лее) чем; по кра́йней ме́ре; no longer бо́лее не; whether or no так и́ли ина́че

nob [nɔb] *разг.* высокопоста́вленное лицо́, ши́шка

nobility [no(u)'bɪlɪtɪ] дворя́нство; знать

noble ['noubl] **1.** *п* дворяни́н **2.** *а* 1) благоро́дный 2) зна́тный; ~man [-mən] дворяни́н

nobody ['noub(ə)dɪ] никто́ ◇ he is a mere ~ он ничто́жество

nocturnal [nɔk'tə:nl] ночно́й

nocturne ['nɔktə:n] *муз.* ноктю́рн

nod [nɔd] **1.** *п* 1) киво́к 2) дремо́та **2.** *v* 1) кива́ть голово́й 2) дрема́ть; ~ding: ~ding acquaintance ша́почное знако́мство

noddle ['nɔdl] *шутл.* башка́

nohow ['nouhau] *разг.* ника́к, нико́им о́бразом

noise ['nɔɪz] шум ◇ big ~ *разг.* ва́жная персо́на, «ши́шка»; be a big ~ станови́ться изве́стным; ~less бесшу́мный

noisome ['nɔɪsəm] 1) проти́вный; злово́нный 2) вре́дный; нездоро́вый

noisy ['nɔɪzɪ] шу́мный, шутли́вый

nomad ['nɔməd] **1.** *п* коче́вник **2.** *а см.* nomadic; ~ic [no(u)'mædɪk] кочево́й; бродя́чий

nomenclature [no(u)'menklətʃə] 1) номенклату́ра 2) терминоло́гия

nominal ['nɔmɪnl] 1) номина́льный 2) именно́й *(тж. грам.)*

nominat||**e** ['nɔmɪneɪt] 1) выставля́ть кандидату́ру 2) назнача́ть *(на должность)*; ~**ion** [ˌnɔmɪ'neɪʃ(ə)n] 1) выставле́ние кандида́та 2) назначе́ние *(на должность)*

nominative ['nɔmɪnətɪv] *грам.* имени́тельный паде́ж

nominee [ˌnɔmɪ'niː] кандида́т *(на должность)*

non- [nɔn-] *префикс, придающий отрица́тельный смысл:* non-edible несъедо́бный

nonchalant ['nɔnʃ(ə)lənt] безразли́чный; беспе́чный

non-combatant ['nɔn'kɔmbət(ə)nt] **1.** *а* нестроево́й *(о*

NON

солдате) 2. *n pl* мирное население

non-commissioned ['nɔnkə'mɪʃ(ə)nd]: ~ officer сержант

non-committal ['nɔnkə'mɪtl] уклончивый; give a ~ answer дать уклончивый ответ

non-conductor ['nɔnkən,dʌktə] *физ.* непроводник

none [nʌn] 1. *pron* никто, ничто; ~ of this concerns me всё это меня не касается; ~ of them spoke to me никто из них со мной не разговаривал ◇ it is ~ of my business это не моё дело 2. *adv* нисколько, совсем не; I am ~ the better for it мне от этого нисколько не легче; he was ~ the worse for doing this он ничего не потерял от того, что сделал это ◇ ~ the less тем не менее

nonentity [nɔ'nentɪtɪ] 1) ничтожество 2) несуществующая вещь; плод воображения 3) *филос.* небытие

non||-interference, ~-intervention ['nɔn,ɪntə'fɪər(ə)ns, -,ɪntə:'venʃ(ə)n] *полит.* невмешательство

non-party ['nɔn'pɑːtɪ] беспартийный

non-persistent ['nɔnpə'sɪst(ə)nt] *хим.* нестойкий

nonplus ['nɔn'plʌs] ставить в тупик *(кого-л.)*, приводить в замешательство; be ~sed быть в замешательстве

nonsens||e ['nɔns(ə)ns] 1) вздор; бессмыслица; пустяки 2) сумасбродство; бес-

смысленные поступки; ~ical [nɔn'sensɪk(ə)l] нелепый, абсурдный

non-stop ['nɔn'stɔp] безостановочный; беспосадочный *(о полёте)*

non-union ['nɔn'juːnjən] не связанный с профсоюзом, не состоящий членом профсоюза; ~ labour рабочие — не члены профсоюза *(в капиталистических странах)*

noodle I ['nuːdl] простофиля

noodle II *(обыкн. pl)* лапша

nook [nuk] укромный уголок

noon, ~day, ~tide ['nuːn, -deɪ, -taɪd] полдень

noose [nuːs] 1. *n* петля; аркан 2. *v* поймать арканом; заманить в ловушку

nor [nɔː] и не, также не, не, ни

norm [nɔːm] норма, образец

normal ['nɔːm(ə)l] 1. *a* 1) обычный 2) нормальный 2. *n* нормальное состояние

north ['nɔːθ] 1. *n* север; *мор.* норд; the N. северные страны 2. *a* северный; ~ wind северный ветер, норд 3. *adv* к северу, на север; lies ~ and south простирается с севера на юг; ~ *(of)* к северу; ~-east [-'iːst] 1. *n* 1) северо-восток 2) *мор.* норд-ост 2. *a* северо-восточный 3. *adv* на северо-восток; ~-easter [nɔːθ'iːstə] *мор.* норд-ост *(ветер)*

northerly ['nɔːðəlɪ] 1. *a* 1) северный *(о ветре)* 2) обращённый к северу 2. *n* сильный северный ветер

northern ['nɔːð(ə)n] северный; ~ lights северное сияние; ~er северянин; ~most [-moust] самый северный

north‖ward(s) ['nɔːθwəd(z)] к северу, на север; ~-**west** [-'west] 1. *n* 1) северо-запад 2) *мор.* норд-вест 2. *a* северо-западный 3. *adv* на северо-запад; ~-**wester** [-'westə] *мор.* норд-вест (*ветер*)

Norwegian [nɔːˈwiːdʒ(ə)n] 1. *a* норвежский 2. *n* 1) норвежец; норвежка 2) норвежский язык

nor'-wester ['nɔːˈwestə] *см.* north-wester

nose [nouz] 1. *n* 1) нос; blow one's ~ сморкаться 2) обоняние, нюх; have a good ~ (for smth.) иметь хороший нюх (на что-л.) ◇ turn up one's ~ (at) воротить нос (с презрением); follow one's ~ a) руководствоваться инстинктом; б) идти прямо вперёд; poke one's ~ into smth. совать свой нос в чужие дела 2. *v* 1): ~ out чуять; *перен.* пронюхать 2) осторожно продвигаться вперёд (*о судне*)

nose-dive ['nouzdaɪv] *ав.* 1. *n* пикирование, пике 2. *v* пикировать

nosegay ['nouzgeɪ] букетик цветов

nostalgia [nɔsˈtældʒɪə] 1) тоска по родине, ностальгия 2) тоска по прошлому

nostril ['nɔstrɪl] ноздря

not [nɔt] не, нет; ни; ~ a few многие ◇ ~ at all a) нисколько, ничуть; б) не стоит (*благодарности*), не за что; ~ in the least нисколько

notable ['noutəbl] 1) видный, выдающийся 2) замечательный

notary ['noutər] нотариус

notation [no(u)ˈteɪʃ(ə)n] 1) система обозначения 2) *муз.* нотное письмо

notch [nɔtʃ] 1. *n* 1) выемка, зарубка 2) *амер.* степень, уровень 3) *амер.* теснина, ущелье 2. *v* делать зарубку, выемку; надсекать, надрезать

note ['nout] 1. *n* 1) (*обыкн. pl*) записи; make (*или* take) ~s (of) записывать (*лекции и т. п.*) 2) записка 3) *дип.*, *муз.* нота 4) нотка; тон; change one's ~ переменить тон; strike the right ~ взять верный тон 5) примечание ◇ make (*или* take) a ~ (of) принимать к сведению, замечать; compare ~s обмениваться впечатлениями 2. *v* 1) замечать 2) записывать (*тж.* ~ down); ~**book** [-buk] записная книжка

noted ['noutɪd] известный

note-paper ['nout,peɪpə] почтовая бумага

noteworthy ['nout,wəːðɪ] заслуживающий внимания; достопримечательный

nothing ['nʌθɪŋ] 1. *n* 1) ничто, ничего; ~ but только, ничего кроме; ~ of the kind ничего подобного 2) пустяки, мелочи 3) нуль ◇ for ~ зря, без пользы; have ~

NOT

to do *(with)* не иметь никакого отношения *(к)*; make ~ *(of)* пренебрегать; легко относиться; ~ doing *разг.* этот номер не пройдёт; ~ less than прямо-таки; просто-напросто; (there's) ~ like что может быть лучше 2. *adv* нисколько, совсем нет; **~ness** 1) небытие 2) ничтожество

notice ['noutıs] **1.** *n* 1) объявление; извещение; предупреждение; give ~ уведомлять; предупреждать 2) внимание; come to ~ привлечь внимание; take no ~ *(of)* не обращать никакого внимания; bring to smb.'s ~ обращать чьё-л. внимание; доводить до сведения; this paragraph escaped my ~ я не заметил этот абзац 3) рецензия; did you see the ~s about the new play? вы видели рецензии на новую пьесу? ◇ at short ~ тотчас же; at ten minutes ~ за десять минут 2. *v* замечать; **~-board** [-bɔːd] доска объявлений

notification [ˌnoutıfı'keıʃ(ə)n] 1) извещение, уведомление 2) объявление

notify ['noutıfaı] 1) извещать, уведомлять 2) объявлять

notion ['nouʃ(ə)n] 1) понятие; представление 2) мнение 3) намерение

notional ['nouʃənl] 1) *филос.* умозрительный; отвлечённый 2) воображаемый 3. *лингв.* понятийный

notoriety [ˌnoutə'raıətı] дурная слава

notorious [no(u)'tɔːrıəs] пресловутый

notwithstanding [ˌnɔtwıθ'stændıŋ] 1. *prep* несмотря на 2. *adv* тем не менее; однако

nought [nɔːt] 1) ничто; bring to ~ a) разорять; б) сводить на нет; come to ~ сойти на нет 2) *мат.* нуль ◇ ~s and crosses крестики и нолики *(игра)*

noun [naun] *грам.* имя существительное

nourish ['nʌrıʃ] питать; *перен.* лелеять *(надежду и т. п.)*; **~ing** питательный; **~ment** пища, питание

nous [naus, nuːs] смышлёность, сообразительность, здравый смысл

novel I ['nɔv(ə)l] *n* роман

novel II *a* новый, неизведанный

novelist ['nɔvəlıst] романист

novelty ['nɔv(ə)ltı] 1) новизна 2) новинка, новость, новшество

November [no(u)'vembə] 1) ноябрь 2) *attr.* ноябрьский

novice ['nɔvıs] новичок

now ['nau] **1.** *adv* 1) теперь, сейчас 2) тотчас же 3) уже; he ought to be here by ~ он должен был бы быть уже здесь ◇ but ~ только что; come ~! ну же!; ~ then! ну!; every ~ and then, every ~ and again время от времени; то и дело; ~ what do you mean by it? что же вы хотите этим сказать?; ~ that I know it теперь, когда я знаю об этом 2. *n*: by ~ к настоящему моменту; till ~ до сих пор; ~adays [-ədeɪz] в наше время, теперь

nowhere ['nouwɛə] нигде; никуда

nowise ['nouwaɪz] никоим образом

noxious ['nɔkʃəs] вредный

nozzle ['nɔzl] 1) наконечник; выпускное отверстие 2) *тех.* сопло

n't [nt] *сокр. от* not

nth [enθ] *мат.* энный

nuance [nju(ː)'ɑːns] нюанс, оттенок

nub [nʌb] кусочек; шишка, утолщение; *перен.* суть (*дела*)

nucle‖**ar** ['njuːklɪə] ядерный; ~ energy атомная энергия; ~**us** [-əs] (*pl* nuclei [-laɪ]) ядро; центр; ячейка; *перен.* зародыш

nude [njuːd] 1. *a* 1) нагой; обнажённый 2) *юр.* недействительный 2. *n* обнажённая фигура (*особ. в живописи, скульптуре*); in the ~ в голом виде, нагишом

nudge [nʌdʒ] слегка подталкивать (локтем)

nudity ['njuːdɪtɪ] нагота

nugatory ['njuːgət(ə)rɪ] пустячный

nugget ['nʌgɪt] самородок (*золота*)

nuisance ['njuːsns] 1) неприятность, досада; what a ~! какая досада!, какая неприятность! 2) нечто неприятное *или* отвратительное (*о человеке, животном и т. п.*)

null ['nʌl]: ~ and void *юр.* не имеющий силы; ~**ify** [-ɪfaɪ] аннулировать; ~**ity** [-ɪtɪ] *юр.* недействительность

numb [nʌm] оцепенелый, онемелый

number ['nʌmbə] 1. *n* 1) число, количество; they came in ~s их пришло множество; a ~ of books ряд книг 2) номер 3) *мат.* число, цифра; broken ~ дробь; even (odd) ~ чётное (нечётное) число 4) выпуск, номер (*журнала*) ◊ his ~'s up теперь ему крышка 2. *v* 1) нумеровать 2) насчитывать 3) причислять; I ~ him among my friends я причисляю его к своим друзьям

numer‖**al** ['njuːm(ə)r(ə)l] 1. *n* 1) цифра 2) *грам.* имя числительное 2. *а* числовой; ~**ation** [ˌnjuːmə'reɪʃ(ə)n] 1) исчисление 2) нумерация; ~**ator** [-reɪtə] 1) *мат.* числитель 2) счётчик; ~**ous** [-əs] многочисленный

numskull ['nʌmskʌl] болван

nun [nʌn] монахиня; ~**nery** [-ərɪ] женский монастырь

nuptial ['nʌpʃ(ə)l] 1. *а* брачный 2. *n pl* свадьба

nurse ['nəːs] 1. *n* 1) кормилица; няня 2) сиделка 3) медсестра (*тж.* trained ~) 2. *v* 1) кормить (*ребёнка*); нянчить; *перен.* питать; лелеять 2) ухаживать

nursling ['nə:slɪŋ] *см.* nurseling

nurture ['nə:tʃə] **1.** *n* воспитание **2.** *v* воспитывать; выращивать

nut [nʌt] 1) орех; a hard ~ to crack *перен.* трудная задача 2) *тех.* гайка 3) *pl* мелкий уголь 4) *разг.* голова, башка; off one's ~ сумасшедший; poor ~ болван ◇ be ~s on smth. очень любить что-л.

nutcracker ['nʌt,krækə] (*обыкн. pl*) щипцы для орехов

nutmeg ['nʌtmeg] мускатный орех

nutri‖**ent** ['njuːtrɪənt] питательный; ~**ment** питательное вещество; ~**tion** [-'trɪʃ(ə)n] питание; ~**tious** [-'trɪʃəs] питательный; ~**tive** [-tɪv] пищевой

nutshell ['nʌtʃel] ореховая скорлупа ◇ in a ~ кратко, в двух словах

nuzzle ['nʌzl] 1) нюхать (*о собаках*) 2) прижаться

nymph [nɪmf] нимфа

O

O, o I [ou] *пятнадцатая буква англ. алфавита*

o! II [ou] *int*: O dear me! о боже!

o' [ə] *prep сокр. от* of, on; *напр.*, o'clock, o'nights

oak ['ouk] дуб; ~**en** [-ən] дубовый

oar [ɔː] 1) весло 2) гребец

oarsman ['ɔːzmən] гребец

oasis [o(u)'eɪsɪs] (*pl* -ses [-siːz]) оазис

oast-house ['ousthaus] хмелесушилка

oat [out] (*обыкн. pl*) овёс

oatcake ['outkeɪk] овсяная лепёшка

oath [ouθ] (*pl* oaths [-ðz]) клятва, присяга; make (take *или* swear) an ~ дать клятву; on (one's) ~ под присягой

oatmeal ['outmiːl] овсянка (*мука, крупа*)

obdur‖**acy** ['ɔbdjurəsɪ] закоснелость; упрямство; ~**ate** [-rɪt] закоснелый; упрямый

obedi‖**ence** [ə'biːdjəns] послушание, повиновение, покорность ◇ in ~ to согласно; ~**ent** [-ənt] послушный, покорный

obeisance [o(u)'beɪs(ə)ns] 1) почтительный поклон; реверанс 2) почтение, уважение

obes‖**e** [o(u)'biːs] тучный; ~**ity** [-ɪtɪ] тучность; ожирение

obey [ə'beɪ] слушаться, повиноваться

obituary [ə'bɪtjuərɪ] **1.** *n* некролог **2.** *a* некрологический

object I ['ɔbdʒɪkt] *n* 1) предмет, вещь 2) цель, намéрение 3) *филос.* объéкт 4) *грам.* дополнéние

object II [əb'dʒekt] *v* возражáть, протестовáть; ~**ion** [-ʃ(ə)n] возражéние; have ~ions возражáть; ~**ionable** [-ʃ(ə)nəbl] 1) нежелáтельный, вызывáющий возражéния 2) неприя́тный

objective [əb'dʒektıv] **1.** *a* 1) объекти́вный 2) *грам.*: ~ case объéктный *(или* кóсвенный*)* падéж **2.** *n* цель, задáча

objurgation [ˌɔbdʒə'geıʃ(ə)n] упрёк, вы́говор

oblation [o(u)'bleıʃ(ə)n] жертвоприношéние

obligat‖**e** ['ɔblıgeıt] *(обыкн. pass.)* обя́зывать; ~**ion** [ˌɔblı'geıʃ(ə)n] 1) обязáтельство; undertake an ~ion взять на себя́ обязáтельство 2) обя́занность; be under an ~ion *(to)* быть обя́занным; ~**ory** [ɔ'blıgət(ə)rı] обязáтельный, необходи́мый; обя́зывающий

oblig‖**e** [ə'blaıdʒ] 1) обя́зывать; заставля́ть 2) *(обыкн. pass)*: be ~ed to быть обя́занным 3) дéлать одолжéние; окáзывать услýгу ◇ much ~ed (to you) благодарю́ (вас); after his death she was ~ed to work пóсле егó смéрти ей пришлóсь начáть рабóтать; ~**ing** любéзный

oblique [ə'bli:k] 1) косóй, наклóнный 2) *грам.* кóсвенный *(о падеже, речи)*

obliterate [ə'blıtəreıt] 1) стирáть, уничтожáть 2) изглáживать *(из памяти)*

olivi‖**on** [ə'blıvıən] забвé-ние; fall *(или* sink*)* into ~ быть прéданным забвéнию; быть забы́тым; ~**ous** [-əs] не замечáющий

oblong ['ɔblɔŋ] продолговáтый

obnoxious [əb'nɔkʃəs] проти́вный, несноснóй

obscen‖**e** [əb'si:n] непристóйный; ~**ity** [-'sɛnıtı] непристóйность

obscur‖**e** [əb'skjuə] 1) мрáчный; тýсклый, нея́сный 2) невразуми́тельный, непоня́тный 3) неизвéстный; незамéтный; ~**ity** [-rıtı] 1) мрак, тьма 2) нея́сность 3) неизвéстность; незамéтность

obsequies ['ɔbsıkwız] *pl* пóхороны

obsequious [əb'si:kwıəs] подобострáстный

observ‖**ance** [əb'zə:v(ə)ns] 1) соблюдéние, выполнéние *(закона, обычая и т. п.)* 2) обря́д, ритуáл; ~**ant** [-(ə)nt] 1) наблюдáтельный, внимáтельный 2) соблюдáющий *(закон, обычай и т. п.)*; ~ant of customs соблюдáющий обычаи

observation [ˌɔbzə:'veıʃ(ə)n] 1) наблюдéние 2) изучéние, исслéдование; he was sent to hospital for ~ егó положи́ли в больни́цу на обслéдование 3) наблюдáтельность; a man of keen наблюдáтельный человéк 4) замечáние, выскáзывание; ~**al** [-'veıʃənl] наблюдáтельный

observatory [əb'zə:vətrı] обсерватóрия

observ∥e [əb'zə:v] 1) наблюдать, замечать 2) соблюдать *(законы, обычаи и т. п.)*; ~ silence хранить молчание; ~ economy соблюдать экономию 3) делать замечания; **~er** наблюдатель

obsess [əb'ses] преследовать *(о навязчивой идее и т. п.)*; **~ion** [-'seʃ(ə)n] наваждение; мания

obsolescent [,ɔbsə'lesnt] устаревающий

obsolete ['ɔbsəli:t] устарелый

obstacle ['ɔbstəkl] препятствие, помеха; overcome an ~ преодолеть препятствие

obstetrics [ɔb'stetriks] акушерство

obstin∥acy ['ɔbstɪnəsɪ] упрямство; **~ate** [-nɪt] упрямый; ~ate as a mule упрям как осёл

obstruct [əb'strʌkt] 1) преграждать проход, препятствовать продвижению 2): ~ the view заслонять вид 3) чинить препятствия; устраивать обструкцию; **~ion** [-kʃ(ə)n] 1) препятствие 2) обструкция

obtain [əb'teɪn] 1) добывать, приобретать 2) достигать, добиваться 3) применяться; существовать

obtrude [əb'tru:d] навязывать *(мнение и т. п.)*; ~ oneself навязываться

obtuse [əb'tju:s] тупой *(в разн. знач.)*

obviate ['ɔbvɪeɪt] избегать, устранять *(об опасности и т. п.)*

obvious ['ɔbvɪəs] очевидный, ясный

occasion [ə'keɪʒ(ə)n] **1.** *n* 1) случай; обстоятельство; on the ~ *(of)* по случаю 2) повод, основание 3) событие **2.** *v* давать повод *(для чего-л.)*; ~ a lot of talk вызывать толки; **~al** [-ʒənl] случайный; редкий; **~ally** иногда, время от времени

Occident ['ɔksɪd(ə)nt] Запад, страны Запада

occidental [,ɔksɪ'dentl] западный

occult ['ɔkʌlt] тайный, сокровенный

occup∥ant ['ɔkjupənt] 1) житель, обитатель 2) временный владелец, арендатор 3) оккупант; **~ation** [,ɔkju'peɪʃ(ə)n] 1) занятие, род занятий; профессия 2) оккупация

occupy ['ɔkjupaɪ] 1) занимать *(место, должность)* 2) оккупировать; ◊ school occupies all my time школа отнимает у меня всё время

occur [ə'kə:] 1) иметь место, случаться 2) приходить на ум; it ~red to him ему пришла в голову мысль 3) встречаться, попадаться; **~rence** [ə'kʌr(ə)ns] случай, событие

ocean ['ouʃ(ə)n] океан

o'clock [ə'klɔk]: what ~ is it? который час?; at eight ~ in the morning в восемь часов утра

October [ɔk'toubə] 1) октябрь 2) *attr.* октябрьский

ocular ['ɔkjulə] глазной

odd [ɔd] 1. *a* странный, необычный; how ~! как странно! 2) нечётный *(о числе)* 3) непарный *(об обуви и т. п.)* 4) разрозненный; an ~ volume один том из разрозненного собрания сочинений 5) лишний; forty ~ сорок с лишним 6) случайный, нерегулярный; ~ job случайная работа; at ~ moments в свободные минуты; на досуге 2. *n pl* 1) неравенство 2) преимущество, шансы 3) разногласие; be at ~s *(with)* не ладить ◇ ~s and ends a) остатки; обрезки; б) безделушки; **~ity** [ˈɔditi] 1) странность; чудаковатость 2) чудак 3) странный случай; **~ments** *pl* остатки; разрозненные предметы

odium [ˈoudjəm] всеобщее осуждение

odious [ˈoudjəs] отвратительный, отталкивающий

odoriferous [ˌoudəˈrifərəs] благоухающий

odorous [ˈoudərəs] *см.* odoriferous

odo(u)r [ˈoudə] запах *(приятный или неприятный)* ◇ he is in bad ~ with он в немилости *(у кого-л.)*

of [ɔv *(полная форма)*, əv *(редуцированная форма)*] *prep* 1) служит для выражения принадлежности, происхождения, материала, качества, части целого, а также для выражения цели, сферы деятельности и т. п.): made of wood сделан из дерева; a man of strong will человек сильной воли; a piece of bread кусок хлеба 2) *(перед приложением):* the city of Moscow город Москва 3) *(после гл.:* think, hear, speak, inform, remind) о, относительно; I have heard nothing of it я ничего не слыхал об этом 4) *(для выражения причины)* из-за; от; she died of fever она умерла от лихорадки 5) *(после слов:* ashamed, afraid, glad, proud *переводится родит., дат. и творит. п.):* I am proud of you я горжусь вами 6) *(после прил.:* guilty, certain, sure, confident) в; he is guilty of the crime он виновен в преступлении 7) из, из числа; one of them один из них

off [ɔf] 1. *prep (для выражения удаления, отделения)* с; от; the village was three miles ~ the town деревня была расположена в трёх милях от города ◇ be run ~ one's legs устать до изнеможения, валиться с ног; ~ the point некстати, не к делу; be ~ the track a) быть на ложном пути; б) уклоняться от темы 2. *adv*: ~ with you! *разг.* убирайтесь!, пойдите вон!; I must be ~ мне пора идти; be far ~ быть далеко; ~ and on с перерывами, попеременно 3. *a* дальний, более отдалённый; ~ street боковая улица

offal [ˈɔf(ə)l] потроха

offence [əˈfens] 1) проступок 2) обида, оскорбление; give ~ (to) обижать, оскорблять; take ~ обижаться; quick to take ~ обидчивый 3) *юр.* правонарушение, преступление; this was his third ~ это была его третья судимость 4) *воен.* наступление

offend [ə'fend] 1) обижать, оскорблять 2) нарушать *(что-л.)* 3) *юр.* совершать проступок, преступление; ~er 1) виновник 2) *юр.* правонарушитель

offense [ə'fens] *см.* offence

offensive [ə'fensɪv] 1. *a* 1) оскорбительный, обидный 2) неприятный; противный 3) *воен.* наступательный 2. *n* наступление; take the ~ перейти в наступление

offer ['ɔfə] 1. *v* 1) предлагать 2) представляться *(о случае, возможности)* 3) жертвовать ◇ ~ resistance оказывать сопротивление 2. *n* предложение ◇ on ~ в продаже; ~ing [-rɪŋ] 1) предложение 2) жертва

offhand ['ɔ:f'hænd] 1. *adv* экспромтом, без подготовки 2. *a* 1) импровизированный 2) бесцеремонный

office ['ɔfɪs] 1) служба; должность, место 2) контора; ведомство, министерство 3) долг, обязанность 4) услуга 5) обряд; церковная служба ◇ run for ~ выставлять кандидатуру; ~-boy [-bɔɪ] рассыльный

officer ['ɔfɪsə] 1) чиновник, государственный служащий, должностное лицо 2) офицер; ~s and men офицерский и рядовой состав

offici||al [ə'fɪʃ(ə)l] 1. *a* официальный; служебный 2. *n* чиновник, должностное лицо; ~ate [ə'fɪʃɪeɪt] 1) исполнять обязанности 2) совершать богослужение

officious [ə'fɪʃəs] назойливый, вмешивающийся не в своё дело

offing ['ɔfɪŋ] морская даль; be in the ~ виднеться вдали; *перен.* готовиться, назревать *(о ссоре и т. п.)*

offset ['ɔ:fset] 1. *n* 1) побег 2) ответвление *(трубы)* 3) *полигр.* офсет 2. *v* возмещать, компенсировать

offshoot ['ɔ:fʃu:t] 1) отросток, ответвление 2) отпрыск

offspring ['ɔ:fsprɪŋ] потомок, отпрыск

oft [ɔ:ft] *поэт.* часто

often ['ɔ:fn] часто, неоднократно

ogle ['ougl] бросать нежные взгляды; строить глазки

ogre ['ougə] великан-людоед

oh! [ou] *int* о!

ohm [oum] *эл.* ом

oil ['ɔɪl] 1. *n* 1) растительное *или* минеральное масло 2) нефть 3) *pl* масляные краски 2. *v* смазывать *или* пропитывать маслом; ~ the wheels *перен.* дать взятку, «подмазать»; ~cloth [-klɔθ] клеёнка; ~paints [-'peɪnts] масляные краски; ~-well [-wel] нефтяная скважина

oily ['ɔɪlɪ] маслянистый; *перен.* елейный, льстивый

ointment ['ɔɪntmənt] мазь

O. K. ['ou'keɪ] *разг.* 1. *a predic* всё в порядке, хорошо; ладно 2. *v* одобрять

old ['ould] 1. *a* 1) старый; grow ~ стариться; ~ age старость; ~ hand умудрённый опытом, знаток; ~ maid старая дева; ~ boy *разг.* старина; дружище; ~ man старик; ~ woman старуха 2) *при указании возраста не переводится*; she is five years ~ ей пять лет; how ~ are you? сколько вам лет? 3) бывший; he's an ~ student of mine он мой бывший ученик ◇ he's an ~ hand at that ≅ он на этом руку набил 2. *n*: from ~, of ~ в старину, прежде, исстари

old-age ['ould'eɪdʒ] *a*: ~ pension пенсия по старости

old-fashioned ['ould'fæʃ(ə)nd] устарелый, старомодный

old-timer ['ould,taɪmə] старожил

olive ['ɔlɪv] 1. *n* олива, маслина 2. *a* оливковый; **~-branch** [-braːntʃ] оливковая ветвь *(как символ мира)*

Olympic [o(u)'lɪmpɪk]: ~ games олимпийские игры

om‖en ['oumen] 1. *n* знак, предзнаменование 2. *v* служить предзнаменованием, предвещать; **~inous** ['ɔmɪnəs] зловещий

omission [o(u)'mɪʃ(ə)n] пропуск; упущение

omit [o(u)'mɪt] 1) упускать *(что-л.)*; пренебрегать *(чем-л.)* 2) пропускать; не включать; опускать

omnibus ['ɔmnɪbəs] 1) омнибус 2) автобус

omnipotent [ɔm'nɪpət(ə)nt] всемогущий

omnipresent ['ɔmnɪ'prez(ə)nt] вездесущий

omniscient [ɔm'nɪsɪənt] всезнающий

omnivorous [ɔm'nɪv(ə)rəs] всеядный

on [ɔn] 1. *prep* 1) *(при обозначении места на вопр. «где?» и «куда?»)* на; the book is on the table книга на столе; I have no money on me у меня при себе нет денег 2) *(при обозначении времени)* в; on Friday в пятницу; on the seventh of November седьмого ноября 3) *(после гл.: speak, write, lecture)* о, относительно; *(после гл.: touch, dwell иногда переводится род. п.)*: he spoke on the international situation он говорил о международном положении; many books have been written on that subject много книг было написано на эту тему; a book on grammar книга по грамматике 4) на основании, согласно; based on facts основанный на фактах 5) по; what are your ideas on the subject? что вы думаете по этому поводу? 2. *adv* дальше, вперёд; walk on продолжать идти вперёд; go on! продолжа́йте!; on and on а) не остана́вливаясь; б) в тече́ние до́лгого вре́мени; later on поздне́е; пото́м; from that day on с э́того дня; and so on и так да́лее ◇ be on идти́ *(о пьесе и т. п.)*; the radio is on ра́дио включено́

once [wʌns] **1.** *adv* 1) (оди́н) раз; ~ and again неоднокра́тно, не раз; ~ (and) for all раз (и) навсегда́; ~ in a way *(или* a while) иногда́, и́зредка; вре́мя от вре́мени; ~ more ещё раз 2) одна́жды; не́когда, когда́-то; ~ upon a time не́когда, когда́-то *(вступле́ние к ска́зке и т. п.)* ◇ at ~ a) сра́зу, то́тчас; б) одновреме́нно; ~ bitten twice shy *погов.* ≅ обжёгшись на молоке́, бу́дешь дуть и на́ воду **2.** *n* оди́н раз; for *(или* this) ~ на э́тот раз, в ви́де исключе́ния

oncoming [ˈɔnˌkʌmɪŋ] **1.** *n* приближе́ние **2.** *a* надвига́ющийся, приближа́ющийся

one [wʌn] **1.** *num* оди́н **2.** *a* 1) оди́н 2) еди́нственный 3) еди́ный 4); ~ night *(или* day) одна́жды **3.** *n* 1) оди́н; едини́ца; ~ after another, ~ by ~ оди́н за други́м, после́довательно 2) *употр. во избежа́ние повторе́ния ра́нее упомя́нутого существи́тельного*: this is a good pencil and that is a bad ~ э́то хоро́ший каранда́ш, а тот — плохо́й ◇ ~ at a time please! по о́череди, пожа́луйста! **4.** *pron* 1) не́кий, не́кто; no ~ никто́; ~ another друг дру́га 2) *как безли́чное местоиме́ние*: ~ never knows what may happen никогда́ не зна́ешь, что мо́жет случи́ться

oneness [ˈwʌnnɪs] еди́нство, то́ждество

onerous [ˈɔnərəs] обремени́тельный; затрудни́тельный

oneself [wʌnˈself] 1) *indef refl pron* себя́; -ся; one should wash ~ regularly ну́жно мы́ться регуля́рно; one knows ~ better than anybody себя́ зна́ешь лу́чше, чем кого́-л. 2) *emphatic pron* сам, сама́; one should know it ~ ну́жно бы́ло бы самому́ знать об э́том ◇ be ~ быть сами́м собо́й; come to ~ приходи́ть в себя́; one has to do it by ~ прихо́дится де́лать э́то одному́ (самому́)

one-sided [ˈwʌnˈsaɪdɪd] кривобо́кий; однобо́кий; *перен.* односторо́нний; пристра́стный

onion [ˈʌnjən] лук; лу́ковица

onlooker [ˈɔnˌlukə] (случа́йный) свиде́тель; зри́тель ◇ the ~ sees most of the game ≅ со стороны́ видне́е

only [ˈounlɪ] **1.** *a* еди́нственный **2.** *part* то́лько; исключи́тельно; еди́нственно; if ~ е́сли бы то́лько **3.** *cj* но, то́лько; ~ that за исключе́нием того́, что; е́сли бы то́лько не то, что

onrush [ˈɔnrʌʃ] 1) ата́ка, на́тиск 2) наплы́в; пото́к

onset ['ɔnset] 1) атáка, нападéние 2) начáло; at the first ~ срáзу же

onslaught ['ɔnslɔːt] я́ростная атáка; штурм

onward ['ɔnwəd] 1. *adv* вперёд; дáлее 2. *a* напрáвленный вперёд

onwards ['ɔnwədz] *см.* onward

ooze [uːz] 1. *n* ил, тина 2. *v* 1) вытекáть, сочи́ться 2): his courage ~d away мýжество покинуло его́

opal ['oup(ə)l] опáл

opaque [o(u)'peik] непрозрáчный, светонепроницáемый; тёмный

open ['oup(ə)n] 1. *a* 1) откры́тый 2) свобóдный, достýпный; the river is ~ рекá свобóдна ото льдá 3) откровéнный; be ~ with smb. быть откровéнным с кем-л. 4) я́вный; ~ contempt я́вное презрéние 2. *v* 1) открывáть, начинáть *(собрáние и т. п.);* ~ the parcel вскрóйте пакéт 2) предпринимáть *(кампáнию, похóд и т. п.);* ~ fire откры́ть огóнь 3) открывáться, начинáться *(о собрáнии и т. п.)* 4) распускáться, расцветáть; all the flowers ~ed overnight все цветы́ распусти́лись зá ночь 5) сообщáться *(о кóмнатах—into)* 6) выходи́ть на *(об окнé—on);* ~ **up** а) дéлать извéстным, раскрывáть; б) обнарýживаться, раскрывáться

open-air ['oupn'ɛə] на откры́том вóздухе

open-armed ['oupn'ɑːmd] с распростёртыми объя́тиями; тёплый, радýшный

open-door ['oupn'dɔː]: ~ policy поли́тика откры́тых дверéй

open-eyed ['oupn'aid] с широкó откры́тыми глазáми; *перен.* бди́тельный

open-handed ['oupn'hændid] щéдрый

open-hearted ['oupn,hɑːtid] чистосердéчный

opening ['oupniŋ] 1. *n* 1) отвéрстие 2) начáло, вступлéние 3) откры́тие *(выставки и т. п.); перен.* удóбный слýчай 2. *n* начáльный

openly ['oupnli] 1) откры́то, публи́чно 2) откровéнно

open-minded ['oupn'maindid] непредубеждённый

open-work ['oupnwəːk] ажýрная ткань; мерёжка

opera ['ɔp(ə)rə] óпера; ~**-glass(es)** [-,glɑːs(iz)] театрáльный бинóкль; ~**-house** [-haus] óперный теáтр

operate ['ɔpəreit] 1) дéйствовать, рабóтать 2) окáзывать дéйствие *(о лекáрстве и т. п.)* 3) *мед.* опери́ровать 4) производи́ть опeрáции 5) управля́ть; приводи́ть в дéйствие

operation [,ɔpə'reiʃ(ə)n] 1) дéйствие; рабóта; put into ~ вводи́ть в дéйствие *(завóд и т. п.)* 2) дéйствие *(лекáрства и т. п.)* 3) процéсс 4) *мед.* операция 5) *(обыкн. pl) воен.* операция, боевы́е дéйствия 6) *мат.* дéйствие

operative ['ɔp(ə)rətɪv] 1. *a* 1) действующий; действенный; действительный 2) оперативный *(тж. мед.)* 2. *n* квалифицированный рабочий-станочник

operator ['ɔpəreɪtə] 1) оператор 2) телефонист; радист, связист 3) *разг.* спекулянт

operetta [,ɔpə'retə] оперетта

opiate ['oupɪɪt] болеутоляющее *или* успокаивающее средство

opinion [ə'pɪnjən] 1) мнение; in my ~ по моему мнению; по-моему; have no ~ of smb. быть плохого мнения о ком-л. 2) совет специалиста *(юриста, медика)*

opinionated [ə'pɪnjəneɪtɪd] упрямый; чрезмерно самоуверенный

opponent [ə'pounənt] противник; оппонент

opportune ['ɔpətjuːn] благоприятный; своевременный

opportun∥ism ['ɔpətjuːnɪzm] оппортунизм; **~ist** оппортунист

opportunity [,ɔpə'tjuːnɪtɪ] удобный случай; take the ~ (of) воспользоваться случаем

oppose [ə'pouz] 1) сопротивляться, быть против 2) противопоставлять

opposite ['ɔpəzɪt] 1. *a* противоположный 2. *n* противоположность; direct ~ прямая противоположность; 3. *adv, prep* напротив; против

opposition [,ɔpə'zɪʃ(ə)n] 1) сопротивление 2) противоположность, контраст 3) оппозиция 4) *астр.* противостояние

oppress [ə'pres] 1) притеснять; угнетать 2) действовать угнетающе; feel ~ed with the heat томиться от жары; **~ion** [ə'preʃ(ə)n] 1) притеснение, угнетение 2) угнетённость, подавленность; **~ive** [-ɪv] 1) деспотический 2) гнетущий, угнетающий; ~ive weather душная погода; **~or** притеснитель, угнетатель

opt [ɔpt]: ~ out *разг.* отказаться от участия (в чём-либо)

optic ['ɔptɪk] глазной; зрительный; **~al** [-(ə)l] зрительный; оптический; ~al illusion оптический обман; **~s** [-s] оптика

optim∥ism ['ɔptɪmɪzm] оптимизм; **~ist** оптимист; **~istic** [,ɔptɪ'mɪstɪk] оптимистический

optimum ['ɔptɪməm] 1) наиболее благоприятные условия 2) *attr.* оптимальный

option ['ɔpʃ(ə)n] право выбора; опция; **~al** ['ɔpʃənl] необязательный; факультативный

opul∥ence ['ɔpjuləns] богатство, обилие; **~ent** [-ənt] богатый, обильный

or[ɔː *(перед согласными полная форма)*, ə *(редуцированная форма)*; ɔːr *(перед гласными полная форма)*, ər *(редуцированная форма)* cj или

orac∥le ['ɔrəkl] 1) оракул 2) прорицание; **~ular** [ɔ'rækjulə] 1) пророческий 2) догматический 3) двусмысленный

oral ['ɔːr(ə)l] устный; **~ly** устно

orange ['ɔrɪndʒ] **1.** *n* 1) апельсин 2) апельсиновое дерево 3) оранжевый цвет **2.** *a* оранжевый

orat∥ion [ɔ'reɪʃ(ə)n] речь *(особ. торжественная)*; **~or** ['ɔrətə] оратор; **~orical** [,ɔrə'tɔrɪk(ə)l] ораторский; риторический; **~ory** ['ɔrət(ə)rɪ] красноречие; риторика

orbit ['ɔːbɪt] 1) орбита 2) сфера, размах деятельности 3) *анат.* глазная впадина

orchard ['ɔːtʃəd] фруктовый сад

orchestr∥a ['ɔːkɪstrə] 1) оркестр 2) место для оркестра или хора 3) *амер.* партер; **~al** [ɔː'kestr(ə)l] оркестровый; **~ate** [-eɪt] оркестровать, инструментовать

ordeal [ɔː'diːl] тяжёлое испытание

order ['ɔːdə] **1.** *n* 1) порядок; call to ~ a) призвать к порядку; б) *амер.* открыть заседание 2) *воен.* строй; close ~ сомкнутый строй 3) приказ, распоряжение; by ~ согласно предписанию; on smb.'s ~ по приказу кого-л. 4) заказ; made to ~ сделанный на заказ 5) знак отличия, орден 6) *воен.* ранг; чин, звание 7) орден *(монашеский, рыцарский и т. п.)* ◊ be out of ~ быть испорченным, не работать *(о телефоне, машине и т. п.)*; in ~ to *(или* that) для того, чтобы **2.** *v* 1) приказывать 2) заказывать 3) приводить в порядок ◊ ~ smb. about помыкать кем-л.; **~ly 1.** *a* 1) аккуратный, опрятный 2) дисциплинированный **2.** *n воен.* связной; ординарец; дневальный

ordinal ['ɔːdɪnl] **1.** *a* порядковый **2.** *n* порядковое числительное

ordinance ['ɔːdɪnəns] указ, декрет; закон; *амер.* постановление местных властей

ordinary ['ɔːdnrɪ] обычный; заурядный

ordnance ['ɔːdnəns] артиллерийские орудия, артиллерия

ore [ɔː] руда

organ ['ɔːgən] 1) орган; *перен.* средство 2) *муз.* орган; **~-grinder** [-,graɪndə] шарманщик

organic [ɔː'gænɪk] органический

organism ['ɔːgənɪzm] организм

organ∥ization [,ɔːgənaɪ'zeɪʃ(ə)n] 1) организация; устройство 2) организм; **~ize** ['ɔːgənaɪz] организовать; **~izer** организатор

orgy ['ɔːdʒɪ] оргия

orient 1. *n* ['ɔːrɪənt] 1) восток 2): the O. Восток, восточные страны **2.** *v* ['ɔːrɪent] *см.* orientate; ~al [ˌɔːrɪˈentl] восто́чный; азиа́тский; ~ate [ˈɔːrɪenteɪt] определя́ть местонахожде́ние *(по компасу)*; ~ate oneself ориенти́роваться; ~ation [ˌɔːrɪenˈteɪʃ(ə)n] ориента́ция

orifice [ˈɔrɪfɪs] отве́рстие

origin [ˈɔrɪdʒɪn] 1) исто́чник, нача́ло 2) происхожде́ние; by ~ по происхожде́нию; ~al [əˈrɪdʒənl] **1.** *a* 1) первонача́льный; пе́рвый 2) по́длинный 3) оригина́льный, своеобра́зный 4) тво́рческий **2.** *n* 1) по́длинник, оригина́л; in the ~al в оригина́ле 2) чуда́к; ~ality [əˌrɪdʒɪˈnælɪtɪ] 1) по́длинность 2) оригина́льность; ~ally [əˈrɪdʒnəlɪ] 1) первонача́льно; снача́ла 2) по происхожде́нию; my father came from that country ~ally мой оте́ц ро́дом из э́той страны́; ~ate [əˈrɪdʒɪneɪt] 1) дава́ть нача́ло, порожда́ть 2) брать нача́ло, происходи́ть

ornament **1.** *n* [ˈɔːnəmənt] украше́ние, орна́мент **2.** *v* [ˈɔːnəment] украша́ть; ~al [ˌɔːnəˈmentl] декорати́вный; ~ation [ˌɔːnəmenˈteɪʃ(ə)n] украше́ние

ornate [ɔːˈneɪt] разукра́шенный; витиева́тый *(о стиле)*

orphan [ˈɔːfən] **1.** *n* сирота́ **2.** *a* сиро́тский **3.** *v* сде́лать сирото́й; he was ~ed by war война́ сде́лала его́ сирото́й; ~age [-ɪdʒ] прию́т для сиро́т

orthodox [ˈɔːθədɔks] 1) ортодокса́льный 2) правосла́вный

orthography [ɔːˈθɔgrəfɪ] орфогра́фия, правописа́ние

oscillat‖e [ˈɔsɪleɪt] кача́ться, вибри́ровать; *перен.* колеба́ться; ~ion [ˌɔsɪˈleɪʃ(ə)n] кача́ние, вибра́ция, колеба́ние; ~ory [ˈɔsɪlət(ə)rɪ] колеба́тельный

osier [ˈouʒə] 1) и́ва 2) лоза́, побе́г и́вы

ossify [ˈɔsɪfaɪ] костене́ть

ostensible [ɔsˈtensəbl] мни́мый, показно́й; служа́щий предло́гом

ostentatious [ˌɔstenˈteɪʃəs] показно́й

ostler [ˈɔslə] *уст.* ко́нюх на постоя́лом дворе́

ostrich [ˈɔstrɪtʃ] стра́ус

other [ˈʌðə] **1.** *a* 1) друго́й, ино́й; every ~ day че́рез день 2) ещё (оди́н), дополни́тельный; how many ~ children have you? ско́лько у вас ещё дете́й? ◇ the ~ day на днях, неда́вно; every ~ hour ка́ждые два часа́ **2.** *indef pron* друго́й; none ~ than не́кто ино́й, как; some time or ~ когда́-нибудь; ра́но и́ли по́здно; where are the ~s где остальны́е?; every ~ ка́ждый второ́й

otherwise [ˈʌðəwaɪz] 1) ина́че 2) в проти́вном слу́чае 3) в други́х отноше́ниях

otter [ˈɔtə] вы́дра

ought [ɔːt] до́лжен бы, должна́ бы, должно́ бы, должны́ бы *и т. д.*; мне бы, вам бы *и т. д.* сле́довало; you ~ to go there вы должны́ бы, вам бы следовало туда пойти; it ~ to be a fine day tomorrow завтра должен быть хороший день

ounce [auns] унция (=28,3 г)

our ['auə] *poss pron* наш, наша, наше, наши; свой, своя, своё, свой

ours ['auəz] *poss pron (несвязанная форма к* our) *употр. вместо сущ.* наш, наша, наше, наши; свой, своя, своё, свой

ourselves [,auə'selvz] 1) *refl pron 1 л. мн. ч.* себя; ~ся; we hid ~ мы спрятались; we called ~ sisters мы называли себя сёстрами 2) *emphatic pron* сами; we knew nothing ~ мы ничего сами не знали ◇ we came to ~ мы пришли в себя; we are not ~ мы сами не свой; we dined (all) by ~ мы пообедали одни

oust [aust] вытеснять

out [aut] **1.** *adv* из; вне, наружу; вон ◇ he is ~ его нет дома; be ~ to do smth. собираться сделать что-л.; they voted him ~ его не избрали вновь; the miners are ~ горняки бастуют; the candle is ~ свеча потухла; the book is ~ книга вышла из печати; ~ at elbows с продранными локтями **2.**: ~ **of** из, вне; he took a watch ~ of his pocket он вынул часы из кармана; we found lodgings ~ of town мы нашли квартиру вне города ◇ ~ of this money из этих денег; that is ~ of the question об этом не может быть и речи; ~ of curiosity из любопытства; we are ~ of cigaretts у нас кончились папиросы; where will I be ~ of the way? где я не буду (никому) мешать?

out-and-out ['autənd'aut] отъявленный; ≅ до мозга костей

outbade [aut'beɪd] *past* от outbid

outbalance [aut'bæləns] 1) перевешивать 2) превосходить *(по значению)*

outbid [aut'bɪd] (outbade, outbid; outbidden, outbid) перебивать цену

outbidden [aut'bɪdn] *p. p.* от outbid

outboard ['autbɔːd]: ~ motor подвесной (лодочный) двигатель

outbreak ['autbreɪk] 1) взрыв, вспышка *(гнева, эпидемии)* 2) внезапное начало *(войны и т. п.)*

outbuilding ['aut,bɪldɪŋ] надворное строение

outburst ['autbəːst] взрыв, вспышка; ~ of tears поток слёз

outcast ['autkɑːst] **1.** *n* изгнанник **2.** *a* изгнанный; отверженный

outcome ['autkʌm] результат

outcry ['autkraɪ] 1) крик 2) выкрики

outdated ['aut'deɪtɪd] устарелый, устаревший

outdid [aut'dɪd] *past* от outdo

outdistance [aut'dıstəns] обогнать; перегнать

outdo [aut'du:] (outdid; outdone) превосходить

outdone [aut'dʌn] *p. p.* от outdo

outdoor ['autdɔ:] 1) находящийся *или* совершающийся вне дома 2) на открытом воздухе; ~ games игры на (открытом) воздухе

outdoors ['aut'dɔ:z] на (открытом) воздухе; на улице

outfit ['autfit] 1. *n* 1) снаряжение; экипировка; полный комплект одежды; camping ~ туристское снаряжение 2. *v* (*обыкн. p. p.*) снаряжать, экипировать

outflank [aut'flæŋk] обойти фланг (*противника*); *перен.* перехитрить

outgoing ['aut‚gɔ(u)ıŋ] 1. *a* уходящий 2. *n* (*обыкн. pl*) расходы, издержки

outgrew [aut'gru:] *past* от outgrow

outgrow [aut'grou] (outgrew; outgrown) 1) перерастать, вырастать 2) отделываться с возрастом (*от дурной привычки и т. п.*)

outgrown [aut'groun] *p. p.* от outgrow

outhouse ['authaus] *см.* outbuilding

outing ['autıŋ] экскурсия, прогулка

outlandish [aut'lændıʃ] 1) чужестранный 2) диковинный; странный

outlast [aut'lɑ:st] 1) продолжаться дольше (*чего-л.*) 2) пережить (*кого-л., что-л.*)

outlaw ['autlɔ:] 1. *n* человек, объявленный вне закона 2. *v* объявлять вне закона

outlay ['autleı] издержки, расходы

outlet ['autlet] выпускное отверстие; *перен.* выход, отдушина

outline ['autlaın] 1. *n* 1) очертание, контур 2) набросок; конспект; очерк 2. *v* нарисовать контур; обвести; *перен.* обрисовать в общих чертах, сделать резюме

outlive [aut'lıv] пережить (*кого-л., что-л.*)

outlook ['autluk] 1) вид, перспектива 2) точка зрения

outlying ['aut‚laıŋ] удалённый, далёкий

outmoded [aut'moudıd] старомодный, отживший

outnumber [aut'nʌmbə] превосходить численно

out-of-date ['autəv'deıt] устарелый, старомодный

out-of-door ['autəv'dɔ:] *см.* outdoor

out-of-the-way ['autəvðə'weı] 1) уединённый, удалённый 2) редкий; необычный; эксцентричный

out-of-work ['autəv'wə:k] безработный

out-patient ['aut‚peıʃ(ə)nt] амбулаторный больной

outplay [aut'pleı] *спорт.* обыграть

outpost ['autpoust] аванпост; застава

output ['autput] 1) продукция, выпуск 2) *тех.* производительность, мощность; пропускная способность 3) *горн.* добыча

outrage ['autreɪdʒ] **1.** *n* 1) грубое нарушение чьих-л. прав; беззаконие 2) поругание, оскорбление **2.** *v* 1) нарушать закон, права 2) оскорбить; надругаться; ~ous [aut'reɪdʒəs] 1) чрезмерный, крайний 2) неистовый, жестокий 3) возмутительный, оскорбительный

outran [aut'ræn] *past от* outrun

outrank [aut'ræŋk] иметь более высокий чин

outré ['uːtreɪ] *фр.* эксцентричный

outright 1. *adv* [aut'raɪt] 1) открыто, прямо 2) сразу 3) полностью; раз навсегда **2.** *a* ['autraɪt] полный, совершенный; отъявленный

outrival [aut'raɪv(ə)l] превосходить

outrun [aut'rʌn] (outran; outrun) 1) перегонять, опережать 2) выходить за пределы *(чего-л.)*

outset ['autset]: at the (first) ~ вначале

outshine [aut'ʃaɪn] (outshone) затмевать

outshone [aut'ʃɔn] *past и p. p. от* outshine

outsid||e ['aut'saɪd] **1.** *n* 1) наружная сторона 2) внешность **2.** *a* наружный, внешний; I want an ~ seat я хочу место с краю **3.** *adv* снаружи, извне; на улице; наружу; is it cold ~? холодно на улице? **4.** *prep* вне, за пределы; ~er посторонний (человек)

outsize ['autsaɪz] размер больше стандартного

outskirts ['autskəːts] *pl* 1) окраина, предместье *(города)* 2) опушка *(леса)*

outspoken [aut'spouk(ə)n] искренний, откровенный, прямой

outspread ['aut'spred] распростёртый

outstanding [aut'stændɪŋ] 1) выдающийся 2) неуплаченный

outstay [aut'steɪ]: ~ one's welcome злоупотреблять чьим-л. гостеприимством

outstretched ['autstretʃt] протянутый; распростёртый

outstrip [aut'strɪp] 1) обгонять, опережать 2) превосходить *(в чём-л.)*

outvote [aut'vout] 1) иметь перевес голосов 2) забаллотировать

outward ['autwəd] 1) внешний, наружный 2) видимый; ~ly внешне, снаружи, по виду

outwards ['autwədz] наружу

outweigh [aut'weɪ] превосходить в весе; *перен.* перевешивать

outwit [aut'wɪt] перехитрить

outwork ['autwəːk] 1) работа вне предприятия 2) *pl воен.* передовые оборонительные сооружения

outworn ['autwɔːn] 1) изношенный 2) изнурённый,

измученный 3) устарелый (*о понятиях*)

ova ['ouvə] *pl* от ovum

oval ['ouv(ə)l] 1. *a* овальный; яйцевидный 2. *n* овал

ovary ['ouvərɪ] 1) *анат.* яичник 2) *бот.* завязь

ovation [o(u)'veɪʃ(ə)n] овация

oven ['ʌvn] печь; духовка

over ['ouvə] 1. *prep* 1) *(при обозначении места)* над; вокруг; через; night had fallen ~ the desert ночь спустилась над пустыней; the boys were sitting ~ the burning fire мальчики сидели вокруг горящего костра; a bridge ~ the river мост через реку; what is ~ there? что это вон там? 2) *(при обозначении распространения действия)* по, через *(в пространстве)*; на, до *(во времени)*; he has travelled all ~ Europe он путешествовал по всей Европе; we had to stay there ~ night мы должны были остаться там на ночь; he stayed there ~ the week-end он остался там до понедельника 3) на, поверх; she put a shawl ~ her dress она накинула шаль поверх платья 4) свыше, более; ~ and above the plan сверх плана; this book costs ~ five roubles эта книга стоит более пяти рублей 5) *(при выражении предпочтения, влияния, превосходства и т. п.)* на; над; have you no influence ~ him? разве вы не можете повлиять на него?; our troops gained a victory ~ the enemy наши войска одержали победу над врагом 2. *adv*: be ~ быть оконченным; ~ and ~ again снова и снова

over- ['ouvə-] *pref* сверх-, над-, пере-, чрезмерно

overact ['ouvər'ækt] переигрывать *(роль)*

over-all ['ouvərɔːl] полный, общий

overall ['ouvərɔːl] 1) рабочий халат; спецодежда; 2) *pl* широкие рабочие брюки

overawe [,ouvər'ɔː] внушать благоговейный страх

overbalance [,ouvə'bæləns] 1) терять равновесие, падать 2) перевешивать; превосходить

overbear [,ouvə'bɛə] (overbore; overborne) пересиливать; подавлять; ~ing [-rɪŋ] властный, повелительный

overboard ['ouvəbɔːd] за борт; man ~! человек за бортом!; throw ~ бросать за борт; *перен.* отказываться *(от чего-л.)*, бросать

overbore [,ouvə'bɔː] *past* от overbear

overborne [,ouvə'bɔːn] *p. p.* от overbear

overcame [,ouvə'keɪm] *past* от overcome 1

overcast ['ouvəkɑːst] покрытый облаками; *перен.* мрачный

overcharge ['ouvə'tʃɑːdʒ] 1) запрашивать чрезмерную цену 2) перегружать; загромождать

overcloud [,ouvə'klaud] застилать облаками; *перен.* омрачать

overcoat ['ouvəkout] пальто

overcome [,ouvə'kʌm] 1. *v* (overcame; overcome) побороть, преодолеть 2. *a* обессиленный, истощённый

overcrowd [,ouvə'kraud] 1) переполнять 2) толпиться

overdid [,ouvə'dɪd] *past* от overdo

overdo [,ouvə'du:] (overdid; overdone) 1) заходить слишком далеко; перебарщивать, утрировать 2) пережаривать 3) переутомлять ◇ ~ it а) переутомляться; б) перебарщивать

overdone [,ouvə'dʌn] *р. р.* от overdo

overdress ['ouvə'dres] одеваться слишком нарядно

overdue ['ouvə'dju:] 1) запоздалый 2) просроченный

overestimate 1. *v* ['ouvər'estɪmeɪt] переоценивать 2. *n* ['ouvər'estɪmɪt] слишком высокая оценка

overflow 1. *v* [,ouvə'flou] переливаться через край 2. *n* ['ouvəflou] 1) разлив, наводнение 2) избыток

overgrew [,ouvə'gru:] *past* от overgrow

overgrow ['ouvə'grou] (overgrew; overgrown) 1) заглушать *(о сорняках)* 2) расти слишком быстро

overgrown ['ouvə'groun] *р. р.* от overgrow

overhang ['ouvə'hæŋ] (overhung) свешиваться

overhaul [,ouvə'hɔ:l] 1) осматривать, ремонтировать *(механизм)* 2) *мор.* догонять

overhead ['ouvə'hed] 1. *adv* наверху; над головой 2. *а* верхний, надземный

overhear [,ouvə'hɪə] (overheard) 1) подслушивать 2) нечаянно услышать

overheard [,ouvə'hə:d] *past и р. р.* от overhear

overheat [,ouvə'hi:t] 1. *v* 1) перегревать 2) перегреваться 2. *n* перегрев

overhung ['ouvə'hʌŋ] *past и р. р.* от overhang

overjoyed [,ouvə'dʒɔɪd] вне себя от радости, счастливый

overland 1. *adv* [,ouvə'lænd] по суше 2. *а* ['ouvəlænd] сухопутный

overlap [,ouvə'læp] 1) частично покрывать 2) *тех.* перекрывать 3) частично совпадать

overleaf ['ouvə'li:f] на обратной стороне листа *или* страницы; на обороте

overload ['ouvə'loud] перегружать

overlook [,ouvə'luk] 1) обозревать; смотреть сверху *(на что-л.)* 2) выходить на *(об окнах)* 3) не заметить; пропустить; *перен.* смотреть сквозь пальцы 4) надзирать; смотреть *(за чем-л.)*

overlord ['ouvə'lɔ:d] повелитель

overmaster [,ouvə'ma:stə] подчинять себе; овладевать всецело

overmuch ['ouvə'mʌtʃ] чрезмерно, слишком много

overnight ['ouvə'naɪt] 1) накануне вечером 2) всю ночь; stay ~ (пере)ночевать

overpower [,ouvə'pauə] подавлять, побеждать; **~ing** [-rɪŋ] непреодолимый; подавляющий

overproduction ['ouvəprə'dʌkʃ(ə)n] перепроизводство

overran [,ouvə'ræn] *past* от overrun

overrate ['ouvə'reɪt] переоценивать

overreach [,ouvə'riːtʃ] 1) перехитрить 2): ~ oneself перестараться; зарваться

override [,ouvə'raɪd] не принимать во внимание, отвергать

overrule [,ouvə'ruːl] отвергать; отклонять

overrun [,ouvə'rʌn] (overran; overrun) 1) переливаться через край 2) наводнять; кишеть *(о паразитах)* 3) глушить *(о сорняках)* 4) разорять, опустошать 5) переходить границы

oversea ['ouvə'siː] заморский

overseas ['ouvə'siːz] 1. *adv* за морем 2. *a см.* oversea

overseer ['ouvəsɪə] надзиратель, надсмотрщик

overshadow [,ouvə'ʃædou] 1) затемнять 2) затмевать 3) омрачать

overshoe ['ouvəʃuː] галоша; ботик

oversight ['ouvəsaɪt] недосмотр; оплошность; упущение

oversleep ['ouvə'sliːp] (overslept) проспать

overslept ['ouvə'slept] *past и p. p.* от oversleep

overstate ['ouvə'steɪt] преувеличивать

overstep ['ouvə'step] переступить, перешагнуть

overstrain 1. *v* ['ouvə'streɪn] переутомлять, перенапрягать 2. *n* ['ouvəstreɪn] чрезмерное напряжение

overstrung ['ouvə'strʌŋ]: he is ~ он слишком взвинчен

overt ['ouvəːt] нескрываемый, открытый

overtake [,ouvə'teɪk] (overtook; overtaken) 1) догнать, наверстать 2) застигнуть (врасплох) *(о непогоде и т. п.)*; постигать *(о несчастье и т. п.)* 3) овладевать, охватывать *(о чувстве)*

overtaken [,ouvə'teɪk(ə)n] *p. p.* от overtake

overtax ['ouvə'tæks] 1) слишком напрягать *(силы и т. п.)* 2) обременять чрезмерными налогами

overthrew [,ouvə'θruː] *past* от overthrow 1

overthrow 1. *v* [,ouvə'θrou] (overthrew; overthrown) опрокидывать; *перен.* свергать 2. *n* ['ouvəθrou] свержение

overthrown [,ouvə'θroun] *p. p.* от overthrow

overtime ['ouvətaɪm] 1. *n* сверхурочное время 2. *a* сверхурочный 3. *adv* сверхурочно

overtook [,ouvə'tuk] *past* от overtake

overture ['ouvətjuə] 1) *муз.*

увертюра; вступление 2) (*обыкн. pl*) начало переговоров 3) попытка, предложение

overturn 1. *v* [,ouvə'tə:n] 1) опрокидывать; низвергать 2) опрокидываться **2.** *n* ['ouvətə:n] низвержение; *амер.* переворот

overvalue ['ouvə'vælju:] переоценивать

overweening [,ouvə'wi:niŋ] высокомерный; самонадеянный

overweight ['ouvə'weit] 1) излишек веса 2) перевес, преобладание

overwhelm [,ouvə'welm] 1) заливать; *перен.* засыпать 2) поглощать (*о волнах*) 3) сокрушать; разбивать (*неприятеля*) 4) овладевать, переполнять (*о чувстве и т. п.*); ~ing 1) несметный; ~ing sorrow безграничная печаль 2) подавляющий; ~ing majority подавляющее большинство 3) непреодолимый

overwork ['ouvə'wə:k] **1.** *v* 1) переутомляться, слишком много работать 2) переутомлять, заставлять слишком много работать **2.** *n* 1) чрезмерная работа 2) перегрузка, перенапряжение

overwrought ['ouvə'rɔ:t] переутомлённый

ovum ['ouvəm] (*pl* ova) *биол.* яйцо

ow‖e [ou] 1) быть должным, задолжать (*кому-л.*); I ~ him money я должен ему деньги 2) быть в долгу (*перед кем-л.*); быть обязанным (*кому-л. чем-л.*); we ~ this to him этим мы обязаны ему; ~ing: he paid all that was ~ing он заплатил всё, что следовало ◇ ~ing to вследствие, благодаря

owl [aul] сова

own [oun] **1.** *a* (*после притяж. мест.*) свой, собственный ◇ have one's ~ way поступать по-своему; ~ brother родной брат; ~ cousin двоюродный брат; двоюродная сестра **2.** *v* 1) владеть 2) признавать; допускать 3) признаваться (*в чём-либо*) 4) признавать своим (*о ребёнке, авторстве*); ~ up *разг.* откровенно признаваться

owner ['ounə] владелец, собственник, хозяин; ~ship 1) право собственности 2) собственность; public ~ship общественная собственность

ox [ɔks] (*pl* oxen) бык; вол

oxen ['ɔks(ə)n] *pl* от ox

oxid‖e ['ɔksaid] окись; ~ize ['ɔksidaiz] 1) окислять; оксидировать 2) окисляться

oxygen ['ɔksidʒ(ə)n] кислород; ~ate [ɔk'sidʒineit] окислять

oyster ['ɔistə] устрица

ozone ['ouzoun] озон

P

P, p [pi:] *шестнадцатая буква англ. алфавита*

pa [pɑ:] *разг.* папа

pace [peis] **1.** *n* 1) шаг;

длина́ ша́га 2) ско́рость, темп; keep ~ (with) не отстава́ть от; идти́ наравне́ с (кем-л., чем-л.) 3) по́ступь, похо́дка 4) аллю́р (лошади) 2. v 1) шага́ть; идти́; ходи́ть взад и вперёд 2) измеря́ть шага́ми 3) идти́ и́ноходью 4) вести́ бег, лиди́ровать (в состязании)

pacific [pə'sɪfɪk] миролюби́вый; споко́йный, ми́рный; **~ation** [,pæsɪfɪ'keɪʃ(ə)n] умиротворе́ние, успокое́ние; усмире́ние

pacif||icist [pə'sɪfɪsɪst], **~ist** ['pæsɪfɪst] пацифи́ст

pacify ['pæsɪfaɪ] успока́ивать, умиротворя́ть; восстана́вливать мир

pack ['pæk] 1. n 1) па́чка (папирос и т. п.); ки́па (бумаг и т. п.); у́зел, свя́зка 2) воен. ра́нец 3) сво́ра (собак); ста́я (волков) 4) презр. ку́чка; ша́йка 5) коло́да (карт) 6) па́ковый лёд ◇ a ~ of lies одно́ враньё 2. v 1) укла́дывать, упако́вывать 2) укла́дываться, упако́вываться 3) набива́ть, заполня́ть (пространство); the train was really ~ed по́езд был битко́м наби́т 4) набива́ться 5) законопа́чивать 6) заполня́ть свои́ми сторо́нниками (собрание и т. п.) 7) консерви́ровать ◇ it's time to ~ up пора́ собира́ться домо́й; **~age** [-ɪdʒ] тюк; свёрток; посы́лка ◇ a ~age deal ком. соглаше́ние о поку́пке или прода́же не́скольких ви́дов това́ров

pack-animal ['pæk,ænɪm(ə)l] вьючное живо́тное

packet ['pækɪt] паке́т, свёрток; па́чка; **~-boat** [-bout] почто́вый парохо́д; пакетбо́т

pack-horse ['pækhɔːs] вью́чная ло́шадь

packing ['pækɪŋ] 1) упако́вка, укла́дка; уку́порка 2) attr.: ~ paper обёрточная бума́га

pact [pækt] пакт, догово́р

pad ['pæd] 1. n 1) мя́гкая прокла́дка 2) бюва́р; блокно́т 3) поду́шечка (у животных или насекомых). v де́лать мя́гким; подбива́ть ва́той; набива́ть чем-л. мя́гким; **~ding** наби́вка, наби́вочный материа́л

paddle I ['pædl] шлёпать по воде́, плеска́ться

paddle II ['pædl] 1. n весло́; ло́пасть (пароходного колеса) 2. v грести́ (одним веслом); ~ a canoe плыть на байда́рке; **~-wheel** [-wiːl] гребно́е колесо́

paddock ['pædək] вы́гон (для лошадей)

paddy ['pædɪ] рис (на корню́ или в шелухе́)

padlock ['pædlɔk] 1. n вися́чий замо́к 2. v запира́ть на вися́чий замо́к

padre ['pɑːdrɪ] разг. полково́й или судово́й свяще́нник

paediatric [,piːdɪ'ætrɪk] педиатри́ческий; **~ian** [-ə'trɪʃ(ə)n] педиа́тр, врач по де́тским боле́зням; **~s** [-s] педиатри́я

pagan ['peɪgən] 1. *n* язычник 2. *a* языческий; ~**ism** язычество

page I [peɪdʒ] 1. *n* страница 2. *v* нумеровать *(страницы)*

page II паж

pageant ['pædʒ(ə)nt] 1) карнавальное шествие 2) пышное зрелище; ~**ry** [-rɪ] пышность; блеск; *перен.* одна видимость

pagination [,pædʒɪ'neɪʃ(ə)n] число страниц *(в книге)*; пагинация

pah! [pɑ:] фу!

paid [peɪd] *past и p. p. от* pay 2

pail ['peɪl] ведро; бадья; ~**ful** ведро *(как мера)*

pain ['peɪn] 1. *n* 1) страдание 2) боль 3) *pl*: take ~s прилагать усилия; spare no ~s стараться изо всех сил 4): on *(или* under*)* ~ of death под страхом смертной казни. ◇ labour ~s роды 2. *v* причинять боль; болеть; *перен.* мучить, огорчать; ~**ful** 1) болезненный 2) мучительный; тяжкий; ~**less** безболезненный, не причиняющий боли

painstaking ['peɪnz,teɪkɪŋ] усердный, старательный

paint [peɪnt] 1. *n* краска; окраска 2. *v* 1) красить, окрашивать 2) писать красками 3) описывать, изображать; ~ **out** закрасить ◇ not so black as he is ~ed не так плох, как его изображают

painter ['peɪntə] 1) живописец, художник 2) маляр

painting ['peɪntɪŋ] 1) живопись 2) картина; роспись 3) окраска

pair [pɛə] 1. *n* 1) пара 2) чета *(супружеская)* ◇ a ~ of scissors ножницы 2. *v* 1) располагать парами; соединять по двое 2) спаривать *(животных)* 3) спариваться; ~ **off** а) разделяться на пары; б) *(with) разг.* жениться

pajamas [pə'dʒɑ:məz] *см.* pyjamas

pal [pæl] *разг.* 1. *n* товарищ 2. *v (обыкн.* ~ up) подружиться

palace ['pælɪs] дворец

palat‖**able** ['pælətəbl] 1) вкусный 2) приемлемый; ~**al** [-tl] 1. *a* нёбный 2. *n* палатальный звук

palate ['pælɪt] 1) нёбо 2) вкус

palatial [pə'leɪʃ(ə)l] величественный, великолепный

palaver [pə'lɑ:və] 1. *n* болтовня 2. *v* болтать

pale I [peɪl] 1. *a* 1) бледный 2) слабый, тусклый *(о цвете, свете)* 2. *v* 1) бледнеть 2) тускнеть

pale II кол ◇ beyond *(или* outside*)* the ~ за рамками *(приличия и т. п.)*; within the ~ в рамках *(приличия и т. п.)*

palette ['pælɪt] палитра

paling ['peɪlɪŋ] частокол; тын

palisade [,pælɪ'seɪd] 1. *n* забор, частокол, палисад 2. *v* обносить частоколом

pall I [pɔ:l] *(обыкн.* ~ on) пресыщать; надоедать

pall II покров *(на гробе)*

pallet ['pælɪt] соломенный тюфяк

palliat||**e** ['pælɪeɪt] 1) облегчать *(боль)* 2) преуменьшать *(вину, преступление)*; ~**ive** [-ətɪv] 1. *a* паллиативный 2. *n* 1) паллиатив; полумера 2) смягчающее обстоятельство

pallid ['pælɪd] бледный

pallor ['pælə] бледность

palm I [pɑ:m] 1. *n* ладонь 2. *v* прятать в руках; ~ **off** ловко всучить

palm II пальма

palm-oil ['pɑ:mɔɪl] пальмовое масло

palpable ['pælpəbl] осязаемый, ощутимый; *перен.* очевидный, явный

palpitat||**e** ['pælpɪteɪt] биться, пульсировать; ~**ion** [,pælpɪ'teɪʃ(ə)n] биение *(сердца)*, пульсация

palsied ['pɔ:lzɪd] парализованный

paltry ['pɔ:ltrɪ] мелкий, незначительный; презренный, ничтожный

pampas ['pæmpəs] *pl* пампасы

pamper ['pæmpə] баловать, изнеживать

pamphlet ['pæmflɪt] 1) брошюра 2) памфлет

pan [pæn] 1. *n* кастрюля; roasting ~ противень 2. *v*: ~ **off** промывать золотоносный песок; ~ **out** намывать *(золото)*; *перен. разг.* преуспевать; удаваться

pancake ['pænkeɪk] 1. *n* блин, оладья 2. *v ав. разг.* парашютировать

pancreas ['pæŋkrɪəs] *анат.* поджелудочная железа

pandemonium [,pændɪ'mounjəm] *разг.* ад кромешный, «вавилонское столпотворение»

pander ['pændə] 1. *n* сводник 2. *v* 1) сводничать 2): ~ **to** потворствовать

pane [peɪn] оконное стекло

panegyric [,pænɪ'dʒɪrɪk] панегирик

panel ['pænl] 1. *n* 1) филёнка, панель 2) список *(экспертов, присяжных заседателей и т. п.)* 2. *v* обшивать панелями

pang [pæŋ] 1) острая боль 2) *(часто pl)* угрызения совести

panic ['pænɪk] 1. *n* паника 2. *a* панический; ~**ky** [-ɪ] *разг.* панический

panic||-**monger** ['pænɪk,mʌŋgə] паникёр; ~-**stricken** [-,strɪk(ə)n] охваченный паникой

panoplied ['pænəplɪd] во всеоружии

panoply ['pænəplɪ] доспехи *(тж. перен.)*

panorama [,pænə'rɑ:mə] панорама

pansy ['pænzɪ] *бот.* анютины глазки

pant [pænt] 1. *v* 1) тяжело дышать, задыхаться 2) страстно желать, тосковать *(о чём-л.* — *for)* 2. *n* 1) тяжёлое дыхание 2) биение *(сердца)*

pantaloons [ˌpæntə'luːnz] *pl* рейту́зы; *амер.* брю́ки

pantechnicon [pæn'teknɪkən] фурго́н для перево́зки ме́бели

panther ['pænθə] панте́ра

panties ['pæntɪz] тру́сики

panto ['pænto(u)] *сокр. от* pantomime

pantomime ['pæntəmaɪm] пантоми́ма

pantry ['pæntrɪ] кладова́я, чула́н

pants [pænts] *pl разг.* 1) брю́ки 2) кальсо́ны

pap [pæp] жи́дкая ка́ша *(для детей или больных)*

papacy ['peɪpəsɪ] па́пство

paper ['peɪpə] 1. *n* 1) бума́га 2) газе́та 3) статья́; нау́чный докла́д 4) докуме́нт 2. *v* окле́ивать *(обо́ими и т. п.)*; **~-knife** [-naɪf] разрезно́й нож; **~-mill** [-mɪl] бума́жная фа́брика; **~-money** [-ˌmʌnɪ] бума́жные де́ньги, банкно́ты; **~-weight** [-weɪt] пресс-папье́

pappy ['pæpɪ] мя́гкий, со́чный

paprika ['pæprɪkə] кра́сный пе́рец

par [pɑː] 1) ра́венство; on a ~ (with) наравне́ с; на ра́вных нача́лах с 2) нарица́тельная цена́; at ~ по номина́льной сто́имости; above (below) ~ вы́ше (ни́же) номина́ла

parable ['pærəbl] при́тча, иносказа́ние

parabola [pə'ræbələ] *мат.* пара́бола

parachut||e ['pærəʃuːt] 1. *n* 1) парашю́т 2) *attr.*: ~ landing вы́броска парашю́тного деса́нта; ~ jumper парашюти́ст 2. *v* спуска́ться с парашю́том; **~ist** парашюти́ст

parade [pə'reɪd] 1. *n* пара́д 2. *v* дефили́ровать, марширова́ть; **~-ground** [-graund] уче́бный плац

paradise ['pærədaɪs] рай

paradox ['pærədɔks] парадо́кс

paraffin ['pærəfɪn] 1) парафи́н 2) *attr.*: ~ oil кероси́н; парафи́новое ма́сло

paragon ['pærəgən] образе́ц *(совершенства)*

paragraph ['pærəgrɑːf] 1) пара́граф 2) абза́ц 3) газе́тная заме́тка

parallel ['pærəlel] 1. *n* 1) паралле́льная ли́ния 2) паралле́ль, соотве́тствие, анало́гия; draw a ~ проводи́ть паралле́ль 3) *эл.* паралле́льное соедине́ние 2. *a* 1) паралле́льный; ~ bars *спорт.* паралле́льные бру́сья 2) подо́бный; похо́жий 3. *v* 1) сра́внивать 2) уподобля́ть

parallelepiped [ˌpærəle'lepɪped] параллелепи́пед

parallelogram [ˌpærə'leləgræm] параллелогра́м

paraly||se ['pærəlaɪz] парализова́ть; **~sis** [pə'rælɪsɪs] парали́ч; **~tic** [ˌpærə'lɪtɪk] парали́тик

paramount ['pærəmaunt] верхо́вный; вы́сший; первостепе́нный; of ~ importance велича́йшей ва́жности

paramour ['pærəmuə] любо́вник; любо́вница

parapet ['pærəpɪt] 1) парапе́т; пери́ла 2) *воен.* бру́ствер

paraphernalia [,pærəfə'neɪljə] 1) вещи́чки, ме́лочи 2) инструме́нт, «хозя́йство»

paraphrase ['pærəfreɪz] 1. *n* парафра́за; переска́з 2. *v* парафрази́ровать; переска́зывать

parasit||**e** ['pærəsaɪt] парази́т; **~ic** [,pærə'sɪtɪk] парази́тный, паразити́ческий

parasol [,pærə'sɔl] зо́нтик (*от солнца*)

paratroops ['pærətruːps] *pl* парашю́тно-деса́нтные войска́

parboil ['paːbɔɪl] слегка́ отва́ривать

parcel ['paːsl] 1. *n* 1) паке́т, свёрток; тюк 2) посы́лка 3) па́ртия (*товара*) 2. *v* дели́ть на ча́сти; **~ out** выделя́ть

parch [paːtʃ] 1) слегка́ поджа́ривать 2) опаля́ть, иссуша́ть (*о солнце*) 3) пересыха́ть (*о горле, рте*); **~ed** [-t] 1) сожжённый, опалённый 2) пересо́хший

parchment ['paːtʃmənt] 1) перга́мент 2) ру́копись на перга́менте 3) перга́ментная бума́га

pardon ['paːdn] 1. *n* проще́ние, извине́ние; юр. поми́лование 2. *v* проща́ть, извиня́ть; *юр.* поми́ловать; **~able** [-əbl] прости́тельный, извини́тельный

pare [pɛə] 1) обреза́ть, среза́ть 2) чи́стить (*картофель, фрукты*); **~ down** уре́зывать, сокраща́ть (*расходы*)

parent ['pɛər(ə)nt] 1. *n* 1) оте́ц; мать 2) *pl* роди́тели 3) пре́док 2. *a* ро́дственный ◊ **~ ship** плаву́чая ба́за; **~age** [-ɪdʒ] происхожде́ние; ли́ния родства́; **~al** [pə'rentl] роди́тельский, оте́ческий

parenthe||**sis** [pə'renθɪsɪs] (*pl* **~ses** [-siːz]) 1) вво́дное сло́во *или* предложе́ние 2) *pl* кру́глые ско́бки 3) интерме́дия; **~tic** [,pær(ə)n'θetɪk] вво́дный

parenthood ['pɛər(ə)nthud] отцо́вство; матери́нство

par excellence [paːr'eksəlɑːns] *фр.* преиму́щественно, гла́вным о́бразом

parings ['pɛərɪŋz] *pl* обре́зки

parish ['pærɪʃ] церко́вный прихо́д; прихожа́не

parishioner [pə'rɪʃənə] прихожа́нин

parish register ['pærɪʃ'redʒɪstə] метри́ческая кни́га

parity ['pærɪtɪ] ра́венство; парите́т

park [paːk] 1. *n* парк; national **~** запове́дник 2. *v* ста́вить на стоя́нку (*автомобиль и т. п.*); оставля́ть (*вещи и т. п.*); **~ing** стоя́нка; no **~ing** стоя́нка маши́н запрещена́

parlance ['paːləns] спо́соб выраже́ния; мане́ра говори́ть; in legal, medical, common **~** выража́ясь юриди́чески, говоря́ медици́нским, обы́чным языко́м

parley ['pɑːlı] 1. *n* переговоры; beat, sound a ~ *воен.* сигнализировать о желании вступить в переговоры 2. *v* вести переговоры

parliament ['pɑːləmənt] парламент; **~ary** [,pɑːlə'ment(ə)rı] парламентский; парламентарный

parlo(u)r ['pɑːlə] гостиная; **~maid** [-meıd] горничная

parochial [pə'roukjəl] 1) приходский 2) узкий, ограниченный; местный

parody ['pærədı] 1. *n* пародия 2. *v* пародировать; высмеивать, писать пародию

parole [pə'roul] 1. *n* 1) честное слово; обещание; free on ~ освобождать под честное слово 2) *воен.* пароль

parquet ['pɑːkeı] 1) паркет 2) *амер.* партер; **~ry** [-trı] паркет

parrot ['pærət] попугай

parry ['pærı] 1. *a* парирование, отражение удара 2. *v* парировать, отражать

parse [pɑːz] делать грамматический разбор

parsimo‖nious [,pɑːsı'mounjəs] скупой; **~ny** ['pɑːsımənı] скупость

parsley ['pɑːslı] *бот.* петрушка

parsnip ['pɑːsnıp] *бот.* пастернак

parson ['pɑːsn] священник; **~age** [-ıdʒ] дом священника

part [pɑːt] 1. *n* 1) часть; доля; in ~ частично 2) *pl* местность, край 3) роль; play a ~ а) играть роль; б) притворяться 4) участие (*в работе и т. п.*); take ~ in smth. принять участие (*в чём-л.*) 5) сторона (*в споре и т. п.*); he always takes his brother's ~ он всегда встаёт на сторону брата 6) *муз.* партия, голос ◇ ~ time неполный рабочий день; I only work ~ time я работаю только часть дня; for my ~ я, со своей стороны; on the ~ (of) со стороны; take the ~ of а) играть роль; б) стать на сторону (*кого-л.*); for the most ~ большей частью; ~ and parcel of неотъемлемая часть (*чего-л.*) 2. *v* 1) делить, отделять 2) отделяться 3) разлучать; разнимать 4) разлучаться, расставаться; *см. тж.* ~ with 5) заставлять расступиться; the soldiers ~ed the crowd солдаты заставили толпу расступиться; ~ with отдавать (*что-л.*); расставаться (*с чем-л.*) ◇ ~ one's hair расчёсывать на пробор волосы

partake [pɑː'teık] (partook; partaken) 1) принимать участие 2) *разг.* выпить, съесть (*of*) 3) (*of*) отдавать (*чем-л.*); иметь налёт (*чего-л.*); it ~s of insolence в этом есть что-то наглое

partaken [pɑː'teık(ə)n] *p. p.* от partake

parterre [pɑː'tɛə] 1) цветник 2) партер

partial ['pɑːʃ(ə)l] 1) части́чный 2) пристра́стный; неравноду́шный *(to)*; ~ity [pə'ʃælɪtɪ] 1) пристра́стность 2) скло́нность, пристра́стие

participa∥nt [pɑː'tɪsɪpənt] уча́стник; ~**te** [-peɪt] 1) принима́ть уча́стие, уча́ствовать 2) разделя́ть *(радость и т. п. — in)*; ~te in smb.'s joy разделя́ть ра́дость с кем-л.; ~**tion** [pɑː,tɪsɪ'peɪʃ(ə)n] уча́стие; ~**tor** [-peɪtə] уча́стник

particip∥ial [,pɑːtɪ'sɪpɪəl] *грам.* прича́стный; ~**le** ['pɑːtsɪpl] *грам.* прича́стие

particle ['pɑːtɪkl] 1) части́ца; крупи́ца 2) *грам.* неизменя́емая части́ца; су́ффикс; пре́фикс

particoloured ['pɑːtɪ,kʌləd] разноцве́тный, пёстрый

particular [pə'tɪkjulə] 1. *a* 1) осо́бенный, осо́бый 2) ча́стный; отде́льный 3) подро́бный, дета́льный 4) разбо́рчивый; щепети́льный 2. *n* 1) дета́ль, подро́бность; in ~ в осо́бенности; в ча́стности 2) *pl* подро́бный отчёт 3) *pl* обстоя́тельства; ~**ity** [pə,tɪkju'lærɪtɪ] подро́бность; осо́бенность; ~**ize** [-raɪz] вдава́ться в подро́бности; ~**ly** 1) осо́бенно, в осо́бенности; о́чень 2) осо́бым о́бразом 3) в ча́стности; generally and ~ly в о́бщем и в ча́стности

parting ['pɑːtɪŋ] 1. *n* 1) расстава́ние, разлу́ка; проща́ние 2) разделе́ние; at the ~ of the ways на перепу́тье *(тж. перен.)* 3) пробо́р *(в волосах)* 2. *a* проща́льный

partisan [,pɑːtɪ'zæn] 1) сторо́нник; приве́рженец 2) партиза́н

partition [pɑː'tɪʃ(ə)n] 1. *n* 1) расчлене́ние 2) отделе́ние *(в шкафу и т. п.)* 3) перегоро́дка; простёнок 2. *v* расчленя́ть; ~ **off** отделя́ть, отгора́живать

partly ['pɑːtlɪ] части́чно, отча́сти

partner ['pɑːtnə] уча́стник; компаньо́н; партнёр; ~**ship** това́рищество; уча́стие

partook [pɑː'tuk] *past* от partake

partridge ['pɑːtrɪdʒ] куропа́тка

party I ['pɑːtɪ] *полит.* 1) па́ртия 2) *attr.* парти́йный; ~ card парти́йный биле́т; ~ dues парти́йные взно́сы; ~ man, ~ member член па́ртии

party II 1) гру́ппа, кома́нда, отря́д 2) компа́ния 3) приём госте́й; вечери́нка; give a ~ устра́ивать вечери́нку, ве́чер 4) *юр.* сторона́

parvenu ['pɑːvənjuː] выскочка

pass [pɑːs] 1. *n* 1) прохо́д 2) перева́л; уще́лье 3) про́пуск; па́спорт 4) сда́ча экза́мена без отли́чия 2. *v* 1) проходи́ть, проезжа́ть; пересека́ть 2) проводи́ть *(время)* 3) превраща́ться, переходи́ть *(из одного состояния в другое)* 4) передава́ть 5) принима́ть *(закон, резолюцию)* 6) выноси́ть *(пригово́р, реше́ние)* 7) сдать *(экза́мен)* 8) *(jor)* сойти́ *(за кого́-л., слыть кем-либо)*; ~ away а) сконча́ться; б) исче́знуть; ~ off пройти́ *(о собы́тиях, ощуще́ниях)*; ~ on передава́ть; ~ over прогляде́ть, не заме́тить; упусти́ть

pass‖able ['pɑːsəbl] 1) проходи́мый, прое́зжий 2) сно́сный; ~age ['pɑːsɪdʒ] 1) прохо́д, прое́зд 2) перее́зд; рейс; 3) перелёт *(птиц)* 4) утвержде́ние *(зако́на)* 5) коридо́р 6) отры́вок, вы́держка *(из кни́ги)* 7) pl разгово́р, сты́чка 8) *муз.* пасса́ж

passenger ['pæsɪndʒə] пассажи́р

passer-by ['pɑːsə'baɪ] прое́зжий, прохо́жий

passing ['pɑːsɪŋ] 1. *а* преходя́щий; мимолётный 2. *n* прохожде́ние; перехо́д; ◇ in ~ мимохо́дом, ме́жду про́чим

passion ['pæʃ(ə)n] страсть; пыл 2) любо́вь; увлече́ние 3) вспы́шка гне́ва; ~ate ['pæʃ(ə)nɪt] 1) стра́стный; пы́лкий 2) вспы́льчивый, невы́держанный

passiv‖e ['pæsɪv] 1. *а* 1) пасси́вный; ине́ртный 2) *грам.* страда́тельный 2. *n грам.* страда́тельный зало́г; ~ity [pæ'sɪvɪtɪ] пасси́вность

passport ['pɑːspɔːt] па́спорт

password ['pɑːswəːd] паро́ль

past [pɑːst] 1. *n* про́шлое 2. *а* 1) про́шлый, мину́вший 2) *грам.* проше́дший; ~ participle прича́стие проше́дшего вре́мени; ~ tense проше́дшее вре́мя 3. *prep* 1) по́сле, за 2) ми́мо 3) сверх *(чего́-л.)* 4. *adv* ми́мо

paste [peɪst] 1. *n* 1) те́сто *(сдо́бное)* 2) кле́йстер 3) масти́ка; па́ста 2. *v* скле́ивать, накле́ивать; ~-board [-bɔːd] карто́н

pastille [pæs'tiːl] лепёшка, табле́тка

pastime ['pɑːstaɪm] игра́, развлече́ние

pastor ['pɑːstə] па́стор

pastoral ['pɑːst(ə)r(ə)l] 1. *n* пастора́ль 2. *а* пасту́шеский; пастора́льный

pastry ['peɪstrɪ] конди́терские изде́лия *(пиро́жные, то́рты, пече́нье и т. п.)*; ~-cook [-kuk] конди́тер

pasture ['pɑːstʃə] 1 *n* 1) подно́жный корм 2) па́стбище, вы́гон 2. *v* 1) пасти́ 2) пасти́сь

pasty 1. *n* ['pæstɪ] пиро́г с мя́сом, с я́блоками *или* с варе́ньем 2. ['peɪstɪ] тестообра́зный; *перен.* бле́дный, одутлова́тый

pat I [pæt] 1. *n* 1) похло́пывание 2) комо́к *(ма́сла)* 2. *v* хло́пать; похло́пывать

pat II 1. *adv* кста́ти, как раз; his answer came ~ отве́т у него́ уже́ гото́в был 2. *а* своевре́менный, уме́стный

patch [pætʃ] 1. *n* 1) запла́та 2) пла́стырь 3): he wore a ~ on his eye for several days он не́сколько дней ходи́л с повя́зкой на глазу́ 4) му́шка *(на лице́)* 5) клочо́к земли́ 6) обры́вок, лоскут ◇ not a ~ on smth. ничто в сравнении с чем-л. 2. *v* чинить; латать; ~ **up** а) заделывать; чинить; мастерить; б) улаживать *(ссору)*; ~**work** [-wəːk] 1) лоскутное одеяло; коврик *и т. п.* из разноцветных лоскутков 2) мешанина, ералаш

patchy ['pætʃɪ] пятнистый; неоднородный; неровный

pate [peɪt] *разг.* башка

pâté [pɑːˈteɪ] *фр.* паштет

patent I ['peɪt(ə)nt] 1. *a* 1) очевидный, явный 2) патентованный 3) оригинальный; собственного ‑изобретения 2. *n* патент

patent II: ~ **leather** лакированная кожа, лак

pater ['peɪtə] *школ. уст.* отец; ~**nal** [pəˈtəːnl] отцовский; отеческий; ~**nity** [pəˈtəːnɪtɪ] отцовство; *перен.* авторство

path [pɑːθ] 1) тропинка, дорожка 2) путь

pathetic [pəˈθetɪk] трогательный; жалостный; жалкий

pathfinder ['pɑːθˌfaɪndə] исследователь *(страны)*; следопыт

pathless ['pɑːθlɪs] 1) бездорожный 2) непротореный

pathway ['pɑːθweɪ] 1) тропа 2) мостки

pati‖ence ['peɪʃ(ə)ns] 1) терпение 2) пасьянс; ~**ent** [-(ə)nt] 1. *n* пациент, больной 2. *a* терпеливый

patriarch ['peɪtrɪɑːk] патриарх; ~**al** [ˌpeɪtrɪˈɑːk(ə)l] 1) патриархальный 2) патриарший

patrician [pəˈtrɪʃ(ə)n] 1. *n* патриций; аристократ 2. *a* аристократический

patrimo‖nial [ˌpætrɪˈmounjəl] родовой; вотчинный; ~**ny** ['pætrɪmənɪ] вотчина, родовое поместье

patriot ['peɪtrɪət] патриот; ~**ic** [ˌpætrɪˈɔtɪk] патриотический; the Great Patriotic War Великая Отечественная война; ~**ism** ['pætrɪətɪzm] патриотизм

patrol [pəˈtroul] 1. *n* патруль; дозор; on ~ в дозоре 2. *v* патрулировать, обходить дозором

patron ['peɪtr(ə)n] покровитель; ~**age** ['pætrənɪdʒ] покровительство; ~**ize** ['pætrənaɪz] 1) покровительствовать, поддерживать 2) относиться снисходительно

patronymic [ˌpætrəˈnɪmɪk] 1. *n* родовое имя; отчество 2. *a* родовой

patter I ['pætə] 1. *n* 1) стук дождевых капель 2) топотание 2. *v* 1) барабанить 2) топотать

patter II 1) жаргон 2) скороговорка 3) речитатив

pattern ['pætən] 1) образец; модель; образчик; выкройка 2) *attr.* примерный, образцовый

patty ['pætɪ] пирожок

paunch ['pɔːntʃ] брюхо; ~**y** [-ɪ] с брюшком

pauper ['pɔːpə] бедняк, нищий; ~**ism** [-rɪzm] нищенство, пауперизм

pause [pɔːz] 1. *n* па́уза, остано́вка; переды́шка 2. *v* де́лать па́узу; остана́вливаться; ме́длить

pave ['peɪv] 1) мости́ть 2) устила́ть, усе́ивать ◇ ~ the way *(for)* подгото́вить по́чву для; ~ment тротуа́р

pavilion [pə'vɪljən] 1) пала́тка, шатёр 2) павильо́н

paw [pɔː] 1. *n* ла́па ◇ make smb. a cat's ~ сде́лать кого́-л. свои́м ору́дием 2. *v* 1) тро́гать ла́пой; бить копы́том 2) *разг.* хвата́ть рука́ми, ла́пать

pawl [pɔːl] *тех.* защёлка; предохрани́тель

pawn I [pɔːn] *шахм.* пе́шка *(тж. перен.)*

pawn II ['pɔːn] 1. *n* зало́г, закла́д 2. *v* закла́дывать; ~broker [-,broukə] ростовщи́к; ~snop [-ʃɔp] ломба́рд

pax [pæks] *школ. разг.*: ~! мир!

pay [peɪ] 1. *n* 1) пла́та 2) зарпла́та, жа́лованье 2. *v* (paid) 1) плати́ть; опла́чивать 2) ока́зывать *(внимание, честь)*; ~ a visit наноси́ть визи́т 3) приноси́ть дохо́д; this machine will ~ for itself in no time э́та маши́на о́чень ско́ро окупи́т себя́; **back** а) верну́ть де́ньги; б) отплати́ть, ~ **down** плати́ть нали́чными; ~ **in** вноси́ть де́ньги; ~ **off** а) уво́лить; б) расплати́ться; ~ **out** а) выпла́чивать; б) отплати́ть; в) *мор.* трави́ть кана́т; **up** выпла́чивать сполна́ ◇ ~ one's way жить по сре́дствам; ~ smb. in his own coin отплати́ть кому́-л. той же моне́той; you couldn't ~ me to do that я не сде́лаю э́того ни за каки́е де́ньги; it doesn't ~ to spend too much time on this work на э́ту рабо́ту не сто́ит тра́тить сли́шком мно́го вре́мени; ~ through the nose заплати́ть втри́дорога; ~**able** [-əbl] 1) подлежа́щий упла́те 2) при́быльный, вы́годный

pay-day ['peɪdeɪ] день вы́платы жа́лованья

payee [peɪ'iː] получа́тель *(денег)*

paymaster ['peɪmɑːstə] казначе́й, касси́р

payment ['peɪmənt] 1) опла́та; платёж; взнос; ~ in kind пла́та нату́рой 2) вознагражде́ние; возме́здие

pay-||office ['peɪ,ɔfɪs] ка́сса; ~**roll** [-roul], ~**sheet** [-ʃiːt] платёжная ве́домость

pea [piː] 1) горо́шина 2) *pl* горо́х ◇ as like as two ~s неразличи́мые, похо́жие как две ка́пли воды́

peace ['piːs] 1) мир; make ~ заключа́ть мир; make one's ~ with smb. мири́ться с кем-л. 2) споко́йствие, тишина́ ◇ hold one's ~ молча́ть; ~**able** [-əbl], ~**ful** ми́рный

peace-loving ['piːs,lʌvɪŋ] миролюби́вый

peach I [piːtʃ] 1) пе́рсик 2) *разг.* «пе́рвый сорт»

peach II *разг.* доноси́ть *(на — on)*

peacock ['piːkɔk] павли́н

pea-jacket [ˈpiːˌdʒækɪt] *мор.* бушла́т

peak I [piːk] 1) пик, верши́на; *перен.* вы́сшая то́чка 2) козырёк *(ке́пки, фура́жки)* 3) *мат.* ма́ксимум *(криво́й)* ◇ ~ hours часы́ пик

peak II слабе́ть, ча́хнуть; ~ and pine ча́хнуть и томи́ться

peak∥ed, [piːkt] остроконе́чный

peal [piːl] 1. *n* 1) звон колоколо́в 2) раска́т *(гро́ма)*; взрыв *(сме́ха)* 2. *v* трезво́нить

peanut [ˈpiːnʌt] земляно́й оре́х

pear [pɛə] гру́ша

pearl [ˈpəːl] 1. *n* жемчу́жина; же́мчуг; перл *(тж. перен.)* 2. *v* добыва́ть же́мчуг; ~-barley [-ˈbɑːlɪ] перло́вая крупа́; ~-diver [-ˌdaɪvə] ловец жемчуга; ~-oyster [-ˌɔɪstə] жемчу́жница *(моллю́ск)*; ~-shell [-ʃel] жемчу́жная ра́ковина

peasant [ˈpez(ə)nt] крестья́нин; middle ~ середня́к; poor ~ бедня́к; ~ry [-rɪ] крестья́нство

peat [piːt] торф

pebble [ˈpebl] го́лыш, га́лька; *масса*, ку́ча

peccable [ˈpekəbl] грехо́вный

peck I [pek] пек *(ме́ра сыпу́чих тел = 9,09 л)*; *перен.* ма́сса, ку́ча

peck II 1. *n* 1) уда́р клю́вом; клево́к 2) *разг.* лёгкий поцелу́й 2. *v* 1) клева́ть, долби́ть клю́вом 2): ~ at one's food *разг.* отщи́пывать пи́щу, «клева́ть» 3) *разг.* чмо́кнуть

pectoral [ˈpektər(ə)l] грудно́й

peculat∥e [ˈpekjuleɪt] присва́ивать, расхища́ть; растра́чивать (обще́ственные) де́ньги; ~ion [ˌpekjuˈleɪʃ(ə)n] расхище́ние; растра́та

peculiar [pɪˈkjuːljə] 1) осо́бый, специа́льный 2) стра́нный; he is a very ~ он челове́к со стра́нностями; ~ity [pɪˌkjuːlɪˈærɪtɪ] 1) осо́бенность; характе́рная черта́ 2) стра́нность

pecuniary [pɪˈkjuːnjərɪ] де́нежный

pedagog∥ic(al) [ˌpedəˈɡɔdʒɪk(əl)] педагоги́ческий; ~ics [-ɪks] педаго́гика

pedagogue [ˈpedəɡɔɡ] педаго́г

pedal [ˈpedl] 1. *n* 1) педа́ль 2) *attr.* ножно́й 2. *v* нажима́ть педа́ль; рабо́тать педа́лями

pedant [ˈped(ə)nt] педа́нт; ~ic [pɪˈdæntɪk] педанти́чный; ~ry [ˈped(ə)ntrɪ] педанти́зм

peddle [ˈpedl] торгова́ть вразно́с

pedestrian [pɪˈdestrɪən] 1. *n* пешехо́д 2. *a* 1) пе́ший, пешехо́дный 2) ску́чный, прозаи́ческий

pedigree [ˈpedɪɡriː] 1) родосло́вная 2) *attr.*: ~ cattle племенно́й скот

pedlar [ˈpedlə] коробе́йник, разно́счик

peel [piːl] 1. *n* 1) кожура́,

кожица 2) корка *(апельсинная и т. п.)* 2. *v* 1) снимать корку, кожицу; чистить *(овощи, фрукты)* 2) лупиться, шелушиться *(часто ~ off)* ~ings *pl* очистки *(особ. картофельные)*

peep I [pi:p] 1. *v* чирикать, пищать 2. *v* чириканье, писк

peep II ['pi:p] 1. *n* взгляд украдкой ◊ the ~ of day, the ~ of dawn рассвет 2. *v* 1) взглядывать украдкой; заглядывать 2) проглядывать *(о свете)*; появляться; ~ **out** выглядывать *(о солнце и т. п.)*; ~-**hole** [-houl] смотровое отверстие; глазок

peer I [piə] 1) всматриваться; вглядываться *(на, в — at, into)* 2) показываться, выглядывать *(из окна и т. п.)*

peer II ['piə] 1) ровня 2) пэр; ~**age** [-ridʒ] 1) звание пэра 2) сословие пэров; ~**less** несравненный

peevish ['pi:viʃ] брюзгливый, сварливый

peg [peg] 1. *n* 1) колышек; шпенёк 2) вешалка 3) колок *(скрипки)* 4) *разг.* предлог, зацепка ◊ take smb. down a ~ or two осадить кого-л., сбить спесь с кого-л. 2. *v* прикреплять колышком; ~ **away** (**at**) упорно работать, корпеть *(над чем-л.)*

pellet ['pelit] 1) шарик, катышек *(из бумаги, хлеба и т. п.)* 2) пилюля 3) пуля, дробинка

pell-mell ['pel'mel] в беспорядке, кое-как

pellucid [pe'lju:sid] 1) прозрачный 2) ясный, понятный, простой

pelt I [pelt] 1) бросать камнями, грязью 2) лить *(о дожде и т. п.)*

pelt II шкура

pelv‖**ic** ['pelvik] *анат.* тазовый; ~**is** [-is] *анат.* таз

pen I [pen] 1. *n* перо 2. *v* писать

pen II 1. *n* загон 2. *v* загонять *(скот)*

penal ['pi:nl] карательный; уголовный *(о законах)*; ~ servitude каторжные работы; ~**ize** ['pi:nəlaiz] 1) наказывать; карать 2) *спорт.* штрафовать; ~**ty** ['penlti] 1) наказание; взыскание; on *(или* under) ~**ty** (**of**) под страхом наказания 2) штраф; *спорт.* пенальти 3) *attr.*: ~**ty kick** *спорт.* одиннадцатиметровый штрафной удар

penance ['penəns]: do ~ for принести покаяние; *перен.* расплачиваться *(за что-л.)*

pence [pens] *(pl от* penny) пенсы *(как сумма)*

pencil ['pensl] 1. *n* карандаш 2. *v* писать, рисовать, отмечать карандашом; ~-**case** [-keis] пенал

pend‖**ant** ['pendənt] 1. *n* 1) подвеска; кулон, брелок 2) пара *(к какому-л. предмету)* 3) *мор.* вымпел 2. *a* 1) висячий 2) ожидающий решения 3) *грам.* незаконченный *(о предложении)*; ~**ing** 1. *a* ожидаемый; ожидающий решения 2. *prep* 1) во время, в продолжение 2) (вплоть) до

pendulum ['pendjuləm] маятник

penetrat‖**e** ['penɪtreɪt] 1) проникать внутрь, проходить сквозь, пронизывать 2) постигать, понимать 3) пропитывать; охватывать; ~**ing** 1) проницательный 2) пронзительный; ~**ion** [ˌpenɪ'treɪʃ(ə)n] 1) проницательность 2): peaceful ~ion мирное проникновение; ~**ive** [-trətɪv] проницательный, прозорливый

penholder ['pen͵houldə] ручка *(для пера)*

peninsul‖**a** [pɪ'nɪnsjulə] полуостров; ~**ar** [-lə] полуостровной

penit‖**ence** ['penɪt(ə)ns] раскаяние; покаяние; ~**ent** [-(ə)nt] кающийся

penitentiary [ˌpenɪ'tenʃərɪ] 1. *n* исправительный дом 2. *a* исправительный

penknife ['pennaɪf] перочинный нож

penmanship ['penmənʃɪp] каллиграфия; почерк

pen-name ['penneɪm] псевдоним

pennies ['penɪz] *(pl от* penny*)* пенни *(отдельные монеты)*

penniless ['penɪlɪs] неимущий, без денег

penny ['penɪ] *(pl* pence *и* pennies*)* 1) пенни 2) *амер.* один цент; ~**weight** [-weɪt] мера веса *(= 24 граммам или 1,56 г)*

pension ['penʃ(ə)n] 1. *n* пенсия 2. *v* давать пенсию; ~ **off** увольнять на пенсию; ~**ary** [-ʃən(ə)rɪ] пенсионный; ~**er** ['penʃənə] пенсионер

pensive ['pensɪv] задумчивый

pent [pent] заключённый, запертый; *перен. см.* pent-up

pentagon ['pentəgən] 1) пятиугольник 2): the P. Пентагон, министерство обороны США; ~**al** [pen'tægənl] пятиугольный

penthouse ['penthaus] 1) навес 2) особняк, выстроенный на крыше небоскрёба

pent-up ['pent'ʌp] (едва) сдерживаемый

penu‖**rious** [pɪ'njuərɪəs] 1) бедный; неимущий 2) скупой; ~**ry** ['penjurɪ] нищета; нужда

peony ['pɪənɪ] *бот.* пион

people ['pi:pl] 1. *n* 1) народ, нация 2) люди; население, жители 3) родные, родственники; my ~ мои родственники 2. *v* заселять; населять

pep [pep] *разг.* 1. *n* бодрость духа ◊ ~ talk подбадривание 2. *v:* ~ **up** вселять бодрость

pepper ['pepə] 1. *n* перец 2. *v* 1) перчить 2) осыпать; усеивать *(галькой и т. п.)* 3) забрасывать *(вопросами)*; ~**box** [-bɔks], ~**castor** [-͵kɑ:stə] перечница

peppermint ['pepəmɪnt] мятная лепёшка

pepper-pot ['pepəpɔt] перечница

peppery ['pepərɪ] напёрченный; *перен.* вспы́льчивый

pep‖sin ['pepsɪn] пепси́н; **~tic** [-tɪk] пищевари́тельный

per [pə:] 1) че́рез, посре́дством, по 2) в, на, с, за; ~ month в ме́сяц; how much are eggs ~ dozen? ско́лько сто́ит дю́жина яи́ц?

perambulat‖e [pə'ræmbjuleɪt] броди́ть; скита́ться; **~or** ['præmbjuleɪtə] де́тская коля́ска

perceive [pə'si:v] 1) постига́ть, понима́ть 2) различа́ть; ощуща́ть

per cent [pə'sent] проце́нт

percentage [pə'sentɪdʒ] 1) проце́нт 2) проце́нтное отноше́ние

percept‖ibility [pə,septə'bɪlɪtɪ] ощути́мость; **~ible** [pə'septəbl] ощути́мый; заме́тный; **~ion** [pə'sepʃ(ə)n] 1) восприя́тие; ~ion of the senses физи́ческое восприя́тие 2) понима́ние; **~ive** [pə'septɪv] воспринима́ющий, познаю́щий

perch I [pə:tʃ] **1.** *n* 1) насе́ст 2) высо́кое положе́ние 3) ме́ра длины́ (=5 *м*) 4) *мор.* ве́ха, шест **2.** *v* сади́ться (*на насест, дерево*)

perch II о́кунь

perchance [pə'tʃɑ:ns] *уст.* 1) случа́йно 2) мо́жет быть, возмо́жно

percolat‖e ['pə:kəleɪt] 1) фильтрова́ть, проце́живать 2) проса́чиваться; **~ion** [,pə:kə'leɪʃ(ə)n] 1) фильтрова́ние 2) проса́чивание; **~or** кофе́йник с си́течком

percus‖sion [pə'kʌʃ(ə)n] 1) уда́р; столкнове́ние, сотрясе́ние 2) *собир. муз.* уда́рные инструме́нты 3) *мед.* просту́кивание; **~sive** [-sɪv] уда́рный

perdition [pə'dɪʃ(ə)n] прокля́тие, поги́бель

peregrination [,perɪgrɪ'neɪʃ(ə)n] стра́нствие

peremptory [pə'rempt(ə)rɪ] повели́тельный; не допуска́ющий возраже́ний, безапелляцио́нный

perennial [pə'renjəl] **1.** *n бот.* многоле́тнее расте́ние **2.** *a* 1) для́щийся кру́глый год 2) не высыха́ющий ле́том (*о ручье и т. п.*) 3) *бот.* многоле́тний

perfect 1. *a* ['pə:fɪkt] 1) соверше́нный, безупре́чный, прекра́сный 2) по́лный, абсолю́тный, зако́нченный **2.** *n* ['pə:fɪkt] *грам.* соверше́нная фо́рма, перфе́кт **3.** *v* [pə'fekt] 1) соверше́нствовать 2) заверша́ть; **~ion** [pə'fekʃ(ə)n] 1) соверше́нствование 2) соверше́нство; to ~ion в соверше́нстве 3) заверше́ние; **~ive** [pə'fektɪv] *грам.* соверше́нный; **~ly** ['pə:fɪktlɪ] 1) отли́чно 2) соверше́нно, вполне́

perfi‖dious [pə'fɪdɪəs] преда́тельский; вероло́мный; **~dy** ['pə:fɪdɪ] вероло́мство

perforat‖e ['pə:fəreɪt] просве́рливать; перфори́ровать; **~ion** [,pə:fə'reɪʃ(ə)n] просве́рливание, перфора́ция; **~or** перфора́тор

perforce [pə'fɔ:s] по необходимости; волей-неволей

perform [pə'fɔːm] 1) выполнять; совершать 2) *театр.* представлять; исполнять *(роль, муз. произведение)*; ~**ance** [-əns] 1) исполнение 2) *театр.* представление; спектакль 3) *pl ав.* лётные качества; ~**er** исполнитель

perfume 1. *n* ['pəːfjuːm] 1) аромат 2) духи 2. *v* [pə'fjuːm] надушить; ~**ry** [pə'fjuːməri] парфюмерия

perfunctory [pə'fʌŋktəri] небрежный; поверхностный; a ~ inspection поверхностный осмотр

perhaps [pə'hæps, præps] может быть, возможно

peril ['peril] 1. *n* опасность 2. *v поэт.* подвергать опасности; ~**ous** [-əs] опасный; рискованный

period ['pɪərɪəd] 1) период; цикл 2) эпоха, время 3) пауза в конце предложения; точка 4) стадия *(болезни)*; ~**ic** [,pɪərɪ'ɔdɪk] периодический; ~**ical** [,pɪərɪ'ɔdɪk(ə)l] 1. *a* периодический 2. *n* журнал

periphery [pə'rɪfəri] периферия

periscope ['pèrɪskoup] перископ

perish ['perɪʃ] 1) погибать; умирать 2) *(обыкн. pass)* губить; we were ~ed with hunger мы погибали от голода; ~**able** [-əbl] 1. *a* 1) бренный, непрочный 2) скоропортящийся 2. *n pl* скоропортящиеся продукты

periwig ['perɪwɪg] парик

perju‖**re** ['pəːdʒə] лжесвидетельствовать; нарушать клятву; ~**rer** [-rə] клятвопреступник; ~**ry** [-rɪ] клятвопреступление

per‖**k** ['pəːk]: ~ up а) оживиться, приободриться; б) прихорашиваться; ~**ks** [-s] приработок; ~**ky** [-kɪ] 1) бойкий 2) дерзкий; наглый

perman‖**ence** ['pəːmənəns] постоянство; ~**ency** [-ɪ] 1) *см.* permanence 2) постоянное занятие; ~**ent** [-ənt] постоянный; неизменный

permea‖**bility** [,pəːmjə'bɪlɪtɪ] проницаемость; ~**te** ['pəːmɪeɪt] 1) проникать, проходить сквозь; пропитывать 2) распространяться; ~**tion** [,pəːmɪ'eɪʃ(ə)n] проникание

permiss‖**ible** [pə'mɪsəbl] позволительный, допустимый; ~**ion** [-'mɪʃ(ə)n] позволение, разрешение

permit 1. *n* ['pəːmɪt] 1) разрешение 2) пропуск 2. *v* [pə'mɪt] разрешать, позволять; допускать

pernicious [pə'nɪʃəs] пагубный; вредный

peroration [,perə'reɪʃ(ə)n] заключительная часть, резюме *(речи)*

peroxide [pə'rɔksaɪd] *хим.* перекись

perpendicular [,pəːp(ə)n'dɪkjulə]. 1. *n* 1) перпендикуляр 2) вертикаль; отвес 2. *a* 1) перпендикулярный 2) отвесный

perpetrat‖**e** ['pəːpɪtreɪt] совершать *(преступление)*; ~ion [ˌpəpɪˈtreɪʃ(ə)n] совершение *(преступления)*; ~or преступник, виновник

perpetu‖al [pəˈpetjuəl] 1) вечный; пожизненный 2) беспрестанный, непрекращающийся; ~ate [-eɪt] увековечивать

perpetuity [ˌpəpɪˈtjuːɪtɪ]: in ~ навсегда

perplex [pəˈpleks] сбивать с толку; запутывать; ~ity [-ɪtɪ] замешательство; затруднение

perquisite [ˈpəkwɪzɪt] приработок

persecut‖e [ˈpəsɪkjuːt] 1) преследовать; подвергать гонениям 2) докучать; ~ion [ˌpəsɪˈkjuːʃ(ə)n] гонение, преследование; ~or преследователь, гонитель

perseve‖rance [ˌpəsɪˈvɪər(ə)ns] упорство; настойчивость; ~re [-ˈvɪə] проявлять упорство, настойчивость, упорно добиваться

Persian [ˈpəːʃ(ə)n] 1. *a* персидский; иранский 2. *n* 1) персидский язык 2) перс; персиянка

persiflage [ˌpəsɪˈflɑːʒ] лёгкая шутка, подшучивание

persist [pəˈsɪst] 1) упорствовать 2) продолжать существовать, сохраняться; ~ence, ~ency [-(ə)ns, -(ə)nsɪ] настойчивость, упорство; постоянство; ~ent [-(ə)nt] 1) настойчивый, упорный 2) стойкий, постоянный

person [ˈpəsn] 1) лицо, личность, особа, человек; in one's (own) ~ лично, собственной персоной 2) *грам.* лицо; ~able [-əbl] видный, красивый; ~age [-ɪdʒ] 1) выдающаяся личность 2) персонаж; ~al [-l] 1) личный *(тж. грам.)* 2) *юр.* движимый *(об имуществе)*; ~ality [ˌpəsəˈnælɪtɪ] 1) личность 2) *(обыкн. pl)* выпады *(против кого-л.)*; ~ally лично, сам; I'll take care of the matter ~ally я сам займусь этим делом; ~ate [ˈpəsəneɪt] 1) *театр.* играть роль 2) выдавать себя за *(кого-л.)*

person‖ification [pəˌsɒnɪfɪˈkeɪʃ(ə)n] олицетворение; воплощение; ~ify [-ˈsɒnɪfaɪ] олицетворять

personnel [ˌpəsəˈnel] персонал; кадры

perspective [pəˈspektɪv] 1. *n* перспектива 2. *a* перспективный

perspicaci‖ous [ˌpəspɪˈkeɪʃəs] проницательный; ~ty [-ˈkæsɪtɪ] проницательность

perspicu‖ity [ˌpəspɪˈkjuːɪtɪ] ясность, понятность; ~ous [pəˈspɪkjuəs] ясный, понятный

perspi‖ration [ˌpəspəˈreɪʃ(ə)n] испарина; пот; ~re [pəsˈpaɪə] потеть

persua‖de [pəˈsweɪd] 1) убеждать 2) уговаривать, склонять *(к чему-л. — into)*; отговаривать *(out of, not to)*; ~sion [-ˈsweɪʒ(ə)n] убеждение; ~sive [-ˈsweɪsɪv] убедительный

pert [pət] дерзкий; развязный

pertain [pə'teɪn] 1) принадлежать, быть свойственным 2) относиться, иметь отношение *(к чему-л.)*

pertinaci∥**ous** [,pə:tɪ'neɪʃəs] упрямый; упорный; **~ty** [-'næsɪtɪ] упрямство; упорство

pertinent ['pə:tɪnənt] подходящий, уместный, по существу

perturb [pə'tə:b] приводить в смятение; волновать; **~ation** [,pə:tə:'beɪʃ(ə)n] 1) смятение; беспокойство, волнение 2) пертурбация

perusal [pə'ru:z(ə)l] внимательное чтение

peruse [pə'ru:z] внимательно прочитать

pervade [pə:'veɪd] распространяться, проникать; пропитывать

pervers∥**e** [pə'və:s] 1) несговорчивый; капризный; упрямый 2) превратный, неправильный; **~ion** [-'və:ʃ(ə)n] 1) искажение, извращение 2) извращённость; **~ity** [-'və:sɪtɪ] упрямство; несговорчивость

pervert 1. *v* [pə'və:t] 1) извращать 2) совращать 2. *n* ['pə:və:t] извращённый человек; **~ed** [-ɪd] извращённый; испорченный

pervious ['pə:vjəs] проницаемый; проходимый

pessimistic [,pesɪ'mɪstɪk] пессимистический

pest [pest] чума; *перен.* язва, бич

pester ['pestə] докучать, надоедать

pesti∥**ferous** [pes'tɪf(ə)rəs] вредный; заразный; **~lent** ['pestɪlənt] вредный; заразный; ядовитый; **~lential** [,pestɪ'lenʃ(ə)l] 1) = pestilent 2) *разг.* «проклятый», надоедливый

pestle ['pesl] 1. *n* пестик *(ступки)* 2. *v* толочь

pet I 1. *n* 1) любимец, баловень 2) *attr.*: ~ name уменьшительное *или* ласкательное имя 2. *v* баловать; ласкать

pet II плохое настроение

petal ['petl] лепесток

peter ['pi:tə] *разг.*: ~ out уменьшаться, иссякать

petition [pɪ'tɪʃ(ə)n] 1. *n* просьба; петиция, прошение 2. *v* 1) ходатайствовать; 2) умолять, просить; **~er** проситель

petrel ['petr(ə)l] буревестник

petri∥**faction** [,petrɪ'fækʃ(ə)n] окаменение; окаменелость; **~fy** ['petrɪfaɪ] 1) окаменеть; 2) *перен.* оцепенеть *(от ужаса и т. п.)*

petrol ['petr(ə)l] 1) бензин; газолин 2) *attr.*: ~ bomb напалмовая бомба; **~eum** [pɪ'trouljəm] нефть

petticoat ['petɪkout] нижняя юбка

pettifog ['petɪfɔg] 1) заниматься кляузами 2) вздорить; **~ger** крючкотвор; **~ging** мелкий; мелочный

pettish ['petɪʃ] раздражительный

petty ['petɪ] 1) маловажный, пустячный 2) мелкий;

~ bourgeois мелкий буржуа; ~ cash мелкие суммы 3) мелочный; узкий, ограниченный ◊ ~ officer *мор.* старшина

petulant ['petjulənt] раздражительный, вздорный; нетерпеливый

pew [pju:] 1) скамья в церкви 2) *разг.* стул, сиденье; take a ~ садитесь

pewter ['pju:tə] 1) сплав олова со свинцом 2) оловянная посуда

phantasy ['fæntəsi] фантазия

phantom ['fæntəm] 1) фантом, призрак 2) иллюзия 3) *attr.* иллюзорный; призрачный

pharma‖cology [,fɑ:mə'kɔlədʒi] фармакология; ~cy ['fɑ:məsi] 1) фармацевтика 2) аптека

phase [feɪz] фаза

pheasant ['feznt] фазан

phenomenon [fɪ'nɔminən] (*pl* phenomena [-nə]) явление, феномен

phew! [fju:] фу!

philander [fɪ'lændə] ухаживать, флиртовать; ~er [-rə] ухажёр, волокита

philanthrop‖ic [,filən'θrɔpɪk] филантропический; ~ist [fɪ'lænθrəpɪst] филантроп; ~y [fɪ'lænθrəpɪ] филантропия

philistine ['filistaɪn] обыватель, мещанин; филистер

phillumenist [fɪ'lu:minist] филуменист, коллекционер этикеток спичечных коробок

philolo‖gist [fɪ'lɔlədʒɪst] филолог; языковед; ~gy [-dʒɪ] филология

philoso‖pher [fɪ'lɔsəfə] философ; ~phy [-fɪ] философия

phlegm [flem] 1) мокрота, слизь 2) флегматичность; хладнокровие; ~atic [fleg'mætɪk] флегматичный, вялый

phone [foun] *разг.* 1. *n* телефон 2. *v* звонить по телефону

phoneti‖c [fo(u)'netɪk] фонетический; ~cian [,founɪ'tɪʃ(ə)n] фонетист; ~cs [fo(u)'netɪks] фонетика

phoney ['founɪ] *амер. разг.* фальшивый, поддельный

phosph‖ate ['fɔsfeɪt] фосфат; ~orus [-f(ə)rəs] фосфор

photo‖graph ['foutəgrɑ:f] 1. *n* фотография (*снимок*) 2. *v* фотографировать; ~grapher [fə'tɔgrəfə] фотограф; ~graphy [fə'tɔgrəfɪ] фотография, фотографирование

phrase ['freɪz] 1. *n* 1) фраза, выражение (*тж.* идиоматическое); оборот 2) меткое выражение 3) *муз.* фраза 2. *v* выражать в словах; ~monger [-,mʌŋɡə] фразёр

phraseology [,freɪzɪ'ɔlədʒɪ] 1) фразеология 2) язык, слог

phrenetic [frɪ'netɪk] яростный; фанатический

physical ['fɪzɪk(ə)l] 1) физический 2) телесный

physician [fɪ'zɪʃ(ə)n] врач

physicist ['fɪzɪsɪst] физик

physics ['fɪzɪks] физика

physiognomy [,fɪzɪ'ɔnəmɪ] 1) физиогномика 2) физиономия, облик, лицо

physiolo‖gist [ˌfɪzɪˈɔlədʒɪst] физиолог; **~gy** [-dʒɪ] физиология

physique [fɪˈzɪk] телосложение

pianist [ˈpjænɪst] пианист; пианистка

piano [ˈpjænou] рояль; upright ~ пианино

piazza [pɪˈædzə] 1) площадь (*особ. в Италии*) 2) *амер.* веранда

pica‖resque [ˌpɪkəˈresk]: ~ fiction *лит.* плутовской роман

pick I [pɪk] 1. *v* 1) собирать, рвать 2) выбирать, подбирать; ~ and choose быть разборчивым 3) долбить; буравить; ~ off а) обрывать; б) перестрелять; ~ out выбирать; ~ up а) подбирать; поднимать; захватывать с собой; ~ oneself up подняться после падения; б) приобретать; добывать; в) поправляться; г) *разг.* заводить знакомство (*с кем-л.* — with); д): ~ up speed набирать скорость ◇ ~ at one's food «клевать», есть маленькими кусочками; ~ a lock взломать замок; ~ to pieces раскритиковать, «разделать под орех» 2. *n* выбор; the ~ (of) лучшая часть (*чего-либо*)

pick II 1) кирка; кайла 2) зубочистка

pickax(e) [ˈpɪkæks] кирка

picket [ˈpɪkɪt] 1. *n* 1) кол 2) пикет 3) *воен.* (сторожевая) застава 2. *v* 1) огораживать 2) пикетировать

picking [ˈpɪkɪŋ] 1) сбор (*плодов и т. п.*) 2) *pl* остатки, объедки 3) *pl* пожива от мелкой кражи 4): ~ and stealing мелкая кража

pickle [ˈpɪkl] 1. *n* 1) маринад; рассол 2) *pl* пикули 3) *разг.* неприятное положение 2. *v* мариновать, солить

pickpocket [ˈpɪkˌpɔkɪt] (вор-)карманник

picnic [ˈpɪknɪk] пикник ◇ it is no ~ это нелёгкое дело

picric [ˈpɪkrɪk]: ~ acid *хим.* пикриновая кислота

pictorial [pɪkˈtɔːrɪəl] 1. *n* иллюстрированный журнал 2. *a* 1) иллюстрированный; с картинками 2) живописный

picture [ˈpɪktʃə] 1. *n* 1) картина; картинка 2) фотография 3) копия, портрет 4) (живописное) описание 5) *pl* кино 2. *v* 1) писать (*красками*); рисовать 2) описывать, изображать 3) воображать, представлять себе; **~-book** [-buk] детская книжка с картинками; **~-card** [-kɑːd] *карт.* фигура (*король, дама, валет*)

picturesque [ˌpɪktʃəˈresk] 1) живописный 2) образный 3) колоритный

pie [paɪ] пирог ◇ have a finger in the ~ принимать участие; быть замешанным в чём-л.

piebald [ˈpaɪbɔːld] 1. *a* пегий; пёстрый 2. *n* пегая лошадь

piece [ˈpiːs] 1. *n* 1) кусок; часть; ~ of land участок

земли; ~ of paper листок бумаги; ~ of a machine часть машины 2) штука 3) монета 4) произведение искусства; пьеса; картина ◇ to ~s на части; that was a fine ~ of luck это была большая удача 2. *v* 1): ~ together составлять из кусочков 2) чинить, латать; ~ out восполнять; догадаться; ~meal [-mi:l] 1) поштучно 2) постепенно; ~-work [-wə:k] сдельная работа

pied [paɪd] пёстрый

pier [pɪə] 1) мол, волнолом 2) *мор.* пирс 3) простенок 4) столб, свая

pierc||**e** ['pɪəs] 1) пронзать; прокалывать 2) проходить, проникать; ~**ing** 1) острый; пронзительный 2) пронизывающий

pier-glass ['pɪəglɑ:s] трюмо

piety ['paɪətɪ] благочестие, набожность

piffle ['pɪfl] *разг.* вздор

pig [pɪg] 1. *n* 1) свинья, поросёнок 2) *тех.* болванка; чушка 2. *v* 1) пороситься 2): ~ it *разг.* жить тесно и неуютно, ютиться

pigeon ['pɪdʒɪn] 1) голубь 2) простак; ~**hole** [-houl] отделение (*письменного стола и т. п.*)

piggish ['pɪgɪʃ] *разг.* свинский; грязный; жадный

piggy ['pɪgɪ] жадный

pigmy ['pɪgmɪ] *см.* pygmy

pigsty ['pɪgstaɪ] свинарник

pigtail ['pɪgteɪl] косичка, коса

pike I [paɪk] 1) пика, копьё 2) пик

pike II щука

pilchard ['pɪltʃəd] сардин(к)а

pile I [paɪl] 1. *n* 1) куча, груда; стопка 2) *эл.* батарея ◇ ~(s) of money куча денег 2. *v* 1) складывать в кучу 2) нагромождать; заваливать; сваливать; наваливать

pile II *текст.* ворс

pile III ['paɪl] свая; ~-**driver** [-,draɪvə] копёр

piles [paɪlz] *pl* геморрой

pilfer ['pɪlfə] воровать, таскать; ~**age** [-rɪdʒ] мелкая кража; ~**er** [-rə] мелкий воришка

pilgrim ['pɪlgrɪm] пилигрим, паломник; странник; ~**age** [-ɪdʒ] паломничество; странствие

pill [pɪl] пилюля, таблетка

pillage ['pɪlɪdʒ] 1. *n* 1) грабёж 2) добыча 2. *v* грабить; мародёрствовать

pillar ['pɪlə] столб, колонна; *перен.* опора, столп; ~-**box** [-bɔks] почтовый ящик

pill-box ['pɪlbɔks] 1) коробочка для пилюль 2) *воен.* закрытое огневое сооружение

pillion ['pɪljən] заднее сиденье мотоцикла

pillory ['pɪlərɪ] позорный столб

pillow ['pɪlou] подушка; ~-**case** [-keɪs] наволочка

pilot ['paɪlət] 1. *n* 1) пилот, лётчик; *мор.* лоцман; *перен.* проводник, вожак 2) *attr.* лоцманский; штурманский

PIM

2. *v* пилоти́ровать; *перен.* дава́ть направле́ние; **~age** [-ɪdʒ] 1) ло́цманское де́ло 2) пилота́ж

pimple ['pɪmpl] пры́щик

pin [pɪn] **1.** *n* 1) була́вка 2) *тех.* штифт; ца́пфа 3) *муз.* коло́к **2.** *v* ска́лывать, скрепля́ть; прика́лывать; **~ down** ско́вывать; **~ down to a promise** свя́зывать обеща́нием; **~ on** втыка́ть

pinafore ['pɪnəfɔː] пере́дник

pincers ['pɪnsəz] *pl* щипцы́, кле́щи; пинце́т

pinch [pɪntʃ] **1.** *n* 1) щипо́к 2) щепо́тка *(соли и т. п.)* 3) нужда́; кра́йность **2.** *v* 1) щипа́ть 2) жать *(об обуви)* 3) *(обыкн. pass)* му́чить, причиня́ть страда́ния 4) *разг.* стащи́ть 5) *разг.* арестова́ть

pinchbeck ['pɪntʃbek] **1.** *n* томпа́к **2.** *a* фальши́вый, подде́льный

pine I [paɪn] ча́хнуть; томи́ться; **~ away** ча́хнуть

pine II [paɪn] сосна́; **~apple** [-æpl] анана́с; **~cone** [-koun] сосно́вая ши́шка

ping [pɪŋ] **1.** *n* свист **2.** *v* свисте́ть

pinion I ['pɪnjən] **1.** *n* 1) перо́ *(пти́чьего крыла́)* 2) *поэт.* крыло́ **2.** *v* 1) подреза́ть кры́лья 2) свя́зывать ру́ки

pinion II *тех.* шестерня́

pink I [pɪŋk] прока́лывать; протыка́ть

pink II [pɪŋk] **1.** *n* 1) *бот.* гвозди́ка 2) ро́зовый цвет

◇ **in the ~** *разг.* в прекра́сном состоя́нии *(о здоро́вье)*; **the ~ of health** воплоще́ние здоро́вья **2.** *a* ро́зовый; **~ish** розова́тый

pinnacle ['pɪnəkl] 1) *архит.* бельведе́р, шпиц 2) верши́на горы́ 3) кульминацио́нный пункт; **at the ~ of his fame** в зени́те сла́вы

pinnate ['pɪnɪt] *бот.* пе́ристый

pinny ['pɪnɪ] *детск.* пере́дничек

pin-point ['pɪnpɔɪnt] *воен.* определя́ть (то́чное) положе́ние; засека́ть, цель

pint [paɪnt] пи́нта (= 0,57 л)

pioneer [ˌpaɪə'nɪə] **1.** *n* 1) пионе́р 2) *воен.* сапёр **2.** *v* прокла́дывать путь, быть пионе́ром

pious ['paɪəs] набо́жный, благочести́вый

pip I [pɪp] ко́сточка, зёрнышко *(я́блока и т. п.)*

pip II 1) очко́ *(в ка́ртах, домино́)* 2) звёздочка *(на пого́нах)*

pip III высо́кий коро́ткий звук *(радиосигна́ла, телефо́на)*

pip IV: **have the ~** *разг.* быть в плохо́м настрое́нии

pipe ['paɪp] 1) труба́, тру́бка 3) фле́йта, свире́ль, ду́дка; **~clay** [-kleɪ] бе́лая гли́на; **~line** [-laɪn] трубопрово́д; нефтепрово́д

piping ['paɪpɪŋ] 1) тру́бы; трубопрово́д 2) кант

piqu‖ancy ['piːkənsɪ] пика́нтность; **~ant** [-ənt] пика́нтный

pique [pi:k] 1. *n* оскорблённое самолюбие; досада 2. *v* 1) колоть; уязвлять 2): ~ oneself on smth. чваниться чем-л. 3) возбуждать *(любопытство)*

piracy ['paɪərəsɪ] 1) морской разбой, пиратство 2) нарушение авторского права

pirate ['paɪərɪt] 1) пират 2) нарушитель авторского права

piscatorial [ˌpɪskə'tɔːrɪəl] рыболовный

pistachio [pɪs'tɑːʃɪou] фисташка

pistil ['pɪstɪl] *бот.* пестик

pistol ['pɪstl] пистолет; револьвер

piston ['pɪstən] *тех.* 1) поршень 2) *attr.*: ~ stroke ход поршня; ~-rod [-rɔd] шатун

pit I [pɪt] 1. *n* 1) яма 2) копь, шахта; шурф 3) *театр.* партер *(последние ряды)* 4) рябина *(на коже)* 2. *v* 1) выставлять в качестве противника 2) делать ямки, оставлять следы; ~ted with smallpox рябой

pit II *амер.* косточка *(вишни и т. п.)*

pit-a-pat ['pɪtə'pæt]: his heart went ~ его сердце забилось

pitch I [pɪtʃ] смола; дёготь; вар ◊ ~ black чёрный как смоль; ~ darkness тьма кромешная

pitch II [pɪtʃ] 1. *n* 1) *мор.* килевая качка 2) высота *(звука, тона)* 3) степень, сила 2. *v* 1) устанавливать; ставить *(палатки)*; разбивать *(лагерь)* 2) бросать; кидать 3): the boat is ~ing лодку качает 4) *муз.* иметь или придавать определённую высоту; ~ one's voice higher повысить голос; ~ed [-t] 1): high (low) ~ed voice высокий (низкий) голос 2): the roof is ~ed too steeply крыша слишком крута 3): ~ed battle решительное, генеральное сражение

pitcher ['pɪtʃə] кувшин

pitchfork ['pɪtʃfɔːk] вилы

piteous ['pɪtɪəs] жалкий

pitfall ['pɪtfɔːl] ловушка, западня

pith [pɪθ] 1) *бот.* сердцевина 2) суть, сущность 3) сила, энергия

piti||able ['pɪtɪəbl] жалкий; ~ful 1) сострадательный 2) возбуждающий сострадание 3) жалкий, ничтожный; ~less безжалостный

pittance ['pɪt(ə)ns] ничтожное жалованье; подачка

pity ['pɪtɪ] 1. *n* жалость; сожаление; take ~ сжалиться 2. *v* жалеть, соболезновать

pivot ['pɪvət] 1. *n* 1) точка вращения; точка опоры 2) *тех.* стержень 3) основной пункт 2. *v* вращаться, вертеться; ~al [-l] осевой, стержневой

placable ['plækəbl] кроткий

placard ['plækɑːd] плакат, афиша

placate [plə'keɪt] успокаивать; умиротворять; задабривать

place [pleɪs] 1. *n* 1) место 2) положение; должность ◇ it's not my ~ to inquire into that не моя обязанность выяснять это дело; in the first ~ во-первых; out of ~ неуместный; take ~ происходить; take the ~ of заменять 2. *v* помещать; ставить, класть

placid ['plæsɪd] спокойный, безмятежный; мирный; **~ity** [plæ'sɪdɪtɪ] спокойствие, безмятежность

plagiar‖ism ['pleɪdʒjərɪzm] плагиат; **~ist** плагиатор

plague [pleɪg] 1. *n* 1) чума, мор 2) бедствие 3) *разг.* досада 2. *v* надоедать; досаждать

plaid [plæd] 1) плед 2) шотландка *(ткань)*

plain ['pleɪn] 1. *n* 1) равнина 2) *pl* степи; *амер.* прерии 2. *a* 1) ясный; очевидный 2) простой ◇ ~ clothes штатское платье 3. *adv* ясно, чётко; **~-spoken** [-'spoʊk(ə)n] прямой, откровенный

plaintiff ['pleɪntɪf] *юр.* истец

plaintive ['pleɪntɪv] заунывный

plait [plæt] 1. *n* коса *(из волос)* 2. *v* заплетать

plan [plæn] 1. *n* 1) план; проект; чертёж; схема 2) замысел, план, намерение 2. *v* 1) планировать *(работу и т. п.)* 2) составлять чертёж, проект 3) замышлять, намереваться, затевать

plane I [pleɪn] 1. *n* 1) плоскость 2) самолёт 2. *a* плоский, ровный 3. *v ав.* планировать

plane II [pleɪn] 1. *n* рубанок 2. *v* строгать

plane III *бот.* платан, чинара

planet ['plænɪt] планета; **~arium** [ˌplænɪ'tɛərɪəm] планетарий; **~ary** [-(ə)rɪ] планетный

plank ['plæŋk] 1. *n* 1) доска 2) *attr.*: ~ bed нары 2. *v* 1) обшивать досками 2): ~ smth. down выкладывать деньги, раскошеливаться; **~ing** дощатая обшивка; настил

plant I [plɑːnt] 1. *n* растение 2. *v* сажать; *перен.* насаждать

plant II 1) завод 2) установка

plantain ['plæntɪn] *бот.* подорожник

plantation [plæn'teɪʃ(ə)n] плантация

planter ['plɑːntə] плантатор

plaque [plæk]: memorial ~ мемориальная доска

plash [plæʃ] 1. *n* всплеск 2. *v* 1) плескать 2) плескаться

plaster ['plɑːstə] 1. *n* 1) штукатурка 2) пластырь 3) гипс 2. *v* 1) штукатурить; замазывать 2) прикладывать пластырь; **~er** [-rə] штукатур

plastic ['plæstɪk] пластический; пластичный

plasticine ['plæstɪsiːn] пластилин

plasticity [plæs'tɪsɪtɪ] пластичность

plate [pleɪt] 1. *n* 1) тарелка 2) пластинка 3) столовое серебро 2. *v* 1) оковывать, бронировать 2) золотить, серебрить, никелировать 3) *полигр.* стереотипировать

plateau ['plætou] *(pl* ~s, ~x [-z])* плато, плоскогорье

plateful ['pleɪtful] полная тарелка *(чего-л.)*

platform ['plætfɔːm] 1) перрон 2) эстрада *(концертная)*; сцена, трибуна 3) *полит.* платформа

platitud‖**e** ['plætɪtjuːd] пошлость; ~**inous** [ˌplætɪ'tjuːdɪnəs] пошлый

platoon [plə'tuːn] *воен.* взвод

plaudit ['plɔːdɪt] *(обыкн. pl)* аплодисменты

plaus‖**ibility** [ˌplɔːzə'bɪlɪtɪ] вероятность; правдоподобие; ~**ible** ['plɔːzəbl] вероятный; правдоподобный

play [pleɪ] 1. *n* 1) игра 2) пьеса 3) плеск *(воды)*; переливы *(красок, света)* 2. *v* 1) играть; забавляться; ~ a double game вести двойную игру; ~ fair поступать честно; ~ a trick сыграть, выкинуть штуку; ~ the fool валять дурака 2) исполнять *(роль, муз. произведение)* 3) поступать, действовать 4) бить *(о фонтане)*; переливаться *(о свете)*; ~ **off** разыгрывать, дурачить *(кого-л.)*; ~ **up** а) привлекать к себе внимание; требовать внимания; б) *театр.* подыгрывать; в) обыгрывать; to ~ up a fact всячески использовать факт ◊ be ~ed out выдыхаться; ~ safe действовать наверняка

playbill ['pleɪbɪl] программа; афиша

player ['pleɪə] 1) актёр 2) игрок

playfellow ['pleɪˌfelou] друг детства

playful ['pleɪful] игривый; шутливый

play‖**goer** ['pleɪˌgouə] театрал; ~**ground** [-graund] площадка *(для детей)*; ~**house** [-haus] театр; ~**ing-field** [-ɪŋfiːld] спортплощадка; ~**mate** [-meɪt] партнёр; ~**thing** [-θɪŋ] игрушка; ~**wright** [-raɪt] драматург

plea [pliː] 1) *юр.* заявление подсудимого *или* защитника 2) оправдание; довод 3) мольба

plead [pliːd] (pleaded, pled) 1) *юр.* выступать в суде; защищать подсудимого; ~ guilty признать себя виновным; ~ not guilty отрицать виновность 2) умолять 3) ходатайствовать 4) приводить в оправдание; ~**ing** *юр.* 1) выступление адвоката в суде 2) *pl* судоговорение

pleasant ['pleznt] приятный; милый

please [pliːz] 1) хотеть, соблаговолить 2): if you ~! будьте так добры!, пожалуйста! 3) доставлять удовольствие, угождать; she is a hard person to ~ ей трудно угодить 4) нравиться;

do as you ~ делайте как хотите

pleasnre ['pleʒə] удовольствие; **~-boat** [-bout] яхта; **~-ground** [-graund] 1) парк для прогулок 2) площадка для игр

pleat [pli:t] 1. *n* складка 2. *v* делать складки; плиссировать

plebiscite ['plebisit] плебисцит

pled [pled] *амер. разг. past* и *p. p.* от plead

pledge [pledʒ] 1. *n* 1) залог, заклад 2) обещание; обязательство 2. *v* 1) закладывать 2) ручаться; ~ one's word давать слово 3) брать на себя обязательство (*тж.* ~ oneself)

plenary ['pli:nərɪ] 1) полный, неограниченный 2) пленарный

plenipotentiary [ˌplenɪpə'tenʃ(ə)rɪ] 1. *n* полномочный представитель 2. *a* полномочный; Minister P. полномочный министр

plenitude ['plenɪtju:d] полнота, обилие

plen‖tiful ['plentɪful] 1) обильный, богатый чем-л. (*in*) 2) плодородный; **~ty** [-tɪ] 1. *n* изобилие, избыток; **~ty** (*of*) много, множество 2. *adv разг.* вполне

plethor‖a ['pleθərə] 1) *мед.* полнокровие 2) избыток

pleurisy ['pluərɪsɪ] плеврит

pli‖ability [ˌplaɪə'bɪlɪtɪ] 1) гибкость 2) уступчивость; **~able** ['plaɪəbl] 1) гибкий

2) уступчивый; **~ant** [-ənt] *см.* pliable

pliers ['plaɪəz] *pl* щипчики, плоскогубцы

plight [plaɪt] (бедственное) положение

plimsolls ['plɪms(ə)lz] *pl* лёгкие парусиновые туфли на резиновой подошве

plinth [plɪnθ] *стр.* 1) цоколь 2) плинтус

plod [plɔd] 1) корпеть (*над—at*) 2): ~ (on) one's way, ~ along тащиться, брести; **~der** работяга

plop [plɔp] шлёпнуться; бултыхнуться

plot I [plɔt] 1. *n* 1) заговор 2) сюжет, фабула 2. *v* составлять заговор; замышлять; интриговать

plot II 1. *n* участок (*земли*) 2. *v* наносить на карту, диаграмму

plough ['plau] 1. *n* 1) плуг 2) пашня 2. *v* 1) пахать; ships are ~ing the seas *поэт.* корабли бороздят океаны 2) *разг.* провалить на экзамене; ~ **through** с трудом пробираться ◇ ~ one's way прокладывать себе путь; пробираться с трудом; **~man** [-mən] пахарь; **~share** [-ʃeə] сошник, лемех

plow [plau] *амер. см.* plough

ploy [plɔɪ] *разг.* дело, работа, занятие

plu‖ck [plʌk] 1. *n* 1) дёрганье 2) ливер 3) мужество 2. *v* 1) собирать, срывать (*цветы*) 2) щипать (*струны*) 3) *разг.* обирать; обманывать 4) провалить на экзамене 5): ~ at дёргать; ~cky ['plʌki] смéлый, отвáжный

plug [plʌg] 1. *n* 1) затычка, втулка, пробка 2) *эл.* штéпсель 3) (пожáрный) кран 4) прессóванный табáк *(для жевáния)* 2. *v* 1) затыкáть; закупóривать *(тж.* ~ up) 2) *разг.* популяризировать *(песню и т. п.)*; ~ away (at) корпéть *(над)*; ~ in вставлять штéпсель

plum [plʌm] слива

plumage ['pluːmɪdʒ] оперéние

plumb [plʌm] 1. *n* 1) отвéс 2) лот 2. *a* вертикáльный 3. *adv* 1) вертикáльно 2) тóчно, прямо 3) *амер. разг.* совершéнно, совсéм 4. *v* 1) измерять глубину; *перен.* проникáть *(в тáйну и т. п.)* 2) устанáвливать вертикáльно

plumb∥er ['plʌmə] 1) водопровóдчик 2) паяльщик; ~ing 1) водопровóдное дéло 2) водопровóд

plumb-line ['plʌmlain] отвéс

plume [pluːm] 1. *n* 1) перó *(обыкн. большóе)* 2) плюмáж, султáн *(на шляпе)* 2. *v* 1) оправлять пéрья *(о птице)* 2) украшáть *(перьями)* ◊ ~ oneself *(on)* кичиться чем-л., задирáть нос

plummet ['plʌmɪt] 1) отвéс 2) лот 3) грузило *(отвéса или удочки)*

plump I [plʌmp] 1. *a* пухлый; пóлный 2. *v* толстéть, жирéть

plump II [plʌmp] 1. *v* голосовáть тóлько за одногó кандидáта; ~ down плюхаться 2. *adv* 1) внезáпно 2) напрямик 3. *a* решительный *(об отказе и т. п.)*

plunder ['plʌndə] 1. *n* 1) грабёж 2) добыча 2. *v* грáбить *(особ. на войне)*

plunge [plʌndʒ] 1. *v* 1) окунáть, погружáть 2) окунáться, погружáться 3) нырять 4) *разг.* азáртно игрáть 2. *n* ныряние; погружéние

pluperfect ['pluː'pəːfikt]: ~ tense *грам.* давнопрошéдшее врéмя

plural ['pluər(ə)l] 1. *n грам.* множественное числó 2. *a* многочисленный; ~ity [pluə'rælɪtɪ] 1) множественность 2) большинствó голосóв

plus [plʌs] 1. *prep* плюс 2. *a* 1) добáвочный 2) *мат., эл.* положительный 3. *n* знак плюс; ~-fours ['plʌs'fɔːz] брюки «гольф»

plush ['plʌʃ] 1) плис, плюш 2) *attr. разг. см.* plushy; ~y [-ɪ] *разг.* мóдный, роскóшный

pluvial ['pluːvjəl] дождевóй

ply I [plaɪ] 1) сгиб, склáдка 2) одинáрная толщинá *(ткани)*

ply II 1) усéрдно рабóтать; ~ the needle быть портнихой; шить 2) усиленно угощáть *(with)* 3) донимáть *(расспрóсами, уговóрами и т. п.)* 4) курсировать 5) *мор.* лавировать

plywood ['plaɪwud] фанéра

PNE

pneumatic [nju:'mætɪk] пневматический

pneumonia [nju:'mounjə] пневмония, воспаление лёгких

poach I [poutʃ] варить яйцо-пашот

poach II ['poutʃ] незаконно охотиться, браконьерствовать; *перен.* вторгаться; **~er** браконьер

pock [pɔk] оспина

pocket ['pɔkɪt] 1. *n* 1) карман 2) ларь; бункер 3) луза *(бильярда)* 4) *ав.* воздушная яма 5) *воен.* «котёл», окружение 2. *a* карманный 3. *v* 1) класть в карман 2) прикарманивать 3) загонять шар (в лузу); **~-book** [-buk] 1) записная книжка 2) бумажник; **~-knife** [-naɪf] перочинный нож

pock-marked ['pɔkmɑːkt] рябой

pod [pɔd] 1. *n* стручок 2. *v* лущить, шелушить

podgy ['pɔdʒɪ] *разг.* низенький и толстый

poem ['pouɪm] 1) поэма 2) стихотворение

poet ['pouɪt] поэт; **~ic(al)** [po(u)'etɪk(əl)] поэтический; **~ics** [po(u)'etɪks] поэтика; **~ry** [-rɪ] поэзия, стихи

poign‖ancy ['pɔɪnənsɪ] острота; **~ant** [-ənt] 1) острый 2) мучительный

point [pɔɪnt] 1. *n* 1) остриё; кончик 2) точка 3) пункт; вопрос; sore *(или* on) every ~ по всем пунктам 4) дело, суть; to the ~ к делу, кстати 5) *геогр.* мыс 6) *спорт.* очко ◊ stretch a ~ делать уступки; the job has it's good ~s у этой работы есть свои хорошие стороны; make a ~ of поставить себе за правило; ~ of view точка зрения; пункт 2. *v* 1) указывать, показывать 2) нацеливать, наводить; ~ out указывать; **~-blank** [-'blæŋk] наотрез; **~-duty** [-,dju:tɪ] обязанности полицейского-регулировщика

pointed ['pɔɪntɪd] 1) остроконечный 2) резкий 3) наведённый *(об оружии)*

pointer ['pɔɪntə] 1) указатель; стрелка 2) пойнтер *(порода собак)*

pointless ['pɔɪntlɪs] 1) бесцельный, бессмысленный, глупый 2) *спорт.* с неоткрытым счётом

poise [pɔɪz] 1. *n* равновесие; *перен.* уравновешенность 2. *v* 1) уравновешивать 2) уравновешиваться

poison ['pɔɪzn] 1. *n* яд, отрава 2. *v* отравлять, заражать; **~ous** [-əs] ядовитый

poke [pouk] 1. *n* толчок 2. *v* 1) совать; тыкать 2) мешать *(кочергой)*; ~ about, ~ around, ~ into выискивать; допытываться

poker I ['poukə] кочерга

poker II покер *(карточная игра)*

poky ['poukɪ] маленький, тесный *(о комнате и т. п.)*

polar ['poulə] полярный; полюсный; ~ bear белый медведь; ~ lights северное сияние; ~ity [po(u)'lærɪtɪ] полярность; ~ize [-raɪz] поляризовать

Pole [poul] поляк; полька
pole I [poul] полюс
pole II шест, столб; мачта ◇ up the ~ а) в трудном положении; б) чокнутый
polecat ['poulkæt] *зоол.* хорёк
polemic [pɔ'lemɪk] 1. *n* полемика 2. *a* полемический
police [pə'li:s] полиция; ~man [-mən], ~officer [-,ɔfɪsə] полицейский; ~station [-,steɪʃ(ə)n] полицейский участок
policy I ['pɔlɪsɪ] 1) политика 2) образ действий, тактика
policy II полис *(страховой)*
Polish ['pouliʃ] 1. *a* польский 2. *n* польский язык
polish ['pɔlɪʃ] 1. *n* 1) полировка; чистка; shoe ~ гуталин; furniture ~ полироль; floor ~ мастика 2) лоск, глянец; *перен.* изысканность, лоск 2. *v* полировать, шлифовать; ~ shoes чистить обувь; ~ off быстро расправиться, покончить; ~ off a bottle of wine выпить бутылку вина; ~ up освежать *(знания и т. п.)*; ~ed [-t] 1) полированный 2) изысканный
polite [pə'laɪt] вежливый; ~ness вежливость
politic ['pɔlɪtɪk] 1) обдуманный 2) расчётливый
politi||**cal** [pə'lɪtɪk(ə)l] политический; ~**cian** [,pɔlɪ'tɪʃ(ə)n] 1) политик; государственный деятель 2) *амер. презр.* политикан
politics ['pɔlɪtɪks] политика
polka-dot ['pɔlkə'dɔt]: ~ material ткань в горошек
poll [poul] 1. *n* 1) список избирателей 2) подсчёт голосов 3) баллотировка; голосование 4) *(обыкн. pl)* *амер.* избирательный пункт 5) *шутл.* голова 2. *v* 1) проводить голосование 2) голосовать 3) получать голоса
pollard ['pɔləd] подстриженное дерево
poll||**en** ['pɔlɪn] *бот.* пыльца; ~**inate** [-eɪt] *бот.* опылять
polling-booth ['pouliŋbu:θ] кабина для голосования
pollut||**e** [pə'lu:t] осквернять; загрязнять; ~**ion** [-'lu:ʃ(ə)n] 1) осквернение; загрязнение 2) поллюция
poltergeist ['pɔltəgaɪst] привидение, домовой
poltroon [pɔl'tru:n] трус
polytechnic [,pɔlɪ'teknɪk] политехнический
pomegranate ['pɔm,grænɪt] *бот.* гранат
pomp ['pɔmp] пышность, великолепие; помпа; ~**ous** [-əs] напыщенный
pond [pɔnd] пруд
ponder ['pɔndə] обдумывать; размышлять; взвешивать; ~**able** [-rəbl] 1) весомый 2) веский; ~**ous** [-rəs] 1) тяжёлый; тяжеловесный 2) скучный; ~ous speech нудный доклад
pontiff ['pɔntɪf] 1) папа

(римский) 2) архиерей 3) первосвященник

pontoon [pɔn'tuːn] понтон; **~-bridge** [-brɪdʒ] понтонный мост

pony ['pounɪ] 1) пони 2) *разг.* 25 фунтов; **~-tail** [-teɪl] «конский хвост» *(женская причёска)*

pooh! [p(h)uː] фу!

pool I [puːl] 1) лужа 2) омут 3) бассейн

pool II пулька *(в карточной игре)*

pool III 1. *n* пул *(соглашение между предпринимателями для устранения конкуренции)* 2. *v*: ~ resources *(или* money*)* сложиться

poop [puːp] *мор.* полуют

poor ['puə] 1. *a* 1) бедный *(о человеке)*; скудный *(об урожае, обеде и т. п.)* 2) несчастный; жалкий 3) плохой ◇ **~ fellow** бедняга 2. *n*: the ~ беднота, бедные; **~-house** [-haus] богадельня; **~-law** [-lɔː] закон о бедных

poor||ly ['puəlɪ] плохо, недостаточно; **~ness** недостаточность; скудость

poor-spirited ['puə'spɪrɪtɪd] трусливый, малодушный; робкий

pop [pɔp] 1. *n* 1) звук *(как от выскочившей пробки)* 2) *разг.* шипучий напиток 3) *разг.* выстрел 2. *v* хлопать *(о пробке)*; ~ in заглянуть; ~ up неожиданно появиться ◇ she ~ped her head out of the window она высунула голову из окна 3. *adv*: go ~ хлопнуть, выстрелить

pope [poup] папа (римский)

popinjay ['pɔpɪndʒeɪ] фат

poplar ['pɔplə] тополь

poppet ['pɔpɪt] *разг.* милочка

poppy ['pɔpɪ] мак

poppycock ['pɔpɪkɔk] *разг.* чепуха, чушь

populace ['pɔpjuləs] население

popular ['pɔpjulə] 1) народный 2) популярный; he is a very ~ singer он очень популярный певец 3) общедоступный 4) (обще)распространённый; **~ity** [,pɔpju'lærɪtɪ] популярность; **~ize** [-raɪz] популяризировать

popul||ate ['pɔpjuleɪt] населять; заселять; **~ation** [,pɔpju'leɪʃ(ə)n] 1) население 2) заселение; **~ous** ['pɔpjuləs] густонаселённый, людный

porcelain ['pɔːslɪn] 1. *n* фарфор; фарфоровое изделие 2. *a* фарфоровый

porch [pɔːtʃ] 1) крыльцо; портик 2) *амер.* веранда, терраса

porcine ['pɔːsaɪn] свинский

porcupine ['pɔːkjupaɪn] дикобраз

pore I [pɔː] 1) *(обыкн. pl)* пора 2) *геол.* пора, скважина

pore II сосредоточиться *(на чём-л. — ~ over smth.)*

pork [pɔːk] свинина

porous ['pɔːrəs] пористый

porridge ['pɔrɪdʒ] (овсяная) каша

port I [pɔːt] порт, гавань

port II [pɔːt] *мор.* 1) лéвый борт 2) *attr.* лéвый

port III портвéйн

portable ['pɔːtəbl] портатúвный, переносный; съёмный, складнóй, разбóрный

portage ['pɔːtɪdʒ] 1) перевóзка; стóимость перевóзки 2) перепрáва, вóлок

portal ['pɔːtl] портáл; глáвный вход

port‖end [pɔːˈtend] предвещáть; ~**ent** ['pɔːtent] 1) предзнаменовáние 2) чýдо; ~**entous** [-'tentəs] 1) зловéщий 2) необычáйный; удивúтельный

porter I ['pɔːtə] 1) швейцáр 2) носúльщик

porter II пóртер *(пиво)*

portfolio [pɔːtˈfouljou] 1) портфéль 2) пáпка, «дéло»

porthole ['pɔːthoul] *мор.* (бортовóй) иллюминáтор

portico ['pɔːtɪkou] *архит.* пóртик; крытая галерéя

portion ['pɔːʃ(ə)n] **1.** *n* 1) часть, дóля 2) удéл, ýчасть **2.** *v* делúть на чáсти

portly ['pɔːtlɪ] пóлный, дорóдный

portmanteau [pɔːtˈmæntou] *фр.* *(pl* ~s, ~x [-z]) чемодáн

portrait ['pɔːtrɪt] портрéт; *перен.* живóе описáние, изображéние

portray [pɔːˈtreɪ] рисовáть портрéт; *перен.* изображáть, опúсывать

Portuguese [ˌpɔːtjuˈɡiːz] **1.** *a* португáльский **2.** *n* 1) португáлец; португáлка 2) португáльский язык

pos‖e ['pouz] **1.** *n* пóза *(тж. перен.)* **2.** *v* 1) позúровать; *перен.* рисовáться; ~ **as** принимáть пóзу, вид *(кого-л.)* 2) стáвить *(вопрос, задачу)*; ~**er** трýдный вопрóс, трýдная задáча, проблéма

position [pəˈzɪʃ(ə)n] 1) местонахождéние; from this ~ с этого пýнкта 2) положéние, позúция 3) дóлжность, мéсто 4) состояние

positive ['pɔzətɪv] **1.** *n* 1) *грам.* положительная стéпень 2) *фото* позитúв **2.** *a* 1) тóчный, определённый 2) увéренный 3) положúтельный; ~ plate *эл.* анóд; ~ sign знак плюс 4) несомнéнный, безуслóвный

posse ['pɔsɪ] 1) грýппа граждáн, созывáемая шерúфом *(для подавлéния беспорядков, рóзыска преступника и т. п.)* 2) полицéйский отряд

possess [pəˈzes] владéть; обладáть; ~ oneself *(of)* завладéть *(чем-л.)*; ~**ed** [-t] одержúмый; ~**ion** [pəˈzeʃ(ə)n] 1) владéние, обладáние; in ~ion *(of)* владéющий *(чем-лúбо)*; in the ~ion of smb. в чьём-л. владéнии 2) *pl* имýщество; ~**ive** [-ɪv] 1) имéющий, владéющий 2) *грам.* притяжáтельный; ~ive case притяжáтельный падéж; ~**or** владéлец

possib‖ility [ˌpɔsəˈbɪlɪtɪ] возмóжность; ~**le** ['pɔsəbl] возмóжный; ~**ly** ['pɔsəblɪ] 1) по возмóжности 2) возмóжно

post I [poust] 1. *n* 1) столб 2) стойка; подпорка; мачта 2. *v*: ~ up a notice вывешивать объявление

post II 1. *n* почта 2. *v* отправлять по почте; опускать в почтовый ящик

post III пост; должность

post IV *воен.* ставить караул

post- [poust-] *pref со знач.* после-

postage ['poustɪdʒ] 1) стоимость почтового отправления 2) *attr.*: ~ stamp почтовая марка

postal ['poust(ə)l] 1. *a* почтовый; ~ order почтовый перевод 2. *n амер.* открытка

post‖card ['poustkɑ:d] открытка; ~-chaise [-ʃeɪz] почтовая карета, дилижанс

poster ['poustə] плакат, афиша

poste restante ['poust'restɑ:ŋt] *фр.* до востребования *(надпись на конвертах и т. п.)*

posterior [pɔs'tɪərɪə] 1) позднейший, последующий 2) задний

posterity [pɔs'terɪtɪ] потомство; потомки

post-graduate ['poust'grædjuɪt] аспирант

posthumous ['pɔstjuməs] посмертный

post‖man ['poustmən] почтальон; ~mark [-mɑ:k] почтовый штемпель; ~master [-,mɑ:stə] почтмейстер; начальник почтового отделения; Postmaster General министр почт

post meridiem ['poustmə'rɪdɪəm] *(сокр.* p. m.*)* после полудня

post mortem ['poust'mɔ:tem] после смерти

post-mortem ['poust'mɔ:tem] 1. *a* посмертный 2. *n* вскрытие трупа

post-office ['poust,ɔfɪs] почта, почтовое отделение; General Post Office Центральный почтамт *(в Лондоне)*

postpone [poust'poun] откладывать, отсрочивать; ~ment отсрочка

postscript ['poustskrɪpt] постскриптум

postulate ['pɔstjuleɪt] 1) принимать без доказательств 2) ставить условием 3) *(обыкн.* p. p.*)* требовать

posture ['pɔstʃə] 1. *n* поза; положение 2. *v* позировать

post-war ['poust'wɔ:] послевоенный

posy ['pouzɪ] букетик цветов

pot [pɔt] 1. *n* 1) горшок; котелок 2) *разг.* приз 3) *разг.* марихуана *(наркотик)* ◇ do smth. in order to keep the ~ boiling зарабатывать на жизнь 2. *v* 1) класть в котелок 2) сажать *(растение)* в горшок 3) консервировать

potash ['pɔtæʃ] *хим.* поташ

potassium [pə'tæsjəm] *хим.* калий

potato [p(ə)'teɪtou] *(pl* ~es [-z]*)* картофель

pot‖ency ['pout(ə)nsɪ] сила, могущество; ~ent [-(ə)nt] 1) могу́щественный; мо́щный 2) убеди́тельный (*о до́воде*) 3) эффекти́вный, сильноде́йствующий (*о лека́рстве*)

potentate ['pout(ə)nteit] власти́тель

potential [pə'tenʃ(ə)l] 1. *a* потенциа́льный 2. *n* потенциа́л

potentiality [pə,tenʃi'æliti] потенциа́льность; потенциа́льная возмо́жность

potion ['pouʃ(ə)n] до́за лека́рства *или* я́да ◇ love ~ любо́вный напи́ток

pot-pourri [po(u)'puri] *фр.* 1) аромати́ческая смесь (*из сухи́х лепестко́в*), сухи́е духи́ 2) попурри́

potter I ['pɔtə] 1) рабо́тать спустя́ рукава́ (*at — над чем-л.*; *тж.* ~ *about*) 2) зря проводи́ть вре́мя

potter II ['pɔtə] гонча́р; ~y [-ri] 1) гли́няная посу́да; фая́нс 2) гонча́рное произво́дство, кера́мика 3) гонча́рная мастерска́я

potty ['pɔti] *разг.* 1) ме́лкий, незначи́тельный 2) ненорма́льный; поме́шанный на (*about*)

pouch [pautʃ] 1. *n* 1) мешо́чек, су́мка 2): ~es under the eyes мешки́ под глаза́ми 2. *v* 1) прикарма́нивать 2) де́лать на́пуск (*на пла́тье*)

poultice ['poultis] припа́рка

poultry ['poultri] дома́шняя пти́ца

pounce [pauns] 1. *n* внеза́пный спуск; прыжо́к 2. *v* 1) налета́ть, набра́сываться 2) ухвати́ться (*за оши́бку*)

pound I [paund] 1) колоти́ть 2) обстре́ливать, бомбардирова́ть 3) толо́чь

pound II 1) фунт (*едини́ца ве́са*) 2) фунт (*сте́рлингов*)

pour [pɔ:] 1) лить 2) ли́ться; ~ **in** а) налива́ть; б) устремля́ться; ~ **out** а) вылива́ть; разлива́ть (*чай и т. п.*); б) вылива́ться, ли́ться

pout [paut] 1. *n* недово́льная грима́са 2. *v* надува́ть гу́бы

poverty ['pɔvəti] бе́дность

powder ['paudə] 1. *n* 1) порошо́к 2) пу́дра 3) по́рох 2. *v* 1) толо́чь 2) пу́дрить; ~-**puff** [-pʌf] пухо́вка для пу́дры

power ['pauə] 1) си́ла, мощь, эне́ргия; purchasing ~ покупа́тельная спосо́бность 2) власть 3) держа́ва 4) *мат.* сте́пень; ~-**boat** [-bout] мото́рный ка́тер

powerful ['pauəful] 1) си́льный, мо́щный 2) могу́щественный

power-house ['pauəhaus] силова́я ста́нция

powerless ['pauəlis] беси́льный

power-station ['pauə,steiʃ(ə)n] электроста́нция

practicable ['præktikəbl] 1) осуществи́мый, реа́льный 2) проходи́мый, прое́зжий (*о доро́ге*)

practical ['præktik(ə)l] 1) практи́ческий; ~ suggestion практи́ческое предложе́ние 2) практи́чный; a very ~

practice ['præktɪs] 1) пра́ктика; the doctor has a large ~ у врача́ больша́я пра́ктика; in ~ на де́ле, факти́чески 2) тренирóвка, упражне́ние; на́вык 3) обы́чай 4) *воен.* уче́бная стрельба́ 5) *attr.*: ~ ground уче́бный плац ◇ make smth. a ~ поста́вить себе́ за пра́вило; sharp ~ моше́нничество

practise ['præktɪs] 1) упражня́ться, практикова́ться 2) занима́ться, име́ть профе́ссию 3) практикова́ть, применя́ть

practitioner [præk'tɪʃnə] практику́ющий врач, терапе́вт

prairie ['prɛərɪ] пре́рия, степь

praise ['preɪz] 1. *n* похвала́ 2. *v* хвали́ть; ~worthy [-,wə:ðɪ] похва́льный

pram [præm] *разг.* (*сокр. от* perambulator) де́тская коля́ска

prance [prɑːns] скачо́к; курбе́т

prank I [præŋk] вы́ходка, ша́лость; play ~s отка́лывать шту́ки

prank II 1) украша́ть 2) наряжа́ться

prate [preɪt] 1) болта́ть 2) разба́лтывать

prattle ['prætl] 1. *n* ле́пет 2. *v* лепета́ть

pray [preɪ] 1) моли́ться 2) умоля́ть; проси́ть; ~! пожа́луйста!; ~er [preə] 1) моли́тва 2) мольба́

prayer-book ['prɛəbuk] моли́твенник

pre- [prɪ-] *pref* до-, пред-

preach ['priːtʃ] пропове́довать; ~er пропове́дник

preamble [prɪ'æmbl] 1) преа́мбула 2) вступле́ние, предисло́вие

prearranged ['priːə'reɪndʒd] зара́нее подгото́вленный

precarious [prɪ'kɛərɪəs] 1) случа́йный, ненадёжный 2) опа́сный, риско́ванный

precaution [prɪ'kɔːʃ(ə)n] предосторо́жность; ~ary [-'kɔːʃnərɪ] предупреди́тельный

preced||e [prɪ'siːd] предше́ствовать; ~ence [-(ə)ns] пе́рвенство, старшинство́; ~ent ['presɪd(ə)nt] прецеде́нт

precept ['priːsept] 1) пра́вило, указа́ние 2) *юр.* предписа́ние 3) за́поведь; ~or [prɪ'septə] наста́вник

precinct ['priːsɪŋkt] 1) огоро́женная террито́рия, прилега́ющая к зда́нию (*особ. к церкви*) 2) *pl* окре́стности 3) *амер.* избира́тельный *или* полице́йский о́круг

precious ['preʃəs] 1. *a* 1) драгоце́нный 2) мане́рно-изы́сканный 2. *n*: my ~! мой ми́лый! 3. *adv*: ~ little о́чень ма́ло

precipi||ce ['presɪpɪs] про́пасть; ~tate 1. *v* [prɪ'sɪpɪteɪt] 1) низверга́ть 2) *хим.* осажда́ть 3) ускоря́ть 2. *a* [prɪ'sɪpɪtɪt] 1) стреми́тельный 2) опроме́тчивый 3. *n* [prɪ'sɪpɪtit] *хим.* осадок; ~**tation** [prɪˌsɪpɪ'teɪʃ(ə)n] 1) стремительность 2) выпадение осадков 3) *хим.* осаждение; ~**tous** [prɪ'sɪpɪtəs] обрывистый

précis ['preɪsi:] *фр.* краткое изложение, конспект

precis||**e** [prɪ'saɪs] 1) точный, определённый 2) аккуратный, пунктуальный; педантичный; щепетильный; ~**ely** 1) точно 2) вот именно, совершенно верно *(как ответ)*; ~**ion** [-'sɪʒ(ə)n] 1) точность; чёткость 2) меткость

preclude [prɪ'klu:d] устранять; предотвращать; ~ **from** препятствовать

precoci||**ous** [prɪ'kouʃəs] 1) рано развившийся 2) скороспелый; ~**ty** [-'kɔsɪtɪ] раннее развитие

precon||**ceived** ['pri:kən'si:vd] предвзятый; ~**ception** [-'sepʃ(ə)n] предвзятое мнение

preconcerted ['pri:kən'sə:tɪd] заранее подготовленный

precursor [pri:'kə:sə] предтеча; предвестник, предшественник

predatory ['predət(ə)rɪ] хищный, грабительский

predecessor ['pri:dɪsesə] предшественник

predesti||**nation** [pri:ˌdestɪ'neɪʃ(ə)n] предопределение; ~**ne** [-'destɪn] предопределять

predetermine ['pri:dɪ'tə:mɪn] предрешать, предопределять

predicament [prɪ'dɪkəmənt] неприятное, затруднительное положение

predica||**te 1.** *v* ['predɪkeɪt] утверждать; объявлять **2.** *n* ['predɪkɪt] *грам.* сказуемое, предикат; ~**tive** [prɪ'dɪkətɪv] *грам.* предикативный

predict [prɪ'dɪkt] предсказывать; ~**ion** [-kʃ(ə)n] предсказание

predispos||**e** ['pri:dɪs'pouz] предрасполагать; ~**ition** ['pri:ˌdɪspə'zɪʃ(ə)n] предрасположение

predomin||**ance** [prɪ'dɔmɪnəns] преобладание; превосходство; ~**ant** [-ənt] преобладающий; ~**ate** [-neɪt] преобладать, господствовать

pre-emin||**ence** [pri:'emɪnəns] превосходство; ~**ent** [-ənt] выдающийся; превосходящий *(других)*

preen [pri:n] 1) чистить перья клювом 2): ~ oneself прихорашиваться; *перен.* быть самодовольным *(on)*

pre-establish ['pri:ɪs'tæblɪʃ] устанавливать заранее

prefabricated ['pri:'fæbrɪkeɪtɪd] заводского изготовления; ~ house сборный дом

prefa||**ce** ['prefɪs] **1.** *n* предисловие; введение **2.** *v* снабжать предисловием; делать предварительные замечания; ~**tory** [-fət(ə)rɪ] вводный, вступительный

prefect ['pri:fekt] 1) префект 2) *школ.* старший ученик

prefer [prɪ'fə:] 1) предпочитать 2) повышать *(по службе)*; ~**able** ['pref(ə)rəbl] предпочтительный; ~ence ['pref(ə)r(ə)ns] 1) предпочтение 2) преимущественное право; ~ential [,prefə'renʃ(ə)l] 1) пользующийся предпочтением 2) льготный (*о пошлинах*); ~ment [prɪ'fɜːmənt] 1) предпочтение 2) продвижение по службе, повышение

prefix 1. *n* ['priːfɪks] *грам.* префикс, приставка 2. *v* [priː'fɪks] 1) предпосылать 2) ставить префикс

pregn‖ancy ['pregnənsɪ] 1) беременность 2) чреватость; ~**ant** [-ənt] 1) беременная 2) чреватый (*последствиями и т. п.*)

prehensile [prɪ'hensaɪl] *зоол.* цепкий

prehistoric ['priːhɪs'tɔrɪk] доисторический

prejudge ['priː'dʒʌdʒ] осуждать заранее; предрешать

prejudic‖e ['predʒudɪs] 1. *n* 1) предубеждение; предвзятость 2) предрассудок 3): in ~ (*of*), to the ~ (*of*) в ущерб (*кому-л., чему-л.*); without ~ (*to*) без ущерба (*для*) 2. *v* 1): ~ smb. in favour of smb. располагать кого-л. в чью-л. пользу 2): ~ smb. against smb. восстанавливать кого-л. против кого-л. 3) наносить ущерб; ~**ed** [-t] предвзятый; ~**ial** [,predʒu'dɪʃ(ə)l] вредный, пагубный

preliminary [prɪ'lɪmɪnərɪ] предварительный; ~ examination (*часто сокр.* prelim) вступительный экзамен

prelude ['preljuːd] 1. *n* прелюдия; вступление 2. *v* служить вступлением

premature [,premə'tjuə] преждевременный

premedit‖ated [priː'medɪteɪtɪd] преднамеренный; ~**ation** [priː,medɪ'teɪʃ(ə)n] преднамеренность

premier ['premjə] 1. *a* первый (*по рангу*) 2. *n* премьер-министр

première [prəm'jɛə] *фр.* премьера

premise 1. *n* ['premɪs] 1) предпосылка 2) *pl юр.* вступительная часть документа 3) *pl* помещение 2. *v* [prɪ'maɪz] предпосылать

premium ['priːmjəm] 1) награда, премия 2) плата за обучение ◇ at a ~ пользующийся большим спросом

premonit‖ion [,priːmə'nɪʃ(ə)n] предчувствие; ~**ory** [prɪ'mɔnɪt(ə)rɪ] предваряющий, предостерегающий

preoccu‖pation [priː,ɔkju'peɪʃ(ə)n] озабоченность; поглощённость (*чем-л.*); ~**pied** озабоченный; поглощённый мыслями; ~**py** [-'ɔkjupaɪ] поглощать внимание; занимать

prepaid ['priː'peɪd] оплаченный отправителем (*о письме и т. п.*)

prepar‖ation [,prepə'reɪʃ(ə)n] 1) подготовка 2) *pl* приготовления 3) препарат; ~**ative** [prɪ'pærətɪv] подготовительный; ~**atory** [prɪ'pærət(ə)rɪ] 1) вступительный 2) подготовительный; приготовительный; ~atory school приготовительная частная школа 3): ~atory to прежде чем; до того как

prepar||e [prɪ'pɛə] 1) готовить, подготовлять 2) готовиться, подготовляться ◇ be ~ed to быть готовым, мочь *(сделать что-л.)*; ~edness [-dnɪs] готовность

prepay ['prɪ:'peɪ] платить вперёд

preponder||ance [prɪ'pɔnd(ə)r(ə)ns] перевес; превосходство; ~ant [-(ə)nt] перевешивающий, преобладающий; ~ate [-eɪt] перевешивать; превосходить; превышать

preposition [,prepə'zɪʃ(ə)n] *грам.* предлог; ~al [-l] *грам.* предложный

prepossess [,prɪ:pə'zes]: ~ smb. towards располагать кого-л. в пользу *(кого-л., чего-л.)*; I was ~ed by him он произвёл на меня благоприятное впечатление; ~ing располагающий, приятный

preposterous [prɪ'pɔst(ə)rəs] нелепый, абсурдный

prerequisite ['prɪ:'rekwɪzɪt] 1. *n* предпосылка 2. *a* необходимый как предварительное условие

prerogative [prɪ'rɔgətɪv] прерогатива

presage ['presɪdʒ] 1. *n* 1) предзнаменование; предсказание 2) предчувствие 2. *v* 1) предсказывать, предвещать 2) предчувствовать

Presbyterian ['prezbɪtərɪən] 1. *n* пресвитерианин 2. *a* пресвитерианский

prescil||ence ['presɪəns] предвидение; ~ent [-ənt] предвидящий

prescribe [prɪs'kraɪb] 1) предписывать 2) прописывать *(лекарство кому-л. — to, for; против чего-л. — for)*

prescript||ion [prɪs'krɪpʃ(ə)n] 1) предписание 2) *мед.* рецепт; ~ive [prɪs'krɪptɪv] предписывающий

presence ['prezns] присутствие; ~ of mind присутствие духа

present I ['preznt] 1. *a* 1) присутствующий; be ~ присутствовать 2) настоящий, нынешний 3) данный 2. *n* 1) настоящее время; at ~ в данное время, сейчас; for the ~ пока, на этот раз; that will be enough for the ~ пока довольно 2) *грам.* настоящее время

present II 1. *n* ['preznt] подарок 2. *v* [prɪ'zent] 1) преподносить, дарить 2) представлять

present||able [prɪ'zentəbl] приличный, презентабельный; ~ation [,prezen'teɪʃ(ə)n] 1) представление 2) поднесение *(подарка)*

presentiment [prɪ'zentɪmənt] предчувствие *(обыкн. дурное)*

presently ['prezntlɪ] сейчас

preservat||ion [,prezə:'veɪʃ(ə)n] 1) сохранение 2) сохранность 3) консервирование; ~ive [prɪ'zə:vətɪv] 1. *n* предохранительное

PRE

срéдство 2. *a* предохранúтельный

preserv||e [prɪ'zə:v] 1. *v* 1) сохранять 2) консервúровать 2. *n* 1) *(обыкн. pl)* варéнье 2) заповéдник; ~ed [-d] консервúрованный; ~ed fruit консервúрованные фрýкты

preside [prɪ'zaɪd] председáтельствовать

presidency ['prezɪd(ə)nsɪ] 1) президéнтство 2) председáтельство

president ['prezɪd(ə)nt] 1) президéнт 2) председáтель 3) рéктор *(университéтского коллéджа)*; *амер.* рéктор *(университéта)*; ~ial [,prezɪ'denʃ(ə)l] президéнтский

press I [pres] 1) жать; давúть 2) нажимáть; прессовáть; ~ the button нажмúте кнóпку 2) настáивать; понуждáть 3): be ~ed for time имéть мáло врéмени, торопúться 4) глáдить, утюжúть

press II 1) дáвка 2) спéшка; 3) толпá 4) надáвливание; give it a light ~ слегкá нажмúте 5) *тех.* пресс 6) печáтный станóк 7): the ~ прéсса; печáть; представúтели печáти *мн.* 8) *attr.*: ~ cutting газéтная вырезка

press III *ист.* вербовáть насúльно

pressing ['presɪŋ] неотлóжный, срóчный

pressman ['presmən] журналúст

pressur||e ['preʃə] 1) давлéние *(тж. перен.)* 2) *тех.* прессовáние 3) *эл.* напряжéние ◊ I can't put any ~ on this foot yet я ещё не могý наступáть на эту нóгу; ~ized [-raɪzd] *тех.* 1) герметúческий 2) находящийся под давлéнием

prestige [pres'ti:ʒ] престúж

presu||mably [prɪ'zju:məblɪ] вероятно; предположúтельно; ~me [-'zju:m] 1) предполагáть 2) позволять себé, осмéливаться 3) злоупотреблять *(on, upon)*

presumpt||ion [prɪ'zʌmpʃ(ə)n] 1) предположéние 2) самонадéянность; *ирон.* смéлость; if you will excuse my ~ простúте мою смéлость; ~ive [-ptɪv] предполагáемый; ~uous [-ptjuəs] слúшком самонадéянный

presuppos||e [,pri:sə'pouz] предполагáть; ~ition [,pri:sʌpə'zɪʃ(ə)n] предположéние

pretence [prɪ'tens] 1) притв́ óрство 2) отговóрка, предлóг; under ~ of под предлóгом 3) претéнзия

preten||d [prɪ'tend] 1) притворяться 2) претендовáть, имéть вúды *(на что-л.)*; ~der 1) претендéнт 2) притвóрщик 3) *ист.* самозвáнец; ~sion [-ʃ(ə)n] 1) претéнзия 2) претенциóзность; ~tious [-ʃəs] претенциóзный

preterit(e) ['pret(ə)rɪt] *грам.* прошéдшее врéмя

preternatural [,pri:tə'nætʃrəl] сверхъестéственный

pretext ['pri:tekst] предлóг, отговóрка; on *(или* under)* the ~ of под предлóгом

prettiness ['prɪtɪnɪs] миловидность

pretty ['prɪtɪ] 1. *a* 1) хорошенький *(тж. ирон.)*; a ~ business! хорошенькое дело! 2) *разг.* значительный; а ~ penny кругленькая сумма 2. *adv разг.* довольно, достаточно ◊ ~ much the same thing почти то же самое

prevail [prɪ'veɪl] 1) одолевать *(over)*; успешно бороться *(против кого-л., чего-л. — against)* 2) преобладать 3) быть распространённым; существовать 4) убедить *(кого-л. — (up)on smth.)*; ~ing распространённый; the ~ing fashions современные моды

prevalent ['prev(ə)lənt] (широко) распространённый

prevaricate [prɪ'værɪkeɪt] уклоняться от истины

prevent [prɪ'vent] 1) предотвращать 2) мешать, препятствовать *(from)*; ~ion [-nʃ(ə)n] предотвращение, предупреждение; ~ive [-ɪv] 1. *n* предупредительная мера 2. *a* предупредительный; превентивный; профилактический

preview ['priː'vjuː] закрытый просмотр кинофильма, выставки *и т. п.*

previous ['priːvjəs] 1. *a* 1) предыдущий; прежний 2) *разг.* преждевременный, поспешный 2. *adv*: ~ to до, прежде, ранее; предварительно; ~ly предварительно

prevision [prɪ'vɪʒ(ə)n] предвидение

pre-war ['priː'wɔː] довоенный

prey [preɪ] 1. *n* добыча; be a ~ to smth. *перен.* быть жертвой чего-л. 2. *v*: ~ upon а) грабить; б) терзать; в) подтачивать *(здоровье)*

price ['praɪs] 1. *n* 1) цена; all-in ~ цена, в которую включены все услуги 2) *attr.*: ~ ticket ярлык 2. *v* назначать цену; ~-cutting [-ˌkʌtɪŋ] снижение цен

priceless ['praɪslɪs] бесценный

price-list ['praɪslɪst] прейскурант

prick [prɪk] 1. *n* 1) укол; pin ~ а) булавочный укол; б) *перен.* мелкая неприятность 2) острая боль (как) от укола ◊ ~ of conscience угрызения совести 2. *v* 1) колоть; *перен.* мучить; ~ oneself уколоться; my conscience ~ed me меня мучила совесть 2) прокалывать; накалывать *(узор)*; ~ off, ~ out сажать рассаду ◊ ~ up one's ears навострить уши, насторожиться

prick‖**le** ['prɪkl] 1. *n* шип, колючка 2. *v* 1) уколоть 2) уколоться; ~ly колючий

pride [praɪd] 1. *n* 1) гордость; proper ~ чувство собственного достоинства; false ~ тщеславие; take ~ гордиться 2) предмет гордости ◊ in the ~ of one's youth в расцвете сил 2. *v*: ~ oneself (up)on гордиться чем-л.

priest ['pri:st] свяще́нник; **~ess** [-ɪs] жри́ца; **~hood** [-hud] духове́нство

prig ['prɪg] формали́ст; педа́нт; ограни́ченный и самодово́льный челове́к; **~gish** педанти́чный; самодово́льный

prim [prɪm] чо́порный; подтя́нутый

primacy ['praɪməsɪ] пе́рвенство

primal ['praɪm(ə)l] 1) первобы́тный 2) гла́вный, основно́й

primary ['praɪmərɪ] 1) перви́чный; нача́льный; ~ school нача́льная шко́ла 2) первостепе́нный; гла́вный; of ~ importance первостепе́нной ва́жности

primate ['praɪmɪt] архиепи́скоп

prime [praɪm] 1. n расцве́т 2. a 1) гла́вный, основно́й; ~ cost себесто́имость; P. Minister премье́р-мини́стр 2) наилу́чший ◇ ~ number просто́е число́ 3. v 1) жив. грунтова́ть 2) разг. «накача́ть» (обыкн. в р. р.): the witness had been ~d by a lawyer свиде́тель был зара́нее «обрабо́тан» адвока́том; he came well ~d with liquor он пришёл, изря́дно «накача́вшись»

primer ['praɪmə] буква́рь; нача́льный уче́бник

primeval [praɪˈmiːv(ə)l] первобы́тный

primitive ['prɪmɪtɪv] 1) первобы́тный 2) примити́вный, просто́й

primordial [praɪˈmɔːdjəl] изнача́льный, иско́нный

primrose ['prɪmrouz] при́мула

princ||e ['prɪns] принц; князь; **~ely** 1) ца́рственный 2) великоле́пный; **~ess** [prɪnˈses] принце́сса

principal ['prɪnsəp(ə)l] 1. n 1) нача́льник, патро́н 2) дире́ктор (школы) 2. a гла́вный, основно́й; ~ clause грам. гла́вное предложе́ние; **~ly** гла́вным о́бразом

principle ['prɪnsəpl] 1) при́нцип; зако́н; on ~ из при́нципа; принципиа́льно 2) первопричи́на; осно́ва

print ['prɪnt] 1. n 1) отпеча́ток; след 2) печа́ть; шрифт 3) гравю́ра 4) си́тец 5) attr. си́тцевый ◇ out of ~ распро́дано (об издании) 2. v 1) печа́тать 2) запечатлева́ть 3) набива́ть (ткань); **~er** 1) печа́тник, типо́граф 2) текст. наби́вщик

printing ['prɪntɪŋ] печа́тание; **~-office** [-ˌɔfɪs] типогра́фия; **~-press** [-pres] печа́тная маши́на; **~-type** [-taɪp] шрифт

prior I ['praɪə] настоя́тель (монастыря)

prior II 1) предше́ствующий 2): ~ to ра́ньше, пре́жде

priority [praɪˈɔrɪtɪ] 1) приорите́т; старшинство́ 2) поря́док сро́чности, очерёдность

priory ['praɪərɪ] монасты́рь

prison ['prɪzn] 1) тюрьма́ 2) attr.: ~ camp ла́герь для военнопле́нных; **~er** 1) заключённый 2) плённый; ~er of war военнопленный

pristine ['pristain] древний; первоначальный

privacy ['praivəsi]: I don't want my ~ disturbed я не хочу, чтобы меня беспокоили; ~ was impossible было невозможно побыть одному; they were married in strict ~ никого из посторонних на их свадьбе не было

private ['praivit] 1. *a* 1) частный; личный 2) закрытый; секретный 3) уединённый ◇ ~ member рядовой член парламента; ~ soldier рядовой 2. *n* рядовой ◇ in ~ а) наедине; б) по секрету

privation [prai'veiʃ(ə)n] лишение, нужда

privilege ['privilidʒ] привилегия

privy ['privi] тайный; P. Council тайный совет; ~ councillor член тайного совета; ~ seal малая государственная печать

prize [praiz] 1. *n* приз, премия, награда 2. *v* 1) высоко ценить 2) оценивать; ~-**fighter** [-,faitə] боксёр; ~-**ring** [-'riŋ] ринг

pro [prou]: ~ and con за и против; ~s and cons доводы за и против

pro- [prou-] *pref* за, для, вместо

probab‖ility [,prɔbə'biliti] вероятность; ~**le** ['prɔbəbl] вероятный; возможный; правдоподобный; ~**ly** ['prɔbəbli] вероятно

probation [prə'beiʃ(ə)n] испытание, стажировка; ~**ary** [-'beiʃ(ə)ri] испытательный; ~**er** испытуемый, стажёр, *особ.* медсестра

probe [proub] 1. *n* зонд 2. *v* зондировать

probity ['proubiti] честность, неподкупность

problem ['prɔbləm] проблема, задача; ~**atic(al)** [,prɔbli'mætik(əl)] проблематичный, спорный; сомнительный

proboscis [prə'bɔsis] 1) хобот 2) хоботок *(насекомого)*

procedure [prə'siːdʒə] процедура

proceed [prə'siːd] 1) продолжать 2) происходить; исходить *(from)* 3) переходить *(к чему-л.)*; ~**ing** 1) поступок 2) *pl* судопроизводство 3) *pl* труды, протоколы *(учёного общества и т. п.)*

proceeds ['prousiːdz] *pl* выручка; доход

process 1. *n* ['prouses] процесс; ход развития; стадия 2. *v* [prə'ses] обрабатывать; ~**ion** [prə'seʃ(ə)n] процессия

procla‖im [prə'kleim] провозглашать, объявлять; ~**mation** [,prɔklə'meiʃ(ə)n] 1) провозглашение; объявление 2) воззвание

proclivity [prə'kliviti] склонность

procrastinat‖e [pro(u)'kræstineit] откладывать, медлить; ~**ion** [pro(u),kræsti'neiʃ(ə)n] промедление

procreat‖e ['proukrieit] порожда́ть; ~ion [ˌproukrɪ'eɪʃ(ə)n] порожде́ние

procur‖**ation** [ˌprɔkjuə'reɪʃ(ə)n] 1) веде́ние дел по дове́ренности 2) дове́ренность; ~**ator** ['prɔkju(ə)reɪtə] дове́ренный; *юр.* пове́ренный

procure [prə'kjuə] достава́ть, добыва́ть; обеспе́чивать

prod [prɔd] 1. *n* тычо́к 2. *v* 1) ты́кать *(пальцем, палкой)*

prodigal ['prɔdɪg(ə)l] 1. *n* мот 2. *a* расточи́тельный; ~**ity** [ˌprɔdɪ'gælɪtɪ] расточи́тельность

prodi‖**gious** [prə'dɪdʒəs] 1) грома́дный 2) удиви́тельный, чуде́сный; ~**gy** ['prɔdɪdʒɪ] чу́до

produc‖**e** 1. *n* ['prɔdjuːs] проду́кция, проду́кты; *перен.* результа́т 2. *v* [prə'djuːs] 1) предъявля́ть *(факты, билеты, документы)* 2) производи́ть; выраба́тывать; создава́ть 3) (по)ста́вить *(пьесу, кинофильм)*; ~**er** [prə'djuːsə] 1) производи́тель 2) продю́сер; режиссёр; постано́вщик 3) *тех.* генера́тор

product ['prɔdəkt] 1) проду́кт, фабрика́т 2) результа́т 3) *мат.* произведе́ние; ~**ion** [prə'dʌkʃ(ə)n] 1) вы́работка; произво́дство 2) проду́кция 3) постано́вка, произво́дство *(фильма)* 4) произведе́ние *(литературное)* 5) *attr.*: ~ion target произво́дственное зада́ние; ~**ive** [prə'dʌktɪv] 1) производи́тельный 2) плодоро́дный

profan‖**e** [prə'feɪn] 1. *a* 1) све́тский, мирско́й 2) непосвящённый 3) богоху́льный 2. *v* оскверня́ть; профани́ровать; ~**ity** [-'fænɪtɪ] богоху́льство

profess [prə'fes] заявля́ть; признава́ть; ~**edly** [-ɪdlɪ] по со́бственному призна́нию; ~**ion** [-'feʃ(ə)n] 1) профе́ссия 2) лю́ди како́й-л. профе́ссии 3) вероиспове́дание; ~**ional** [-'feʃ(ə)nl] 1. *n* профессиона́л 2. *a* профессиона́льный

professor [prə'fesə] профе́ссор; ~**ial** [ˌprɔfe'sɔːrɪəl] профе́ссорский; ~**ship** профессу́ра

proffer ['prɔfə] 1. *n* предложе́ние 2. *v* предлага́ть

profici‖**ency** [prə'fɪʃ(ə)nsɪ] о́пытность, сноро́вка; ~**ent** [-(ə)nt] иску́сный, о́пытный

profile ['proufiːl] 1. *n* про́филь 2. *v* изобража́ть в про́филь; изобража́ть в разре́зе

profit ['prɔfɪt] 1. *n* 1) по́льза; вы́года 2) при́быль, дохо́д 2. *v* 1) приноси́ть по́льзу, вы́году; *перен.* извлека́ть по́льзу 2): ~ from (*или* by) воспо́льзоваться чем-л.; ~**able** [-əbl] 1) при́быльный, вы́годный 2) поле́зный; ~**eer** [ˌprɔfɪ'tɪə] спекуля́нт

profliga‖**cy** ['prɔflɪgəsɪ] распу́тство; ~**te** [-gɪt] 1. *n* распу́тник 2. *a* 1) распу́тный 2) безрассу́дный, расточи́тельный

profound [prə'faund] глубо́кий *(тж. перен.)*

profundity [prəˈfʌndɪtɪ] (*обыкн. перен.*) глубина

profuse‖**e** [prəˈfjuːs] 1) обильный; чрезмерный 2) расточительный; ~**ion** [-ˈfjuːʒ(ə)n] изобилие

proge‖**nitor** [pro(u)ˈdʒenɪtə] прародитель; ~**ny** [ˈprɔdʒɪnɪ] 1) потомок 2) потомство

prognos‖**is** [prɔgˈnousɪs] (*pl* ~**es** [-siːz]) прогноз; ~**tic** [prəgˈnɔstɪk] 1. *n* предвестие; предсказание 2. *a* предвещающий; ~**ticate** [prəgˈnɔstɪkeɪt] предсказывать; предвидеть; ~**tication** [prəgˌnɔstɪˈkeɪʃ(ə)n] предсказание

program(me) [ˈprougræm] программа; план

progress 1. *n* [ˈprougres] 1) продвижение 2) развитие, прогресс; рост; be in ~ продолжаться; продвигаться; make ~ развиваться 2. *v* [prəˈgres] продвигаться вперёд; прогрессировать; развиваться; ~**ion** [prəˈgreʃ(ə)n] 1) движение вперёд 2) *мат.* прогрессия; ~**ive** [prəˈgresɪv] 1) поступательный 2) прогрессивный, передовой 3) возрастающий

prohibit [prəˈhɪbɪt] запрещать; ~**ion** [ˌpro(u)ɪˈbɪʃ(ə)n] запрещение (*особ. продажи спиртных напитков*); ~**ionist** [ˌpro(u)ɪˈbɪʃənɪst] сторонник запрещения продажи спиртных напитков; ~**ive** [-ɪv] 1) запретительный 2) чрезмерно высокий (*о ценах*)

project 1. *v* [prəˈdʒekt] 1) проектировать 2) составлять, обдумывать (*план*) 3) выдаваться; the stairway ~s into the living-room лестница выходит прямо в комнату 2. *n* [ˈprɔdʒekt] 1) проект, план 2) новостройка

projectile 1. *n* [ˈprɔdʒɪktaɪl] (реактивный) снаряд; пуля; guided ~ управляемая ракета 2. *a* [prəˈdʒektaɪl] метательный

project‖**ion** [prəˈdʒekʃ(ə)n] 1) проектирование 2) проекция 3) выступ; ~**or** 1) проектировщик 2) прожектор 3) «волшебный» фонарь

proletar‖**ian** [ˌproulɪˈtɛərɪən] 1. *n* пролетарий 2. *a* пролетарский; ~**iat** [-ət] пролетариат

prolific [prəˈlɪfɪk] плодовитый (*тж. перен.*)

prolix [ˈprouliks] многословный; скучный, нудный; ~**ity** [pro(u)ˈlɪksɪtɪ] многословие

prologue [ˈproulɔg] пролог

prolong [prəˈlɔŋ] продлить; ~**ation** [ˌproulɔŋˈgeɪʃ(ə)n] продление; пролонгация; отсрочка; ~**ed** [-d] длительный

promenade [ˌprɔmɪˈnɑːd] 1. *n* 1) прогулка 2) место для прогулки 2. *v* прогуливаться

promin‖**ence** [ˈprɔmɪnəns] 1) выступ 2) выдающееся, видное положение; ~**ent** [-ənt] 1) выступающий 2) выдающийся, известный (*о человеке*); видный (*о должности и т. п.*)

promiscu‖**ity** [ˌprɔmɪsˈkjuːɪtɪ] 1) беспорядочность 2) неразбо́рчивость *(особ. в половы́х сноше́ниях)*; ~ous [prə'mɪskjuəs] 1) беспоря́дочный 2) неразбо́рчивый *(особ. в половы́х сноше́ниях)*

promis||e ['prɔmɪs] 1. *n* обеща́ние ◇ the new planes show great ~ у но́вых самолётов большо́е бу́дущее 2. *v* обеща́ть; ~sory [-ərɪ]: a ~sory note долгово́е обяза́тельство

promontory ['prɔməntrɪ] мыс

promot||e [prə'mout] 1) продвига́ть *(по слу́жбе)*; повыша́ть в чи́не 2) соде́йствовать, помога́ть; ~er покрови́тель, патро́н; учреди́тель; ~ion [-ʃ(ə)n] 1) продвиже́ние *(по слу́жбе)* 2) соде́йствие; поощре́ние

prompt ['prɔmpt] 1. *a* 1) бы́стрый; прово́рный 2) сро́чный, неме́дленный; he's ~ in paying his debts он аккура́тно пла́тит долги́ ◇ for ~ cash за нали́чный расчёт 2. *v* 1) побужда́ть; внуша́ть; what ~ed you to say that? что вас побуди́ло сказа́ть э́то? 2) суфли́ровать, подска́зывать; ~-box [-bɔks] суфлёрская бу́дка

prompter ['prɔmptə] суфлёр

promptitude ['prɔmptɪtjuːd] быстрота́, прово́рство

promulgat||e ['prɔm(ə)lgeɪt] обнаро́довать; опублико́вывать; ~ion [ˌprɔm(ə)l'geɪʃ(ə)n] обнаро́дование, опубликова́ние

prone [proun] 1) лежа́щий ничко́м; распростёртый 2) скло́нный *(to)*

prong [prɔŋ] зубе́ц *(ви́лки и т. п.)*

pronominal [prə'nɔmɪnl] *грам.* местоимённый

pronoun ['prounaun] *грам.* местоиме́ние

pronounc||e [prə'nauns] 1) объявля́ть; ~ a sentence объявля́ть пригово́р 2) произноси́ть 3) выска́зываться *(о — on; за — for; про́тив — against)*; ~d [-t] я́рко вы́раженный; ~ment объявле́ние *(реше́ния)*; официа́льное заявле́ние

pronunciation [prəˌnʌnsɪ'eɪʃ(ə)n] произноше́ние

proof ['pruːf] 1. *n* 1) доказа́тельство 2) испыта́ние; про́ба 3) гра́нка, корректу́ра 4) кре́пость *(спи́рта)* 2. *a* 1) непроница́емый *(against)* 2) не поддаю́щийся *(ле́сти и т. п.; against)*; ~-reader [-ˌriːdə] корре́ктор; ~-sheet [-ʃiːt] корректу́рный лист

prop [prɔp] 1. *n* 1) подпо́рка; подста́вка 2) опо́ра 2. *v* подпира́ть, подде́рживать

propagand||a [ˌprɔpə'gændə] пропага́нда; ~ist пропаганди́ст

propagat||e ['prɔpəgeɪt] 1) размножа́ть 2) распространя́ть 3) размножа́ться 4) распространя́ться; ~ion [ˌprɔpə'geɪʃ(ə)n] 1) размноже́ние 2) распростране́ние

propel [prə'pel] дви́гать; гнать вперёд; приводи́ть в

движение; ~ler 1) *ав.* воздушный винт 2) *мор.* гребной винт

propensity [prə'pensɪtɪ] склонность (*к чему-л.*)

proper ['prɔpə] 1) *грам.* собственный; ~ name, ~ noun имя собственное 2) присущий, свойственный (*to*) 3) правильный; надлежащий; ~ fraction *мат.* правильная дробь 4) приличный 5) *разг.* настоящий, сущий ◇ at the ~ time когда придёт время; ~ly *разг.* хорошенько, здорово ◇ ~ly speaking собственно говоря; по существу

propertied ['prɔpətɪd]: ~ classes имущие классы

property ['prɔpətɪ] 1) имущество; собственность; man of ~ богатый, состоятельный человек 2) земельная собственность 3) свойство 4) *pl* бутафория

proph||ecy ['prɔfɪsɪ] пророчество; ~esy [-fɪsaɪ] пророчить, предсказывать; ~et [-ɪt] пророк; ~etic [prə'fetɪk] пророческий

prophy||lactic [,prɔfɪ'læktɪk] профилактический; ~laxis [-'læksɪs] профилактика

propinquity [prə'pɪŋkwɪtɪ] близость; родство

propiti||ate [prə'pɪʃɪeɪt] умилостивить; ~atory [-'pɪʃɪət(ə)rɪ] примирительный; ~ous [-'pɪʃəs] 1) благоприятный 2) благосклонный

proportion [prə'pɔːʃ(ə)n] 1. *n* 1) пропорция; соотношение; your demands are entirely out of ~ ваши требования безмерны 2) *pl* размеры 3) часть 2. *v* соразмерять; ~al [-'pɔːʃənl] 1. *a* пропорциональный 2. *n мат.* член пропорции; ~ate [-'pɔːʃnɪt] соразмерный; пропорциональный

propo||sal [prə'pouz(ə)l] предложение; ~se [-'pouz] 1) предлагать 2) делать предложение (*о браке*) 3) предполагать; строить планы

proposition [,prɔpə'zɪʃ(ə)n] 1) утверждение 2) предложение 3) *разг.* дело; 4) *мат.* теорема; задача

propound [prə'paund] ставить на обсуждение; выдвигать (*теорию*)

propriet||ary [prə'praɪət(ə)rɪ] собственнический; составляющий собственность; ~ rights права собственности ◇ ~ medicine патентованное лекарство; ~or владелец, собственник; ~ress [-rɪs] владелица, собственница

propriety [prə'praɪətɪ] 1) правильность; уместность 2) *pl* правила приличия, пристойность

props [prɔps] *сокр.* от property 4)

propul||sion [prə'pʌlʃ(ə)n] 1) толчок 2) движение вперёд; ~sive [-sɪv] приводящий в движение; продвигающий

proro||gation [,prourə'geɪʃ(ə)n] перерыв в работе парламента; ~gue [prə'roug] назначать перерыв в работе парламента

prosaic [pro(u)'zeɪɪk] прозаический; *перен.* прозаичный, повседневный

proscenium [pro(u)'sɪnjəm] авансцена

prose [prouz] **1.** *n* 1) проза 2) *attr.* прозаичный **2.** *v* скучно говорить

prosecut||**e** ['prɔsɪkjuːt] 1) вести *(занятия и т. п.)* 2) преследовать судебным порядком; ~**ion** [ˌprɔsɪ'kjuːʃ(ə)n] 1) выполнение *(работы)*; ведение *(занятий)*; ~ion of war ведение войны 2) *юр.* преследование 3) *юр.* обвинение *(сторона)*; ~**or** 1) истец 2) обвинитель; public ~or прокурор

proselyte ['prɔsɪlaɪt] новообращённый

prospect 1. *n* ['prɔspekt] 1) вид, перспектива 2) *(часто pl)* планы, виды на будущее 3) *горн.* разведка **2.** *v* [prəs'pekt] исследовать; делать изыскания; ~**ive** [prəs'pektɪv] будущий, ожидаемый; ~**or** [prəs'pektə] *горн.* разведчик; изыскатель; золотоискатель

prosper ['prɔspə] преуспевать; процветать; ~**ity** [-'perɪtɪ] процветание; благосостояние; ~**ous** [-rəs] 1) процветающий 2) благоприятный

prostitut||**e** ['prɔstɪtjuːt] проститутка; ~**ion** [ˌprɔstɪ'tjuːʃ(ə)n] проституция

prostrat||**e 1.** *a* ['prɔstreɪt] 1) распростёртый 2) изнеможённый **2.** *v* [prɔs'treɪt] 1) повергать 2): ~ oneself а) падать ниц; б) унижаться 3) *(обыкн. pass)* истощать 4) *(обыкн. pass)* доводить до отчаяния; ~**ion** [prɔs'treɪʃ(ə)n] 1) поверженное состояние 2) истощение; упадок сил; прострация; изнеможение

prosy ['prouzɪ] скучный *(о писателе и т. п.)*

protagonist [pro(u)'tægənɪst] 1) главный герой *(драмы)* 2) актёр, играющий главную роль 3) поборник

protect [prə'tekt] 1) охранять, защищать; ограждать 2) покровительствовать; ~**ion** [-kʃ(ə)n] 1) защита, охрана; охранение 2) покровительство; протекционизм; ~**ive** [-ɪv] 1) защитный; предохранительный 2) покровительственный

protector [prə'tektə] 1) защитник; покровитель 2) *тех.* предохранитель; защитное приспособление; ~**ate** [-(ə)rɪt] протекторат

protest 1. *v* [prə'test] 1) протестовать 2) заявлять *(торжественно)* **2.** *n* ['proutest] 1) протест; under ~ вынужденно, против воли 2) опротестование *(векселя)*; ~**ant** ['prɔtɪst(ə)nt] *рел.* протестант; ~**ation** [ˌproutes'teɪʃ(ə)n] 1) заявление *(торжественное)* 2) протест

protocol ['proutəkɔl] протокол

protract [prə'trækt] 1) тянуть, медлить, затягивать

2) чертить *(план)*; ~ed [-ɪd] длительный; ~ed war затяжная война; ~or транспортир; угломер

protru‖**de** [prə'truːd] торчать; выдаваться наружу; ~**sion** [-ʒ(ə)n] выступ

protuber‖**ance** [prə'tjuːb(ə)r(ə)ns] 1) выпуклость 2) опухоль; ~**ant** [-(ə)nt] выпуклый, выдающийся вперёд

proud [praud] 1) гордый; be ~ of гордиться *(чем-л.)* 2) надменный 3) величавый; великолепный

prove [pruːv] 1) доказывать 2) удостоверять 3) испытывать; пробовать 4): ~ (to be) оказываться 5): ~ a will *юр.* утверждать завещание 6): ~ oneself проявлять, показывать себя

provender ['prɔvɪndə] 1) фураж; корм 2) *разг.* пища

proverb ['prɔvəb] пословица; поговорка; ~**ial** [prə'vəːbjəl] вошедший в поговорку; общеизвестный

provid‖**e** [prə'vaɪd] 1) запасать 2) запасаться 3) снабжать, обеспечивать 4) принимать меры *(против — against)* 5) *юр.* предусматривать; ~**ed** [-ɪd]: ~ed that при условии, что; ~**ence** ['prɔvɪd(ə)ns] 1) предусмотрительность 2) бережливость 3) (Providence) провидение; ~**ent** ['prɔvɪd(ə)nt] 1) предусмотрительный; осторожный 2) бережливый; ~**er** поставщик; ~**ing**: ~ing that *см.* provided that

PRO

provinc‖**e** ['prɔvɪns] 1) провинция; область 2) сфера деятельности; компетенция ~**ial** [prə'vɪnʃ(ə)l] 1. *n* провинциал 2. *a* провинциальный; ~**ialism** [prə'vɪnʃəlɪzm] 1) провинциальность 2) провинциализм *(в языке)*

provision [prə'vɪʒ(ə)n] 1. *n* 1) обеспечение; make ~ for позаботиться о 2) заготовление; запас 3) *pl* провизия, провиант 4) *юр.* положение; постановление 2. *v* снабжать продовольствием; ~**al** [-ʒənl] временный

proviso [prə'vaɪzou] условие; оговорка в условии; ~**ry** [-z(ə)rɪ] 1) условный 2) временный

provo‖**cation** [ˌprɔvə'keɪʃ(ə)n] 1) вызов 2) провокация 3) раздражение; ~**cative** [prə'vɔkətɪv] 1) вызывающий 2) возбуждающий 3) провокационный; ~**ke** [prə'vouk] 1) вызывать 2) провоцировать 3) сердить; раздражать

provoking [prə'voukɪŋ] досадный

provost 1) ['prɔvəst] ректор *(в университетских колледжах)*; *амер.* проректор *(в университетах)* 2) ['prɔvəst] *шотл.* мэр 3) [prə'vou] начальник военной полиции

prow [prau] нос *(судна)*

prowess ['prauɪs] доблесть; удаль

prowl [praul] 1) красться 2) бродить

proxim‖**ate** ['prɔksɪmɪt]

ближа́йший, непосре́дственный; ~ity [prɔk'sɪmɪtɪ] бли́зость

proxy ['prɔksɪ] 1) дове́ренное лицо́, уполномо́ченный, замести́тель 2) дове́ренность; полномо́чие

prude [pruːd] жема́нница

prud‖ence ['pruːd(ə)ns] благоразу́мие; осмотри́тельность; ~**ent** [-(ə)nt] осторо́жный; осмотри́тельный; благоразу́мный

prudish ['pruːdɪʃ] жема́нный

prune I [pruːn] черносли́в

prune II подреза́ть ве́тви; *перен.* а) сокраща́ть *(расхо́ды)*; б) упроща́ть, отде́лывать *(стиль)*

prussic ['prʌsɪk]: ~ acid сини́льная кислота́

pry I [praɪ] сова́ть нос в чужи́е дела́ *(into)*; подсма́тривать (часто ~ about, ~ into)

pry II: ~ open подыма́ть при по́мощи рычага́; ~ out допы́тываться

psalm [sɑːm] псало́м

pseudo- ['pjuːdo(u)-] *pref* ло́жно-, псе́вдо-

pseudonym ['pjuːdənɪm] псевдони́м; ~**ous** [pjuː'dɔnɪməs] под псевдони́мом

pshaw [pʃɔː] *int* фи!

psyche ['saɪkɪ] душа́, дух

psychia‖trist [saɪ'kaɪətrɪst] психиа́тр; ~**try** [-trɪ] психиатри́я

psychoanalysis [ˌsaɪko(u)ə'næləsɪs] психоана́лиз

psycholog‖ist [saɪ'kɔlədʒɪst] психо́лог; ~**y** [-dʒɪ] психоло́гия

pub [pʌb] *разг.* тракти́р, каба́к, пивна́я

pube‖rty ['pjuːbətɪ] полова́я зре́лость; ~**scence** [pjuː'besns] 1) полово́е созрева́ние 2) пушо́к *(на расте́ниях)*

public ['pʌblɪk] 1. *n* 1) наро́д 2) широ́кая пу́блика; обще́ственность; select ~ и́збранная пу́блика 2. *a* 1) публи́чный, общедосту́пный 2) наро́дный; this land is ~ property э́та земля́ — наро́дное достоя́ние 3) обще́ственный; ~ opinion обще́ственное мне́ние 4) коммуна́льный; ~ services коммуна́льные предприя́тия 5) госуда́рственный; ~ debt госуда́рственный долг; an important ~ office ва́жный прави́тельственный пост 6) откры́тый; this is a ~ meeting э́то откры́тое собра́ние ◇ ~ school а) привилегиро́ванное ча́стное закры́тое пла́тное сре́днее уче́бное заведе́ние для ма́льчиков *(в А́нглии)*; б) беспла́тная сре́дняя шко́ла *(в США, Шотла́ндии)*

publican ['pʌblɪkən] тракти́рщик

public‖ation [ˌpʌblɪ'keɪʃ(ə)n] 1) опубликова́ние; оглаше́ние 2) изда́ние; ~**ity** [pʌb'lɪsɪtɪ] 1) гла́сность 2) рекла́ма 3) *attr.*: ~ity agent аге́нт по рекла́ме; ~**ly** ['pʌblɪklɪ] публи́чно, откры́то

publish ['pʌblɪʃ] 1) опублико́вывать; 2) издава́ть; ~**er** изда́тель; ~**ing**: ~ing house, ~ing office изда́тельство

puce [pju:s] лиловáто-корúчневый цвет

pucker ['pʌkə] 1. *n* морщúна; склáдка; сбóрка 2. *v* 1) мóрщить 2) мóрщиться 3) дéлать склáдки 4) морщúть

puckish ['pʌkɪʃ] озорнóй

pudding ['pudɪŋ] пýдинг

puddle ['pʌdl] лýжа

pudgy ['pʌdʒɪ] нúзенький и тóлстый

pueril‖**e** ['pjuəraɪl] ребяческий; **~ity** [pjuə'rɪlɪtɪ] ребячество

puff [pʌf] 1. *n* 1) дуновéние (*вéтра*); клуб (*дыма, пара*) 2) пухóвка для пýдры 3) *разг.* дýтая реклáма 4) *attr.*: ~ sleeves рукавá с бýфами; ~ pastry слоёное тéсто 2. *v* 1) пыхтéть; ~ and blow запыхáться 2) надувáть; выпячивать 3) шýмно реклáмировать; ~ at попыхивать (*сигарой*)

puff-box ['pʌfbɔks] пýдреница

puffed-up ['pʌft'ʌp] надмéнный

puffy ['pʌfɪ] 1) одутловáтый 2) страдáющий одышкой

pug [pʌg] мопс

pugil‖**ism** ['pju:dʒɪlɪzm] бокс; **~ist** боксёр

pugnac‖**ious** [pʌg'neɪʃəs] 1) драчлúвый 2) склóнный к полéмике; **~ity** [-'næsɪtɪ] 1) драчлúвость 2) боевóй задóр

pug-nosed ['pʌgnouzd] курнóсый

puissance ['pju:ɪsns] *поэт.* могýщество

pule [pju:l] хны́кать, пищáть

pull [pul] 1. *v* 1) тянýть, тащúть 2) дёргать; ~ a bell дёрнуть за шнур звонкá 3) натягивать 4) грестú, идтú на вёслах; ~ ashore грестú к бéрегу 5) *полигр.* дéлать óттиск 6) отбивáть *или* посылáть мяч (*налéво — в крикéте, гóльфе*) 7) выдёргивать (*зуб и т. п.*); ~ **about** грýбо обращáться; ~ **at** а) дёргать; б) затягиваться (*папирóсой и т. п.*); ~ **back** оттягивать назáд; ~ **down** а) опускáть (*штóры*); б) сносúть (*здáния*); опрокúдывать; в): his illness ~ed him down болéзнь егó изнурúла; ~ **in** а) втягивать; б) сокращáть расхóды; в) прибывáть на стáнцию (*о поезде*); ~ **off** а) снимáть; б) добúться, успéшно осуществúть, несмотря на трýдности; вы́играть (*приз и т. п.*); it's a good idea if you can ~ it off мысль неплохáя, éсли, конéчно, вам удáстся её осуществúть; в) выходúть из гáвани; отчáливать (*о лóдке и т. п.*); ~ **on** натягивать (*чулкú и т. п.*); ~ **out** отходúть от стáнции (*о поезде*); ~ **over** а) надевáть чéрез гóлову; б) перетягивать; перетáскивать; ~ **through** выпýтаться (*из беды*); спрáвиться (*с болéзнью*); ~ **together** рабóтать дрýжно; ~ oneself together собрáться с дýхом; ~ **up** а) останови́ть; б) остановúться; в) продвигáться

PUL

вперёд *(в состязании)*; г) выдёргивать ◇ ~ faces гримасничать; ~ a fast one ловко обмануть; ~ to pieces а) разорвать на куски; б) раскритиковать; «разделать под орех»; ~ wires *(или* strings) нажимать тайные пружины, влиять на ход дела 2. *n* 1) дёрганье; натяжение 2) напряжение, усилие; a long ~ uphill трудный подъём в гору 3) гребля 4) глоток; a ~ at the bottle глоток из бутылки 5) затяжка 6) шнурок, ручка *(висячего звонка)* 7) влияние; протекция

pullet ['pulit] молодка *(курица)*

pulley ['puli] *тех.* шкив, ворот

pull-over ['pul,ouvə] фуфайка, свитер, пуловер

pulmonary ['pʌlmənəri] *мед.* лёгочный

pulp [pʌlp] 1. *n* 1) мякоть *(плода)* 2) пульпа 3) мягкая бесформенная масса 2. *v* 1) превращать в мякоть 2) превращаться в мякоть 3) очищать от шелухи

pulpit ['pulpit] кафедра *(проповедника)*

pulpy ['pʌlpi] мягкий, мясистый

pulsat∥e [pʌl'seit] пульсировать, биться; ~ion [-'seiʃ(ə)n] пульсация

pulse [pʌls] 1. *n* 1) пульс, биение; feel one's ~ щупать пульс 2) вибрация 2. *v* пульсировать

pulveriz∥e ['pʌlvəraiz] 1) растирать в порошок; *перен.* сокрушать 2) распылять; ~er распылитель; пульверизатор; форсунка

pumice, ~-stone ['pʌmis, -stoun] пемза

pummel ['pʌml] бить *(кулаками)*; тузить

pump [pʌmp] 1. *n* 1) насос 2) водокачка 2. *v* 1) качать, накачивать; ~ dry выкачать досуха; ~ hard накачать *(шину)* 2) *разг.* выведывать; ~ out выкачивать; ~ up накачивать *(шину)*

pumpkin ['pʌmpkin] тыква

pumps [pʌmps] *pl* лакированные бальные туфли

pun [pʌn] 1. *n* каламбур 2. *v* каламбурить

Punch I [pʌntʃ] Петрушка

punch I [pʌntʃ] 1. *v* 1) ударять кулаком 2) пробивать *(отверстия)* 3) штамповать 2. *n* 1) удар кулаком 2) *тех.* кернер, пробойник

punch II пунш

punctili∥o [pʌŋk'tiliou] формальность; педантичность; ~ous [-iəs] очень щепетильный

punctual ['pʌŋktjuəl] пунктуальный, точный; ~ity [,pʌŋktju'æliti] пунктуальность, точность

punctuat∥e ['pʌŋktjueit] 1) ставить знаки препинания 2) прерывать, перемежать; ~ion [,pʌŋktju'eiʃ(ə)n] пунктуация

puncture ['pʌŋktʃə] 1. *n* прокол *(шины)* 2. *v* 1) прокалывать, пробивать 2) по-

PUR

лучать прокол; ~d [-d]: ~d wound колотая рана

pung||ency ['pʌndʒ(ə)nsɪ] острота, едкость; **~ent** [-(ə)nt] острый, едкий

punish ['pʌnɪʃ] наказывать; **~ment** наказание

punitive ['pjuːnɪtɪv] карательный

punster ['pʌnstə] остряк

punt I [pʌnt] 1. *n* плоскодонный ялик 2. *v* плыть на плоскодонном ялике

punt II 1. *v* поддавать ногой *(мяч)* 2. *n* удар ногой *(по мячу)*

punt III ['pʌnt] понтировать; ставить ставку; **~er** игрок; понтёр

puny ['pjuːnɪ] маленький; хилый

pup [pʌp] 1. *n* щенок 2. *v* щениться

pupa ['pjuːpə] *зоол.* куколка

pupil I ['pjuːpl] ученик; воспитанник

pupil II зрачок

pupilary ['pjuːpɪlərɪ] зрачковый

puppet ['pʌpɪt] 1) марионетка 2) *attr.*: ~ government марионеточное правительство; **~-play** [-pleɪ] *см.* puppet-show

puppet-show ['pʌpɪtʃou] кукольный театр

puppy ['pʌpɪ] 1) щенок 2) *разг.* фат

purblind ['pəːblaɪnd] подслеповатый; *перен.* недальновидный; тупой

purchase ['pəːtʃəs] 1. *n* 1) покупка 2) приспособление для поднятия и перемещения грузов 2. *v* покупать; закупать

pure ['pjuə] 1) чистый; без примеси 2) чистокровный 3) целомудренный ◇ that is ~ nonsense это абсолютная чепуха; **~ly** 1) чисто 2) совершенно, вполне

purgat||ive ['pəːgətɪv] слабительное; **~ory** [-ərɪ] чистилище

purge [pəːdʒ] 1. *n* очищение; чистка *(тж. политическая)* 2. *v* 1) очищать *(от чего-л.)*; *мед.* давать слабительное 2) искупать *(вину)*

puri||fication [,pjuərɪfɪ'keɪʃ(ə)n] очистка; очищение; **~ficatory** ['pjuərɪfɪkeɪtərɪ] очистительный; **~fy** ['pjuərɪfaɪ] очищать; **~ty** ['pjuərɪtɪ] 1) чистота 2) непорочность 3) проба *(драгоценных металлов)*

purl I [pəːl] 1. *n* журчание 2. *v* журчать

purl II 1. *n* оборотное двухлицевое вязание 2. *v* вязать петлей наизнанку

purlieus ['pəːljuːz] *pl* окрестности; пригороды

purloin [pəː'lɔɪn] воровать, похищать

purple ['pəːpl] 1. *n* 1) багряный, пурпурный, тёмно-красный цвет 2) фиолетовый цвет 3) порфира 4) сан кардинала 2. *a* 1) багряный; пурпурный 2) фиолетовый

purport ['pəːpət] 1. *n* 1) смысл, содержание, значение 2) намерение 2. *v* 1) подразумевать, означать 2)

PUR

говорить *(о чём-л.)*, свидетельствовать; претендовать

purpose ['pə:pəs] 1. *n* 1) намерение; цель; answer the ~ годиться, соответствовать; подходить; of set ~ с умыслом; on ~ нарочно; to the ~ как раз, кстати; to little ~, to no ~ зря, напрасно; to some ~ не зря, не напрасно 2) целеустремлённость, воля. *v* намереваться; **~ful** 1) целеустремлённый 2) умышленный; **~less** бесцельный, бесполезный; **~ly** нарочно, с целью, намеренно

purr [pə:] 1. *n* мурлыканье 2. *v* мурлыкать

purse [pə:s] 1. *n* 1) кошелёк; *перен.* мошна, деньги; public ~ казна 2) приз 2. *v* морщить

pursu‖**ance** [pə'sju:əns] выполнение, исполнение; in ~ (of) во исполнение *(чего-либо)*; **~ant** [-ənt] согласно, в соответствии *(to)*

pursu‖**e** [pə'sju:] 1) преследовать, гнаться 2) продолжать ◊ ~ a policy (of) проводить политику *(чего-л.)*; **~er** преследователь

pursuit [pə'sju:t] 1) преследование; погоня 2) занятие; daily ~s повседневные дела, занятия

purulent ['pjuərulənt] гнойный, гноящийся

purvey [pə'vei] снабжать *(продуктами)*: **~or** поставщик *(продовольствия)*

purview ['pə:vju:] кругозор; *перен.* компетенция

pus [pʌs] гной

push [puʃ] 1. *n* 1) толчок 2) давление, нажим 3) *воен.* наступление 4) энергия, решимость 5) кнопка *(тж.* button) 2. *v* 1) толкать; ~ the table over by the window подвиньте стол к окну 2) проталкивать; ~ things on «проталкивать» дело 3) проталкиваться 4) нажимать *(кнопку и т. п.)* 5) продвигать вперёд 6) продвигаться вперёд 7): ~ oneself стараться выдвинуться; ~ **away** отталкивать; ~ **forward** стремиться вперёд; ~ **off** а) *мор.* оттолкнуться; отвалить *(от берега)*; б) сбывать товары; ~ **on** продвигаться *(или* спешить) вперёд ◊ ~ one's wares рекламировать свой товары; ~ smth. on smb. навязывать что-л. кому-л.

push-button ['puʃˌbʌtn]: ~ war «кнопочная» война

push-cart ['puʃkɑ:t] тележка *(ручная)*

pushing ['puʃiŋ] напористый

pusillanim‖**ity** [ˌpju:silə'nimiti] малодушие; **~ous** [-'læniməs] малодушный

puss [pus] кошечка

pussy ['pusi] киска; **~-cat** [-kæt] киска; **~-willow** [-ˌwilou] верба

pustul‖**ate** ['pʌstjuleit] покрываться прыщами; **~e** ['pʌstjul] гнойничок, прыщ

put [put] (put) 1) положить; (по)ставить 2) помещать 3) бросать, метать 4): ~ the value of smth. at оценить что-л. в; ~ the distance at определя́ть расстоя́ние на глаз в 5); ~ into words (*или* writing) выража́ть слова́ми; ~ into English переводи́ть на англи́йский язы́к 6) приводи́ть в определённое состоя́ние *или* положе́ние; ~ in order приводи́ть в поря́док; ~ to sleep усыпи́ть; ~ to shame пристыди́ть; ~ to inconvenience причини́ть неудо́бство; ~ smb. at his ease ободри́ть кого́-л.; ~ about a) *мор.* лечь на друго́й галс; б) распространя́ть (*слух и т. п.*); ~ across а) перевози́ть, переправля́ть (*на лодке и т. п.*); б) обману́ть (*кого-л.*); ~ aside а) откла́дывать (*в сторону*); б) копи́ть; ~ aside for a rainy day откла́дывать на чёрный день; ~ away а) убира́ть, откла́дывать (*деньги*); в) *разг.* съеда́ть, пожира́ть (*пищу*); ~ back а) положи́ть на ме́сто, поста́вить обра́тно; б) *мор.* верну́ться в га́вань; в) передвига́ть наза́д (*стрелки часов*); ~ by откла́дывать (*про запас*); ~ down а) выса́живать (*пассажиров*); б) запи́сывать; в) подавля́ть (*силой*); г) припи́сывать (*чему-л.* — to); д): ~ down to smb.'s account записа́ть на чей-л. счёт; ~ forward а) выдвига́ть, предлага́ть (*вопрос и т. п.*); б) передвига́ть вперёд (*стрелки часов*); ~ in а) *мор.* входи́ть в порт; пристава́ть к бе́регу; б) представля́ть на рассмотре́нии (*документ и т. п.*); в) вставля́ть (*замечание*); г): ~ in some hours work прорабо́тать не́сколько часо́в; ~ in an hour reading провести́ час за чте́нием; д): ~ smb. in for a job вы́двинуть чью-л. кандидату́ру; е): ~ in an appearance появи́ться, показа́ться; ~ off a) откла́дывать; б): he ~ it off on the grounds of ill health он отгова́ривался боле́знью; he tried to ~ me off with vague excuses он пыта́лся отде́латься от меня́ под ра́зными предло́гами; в): ~ off with empty promises отде́лываться пусты́ми обеща́ниями; г) *мор.* отча́ливать; ~ on а) надева́ть; б): ~ on make-up употребля́ть косме́тику; в): ~ on an air of innocence принима́ть неви́нный вид; г): ~ on airs ва́жничать; г): ~ on a play поста́вить пье́су; д): ~ on weight толсте́ть; е): ~ on the clock передвига́ть вперёд (*стрелки часов*); ~ out а) гаси́ть (*свет, огонь*); б): ~ out to sea *мор.* выходи́ть в мо́ре; в) вы́вихнуть (*плечо, колено*); г) откла́дывать (*вещи*); д) выпуска́ть, издава́ть (*книги и т. п.*); е): ~ out the shoots дава́ть побе́ги; ж): ~ smb. out *разг.* отвлека́ть кого́-л.; з) *разг.* беспоко́ить(ся); don't ~ yourself out on my account не беспоко́йтесь за меня́; и) вы́тянуть (*руку и т. п.*) ~ through а) выполня́ть, проводи́ть (*работу*); б) соединять *(по телефону)*; ~ **together** а) сопоставлять; б) компилировать; в) собирать *(механизм)*; ~ **up** а) строить *(здание и т. п.)*; б) вспугнуть *(дичь)*; в) поднимать цену; г) вывешивать *(объявление)*; д): ~ up for auction продавать с аукциона; е): ~ smb. up to smth. подстрекать кого-л. к чему-л.; ~ smb. up to a trick подбить кого-л. на шутку; ж) приютить; ~ **up at** остановиться *(в гостинице)*; ~ **up with** терпеть, мириться ◇ ~ an end *(to)* прекращать, кончать; ~ one's hand *(to)* начать работать *(над чем-л.)*; ~ the blame on smb. возложить вину на кого-л.; ~ into effect вводить в действие; приводить в исполнение; ~ into service *воен.* принимать на вооружение; ~ smb. on his guard предостерегать кого-л.; ~ smb. off his guard усыплять чью-л. бдительность; ~ off the scent сбить со следа; ~ smb. right *(with)* оправдать кого-л. в глазах другого

putative ['pjuːtətɪv] предполагаемый

putr‖efaction [ˌpjuːtrɪ'fækʃ(ə)n] гниение; **~efy** ['pjuːtrɪfaɪ] 1) гнить; разлагаться 2) заражать гнилью

putrid ['pjuːtrɪd] 1) гнилой; испорченный 2) вонючий; **~ity** [pjuː'trɪdɪtɪ] гниль; гнилость

puttee ['pʌtɪ] 1) обмотка *(для ног)* 2) *pl* краги

putty ['pʌtɪ] 1. *n* замазка, шпаклёвка 2. *v* замазывать; шпаклевать

put-up ['put'ʌp]: a ~ job подстроенное дело

puzzle ['pʌzl] 1. *n* 1) загадка, головоломка 2) недоумение 3) неразрешимый вопрос 2. *v* 1) поставить в тупик; озадачить; привести в замешательство 2) ломать голову *(над чем-л.)*; ~ **out** разобраться *(в чём-л.)*; распутать *(что-л.)*; **~ment** замешательство; смущение

pygmy ['pɪgmɪ] пигмей, карлик

pyjamas [pə'dʒɑːməz] *pl* пижама

pyramid ['pɪrəmɪd] пирамида

pyre ['paɪə] погребальный костёр

Q

Q, q [kjuː] *семнадцатая буква англ. алфавита*

quack I [kwæk] 1. *n* кряканье 2. *v* крякать

quack II ['kwæk] знахарь, шарлатан; **~ery** [-ərɪ] шарлатанство

quadrangle ['kwɔˌdræŋgl] четырёхугольник

quadrant ['kwɔdr(ə)nt] квадрант

quadrilateral [ˌkwɔdrɪ'læt(ə)r(ə)l] четырёхсторонний

quadruped ['kwɔdruped] четвероногое

quadruple ['kwɔdrupl] четверно́й; состоя́щий из четырёх часте́й

quaff [kwɑːf] пить больши́ми глотка́ми

quagmire ['kwægmaɪə] боло́то, тряси́на

quail I [kweɪl] пе́репел, перепёлка

quail II дро́гнуть, стру́сить

quaint [kweɪnt] стра́нный; причу́дливый

quake [kweɪk] дрожа́ть, трясти́сь

Quaker ['kweɪkə] ква́кер

quali‖fication [ˌkwɔlɪfɪˈkeɪʃ(ə)n] 1) огово́рка, ограниче́ние 2) квалифика́ция 3) (избира́тельный) ценз; **~fy** ['kwɔlɪfaɪ] 1) приобрета́ть каку́ю-л. специа́льность 2) точне́е определя́ть 3) ограни́чивать

qualitative ['kwɔlɪtətɪv] ка́чественный; **~ly** ка́чественно

quality ['kwɔlɪtɪ] 1) ка́чество; сорт 2) досто́инство

qualm [kwɔːm] 1) тошнота́ 2) опасе́ние; сомне́ния *мн.*; при́ступ малоду́шия ◇ **~s of conscience** угрызе́ния со́вести

quandary ['kwɔndərɪ] затрудни́тельное положе́ние

quantitative ['kwɔntɪtətɪv] коли́чественный

quantity ['kwɔntɪtɪ] коли́чество

quarantine ['kwɔr(ə)ntiːn] 1. *n* каранти́н 2. *v* подверга́ть каранти́ну

quarrel ['kwɔr(ə)l] 1. *n* ссо́ра; make up a ~ помири́ться 2. *v* ссо́риться; **~some** [-səm] задй́ристый; сварли́вый; вздо́рный

quarry I ['kwɔrɪ] добы́ча *(на охоте)*; пресле́дуемый зверь

quarry II 1. *n* 1) каменоло́мня, карье́р 2) исто́чник све́дений 2. *v* добыва́ть *(из карьера)*

quart [kwɔːt] ква́рта (= 1,14 л)

quarter ['kwɔːtə] 1. *n* 1) че́тверть 2) че́тверть ча́са 3) кварта́л *(города, года)* 4) страна́ све́та 5) *pl* жили́ще; *воен.* помеще́ния 6) сторона́; from all ~s отовсю́ду 7) *амер.* моне́та в 25 це́нтов ◇ at close ~ в непосре́дственном соприкоснове́нии; come to close ~s а) вступи́ть в рукопа́шную; б) сцепи́ться в спо́ре 2. *v* 1) дели́ть на четы́ре 2) расквартиро́вывать; **~ly** 1. *а* трёхме́сячный, кварта́льный 2. *n* журна́л, выходя́щий раз в 3 ме́сяца

quartermaster ['kwɔːtəˌmɑːstə] *воен.* квартирме́йстер

quartz [kwɔːts] кварц

quash [kwɔʃ] аннули́ровать

quasi ['kwɑːzɪ] как бу́дто

quaver ['kweɪvə] 1. *n* 1) дрожа́ние 2) трель 3) *муз.* восьма́я но́та 2. *v* дрожа́ть, вибри́ровать

quay [kiː] на́бережная

queas‖iness ['kwiːzɪnɪs] тошнота́; **~y** [-zɪ] 1) сла́бый *(о желудке)* 2) испы́тывающий тошноту́ 3) щепети́льный

queen [kwiːn] 1) короле́ва

2) *карт.* дама 3) *шахм.* ферзь 4) матка *(у пчёл)*

queer [kwɪə] 1) странный 2) подозрительный ◇ in Q. street *разг.* в затруднительном положении; в долгах; feel ~ чувствовать тошноту, головокружение

quell [kwel] подавлять, сокрушать

quench ['kwentʃ] 1) утолять *(жажду)* 2) тушить *(огонь);* *перен.* охлаждать *(пыл);* подавлять *(желание, чувство);* ~ing закалка *(металла)*

querulous ['kwerʊləs] ворчливый; постоянно жалующийся

query ['kwɪərɪ] 1. *n* вопрос 2. *v* 1) спрашивать 2) подвергать сомнению

quest [kwest] 1. *n* 1) поиски 2) искомый предмет 2. *v* искать

question ['kwestʃ(ə)n] 1. *n* 1) вопрос 2) проблема; дело; the ~ is дело в том; this is out of the ~ об этом не может быть и речи; beside the ~ не относиться к делу 3) сомнение; beyond *(или* past*)* ~ безусловно 2. *v* 1) задавать вопрос 2) допрашивать 3) подвергать сомнению; ~able ['kwestʃənəbl] сомнительный; ~ing допрос; ~-mark ['kwestʃənmɑːk] знак вопроса

questionnaire [,kwestɪə-'neə] вопросник, анкета

queue [kjuː] 1. *n* 1) косичка *(парика)* 2) очередь 2. *v* стоять в очереди

quibble ['kwɪbl] 1. *n* 1) игра слов 2) увёртка 2. *v* 1) играть словами 2) уклоняться *(от прямого ответа, от сути дела, вопроса)*

quick [kwɪk] 1. *a* 1) быстрый; скорый 2) живой, проворный 3) сообразительный, смышлёный; ~ to learn быстро схватывающий ◇ ~ temper вспыльчивость 2. *n* чувствительное место; cut *(или* touch*)* to the ~ задеть за живое 3. *adv* быстро, скоро

quicklime ['kwɪklaɪm] негашёная известь

quickly ['kwɪklɪ] быстро, скоро

quicksand ['kwɪksænd] сыпучий песок; плывун

quicksilver ['kwɪk,sɪlvə] ртуть

quick‖-tempered ['kwɪk-'tempəd] вспыльчивый; ~-witted [-'wɪtɪd] сообразительный

quid I [kwɪd] *разг.* фунт стерлингов

quid II жевательный табак

quiescent [kwaɪ'esnt] неподвижный; бездействующий; в состоянии покоя

quiet ['kwaɪət] 1. *n* покой, тишина 2. *a* 1) спокойный, тихий, бесшумный; keep ~! не шумите! 2) мирный, спокойный 3) неяркий *(о цвете)* 4) тайный, скрытый; on the ~ тайком; втихомолку; keep smth. ~ умалчивать о чём-л. 3. *v* 1) успокаивать 2) успокаиваться; ~ down утихать

quietly ['kwaɪətlɪ] спокойно, тихо

quietude ['kwaɪtjuːd] тишина

quill [kwɪl] перо *(птицы)*

quilt [kwɪlt] одеяло *(стёганое)*

quince [kwɪns] айва

quinine [kwɪ'niːn] хинин

quinsy ['kwɪnzɪ] ангина

quip [kwɪp] 1. *n* эпиграмма; колкость 2. делать колкие замечания; насмехаться

quirk [kwəːk] причуда

quit [kwɪt] 1) оставлять, покидать 2) бросать *(работу)*

quite [kwaɪt] вполне, совсем; ~ so! совершенно верно!; ~ good совсем неплохой; ~ a lot of money довольно много денег ◇ it is ~ the thing это модно

quits [kwɪts]: be ~ (with) расквитаться, быть в расчёте *(с кем-л.)*

quiver I ['kwɪvə] 1. *n* дрожь; трепет 2. *v* дрожать; трепетать

quiver II колчан

quixotic [kwɪk'sɔtɪk] донкихотский

quiz I [kwɪz] 1. *n* (теле)викторина 2. *v* 1) *уст.* насмехаться 2) выспрашивать *(кого-л. о чём-л.)*

quiz II *амер.* 1. *n* предварительный экзамен; проверочные вопросы 2. *v* производить проверочные испытания

quizzical ['kwɪzɪk(ə)l] 1) насмешливый 2) чудаковатый

quod [kwɔd] *разг.* тюрьма

quoit [kɔɪt] метательное кольцо; ~s [-s] *pl* метание колец в цель *(игра)*

quondam ['kwɔndæm] бывший

quorum ['kwɔːrəm] *лат.* кворум

quota ['kwoutə] квота; доля; норма выработки

quotation [kwo(u)'teɪʃ(ə)n] 1) цитирование 2) цитата 3) расценка, котировка *(на бирже)*; ~-marks [-mɑːks] кавычки

quote [kwout] 1. *n* 1) *разг.* цитата 2) *pl* кавычки 2. *v* 1) цитировать, ссылаться 2) назначать цену

R

R, r [ɑː] *восемнадцатая буква англ. алфавита*

rabbit ['ræbɪt] кролик

rabble ['ræbl] сброд, чернь

rabid ['ræbɪd] неистовый, яростный; бешеный

rabies ['reɪbiːz] *мед.* водобоязнь, бешенство

raccoon [rə'kuːn] *см.* racoon

race I [reɪs] 1) раса 2) род; племя

race II ['reɪs] 1. *n* 1) состязание в скорости 2) быстрое течение *(реки и т. п.)* 2. *v* 1) состязаться в скорости 2) участвовать в скачках *(о лошадях и их владельцах)* 3) мчаться ◇ ~ an engine работать на холостом ходу *(о моторе)*; ~-course [-kɔːs] ипподром; ~-horse [-hɔːs] скаковая лошадь

racial ['reɪʃ(ə)l] расовый

racing ['reɪsɪŋ] 1) состяза-

RAC

ние в скорости 2) игра на скачках

rack [ræk] 1. *n* 1) кормушка 2) рама, подставка 3) вешалка 4) полка, сетка *(для вещей в вагоне)* 5) *ист.* дыба; *перен.* пытка 2. *v* 1) пытать, мучить 2) изнурять непосильной работой ◇ ~ one's brains ломать себе голову

racket I ['rækɪt] ракетка *(для игры в теннис)*

racket II ['rækɪt] 1) шум, суета 2) *амер.* шантаж, вымогательство; жульничество; ~eer [,rækɪ'tɪə] *амер.* бандит-вымогатель; гангстер, рэкетир; ~eering [,rækɪ'tɪərɪŋ] *амер.* гангстеризм

rack-rent ['rækrent] чрезмерно высокая арендная плата

raci||**ly** ['reɪsɪlɪ] пикантно; ~**ness** пикантность

racoon [rə'ku:n] енот

racquet ['rækɪt] *см.* racket I

racy ['reɪsɪ] 1) характерный 2) живой, энергичный 3) пикантный

radar ['reɪdə] радиолокатор

radi||**al** ['reɪdjəl] 1) лучевой 2) лучистый; ~**ance** [-əns] сияние; ~**ant** [-ənt] лучистый; *перен.* сияющий

radiat||**e** ['reɪdɪeɪt] излучать; ~**ion** [,reɪdɪ'eɪʃ(ə)n] 1) излучение; радиация 2) *attr.*: ~ion sickness лучевая болезнь; ~**or** радиатор

radical I ['rædɪk(ə)l] 1. *n*: R. *полит.* радикал 2. *a* коренной, радикальный

radical II ['rædɪk(ə)l] *мат.* корень

radio ['reɪdɪou] 1. *n* радио 2. *v* передавать радиограмму
radio-activ||**e** ['reɪdɪo(u)-'æktɪv] радиоактивный; ~**ity** [-æk'tɪvɪtɪ] радиоактивность
radio||**gram** ['reɪdɪo(u)græm] 1) радиограмма 2) *сокр. от* radio-gramophone ~-**gramophone** [-'græməfoun] радиола

radiograph ['reɪdɪo(u)grɑ:f] рентгеновский снимок

radio||-**location** ['reɪdɪo(u)-lo(u)'keɪʃ(ə)n] радиолокация; ~-**operator** [-,ɔpəreɪtə] радист

radish ['rædɪʃ] редиска

radium ['reɪdjəm] радий

raffish ['ræfɪʃ] беспутный

raffle ['ræfl] 1. *n* лотерея 2. *v* разыгрывать в лотерее

raft ['rɑ:ft] 1. *n* плот; паром 2. *v* переправлять на пароме, на плоту; ~**er** стропило, балка; ~**sman** [-smən] плотовщик; паромщик

rag I [ræg] 1) тряпка 2) *pl* тряпьё 3) *pl* отрепья 4) *презр.* листок *(о газете)* 5) обрывок, клочок ◇ not a ~ of evidence никаких улик

rag II *разг.* 1) дразнить 2) скандалить, шуметь

ragamuffin ['rægə,mʌfɪn] оборванец

rage [reɪdʒ] 1. *n* 1) гнев 2) *разг.* увлечение, мода 2. *v* 1) беситься 2) бушевать *(об эпидемии и т. п.)*

ragged ['rægɪd] 1) истрёпанный, оборванный 2) шероховатый, зазубренный

ragtag ['rægtæg]: ~ and bobtail сброд

ragtime ['rægtaɪm] джазовый ритм

raid [reɪd] 1. *n* набег, налёт, рейд 2. *v* делать налёт, облаву

rail I [reɪl] ругать, поносить

rail II 1. *n* 1) перила; ограда; поручни 2) рельс; by ~ по железной дороге, поездом; off the ~s *перен.* выбитый из колеи 2. *v*: ~ round (*или* off) обносить перилами; отгораживать

railing I ['reɪlɪŋ] нагоняй

railing II 1) перила 2) ограда

raillery ['reɪlərɪ] добродушная шутка

railroad ['reɪlroud] *амер.* 1. *n* железная дорога 2. *v*: ~ smth. through *разг.* протолкнуть, провести в спешном порядке (*дело, законопроект*)

railway ['reɪlweɪ] железная дорога

raiment ['reɪmənt] *поэт.* одеяние

rain ['reɪn] 1. *n* дождь; light ~ дождик; heavy ~ сильный дождь 2. *v* 1): it ~s, it is ~ing идёт дождь 2) сыпать 3) сыпаться ◇ ~ cats and dogs дождь льёт как из ведра; ~bow [-bou] радуга; ~coat [-kout] непромокаемый плащ; ~fall [-fɔːl] 1) ливень 2) количество осадков

rainless ['reɪnlɪs] засушливый

rainproof ['reɪnpruːf] непроницаемый для дождя, непромокаемый

rainy ['reɪnɪ] дождливый

raise [reɪz] 1) поднимать; воздвигать; ~ production увеличивать производство 2) вызывать (*смех, тревогу и т. п.*) 3) выращивать; воспитывать 4) собирать; money доставать деньги; ~ troops набирать войска ◇ ~ the blockade (the siege) снимать блокаду (осаду); ~ bread заквасить тесто; ~ the devil (*или* hell), *амер.* ~ the roof шуметь, буянить; ~ the wind *разг.* раздобыть денег

raisin ['reɪzn] изюм

rajah ['rɑːdʒə] раджа

rake I [reɪk] 1. *n* грабли 2. *v* 1) ровнять, подчищать граблями 2): ~ up (*или* together) сгребать; загребать 3): ~ out выгребать; *перен.* тщательно искать, рыться (*в чём-л.* — in, among) ◇ ~ in money загребать деньги

rake II повеса, распутник

rake-off ['reɪkɔːf] *амер. разг.* доля посредника в доходе; взятка

rakish ['reɪkɪʃ] распущенный, распутный

rally I ['rælɪ] подшучивать (*над кем-л.*)

rally II 1. *n* 1) слёт, сбор 2) восстановление (*сил, энергии*) 2. *v* 1) сплотиться 2) собираться с силами, оправляться

ram [ræm] 1. *n* 1) баран 2)

гидравлический таран 2. *v* 1) таранить 2) забивать 3) трамбовать

rambl∥e ['ræmbl] 1. *n* прогулка *(без определённой цели)* 2. *v* 1) бродить 2) говорить бессвязно 3) виться *(о растениях)*; ~ing 1) бессвязный *(о речи)* 2) разбросанный *(о городе и т. п.)* 3) слоняющийся 4) ползучий *(о растении)*

ramification [,ræmɪfɪ'keɪʃ(ə)n] разветвление; ответвление; отросток

ramp I [ræmp] скат, уклон *(стены, вала)*

ramp II *разг.* жульничество

ramp III *шутл.* бушевать

rampage [ræm'peɪdʒ] буйствовать

rampant ['ræmpənt] 1) неистовый 2) буйно разросшийся *(о растительности)* 3) сильно распространённый *(о пороках, болезнях)* 4) стоящий на задних лапах *(о геральдических животных)*

rampart ['ræmpɑːt] вал; *перен.* оплот

ramrod ['ræmrɔd] шомпол ◊ straight as a ~ ≅ словно аршин проглотил

ramshackle ['ræm,ʃækl] ветхий

ran [ræn] *past от* run 1

ranch [rɑːntʃ] (скотоводческая) ферма, ранчо

rancid ['rænsɪd] прогорклый

rancour ['ræŋkə] злоба, затаённая обида

random ['rændəm] 1. *a* случайный; at ~ наугад, наобум

rang [ræŋ] *past от* ring I, 1

range I [reɪndʒ] 1. *n* 1) ряд; линия; цепь *(гор)* 2) *воен.* дальность; дальнобойность; досягаемость 3) пределы; размах; *перен.* область распространения 4) полигон 2. *v* 1) помещать, ставить в ряд, в строй 2) колебаться *(в определённых пределах — о ценах и т. п.)* 3) *воен.* определять расстояние до цели

range II кухонная плита

ranger ['reɪndʒə] *амер.* 1) лесничий 2) конный полицейский

rank I [ræŋk] 1. *n* 1) ряд, шеренга 2) звание, положение 3) категория, разряд ◊ ~ and file *(тж.* the ~s) рядовые 2. *v* 1) строить в шеренгу 2) классифицировать 3) занимать какое-л. место *(amon, with, as)*

rank II 1) буйный *(о растительности)* 2) плодородный *(о почве)*

rank III 1) вонючий *(о табаке)*; прогорклый *(о масле и т. п.)* 2) отъявленный; ~ ingratitude чёрная неблагодарность

rankle ['ræŋkl] мучить, терзать *(о воспоминании и т. п.)*

ransack ['rænsæk] 1) обыскивать, рыться 2) грабить

ransom ['rænsəm] 1. *n* выкуп 2. *v* выкупать

rant [rænt] говорить напыщенно

rap I [ræp] *n* 1) лёгкий удар, стук 2) *разг.* наказание; take a ~ получить выговор 2. *v* слегка ударять; ~ out выкрикнуть; ~ out a reply резко ответить

rap II: I don't care a ~ мне на это наплевать

rapaci‖ous [rə'peɪʃəs] 1) жадный 2) хищный *(о животном)*; ~ty [-'pæsɪtɪ] жадность

rape I [reɪp] *бот.* рапс

rape II изнасилование

rapid ['ræpɪd] 1. *a* 1) быстрый, скорый 2) крутой 2. *n (обыкн. pl)* пороги *(реки)*; ~ity [rə'pɪdɪtɪ] быстрота, скорость

rapine ['ræpaɪn] грабёж

rapprochement [ræ'prɔʃmɑːŋ] *фр. дип.* возобновление дружественных отношений

rapt ['ræpt] 1) восхищённый; увлечённый 2) поглощённый *(мыслью и т. п.)*; ~ure [-ptʃə] восторг, восхищение

rar‖e ['rɛə] 1) редкий 2) разрежённый 3) превосходный 4) *амер.* недожаренный; ~ely 1) редко 2) необычайно; ~ity [-rɪtɪ] редкость, диковина; раритет

rascal ['rɑːsk(ə)l] негодяй; мошенник

rase [reɪz] *см.* raze

rash I [ræʃ] сыпь

rash II стремительный; опрометчивый, безрассудный

rasher ['ræʃə] ломтик грудинки *или* ветчины *(для жаренья)*

rashness ['ræʃnɪs] стремительность; опрометчивость

rasp [rɑːsp] 1. *n* 1) напильник 2) скрежет 2. *v* 1) соскабливать; тереть 2) раздражать; резать ухо

raspberry ['rɑːzb(ə)rɪ] малина

rat [ræt] 1. *n* 1) крыса 2) предатель, перебежчик ◇ ~ race мышиная возня 2. *v разг.* 1) истреблять крыс 2) изменять своей партии

rate I [reɪt] бранить, задать головомойку

rate II ['reɪt] 1. *n* 1) норма 2) ставка; тариф, расценка 3) местный налог 4) темп 5) разряд, класс, сорт; first-~ первоклассный; third-~ третьестепенный ◇ at any ~ во всяком случае; at that ~ в таком случае 2. *v* оценивать; ~payer [-,peɪə] налогоплательщик

rather ['rɑːðə] 1): ~ than скорее... чем; лучше... чем; or ~ вернее говоря, вернее 2) слегка, до некоторой степени; ~ cold довольно холодно 3): I would ~ have ice-cream я предпочёл бы мороженое; would you ~ come with us? не пойти ли вам лучше с нами? 4) *разг. (в ответ)* ещё бы!

rati‖fication [,rætɪfɪ'keɪʃ(ə)n] ратификация; ~fy ['rætɪfaɪ] подтверждать; ратифицировать

rating I ['reɪtɪŋ] выговор, нагоняй

rating II 1) оценка *(имущества)* 2) класс; разряд; клас-

RAT

сифика́ция 3) *мор.* рядово́й (матро́с)

ratio ['reɪʃɪoʊ] отноше́ние, пропо́рция

ration ['ræʃ(ə)n] 1. *n* 1) паёк, рацио́н 2) *pl* продово́льствие 2. *v* 1) норми́рова́ть, ограни́чивать (*выдачу чего-л.*) 2): ~ out выдава́ть (*паёк*)

rational ['ræʃənl] разу́мный; целесообра́зный, рациона́льный; ~ity [,ræʃə'nælɪtɪ] разу́мность; рациона́льность

rational‖**ization** [,ræʃnəlaɪ'zeɪʃ(ə)n] рационализа́ция; ~**ize** ['ræʃnəlaɪz] рационализи́ровать

rattle ['rætl] 1. *v* 1) грохота́ть; проноси́ться с гро́хотом 2) болта́ть без умо́лку 3) *разг.* пуга́ть, волнова́ть; ~ **off** «отбараба́нить» (*уро́к, речь*) 2. *n* 1) трещо́тка; погрему́шка 2) трескотня́, шу́мная болтовня́ 3) гро́хот; ~**brained** [-breɪnd] пустоголо́вый; ~**snake** [-sneɪk] грему́чая змея́

raucous ['rɔːkəs] хри́плый, гру́бый (*о го́лосе, сме́хе*)

ravage ['rævɪdʒ] 1. *n* опустоше́ние; *pl* разруши́тельное де́йствие 2. *v* опустоша́ть

rave [reɪv] 1. *v* 1) говори́ть бессвя́зно, бре́дить 2) бушева́ть; ~ **about** говори́ть восто́рженно 2. *a*: a ~ review восто́рженная кри́тика

raven ['reɪvn] во́рон

ravenous ['rævɪnəs] прожо́рливый; ~ appetite во́лчий аппети́т

ravine [rə'viːn] глубо́кое уще́лье; у́зкий овра́г, лощи́на; ложби́на

ravish ['rævɪʃ] восхища́ть

raw [rɔː] 1) сыро́й; необрабо́танный; ~ material сырьё 2) нео́пытный 3) со́дранный (*о ко́же и т. п.*) 4) промо́зглый (*о пого́де*) ◇ touch on the ~ заде́ть за живо́е; ~**-boned** ['rɔː'bound] худо́й, костля́вый; ко́жа да ко́сти

ray I [reɪ] луч

ray II скат (*ры́ба*)

rayon ['reɪən] иску́сственный шёлк, виско́за

raze [reɪz] разруша́ть до основа́ния; ~ to the ground сровня́ть с землёй

razor ['reɪzə] бри́тва

razzle ['ræzl]: be (*или* go) on the ~ кути́ть

re- [rɪ-] *pref* придаёт глаго́лу значе́ния повторе́ния, возобновле́ния де́йствия: сно́ва, за́ново, ещё раз; пере-; reread перечи́тывать; rewrite перепи́сывать *и т. п.*

reach [riːtʃ] 1. *v* 1) протя́гивать; вытя́гивать 2) достава́ть 3) достига́ть 4) доезжа́ть до 5) простира́ться 2. *n* преде́л досяга́емости; охва́т; beyond (*или* out of) ~ вне преде́лов досяга́емости; within ~ в преде́лах досяга́емости

react [rɪ'ækt] 1) реаги́ровать 2) противоде́йствовать (*against*)

reaction [rɪ'ækʃ(ə)n] реа́кция; ~**ary** [-kʃnərɪ] 1. *a* реакцио́нный 2. *n* реакционе́р

reactive [rɪˈæktɪv] 1) реагирующий 2) реактивный

read [ˈriːd] (read [red]) 1) читать; ~ aloud читать вслух; ~ to oneself читать про себя 2) изучать; ~ law изучать право 3) показывать (о приборе); **~er** 1) читатель 2) лектор 3) хрестоматия 4) чтец 5) корректор 6) рецензент

readily [ˈredɪlɪ] охотно, легко

readiness [ˈredɪnɪs] 1) готовность 2) находчивость

reading [ˈriːdɪŋ] 1) чтение 2) начитанность 3) показание прибора 4) толкование; **~-room** [-rum] читальный зал, читальня

readjust [ˈriːəˈdʒʌst] переделывать; исправлять (заново); (заново) приспосабливать

ready [ˈredɪ] 1) predic готовый; ~ for school подготовленный к школе 2) склонный; give a ~ assent охотно согласиться 3) (находящийся) под рукой ◊ money наличные деньги; **~-made** [-ˈmeɪd] готовый (о платье и т. п.)

reagent [rɪˈeɪdʒ(ə)nt] реактив

real [rɪəl] 1) настоящий, реальный; ~ wages реальная заработная плата 2): ~ property юр. недвижимое имущество 3) разг. подлинный; истинный; a ~ pleasure истинное удовольствие; **~ism** [ˈrɪəlɪzm] реализм; **~istic** [rɪəˈlɪstɪk] реалистический; **~ity** [rɪˈælɪtɪ] действительность, реальность; in ~ity действительно, на самом деле

realization [ˌrɪəlaɪˈzeɪʃ(ə)n] осуществление, реализация; **~ize** [ˈrɪəlaɪz] 1) представлять себе; осознавать, понимать 2) осуществлять; реализовать

really [ˈrɪəlɪ] действительно, право

realm [relm] 1) королевство 2) область, сфера

reanimate [ˈriːˈænɪmeɪt] оживлять, возвращать к жизни

reap [ˈriːp] жать; перен. пожинать; **~ing-hook** [-ɪŋhuk] серп

reappear [ˈriːəˈpɪə] снова появляться

reappraise [ˈriːəˈpreɪz] заново оценить

rear I [rɪə] 1) поднимать (голову, морду) 2) воздвигать 3) воспитывать; выращивать 4) становиться на дыбы

rear II [rɪə] 1. n тыл; задняя сторона ◊ bring up the ~ замыкать шествие 2. a задний; **~-admiral** [ˈrɪərˈædm(ə)r(ə)l] контр-адмирал; **~guard** [ˈrɪəgɑːd] арьергард

rearm [ˈriːˈɑːm] перевооружаться; **~ament** [-əmənt] перевооружение

rearmost [ˈrɪəmoust] самый задний, тыльный

reason [ˈriːzn] 1. n 1) причина, довод; основание 2) разум, рассудок; hear (или listen to) ~ дать себя убедить; it stands to ~ ясно, очевидно 2. *v* 1) рассуждать 2) обсуждать 3) убеждать; ~ with smb. уговаривать кого-л.; ~ smb. into убеждать кого-л.; ~ smb. out of smth. разубеждать кого-л. в чём-л.; ~able [-əbl] 1) (благо)разумный 2) умеренный

reassure [,ri:ə'ʃuə] уверять; успокаивать

rebel 1. *n* ['rebl] повстанец, бунтовщик 2. *v* [rɪ'bel] восставать; ~lion [rɪ'beljən] восстание; ~lious [rɪ'beljəs] мятёжный, бунтарский

rebound [rɪ'baund] 1. *n* отдача; рикошет 2. *v* отскакивать

rebuff [rɪ'bʌf] 1. *n* отпор; резкий отказ 2. *v* давать отпор

rebuke [rɪ'bju:k] 1. *n* 1) упрёк 2) выговор 2. *v* 1) упрекать 2) делать выговор

recalcitrant [rɪ'kælsɪtr(ə)nt] непокорный

recall [rɪ'kɔ:l] 1. *v* 1) отзывать *(должностное лицо)* 2) вспоминать; напоминать 3) отменять 2. *n* отозвание *(должностного лица)* ◇ beyond ~ непоправимый, безвозвратный

recant [rɪ'kænt] отрекаться

recapitulat‖**e** [,ri:kə'pɪtjuleɪt] резюмировать; перечислять основные пункты; ~**ion** ['ri:kə,pɪtjuleɪʃ(ə)n] суммирование, резюме; перечисление

recast ['ri:'kɑ:st] 1) придавать новую форму 2) *театр.* перераспределять роли

recede [rɪ'si:d] 1) отступать; удаляться 2) отказываться *(от мнения и т. п.)* 3) падать *(о цене)*

receipt [rɪ'si:t] 1) получение 2) расписка в получении; квитанция 3) *(обыкн. pl)* приход 4) рецепт *(особ. кулинарный)*

receive [rɪ'si:v] 1) получать 2) принимать 3) воспринимать; ~**d** [-d]: the ~d opinion общепринятое мнение

receiver [rɪ'si:və] 1) получатель 2) радиоприёмник 3) телефонная трубка 4) укрыватель краденого

recent ['ri:snt] недавний, новый; современный; ~**ly** недавно

receptacle [rɪ'septəkl] вместилище, тара

recept‖**ion** [rɪ'sepʃ(ə)n] 1) приём 2) получение 3) *радио* приём; ~**ive** [-tɪv] восприимчивый

recess I [rɪ'ses] перерыв в работе, занятиях; *амер.* каникулы

recess II [rɪ'ses] 1) ниша 2) тайник; ~**ion** [-'seʃ(ə)n] 1) удаление 2) *эк.* спад; ~**ive** [-ɪv] *биол.* рецессивный

recipe ['resɪpɪ] рецепт; средство

recipient [rɪ'sɪpɪənt] получатель

reciproc‖**al** [rɪ'sɪprək(ə)l] взаимный; ~**ate** [-keɪt] 1) обмениваться *(услугами и т. п.)*

2) *тех.* двигаться взад и вперёд; ~ity [ˌresɪ'prɔsɪtɪ] 1) взаимность 2) взаимодействие 3) взаимный обмен (*услугами и т. п.*)

reci|tal [rɪ'saɪtl] 1) подробное перечисление (*фактов и т. п.*) 2) концерт одного артиста (*или композитора*); **~tation** [ˌresɪ'teɪʃ(ə)n] декламация; **~te** [rɪ'saɪt] 1) читать наизусть, декламировать 2) перечислять

reckless ['reklɪs] безрассудный; опрометчивый; беспечный; ~ driver водитель-лихач

reckon ['rek(ə)n] 1) считать; подсчитывать 2) причислять, относить (*к кому-л.*) 3) рассчитываться (*с кем-л.*) 4) *амер.* полагать, думать; **~ing** счёт; подсчёт; расчёт

reclaim [rɪ'kleɪm] 1) исправлять, (*нравственно*) 2) поднимать (*неудобные, заброшенные земли*); проводить мелиорацию 3) требовать обратно

reclamation [ˌreklə'meɪʃ(ə)n] 1) исправление 2) освоение (*ранее не обрабатываемых земель*); осушка, мелиорация

recline [rɪ'klaɪn] полулежать, сидеть откинувшись; прилечь

recluse [rɪ'kluːs] затворник; затворница

recogni|tion [ˌrekəg'nɪʃ(ə)n] 1) узнавание 2) признание, одобрение; **~ze** ['rekəgnaɪz] 1) узнавать 2) признавать

recoil [rɪ'kɔɪl] 1. *n* 1) отдача 2) отвращение 2. *v* 1) отпрянуть, отшатнуться 2) отдавать (*о ружье*)

recollect [ˌrekə'lekt] вспоминать; **~ion** [-kʃ(ə)n] воспоминание; within my ~ion на моей памяти

recommend [ˌrekə'mend] 1) рекомендовать 2) поручать попечению; **~ation** [ˌrekəmen'deɪʃ(ə)n] рекомендация

recompense ['rekəmpens] 1. *n* компенсация 2. *v* компенсировать; отплачивать

reconcil|e ['rekənsaɪl] 1) примирять 2) улаживать (*ссору, спор*) 3) согласовывать; **~iation** [ˌrekənsɪlɪ'eɪʃ(ə)n] примирение

recondition ['riːkən'dɪʃ(ə)n] ремонтировать, приводить в исправное состояние

reconnaissance [rɪ'kɔnɪs(ə)ns] разведка

reconnoitre [ˌrekə'nɔɪtə] производить разведку, разведывать; производить рекогносцировку

reconstruct ['riːkəns'trʌkt] реконструировать; восстанавливать; **~ion** [-kʃ(ə)n] перестройка, реконструкция; восстановление

record 1. *n* ['rekɔːd] 1) запись 2) документ 3) протокол 4) граммофонная пластинка 5) рекорд 6) репутация ◇ off the ~ неофициально; конфиденциально; for the ~ к сведению 2. *v* [rɪ'kɔːd] 1) записывать, регистрировать 2) увековечивать 3) записывать на пластинку 3. *a* ['rekɔːd] рекордный

re-count ['riːˈkaunt] пересчитывать

recount [rɪˈkaunt] рассказывать

recoup [rɪˈkuːp] компенсировать

recourse [rɪˈkɔːs]: have ~ to обращаться за помощью

recove||r [rɪˈkʌvə] 1) возвращать себе; получать обратно 2) выздоравливать; приходить в себя; **~ry** [-rɪ] 1) выздоровление 2) восстановление

recreation [ˌrekrɪˈeɪʃ(ə)n] отдых, восстановление сил; развлечение

recrimination [rɪˌkrɪmɪˈneɪʃ(ə)n] взаимные обвинения *мн.*

recruit [rɪˈkruːt] **1.** *n* рекрут, новобранец **2.** *v* 1) вербовать, набирать *(в армию)* 2) укреплять *(здоровье)*; **~ment** набор новобранцев, вербовка

rectang||le [ˈrekˌtæŋgl] прямоугольник; **~ular** [rekˈtæŋgjulə] прямоугольный

rectifi||cation [ˌrektɪfɪˈkeɪʃ(ə)n] 1) исправление 2) *хим.* очищение 3) *эл.* выпрямление *(тока)*; **~y** [ˈrektɪfaɪ] 1) исправлять 2) *хим.* очищать 3) *эл.* выпрямлять *(ток)*

rectitude [ˈrektɪtjuːd] честность, прямота

rector [ˈrektə] 1) ректор 2) приходский священник; **~y** [-rɪ] дом приходского священника

recumbent [rɪˈkʌmbənt] лежащий; откинувшийся на что-л.

recupera||te [rɪˈkjuːpəreɪt] восстанавливать силы; **~tion** [rɪˌkjuːpəˈreɪʃ(ə)n] восстановление сил

recur [rɪˈkəː] 1) повторяться 2) возвращаться *(к чему-л.)* 3) *мед.* рецидивировать; **~rence** [-ˈkʌr(ə)ns] возвращение, повторение; **~rent** [-ˈkʌr(ə)nt] 1) повторяющийся; периодический 2) *мед.* возвратный

red [red] *a* 1) красный; get ~ покраснеть 2) рыжий ◇ ~ tape канцелярщина, бюрократизм; see ~ обезуметь, прийти в бешенство

redbreast [ˈredbrest] малиновка

redcoat [ˈredkout] *ист.* английский солдат

redden [redn] краснеть, заливаться румянцем

redeem [rɪˈdiːm] 1) выкупать *(заложенные вещи и т. п.)* 2) выполнять *(обещание)* 3) спасать, избавлять 4) возмещать 5) искупать *(грехи)*

red-handed [ˈredˈhændɪd]: be caught ~ быть захваченным на месте преступления

red-herring [ˈredˈherɪŋ] 1) копчёная селёдка 2) что-л. сбивающее с толку

red-hot [ˈredˈhɒt] накалённый докрасна; *перен.* возбуждённый; рассерженный

rediffusion [ˈriːdɪˈfjuːʒ(ə)n] радиофикация площадей, улиц *и т. п. (во время како-*

го-л. торжественного события)

redolent ['redo(u)lənt] пахнущий *(чем-л. — of)*; *перен.* напоминающий *(что-л.)*

redouble [rɪ'dʌbl] 1) удваивать, увеличивать 2) удваиваться, увеличиваться

redoubtable [rɪ'dautəbl] *книжн.* грозный

redress [rɪ'dres] **1.** *n* 1) исправление 2) возмещение **2.** *v* 1) восстанавливать *(равновесие)* 2) заглаживать *(обиду)*

reduce [rɪ'djuːs] 1) уменьшать; сокращать; ~ prices снижать цены 2) худеть 3) заставлять; ~ to silence заставить замолчать 4) понижать в должности; **~ed** [-t]: ~ed circumstances стеснённые обстоятельства; **~tion** [-'dʌkʃ(ə)n] 1) уменьшение, сокращение 2) скидка 3) понижение в должности

redundan||**ce**, **~cy** [rɪ'dʌndəns,-sɪ] избыток; излишество; **~t** [-ənt] избыточный; излишний

reed [riːd] тростник, камыш

reef [riːf] риф

reek [riːk] **1.** *v* 1) дымиться 2) пахнуть; отдавать *(чем-либо)* **2.** *n* скверный запах, вонь

reel I [riːl] **1.** *v* 1) кружиться, вертеться 2) пошатываться **2.** *n* 1) шатание 2) вихрь; кружение 3) шотландский танец

reel II **1.** *n* 1) катушка 2) *тех.* барабан 3) *кино* часть фильма **2.** *v*: ~ **off** а) разматывать б) рассказывать быстро, гладко; ~ **up** наматывать

re-entry [ri(ː)'entrɪ] вход или возвращение в плотные слои атмосферы *(космического корабля)*

re-establish ['riːɪs'tæblɪʃ] восстанавливать

refer [rɪ'fəː] 1) направлять *(к кому-л.)* 2) ссылаться *(на что-л.)* 3) иметь отношение, относиться *(к чему-либо, кому-л.)*; **~ee** [,refə'riː] 1) третейский судья 2) *спорт.* судья; **~ence** ['refr(ə)ns] 1) упоминание 2) рекомендация 3) справка 4) ссылка; in *(или* with) ~ence *(to)* ссылаясь на, что касается, относительно того, что ◇ without ~ence to безотносительно, независимо от

refine [rɪ'faɪn] очищать; **~d** [-d] 1) утончённый, изысканный 2) рафинированный; **~ment** утончённость, изысканность; **~ry** [-ərɪ] рафинировочный завод

refit ['riː'fɪt] **1.** *v* 1) снаряжать заново 2) ремонтировать **2.** *n* 1) ремонт 2) переборка *(механизма)*

reflect [rɪ'flekt] 1) отражать *(тж. перен.)* 2) отражаться *(тж. перен.)* 3) размышлять; **~ion** [-kʃ(ə)n] 1) отражение; отображение 2) размышление; on ~ion подумав; **~ive** [-ɪv] размышляющий

reflex ['riːfleks] **1.** *n* 1)

отражение 2) рефлекс 2. *a* рефлекторный

reform [rɪ'fɔːm] 1. *n* реформа; исправление 2. *v* 1) исправлять; реформировать 2) исправляться; ~**ation** [ˌrefə'meɪʃ(ə)n] 1) преобразование 2): Reformation *ист.* Реформация; ~**atory** [-mət(ə)rɪ] 1. *n* исправительное заведение 2. *a* исправительный; ~**er** реформатор

refract [rɪ'frækt] *физ.* преломлять

refractory [rɪ'frækt(ə)rɪ] 1) непокорный, упорный 2) тугоплавкий 3) огнеупорный

refrain I [rɪ'freɪn] воздерживаться (*от — from*)

refrain II припев

refresh [rɪ'freʃ] освежать; подкреплять; ~ oneself подкрепляться (*едой, питьём*); освежаться (*купанием*) ◊ ~ one's memory освежить в памяти, вспомнить; ~**er**: ~er course переподготовка, курсы повышения квалификации; ~**ment** 1) (*обыкн. pl*) закуски и напитки, буфет 2) *attr.*: ~ment room буфет (*на вокзале и т. п.*)

refrigerat‖**e** [rɪ'frɪdʒəreɪt] охлаждать; замораживать; ~**or** холодильник, рефрижератор

refuel ['riː'fjuəl] заправляться горючим, топливом

refug‖**e** ['refjuːdʒ] убежище; ~**ee** [ˌrefjuː'dʒiː] беженец; эмигрант

refund [rɪ'fʌnd] 1. *n* оплата (*расходов*) 2. *v* оплачивать (*расходы*)

refusal [rɪ'fjuːz(ə)l] отказ

refuse I [rɪ'fjuːz] 1) отказывать 2) отказываться

refuse II ['refjuːs] отбросы

refu‖**tation** [ˌrefjuː'teɪʃ(ə)n] опровержение; ~**te** [rɪ'fjuːt] опровергать

regain [rɪ'geɪn] 1) снова приобретать 2) вновь вернуться

regal ['riːg(ə)l] царственный

regale [rɪ'geɪl] угощать, потчевать (*with*)

regard [rɪ'gɑːd] 1. *n* 1) уважение; show ~ for считаться с 2) (*обыкн. pl*) привет; my best ~s мой сердечный привет 3) внимание 4) взгляд ◊ in ~ to относительно; with ~ to your letter of... в ответ на ваше письмо от... 2. *v* 1) считать; they ~ him as a great pianist они считают его великим пианистом 2) относиться, касаться 3) смотреть 4) считаться (*с кем-л., чем-л.*); уважать ◊ as ~s что касается; ~**ing** относительно, о, об; ~**less** не считаясь (*с кем-л., чем-л.*); невзирая на

regency ['riːdʒ(ə)nsɪ] регентство

regenerate 1. *v* [rɪ'dʒenəreɪt] 1) перерождаться 2) регенерировать, восстанавливать 2. *a* [rɪ'dʒenərɪt] возрождённый

regent ['riːdʒənt] регент

regime [reɪ'ʒiːm] режим

regiment ['redʒɪmənt] полк; ~**al** [ˌredʒɪ'mentl] полковой

region ['riːdʒ(ə)n] область; сфера; ~al ['rɪdʒənl] местный; областной

regist||er ['redʒɪstə] 1. *n* 1) журнал *(для записей)* 2) счётчик 3) *муз.* регистр 2. *v* регистрировать; ~ered [-d]: ~ered letter заказное письмо; ~ration [,redʒɪs'treɪʃ(ə)n] регистрация; ~ry [-trɪ] регистратура

regression ['rɪgreʃ(ə)n] регресс; упадок

regret [rɪ'gret] 1. *n* сожаление, раскаяние 2. *v* сожалеть, раскаиваться; ~table [-əbl] прискорбный

regular ['regjulə] 1. *a* 1) правильный; регулярный 2) обычный 3) квалифицированный 4) *разг.* настоящий 2. *n* солдат регулярной армии; ~ity [,regju'lærɪtɪ] регулярность; ~ize [-raɪz] упорядочивать

regula||te ['regjuleɪt] регулировать; ~tion [,regju'leɪʃ(ə)n] 1) регулирование 2) правило 3) *pl* устав

rehabilitation ['riːə,bɪlɪ'teɪʃ(ə)n] 1) реабилитация 2) реконструкция, восстановление; ремонт

rehear||sal [rɪ'həːs(ə)l] репетиция; ~se [-'həːs] репетировать

rehouse ['riː'hauz] переселять в новые дома

reign [reɪn] 1. *n* царствование; господство 2. *v* царствовать; господствовать; silence ~ed during the speech во время речи царило молчание

reimburse [,riːɪm'bəːs] возмещать *(сумму)*

rein [reɪn] 1. *n (часто pl)* повод, вожжа; *перен.* узда, контроль; ~s of government бразды правления; give ~ to one's imagination дать волю воображению 2. *v* править *(лошадью)*; ~ back, ~ in сдерживать; удерживать

reincarnation ['riːɪnkɑː'neɪʃ(ə)n] перевоплощение

reindeer ['reɪndɪə] северный олень

reinforce [,riːɪn'fɔːs] усиливать, подкреплять; ~d [-d]: ~d concrete железобетон; ~ment подкрепление

reinstate ['riːɪn'steɪt] восстанавливать *(в правах)*

reissue ['riː'ɪsjuː] переиздание

reiterate [riː'ɪtəreɪt] повторять

reject [rɪ'dʒekt] 1) отклонять, отвергать 2) браковать; ~ion [-kʃ(ə)n] отклонение; отказ

rejoice [rɪ'dʒɔɪs] 1) радовать 2) радоваться

rejoin [rɪ'dʒɔɪn] 1) снова примкнуть, присоединиться *(к кому-л., чему-л.)* 2) возражать; ~der [rɪ'dʒɔɪndə] возражение

rejuvenate [rɪ'dʒuːvɪneɪt] омолодить

relapse [rɪ'læps] 1. *n* рецидив, повторение 2. *v* снова заболеть; снова впасть *(в какое-л. состояние)*; ~ into silence снова замолчать

relat||e [rɪ'leɪt] 1) рассказывать 2) иметь отношение;

~ed [-ɪd] ро́дственный; свя́занный *(с кем-л., чем-л.)*; **~ion** [-'leɪʃ(ə)n] 1) повествова́ние 2) отноше́ние; соотноше́ние, связь; diplomatic **~ions** дипломати́ческие отноше́ния 3) ро́дственник; **~ive** ['relətɪv] 1. *n* ро́дственник, ро́дственница 2. *a* 1) относи́тельный 2) соотве́тствующий

relax [rɪ'læks] 1) ослабля́ть, смягча́ть; расслабля́ть 2) ослабля́ться, смягча́ться; расслабля́ться; **~ation** [ˌriːlæk'seɪʃ(ə)n] 1) ослабле́ние, смягче́ние 2) о́тдых; переды́шка; развлече́ние 3) релакса́ция

relay 1. *n* 1) [rɪ'leɪ] сме́на 2) ['riːleɪ] *радио* трансля́ция 2. *v* [rɪ'leɪ] 1) сменя́ть 2) *радио* передава́ть, транслировать; **~-race** ['riːleɪˌreɪs] эстафе́тный бег

release [rɪ'liːs] 1. *n* освобожде́ние ⬥ press ~ официа́льное заявле́ние для печа́ти 2. *v* 1) освобожда́ть 2) выпуска́ть 3) разреша́ть публика́цию *(книги, речи и т. п.)*, демонстра́цию *(фильма)*

relegate ['relɪgeɪt] 1) отсыла́ть, направля́ть 2) разжа́ловать

relent [rɪ'lent] смягча́ться; **~less** 1) безжа́лостный, неумоли́мый 2) неосла́бный; неотсту́пный

relevant ['relɪvənt] уме́стный, относя́щийся к де́лу

reli‖**able** [rɪ'laɪəbl] надёжный; **~ance** [-əns] 1) дове́рие 2) наде́жда, опо́ра

relic ['relɪk] 1) рели́квия 2) *pl* оста́нки; оста́тки

relief I [rɪ'liːf] 1) облегче́ние; по́мощь 2) сме́на 3) посо́бие *(по безработице)*

relief II рельє́ф

relieve [rɪ'liːv] 1) облегча́ть 2) выруча́ть 3) сменя́ть

religio‖**n** [rɪ'lɪdʒ(ə)n] рели́гия; **~us** [-dʒəs] религио́зный

relinquish [rɪ'lɪŋkwɪʃ] броса́ть, покида́ть

relish ['relɪʃ] 1. *n* 1) (прия́тный) вкус 2) припра́ва 3) удово́льствие 2. *v* получа́ть удово́льствие *(от чего-л.)*

reluct‖**ance** [rɪ'lʌktəns] охо́та, нежела́ние; **~ant** [-ənt] неохо́тный

rely [rɪ'laɪ] полага́ться, доверя́ть; ~ on it that быть уве́ренным что; ~ on smb. *(или* smth.) рассчи́тывать на кого́-л. *(или* что-л.)

remain [rɪ'meɪn] 1. *v* остава́ться 2. *n pl* оста́нки; оста́тки; **~der** [-də] оста́ток

remak‖**e** ['riːmeɪk] преобразо́вывать; переде́лывать; **~ing** преобразова́ние

remark [rɪ'mɑːk] 1. *n* 1) замеча́ние 2) заме́тка 2. *v* 1) замеча́ть 2) де́лать замеча́ние; **~able** [-əbl] замеча́тельный

remedy ['remɪdɪ] 1) лека́рство 2) сре́дство, ме́ра *(против чего-л.)*

rememb‖**er** [rɪ'membə] по́мнить, вспомина́ть ⬥ ~ me *(to)* переда́йте приве́т; **~rance** [-br(ə)ns] воспомина́ние; па́мять

remind [rɪ'maɪnd] напоминать

reminisc||ence [ˌremɪ'nɪsns] воспоминание; **~t** [-nt] напоминающий

remiss [rɪ'mɪs] 1) небрежный 2) слабый; **~ion** [-'mɪʃ(ə)n] 1) прощение 2) ослабление, смягчение

remit [rɪ'mɪt] 1) прощать; отпускать *(грехи)* 2) освобождать *(от штрафа и т. п.)* 3) пересылать *(деньги)*; **~tance** [-(ə)ns] денежный перевод

remnant ['remnənt] остаток

remonstr||ance [rɪ'mɔnstr(ə)ns] протест; **~ate** [-streɪt] протестовать

remorse [rɪ'mɔːs] раскаяние; pangs of ~ угрызения совести; **~ful** полный раскаяния; **~less** безжалостный

remote [rɪ'mout] 1) отдалённый; уединённый 2) слабый ◇ ~ control дистанционное управление, телеуправление

remo||val [rɪ'muːv(ə)l] 1) удаление; устранение 2) перемещение; **~ve** [-'muːv] 1) передвигать 2) устранять; удалять; 3) переезжать

remunerat||ion [rɪˌmjuːnə'reɪʃ(ə)n] вознаграждение, оплата; **~ive** [rɪ'mjuːn(ə)rətɪv] выгодный

rename ['riː'neɪm] дать новое имя, переименовать

rend [rend] (rent) 1) разрывать, раздирать 2) разрываться, раздираться

render ['rendə] 1) воздавать; ~ assistance оказывать помощь; ~ thanks *высок.* приносить благодарность 2) представлять; ~ an account (for payment) представить счёт к оплате; ~ an account of докладывать, делать отчёт *(о чём-л.)* 3) делать, превращать 4) *муз.* исполнять 5) переводить *(на другой язык)* 6) *кул.* топить *(сало и т. п.)*; **~ing** 1) перевод 2) исполнение *(музыкального произведения и т. п.)*

rendezvous ['rɔndɪvuː] *фр.* свидание

renegade ['renɪgeɪd] ренегат, отступник

renew [rɪ'njuː] возобновлять; **~al** [-(ə)l] возобновление

renounce [rɪ'nauns] отрекаться; отвергать

renovate ['reno(u)veɪt] обновлять; восстанавливать; освежать

renown [rɪ'naun] слава, известность; **~ed** знаменитый; прославленный

rent I [rent] **1.** *n* арендная плата; рента; ~ in kind натуральная рента **2.** *v* 1) арендовать 2) сдавать в аренду 3) брать напрокат

rent II 1) прореха, дыра 2) раскол *(в партии)*

rent III *past и p. p. от* rend

renunciation [rɪˌnʌnsɪ'eɪʃ(ə)n] отказ, отречение

reorganize ['riː'ɔːgənaɪz] реорганизовать

repair [rɪ'pɛə] **1.** *n* ремонт, починка; in bad ~ в неисправном состоянии; in good

~ в хорошем состоянии; out of ~ нуждающийся в ремонте; under ~ в ремонте 2. *v* 1) чинить, ремонтировать 2) исправлять

reparation [,repə'reɪʃ(ə)n] возмещение, репарация

repartee [,repɑː'tiː] остроумный ответ

repast [rɪ'pɑːst] *офиц.* банкет

repatriat||e [riː'pætrɪeɪt] репатриировать; **~ion** [ˌriːpætrɪ'eɪʃ(ə)n] репатриация

repay [riː'peɪ] 1) отдавать долг 2) отплачивать 3) возмещать

repeal [rɪ'piːl] 1. *n* отмена *(закона)* 2. *v* отменять, аннулировать

repeat [rɪ'piːt] повторять; **~edly** [-ɪdlɪ] неоднократно; **~er** 1) часы с репетицией 2) *воен.* магазинная винтовка

repel [rɪ'pel] отталкивать; отражать *(нападение и т. п.)*; *перен.* внушать или вызывать отвращение; **~lent** [-lənt] противный, отталкивающий ◇ water **~lent** водоотталкивающий *(о ткани)*

repent [rɪ'pent] раскаиваться; сожалеть; **~ance** [-əns] раскаяние; сожаление; **~ant** [-ənt] кающийся

repercussion [,riːpə'kʌʃ(ə)n] 1) отдача *(после удара)* 2) отражение, влияние, последствия *(событий)*

repertory ['repət(ə)rɪ]: ~ theatre театр с постоянной труппой и с определённым репертуаром

repetition [,repɪ'tɪʃ(ə)n] повторение

replace [rɪ'pleɪs] 1) ставить, класть обратно на место 2) замещать, заменять; **~ment** замена, пополнение

replenish [rɪ'plenɪʃ] снова наполнять, пополнять

replet||e [rɪ'pliːt] наполненный; насыщенный; **~ion** [-'pliːʃ(ə)n] пресыщение

reply [rɪ'plaɪ] 1. *n* ответ 2. *v* отвечать

report [rɪ'pɔːt] 1. *n* 1) доклад; отчёт 2) молва, слух 3) репутация, слава 4) звук взрыва, выстрела 2. *v* 1) докладывать, сообщать 2) отчитываться; ~ to the electors отчитываться перед избирателями 3) являться; ~ for work являться на работу 4) составлять, делать отчёт *(для прессы)* 5) жаловаться; **~er** 1) репортёр 2) докладчик

repose [rɪ'pouz] отдых; покой

repository [rɪ'pɔzɪt(ə)rɪ] вместилище, хранилище

reprehend [,reprɪ'hend] делать выговор

represent [,reprɪ'zent] 1) представлять, изображать 2) быть представителем, представлять

representative [,reprɪ'zentətɪv] 1. *n* представитель ◇ House of Representatives палата представителей *(нижняя палата конгресса США)* 2. *a* 1) типичный 2) *полит.* представительный

repress [rɪ'pres] подавлять;

~ion [-'preʃ(ə)n] подавление; репрессия

reprieve [rɪ'priːv] отмена *или* замена приговора; *перен.* передышка

reprimand ['reprɪmɑːnd] 1. *n* выговор 2. *v* делать выговор

reprint ['riːprɪnt] переиздавать; перепечатывать

reprisal [rɪ'praɪz(ə)l] *(обыкн. pl)* отместка, возмездие

reproach [rɪ'prəʊtʃ] 1. *n* упрёк, укор 2. *v* упрекать, укорять

reprobate ['reprə(ʊ)beɪt] негодяй

reproduc||**e** [ˌriːprə'djuːs] воспроизводить; ~**tion** [-'dʌkʃ(ə)n] воспроизведение

repro||**of** [rɪ'pruːf] порицание, выговор; ~**ve** [-'pruːv] корить, делать выговор

reptile ['reptaɪl] *зоол.* пресмыкающееся

republic [rɪ'pʌblɪk] республика; People's R. народная республика; ~**an** [-ən] 1. *a* республиканский 2. *n* республиканец

repudiate [rɪ'pjuːdɪeɪt] отрекаться *(от чего-л.)*; отвергать

repugn||**ance** [rɪ'pʌgnəns] отвращение; ~**ant** [-ənt] отвратительный

repuls||**e** [rɪ'pʌls] 1. *n* отпор 2. *v* отражать *(атаку)* отвергать; ~**ion** [-'pʌlʃ(ə)n] 1) отвращение 2) *физ.* отталкивание; ~**ive** [-ɪv] отталкивающий

repu||**tation** [ˌrepjuː'teɪʃ(ə)n] репутация; ~**te** [rɪ'pjuːt] 1. *n* репутация; (добрая) слава 2. *v (обыкн. pass)* считать, полагать; ~**ted** [rɪ'pjuːtɪd] предполагаемый; his ~ted father его предполагаемый отец

request [rɪ'kwest] 1. *n* просьба; запрос; be in great ~ быть в большом спросе 2. *v* просить; запрашивать

require [rɪ'kwaɪə] требовать; ~**ment** потребность; требование

requisit||**e** ['rekwɪzɪt] требуемый, необходимый; ~**ion** [ˌrekwɪ'zɪʃ(ə)n] 1. *n* 1) реквизиция 2) официальное требование 2. *v* реквизировать

rescind [rɪ'sɪnd] отменять *(закон и т. п.)*

rescu||**e** ['reskjuː] 1. *n* 1) спасение 2) *attr.*: ~ operations спасательные работы, операции 2. *v* спасать, избавлять; ~**er** спаситель, избавитель

research [rɪ'səːtʃ] 1) научное исследование 2) *pl* тщательные поиски

resemb||**lance** [rɪ'zembləns] сходство; ~**le** [-'zembl] быть похожим

resent [rɪ'zent] негодовать; обижаться; ~**ful** 1) обиженный 2) злопамятный; ~**ment** обида; негодование

reservation [ˌrezə'veɪʃ(ə)n] 1) оговорка 2) резервация 3) место, заказанное заранее *(в гостинице и т. п.)*

reserv||**e** [rɪ'zəːv] 1. *n* 1) запас, резерв 2) оговорка 3) сдержанность ◇ without ~ без стеснения, откровенно

2. *v* 1) сберегать; запасать 2) заказывать, бронировать *(место в поезде, комнату в гостинице)*; ~ed [-d] 1) заказанный заранее 2) скрытный, сдержанный; необщительный

reservoir ['rezəvwɑ:] резервуар, бассейн

reshuffle ['ri:'ʃʌfl] 1) перетасовать *(карты)* 2) производить перестановку *(в кабинете министров)*

resid||**e** [rɪ'zaɪd] проживать; ~**ence** ['rezɪd(ə)ns] местожительство, резиденция; ~**ent** ['rezɪd(ə)nt] 1. *n* 1) постоянный житель 2. *a* проживающий; ~**ential** [ˌrezɪ'denʃ(ə)l]: ~ential area (фешенебельные) жилые кварталы

residue ['rezɪdju:] остаток, осадок

resign [rɪ'zaɪn] 1) уходить в отставку 2): ~ oneself подчиняться, покоряться; ~ oneself to the inevitable смириться с неизбежным; ~**ation** [ˌrezɪg'neɪʃ(ə)n] 1) отставка 2) смирение; ~**ed** [-d] смирившийся; безропотный

resili||**ence** [rɪ'zɪlɪəns] упругость; ~**ent** [-ənt] упругий; эластичный

resin ['rezɪn] смола

resist [rɪ'zɪst] сопротивляться; ~**ance** [-(ə)ns] сопротивление; ~**ant** [-(ə)nt] стойкий; прочный

resolut||**e** ['rezəlu:t] решительный; ~**ion** [ˌrezə'lu:ʃ(ə)n] 1) решение, резолюция 2) решимость

resolve [rɪ'zɔlv] 1. *n* 1) решение; намерение 2) решимость 2. *v* 1) решать 2) разрешать *(сомнения)* 3) распадаться *(на составные части)* 4) растворяться

resonant ['reznənt] 1) резонирующий, звучащий 2) *лингв.* сонорный

resort [rɪ'zɔ:t] 1. *n* 1) прибежище 2) курорт ◊ in the last *(или* as a last*)* ~ в крайнем случае, как последнее средство 2. *v* обращаться; прибегать *(к чему-л. — to)*

resound [rɪ'zaʊnd] 1) звучать 2) повторять *(звук)* 3) оглашаться, отдаваться эхом 4) прославлять

resource [rɪ'sɔ:s] 1) *(обыкн. pl)* ресурсы, средства; возможности; be at the end of one's ~s исчерпать все возможности 2) находчивость, изобретательность; ~**ful** находчивый, изобретательный

respect [rɪs'pekt] 1. *n* 1) уважение 2) отношение; ~ *(of)*, with ~ *(to)* что касается; in all ~s во всех отношениях ◊ my best ~s to him передайте ему мой сердечный привет 2. *v* уважать; ~**able** [-əbl] 1) порядочный, почтенный 2) приличный 3) значительный *(о количестве)*; ~**ful** почтительный; ~**ing** относительно; ~**ive** [-ɪv] соответственный

respirat||**ion** [ˌrespə'reɪʃ(ə)n] дыхание; ~**or** ['respəreɪtə] респиратор

respite ['respaɪt] 1) отсрочка 2) передышка

resplendent [rɪs'plendənt] блестящий

respon||d [rɪs'pɔnd] 1) отвечать 2) реагировать; отзываться; **~se** [-'pɔns] 1) ответ 2) отклик; **~sibility** [-,pɔnsə'bɪlɪtɪ] ответственность; **~sible** [-'pɔnsəbl] ответственный; be ~sible for отвечать за; **~sive** [-'pɔnsɪv] 1) ответный 2) отзывчивый

rest I [rest]: the ~ а) остальное, остаток; б) остальные

rest II 1. *n* 1) покой, отдых; put smb.'s mind at ~ успокоить *(кого-л.)* 2) опора 3) *муз.* пауза **2.** *v* 1) отдыхать; давать отдых 2) опираться *(на что-л.)*, прислоняться; *перен.* обосновывать; ~ your foot on the rail поставьте ногу на перекладину ◇ it ~s with you дело за вами; ~ assured that.. будьте уверены, что...; let the matter ~ for a while оставим это пока

restaurant ['rest(ə)rɔ:ŋ] ресторан

restful ['restful] успокоительный

restitution [,restɪ'tju:ʃ(ə)n] возвращение *(утраченного)*; возмещение убытков

restive ['restɪv] 1) беспокойный 2) норовистый *(о лошади)*

restless ['restlɪs] 1) беспокойный, неугомонный 2) неспокойный; нетерпеливый

resto||ration [,restə'reɪʃ(ə)n] реставрация; **~rative** [rɪs'tɔrətɪv] укрепляющее средство; **~re** [rɪs'tɔ:] 1) возвращать 2) восстанавливать; реставрировать

restrai||n [rɪs'treɪn] сдерживать, удерживать; **~nt** [-nt] 1) сдержанность 2) ограничение; принуждение

restrict [rɪs'trɪkt] ограничивать; **~ion** [-'trɪkʃ(ə)n] ограничение; **~ive** [-ɪv] ограничительный; сдерживающий

result [rɪ'zʌlt] **1.** *n* результат **2.** *v* 1) проистекать 2) иметь результатом; приводить *(к чему-л.)*, кончаться *(чем-л. — in)*

resume [rɪ'zju:m] 1) получать обратно 2) возобновлять 3) резюмировать

resumption [rɪ'zʌmpʃ(ə)n] возобновление

resurgent [rɪ'sə:dʒənt] возрождающийся *(о надеждах и т. п.)*

resurrect [,rezə'rekt] воскрешать; **~ion** [-'rekʃ(ə)n] 1) воскрешение *(обычая и т. п.)* 2): Resurrection *рел.* воскресение

resuscitate [rɪ'sʌsɪteɪt] воскрешать, возвращать к жизни *(утопающего и т. п.)*

retail 1. *n* ['ri:teɪl] розничная продажа **2.** *adv* ['ri:teɪl] в розницу **3.** *v* [ri:'teɪl] 1) продавать в розницу 2) пересказывать *(новости, сплетни)*; **~er** [ri:'teɪlə] розничный торговец

retain [rɪ'teɪn] 1) удерживать; сохранять; ~ the *(или* a*)* memory помнить 2) приглашать, нанимать *(адвоката и т. п.)*

retaliat‖e [rɪ'tælɪeɪt] отплачивать; **~ion** [rɪ,tælɪ'eɪʃ(ə)n] возмездие, отплата; ответный удар

retard [rɪ'tɑːd] замедлять; задерживать

retch [retʃ] рыгать

retent‖ion [rɪ'tenʃ(ə)n] удерживание, сохранение, задерживание; **~ive** [-tɪv] удерживающий, сохраняющий; а ~ive memory хорошая память

rethink ['riː'θɪŋk] пересматривать заново

retic‖ence ['retɪs(ə)ns] сдержанность; скрытность; **~nt** [-(ə)nt] сдержанный; скрытный

retinue ['retɪnjuː] свита

retir‖e [rɪ'taɪə] 1) удаляться; уходить; отходить назад 2) воен. отступать 3) уходить в отставку 4) ложиться спать; **~ed** [-d] 1) уединённый 2) отставной; **~ement** 1) уединение 2) отставка; **~ing** [-rɪŋ] 1) застенчивый, скромный 2) уходящий в отставку

retort [rɪ'tɔːt] 1. n возражение; острый́ный ответ 2. v возражать; парировать (колкость); отвечать на оскорбление тем же

retouch ['riː'tʌtʃ] 1) подкрашивать (волосы и т. п.) 2) делать поправки (в картинах, стихах и т. п.)

retrace [rɪ'treɪs]: ~ one's steps возвращаться по пройденному пути; перен. мысленно возвращаться

retract [rɪ'trækt] 1) втягивать (когти и т. п.) 2) брать назад (слова и т. п.)

retreat [rɪ'triːt] 1. n 1) отступление 2) воен. отбой; вечерняя заря 3) убежище 2. v отступать; уходить

retrench [rɪ'trentʃ] уменьшать, урезывать (расходы)

retribution [,retrɪ'bjuːʃ(ə)n] возмездие

retrieve [rɪ'triːv] 1) вернуть (себе); взять обратно 2) восстановить

retrospect‖ion [,retro(u)'spekʃ(ə)n] размышление о прошлом; **~ive** [-tɪv] 1) ретроспективный 2) имеющий обратную силу (о законе)

return [rɪ'tɜːn] 1. n 1) возвращение 2) возврат, отдача; in ~ в ответ; в обмен 3) прибыль 4) официальный отчёт; pl данные 5) attr.: ~ post обратная почта; ~ ticket обратный билет ◇ many happy ~s of the day! поздравляю с днём рождения! 2. v 1) возвращать 2) возвращаться 3) отвечать; ~ thanks отвечать на тост 4) официально объявлять, докладывать 5) приносить (доходы) 6) избирать (в парламент)

reunion ['riː'juːnjən] воссоединение

reveal [rɪ'viːl] 1) обнаруживать 2) открывать, выдавать (секрет)

reveille [rɪ'vælɪ] воен. побудка

revel ['revl] пировать

revelation [,revɪ'leɪʃ(ə)n] откровение

revenge [rɪ'vəndʒ] 1. n

месть; take ~ *(ирон)* отомстить 2. *v* мстить

revenue ['revinju:] доход *(особ. государственный)*

reverbera‖te [rɪ'və:b(ə)reɪt] 1) отражать 2) отражаться; **~tion** [rɪ,və:bə'reɪʃ(ə)n] 1) отражение 2) эхо

rever‖ence ['rev(ə)r(ə)ns] почтение, благоговение; **~end** [-(ə)nd] преподобный *(титул священника);* **~ent** [-(ə)nt] почтительный, благоговейный

reverie ['revərɪ] 1) мечта, грёза 2) мечтание

rever‖sal [rɪ'və:s(ə)l] 1) перемена, перестановка 2) отмена; **~se** [-'və:s] **1.** *v* 1) переставлять; переворачивать 2) отменять 3) давать обратный ход *(машине)* **2.** *a* обратный **3.** *n* 1) обратное, противоположное 2) оборотная сторона 3) превратность 4) неудача; *воен.* поражение 5) *тех.* обратный ход; **~sible** [-əbl] 1) обратимый 2) одинаковый с двух сторон *(о ткани);* **~sion** [-ʃ(ə)n] возвращение *(в прежнее состояние)*

revert [rɪ'və:t] возвращаться *(в прежнее состояние)*

revet [rɪ'vet] облицовывать

review [rɪ'vju:] **1.** *n* 1) обозрение; обзор; under ~ рассматриваемый 2) рецензия 3) периодический журнал 4) *воен.* смотр; парад 5) *юр.* пересмотр **2.** *v* 1) обозревать, просматривать 2) рецензировать, делать обзор 3) *воен.* производить смотр 4) *юр.* пересматривать; **~er** обозреватель; рецензент

revis‖e [rɪ'vaɪz] исправлять; **~ion** [-'vɪʒ(ə)n] пересмотр, ревизия

revi‖val [rɪ'vaɪv(ə)l] возрождение; **~ve** [-'vaɪv] 1) приходить в себя, оживать 2) приводить в чувство *(кого-л.)* 3) оживать *(о надеждах и т. п.)* 4) воскрешать *(моду и т. п.)* 5) возобновлять *(постановку пьесы, обычай и т. п.)*

revoke [rɪ'vouk] 1) отменять *(закон)* 2) брать назад *(обещание)*

revolt [rɪ'voult] **1.** *n* восстание, мятеж **2.** *v* 1) восставать 2) чувствовать отвращение 3) вызывать отвращение; **~ing** отвратительный

revolution I [,revə'lu:ʃ(ə)n] революция

revolution II *тех.* 1) вращение 2) оборот *(машины и т. п.)*

revolutionary [,revə'lu:ʃnərɪ] **1.** *n* революционер **2.** *a* революционный

revolutionize [,revə'lu:ʃnaɪz] революционизировать

revolve [rɪ'vɔlv] 1) вращаться 2) периодически возвращаться

revolver [rɪ'vɔlvə] 1) револьвер 2) *тех.* барабан

revue [rɪ'vju:] эстрадное обозрение, ревю

revulsion [rɪ'vʌlʃ(ə)n] 1) внезапное изменение *(чувств и т. п.)* 2) отвращение

reward [rɪ'wɔ:d] **1.** *n* вознагражде́ние; награ́да 2. *v* 1) награжда́ть 2) воздава́ть

reword ['riː'wəːd] выража́ть други́ми слова́ми

rhapsody ['ræpsədɪ] 1) рапсо́дия 2) восто́рженная *или* напы́щенная речь

rheumatic [ruː'mætɪk] 1. *a* ревмати́ческий 2. *n* 1) ревмати́к 2) *pl разг.* ревмати́зм

rhinoceros [raɪ'nɔs(ə)rəs] носоро́г

rhombus ['rɔmbəs] ромб

rhubarb ['ruːbɑːb] реве́нь

rhyme [raɪm] 1. *n* ри́фма 2. *v* рифмова́ть

rhythm ['rɪð(ə)m] ритм; ~**ic(al)** [-ɪk(əl)] ритми́ческий

rib [rɪb] 1) ребро́ 2) *бот.* жи́лка *(листа)* 3) *мор.* шпанго́ут

ribald ['rɪb(ə)ld] непристо́йный

ribbed [rɪbd] ребри́стый

ribbon ['rɪbən] 1) ле́нта 2) у́зкая поло́ска *(чего-л.)* 3) *pl* кло́чья; torn to ~s разо́рванный в кло́чья 4) *attr.*: ~ development *стр.* ле́нточная застро́йка

rice [raɪs] 1) рис 2) *attr.* ри́совый

rich ['rɪtʃ] 1. *a* 1) бога́тый 2) оби́льный 3) жи́рный *(о пище)*, сдо́бный; тяжёлый 4) це́нный *(о пода́рках и т. п.)* 5) зву́чный, глубо́кий *(о то́не);* я́ркий *(о кра́ске)* 6) *разг.* заба́вный 2. *n*: the ~ бога́тые; ~**es** [-ɪz] *pl* бога́тство; ~**ness** 1) бога́тство 2) я́ркость 3) сдо́бность

rick [rɪk] стог, скирда́

ricke‖ts ['rɪkɪts] рахи́т; ~**ty** [-tɪ] *мед.* рахити́чный; *перен.* ша́ткий *(о ме́бели)*

rickshaw ['rɪkʃɔː] ри́кша

rid [rɪd] (rid, ridded; rid) избавля́ть *(от чего-л.);* get ~ (of) избавля́ться *(от кого́-либо, чего́-л.)*

riddance ['rɪd(ə)ns] избавле́ние

ridden ['rɪdn] *p. p.* от ride 2

riddle I ['rɪdl] зага́дка

riddle II 1. *n* решето́ 2. *v* 1) просе́ивать 2) изрешети́ть

rid‖e ['raɪd] 1. *n* езда́; прогу́лка *(особ. верхо́м или на велосипе́де);* go for a ~ прокати́ться ◇ take for a ~ подшути́ть *(над кем-л.),* одура́чить *(кого́-л.)* 2. *v* (rode; ridden) 1) е́хать верхо́м; е́хать *(в экипа́же и т. п.);* ~ to death загна́ть, заезди́ть *(ло́шадь; тж. перен.)* 2): ~ at anchor стоя́ть на я́коре ◇ ~ for a fall де́йствовать безрассу́дно; ~**er** 1) вса́дник 2) дополне́ние, попра́вка *(к докуме́нту)*

ridge [rɪdʒ] гре́бень горы́

ridged [rɪdʒd] остроконе́чный

ridicul‖e ['rɪdɪkjuːl] 1. *n* осмея́ние 2. *v* высме́ивать; ~**ous** [-'dɪkjuləs] неле́пый, смехотво́рный

riff-raff ['rɪfræf] подо́нки *мн.*

rifle I ['raɪfl] гра́бить

rifle II ['raɪfl] 1) винто́вка 2) *pl* стрелки́; ~**man** [-mən] стрело́к; ~**-range** [-reɪn(d)ʒ] тир

rift [rɪft] тре́щина, щель; разры́в

rig I [rɪg] 1. *n* 1) оснастка; снаряжение 2) *ирон.* костюм; наряд 2. *v* 1) оснащать *(судно)* 2): ~ smb. out with снаряжать кого-л.; ~ up строить наспех

rig II действовать нечестно

right [raɪt] 1. *a* 1) правый 2) справедливый 3) правильный 4) прямой; ~ angle прямой угол 5) подходящий; the ~ size подходящий размер ◇ he's not in his ~ mind он не в своём уме; you'll be all ~ in a few days вы поправитесь через несколько дней; on the ~ side of thirty (forty *etc*) моложе тридцати (сорока *и т. п.*) 2. *v* 1) выпрямлять, исправлять 2) заглаживать *(вину и т. п.)* 3. *n* 1) право *(на что-л.)*; be in the ~ быть правым 2) правая сторона *или* рука 3): set *(или* put) to ~s навести порядок 4): the R. *полит.* правые ◇ to the ~ направо *(куда)*; on the ~ направо *(где)*; have no idea of ~ and wrong не понимать, что хорошо, а что плохо 4. *adv* 1) справедливо 2) прямо; go ~ ahead *(или* on) идите прямо вперёд 3) правильно; put *(или* set) ~ приводить в порядок; уладить 4) направо ◇ ~ here как раз здесь; ~ now, ~ away, ~ off как раз теперь, сию минуту, сейчас же; ~ to the end до самого конца; I know ~ well я хорошо знаю

righteous ['raɪtʃəs] 1) справедливый 2) праведный

rigid ['rɪdʒɪd] 1) жёсткий; негнущийся 2) суровый; ~ity [-'dʒɪdɪtɪ] 1) жёсткость, твёрдость 2) суровость

rigmarole ['rɪgm(ə)roul] бессвязная болтовня; вздор

rigor ['rɪgə] *см.* rigour; ~ous [-rəs] строгий, суровый

rigour ['rɪgə] 1) строгость, суровость 2) *pl* тяжёлые условия, обстоятельства

rile [raɪl] *разг.* раздражать, сердить

rill [rɪl] *книжн., поэт.* ручеёк

rim [rɪm] обод; край, ободок

rime [raɪm] иней

rind [raɪnd] 1) кора; кожура 2) корка

ring I [rɪŋ] 1. *v* (rang, rung; rung) 1) звенеть 2) оглашаться 3) звонить *(тж.* ~ up); ~ off давать отбой *(по телефону)*; ~ out раздаться *(о выстрелах)*; ~ up звонить, вызывать по телефону 2. *n* 1) звон, звонок; give a ~ позвонить 2) звучание

ring II ['rɪŋ] 1. *n* 1) кольцо; круг 2) цирковая арена; ринг 3) шайка, клика 2. *v* окружать (кольцом); the valley is ~ed with mountains долина окружена горами; ~leader [-ˌliːdə] зачинщик

ringlet ['rɪŋlɪt] локон

rink [rɪŋk] каток

rinse [rɪns] 1. *v* полоскать 2. *n* полоскание

riot ['raɪət] 1. *n* 1) бунт 2) беспорядок 2) пышность, буйство *(красок, цветения)* 4) *разг.* что-л. вызывающее бу́рный восто́рг 2. *v* 1) бунтова́ть 2) бу́йствовать, шуме́ть; ~ous [-əs] бу́йный, шу́мный

rip I [rɪp] 1. *v* 1) разреза́ть; рвать; распа́рывать, раска́лывать; ~ open вскрыва́ть 2) рва́ться, поро́ться; ~ off сдира́ть; ~ out выдира́ть; ~ up а) распа́рывать; б) вскрыва́ть 2. *n* разры́в, разре́з; проре́ха

rip II распу́тник

rip‖**e** ['raɪp] зре́лый, спе́лый, гото́вый; ~en [-(ə)n] зреть, созрева́ть

ripping ['rɪpɪŋ] *разг.* великоле́пный, превосхо́дный

ripple ['rɪpl] 1. *n* 1) рябь 2) журча́ние 2. *v* 1) покрыва́ться ря́бью 2) журча́ть

rise [raɪz] 1. *v* (rose; risen) 1) поднима́ться, встава́ть; восходи́ть *(о солнце)* 2) возвыша́ться; ~ in the world идти́ в го́ру 3) усиливаться, увели́чиваться, возраста́ть 4) восстава́ть; ~ in arms восста́ть с ору́жием в рука́х 5) происходи́ть, начина́ться ◇ ~ to the occasion быть на высоте́ положе́ния 2. *n* 1) подъём 2) повыше́ние; приба́вка *(к зарпла́те)* 3) происхожде́ние, нача́ло 4) восхо́д *(со́лнца)* ◇ give ~ to причиня́ть

risen ['rɪzn] *p. p.* от rise 1

rising ['raɪzɪŋ] 1. *n* 1) встава́ние; восхо́д *(со́лнца)* 2) повыше́ние; возвыше́ние 3) восста́ние 2. *а* 1) восходя́щий, возраста́ющий 2) подраста́ющий

risk [rɪsk] 1. *n* риск 2. *v* отва́житься; рискова́ть; ~ one's neck рискова́ть свое́й голово́й

risqué ['riːskeɪ] «солёный» *(об анекдо́те и т. п.)*

rite [raɪt] обря́д, церемо́ния; ритуа́л

rival ['raɪv(ə)l] 1. *n* сопе́рник 2. *v* сопе́рничать; ~ry [-rɪ] сопе́рничество

river ['rɪvə] река́; ~-bed [-'bed] ру́сло реки́; ~side [-saɪd] бе́рег реки́, прибре́жная полоса́

rivet ['rɪvɪt] 1. *n* заклёпка 2. *v* клепа́ть; заклёпывать; *перен.* прико́вывать *(взор, внима́ние)*

roach [rəʊtʃ] плотва́, во́бла *(ры́ба)*

road ['rəʊd] доро́га, путь; country ~ просёлочная доро́га; ~-metal [-ˌmetl] ще́бень; ~side [-saɪd] 1) край доро́ги 2) *attr.* придоро́жный

roadstead ['rəʊdsted] *мор.* рейд

roadster ['rəʊdstə] двухме́стный откры́тый автомоби́ль

roam [rəʊm] броди́ть; скита́ться

roan [rəʊn] ча́лая ло́шадь

roar [rɔː] 1. *n* рёв; шум; раска́т *(сме́ха, гро́ма)*; ~s of laughter взры́вы сме́ха 2. *v* реве́ть, ора́ть, грохота́ть; оглуши́тельно хохота́ть

roast [rəʊst] 1. *v* 1) жа́рить, печь 2) жа́риться, пе́чься 3) греть; ~ oneself in front of the fire гре́ться у огня́ 4) *разг.* насмеха́ться 2. *а* жа́реный; ~ beef ро́стбиф 3. *п* жарко́е, жа́реное

rob ['rɔb] гра́бить; ~**ber** граби́тель, разбо́йник; ~**bery** [-ǝrɪ] грабёж

robe [roub] 1) ма́нтия 2) хала́т

robin ['rɔbɪn] мали́новка

robot ['roubɔt] 1) ро́бот 2) *attr.* автомати́ческий

robust [rǝ'bʌst] кре́пкий, здоро́вый

rock I [rɔk] 1) скала́, утёс 2) го́рная поро́да 3) большо́й ка́мень, валу́н ◇ be on the ~s быть «на мели́»

rock II 1) кача́ть, ука́чивать 2) кача́ться

rocket ['rɔkɪt] раке́та; take-off ~ старто́вая раке́та

rocking-chair ['rɔkɪŋtʃɛǝ] кача́лка

rocky ['rɔkɪ] скали́стый

rod [rɔd] 1) прут; па́лка 2) у́дочка 3) ме́ра длины́ *(около 5 м)*

rode [roud] *past от* ride 2

rodent ['roud(ǝ)nt] грызу́н

roe [rou] косу́ля

rogu‖**e** ['roug] плут; ~**ery** [-ǝrɪ] плутни́; ~**ish** плутовско́й

roister ['rɔɪstǝ] шу́мно весели́ться

role [roul] роль

roll I [roul] бу́лочка *(тж.* a ~ of bread)

roll II ['roul] 1. *п* 1) спи́сок; ~ of honour спи́сок уби́тых на войне́ 2) свёрток *(трубочкой)* 3) враще́ние, ка́чка 4) раска́т *(грома, голоса)* 2. *v* 1) враща́ть, кати́ть 2) враща́ться; кати́ться 3) кача́ться 4) прока́тывать *(металл)* 5) свёртывать, завёртывать 6) греме́ть; ~**call** [-kɔːl] перекли́чка

roller ['roulǝ] 1) ро́лик 2) вал; ~**towel** [-'tau(ǝ)l] полоте́нце на ро́лике

rollick ['rɔlɪk] весели́ться

rolling-mill ['rouliŋmil] прока́тный стан

rolling-pin ['rouliŋpin] ска́лка *(для теста)*

rolling-stock ['rouliŋstɔk] *ж.-д.* подвижно́й соста́в

roly-poly ['rouli'pouli] 1) пу́динг с варе́ньем *(тж.* ~ pudding) 2) *разг.* коротышка *(о ребёнке)*

Roman ['roumǝn] 1. *a* 1) ри́мский 2) (ри́мско-)католи́ческий 2. *п* римля́нин

roman‖**ce** [rǝ'mæns] 1) рома́н *(рыцарский, приключе́нческий)* 2) любо́вная исто́рия, рома́н 3) рома́нтика 4) рома́нс; ~**tic** [-tɪk] 1. *а* романти́чный, романти́ческий 2. *п* рома́нтик

romp [rɔmp] 1. *v* 1) вози́ться, шуме́ть *(о детях)* 2) *разг.*: ~ home, ~ in, ~ away вы́играть с лёгкостью *(о лошади)* 2. *п* 1) возня́, шу́мная игра́ *(детей)* 2) шалу́н; шалу́нья

roof [ruːf] кры́ша; кров ◇ the ~ of the mouth нёбо

rook I [ruk] *шахм.* ладья́

rook II 1. *п* 1) грач 2) моше́нник, шу́лер 2. *v* выма́нивать де́ньги

room [rum] 1. *п* 1) ко́мната 2) ме́сто; *перен.* возможность; make ~ (for) сторониться; освобождать место 2. *v амер.* снимать, занимать комнату

room-mate ['ru(:)mmeɪt] квартирант

roomy ['ruːmɪ] просторный

rooster ['ruːstə] петух

root I [ruːt] *амер. разг.* ободрять, поощрять; ~ **for** «болеть» за кого-л. *(на состязании и т. п.)*

root II ['ruːt] 1. *n* 1) корень 2) *pl* корнеплоды 3) причина 4) *мат.* корень ◊ get to the ~ of the matter добираться до сути дела 2. *v* 1) укореняться 2) приковывать *(к месту — об ужасе)*; ~ **out**, ~ **up** вырывать с корнем; ~**ed** [-ɪd] укоренившийся

rootlet ['ruːtlɪt] корешок

rope I [roup] 1. *n* верёвка, канат; трос ◊ know the ~s хорошо разбираться *(в чём-либо)* 2. *v* привязывать; связывать канатом, верёвкой; ~ **in**, ~ **off** отгородить канатом *(участок земли и т. п.)* ◊ ~ smb. in втягивать кого-л. *(во что-л.)*

rosary ['rouzərɪ] 1) розарий 2) чётки *мн.*

rose I [rouz] *past от* rise 1

rose II ['rouz] роза; ~**bud** [-bʌd] бутон розы; ~**bush** [-buʃ] розовый куст

rosin ['rɔzɪn] смола, канифоль

roster ['roustə] *воен.* расписание нарядов, дежурств

rosy ['rouzɪ] розовый; румяный; цветущий

rot [rɔt] 1. *v* 1) гнить, портиться 2) гноить, портить 2. *n* 1) гниение 2) *разг.* вздор; talk ~ нести вздор

rota ['routə] расписание дежурств

rota‖ry ['routərɪ] 1. *a* вращательный 2. *n* ротационная машина; ~**te** [ro(u)'teɪt] 1) вращать 2) вращаться 3) чередовать 4) чередоваться; ~**tion** [ro(u)'teɪʃn] 1) вращение 2) чередование

rote [rout]: learn by ~ учить наизусть

rott‖en ['rɔtn] 1) гнилой, испорченный 2) *разг.* гадкий; ~**er** ['rɔtə] *разг.* дрянь *(о человеке)*

rotund [ro(u)'tʌnd] 1) полный, толстый 2) высокопарный *(о стиле)*

rouble ['ruːbl] рубль

rouge [ruːʒ] 1. *n* румяна *мн.* 2. *v* румяниться

rough [rʌf] 1. *a* 1) грубый; шершавый; шероховатый; ~ road ухабистая дорога 2) бурный *(о море)*; ветреный *(о погоде)* 3) черновой; ~ draft черновой набросок 4) приблизительный 5) грубый, резкий ◊ they had a ~ time of it *разг.* им тогда пришлось очень трудно; ~ house *разг.* скандал, доходящий до драки 2. *n* хулиган 3. *v*: ~ it обходиться без обычных удобств

rough-and-tumble ['rʌfən'tʌmbl] 1. *a* беспорядочный 2. *n* драка, свалка

roughcast ['rʌfkɑːst] 1. *a* оштукатуренный 2. *v* штукатурить

roughen ['rʌfn] грубе́ть

rough-neck ['rʌfnek] *амер.* хулига́н; буя́н

Roumanian [ruˈmeɪnjən] 1. *a* румы́нский 2. *n* 1) румы́н; румы́нка 2) румы́нский язы́к

round ['raund] 1. *a* 1) кру́глый 2) круговóй; ~ trip пое́здка туда́ и обра́тно 3) сплошно́й, по́лный 4) открове́нный *(о высказывании)* 2. *n* 1) круг 2) обхо́д 3) цикл 4) *спорт.* тур, ра́унд ◊ he ordered another ~ of drinks он заказа́л ещё по одно́й (по́рции спиртно́го) 3. *adv* вокру́г; ~ the clock круглосу́точно; all the year ~ кру́глый год ◊ is there enough fruit to go ~? здесь на всех хва́тит фру́ктов? 4. *prep* вокру́г, круго́м; ~ the corner за́ угол, за угло́м 5. *v* 1) округля́ть 2) округля́ться 3) огиба́ть; as soon as you ~ the corner как то́лько вы заверне́те за́ угол; ~ off закругля́ть, зака́нчивать; ~ out полне́ть; ~ up а) сгоня́ть *(скот)*; б) аресто́вывать; **~about** [-əbaut] 1. *a* око́льный 2. *n* 1) карусе́ль 2) око́льный путь 3) тра́нспортная развя́зка *(с движением машин только справа налево)*

roundhead ['raundhed] *ист.* пурита́нин

roundly ['raundlɪ] напряму́ю, открове́нно

rouse [rauz] 1) вспугну́ть 2) буди́ть 3) воодушевля́ть

rout [raut] 1. *n* пораже́ние 2. *v* разби́ть на́голову

route [ruːt] маршру́т; bus ~ маршру́т авто́буса

routine [ruːˈtiːn] заведённый поря́док; рути́на, шабло́н

rove [rouv] скита́ться, броди́ть

row I [rou] ряд; stand in a ~ стоя́ть в ряду́; in ~s ряда́ми

row II [rou] грести́

row III [rau] *разг.* ссо́ра; сканда́л

rowan ['rauən] ряби́на

rowdy ['raudɪ] 1. *a* бу́йный, шу́мный 2. *n* хулига́н

rowlock ['rɔlək] уклю́чина

royal ['rɔɪ(ə)l] 1) короле́вский 2) великоле́пный ◊ R. Exchange Лондо́нская би́ржа; R. Society Короле́вское о́бщество (содействия развитию естествозна́ния); **~ty** [-tɪ] 1) короле́вская власть 2) член короле́вской семьи́ 3) короле́вские привиле́гии 4) *pl* аре́ндная пла́та за разрабо́тку недр 5) *pl* а́вторский гонора́р

rub [rʌb] 1. *v* 1) тере́ть 2) тере́ться 3) приходи́ть в соприкоснове́ние; ~ in: don't ~ it in *разг.* ≅ не растравля́йте ра́ну; ~ out стира́ть, счища́ть; ~ up освежа́ть *(в па́мяти)* ◊ the wrong way гла́дить «про́тив шёрстки» 2. *n* 1) растира́ние 2) *разг.* препя́тствие, затрудне́ние; поме́ха

rubber ['rʌbə] 1) рези́на, каучу́к 2) рези́нка 3) *pl* гало́ши

rubbish ['rʌbɪʃ] 1) хлам; му́сор 2) чепуха́; вздор

rubble ['rʌbl] щебень; булыжник

rubicund ['ru:bɪkənd] румяный

ruby ['ru:bɪ] 1. *n* рубин 2. *a* 1) рубиновый 2) красный

ruck [rʌk] складка, морщина *(особенно на одежде)*

rudder ['rʌdə] руль; **~less** без руля; *перен.* без руководства

ruddy ['rʌdɪ] румяный, красноватый, красный

rude [ru:d] 1) грубый *(о человеке)* 2) неотделанный ◇ ~ shock внезапный удар

rudimentary [,ru:dɪ'ment(ə)rɪ] элементарный; рудиментарный

rudiments ['ru:dɪmənts] *pl* начатки

rue [ru:] сожалеть; раскаиваться

rueful ['ru:ful] унылый, печальный

ruff I [rʌf] *карт.* козырь

ruff II брыжи

ruffian ['rʌfjən] хулиган, буян, головорез

ruffle ['rʌfl] 1. *n* 1) рябь 2) суматоха, волнение 3) кружевная, гофрированная манжета 4) оборка 2. *v* рябить *(воду)*; ерошить *(волосы)*; *перен.* нарушать спокойствие; беспокоиться

rug [rʌg] 1) ковёр 2) плед

Rugby ['rʌgbɪ] регби

rugged ['rʌgɪd] 1) изрезанный, неровный *(о местности)* 2) суровый *(о человеке)*

ruin ['ruɪn] 1. *n* 1) гибель 2) развалина 2. *v* разрушать; портить, губить; разорять;

~ous [-əs] губительный, разрушительный; разорительный

rul||e [ru:l] 1. *n* 1) правило 2) правление 3) линейка ◇ make it a ~ взять за правило; as a ~ как правило; smoking is against the ~s here здесь курить воспрещается 2. *v* 1) править 2): ~ that постановлять 3) линовать; **~er** 1) правитель 2) линейка; **~ing** 1) управление 2) постановление

rum I [rʌm] ром

rum II *разг.* странный, чудной

Rumanian [ru:'meɪnjən] *см.* Roumanian

rumble ['rʌmbl] 1. *n* громыхание 2. *v* громыхать

ruminate ['ru:mɪneɪt] 1) жевать жвачку 2) раздумывать, размышлять

rummage ['rʌmɪdʒ] 1. *n* поиски *мн.*; обыск 2. *v* рыться; осматривать, обыскивать; ~ out вытаскивать

rummy ['rʌmɪ] *см.* rum II

rumour ['ru:mə] 1. *n* слух, молва 2. *v (обыкн. pass.)*: it is ~ed говорят, ходят слухи

rump [rʌmp] 1) огузок; 2) *attr.*: ~ steak ромштекс

rumple ['rʌmpl] 1) мять 2) взъерошивать

run [rʌn] 1. *v* (ran; run) 1) бегать; бежать 2) работать *(о машине)* 3) быстро распространяться 4) простираться 5): ~ a business вести дело; ~ a machine обращаться с машиной 6) столкнуться *(against)* 7): ~ for office выставлять свою кандидатуру; ~ smb. as a candidate for выставлять чью-л. кандидатуру *(куда-л.)* 8) гнать *(зверя)*; ~ to earth а) загнать; б) *перен.* выследить, отыскать 9) гласить 10) линять *(о красках)*; ~ across случайно встретить; ~ down a) останавливаться *(о часах)*; б) истощать; в) истощаться; г) настигать; д) очернить *(кого-л.)*; ~ out a) выбегать; б) истекать; ~ through a) прокаливать; б) бегло просматривать; в) промотать *(состояние)*; ~ up быстро расти *(о счёте и т. п.)*; ~ up against наткнуться на ◊ ~ a risk рисковать; ~ dry высохнуть; ~ short истощаться, не хватать; my money is ~ning low деньги у меня почти на исходе; we're letting them ~ wild мы просто даём им полную свободу 2. *n* 1) бег 2) течение, продолжение 3) управление 4) *амер.* спустившаяся петля на чулке ◊ at a ~ подряд; in the long ~ в конце концов

runaway ['rʌnəweɪ] беглец

rung I [rʌŋ] *past* и *p. p. от* ring I, 1

rung II 1) ступенька 2) перекладина

runner ['rʌnə] бегун

running ['rʌnɪŋ] 1) бегущий 2) текущий 3) последовательный; for three days ~ три дня подряд 4) гноящийся; ~-board [-bɔːd] подножка автомобиля

runway ['rʌnweɪ] *ав.* взлётно-посадочная полоса

rupture ['rʌptʃə] 1. *n* 1) перелом 2) разрыв; ~ between friends ссора друзей 3) *мед.* грыжа 2. *v* 1) прорывать 2) порывать *(связь)*

rural ['ruər(ə)l] сельский, деревенский

ruse [ruːz] уловка; хитрость

rush I [rʌʃ] 1. *v* 1) бросаться; мчаться, нестись 2) нахлынуть *(о воспоминаниях)* и т. н. 3) увлекать, торопить 4) брать стремительным натиском 2. *n* 1) натиск, напор; спешка 2) наплыв 3) стремительное движение ◊ ~ job спешная работа

rush II камыш; тростник

rush-hours ['rʌʃ͵auəz] часы «пик»

rusk [rʌsk] сухарь

russet ['rʌsɪt] красновато-коричневый

Russian ['rʌʃ(ə)n] 1. *a* русский 2. *n* 1) русский; русская 2) русский язык

rust [rʌst] 1. *n* ржавчина 2. *v* 1) ржаветь 2) портиться, притупляться

rustic ['rʌstɪk] 1. *a* 1) сельский 2) простой 3) грубый 2. *n* деревенский житель, крестьянин; ~ate [-eɪt] 1) жить в деревне 2) временно исключать из университета *(студента)*

rustl||e ['rʌsl] 1. *n* шелест 2. *v* 1) шуршать, шелестеть 2) *амер. разг.* красть скот; ~er *амер. разг.* человек, занимающийся кражей скота

rusty ['rʌsti] 1) ржавый 2) цвета ржавчины; *перен.* запущенный 3) порыжевший

rut [rʌt] колея; *перен.* привычка

ruthless ['ru:θlis] безжалостный

rye [rai] 1) рожь 2) *амер.* виски из ржи

S

S, s [es] *девятнадцатая буква англ. алфавита*

sable I ['seibl] 1) соболь 2) соболий мех

sable II *книжн.* чёрный, мрачный; траурный

sabotage ['sæbətɑ:ʒ] 1. *n* диверсия 2. *v* 1) организовывать диверсию 2) *разг.* срывать

saboteur [ˌsæbə'tə:] диверсант; вредитель

sabre ['seibə] сабля

saccharin ['sækərin] сахарин

saccharine ['sækərain] сахарный

sachet ['sæʃei] саше, сухие духи

sack I [sæk] грабить *(побеждённый город)*

sack II ['sæk] 1. *n* мешок, куль ◇ get the ~ быть уволенным 2. *v* 1) класть, ссыпать в мешок 2) увольнять; ~**cloth** [-klɔθ] дерюга, холст, мешковина

sackful ['sækful] мешок *(мера)*

sacrament ['sækrəmənt] *рел.* таинство; причастие; ~**al** [ˌsækrə'mentl] священный; заветный

sacred ['seikrid] священный; ~ music духовная музыка

sacrif||**ice** ['sækrifais] 1. *n* 1) жертвоприношение 2) жертва 2. *v* 1) приносить жертву 2) жертвовать; ~**icial** [ˌsækri'fiʃ(ə)l] жертвенный

sacrile||**ge** ['sækrilidʒ] святотатство, кощунство; ~**gious** [ˌsækri'lidʒəs] святотатственный

sad [sæd] 1) печальный; грустный 2) *разг.* ужасный; плохой; that's a ~ excuse это плохое оправдание; ~**den** ['sædn] 1) печалить 2) печалиться

saddle ['sædl] 1. *n* седло 2. *v* седлать; ~~**horse** [-hɔ:s] верховая лошадь

saddler ['sædlə] шорник

safe [seif] 1. *a* 1) невредимый; ~ and sound цел и невредим 2) безопасный; надёжный; ~ conduct охранное свидетельство; ◇ that's a ~ guess это можно сказать с уверенностью 2. *n* 1) сейф 2) холодный чулан

safeguard ['seifgɑ:d] 1. *n* 1) охрана 2) предосторожность 3) *тех.* предохранитель 2. *v* охранять

safely ['seifli] 1) безопасно; благополучно 2) в сохранности

safety ['seifti] 1) безопасность; сохранность 2) *attr.* безопасный; ~ belt спасательный пояс; ~-match [-mætʃ] (безопа́сная) спи́чка; ~-pin [-pɪn] безопа́сная (*или* англи́йская) була́вка; ~-razor [-,reɪzə] безопа́сная бри́тва; ~-valve [-vælv] *тех.* предохрани́тельный кла́пан; *перен.* отду́шина

saffron ['sæfr(ə)n] 1. *n* шафра́н 2. *a* шафра́нный

sag [sæg] 1) оседа́ть; обвиса́ть 2) па́дать (*о цене*)

saga ['sɑːgə] са́га

sagacious [sə'geɪʃəs] 1) смётливый, сообрази́тельный; проница́тельный 2) у́мный (*о животном*)

sagacity [sə'gæsɪtɪ] 1) смека́лка 2) проница́тельность

sage I [seɪdʒ] *бот.* шалфе́й

sage II 1. *a* му́дрый, у́мный 2. *n* мудре́ц

said [sed] 1. *past* и *p. p.* от say 1 2. *a*: the ~ (вы́ше)упомя́нутый

sail [seɪl] 1. *n* па́рус(á); full ~ на всех паруса́х; set ~ отправля́ться в пла́вание 2. *v* 1) плыть; идти́ под паруса́ми 2) отходи́ть (*о судне*) 3) управля́ть (*кораблём*); ~-cloth [-klɔθ] паруси́на

sailor ['seɪlə] моря́к, матро́с; ◊ he is a bad ~ он подве́ржен морско́й боле́зни

saint [seɪnt] свято́й

sake [seɪk]: for the ~ (of) ра́ди; for conscience' ~ для успокое́ния со́вести

salable ['seɪləbl] хо́дкий (*о товаре*)

salad ['sæləd] сала́т; ~-oil [-ɔɪl] прова́нское ма́сло

salary ['sælərɪ] жа́лованье, окла́д

sale [seɪl] прода́жа; be for (*или* on) ~ быть в прода́же, продава́ться

sales||**man** ['seɪlzmən] продаве́ц; ~**woman** [-,wumən] продавщи́ца

salient ['seɪljənt] 1. *a* 1) выдаю́щийся 2) характе́рный 2. *n* вы́ступ

saliva [sə'laɪvə] слюна́

sallow ['sæləu] желтова́тый, боле́зненный (*о цвете лица*)

sally ['sælɪ] 1. *n* 1) остроу́мная ре́плика 2) *воен.* вы́лазка 2. *v воен.* 1) де́лать вы́лазку (*тж.* ~ forth 2): ~ forth (*или* out) отправля́ться (*куда-л.*)

salmon ['sæmən] 1. *n* (*pl без измен.*) ло́сось; сёмга 2. *a* желтова́то-ро́зовый

saloon [sə'luːn] 1) *уст.* зал 2) *мор.* сало́н 3) *амер.* бар 4) автомоби́ль с закры́тым ку́зовом

salt ['sɔːlt] 1. *n* соль; take smth. with a grain of ~ относи́ться к чему́-л. скепти́чески ◊ old ~ *разг.* морско́й волк 2. *a* солёный 3. *v* соли́ть; ~ **away** соли́ть; *перен.* копи́ть, откла́дывать; ~-**cellar** [-,selə] соло́нка; ~-**marsh** [-mɑːʃ] солонча́к

saltpeter, **saltpetre** ['sɔːlt,piːtə] сели́тра

salty ['sɔːltɪ] 1) солёный 2) остроу́мный (*о замеча́нии и т. п.*)

salubrious [sə'luːbrɪəs] здоро́вый, целе́бный; поле́зный

salutary ['sæljut(ə)rɪ] благотво́рный, целе́бный

salutation [ˌsælju:'teɪʃ(ə)n] приве́тствие

salute [sə'lu:t] 1. *n* 1) покло́н, приве́тствие 2) салю́т 3) *воен.* отда́ние че́сти 2. *v* 1) приве́тствовать, здоро́ваться 2) *воен.* отдава́ть честь 3) салютова́ть

salv||age ['sælvɪdʒ] 1. *n* 1) спасе́ние иму́щества *(от огня и т. п.)* 2) вознагражде́ние за спасе́ние корабля́, иму́щества *(от огня и т. п.)* 3) спасённое иму́щество 2. *v* спаса́ть кора́бль, иму́щество *(от огня и т. п.)*; **~ation** [-'veɪʃ(ə)n] спасе́ние

salve I [sælv] *см.* salvage 2

salve II [sɑ:v] 1. *n* целе́бная мазь ◇ ~ for one's conscience сре́дство для успокое́ния со́вести 2. *v* 1) сма́зывать *(мазью)* 2) успока́ивать *(совесть, боль)*

salver ['sælvə] подно́с *(обыкн. серебряный)*

salvo ['sælvou] 1) оруди́йный залп 2) взрыв аплодисме́нтов

same ['seɪm] 1) тот же (са́мый); just the ~ одно́ и то же; much the ~ почти́ одно́ и то же 2) одина́ковый; **~ness** 1) то́ждество; схо́дство 2) однообра́зие

sampl||e ['sɑ:mpl] 1. *n* 1) образе́ц, образчик 2) шабло́н, моде́ль 2. *v* про́бовать; **~er** 1) образчик вы́шивки 2) *тех.* моде́ль

sanat||ive ['sænətɪv] целе́бный, оздоровля́ющий; **~orium** [ˌsænə'tɔ:rɪəm] санато́рий; **~ory** ['sænət(ə)rɪ] *см.* sanative

sanctify ['sæŋktɪfaɪ] 1) освяща́ть 2) санкциони́ровать

sancti||monious [ˌsæŋktɪ'mounjəs] ха́нжеский; **~mony** ['sæŋktɪmənɪ] ха́нжество́

sanction ['sæŋkʃ(ə)n] 1. *n* са́нкция; утвержде́ние 2. *v* санкциони́ровать

sanctity ['sæŋktɪtɪ] свя́тость

sand [sænd] 1. *n* 1) песо́к 2) *pl* песча́ный пляж ◇ ~s (of time) are running out жизнь бли́зится к концу́ 2. *v* 1) посыпа́ть песко́м 2) чи́стить песко́м

sandal ['sændl] *(обыкн. pl)* санда́лия

sandalwood ['sændlwud] санда́ловое де́рево

sand||bank ['sændbæŋk] о́тмель; **~-glass** [-glɑ:s] песо́чные часы́; **~-paper** [-ˌpeɪpə] нажда́чная бума́га; **~-stone** [-stoun] песча́ник; **~-storm** [-stɔ:m] саму́м

sandwich ['sændwɪdʒ] бутербро́д

sandy ['sændɪ] 1) песча́ный 2) песо́чного цве́та

sane [seɪn] 1) норма́льный, в своём уме́ 2) здра́вый; здравомы́слящий; разу́мный

sang [sæŋ] *past* от sing

sangui||nary ['sæŋgwɪnərɪ] 1) кровопроли́тный 2) кровожа́дный; **~ne** ['sæŋgwɪn] 1) сангвини́ческий; оптимисти́ческий 2) цвету́щий, румя́ный

sanit||ary ['sænɪt(ə)rɪ] санитáрный, гигиенйческий; ~a-tion [ˌsænɪˈteɪʃ(ə)n] 1) оздоровлéние; улучшéние санитáрных услóвий 2) санитарйя 3) канализáция

sanity [ˈsænɪtɪ] 1) здравомыслие 2) нормáльное психйческое состояние

sank [sæŋk] past от sink II

Santa [ˈsæntə] разг. см. Santa Claus

Santa Claus [ˌsæntəˈklɔːz] Сáнта Клáус, рождéственский дед, дед-морóз

sap I [sæp] 1. n сок (растéний); перен. жйзненные сйлы мн. 2. v истощáть (сйлы, энéргию и т. п.)

sap II 1. n воен. сáпа; подрыв 2. v подрывáть (тж. перен.)

sapi‖ence [ˈseɪpjəns] ирон. мýдрость; ~ent [-ənt] ирон. мýдрый, мýдрствующий

sapling [ˈsæplɪŋ] молодóе дéревце; перен. юнéц

sapper [ˈsæpə] сапёр

sapphire [ˈsæfaɪə] сапфйр

sappy [ˈsæpɪ] 1) сóчный 2) сйльный, молодóй, энергйчный 3) разг. глýпый

sarcas‖m [ˈsɑːkæzm] сарказм; ~tic [sɑːˈkæstɪk] саркастйческий

sardine [sɑːˈdiːn] сардйна

sardonic [sɑːˈdɒnɪk] сардонйческий, язвйтельный

sash I [sæʃ] кушáк; шарф

sash II [sæʃ] оконная рáма; ~-window [-ˌwɪndou] подъёмное окнó

sat [sæt] past и p. p. от sit

Satan [ˈseɪt(ə)n] сатанá

satanic [səˈtænɪk] сатанйнский

satchel [ˈsætʃ(ə)l] сýмка (для книг); рáнец

sate [seɪt] насыщáть; пресыщáть

sateen [sæˈtiːn] сатйн

satellite [ˈsætəlaɪt] 1) астр. сателлйт, спýтник 2) привéрженец

sati‖ate [ˈseɪʃɪeɪt] насыщáть; ~ation [ˌseɪʃɪˈeɪʃ(ə)n] см. satiety; ~ety [səˈtaɪətɪ] насыщéние; пресыщéнность

satin [ˈsætɪn] атлáс

satir‖e [ˈsætaɪə] сатйра; ~ic(al) [səˈtɪrɪk(əl)] сатирйческий; ~ist [ˈsætərɪst] сатйрик

satisfact‖ion [ˌsætɪsˈfækʃ(ə)n] удовлетворéние; ~ory [-t(ə)rɪ] удовлетворйтельный; удовлетворяющий; is everything ~ory? всё в порядке?

satisfy [ˈsætɪsfaɪ] 1) удовлетворять; ~ thirst утолять жáжду; be satisfied быть довóльным 2) удовлетворяться ◇ ~ oneself of smth. убедйться в чём-л.

saturat‖e [ˈsætʃəreɪt] 1) пропйтывать, насыщáть 2) хим. нейтрализовáть; ~ion [ˌsætʃəˈreɪʃ(ə)n] насыщéние

Saturday [ˈsætədɪ] суббóта

satyr [ˈsætə] сатйр; ~ic [səˈtɪrɪk] сатирйческий

sauce [sɔːs] 1. n 1) сóус 2) разг. дéрзость 2. v разг. дерзйть

saucepan [ˈsɔːspən] кастрюля

saucer ['sɔːsə] блюдце

saucy ['sɔːsɪ] 1) дерзкий, нахальный 2) *разг.* щегольской

sauerkraut ['sauərkraut] *нем.* кислая капуста

saunter ['sɔːntə] 1. *n* прогулка 2. *v* прогуливаться

sausage ['sɔsɪdʒ] колбаса, сосиска

savage ['sævɪdʒ] 1. *n* 1) дикарь 2) грубый, жестокий человек 2. *a* 1) дикий 2) жестокий

savant ['sævənt] учёный

save I [seɪv] 1) спасать 2) копить; экономить 3) беречь *(силы и т. п.)*; ~ up копить ◇ ~ oneself trouble не трудиться (понапрасну); ~ appearances соблюдать приличия

save II *prep, cj* кроме

saving ['seɪvɪŋ] 1. *a* 1) бережливый; экономный 2) спасительный 2. *n pl* сбережения 3. *prep*: ~ your presence извините за выражение

savings bank ['seɪvɪŋz'bæŋk] сберегательная касса

saviour ['seɪvjə] спаситель

savou∥r ['seɪvə] 1. *n* вкус, привкус; пикантность 2. *v* смаковать; ~ of *перен.* отдавать *(чем-л.)*; ~ry [-rɪ] 1. *a* 1) вкусный 2) острый на вкус 2. *n* острая закуска

saw I [sɔː] *past от* see

saw II поговорка

saw III ['sɔː] 1. *n* пила 2. *v* (sawed; sawed, sawn) пилить; ~dust [-dʌst] опилки; ~mill [-mɪl] лесопилка

sawn [sɔːn] *p. p. от* saw III, 2

saxony ['sæks(ə)nɪ] тонкая шерсть; тонкая шерстяная материя

say [seɪ] 1. *v* (said) говорить, сказать; ~ openly (*или* frankly) высказываться, говорить откровенно; ~ over повторять ◇ I ~! послушайте!; I should ~ я думаю, полагаю; let us ~ допустим, положим; that is to ~ то есть; they ~ говорят 2. *n* мнение, слово; let him have his ~ пусть он выскажется

saying ['seɪɪŋ] поговорка

scab [skæb] 1) струп 2) парша, чесотка 3) *разг.* штрейкбрехер

scabbard ['skæbəd] ножны *мн.*

scaffold ['skæf(ə)ld] 1) леса *(строительные) мн.* 2) эшафот; ~ing леса *мн.*; помост

scald ['skɔːld] 1. *v* обваривать, ошпаривать 2. *n* ожог; ~ing: ~ing tears жгучие слёзы

scale I [skeɪl] 1. *n* 1) чешуя; шелуха 2) накипь 2. *v* 1) шелушить; чистить, соскабливать 2) шелушиться

scale II 1. *n* 1) чаша весов; that victory turned the ~s in our favour эта победа решила исход дела в нашу пользу 2) *pl* весы 2. *v* 1) взвешивать 2) весить

scale III 1. *n* 1) масштаб, размер; to ~ по масштабу; on a vast ~ в большом масштабе; on a world ~ в мировом масштабе 2) шкала 3) лестница; be high in the social ~ занимать высокое положение в обществе 4) *муз.* гамма; practice ~ сыграть гаммы 5) масштабная линейка 2. *v* взбираться *(по лестнице)*

scaled [skeɪld] 1) чешуйчатый 2) покрытый накипью

scalene ['skeɪliːn] *мат.* неравносторонний

scalp [skælp] 1. *n* скальп 2. *v* скальпировать

scalpel ['skælp(ə)l] скальпель

scamp [skæmp] 1. *n* негодяй, бездельник 2. *v* работать спустя рукава

scamper ['skæmpə] 1. *v* удирать, убегать 2. *n* поспешное бегство

scan [skæn] 1) внимательно рассматривать, изучать 2) скандировать *(стихи)* 3) бегло просматривать, пробегать глазами

scandal ['skændl] 1) позор, скандал 2) злословие, сплетни; ~ize ['skændəlaɪz] шокировать

scandalmonger ['skændl-ˌmʌŋgə] сплетник, клеветник

scandalous ['skændələs] 1) скандальный; позорный 2) клеветнический; ~ romours клеветнические слухи

Scandinavian [ˌskændɪ'neɪvjən] скандинавский

scant [skænt] скудный, ограниченный

scanty ['skæntɪ] скудный, недостаточный

scapegoat ['skeɪpgout] козёл отпущения

scapegrace ['skeɪpgreɪs] бездельник, шалопай; негодник

scar [skɑː] 1. *n* шрам, рубец 2. *v* 1) *(обыкн. pass)* покрывать рубцами 2) зарубцеваться *(тж.* ~ over)

scarc||**e** ['skeəs] 1) скудный, недостаточный 2) редкий *(о книге и т. п.);* ~**ely** 1) едва, только что 2) едва ли; (на) вряд ли; ~**ity** [-ɪtɪ] нехватка, недостаток

scare [skeə] 1. *n* внезапный испуг; get a ~ испугаться 2. *v* пугать; отпугивать; he was ~d stiff он перепугался до смерти; ~**crow** [-krou] пугало; ~**monger** [-ˌmʌŋgə] паникёр

scarf [skɑːf] шарф; галстук; шейный платок

scarlet ['skɑːlɪt] 1. *n* алый цвет 2. *a* алый ◇ ~ fever скарлатина

scarp [skɑːp] крутой откос; *воен.* эскарп

scathing ['skeɪðɪŋ] язвительный, злой

scatter ['skætə] разбрасывать, расшвыривать, рассыпать

scatter-brain ['skætəbreɪn] легкомысленный человек; ~**ed** [-d] легкомысленный; рассеянный

scaveng||**e** ['skævɪndʒ] убирать мусор *(с улиц);* ~**er** мусорщик

scenario [sɪ'nɑːrɪou] сценарий

scene ['siːn] 1) место действвия; the ~ is laid... действие происходит...; the ~ of operations театр военных действий 2) зрелище; пейзаж, вид 3) *театр.* явление, сцена 4) декорация; behind the ~s за кулисами 5) *разг.* скандал, сцена; **~-painter** [-‚peɪntə] художник-декоратор

scenery ['si:nərɪ] 1) декорации 2) пейзаж, вид; ландшафт

scenic ['si:nɪk] сценичный

scent [sent] 1. *n* 1) запах 2) духи 3) нюх, чутьё 4) след 2. *v* 1) чуять; нюхать; *перен.* подозревать 2) душить *(платок и т. п.)*

sceptic ['skeptɪk] скептик; **~al** [-əl] скептический

sceptre ['septə] скипетр

schedule ['ʃedjuːl] 1. *n* 1) расписание; распорядок; ahead of ~ досрочно 2) список, перечень 2. *v* составлять расписание

scheme ['skiːm] 1. *n* 1) схема; проект 2) план, чертёж 3) интрига, происки 2. *v* планировать, проектировать 2) интриговать; **~er** интриган

schism ['sɪz(ə)m] раскол *(церковный)*

scholar ['skɔlə] 1) стипендиат 2) учёный 3) *разг.* образованный человек; **~ship** 1) учёность, эрудиция 2) стипендия

scholastic [skə'læstɪk] схоластический

school I [skuːl] 1. *n* 1) школа 2) занятия *мн.*, уроки *мн. (в школе)* 3) направление *(в литературе и т. п.)* ◇ ~ of life жизненный опыт 2. *v* 1) обучать 2) приучать, дисциплинировать

school II [skuːl] стая, косяк *(рыб)*

school-board ['skuːlbɔːd] школьный совет; **~-book** [-buk] учебник; **~-boy** [-bɔɪ] школьник; **~-fellow** [-‚feləu] школьный товарищ; **~-girl** [-gəːl] школьница

schooling ['skuːlɪŋ] обучение в школе; have a good ~ пройти хорошую школу, иметь хорошую подготовку

school-master ['skuːl‚mɑːstə] школьный учитель; **~-mate** [-meɪt] школьный товарищ; **~-mistress** [-‚mɪstrɪs] школьная учительница; **~-room** [-rum] класс

schooner ['skuːnə] шхуна

sciatic [saɪ'ætɪk] *анат.* седалищный; **~a** [-ə] *мед.* ишиас

science ['saɪəns] наука; natural ~s естественные науки 2) сноровка; **~tific** [‚saɪən'tɪfɪk] 1) научный; учёный 2) искусный, умелый; высокого класса; **~tist** 1) учёный 2) естествоиспытатель

scintillate ['sɪntɪleɪt] блестеть, сверкать; **~ion** [‚sɪntɪ'leɪʃ(ə)n] блеск, сверкание

scion ['saɪən] 1) *бот.* побег 2) отпрыск, потомок

scissors ['sɪzəz] *pl* ножницы

scoff I [skɔf] 1. *n* 1) насмешка 2) посмешище 2. *v*

осмеивать; насмехаться (*над* — at)

scoff II [skɔf] *разг.* жадно есть

scoffer ['skɔfə] насмешник

scold ['skould] бранить; ~ing брань; нагоняй

scone [skɔn] ячменная *или* пшеничная лепёшка

scoop [sku:p] 1. *n* 1) ковш, черпак 2) совок 3) *разг.* сенсационная новость (*опубликованная в газете до её появления в других газетах*) 2. *v* вычёрпывать

scoot [sku:t] *разг.* срываться с места, удирать

scooter ['sku:tə] 1) детский самокат 2) мотороллер

scope [skoup] 1) кругозор; he has a mind of wide ~ у него широкий кругозор 2) возможности; his work gives him plenty of ~ for imagination его работа даёт большой простор для творческой фантазии 3) сфера (*деятельности*)

scorbutic [skɔ:'bju:tik] *мед.* цинготный

scorch [skɔ:tʃ] 1) опалять, обжигать; подпаливать 2) обжигаться 2) *разг.* гнать машину с бешеной скоростью

score [skɔ:] 1. *n* 1) зарубка, метка 2) счёт; on that ~ на этот счёт, в этом отношении 3) счёт очков (*в игре*) 4) *муз.* партитура 5) два десятка ◊ ~s of times много раз; pay off (*или* settle) old ~s свести счёты (*с кем-л.*) 2. *v* 1) делать зарубки, отметки 2) вести счёт (*в игре*); засчи-

тывать (*очки и т. п.*) 3) выигрывать; ~ a victory одержать победу; ~ first, second *etc* place занять первое, второе *и т. д.* место; ~ off одержать верх; ~ out вычёркивать; ~ under подчёркивать

scorer ['skɔ:rə] маркёр; счётчик (*в спорт. играх*)

scorn ['skɔ:n] *n* 1) презрение 2) насмешка 3) объект презрения 2. *v* презирать; ~ful презрительный

Scot [skɔt] шотландец; шотландка

Scotch [skɔtʃ] шотландский

scotch [skɔtʃ] *разг.* шотландское виски

scot-free ['skɔt'fri:] ненаказанный

Scotland Yard ['skɔtlənd'jɑ:d] Скотленд-ярд (*центр. английской полиции в Лондоне и сыскное отделение*)

Scottish ['skɔtiʃ] шотландский

scoundrel ['skaundr(ə)l] негодяй, подлец

scour ['skauə] отчищать, чистить

scourge [skə:dʒ] бич (*тж. перен.*)

scout I [skaut] 1. *n* разведчик 2. *v* разведывать; вести поиск

scout II отвергать с презрением; пренебрегать

scow [skau] шаланда

scowl [skaul] 1. *n* хмурый вид 2. *v* хмуриться

scrabble ['skræbl] царапать; писать неразборчиво

scrag ['skræg] очень худой

человек *или* тощее животное, «кожа да кости»; ~gy [-I] сухопарый, тощий

scram! [skræm] *разг.* убирайся!

scramble ['skræmbl] 1. *n* 1) карабканье 2) схватка, свалка 2. *v* 1) ползти, карабкаться 2) бороться за захват *(чего-л.)* 3) делать яичницу-болтунью ◇ ~d eggs яичница-болтунья

scrap I [skræp] 1. *n* 1) клочок, лоскуток 2) вырезка *(из газеты и т. п.)* 3) pl остатки; отбросы; ~s of food объедки 4) металлический лом 2. *v* сдавать в лом

scrap II *разг.* 1. *n* стычка, драка 2. *v* ссориться, драться

scrape [skreɪp] 1. *n* 1) чистка; скобление 2) затруднение; беда; get into a ~ попасть в беду 2. *v* 1) скоблить, скрести; отчищать 2) задевать; шаркать 3) наскрести, накопить с трудом; ~ through еле выдержать *(экзамен)* ◇ ~ (up) an acquaintance with smb. навязываться на знакомство с кем-л.

scrap‖**-heap** ['skræphiːp] свалка отбросов; **~-iron** [-'aɪən], **~-metal** [-'metl] металлический лом

scrappy ['skræpɪ] 1) лоскутный 2) бессвязный

scratch [skrætʃ] 1. *n* 1) царапина 2) почёсывание ◇ will he come up to ~? пойдёт ли он на это?; start from ~ начинать на пустом месте 2. *v* 1) царапать, скрести; чесать 2) царапаться; чесаться 3) вычёркивать *(из списка кандидатов)* 4) отказываться *(от состязаний)* 5) скрипеть *(о пере)*; ~ **off**, ~ **out** вычёркивать 3. *a* случайный; разношёрстный, сборный; a ~ dinner импровизированный обед, обед на скорую руку

scratchy ['skrætʃɪ] 1) небрежный, неискусный *(о рисунке)* 2) скрипучий, царапающий *(о пере)*

scrawl [skrɔːl] 1. *n* каракули 2. *v* писать каракулями; писать *или* рисовать небрежно, наспех

scream ['skriːm] 1. *n* пронзительный крик; визг ◇ it's a ~ *разг.* это просто умора 2. *v* кричать, визжать; **~ingly**: ~ingly funny уморительный

screech ['skriːtʃ] 1. *n* крик *(ужаса, ярости)*; вопль 2. *v* пронзительно *или* зловеще кричать; **~-owl** [-aul] сова-сипуха; *перен.* предсказатель беды

screen I [skriːn] 1. *n* 1) ширма; экран; щит 2) перегородка 3) *воен.* завеса 2. *v* 1) прикрывать, укрывать 2) экранизировать

screen II 1. *n* решето 2. *v* 1) просеивать 2) *разг.* проверять политическую благонадёжность *(кого-л.)*

screw [skruː] 1. *n* 1) винт 2) поворот винта 3) *разг.* кляча 4) *разг.* зарплата 2. *v* 1) ввинчивать, завинчивать 2) крутить, выкручивать 3) нажимáть; угнетáть; ~ **down** см. ~ up; ~ **on** привинчивать *(к чему-л.);* ~ **out** *(of)* вымогáть *(деньги, согласие — у кого-л.);* ~ **up** подвинчивать, завинчивать ◊ ~ up one's courage подбодриться, набрáться храбрости; ~ up one's eyes прищýриться

screw-driver ['skruː͵draɪvə] отвёртка

screwed [skruːd] *разг.* навеселе

screwy ['skruːɪ] *разг.* 1) чуднóй, «чóкнутый» 2) подозрительный

scribble ['skrɪbl] 1. *n* карáкули; мазня 2. *v* писáть небрéжно, второпях

scribbler ['skrɪblə] писáка, бумагомарáтель

scribe [skraɪb] 1) писéц; перепи́счик 2) грамотéй

scrimmage ['skrɪmɪdʒ] 1. *n* стычка, свáлка, потасóвка; ссóра 2. *v* учáствовать в стычке

scrimp [skrɪmp] урéзывать, экономить; ~**y** [-ɪ] скýдный

scrimshank ['skrɪmʃæŋk] *воен. разг.* уклоняться от выполнения обязанностей

script [skrɪpt] сценáрий

scripture ['skrɪptʃə] свящéнное писáние, библия

script-writer ['skrɪpt͵raɪtə] сценарист

scrofula ['skrɔfjulə] *мед.* золотýха

scroll [skroul] 1) свиток 2) *архит.* завиток

scrounge [skraundʒ] *разг.* попрошáйничать; жить на чужóй счёт

scrub I [skrʌb] 1) кустáрник 2) порóсшая кустáрником местность 3) малорóслое животное 4) ничтóжный человéк

scrub II 1. *n* чистка щёткой, скребницей 2. *v* терéть, скрести; чистить щёткой

scrubbing-brush ['skrʌbɪŋ͵brʌʃ] скребница

scrubby ['skrʌbɪ] 1) низкорóслый 2) жáлкий, захудáлый

scruff [skrʌf] загривок; take smb. by the ~ of the neck взять когó-л. за шиворот

scrummage ['skrʌmɪdʒ] *см.* scrimmage

scruple I ['skruːpl] скрýпул *(мера веса = 20 грáнам)*

scruple II 1. *n* сомнéние, колебáние; сóвестливость; have no ~s about doing smth. дéлать что-л. со спокóйной сóвестью; a man without ~(s) неразборчивый в срéдствах *(или* недобросóвестный) человéк 2. *v* колебáться; сóвеститься

scrupulous ['skruːpjuləs] щепетильный; добросóвестный; скрупулёзный

scrutinize ['skruːtɪnaɪz] 1) рассмáтривать 2) тщáтельно исслéдовать, изучáть

scrutiny ['skruːtɪnɪ] 1) рассмотрéние, критический разбóр 2) провéрка прáвильности подсчёта бюллетéней 3) испытýющий взгляд

scud [skʌd] 1. *v* 1) нестись 2): ~ before the wind *мор.*

идти под ветром 2. *n* 1) стремительный бег 2) несущиеся облака

scuff [skʌf] идти волоча ноги

scuffle ['skʌfl] 1. *n* драка, потасовка 2. *v* драться; участвовать в потасовке

scull [skʌl] 1. *n* кормовое весло 2. *v* грести (одним веслом)

scullery ['skʌl(ə)rɪ] помещение при кухне для мытья посуды

sculpt‖or ['skʌlptə] скульптор; ~**ress** [-rɪs] женщина-скульптор; ~**ural** [-ptʃ(ə)r(ə)l] скульптурный; ~**ure** [-ptʃə] 1. *n* скульптура 2. *v* 1) ваять, высекать, лепить 2) украшать скульптурой

scum [skʌm] 1. *n* пена; накипь; *перен.* подонки (*общества*). 2. *v* 1) пениться 2) снимать пену; ~**my** [-ɪ] пенистый

scurf [skə:f] перхоть

scurrilous ['skʌrɪləs] грубый; непристойный

scurry ['skʌrɪ] 1. *n* беготня, суета 2. *v* бегать, сновать; суетиться

scurvy I ['skə:vɪ] цинга

scurvy II *книжн.* низкий, подлый

scutch ['skʌtʃ] трепать лён; ~**er** трепальная машина

scuttle I ['skʌtl] ведро *или* ящик для угля

scuttle II *мор.* затопить (свой) корабль

scuttle III 1. *n* поспешное бегство 2. *v*: ~ off (*или* away) удирать

scythe [saɪð] 1. *n* коса 2. *v* косить

sea ['si:] море, океан; at ~ в (открытом) море; a wild (*или* a stormy) ~ бурное море; beyond the ~(s) за морем; за море; by ~ морем; put to ~ уходить в море ◊ go to ~ стать моряком; be (all) at ~ недоумевать; the ~s were mountains high были огромные волны; ~**bear** [-bɛə] морской котик; ~**board** [-bɔ:d] морское побережье; приморье; ~**calf** [-kɑ:f] тюлень; ~**coast** [-koust] морской берег; ~**dog** [-dɔg] тюлень; *перен.* «морской волк», старый моряк; ~**front** [-frʌnt] приморская часть города

seagoing ['si:ˌgouɪŋ] дальнего плавания (*о судне*)

sea‖gull ['si:gʌl] чайка; ~**horse** [-hɔ:s] 1) морской конёк 2) морж

seal I [si:l] 1. *n* печать; пломба 2. *v* 1) скреплять печатью, запечатывать; ~ up a window замазывать окно 2) опечатывать, пломбировать 3) запечатлевать; налагать отпечаток ◊ it is a ~ed book to me ≅ это для меня книга за семью печатями

seal II 1. *n* 1) тюлень 2) морской котик 2. *v* бить тюленей

sea-legs ['si:legz]: find (*или* get) one's ~ привыкнуть к морской качке

sealer ['si:lə] 1) охотник на тюленей 2) зверобойное

су́дно; **~fishery** [-ˌfɪʃərɪ] тюле́ний, ко́тиковый про́мысел

sealing-wax [ˈsiːlɪŋwæks] сургу́ч

sealskin [ˈsiːlskɪn] 1) тюле́нья ко́жа 2) ко́тиковый мех

seam [siːm] **1.** *n* 1) шов 2) шрам 3) *геол.* пласт **2.** *v* 1) сшива́ть 2) избороздить морщи́нами, скла́дками

seaman [ˈsiːmən] моря́к; **~ship** иску́сство морепла́вания

seamew [ˈsiːmjuː] ча́йка

seamstress [ˈsemstrɪs] швея́

seamy [ˈsiːmɪ] со шва́ми ◇ the ~ side of life «изна́нка», тёмные сто́роны жи́зни

séance [ˈseɪɑːns] *фр.* 1) заседа́ние 2) сеа́нс

seaplane [ˈsiːpleɪn] гидросамолёт

seaport [ˈsiːpɔːt] морско́й порт, портовый го́род

sear [sɪə] **1.** 1) иссуша́ть 2) опаля́ть; прижига́ть 3) притупля́ть *(чувства)* **2.** *a* увя́дший, засо́хший

search [səːtʃ] **1.** *n* 1) по́иски 2) о́быск **2.** *v* 1) иска́ть; обы́скивать 2) иссле́довать; **~light** [-laɪt] проже́ктор; **~-warrant** [-ˌwɔr(ə)nt] о́рдер на о́быск

sea‖scape [ˈsiːskeɪp] морско́й пейза́ж; **~shore** [-ˈʃɔː] морско́й бе́рег, побере́жье; **~sickness** [-ˌsɪknɪs] морска́я боле́знь; **~side** [-ˈsaɪd] *см.* seashore

season [ˈsiːzn] **1.** *n* вре́мя го́да; сезо́н **2.** *v* 1) суши́ть *(лесоматериалы);* *перен.*

приуча́ть, закаля́ть 2) придава́ть вкус, остроту́, приправля́ть; **~able** [ˈsiːznəbl] подходя́щий, своевре́менный; **~al** [ˈsiːzənl] сезо́нный

seasoning [ˈsiːznɪŋ] припра́ва

season-ticket [ˈsiːzn,tɪkɪt] сезо́нный биле́т

seat [siːt] **1.** *n* 1) ме́сто *(для сидения);* стул, скамья́ *и т. п.* take; а ~ сади́ться 2) сиде́нье *(стула и т. п.)* 3) зад *(брюк)* 4) ме́сто; местонахожде́ние; ~ of government местопребыва́ние прави́тельства ◇ take a back ~ занима́ть скро́мное положе́ние **2.** *v* усади́ть, посади́ть; this hall will ~ 5000 э́тот зал вмеща́ет 5000 челове́к

sea-wall [ˈsiːˈwɔːl] да́мба

seaward [ˈsiːwəd] **1.** *a* напра́вленный к мо́рю **2.** *adv* по направле́нию к мо́рю

seaweed [ˈsiːwiːd] морска́я во́доросль

seaworthy [ˈsiːˌwəːðɪ] го́дный для пла́вания; хорошо́ оснащённый

secant [ˈsiːk(ə)nt] *мат.* **1.** *n* се́канс; секу́щая **2.** *a* секу́щий, пересека́ющий

secede [sɪˈsiːd] отделя́ться, отка́лываться

secession [sɪˈseʃ(ə)n] отпаде́ние; раско́л

seclu‖de [sɪˈkluːd] отделя́ть, изоли́ровать; ~ oneself уединя́ться; **~sion** [-ʒ(ə)n] уедине́ние; изоля́ция

second I [ˈsek(ə)nd] секу́нда

second II [ˈsek(ə)nd] **1.** *a*

1) второй 2) второстепенный ◇ be ~ to smb. in smth. уступать кому-л. в чём-л.; be ~ to none не уступать никому; ~ teeth постоянные зубы *(не молочные)*; on ~ thoughts по зрелом размышлении; in the ~ place во-вторых 2. *n* 1) помощник 2) секундант 3) *pl* товары второго сорта 3. *v* поддерживать, помогать; ~ary [-(ə)rı] 1) второстепенный; побочный 2) вторичный; производный ◇ ~ary school средняя школа

second-best ['sek(ə)nd'best] второго сорта

second-hand ['sek(ə)nd-'hænd] 1) подержанный *(о вещах)* 2) не из первых рук *(о новостях и т. п.)*

secondly ['sek(ə)ndlı] во-вторых

second-rate ['sek(ə)nd'reıt] второсортный; a ~ actor посредственный актёр

secrecy ['si:krısı] 1) секретность; in ~ под секретом 2) умение сохранять тайну; конспирация 3) скрытность

secret ['si:krıt] 1. *n* секрет, тайна; keep a ~ сохранять тайну; open ~ секрет полишинеля 2. *a* 1) тайный, секретный 2) скрытный

secreta∥rial [,sekrə'tɛərıəl] секретарский; ~riat(e) [-rıət] секретариат; ~ry ['sekrətrı] 1) секретарь; ~ry general генеральный секретарь 2) министр; Secretary of State a) министр *(в Англии)*; б) государственный секретарь, министр иностранных дел *(в США)*

secret∥e [sı'kri:t] 1) прятать 2) выделять *(о железах)*; ~ion [-'kri:ʃ(ə)n] 1) сокрытие 2) секреция, выделение

secretive [sı'kri:tıv] скрытный

sect [sekt] секта; ~arian [sek'tɛərıən] 1. *n* сектант 2. *n* сектантский

section ['sekʃ(ə)n] 1) часть *(целого)*; долька; отрезок 2) секция, деталь 3) отдел *(газеты и т. п.)* 4) район города 5) параграф 6) сечение, разрез 7) *воен.* отделение; ~al [-ʃəl] 1) секционный 2) разборный

sector ['sektə] 1) сектор 2) часть, участок

secular ['sekjulə] мирской, светский

secure [sı'kjuə] 1. *a* 1) спокойный; уверенный 2) безопасный 3) прочный, надёжный 2. *v* 1) гарантировать, обеспечивать 2) укреплять 3) запирать 4) получать, добиваться

security [sı'kjuərıtı] 1) безопасность 2) уверенность *(в будущем)* 3) гарантия, залог 4) *pl* ценные бумаги 5) *attr*.: S. Council Совет Безопасности

sedate [sı'deıt] сдержанный, спокойный; степенный

sedative ['sedətıv] успокаивающий; *мед. тж.* болеутоляющий

sedentary ['sednt(ə)rı] сидячий *(об образе жизни)*

sediment ['sedɪmənt] оса́док; гу́ща; ~**ary** [,sedɪ'ment(ə)rɪ] оса́дочный

sedit‖ion [sɪ'dɪʃ(ə)n] призы́в к бу́нту, мяте́ж; ~**ious** [-ʃəs] мяте́жный, бунта́рский

seduc‖e [sɪ'djuːs] соблазня́ть, обольща́ть; ~**tion** [-'dʌkʃ(ə)n] собла́зн, обольще́ние; ~**tive** [-'dʌktɪv] соблазни́тельный

sedulous ['sedjuləs] усе́рдный, приле́жный

see [siː] (saw; seen) 1) ви́деть, смотре́ть; ~ one another ви́деться, встреча́ться 2) осма́тривать (достопримеча́тельности) 3) присма́тривать (*after*) 4) забо́титься, позабо́титься (*to, about*) 5) вника́ть (*into*); ~ off провожа́ть (*уезжа́ющего*) ◇ as far as I can наско́лько я могу́ суди́ть; I ~ я понима́ю; let me ~ да́йте мне поду́мать; come to ~ прийти́ в го́сти; go to ~ smb. home пойти́ навести́ть; ~ smb. home проводи́ть кого́-л. домо́й; ~ through smth. ви́деть наскво́зь; ~ smth. through доводи́ть до конца́; ~ smb. through помога́ть кому́-л. довести́ де́ло до конца́

seed ['siːd] 1. *n* се́мя, зерно́; *собир.* семена́ 2. *v* 1) пойти́ в се́мя 2) се́ять; ~**-bed** [-bed] парни́к; ~**-cake** [-'keɪk] бу́лочка с тми́ном; ~**-corn** [-kɔːn] посевно́е зерно́; ~**-drill** [-drɪl] рядова́я се́ялка

seeding-machine ['siːdɪŋmə,ʃiːn] се́ялка

seedling ['siːdlɪŋ] *с.-х.* се́янец

seed‖-pearl ['siːd'pəːl] ме́лкий же́мчуг; ~**-plot** [-plɒt] пито́мник; ~**-time** [-taɪm] вре́мя посе́ва

seedy ['siːdɪ] 1) напо́лненный семена́ми 2) обтрёпанный обноси́вшийся (*о челове́ке*) 3) *разг.* нездоро́вый

seeing ['siːɪŋ] ввиду́ того́, что; принима́я во внима́ние, поско́льку

seek [siːk] (sought) иска́ть, разы́скивать; ~ after (*или* for) smth. добива́ться чего́-либо

seem ['siːm] каза́ться; it ~s to me мне ка́жется; ~**ing** 1) ка́жущийся 2) притво́рный; ~**ingly** 1) на вид 2) по-ви́димому

seemly ['siːmlɪ] прили́чный, подоба́ющий

seen [siːn] *p. p. от* see

seep [siːp] проса́чиваться

seer ['siːə] прови́дец, проро́к

seesaw ['siːsɔː] 1. *n* кача́ние на доске́ 2. *v* 1) кача́ться на доске́ 2) колеба́ться, быть неусто́йчивым

seethe [siːð] кипе́ть, бурли́ть

segment ['segmənt] 1) часть, кусо́к; до́ля 2) *мат.* сегме́нт

segregat‖e ['segrɪgeɪt] отделя́ть, изоли́ровать; ~**ion** [,segrɪ'geɪʃ(ə)n] изоля́ция, отделе́ние; сегрега́ция

seine [seɪn] не́вод, сеть

seism‖ic ['saɪzmɪk] сейсми́

ческий; **~ograph** [-məgrɑːf] сейсмограф

seize [siːz] 1) захватывать, завладевать; конфисковать 2) хватать, схватить; *перен.* понять *(мысль)* 3) *(тж.* ~ upon) воспользоваться *(случаем, предлогом)* 4) *юр.* вводить во владение

seizure ['siːʒə] 1) захват 2) наложение ареста, конфискация

seldom ['seldəm] редко

select [sɪ'lekt] 1. *v* выбирать, отбирать, подбирать 2. *a* избранный; отборный; **~ion** [-kʃ(ə)n] 1) выбор; подбор 2) избранные произведения 3) *биол.* отбор, селекция; natural ~ion естественный отбор; **~ive** [-ɪv] отборочный

self [self] (*pl* selves) сам; себя

self- [self-] *pref* само-

self-absorbed ['selfəb'sɔːbd] эгоцентричный

self-assertive ['selfə,səːtɪv] напористый

self-centred ['self'sentəd] эгоцентричный

self-collected ['selfkə'lektɪd] хладнокровный, невозмутимый

self-command ['selfkə'mɑːnd] самообладание

self-confident ['self'kɔnfɪdənt] самоуверенный; самонадеянный

self-conscious ['self'kɔnʃəs] застенчивый

self-contained ['selfkən'teɪnd] изолированный, отдельный *(о квартире и т. п.)*

self-control ['selfkən'troul] самообладание

self-defence ['selfdɪ'fens] самооборона, самозащита

self-denial ['selfdɪ'naɪ(ə)l] самоотречение

self-determination ['selfdɪ,təːmɪ'neɪʃ(ə)n] самоопределение

self-educated ['self,edjuː'keɪtɪd]: a ~ man самоучка

self-effacing ['selfɪ'feɪsɪŋ] скромный

self-esteem ['selfɪs'tiːm] самоуважение

self-evident ['self'evɪd(ə)nt] самоочевидный

self-explanatory ['selfɪks'plænət(ə)rɪ] не требующий пояснений

self-importance ['selfɪm'pɔːt(ə)ns] большое самомнение

self-indulg‖ence ['selfɪn'dʌldʒ(ə)ns] неспособность себе в чём-л. отказать; **~ent** потворствующий своим желаниям

self-interest ['self'ɪntrɪst] эгоизм

selfish ['selfɪʃ] эгоистичный

selfless ['selflɪs] самоотверженный

self-made ['self'meɪd] обязанный всем самому себе

self-portrait ['self'pɔːtrɪt] автопортрет

self-possessed ['selfpə'zest] хладнокровный

self-preservation ['self,prezəː'veɪʃ(ə)n] самосохранение

self-reliant ['selfrɪ'laɪənt] уверенный в себе

self-respect ['selfrɪs'pekt] чувство собственного достоинства

self-righteous ['self'raɪtʃəs] самодовольный

self-sacrifice ['self'sækrɪfaɪs] самопожертвование

selfsame ['selfseɪm] тот же самый

self-satisfied ['self'sætɪsfaɪd] самодовольный

self-seeking ['self'si:kɪŋ] своекорыстный

self-service ['self'sə:vɪs] самообслуживание

self-starter ['self'stɑ:tə] автоматический завод (у мотора); самопуск

self-sufficient ['selfsə'fɪʃ(ə)nt] самостоятельный

self-supporting ['selfsə'pɔ:tɪŋ] независимый

self-willed ['selfwɪld] своевольный

sell [sel] (sold) продавать; торговать (чем-л.); ~ out распродавать; ~ up продавать с торгов

seller ['selə] 1) продавец 2): best ~ ходкая книга, бестселлер; ходкий товар

selvage, selvedge ['selvɪdʒ] кромка (у ткани)

selves [selvz] pl от self

semantic [sɪ'mæntɪk] семантический; ~s [-s] семантика

semaphore ['seməfɔ:] 1. n семафор 2. v сигнализировать

semblance ['sembləns] сходство, подобие

semester [sɪ'mestə] семестр

semi- ['semɪ-] pref полу-, наполовину

semi-basement ['semɪ'beɪsmənt] полуподвал

semicolon ['semɪ'koulən] точка с запятой

seminar ['semɪnɑ:] семинар

semitone ['semɪtoun] муз. полутон

semolina [ˌsemə'li:nə] манная крупа

senat‖e ['senɪt] сенат; ~or ['senətə] сенатор; ~orial [ˌsenə'tɔ:rɪəl] сенаторский

send [send] (sent) посылать, отправлять; ~ word сообщать, извещать; ~ forth издавать; испускать; ~ off а) отсылать; б) прогонять; в) устраивать проводы; ~-off [-'ɔ:f]: give smb. a good ~-off устраивать кому-л. пышные проводы

senescent [sɪ'nesnt] стареющий

senil‖e ['si:naɪl] старческий; ~ity [sɪ'nɪlɪtɪ] старость

senior ['si:njə] 1. a старший 2. n 1) старший (по возрасту или положению) 2) старшекурсник; ~ity [ˌsi:nɪ'ɔrɪtɪ] старшинство

sensation [sen'seɪʃ(ə)n] 1) чувство, ощущение 2) сенсация; ~al [-ʃənl] сенсационный

sensation-monger [sen'seɪʃ(ə)nˌmʌŋgə] распространитель сенсационных слухов

sense [sens] 1. n 1) чувство; ощущение; ~ of humour чувство юмора 2) pl сознание, рассудок; go out of one's ~s сойти с ума 3) здравый смысл (тж. common ~); talk ~ говорить дело 4) смысл; значение; in a ~ в известном смысле

2. *v* 1) чу́вствовать; ощуща́ть 2) понима́ть; ~less 1) бесчу́вственный, без созна́ния 2) бессмы́сленный

sensibility [ˌsensɪˈbɪlɪtɪ] чувстви́тельность

sensible [ˈsensəbl] 1) разу́мный, благоразу́мный 2) значи́тельный, ощути́мый

sensitive [ˈsensɪtɪv] 1) чувстви́тельный; восприи́мчивый; ~ paper светочувстви́тельная бума́га 2) оби́дчивый; ~ness чувстви́тельность

sensu‖al [ˈsensjuəl] чу́вственный; ~ality [ˌsensjuˈælɪtɪ] чу́вственность; ~ous [-əs] чу́вственный *(о восприятии)*

sent [sent] *past и p. p. от* send

sentence [ˈsentəns] 1. *n* 1) *грам.* предложе́ние 2) пригово́р; реше́ние 2. *v* осужда́ть, пригова́ривать

sententious [senˈtenʃəs] нравоучи́тельный

sentiment [ˈsentɪmənt] 1) чу́вство 2) *(часто pl)* мне́ние, отноше́ние; настрое́ние; ~al [ˌsentɪˈmentl] чувстви́тельный; сентимента́льный; ~ality [ˌsentɪmenˈtælɪtɪ] сентимента́льность

sentinel [ˈsentɪnl] часово́й; *поэт.* страж

sentry [ˈsentrɪ] часово́й; stand ~ стоя́ть на часа́х; ~-box [-bɔks] карау́льная бу́дка

separable [ˈsep(ə)rəbl] отдели́мый

separat‖e 1. *a* [ˈseprɪt] 1) отде́льный 2) осо́бый 3) изоли́рованный; уединённый 2. *v* [ˈsepəreɪt] 1) отделя́ть, разделя́ть; разлуча́ть 2) разлага́ть *(на составные части)* 3) отделя́ться; разлуча́ться; расходи́ться *(о супругах)*; ~ion [ˌsepəˈreɪʃ(ə)n] 1) разлу́ка 2) разделе́ние

September [səpˈtembə] 1) сентя́брь 2) *attr.* сентя́брьский

septennial [sepˈtenjəl] семиле́тний

septic [ˈseptɪk] септи́ческий; ~aemia [ˌseptɪˈsiːmɪə] се́псис, зараже́ние кро́ви

sepulchral [seˈpʌlkr(ə)l] моги́льный; *перен.* замоги́льный *(о голосе и т. п.)*

sequel [ˈsiːkw(ə)l] 1) сле́дствие, после́дствие; результа́т 2) продолже́ние

sequ‖ence [ˈsiːkwəns] после́довательность; ~ of tenses *грам.* после́довательность времён; ~ential [-enʃ(ə)l] сле́дующий, после́дующий

sequester [sɪˈkwestə] *юр.* секвестрова́ть; конфискова́ть

sere [sɪə] *поэт. см.* sear 2

serenade [ˌserɪˈneɪd] 1. *n* серена́да 2. *v* исполня́ть серена́ду

seren‖e [sɪˈriːn] я́сный, споко́йный, безмяте́жный; ~ity [-ˈrenɪtɪ] безмяте́жность, споко́йствие

serf [səːf] крепостно́й; ~dom [-dəm] крепостно́е пра́во

sergeant [ˈsɑːdʒ(ə)nt] сержа́нт

serial ['sɪərɪəl] 1. *a* 1) выходящий выпусками 2) серийный 2. *n* роман, выходящий отдельными частями; фильм в нескольких сериях

sericulture ['serɪkʌltʃə] шелководство

series ['sɪərɪz] 1) серия, ряд 2) *эл.* последовательное соединение

serious ['sɪərɪəs] серьёзный; важный; **~ness** серьёзность

sermon ['sə:mən] проповедь; поучение

serpent ['sə:p(ə)nt] змея; **~ine** [-aɪn] 1. *a* змеевидный, извивающийся 2. *n мин.* серпентин 3. *v* извиваться

serried ['serɪd] сомкнутый, плечом к плечу

servant ['sə:v(ə)nt] слуга, прислуга

serve [sə:v] 1. *v* 1) служить; ~ as служить в качестве *(чего-л., кого-л.)*, заменять *(что-л.)* 2) подавать; обслуживать *(в ресторане и т. п.)* 3): ~ smb. well (badly) обходиться с кем-л. хорошо (плохо) 4) годиться, удовлетворять; it will ~ a) это то, что нужно; б) этого будет достаточно 5) отбывать срок *(тж.* ~ one's time) 6): ~ a summons on smb. вручить кому-л. повестку в суд ◇ it ~s him right! поделом ему! 2. *n спорт.* подача *(мяча)*

service ['sə:vɪs] 1. *n* 1) служба; church ~ богослужение; military ~ военная служба 2) обслуживание; сервис 3): railway ~ железнодорожное движени steamboat ~ пароходное движение 4) услуга, о лжение; at your ~ к вашим услугам; be of ~ *(to)* быть полезным; пригодиться 5) сервиз 6) *attr.* служебный; ~ record послужной список; 2. *v*: ~ a car привести машину в порядок; **~able** [-əbl] 1) прочный, ноский 2) пригодный, полезный

serviette [,sə:vɪ'et] салфетка

servi‖le ['sə:vaɪl] 1) рабский 2) раболепный, холопский; **~lity** [-'vɪlɪtɪ] раболепство; **~tude** [-vɪtju:d] рабство

session ['seʃ(ə)n] 1) сессия 2) заседание

set I [set] (set) 1) ставить; класть; размещать 2) садиться *(о солнце)* 3): ~ the price *(at)* назначить цену 4) твердеть, застывать 5) приступать *(about)* 6) противопоставля ь *(against)* 7): ~ a hen (on eggs) сажать наседку (на яйца) 8): ~ oneself a task поставить себе задачу; ~ **aside** а) откладывать; б) отвергать; ~ **back** осадить, оказать противодействие; ~ **by** откладывать, приберегать; ~ **down** а) записывать; б) приписывать *(чему-л.)*; ~ **forth** а) отправляться; б) формулировать, излагать; ~ **in** наступать *(о времени года)*; the rainy season ~ in early this year в этом году дождливая погода наступила ра́но; ~ **off** оттеня́ть, украша́ть; ~ **on** подстрека́ть, натра́вливать; ~ **up** а) воздвига́ть; учрежда́ть; б) поднима́ть *(шум, крик)*; в): ~ oneself up as ко́рчить из себя́ ◊ ~ ashore вы́садиться на бе́рег; ~ an example подава́ть приме́р; ~ at ease успоко́ить; ~ in order приводи́ть в поря́док; ~ a poem to music положи́ть стихи́ на му́зыку; ~ at liberty *(или* free*)* отпусти́ть на свобо́ду; освободи́ть; ~ in motion приводи́ть в движе́ние; ~ one's teeth сти́снуть зу́бы; ~ store (by) высоко́ цени́ть; ~ the table накрыва́ть на стол; ~ in type *полигр.* набира́ть; he will never ~ the Thames on fire *погов.* ≅ он по́роха не вы́думает

set II [set] 1) неподви́жный, засты́вший *(о взгля́де, улы́бке)* 2) обду́манный 3) назна́ченный; устано́вленный 4) твёрдый, непоколеби́мый 5) установи́вшийся *(о пого́де)* 6) сверну́вшийся *(о молоке́)* 7) *разг.* гото́вый; we're all to go мы все гото́вы е́хать

set III 1) направле́ние *(тече́ния)* 2) очерта́ние, фо́рма 3) поса́дка *(головы́)* 4) молодо́й побе́г 5) покро́й

set IV 1) компле́кт, набо́р; tea (dinner) ~ ча́йный (обе́денный) сервиз 2) гру́ппа, круг лиц 3) декора́ция 4) устано́вка; агрега́т

set-back ['setbæk] заде́ржка; препя́тствие

sett [set] *n* брусча́тка

settee [se'tiː] (небольшо́й) дива́н

setting ['setɪŋ] 1) опра́ва *(ка́мня)* 2) окружа́ющая обстано́вка 3) му́зыка на слова́ 4) *театр.* постано́вка, оформле́ние спекта́кля

settle ['setl] 1) реша́ть, принима́ть реше́ние; ~ a question разреша́ть вопро́с 2) приводи́ть в поря́док, регули́ровать 3) опла́чивать *(счета́ и т. п.)* 4) обосно́вываться, поселя́ться *(тж.* ~ down) 5) заселя́ть, колонизи́ровать 6) устра́иваться, уса́живаться; he ~d himself in the armchair он усе́лся в кре́сло 7) отста́иваться; ~ **down** а) остепени́ться; б) успока́иваться; в) взя́ться за; he couldn't ~ down to his work он ника́к не мог взя́ться за рабо́ту; ~ **on** а) договори́ться *(о чём-л.)*; приня́ть како́е-л. реше́ние; б) *юр.* завеща́ть; ~**d** [-d] 1) усто́йчивый *(о пого́де и т. п.)* 2) реши́тельный *(о сужде́ниях)* 3) осе́длый; ~**ment** 1) поселе́ние, коло́ния 2) урегули́рование, реше́ние *(вопро́са)*; соглаше́ние; ~**r** поселе́нец

seven ['sevn] семь; ~**fold** [-fould] 1. *а* семикра́тный 2. *adv* в семь раз; ~**teen** [-'tiːn] семна́дцать; ~**teenth** [-'tiːnθ] семна́дцатый; ~**th** [-θ] седьмо́й; ~**tieth** [-tɪɪθ] семидеся́тый; ~**ty** [-tɪ] 1) се́мьдесят; 2): the ~ties семидеся́тые го́ды

sever ['sevə] 1) разъединять; разделять, отделять 2) рвать 3) рваться

several ['sevr(ə)l] 1) несколько 2) отдельный 3) различный 4) особый

severance ['sevr(ə)ns] отделение, разрыв

sever||e [sɪ'vɪə] 1) строгий; суровый 2) жестокий, тяжёлый *(о болезни, утрате и т. п.)* 3) холодный, суровый *(о климате, погоде)*; ~ity [-'verɪtɪ] суровость; строгость; жестокость

sew [sou] (sewed; sewn, sewed) шить; зашивать; ~ **on** пришивать

sewage ['sjuɪdʒ] сточные воды

sewerage ['sjuərɪdʒ] канализация

sewing-machine ['so(u)ɪŋ-mə‚ʃiːn] швейная машина

sewn [soun] *p. p. от* sew

sex [seks] 1) *биол.* пол 2) секс

sexual ['seksjuəl] половой, сексуальный

shabby ['ʃæbɪ] 1) поношенный, оборванный 2) низкий, подлый; ~ trick гнусный обман

shack [ʃæk] лачуга, хибарка

shackle ['ʃækl] 1. *n pl* кандалы; *перен.* оковы; узы 2. *v* заковывать в кандалы; *перен.* сковывать; обуздывать

shade [ʃeɪd] 1. *n* 1) тень 2) оттенок; нюанс 3) экран 4) *амер.* штора ◇ put smb. in the ~ затмить кого-л.; a ~ more expensive *разг.* чуточку дороже 2. *v* 1) заслонять от света, затенять 2) омрачать 3) тушевать, штриховать 4): ~ into незаметно переходить *(в другой цвет)*

shadow ['ʃædou] 1. *n* 1) тень *(человека, предмета)* 2) *pl* сумрак, полумрак 3) призрак 4) шпик ◇ ~ of doubt тень сомнения 2. *v* 1) отбрасывать тень 2) омрачать 3) следовать по пятам; выслеживать; ~y [-ɪ] 1) тенистый 2) тёмный, мрачный 3) неясный, призрачный

shady ['ʃeɪdɪ] 1) тенистый 2) тёмный, сомнительный; a ~ transaction тёмное дело

shaft [ʃɑːft] 1) древко *(копья)* 2) луч *(света)* 3) вспышка *(молнии)* 4) *тех.* вал, ось 5) оглобля

shaggy ['ʃægɪ] лохматый, косматый

shake [ʃeɪk] 1. *n* 1) встряска, сотрясение, толчок 2) *разг.* мгновение; in a ~, in two ~s, in half a ~ вмиг, мгновенно ◇ no great ~s неважный; with a ~ of the head кивнув головой 2. *v* (shook; shaken) 1) трясти, встряхивать; ~ hands обмениваться рукопожатием; пожать руку; ~ one's head отрицательно покачать головой 2) потрясать, волновать; I am shaken я потрясён 3) дрожать 4) взбалтывать *(бутылку)*; ~ **down** стряхивать *(плоды с дерева)*; ~ **off** стряхивать *(пыль)*; *перен.* избавляться *(от уны-*

SHA

ния и т. п.); ~ **up** встряхивать

shaken ['ʃeɪk(ə)n] *p. p.* от shake 2

shaky ['ʃeɪkɪ] 1) шáткий, нетвёрдый 2) трясýщийся 3) дрожáщий

shall [ʃæl *(полная форма)*, ʃəl *(редуцированная форма)*] (should) 1) *вспомогат. гл., образующий 1 л. ед. и мн. ч. бýдущего врéмени:* I ~ go there tomorrow я поéду тудá зáвтра 2) *выражает обязательность дéйствия, угрóзу и т. п.:* you ~ do this immediately вы сдéлаете это немéдленно; he ~ answer for his actions он отвéтит за свои дéйствия

shallow ['ʃælou] 1. *a* 1) мéлкий 2) повéрхностный, пустóй 2. *n* мелковóдье, мель; óтмель 3. *v* мелéть

shalt [ʃælt] *уст. 2 л. ед. ч. наст. вр. от* shall

sham [ʃæm] 1. *n* 1) поддéлка 2) притвóрщик, симулянт 3) притвóрство 2. *v* притворяться, симулировать 3. *a* притвóрный, фальшивый

shamble ['ʃæmbl] 1. *n* неуклюжая похóдка 2. *v* волочить нóги, тащиться

shambles ['ʃæmblz] *pl (употр. с гл. в ед. ч.)* бóйня; *перен. разг.* кавардáк

shame [ʃeɪm] 1. *n* 1) стыд; for ~! стыднó! ~ on you! как вам не стыднó! 2) позóр 2. *v* 1) срамить; стыдить 2) позóрить; **~faced** [-feist] стыдливый, застéнчивый

shame||ful ['ʃeɪmful] позóрный, постыдный; **~less** бесстыдный

shammy ['ʃæmɪ] зáмша

shampoo [ʃæm'pu:] 1. *n* 1) мытьё головы 2) шампýнь 2. *v* мыть гóлову

shamrock ['ʃæmrɔk] *бот.* кислица

shank [ʃæŋk] гóлень ◊ on Shank's mare ≃ на своих на двоих

shan't [ʃɑ:nt] *сокр. от* shall not

shape [ʃeɪp] 1. *n* 1) фóрма; очертáние; вид; take ~ оформляться 2) *разг.* положéние, состояние 3) образéц, модéль 2. *v* образóвывать, придавáть *или* принимáть вид, фóрму; **~less** бесфóрменный; **~ly** стрóйный

share I [ʃεə] лемéх, сошник *(плýга)*

share II [ʃεə] 1. *n* 1) часть, дóля 2) пай; áкция 2. *v* 1) делить, разделять; they ~d the secret они были посвящены́ в эту тáйну 2) делиться 3) владéть совмéстно 4) имéть дóлю *(в чём-л.)*; учáствовать; **~holder** [-,houldə] акционéр; пáйщик

shark [ʃɑ:k] акýла

sharp [ʃɑ:p] 1. *a* 1) óстрый, остроконéчный, отточенный 2) крутóй, рéзкий *(поворóт, спуск)* 3) отчётливый 4) рéзкий, пронзительный 5) óстрый, тóнкий *(о зрéнии, слýхе)* 6) язвительный, остроýмный 2. *n муз.* диéз 3. *v* плутовáть 4. *adv* тóчно, пунктуáльно ◊ look ~!

а) живе́е!; б) береги́сь!; ~en [ˈʃɑːp(ə)n] точи́ть; заостря́ть

sharper [ˈʃɑːpə] шу́лер

sharpshooter [ˈʃɑːpˌʃuːtə] сна́йпер

shatter [ˈʃætə] 1) разбива́ть вдре́безги 2) расша́тывать (*нервы, здоровье*) 3) разруша́ть (*надежды*); расстра́ивать (*планы и т. п.*)

shave [ʃeɪv] **1.** *n* бритьё **2.** *v* (shaved; shaved, shaven) 1) брить 2) бри́ться 3) почти́ заде́ть 4) скобли́ть

shaven [ˈʃeɪvn] *p. p.* от shave 2

shaving-brush [ˈʃeɪvɪŋbrʌʃ] ки́сточка для бритья́

shavings [ˈʃeɪvɪŋz] *pl* стру́жки

shawl [ʃɔːl] шаль

she [ʃiː (*полная форма*), ʃɪ (*редуцированная форма*)] *pers pron* им. п. (объектн. п. her) 1) она́ 2) *pref* при добавле́нии к сущ. обознача́ет са́мку: ~-goat коза́

sheaf [ʃiːf] **1.** *n* (*pl* sheaves) 1) сноп, вяза́нка (*соломы и т. п.*) 2) свя́зка, па́чка (*бумаг и т. п.*) **2.** *v* вяза́ть снопы́

shear [ʃɪə] **1.** *v* (sheared, *уст.* shore; shorn, sheared) стричь *n* 1) стри́жка 2) *pl* но́жницы

sheath [ʃiːθ] 1) но́жны 2) футля́р 3) *анат.* оболо́чка

sheathe [ʃiːð] 1) вкла́дывать в но́жны, в футля́р 2) *тех.* защища́ть

sheave [ʃiːv] *см.* sheaf 2

sheaves [ʃiːvz] *pl от* sheaf 1

shed I [ʃed] (shed) 1) роня́ть; теря́ть (*волосы, зубы и т. п.*) 2) пролива́ть (*кровь, слёзы*) 3) излуча́ть (*свет, тепло*)

shed II [ʃed] наве́с; сара́й

sheen [ʃiːn] сия́ние; блеск

sheep [ʃiːp] (*тж. pl*) бара́н, овца́; ~-dog [-dɔɡ] овча́рка; ~-fold [-fould] овча́рня

sheepish [ˈʃiːpɪʃ] 1) ро́бкий, засте́нчивый 2) глупова́тый

sheepskin [ˈʃiːpskɪn] овчи́на

sheer I [ʃɪə] **1.** *a* 1) я́вный 2) то́нкий (*о тканях*) 3) отве́сный, круто́й **2.** *adv* отве́сно **3.** *n pl* то́нкие чулки́ «паути́нка»

sheer II отклоня́ться от ку́рса

sheet [ʃiːt] 1) простыня́ 2) лист (*бумаги и т. п.*) 3) широ́кая полоса́ 4) газе́та 5) *attr.*: ~ iron листово́е желе́зо

shelf [ʃelf] (*pl* shelves) 1) по́лка 2) усту́п (*скалы*) 3) мель; риф ◇ be on the ~ быть ста́рым и нену́жным

shell [ʃel] **1.** *n* 1) ра́ковина 2) скорлупа́ (*яйца и т. п.*), оболо́чка 3) ги́льза (*патро́на*) 4) артиллери́йский снаря́д **2.** *v* 1) вынима́ть из ра́ковины 2) очища́ть (*от скорлупы́*); лущи́ть (*горо́х*) 3) обстре́ливать (*снаря́дами*); ~ out *разг.* расшеля́иваться

shellfish [ˈʃelfɪʃ] *зоол.* 1) моллю́ск 2) ракообра́зное

shell-proof [ˈʃelpruːf] защищённый от артиллери́йского

огня; бронированный; ~-shock [-ʃɔk] контузия

shelter ['ʃeltə] 1. *n* приют, кров, убежище; take ~ укрыться *(от дождя и т. п.)* 2. *v* 1) приютить 2) служить прикрытием 3) приютиться

shelve I [ʃelv] ставить на полку; *перен.* откладывать, класть в долгий ящик

shelve II отлого спускаться

shelves [ʃelvz] *pl от* shelf

shepherd ['ʃepəd] 1. *n* пастух 2. *v* 1) пасти овец 2) присматривать *(за кем-л.)*; ~ess [-ɪs] *поэт.* пастушка

sheriff ['ʃerɪf] шериф

sherry ['ʃerɪ] херес

shield [ʃiːld] 1. *n* щит; *перен.* защитник; защита 2. *v* защищать, заслонять

shift ['ʃɪft] 1. *n* 1) изменение; передвижение 2) (рабочая) смена 3) уловка, увёртка 2. *v* 1) сдвигать; перемещать; заменять 2) ухищряться, изворачиваться 3) меняться; перемещаться ◇ ~ for oneself обходиться без посторонней помощи; ~ the blame on to smb. else свалить вину на другого; ~ one's ground изменить точку зрения; ~ing; ~ing sands зыбучие пески; ~less 1) неумелый 2) ленивый

shifty ['ʃɪftɪ] продувной; хитрый

shilling ['ʃɪlɪŋ] шиллинг

shilly-shally ['ʃɪlɪˌʃælɪ] 1. *n* нерешительность 2. *v* колебаться

shimmer ['ʃɪmə] 1. *n* мерцание 2. *v* мерцать

shin [ʃɪn] голень

shindy ['ʃɪndɪ] *разг.* шум; суматоха; скандал; драка

shine [ʃaɪn] 1. *n* 1) сияние; свет *(солнечный, лунный)* 2) блеск, глянец, лоск 2. *v* (shone) 1) светить 2) сиять; сверкать 3) полировать, придавать блеск; чистить *(обувь)*

shingle I ['ʃɪŋgl] *стр.* дранка

shingle II стричь

shingle III галька

shingles ['ʃɪŋglz] *pl мед.* опоясывающий лишай

shining ['ʃaɪnɪŋ] 1) сияющий 2) блестящий

shiny ['ʃaɪnɪ] блестящий

ship ['ʃɪp] 1. *n* 1) корабль, судно 2) *амер.* самолёт 2. *v* 1) перевозить *(груз)* 2) грузить, производить посадку, погрузку *(на корабль)* ◇ ~ water зачерпнуть воду *(при качке)*; ~building [-ˌbɪldɪŋ] кораблестроение; ~mate [-meɪt] товарищ по плаванию

shipment ['ʃɪpmənt] 1) груз 2) погрузка

shipping ['ʃɪpɪŋ] 1) (торговый) флот 2) погрузка, перевозка грузов

shipshape ['ʃɪpʃeɪp] *predic* в полном порядке

ship‖wreck ['ʃɪprek] 1. *n* (корабле)крушение 2. *v* потерпеть (корабле)крушение; ~wright [-raɪt] кораблестроитель; ~yard [-jɑːd] верфь

shire ['ʃaɪə] графство *(ад-*

министративно-территориальная единица в Англии)

shirk ['ʃəːk] увиливать, уклоняться *(от работы, обязанностей);* ~er человек, уклоняющийся от работы

shirt ['ʃəːt] мужская рубашка; блуза; ~ing материя для мужских рубашек

shirt-sleeves ['ʃəːtsliːvz]: in one's ~ в рубашке *(без пиджака)*

shirty ['ʃəːti] *разг.* раздражительный

shiver I ['ʃivə] 1. *n* дрожь, трепет, содрогание; it gives me the ~s это вызывает у меня дрожь 2. *v* дрожать, трястись

shiver II 1. *n (обыкн. pl)* осколки; обломки 2. *v* 1) разбивать вдребезги 2) разбиваться вдребезги

shivery ['ʃivəri] дрожащий, трепещущий

shoal I [ʃoul] 1. *n* косяк, стая *(рыб)* ◇ ~s of people масса людей 2. *v* собираться стаями *(о рыбах)*

shoal II 1. *n* мель; *pl перен. книжн.* скрытые опасности или трудности 2. *a*: ~ water мелководье 3. *v* мелеть

shock I [ʃɔk] 1. *n с.-х.* копна 2. *v* ставить в копны

shock II копна волос, всклокоченные волосы

shock III ['ʃɔk] 1. *n* 1) удар; толчок 2) потрясение 3) *мед.* шок 2. *v* 1) потрясать 2) шокировать, возмущать; ~ing 1. *a* потрясающий, скандальный, ужасный 2. *adv разг.* очень

shod [ʃɔd] *past и p. p. от* shoe 2

shoddy ['ʃɔdi] дрянной

shoe ['ʃuː] 1. *n* 1) башмак, туфля 2) подкова 2. *v* (shod) 1) *(обыкн. pass)* обувать; well shod в прочной обуви 2) подковывать *(лошадь);* ~black [-blæk] чистильщик сапог; ~horn [-hɔːn] рожок *(для обуви);* ~lace [-leis] шнурок для ботинок; ~maker [-,meikə] сапожник

shone [ʃɔn] *past и p. p. от* shine 2

shoo [ʃuː] вспугивать, прогонять *(птиц)*

shook [ʃuk] *past от* shake 2

shoot ['ʃuːt] 1. *v* (shot) 1) стрелять; расстреливать 2) пронестись, промчаться, промелькнуть 3) распускаться, пускать ростки 4) *разг.* фотографировать; снимать фильм 5) *спорт.* бить *(или* ударять*)* по мячу 2. *n* 1) росток; побег 2) наклонный сток, жёлоб 3) состязание в стрельбе; ~ing 1) стрельба 2) охота 3) право охоты; ~-gallery [-,gæləri] крытый тир

shooting-range ['ʃuːtiŋreindʒ] тир

shooting-star ['ʃuːtiŋstɑː] падающая звезда

shop ['ʃɔp] 1. *n* 1) магазин, лавка 2) мастерская, цех 3) *attr.*: ~ assistant продавец; ~ window витрина ◇ all over the ~ в беспорядке; talk ~ говорить в обществе о своих служебных делах 2. *v* покупать, делать поку́пки; **~keeper** [-ˌkiːpə] ла́вочник; **~-steward** [-stjuəd] цехово́й ста́роста

shore I [ʃɔː] бе́рег

shore II *past от* shear 1

shore III 1. *n* подпо́рка 2. *v*: ~ up подпира́ть

shoreward [ˈʃɔːwəd] по направле́нию к бе́регу

shorn [ʃɔːn] *p. p. от* shear 1

short [ʃɔːt] 1. *a* 1) коро́ткий; кра́ткий 2) ни́зкий *(о росте)* 3) ску́дный; недоста́точный; ~ of breath запыха́вшийся; ~ weight непо́лный вес, недове́с; fall ~ а) не хвата́ть; б) обману́ть ожида́ния; we are ~ of supplies запа́сов у нас недоста́точно 4) гру́бый, ре́зкий *(об ответе, речи и т. п.)*; he was very ~ with me он был со мной ре́зок ◇ nothing ~ of не ме́нее чем; his action is nothing ~ of criminal его́ посту́пок — про́сто преступле́ние 2. *adv* ре́зко, кру́то; внеза́пно; cut ~ оборва́ть, пресе́чь; stop ~ внеза́пно останови́ться ◇ fall ~ of expectations не оправда́ть наде́жд; go *(или* be) ~ of не хвата́ть *(чего-л.)* 3. *n* 1) *грам.* кра́ткий гла́сный *или* слог 2) *pl* трусы́, шо́рты 3) *эл.* коро́ткое замыка́ние ◇ in ~ вкра́тце, ко́ротко говоря́

shortage [ˈʃɔːtɪdʒ] нехва́тка, недоста́ток

shortbread [ˈʃɔːtbred] песо́чное пече́нье

short-circuit [ˈʃɔːtˈsəːkɪt] *эл.* коро́ткое замыка́ние

shortcoming [ʃɔːtˈkʌmɪŋ] *(обыкн. pl)* недоста́ток, дефе́кт

shorten [ˈʃɔːtn] 1) укора́чивать 2) укора́чиваться

shorthand [ˈʃɔːthænd] стеногра́фия

short-lived [ˈʃɔːtˈlɪvd] недолгове́чный, мимолётный

shortly [ˈʃɔːtlɪ] 1) вско́ре 2) вкра́тце 3) отры́висто, ре́зко

short-sighted [ˈʃɔːtˈsaɪtɪd] близору́кий; *перен.* недальнови́дный

short-tempered [ˈʃɔːtˈtempəd] вспы́льчивый

shot I [ʃɔt] *past и p. p. от* shoot 1

shot II 1. *n* 1) вы́стрел; good ~ ме́ткий вы́стрел 2) попы́тка; have a ~ at smth. пыта́ться сде́лать что-л. 3) стрело́к; first-class ~ первокла́ссный стрело́к 4) ядро́, пу́ля; дробь 5) *кино* кадр 6) *разг.* впры́скивание ◇ big ~ ва́жная ши́шка 2. *v* заряжа́ть

should [ʃud *(полная форма)*, ʃəd *(редуцированная форма)*] 1) вспомогат. гл., образу́ющий 1 л. ед. и мн. ч.: а) *бу́дущее в проше́дшем*: I (we) told them I (we) ~ be able to come я (мы) сказа́л (сказа́ли), что смогу́ (смо́жем) прийти́; б) *усло́вное накл.*: if I knew them I ~ speak to them е́сли бы я их знал, я бы с ни́ми поговори́л; if we had known him then we ~ have spoken to him е́сли бы мы его́ тогда́ зна́ли, мы бы с ним поговори́ли; I ~ like to go there я бы хоте́л пойти́ туда́; 2) *предположи́тельное накл. (для всех лиц)*: I suggest that he ~ go there я предлага́ю, что́бы он пое́хал туда́ 3) до́лжен бы, должна́ бы, должно́ бы *и т. д.*: you ~ be more attentive вы должны́ бы (вам бы сле́довало) быть внима́тельным; he ~ have consulted a doctor ему́ сле́довало бы посове́товаться с врачо́м ◇ why ~ I do this? заче́м бы я стал э́то де́лать?; whom ~ I meet there but John himself? кого́ же (ты ду́маешь) я встре́тил там, как не самого́ Джо́на!; he ~ be at home now он до́лжен бы быть сейча́с до́ма

shoulder ['ʃouldə] 1. *n* плечо́; лопа́тка ◇ straight from the ~ пря́мо, без обиняко́в 2. *v* 1) взва́ливать на́ спи́ну *(или* на пле́чи*); перен.* брать на себя́ *(отве́тственность, рабо́ту)* 2) прота́лкиваться; ~-**blade** [-bleid] *анат.* лопа́тка; ~-**strap** [-stræp] *воен.* пого́н

shout [ʃaut] 1. *n* крик 2. *v* крича́ть

shove [ʃʌv] 1) толка́ть 2) сова́ть, впи́хивать

shovel ['ʃʌvl] лопа́та; сово́к

show [ʃou] 1. *n* 1) пока́з 2) вы́ставка 3) вне́шний вид, ви́димость 4) спекта́кль ◇ vote by ~ of hand голосова́ть подня́тием руки́ 2. *v* (showed; showed, shown) 1) пока́зывать, демонстри́ровать; ~ one's teeth оска́лить зу́бы, зарыча́ть 2) проявля́ть *(чувства)*; he ~ed me great kindness он прояви́л ко мне большо́е уча́стие 3) провожа́ть 4) пока́зываться, появля́ться; ~ **in** вводи́ть, провести́ *(в помеще́ние)*; ~ **off** пуска́ть пыль в глаза́; рисова́ться; ~ **round** пока́зывать *(го́род, музе́й, дом и т. п.)*; ~ **up** а) изобличи́ть, разоблача́ть; б) приходи́ть; has my friend shown up yet? мой друг уже́ пришёл?; he never ~ed up at the theatre он так и не яви́лся в теа́тр

shower ['ʃauə] 1. *n* 1) ли́вень 2) град *(пуль, вопро́сов и т. п.)* 2. *v* 1) ли́ться ли́внем 2) засыпа́ть *(камня́ми, вопро́сами и т. п.)*; ~-**bath** [-bɑːθ] душ

shown [ʃoun] *p. p.* от show 2

show-window ['ʃou'windou] витри́на

showy ['ʃoui] 1) я́ркий; эффе́ктный 2) *(обыкн. презр.)* крича́щий

shrank [ʃræŋk] *past* от shrink

shred [ʃred] 1. *n* лоскуто́к, тря́пка; клочо́к; tear (in)to ~s разорва́ть в клочки́ ◇ not a ~ of evidence ни мале́йших ули́к 2. *v* (shred, shredded) рвать, кромса́ть

shrew [ʃruː] 1) сварли́вая же́нщина 2) *зоол.* землеро́йка

shrewd [ʃruːd] 1) проница́тельный *(о челове́ке)* 2) уда́чный *(об отве́те и т. п.)*

3) пронзительный, резкий (*о ветре*)

shrewish ['ʃruːɪʃ] сварливый

shriek [ʃriːk] 1. *n* пронзительный крик 2. *v* пронзительно кричать

shrill [ʃrɪl] 1. *a* резкий, пронзительный 2. *v* пронзительно кричать, визжать; выть (*тж. перен.*)

shrimp [ʃrɪmp] креветка; *перен. шутл.* козявка

shrine [ʃraɪn] придорожный крест, часовня

shrink ['ʃrɪŋk] (shrank, shrunk; shrunk, shrunken) 1) сжиматься; садиться (*о материи*); сморщиваться 2) отпрянуть; отступать; ~ from society избегать общества; ~age [-ɪdʒ] сокращение, сжатие

shrivel ['ʃrɪvl] съёживаться, ссыхаться

shroud [ʃraud] 1. *n* 1) саван 2) покров 3) *тех.* кожух 4) *pl мор.* ванты 2. *v* 1) завёртывать в саван 2) скрывать, укрывать

Shrovetide ['ʃrouvtaɪd] масленица

shrub ['ʃrʌb] куст; кустарник; ~bery [-ərɪ] заросли кустарника

shrug [ʃrʌg]: ~ one's shoulders пожимать плечами

shrunk [ʃrʌŋk] *past и p. p. от* shrink

shrunken ['ʃrʌŋk(ə)n] *p. p. от* shrink

shudder ['ʃʌdə] 1. *n* дрожь; содрогание 2. *v* вздрагивать, содрогаться

shuffle ['ʃʌfl] 1. *n* 1) шарканье 2) тасование (*карт*) 3) перемещение 4) уловка 2. *v* 1) волочить ноги 2) подтасовывать факты; вилять, хитрить 3) перемешивать, перемещать 4) тасовать (*карты*)

shun [ʃʌn] избегать, остерегаться

shunt [ʃʌnt] 1. *v ж.-д.* переводить на запасный путь; *перен., разг.* откладывать, класть под сукно 2. *n* 1) *ж.-д.* перевод на запасный путь 2) *эл.* шунт

shut [ʃʌt] (shut) 1) закрывать, затворять 2) закрываться, затворяться; ~ **down** а) закрывать; б) прекращать работу (*на фабрике и т. п.*); ~ **in** запирать; ~ **off** выключать (*воду, ток*); ~ **out** не допускать ◇ ~ up! *разг.* (за)молчи!

shutter ['ʃʌtə] ставень

shy [ʃaɪ] 1. *a* робкий, застенчивый 2. *v* бросаться в сторону (*о лошади*)

sibilant ['sɪbɪlənt] шипящий, свистящий (*звук*)

sick ['sɪk] 1) *predic*: feel ~ чувствовать тошноту 2) больной; fall ~ заболеть 3) *разг.* пресыщенный, уставший (*от чего-л.*); I am ~ and tired of it мне это до смерти надоело ◇ ~ at *разг.* огорчённый; ~ for тоскующий, по; ~-**bed** [-bed] постель больного

sicken ['sɪkn] 1) заболеть 2) вызывать отвращение 3) чувствовать отвращение

sickle ['sɪkl] серп

sick∥-leave ['sɪk'liːv] отпуск по болезни; **-list** [-lɪst] больничный лист

sick∥ly ['sɪklɪ] 1) болезненный; слабого здоровья 2) тошнотворный; **~ness** 1) болезнь 2) тошнота

side [saɪd] 1. *n* 1) сторона; бок; ~ by ~ рядом; on the ~ of the box на ящике сбоку 2) край; склон *(горы)* 3) линия *(родства)* ◊ work on the ~ подрабатывать на стороне; take ~s стать на чью-л. сторону; ~ issues второстепенные вопросы 2. *v (with)* примкнуть *(к кому-либо)*, быть на стороне *(кого-либо)*

sideboard ['saɪdbɔːd] буфет

side-car ['saɪdkɑː] коляска мотоцикла

side-line ['saɪdlaɪn] побочная работа

sidelong ['saɪdlɔŋ] 1. *a* 1) боковой 2) косой 2. *adv* вкось

side-saddle ['saɪd,sædl] дамское седло

side-slip ['saɪdslɪp] 1) скользить вбок 2) *ав.* скользить на крыло

side-track ['saɪdtræk] 1. *n ж.-д.* запасный путь 2. *v ж.-д.* переводить на запасный путь; *перен.* перевести разговор на другую тему

side-view ['saɪdvjuː] профиль; вид сбоку

side-walk ['saɪdwɔːk] *амер.* тротуар

side∥ward(s), **~ways** ['saɪdwəd(z), -weɪz] 1) в сторону; вбок 2) косвенно

siding ['saɪdɪŋ] *ж.-д.* запасный путь

sidle ['saɪdl] (под)ходить бочком

siege ['siːdʒ] осада; lay ~ *(to)* осадить; stand a ~ выдержать осаду; **~-gun** [-gʌn] *ист.* осадное орудие

sienna [sɪ'enə] сиена *(краска)*

sieve [sɪv] 1. *n* решето; сито; a memory like a ~ ≅ голова как решето 2. *v* просеивать

sift [sɪft] 1) просеивать; отсеивать 2) тщательно исследовать, проверять *(факты, данные)*

sigh [saɪ] 1. *n* вздох 2. *v* 1) вздыхать 2) тосковать *(for)*

sight [saɪt] 1. *n* 1) зрение; поле зрения; catch ~ *(of)* увидеть; lose ~ *(of)* потерять из виду; забыть, упустить из виду; in ~ в поле зрения 2) вид, зрелище 3) *pl* достопримечательности; see the ~s *(of)* осмотреть достопримечательности *(города и т. п.)* 4) прицел 5) *разг.* множество; ◊ shoot at *(или* on*)* ~ стрелять без предупреждения 2. *v* 1) увидеть, заметить 2) наблюдать *(за звёздами)* 3) наводить *(орудие)*; **~less** слепой; **~ly** красивый, приятный на вид; видный

sightseeing ['saɪt,siːɪŋ]: go ~ осматривать достопримечательности

sign [saɪn] 1. *n* 1) признак;

символ 2) знак 3) вывеска; указатель 2. *v* 1) подписывать; ~ a contract подписать контракт 2) подписываться 3) ставить знак 4) делать знак (*рукой*); ~ away, ~ over передавать (*права и т. п.*); ~ up записываться добровольцем (*в армию*)

signal ['sɪgnl] 1. *n* сигнал; знак 2. *a* выдающийся, замечательный 3. *v* сигнализировать, давать сигнал; ~-**book** [-buk] код, сигнальная книга; ~-**box** [-bɔks] *ж.-д.* сигнальная будка

signalize ['sɪgnəlaɪz] отмечать, прославлять

signalman ['sɪgnlmən] сигнальщик

signatory ['sɪgnət(ə)rɪ] 1. *n* сторона, подписавшая договор 2. *a* подписавший (*договор*)

signature ['sɪgnɪtʃə] подпись

signboard ['saɪnbɔːd] вывеска

signet ['sɪgnɪt] печать, печатка

signific||ance [sɪg'nɪfɪkəns] 1) значение; смысл 2) (много)значительность; ~**ant** [-ənt] важный; многозначительный; ~**ation** [ˌsɪgnɪfɪ'keɪʃ(ə)n] смысл, значение

signify ['sɪgnɪfaɪ] 1) выражать 2) значить, означать; иметь значение

signpost ['saɪnpoust] указательный столб

silage ['saɪlɪdʒ] силос

silence ['saɪləns] 1. *n* тишина; молчание; break ~ нарушать тишину (*или* молчание) 2. *v* 1) заставлять молчать; успокаивать 2) заглушать

silencer ['saɪlənsə] *тех.* глушитель

silent ['saɪlənt] 1) безмолвный; тихий 2) молчаливый

silhouette [ˌsɪluː'et] силуэт

silica ['sɪlɪkə] кремнезём

silk ['sɪlk] 1) шёлк 2) шёлковая материя; ~**en** [-(ə)n] шелковистый

silk-mill ['sɪlkmɪl] шелкопрядильная фабрика

silkworm ['sɪlkwəːm] шелковичный червь

silky ['sɪlkɪ] шелковистый, мягкий

sill [sɪl] подоконник

silly ['sɪlɪ] 1) глупый 2) слабоумный

silo ['saɪlou] силосная яма *или* башня

silt [sɪlt] ил; осадок

silvan ['sɪlvən] *см.* sylvan

silver ['sɪlvə] 1. *n* серебро 2. *a* 1) серебряный 2) серебристый (*тж. перен.* — *о звуке*); ~ fox черно-бурая лисица ◇ be born with a ~ spoon in one's mouth ≅ родиться в рубашке 3. *v* 1) серебрить; покрывать ртутью 2) серебриться; ~**smith** [-smɪθ] серебряных дел мастер; ~**ware** [-wɛə] серебряные изделия

silvery ['sɪlv(ə)rɪ] 1) серебристый 2) чистый, ясный (*о звуке*); мелодичный

simi||lar ['sɪmɪlə] похожий (*на*), сходный (*с*); ~ expres-

sions одинаковые выражения; ~ to smth. подобный чему-л.; **~larity** [,sɪmɪ'lærɪtɪ] сходство; **~litude** [sɪ'mɪlɪtjuːd] подобие

simmer ['sɪmə] 1) закипать 2): ~ with laughter (rage) еле сдерживать смех (гнев); ~ **down** *перен.* успокаиваться, остывать

simper ['sɪmpə] 1. *n* глупая *или* самодовольная улыбка; ухмылка 2. *v* глупо *или* самодовольно улыбаться; ухмыляться

simple ['sɪmpl] 1) простой, несложный; неразложимый на части; ~ equation *мат.* уравнение первой степени; ~ fraction *мат.* правильная дробь; ~ interest простые проценты; ~ quantity однозначное число; ~ sentence *грам.* простое предложение 2) глуповатый ◊ ~ facts голые факты; **~-hearted, ~-minded** [-'hɑːtɪd, -'maɪndɪd] простодушный

simpleton ['sɪmplt(ə)n] простак

simplicity [sɪm'plɪsɪtɪ] 1) простота 2) простодушие

simplify ['sɪmplɪfaɪ] упрощать

simply ['sɪmplɪ] 1) просто, несложно 2) скромно 3) простодушно; искренне 4) просто, прямо-таки

simulate ['sɪmjuleɪt] симулировать; **~tion** [,sɪmju'leɪʃ(ə)n] симуляция

simultane‖ity [,sɪm(ə)ltə'nɪːɪtɪ] одновременность; **~ous** [-'teɪnjəs] одновременный

sin [sɪn] 1. *n* грех 2. *v* грешить

since [sɪns] 1. *prep* с; I have not seen him ~ 1960 я не видел его с 1960 года 2. *cj* 1) с тех пор; как; where have you been ~ I saw you last? где вы были с тех пор как я видел вас в последний раз? 2) так как, поскольку; ~ that is so, there is no more to be said раз так, то не о чем больше говорить 3. *adv* с тех пор; I have not seen her ~ я её не видел с тех пор

sincer‖e [sɪn'sɪə] искренний, неподдельный; **~ity** [-'serɪtɪ] искренность

sine [saɪn] *мат.* синус

sinew ['sɪnjuː] 1) сухожилие 2) *pl* мускулатура; физическая сила; **~y** [-ɪ] мускулистый

sinful ['sɪnful] грешный

sing [sɪŋ] (sang; sung) петь; *поэт.* воспевать; ~ **out** кричать ◊ ~ another song переменить тон; ~ small сбавить тон

singe [sɪndʒ] опалить *(птицу и т. п.)*

singer ['sɪŋə] певец; певица

single ['sɪŋgl] 1. *a* 1) единственный, один 2) отдельный, обособленный 3) одинокий, холостой; незамужняя ◊ a ~ room комната на одного 2. *v* отбирать, выбирать *(тж.* ~ out); **~-breasted** [-'brestɪd] однобортный; **~-seater** [-,siːtə] одноместный автомобиль *или* самолёт

singlet ['sɪŋglɪt] фуфайка

singsong ['sɪŋsɔŋ] 1) импровизи́рованный конце́рт 2) *attr*.: a ~ voice моното́нный го́лос

singular ['sɪŋgjulə] 1. *a* 1) стра́нный, необы́чный, своеобра́зный 2) исключи́тельный, необыкнове́нный 3) *грам.* еди́нственный 2. *n грам.* еди́нственное число́; ~ity [,sɪŋgju'lærɪtɪ] 1) стра́нность, осо́бенность; своеобра́зие 2) специфи́чность

sinister ['sɪnɪstə] дурно́й; злове́щий

sink I [sɪŋk] ра́ковина *(кухонная)*

sink II [sɪŋk] (sank; sunk, sunken) 1) тону́ть, утопа́ть 2) погружа́ть; опуска́ть 3) погружа́ться; опуска́ться, оседа́ть 4) запада́ть *(о щеках, глазах)* 5): he was ~ing fast он бы́стро угаса́л ◇ I hope these words sank into your mind наде́юсь, что э́ти слова́ вы твёрдо запо́мнили; ~er грузи́ло; ~ing погруже́ние

sinking-fund ['sɪŋkɪŋ'fʌnd] *эк.* амортизацио́нный фонд

sinless ['sɪnlɪs] безгре́шный

sinner ['sɪnə] гре́шник

sinuous ['sɪnjuəs] изви́листый

sip [sɪp] 1. *n* ма́ленький глото́к 2. *v* пить ма́ленькими глотка́ми; потя́гивать

siphon ['saɪf(ə)n] сифо́н

sir [sə:] сэр, суда́рь, господи́н

sirloin ['sə:lɔɪn] филе́йная часть *(туши)*

siskin ['sɪskɪn] чиж

sissy ['sɪsɪ] *презр.* не́женка

sister ['sɪstə] сестра́; ~-in-law ['sɪst(ə)rɪnlɔ:] (*pl* sisters-in-law) неве́стка *(жена брата)*; золо́вка *(сестра мужа)*; своя́ченица *(сестра жены)*

sisterly ['sɪstəlɪ] сестри́нский

sit [sɪt] (sat) 1) сиде́ть 2) пози́ровать *(for)* 3) представля́ть в парла́менте *(округ, партию)* 4) заседа́ть *(о суде)*; ~ **down** сади́ться; ~ **out** а) досиде́ть до конца́; б) сиде́ть и не танцева́ть; ~ **up** а) сиде́ть *(в постели)*; б) не ложи́ться спать; we sat up all night talking мы всю ночь проговори́ли

site [saɪt] 1) ме́сто, уча́сток; building ~ строи́тельная площа́дка 2) местоположе́ние, местонахожде́ние

sitter-in ['sɪtər'ɪn] приходя́щая ня́ня

sitting ['sɪtɪŋ] 1) заседа́ние 2) сеа́нс ◇ at a ~ в оди́н присе́ст; ~-**room** [-rum] гости́ная

situated ['sɪtjueɪtɪd] располо́женный

situation [,sɪtju'eɪʃ(ə)n] 1) местоположе́ние, ме́сто 2) положе́ние, ситуа́ция 3) рабо́та, до́лжность

six ['sɪks] шесть ◇ at ~es and sevens в беспоря́дке, вверх дном; ~**fold** [-fould] 1. *a* шестикра́тный 2. *adv* вше́стеро; ~-**shooter** [-'ʃu:tə] *разг.* шестизаря́дный револьве́р

six‖teen ['sɪks'ti:n] шестна́дцать; ~**teenth** [-'ti:nθ] шестна́дцатый; ~th [-θ] шесто́й; ~tieth [-tɪθ] шестидеся́тый; ~ty 1) шестьдеся́т 2): the ~ties шестидеся́тые го́ды

sizable ['saɪzəbl] значи́тельных разме́ров

size [saɪz] 1) разме́р, величина́; объём 2) форма́т

sizzle ['sɪzl] 1. *n* шипе́ние 2. *v* шипе́ть

skate I [skeɪt] скат *(рыба)*

skat||**e** II ['skeɪt] 1. *n* конёк 2. *v* ката́ться на конька́х ◇ ~ over thin ice делика́тно каса́ться щекотли́вой те́мы; ~er конькобе́жец

skating-rink ['skeɪtɪŋrɪŋk] като́к

skein [skeɪn] мото́к

skeleton ['skelɪtn] 1) скеле́т, о́стов; карка́с 2) набро́сок, план ◇ ~ key отмы́чка; family ~ семе́йная та́йна

sketch ['sketʃ] 1. *n* 1) эски́з, набро́сок 2) скетч 2. *v* де́лать набро́сок, эски́з; ~-book [-buk] альбо́м для зарисо́вок

sketchy ['sketʃɪ] 1) эски́зный; кра́ткий, схемати́чный 2) пове́рхностный; отры́вочный

skew [skjuː] 1) косо́й 2) асимметри́чный

skewbald ['skjuːbɔːld] пе́гий

skewer [skjuə] 1. *n* ве́ртел 2. *v* наса́живать на ве́ртел

skew-eyed ['skjuː'aɪd] косогла́зый

ski [skiː] 1. *n* лы́жа 2. *v* (ski'd) ходи́ть на лы́жах

skid [skɪd] *тех.* 1. *n* 1) тормозно́й башма́к 2) скольже́ние колёс 2. *v* скользи́ть; буксова́ть

ski'd [skiːd] *past* и *p. p.* от ski 2

skier ['skiːə] лы́жник

skiff [skɪf] ялик

skilful ['skɪlful] иску́сный, уме́лый

skill [skɪl] мастерство́, иску́сство; сноро́вка; ~ed [-d] о́пытный; квалифици́рованный

skim ['skɪm] 1. *v* 1) снима́ть *(сливки, пенки)* 2) скользи́ть по пове́рхности *(тж. ~ through)* 3) бе́гло прочи́тывать 2. *а:* ~ milk снято́е молоко́; ~mer шумо́вка

skimp ['skɪmp] 1) ску́дно снабжа́ть 2) эконо́мить; ~y [-ɪ] 1) ску́дный, недоста́точный 2) скупо́й

skin [skɪn] 1. *n* 1) ко́жа; шку́ра 2) мех *(для вина)* 3) кожура́; baked potatoes in their ~s карто́фель в мунди́ре ◇ have a thin ~ быть оби́дчивым 2. *v* сдира́ть *(кожу, шкуру, кожуру; тж. перен.)*; ~ over покрыва́ться ко́жицей; зарубцо́вываться *(о ране)*

skin-deep ['skɪn'diːp] пове́рхностный

skinflint ['skɪnflɪnt] скупе́ц, скря́га

skin-grafting ['skɪn,grɑːftɪŋ] *мед.* переса́дка ко́жи

skinner ['skɪnə] скорня́к

skinny ['skɪnɪ] худо́й, то́щий

skip [skɪp] 1. *n* прыжо́к, скачо́к 2. *v* пры́гать, ска-

skіpper ['skɪpə] шкипер, капитан *(торгового судна)*

skirmish ['skə:mɪʃ] 1. *n* схватка, стычка; перестрелка 2. *v* сражаться мелкими отрядами

skirt [skə:t] 1. *n* 1) юбка 2) пола *(платья)* 3) *(обыкн. pl)* край, окраина 2. *v* быть расположенным, идти по краю; окружать, окаймлять; ~ **along** идти *(вдоль берега, стены и т. п.)*

skirting(-board) ['skə:tɪŋbɔ:d] плинтус

skit ['skɪt] шутка; пародия; ~**tish** 1) игривый, резвый; весёлый 2) норовистый *(о лошади)*

skittles ['skɪtlz] *pl* кегли

skulk [skʌlk] 1) таиться, скрываться; отлынивать от работы 2) красться

skull ['skʌl] череп; ~-**cap** [-kæp] ермолка; тюбетейка

skunk [skʌŋk] 1) *зоол.* скунс, вонючка 2) скунсовый мех 3) *разг.* подлец, дрянь *(о человеке)*

sky ['skaɪ] небо, небеса; praise to the skies превозносить до небес; ~-**blue** [-'blu:] лазурный; ~-**high** [-'haɪ] до небес, очень высоко; ~-**lark** [-lɑ:k] 1. *n* жаворонок 2. *v* забавляться, проказничать; ~-**light** [-laɪt] световой люк; ~-**scraper** [-,skreɪpə] небоскрёб

skyward(s) ['skaɪwəd(z)] (направленный) к небу

slab [slæb] плита, пластина

slack I [slæk] угольная пыль

slack II 1. *a* 1) *разг.* расхлябанный 2) ненатянутый *(о канате)* 3) вялый 4) слабый ◇ ~ water время между приливом и отливом 2. *v* распускаться; лодырничать; ~ **up** замедлять скорость

slack‖**en** ['slæk(ə)n] 1) ослаблять, развязывать, отпускать 2) замедлять *(скорость)*; ~**er** лодырь, прогульщик

slacks [slæks] *pl* широкие брюки; дамские брюки

slag [slæg] шлак

slain [sleɪn] *p. p. от* slay

slake [sleɪk] утолять *(жажду)*

slalom ['sleɪləm] *спорт.* слалом

slam [slæm] 1. *v* 1) хлопать 2) захлопнуть 2. *n* хлопанье *(дверями)*

slander ['slɑ:ndə] 1. *n* клевета; сплетня 2. *v* клеветать, злословить; ~**ous** [-rəs] клеветнический

slang ['slæŋ] сленг; жаргон; ~**y** [-ɪ] жаргонный

slant ['slɑ:nt] 1. *n* уклон, наклон 2. *v* 1) наклонять; отклонять 2) наклоняться; отклоняться; ~**ing** наклонный; косой; ~**wise** [-waɪz] косо

slap [slæp] 1. *n* шлепок; ~ in the face пощёчина 2. *v* шлёпать, хлопать 3. *adv разг.* вдруг; прямо

slash [slæʃ] 1. *n* 1) уда́р сплеча́ 2) разре́з 3) вы́рубка 2. *v* 1) руби́ть *(са́блей)*; полосова́ть, хлеста́ть 2) де́лать разре́з; ~**ing**: ~ing criticism ре́зкая кри́тика

slat [slæt] перекла́дина, пла́нка

slate I [sleɪt] *разг.* раскритикова́ть

slate II [sleɪt] 1. *n* 1) сла́нец; ши́фер 2) гри́фельная доска́ 3) *амер.* спи́сок кандида́тов 2. *v* крыть ши́фером *(кры́шу)*; ~**-pencil** [-ˈpensl] гри́фель

slattern [ˈslætən] неря́ха; ~**ly** неря́шливый

slaughter [ˈslɔːtə] 1. *n* 1) забо́й, убо́й *(скота́)* 2) кровопроли́тие, резня́ 2. *v* убива́ть; ре́зать; ~**-house** [-haus] бо́йня

Slav [slɑːv] 1. *a* славя́нский 2. *n* славяни́н; славя́нка

slave [sleɪv] 1) раб, нево́льник 2) *attr.* ра́бский; ~**-driver** [-ˌdraɪvə] надсмо́трщик над нево́льниками; *перен.* эксплуата́тор

slaver I [ˈsleɪvə] 1. *n* слюна́ 2. *v* пуска́ть слюну́

slaver II [ˈsleɪvə] 1) работорго́вец 2) нево́льничье су́дно; ~**y** [-rɪ] 1) ра́бство 2) тяжёлая *или* пло́хо опла́чиваемая рабо́та

slavish [ˈsleɪvɪʃ] ра́бский

slaw [slɔː] *амер.* сала́т из шинко́ванной капу́сты (*тж.* cold ~)

slay [sleɪ] (slew; slain) убива́ть

sleazy [ˈsliːzɪ] *разг.* неря́шливый

sled [sled] *см.* sledge I

sledge I [sledʒ] 1. *n* са́ни *мн.*, саля́зки *мн.* 2. *v* ката́ться на саня́х

sledge II [ˈsledʒ] кузне́чный мо́лот; ~**-hammer** [-ˌhæmə] *см.* sledge II

sleek [sliːk] 1. *a* гла́дкий; лосня́щийся; прили́занный 2. *v* прила́живать, прили́зывать

sleep [sliːp] 1. *n* сон; deep ~ глубо́кий сон; sound ~ кре́пкий сон; go to ~ засыпа́ть; get enough ~ вы́спаться 2. *v* (slept) спать, засну́ть; ~ oneself out вы́спаться; ~ the clock round проспа́ть це́лые су́тки; ~ **away** проспа́ть *(что-л.)*

sleeper [ˈsliːpə] 1) спя́щий 2) *ж.-д.* шпа́ла

sleeping-bag [ˈsliːpɪŋbæg] спа́льный мешо́к

sleeping-car [ˈsliːpɪŋkɑː] спа́льный ваго́н

sleeping-draught [ˈsliːpɪŋdrɑːft] снотво́рное (сре́дство)

sleeping-sickness [ˈsliːpɪŋˌsɪknɪs] *мед.* со́нная боле́знь

sleepless [ˈsliːplɪs] бессо́нный

sleep-walker [ˈsliːpˌwɔːkə] луна́тик

sleepy [ˈsliːpɪ] со́нный; сонли́вый

sleet [ˈsliːt] 1. *n* снег *или* град с дождём 2. *v безл.*: it ~s идёт снег *или* град с дождём; ~**y** [-ɪ] сля́котный

sleeve [sliːv] 1) рука́в 2)

sleigh ['sleɪ] са́ни; **~-bell** [-bel] бубе́нчик

slender ['slendə] 1) то́нкий, стро́йный, ги́бкий 2) ску́дный, незначи́тельный 3) сла́бый, небольшо́й

slept [slept] *past и p. p. от* sleep 2

sleuth(-hound) ['slu:θ(-haund)] 1) соба́ка-ище́йка 2) *разг.* сы́щик

slew I [slu:] *past от* slay

slew II повора́чивать, враща́ть (*тж.* ~ round)

slice [slaɪs] 1. *n* 1) ло́мтик; то́нкий слой 2) широ́кий нож 2. *v* 1) ре́зать ло́мтиками 2) *спорт.* сре́зать (*мяч*)

slick [slɪk] *разг.* 1. *a* 1) гла́дкий 2) ло́вкий, бы́стрый; хи́трый 2. *adv* гла́дко, ло́вко

slid [slɪd] *past и p. p. от* slide 2

slid‖**e** ['slaɪd] 1. *n* 1) скольже́ние 2) като́к; ледяна́я гора́ 2. *v* (slid) скользи́ть; ката́ться (*по льду*); ката́ться с горы́; **~ing**: ~ing scale скользя́щая шкала́

slight I [slaɪt] 1) изя́щный, стро́йный, хру́пкий 2) ску́дный, недоста́точный 3) незначи́тельный, лёгкий, сла́бый

slight II 1. *n* пренебреже́ние; неуваже́ние 2. *v* пренебрега́ть; трети́ровать

slim [slɪm] 1. *a* то́нкий, стро́йный ◇ a ~ chance сла́бая наде́жда 2. *v* (по)худе́ть

тех. му́фта ◇ laugh up one's ~ смея́ться украдкой

slime [slaɪm] ли́пкая грязь, ил

slimy ['slaɪmɪ] 1) то́пкий, боло́тистый 2) ско́льзкий; *перен.* заи́скивающий; еле́йный

sling [slɪŋ] 1. *n* 1) реме́нь; ля́мка 2) *мед.* повя́зка 2. *v* (slung) 1) швыря́ть 2) тащи́ть с по́мощью ля́мки

slink [slɪŋk] (slunk) идти́ кра́дучись; ~ **away**, ~ **off** улизну́ть

slip I [slɪp] 1. *n* 1) скольже́ние 2) оши́бка, про́мах; ~ of the pen опи́ска; ~ of the tongue огово́рка 3) комбина́ция (*женское бельё*) 4) чехо́л (*для ме́бели*) 2. *v* 1) скользи́ть; поскользну́ться 2) ускользну́ть; вы́скользнуть; ~ one's mind вы́лететь из головы́; let ~ упуска́ть (*случай и т. п.*) 3) ошиби́ться; ~ **away** ускользну́ть; ~ **by** промелькну́ть (*о времени*); ~ **in** вкра́сться (*об оши́бке*); ~**out** сорва́ться (*тж. перен.*); he let the name ~ out и́мя сорвало́сь у него́ с языка́

slip II 1) побе́г; черено́к 2) дли́нная у́зкая полоса́ 3) *полигр.* гра́нка ◇ a ~ of a girl ху́денькая де́вушка

slipper ['slɪpə] ко́мнатная ту́фля

slipp‖**ery** ['slɪpərɪ] 1) ско́льзкий 2) ненадёжный; **~y** [-ɪ] 1) ско́льзкий 2) *разг.* бы́стрый ◇ look ~y! пошеве́ливайся!

slipshod ['slɪpʃɔd] неря́шливый; небре́жный (*о стиле*)

slit [slɪt] 1. *n* продо́льный

разрез; щель 2. *v* (slitted, slit) разрезать *или* разрывать в длину

slither ['slɪðə] скользить

sliver ['slɪvə] щепка, лучина

slobber ['slɔbə] распустить слюни; ◇ ~ over smb. *презр.* сюсюкать над кем-л.; ~y [-rɪ] слюнявый

sloe [slou] тёрн

slog [slɔg] *разг.* упорно работать (*тж.* ~ away)

slogan ['slougən] лозунг

slop ['slɔp] 1. *n* (*обыкн. pl*) 1) помои 2) жидкая пища (*для больных и детей*) 2. *v* проливать, расплёскивать; ~-basin [-ˌbeɪsn] полоскательница

slope [sloup] 1. *n* наклон; откос; косогор 2. *v* 1) клониться 2) наклонять

slop-pail ['slɔppeɪl] помойное ведро

sloppy ['slɔpɪ] 1) мокрый и грязный, слякотный 2) грязный; забрызганный грязью 3) *разг.* неряшливый 4) жидкий (*о пище*) 5) *презр.* сентиментальный

slot [slɔt] паз; щель

sloth [slouθ] лень

slot-machine ['slɔtməˌʃiːn] автомат (*в магазине и т. п.*)

slouch [slautʃ] 1. *n*: he walks with a ~ у него неуклюжая походка; he sits with a ~ он сутулится, когда сидит 2. *v* 1) неуклюже держаться; сутулиться 2) свисать (*о полях шляпы*)

slough I [slau] болото, трясина

slough II [slʌf] 1. *n* 1) сброшенная кожа (*змеи*) 2. *v* сбрасывать (*кожу*)

sloven ['slʌvn] неряха; ~ly неряшливый

slow ['slou] 1. *a* 1) медленный, тихий; my watch is five minutes ~ мои часы отстают на пять минут 2) медлительный 3) тупой, непонятливый 4) неинтересный, скучный 2. *adv* медленно 3. *v* 1) замедлить 2) замедляться; ~-witted [-ˌwɪtɪd] тупой, несообразительный

sludge [slʌdʒ] слякоть; грязь; топь

sludgy ['slʌdʒɪ] топкий, грязный

slugg‖ard ['slʌgəd] лентяй; ~ish 1) ленивый 2) медлительный

sluice ['sluːs] шлюз; ~-gate [-ˈgeɪt] шлюзные ворота

slum [slʌm] (*обыкн. pl*) трущоба

slumber ['slʌmbə] 1. *n* сон, дремота 2. *v* дремать, спать; ~ away проспать

slump [slʌmp] 1. *n* 1) резкое падение (*цен, спроса*) 2) кризис 2. *v* 1) резко падать (*о ценах, спросе*) 2) вызывать резкое падение (*цен, спроса*)

slung [slʌŋ] *past и p. p. от* sling 2

slunk [slʌŋk] *past и p. p. от* slink

slur I [sləː] 1. *v* 1) произносить неясно; глотать слова 2) замалчивать, обходить молчанием (*обыкн.* ~ over)

2. *n* 1) неотчётливое произношение *(звуков, слов)* 2) *муз.* лига

slur II [slə:] упрёк, обвинение; пятно на репутации; cast a ~ upon smb. опорочить кого-л.

slush [slʌʃ] талый снег; слякоть; грязь

slut ['slʌt] неряха; ~**tish** неряшливый, неопрятный

sly ['slai] 1) лукавый, хитрый, пронырливый 2) тайный, скрытый ◇ on the ~ тайком; ~**ness** лукавство

smack I [smæk] **1.** *n* вкус, привкус **2.** *v* отдавать *(чем-либо)*, иметь привкус

smack II одномачтовое рыболовное судно

smack III **1.** *n* 1) шлепок 2) звук удара *(ладонью)* 3) чмоканье; звонкий поцелуй **2.** *v* 1) шлёпать 2): ~ one's lips чмокать **3.** *adv* прямо; he ran ~ into a wall он врезался прямо в стену

small [smɔ:l] **1.** *a* 1) маленький, небольшой 2) мелкий, незначительный; ~ change мелкие деньги, сдача ◇ ~ hours первые часы после полуночи; ~ talk пустой разговор **2.** *n*: the ~ of the back поясница

small-arms ['smɔ:lɑ:mz] *pl* стрелковое оружие

small-minded ['smɔ:l'maindid] 1) ограниченный 2) мелочный

smallpox ['smɔ:lpɔks] оспа

smart I [smɑ:t] **1.** *n* жгучая боль **2.** *v* испытывать *или* причинять острую боль; ◇ ~ for smth. поплатиться за что-л.

smart II ['smɑ:t] 1) резкий, сильный *(об ударе, боли)* 2) быстрый 3) умный, остроумный 4) хорошо одетый, модный 5) элегантный, изящный; ~**en** [-n]: ~en oneself up принаряжаться; ~**ness** шик, нарядность

smash ['smæʃ] **1.** *n* 1) битьё *(посуды и т. п.)* 2) разгром *(неприятеля)* 3) разорение, банкротство 4) столкновение, катастрофа **2.** *v* 1) ломать, разбивать вдребезги 2) разбить, уничтожить *(неприятеля)* 3) ломаться, разбиваться вдребезги 4) обанкротиться; ~**er** *разг.* 1) сильный удар 2) убедительный довод; ~**ing** *школ. разг.* потрясающий

smattering ['smætəriŋ] поверхностное знание

smear [smiə] **1.** *n* пятно **2.** *v* мазать, пачкать

smell [smel] **1.** *n* 1) обоняние; нюх; have a good sense of ~ иметь тонкое обоняние 2) запах **2.** *v* (smelt, smelled) 1) пахнуть 2) обонять; нюхать 3) чувствовать запах; ~ **out** выследить, разнюхать ◇ ~ a rat чуять обман

smelling||-**bottle** ['smeliŋ‚bɔtl] флакон с нюхательной солью; ~-**salts** [-sɔ:lts] *pl* нюхательная соль

smelt I [smelt] *past и p. p. от* smell II

smelt II плавить

smile [smail] **1.** *n* улыбка **2.** *v* улыбаться

smirch [smə:tʃ] 1. *n* пятно́ 2. *v* па́чкать; *перен.* пятна́ть *(репута́цию и т. п.)*

smirk [smə:k] 1. *n* де́ланная *или* глу́пая улы́бка 2. *v* ухмыля́ться; натя́нуто улыба́ться

smite [smaɪt] (smote; smitten) 1) ударя́ть; поража́ть 2) *(обыкн. р. р.)* заража́ть, охва́тывать *(ужасом и т. п.)*

smith [smɪθ] кузне́ц

smithereens ['smɪðə'ri:nz] *pl* обло́мки, черепки́; break into ~ а) разби́ть вдре́безги; б) разби́ться вдре́безги

smithy ['smɪðɪ] ку́зница

smitten ['smɪtn] *p. p. от* smite

smock [smɔk] 1) де́тский комбинезо́н 2) толсто́вка *(мужска́я блу́за)*

smoke [smouk] 1. *n* 1) дым 2) куре́ние ◇ there is no ~ without fire *погов.* нет ды́ма без огня́; end in ~ ко́нчиться ниче́м; like ~ *разг.* ми́гом; «без сучка́, без задо́ринки» 2. *v* 1) кури́ть 2) дыми́ть 3) копти́ть *(о лампе)* 4) дыми́ться 5) копти́ть *(рыбу)*; ~ out выку́ривать

smoker ['smoukə] 1) куря́щий; be a heavy ~ мно́го кури́ть 2) ваго́н для куря́щих

smoke-screen ['smoukskri:n] дымова́я заве́са

smoking-carriage ['smoukɪŋˌkærɪdʒ] ваго́н для куря́щих; ~room [-rum] кури́тельная (ко́мната)

smoky ['smoukɪ] 1) ды́мный 2) закопчённый

smooth ['smu:ð] 1. *a* 1) гла́дкий, ро́вный; споко́йный 2) пла́вный; ~ crossing споко́йный перее́зд по́ морю 3) вкра́дчивый *(о мане́рах)* 4) ло́вкий; а ~ salesman ло́вкий продаве́ц 2. *v* 1) пригла́живать; де́лать ро́вным; гла́дким *(тж.* ~ down, ~ out) 2) смягча́ть; успока́ивать *(тж.* ~ away, ~ over) ◇ ~ the way подгото́вить по́чву; ~faced [-feɪst] лицеме́рный; ~tongued [-tʌŋd] вкра́дчивый

smote [smout] *past от* smite

smother ['smʌðə] 1) души́ть, задуши́ть; подавля́ть *(чувство, зевок)* 2) замя́ть, зама́лчивать *(факты и т. п.)*

smoulder ['smouldə] 1. *v* тлеть; *перен.* таи́ться *(о ненависти, недовольстве)* 2. *n* тле́ющий ого́нь; ~ing тле́ющий; ~ing discontent скры́тое недово́льство

smudge [smʌdʒ] 1. *n* гря́зное пятно́ 2. *v* 1) запа́чкать 2) запа́чкаться

smug [smʌg] самодово́льный

smuggl||e ['smʌgl] занима́ться контраба́ндой; ~er контрабанди́ст

smut ['smʌt] 1. *n* 1) са́жа; грязь *(пятно́)* 2) непристо́йности *мн.* 3) *с.-х.* головня́ 2. *v* па́чкать са́жей; ~ty [-ɪ] 1) гря́зный 2) непристо́йный

snack ['snæk] лёгкая заку́ска; ~bar [-bɑ:] заку́сочная, буфе́т

snag [snæg] 1) сучо́к; коря́га 2) *разг.* препя́тствие

snail [sneɪl] 1) улитка 2) *тех.* спираль ◇ at a ~'s pace черепашьим шагом

snake [sneɪk] змея

snap ['snæp] 1. *v* 1) цапнуть, укусить *(о собаке)*; *перен.* огрызаться *(тж.* ~ out) 2) щёлкнуть 3) лопнуть 4) ухватиться *(за предложение — at)* 5) наброситься *(at)* 6) делать снимок, фотографию ◇ ~ out of it! *разг.* встряхнитесь! 2. *n* 1) щёлканье; треск 2) застёжка 3): a cold ~ внезапное похолодание 4) детская карточная игра 5) снимок, фотография 6) сухое хрустящее печенье 3. *adv* неожиданно; ~**pish** раздражительный

snapshot ['snæpʃɔt] фотография, снимок

snare [snɛə] 1. *n* ловушка *(тж. перен.)* 2. *v* поймать в ловушку

snarl [snɑːl] 1. *n* рычание 2. *v* рычать, огрызаться

snatch [snætʃ] 1. *v* хватать; вырывать *(из рук)*; ~ at smth. ухватиться за что-либо 2. *n* 1) рывок, хватание 2) отрывок, обрывок *(песни, разговора и т. п.)*

snatchy ['snætʃɪ] отрывистый

sneak [sniːk] 1. *v* 1) красться, подкрадываться 2) *разг.* доносить, фискалить 3) *разг.* украсть 2. *n* 1) трус 2) *разг.* сплетник, доносчик; ябеда

sneakers ['sniːkəz] *pl* тапочки

sneer [snɪə] 1. *n* 1) усмешка 2) насмешка 2. *v* 1) усмехаться 2) насмехаться, высмеивать

sneeze [sniːz] 1. *n* чиханье 2. *v* чихать

sniff ['snɪf] 1. *n* 1) сопение 2) (презрительное) фырканье 2. *v* 1) сопеть 2) (презрительно) фыркать 3) нюхать, чуять; ~y [-ɪ] *разг.* презрительный; фыркающий

snigger ['snɪgə] 1. *n* хихиканье 2. *v* хихикать

snip [snɪp] 1. *n* обрезок 2. *v* резать ножницами

snipe [snaɪp] 1. *n* бекас 2. *v* стрелять из укрытия

sniper ['snaɪpə] снайпер

snivel ['snɪvl] 1. *n* хныканье 2. *v* хныкать

snob ['snɔb] сноб; ~**bery** [-ərɪ] снобизм

snook [snuːk]: cock a ~ at smb. показывать длинный нос кому-л.

snoop [snuːp] *разг.* совать нос в чужие дела

snooze [snuːz] *разг.* вздремнуть

snore [snɔː] 1. *n* храп 2. *v* храпеть

snort [snɔːt] 1. *n* фырканье 2. *v* фыркать

snout [snaut] рыло

snow ['snou] 1. *n* 1) снег 2) *attr.* снежный; ~ man а) снежная баба б) снежный человек 2. *v безл.*: it is ~ing идёт снег; ~ in, ~ up заносить снегом; ~**ball** [-bɔːl] снежок; снежный ком

snow‖-bound ['snoubaund] 1) занесённый снегом 2) задержанный снежными заносами; ~-capped [-kæpt] покрытый снегом (*о горах*)

snow||-drift ['snoudrıft] сугроб; ~-drop [-drɔp] подснежник; ~-fall [-fɔːl] снегопад; ~-flake [-fleık] снежинка; *pl* хлопья снега; ~-plough [-'plau] снегоочиститель; ~-shoes [-ʃuːz] *pl* снегоступы; ~-storm [-stɔːm] метель; ~-white [-'waıt] белоснежный

snowy ['snouı] снежный

snub I [snʌb] 1. *n* отпор 2. *v* давать отпор, осаживать

snub II ['snʌb] вздёрнутый (*о носе*); ~-nosed[-nouzd] курносый

snuff I [snʌf] 1. *n* нагар на свече 2. *v* снимать нагар

snuff II ['snʌf] 1. *n* нюхательный табак 2. *v* нюхать (*табак*); ~-box [-bɔks] табакерка

snuffers ['snʌfəz] *pl* щипцы (*для снимания нагара со свечей*)

snuffle ['snʌfl] сопеть

snng [snʌg] уютный; удобный

snuggle ['snʌgl] 1): ~ down in bed прикорнуть 2): ~ up прильнуть, прижаться

so [sou (*полная форма*), sɔ, sə (*редуцированные формы*)] 1. *adv* 1) так; итак; настолько; is that so? вот как?; you said it was good and so it is вы сказали, что это хорошо, так оно и есть 2) это; то; I told you so я это говорил, я так и говорил ◇ two hundred or so двести или около этого; so far пока что; so far as поскольку;

so long *разг.* пока, до свидания; so many столько-то; so so *разг.* так себе; so that's that так-то вот; so. . . that так. . . что; so that чтобы; so what? ну и (*или* так) что?; a day or so денька два 2. *cj* следовательно; поэтому

soak [souk] 1) намочить; вымачивать 2): be ~ed вымокнуть; be ~ed to the skin промокнуть до костей; ~ in, ~ up впитывать ◇ ~ oneself in a subject погрузиться в работу

so-and-so ['so(u)ənsou] такой-то (*вместо имени*)

soap ['soup] 1. *n* мыло 2. *v* 1) намыливать 2) мыться мылом 3) льстить; ~-box [-bɔks] 1) мыльница 2) *разг.* импровизированная трибуна; ~-bubble [-,bʌbl] мыльный пузырь; ~-suds [-sʌdz] *pl* мыльная пена

soapy ['soupı] мыльный; *перен.* вкрадчивый, льстивый

soar [sɔː] парить, высоко летать

sob [sɔb] 1. *n* рыдание; всхлипывание 2. *v* рыдать; всхлипывать

sober ['soubə] 1. *a* 1) трёзвый; as ~ as a judge ≅ ни в одном глазу 2) здравомыслящий 3) спокойный 2. *v* (*часто* ~ down) 1) отрезвлять 2) протрезвиться; *перен.* успокоиться

sobriety [sə(u)'braıətı]трёзвость

sobriquet ['soubrıkeı] кличка, прозвище

so-called ['souˈkɔːld] так называемый

soccer ['sɔkə] *разг.* футбол

sociab‖ility [,souʃəˈbɪlɪtɪ] общительность; **~le** ['souʃəbl] общительный

social ['souʃ(ə)l] 1. *a* 1) общественный; социальный; ~ sciences общественные науки; ~ welfare социальное обеспечение 2) общительный 2. *n* собрание, встреча *(членов клуба, общества и т. п.)*

social‖ism ['souʃəlɪzm] социализм; **~ist** 1. *n* социалист 2. *a* социалистический; **~istic** [,souʃəˈlɪstɪk] социалистический

society [səˈsaɪətɪ] 1) общество 2) общественность 3) светское общество

sock [sɔk] 1) носок 2) стелька

socket ['sɔkɪt] 1) гнездо, углубление 2) *эл.* патрон *(для лампы)*

sod [sɔd] дёрн

soda ['soudə] сода

sodden ['sɔdn] 1. *a* 1) намоченный; пропитанный; подмокший 2) сырой *(о хлебе)*; *перен.* отупевший *(от пьянства)* 2. *v* 1) подмачивать 2) сыреть, отсыревать

sodium ['soudjəm] натрий

sofa ['soufə] софа, диван

soft [sɔft] 1. *a* 1) мягкий 2) неяркий *(о цвете и т. п.)* 3) приятный; нежный; тихий *(о звуке)* ◊ ~ water мягкая вода 2. *adv* мягко ◊ boil an egg ~ варить яйцо всмятку 3. *int* тише!; **~en** ['sɔfn] 1) смягчать 2) смягчаться

soft‖-headed ['sɔft,hedɪd] глупый; **~-hearted** [-'hɑːtɪd] мягкосердечный; **~-soap** [-soup] льстить; **~y** [-ɪ] бесхарактерный, глуповатый человек

soggy ['sɔgɪ] сырой, мокрый

soil I [sɔɪl] земля, почва; rich ~ плодородная земля

soil II [sɔɪl] 1. *v* 1) грязнить, пачкать 2) грязниться, пачкаться 2. *n* 1) пятно 2) грязь; **~-pipe** [-paɪp] канализационная труба

sojourn ['sɔdʒəːn] 1. *n* временное пребывание 2. *v* гостить, временно жить

sol [sɔl] *муз.* нота соль

solace ['sɔləs] 1. *n* утешение 2. *v* утешать

solar ['soulə] солнечный ◊ ~ plexus *анат.* солнечное сплетение

sold [sould] *past и p. p.* от sell

solder ['sɔldə] 1. *n* припой 2. *v* паять, спаивать

soldier ['souldʒə] 1. *n* 1) солдат, боец 2) полководец 2. *v* служить в армии; **~ly** мужественный

sole I [soul] 1. *n* 1) подошва, ступня 2) подмётка 2. *v* ставить подмётки

sole II 1) один, единственный 2) исключительный

solemn ['sɔləm] торжественный; **~ity** [səˈlemnɪtɪ] торжественность; **~ize** [-naɪz] праздновать; торжественно отмечать

solicit [sə'lısıt] 1) просить, ходатайствовать 2) приставать *(к мужчинам — о проститутках)*; **~ation** [sə͵lısı'teıʃ(ə)n] просьба, ходатайство; **~or** адвокат; **~ous** [-əs] заботливый; озабоченный; **~ude** [-juːd] 1) озабоченность 2) забота; show ~ude *(for)* проявлять заботу

solid ['sɔlıd] 1. *a* 1) твёрдый; крепкий; прочный 2) сплошной; целый 3) основательный, убедительный *(об аргументе и т. п.)* 4): ~ geometry *мат.* стереометрия 2. *n* 1) *физ.* твёрдое тело 2) *мат.* геометрическое тело 3) *pl* твёрдая пища

solidarity [͵sɔlı'dærıtı] солидарность

solid‖ify [sə'lıdıfaı] твердеть, застывать; **~ity** [-tı] твёрдость

soliloquy [sə'lıləkwı] монолог

solit‖ary ['sɔlıt(ə)rı] 1) одинокий 2) уединённый; **~ude** [-tjuːd] 1) одиночество 2) уединение

solo ['souloʊ] соло; **~ist** солист

solstice ['sɔlstıs] *астр.* солнцестояние

solub‖ility [͵sɔlju'bılıtı] растворимость; **~le** ['sɔljubl] растворимый

solution [sə'luːʃ(ə)n] 1) раствор 2) решение, разрешение *(задачи, проблемы)*

solvable ['sɔlvəbl] разрешимый

solve [sɔlv] решать; разрешать *(задачу, проблему и т. п.)*

solvency ['sɔlv(ə)nsı] платёжеспособность

solvent I ['sɔlv(ə)nt] 1. *a* растворяющий 2. *n* растворитель

solvent II платёжеспособный

sombre ['sɔmbə] тёмный; мрачный

some [sʌm] 1. *a* 1) некий; некоторый, какой-нибудь 2) несколько, некоторое количество ◊ she's ~ girl! девушка, что надо!; ~ day когда-нибудь; ~ place где-нибудь; ~ ... or other какой-то; in ~ book or other в какой-то книге, в одной из книг 2. *pron* кое-кто; некоторые; одни; другие

somebody ['sʌmbədı] некто, кто-нибудь

somehow ['sʌmhaʊ] как-нибудь; ~ or other так или иначе

someone ['sʌmwʌn] *см.* somebody

somersault ['sʌməsɔːlt] сальто

something ['sʌmθıŋ] что-либо, что-нибудь

sometime ['sʌmtaım] когда-нибудь

sometimes ['sʌmtaımz] иногда

somewhat ['sʌmwɔt] отчасти; довольно

somewhere ['sʌmwɛə] где-нибудь, где-либо; ~ else где-либо в другом месте

somnambulist [sɔm'næmbjulıst] лунатик

somniferous [sɔm'nıfərəs] снотво́рный, усыпля́ющий

somnol‖ence ['sɔmnələns] сонли́вость; дремо́та; **~ent** [-ənt] 1) дре́млющий 2) снотво́рный

son [sʌn] сын

song ['sɔŋ] пе́сня; **~ster** [-stə] 1) певе́ц 2) пе́вчая пти́ца

son-in-law ['sʌnınlɔ:] (*pl* sons-in-law) зять

sonny ['sʌnı] *разг.* сыно́к (*в обращении*)

sonor‖ity [sə'nɔrıtı] зву́чность; **~ous** [-'nɔ:rəs] зву́чный, зво́нкий

soon [su:n] 1) вско́ре, ско́ро; come again ~ приходи́те поскоре́е опя́ть 2) ра́но; the ~er the better чем ра́ньше, тем лу́чше; ~er or later ра́но и́ли по́здно, в конце́ концо́в ◊ as ~ as как то́лько; no ~er than как то́лько; I'd ~er go there than stay here я предпочёл бы пойти́ туда́, чем остава́ться здесь; ~er said than done ска́зано — сде́лано; I'd just as ~ not go to-day я предпочита́ю сего́дня не ходи́ть; it's ~ to tell what's the matter with him сейча́с ещё тру́дно сказа́ть, что с ним

soot [sut] са́жа

sooth [su:θ] *уст.* пра́вда; ~ to say по пра́вде говоря́

soothe [su:ð] 1) успока́ивать, утеша́ть 2) облегча́ть (*боль, горе*)

soothsayer ['su:θ,seıə] предсказа́тель

sooty ['sutı] закопчённый; чёрный как са́жа

sop [sɔp] 1. *n* 1) кусо́чек хле́ба (*намо́ченный в подли́вке, молоке́*) 2) пода́рок и́ли пода́чка (*чтобы задобри́ть*) 2. *v* 1) мака́ть; мочи́ть 2) впи́тывать

soph [sɔf] *разг. сокр. от* sophomore

soph‖ism ['sɔfızm] софи́зм; **~isticated** [sə'fıstıkeıtıd] иску́шенный; умудрённый о́пытом; **~istication** [sə,fıstı'keıʃ(ə)n] 1) софи́стика 2) фальсифика́ция

sophomore ['sɔfəmɔ:] *амер.* студе́нт-второку́рсник

soporific [,soupə'rıfık] 1. *a* усыпля́ющий, наркоти́ческий 2. *n* нарко́тик, снотво́рное сре́дство

soppy ['sɔpı] 1) мо́крый 2) *разг.* сентимента́льный; слаща́вый

soprano [sə'prɑ:nou] сопра́но

sorce‖rer ['sɔ:s(ə)rə] колду́н; **~ress** [-rıs] колду́нья; **~ry** [-rı] колдовство́, волшебство́

sordid ['sɔ:bıd] 1) убо́гий (*о жили́ще и т. п.*) 2) ни́зкий, по́длый

sore [sɔ:] 1. *a* 1) больно́й 2) боле́зненный 3) раздражённый; get (*или* be) ~ зли́ться 2. *n* я́зва; боля́чка; больно́е ме́сто 3. *adv* бо́льно, тя́жко

sorrel I ['sɔr(ə)l] щаве́ль

sorrel II 1. *n* гнеда́я ло́шадь 2. *a* гнедо́й

sorrow ['sɔrou] 1. *n* печаль, го́ре 2. *v* горева́ть, печа́литься; ~ful печа́льный; ско́рбный

sorry ['sɔri] 1) *predic* огорчённый, сожале́ющий; жале́ть, сожале́ть; I am ~ мне жаль!; прости́те!; I'm ~ to be so late извини́те, что опозда́л; feel ~ for smb. сочу́вствовать кому́-л. 2) жа́лкий; плохо́й

sort [sɔːt] 1. *n* сорт, род, вид; books of all ~s вся́кие кни́ги; all ~s of things всевозмо́жные ве́щи ◇ nothing of the ~ ничего́ подо́бного; be out of ~s а) быть не в ду́хе; б) пло́хо себя́ чу́вствовать; ~ of а) своего́ ро́да; it's a ~ of gift э́то своего́ ро́да тала́нт; б) *разг.* отча́сти; I'm ~ of glad... я отча́сти рад, что...; he's not a bad ~ он неплохо́й па́рень 2. *v* сортирова́ть; разбира́ть; ~ out отбира́ть; рассортиро́вывать

S.O.S. [ˌesouˈes] *радио* сигна́л бе́дствия

sot [sɔt] го́рький пья́ница

sough [sau] 1. *n* ше́лест, лёгкий шум *(ве́тра)* 2. *v* шелесте́ть *(о ве́тре)*

sought [sɔːt] *past* и *p. p.* от seek

soul ['soul] 1) душа́; дух 2) челове́к; существо́; not a single ~ knows about it никто́ не зна́ет об э́том; ~less безду́шный

sound I [saund] 1. *n* звук, шум 2. *v* 1) звуча́ть, издава́ть звуки 2) выстуки́вать *(о колесе́)* 3) выслу́шивать *(больно́го)*

sound II [saund] 1. *a* 1) здоро́вый; кре́пкий 2) испра́вный 3) неиспо́рченный *(о фру́ктах и т. п.)* 4) пра́вильный; здра́вый 5) глубо́кий *(о сне)* 2. *adv*: be ~ asleep кре́пко спать

sound III [saund] 1) измеря́ть глубину́ *(воды́)* 2) зонди́ровать *(тж. перен.)*; ~ out smb.'s intentions выясня́ть чьи-л. наме́рения

sound-film ['saundfilm] звуково́й фильм

soup ['suːp] суп ◇ in the ~ *разг.* в затрудне́нии; ~-plate [-pleɪt] глубо́кая таре́лка

sour ['sauə] 1. *a* ки́слый; проки́сший; *перен.* угрю́мый; ~ cream смета́на 2. *v* скиса́ть, прокиса́ть; *перен.* озлобля́ть; be ~ed by misfortunes озло́бленный неуда́чами

source [sɔːs] ключ; исто́чник *(тж. перен.)*

south ['sauθ] 1. *n* юг; *мор.* зюйд; the S. ю́жные стра́ны 2. *a* ю́жный 3. *adv* на юг; ~-east [-ˈiːst] 1. *n* ю́го-восто́к 2. *a* ю́го-восто́чный 3. *adv* в ю́го-восто́чном направле́нии

south‖erly, ~**ern** [ˈsʌðəli, ˈsʌðən] ю́жный; ~**erner** [ˈsʌðənə] южа́нин; ~**ernmost** [ˈsʌðənmoust] са́мый ю́жный

south‖ward [ˈsauθwəd] 1. *adv* на юг 2. *a* обращённый на юг; ~**wards** [-wədz] *см.* southward 1; ~**west** [-ˈwest]

1. *n* ю́го-за́пад 2. *a* ю́го-за́падный 3. *adv* в ю́го-за́падном направле́нии

souvenir ['suːv(ə)nɪə] сувени́р, па́мятный пода́рок

sovereign ['sɔvrɪn] 1. *n* 1) мона́рх 2) сове́рен *(золотая монета в 1 фунт стерлингов)* 2. *a* 1) наивы́сший 2) суверённый, незави́симый; ~ty [-r(ə)ntɪ] 1) верхо́вная власть 2) суверените́т

Soviet ['souviet] 1. *n* сове́т *(орган государственной власти в СССР)* 2. *a* сове́тский; the ~ Union Сове́тский Сою́з

sow I [sou] (sowed; sowed, sown) се́ять; засева́ть ◇ ~ one's wild oats *погов.* бу́рно провести́ мо́лодость; «перебеси́ться»

sow II [sau] свинья́

sowing ['souɪŋ] посе́в, сев; ~-machine [-məˌʃiːn] се́ялка

sown [soun] *p. p.* от sow I

spa [spɑː] куро́рт с минера́льными во́дами

space ['speis] 1. *n* 1) простра́нство, ме́сто 2) расстоя́ние 3) промежу́ток *(времени)*; in the ~ of a day в тече́ние дня 4) ко́смос 5) *полигр.* шпа́ция 2. *a* косми́ческий; ~ vehicle косми́ческий кора́бль; ~ station косми́ческая ста́нция; ~man [-mæn] космона́вт

spaceship ['speisʃɪp] косми́ческий кора́бль

spacious ['speiʃəs] просто́рный; обши́рный

spade I [speid] лопа́та; за́ступ ◇ call a ~ a ~ называ́ть ве́щи свои́ми имена́ми

spade II [speid] *(обыкн. pl) карт.* пи́ки

span I [spæn] 1. *n* 1) коро́ткое расстоя́ние; пядь 2) промежу́ток *(времени)* 3) пролёт *(моста)* 2. *v* 1) измеря́ть *(пя́дями)* 2) покрыва́ть *(пространство)* 3) соединя́ть берега́ *(мостом)*

span II *past* от spin 1

spangle ['spæŋgl] *(обыкн. pl)* блёстка

Spaniard ['spænjəd] испа́нец; испа́нка

Spanish ['spænɪʃ] 1. *a* испа́нский 2. *n* испа́нский язы́к

spank [spæŋk] 1. *v* хло́пать; шлёпать ладо́нью 2. *n* шлепо́к

spanner ['spænə] га́ечный ключ

spar I [spɑː] брус; перекла́дина

spar II дра́ться на кулачка́х; *перен.* препира́ться

spar||e [spɛə] 1. *v* 1) эконо́мить, бере́чь; ~ no expense не жале́ть расхо́дов 2) уделя́ть *(время и т. п.)* 3) оберега́ть, щади́ть; ~ me the details изба́вьте меня́ от подро́бностей 2. *a* 1) запа́сный, запасно́й; ли́шний, свобо́дный; ~ parts запасны́е ча́сти; ~ cash ли́шние де́ньги; ~ time свобо́дное вре́мя 2) ску́дный 3) худоща́вый 3. *n* запасна́я часть *(машины)*; ~ing бережли́вый

spark I [spɑːk] **1.** *n* 1) искра 2) вспышка *(тж. перен.)* **2.** *v* 1) искриться 2) вспыхивать ◇ ~ smth. off *разг.* привести *(к чему-л.)*; стать причиной *(чего-л.)*

spark II весельчак

sparkle ['spɑːkl] **1.** *n* блеск, сверкание; искорка **2.** *v* сверкать, искриться

sparklet ['spɑːklɪt] искорка

sparkling ['spɑːklɪŋ] 1) сверкающий, блестящий 2) шипучий, искристый *(о винах)*

sparrow ['spærou] воробей

sparse [spɑːs] редкий; рассеянный, разбросанный

spasm [spæzm] спазма, судорога; *перен.* порыв, взрыв *(гнева и т. п.)*; **~odic** [spæz'mɔdik] спазматический, судорожный

spat I [spæt] *past* и *p. p.* от spit I, 2

spat II *(обыкн. pl)* гетра

spate [speɪt] внезапное наводнение

spatial ['speɪʃ(ə)l] пространственный

spatter ['spætə] **1.** *n* 1) брызги *мн.* 2) брызганье **2.** *v* брызгать; разбрызгивать, расплёскивать

spawn [spɔːn] **1.** *n* 1) икра 2) *презр.* отродье; исчадие **2.** *v* 1) метать икру 2) *презр.* плодиться *(о людях)*

speak ['spiːk] (spoke; spoken) говорить, разговаривать; ~ English (уметь) говорить по-английски; ~ one's mind говорить откровенно; ~ for smb. говорить от имени кого-л.; ~ out, ~ up а) говорить громко и отчётливо; б) высказываться откровенно; **~er** 1) оратор, докладчик 2): the Speaker спикер *(председатель палаты общин в Англии, председатель палаты представителей в США)*

spear [spɪə] **1.** *n* копьё; дротик **2.** *v* пронзать; вонзать *(копьё)*

spearmint ['spɪəmɪnt] мята

special ['speʃ(ə)l] 1) особый, специальный, особенный 2) экстренный; **~ist** специалист; **~ity** [ˌspeʃɪ'ælɪtɪ] специальность; **~ize** [-aɪz] 1) специализироваться 2) специализировать 3) ограничивать; уточнять

species ['spiːʃiːz] *(pl без измен.)* 1) *биол.* вид 2) род; разновидность

specific [spɪ'sɪfɪk] 1) особый, специфический 2) *биол.* видовой 3) характерный; особенный 4) *физ.* удельный; ~ gravity, ~ weight удельный вес

specification [ˌspesɪfɪ'keɪʃ(ə)n] 1) спецификация 2) *(обыкн. pl)* детали *(контракта и т. п.)*

specify ['spesɪfaɪ] точно определять; подробно обозначать

specimen ['spesɪmɪn] образец, образчик

specious ['spiːʃəs] правдоподобный;· ~ excuse благовидный предлог

speck [spek] 1. *n* пятнышко; крапинка 2. *v* пятнать; **~le** ['spekl] 1. *n* пятнышко; крапинка 2. *v* испещрять

spectacle ['spektəkl] спектакль, зрелище

spectacled ['spektəkld] в очках

spectacles ['spektəklz] *pl* очки

spectacular [spek'tækjulə] эффектный, импозантный

spectator [spek'teɪtə] наблюдатель, зритель

spect∥ral ['spektrəl] 1) призрачный 2) *физ.* спектральный; **~re** [-tə] призрак

spectrum ['spektrəm] (*pl* -tra [-trə], -s [-z]) *физ.* спектр

speculat∥e ['spekjuleɪt] 1) размышлять; делать предположение 2) спекулировать; **~ion** [ˌspekju'leɪʃ(ə)n] 1) размышление 2) спекуляция; **~ive** [-lətɪv] 1) умозрительный 2) спекулятивный; **~or** спекулянт

sped [sped] *past и p. p. от* speed 2

speech ['spiːtʃ] 1) речь, говор; sometimes gestures are more expressive than ~ иногда жесты красноречивей слов 2) выступление, речь; make a ~ произносить речь; **~less** безмолвный

speed ['spiːd] 1. *n* скорость; быстрота; at full ~ на полной скорости; полным ходом 2. *v* (sped) спешить; ~ up ускорять; ~ up the execution of the plan ускорить выполнение плана; **~-limit** [-ˌlɪmɪt] дозволенная скорость

speedy ['spiːdɪ] быстрый, проворный

spell I [spel] (spelt, spelled) писать *или* произносить слова по буквам; ~ out читать по складам

spell II 1) заклинание 2) чары *мн.*; обаяние; under a ~ зачарованный

spell III короткий промежуток времени; these hot ~s don't last long такая жара продержится недолго

spellbound ['spelbaund] очарованный

spelling ['spelɪŋ] орфография; **~-book** [-buk] учебник правописания

spelt [spelt] *past и p. p. от* spell I

spend [spend] (spent) 1) тратить, расходовать 2) истощать; ~ oneself вымотаться, устать; the storm has spent itself буря утихла 3) проводить *(время)*; how do you ~ your leisure? как вы проводите свой досуг?

spendthrift ['spendθrɪft] мот

spent [spent] 1. *past и p. p. от* spend 2. *a* 1) истощённый; исчерпанный; ~ life прожитая жизнь 2) усталый

sperm [spəːm] *биол.* сперма

sphere [sfɪə] 1) шар 2) глобус; земной шар 3) сфера, поле деятельности; that is not in my ~ это вне моей компетенции

spherical ['sferɪk(ə)l] шарообразный, сферический

spice [spaɪs] 1. *n* спе́ция, пря́ность 2. *v* приправля́ть

spick [spɪk]: ~ and span с иго́лочки

spicy ['spaɪsɪ] пря́ный; аромати́чный; *перен.* пика́нтный; ~ bits of scandal пика́нтные подро́бности

spider ['spaɪdə] пау́к

spigot ['spɪgət] вту́лка

spik‖**e** ['spaɪk] 1. *n* 1) остриё 2) шип, гвоздь *(на подо́шве сапога́)* 3) клин 4) *бот.* ко́лос 2. *v* прибива́ть гвоздя́ми; ~y [-ɪ] остроконе́чный, заострённый

spill I [spɪl] (spilt, spilled) 1) пролива́ть, разлива́ть 2) пролива́ться, разлива́ться 3) сбра́сывать *(седока́ с седла́)* ◊ there is no use crying over spilt milk *погов.* ≅ слеза́ми го́рю не помо́жешь

spill II 1) лучи́на 2) скру́ченный кусо́к бума́ги

spillikin ['spɪlɪkɪn] бирю́лька

spilt [spɪlt] *past и p. p от* spill I

spin [spɪn] 1. *v* (span, spun; spun) 1) прясть, сучи́ть 2) плести́; заплета́ть 3) кружи́ть, верте́ть; пуска́ть *(волчо́к)* 2. *n* 1) круже́ние, верче́ние 2) коро́ткая прогу́лка *или* пое́здка *(на автомоби́ле и т. п.);* go for a ~ немно́го поката́ться

spinach ['spɪnɪdʒ] шпина́т

spinal ['spaɪnl] *анат.* спинно́й; ~ column позвоно́чник; ~ cord спинно́й мозг

spindle ['spɪndl] 1) веретено́ 2) *тех.* ось; вал

spine ['spaɪn] 1) позвоно́чный столб 2) шип, колю́чка; игла́; ~less беспозвоно́чный; *перен.* бесхара́ктерный

spinster ['spɪnstə] ста́рая де́ва; *юр.* незаму́жняя же́нщина

spiny ['spaɪnɪ] колю́чий; в шипа́х

spiral ['spaɪər(ə)l] 1. *n* спира́ль 2. *a* спира́льный, винтово́й

spire ['spaɪə] шпиль; остроконе́чная верху́шка

spirit ['spɪrɪt] 1. *n* 1) дух; душа́ 2) привиде́ние 3) воодушевле́ние 4) *pl* настрое́ние; be in high (low) ~s быть в припо́днятом (пода́вленном) настрое́нии; try to keep up your ~s не па́дайте ду́хом 5) *(обыкн. pl)* спирт 2. *v:* ~ away, ~ off похища́ть; ~ed [-ɪd] 1) живо́й, оживлённый 2) бы́стрый, сме́лый *(ответ и т. п.)* 3) горя́чий *(о ло́шади)*

spirit-lamp ['spɪrɪtlæmp] спиртовка

spiritless ['spɪrɪtlɪs] вя́лый

spiritual ['spɪrɪtjuəl] 1. *a* 1) духо́вный 2) одухотворённый 2. *n амер.* негритя́нская религио́зная песнь

spirituous ['spɪrɪtjuəs] спиртно́й

spit I [spɪt] 1. *n* 1) слюна́ 2) плево́к; ◊ he is the ~ and image of his father он вы́литый оте́ц 2. *v* (spat) 1) плева́ть; ха́ркать 2) плева́ться 3) фы́ркать, шипе́ть *(о ко́шке)* 4) треща́ть *(об огне́ и т. п.)* 5) мороси́ть

spit II [spit] отмель, коса

spit III 1. *n* вертел 2. *v* 1) насаживать на вертел 2) прокалывать, пронзать

spite ['spaɪt] 1. *n* злость, злоба; out of ~ со зла, назло ◇ in ~ (of) вопреки; несмотря на 2. *v* досаждать, делать назло; ~**ful** злобный

spittle ['spɪtl] слюна; плевок

spittoon [spɪ'tuːn] плевательница

spiv [spɪv] *разг.* спекулянт

splash ['splæʃ] 1. *n* 1) брызги *мн.* 2) плеск 3) пятно 2. *v* 1) брызгать 2) брызгаться; плескаться 3) шлёпать *(по грязи, воде)*

spleen [spliːn] 1) *анат.* селезёнка 2) раздражительность; плохое настроение

splend‖**id** ['splendɪd] великолепный, роскошный; замечательный; прекрасный; ~**our** [-ə] великолепие, роскошь

splenetic [splɪ'netɪk] раздражительный

splint [splɪnt] *мед.* лубок, шина

splinter ['splɪntə] 1. *n* 1) осколок 2) лучина 3) заноза 2. *v* 1) раскалывать, расщеплять 2) раскалываться, расщепляться

split ['splɪt] 1. *n* 1) расщепление 2) щель, трещина; *перен.* раскол 2. *v* (split) 1) раскалывать, расщеплять 2) раскалываться, расщепляться 3) делить на части ◇ ~ one's sides надрываться от хохота; ~ hairs спорить о мелочах; ~ on smb. доносить на кого-л.; ~ the difference а) поделить разницу пополам; б) идти на компромисс; ~**ting**: ~ting headache сильная головная боль

splod‖**ge** ['splɔdʒ] пачкать; ~**gy** [-ɪ] запачканный

splotch [splɔtʃ] *см.* splodge

splutter ['splʌtə] говорить быстро и невнятно *(от возбуждения и т. п.)*

spoil [spɔɪl] 1. *v* (spoilt, spoiled) 1) портить 2) баловать 3) портиться *(о продуктах)* 4) (spoiled) *книжн.* грабить ◇ be ~ing for fight лезть в драку 2. *n* добыча, награбленное

spoilt [spɔɪlt] *past и p. p. от* spoil 1

spoke I [spouk] *past от* speak

spoke II 1) спица *(колеса)* 2) перекладина *(приставной лестницы)* ◇ put a ~ in smb.'s wheel ≅ вставлять палки в колёса

spoken ['spoukn] 1. *p. p. от* speak 2. *a* разговорный; ~ language разговорный язык

spokesman ['spouksmən] 1) представитель, делегат 2) оратор

spon‖**ge** ['spʌndʒ] 1. *n* губка; have a ~ down обтираться губкой 2. *v* 1) мыть губкой 2) жить на чужой счёт; ~**ger** паразит, приживальщик; ~**gy** [-ɪ] 1) губчатый 2) топкий

sponsor ['spɔnsə] 1) поручи́тель 2) крёстный оте́ц; крёстная мать 3) устрои́тель, организа́тор; зака́зчик

spontaneous [spɔn'teɪnjəs] самопроизво́льный

spook [spuːk] *шутл.* привиде́ние

spool [spuːl] шпу́лька; кату́шка

spoon I [spuːn] ло́жка

spoon II *разг. шутл.* не́жничать, любе́зничать *(о влюблённых)*

spoonful ['spuːnful] по́лная ло́жка *(как ме́ра)*

spoony ['spuːnɪ] *разг., шутл.* влюблённый

spoor [spuə] след *(живо́тного)*; follow a ~ идти́ по сле́ду, высле́живать

sporadic [spə'rædɪk] спорадический

spore [spɔː] *бот.* спо́ра

sport ['spɔːt] 1. *n* 1) развлече́ние, игра́ 2) спорт 3) *биол.* мута́ция 4) *разг.* сла́вный ма́лый, молоде́ц 2. *v* 1) игра́ть, весели́ться 2) *биол.* отклоня́ться от норма́льного ти́па 3) выставля́ть напока́з; ~ing спорти́вный; ~ive [-ɪv] игри́вый, ре́звый

sportsman ['spɔːtsmən] спортсме́н; ~like [-laɪk] спортсме́нский, спорти́вный

sportswoman ['spɔːtsˌwumən] спортсме́нка

spot ['spɔt] 1. *n* 1) ме́сто 2) пятно́; кра́пинка ◇ a ~ of *разг.* немно́жко *(чего́-л.)*; on the ~ а) на ме́сте; б) то́тчас же; в) в беде́; put smb. on the ~ угро́бить кого́-л.

2. *v* 1) пятна́ть, па́чкать 2) узнава́ть, замеча́ть; ~less 1) безупре́чный 2) чи́стый

spotlight ['spɔtlaɪt] 1) *театр.* прожёктор *(для подсве́тки)* 2) центр внима́ния

spotty ['spɔtɪ] пятни́стый; пёстрый

spouse [spauz] *уст.* супру́г, супру́га

spout [spaut] 1. *n* 1) но́сик *(ча́йника и т. п.)* 2) водосто́чная труба́ 3) струя́ 2. *v* 1) бить струёй 2) *разг.* разглаго́льствовать, ора́торствовать

sprain [spreɪn] 1. *n* растяже́ние сухожи́лия 2. *v* растяну́ть сухожи́лие

sprang [spræŋ] *past* от spring II, 1

sprat [spræt] шпро́та

sprawl [sprɔːl] 1) развали́ться; сиде́ть разваля́сь 2) растяну́ться

spray I [spreɪ] ве́тка; побе́г

spray II ['spreɪ] бры́зги *мн.*; водяна́я пыль; ~er пульвериза́тор; форсу́нка

spread [spred] 1. *v* (spread) 1) расстила́ть; развёртывать 2) нама́зывать; разма́зывать 3) распространя́ть 4) распространя́ться 5) простира́ться, расстила́ться 2. *n* 1) распростране́ние 2) протяже́ние 3) *разг.* оби́льное угоще́ние

spree [spriː] весе́лье; куте́ж; go on the ~ весели́ться; кути́ть

sprig [sprɪg] 1) ве́точка 2) отро́сток; *перен. презр.* о́трыск

sprightly ['spraɪtlɪ] оживлённый, весёлый

spring I [sprɪŋ] 1) весна 2) *attr.* весенний; ~ crops яровые культуры

spring II ['sprɪŋ] 1. *v* (sprang, sprung; sprung) 1) прыгать; вскакивать; ~ to one's feet вскочить на ноги 2) зарождаться, брать начало 3) вспугивать *(дичь)* 4) коробиться *(о доске)*; ~ up внезапно вырастать, возникать *(тж. перен.)* ⋄ ~ a leak дать течь *(о судне)* 2. *n* 1) прыжок 2) источник, родник 3) рессора, пружина 4) упругость, эластичность 5) *attr.*: ~ water ключевая вода; ~ balance безмен; ~ bed пружинный матрац; ~-board [-bɔːd] трамплин

sprinkle ['sprɪŋkl] 1. *v* 1) брызгать, кропить 2) посыпать *(песком и т. п.)* 2. *n* мелкий дождь

sprint ['sprɪnt] 1. *n* бег на короткую дистанцию, спринт 2. *v* бежать на короткую дистанцию; ~er бегун на короткие дистанции, спринтер

sprite [spraɪt] эльф; фея

sprout [spraʊt] 1. *n* 1) отросток, побег 2) *pl* брюссельская капуста *(тж.* Brussels ~s) 2. *v* пускать ростки, расти

spruce I [spruːs] щеголеватый, нарядный; элегантный

spruce II канадская ель

sprung [sprʌŋ] *past и p. p. от* spring II, 1

spry [spraɪ] проворный, живой

spud [spʌd] 1) *разг.* картофелина 2) мотыга

spume [spjuːm] 1. *n* пена 2. *v* пениться

spun [spʌn] *past и p. p. от* spin 1

spunk [spʌŋk] *разг.* мужество

spur [spəː] 1. *n* 1) шпора 2) стимул, побуждение 3) отрог *(горы)* ⋄ on the ~ of the moment экспромтом, под влиянием минуты 2. *v* пришпоривать; *перен.* подстрекать *(тж.* ~ on)

spurious ['spjʊərɪəs] поддельный, подложный; ~ coin фальшивая монета

spurn [spəːn] отвергать с презрением

spurt [spəːt] бить струёй

sputter ['spʌtə] 1) плеваться, брызгать слюной 2) шипеть *(о дровах и т. п.)*

spy ['spaɪ] 1. *n* шпион 2. *v* 1) шпионить; выслеживать; разузнавать 2) заметить, разглядеть; ~glass [-glɑːs] подзорная труба

squabble ['skwɔbl] 1. *n* ссора из-за пустяков 2. *v* ссориться из-за пустяков

squad [skwɔd] *воен.* отделение *(тж. полицейское)*; flying ~ a) наряд полиции; б) дежурная полицейская автомашина

squadron ['skwɔdr(ə)n] 1) *воен.* эскадрон 2) *мор.* эскадра 3) *ав.* эскадрилья

squalid ['skwɔlɪd] грязный, запущенный; убогий

squall ['skwɔːl] 1. *n* 1) писк, визг 2) шквал, вихрь 2. *v* пищать, визжать; ~y [-ɪ] бурный, порывистый (*о ветре*)

squalor ['skwɔlə] 1) грязь, запущенность 2) нищета, убогость

squander ['skwɔndə] расточать, проматывать; растрачивать

square [skwɛə] 1. *a* 1) квадратный; прямоугольный; ~ root *мат.* квадратный корень 2) *разг.* прямой, честный; справедливый; a ~ deal честная сделка ◇ get ~ with smb. свести счёты с кем-л.; have a ~ meal плотно поесть; ~ refusal категорический отказ 2. *adv* прямо; честно; справедливо 3. *n* 1) квадрат; прямоугольник 2) сквер; 3) площадь 4) *воен.* каре 5) *мат.* квадрат 4. *v* 1) делать прямоугольным *или* квадратным 2) распрямлять 3) *мат.* возводить в квадрат 4) согласовывать 5) согласовываться; his account doesn't ~ with yours его отчёт не ~ сходится с вашим 6) *разг.* подкупать; ~ up а) приводить в порядок; б) сводить счёты ◇ ~ accounts (*with*) свести счёты, отомстить; ~ the circle добиваться явно невозможного

square-built ['skwɛəbɪlt] широкоплечий

squash I [skwɔʃ] 1. *n* 1) раздавленная масса, «каша» 2) толпа; давка 3) фруктовый напиток 2. *v* 1) сжимать, сдавливать 2) толпиться 3) *разг.* обрезать (*кого-л.*)

squash II [skwɔʃ] *амер.* тыква; кабачок

squat [skwɔt] 1. *v* сидеть на корточках 2. *a* коренастый

squaw [skwɔː] индианка

squawk [skwɔːk] 1. *n* пронзительный крик (*птицы*) 2. *v* пронзительно кричать (*о птице*)

squeak [skwiːk] 1. *n* писк; скрип 2. *v* 1) пищать; скрипеть 2) *разг.* доносить

squeal [skwiːl] 1. *n* визг 2. *v* 1) визжать 2) *разг.* доносить

squeamish ['skwiːmɪʃ] 1) подверженный тошноте 2) щепетильный 3) разборчивый

squeeze [skwiːz] 1. *n* 1) сжатие 2) давка 3) *разг.* вымогательство 2. *v* 1) выжимать, давить; прижимать 2) вымогать 3) впихивать 4) протискиваться

squelch [skweltʃ]: ~ through mud хлюпать по грязи *или* воде

squib [skwɪb] 1) петарда 2) *книжн.* памфлет; эпиграмма

squint ['skwɪnt] 1. *n* 1) косоглазие 2) *разг.* взгляд украдкой, искоса 2. *v* 1) косить 2) смотреть украдкой, искоса 3. *a* косоглазый; раскосый; ~-eyed [-aɪd] косой; *перен.* зловещий, злой; злобный

squire ['skwaɪə] сквайр, помещик

squirm [skwə:m] извива́ться, ко́рчиться

squirrel ['skwɪr(ə)l] бе́лка

squirt [skwə:t] 1. *n* 1) струя́ 2) шприц 2. *v* 1) пуска́ть струю́ 2) бить струёй 3) распыля́ть

stab [stæb] 1. *v* зака́лывать *(кинжа́лом)*; ~ smb. in the back a) всади́ть нож в спи́ну; б) *перен.* нанести́ преда́тельский уда́р; в) *перен.* злосло́вить за спино́й *(кого́-л.)*; ◇ his conscience ~bed him его́ му́чила со́весть 2. *n* 1) уда́р *(кинжа́лом)* 2) внеза́пная о́страя боль

stabili∥ty [stə'bɪlɪtɪ] усто́йчивость; **~zation** [,steɪbɪlaɪ'zeɪʃ(ə)n] стабилиза́ция; **~ze** ['steɪbɪlaɪz] 1) стабилизи́ровать 2) стабилизи́роваться

stabilizer ['steɪbɪlaɪzə] *тех.* стабилиза́тор

stable ['steɪbl] 1) усто́йчивый 2) про́чный 3) твёрдый, непоколеби́мый

stabling ['steɪblɪŋ] коню́шня

stack [stæk] 1) стог, скирда́ 2) ки́па *(бума́г и т. п.)* 3) *разг.* мно́жество, ма́сса 4) дымова́я труба́

stadium ['steɪdjəm] стадио́н

staff I [stɑ:f] 1. *n* 1) штат, персона́л; ка́дры; on the ~ в шта́те; *воен.* штаб; general ~ генера́льный штаб 2. *v* набира́ть ка́дры

staff II 1) жезл 2) па́лка, по́сох

stag [stæg] 1) оле́нь-саме́ц 2) биржево́й спекуля́нт 3) *разг.* холостя́к

stag-beetle ['stæg,bi:tl] жук-рога́ч

stage I [steɪdʒ] 1. *n* 1) сце́на, подмо́стки *мн.* 2) *attr.*: ~ manager режиссёр 2. *v* ста́вить *(пье́су)*

stage II ['steɪdʒ] 1) остано́вка, ста́нция; перего́н 2) ста́дия, эта́п; **~coach** [-koutʃ] почто́вая каре́та

stager ['steɪdʒə]: old ~ быва́лый челове́к

stagger ['stægə] 1. *n* 1) поша́тывание 2) *pl* вертя́чка *(боле́знь ове́ц)* 2. *v* 1) шата́ться; идти́ шата́ясь 2) колеба́ться 3) шата́ть; вызыва́ть колеба́ния 4) регули́ровать часы́ рабо́ты *(учрежде́ний, магази́нов и т. п.)*

stagnant ['stægnənt] стоя́чий *(о воде́)* 2) ко́сный; ине́ртный

stagna∥te ['stægneɪt] застаи́ваться; **~tion** [-'neɪʃ(ə)n] засто́й; ко́сность

stag-party ['stæg,pɑ:tɪ] приём, обе́д *(и т. п. — без приглаше́ния же́нщин)*

staid [steɪd] тре́звый; благоразу́мный; степе́нный

stain ['steɪn] 1. *n* 1) пятно́ *(тж. перен.)* 2) кра́ска 2. *v* 1) па́чкать; *перен.* пятна́ть 2) кра́сить, окра́шивать; **~less** безупре́чный, незапя́тнанный ◇ ~less steel нержаве́ющая сталь

stair ['stɛə] ступе́нька; **~case** [-keɪs] ле́стница

stake I [steɪk] 1. *n* кол, столб 2. *v* вкола́чивать

столб; огораживать столбами

stake II [steɪk] 1. *n* ставка *(на бегах, в пари)*; be at ~ быть поставленным на карту 2. *v* рисковать *(чем-л.)*; ставить на карту

stale I [steɪl] 1. *a* чёрствый, несвежий *(о хлебе и т. п.)*; *перен.* избитый, банальный 2. *v* изнашиваться, терять свежесть

stale II моча *(животных)*

stalemate ['steɪlmeɪt] *шахм.* пат

stalk I [stɔːk] стебель

stalk II 1) подкрадываться *(к дичи)* 2) шествовать, гордо выступать

stall [stɔːl] 1) стойло 2) ларёк, палатка 3) кресло в партере

stallion ['stæljən] жеребец

stalwart ['stɔːlwət] 1. *a* 1) рослый, дюжий 2) мужественный; стойкий 2. *n* стойкий член партии

stamen ['steɪmen] *бот.* тычинка

stamina ['stæmɪnə] *pl* запас жизненных сил; выносливость

stammer ['stæmə] 1. *v* 1) заикаться 2) запинаться *(от волнения)* 2. *n* заикание; ~er [-rə] заика

stamp [stæmp] 1. *v* 1) накладывать *(штамп, печать и т. п.)* 2) наклеивать марки; ставить клеймо *(на товаре)* 3) топать ногами 4) чеканить; ~ out а) подавлять; б) ликвидировать 2. *n* 1) клеймо, пломба 2) штамп, печать; оттиск 3) марка 4) топанье, топот; ~-duty [-,djuːtɪ] гербовый сбор

stampede [stæm'piːd] 1. *n* паническое бегство 2. *v* 1) бросаться врассыпную 2) обращать в паническое бегство

stanch [stɑːntʃ] *см.* staunch I, II

stanchion ['stɑːnʃ(ə)n] подпорка; стойка

stand [stænd] 1. *v* (stood) 1) стоять; вставать 2) *(for)* олицетворять, символизировать; стоять *(за что-л.)*; ~ for peace стоять за мир 3) устоять, выстоять; ~ the test выдержать испытание; ~ one's ground не сдаваться 4) ставить, помещать 5) переносить, терпеть 6) оставаться в силе; what I said yesterday still ~s то, что я вчера сказал, остаётся в силе; ~ aside отходить в сторону; ~ out выделяться; ~ up вставать; ~ up for вставать на защиту; ~ up (to) перечить, прекословить ◊ ~ in awe *(of)* бояться; ~ in good stead быть полезным 2. *n* 1) пьедестал; подставка, стойка 2) палатка, киоск 3) трибуна 4) место, позиция; стоянка 5) остановка

standard ['stændəd] 1. *n* 1) знамя, флаг, штандарт 2) стандарт; образец; мерило; ~ of living жизненный уровень; ~s of weight меры веса 3) норма 4) класс *(в начальной школе)* 2. *a* 1) стандартный; типовой; образцо́вый 2) стоя́чий; ~ lamp торше́р; ~-bearer [-bɛərə] знамено́сец

standardize ['stændədaɪz] стандартизи́ровать

stand-by ['stændbaɪ] надёжная опо́ра

standing ['stændɪŋ] 1. *a* 1) стоя́щий, стоя́чий 2) постоя́нный; устано́вленный 2. *n* 1) продолжи́тельность 2) положе́ние; вес *(в обществе и т. п.)*

standpoint ['stændpɔɪnt] то́чка зре́ния

standstill ['stændstɪl] безде́йствие, засто́й; come to a ~ останови́ться

stand-up ['stændʌp] 1) стоя́чий *(о воротнике)* 2): ~ fight кула́чный бой 3): ~ meal еда́ сто́я *(или* а-ля-фурше́т*)*

stank [stæŋk] *past* от stink 2

staple I ['steɪpl] 1. *n* основно́й проду́кт; гла́вный предме́т торго́вли 2. *a* основно́й; гла́вный

staple II скоба́

star [stɑː] 1. *n* звезда́; свети́ло; film ~ кинозвезда́ 2) *attr.*: ~ pupil отли́чник 2. *v* игра́ть гла́вную роль

starboard ['stɑːbəd] *мор.* пра́вый борт

starch ['stɑːtʃ] 1. *n* крахма́л 2. *v* крахма́лить; ~y [-ɪ] накрахма́ленный; *перен.* чо́порный

stare ['stɛə] 1. *n* изумлённый *или* при́стальный взгляд 2. *v* смотре́ть при́стально; тара́щить глаза́

stark [stɑːk] 1. *a* 1) окочене́вший 2) по́лный, соверше́нный; ~ nonsense чисте́йший вздор 2. *adv* соверше́нно; ~ naked соверше́нно го́лый

starling ['stɑːlɪŋ] скворе́ц

starry ['stɑːrɪ] звёздный

start [stɑːt] 1. *v* 1) отправля́ться 2) начина́ть, предпринима́ть 3) пуска́ть *(маши́ну и т. п.)* 4) вздра́гивать 5) вска́кивать 6) вспу́гивать 2. *n* 1) отправле́ние, нача́ло *спорт.* старт; make a ~ начина́ть 2) внеза́пное движе́ние, рыво́к 3) вздра́гивание *(от испу́га)*

startle ['stɑːtl] испуга́ть; порази́ть

starvation [stɑː'veɪʃ(ə)n] 1) го́лод 2) голодо́вка; death from *(или* by*)* ~ голо́дная смерть

starve ['stɑːv] 1) умира́ть от истоще́ния, голода́ть 2) мори́ть го́лодом 3) *разг.* быть о́чень голо́дным ◊ ~ with cold *разг.* умира́ть от хо́лода; ~ling [-lɪŋ] заморы́ш

state I [steɪt] 1. *n* 1) состоя́ние, положе́ние 2) великоле́пие, пы́шность 2. *a* пара́дный

state II 1. *n* 1) госуда́рство 2) штат 2. *a* госуда́рственный; S. Department госуда́рственный департа́мент *(министе́рство иностра́нных дел США)*

state III заявля́ть, конста́тировать

stately ['steɪtlɪ] велича́вый

statement ['steɪtmənt] заявление, утверждение

state-room ['steɪtrum] 1) парадный зал 2) *мор.* отдельная каюта

statesman ['steɪtsmən] государственный деятель

static ['stætɪk] 1) неподвижный 2) *тех.* статический

station ['steɪʃ(ə)n] **1.** *n* 1) место; пост 2) станция; пункт; dressing ~ перевязочный пункт; lifeboat ~ спасательная станция; wireless ~ радиостанция 3) железнодорожная станция; вокзал 4) остановка *(трамвая и т. п.)* 5) общественное положение **2.** *v* 1) ставить, помещать 2) *воен.* размещать, базировать; **~ary** [-ʃnərɪ] 1) неподвижный 2) стационарный

stationer ['steɪʃnə] торговец канцелярскими принадлежностями; **~y** [-ʃnərɪ] канцелярские принадлежности

station-master ['steɪʃ(ə)n‚mɑːstə] начальник станции

statist ['steɪtɪst] статистик; **~ical** [stə'tɪstɪk(ə)l] статистический; **~ician** [‚stætɪs'tɪʃ(ə)n] *см.* statist; **~ics** [stə'tɪstɪks] статистика

statuary ['stætjʊərɪ] собрание скульптур

statue ['stætjuː] статуя

statuesque [‚stætjʊ'esk] монументальный

statuette [‚stætjʊ'et] статуэтка

stature ['stætʃə] рост; grow in ~ расти

status ['steɪtəs] 1) общественное положение 2) *юр.* статус; гражданское состояние

statut||e ['stætjuːt] 1) статут; закон; 2) *pl* устав 3) *attr*: ~ law писаный закон; **~ory** [-jut(ə)rɪ] установленный законом

staunch I [stɔːntʃ] верный, стойкий; лояльный

staunch II останавливать *(кровь)*

stave [steɪv] **1.** *n* 1) бочарная доска, клёпка 2) *pl муз.* нотные линейки **2.** *v* (staved, stove): ~ in проломить *(бочку, лодку и т. п.)*; ~ off предотвращать, отсрочивать *(разоблачение, поражение и т. п.)*

stay [steɪ] **1.** *n* 1) пребывание; остановка 2) *юр.* отсрочка **2.** *v* 1) оставаться 2) останавливаться; жить, гостить 3) приостанавливать, задерживать 4) выдерживать, выносить 5) утолять *(голод)*; ~ away, ~ out отсутствовать, не быть дома

stead [sted]: in his ~ на его место, вместо него

steadfast ['stedfəst] 1) стойкий, твёрдый 2) прочный

steady ['stedɪ] **1.** *a* 1) устойчивый 2) постоянный, ровный; неизменный 3) степенный; уравновешенный **2.** *v* 1) делать твёрдым, стойким 2) делаться стойким; прийти в равновесие ◇ ~ oneself удержаться на ногах

steak [steɪk] кусок *(мяса, рыбы)*

steal [stiːl] (stole; stolen) 1)

STE

воровать; красть 2) прокрадываться; крадучись войти; ~ away незаметно ускользнуть; ~ by проскользнуть мимо; ~ in войти крадучись; ~ out улизнуть

stealth ['stelθ]: by ~ украдкой; ~ily [-ılı] украдкой, втихомолку

stealthy ['stelθı] тайный, скрытый; ~ glance взгляд украдкой

steam ['sti:m] 1. *n* 1) пар; get up ~ развести пары; *перен.* собраться с силами 2) испарение 2. *v* 1) выпускать пар 2) двигаться *(посредством пара)* 3) парить, выпаривать; **~boat** [-bout] пароход; **~boiler** [-ˌbɔılə] паровой котёл; **~engine** [-ˌendʒın] паровая машина

steamer ['sti:mə] пароход

steamship ['sti:mʃıp] пароход

steed [sti:d] *поэт.* конь

steel ['sti:l] 1. *n* 1) сталь 2) меч, шпага, сабля; cold ~ холодное оружие 2. *v* закалять; **~clad** [-klæd] закованный в броню

steely ['sti:lı] как сталь; ~ glance суровый взгляд

steelyard ['sti:ljəd] безмен

steep I ['sti:p] 1) погружать 2) погружаться; be ~ed in prejudice погрязнуть в предрассудках

steep II ['sti:p] 1) крутой 2) *разг.* чрезмерный, невероятный; **~en** [(ə)n] 1) делать круче 2) делаться круче

steeple ['sti:pl] шпиль

steeplechase ['sti:pltʃeıs] скачки с препятствиями

steeplejack ['sti:pldʒæk] верхолаз

steer I [stıə] молодой вол, бычок

steer II ['stıə] управлять, вести *(корабль, автомобиль и т. п.);* **~age** [-rıdʒ] *мор.* четвёртый класс *(палубные пассажиры)*

steersman ['stıəzmən] рулевой; штурман

stellar ['stelə] звёздный; ~ light свет звёзд

stem I [stem] 1) ствол; стебель 2) ножка *(рюмки)* 3) *грам.* основа 4) нос *(корабля)*

stem II 1) останавливать 2) идти против течения; сопротивляться

stench [stentʃ] зловоние, вонь

stencil ['stensl] 1. *n* трафарет, шаблон 2. *v* раскрашивать по трафарету

stenogra||pher [ste'nɔgrəfə] стенографист; стенографистка; **~phic** [ˌstenə'græfık] стенографический; **~phy** [-fı] стенография

stentorian [sten'tɔ:rıən] громовой, зычный *(о голосе)*

step I [step] 1. *v* шагать, делать шаг; ~ aside посторониться; *перен.* уступить дорогу *(кому-л.);* отстраниться; ~ in a) зайти; б) вмешиваться; ~ off сойти *(с чего-л.);* ~ over перешагнуть 2. *n* 1) шаг; take a ~ сделать шаг; ~ by ~ шаг за шагом; постепенно; in ~ в ногу; a

~ forward шаг вперёд; keep ~ (with) идти в ногу 2) поступь 3) па (в танцах) 4) мера, шаг; take ~s принимать меры 5) подножка, ступенька ◇ this is only the first ~ это только начало; what's the next ~? что дальше делать?

step II ['step]: ~**brother** [-,brʌðə] сводный брат; ~**daughter** [-,dɔ:tə] падчерица; ~**father**[-,fɑ:ðə] отчим; ~**mother** [-,mʌðə] мачеха; ~**sister** [-,sistə] сводная сестра; ~**son** [-sʌn] пасынок

steril||**e** ['sterail] 1) бесплодный 2) стерильный; ~**ity** [ste'riliti] 1) бесплодие 2) стерильность

sterling ['stə:liŋ] 1. *a* полновесный, полноценный (*о золоте, серебре*); *перен.* надёжный, честный; ~ silver чистое серебро 2. *n* 1) стерлинг 2) *attr.*: ~ zone стерлинговая зона

stern I [stə:n] строгий, суровый, неумолимый

stern II 1) корма 2) зад 3) хвост (*гончей, терьера*)

stevedore ['sti:vidɔ:] грузчик (*портовый*)

stew [stju:] 1. *n* тушёное мясо ◇ get into a ~ разволноваться 2. *v* 1) тушить (*мясо*) 2) париться 3) изнемогать от жары

steward ['stjuəd] 1) официант; бортпроводник (*на пароходе, самолёте*) управляющий (*имением, домом*); дворецкий; ~**ess** [-is] официантка; стюардесса, бортпроводница (*на пароходе, самолёте*)

stew||-**pan**, ~-**pot** ['stju:pæn, -pɔt] кастрюля

stick I [stik] (stuck) 1) колоть; втыкать 2) колоться 3) приклеивать 4) приклеиваться, липнуть 5) придерживаться (*мнения и т. п. — to*) 6) застревать (*о машине и т. п.*) 7) *разг.* терпеть, мириться; he could not ~ it any longer он больше не мог этого вынести; ~ **around** быть на подхвате; ~ **at** упорно продолжать (*что-л. делать*); ~ at nothing ни перед чем не останавливаться; ~ **out** а) высовывать, б) высовываться; в) не поддаваться; г) бастовать; ~ **out for** настаивать (*на чём-л.*); ~ **up** торчать; ~ **up for** защищать, поддерживать

stick II 1) палка; прут; тросточка 2): ~ of chocolate плитка шоколада; ~ of chewing-gum плиточка жевательной резинки 3) *разг.* тупица

stickler ['stiklə] ярый сторонник (*дисциплины и т. п.*)

sticky ['stiki] 1) липкий, клейкий 2) *разг.* жаркий и влажный (*о погоде*) 3) *разг.* трудный, неприятный

stiff ['stif] 1. *a* 1) тугой, негибкий; жёсткий; *перен.* холодный; чопорный 2) крепкий (*о напитках*) 3) крутой (*о тесте*) 4) высокий (*о ценах*) 5) трудный (*об экзамене*) ◇ he has a ~ neck ему надуло в шею; it bored me ~ я чуть не умер от скуки 2. *n разг.* труп; ~**en** [-n] 1) делать жёстким, негибким 2) делаться жёстким, негибким; коченеть, костенеть

stiff-necked ['stɪf'nekt] упрямый

stifl‖**e** ['staɪfl] 1) душить 2) задыхаться ◇ ~ a yawn подавить зевок; ~**ing** душный

stigma ['stɪgmə] 1) пятно, позор 2) *бот.* рыльце *(пестика)*

stigmatize ['stɪgmətaɪz] клеймить позором, бесчестить

stile [staɪl] приступок, ступеньки для перехода через изгородь

still I [stɪl] 1. *adv* 1) до сих пор; всё ещё 2) ещё *(в сравнении)*; ~ longer ещё длиннее 2. *cj* однако

still II 1. *a* 1) неподвижный; ~ life натюрморт 2) бесшумный; тихий ◇ ~ waters run deep *погов.* ≅ в тихом омуте черти водятся 2. *n поэт.* тишина, безмолвие 3. *v* успокаивать; унимать

still III перегонный куб

still-born ['stɪlbɔ:n] мертворождённый

stilt ['stɪlt] ходуля; ~**ed** [-ɪd] напыщенный, высокопарный

stimul‖**ant** ['stɪmjulənt] возбуждающее средство *(часто спиртное)*; ~**ate** [-eɪt] стимулировать; ~**ation** [ˌstɪmju'leɪʃ(ə)n] поощрение; ~**us** [-əs] стимул

sting [stɪŋ] 1. *n* 1) жало *(насекомого)* 2) укус; *перен.* колкость 3) жгучая боль 2. *v* (stung) 1) жалить 2) уязвлять

stingy ['stɪndʒɪ] скупой

stink [stɪŋk] 1. *n* зловоние, вонь 2. *v* (stank, stunk; stunk) вонять

stint [stɪnt] 1. *n* 1): without ~ без ограничения 2): do one's daily ~ выполнить дневной урок 2. *v* скудно снабжать; урезывать

stipend ['staɪpend] 1) жалованье, оклад 2) стипендия; ~**iary** [-'pendjərɪ] *офиц.* оплачиваемый

stipulat‖**e** ['stɪpjuleɪt] обусловливать, ставить условием; ~**ion** [ˌstɪpju'leɪʃ(ə)n] условие

stir ['stə:] 1. *n* 1) движение 2) суета, суматоха; всеобщее возбуждение; make a ~ возбуждать общий интерес 2. *v* 1) шевелить 2) шевелиться 3) размешивать 4) возбуждать; ~**ring** [-rɪŋ] волнующий; ~ ring times времена, полные событий

stirrup ['stɪrəp] стремя

stitch [stɪtʃ] 1. *n* стежок; петля *(в вязании)* 2. *v* шить; стегать

stoat [stout] горностай

stock [stɔk] 1. *n* 1) ствол 2) скот 3) род; порода 4) запас, фонд; in ~ в запасе 5) *pl* акции; фонды 2. *v* 1) снабжать 2) иметь на складе

stock-breeder ['stɔkˌbri:də] животновод

stockbroker ['stɔk,broukə] биржевой маклер

stockholder ['stɔk,houldə] акционер

stockinet [,stɔkɪ'net] трико *(ткань)*

stocking ['stɔkɪŋ] чулок

stock-market ['stɔk,mɑːkɪt] фондовая биржа

stock-still ['stɔk'stɪl] неподвижный; остолбеневший

stock-taking ['stɔk,teɪkɪŋ] инвентаризация; (пере)учёт товаров

stocky ['stɔkɪ] приземистый, коренастый

stodgy ['stɔdʒɪ] 1) тяжёлый *(о пище)* 2) тяжеловесный; скучный; ~ book скучная книга

stoke ['stouk] забрасывать топливо, загружать топку; **~hold**, **~hole** [-hould, -houl] кочегарка

stoker ['stoukə] 1) кочегар; истопник 2) механическая топка

stole [stoul] *past* от steal

stolen ['stoul(ə)n] *p. p.* от steal

stolid ['stɔlɪd] флегматичный; **~ity** [stɔ'lɪdɪtɪ] тупость; вялость, флегматичность

stomach ['stʌmək] 1. *n* желудок; живот ◇ turn one's ~ вызывать тошноту 2. *v* терпеть, сносить; I cannot ~ it я не перевариваю этого

stone ['stoun] 1. *n* 1) камень; precious ~ драгоценный камень 2) косточка, зёрнышко *(плода)* 3) стоун *(мера веса = 6,33 кг)* ◇

leave no ~ unturned испробовать все возможные средства; within a ~'s throw очень близко 2. *v* 1) побивать камнями 2) вынимать косточки *(из фруктов)*; **~blind** [-'blaɪnd] совершенно слепой; **~mason** [-,meɪsn] каменщик; **~ware** [-wɛə] глиняная посуда

stony ['stounɪ] каменистый; *перен.* холодный; безжалостный; ~ politeness холодная учтивость; ~ stare неподвижный взгляд

stony-broke ['stounɪbrouk] *разг.* без гроша

stood [stud] *past и p. p.* от stand 1

stool [stuːl] 1) табурет 2) стульчак 3) *мед.* стул

stool-pigeon ['stuːl'pɪdʒɪn] голубь-манок; *перен.* провокатор, осведомитель

stoop [stuːp] 1. *n* сутулость 2. *v* 1) наклоняться, нагибаться 2) сутулиться 3) снизойти *(до — to)*

stop ['stɔp] 1. *n* 1) остановка; задержка; come to a ~ остановиться 2) прекращение, конец; put a ~ to smth. положить конец чему-л. 3) знак препинания; full ~ точка 2. *v* 1) останавливать; прекращать; *тех.* застопоривать, выключать; ~ it! перестаньте! 2) останавливаться; прекращаться; has it ~ped raining? дождь прошёл? 3) останавливаться *(в гостинице и т. п.)*; ~ off заезжать; **~ up** а) затыкать; б); ~ up late поздно ложи́ться спать ◇ ~ a tooth запломбирова́ть зуб; ~ a wound останови́ть кровоте́чение из ра́ны; ~cock [-kɔk] *тех.* запо́рный кран; -gap [-gæp] заме́на; замени́тель *(временный)*

stopp‖age ['stɔpɪdʒ] 1) остано́вка; поме́ха; заде́ржка 2) забасто́вка, прекраще́ние рабо́ты; ~er заты́чка, про́бка; ~ing зубна́я пло́мба

storage ['stɔːrɪdʒ] 1) хране́ние 2) склад; храни́лище 3) пла́та за хране́ние

store ['stɔː] 1. *n* 1) запа́с 2) *pl* запа́сы 3) склад 4) *pl* универса́льный магази́н ◇ set ~ by smth. придава́ть большо́е значе́ние чему́-л.; I have a surprise in ~ for you у меня́ для вас пригото́влен сюрпри́з 2. *v* 1) запаса́ть; откла́дывать 2) храни́ть на скла́де; ~house [-haus] амба́р; кладова́я; *перен.* сокро́вищница; ~keeper [-ˌkiːpə] *амер.* ла́вочник; ~room [-rum] кладова́я

storey ['stɔːrɪ] эта́ж; я́рус

stork [stɔːk] а́ист

storm ['stɔːm] 1. *n* 1) бу́ря, гроза́; шторм 2) *воен.* штурм; take by ~ взять шту́рмом 2. *v* 1) штурмова́ть, брать при́ступом 2) бушева́ть; ~bound [-baund] заде́ржанный што́рмом

stormy ['stɔːmɪ] бу́рный; я́ростный; ~ petrel буреве́стник

story I ['stɔːrɪ] *см.* storey

story II ['stɔːrɪ] 1) расска́з; по́весть; funny ~ анекдо́т 2) преда́ние; ска́зка 3) фа́була 4) *разг. преим. детск.* вы́думка, ложь; ~-teller [-ˌtelə] 1) расска́зчик 2) ска́зочник 3) а́втор расска́зов 4) *разг.* лгуни́шка

stout I [staut] 1) си́льный, кре́пкий 2) отва́жный, реши́тельный; ~ resistance упо́рное сопротивле́ние 3) ту́чный, то́лстый

stout II кре́пкий по́ртер

stove I [stouv] печь, пе́чка; ку́хонная плита́

stove II *past и p. p.* от stave 2

stow [stou] 1) убира́ть, пря́тать; скла́дывать 2): ~ cargo погрузи́ть това́ры *(на су́дно)*; ~ away а) пря́тать; б) е́хать без биле́та *(на парохо́де или самолёте)* ◇ ~ it! *разг.* заткни́сь!; ~age ['sto(u)ɪdʒ] 1) скла́дывание, укла́дка 2) *мор.* погру́зка 3) скла́дочное ме́сто; ~away ['sto(u)əweɪ] безбиле́тный пассажи́р, за́яц

straddle ['strædl] 1) расставля́ть но́ги 2) сиде́ть верхо́м

straggle ['strægl] 1) отстава́ть; идти́ вразбро́д 2) быть разбро́санным

straight ['streɪt] 1. *a* 1) прямо́й 2) пра́вильный 3) че́стный 4) *амер.* неразба́вленный 2. *adv* 1) пря́мо 2) неме́дленно; ~ away сра́зу; ~en [-n] 1) выпрямля́ть 2) выпрямля́ться; ~en out приводи́ть в поря́док

straightforward [streɪt-

STR

'fɔ:wəd] чéстный, прямо́й; откры́тый

straightway ['streitwei] немéдленно

strain I [strein] 1) порóда; род 2) наслéдственная чертá; склóнность (харáктера)

strain II ['strein] 1. *n* 1) растяжéние 2) напряжéние, усилие 2. *v* 1) натя́гивать; растя́гивать 2) напряга́ть; ~ the eyes утомля́ть глазá 3) напряга́ться 4) фильтровáть; процéживать; ~er фильтр

strait ['streit] 1. *a* у́зкий; ~ jacket (*или* waistcoat) смирительная рубáшка 2. *n* 1) (*тж. pl*) у́зкий проли́в 2) (*обыкн. pl*) затрудни́тельное положéние, нуждá; ~ened [-nd]: in ~ened circumstances в стеснённых обстоя́тельствах

strand I [strænd] 1. *n* бéрег; прибрéжная полосá 2. *v* сесть (*или* посади́ть) на мель; be ~ed *перен.* быть на мели

strand II прядь

strang||e ['streindʒ] 1) чужóй, незнакóмый 2) стрáнный; ~er 1) чужестрáнец, инострáнец 2) незнакóмец, посторóнний человéк

strangle ['stræŋgl] души́ть

strangulation [,stræŋgju-'leiʃ(ə)n] удушéние

strap ['stræp] 1. *n* 1) ремéнь, кушáк, пóяс 2) дли́нная у́зкая полосá 2. *v* 1) стя́гивать ремнём 2) бить ремнём 3) *мед.* наклáдывать плáстырь; ~ping 1. *a* рóслый, дю́жий 2. *n* ли́пкий плáстырь

strata ['strɑ:tə] *pl* от stratum

stratagem ['strætidʒəm] воéнная хи́трость; улóвка

strate||gic(al) [strə'ti:dʒik-(əl)] стратеги́ческий; ~gics [-ks] страте́гия; ~gist ['strætidʒist] страте́г; ~gy ['strætidʒi] страте́гия

stratosphere ['stræto(u)sfiə] стратосфéра

stratum ['strɑ:təm] (*pl* strata) *геол.* пласт; *перен.* слой (*óбщества*)

straw [strɔ:] 1) солóма 2) солóминка ◊ not to care a ~ относи́ться совершéнно безразли́чно; the last ~ ≅ послéдняя кáпля (*переполнившая чáшу терпéния*)

strawberry ['strɔ:b(ə)ri] землянúка; клубнúка

stray [strei] 1. *v* сби́ться с пути́, блуждáть 2. *n* заблуди́вшееся живóтное; беспризóрный ребёнок 3. *a* случáйный; ~ bullet шальнáя пу́ля

streak ['stri:k] 1. *n* полóска; a ~ of obstinacy *перен.* нéкоторое упря́мство ◊ like a ~ of lightning с быстротóй мóлнии 2. *v* проводи́ть полóсы; ~ off (*или* past) мелькáть; ~y [-i] полосáтый

stream ['stri:m] 1. *n* 1) потóк; рекá; ручéй 2) течéние; up ~ вверх по течéнию; down ~ вниз по течéнию 2. *v* 1) вытекáть; течь, стру́иться 2) развевáться (*о зна-*

34 Англо-русский сл.

мёнах, *волосах*); ~er 1) вымпел 2) длинная развевающаяся лента; ~let [-lɪt] ручеёк

streamlined ['stri:mlaɪnd] обтекаемой формы

street [stri:t] улица; one-way ~ одностороннее движение; the man in the ~ обыкновенный человек; обыватель

strength ['streŋθ] 1) сила 2) прочность; крепость ◊ at full ~ в полном составе; on the ~ of smth. благодаря чему-л.; ~en [-(ə)n] 1) усиливать 2) усиливаться

strenuous ['strenjuəs] энергичный *(о человеке)*; напряжённый *(о работе)*

stress [stres] 1. *n* 1) нажим; давление, напряжение 2) ударение 2. *v* подчёркивать; делать ударение

stretch ['stretʃ] 1. *n* 1) вытягивание 2) протяжение; пространство 3) промежуток времени; at a ~ в один присест, не отрываясь 2. *v* 1) тянуть, вытягивать, натягивать 2) преувеличивать 3) тянуться; вытягиваться 4) простираться; ~ out тянуться, растягиваться; ~er носилки

strew [stru:] (strewed; strewn, strewed) 1) разбрасывать 2) посыпать; усыпать *(цветами)*

strewn [stru:n] *p. p.* от strew

stricken ['strɪk(ə)n] 1. *уст p. p.* от strike II 2. *а книжн.:* ~ in years престарелый

strict ['strɪkt] 1) строгий 2) точный; ~ure [-tʃə] 1) *(обыкн. pl)* суровая критика, осуждение 2) *мед.* сужение

stridden ['strɪdn] *p. p.* от stride 2

stride [straɪd] 1. *n* большой шаг ◊ make great ~s делать большие успехи 2. *v* (strode; *p. p. редко* stridden) идти широким шагом; ~ across, ~ over перешагнуть

strident ['straɪdnt] резкий, скрипучий

strife [straɪf] 1) борьба 2) спор, препирательство

strike I [straɪk] 1. *n* забастовка; general ~ всеобщая забастовка; sit-down *(или* stay-in*)* ~ итальянская забастовка; be on ~ бастовать; go on ~ объявлять забастовку 2. *v* бастовать, объявлять забастовку

strike II (struck; struck, stricken) 1) ударять, наносить удар; поражать 2) ~ a match зажигать спичку 3) бить *(о часах)* 4) поражать, удивлять 5) *безл.* прийти в голову, осенить; ~ off а) вычёркивать; б) *полигр* отпечатывать; ~ out зачёркивать; ~ up начинать; ~ up a friendship подружиться ◊ ~ a bargain заключить сделку; ~ camp сниматься с лагеря; ~ oil найти нефтяной источник; *перен.* преуспеть

strike-breaker ['straɪkˌbreɪkə] штрейкбрехер

striker ['straɪkə] забастовщик

striking ['straɪkɪŋ] удивительный, поразительный

string [strɪŋ] 1. *n* 1) верёвка, шнурок 2) струна 3) нитка *(бус и т. п.)* 4) тетива *(лука)* 5) ряд *(фактов, примеров)* 6) *attr.*: ~ band струнный оркестр 2. *v* (strung) 1) снабжать струной 2) натягивать *(струны)* 3) нанизывать *(бусы)* 4) ир завязывать; ~**ed** [-d]: ~ed instrument струнный инструмент

string‖ency ['strɪndʒ(ə)nsɪ] строгость; ~**ent** [-(ə)nt] 1) строгий 2) стеснённый *(в деньгах)*

stringy ['strɪŋɪ] волокнистый

strip [strɪp] 1. *n* полоска, лоскут 2. *v* 1) сдирать, обдирать 2) раздевать; снимать 3) грабить

strip‖e [straɪp] 1) полоса 2) *воен.* нашивка; ~**ed** [-t] полосатый

stripling ['strɪplɪŋ] юнец, подросток

strive [straɪv] (strove; striven) 1) стараться 2) бороться *(за — for; против — against; с — with)*

striven ['strɪvn] *p. p.* от strive

strode [stroud] *past* от stride 2

stroke I [strouk] 1) удар *(тж. мед.)* 2) взмах 3) ход, приём *(в политике и т. п.)* 4) бой *(часов)* ◇ a ~ of luck удача, везение

stroke II 1. *n* поглаживание *(рукой)* 2. *v* гладить, поглаживать

stroll [stroul] 1. *n* прогулка; take a ~ прогуляться 2. *v* прогуливаться, бродить

strong ['strɔŋ] 1) сильный 2) здоровый 3) крепкий; ~ drink спиртные напитки 4) резкий; ~**-box** [-bɔks] сейф

stronghold ['strɔŋhould] цитадель; твердыня; оплот

strop [strɔp] 1. *n* ремень *(для правки бритв)* 2. *v* править *(бритву)*

strove [strouv] *past* от strive

struck [strʌk] *past и p. p.* от strike II

structural ['strʌktʃ(ə)r(ə)l] структурный

structure ['strʌktʃə] 1) структура, устройство; строй 2) здание, сооружение

struggle ['strʌgl] 1. *n* борьба 2. *v* 1) бороться 2) прилагать все усилия

strum ['strʌm] бренчать; ~**ming** [-mɪŋ] бренчание

strung [strʌŋ] 1. *past и p. p.* от string 2 2. *a*: a highly ~ person очень нервный человек; highly ~ nerves натянутые нервы

strut I [strʌt] 1. важная поступь 2. *v* важничать, гордо выступать

strut II 1. *n тех.* стойка; распорка 2. *v* подпирать

stub [stʌb] 1) пень 2) обломок; огрызок *(карандаша)* 3) окурок 4) корешок *(чека, квитанции и т. п.)*

stubble ['stʌbl] 1) жнивьё 2) щетина, небритая борода

stubborn ['stʌbən] упрямый; упорный; ~ness упрямство; упорство

stucco ['stʌkou] 1. *n* штукатурка 2. *v* штукатурить

stuck [stʌk] *past* и *p. p. от* stick I

stuck-up ['stʌk'ʌp] *разг.* высокомерный, заносчивый

stud I [stʌd] 1. *n* 1) запонка; пуговица 2) гвоздь с большой шляпкой 2. *v* 1) обивать *(гвоздями)* 2) *(обыкн. p. p.):* ~ded with smth. усыпанный чем-л.

stud II ['stʌd] конский завод; ~-**book** родословная чистокровных лошадей

student ['stju:d(ə)nt] 1) студент 2) изучающий *(что-л.)*

studied ['stʌdɪd] обдуманный, преднамеренный; ~ insult умышленное оскорбление

studio ['stju:diou] студия

studious ['stju:djəs] прилежный, старательный

study ['stʌdɪ] 1. *n* 1) изучение, исследование 2) занятие *(наукой)* 3) предмет изучения 4) кабинет ◊ in a brown ~ в задумчивости, в раздумье 2. *v* 1) заниматься, учиться 2) изучать, исследовать

stuff ['stʌf] 1. *n* 1) вещество, материя; we'll see what ~ he's made of посмотрим, что он из себя представляет; what's that ~ you're eating? что это такое вы едите? 2) *разг.* пожитки; take your ~ out of my room уберите ваши пожитки из моей комнаты ◊ ~ and nonsense! чепуха! 2. *v* 1) засовывать, впихивать 2) набивать; делать чучело 3) фаршировать 4) *разг.* втирать очки *(кому-л.)* 5): ~ oneself with *разг.* объедаться; ~ing 1) набивка 2) начинка, фарш

stuffy ['stʌfɪ] спёртый; душный

stultify ['stʌltɪfaɪ] выставлять в смешном виде

stumble ['stʌmbl] 1. *n* запинка 2. *v* 1): ~ over споткаться 2) запинаться; ~ across, ~ (up)on наткнуться *(на что-л.)*

stumbling-block ['stʌmblɪŋblɔk] камень преткновения

stump [stʌmp] 1. *n* 1) пень 2) обрубок 2. *v* 1) ковылять 2) *разг.* ставить в тупик

stun [stʌn] оглушать, ошеломлять

stung [stʌŋ] *past* и *p. p. от* sting 2

stunk [stʌŋk] *past* и *p. p. от* stink 2

stunn‖**er** ['stʌnə]: she is a ~ *разг.* она чудо, что за женщина; ~ing 1) ошеломляющий 2) *разг.* изумительный

stunt I [stʌnt] задерживать рост

stunt II *разг.* трюк, фокус

stunted ['stʌntɪd] малорослый, чахлый

stupefaction [ˌstju:pɪ'fæk-ʃ(ə)n] оцепенение, остолбенение

stupefy ['stju:pɪfaɪ] притуплять *(ум, чувства)*

stupendous [stju:'pendəs] громадный; изумляющий

stupid ['stju:pɪd] глупый; ~ity [stju:'pɪdɪtɪ] глупость

stupor ['stju:pə] оцепенение, столбняк

sturdy ['stə:dɪ] 1) крепкий, сильный 2) стойкий, твёрдый

sturgeon ['stə:dʒ(ə)n] *зоол.* осётр

stutter ['stʌtə] **1.** *v* заикаться; запинаться **2.** *n* заикание; ~**er** [-rə] заика

sty I [staɪ] 1) свинарник 2) грязное помещение, хлев

sty II ячмень *(на глазу)*

styl||e ['staɪl] **1.** *n* 1) стиль; слог; манера 2) школа, направление *(в искусстве)* 3) мода; покрой, фасон 4) титул **2.** *v* величать; титуловать; ~**ish** модный; шикарный; ~**istic** [-'lɪstɪk] стилистический

stylus ['staɪləs] граммофонная иголка

stymie ['staɪmɪ] поставить в тупик *(кого-л.)*

suav||e [swɑ:v] учтивый; мягкий; ~**ity** ['swævɪtɪ] учтивость; мягкость

sub- [sʌb-] *pref* под-, недо-; суб-

subaltern ['sʌblt(ə)n] младший офицер *(ниже капитана)*

subcommittee ['sʌbkə,mɪtɪ] подкомиссия

subconscious ['sʌb'kɔnʃəs] подсознательный

subdivide ['sʌbdɪ'vaɪd] 1) подразделять 2) подразделяться

subdivision ['sʌbdɪ,vɪʒ(ə)n] подразделение

subdue [səb'dju:] 1) покорять; подавлять 2) смягчать, ослаблять; ~**d** voices приглушённые голоса

subheading ['sʌb'hedɪŋ] подзаголовок

subject 1. *a* ['sʌbdʒɪkt] 1) подчинённый, подвластный 2) (to) подверженный 3) (to) подлежащий **2.** *n* ['sʌbdʒɪkt] 1) предмет, тема; вопрос 2) предмет, дисциплина 3) подданный 4) *грам.* подлежащее ◇ on the ~ of по поводу *(чего-л.)* **3.** *prep* ['sʌbdʒɪkt]: ~ to при условии, допуская **4.** *v* [səb'dʒekt] 1) подчинять 2) подвергать *(воздействию, влиянию и т. п.)*; ~**ion** [səb'dʒekʃ(ə)n] 1) подчинение; покорение 2) зависимость; ~**ive** [sʌb'dʒektɪv] 1) субъективный 2) *грам.* субъектный

subjoin ['sʌb'dʒɔɪn] добавлять, прилагать в конце

subjugat||e ['sʌbdʒugeɪt] покорять, подчинять; ~**ion** [,sʌbdʒu'geɪʃ(ə)n] подчинение; покорение; ~**or** покоритель; угнетатель

subjunctive [səb'dʒʌŋktɪv] *грам.* сослагательное наклонение

sublease ['sʌb'li:s] субаренда

sublimate ['sʌblɪmeɪt] *хим.* сублимировать; *перен.* возвышать

sublime [sə'blaɪm] **1.** *a*

величественный, грандиозный; возвышенный 2. *v см.* sublimate

submarine ['sʌbmərɪn] 1. *n* подводная лодка 2. *a* подводный

submerge [səb'mɜːdʒ] 1) затоплять; погружать 2) погружаться

submis‖sion [səb'mɪʃ(ə)n] 1) подчинение 2) покорность 3) *(обыкн. юр.)* предоставление, подача *(документов)*; ~sive [-'mɪsɪv] покорный; смиренный

submit [səb'mɪt] 1) подчиняться 2) *(обыкн. юр.)* подавать, представлять на рассмотрение

subordinat‖e 1. *a* [sə'bɔːdnɪt] 1) подчинённый 2) второстепенный 3) *грам.* придаточный 2. *v* [sə'bɔːdɪneɪt] подчинять; ~ion [sə,bɔːdɪ'neɪʃ(ə)n] подчинение, субординация

suborn [sʌ'bɔːn] подкупать

subpoena [səb'piːnə] 1. *n* повестка, вызов в суд 2. *v* вызывать в суд

subscrib‖e [səb'skraɪb] 1) жертвовать *(деньги)*; субсидировать 2): ~ to *(или* for) подписываться *(на газету и т. п.)* 3): ~ to smb.'s opinion присоединяться к чьему-л. мнению; ~er подписчик

subscription [səb'skrɪpʃ(ə)n] 1) подписка *(на газету и т. п.)* 2) взнос 3) общая сумма подписки 4) *attr.*: ~ list подписной лист

subsequent ['sʌbsɪkwənt] последующий; ~ly впоследствии

subserv‖e [səb'sɜːv] содействовать; ~ient [-jənt] угодливый, раболепный

subside [səb'saɪd] 1) спадать, убывать 2) оседать *(о почве и т. п.)* 3) утихать *(о ветре, возбуждении)*

subsi‖diary [səb'sɪdjərɪ] вспомогательный, дополнительный; ~dize ['sʌbsɪdaɪz] субсидировать; ~dy ['sʌbsɪdɪ] субсидия; дотация

subsist [səb'sɪst]: ~ on существовать *(за счёт чего-либо)*; ~ on vegetable diet быть вегетарианцем; ~ence [-(ə)ns] 1) существование 2) средства к существованию 3) *attr.* ~ence diet голодный паёк

subsoil ['sʌbsɔɪl] подпочва

substan‖ce ['sʌbst(ə)ns] 1) вещество; материя, субстанция 2) сущность; in ~ по существу; ~tial [səb'stænʃ(ə)l] 1) существенный; a ~tial difference существенное различие 2) прочный; a ~tial house прочный дом 3) состоятельный 4) реальный; ~tiate [səb'stænʃɪeɪt] приводить достаточные основания, доказывать

substantiation [səb,stænʃɪ'eɪʃ(ə)n] доказательство; обоснование

substantive ['sʌbstəntɪv] *грам.* имя существительное

substation ['sʌbˌsteɪʃ(ə)n] подстанция

substitut‖e ['sʌbstɪtjuːt] 1. *n* 1) заместитель 2) замена;

заменитель; суррогат 2. *v* заменять, замещать; ~ion [ˌsʌbstɪˈtjuːʃ(ə)n] 1) замена, замещение 2) *мат.* подстановка

substratum [ˈsʌbˈstrɑːtəm] нижний слой; подпочва; *перен.* основание

subterfuge [ˈsʌbtəfjuːdʒ] увёртка, отговорка

subterranean [ˌsʌbtəˈreɪnjən] подземный

subtitle [ˈsʌbˌtaɪtl] подзаголовок

subtle [ˈsʌtl] 1) тонкий, неуловимый; ~ distinction тонкое различие 2) искусный, ловкий 3) проницательный; ~ observer проницательный наблюдатель 4) утончённый; ~ty [-tɪ] 1) тонкость; нежность 2) искусность, ловкость 3) проницательность 4) утончённость

subtract [səbˈtrækt] *мат.* вычитать; ~ion [-kʃ(ə)n] *мат.* вычитание

subtrahend [ˈsʌbtrəhend] *мат.* вычитаемое

suburb [ˈsʌbəːb] пригород; *pl* предместья, окрестности; ~an [səˈbəːb(ə)n] пригородный

subvention [səbˈvenʃ(ə)n] субсидия, дотация

subversion [sʌbˈvəːʃ(ə)n] ниспровержение

subversive [sʌbˈvəːsɪv] разрушительный; подрывной; ~ activity подрывная деятельность

subvert [sʌbˈvəːt] ниспровергать; разрушать; *перен* подрывать

subway [ˈsʌbweɪ] 1) туннель 2) *амер.* метрополитен

succeed [səkˈsiːd] 1) наследовать; who ~ed him? кто был его преемником? 2) следовать 3) преуспевать, достигать цели; our plan didn't ~ наш план не удался

success [səkˈses] 1) успех; be a (great) ~ иметь (большой) успех 2) имеющий успех; the experiment is a ~ опыт удался; ~ful удачный; успешный

success‖**ion** [səkˈseʃ(ə)n] 1) право наследования 2) последовательность 3) ряд *(событий и т..п.);* ~ive [-sesɪv] последовательный; следующий один за другим; ~or преемник

succinct [səkˈsɪŋkt] краткий, сжатый

succo(u)r [ˈsʌkə] **1.** *n* помощь **2.** *v* помогать; приходить на помощь

succul‖**ence** [ˈsʌkjuləns] сочность; ~ent [-ənt] сочный

succumb [səˈkʌm] 1) поддаться, уступить 2) стать жертвой *(чего-л.);* he ~ed to pneumonia он умер от воспаления лёгких

such [ˈsʌtʃ] **1.** *a* такой. ~ people такие люди; ~ as a) как например; ~ ...as a) такой как; ~ a man as I imagined такой человек, каким я его себе представляла; б) такой, который; I'll give you ~ information as is necessary я дам вам такие сведения, которые вам нужны; в) такой, чтобы; ~ that a) такой что; the road is ~ that it can only be travelled on foot это такая дорога, по которой можно только идти пешком; б) так что; he said it in ~ a way that I couldn't help laughing он так это сказал, что я не мог удержаться от смеха 2. *pron* таковой; ~ is life! такова жизнь!; ~-and-~ ['sʌtʃ-ənsʌtʃ] такой-то; ~like [-laik] *разг.* такой

suck ['sʌk] 1. *v* сосать, всасывать; ~ in, ~ up засасывать, поглощать 2. *n* сосание; ~er 1) *разг.* леденец на палочке 2) *разг.* молокосос 3) *разг.* простак 4) *бот.* боковой побег

suckl||e ['sʌkl] кормить грудью; ~ing грудной ребёнок; сосунок

suction ['sʌkʃ(ə)n] сосание; присасывание

sudden ['sʌdn] 1. *a* внезапный 2. *n*: on a ~, of a ~, all of a ~ вдруг; ~ly внезапно, вдруг

suds [sʌdz] *pl* мыльная вода *или* пена *ед.*

sue [sjuː] 1) преследовать судебным порядком 2) просить, умолять

suède [sweid] замша

suet [sjuit] почечное *или* нутряное сало

suffer ['sʌfə] 1) страдать, испытывать *(боль и т. п.)* 2) нести *(потери, поражение)* 3) терпеть, сносить; позволять, допускать; ◇ ~ a change претерпеть измене-

ние; ~ance [-r(ə)ns] 1) терпимость 2) *уст.* молчаливое согласие, попустительство; ~ing [-riŋ] страдание

suffic||e [sə'fais] быть достаточным; удовлетворять; ~ it to say достаточно сказать; ~iency [-'fiʃ(ə)nsi] достаточность; ~ient [-'fiʃ(ə)nt] достаточный

suffix ['sʌfiks] суффикс

snffocat||e ['sʌfəkeit] 1) душить 2) задыхаться; ~ion [,sʌfə'keiʃ(ə)n] удушение

suffrag||e ['sʌfridʒ] право голоса; избирательное право; ~ette [,sʌfrə'dʒet] суфражистка

suffus||e [sə'fjuːz] заливать *(слезами)*; покрывать *(румянцем и т. п.)*

sugar ['ʃugə] 1. *n* сахар 2. *v* подслащивать, обсахаривать; ~-basin [-,beisn] сахарница; ~-beet [-biːt] сахарная свёкла; ~-cane [-kein] сахарный тростник; ~-refinery [-ri,fainəri] рафинадный завод; ~-tongs [-tɔŋz] щипчики для сахара

sugary ['ʃugəri] сладкий; сахарный; *перен.* слащавый

suggest [sə'dʒest] 1) предлагать 2) внушать, наводить на мысль; намекать *(на что-л.)*; ~ion ['dʒestʃ(ə)n] 1) совет, предложение 2) внушение 3) намёк; ~ive [-iv] 1) наводящий на мысль, вызывающий мысли 2) намекающий на что-л. неприличное; непристойное

suicidal [sjuiˈsaidl] убийственный, губительный; гибельный

suicide ['sjuɪsaɪd] 1) самоубийство; commit ~ покончить жизнь самоубийством 2) самоубийца

suit I [sjuːt] 1) прошение 2) *юр.* тяжба; иск; bring a ~ *(against)* предъявить иск

suit II 1) костюм 2) комплект 3) *карт.* масть

suit III ['sjuːt] 1) годиться; соответствовать, подходить 2) быть к лицу; this colour doesn't ~ you этот цвет вам не идёт 3) приспосабливать ◊ ~ yourself делайте как хотите; ~able [-əbl] подходящий; годный

suitcase ['sjuːtkeɪs] небольшой чемодан

suite [swiːt] 1) свита 2) набор, комплект; гарнитур 3) *муз.* сюита 4) номер-люкс *(в гостинице)*

suitor ['sjuːtə] 1) проситель 2) *юр.* истец

sulk [sʌlk] дуться

sulky ['sʌlkɪ] хмурый, надутый

sullen ['sʌlən] угрюмый, сердитый

sully ['sʌlɪ] *(обыкн. перен.)* пятнать *(репутацию и т. п.)*

sulph‖ate ['sʌlfeɪt] сульфат; ~ite [-faɪt] сульфит

sulphur ['sʌlfə] сера; ~eous [-fjuərɪəs] сернистый; ~ic [-'fjuərɪk]: ~ic acid серная кислота

sultan ['sʌlt(ə)n] султан

sultry ['sʌltrɪ] знойный, душный

sum [sʌm] 1. *n* 1) сумма, итог *(тж.* ~ total) 2) сущность 3) арифметическая задача; do a ~ решать задачу 2. *v*: ~ up резюмировать; суммировать; to ~ up (одним) словом, коротко говоря

summar‖ize ['sʌməraɪz] суммировать; ~y [-rɪ] 1. *n* краткое изложение, конспект 2. *a* 1) краткий, суммарный 2) скорый, ускоренный

summer ['sʌmə] 1) лето 2) *attr.* летний; ~ cottage дача

summer-house ['sʌməhaus] беседка

summit ['sʌmɪt] вершина; *перен.* предел, верх

summon ['sʌmən] 1) созывать 2) вызывать *(в суд)* ◊ ~ up one's courage собраться с духом

summons ['sʌmənz] вызов *(в суд и т. п.)*

sump [sʌmp] *тех.* 1) отстойник 2) маслосборник

sumptuous ['sʌmptjuəs] роскошный, пышный

sun [sʌn] 1. *n* 1) солнце; in the ~ на солнце 2) *attr.*: ~ tan загар 2. *v* греться на солнце *(тж.* ~ oneself); ~-bath [-bɑːθ] солнечная ванна; ~beam [-biːm] луч солнца; ~-blind [-blaɪnd] тент, маркиза

sunburn ['sʌnbəːn] загар; ~t [-t] загорелый

sundae ['sʌndeɪ] сливочное мороженое с фруктами

Sunday ['sʌndɪ] 1. *n* воскресенье 2. *a* воскресный

sundew ['sʌndjuː] *бот.* росянка

sun-dial ['sʌndaɪ(ə)l] солнечные часы

sundown ['sʌndaun] закат

sundries ['sʌndrɪz] *pl* всякая всячина

sundry ['sʌndrɪ] различный, разный

sunflower ['sʌnˌflauə] подсолнечник

sung [sʌŋ] *p. p. от* sing

sunk [sʌŋk] *p. p. от* sink II

sunken ['sʌŋkən] 1. *уст. p. p. от* sink II 2. *a* 1) затонувший; погружённый 2) впалый; ~ cheeks впалые щёки

sun||light ['sʌnlaɪt] солнечный свет; ~lit [-lɪt] освещённый солнцем

sunny ['sʌnɪ] солнечный; *перен.* радостный; ~ smile счастливая улыбка

sun||rise ['sʌnraɪz] восход солнца; ~set [-set] заход солнца, закат; ~shade [-ʃeɪd] зонтик от солнца; ~shine [-ʃaɪn] солнечный свет; in the ~shine на солнце; ~-spot [-spɒt] веснушка; ~stroke [-strouk] солнечный удар

sup [sʌp] 1. *n* глоток 2. *v* отхлёбывать

super ['sjuːpə] 1. *a* превосходный, отличный 2. *театр.* статист

super- ['sjuːpə-] *pref* сверх-; над-

superannuat||e [ˌsjuːpə'rænjueɪt] увольнять по старости (*или* переводить на пенсию); ~ed [-ɪd] 1) вышедший на пенсию 2) устарелый (*о модели автомобиля и т. п.*); ~ion [ˌsjuːpəˌræn-juˈeɪʃ(ə)n] увольнение по старости (с пенсией)

superb [sjuːˈpəːb] великолепный; прекрасный

supercilious [ˌsjuːpəˈsɪlɪəs] высокомерный

superficial [ˌsjuːpəˈfɪʃ(ə)l] поверхностный; ~ knowledge поверхностные знания

superfine ['sjuːpəˈfaɪn] 1) высшего сорта 2) чрезмерно утончённый

superflu||ity [ˌsjuːpəˈfluːɪtɪ] 1) излишек 2) излишество; ~ous [-'pəfluəs] излишний

superhuman [ˌsjuːpəˈhjuːmən] сверхчеловеческий

superintend [ˌsjuːprɪnˈtend] 1) управлять 2) надзирать; ~ence [-əns] надзор; ~ent [-ənt] управляющий

superior [sjuːˈpɪərɪə] 1. *a* 1) высший, превосходящий 2) высшего качества; незаурядный 3) высокомерный ◊ be ~ to smth. быть выше чего-л. 2. *n* 1) старший, начальник 2) настоятель (*монастыря*); ~ity [sjuːˌpɪərɪˈɔrɪtɪ] 1) превосходство 2) старшинство

superlative [sjuːˈpəːlətɪv] 1. *a* превосходный 2. *n грам.* превосходная степень

superman ['sjuːpəmæn] сверхчеловек

supermarket [ˌsjuːpəˈmɑːkɪt] большой продовольственный магазин самообслуживания

supernatural [ˌsjuːpəˈnætʃr(ə)l] сверхъестественный

supernumerary [ˌsjuːpə-ˈnjuːm(ə)rərɪ] 1. *a* сверхштатный; дополнительный 2. *n* 1) сверхштатный работник 2) *театр.* статист

supersede [ˌsjuːpəˈsiːd] заменять

superstiti‖**on** [ˌsjuːpəˈstɪʃ(ə)n] суеверие; ~**ous** [-ʃəs] суеверный

superstructure [ˈsjuːpəˌstrʌktʃə] надстройка

supertax [ˈsjuːpəˈtæks] налог на сверхприбыль

supervene [ˌsjuːpəˈviːn] следовать за; вытекать из

supervis‖**e** [ˈsjuːpəvaɪz] смотреть, наблюдать *(за чем-л.)*; ~**ion** [ˌsjuːpəˈvɪʒ(ə)n] надзор; ~**or** 1) надзиратель, надсмотрщик 2) контролёр

supine 1. *a* [sjuːˈpaɪn] 1) лежащий навзничь 2) ленивый; безразличный 2. *n* [ˈsjuːpaɪn] *грам.* супин

supper [ˈsʌpə] ужин

supplant [səˈplɑːnt] 1) вытеснять *(что-л.)* 2) выживать *(кого-л. — особ. хитростью)*

supple [ˈsʌpl] гибкий *(тж. перен.)*

supplement 1. *n* [ˈsʌplɪmənt] добавление; приложение 2. *v* [ˈsʌplɪment] дополнять; ~**ary** [ˌsʌplɪˈment(ə)rɪ] дополнительный

suppliant [ˈsʌplɪənt] 1. *n* проситель 2. *a* просительный, умоляющий

suppli‖**cate** [ˈsʌplɪkeɪt] умолять; ~**cation** [ˌsʌplɪˈkeɪʃ(ə)n] мольба

supply [səˈplaɪ] 1. *n* 1) *pl* запасы 2) снабжение ◇ ~ and demand предложение и спрос 2. *v* 1) снабжать, поставлять 2) возмещать; удовлетворять *(потребность)*

support [səˈpɔːt] 1. *n* поддержка; опора 2. *v* 1) поддерживать *(тж. перен.)* 2) содержать *(семью)*

supporter [səˈpɔːtə] сторонник

suppos‖**e** [səˈpouz] предполагать; полагать; считать; ~**ed** [-d] мнимый; предполагаемый; ~**ition** [ˌsʌpəˈzɪʃ(ə)n] предположение

suppress [səˈpres] 1) подавлять, пресекать 2) сдерживать, подавлять *(стон, боль и т. п.)* 3) запрещать *(газету и т. п.)* 4) замалчивать *(правду и т. п.)*; ~**ion** [-ˈpreʃ(ə)n] 1) подавление 2) запрещение *(газеты и т. п.)*

suppurat‖**e** [ˈsʌpjuəreɪt] гноиться; ~**ion** [ˌsʌpjuəˈreɪʃ(ə)n] нагноение

supremacy [sjuˈpreməsɪ] 1) превосходство 2) верховная власть

supreme [sjuːˈpriːm] верховный, высший; S. Soviet of the USSR Верховный Совет СССР

surcharge [ˈsəːtʃɑːdʒ] перегрузка

sure [ˈʃuə] 1. *a* 1) *predic* уверенный *(в чём-л. — of)*; he is ~ to come он обязательно придёт 2) верный, надёжный ◇ be ~ and wear your overcoat обязательно наденьте пальто; be ~ to lock the door не забудьте запереть дверь; for ~ а) обязательно; б) точно, наверняка; ~ thing безусловно, конечно; make ~ of (*или* that) а) быть уверенным в чём-л.; б) убедиться, удостовериться в чём-л. 2. *adv* 1): ~ enough на самом деле; you said it would rain and ~ enough it did вы сказали, что будет дождь, так оно и было 2): as ~ as безусловно; as ~ as fate как пить дать 3) *амер. разг.* несомненно, конечно; it ~ was cold конечно, было холодно; ~ly несомненно; конечно; ~ty [-tɪ] 1) порука 2) поручитель; stand ~ty (for) поручиться (*за кого-л.*)

surf [sə:f] прибой

surface ['sə:fɪs] поверхность

surfeit ['sə:fɪt] 1. *n* излишество, пресыщение 2. *v* пресыщаться

surge [sə:dʒ] 1. *n* волны *мн.*; волна (*тж. перен.*); а ~ of anger волна гнева 2. *v* нарастать (*о чувстве и т. п.*); anger ~d up within him в нём нарастал гнев

surg‖eon ['sə:dʒ(ə)n] хирург; ~ery [-dʒ(ə)rɪ] 1) хирургия 2) приёмная врача с аптекой; ~ical [-dʒɪk(ə)l] хирургический

surly ['sə:lɪ] угрюмый; грубый

surmise 1. *n* ['sə:maɪz] предположение, догадка 2. *v* [sə:'maɪz] высказывать предположение, подозревать

surmount [sə:'maunt] преодолевать

surname ['sə:neɪm] фамилия

surpass [sə:'pɑ:s] превосходить, превышать

surplus ['sə:pləs] 1) излишек, остаток 2) *attr.* излишний; *полит.-эк.* прибавочный

surpris‖e [sə'praɪz] 1. *n* 1) удивление 2) неожиданность; сюрприз; take by ~ захватить врасплох 3) *attr.* неожиданный; *воен.* внезапный 2. *v* 1) застать врасплох 2) удивлять, поражать; ~ing неожиданный; поразительный

surrender [sə'rendə] 1. *n* сдача, капитуляция 2. *v* 1) сдаваться, капитулировать 2) отказываться (*от чего-л.*) ◇ ~ oneself поддаваться; предаваться; ~ (oneself) to despair впасть в отчаяние

surreptitious [ˌsʌrəp'tɪʃəs] тайный, сделанный украдкой; ~ look взгляд исподтишка

surround [sə'raund] окружать; ~ings [-ɪŋz] *pl* 1) окрестности 2) среда, окружение

surtax ['sə:tæks] добавочный налог

surveillance [sə:'veɪləns] надзор, наблюдение

survey 1. *n* ['sə:veɪ] 1) обозрение; осмотр 2) съёмка; межевание 2. *v* [sə:'veɪ] 1) обозревать; осматривать 2) производить съёмку; межевать; ~or [sə:'veɪə] землемер; топограф

survival [sə'vaɪv(ə)l] 1) выживание 2): a (*или* the) ~ пережиток

survive [sə'vaɪv] 1) пережить *(современников, события и т. п.)* 2) выжить

suscepti‖bility [sə,septə'bɪlɪtɪ] впечатлительность; **~ble** [sə'septəbl] 1) впечатлительный 2) чувствительный 3) *(of)* допускающий; a theory ~ble of proof доказуемая теория

suspect 1. *v* [səs'pekt] подозревать; ~ smb. of lying подозревать кого-л. во лжи **2.** *n* ['sʌspekt] подозрительный *или* подозреваемый человек

suspend [səs'pend] 1) вешать; подвешивать 2) приостанавливать, откладывать 3) временно отстранять *(игрока и т. п.);* **~ers** [-əz] *pl* подтяжки

suspense [səs'pens] состояние неизвестности, беспокойства

suspension [səs'penʃ(ə)n] 1) подвешивание 2) приостановка 3) *attr*.: ~ bridge висячий мост

suspici‖on [səs'pɪʃ(ə)n] подозрение; **~ous** [-ʃəs] подозрительный

sustain [səs'teɪn] 1) поддерживать *(тж. перен.)* 2) выдерживать 3) переносить; ~ a wound получить ранение

sustenance ['sʌstɪnəns] питание; пища

suture ['sjuːtʃə] *мед.* шов

swab [swɔb] 1) швабра 2) *мед.* тампон

swaddle ['swɔdl] пеленать

swagger ['swægə] **1.** *n* важный вид; чванство **2.** *v* 1) важничать 2) хвастаться **3.** *a разг.* шикарный, модный

swallow I ['swɔlou] **1.** *n* глоток; at a ~ залпом **2.** *v* глотать ◊ ~ one's pride подавить своё самолюбие; ~ all one hears ≅ принимать за чистую монету всё, что рассказывают

swallow II ласточка

swam [swæm] *past от* swim 2

swamp [swɔmp] **1.** *n* болото, топь **2.** *v* заливать, затоплять; *перен.* засыпать, заваливать *(письмами и т. п.);* **~y** [-ɪ] болотистый

swan [swɔn] лебедь

swank [swæŋk] **1.** *n разг.* хвастовство, бахвальство **2.** *v* хвастать, бахвалиться

sward [swɔːd] *книжн.* газон; дёрн

swarm [swɔːm] **1.** *n* 1) рой, стая 2) масса; толпа **2.** *v* 1) роиться; кишеть 2) толпиться

swarthy ['swɔːðɪ] смуглый

swat [swɔt] прихлопнуть *(муху и т. п.)*

swath [swɔːθ] полоса скошенной травы; прокос

swathe [sweɪð] 1) бинтовать 2) закутывать

sway I [sweɪ] **1.** *n* качание **2.** *v* 1) качаться 2) качать

sway II 1. *n* правление; власть **2.** *v* 1) управлять 2) иметь влияние *(на кого-л., что-л.)*

swear ['swɛə] (swore; sworn) 1) клясться; присягать 2)

SWE

ругаться; ~ in приводить к присяге; ~ing ругательство; ~-word [-wəd] бранное слово

sweat [swet] 1. *n* 1) пот, испарина 2) *разг.* тяжёлый труд ◇ what a ~! какая морока! 2. *v* 1) потеть 2) *разг.* «потеть» *(над чем-л.)* 3) *разг.* эксплуатировать

sweater ['swetə] свитер

Swede [swi:d] швед; шведка

Swedish ['swi:dıʃ] 1. *a* шведский 2. *n* шведский язык

sweep ['swi:p] 1. *n* 1) выметание; подметание; чистка 2) размах *(руки)* 3) кругозор 4) изгиб *(дороги)* 2. *v* (swept) 1) выметать; мести; ~ the chimney чистить дымоход; ~ up *(или* out) the room подмести в комнате 2): ~ away, ~ off уносить *(тж. перен.)* 3): ~ away сметать; уничтожать 4): ~ along *(или* over) простираться, тянуться; ~-net [-net] невод

sweet [swi:t] 1. *a* 1) сладкий 2) свежий; несолёный, некислый 3) душистый; ~ реа душистый горошек 4) мелодичный 5) приятный 6) милый; любимый; *разг.* хорошенький 2. *n* 1) конфета 2) сладкое 3): my ~ *разг.* лапушка моя

sweet-brier ['swi:t'braɪə] шиповник

sweeten ['swi:tn] подслащивать

sweetheart ['swi:thɑ:t] возлюбленный; возлюбленная

sweetmeats ['swi:tmi:ts] *pl* 1) конфеты, сласти 2) засахаренные фрукты

swell ['swel] 1. *n* 1) возвышение, выпуклость 2) опухоль 3) зыбь, волнение 4) *разг.* щёголь 2. *v* (swelled; swollen) разбухать; пухнуть 3. *a разг.* 1) шикарный; щегольской 2) *амер. разг.* отличный, первоклассный; that's ~! здорово!; ~ing опухоль

swelter ['sweltə] изнемогать от зноя

swept [swept] *past и p. p.* от sweep 2

swerve [swə:v] отклоняться

swift [swɪft] 1. *a* скорый, быстрый 2. *n зоол.* стриж

swig [swɪg] *разг.* 1. *v* выпить 2. *n* глоток *(спиртного)*

swill [swɪl] 1. *v* 1) полоскать 2) *разг.* жадно пить 2. *n* 1) полоскание 2) пойло; помои *мн.*

swim ['swɪm] 1. *n* плавание; go for a ~ поплавать 2. *v* (swam; swum) плавать, плыть; ~ a river переплыть реку; everything is ~ming in front of me всё плывёт у меня перед глазами; ~mer пловец

swimming-bath ['swɪmɪŋbɑ:θ] закрытый бассейн для плавания

swimmingly ['swɪmɪŋlɪ] гладко, без помех

swimming-pool ['swɪmɪŋpu:l] открытый бассейн для плавания

swindl∥**e** ['swɪndl] 1. *n* мошённичество 2. *v* мошённичать; ~er плут, мошённик

swine ['swaɪn] *(pl без измен.)* свинья; ~herd [-həːd] свинопа́с

swing [swɪŋ] 1. *n* 1) кача́ние; разма́х 2) каче́ли *мн.* 3) *attr.*: ~ music суи́нг *(разновидность джазовой музыки)* ◇ in full ~ в по́лном разга́ре 2. *v* (swung) 1) кача́ть, колеба́ть 2) кача́ться, колеба́ться

swirl [swəːl] 1. *n* водоворо́т; круже́ние; поры́в *(ветра)* 2. *v* кружи́ться, нести́сь ви́хрем

swish [swɪʃ] 1. *v* 1) рассека́ть во́здух со сви́стом 2) сечь *(розгой)* 2. *n* 1) свист *(хлыста и т. п.)*; взмах *(косы)* 2) ше́лест, шурша́ние *(шёлка и т. п.)*

Swiss [swɪs] 1. *a* швейца́рский 2. *n (pl без измен.)* швейца́рец; швейца́рка

switch [swɪtʃ] 1. *n* 1) прут 2) фальши́вая коса́; накла́дка *(волос)* 3) эл. выключа́тель 4) ж.-д. стре́лка 2. *v* 1) сечь *(прутом)* 2) переводи́ть *(поезд)* на другу́й путь 3) эл. переключа́ть *(ток)* 4) направля́ть *(мысли, разговор)* на другу́ю те́му; ~ off выключа́ть ток; ~ on включа́ть *(ток)*

switchboard ['swɪtʃbɔːd] *эл.* распредели́тельный щит; коммута́тор

swollen ['swoʊl(ə)n] *p. p.* от swell 2

swoon [swuːn] 1. *n* о́бморок 2. *v* па́дать в о́бморок

swoop [swuːp] 1. *n* внеза́пное нападе́ние 2. *v* броса́ться, устремля́ться *(на добы́чу и т. п.)*; налета́ть *(о хи́щной пти́це)*

sword ['sɔːd] меч; са́бля; шпа́га; ~-belt [-belt] портупе́я

swore [swɔː] *past* от swear

sworn [swɔːn] *p. p.* от swear

swot [swɔt] *разг.* зубри́ть

swum [swʌm] *p. p.* от swim 2

swung [swʌŋ] *past и p. p.* от swing 2

sycopore ['sɪkəmɔː] 1) смо**sycam** 2) *амер.* плата́н
ко́вницa**ant** ['sɪkəfənt] льстец, подхали́м

syllabic [sɪˈlæbɪk] слогово́й

syllable ['sɪləbl] слог

syllabus ['sɪləbəs] програ́мма *(обучения)*

sylvan ['sɪlvən] 1) лесно́й 2) леси́стый

symbol ['sɪmb(ə)l] си́мвол, знак; ~ic(al) [-'bɔlɪk(əl)] символи́ческий; ~ize [-aɪz] символизи́ровать

symmetrical [sɪ'metrɪk(ə)l] симметри́ческий

symmetry ['sɪmɪtrɪ] симме́трия

sympa‖thetic [ˌsɪmpə'θetɪk] по́лный сочу́вствия; сочу́вственный; ~thize ['sɪmpəθaɪz] сочу́вствовать; ~thy ['sɪmpəθɪ] 1) симпа́тия 2) сочу́вствие

symphony ['sɪmfənɪ] симфо́ния

symptom ['sɪmptəm] симпто́м

syncopate ['sɪŋkəpeɪt] 1)

syndicate 1. *n* ['sındıkıt] синдика́т 2. *v* ['sındıkeıt] объединя́ть в синдика́ты

synonym ['sınənım] сино́ним; **~ous** [sı'nɔnıməs] синоними́ческий

synop‖**sis** [sı'nɔpsıs] (*pl* -ses [-siːz]) конспе́кт; си́нопсис; **~tic(al)** [-'nɔptık(əl)] сво́дный; обзо́рный; синопти́ческий

syntax ['sıntæks] си́нтаксис

synthe‖**sis** ['sınθısıs] (*pl* -ses [-siːz]) си́нтез; **~tic** [-'θetık] иску́сственный, синтети́ческий

syphon ['saıf(ə)n] *см.* siphon

Syrian ['sırıən] 1. *a* сири́йский 2. *n* сири́ец; сири́йка

syringe ['sırındʒ] шприц; hypodermic **~** шприц для подко́жных впры́скиваний

syrup ['sırəp] сиро́п

system ['sıstım] 1) систе́ма; ме́тод 2) устро́йство; social **~** обще́ственный строй; socialist **~** социалисти́ческий строй; railway **~** железнодоро́жная сеть; **~atic(al)** [ˌsıstı'mætık(ə)l] системати́ческий; **~atize** [-ətaız] систематизи́ровать

T

T, t [tiː] *двадцатая буква англ. алфавита* ◇ to a T то́чь-в-то́чь

ta [tɑː] *детск.* спаси́бо

tab [tæb] 1) ве́шалка, пе́телька, ушко́ 2) петли́ца *(на воротнике)* 3) *разг.* счёт; keep **~s** (*или* a **~**) on a) вести́ счёт; б) следи́ть *(за чем-л.)*

table ['teıbl] 1. *n* 1) стол; at **~** за столо́м, за едо́й 2) пи́ща, стол; they keep a good **~** у них хорошо́ ко́рмят 3) табли́ца; **~** of contents оглавле́ние 2. *v* класть на стол; **~-cloth** [-klɔθ] ска́терть; **~land** [-lænd] плоского́рье

tablet ['tæblıt] 1) доще́чка *(с надписью)* 2) табле́тка

tabular ['tæbjulə] 1) табли́чный, в ви́де табли́ц 2) пло́ский

tacit ['tæsıt] 1) молчали́вый 2) мы́сленный

taciturn ['tæsıtəːn] молчали́вый

tack [tæk] 1. *n* 1) кно́пка; гво́здик 2) стежо́к; намётка 3) *мор.* галс; *перен.* курс, полити́ческая ли́ния 2. *v* 1): **~** down прикрепля́ть *(кнопками)*; прибива́ть 2) смётывать; **~** on to *перен.* добавля́ть, присовокупля́ть 3) *мор.* повора́чивать на друго́й галс

tackle ['tækl] 1. *n* 1) принадле́жности *мн.* 2) *мор.* такела́ж 3) *тех.* полиспа́ст 4) *спорт.* блокиро́вка 2. *v* 1) занима́ться *(чем-л.)*; бра́ться *(за что-л.)* 2) *спорт.* блоки́ровать *(игрока)*

tacky ['tækı] ли́пкий

tact ['tækt] такт; **~ful** такти́чный; **~ical** [-ık(ə)l] такти́ческий

tactics ['tæktıks] *pl* тактика *ed.*

tactile ['tæktaıl] осязательный; осязаемый

tactless ['tæktlıs] бестактный

tadpole ['tædpoul] головастик

tag [tæg] 1) ярлычок; этикетка 2) металлический наконечник 3) ушко 4) избитая фраза, штамп

tail ['teıl] **1.** *n* 1) хвост 2) коса *(волос)* 3) очередь 4) *ав.* хвостовая часть, хвостовое оперение ◇ ~ wind попутный ветер **2.** *v* следовать по пятам; ~ **away**, ~ **off** а) исчезать вдали; б) убывать; ~-**coat** [-'kout] фрак; ~-**light** [-laıt] *авт.* задний фонарь

tailor ['teılə] портной

taint [teınt] **1.** *n* налёт *(чего-л.)*, следы *(чего-л.)* **2.** *v* 1) портить; заражать 2) портиться; заражаться

Tajik ['tɑːdʒık] **1.** *a* таджикский **2.** *n* 1) таджик; таджичка 2) таджикский язык

take [teık] *v* (took; taken) 1) брать, взять 2) принимать 3) провожать; ~ smb. home (to the station) провожать кого-л. домой (на вокзал) 4): ~ smth. to eat есть; ~ smth. to drink пить; ~ medicine принимать лекарство 5) пристраститься *(to)*; ~ **after** походить *(на кого-л.)*; ~ **in** а) принимать *(гостя)*; б) ушивать; в) обманывать; be ~n in быть обманутым; ~ **off** а) снимать; ~ off one's hat to smb. *перен.* преклоняться перед кем-л.; б) подражать, копировать; в) *ав.* взлетать; ~ **on** а) брать *(на работу и т. п.)*; браться *(за работу и т. п.)*; б) *разг.* сильно волноваться; ~ **out** а) вынимать *(спички и т. п.)*; б) выводить *(пятно)*; в) пригласить, повести *(в театр и т. п.)*; д) брать *(патент)*; ~ **to**: а) ~ to one's heels удирать; б): ~ to smb. привязаться, полюбить кого-л.; в): ~ to one's bed заболеть; ~ **up** а) обсуждать *(план и т. п.)*; б) поднимать; в) отнимать *(время, место и т. п.)*; г) брать, принимать *(пассажиров)* ◇ be ~n ill заболеть; is this seat ~n? это место занято?; when was he ~n to hospital? когда его взяли в больницу?; how long will it ~ to press my trousers? сколько понадобится времени, чтобы выгладить мой брюки?; should I ~ the trouble of writing to him about it? стоит ли ему писать об этом?; ~ one's degree получить учёную степень; ~ it easy относиться спокойно; не принимать близко к сердцу; ~ fright испугаться; ~ smb.'s measure раскусить кого-л.; ~ smb.'s measurements снять мерку

taken ['teık(ə)n] *p. p.* от take

taking ['teıkıŋ] **1.** *a* привлекательный **2.** *n pl* барыши

tale [teıl] 1) рассказ; история 2) выдумка ◇ tell ~s school. а) ябедничать; б) сплетничать

talent ['tælənt] талант; ~ed [-ɪd] талантливый

talk ['tɔːk] 1. *n* 1) разговор 2) слух(и) 3) выступление, обращение *(по радио)* 2. *v* 1) разговаривать 2) сплетничать; ~ **down** а) перекричать *(кого-л.)*; б): ~ down to smb. разговаривать с кем-либо снисходительно; ~ **up** говорить громко и ясно ◇ ~ big хвастать; ~ smb. into doing smth. уговорить кого-л. сделать что-л.; ~ative [-ətɪv] болтливый

tall [tɔːl] высокий, рослый

tallow ['tæloʊ] жир, сало

tally ['tælɪ] 1. *n* 1) бирка 2) квитанция 2. *v* соответствовать, совпадать

talon ['tælən] коготь

tambourine [,tæmbə'riːn] бубен

tame [teɪm] 1. *a* 1) ручной, приручённый 2) *презр.* покорный *(о человеке)* 3) неинтересный 2. *v* 1) приручать, дрессировать 2) усмирять

tamp [tæmp] трамбовать

tamper ['tæmpə]: ~ with вмешиваться *(во что-л.)*

tan [tæn] 1. *n* 1) корьё, толчёная дубовая кора 2) загар 2. *a* рыжевато-коричневый 3. *v* 1) дубить кожу 2) загорать

tandem ['tændəm] 1. *adv* гуськом, цугом 2. *n* велосипед-тандем *(тж.* ~ bicycle)

tang [tæŋ] резкий привкус или запах

tangent ['tændʒ(ə)nt] *мат.* 1) касательная 2) тангенс ◇ fly *(или* go) off at a ~ внезапно отклониться *(от темы и т. п.)*

tangerine [,tændʒə'riːn] мандарин

tangible ['tændʒəbl] осязаемый; реальный

tangle ['tæŋgl] 1. *n* путаница 2. *v* 1) запутывать 2) запутываться

tank I [tæŋk] 1) танк 2) *attr.* танковый

tank II 1. *n* 1) резервуар; бак 2) *attr.*: ~ truck вагон-цистерна; *амер.* автоцистерна

tankage ['tæŋkɪdʒ] ёмкость бака, цистерны

tankard ['tæŋkəd] большая кружка *(с крышкой)*

tanker ['tæŋkə] 1) танкер *(наливное судно)* 2) автоцистерна

tannery ['tænərɪ] кожевенный завод

tantalize ['tæntəlaɪz] мучить

tantamount ['tæntəmaʊnt]: ~ to равносильный *(чему-л.)*

tantrum ['tæntrəm] вспышка гнева, раздражения; плохое настроение

tap I [tæp] 1. *v* стучать 2. *n* лёгкий стук

tap II 1. *n* кран; пробка 2. *v* 1) починать *(бочонок)* 2) делать надрез на дереве 3) перехватывать *(телефонные разговоры и т. п.)*

tape [teɪp] 1) тесьма 2) (телеграфная) лента; ~-**measure** [-,meʒə] рулетка

taper ['teɪpə] 1. *n* тонкая свеча 2. *v* 1) суживать; заострять 2) суживаться к концу; ~**ing** [-rɪŋ] заострённый

tape-recorder ['teɪprɪˌkɔːdə] магнитофон

tapestry ['tæpɪstrɪ] декоративная ткань; гобелен

tar [tɑː] 1. *n* 1) дёготь; жидкая смола; гудрон 2) *разг.* моряк 2. *v* мазать дёгтем; смолить

tardy ['tɑːdɪ] запоздалый; поздний

target ['tɑːgɪt] цель, мишень

tariff ['tærɪf] тариф

tarpaulin [tɑː'pɔːlɪn] брезент

tarry I ['tɑːrɪ] вымазанный смолой, дёгтем

tarry II ['tærɪ] медлить; ждать

tart I [tɑːt] 1) кислый; терпкий 2) резкий, колкий

tart II сладкий пирог

tart III [tɑːt] *разг.* проститутка

tartan ['tɑːt(ə)n] клетчатая шерстяная материя, шотландка

Tartar ['tɑːtə] 1. *a* татарский 2. *n* 1) татарин; татарка 2) татарский язык ◇ young ~ капризный ребёнок

tartar ['tɑːtə] винный камень

task [tɑːsk] 1. *n* задание; урок; задача; take to ~ призвать к ответу; «взять в оборот»; urgent ~ неотложное дело. 2. *v*: it ~s my powers это требует от меня большого напряжения сил; ~**master** [-ˌmɑːstə] надсмотрщик

tassel ['tæs(ə)l] кисточка *(украшение)*

taste [teɪst] 1. *n* 1) вкус, *перен. тж.* склонность; пристрастие 2) проба 2. *v* 1) пробовать 2) иметь вкус, привкус; ~**ful** сделанный со вкусом; ~**less** безвкусный

tasty ['teɪstɪ] вкусный

ta-ta ['tæ'tɑː] *детск.* до свидания

tatters ['tætəz] *pl* лохмотья

tattle ['tæt] сплетничать

tattoo I [tə'tuː] 1) *воен.* вечерняя заря *(сигнал)* 2): beat a ~ with one's fingers *(on the table etc)* барабанить пальцами *(по столу и т. п.)*

tattoo II 1. *v* татуировать 2. *n* татуировка

taught [tɔːt] *past и p. p. от* teach

taunt [tɔːnt] 1. *n* насмешка, «шпилька» 2. *v* говорить колкости, язвить

taut [tɔːt] туго натянутый *(о верёвке)*; *перен.* напряжённый

tawdry ['tɔːdrɪ] мишурный; кричащий; безвкусный

tawny ['tɔːnɪ] рыжевато-коричневый

tax [tæks] 1. *n* налог 2. *v* 1) облагать налогом 2) подвергать испытанию *(терпение)* 3) обвинять (*b—with*); ~**ation** [tæk'seɪʃ(ə)n] 1) обложение налогом 2) налоги *мн.*

taxi ['tæksɪ] 1. *n* такси 2. *v* ехать на такси; ~**cab** [-kæb] *см.* taxi 1

tea [tiː] чай; high ~ плотная еда с чаем вместо обеда

teach [tiːtʃ] (taught) 1) учить, обучать; преподавать 2) приучить; ~ smb. discipline приучить кого-л. к дисциплине 3) проучить; I will ~ him a lesson я проучу его; ~er учитель; ~ing 1) обучение 2) *часто pl* учение, доктрина

teacup ['tiːkʌp] чайная чашка

team ['tiːm] 1) спортивная команда 2) упряжка; ~-work [-wəːk] 1) работа бригадой 2) согласованная работа; слаженность

tea-party ['tiːˌpɑːtɪ] званый чай

tea-pot ['tiːpɔt] чайник

tear I [tɛə] 1. *v* (tore; torn) 1) рвать; разрывать 2) царапать; ранить 3) рваться, изнашиваться 4) мчаться; ~ along броситься, устремиться 2. *n* дыра; прорез

tear II ['tɪə] слеза; ~ful плачущий; слезливый

tease [tiːz] дразнить; надоедать

tea-spoon ['tiːspuːn] чайная ложка

teat [tiːt] сосок

tea-urn ['tiːəːn] 1) кипятильник 2) самовар

tec [tek] *разг. сокр. от* detective 2

techni||**cal** ['teknɪk(ə)l] технический; ~**cian** [-'nɪʃ(ə)n] 1) техник 2) специалист; ~**cs** [-ks] техника, технические науки; ~**que** [tek'niːk] техника; технические приёмы

teddy-bear ['tedɪˌbɪə] плюшевый медвежонок *(детская игрушка)*

tedious ['tiːdjəs] скучный; утомительный

teem [tiːm] кишеть, изобиловать *(чем-л.)*

teen-ager ['tiːnˌeɪdʒə] подросток

teens [tiːnz] *pl* возраст от 13 до 19 лет

teeth [tiːθ] *pl от* tooth

teetotaller [tiː'tout(ə)lə] трезвенник

telecast ['telɪkɑːst] 1. телевизионная передача 2. *v* передавать телевизионную программу

telegram ['telɪgræm] телеграмма

telegraph ['telɪgrɑːf] телеграф; ~**ist** [tɪ'legrəfɪst] телеграфист

telephone ['telɪfoun] 1. *n* телефон 2. *v* звонить по телефону

telescope ['telɪskoup] телескоп

television ['telɪvɪʒ(ə)n] 1) телевидение 2) *attr.* телевизионный; ~ set телевизор; ~ viewer телезритель

tell ['tel] (told) 1) рассказывать 2) сказать, говорить; ~ the driver to wait for us скажите шофёру, чтобы он нас подождал 3) приказывать 4) сказываться ◇ I ~ you, I can ~ you, let me ~ you уверяю вас; ~ one from the other отличать друг от друга; ~**ing** эффектный

telltale ['telteɪl] 1) я́бедник; спле́тник 2) *attr.* преда́тельский

temper ['tempə] 1. *v* 1) смягча́ть, умеря́ть 2) *тех.* отпуска́ть *(металл)* 2. *n* 1) хара́ктер 2) настрое́ние; lose one's ~ вы́йти из себя́; out of ~ не в ду́хе; show ~ проявля́ть раздраже́ние; **~ament** [-rəmənt] темпера́мент; **~ance** [-r(ə)ns] 1) уме́ренность 2) тре́звенность

temperature ['temprɪtʃə] температу́ра

tempest ['tempɪst] бу́ря; **~uous** [tem'pestjuəs] бу́рный, бу́йный

temple I ['templ] храм
temple II висо́к

tempor‖**al** ['temp(ə)r(ə)l] 1) мирско́й, све́тский 2) вре́менный; преходя́щий; **~ary** [-r(ə)rɪ] вре́менный; **~ize** [-raɪz] ме́длить, тяну́ть вре́мя

tempt [tempt] искуша́ть, соблазня́ть; **~ation** [temp'teɪʃ(ə)n] искуше́ние, собла́зн

ten [ten] де́сять

tenable ['tenəbl] 1) про́чный *(о позиции)* 2) разу́мный *(о до́воде)*

tenaci‖**ous** [tɪ'neɪʃəs] 1) це́пкий; ~ memory хоро́шая па́мять 2) упо́рный 3) вя́зкий, ли́пкий; **~ty** [-'næsɪtɪ] 1) це́пкость 2) упо́рство 3) вя́зкость

tenant ['tenənt] 1. *a* аренда́тор; жиле́ц 2. *v* арендова́ть, нанима́ть

tend I [tend] 1) име́ть тенде́нцию, скло́нность 2) направля́ться; стреми́ться

tend II [tend] *книжн.* стере́чь *(стадо)*

tenden‖**cy** ['tendənsɪ] 1) накло́нность 2) тенде́нция; **~tious** [ten'denʃəs] тенденцио́зный

tender I ['tendə] 1. *v* 1) предлага́ть *(деньги, услуги и т. п.);* ~ one's resignation пода́ть в отста́вку 2) подава́ть *(предложе́ние, заявку)* 2. *n* предложе́ние, заявка

tender II *ж.-д.* те́ндер

tender III ['tendə] 1) не́жный; мя́гкий 2) чувстви́тельный; ~ subject щекотли́вый вопро́с; **~foot** [-fut] *разг.* новичо́к

tendon ['tendən] сухожи́лие

tendril ['tendrɪl] *бот.* у́сик

tenement ['tenɪmənt], **tenement-house** [-haus] многокварти́рный дом

tenet ['tiːnet] до́гмат; при́нцип

tenfold ['tenfould] десятикра́тный

tenner ['tenə] *разг.* деся́тка; банкно́та в 10 фу́нтов *или* в 10 до́лларов

tennis ['tenɪs] те́ннис

tenor I ['tenə] 1) тече́ние, направле́ние; укла́д *(жизни)* 2) о́бщий смысл, содержа́ние

tenor II *муз.* те́нор

tense I [tens] *грам.* вре́мя

tens‖**e** II ['tens] натя́нутый, напряжённый *(о мы́шцах, не́рвах, выраже́нии лица́ и т. п.);* we were ~

TEN

with expectancy мы напряжённо ждали; ~ile [-aıl] растяжимый; ~ion [-ʃ(ə)n] натяжение; напряжение

tent [tent] палатка

tentacle ['tentəkl] *зоол.* щупальце

tentative ['tentətıv] 1) пробный, экспериментальный 2) предварительный

tenth [tenθ] десятый ◇ ~ wave девятый вал

tenu‖ity [te'njuːıtı] 1) тонкость 2) разрежённость *(воздуха);* ~ous ['tenjuəs] 1) очень тонкий 2) разрежённый *(о воздухе)*

tenure ['tenjuə] 1) владение 2) срок владения; срок пребывания *(в должности)*

tepid ['tepıd] тепловатый

term [tə:m] 1. *n* 1) срок 2) семестр 3) *pl* условия *(договора);* come to ~s прийти к соглашению, договориться 4) *pl* (личные) отношения; be on good (bad) ~s быть в хороших (плохих) отношениях 5) термин 6) *pl* выражения, язык ◇ in set ~s определённо 2. *v* называть, выражать

termin‖al ['tə:mınl] 1. *a* 1) конечный 2) семестровый 2. *n* 1) конечный пункт; конечная станция 2) конечный слог 3) эл. зажим; ~ate [-neıt] 1) кончать; ставить предел 2) заканчиваться 3) ограничивать; ~ation [,tə:mı'neıʃ(ə)n] 1) конец 2) окончание *(тж. грам.)*

terminology [,tə:mı'nɔlədʒı] терминология

terminus ['tə:mınəs] конечная станция

terrace ['terəs] терраса

terrain ['tereın] местность

terrestrial [tı'restrıəl] земной

terrible ['terəbl] ужасный

terri‖fic [tə'rıfık] 1) ужасающий 2) *разг.* (с усилит. знач.) огромный; необычайный; ~fy ['terıfaı] ужасать

territo‖rial [,terı'tɔ:rıəl] территориальный; ~ry ['terıt(ə)rı] территория

terror ['terə] 1) ужас 2) террор ◇ a holy ~ *разг.* несносный ребёнок

terse [tə:s] сжатый, краткий *(о стиле)*

test [test] 1. *n* 1) проба; испытание; контрольная работа; put to the ~ подвергнуть испытанию; stand the ~ выдержать испытание 2) мерило; критерий; *хим.* реактив 2. *v* подвергать испытанию; проверять

testament ['testəmənt] завещание ◇ The New (Old) T. Новый (Ветхий) Завет

testify ['testıfaı] свидетельствовать; давать показания

testily ['testılı] раздражительно, запальчиво

testimo‖nial [,testı'mounjəl] аттестат, свидетельство; ~ny ['testımənı] показание; свидетельство

test-tube ['testtjuːb] пробирка

testy ['testı] вспыльчивый, раздражительный

tetchy ['tetʃı] раздражительный; обидчивый

tether ['teðə] 1. *n* привязь, путы ◇ come to the end of one's ~ дойти до точки; дойти до предела (сил) 2. *v* привязывать

text ['tekst] 1) текст 2) тема (лекции и т. п.); ~**book** [-buk] учебник

text|ile ['tekstail] текстильный; ~**ure** [-stʃə] 1) степень плотности ткани 2) строение (ткани, кости и т. п.)

than [ðæn (полная форма), ðən (редуцированная форма)] *cj* чем (после прил. или нареч. в сравн. ст.)

thank ['θæŋk] 1. *v* благодарить 2. *n* 1) *pl* благодарность; ~s! спасибо! 2): ~s to благодаря; ~**ful** благодарный; ~**less** неблагодарный

that [ðæt (полная форма), ðət (редуцированная форма)] 1. *pron relat* который; the book ~ I bought yesterday книга, которую я вчера купил 2. *pron demonstr* (*pl* those) (э)тот, (э)та, (э)то 3. *cj* 1) что; there is no doubt ~ he... нет никакого сомнения, что он... 2) то что; ~ he was right is quite clear то, что он был прав, совершенно ясно; what have I done ~ he should be so angry with me? что я сделал, что он так рассердился на меня?; I did it — not ~ I wanted to я сделал это, хотя и не хотел 3) чтобы; in order ~ для того, чтобы 4. *adv* настолько, так ◇ oh, ~ I knew the truth! о, если бы я знал правду!; now ~ you know the truth теперь, когда вы знаете правду; ~ is то есть; ~ is why вот почему

thatch [θætʃ] 1. *n* соломенная крыша 2. *v* крыть соломой

thaw [θɔː] 1. *n* оттепель 2. *v* таять

the [ðə (перед словами, начинающимися с согласного), ði (перед словами, начинающимися с гласного), ðiː (под ударением)] 1. опред. артикль 2. *adv* тем; more ~ better чем больше, тем лучше; ~ worse for him тем хуже для него; I am none ~ better for this мне от этого ничуть не легче

theater ['θiətə] *амер. см.* theatre

theatre ['θiətə] театр

thee [ðiː] *pers pron* (объектн. п. от thou) *уст., поэт.* тебя, тебе

theft [θeft] воровство, кража

their [ðeə] *poss pron* их (принадлежащий им); свой, своя, своё, свои

theirs [ðeəz] *poss pron* (несвязанная форма к their) употр. вместо сущ. их; свой, своя, своё, свои

them [ðem (полная форма), ðəm (редуцированная форма)] *pers pron* (объектн. п. от they) их, им

theme [θiːm] тема, предмет

themselves [ðem'selvz] 1) *refl pron* 3 л. мн. ч. себя; -ся; they saw ~ in the film они увидели себя в картине 2) *emphatic pron* сами; they knew nothing ~ они сами ничего не знали ◇ they played by ~ они играли одни *(сами по себе)*

then [ðen] **1.** *adv* 1) тогда, в то время; by ~ к тому времени; since ~ с того времени 2) затем, после этого 3) значит, в таком случае ◇ now and ~ время от времени **2.** *a* тогдашний

thence [ðens] 1) *уст.* оттуда 2) отсюда, из этого (следует); **~forth** ['ðens'fɔ:θ], **~forward** ['ðens'fɔ:wəd] с этого времени, впредь

theorem ['θɪərəm] теорема

theoretic(al) [θɪə'retɪk(əl)] теоретический

theory ['θɪərɪ] теория

there [ðeə] **1.** *adv* 1) там 2) туда 3) *с глаголом* be: ~ is, ~ are есть, имеется, имеются **2.** *n:* from ~ оттуда **3.** *int* вот; ну

thereabout(s) ['ðeərəbaut(s)] поблизости; около этого

thereafter [ðeər'ɑ:ftə] с этого времени

thereat [ðeər'æt] 1) там, туда 2) при этом, по поводу этого

thereby ['ðeə'baɪ] посредством этого

therefore ['ðeəfɔ:] поэтому; следовательно

therein [ðeər'ɪn] 1) здесь; там 2) в этом отношении

thereon [ðeər'ɔn] 1) на том, на этом 2) после того, вслед за тем

thereto [ðeə'tu:] кроме того, к тому же

thereupon ['ðeərə'pɔn] затем

therewith [ðeə'wɪð] 1) к тому же 2) тотчас, немедленно

thermal ['θə:m(ə)l] 1) тепловой, термический 2) горячий *(об источнике)*

thermometer [θə'mɔmɪtə] термометр, градусник

thermos ['θə:mɔs] термос

these [ði:z] *pl от* this

thesis ['θi:sɪs] *(pl* -ses [-si:z]) 1) тезис 2) диссертация

they [ðeɪ] *pers pron. им. п. (объектн. п.* them) они ◇ ~ say говорят

thick ['θɪk] 1) толстый 2) густой ◇ in the ~ of it а) в самой гуще; б) в разгаре; **~en** [-(ə)n] делаться плотным, густеть

thicket ['θɪkɪt] чаща

thick-headed, ~-witted ['θɪk'hedɪd, 'θɪk'wɪtɪd] глупый, тупой

thief [θi:f] *(pl* thieves) вор

thieves [θi:vz] *pl от* thief

thigh ['θaɪ] бедро; **~-bone** [-boun] бедренная кость

thimble ['θɪmbl] напёрсток

thin [θɪn] 1) тонкий; худощавый 2) редкий 3) жидкий ◇ ~ excuse слабая отговорка

thine [ðaɪn] *poss pron уст., поэт. (несвязанная форма к* thy) *употр. вместо сущ.* твой, твоя, твоё, твой; свой, своя, своё, свой

thing [θɪŋ] 1) вещь 2) дело; факт 3) существо; little ~

малю́тка ◊ I don't feel quite the ~ today мне сего́дня нездоро́вится; it is just the ~ э́то как раз то (что на́до); make a good ~ (of) извлека́ть по́льзу *(из чего-л.)*

think [θɪŋk] (thought) 1) ду́мать, мы́слить 2) счита́ть, полага́ть; ~ **over** обсуди́ть, обду́мать ◊ ~ no end of smb. о́чень высоко́ цени́ть кого́-л.

thinking ['θɪŋkɪŋ] 1. *a* мы́слящий 2. *n* 1) размышле́ние 2) мне́ние

third [θɜːd] тре́тий ◊ ~ party *юр.* тре́тья сторона́

thirst [θɜːst] 1. *n* жа́жда 2. *v* жа́ждать

thirsty ['θɜːstɪ] 1) испы́тывающий жа́жду; *перен.* жа́ждущий; be ~ хоте́ть пить 2) *(о почве)* пересо́хший; иссо́хший

thir‖teen [ˌθɜːˈtiːn] трина́дцать; ~**teenth** [-θ] трина́дцатый; ~**tieth** [-tɪθ] тридца́тый

thirt‖y ['θɜːtɪ] 1) три́дцать 2): the ~**ies** тридца́тые го́ды

this [ðɪs] *(pl* these) э́тот, э́та, э́то; long before ~ задо́лго до э́того; do it like ~ сде́лайте э́то так ~ ~ much сто́лько-то; I know ~ much, that the thing is absurd я, по кра́йней ме́ре, зна́ю, что э́то абсу́рд

thistle ['θɪsl] чертополо́х

tho' [ðoʊ] *сокр. от* though

thole [θoʊl] уклю́чина

thong [θɒŋ] реме́нь; плеть

thorax ['θɔːræks] грудна́я кле́тка

thorn [θɔːn] шип, колю́чка

thorough ['θʌrə] по́лный, соверше́нный; ~**bred** [-bred] чистокро́вный; поро́дистый; ~**fare** [-feə] 1) прохо́д, прое́зд 2) у́лица; ~**going** [-ˌgoʊɪŋ] иду́щий напроло́м; радика́льный

thorough‖ly ['θʌrəlɪ] до конца́; тща́тельно; ~**ness** основа́тельность, тща́тельность

those [ðoʊz] *pl от* that

thou [ðaʊ] *pers pron уст., поэт. (объектн. п.* thee) ты

though [ðoʊ] 1. *adv* всё-таки; одна́ко же 2. *cj* хотя́ ◊ as ~ как бу́дто, е́сли бы

thought I [θɔːt] *past и p. p. от* think

thought II ['θɔːt] 1) мысль; sunk in ~ погружённый в размышле́ния; on second ~s по зре́лом размышле́нии 2) наме́рение; зате́я; ~**ful** 1) заду́мчивый 2) вду́мчивый; глубо́кий по мы́сли 3) внима́тельный, забо́тливый; ~**less** 1) беспе́чный 2) необду́манный

thousand ['θaʊzənd] ты́сяча; ~**th** [-θ] ты́сячный

thrash [θræʃ] 1) бить 2) *см.* thresh; ~ **about** мета́ться

thread [θred] 1. *n* 1) ни́тка; нить *(тж. перен.)* 2) *тех.* наре́зка 2. *v* продева́ть ни́тку; нани́зывать *(бусы)* ◊ one's way through a crowd пробира́ться сквозь толпу́; ~**bare** [-beə] 1) потёртый; изно́шенный 2) изби́тый *(о до́воде и т. п.)*

threat ['θret] угро́за; ~**en** [-n] грози́ть, угрожа́ть

three [θriː] три
thresh [ˈθreʃ] молотить; ~er молотилка
threshold [ˈθreʃ(h)ould] порог; *перен.* отправной пункт
threw [θruː] *past от* throw 1
thrice [θrais] трижды
thrift [ˈθrift] бережливость; ~less расточительный
thrifty [ˈθrifti] бережливый; экономный
thrill [ˈθril] 1. *n* сильное волнение *(обыкн. приятное)*, трепет 2. *v* 1) чувствовать сильное волнение, трепет; ~er *разг.* сенсационный *(особ.* детективный) роман, фильм, боевик
thrive [θraiv] (throve; thriven) процветать; преуспевать
thriven [ˈθrivn] *p. p. от* thrive
thro [θruː] *сокр. от* through
throat [θrout] горло ◇ jump down smb.'s ~ не давать кому-л. слова сказать; stick in one's ~ застревать в глотке *(о словах)*
throb [θrɔb] 1. *v* 1) биться, пульсировать 2) трепетать 2. *n* 1) биение, пульсация 2) трепет
throe [θrou] *(обыкн. pl)* 1) сильная боль, мука 2) родовые муки *мн.*
throne [θroun] трон
throng [θrɔŋ] 1. *n* толпа 2. *v* толпиться
throttle [ˈθrɔtl] 1. *v* душить 2. *n тех.* регулятор, дроссель
through [θruː] 1. *prep* через; сквозь; из-за 2. *adv* 1) насквозь 2) от начала до конца ◇ are you ~? *разг.* вы кончили? 3. *a* беспересадочный *(о поездах и т. п.)*
throughout [θruːˈaut] 1) во всех отношениях 2) повсюду
throve [θrouv] *past от* thrive
throw [θrou] 1. *v* (threw; thrown) бросать; кидать 2. *n* бросок
thrown [θroun] *p. p. от* throw 1
thru [θruː] *амер. см.* through
thrum [θrʌm] 1. *v* 1) бренчать 2) барабанить пальцами 2. *n* бренчание
thrush [θrʌʃ] дрозд
thrust [θrʌst] 1. *v* (thrust) 1) толкать; тыкать 2) пронзать 2. *n* 1) толчок; удар 2) *тех.* нажим; напор
thud [θʌd] 1. *n* глухой стук 2. *v* свалиться, упасть с глухим стуком
thug [θʌg] убийца; головорез
thumb [θʌm] 1. *n* большой палец *(руки)* ◇ under smb.'s ~ в чьей-л. власти; ~s up! недурно! 2. *v* листать *(книгу)* ◇ ~ a lift «голосовать» *(на дороге)*; ~ one's nose at smb. показать нос кому-л.
thump [θʌmp] 1. *v* наносить тяжёлый удар; колотить 2. *n* глухой стук, удар
thunder [ˈθʌndə] 1. *n* гром 2. *v* греметь; he was in a ~ing rage *перен.* ≅ он метал громы и молнии; ~bolt [-boult] удар молнии; *перен.*

какгром среди ясного неба; ~clap [-klæp] удар грома; *перен.* неожиданное событие *или* известие; ~cloud [-klaud] грозовая туча

thunderous ['θʌnd(ə)rəs] грозовой; *перен.* громовой, оглушающий

thunder‖storm ['θʌndəstɔːm] гроза; ~struck [-strʌk] как громом поражённый

Thursday ['θəːzdɪ] четверг

thus [ðʌs] так; таким образом; ~ and ~ так-то и так-то; ~ far до сих пор; ~ much столько

thwack [θwæk] *см.* whack

thwart [θwɔːt] перечить; мешать; расстраивать

thy [ðaɪ] *poss pron уст., поэт.* твой, твоя, твоё, твои; свой, своя, своё, свои

tick I [tɪk] 1. *n* 1) тиканье; ~ of a clock тиканье часов 2) пометка «птичка», «галочка» ◊ in a ~ сейчас же 2. *v* 1) тикать 2) отмечать «галочкой»

tick II *зоол.* клещ

tick III 1) чехол; наволо(ч)ка 2) тик *(материя)*

tick IV *разг.* 1. *n* кредит 2. *v* брать, отпускать в кредит

ticket ['tɪkɪt] 1. *n* 1) билет 2) ярлык 3) квитанция; номерок 4) *амер.* список кандидатов на выборах 2. *v* прикреплять ярлык

ticking ['tɪkɪŋ] *см.* tick III, 2)

tickle ['tɪkl] 1. *v* 1) щекотать 2) доставлять удовольствие 2. *n* щекотка

tide [taɪd] 1. *n* 1) прилив и отлив 2) поток, течение; go with the ~ *перен.* плыть по течению 2. *v*: ~ over a difficulty преодолеть затруднение

tidiness ['taɪdɪnɪs] опрятность

tidings ['taɪdɪŋz] *pl книжн.* новости, известия

tidy ['taɪdɪ] 1. *a* 1) опрятный, аккуратный 2) *разг.* значительный; a ~ sum кругленькая сумма 2. *v* приводить в порядок

tie [taɪ] 1. *v* завязывать; ~ down связывать, стеснять; ~ up a) привязывать; перевязывать; связывать; б): be ~d up with быть связанным с ◊ the two teams ~d 2 команды сыграли вничью 2. *n* 1) галстук 2) скрепа 3) связь; узы *мн.*

tier [tɪə] ряд, ярус

tiff [tɪf] размолвка

tiger ['taɪgə] тигр

tight [taɪt] 1) плотный, сжатый; компактный 2) непроницаемый 3) тесный, узкий *(об обуви, платье)* 4) *разг.* навеселе 5) *разг.* скупой ◊ money is ~ с деньгами трудно; ~ corner *(или* squeeze*)* тяжёлое положение, затруднение; ~en [-n] стягивать, сжимать

tight-fisted ['taɪt'fɪstɪd] *разг.* скупой

tights [taɪts] *pl* трико; колготы

tile [taɪl] 1. *n* черепица; кафель 2. *v* крыть черепицей *или* кафелем

till I [tɪl] **1.** *prep* до **2.** *cj* до тех пор пока (не)

till II денежный ящик (*в магазине или банке*)

till III [tɪl] возделывать (*землю*); ~**age** [-ɪdʒ] обработка земли; ~**er** земледелец

tilt I [tɪlt] **1.** *n* наклон; крен **2.** *v* 1) наклонять; опрокидывать 2) наклоняться; крениться; опрокидываться

tilt II парусиновый навес

tilth [tɪlθ] возделанная земля; пашня

timber ['tɪmbə] 1) лесоматериал; строевой лес 2) балка

timbre ['tæmbə] тембр

time ['taɪm] **1.** *n* 1) время; in ~ вовремя; at the same ~ в то же время; have a good ~ хорошо провести время; it will last our ~ на наш век хватит; it is high ~ давно пора; ~ is up время истекло; what ~ is it?, what is the ~? который час? 2) период, пора; ~ out of mind с незапамятных времён 3) раз; many a ~, ~ and again неоднократно; three ~s two is six 3×2=6; three ~s as large в три раза больше every ~ каждый раз **2.** *v* 1) выбирать, назначать время 2) хронометрировать; ~**ly** своевременный

time‖-server ['taɪm,sɜːvə] приспособленец; оппортунист; ~**-table** [-,teɪbl] расписание

timid ['tɪmɪd] робкий

timorous ['tɪmərəs] боязливый

tin [tɪn] **1.** *n* 1) олово 2) консервная банка 3) *разг.* деньги *мн.* **2.** *v* 1) консервировать 2) лудить **3.** *a* оловянный

tincture ['tɪŋktʃə] **1.** *n* 1) настойка (*о лекарстве*) 2) оттенок 3) привкус **2.** *v* слегка окрашивать; придавать оттенок

ting [tɪŋ] *см.* tinkle

tinge [tɪndʒ] **1.** *n* оттенок, тон **2.** *v* слегка окрашивать

tingle ['tɪŋgl] испытывать боль, зуд, покалывание (*в онемевших частях тела*); *перен.* дрожать, трепетать

tinker ['tɪŋkə] медник; лудильщик

tinkle ['tɪŋkl] **1.** *n* звон (*колокольчика и т. п.*), звяканье **2.** *v* звенеть; звонить

tinned [tɪnd] консервированный; ~ meat мясные консервы

tinsel ['tɪns(ə)l] блёстки *мн.*; мишура

tint [tɪnt] **1.** *n* тон, оттенок **2.** *v* подцвечивать; слегка окрашивать

tiny ['taɪnɪ] крошечный

tip I [tɪp] 1) кончик 2) наконечник

tip II 1. *n* 1) место свалки 2) *attr.*: ~ lorry самосвал **2.** *v* 1) наклонять; ~ the scale склонить чашу весов 2) наклоняться 3) опрокидывать, выливать

tip III 1. *n* 1) чаевые *мн.* 2) намёк; совет **2.** *v* давать «на чай» ◇ ~ a man the wink сделать кому-л. знак украдкой, подмигнуть

tipple ['tɪpl] 1. *v* пьянствовать 2. *n* (спиртной) напиток

tipster ['tɪpstə] «жучóк» (*на скачках*)

tipsy ['tɪpsɪ] подвыпивший

tiptoe ['tɪptou]: on ~ на цыпочках

tiptop ['tɪp'tɔp] *разг.* превосходный, первоклассный

tire I ['taɪə] шина; обод

tire II ['taɪə] 1) утомлять, надоедать; прискучить 2) утомляться; I am ~d я устал; ~less неутомимый, неустанный; ~some [-səm] утомительный; надоедливый; скучный

tiro ['taɪərou] начинающий; новичок

'tis [tɪz] *сокр. от* it is

tissue ['tɪsju:] ткань (*в разн. знач.*) ◇ ~ of lies *разг.* паутина лжи; ~-paper [-ˌpeɪpə] тонкая обёрточная бумага

tit [tɪt]: ~ for tat *погов.* ≅ как аукнется, так и откликнется; око за око, зуб за зуб

tit-bit ['tɪtbɪt] 1) лакомый кусочек 2) пикантная новость

tithe [taɪð] 1) десятая часть 2) церковная десятина

titillate ['tɪtɪleɪt] щекотать, приятно возбуждать

titivate ['tɪtɪveɪt] *разг.* прихорашиваться

title ['taɪtl] 1) заглавие 2) титул; звание

titmice ['tɪtmaɪs] *pl от* titmouse

titmouse ['tɪtmaus] (*pl* titmice) синица

titter ['tɪtə] 1. *v* хихикать 2. *n* хихиканье

tittle ['tɪtl]: not one jot or ~ ≅ ни капельки

tittle-tattle ['tɪtlˌtætl] болтовня; сплетни *мн.*

titular ['tɪtjulə] номинальный

to I [tu: (*полная форма*), tə (*редуцированная форма перед согласными*), tu (*перед гласными*)] 1. *prep* 1) (*для выражения движения к цели*) к; в; на; he ran up to the window он подбежал к окну; he went to the cinema он пошёл в кино; on his way to the station по дороге на станцию 2) (*сущ. в сочетании с* to *перев. рус. дат. п.*): I gave this book to my friend я дал эту книгу моему другу 3) (*при сравнении*) по сравнению с, по отношению к; this is nothing to what it might have been это ничто по сравнению с тем, что могло бы быть; 3 is to 4 as 6 is to 8 *мат.* 3 относится к 4 как 6 к 8 ◇ five minutes to six без пяти минут шесть; to arms! к оружию!; to my knowledge насколько мне известно; to my taste по моему вкусу; 2. *adv*: to and fro взад и вперёд, туда и сюда

to II [tu, tə] *приинфинитивная частица*: 1) he meant to call but forgot он собирался зайти, но забыл; it is difficult to explain это трудно объяснить 2) *употребляется вместо подразумевае-*

мого инфинитива, чтобы избежать повторения: I shall go there if you want me to я пойду́ туда́, е́сли вы хоти́те (чтобы я это сде́лал)

toad [toud] жа́ба

toadstool ['toudstuːl] пога́нка *(гриб)*

toady ['toudi] 1. *n* лизоблю́д 2. *v* льстить, низкопокло́нничать

toast I [toust] 1. *n* подрумя́ненный ло́мтик хле́ба; грено́к 2. *v* поджа́ривать хлеб

toast II 1. *n* тост 2. *v* пить за чьё-л. здоро́вье

tobacco [tə'bækou] таба́к

to-be [tə'biː] бу́дущий

toboggan [tə'bɔgən] 1. *n* сала́зки *мн.*, тобо́гган 2. *v* ката́ться на сала́зках *(с горы)*

tocsin ['tɔksin] 1) наба́тный ко́локол 2) наба́т

today, to-day [tə'dei] 1) сего́дня 2) в на́ши дни

toddle ['tɔdl] 1) ковыля́ть 2) *разг.* прогу́ливаться; ~r ребёнок *(начинающий ходить)*

to-do [tə'duː]: a ~ *разг.* суета́, сумато́ха

toe [tou] 1. *n* 1) па́лец ноги́ 2) носо́к *(сапога, чулка)* ◊ from top to ~ с головы́ до пят; tread on smb.'s ~s наступи́ть на люби́мую мозо́ль, заде́ть чьи-л. чу́вства 2. *v* 1) каса́ться носко́м; the line встать на ста́ртовую черту́; *перен.* подчини́ться тре́бованиям 2) надвя́зывать чулки́, носки́

toff [tɔf] *разг.* франт

toffee ['tɔfi] и́риска

tog [tɔg]: ~ oneself up наряжа́ться

together [tə'geðə] вме́сте

togs [tɔgz] *pl разг.* оде́жда *ед.*

toil ['tɔil] 1. *v* 1) труди́ться 2) продвига́ться с трудо́м 2. *n* тяжёлый труд; ~er тру́женик

toilet ['tɔilit] 1) туале́т, одева́ние 2) костю́м, туале́т 3) *амер.* убо́рная

toils [tɔilz] *pl (обыкн. перен.)* се́ти

token ['touk(ə)n] знак; си́мвол; as a ~ *(of)* в знак; на па́мять

told [tould] *past и p. p. от* tell

toler‖able ['tɔlərəbl] терпи́мый, сно́сный; ~ant [-(ə)nt] терпи́мый *(о человеке)*; ~ate [-reit] терпе́ть, сноси́ть; ~ation [ˌtɔlə'reiʃ(ə)n] терпи́мость

toll I [toul] по́шлина ◊ ~ of the roads несча́стные слу́чаи на доро́гах

toll II 1) колоко́льный звон, благове́ст 2) похоро́нный звон

tomato [tə'mɑːtou] помидо́р

tomb [tuːm] моги́ла *(обыкн. с надгробием)*; ~-stone [-stoun] надгро́бный ка́мень

tome [toum] том

tomfool ['tɔm'fuːl] 1) дура́к 2) *attr.* глу́пый

Tommy ['tɔmi] То́мми *(прозвище английского солдата)*

tommy-gun ['tɔmɪ'gʌn] *воен. разг.* автома́т

tommy-rot ['tɔmɪ'rɔt] *разг.* ди́кая чушь

tomorrow, to-morrow [tə'mɔrou] за́втра

ton [tʌn] то́нна

tone [toun] 1. *n* тон 2. *v* 1) настра́ивать 2) гармони́ровать (*с — in with*)

tongs [tɔŋz] *pl* щипцы́; кле́щи

tongue ['tʌŋ] язы́к ◊ hold your ~! *груб.* попридержи́ язы́к!; **~-tied** [-taɪd] косноязы́чный

tonic ['tɔnɪk] *мед.* 1. *a* тонизи́рующий, укрепля́ющий 2. *n* тонизи́рующее, укрепля́ющее сре́дство

tonight, to-night [tə'naɪt] сего́дня ве́чером

tonnage ['tʌnɪdʒ] тонна́ж; грузоподъёмность

tonsillitis [,tɔnsɪ'laɪtɪs] *мед.* тонзилли́т

too [tu:] *adv* 1) та́кже 2) кро́ме того́ 3) сли́шком

took [tuk] *past от* take

tool [tu:l] (рабо́чий) инструме́нт; *перен.* ору́дие

toot [tu:t] труби́ть в рог; дава́ть гудо́к

tooth ['tu:θ] (*pl* teeth) 1) зуб; false ~ вставно́й зуб; he has cut a ~ у него́ проре́зался зуб 2) *тех.* зубе́ц ◊ in the teeth (*of*) вопреки́, напереко́р; cast smth. in smb.'s teeth ≅ броса́ть упрёк кому́-л.; fight ~ and nail боро́ться не на жизнь, а на́ смерть; **~ache** [-eɪk] зубна́я боль; **~-brush** зубна́я щётка;

~-paste [-peɪst] зубна́я па́ста

toothsome ['tu:θsəm] вку́сный

tootle ['tu:tl] труби́ть; дуде́ть; гуде́ть

top I [tɔp] 1. *n* ве́рхняя часть (*чего-л.*); on the ~ (*of*) наверху́ ◊ ~ secret соверше́нно секре́тный; at the ~ of one's voice во весь го́лос 2. *v* 1) покрыва́ть 2) превосходи́ть

top II волчо́к ◊ sleep like a ~ *разг.* ≅ спать без за́дних ног

top-hole ['tɔp'houl] *разг.* первокла́ссный, превосхо́дный

topic ['tɔpɪk] предме́т, те́ма; the ~ of the day злободне́вная те́ма; **~al** [-(ə)l] злободне́вный; ~al question злободне́вный вопро́с

topmost ['tɔpmoust] са́мый ве́рхний

topography [tə'pɔgrəfɪ] топогра́фия

topple ['tɔpl] 1) вали́ться, опроки́дываться 2) вали́ть, опроки́дывать

topsy-turvy ['tɔpsɪ'tə:vɪ] вверх дном; ши́ворот-навы́ворот

torch [tɔ:tʃ] фа́кел; *перен.* свето́ч; electric ~ карма́нный электри́ческий фона́рь

tore [tɔ:] *past от* tear I, 1

torment 1. *n* ['tɔ:ment] муче́ние, му́ка 2. *v* [tɔ:'ment] му́чить; **~or** [tɔ:'mentə] мучи́тель

torn [tɔ:n] *p. p. от* tear I, 1

tornado [tɔ:'neɪdou] си́льный шквал; ураган; *перен.* взрыв

torpedo [tɔː'piːdou] торпеда; **~-boat** [-bout] торпедный катер

torpid ['tɔːpɪd] 1) *зоол.* находящийся в состоянии спячки 2) вялый, тупой

torrent ['tɔr(ə)nt] поток

torrid ['tɔrɪd] жаркий, знойный; ~ zone тропический пояс

tortoise ['tɔːtəs] черепаха

tortuous ['tɔːtjuəs] извилистый; *перен.* уклончивый

torture ['tɔːtʃə] 1. *n* пытка 2. *v* 1) пытать 2) мучить

Tory ['tɔːrɪ] тори, консерватор

tosh [tɔʃ] *разг.* вздор

toss [tɔs] 1) бросать 2) подбрасывать 3) вскидывать *(голову)* 4) беспокойно метаться *(о больном)*

tot [tɔt] *разг.* 1) малыш 2) маленькая рюмка

total ['toutl] 1. *а* (все)общий; полный; суммарный 2. *n* целое; итог 3. *v* 1) подводить итог 2) доходить до *(о сумме)*

totter ['tɔtə] 1) идти неверными шагами 2) шататься, колебаться

touch ['tʌtʃ] 1. *v* соприкасаться; дотрагиваться, касаться; *перен.* трогать; ~ on касаться *(темы и т. п.)*; ~ up заканчивать, отделывать; ~ upon *см.* ~ on 2. *n* 1) прикосновение 2) осязание; soft to the ~ мягкий на ощупь 3) мазок, штрих; чуточка; a ~ of salt чуточка соли ◇ keep (lose) ~ with smb. поддерживать (потерять) связь с кем-л.; put finishing ~es делать последние штрихи; отделывать; заканчивать; **~-and-go** [-tʌtʃən'gou] рискованное дело

touching ['tʌtʃɪŋ] трогательный

touchy ['tʌtʃɪ] обидчивый

tough [tʌf] 1. *а* 1) жёсткий 2) прочный 3) стойкий, выносливый 4) трудный, упрямый 5) *разг.* хулиганский 2. *n разг.* хулиган

tour ['tuə] путешествие; поездка; экскурсия; **~ist** [-rɪst] турист; путешественник

tournament ['tuənəmənt] турнир

tousle ['tauzl] ерошить

tout [taut] *разг.* 1) навязывать товар 2) зазывать *(покупателей и т. п.)*

tow I [tou] пакля

tow II 1. *v* буксировать 2. *n* буксирный канат

toward(s) [tə'wɔːd(z)] *prep* 1) *(при обозначении места на вопрос «куда?»)* к, по направлению к 2) к, по отношению к 3) *(при обозначении времени на вопрос «когда?, к какому времени?»)* к, около; ~ noon к полудню 4) для, с целью; ~ saving some money с целью скопить немного денег

towel ['tauəl] полотенце; **~-horse** [-hɔːs] вешалка для полотенца

tower ['tauə] 1. *n* башня; вышка 2. *v* выситься; вздыматься; ~ing [-rɪŋ]: in a ~ing rage в ярости

town [taun] 1) город 2) *attr*.: ~ hall ратуша ◊ man about ~ светский человек; ~ee [tau'niː] *презр.* горожанин *(в противоп. сельскому жителю)*; ~ship *амер.* район *(часть округа)*

toxic ['tɔksɪk] ядовитый; токсический

toy [tɔɪ] 1. *n* игрушка, забава 2. *v* 1) вертеть в руках; he ~ed with a pencil он вертел в руках карандаш 2): ~ with an idea *(of)* несерьёзно относиться к мысли *(о чём-л.)*

trace I [treɪs] 1. *n* 1) след 2) черта 3) небольшое количество 2. *v* 1) чертить 2) калькировать 3) прослеживать

trace II постромка

tracing ['treɪsɪŋ] калькирование; ~**paper** [-ˌpeɪpə] калька

track [træk] 1. *n* 1) след 2) колея; путь; lay a ~ прокладывать путь 3) *спорт.* трек 4) гусеница *(трактора, танка)* 2. *v* выслеживать

tract I [trækt] 1) пространство, полоса *(земли, воды)* 2) *анат.* тракт

tract II брошюра; трактат

tractable ['træktəbl] 1) сговорчивый; послушный 2) поддающийся обработке

traction ['trækʃ(ə)n] тяга

tractor ['træktə] трактор

trade [treɪd] 1) профессия, ремесло 2) торговля; home ~ внутренняя торговля; foreign ~ внешняя торговля 3) *attr*.: ~ mark фабричная марка; ~r торговец

tradesman ['treɪdzmən] лавочник

trade-union ['treɪdˈjuːnjən] профсоюз; тред-юнион

tradition [trə'dɪʃ(ə)n] 1) традиция 2) предание

traduce [trə'djuːs] клеветать, злословить

traffic ['træfɪk] 1. *n* 1) уличное движение; транспорт 2) торговля 3) *attr*.: ~ jam затор в движении, «пробка»; ~ light светофор 2. *v*: ~ in smth. торговать чем-л.; ~ator [-eɪtə] *дор.* указатель поворота

tragedy ['trædʒɪdɪ] трагедия

tragic ['trædʒɪk] трагический

trail [treɪl] 1. *v* 1) выслеживать 2) волочить 3) волочиться; тащиться; свисать 2. *n* 1) след 2) тропинка

train ['treɪn] 1. *n* 1) поезд; take a ~ ехать поездом 2) шлейф; хвост 3) свита 4) обоз; караван 5) цепь, вереница; ряд 2. *v* 1) обучать 2) дрессировать 3) тренировать; ~ed [-d] 1) обученный 2) тренированный; ~er тренер; ~ing 1) обучение 2) дрессировка 3) тренировка

train-oil ['treɪnɔɪl] ворвань

trait [treɪ] штрих; характерная черта

traitor ['treɪtə] предатель, изменник; ~ous [-rəs] предательский

trajectory ['trædʒɪkt(ə)rɪ] траектория

tram [træm] 1) трамвай 2) вагонетка *(в шахте)*

trammel ['træməl] связывать, препятствовать; **~s** [-z] *pl* путы, препятствие, помеха *ед.*

tramp [træmp] **1.** *v* 1) тяжело ступать 2) идти пешком 3) бродяжничать **2.** *n* 1) бродяга 2) долгое путешествие пешком 3) тяжёлая поступь

trample ['træmpl] топтать

tramway ['træmweɪ] трамвай

trance [trɑːns] 1) транс 2) экстаз

tranquil ['træŋkwɪl] спокойный; **~lity** [træŋ'kwɪlɪtɪ] спокойствие

trans- [trænz-] *pref* через, за, транс-; пере-

transact [træn'zækt] вести *(дело)*; заключать *(сделку)*; **~ion** [-kʃ(ə)n] 1) дело; сделка 2) *pl* труды, протоколы *(научного общества)*

transatlantic ['trænzət'læntɪk] трансатлантический

transcend [træn'send] 1) переступать пределы 2) превосходить

transcontinental ['trænz,kɒntɪ'nentl] трансконтинентальный; пересекающий материк

transcri∥be [træns'kraɪb] 1) переписывать 2) транскрибировать; **~ption** [-'krɪpʃ(ə)n] транскрибирование, транскрипция

transfer 1. *v* [træns'fəː] 1) переносить *(в—to; из—from)*; перемещать; **~** a child to another school перевести ребёнка в другую школу 2) передавать *(имущество и т. п.)* **2.** *n* ['trænsfəː] 1) передача 2) перенос; перевод 3) переводная картинка

transfigure [træns'fɪgə] преображать

transfix [træns'fɪks] пронзать; *перен.* пригвождать к месту

transform [træns'fɔːm] 1) преобразовывать 2) превращать; **~ation** [,trænsfə'meɪʃ(ə)n] 1) преобразование 2) превращение; **~er** *эл.* трансформатор

transfus∥e [træns'fjuːz] передавать *(энтузиазм и т. п.)*; **~ion** [-'fjuːʒ(ə)n] переливание

transgress [træns'gres] нарушать; преступать *(закон)*

transient ['trænzɪənt] скоротечный, преходящий; временный

transistor [træn'sɪstə] *радио* транзистор

transit ['trænsɪt] 1) прохождение 2) транзит; **~ion** [-'sɪʒ(ə)n] 1) переход 2) изменение; **~ional** [-'sɪʒənl] переходный; **~ive** [-ɪv] *грам.* переходный; **~ory** [-(ə)rɪ] преходящий

translat∥e [træns'leɪt] переводить; **~ion** [-'leɪʃ(ə)n] перевод; **~or** переводчик

translucent [trænz'luːsnt] просвечивающий; полупрозрачный

transmission [trænz'mɪʃ-

transmit [trænz'mɪt] передавать; ~ter (радио)передатчик

transmute [trænz'mjuːt] превращать

transom ['trænsəm] 1) фрамуга 2) поперечина, перекладина; переплёт *(оконный)*

transparent [træns'pɛər(ə)nt] прозрачный, ясный

transpire [træns'paɪə] 1) обнаруживаться, становиться известным 2) просачиваться

transplant [træns'plɑːnt] пересаживать

transport 1. *v* [træns'pɔːt] перевозить 2. *n* ['trænspɔːt] перевозка, транспорт

transportation [ˌtrænspɔː'teɪʃ(ə)n] ссылка

transpose [træns'pouz] перемещать; *муз.* транспонировать

transver‖sal, **~se** [trænz'vəːs(ə)l, 'trænzvəːs] поперечный

trap [træp] 1. *n* 1) западня; ловушка 2) *тех.* сифон 2. *v* поймать в ловушку

trapdoor ['træp'dɔː] люк

trapeze [trə'piːz] трапеция

trappings ['træpɪŋz] *pl разг.* внешние атрибуты *(занимаемой должности и т. п.)*

traps [træps] *pl амер. разг.* пожитки

trapse [treɪps] *разг.* тащиться

trash [træʃ] дрянь, хлам

travel ['trævl] 1. *v* 1) путешествовать 2) передвигаться 2. *n* 1) передвижение 2) путешествие 3) *pl* описание путешествия; ~ler 1) путешественник 2) коммивояжёр; ~ling 1) дорожный; походный 2) путешествующий; ~ling expenses путевые расходы

traverse ['trævəːs] 1. *v* пересекать 2. *n* поперечина

travesty ['trævɪstɪ] 1. *n* пародия 2. *v* пародировать

trawl [trɔːl] 1. *n* невод, трал 2. *v* 1) тащить сети по дну 2) тралить; ~er траулер

tray [treɪ] поднос

treache‖rous ['tretʃ(ə)rəs] предательский; ~ry [-rɪ] предательство, измена

treacle ['triːkl] патока

tread [tred] 1. *v* (trod; trodden) 1) ступать 2) топтать; наступать; *перен.* попирать ◊ ~ on air не чувствовать под собой ног *(от радости)*; ~ lightly действовать осторожно, тактично 2. *n* 1) поступь 2) ступенька

treadle ['tredl] педаль

treason ['triːzn] измена; high ~ государственная измена

treasu‖re ['treʒə] 1. *n* сокровище, клад 2. *v* 1) хранить 2) высоко ценить; ~rer [-rə] казначей

treasury ['treʒ(ə)rɪ] 1) сокровищница 2) казна; казначейство

treat ['triːt] 1. *n* 1) развлечение 2) угощение 2. *v* 1) обращаться *(с кем-л.)* 2) трактовать 3) лечить 4) угощать; ~ise [-ɪz] трактат; ~ment 1) обращение, обхождение 2) обработка 3) лечение

treaty ['triːti] (международный) договор

treble ['trebl] 1. *a* тройной 2. *v* 1) утраивать 2) утраиваться

tree [triː] дерево

trefoil ['trefɔil] *бот.* трилистник

trellis ['trelis] решётка; шпалера

tremble ['trembl] дрожать, трепетать ◇ ~ in the balance висеть на волоске; быть в критическом положении

tremendous [tri'mendəs] 1) ужасный 2) *разг.* огромный

tremor ['tremə] дрожь; трепет

tremulous ['tremjuləs] 1) дрожащий 2) трепетный; робкий

trench [trentʃ] 1. *n* 1) ров 2) *воен.* окоп, траншея 2. *v* 1) рыть канавы, траншеи 2) вскапывать

trend [trend] 1. *n* тенденция, уклон 2. *v* 1) иметь тенденцию 2) отклоняться; склоняться

trepidation [,trepi'deiʃ(ə)n] смятение; трепет, дрожь

trespass ['trespəs] 1) нарушать чужое право владения 2) *(on, upon)* злоупотреблять *(чем-л.)*; ~ (up)on smb.'s hospitality злоупотреблять чьим-л. гостеприимством

tress [tres] локон; коса

trestle ['tresl] козлы *мн.*

trial ['traiəl] 1) испытание, проба 2) суд, судебное разбирательство 3) *attr.*: ~ period испытательный срок ◇ that child is a real ~ *разг.* ребёнок этот — одно мучение; life is full of little ~s жизнь полна мелких невзгод; ~-trip [-trip] пробный рейс; ходовые испытания *мн.*

triang∥le ['traiæŋgl] треугольник; ~ular [-'æŋgjulə] треугольный

tribe [traib] род; племя

tribulation [,tribju'leiʃ(ə)n] горе, бедствие

tribunal [trai'bjuːnl] суд, трибунал

tribune ['tribjuːn] трибуна

tributary ['tribjut(ə)ri] 1) данник 2) приток *(реки)*

tribute ['tribjuːt] дань

trice [trais]: in a ~ мгновенно

trick [trik] 1. *n* 1) хитрость; обман 2) фокус, трюк 3) *карт.* взятка 2. *v* обманывать

trickery ['trikəri] надувательство, обман

trickle ['trikl] 1. *n* струйка 2. *v* капать

tricolour ['trikələ] трёхцветный флаг

tricycle ['traisikl] трёхколёсный велосипед

triennial [trai'enjəl] 1. *a* трёхлетний 2. *n* трёхлетие

trifl∥e ['traifl] 1. *n* пустяк, безделица; cost a ~ стоить пустяки ◇ a ~ немного; this dress is a ~ too short это платье чуть-чуть коротковато 2. *v* 1): ~ with smb., smth. шутить, относиться несерьёзно к кому-л., чему-л.;

he's not a man to be ~ed with с ним шутки плохи 2) вести себя легкомысленно; ~ away тратить понапрасну; ~ away one's time зря тратить время; ~ing пустячный, пустяковый; незначительный

trig I [trɪg] нарядный

trig II *школ. сокр. от* trigonometry

trigger ['trɪgə] 1) защёлка 2) *воен.* спусковой крючок

trigonometry [ˌtrɪgə'nɔmɪtrɪ] тригонометрия

trill [trɪl] трель

trillion ['trɪljən] триллион; *амер.* биллион

trilogy ['trɪlədʒɪ] трилогия

trim ['trɪm] 1. *a* 1) щеголеватый 2) аккуратный 2. *v* 1) отделывать (*платье*), украшать (*блюдо*) 2) подрезать (*фитиль лампы*); подстригать (*волосы*); подравнивать 3) *мор.* уравновешивать 4) *полит.* балансировать между партиями 3. *n* порядок; состояние готовности; ~ming отделка

trinket ['trɪŋkɪt] безделушка; брелок

trio ['trɪou] трио

trip [trɪp] 1. *v* 1) идти легко и быстро; бежать вприпрыжку 2) спотыкаться 3) подставить ножку (*тж. перен.*); ~ up сбить с толку, запутать 2. *n* 1) экскурсия; путешествие; поездка 2) лёгкая быстрая ошибка, ляпсус; ложный шаг

tripartite [ˌtraɪ'pɑːtaɪt] 1) трёхсторонний (*о соглашении*) 2) состоящий из трёх частей

tripe [traɪp] 1) рубец (*кушанье*) 2) *разг.* чепуха, дрянь

triple ['trɪpl] 1. *a* утроенный; тройной 2. *v* 1) утраивать 2) утраиваться

tripod ['traɪpɔd] треножник

tripper ['trɪpə] *часто презр.* экскурсант

trite [traɪt] банальный, избитый

triumph ['traɪəmf] 1. *n* триумф 2. *v* торжествовать победу; ~ant [traɪ'ʌmfənt] 1) победоносный 2) торжествующий; ликующий

trivet ['trɪvɪt] таган

trivial ['trɪvɪəl] 1) обыденный, тривиальный 2) незначительный 3) пустой (*о человеке*)

trod [trɔd] *past от* tread 1

trodden ['trɔdn] *p. p. от* tread 1

trolley ['trɔlɪ] 1) вагонетка 2) контактный ролик 3) *амер. разг.* трамвай; ~bus [-bʌs] троллейбус

troop [truːp] 1. *n* 1) группа людей; a ~ of school-children группа школьников 2) кавалерийский взвод; *амер.* эскадрон 3) *pl* войска 2. *v* собираться толпой

trophy ['troufɪ] трофей

tropic ['trɔpɪk] тропик; ~al [-(ə)l] тропический

trot ['trɔt] 1. *v* бежать рысью 2. *n* рысь; ~ter рысак

trouble ['trʌbl] 1. *n* 1) неприятность; беда; get into

TRO

~ попасть в беду 2) беспокойство, хлопоты; it is too much ~ это слишком хлопотно 3) *тех.* неисправность ◊ ask (*или* look) for ~ лезть на рожон; what's the ~? в чём дело?; take ~ стараться 2. *v* 1) беспокоить, тревожить 2) приставать, надоедать; просить; may I ~ you for the salt? передайте мне, пожалуйста, соль 3) затруднять 4) *тех.* нарушать ◊ fish in ~d waters ловить рыбку в мутной воде

troublesome ['trʌblsəm] 1) беспокойный 2) хлопотный 3) мучительный

trough [trɔf] 1) кормушка 2) жёлоб 3) подошва (*волны*)

trounce [trauns] бить, пороть; наказывать

troupe [tru:p] труппа

trousers ['trauzəz] брюки

trousseau ['tru:sou] (*pl* -seaux) *фр.* приданое

trout [traut] форель

trowel ['trau(ə)l] 1) лопатка (*штукатура*) 2) садовый совок

truant ['tru:ənt] 1) прогульщик 2) лентяй

truce [tru:s] 1) перемирие 2) передышка; затишье

truck I [trʌk] мена, обмен ◊ have no ~ with smb. не иметь никаких дел с кем-л.

truck II [trʌk] 1) грузовик 2) вагон-платформа 3) тележка (*носильщика*)

truck III *амер.* 1) овощи *мн.* 2) *attr.*: ~ farmer огородник

truckle ['trʌkl]: ~ to smb. раболепствовать перед кем-либо

truculent ['trʌkjulənt] свирепый

trudge [trʌdʒ] 1. *v* идти с трудом, тащиться 2. *n* утомительная прогулка

true [tru:] 1) верный, правильный 2) подлинный; ~ copy заверенная копия 3) преданный, верный

truly ['tru:li] 1) правдиво, искренне 2) точно; правильно 3) действительно, истинно ◊ yours ~ преданный вам (*в конце письма*)

trump [trʌmp] 1) козырь 2) *разг.* славный малый

trumpery ['trʌmpəri] мишура, хлам

trumpet ['trʌmpit] 1. *n* труба 2. *v* 1) трубить; *перен.* возвещать 2) реветь (*о слоне*)

truncheon ['trʌntʃ(ə)n] 1) дубинка полицейского 2) жезл

trundle ['trʌndl] 1) катить 2) катиться

trunk ['trʌŋk] 1) ствол (*дерева*) 2) туловище 3) сундук 4) хобот (*слона*); ~-call [-kɔ:l] вызов по междугородному телефону

truss [trʌs] 1. *n* 1) охапка, большой пук (*сена, соломы*) 2) *мед.* бандаж 3) *стр.* балка; ферма 2. *v* 1) увязывать (*сено*), связывать (*птицу при жаренье*) 2) скреплять

trust [trʌst] 1. *n* 1) доверие; take on ~ верить на слово 2) ответственность 3) трест

2. *v* 1) ~ smb. доверять, верить кому-л. 2) ~ smth. to smb., ~ smth. with smth. вверять, доверять что-л. кому-л. 3) ~ to (*или* in) полагаться на ◇ I ~ you slept well надеюсь, вы спали хорошо; ~ee [trʌs'tiː] опекун

truth ['truːθ] правда; истина; ~ful правдивый

try ['traɪ] 1. *v* 1) пробовать 2) стараться 3) судить 4) утомлять; ~ **on** а) примерять; б) *разг.* пробовать, примеряться; it's no use ~ing it on with me со мной этот номер не пройдёт 2. *n* попытка; ~**ing** 1) изнурительный (*о жаре и т. п.*) 2) докучливый (*о человеке*); ~-**on** ['-'ɒn] *разг.* 1) примерка 2) попытка обмануть

tsar [zɑː] царь
T-shirt ['tiːʃəːt] тенниска
tub [tʌb] кадка; лохань
tube [tjuːb] 1) труба, трубка 2) тюбик 3) метрополитен (*в Лондоне*) 4) *радио* электронная лампа

tuberculosis [tjuˌbəːkjuˈlousɪs] туберкулёз

tuck [tʌk] 1. *n* складка (*на платье*) 2. *v*: ~ **up** засучивать (*рукава*); подоткнуть (*подол; одеяло — ребёнку*)

Tuesday ['tjuːzdɪ] вторник
tuft [tʌft] 1) пучок 2) группа деревьев, кустов
tug [tʌg] 1. *v* 1) дёргать 2) буксировать 2. *n* 1) рывок 2) буксир(ный пароход) ◇ ~ of war *спорт.* перетягивание на канате

tuition [tjuˈɪʃ(ə)n] обучение; fee for ~ плата за обучение

tulip ['tjuːlɪp] тюльпан
tumble ['tʌmbl] 1. *v* 1) падать 2) броситься; ~ **into bed** броситься в постель; ~ **out of bed** выскочить из постели 3) кувыркаться 4) метаться 5) приводить в беспорядок ◇ ~ to smth. *разг.* понять, догадаться о чём-л. 2. *n разг.* 1) падение 2) беспорядок; беспорядочно наваленные вещи *и т. п.*; груда предметов; ~**down** [-daun] полуразрушенный, ветхий

tumbler ['tʌmblə] 1) акробат 2) стакан

tumid ['tjuːmɪd] распухший; *перен.* напыщенный

tummy ['tʌmɪ] *разг.* живот(ик)

tumour ['tjuːmə] опухоль
tumult ['tjuːmʌlt] 1) шум 2) смятение; ~**uous** [tjuˈmʌltjuəs] шумный, буйный

tune [tjuːn] 1. *n* мелодия, мотив; sing another (*или* change one's) ~ переменить тон; out of ~ расстроенный (*тж. перен.*) 2. *v* настраивать; ~ **in** настраивать радиоприёмник

tune|**ful** ['tjuːnful] мелодичный; ~**less** 1) немелодичный 2) беззвучный

tuner ['tjuːnə] настройщик
tungsten ['tʌŋstən] *хим.* вольфрам

tunic ['tjuːnɪk] 1) туника 2) *воен.* китель

tunnel ['tʌnl] 1. *n* туннель 2. *v* проводить туннель

turbid ['tə:bɪd] 1) мутный 2) туманный, запутанный
turbine ['tə:bɪn] турбина
turbulent ['tə:bjulənt] буйный, непокорный
tureen [tə'ri:n] суповая миска
turf [tə:f] 1) дёрн 2) *ирл.* торф
turgid ['tə:dʒɪd] 1) опухший 2) напыщенный (*о стиле*)
Turk [tə:k] турок; турчанка
turkey ['tə:kɪ] индюк; индейка
Turkish ['tə:kɪʃ] 1. *a* турецкий 2. *n* турецкий язык
Turk(o)man ['tə:kəmən] 1) туркмен 2) туркменский язык
turmoil ['tə:mɔɪl] шум, суматоха
turn [tə:n] 1. *v* 1) вертеть, поворачивать 2) обора́чиваться; поворачиваться; вертеться 3) становиться, превращаться 4) направлять (*внимание*); ~ **away** а) отворачиваться; б) прогонять; ~ **down** а) убавлять (*свет*); б) отклонять (*предложение*); ~ **in** а) зайти (*мимоходом*); б) *разг.* ложиться спать; в) возвращать, сдавать, отдавать; ~ **off** закрыть (*кран*); выключить (*свет*); ~ **on** а) открыть (*кран*); включить (*свет*); б) зависеть; ~ **out** а) увольнять; выгонять; б) оказываться; ~ **over** а) переворачивать(ся); б) обдумывать; ~ **up** а) поднимать вверх; б) внезапно появляться; в) усиливать (*звук*); ~ up the radio сделать радио погромче ◊ ~ to smth. приняться за что-л.; ~ a deaf ear (to) отказываться слушать; ~ one's hand (to) взяться (*за что-л.*); ~ loose выпустить на свободу; ~ the scale оказаться решающим 2. *n* 1) поворот 2) оборот 3) очередь; in (*или* by) ~s по очереди 4) услуга 5) склонность 6) *разг.* потрясение, шок ◊ go for a ~, take a ~ прогуляться

turncoat ['tə:nkout] ренегат

turner ['tə:nə] токарь

turning ['tə:nɪŋ] перекрёсток; поворот; **~-point** [-pɔɪnt] поворотный пункт; перелом; кризис

turnip ['tə:nɪp] репа

turn||-out ['tə:n'aut] 1) собрание 2) выпуск продукции; **~over** [-,ouvə] 1. *n* 1) ком. оборот 2) текучесть (*рабочей силы*) 3) полукруглый пирог с начинкой 4. *a* отложной (*о воротнике*)

turpentine ['tə:p(ə)ntaɪn] скипидар

turpitude ['tə:pɪtju:d] низость, подлость

turquoise ['tə:kwɑ:z] 1) бирюза 2) *attr.* бирюзовый (*о цвете*)

turret ['tʌrɪt] 1) башенка 2) *воен.* орудийная башня

turtle ['tə:tl] черепаха (*преим. морская*)

turtle-dove ['tə:tldʌv] горлица

tusk [tʌsk] бивень, клык
tussle ['tʌsl] 1. *n* борьба 2. *v* бороться
tut [tʌt] *int* ах ты!; фу ты!
tutor ['tju:tə] 1. *n* 1) преподаватель *(в университетах Англии)* 2) *уст.* домашний учитель 2. *v* обучать, давать частные уроки
tuxedo [tʌk'si:dou] *амер.* смокинг
twaddle ['twɔdl] 1. *n* пустословие 2. *v* болтать, пустословить
twang [twæŋ] 1. *n* 1) звук струны 2) гнусавость 2. *v* звенеть *(о натянутой струне)*
tweak [twi:k] 1. *v* ущипнуть 2. *n* щипок
tweet [twi:t] 1. *v* щебетать, чирикать 2. *n* чириканье, щебет
tweezers ['twi:zəz] *pl* пинцет
twelfth [twelfθ] двенадцатый
twelve [twelv] двенадцать
twen‖tieth ['twentiiθ] двадцатый; **~ty** [-ti] двадцать
twice [twais] дважды
twiddle ['twidl] вертеть, крутить *(бесцельно)* ◇ **~ one's thumbs** бить баклуши
twig I [twig] веточка
twig II *разг.* разгадать, понять
twilight ['twailait] сумерки *мн.*
twin [twin] 1. *n* 1) близнец 2) двойник 2. *a* двойной
twine [twain] 1. *n* бечёвка 2. *v* 1) вить, плести 2) обвиваться

twinge [twindʒ] приступ *(боли)*; угрызение *(совести)*
twinkle ['twiŋkl] 1. *n* 1) мерцание 2) блеск *(глаз)* 2. *v* мерцать; мигать
twirl [twə:l] 1. *v* 1) кружить; вертеть 2) кружиться; вертеться 2. *n* 1) вращение, кручение 2) росчерк
twirp [twə:p] *разг.* хам
twist ['twist] 1. *v* 1) скручивать; вить 2) виться 3) вертеть, поворачивать 4) искажать 2. *n* 1) кручение 2) искривление 3) поворот; изгиб; **~er** *разг.* обманщик
twit [twit] попрекать
twitch [twitʃ] 1. *v* 1) дёргаться 2) дёргать 2. *n* судорога
twitter ['twitə] *см.* tweet
two ['tu:] два, двое; **~ and ~** попарно, парами; **in ~** надвое; **~fold** [-fould] 1. *a* двойной, двукратный 2. *adv* вдвойне; вдвое
tycoon [tai'ku:n] промышленный магнат
tying ['taiiŋ] *pres. p.* от tie
type ['taip] 1. *n* 1) тип 2) образец 3) символ 4) *полигр.* набор; шрифт 2. *v* писать на машинке; **~-setter** [-,setə] наборщик; **~writer** [-,raitə] пишущая машинка
typhoid ['taifɔid] брюшной тиф
typhus ['taifəs] сыпной тиф
typical ['tipik(ə)l] типичный
typify ['tipifai] служить типичным примером
typist ['taipist] машинистка

tyranny ['tırənı] тирания; деспотизм

tyrant ['taıər(ə)nt] тиран; деспот

tyre ['taıə] шина

tyro ['taıərou] *см.* tiro

tzar [zɑː] *см.* tsar

U

U, u [juː] *двадцать первая буква англ. алфавита*

ubiquitous [juːˈbɪkwɪtəs] повсеместный

udder ['ʌdə] вымя

ugly ['ʌglı] безобразный

Ukrainian [juːˈkreɪnjən] 1. *a* украинский 2. *n* 1) украинец; украинка 2) украинский язык

ukulele [ˌjuːkəˈleɪlɪ] гавайская гитара

ulcer ['ʌlsə] язва

ulster ['ʌlstə] длинное свободное пальто

ulterior [ʌlˈtɪərɪə] скрытый *(о цели и т. п.)*

ultimate ['ʌltɪmɪt] 1) последний, окончательный 2) основной; ~ly в конечном счёте

ultimatum [ˌʌltɪˈmeɪtəm] ультиматум

ultimo ['ʌltɪmou] *ком.* прошлого месяца *(в письмах)*; your letter of the 20th ~ ваше письмо от 20-го числа истекшего месяца

ultra ['ʌltrə] 1. *a* крайний *(об убеждениях, взглядах)* 2. *n* человек крайних взглядов, ультра

ultra- *pref* сверх-, ультра-

ultramarine [ˌʌltrəməˈriːn] ультрамариновый

ultra-violet ['ʌltrəˈvaɪəlɪt] ультрафиолетовый

umber ['ʌmbə] 1. *n* умбра *(краска)* 2. *a* коричневый

umbilicus [ʌmˈbɪlɪkəs] пуп(ок)

umbrage I ['ʌmbrɪdʒ]: take ~ обидеться

umbrage II ['ʌmbrɪdʒ] *поэт.* тень, сень; ~ous [ʌmˈbreɪdʒəs] тенистый

umbrella [ʌmˈbrelə] зонтик

umpire ['ʌmpaɪə] 1) третейский судья 2) *спорт.* судья

umpteen ['ʌm(p)tiːn] *разг.* многочисленный; ~th [-θ]: for the ~th time в сотый раз

un- [ʌn-] *pref* не-, без- *(глаголам обычно придаёт противоп. значение)*

unabashed ['ʌnəˈbæʃt] несмутившийся, неиспугавшийся

unable ['ʌnˈeɪbl] неспособный, не умеющий *(что-л. сделать)*

unacceptable ['ʌnəkˈseptəbl] неприемлемый

unaccompanied ['ʌnəˈkʌmp(ə)nɪd] 1) не сопровождаемый 2) *муз.* без аккомпанемента

unaccountable ['ʌnəˈkauntəbl] необъяснимый, странный

unaccustomed ['ʌnəˈkʌstəmd] 1) непривыкший 2) необычный

unacquainted ['ʌnəˈkweɪntɪd] незнакомый *(с чем-л.)*

unadopted [ˈʌnəˈdɔptid] не находящийся в ведении местных властей (*о дорогах*)

unadvisedly [ˈʌnədˈvaizəd-li] опрометчиво; безрассудно

unaffected [ˈʌnəˈfektid] 1) искренний, простой 2) безучастный

unaided [ˈʌnˈeidid] без (посторонней) помощи

unalterable [ʌnˈɔːlt(ə)rəbl] неизменяемый, не поддающийся изменению; устойчивый

unanimity [ˌjuːnəˈnimiti] единогласие

unanimous [juːˈnæniməs] единогласный

unanswerable [ʌnˈɑːns(ə)rəbl] неопровержимый, неоспоримый

unanswered [ʌnˈɑːnsəd] оставшийся без ответа (*о письмах, просьбах*); не получивший ответа (*о любви и т. п.*)

unarmed [ʌnˈɑːmd] невооружённый, безоружный

unasked [ʌnˈɑːskt] добровольный

unassailable [ˌʌnəˈseiləbl] неприступный; *перен.* неопровержимый (*о доводе и т. п.*)

unassuming [ˌʌnəˈsjuːmiŋ] скромный; непритязательный

unattainable [ˌʌnəˈteinəbl] недосягаемый

unattended [ˌʌnəˈtendid] 1) несопровождаемый 2) оставленный без ухода, без присмотра; she left the sick woman ~ all day она оставила больную женщину на целый день без присмотра

unavailing [ˌʌnəˈveiliŋ] бесполезный; бесплодный

unawar||**e** [ˈʌnəˈwɛə] не знающий, не подозревающий; ~**es** [-z] 1) неожиданно, врасплох 2) нечаянно

unbalanced [ʌnˈbælənst] неустойчивый (*о психике*)

unbearable [ʌnˈbɛərəbl] невыносимый; ужасный

unbecoming [ˈʌnbiˈkʌmiŋ] 1) не к лицу (*об одежде и т. п.*) 2) неприличный (*о поведении*)

unbeknown, unbeknownst [ˈʌnbiˈnoun, -st]: ~st to smb. *разг.* без чьего-л. ведома

unbelie||**f** [ˈʌnbiˈliːf] неверие; ~**vable** [ˌʌnbiˈliːvəbl] невероятный; ~**ving** [ˈʌnbiˈliːviŋ] неверующий

unbend [ʌnˈbend] (unbent) 1) разгибать, выпрямлять 2) разгибаться, выпрямляться 3) ослаблять напряжение; отбросить чопорность 4) расслабляться; ~**ing** непреклонный

unbent [ʌnˈbent] *past и p. p.* от unbend

unbiassed [ʌnˈbaiəst] беспристрастный

unbidden [ʌnˈbidn] непрошеный, незваный

unbind [ʌnˈbaind] (unbound) развязывать

unblemished [ʌnˈblemiʃt] незапятнанный, безупречный

unbound [ʌnˈbaund] *past и p. p.* от unbind

unbounded [ʌnˈbaundid]

безграничный, беспредельный; безмерный

unbridled [ʌn'braɪdld] разнузданный

unbroken ['ʌn'brouk(ə)n] 1) целый, неразбитый (*о посуде*) 2) непрерывный (*о сне и т. п.*) 3) непобитый (*о рекорде*)

unburden [ʌn'bə:dn] (*обыкн. перен.*): ~ oneself ~ one's heart (*или* conscience) отвести душу

unbuttoned ['ʌn'bʌtnd] расстёгнутый; *перен.* непринуждённый

uncalled-for [ʌn'kɔ:ldfɔ:] неуместный

uncanny [ʌn'kænɪ] жуткий

uncared-for ['ʌn'kɛədfɔ:] заброшенный (*о человеке, саде и т. п.*); запущенный (*о наружности, одежде*)

unceasing [ʌn'si:sɪŋ] непрерывный

unceremonious ['ʌn,serɪ'mounjəs] 1) неофициальный 2) бесцеремонный

uncertain [ʌn'sə:tn] 1) неуверенный; сомневающийся 2) переменчивый; ненадёжный

unchain ['ʌn'tʃeɪn] спускать с цепи (*собаку*)

uncharitable ['ʌn'tʃærɪtəbl] злостный

unchristian [ʌn'krɪstjən] 1) недобрый 2): call on smb. at an ~ hour *разг.* прийти к кому-л. в неподходящий час

uncle ['ʌŋkl] дядя ◇ U. Sam *разг.* дядя Сэм (*шутливое прозвище США*)

uncoil ['ʌn'kɔɪl] 1) разматывать 2) разматываться

uncomely ['ʌn'kʌmlɪ] *книжн.* некрасивый

uncomfortable [ʌn'kʌmf(ə)təbl] неудобный

uncommited ['ʌnkə'mɪtɪd] не связанный договором; ~ countries не присоединившиеся страны

uncommon [ʌn'kɔmən] необыкновенный, замечательный; ~ly *разг.* замечательно; очень

uncompromising [ʌn'kɔmprəmaɪzɪŋ] непреклонный, стойкий

unconcerned ['ʌnkən'sə:nd] 1) беспечный, беззаботный 2) незаинтересованный

unconditional ['ʌnkən'dɪʃənl] безоговорочный; безусловный

unconscious [ʌn'kɔnʃəs] 1. *a* 1) не сознающий (*чего-л.*) 2) бессознательный; потерявший сознание 2. *n*: the ~ подсознательное; ~ly бессознательно

uncouth [ʌn'ku:θ] нескладный (*о человеке*)

uncover [ʌn'kʌvə] открывать; обнажать

unctuous ['ʌŋktjuəs] елейный

undaunted [ʌn'dɔ:ntɪd] неустрашимый

undeceive ['ʌndɪ'si:v] открывать глаза, выводить из заблуждения

undecided ['ʌndɪ'saɪdɪd] 1) нерешённый 2) нерешительный

undeniable [ˌʌndɪ'naɪəbl] неоспоримый

under ['ʌndə] 1. *prep* 1) под 2) ниже, меньше чем; sell ~ cost продавать ниже стоимости; children ~ 16 дети до 16 лет 3) по, в соответствии, согласно; при *(тж. о времени)*; ~ the present agreement по настоящему соглашению; ~ present conditions при таких условиях; ~ Peter I при Петре I; ~ the new law по новому закону ◇ be ~ repair быть в починке; speak ~ one's breath говорить шёпотом; ~ oath под присягой 2. *adv* ниже; вниз; внизу 3. *a* 1) нижний 2) низший 3) подчинённый

under- ['ʌndə-] *pref* ниже-, под-; недо-

under-carriage ['ʌndəˌkærɪdʒ] *ав.* шасси

underclothes *pl*, **underclothing** ['ʌndəklouðz, 'ʌndəˌklouðɪŋ] нижнее бельё

undercut ['ʌndəkʌt] продавать по более низким ценам *(по сравнению с конкурентами)*

under-developed ['ʌndədɪ'veləpt] слаборазвитый

underdog ['ʌndədɔg]: the ~ униженный, отверженный; неудачник

underdone ['ʌndədʌn] недожаренный

underestimate 1. *v* ['ʌndər'estɪmeɪt] недооценивать 2. *n* ['ʌndər'estɪmɪt] недооценка

underfoot ['ʌndə'fut] под ногами

undergarment ['ʌndəˌgɑːmənt] предмет нижнего белья

undergo [ˌʌndə'gou] (underwent; undergone) подвергаться, претерпевать

undergone [ˌʌndə'gɔn] *p. p.* от undergo

undergraduate [ˌʌndə'grædjuɪt] студент

underground 1. *adv* [ˌʌndə'graund] под землю, под землёй; *перен.* подпольно, тайно 2. *a* ['ʌndəgraund] подземный; *перен.* подпольный 3. *n* ['ʌndəgraund]: the U. метрополитен

underhand ['ʌndəhænd] тайный, закулисный

underlain [ˌʌndə'leɪn] *p. p.* от underlie

underlay [ˌʌndə'leɪ] *past* от underlie

underlie [ˌʌndə'laɪ] (underlay; underlain) лежать *(под чем-л.)*; *перен.* лежать в основе *(теории и т. п.)*

underline [ˌʌndə'laɪn] подчёркивать

undermine [ˌʌndə'maɪn] 1) подкапывать 2) подмывать *(берег)* 3) минировать; *перен.* разрушать *(здоровье и т. п.)*; подрывать *(авторитет, экономику и т. п.)*

undermost ['ʌndəmoust] самый нижний; низший

underneath [ˌʌndə'niːθ] 1. *adv* вниз; внизу 2. *prep* под

underpaid ['ʌndə'peɪd] *past и p. p.* от underpay

underpass ['ʌndəpɑːs] проезд под полотном дороги

underpay [ˌʌndə'peɪ] (цderpaid) (слишком) низко оплачивать

underprivileged ['ʌndə-'prɪvɪlɪdʒd] 1) пользующийся меньшими правами 2) неимущий; бедный

underproduction ['ʌndə-prə'dʌkʃ(ə)n] недопроизводство

underrate [,ʌndə'reɪt] недооценивать

under-secretary ['ʌndə'sekrət(ə)rɪ] заместитель *или* помощник министра

undersigned [,ʌndə'saɪnd] нижеподписавшийся

undersized ['ʌndə'saɪzd] низкорослый

understand [,ʌndə'stænd] (understood) 1) понимать 2) подразумевать; предполагать; ~ing 1) понимание 2) разум, рассудок 3) согласие, взаимопонимание

understate ['ʌndə'steɪt] преуменьшать

understood [,ʌndə'stud] *past и p. p. от* understand

understudy ['ʌndə,stʌdɪ] *театр.* 1. *n* дублёр 2. *v* дублировать

undertake ['ʌndə,teɪk] (undertook; undertaken) 1) предпринимать 2) обязаться; ручаться

undertaken [,ʌndə'teɪk(ə)n] *p. p. от* undertake

undertak∥er ['ʌndə,teɪkə] владелец похоронного бюро ~**ing** 1) предприятие 2) обещание

undertone ['ʌndətoun] 1) полутон 2) оттенок 3) скрытый смысл, подтекст

undertook [,ʌndə'tuk] *past от* undertake

undervalue ['ʌndə'væljuː] недооценивать

underwear ['ʌndə'wɛə] нижнее бельё

underwent [,ʌndə'went] *past от* undergo

underworld ['ʌndəwəːld] 1) преисподняя 2) подонки общества

underwrite ['ʌndəraɪt] (underwrote; underwritten) *ком.* 1) гарантировать размещение *(займа, ценных бумаг)* 2) принимать на страх *(суда, грузы)*

underwritten ['ʌndə,rɪtn] *p. p. от* underwrite

underwrote ['ʌndərout] *past от* underwrite

undeservedly [,ʌndɪ'zəːvɪdlɪ] незаслуженно

undesirable ['ʌndɪ'zaɪərəbl] нежелательный

undeveloped ['ʌndɪ'veləpt] неразвитой

undid ['ʌn'dɪd] *past от* undo

undies ['ʌndɪz] *pl разг.* женское нижнее бельё

undistinguishable ['ʌndɪs-'tɪŋwɪʃəbl] неразличимый

undo ['ʌn'duː] (undid; undone) 1) развязывать, расстёгивать 2) расторгать; нарушать 3) уничтожать

undone ['ʌn'dʌn] 1. *p. p. от* undo 2. *a* 1) несделанный 2) погубленный; we are ~ мы погибли

undoubted [ʌn'dautɪd] несомненный; ~**ly** несомненно

undreamt-of [ˌʌn'dremtɒv] небывалый, невероятный

undress ['ʌn'dres] 1) раздевать 2) раздеваться

undue ['ʌn'dju:] чрезмерный

undying [ʌn'daɪŋ] бессмертный

unearned ['ʌn'ə:nd]: ~ income *эк.* непроизводственный доход; ~ praise незаслуженная похвала

unearth ['ʌn'ə:θ] отыскивать, откапывать; ~ new facts обнаружить новые факты

unearthly [ʌn'ə:θlɪ] 1) неземной; сверхъестественный 2) странный; дикий; wake smb. at an ~ hour будить кого-л. ни свет, ни заря

uneasiness [ʌn'i:zɪnɪs] 1) неудобство 2) беспокойство, тревога

uneasy [ʌn'i:zɪ] 1) неудобный 2) обеспокоенный, встревоженный 3) смущённый

unemploy‖ed [ˌʌnɪm'plɔɪd] безработный; **~ment** 1) безработица 2) *attr.*: ~ment benefit пособие по безработице

unendurable [ˌʌnɪn'djuərəbl] нестерпимый; невыносимый

unequal ['ʌn'i:kwəl] неравный; неравноценный

unequalled ['ʌn'i:kwəld] непревзойдённый

unequivocal [ˌʌnɪ'kwɪvəkəl] недвусмысленный; определённый, ясный

unerring ['ʌn'ə:rɪŋ] 1) верный, безошибочный 2) непогрешимый

uneven ['ʌn'i:vən] 1) неровный 2) нечётный

unexampled [ˌʌnɪg'zɑ:mpld] беспримерный

unexpected ['ʌnɪks'pektɪd] неожиданный, непредвиденный

unexperienced ['ʌnɪks'pɪərɪənst] неопытный

unfailing [ʌn'feɪlɪŋ] 1) неистощимый 2) надёжный

unfair ['ʌn'fɛə] 1) несправедливый; пристрастный 2) нечестный

unfaithful ['ʌn'feɪθf(u)l] неверный

unfaltering [ʌn'fɔ:lt(ə)rɪŋ] твёрдый, решительный

unfasten ['ʌn'fɑ:sn] отвязывать, откреплять; расстёгивать

unfeeling [ʌn'fi:lɪŋ] бесчувственный, чёрствый

unfeigned [ʌn'feɪnd] непритворный, искренний

unfit 1. *a* ['ʌn'fɪt] неподходящий, негодный **2.** *v* [ʌn'fɪt] делать непригодным; портить

unfold ['ʌn'fould] 1) развёртываться 2) развёртывать, расстилать 3) открывать *(планы, замыслы)*

unforeseen ['ʌnfɔ:'si:n] непредусмотренный, непредвиденный

unforgettable ['ʌnfə'getəbl] незабвенный; незабываемый

unforgivable ['ʌnfə'gɪvəbl] непростительный

unfortunate [ʌn'fɔ:tʃnɪt] 1)

несча́стный, несчастли́вый 2) неуда́чный

unfounded [ˈʌnˈfaundɪd] необосно́ванный, беспо́чвенный

ungainly [ʌnˈɡeɪnlɪ] неуклю́жий, нескла́дный

ungovernable [ʌnˈɡʌv(ə)nəbl] неукроти́мый; необу́зданный

ungracious [ʌnˈɡreɪʃəs] неприве́тливый, нелюбе́зный

ungrateful [ʌnˈɡreɪtful] неблагода́рный

ungrounded [ˈʌnˈɡraundɪd] необосно́ванный

unguarded [ˈʌnˈɡɑːdɪd] неосторо́жный

unhappy [ʌnˈhæpɪ] 1) несча́стный 2) неуда́чный

unhealthy [ʌnˈhelθɪ] нездоро́вый

unheard-of [ʌnˈhəːdɔv] неслы́ханный; беспримерный

unhinge [ʌnˈhɪn(d)ʒ] снима́ть с пе́тель (дверь и т. п.); ~d [-d] «чо́кнутый»

unholy [ʌnˈhoulɪ] 1) нечести́вый 2) разг. стра́шный, ужа́сный

unified [ˈjuːnɪfaɪd] еди́ный

uniform [ˈjuːnɪfɔːm] 1. n фо́рменная оде́жда 2. a еди́ный; одноро́дный; ~ity [ˌjuːnɪˈfɔːmɪtɪ] единообра́зие; одноро́дность

unify [ˈjuːnɪfaɪ] 1) объединя́ть 2) унифици́ровать

unilateral [ˌjuːnɪˈlæt(ə)r(ə)l] односторо́нний (о договоре и т. п.)

uninformed [ˈʌnɪnˈfɔːmd] неосведомлённый; несве́дущий

union [ˈjuːnjən] сою́з, объедине́ние, соедине́ние; the Soviet Union Сове́тский Сою́з; ~ist член профсою́за, тред-юнио́на

unique [juːˈniːk] еди́нственный в своём ро́де, уника́льный

unison [ˈjuːnɪzn] 1) муз. унисо́н 2) согла́сие

unit [ˈjuːnɪt] 1) едини́ца 2) едини́ца измере́ния 3) во́инская часть

unite [juːˈnaɪt] 1) соединя́ть, объединя́ть 2) соединя́ться, объединя́ться; United Nations Organization Организа́ция Объединённых На́ций

unity [ˈjuːnɪtɪ] 1) еди́нство; согла́сие 2) мат. едини́ца

universal [ˌjuːnɪˈvəːs(ə)l] 1) всео́бщий, всеми́рный 2) универса́льный

universe [ˈjuːnɪvəːs] мир, вселе́нная

university [ˌjuːnɪˈvəːsɪtɪ] университе́т

unjust [ˈʌnˈdʒʌst] несправедли́вый

unkempt [ˈʌnˈkempt] непричёсанный

unkind [ʌnˈkaɪnd] злой, недо́брый

unknown [ˈʌnˈnoun] 1. a 1) неизве́стный 2): ~ to без ве́дома 2. n мат. неизве́стное

unlace [ˈʌnˈleɪs] расшнуро́вывать

unlawful [ˈʌnˈlɔːful] незако́нный, противозако́нный

unleash [ˈʌnˈliːʃ] с уска́ть с при́вязи ◊ w ~ пагразвя́зать войну́

unless [ən'les] если не

unlettered ['ʌn'letəd] неграмотный

unlike ['ʌn'laɪk] непохожий; не такой, как; ~ smb. в отличие от кого-л.; ~ly неправдоподобный, маловероятный

unlimited [ʌn'lɪmɪtɪd] безграничный; неограниченный

unload ['ʌn'loud] 1) разгружать, выгружать 2) разряжать *(оружие)*

unlock ['ʌn'lɔk] отпирать; открывать

unlooked-for [ʌn'luktfɔ:] неожиданный, непредвиденный

unlucky [ʌn'lʌkɪ] несчастливый, неудачный

unman ['ʌn'mæn] лишать мужества; приводить в уныние

unmanned ['ʌn'mænd] 1) не укомплектованный *(людьми и т. п.)* 2) *ав.* беспилотный

unmannerly [ʌn'mænəlɪ] невоспитанный

unmarried ['ʌn'mærɪd] неженатый; незамужняя

unmask ['ʌn'mɑːsk] срывать маску; разоблачать

unmatched ['ʌn'mætʃt] не имеющий себе равного, бесподобный

unmeaning [ʌn'miːnɪŋ] бессмысленный

unmentionable [ʌn'menʃnəbl] нецензурный, неприличный

unmerciful [ʌn'məːsɪful] беспощадный, немилосердный

unmistakable ['ʌnmɪs'teɪkəbl] несомненный, ясный

unmitigated [ʌn'mɪtɪgeɪtɪd] совершённый, абсолютный; ~ liar отъявленный лжец

unnatural [ʌn'nætʃr(ə)l] 1) неестественный 2) противоестественный

unnecessary [ʌn'nesɪs(ə)rɪ] ненужный, излишний

unnerve ['ʌn'nəːv] лишать присутствия духа

unpack ['ʌn'pæk] распаковывать

unpaid ['ʌn'peɪd] неуплаченный; неоплаченный

unparalleled [ʌn'pærəleld] беспримерный

unpleasant [ʌn'pleznt] неприятный

unpopular ['ʌn'pɔpjulə] непопулярный

unprecedented [ʌn'presɪdəntɪd] беспримерный

unprejudiced [ʌn'predʒudɪst] беспристрастный, непредубеждённый

unpretentious ['ʌnprɪ'tenʃəs] скромный, без претензий

unprintable ['ʌn'prɪntəbl] нецензурный

unproductive ['ʌnprə'dʌktɪv] непроизводительный, непродуктивный

unprofitable [ʌn'prɔfɪtəbl] невыгодный; бесполезный

unpromising ['ʌn'prɔmɪsɪŋ] не обещающий ничего хорошего

unpromtped ['ʌn'prɔmptɪd] самопроизвольный

unprovided ['ʌnprə'vaɪdɪd] не снабжённый, не обеспеченный (чем-л.; тж. ~ for); the widow was left ~ for вдова осталась без средств

unpublished ['ʌn'pʌblɪʃt] неопубликованный, неизданный

unqualified ['ʌn'kwɔlɪfaɪd] 1) не имеющий квалификации 2) безоговорочный; ~ refusal решительный отказ

unquenchable [ʌn'kwentʃəbl] неутолимый, неугасимый; ~ fire вечный огонь

unquestion‖able [ʌn'kwestʃənəbl] несомненный; ~ing полный, абсолютный; ~ing obedience слепое повиновение

unquiet ['ʌn'kwaɪət] неспокойный

unread [ʌn'red] нечитанный (о книге)

unreal ['ʌn'rɪəl] нереальный, иллюзорный

unreasonable [ʌn'riːznəbl] 1) неразумный, безрассудный (о поступке, человеке) 2) чрезмерный (о требованиях)

unreliable ['ʌnrɪ'laɪəbl] ненадёжный

unrelieved ['ʌnrɪ'liːvd] 1) не освобождённый (от должности и т. п.) 2) однообразный; монотонный ◇ ~ boredom смертельная скука

unremitting [,ʌnrɪ'mɪtɪŋ] неослабный; беспрестанный; упорный

unrequited ['ʌnrɪ'kwaɪtɪd] невознаграждённый; ~ service неоплаченная услуга; ~ love любовь без взаимности

unrest ['ʌn'rest] 1) беспокойство, волнение 2) смута; беспорядки мн.

unrestrained ['ʌnrɪs'treɪnd] необузданный, несдержанный; непринуждённый

unrivalled [ʌn'raɪvəld] не имеющий себе равного, непревзойдённый

unruly [ʌn'ruːlɪ] непокорный; буйный; ~ locks перен. непокорные кудри

unsafe ['ʌn'seɪf] ненадёжный, опасный

unsaid ['ʌn'sed]: better left ~ лучше об этом не говорить

unsatisfactory ['ʌn,sætɪs'fækt(ə)rɪ] неудовлетворительный

unsavoury ['ʌn'seɪv(ə)rɪ] невкусный; перен. отвратительный

unscrew ['ʌn'skruː] отвинчивать, развинчивать

unscrupulous [ʌn'skruːpjuləs] неразборчивый в средствах; беспринципный

unseemly [ʌn'siːmlɪ] непристойный, неподобающий

unseen ['ʌn'siːn] 1. a 1) невиданный 2) невидимый 2. n: an ~ a) перевод с листа; б) отрывок для перевода с листа

unselfish ['ʌn'selfɪʃ] бескорыстный

unsettled ['ʌn'setld] 1) неустроенный; неулаженный 2) нерешённый 3) необитаемый; незаселённый 4) неоплаченный (о чеке, векселе)

unshakable [ʌn'ʃeɪkəbl] непоколебимый

unsightly [ʌn'saɪtlɪ] неприглядный; уродливый

unskilled ['ʌn'skɪld] 1) необученный, неквалифицированный 2) неумелый

unsound ['ʌn'saʊnd] 1) нездоровый; ~ of mind душевнобольной 2) испорченный, гнилой 3) необоснованный 4) ненадёжный

unsparing [ʌn'spɛərɪŋ] 1) беспощадный 2) расточительный; щедрый

unspeakable [ʌn'spiːkəbl] невыразимый

unspotted ['ʌn'spɔtɪd] незапятнанный (о репутации)

unsteady ['ʌn'stedɪ] 1) неустойчивый; шаткий 2) непостоянный

unstop ['ʌn'stɔp] прочищать (раковину и т. п.)

unstressed ['ʌn'strest] безударный (звук, слог)

unstrung ['ʌn'strʌŋ] расшатанный (о нервах)

unstudied ['ʌn'stʌdɪd] естественный, непринуждённый

unsuited ['ʌn'sjuːtɪd] неподходящий

unswerving [ʌn'swɜːvɪŋ] непоколебимый

untaught [ʌn'tɔːt] 1) необученный; невежественный 2) естественный, присущий

unthink‖able [ʌn'θɪŋkəbl] 1) невообразимый 2) разг. немыслимый; it's quite ~ это невообразимо; ~ing бездумный

untie ['ʌn'taɪ] развязывать

until [ən'tɪl] см. till I

untimely [ʌn'taɪmlɪ] 1. *a* несвоевременный; безвременный 2. *adv* несвоевременно, не вовремя; безвременно

unto ['ʌntu] *уст. см.* to I

untold ['ʌn'toʊld] 1) нерассказанный 2) бессчётный

un‖true ['ʌn'truː] 1) ложный; неправильный 2) неверный (кому-л. —to); ~truth [-'truːθ] ложь; tell an ~ солгать

unusual [ʌn'juːʒʊəl] необыкновенный

unutterable [ʌn'ʌtərəbl] невыразимый

unveil [ʌn'veɪl] снимать покрывало; *перен.* раскрывать (планы и т. п.)

unwearying [ʌn'wɪərɪŋ] неутомимый

unwelcome [ʌn'welkəm] 1) неприятный, нежелательный 2) незваный

unwell [ʌn'wel] нездоровый

unwieldy [ʌn'wiːldɪ] громоздкий, неуклюжий

unwilling ['ʌn'wɪlɪŋ] несклонный, нерасположенный; ~ly неохотно

unwise [ʌn'waɪz] глупый, неблагоразумный

unwished ['ʌn'wɪʃt] нежелательный (*for*)

unworthy [ʌn'wɜːðɪ] недостойный

unwrap ['ʌn'ræp] 1) развёртывать 2) развёртываться

unwritten ['ʌn'rɪtn] неписаный; ~ law неписаный закон

unyielding [ʌn'jiːldɪŋ] неподатливый; твёрдый, упорный

up [ʌp] 1. *adv* 1) наверх(у), вверх(у) 2) *означает приближение*: a boy came up подошёл мальчик 3) *указывает на истечение срока, завершение или результат действия*: time is up время истекло; eat up съесть; save up скопить ◇ up to вплоть до; what is up? в чём дело? 2. *prep* вверх; up the river вверх по реке 3. *a* идущий вверх; up train поезд, идущий в центр, в столицу 4. *n*: ups and downs удачи и неудачи

upbraid [ʌpˈbreɪd] бранить, укорять

upbringing [ˈʌpˌbrɪŋɪŋ] воспитание

up-country [ʌpˈkʌntrɪ] внутрь страны

upheaval [ʌpˈhiːvəl] 1) сдвиг, *перен.* переворот 2) *геол.* смещение пластов

upheld [ʌpˈheld] *past и p. p. от* uphold

uphill [ˈʌpˈhɪl] 1. *adv* в гору 2. *a* идущий в гору; *перен.* тяжёлый, трудный

uphold [ʌpˈhould] (upheld) поддерживать (*тж. перен.*)

upholster [ʌpˈhoulstə] обивать (*мебель*); ~er [-rə] обойщик

upkeep [ˈʌpkiːp] 1) содержание (*автомашины и т. п.*) в исправности 2) ремонт

upland [ˈʌplənd] 1. *a* нагорный 2. *n* (*обыкн. pl*) гористая часть страны

uplift 1. *v* [ʌpˈlɪft] поднимать (*настроение*) 2. *n* [ˈʌplɪft] духовный подъём

upon [əˈpɔn (*полная форма*), əpən (*редуцированная форма*)] *см.* on

upper [ˈʌpə] верхний; высший ◇ get (*или* have) the ~ hand одержать победу; взять верх; ~most [-moust] 1) самый верхний; наивысший 2) преобладающий, господствующий

uppish [ˈʌpɪʃ] самодовольный

uppity [ˈʌpɪtɪ] *разг. см.* uppish

upraise [ʌpˈreɪz] поднимать; возвышать

upright 1. *a* [ˈʌpraɪt] 1) прямой 2) честный 2. *adv* [ʌpˈraɪt] стоймя, вертикально; keep oneself ~ держаться прямо

uprising [ʌpˈraɪzɪŋ] восстание; бунт

uproar [ˈʌprɔː] шум, гам; ~ious [ʌpˈrɔːrɪəs] шумный, буйный

uproot [ʌpˈruːt] вырывать с корнем, искоренять

upset [ʌpˈset] 1. *v* (upset) 1) опрокидывать 2) опрокидываться 3) нарушать, расстраивать 2. *n* расстройство, огорчение

upshot [ˈʌpʃɔt] развязка; результат; заключение

upside-down [ˈʌpsaɪdˈdaun] вверх дном

upstairs [ˈʌpˈstɛəz] 1. *adv* 1) наверху, в верхнем этаже 2) вверх по лестнице; наверх 2. *a* находящийся в верхнем этаже

upstanding [ʌpˈstændɪŋ] 1) с прямо́й оса́нкой 2) здоро́вый

upstart [ˈʌpstɑːt] вы́скочка

upstream [ˈʌpstriːm] вверх по тече́нию

upsurge [ʌpˈsəːdʒ]: ~ of anger волна́ гне́ва

uptake [ˈʌpteɪk]: he is quick (slow) in the ~ он бы́стро (ме́дленно) сообража́ет

up-to-date [ˈʌptəˈdeɪt] совреме́нный; передово́й

upturn [ʌpˈtəːn] переворачивать

upward [ˈʌpwəd] 1. *a* напра́вленный *или* дви́жущийся вверх 2. *adv см.* upwards

upwards [ˈʌpwədz] вверх; вы́ше

urban [ˈəːbən] городско́й

urban‖**e** [əːˈbeɪn] ве́жливый; изы́сканный; **~ity** [əːˈbænɪtɪ] ве́жливость; изы́сканность

urchin [ˈəːtʃɪn] мальчи́шка, постре́л

urg‖**e** [ˈəːdʒ] 1) понужда́ть, подгоня́ть 2) убежда́ть; наста́ивать; **~ency** [-(ə)nsɪ] настоя́тельность; кра́йняя необходи́мость; **~ent** [-(ə)nt] настоя́тельный; кра́йне необходи́мый

urine [ˈjuərɪn] моча́

urn [əːn] у́рна

us [ʌs (*по́лная фо́рма*), əs (*редуци́рованная фо́рма*)] *pers pron* (*объектн. п. от* we) нас, нам

usage [ˈjuːzɪdʒ] 1) употребле́ние 2) обраще́ние, обхожде́ние; harsh ~ гру́бое обраще́ние 3) обы́чай

use 1. *n* [juːs] 1) употребле́ние, примене́ние; be (*или* fall) out of ~ вы́йти из употребле́ния; make ~ *(of)* испо́льзовать 2) по́льза; be of (no) ~ быть (бес)поле́зным; is there any ~? сто́ит ли?; what's the ~ of arguing? к чему́ спо́рить?; there's no ~ hurrying не сто́ит торопи́ться ◇ I have no ~ for it а) мне э́то совершённо не ну́жно; б) *разг.* я э́то не выношу́; lose the ~ *(of)* потеря́ть спосо́бность владе́ть *(чем-л.)* **2.** *v* [juːz] 1) употребля́ть, по́льзоваться; may I ~ your name? могу́ я сосла́ться на вас? 2) обраща́ться, обходи́ться *(с кем-л.)*; ~ **up** а) израсхо́довать, испо́льзовать; истра́тить; б) истощи́ть

used I [juːzd] поде́ржанный, ста́рый; испо́льзованный

used II [juːst] *predic:* get ~ *(to)* привыка́ть; I am ~ to it я к э́тому привы́к

used III [juːst] (*в сочета́нии с инфинити́вом для выраже́ния повто́рного де́йствия в про́шлом*): I ~ to walk there я быва́ло гуля́л там; the bell ~ to ring at one звоно́к пре́жде звони́л в час; I ~ to eat breakfast there every day я там в своё вре́мя за́втракал ка́ждый день

use‖**ful** [ˈjuːsful] 1) поле́зный, приго́дный 2) *разг.* спосо́бный; успе́шный; he is a ~ footballer он спосо́бный футболи́ст; **~less** бесполе́зный, никуда́ не го́дный

usher ['ʌʃə] 1. *n* 1) швейцар 2) капельдинер, билетёр 2. *v* вводить (*в зал, в комнату*)

usual ['juːʒuəl] обыкновенный, обычный; ~ly обыкновенно, обычно

usurer ['juːʒ(ə)rə] ростовщик

usurious [juːˈzjuəriəs] ростовщический

usurp [juːˈzəːp] узурпировать, незаконно захватывать; ~er узурпатор

usury ['juːʒu(ə)ri] ростовщичество

utensil [juːˈtensl] (*обыкн. pl*) 1) посуда, утварь 2) принадлежности; writting ~s письменные принадлежности

uter∥ine ['juːtərain] *анат.* маточный; ~us [-rəs] *анат.* матка

utilitarian [ˌjuːtiliˈtɛəriən] утилитарный

utilit∥y [juːˈtiliti] 1) польза, выгодность 2): public ~ies предприятия общественного пользования; коммунальные услуги

utilize ['juːtilaiz] утилизировать, использовать

utmost ['ʌtmoust] 1. *a* 1) самый отдалённый 2) крайний; предельный 2. *n* всё возможное; one's ~ всё, что в чьих-л. силах

utter I ['ʌtə] полный; абсолютный; ~ darkness абсолютная темнота; ~ stranger совершенно незнакомый человек

utter II ['ʌtə] произносить; издавать (*звук*); ~ance [-r(ə)ns] 1) произнесение, выражение в словах 2) произношение 3) высказывание; public ~ance публичное заявление

utterly ['ʌtəli] крайне, чрезвычайно

uttermost ['ʌtəmoust] *см.* utmost

Uzbek ['uːzbek] 1. *a* узбекский 2. *n* 1) узбек; узбечка 2) узбекский язык

V

V, v [viː] *двадцать вторая буква англ. алфавита*

vac∥ancy ['veik(ə)nsi] 1) пустота; пробел 2) вакансия; ~ant [-(ə)nt] 1) свободный, вакантный; be ~ant пустовать 2) отсутствующий (*взгляд, вид*); рассеянный; a ~ant smile отсутствующая улыбка; ~ate [vəˈkeit] освобождать (*место, должность*); покидать; ~ation [vəˈkeiʃ(ə)n] 1) оставление, освобождение 2) каникулы *мн.* 3) отпуск

vacci∥nate ['væksineit] *мед.* делать прививку; ~ne [-siːn] *мед.* вакцина

vacillat∥e ['væsileit] колебаться; ~ion [ˌvæsiˈleiʃ(ə)n] (*обыкн. перен.*) колебание; нерешительность; непостоянство

vacu∥ity [væˈkjuːiti] пустота; ~ous ['vækjuəs] пустой

vacuum ['vækjuəm] 1) безвоздушное пространство,

вákуум, пустотá 2) *attr.*: ~ cleaner пылесóс; ~ flask тéрмос

vagabond ['vægəbənd] бродя́га

vagary ['veɪgərɪ] причýда, капри́з

vagr‖ancy ['veɪgr(ə)nsɪ] бродя́жничество; **~ant** [-(ə)nt] 1. *n* бродя́га 2. *a* стрáнствующий

vague [veɪg] неопределённый, смýтный, нея́сный

vain [veɪn] 1) тщéтный; in ~ напрáсно 2) пустóй; тщеслáвный; **~glorious** [-'glɔːrɪəs] хвастли́вый; тщеслáвный

valedictory [ˌvælɪ'dɪktərɪ]: ~ speech прощáльная речь

valet ['vælɪt] слугá, камерди́нер

valiant ['væljənt] дóблестный

valid ['vælɪd] действи́тельный; имéющий си́лу; **~ity** [və'lɪdɪtɪ] действи́тельность; закóнность

valise [və'liːz] чемодáн; сакво́яж

valley ['vælɪ] доли́на

valour ['vælə] дóблесть

valuable ['væljuəbl] цéнный

valuation [ˌvæljuˈeɪʃ(ə)n] оцéнка

value ['væljuː] 1. *n* 1) цéнность 2) *эк.* стóимость 3) значéние 4) *мат.* величинá 2. *v* цени́ть; оцéнивать

valve [vælv] 1) клáпан 2) *радио* электрóнная лáмпа; 3) *тех.* золотни́к 4) *attr.*: ~ set лáмповый приёмник

vamp I [væmp] *разг.* 1. *n* обольсти́тельница, роковáя жéнщина 2. *v* завлекáть; соблазня́ть

vamp II [væmp] 1) латáть; чини́ть 2) *муз.* импровизи́ровать аккомпанемéнт

vampire ['væmpaɪə] вампи́р

van I [væn] 1) фургóн 2) багáжный *или* товáрный вагóн

van II авангáрд

vandal ['vænd(ə)l] *ист.* вандáл; *перен.* хулигáн

vane [veɪn] 1) флю́гер 2) лóпасть; крылó *(ветряной мéльницы)*

vanguard ['væŋgɑːd] авангáрд

vanish ['vænɪʃ] исчезáть

vanity ['vænɪtɪ] 1) сýетность, тщетá 2) тщеслáвие ◇ ~ bag, ~ case дáмская сýмочка; кармáнный несессéр

vanquish ['væŋkwɪʃ] побеждáть, покоря́ть

vapid ['væpɪd] плóский, бессодержáтельный

vapor ['veɪpə] *см.* vapour; **~ize** [-raɪz] испаря́ться; **~ous** [-rəs] парообрáзный

vapour ['veɪpə] пар; пары́ *мн;* испарéние

vari‖ance ['vɛərɪəns] изменéние; **~ant** [-ənt] 1. *a* разли́чный; инóй 2. *n* вариáнт

variation [ˌvɛərɪˈeɪʃ(ə)n] 1) изменéние; перемéна 2) *муз.* вариáция

varied ['vɛərɪd] 1. *past и p. p. от* vary 2. *a* разнообрáзный

variegated ['vɛərɪgeɪtɪd] пёстрый

variety [vəˈraɪətɪ] 1) разнообразие 2) ряд, множество; he couldn't come for a ~ of reasons он не смог приехать по целому ряду причин 3) *биол.* разновидность 4) *attr.*: ~ show эстрадный концерт

various [ˈvɛərɪəs] различный

varnish [ˈvɑːnɪʃ] 1. *n* 1) лак 2) лоск 2. *v* лакировать

varsity [ˈvɑːsɪtɪ] *разг.* университет

vary [ˈvɛərɪ] 1) изменяться; разниться, расходиться 2) разнообразить

vascular [ˈvæskjulə] *анат.* сосудистый

vase [vɑːz] ваза

vast [vɑːst] обширный, огромный

vat [væt] чан, бак

vault I [vɔːlt] 1) свод 2) подвал; склеп

vault II 1. *n* прыжок 2. *v* прыгать

vaulting-horse [ˈvɔːltɪŋhɔːs] гимнастический конь

V-day [ˈviːdeɪ] День победы (*во 2-й мировой войне*)

veal [viːl] телятина

veer [vɪə] менять направление, отклоняться

vegeta∥ble [ˈvedʒɪtəbl] 1. *n* овощ 2. *a* растительный; **~rian** [ˌvedʒɪˈtɛərɪən] вегетарианец; **~tion** [ˌvedʒɪˈteɪʃ(ə)n] растительность

vehem∥ence [ˈviːməns] неистовство; **~ent** [-ənt] неистовый

vehicle [ˈviːɪkl] 1) сухопутное транспортное средство (*экипаж, повозка, машина, автомобиль и т. п.*) 2) средство (*выражения, распространения и т. п.*) 3) *хим.* растворитель

veil [veɪl] 1. *n* покрывало; вуаль; *перен.* завеса 2. *v* покрывать покрывалом, вуалью; *перен.* завуалировать

vein [veɪn] 1) вена 2) жила 3) настроение; be in the (right) ~ for smth. быть в настроении делать что-л.

velocity [vɪˈlɔsɪtɪ] скорость

velve∥t [ˈvelvɪt] 1. *n* бархат 2. *a* бархатный; **~ty** [-ɪ] бархатистый

venal [ˈviːnl] продажный, подкупной

vendor [ˈvendə] продавец

veneer [vɪˈnɪə] 1) фанера 2) налёт, внешний лоск

venera∥ble [ˈven(ə)rəbl] почтенный; **~tion** [ˌvenəˈreɪʃ(ə)n] благоговение

venereal [vɪˈnɪərɪəl] венерический

venge∥ance [ˈvendʒ(ə)ns] месть; **~ful** мстительный

venial [ˈviːnjəl] простительный

venison [ˈvenzn] оленина

venom [ˈvenəm] яд; *перен. тж.* злоба; **~ous** [-əs] ядовитый (*тж. перен.*)

vent [vent] 1. *n* выход, отверстие; *перен.* выход; give ~ to one's feelings дать выход своим чувствам 2. *v* изливать; ~ one's wrath upon smb. изливать гнев на кого-л.

ventilat∥e [ˈventɪleɪt] проветривать; **~ion** [ˌventɪˈleɪʃ(ə)n] проветривание; вентиляция; **~or** вентилятор

venture ['ventʃə] 1. *n* рискованное предприятие ◇ at a ~ наугад 2. *v* 1) рисковать 2) отваживаться; ~ a remark позволить себе сделать замечание

veraci‖ous [vəˈreɪʃəs] правдивый; **~ty** [-ˈræsɪtɪ] правдивость

verb ['vəːb] глагол; **~al** [-əl] 1) устный 2) буквальный 3) *грам.* (от)глагольный

verbiage ['vəːbɪdʒ] многословие

verbose [vəːˈbous] многословный

verdant ['vəːd(ə)nt] зелёный; ~ lawns зелёные газоны

verdict ['vəːdɪkt] приговор

verdure ['vəːdʒə] зелень, зелёная листва

verge [vəːdʒ] 1. *n* 1) край 2) грань; предел 2. *v* 1) граничить; ~ on smth. граничить с чем-л.; it ~s on madness это граничит с безумием 2) приближаться *(к—to, towards)*

verif‖ication [ˌverɪfɪˈkeɪʃ(ə)n] проверка; **~y** ['verɪfaɪ] 1) проверять 2) подтверждать

veritable ['verɪtəbl] истинный; настоящий

vermilion [vəˈmɪljən] 1. *a* ярко-красный 2. *n* киноварь

vermin ['vəːmɪn] 1) хищное животное; крысы и мыши 2) *собир.* паразиты; *перен.* подонки; преступник(и); **~ous** [-əs] 1) кишащий паразитами *(о людях, животных)* 2) *мед.* передаваемый паразитами *(о болезни)*

vernacular [vəˈnækjulə] местный (туземный) язык

versati‖le ['vəːsətaɪl] многосторонний; **~lity** [ˌvəːsəˈtɪlɪtɪ] многосторонность

verse [vəːs] 1) стих; строфа 2) стихи *мн.*

versed [vəːst] опытный, сведущий *(в чём-л.—in)*

version ['vəːʃ(ə)n] 1) перевод, текст перевода 2) версия

versus ['vəːsəs] против

vertical ['vəːtɪk(ə)l] вертикальный

very ['verɪ] 1. *adv* очень 2. *a* тот самый; самый

vessel ['vesl] 1) сосуд 2) судно, корабль

vest [vest] 1. *n* нательная сорочка 2. *v* облекать; ~ with power облекать властью

vestige ['vestɪdʒ] след, признак

vestment ['vestmənt] *церк.* облачение

vet [vet] 1. *n сокр. от* veterinary surgeon 2. *v разг.* 1) подвергать медосмотру 2) просматривать *(рукопись и т. п.)*

veteran ['vet(ə)r(ə)n] 1) ветеран 2) (бывший) участник войны

veterinary ['vet(ə)rɪn(ə)rɪ] ветеринарный; ~ surgeon ветеринарный врач

veto ['viːtou] 1. *n* вето 2. *v* налагать вето

vex ['veks] раздражать; досаждать, огорчать; **~ation**

[vek'seɪʃ(ə)n] 1) досада 2) неприятность; ~atious [-'seɪʃəs], ~ing досадный

via ['vaɪə] через

viands ['vaɪəndz] *pl* яства, провизия

vibrant ['vaɪbr(ə)nt] вибрирующий

vibrat||e [vaɪ'breɪt] вибрировать, дрожать; ~ion [-'breɪʃ(ə)n] вибрация

vicar ['vɪkə] приходский священник; ~age [-rɪdʒ] дом священника

vice I [vaɪs] 1) порок; зло 2) недостаток, дефект 3) норов (*у лошади*)

vice II тиски *мн.*

vice III ['vaɪs] заместитель; вице-; ~chairman [-'tʃɛəmən] заместитель председателя; ~president [-'prezɪd(ə)nt] вице-президент; ~roy [-rɔɪ] вице-король

vice versa ['vaɪsɪ'və:sə] наоборот

vicinity [vɪ'sɪnɪtɪ] 1) соседство, близость; in the ~ (*of*) поблизости 2) округа, окрестности *мн.*

vicious ['vɪʃəs] 1) порочный 2) злобный; злой (*о взгляде, словах*) 3) ошибочный; дефектный 4) норовистый (*о лошади*) ◊ ~ circle порочный круг

vicissitude [vɪ'sɪsɪtju:d] превратность

victim ['vɪktɪm] жертва; ~ization [,vɪktɪmaɪ'zeɪʃ(ə)n] преследование; ~ize [-aɪz] мучить; преследовать

Victoria Cross [vɪk'tɔ:rɪə'krɔs] Крест Виктории (*высшая военная награда в Англии*)

Victorian [vɪk'tɔ:rɪən] викторианский

victo||rious [vɪk'tɔ:rɪəs] победоносный; ~ry ['vɪkt(ə)rɪ] победа

victual ['vɪtl] (*обыкн. pl*) провизия; ~ing снабжение продовольствием

vie [vaɪ] соперничать

Viet-Namese [,vjetnə'mi:z] **1.** *a* вьетнамский **2.** *n* (*pl без измен.*) вьетнамец; вьетнамка

view ['vju:] **1.** *n* 1) вид 2) кругозор 3) взгляд, мнение ◊ with a ~ (*to*) с целью; in ~ of ввиду (*чего-л.*); принимая во внимание (*что-л.*) **2.** *v* обозревать; ~point [-pɔɪnt] точка зрения

vigil ['vɪdʒɪl] бодрствование

vigil||ance ['vɪdʒɪləns] бдительность; ~ant [-ənt] бдительный

vigor ['vɪgə] *см.* vigour

vigorous ['vɪgərəs] сильный, энергичный

vigour ['vɪgə] сила, энергия

vile [vaɪl] подлый, гнусный

village ['vɪlɪdʒ] деревня, село

villain ['vɪlən] злодей, негодяй (*тж. шутл.*); ~ous [-əs] 1) подлый 2) *разг.* мерзкий; ~y [-nɪ] подлость

vindicat||e ['vɪndɪkeɪt] 1) доказывать 2) отстаивать (*права и т. п.*); ~ion [,vɪndɪ'keɪʃ(ə)n] 1) доказательство 2) защита 3) оправдание

vindictive [vɪn'dɪktɪv] мстительный

vine [vaɪn] виноградная лоза

vinegar ['vɪnɪgə] уксус

vineyard ['vɪnjəd] виноградник

vintage ['vɪntɪdʒ] 1) сбор винограда 2) вино урожая определённого года 3) *attr.*: a ~ wine вино высшего качества, марочное вино ◇ ~ cars автомобили старых марок

violat‖**e** ['vaɪəleɪt] 1) осквернять 2) нарушать *(договор, присяги, закон и т. п.)* 3) насиловать; ~**ion** [ˌvaɪə'leɪʃ(ə)n] нарушение

viol‖**ence** ['vaɪələns] 1) сила, стремительность 2) насилие; ~**ent** [-ənt] 1) сильный *(о боли, буре и т. п.)*; бурный *(об объяснении и т. п.)* 2) насильственный *(о смерти)*

violet ['vaɪəlɪt] 1. *n* фиалка 2. *a* фиолетовый

violin [ˌvaɪə'lɪn] скрипка; ~**ist** скрипач

violoncello [ˌvaɪələn'tʃelou] *(pl* -os [-z]*)* виолончель

viper ['vaɪpə] випера

virago [vɪ'rɑːgou] сварливая женщина

virgin ['vəːdʒɪn] 1. *n* дева, девственница 2. *a* девственный; *перен.* чистый *(о снеге и т. п.)*; ~ forest девственный лес

viril‖**e** ['vɪraɪl] мужественный; возмужалый; ~**ity** [vɪ'rɪlɪtɪ] мужество

virtual ['vəːtjuəl] фактический

virtu‖**e** ['vəːtjuː] 1) действенность, сила 2) добродетель 3) целомудрие 4) достоинство ◇ in *(или* by*)* ~ *(of)* благодаря *(чему-л.)*, посредством *(чего-л.)*; ~**ous** [-tjuəs] 1) добродетельный 2) целомудренный

virul‖**ence** ['vɪruləns] 1) ядовитость 2) злоба; ~**ent** [-ənt] 1) сильный *(о яде)* 2) злобный

visa ['viːzə] 1. *n* виза 2. *v* визировать

viscose ['vɪskous] вискоза

viscount ['vaɪkaunt] виконт

visib‖**ility** [ˌvɪzɪ'bɪlɪtɪ] видимость; ~**le** ['vɪzəbl] видимый, явный

vision ['vɪʒ(ə)n] 1) зрение 2) предвидение 3) видение 4) мечта; ~**ary** ['vɪʒ(ə)nərɪ] 1) призрачный, фантастический 2) мечтательный

visit ['vɪzɪt] 1. *n* посещение; визит 2. *v* навещать; be ~ing smb. гостить у кого-л.; ~**or** посетитель

visor ['vaɪzə] 1) козырёк *(фуражки)* 2) *ист.* забрало

visual ['vɪzjuəl] зрительный, наглядный; ~**ize** [-aɪz] наглядно представлять себе

vital ['vaɪtl] 1) жизненный 2) насущный 3) полный жизни: he was wounded in a ~ part он получил смертельную рану; ~**ity** [-'tælɪtɪ] жизнеспособность, жизненность

vitals ['vaɪtlz] *pl* жизненно важные органы

vitamin ['vɪtəmɪn] витамин

vitiate ['vɪʃɪeɪt] портить

vitriol ['vɪtrɪəl] купорос

vituperat‖ion [vɪˌtjuːpə'reɪʃ(ə)n] брань, поношение; **~ive** [-'tjuːp(ə)rətɪv] бранный, ругательный

viva ['vaɪvə] *разг. см.* viva-voce

vivaci‖ous [vɪ'veɪʃəs] живой, оживлённый; **~ty** [-'væsɪtɪ] живость

viva-voce [ˌvaɪvə'vousɪ] устный экзамен

vivid ['vɪvɪd] яркий, живой

vixen ['vɪksn] лисица-самка; *перен.* сварливая женщина

vocabulary [və'kæbjulərɪ] 1) словарь 2) запас слов 3) словарный состав *(языка)*

vocal ['vouk(ə)l] 1) голосовой; **~ chords** голосовые связки 2) вокальный

vocation [vo(u)'keɪʃ(ə)n] 1) призвание 2) профессия, занятие; **~al** [-əl] профессиональный

vociferous [vo(u)'sɪf(ə)rəs] крикливый, горластый

vogue [voug] мода; популярность

voice I [vɔɪs] **1.** *n* голос **2.** *v* выражать *(словами)*

voice II *грам.* залог

voiceless ['vɔɪslɪs] 1) безгласный, немой 2) *фон.* глухой

void [vɔɪd] **1.** *n* пустота **2.** *a* 1) пустой 2) *юр.* недействительный

volatil‖e ['vɔlətaɪl] 1) летучий 2) непостоянный, изменчивый

volca‖nic [vɔl'kænɪk] вулканический; **~no** [-'keɪnou] вулкан

volition [vo(u)'lɪʃ(ə)n] воля; by one's own **~** по своей (доброй) воле

volley ['vɔlɪ] *воен.* залп; **~-ball** [-bɔːl] волейбол

volt [voult] *эл.* вольт

volte-face ['vɔlt'fɑːs] резкая перемена *(взглядов, политики и т. п.)*

volub‖ility [ˌvɔlju'bɪlɪtɪ] говорливость; **~le** ['vɔljubl] многоречивый

volum‖e ['vɔljum] 1) том 2) объём; **~inous** [və'ljuːmɪnəs] 1) многотомный 2) плодовитый *(о писателе)* 3) объёмистый; обширный

volunt‖ary ['vɔlənt(ə)rɪ] добровольный; **~eer** [ˌvɔlən'tɪə] **1.** *n* доброволец **2.** *v* идти добровольцем

voluptuous [və'lʌptjuəs] чувственный

vomit ['vɔmɪt] **1.** *v* 1) страдать рвотой; *перен.* извергать **2.** *n* рвота

voraci‖ous [və'reɪʃəs] прожорливый; **~ty** [vɔ'ræsɪtɪ] прожорливость

vortex ['vɔːteks] вихрь, водоворот

vot‖e ['vout] **1.** *n* 1) голосование 2) голос 3) право голоса; have the **~** иметь право голоса 4): the Army **~** ассигнования на армию; educational **~** ассигнования на образование **2.** *v* 1) голосовать 2) ассигновывать; выделять *(средства)*; ~ **down** провалить при голосовании, забаллотировать; **~er** избиратель; **~ing** голосование, выборы

vouch ['vautʃ]: ~ **for smb., smth.** ручаться за кого-л., что-л.; **~er** 1) расписка 2) поручитель

vouchsafe [vautʃ'seif] *книжн.* соизволить, удостоить

vow [vau] 1. *n* клятва; обет 2. *v* клясться; давать обет

vowel ['vau(ə)l] гласный (звук)

voyage ['vɔɪdʒ] путешествие *(особ. морское)*

vulcan‖ite ['vʌlkənaɪt] вулканизированная резина, эбонит; **~ize** [-naɪz] вулканизировать

vulgar ['vʌlgə] 1) грубый; вульгарный; пошлый 2) простонародный; **~ity** [-'gærɪtɪ] вульгарность; пошлость; **~ize** [-raɪz] опошлять

vulnerab‖ility [ˌvʌln(ə)rə'bɪlɪtɪ] уязвимость; **~le** ['vʌln(ə)rəbl] уязвимый

vulture ['vʌltʃə] ястреб, стервятник; *перен.* хищник

vying ['vaɪɪŋ] *pres. p.* от vie

W

W, w ['dʌblju:] *двадцать третья буква англ. алфавита*

wad [wɔd] 1) кусок ваты 2) *разг.* пачка (денег)

wadding ['wɔdɪŋ] 1) вата; ватин 2) набивка

waddle ['wɔdl] ходить переваливаясь

wade ['weɪd] переходить вброд; пробираться; **~rs** [-əz] *pl* болотные сапоги

wafer ['weɪfə] вафля

waft [wɑːft] 1. *n* дуновение 2. *v* 1) нести 2) переноситься *(по воздуху, воде)*

wag I [wæg] 1. *n* взмах 2. *v* махать

wag II шутник

wage I [weɪdʒ]: ~ **war** вести войну

wage II ['weɪdʒ] *(обыкн. pl)* заработная плата; **~-cut** [-kʌt] снижение зарплаты

wager ['weɪdʒə] 1. *n* пари; ставка 2. *v* держать пари

waggish ['wægɪʃ] шаловливый, игривый

wag(g)on ['wægən] 1) телега; фургон, подвода 2) вагон-платформа; товарный вагон

wagon-lit ['vægɔːŋ'liː] *фр.* спальный вагон

waif [weɪf] 1) беспризорный ребёнок 2) заблудившееся домашнее животное

wail [weɪl] 1) оплакивать, причитать 2) выть

waist [weɪst] талия; **~coat** ['weɪskout] жилет

wait [weɪt] ждать *(for)*; ~ **on**, ~ **upon** прислуживать

wait‖er ['weɪtə] официант; **~ress** [-trɪs] официантка

waive [weɪv] *юр.* отказываться *(от права)*

wake I [weɪk] *мор.* кильва́тер ◇ in the ~ of по пята́м, по следа́м; вслед

wake II ['weik] (woke, waked; waked, woke, woken) 1) просыпа́ться; пробужда́ться 2) буди́ть; ~ful 1) бо́дрствующий 2) бессо́нный 3) бди́тельный

walk ['wɔːk] 1. *n* 1) прогу́лка пешко́м; take a ~ прогуля́ться 2) ходьба́ 3) похо́дка 4) тропа́ 5) обще́ственное положе́ние; заня́тие, профе́ссия 2. *v* идти́ пешко́м, гуля́ть; ~ **out** *разг.* бастова́ть; ~ **out on** *(smb.)* улизну́ть *(от кого-л.)*, бро́сить *(невесту, жену и т. п.)*; ~-**over** [-'ouvə] лёгкая побе́да

wall [wɔːl] 1. *n* стена́ ◇ the weakest goes to the ~ ≅ сла́бых бьют 2. *v*: ~ **up** заму́ровывать

wallet ['wɔlit] бума́жник

wall-eyed ['wɔːlaid] с бельмо́м на глазу́

wallflower ['wɔːl,flauə] 1) *бот.* желтофио́ль 2) *шутл.* да́ма, оста́вшаяся без кавале́ра *(на балу)*

wallop ['wɔləp] 1. *v* бить 2. *n разг.* си́льный уда́р

wallow ['wɔlou] валя́ться; бара́хтаться

wallpaper ['wɔːl,peipə] обо́и *мн.*

Wall Street ['wɔːl'striːt] Уо́лл-стрит *(улица в Нью-Йорке — центр финансовой жизни США, синоним американской финансовой олигархии)*

walnut ['wɔːlnət] 1) гре́цкий оре́х 2) оре́ховое де́рево

walrus ['wɔːlrəs] морж

waltz [wɔːls] 1. *n* вальс 2. *v* вальси́ровать

wan [wɔn] бле́дный; изнурённый

wand [wɔnd] жезл; па́лочка

wander ['wɔndə] 1) скита́ться; блужда́ть; броди́ть 2) бре́дить, загова́риваться 3) быть рассе́янным

wane [wein] 1. *n* убыва́ние *(о луне)*; *перен.* упа́док 2. *v* убыва́ть *(о луне)*; *перен.* слабе́ть, уменьша́ться

wangle ['wæŋgl] *разг.* 1. *v* хи́трость 2. *v* доби́ться хи́тростью; ухитри́ться получи́ть

want ['wɔnt] 1. *n* 1) нужда́; недоста́ток, отсу́тствие *(чего-л.)*; for ~ *(of)* из-за недоста́тка, за неиме́нием 2) потре́бность 2. *v* 1) нужда́ться 2) хоте́ть 3) недостава́ть ◇ he is ~ed by the police его́ разы́скивает поли́ция; ~**ing** 1) недостаю́щий 2) неудовлетвори́тельный

wanton ['wɔntən] 1) произво́льный; беспричи́нный 2) бу́йный *(о растительности)* 3) изме́нчивый *(о ветре и т. п.)* 4) распу́тный

war [wɔː] 1) война́; at ~ в состоя́нии войны́ 2) *attr* вое́нный; W. Office вое́нное министе́рство *(в Англии)*

warble ['wɔːbl] петь *(о пти́цах)*, щебета́ть

ward I [wɔːd] 1) опе́ка; be in ~ находи́ться под опе́кой 2) опека́емый, подопе́чный

ward II ['wɔːd] 1) палата *(в больнице)*; камера *(в тюрьме)* 2) административный район города; ~**en** [-n] 1) уполномоченный по охране *(чего-л.)* 2) ректор *(в некоторых английских колледжах)* 3) начальник тюрьмы 4) церковный староста; ~**er** тюремщик

wardrobe ['wɔːdroub] гардероб

wardroom ['wɔːdrum] офицерская кают-компания

warehouse ['wɛəhaus] склад товаров

wares [wɛəz] *pl* изделия; товары

warfare ['wɔːfɛə] война

warily ['wɛərili] осторожно

warlike ['wɔːlaik] воинственный

warm [wɔːm] 1. *a* тёплый; *перен.* сердечный 2. *v* 1) греть 2) греться 3) разгорячить 4) разгорячиться; ~ **up** а) подогревать; б) подогреваться ◇ make things ~ for smb. насолить кому-л.

warmonger ['wɔːˌmʌŋɡə] поджигатель войны

warmth [wɔːmθ] 1) тепло; *перен.* сердечность 2) горячность

warn ['wɔːn] предостерегать; предупреждать; ~**ing** предостережение; предупреждение

warp [wɔːp] 1) коробить, искривлять 2) коробиться, искривляться

warrant ['wɔr(ə)nt] 1. *n* 1) оправдание *(чего-л.)*; he had no ~ for saying that он не имел права так говорить 2) ордер *(на арест)* 3) гарантия, подтверждение 2. *v* 1) оправдывать; what I said didn't ~ such a rude answer мои слова не давали повода для столь грубого ответа 2) гарантировать

warrior ['wɔriə] *поэт.* боец, воин

warship ['wɔːʃip] военный корабль

wart [wɔːt] бородавка

wary ['wɛəri] осторожный, осмотрительный

was [wɔz *(полная форма)*, wəz *(редуцированная форма)*] *past sing* от be

wash [wɔʃ] 1. *n* 1): a ~ мытьё; have a ~ помыться; give a ~ помыть 2): the ~ стирка; send clothes to the ~ отдать бельё в стирку 3): the ~ бельё; the ~ hasn't come back from the laundry бельё ещё не принесли из прачечной 4) прибой 5) помои *мн.* 2. *v* 1) мыть; обмывать; промывать; ~ your hands before dinner помойте руки перед обедом 2) умываться; мыться; ~ before dinner умыться перед обедом 3) стирать; ~ shirts стирать рубашки 4) омывать *(берега)* 5) плескаться; ~ **up** мыть посуду

washed-out ['wɔʃt'aut] вылинявший, полинявший; *перен. разг.* бледный; утомлённый

washerwoman ['wɔʃəˌwumən] прачка

washing ['wɔʃiŋ] 1) бельё

(для стирки) 2) мытьё; стирка

wash-leather ['wɔʃ,leðə] моющаяся замша

wash-out ['wɔʃ'aut] *разг.* 1) неудачник 2) полная неудача

wash-stand ['wɔʃstænd] умывальник

wasp [wɔsp] оса

waste ['weist] 1. *n* 1) бесполезная трата, расточительство 2) отбросы *(производства) мн.* 3) пустыня 2. *a* 1) невозделанный 2) опустошённый 3) ненужный 4) отработанный *(о паре и т. п.)* 3. *v* 1) тратить зря; расточать; опустошать 2) изнурять 3) чахнуть; ~ful расточительный

waste-paper-basket ['weist-ˈpeipə,bɑːskit] корзина для (ненужных) бумаг

waste-pipe ['weistpaip] сточная труба

watch I [wɔtʃ] карманные *или* ручные часы

watch II ['wɔtʃ] 1. *n* стража, караул; *мор.* вахта ◇ keep ~ а) быть настороже; б) караулить 2. *v* 1) следить, наблюдать, смотреть 2) подстерегать, выжидать 3) сторожить; ~ful бдительный

watch-maker ['wɔtʃ,meikə] часовщик

watch‖man ['wɔtʃmən] (ночной) сторож; ~word [-wəːd] 1) пароль 2) лозунг

water ['wɔːtə] 1. *n* вода 2. *v* 1) поливать, орошать 2) разбавлять *(водой)* 3) поить *(скот)*; ~colour [-,kʌlə] *(обыкн. pl)* акварель; ~fall [-fɔːl] водопад

watering‖-can ['wɔːtəriŋ-kæn] лейка; ~place [-pleis] 1) водопой 2) воды *мн.*, курорт; ~pot [-pɔt] *см.* watering-can

water‖-line ['wɔːtəlain] *мор.* ватерлиния; ~melon [-,melən] арбуз; ~proof [-pruːf] 1. *a* непромокаемый 2. *n* непромокаемый плащ; ~shed [-ʃed] водораздел; ~tight [-tait] водонепроницаемый; ~tower [-,tauə] водонапорная башня; ~works [-wəːks] водопроводные сооружения

watery ['wɔːtəri] 1) водянистый; жидкий 2) бледный, бесцветный *(о языке, чувствах и т. п.)* 3) предвещающий дождь *(о небе и т. п.)*

watt [wɔt] *эл.* ватт

wattle ['wɔtl] плетень

wave [weiv] 1. *n* 1) волна 2) волнистая линия, волнистая поверхность; hair ~ завивка; permanent ~ перманент 3) махание, взмах; *перен.* подъём; ~ of enthusiasm волна энтузиазма 4) *физ.* колебание 2. *v* 1) качаться *(о вещах)*, колыхаться 2) махать; сделать знак *(рукой)* 3) виться *(о волосах)*

waver ['weivə] 1) колебаться 2) дрогнуть *(о войсках)*

wavy ['weivi] волнистый

wax I [wæks] 1) прибывать *(о луне)* 2) делаться, становиться

wax II *разг.* приступ гнева

wax III ['wæks] 1. *n* воск 2. *a* восковóй 3. *v* вощи́ть; ~**en** [-(ə)n] восковóй *(тж. перен.)*

way ['weɪ] 1) доро́га, путь; on the ~ по доро́ге 2) расстоя́ние 3) о́браз де́йствия; спо́соб 4) направле́ние 5) обы́чай, привы́чка ◊ by ~ of a) че́рез; by ~ of the mountains че́рез го́ры; б) ра́ди, с це́лью; by ~ of a joke шу́тки ра́ди; by the ~ кста́ти; go out of one's ~ приложи́ть все уси́лия; have one's ~ поступа́ть *(или* сде́лать) по--сво́ему; I can't see a ~ out of this difficulty не ви́жу вы́хода из э́того тру́дного положе́ния; preparations are under ~ ведётся подгото́вка; ~**side** [-saɪd] край доро́ги, обо́чина

wayward ['weɪwəd] своенра́вный

we [wi:] *pers pron* им. *п. (объектн. п.* us) мы

weak ['wi:k] сла́бый; ~**en** [-(ə)n] 1) ослабля́ть 2) слабе́ть; ~**ling** [-lɪŋ] сла́бое существо́, слабоко́льный челове́к; ~**ly** 1. *a* хи́лый 2. *adv* сла́бо; ~**ness** сла́бость

weal [wi:l] *книжн.*: for the public ~ для о́бщего бла́га; in ~ and woe и в сча́стье и в беде́

weal‖th ['welθ] 1) бога́тство 2) изоби́лие; ~**thy** [-ɪ] бога́тый

wean [wi:n] 1) отнима́ть от груди́ 2) отуча́ть *(от вре́дных привы́чек и т. п.)*

weapon ['wepən] ору́жие

wear [wɛə] 1. *v* (wore; worn) 1) носи́ть *(оде́жду и т. п.)*; надева́ть; which dress are you going to ~ tonight? како́е пла́тье вы наде́нете сего́дня ве́чером?; he's ~ing a blue suit он в си́нем костю́ме *(тж.* ~ **out)** изна́шивать; *перен.* истоща́ть 3) носи́ться *(о пла́тье);* this coat has worn well э́то пальто́ хорошо́ носи́лось; ~ **down** а) утомля́ть *(кого́-л.);* б) изна́шивать *(о́бувь и т. п.);* ~ **off** проходи́ть, прекраща́ться; ~ **out** а) изна́шивать *(о́бувь и т. п.);* б): be worn out истоща́ться *(о терпе́нии и т. п.);* в): worn out измо́танный *(о челове́ке)* 2. *n* 1) ноше́ние, но́ска *(пла́тья)* 2) изно́с; ~ and tear изно́с, амортиза́ция

weariness ['wɪərɪnɪs] 1) уста́лость 2) ску́ка

weary ['wɪərɪ] 1. *a* 1) уста́лый; утомлённый 2) утоми́тельный 2. *v* 1) утомля́ть 2) утомля́ться

weasel ['wi:zl] *зоол.* ла́ска

weather ['weðə] 1. *n* пого́да ◊ be under the ~ *разг.* пло́хо себя́ чу́вствовать 2. *v* 1) благополу́чно выде́рживать шторм 2) *геол.* выве́триваться; ~**beaten** [-,bi:tn] обве́тренный; загоре́лый; ~**bureau** [-bjuə,rou] бюро́ пого́ды; ~**cock** [-kɔk] флю́гер; ~**forecast** [-'fɔ:kɑ:st] прогно́з пого́ды; ~**proof** [-pru:f] защищённый от непого́ды

weav‖e ['wi:v] (wove; woven) ткать; ~**er** тка́ч, ткачи́ха

38 Англо-русский сл.

web [web] 1): spider's ~ паутина 2): a ~ of lies *перен.* паутина лжи 3) плавательная перепонка *(у водоплавающих птиц)*; перепонка *(у летучей мыши)* 4): ~ of material штука ткани

wed ['wed] 1) венчаться 2) сочетать; ~ding свадьба

wedge [wedʒ] 1. *n* клин 2. *v* вбивать клин; ~ in вклинивать; be ~d in вклиниваться

wedlock ['wedlɔk] супружество; брак

Wednesday ['wenzdɪ] среда

wee [wiː] крошечный

weed [wiːd] сорная трава

weeds [wiːdz] *pl* траур, траурная одежда *(вдовы)*

weedy ['wiːdɪ] 1) заросший сорняками 2) тощий; хилый

week ['wiːk] неделя; in a ~ через неделю; ~-end [-end] время отдыха с субботы до понедельника

weekly ['wiːklɪ] 1. *a* еженедельный 2. *n* еженедельник *(журнал)*

weep [wiːp] (wept) плакать

weigh [weɪ] 1) взвешивать *(тж. перен.)*; ~ one's words взвешивать свои слова 2) весить; ~ down а) отягощать; перевешивать; б) угнетать; ~ on тяготить; ~ out отвешивать; ~ up *перен.* взвешивать, оценивать ◇ ~ anchor а) сняться с якоря; б) тронуться в путь

weigh‖t ['weɪt] 1. *n* 1) вес; *перен.* значение; put on ~ толстеть; attach too much ~ to придавать слишком большое значение *(чему-л.)* 2) гиря ◇ lift a ~ off smb.'s mind снять камень с чьей-л. души 2. *v* отягощать; ~ty [-ɪ] 1) тяжёлый; обременительный 2) важный, веский

weir [wɪə] запруда, плотина

weird [wɪəd] 1) жуткий; сверхъестественный 2) *разг.* странный

welcome ['welkəm] 1. *int* добро пожаловать!; ~ back! с возвращением! 2. *v* приветствовать 3. *a* 1) желанный; ~ news приятная новость 2): ~ to *predic* имеющий право *или* разрешение пользоваться, распоряжаться *(чем-л.)*; you are ~ to any book in my library вы можете взять любую книгу в моей библиотеке; you are ~! не за что *(в ответ на благодарность)* 4. *n* радушный приём

weld [weld] *тех.* сваривать

welfare ['welfeə] благосостояние; благополучие

well I [wel] 1. *n* 1) колодец 2) источник *(тж. перен.)* 2. *v*: ~ up, ~ out, ~ forth, ~ from хлынуть; наполнить

well II ['wel] 1. *adv (сравн. ст.* better, *превосх. ст.* best) 1) хорошо; ~ grounded обоснованный; ~ timed своевременный; ~ turned ловкий; do ~ преуспевать 2) значительно; ~ over a 1000 people значительно больше тысячи человек ◇ as ~ (as) и..., и, вдобавок; leave *(или* let) alone ≅ оставить как есть, от добра добра не ищут 2. *a* *predic* здоро́вый; хоро́ший; be ~ чу́вствовать себя́ хорошо́ 3. *int* ну!; **~-being** ['bi:ɪŋ] благополу́чие; **~-bred** ['bred] 1) благовоспи́танный 2) чистокро́вный *(о лошади)*; **~-heeled** [-'hi:ld] *разг.* бога́тый; **~-knit** [-'nɪt] кре́пкого сложе́ния; **~-off** [-'ɔ:f] зажи́точный, состоя́тельный; **~-read** [-'red] начи́танный; **~-reputed** [-rɪ'pju:tɪd] по́льзующийся до́брой сла́вой

well-to-do ['weltə'du:] *см.* well-off

welt [welt] рант *(обуви)*

welter ['weltə] 1. *v* валя́ться, бара́хтаться 2. *n* столпотворе́ние; сумбу́р

wend [wend]: ~ one's way *книжн.* направля́ться

went [went] *past от* go 1

wept [wept] *past и p. p. от* weep

were [wə:] *past pl и сослага́тельное наклоне́ние от* be: I wish she ~ here now я бы хоте́л, что́бы она́ была́ тепе́рь здесь

west [west] 1. *n* за́пад 2. *a* за́падный 3. *adv* на за́пад, к за́паду

West-End ['west'end] Уэст-Энд *(аристократический квартал Лондона)*

western ['westən] 1. *a* за́падный 2. *n амер. разг.* ковбо́йский фильм

Westminster ['westmɪnstə] 1) англи́йский парла́мент 2) *attr.*: ~ Abbey Вестми́нстерское абба́тство *(являющееся усыпальницей знаменитых людей)*; ~ Palace Вестми́н-

терский дворе́ц *(здание английского парламента)*

westward ['westwəd] напра́вленный к за́паду; ~s [-z] на за́пад

wet ['wet] 1. *a* 1) мо́крый; ~ dock *мор.* док-бассе́йн 2) дождли́вый 2. *v* мочи́ть 3. *n* вла́жность; **~-nurse** [-nə:s] корми́лица

whack [wæk] 1. *n* си́льный уда́р 2. *v* ударя́ть, колоти́ть

whale I [weɪl]: a ~ of *разг.* ма́сса, о́чень мно́го

whale II ['weɪl] кит; **~-boat** [-bout] китобо́йное су́дно; **~-bone** [-boun] кито́вый ус

whaler ['weɪlə] 1) *см.* whale-boat 2) китобо́й

wharf [wɔ:f] *(pl* -ves, -fs [-vz, -s]) при́стань; на́бережная

what [wɔt] что; како́й, кото́рый; ~ for? заче́м?; ~ good is it? кака́я по́льза от э́того?; ~'s next? что да́льше?; ~'s up? что происхо́дит?

whate'er [wɔt'ɛə] *поэт. см.* whatever

whatever [wɔt'evə] 1. *pron* что бы ни; всё что 2. *a* любо́й

what-not ['wɔtnɔt] 1) этаже́рка для безделу́шек 2) вся́кая вся́чина

whatsoe'er [,wɔtsou'ɛə] *поэт. см.* whatsoever

whatsoever [,wɔtsou'evə] *см.* whatever

wheat [wi:t] пшени́ца

wheedle ['wi:dl]: ~ smth. out of smb. вы́просить что-л. у кого́-л.; ~ smb. into doing smth. ле́стью заста́вить кого́-л. сде́лать что-л.

wheel ['wiːl] 1. *n* 1) колесо 2): right ~! *воен.* правое плечо вперёд — марш! 2. *v* 1) катить 2) описывать круги, оборачиваться кругом; ~**barrow** [-ˌbærou] тачка

wheeze [wiːz] 1. *n* 1) сопение 2) *разг.* блестящая мысль 2. *v* сопеть

whelp [welp] щенок; детёныш

when [wen] 1. *adv* когда 2. *cj* когда, в то время как

whence [wens] откуда

whenever [wen'evə] когда бы ни, всякий раз как

where [weə] *adv, cj* где; куда; туда

where‖abouts ['weərə'bauts] *pl* (*с гл. в ед. и мн. ч.*) местонахождение; ~**as** [weər'æz] тогда как; ~**by** [weə'bai] 1) посредством чего 2) как?

wherein [weər'ɪn] в чём?

wherever [weər'evə] где бы ни; куда бы ни

whet [wet] точить; *перен.* возбуждать (*аппетит, желание*)

whether ['weðə] ли

whey [wei] сыворотка

which [wɪtʃ] который; какой

whichever [wɪtʃ'evə] любой

whiff [wɪf] 1) дуновение 2) дымок

whig [wɪg] *ист.* виг

while [wail] 1. *cj* 1) пока, в то время как 2) несмотря на то, что; ~ he is respected, he is not loved хотя его и уважают, его не любят 2. *n* время; промежуток времени; a long ~ долго; a short ~ недолго; in a little ~ скоро; for a ~ на время; for a good ~ порядочно, давно 3. *v*: ~ away проводить (*время*)

whilst [wailst] *см.* while 1

whim [wɪm] прихоть, причуда; каприз

whimper ['wɪmpə] 1. *n* хныканье 2. *v* хныкать

whimsical ['wɪmzɪk(ə)l] причудливый, капризный

whine [wain] 1. *n* жалобный визг 2. *v* подвывать, скулить

whinny ['wɪnɪ] 1. *n* тихое или радостное ржание 2. *v* тихо ржать

whip [wɪp] 1. *n* хлыст; кнут 2. *v* 1) хлестать 2) подгонять 3) сбивать (*сливки и т. п.*) 4) рвануться, броситься; ~ **round** быстро повернуться; ~ **up** разжигать (*чувство*); расшевеливать

whipper-snapper ['wɪpəˌsnæpə] *презр.* «мальчишка»

whip-round ['wɪpraund] сбор денег (*на благотворительные цели*)

whir [wəː] *см.* whirr

whirl ['wəːl] 1. *n* 1) вращение, кружение 2) вихрь 2. *v* 1) вертеть, кружить 2) вертеться, кружиться 3) проноситься, мчаться; ~**igig** [-ɪgɪg] 1) волчок 2) карусель; ~**pool** [-puːl] водоворот; ~**wind** [-wind] вихрь, ураган

whirr [wəː] 1. *n* жужжание 2. *v* жужжать

whisk [wɪsk] 1. *n* 1) веничек; метёлка 2) помахивание 2. *v* 1): ~ **away**, ~ **off** a) смáхивать; б) быстро уносить 2) помáхивать 3) юркнуть 4) взбивáть *(крем, яйцá и т. п.)*

whiskers ['wɪskəz] *pl* 1) бакенбáрды 2) усы́ *(кошки, кры́сы и т. п.)*

whisky ['wɪskɪ] вúски

whisper ['wɪspə] 1. *n* шёпот 2. *v* шептáть

whistle ['wɪsl] 1. *n* 1) свист 2) свистóк 2. *v* свистéть

whit [wɪt]: not a ~, no ~ ни чýточки, ничýть не...

white [waɪt] 1. *a* бéлый ◇ ~ collar *амер.* слýжащий; ~ lie невúнная ложь 2. *n* 1) бéлый цвет 2) белóк *(яйцá)*

white-hot ['waɪt'hɔt] раскалённый добелá

White House ['waɪt'haus] Бéлый дом *(резидéнция президéнта США)*

whiten ['waɪtn] 1) белúть 2) отбéливать

whitewash ['waɪtwɔʃ] 1. *n* раствóр для побéлки 2. *v* белúть; *перен. разг.* обелять

whiting ['waɪtɪŋ] мерлáнг *(рыба)*

whittle ['wɪtl] строгáть; ~ away, ~ down *перен. разг.* уменьшáть, сводúть на нéт

whiz [wɪz] 1. *n* свист *(рассекáемого воздуха)* 2. *v* свистéть

who [huː] кто; тот, кто; котóрый

whodun(n)it ['huːdʌnɪt] *разг.* детектúвный ромáн

whoever [huːˈevə] кто бы ни

whole ['houl] 1. *a* 1) весь, цéлый 2) невредúмый 2. *n* цéлое, сýмма *(чего-л.)*; on the ~ в цéлом; **~-hearted** [-'hɑːtɪd] úскренний; **~meal** [-miːl] непросéянная мукá; **~sale** [-seɪl] 1. *n* оптóвая торгóвля 2. *adv* óптом

wholesome ['houlsəm] здорóвый, целéбный, благотвóрный

whom [huːm] когó; комý; котóрого

whooping-cough ['huːpɪŋkɔːf] *мед.* коклю́ш

whore [hɔː] проститýтка

whortleberry ['wəːtl,berɪ] чернúка; red ~ брусника

whose [huːz] чей

whosoever [,huːsəu(ˈw)evə] *уст.* кто бы ни

why [waɪ] 1. *adv* почемý 2. *int* да ведь; ну!

wick [wɪk] фитúль

wicked ['wɪkɪd] 1) злой, плохóй 2) безнрáвственный 3) врéдный, злонамéренный 4) озорнóй *(о ребёнке)*

wicker ['wɪkə] плетёный; ~ furniture плетёная мéбель

wicket ['wɪkɪt] 1) калúтка 2) окóшечко в дверях 3) ворóтца *(в крикете)*

wide [waɪd] 1. *a* широ́кий, обширный ◇ ~ awake a) бóдрствующий; б) бдúтельный 2. *adv* 1) широкó; open the window ~ открыть окнó настежь 2) далекó; ~ of the truth далекó от úстины 3) мúмо (цéли); ~ of the mark мúмо цéли

widen ['waɪdn] 1) расширять 2) расширяться

widow ['wɪdou] вдова́; ~**er** вдове́ц

width [wɪdθ] 1) ширина́, широта́ 2) полотни́ще

wife [waɪf] (*pl* -ves) жена́

wig [wɪg] пари́к

wigging ['wɪgɪŋ] *разг.* брань, нагоня́й

wild [waɪld] 1) ди́кий 2) бу́йный; бу́рный 3) взбешённый; неи́стовый 4) необду́манный; сумасбро́дный ◊ be ~ about быть без ума́ от

wilderness ['wɪldənɪs] пусты́ня; ди́кая ме́стность

wile [waɪl] 1. *n (обыкн. pl)* хи́трая проде́лка 2. *v* зама́нивать; завлека́ть

wilful ['wɪlful] 1) своенра́вный 2) преднаме́ренный

will I [wɪl] 1. *n* 1) во́ля, жела́ние; free (ill) ~ до́брая (зла́я) во́ля; against one's ~ про́тив во́ли (*или* жела́ния); of one's own free ~ по свое́й до́брой во́ле 2) во́ля, си́ла во́ли; strong (weak) ~ си́льная (сла́бая) во́ля 3) завеща́ние; make one's ~ написа́ть завеща́ние ◊ at ~ по жела́нию; как (*или* когда́) уго́дно; a ~ of one's own своенра́вие, своево́лие 2. *v* (willed) 1) хоте́ть, жела́ть 2) заставля́ть, веле́ть; we'll have to do as he ~s мы должны́ бу́дем сде́лать, как он вели́т 3): ~ oneself to do smth. заставля́ть себя́ де́лать что-л. 4) завеща́ть

will II (would) 1) *вспомогат. гл., образующий 2 и 3 л. ед. и мн. ч. будущего времени:* she ~ come tomorrow за́втра она́ придёт; you ~ write to us, won't you? вы бу́дете нам писа́ть, непра́вда ли? 2) *в 1 л. выражает жела́ние, наме́рение:* all right, I'll come хорошо́, я охо́тно приду́; we'll pay back the money soon мы ско́ро возврати́м де́ньги ◊ you ~ have seen the notice вы, должно́ быть, ви́дели это объявле́ние

willing ['wɪlɪŋ] 1) *predic* гото́вый, согла́сный; I am ~ я гото́в (*или* согла́сен) 2) стара́тельный; he is a ~ worker он стара́тельный рабо́тник

will-o'-the-wisp ['wɪləðwɪsp] блужда́ющий огонёк

willow ['wɪlou] и́ва; ~**y** [-ɪ] ги́бкий и то́нкий

willynilly ['wɪlɪ'nɪlɪ] во́лей-нево́лей

wilt I [wɪlt] вя́нуть, поника́ть

wilt II *уст. 2 л. ед. ч. от* will II

wily ['waɪlɪ] хи́трый, кова́рный

win [wɪn] (won) 1. *v* 1) выи́грывать; побежда́ть; ~ the day одержа́ть побе́ду 2) (*обыкн.* ~ over, ~ to) убеди́ть; расположи́ть к себе́; склони́ть на свою́ сто́рону 3) добира́ться, достига́ть; ~ through проби́ться; преодоле́ть 2. *n* побе́да (*в игре*)

wince [wɪns] вздро́гнуть, содрогну́ться (*от боли и т. п.*)

winch [wɪntʃ] *тех.* лебёдка, во́рот

wind I [wɪnd] 1. *n* 1) ве́тер

2) дыхание; lose one's ~ запыхаться; recover one's ~ отдышаться 3): the ~ духовые инструменты *мн.* 4) *мед.* газы ◊ get ~ (of) пронюхать *(о чём-л.)* 2. *v* 1) чуять 2) вызвать одышку; заставить задохнуться 3) дать перевести дух

wind II [waind] трубить; играть *(на духовых инструментах)*

wind III [waind] (wound) 1) виться; извиваться 2) наматывать, обматывать 3) наматываться, обматываться 4) заводить *(часы);* ~ **off** а) разматывать; б) разматываться; ~ **up** а) наматывать; б) заканчивать; ликвидировать *(предприятие);* в) заводить *(часы);* г) взвинчивать

windbag ['windbæg] болтун

windfall ['windfɔ:l] плод, сбитый ветром, паданец; *перен.* неожиданное счастье, удача

window ['windou] окно

windpipe ['windpaip] дыхательное горло

wind-screen ['windskri:n] *авт.* 1) переднее стекло 2) *attr.:* ~ wipers «дворники»

windward ['windwəd] 1. *a* наветренный 2. *adv* против ветра 3. *n* наветренная сторона

windy ['windi] 1) ветреный 2) *разг.* хвастливый; болтливый 3) *разг.* испуганный

wine ['wain] вино; ~**glass** [-glɑ:s] рюмка, бокал, стопка

wing ['wiŋ] 1. *n* 1) крыло 2) флигель *(дома)* 3) *pl* театр. кулисы 4) *воен.* фланг 5) *ав.* авиакрыло *(тактическая единица)* 2. *v* 1) ранить в крыло 2): ~ one's way *поэт.* лететь; ~-**commander** [-kə,mɑ:ndə] подполковник авиации *(в Англии)*

wink [wiŋk] 1. *n* моргание 2. *v* мигать, моргать; ~ **at** а) подмигивать; б) смотреть сквозь пальцы

winner ['winə] победитель

winning ['winiŋ] 1. *a* привлекательный 2. *n pl* выигрыш

winnow ['winou] 1) веять *(зерно)* 2) просеивать

winter ['wintə] 1) зима 2) *attr.* зимний

wintry ['wintri] зимний, холодный

wipe ['waip] вытирать; стирать *(пятно и т. п.);* ~ one's eyes утирать слёзы; ~ **away**, ~ **off** стирать; вытирать; ~ **out** уничтожить; *перен.* смыть *(позор и т. п.);* ~ **up** подтирать; ~**r** тряпка

wire ['waiə] 1. *n* 1) проволока 2) провод 3) *разг.* телеграмма 4) *attr.:* ~ entanglement проволочное заграждение 2. *v* 1) связывать проволокой 2) делать электропроводку 3) *разг.* телеграфировать; ~ **in** *разг.* работать изо всех сил; ~**less** 1. *n* радио; радиоприёмник; by ~less по радио 2. *a* беспроволочный

wiring ['waiəriŋ] электропроводка

wiry ['waɪərɪ] выносливый; жилистый

wisdom ['wɪzdəm] мудрость

wise [waɪz] мудрый

wisecrack ['waɪzkræk] *амер. разг.* удачное замечание; острота

wish [wɪʃ] **1.** *n* желание **2.** *v* желать

wishy-washy ['wɪʃɪ,wɔʃɪ] 1) жидкий 2) бесцветный

wisp [wɪsp] клочок, пучок

wistful ['wɪstful] задумчивый, грустный

wit [wɪt] 1) ум 2) остроумие 3) остряк ◇ at one's ~'s end в тупике

witch ['wɪtʃ] ведьма; *шутл.* чародейка; **~ery** [-ərɪ] колдовство; чары *мн.*

witch-hunt ['wɪtʃhʌnt] 1) *ист.* охота за ведьмами 2) *полит.* преследование прогрессивных элементов

with [wɪð] 1) *(при обозначении совместности действия)* с, вместе с 2) *(при обозначении инструмента — соответствует тв. п.)*: cut ~ a knife резать ножом 3) *(по причине)* от; tremble ~ fear дрожать от страха 4) *(при обозначении образа действия)* с; *(переводится тж. наречием)*; ~ sympathy сочувственно 5) *(с глаголами* argue, dispute, quarrel, fight, struggle *и т. п.)* против, с

withdraw [wɪð'drɔː] (withdrew; withdrawn) 1) отдёргивать 2) брать назад 3) *воен.* отводить *(войска)* 4) удаляться; отходить; **~al** [-əl] 1) взятие назад; изъятие 2) удаление 3) *воен.* отход, вывод *(войск)* 4) уход, отход

withdrawn [wɪð'drɔːn] *p. p.* от withdraw

withdrew [wɪð'druː] *past* от withdraw

wither ['wɪðə] вянуть, высыхать

withheld [wɪð'held] *past* и *p. p.* от withhold

withhold [wɪð'hould] (withheld) удерживать; ~ one's consent не давать согласия; ~ one's information утаивать сведения

within [wɪ'ðɪn] 1) *(при обозначении места)* внутри, в пределах; ~ call поблизости; ~ hearing в пределах слышимости 2) в пределах указанного времени; ~ a year в течение года

without [wɪ'ðaut] 1) без; go ~ обходиться без 2) *уст.* вне, снаружи

withstand [wɪð'stænd] (withstood) выдержать

withstood [wɪð'stud] *past* и *p. p.* от withstand

witless ['wɪtlɪs] глупый

witness ['wɪtnɪs] **1.** *n* 1) свидетельство 2) свидетель **2.** *v* 1) быть свидетелем *(чего-л.)* 2) заверять *(документ в качестве свидетеля)*

witticism ['wɪtɪsɪzm] острота

wittingly ['wɪtɪŋlɪ] умышленно

witty ['wɪtɪ] остроумный

wives [waɪvz] *pl* от wife

wizard ['wɪzəd] колдун

wizen(ed) ['wɪzn(d)] сморщенный, высохший

wobbl||e ['wɔbl] 1) шата́ться 2) шата́ть, кача́ть; ~y [-l] ша́ткий

woe ['wou] *поэт., шутл.* го́ре; **~begone** [-bɪˌgɔn] удручённый; **~ful** скорбный, го́рестный; жа́лкий

woke [wouk] *past и p. p. от* wake II

woken ['wouk(ə)n] *p. p. от* wake II

wolf ['wulf] **1.** *n* (*pl* -ves) волк **2.** *v разг.* пожира́ть (*тж.* ~ down); **~ish** во́лчий

wolves [wulvz] *pl от* wolf

woman ['wumən] (*pl* women) же́нщина; **~hood** [-hud] 1) зре́лость, расцве́т же́нщины 2) *собир.* же́нщины 3) же́нственность; **~ly** же́нственный

womb [wu:m] *анат.* ма́тка; *перен. книжн.* ло́но

women ['wimin] *pl от* woman; **~folk** [-fouk] *собир.* же́нщины

won [wʌn] *past и p. p. от* win

wonder ['wʌndə] **1.** *n* 1) чу́до; work ~s твори́ть чудеса́ 2) удивле́ние; no ~ it's cold, the window is open неудиви́тельно, что здесь хо́лодно — окно́ откры́то **2.** *v* 1) удивля́ться 2) жела́ть знать ◇ I shouldn't ~ if неудиви́тельно бу́дет, е́сли...; **~ful** удиви́тельный, замеча́тельный

wont [wount] **1.** *n:* (he) as was his ~ (он) по своему́ обыкнове́нию... **2.** *predic a:* be ~ to име́ть привы́чку

won't [wount] *сокр. от* will not

woo [wu:] уха́живать (*за же́нщиной*); сва́таться

wood ['wud] 1) лес 2) де́рево (*как материал*) 3) дрова́; **~cock** [-kɔk] ва́льдшнеп; **~cut** [-kʌt] гравю́ра на де́реве; **~cutter** [-ˌkʌtə] 1) дровосе́к 2) гравёр по де́реву

wooded ['wudɪd] леси́стый

wooden ['wudn] деревя́нный

wood||pecker ['wudˌpekə] дя́тел; **~-pulp** [-pʌlp] древе́сная ма́сса; **~work** [-wə:k] *собир.* 1) деревя́нные ча́сти (*строения*) 2) изде́лия из де́рева

wool [wul] шерсть

wool-gathering ['wulˌgæðərɪŋ] рассе́янность, вита́ние в облака́х

wool||len ['wulɪn] **1.** *a* шерстяно́й **2.** *n* (*обыкн. pl*) шерстяна́я мате́рия, оде́жда; **~ly 1.** *a* покры́тый ше́рстью; *перен.* нея́сный, расплы́вчатый **2.** *n разг.* сви́тер

word ['wə:d] **1.** *n* 1) сло́во; be as good as one's ~ сде́ржать обеща́ние; оправда́ть дове́рие; have ~s (*with*) кру́пно поссо́риться; in a ~ одни́м сло́вом 2) вести *мн.*; изве́стие, сообще́ние 3) приказа́ние 4) паро́ль ~ by ~ of mouth у́стно, на слова́х; the last ~ (*in smth.*) после́днее сло́во, нове́йшее достиже́ние (*в чём-л.*) **2.** *v* выража́ть слова́ми, формули́ровать; ~ a telegram соста́вить телегрáмму; ~ing формулирóвка, редáкция *(докумéнта)*

wore [wɔː] *past от* wear 1

work [wəːk] 1. *n* 1) рабóта, труд; дéло; дéйствие; at ~ а) за рабóтой; б) в дéйствии; out of ~ безрабóтный 2) произведéние; сочинéние 3) *pl* завóд; мастерскúе 4) *pl* стройтельные рабóты 5) *(обыкн. pl) воен.* оборонúтельные укреплéния 6) *pl* механúзм 2. *v* 1) рабóтать 2) заставлять рабóтать 3) управлять *(машúной и т. п.)* 4) дéйствовать, окáзывать дéйствие 5): ~ one's way through проникáть, проклáдывать себé дорóгу 6): ~ mines разрабáтывать кóпи; ~ at рабóтать над; ~ into вставлять; can you ~ this quotation into your speech? вы мóжете встáвить эту цитáту в вáшу речь?; ~ on: ~ on smb. to обрабáтывать когó-л.; ~ out: ~ out a plan выработать план; ~ over: ~ over a letter передéлать письмó; ~ up: ~ up an appetite нагулять себé аппетúт ◊ ~ against time старáться кóнчить к определённому срóку; she is ~ing herself to death онá убивáет себя рабóтой; the plan didn't ~ из этого плáна ничегó не вышло

worker [ˈwəːkə] рабóчий; рабóтник

working [ˈwəːkɪŋ] рабóтающий, рабóчий; ~ capacity трудоспосóбность; ~ capital *эк.* оборóтный капитáл

workmanship [ˈwəːkmənʃɪp] искýсство, мастерствó

workshop [ˈwəːkʃɔp] мастерскáя; цех

world [ˈwəːld] 1) мир, свет 2) *attr.* мировóй, всемúрный ◊ be on top of the ~ быть на седьмóм нéбе; think the ~ of быть óчень высóкого мнéния о; I wouldn't go there for the ~ я ни за что не пойдý туда; ~ly мирскóй, земнóй

world-wide [ˈwəːldwaɪd] мировóй; распространённый по всемý свéту

worm [wəːm] 1. *n* 1) червяк, червь 2) глист 2. *v*: ~ one's way вползáть ◊ ~ a secret out of smb. выведать тáйну у когó-л.; ~ oneself into smb.'s confidence вкрáсться к комý-л. в довéрие

wormwood [ˈwəːmwud] полынь; the thought was ~ to him *перен.* ему было óчень гóрько от этой мысли

worn [wɔːn] *p. p. от* wear 1

worry [ˈwʌrɪ] 1. *n* беспокóйство; тревóга *v* 1) надоедáть 2) мýчить 3) беспокóиться 4) терзáть, рвать зубáми *(о собаке)*

worse [wəːs] *(сравн. ст. от* bad*)* хýдший; хýже

worship [ˈwəːʃɪp] 1. *n* 1) богослужéние 2) поклонéние; обожáние ◊ your W. вáша мúлость *(обращéние)* 2. *v* поклоняться; обожáть; почитáть

worst [wəːst] 1. *a (превосх. ст. от* bad*)* наихýдший 2. *adv (превосх. ст. от* badly*)* хýже всегó 3. *v книжн.*

одержать верх; нанести поражение; победить 4. *n*: if the ~ comes to the ~ в самом худшем случае; he always thinks the ~ of everybody он всегда думает о людях только самое плохое; at (the) ~ в худшем случае

worsted ['wustɪd] шерстяной; камвольный

worth ['wə:θ] 1. *n* 1) ценность; значение; he was never aware of her ~ он никогда не отдавал ей должного 2) стоимость 2. *predic a* 1) стоящий; it is ~... это стоит...; what is it ~? сколько это стоит? 2) заслуживающий; it is not ~ taking the trouble это не стоит того, чтобы беспокоиться ◇ for all one is ~ изо всех сил; he was running for all he was ~ он бежал изо всех сил; **~less** *a* 1) *predic*: it is ~less это ничего не стоит 2) никчёмный, никудышный; **~while** [-waɪl] стоящий

worthy ['wə:ðɪ] *a* 1) достойный 2) *predic*: the plan isn't ~ of further consideration этот план не заслуживает дальнейшего обсуждения 3) *ирон.* достопочтенный

would [wud *(полная форма)*, wəd, əd, d *(редуцированные формы)*] 1) *past indicative* от will II: they ~ not help him они не хотели (*или* не желали) помочь ему 2) *вспомогат. глагол, образующий*: а) *2 и 3 л. ед. и мн. ч. будущего в прошедшем*: he said he ~ help us он сказал, что поможет нам; he said that they ~ have come by that time он сказал, что они к тому времени уже придут; б) *условное накл.*: if he knew them he ~ speak to them если бы он знал их, он бы с ними поговорил 3) *в 1 л. с оттенком желания, намерения*: we ~ have come if it had not rained мы бы обязательно пришли, если бы не лил дождь 4) *(обычное, повторяющееся действие в прошлом)*: she ~ sit for hours doing nothing она, бывало, сидела часами, ничего не делая ◇ I ~ rather (*или* sooner) go я бы предпочёл пойти; я бы лучше пошёл

would-be ['wudbɪ] с претензией (*на что-л.*)

wound I [wu:nd] 1. *n* рана 2. *v* ранить

wound II [waund] *past и p. p.* от wind III

wove [wouv] *past* от weave

woven ['wouv(ə)n] *p. p.* от weave

wraith [reɪθ] призрак

wrangl∥e ['ræŋgl] 1. *n* шумный спор; ссора 2. *v* спорить; ~er спорщик

wrap ['ræp] 1. *n pl* шаль; плед 2. *v* завёртывать; закутывать; ~per 1) обёртка 2) халат; ~ping 1) обёртка 2) обёрточная бумага

wrath [rɔ:θ] гнев

wreak [ri:k]: ~ one's anger upon smb. излить свой гнев на кого-л.; ~ vengeance upon smb. отомстить кому-л.

wreath [ri:θ] 1) венок; гирлянда 2) кольцо *(дыма)*

wreathe [ri:ð] 1) плести *(венок)* 2) обвивать 3) обвиваться 4) клубиться *(о дыме)*

wreck ['rek] 1. *n* 1) крушение, авария; *перен.* развалина; he's just a ~ of his former self в какую он превратился развалину 2) остов разбитого судна 2. *v* топить *(судно)*; вызвать аварию; *перен.* разрушать *(здоровье, планы)*; **~age** [-ɪdʒ] обломки крушения *мн.*; **~er** вредитель

wrench [rentʃ] 1. *n* 1) дёрганье 2) вывих *(ноги и т. п.)* 3) боль, тоска *(при внезапной разлуке)* 4) *тех.* гаечный ключ 2. *v* 1) вырвать; дёрнуть 2) вывихнуть *(ногу и т. п.)* 3) искажать *(смысл, факты и т. п.)*

wrest [rest] 1) вырывать *(из рук)* 2) исторгать *(согласие)* 3) искажать; истолковывать в свою пользу

wrestle ['resl] 1. *v* бороться 2. *n* борьба

wretch ['retʃ] 1) несчастный; poor ~ бедняга 2) негодяй; **~ed** [-ɪd] 1) несчастный 2) никудышный 3) скверный

wriggle ['rɪgl] 1. *n* изгиб; извив 2. *v* извиваться; ёрзать; ~ out of smth. увиливать от чего-л.

wring [rɪŋ] (wrung) 1) *(тж.* ~ out*)* выжимать *(о белье, соке и т. п.)* 2) ~ smb.'s hand крепко пожать кому-л. руку; ~ one's hands ломать руки 3) терзать *(душу)* 4): ~ smth. out of smb. вымогать что-л. у кого-л.

wrinkle I ['rɪŋkl] 1. *n* морщина 2. *v* 1) морщить 2) морщиться

wrinkle II *разг.* полезный совет, намёк

wrist ['rɪst] запястье; **~band** [-bænd] манжета, обшлаг

writ [rɪt] *юр.* повестка, предписание; исковое заявление

write [raɪt] (wrote; written) писать; ~ **down** записывать; ~ **off** а) писать с лёгкостью; б) отсылать письмо; в) аннулировать; списывать со счёта; ~ **out**: ~ out in full выписывать полностью; подробно описывать; ~ **up** а) подробно описывать; б) расхваливать *(в печати)*

writer ['raɪtə] писатель; автор

write-up ['raɪt'ʌp] 1) похвальная статья *(в печати)* 2) подробный газетный отчёт

writhe [raɪð] корчиться *(от боли)*; *перен.* терзаться

writing ['raɪtɪŋ] 1) писание 2) *pl* (литературные) произведения

written ['rɪtn] *p. p.* от write

wrong [rɔŋ] 1. *a* 1) несправедливый; дурной 2) неправильный, ошибочный; не тот ◇ on the ~ side of thirty (forty *etc*) за тридцать (сорок и т. п.) лет; do ~ сбиться с пути истинного; go ~ не удаваться 2. *adv* неправильно, неве́рно 3. *n* 1) зло; непра́вда 2) несправедли́вость ◊ do ~ греши́ть; be in the ~ быть непра́вым 4. *v* быть несправедли́вым; причини́ть зло

wrote [rout] *past* от write

wrought [rɔ:t] *уст. past и p. p. от* work 2

wrought-up ['rɔ:t'ʌp] взви́нченный

wrung [rʌŋ] *past и p. p. от* wring

wry [rai] криво́й, переко́шенный

X

X, x I [eks] *двадцать четвёртая буква англ. алфавита*

x II *мат.* икс, неизве́стная величина́

xenomania [,zenə'meinjə] страсть ко всему́ иностра́нному

Xmas ['krisməs] *см.* Christmas

X-rays ['eks'reiz] *pl* рентге́новы лучи́

xylonite ['zailənait] целлуло́ид

xylophone ['zailəfoun] *муз.* ксилофо́н

Y

Y, y [wai] *двадцать пятая буква англ. алфавита*

yacht [jɔt] я́хта

Yankee ['jæŋki] я́нки, америка́нец

yap [jæp] 1. *n* тя́вканье 2. *v* тя́вкать; *разг.* болта́ть

yard I [jɑ:d] 1) ярд *(914 см)* 2) *мор.* ре́я

yard II двор

yarn [jɑ:n] 1) пря́жа 2) *разг.* расска́з; ска́зка; анекдо́т

yawl [jɔ:l] *мор.* ял

yawn [jɔ:n] 1. *n* зево́та 2. *v* 1) зева́ть 2) зия́ть

ye [ji:] *уст., поэт.* вы

yea [jei] *уст. см.* yes

year ['jə:] год; ~ by ~ ка́ждый год; ~ in ~ out из го́да в год; **~-book** [-buk] ежего́дник

yearn [jə:n] 1) томи́ться, тоскова́ть *(no — for, after)* 2) стреми́ться *(к — for to)*

yeast [ji:st] дро́жжи

yell [jel] 1. *n* пронзи́тельный крик, вопль 2. *v* крича́ть, вопи́ть

yellow ['jelou] 1. *a* 1) жёлтый 2) бульва́рный, прода́жный *(о прессе)* 3) *разг.* трусли́вый 2. *n* жёлтый цвет

yelp [jelp] 1. *n* соба́чий визг, лай 2. *v* ла́ять, тя́вкать, визжа́ть

yeoman ['joumən] *ист.* йо́мен; **~ry** [-ri] *ист.* 1) ме́лкие землевладе́льцы; йо́мены 2) территориа́льная доброво́льческая ко́нница

yes ['jes] да; **~-man** [-mæn] *разг.* челове́к, всегда́ подда́кивающий; подхали́м

yesterday ['jestədi] вчера́

yet [jet] **1.** *adv* 1) ещё 2) всё ещё; ещё не 3) ужé; need you go ~? вам ужé нáдо идти? 4) дáже; ~ more important дáже важнéе 5) strange and ~ true стрáнно, но тем не мéнее вéрно; the largest specimen found сáмый крýпный экземпляр из рáнее нáйденных **2.** *cj* 1) однáко 2) всё же, тем не мéнее

Yiddish [ˈjɪdɪʃ] идиш, еврéйский язык

yield [jiːld] **1.** *n* 1) сбор плодóв; урожáй 2) колѝчество добывáемого продýкта **2.** *v* 1) производить, приносить *(урожáй, дохóд)* 2) уступáть; сдавáться

yoke [jouk] **1.** *n* 1) ярмó; *перен. тж.* игó 2) коромысло *(для вёдер)* 3): ~ of oxen пáра запряжённых волóв 4) кокéтка *(на плáтье)* **2.** *v* 1) впрягáть в ярмó 2) соединять, спáривать

yokel [ˈjouk(ə)l] деревéнщина

yolk [jouk] желтóк

yonder [ˈjɔndə] **1.** *adv* вон там **2.** *а книжн.* вон тот

yore [jɔː]: (in days) of ~ во врéмя óно

you [juː *(полная фóрма)*, ju *(редуцированная фóрма)*] *pers pron* вы; ты; *объектн. п.* вас, вам; тебя, тебé

young [jʌŋ] **1.** *а* 1) молодóй 2) неóпытный 3) недáвний **2.** *n*: the ~ *собир.* а) молодёжь; б) молоднÿк *(животных)*; **~ster** [-stə] юнéц

your [jɔː *(полная фóрма*

перед согласным), jɔ *(редуцированная фóрма перед согласным)*, jɔːr *(полная фóрма перед гласным)*, jɔr *(редуцированная фóрма перед гласным)*] *poss pron* ваш, вáша, вáше, вáши; твой, твоя, твоё, твои; свой, своя, своё, свои

yours [jɔːz] *poss pron (несвязанная фóрма к* your*), упóтр. вмéсто сущ.* ваш, вáша, вáше, вáши; твой, твоя, твоё, твои; свой, своя, своё, свои

yourself [jɔːˈself] 1) *refl pron* 2 л. ед. ч. себя, -ся; look at ~ посмотри(те) на себя 2) *emphatic pron (для усилéния)* сáм(и); you know it ~ ты знáешь (вы знáете) это сáм(и) ◊ you came to ~ ты пришёл (вы пришли) в себя; you are not ~ ты (вы) сам не свой; do it by ~ сдéлай(те) это сáм(и)

yourselves [jɔːˈselvz] 1) *refl pron* 2 л. мн. ч. себя, -ся 2) *emphatic pron (для усилéния)* сáми; you know it ~ вы знáете это сáми ◊ you came to ~ rather late вы пришли в себя довóльно пóздно; you will do the work all by ~ вы сдéлаете эту рабóту совершéнно самостоятельно (одни)

youth [ˈjuːθ] 1) юность 2) юноша 3) *собир.* молодёжь; **~ful** юный, юношеский; моложáвый

Yugoslav [ˈjuːgo(u)ˈslɑːv] **1.** *а* югослáвский **2.** *n* югослáв; югослáвка

Z

Z, z [zed] *двадцать шестая буква англ. алфавита*

zeal [ziː] рвение, усердие

zealous ['zeləs] рьяный, ревностный, усердный

zephyr ['zefə] 1) (Z.) западный ветер 2) *поэт.* зефир, лёгкий ветерок

zero ['zɪərou] 1) нуль 2) нулевая точка *(шкалы)* 3) *attr.*: ~ hour а) *воен.* час начала наступления; б) решительный час

zest [zest] 1) «изюминка», пикантность 2) интерес, жар

zinc [zɪŋk] 1) цинк 2) *attr.*: ~ white цинковые белила *мн.*

zip [zɪp] 1. *n* 1) свист пули; свистящий звук 2) энергия, живость; стремительность 2. *v*: ~ up застёгивать на «молнию»

zip-fastener, zipper ['zɪp͵fɑːsnə, 'zɪpə] «молния» *(застёжка)*

zodiac ['zoudɪæk] *астр.* зодиак; signs of the ~ знаки зодиака

zone [zoun] 1. *n* зона, пояс; полоса; район 2. *v* опоясывать

Zoo [zuː] *разг.* зоопарк

zoology [zo(u)'ɔlədʒɪ] зоология

ГЕОГРАФИЧЕСКИЕ НАЗВАНИЯ

Abyssinia [,æbɪ'sɪnjə] Абиссиния; *см.* Ethiopia

Addis Ababa ['ædɪs'æbəbə] Аддис-Абеба

Aden ['ɑːdn] Аден

Adriatic Sea [,eɪdrɪ'ætɪk'siː] Адриатическое море

Aegean Sea [ɪ'dʒiːən'siː] Эгейское море

Afghanistan [æf'gænɪstæn] Афганистан

Africa ['æfrɪkə] Африка

Alaska [ə'læskə] Аляска

Albania [æl'beɪnjə] Албания; **People's Republic of Albania** ['piːplzrɪ'pʌblɪkəvæl'beɪnjə] Народная Республика Албания

Aleutian Islands [ə'luːʃən'aɪləndz] Алеутские острова

Alexandria [,ælɪg'zɑːndrɪə] Александрия

Algeria [æl'dʒɪərɪə] Алжир; **Algerian People's Democratic Republic** [æl'dʒɪərɪən'piːplz,deməˈkrætɪkrɪ'pʌblɪk] Алжирская Народная Демократическая Республика

Algiers [æl'dʒɪəz] *г.* Алжир

Alma-Ata [,ɑːlmɑːˈtɑː] Алма-Ата

Alps, the [ælps] Альпы

Amazon ['æməzɔn] *р.* Амазонка

America (North, South) [ə'merɪkə (nɔːθ,sauθ)] Америка (Северная, Южная)

Amsterdam ['æmstədæm] Амстердам

Amu Darya [ɑː'muːdɑːr'jɑː] *р.* Амударья

Amur [ə'muə] *р.* Амур

Angola [æŋ'goulə] Ангола

Ankara ['æŋkərə] Анкара

Antarctic Continent [ænt'ɑːktɪk'kɔntɪnənt] Антарктида

Apennines ['æpɪnaɪnz] Апеннины

Appalachians [,æpə'lætʃɪənz] Аппалачи

Arabia [ə'reɪbjə] Аравия

Arab Republic of Egypt, the ['ærəbrɪ'pʌblɪkəv'iːdʒɪpt] Арабская Республика Египет

Aral Sea [ʌ'rɑːl'siː] Аральское море

Arctic ['ɑːktɪk] Арктика; **~ Ocean** ['ɑːktɪk'ouʃ(ə)n] Северный Ледовитый океан

Argentina [,ɑːdʒən'tiːnə] Аргентина

Armenian Soviet Socialist Republic [ɑː'miːnjən'souvɪet'souʃəlɪstrɪ'pʌblɪk] Армянская Советская Социалистическая Республика

Ashkhabad [,ɑːʃkɑː'bɑːd] Ашхабад

Asia ['eɪʃə] Азия

Asia Minor [ˈeɪʃəˈmaɪnə] Ма́лая А́зия

Athens [ˈæθənz] Афи́ны

Atlantic Ocean [ətˈlæntɪkˈouʃ(ə)n] Атланти́ческий океа́н

Australia [ɔːsˈtreɪljə] Австра́лия

Austria [ˈɔːstrɪə] А́встрия

Azerbaijan Soviet Socialist Republic [ɑːˌzəbaɪˈdʒɑːnˈsouvɪetˈsouʃəlɪstrɪˈpʌblɪk] Азербайджа́нская Сове́тская Социалисти́ческая Респу́блика

Azov, Sea of [ˈsiːəvɑːˈzɔːf] Азо́вское мо́ре

Bag(h)dad [ˈbægdæd] Багда́д

Baikal, Lake [ˈleɪkbaɪˈkɑːl] оз. Байка́л

Baku [bʌˈkuː] Баку́

Balkans [ˈbɔːlkənz] Балка́ны

Baltic Sea [ˈbɔːltɪkˈsiː] Балти́йское мо́ре

Bangkok [bæŋˈkɔk] Бангко́к

Bangla Desh [ˌbɑːŋləˈdeʃ] Ба́нгладе́ш; **People's Republic of Bangla Desh** [ˈpiːplzɪˈpʌblɪkəvˌbɑːŋləˈdeʃ] Наро́дная Респу́блика Ба́нгладе́ш

Barents Sea [ˈbærəntsˈsiː] Ба́ренцево мо́ре

Beirut [beɪˈruːt] Бейру́т

Belgium [ˈbeldʒəm] Бе́льгия

Belgrade [ˈbelgreɪd] Белгра́д

Bering Sea (Strait) [ˈberɪŋˈsiː(ˈstreɪt)] Бе́рингово мо́ре (Бе́рингов проли́в)

Berlin [bəˈlɪn] Берли́н

Bermuda Islands, Bermudas [bəˈmjuːdəˈaɪləndz, bəˈmjuːdəz] Берму́дские о-ва́

Bern(e) [bəːn] Берн

Birmingham [ˈbəːmɪŋəm] Би́рмингем

Biscay, Bay of [ˈbeɪəvˈbɪskeɪ] Биска́йский зали́в

Bissau [bɪˈsau] Биса́у

Black Sea [ˈblækˈsiː] Чёрное мо́ре

Bolivia [bəˈlɪvɪə] Боли́вия

Bombay [bɔmˈbeɪ] Бомбе́й

Bonn [bɔn] Бонн

Boston [ˈbɔstən] Бо́стон

Botswana [bɔtsˈwɑːnə] Ботсва́на

Brazil [brəˈzɪl] Брази́лия

Brazzaville [ˈbræzəvɪl] Браззави́ль

Bristol [ˈbrɪstl] Бристо́ль

Brussels [ˈbrʌslz] Брюссе́ль

Bucharest [ˈbuːkərest] Бухаре́ст

Budapest [ˈbuːdəˌpest] Будапе́шт

Buenos Aires [ˈbweɪnəsˈɛərɪz] Буэ́нос-А́йрес

Bulgaria [bʌlˈgɛərɪə] Болга́рия; **People's Republic of Bulgaria** [ˈpiːplzɪˈpʌblɪkəvbʌlˈgɛərɪə] Наро́дная Респу́блика Болга́рия

Burma [ˈbəːmə] Би́рма

Burundi [buˈruːndɪ] Буру́нди

Byelorussian Soviet Socialist Republic [ˌbjelo(u)ˈrʌʃ(ə)nˈsouvɪetˈsouʃəlɪstrɪˈpʌblɪk] Белору́сская Сове́тская Социалисти́ческая Респу́блика

Cairo [ˈkaɪərou] Каи́р

Calcutta [kæl'kʌtə] Кальку́тта

California [ˌkælɪ'fɔːnjə] Калифо́рния

Cambodia [kæm'boudɪə] Камбо́джа

Cambridge ['keɪmbrɪdʒ] Ке́мбридж

Cameroun [ˌkæm'ruːn] Камеру́н

Canada ['kænədə] Кана́да

Canberra ['kænbərə] Ка́нберра

Cape Town, Capetown ['keɪpˌtaun] Ке́йптаун

Cardiff ['kɑːdɪf] Ка́рдифф

Carpathians [kɑː'peɪθɪənz] Карпа́ты

Caspian Sea ['kæspɪən'siː] Каспи́йское мо́ре

Caucasus, the ['kɔːkəsəs] Кавка́з

Central African Republic ['sentr(ə)l'æfrɪkənrɪ'pʌblɪk] Центра́льноафрика́нская Респу́блика

Ceylon [sɪ'lɔn] Цейло́н

Chad [tʃæd] *см.* Tchad

Chicago [ʃɪ'kɑːgou] Чика́го

Chile ['tʃɪlɪ] Чи́ли

China ['tʃaɪnə] Кита́й; **Chinese People's Republic** ['tʃaɪ-'niːz'piːplzrɪ'pʌblɪk] Кита́йская Наро́дная Респу́блика

Clyde [klaɪd] *р.* Клайд

Colombia [kə'lʌmbɪə] Колу́мбия

Conakry ['kɔːnəkrɪ] Ко́накри

Congo ['kɔŋgou] *р.* Ко́нго

Congo ['kɔŋgou] Ко́нго; **People's Republic of Congo** ['piːplzrɪ'pʌblɪkəv'kɔŋgou] Наро́дная Респу́блика Ко́нго

Copenhagen [ˌkoup(ə)n'heɪg(ə)n] Копенга́ген

Cordillera [ˌkɔːdɪ'jeɪrɑː] Кордильеры

Cornwall ['kɔːnwɔːl] Ко́рнуолл

Costa Rica ['kɔstə'riːkə] Ко́ста-Ри́ка

Coventry ['kɔvəntrɪ] Ко́вентри

Crete [kriːt] *о-в* Крит

Crimea, the [kraɪ'mɪə] Крым

Cuba ['kjuːbə] Ку́ба; **Republic of Cuba** [rɪ'pʌblɪkəv-'kjuːbə] Респу́блика Ку́ба

Cyprus ['saɪprəs] *о-в* Кипр

Czechoslovakia ['tʃeko(u)slo(u)'vækɪə] Чехослова́кия; **Czechoslovak Socialist Republic** ['tʃeko(u)slo(u)'væk-'souʃəlɪstrɪ'pʌblɪk] Чехослова́цкая Социалисти́ческая Респу́блика

Dacca ['dækə] Да́кка

Dahomey [də'houmɪ] Дагоме́я

Damascus [də'mæskəs] Дама́ск

Danube ['dænjuːb] *р.* Дуна́й

Delhi ['delɪ] Де́ли

Denmark ['denmɑːk] Да́ния

Detroit [dɪ'trɔɪt] Детро́йт

Dnieper ['niːpə] *р.* Днепр

Dniester ['niːstə] *р.* Днестр

Dominican Republic [do(u)-'mɪnɪkənrɪ'pʌblɪk] Доминика́нская Респу́блика

Don [dɔn] *р.* Дон

Dover ['douvə] Дувр

Dover, Strait of ['streɪtəv-'douvə] Па-де-Кале
Dublin ['dʌblɪn] Дублин
Dunkirk ['dʌnkəːk] Дюнкерк
Dyushambe [djuː'ʃæmbə] Душанбе

Ecuador ['ekwədɔː] Эквадор
Edinburgh ['ednbərə] Эдинбург
Egypt ['iːdʒɪpt] Египет
Elba ['elbə] о-в Эльба
Elbe [elb] р. Эльба
England ['ɪŋglənd] Англия
English Channel ['ɪŋglɪʃ-'tʃænl] Ла-Манш
Estonian Soviet Socialist Republic [es'tounjən'souviet-'souʃəlɪstrɪ'pʌblɪk] Эстонская Советская Социалистическая Республика
Ethiopia [ˌiːθɪ'oupɪə] Эфиопия
Etna ['etnə] Этна
Europe ['juərəp] Европа
Everest ['evərest] Эверест

Finland ['fɪnlənd] Финляндия
Florida ['flɔrɪdə] Флорида
France [frɑːns] Франция
Frunze ['fruːnzə] Фрунзе

Gabon [gɑː'bɔːŋ] Габон
Gambia ['gæmbɪə] Гамбия
Ganges ['gændʒiːz] р. Ганг
Geneva [dʒɪ'niːvə] Женева
Georgetown ['dʒɔːdʒtaun] Джорджтаун
Georgian Soviet Socialist Republic ['dʒɔːdʒjən'souviet'souʃəlɪstrɪ'pʌblɪk] Грузинская Советская Социалистическая Республика
German Democratic Republic ['dʒəːmən,deməʹkrætɪkrɪ'pʌblɪk] Германская Демократическая Республика
German Federal Republic ['dʒəːmən'fedər(ə)lrɪ'pʌblɪk] Федеративная Республика Германии
Ghana ['gɑːnə] Гана
Gibraltar [dʒɪ'brɔːltə] Гибралтар
Glasgow ['glɑːsgou] Глазго
Goa ['gouə] Гоа
Great Britain ['greɪt'brɪtn] Великобритания
Greece [griːs] Греция
Greenland ['griːnlənd] Гренландия
Greenwich ['grɪnɪdʒ] Грин(в)ич
Guatemala [ˌgwɑːtɪ'mɑːlə] Гватемала
Guiana [gɪ'ɑːnə] Гвиана
Guinea ['gɪnɪ] Гвинея; **Republic of Guinea** [rɪ'pʌblɪkəv-'gɪnɪ] Гвинейская Республика
Guyana [gaɪ'ɑːnə] Гайана

Hague, the [heɪg] Гаага
Haiti ['heɪtɪ] о-в Гаити
Hanoi [hɑː'nɔɪ] Ханой
Havana [hə'vænə] Гавана
Hawaiian Islands [hə'waɪɪən'aɪləndz] Гавайские о-ва
Hebrides (the) ['hebrɪdiːz] Гебридские о-ва
Helsinki ['helsɪŋkɪ] Хельсинки
Himalaya(s), the [ˌhɪmə-'leɪə(z)] Гималаи

Hindustan [ˌhɪndo(u)'stɑːn] *п-ов* Индостан

Hiroshima [hɪ'rɔːʃmɑː] Хиросима

Holland ['hɔlənd] Голландия

Hollywood ['hɔlɪwud] Голливуд

Honduras [hɔn'djuərəs] Гондурас

Hong-Kong ['hɔŋ'kɔŋ] Гонконг

Horn, Cape ['keɪp'hɔːn] мыс Горн

Hudson ['hʌdsn] *р.* Гудзон

Hungary ['hʌŋgərɪ] Венгрия; **Hungarian People's Republic** [hʌŋ'gɛərɪən'piːplzɪ'pʌblɪk] Венгерская Народная Республика

Hwang Ho ['hwæŋ'hou] *р.* Хуанхэ

Iceland ['aɪslənd] Исландия

India ['ɪndjə] Индия

Indian Ocean ['ɪndjən'ouʃ(ə)n] Индийский океан

Indonesia [ˌɪndo(u)'niːʒə] Индонезия

Iran [ɪ'rɑːn] Иран

Iraq [ɪ'rɑːk] Ирак

Ireland ['aɪələnd] Ирландия

Israel ['ɪzreɪ(ə)l] Израиль

Istanbul [ˌɪstæm'buːl] Стамбул

Italy ['ɪtəlɪ] Италия

Ivory Coast ['aɪvo(u)rɪ'koust] Берег Слоновой Кости

Jakarta [dʒə'kɑːtə] Джакарта

Jamaica [dʒə'meɪkə] Ямайка

Japan [dʒə'pæn] Япония

Jerusalem [dʒə'ruːsələm] Иерусалим

Jordan ['dʒɔːd(ə)n] Иордания

Jugoslavia ['juːgo(u)'slɑːvjə] *см.* Yugoslavia

Kabul [kə'buːl] Кабул

Karachi [kə'rɑːtʃɪ] Карачи

Kara Sea ['kɑːrə'siː] Карское море

Kashmir ['kæʃmɪə] Кашмир

Kazakh Soviet Socialist Republic [kə'zɑːh'souvɪet'souʃəlɪstrɪ'pʌblɪk] Казахская Советская Социалистическая Республика

Kenya ['kiːnjə] Кения

Kiev ['kiːjef] Киев

Kinshasa [kɪn'ʃɑːsə] Киншаса

Kirghiz Soviet Socialist Republic [kə'gɪz'souvɪet'souʃəlɪstrɪ'pʌblɪk] Киргизская Советская Социалистическая Республика

Kishinev [ˌkɪʃɪ'njɔːf] Кишинёв

Klondike ['klɔndaɪk] Клондайк

Korea [ko(u)'riːə] Корея; **Korean People's Democratic Republic** [ko(u)'riːən'piːplzˌdemə'krætɪkrɪ'pʌblɪk] Корейская Народно-Демократическая Республика; **South Korea** ['sauθko(u)'riːə] Южная Корея

Kuala Lumpur ['kwɑːlə'lumpɪə] Куала-Лумпур

Kuril(e) Islands [kuˈrɨl-ˈailəndz] Курильские о-ва́
Kuwait [kuˈwait] Куве́йт

La Manche [lɑːˈmɑːŋʃ] Ла-Ма́нш
Laos [ˈleiɔs] Лао́с
Latvian Soviet Socialist Republic [ˈlætviənˈsouviətˈsouʃəlistriˈpʌblik] Латви́йская Сове́тская Социалисти́ческая Респу́блика
Lebanon [ˈlebənən] Лива́н
Leeds [liːdz] Лидс
Lena [ˈljenə] *р.* Ле́на
Leningrad [ˈleniŋgrɑːd] Ленингра́д
Lesotho [leˈsɔtə] Лесо́то
Lhasa [ˈlɑːsə] Лха́са
Liberia [laiˈbiəriə] Либе́рия
Libya [ˈlibiə] Ли́вия
Lisbon [ˈlizbən] Лиссабо́н
Lithuanian Soviet Socialist Republic [ˌliθjuːˈeinjənˈsouviətˈsouʃəlistriˈpʌblik] Лито́вская Сове́тская Социалисти́ческая Респу́блика
Liverpool [ˈlivəpuːl] Ливерпу́ль
London [ˈlʌndən] Ло́ндон
Los Angeles [lɔsˈændʒələs] Лос-А́нджелес
Luxemburg [ˈlʌksəmbəːg] Люксембу́рг

Madagascar [ˌmædəˈgæskə] *о-в* Мадагаска́р
Madrid [məˈdrid] Мадри́д
Malagasy Republic [ˌmæləˈgæsiriˈpʌblik] Малагаси́йская Респу́блика
Malawi [mɑːˈlɑːwi] Мала́ви
Malaysia [məˈleizə] Мала́йзия

Maldive Islands [ˈmældaivˈailəndz] Мальди́вские о-ва́
Mali [ˈmɑːli] Мали́
Malta [ˈmɔːltə] Ма́льта
Manchester [ˈmæntʃistə] Ма́нчестер
Massachusetts [ˌmæsəˈtʃuːsets] Массачу́сетс
Mauritania [ˌmɔːriˈteiniə] Маврита́ния
Mediterranean Sea [ˌmeditəˈreinjənˈsiː] Средизе́мное мо́ре
Mexico [ˈmeksikou] Ме́ксика
Michigan [ˈmiʃigən] Мичига́н
Minsk [minsk] Минск
Mississippi [ˌmisiˈsipi] *р.* Миссиси́пи
Missouri [miˈzuəri] *р.* Миссу́ри
Moldavian Soviet Socialist Republic [mɔlˈdeivjənˈsouviətˈsouʃəlistriˈpʌblik] Молда́вская Сове́тская Социалисти́ческая Респу́блика
Mongolia [mɔŋˈgouljə] Монго́лия; **Mongolian People's Republic** [mɔŋˈgouljənˈpiːplzriˈpʌblik] Монго́льская Наро́дная Респу́блика
Morocco [mo(u)ˈrɔkou] Маро́кко
Moscow [ˈmɔskou] Москва́
Munich [ˈmjuːnik] Мю́нхен

Nanking [ˈnænˈkiŋ] Нанки́н
Nepal [niˈpɔːl] Непа́л
Netherlands [ˈneðələndz] Нидерла́нды
Neva [njeˈvɑː] *р.* Нева́
Newcastle [ˈnjuːˌkɑːsl] Нью-ка́сл

New York ['nju:'jɔ:k] Нью-Йорк
New Zealand ['nju:'zi:lənd] Новая Зеландия
Niagara [naɪ'ægərə] *p.* Ниагара
Niagara Falls [naɪ'ægərə-'fɔ:lz] Ниагарский водопад
Nicaragua [,nɪkə'rægwə] Никарагуа
Niger ['naɪdʒə] Нигер
Nigeria [naɪ'dʒɪərɪə] Нигерия
Nile [naɪl] *p.* Нил
Northern Dvina ['nɔ:ð(ə)n-dvi:'nɑ:] *p.* Северная Двина
North Pole ['nɔ:θ'poul] Северный полюс
North Sea ['nɔ:θ'si:] Северное море
Norway ['nɔ:weɪ] Норвегия
Nuremberg, Nürnberg ['njuərəmbə:g, 'nju:rnberh] Нюрнберг

Ob [ɔ:pj] *p.* Обь
Oder ['oudə] *p.* Одер
Odessa [o(u)'desə] Одесса
Ogden ['ɔgdən] Огден
Orinoco [,ɔurɪ'noukou] *p.* Ориноко
Orkney Islands ['ɔ:knɪ'aɪləndz] Оркнейские о-ва
Oslo ['ɔslou] Осло
Ottawa ['ɔtəwə] Оттава
Oxford ['ɔksfəd] Оксфорд

Pacific Ocean [pə'sɪfɪk-'ouʃ(ə)n] Тихий океан
Pakistan [,pækɪs'tɑ:n] Пакистан
Palestine ['pælɪstaɪn] Палестина
Panama ['pænəmɑ:] Панама

Panama Canal ['pænəmɑ:-kə'næl] Панамский канал
Paraguay ['pærəgwaɪ] Парагвай
Paris ['pærɪs] Париж
Peking ['pi:'kɪŋ] Пекин
People's Democratic Republic of Yemen ['pi:plz,demə'krætɪkrɪ'pʌblɪkəv'jemən] Народная Демократическая Республика Йемен
Peru [pə'ru:] Перу
Philadelphia [,fɪlə'delfɪə] Филадельфия
Philippine Islands ['fɪlɪpi:n-'aɪləndz] Филиппинские о-ва, Филиппины
Philippines ['fɪlɪpi:nz] 1) Филиппины *(государство)* 2) *см.* Philippine Islands
Plymouth ['plɪməθ] Плимут
Poland ['poulənd] Польша; **Polish People's Republic** ['poulɪʃ'pi:plzrɪ'pʌblɪk] Польская Народная Республика
Portsmouth ['pɔ:tsməθ] Портсмут
Portugal ['pɔ:tʃug(ə)l] Португалия
Prague [prɑ:g] Прага
Pyonguang ['pjɔ:ŋ'jɑ:ŋ] Пхеньян
Pyrenees ['pɪərɪni:z] Пиренеи

Quebec [kwɪ'bek] Квебек

Rangoon [ræŋ'gu:n] Рангун
Red Sea ['red'si:] Красное море
Republic of South Africa [rɪ'pʌblɪkəv'sauθ'æfrɪkə] *см.* South African Republic

Republic of Vietnam [rɪ-ˈpʌblɪkəvˈvjetˈnɑːm] Респу́блика Вьетна́м
Reykjavik [ˈreɪkjɑː,viːk] Ре́йкьявик
Rhine [raɪn] *p.* Рейн
Riga [ˈriːɡə] Ри́га
Rio de Janeiro [ˈriːoudəˈdʒəˈneɪrou] Ри́о-де-Жане́йро
Rocky Mountains [ˈrɔkɪˈmauntɪnz] Скали́стые го́ры
Rome [roum] Рим
R(o)umania [ruːˈmeɪnjə] Румы́ния; **Socialist Republic of R(o)umania** [ˈsouʃəlɪstrɪˈpʌblɪkəvruːˈmeɪnjə] Социалисти́ческая Респу́блика Румы́ния
Russia [ˈrʌʃə] Росси́я
Russian Soviet Federative Socialist Republic [ˈrʌʃ(ə)nˈsouvɪetˈfedərətɪvˈsouʃəlɪstrɪˈpʌblɪk] Росси́йская Сове́тская Федерати́вная Социалисти́ческая Респу́блика
Rwanda [ruːˈɑːndə] Руа́нда

Sahara [səˈhɑːrə] Саха́ра
Saigon [saɪˈɡɔn] Сайго́н
Salvador [ˈsælvədɔː] Салвадо́р
San'a, Sanaa [sɔnˈæ] Сана́
San Francisco [,sænfrənˈsɪskou] Сан-Франци́ско
Saudi Arabia [sɑːˈuːdɪəˈreɪbɪə] Сау́довская Ара́вия
Scotland [ˈskɔtlənd] Шотла́ндия
Seine [seɪn] *p.* Се́на
Senegal [,senɪˈɡɔːl] Сенега́л
Seoul [seɪˈuːl] Сеу́л
Sevastopol [,sjɪvʌsˈtɔːpəlj] Севасто́поль

Shanghai [ˈʃæŋˈhaɪ] Шанха́й
Sheffield [ˈʃefɪːld] Шеффилд
Shetland Islands [ˈʃetləndˈaɪləndz] Шетла́ндские о-ва́
Shri Lanka [ʃrɪˈlɑːŋkə] Шри Ла́нка; **Republic of Shri Lanka** [rɪˈpʌblɪkəvʃrɪˈlɑːŋkə] Респу́блика Шри Ла́нка
Siberia [saɪˈbɪərɪə] Сиби́рь
Singapore [,sɪŋɡəˈpɔː] Сингапу́р
Sofia [ˈsoufɪə] Со́фия
Somalia [so(u)ˈmɑːlɪə] Сомали́
South African Republic [ˈsauθˈæfrɪkənrɪˈpʌblɪk] Ю́жно-Африка́нская Респу́блика
Southampton [sauθˈæm(p)tən] Саутге́мптон
Sonth Pole [ˈsauθˈpoul] Ю́жный по́люс
Spain [speɪn] Испа́ния
Stockholm [ˈstɔkhoum] Стокго́льм
Sudan [suːˈdæn] Суда́н
Suez Canal [ˈsuːɪzkəˈnæl] Су́эцкий кана́л
Swaziland [ˈswɑːzɪ,lænd] Сва́зиленд
Sweden [ˈswiːdn] Шве́ция
Switzerland [ˈswɪtsələnd] Швейца́рия
Sydney [ˈsɪdnɪ] Си́дней
Syr-Darya [ˈsɪrdɑːrˈjɑː] *p.* Сырдарья́
Syria [ˈsɪrɪə] Си́рия

Tadzhik (Tajik) Soviet Socialist Rephblic [tɑːˈdʒɪkˈsouvɪetˈsouʃəlɪstrɪˈpʌblɪk] Таджи́кская Сове́тская Социалисти́ческая Респу́блика

Taiwan [taɪ'wɑːn] *о-в* Тайвань
Tallinn [ˈtɑːlɪn] Таллин
Tanganyika, Lake [ˈleɪk-ˌtæŋgənˈjiːkə] *оз*. Танганьика
Tanzania [ˌtænˈzɑːnjə] Танзания
Tashkent [tɑːʃˈkent] Ташкент
Tbilisi [tbɪˈlɪsɪ] Тбилиси
Tchad [tʃɑːd] Чад
Teheran, Tehran [ˌtehəˈrɑːn, teˈhrɑːn] Тегеран
Tel Aviv [ˈteləˈviːv] Тель-Авив
Thailand [ˈtaɪlænd] Таиланд
Thames [temz] *р*. Темза
Tibet [tɪˈbet] Тибет
Tirana [tɪˈrɑːnɑː] Тирана
Togo [ˈtougou] Того
Tokyo [ˈtoukɪou] Токио
Transvaal [trænsˈvɑːl] Трансвааль
Trieste [trɪˈest] Триест
Trinidad and Tobago [ˈtrɪnɪdædəndtoʊ(u)ˈbeɪgou] Тринидад и Тобаго
Tunisia [tjuːˈnɪʒɪə] Тунис
Turkey [ˈtəːkɪ] Турция
Turkmen Soviet Socialist Republic [ˈtəːkmənˈsouvɪetˈsouʃəlɪstrɪˈpʌblɪk] Туркменская Советская Социалистическая Республика

Uganda [juːˈgændə] Уганда
Ukrainian Soviet Socialist Republic [juːˈkreɪnjənˈsouvɪetˈsouʃəlɪstrɪˈpʌblɪk] Украинская Советская Социалистическая Республика
Ulan Bator [ˈuːlɑːnˈbɑːtɔː] Улан-Батор

Union of Soviet Socialist Republics [ˈjuːnjənəvˈsouvɪetˈsouʃəlɪstrɪˈpʌblɪks] Союз Советских Социалистических Республик
United Kingdom of Great Britain and Northern Ireland [juːˈnaɪtɪdˈkɪŋdəməvˈgreɪtˈbrɪtnəndˈnɔːð(ə)nˈaɪələnd] Соединённое Королевство Великобритании и Северной Ирландии
United States of America [juːˈnaɪtɪdˈsteɪtsəvəˈmerɪkə] Соединённые Штаты Америки
Upper Volta [ˈʌpəˈvɔltə] Верхняя Вольта
Ural [ˈjuər(ə)l] Урал
Uruguay [ˈjuːərəgwaɪ] Уругвай
Uzbek Soviet Socialist Republic [ˈuzbekˈsouvɪetˈsouʃəlɪstrɪˈpʌblɪk] Узбекская Советская Социалистическая Республика

Vatican (City) [ˈvætɪkən (ˈsɪtɪ)] Ватикан
Venezuela [ˌvenəˈzwiːlə] Венесуэла
Venice [ˈvenɪs] Венеция
Vesuvius [vɪˈsjuːvɪəs] Везувий
Vienna [vɪˈenə] Вена
Viet Nam, Vietnam [ˈvjetˈnɑːm] Вьетнам; **Democratic Republic of Vietnam** [ˌdeməˈkrætɪkrɪˈpʌblɪkəvˈvjetˈnɑːm] Демократическая Республика Вьетнам; **Republic of South Vietnam** [rɪˈpʌblɪkəvˈsauθˈvjetˈnɑːm] Республика Южный Вьетнам

Vilnius ['vɪlnɪəs] Вильнюс
Vistula ['vɪstjulə] *p.* Висла
Vladivostok [,vlədjɪvʌ-'stɔːk] Владивосток
Volga ['vɔlgə] *p.* Волга
Volgograd [,vɔlgə'græd] Волгоград

Wales [weɪlz] Уэльс
Warsaw ['wɔːsɔː] Варшава
Washington ['wɔʃɪŋtən] Вашингтон
White Sea ['waɪt'siː] Белое море

Yemen ['jemən] Йемен; **Yemen Arab Republic** ['jemən'ærəbrɪ'pʌblɪk] Йеменская Арабская Республика
Yenisei [,jenɪ'seɪ] *p.* Енисей
Yerevan [,jere'vɑːn] Ереван
Yugoslavia ['juːgo(u)'slɑːvjə] Югославия; **Socialist Federal Republic of Yugoslavia** ['souʃəlɪst'fedərəlrɪ'pʌblɪkəv-'juːgo(u)'slɑːvjə] Социалистическая Федеративная Республика Югославия

Zaire Republic, the [zə'iːrərɪ'pʌblɪk] Республика Заир
Zambia ['zæmbɪə] Замбия
Zanzibar ['zænzɪbɑː] *о-в* Занзибар
Zealand ['ziːlənd] *о-в* Зеландия

НАИБОЛЕЕ УПОТРЕБИТЕЛЬНЫЕ СОКРАЩЕНИЯ, ПРИНЯТЫЕ В АНГЛИИ И В США

A. Academy акадéмия; America Амéрика

a. acre акр *(4047 м²)*; afternoon пóсле полýдня

A 1. первоклáссный

A. A. American Army америкáнская áрмия

AAAS American Association for the Advancement of Science Америкáнская ассоциáция содéйствия развитию наýки

A. B. able-bodied гóден (к воéнной слýжбе)

abbr.; abbrev. abbreviation сокращéние; abbreviated сокращённый

ABC *см. в корпусе словаря*

ab. init. ab initio *лат.* сначáла

Abp archbishop архиепископ

A. C., AC ante Christum *лат.* до нáшей эры; automatic computer автоматическая вычислительная машина

a/c account current текýщий счёт

A. D. Anno Domini *лат.* нáшей эры

ad *см.* advt

Adm'l Admiral адмирáл

advt advertisement объявлéние, реклáма

AEC Atomic Energy Commission Комиссия по áтомной энéргии

AFL—CIO American Federation of Labor — Congress of Industrial Organizations АФТ — КПП, Америкáнская федерáция трудá — Конгрéсс производственных профсоюзов

agcy agency управлéние; агéнтство

a. h. ampere-hour ампéр-чáс

A. L. American Legion «Америкáнский легиóн» *(организáция участников пéрвой и вторóй мировых войн)*

Ala Alabama штат Алабáма

ALP American Labor Party Америкáнская рабóчая пáртия

a. m. ante meridiem *лат.* до полýдня

A. P. Associated Press информациóнное агéнтство Ассóшиэйтед пресс

Appx. appendix приложéние

Apr. April апрéль

Ariz. Arizona штат Аризóна

Ark. Arkansas штат Арканзáс

A. S. Anglo-Saxon англо-саксóнский

Assoc. Association общество, ассоциация

Asst assistant ассистент; помощник; заместитель

Aug. August август

B. bachelor бакалавр

B. A. Bachelor of Arts бакалавр гуманитарных наук; British Academy Британская академия

BAEC British Atomic Energy Corporation Британская корпорация по атомной энергии

BBC British Broadcasting Corporation Британская радиовещательная корпорация, Би-Би-Си

B. C. before Christ до нашей эры

B. E. British Empire Британская империя

B. M. Bachelor of Medicine бакалавр медицины

B. N. bank-note банкнота

B. of E. Bank of England Английский банк

bot. botanical ботанический

Brit. British британский

Bros brothers братья (*в названиях компаний*)

B. S. British Standard британский стандарт

B. Sc. Bachelor of Science бакалавр естественных наук

bsh bushel бушель

Bt Baronet баронет

BW biological warfare биологическая война

C. Centigrade стоградусная температурная шкала (Цельсия)

c. capacity 1) производительность; мощность 2) грузоподъёмность; centimetre сантиметр

Cal. California штат Калифорния

Can. Canada Канада

Cantab. Cantabrigian Кембриджский

Capt. Captain капитан

C. C. Central Committee ЦК, Центральный Комитет

C. D. A. Civil Defence Act закон о гражданской обороне

C. E. Church of England англиканская церковь; Civil Engineer (гражданский) инженер, инженер-строитель

Cent. Centigrade стоградусная температурная шкала (Цельсия)

cf. confer сравни; confirm подтверждать

ch., chap. chapter глава

chq. cheque чек

C. I. D. Criminal Investigation Department Отдел уголовного розыска (*Англия*)

C.-in-C. Commander-in-Chief главнокомандующий

C. J. Chief Justice председатель суда

cm. centimetre сантиметр

CMH Congressional Medal of Honor Почётная медаль Конгресса (*высший орден в США*)

Co. company 1) компания, общество 2) рота; county *англ.* графство; *амер.* округ

c/o care of для передачи (*такому-то*)

COD cash on delivery наложенный платёж

Col. Colonel полко́вник

Colo. Colorado штат Колора́до

Com. Communist 1) коммуни́ст 2) коммунисти́ческий

Conn. Connecticut штат Коннекти́кут

Corn. Cornwall Ко́рнуолл

C. P. Communist Party коммунисти́ческая па́ртия

ср. compare сравни́(те)

C. P. G. B. Communist Party of Great Britain Коммунисти́ческая па́ртия Великобрита́нии

CPI Communist Party of India Коммунисти́ческая па́ртия Индии

C. P. S. U. Communist Party of the Soviet Union КПСС, Коммунисти́ческая па́ртия Сове́тского Сою́за

C. P. U. S. A. Communist Party of the United States of America Коммунисти́ческая па́ртия США

Cr creditor кредито́р

C. S. Civil Service госуда́рственная гражда́нская слу́жба

C. U. Cambridge University Ке́мбриджский университе́т

cu. cubic куби́ческий

Cumb. Cumberland Ка́мберленд

D. Democrat демокра́т, член демократи́ческой па́ртии; Democratic демократи́ческий, относя́щийся к демократи́ческой па́ртии

d. denarius *лат.* пе́нни

D. A. *амер.* District Attorney окружно́й прокуро́р

Dak. Dakota штат Дако́та

D. C. District of Columbia о́круг Колу́мбия

D. C. L. Doctor of Civil Law до́ктор гражда́нского пра́ва

d—d damned прокля́тый

Dec. December дека́брь

deg. degree 1) сте́пень 2) гра́дус

Del. Delaware штат Де́лавэр

Dem. Democrat демокра́т, член демократи́ческой па́ртии; Democratic демократи́ческий, относя́щийся к демократи́ческой па́ртии

D. Eng. Doctor of Engineering до́ктор техни́ческих нау́к

Dept. department отде́л; управле́ние; министе́рство; ве́домство

D. F. C. Distinguished Flying Cross крест «За лётные боевые заслу́ги»

D. Lit. Doctor of Literature до́ктор литерату́ры

D. M. Doctor of Medicine до́ктор медици́ны

D. O. R. A. Defence of the Realm Act зако́н об оборо́не короле́вства

D. P. displaced person перемещённое лицо́

D. Phil. Doctor of Philosophy до́ктор филосо́фии

Dr. doctor до́ктор

dram. pers. dramatis personae *лат.* действующие лица

D. S. C. Distinguished Service Cross крест «За боевые заслуги»

E. East восток; English английский

e. efficiency коэффициент полезного действия, производительность

E. C. Executive Committee Исполком, Исполнительный комитет

ed. editor редактор; edition издание

e. g. exempli gratia *лат.* например

Eng. England Англия

eng. engineer инженер

esp. especially особенно

Esq. Esquire эсквайр

etc. et cetera *лат.* и прочее

ex. example пример

F. Fahrenheit температурная шкала Фаренгейта; February февраль; Fellow член *(какого-л. общества)*; French французский; Friday пятница

f. following следующий

F. A. O. Food and Agricultural Organization ФАО, Продовольственная и сельскохозяйственная организация *(ООН)*

F. B. I. Federal Bureau of Investigation ФБР, Федеральное бюро расследований *(США)*

F. C. D. A. Federal Civil Defense Administration Федеральное управление гражданской обороны *(США)*

Feb. February февраль

fem. feminine женский род

Fla. Florida штат Флорида

F. M. Field Marshal фельдмаршал

F. O. Foreign Office Министерство иностранных дел *(Англии)*

Fri. Friday пятница

F. R. S. Fellow of the Royal Society член Королевского общества (содействия развитию естествознания)

ft foot фут *(0,305 м)*

g. guinea гинея

Ga. Georgia штат Джорджия

gal. gallon галлон

G. B. Great Britain Великобритания

Gen. General генерал

gen. general главный; всеобщий

Ger. German немецкий, германский

G. H. Q. General Headquarters ставка, главное командование

G. I. американский солдат *(условное обозначение)*

Gk. Greek греческий

gm. gram(me) грамм

G. M. T. Greenwich mean time среднее время по грин(в)ичскому меридиану

Gov. governor губернатор

Govt. Government правительство

G. P. O. General Post Office главный почтамт

gr. gram(me) грамм

G. S. General Staff генеральный штаб

Gs. gs guineas гинеи

H., h. harbour гавань, порт; height высота; hour час; hundred сто, сотня

ha. hectare гектар

H. C. House of Commons палата общин

H. E. His Exellency его превосходительство

H. G. Home Guard войска местной обороны

H. L. House of Lords палата лордов

H. M. His (Her) Majesty его (её) величество

H. M. S. His (Her) Majesty's Ship корабль английского военно-морского флота

H. O. Home Office Министерство внутренних дел (*Англии*)

Hon. Honorary почётный

h. p. high pressure высокое давление; horsepower *тех.* лошадиная сила

H. Q. Headquarters штаб

H. R. House of Representatives палата представителей

hr hour час

I. Idaho штат Айдахо; Iowa штат Айова

Ia. Iowa штат Айова

ib., ibid ibidem *лат.* там же

id. idem *лат.* то же самое

i. e. id est *лат.* т. е., то есть

IGY International Geophysical Year Международный геофизический год

Ill. Illinois штат Иллинойс

in. inch дюйм

Ind. Indiana штат Индиана

insp. inspector инспектор

inst. instant *лат.* сего месяца

I. O. M. Isle of Man *о-в* Мэн

IOU долговая расписка (*условное обозначение*)

Ir. Irish ирландский

ISO International Organization for Standardization Международная организация по стандартизации

It Italian итальянский

ital. italics курсив

I. W. Isle of Wight *о-в* Уайт

I. W. W. *амер.* Industrial Workers of the World И. Р. М., Индустриальные рабочие мира

J. judge судья

Jan. January январь

J. P. Justice of the Peace мировой судья

Jr. Junior младший

Kan. Kansas штат Канзас

K. C. King's Counsel королевский адвокат

kg. kilogram(me) килограмм

K. K. K. Ku-Klux-Klan ку-клукс-клан (*террористическая расистская организация в США*)

km. kilometre километр

K. O. knock-out *спорт.* нокаут

Kt Knight 1) рыцарь 2) кавалер ордена

kts knots *мор.* узлы

p. page страница
par. paragraph параграф, абзац
Parl. parliament парламент
P. C. police constable полицейский (констебль)
p. c. per cent процент, %
Penn.; Penna. Pennsylvania штат Пенсильвания
P. H. *амер.* Purple Heart «Пурпурное сердце» *(медаль за ранение)*
Ph. D. Doctor of Philosophy доктор философии
phr. phrase фраза
P. I. Philippine Islands Филиппинские о-ва
pl. plural множественное число
P. M. Prime Minister премьер-министр
p. m. post meridiem *лат.* пополудни
P. O. postal order денежный перевод по почте; Post Office почтовое отделение
P. O. B. Post Office Box абонементный почтовый ящик
pol. political политический
P. O. W. prisoner of war военнопленный
pp. pages страницы
Pref. preface предисловие
Prof. *амер.* Professor преподаватель; профессор
prox. proximo *лат.* следующего месяца
P. S. postscript постскриптум, приписка
psi pound per square inch (столько-то) фунтов на квадратный дюйм
P. T. physical training физическая подготовка
pt part часть; port порт
Pte private рядовой
p. t. o. please turn over смотри на обороте

Q. question вопрос
Q. C. Queen's Counsel королевский адвокат *(в период царствования королевы)*
Que. Quebec Квебек
quot. quotation цитата

R. Réaumur. температурная шкала (Реомюра)
R. A. Royal Academy of Arts Королевская академия (изобразительных) искусств
R. A. F. Royal Air Force английские военно-воздушные силы
R. C. Red Cross Красный Крест
R. C. A. Radio Corporation of America «Рейдио корпорейшн оф Америка» *(наименование американской компании радиоэлектронной промышленности)*
rd road дорога
regt regiment полк; regimental полковой
Rep. Representative представитель; Republic республика
Rev.; Revd reverend преподобный
revs revolutions *тех.* обороты

R. N. Royal Navy английский военно-морской флот

R. S. Royal Society of London for Promoting Natural Knowledge Королевское общество (содействия развитию естествознания)

R. S. F. S. R. Russian Soviet Federative Socialist Republic РСФСР, Российская Советская Федеративная Социалистическая Республика

Russ. Russian русский

Ry railways железные дороги

S. South юг; Southern южный

s second секунда; shilling шиллинг

S. A. Salvation Army Армия спасения *(религиозно-благотворительная организация)*; South Africa Южная Африка; South America Южная Америка

Sat. Saturday суббота

SC Security Council Совет Безопасности

S. C. South Carolina штат Южная Каролина

Sc. Scotch шотландец; Scottish шотландский

S. Dak. South Dakota штат Южная Дакота

S. E. South-east юго-восток

SEATO South-East Asia Treaty Organization СЕАТО, Организация договора Юго-Восточной Азии

Sec. Secretary секретарь; министр

sec. second секунда

Secy. Secretary секретарь; министр

Sen. Senate сенат; Senator сенатор

Sept. September сентябрь

Serg. Sergeant сержант

s. g. specific gravity удельный вес

sh. shilling шиллинг

SOS международный радиосигнал бедствия

spt. seaport морской порт

Sr Senior старший

S. S. steamship пароход

St saint святой; street улица

St. Ex. Stock Exchange фондовая биржа

Su. Sunday воскресенье

sub. substitute заменитель

Sun. Sunday воскресенье

suppl. supplement приложение

surg. surgeon хирург; военный врач

S. W. South-west юго-запад

Sw. Sweden Швеция

t. temperature температура; ton тонна; town город

Tasm. Tasmania Тасмания

tech. technical технический

Tenn. Tennessee штат Теннесси

Th. Thursday четверг

T. U. trade union тред-юнион; профессиональный союз, профсоюз

T. U. C. Trade Unions

Council Совет тред-юнионов (*в Англии*)

Tues. Tuesday вторник

TV television телевидение

U. University университет

u. unified единообразный, унифицированный; upper верхний

U. K. United Kingdom Соединённое Королевство

UKAEA United Kingdom Atomic Energy Authority Управление по атомной энергии Соединённого Королевства

ult. ultimo *лат.* истекшего месяца

u. m. undermentioned нижеследующий; нижепоименованный

UN United Nations ООН, Организация Объединённых Наций

UNESCO United Nations Educational, Scientific and Cultural Organization ЮНЕСКО, Организация Объединённых Наций по вопросам просвещения, науки и культуры

Univ. University College, Oxford Оксфордский университетский колледж

UNO United Nations Organization ООН, Организация Объединённых Наций

U. P. United Press ЮПИ, агентство Юнайтед пресс

U. S. United States Соединённые Штаты

U. S. A. United States Army армия США; United States of America США, Соединённые Штаты Америки

USAEC United States Atomic Energy Commission Комиссия по атомной энергии США

USAF United States Air Force военно-воздушные силы США

USDA United States Department of Agriculture Министерство сельского хозяйства США

U. S. N. United States Navy военно-морской флот США

USS United States Senate сенат США; United States Ship военный корабль США

U. S. S. R. Union of Soviet Socialist Republics СССР, Союз Советских Социалистических Республик

usu. usually обычно, обыкновенно

v. versus *лат.* против; в сравнении с; vide *лат.* смотри; volt *эл.* вольт

V. A. Vice-Admiral вице-адмирал

Va. Virginia штат Виргиния

V. C. *англ.* Vice-Chancellor вице-канцлер; Victoria Cross «Крест Виктории» (*высший военный орден Англии*)

V-Day Victory Day День победы

v. g. very good очень хорошо

viz videlicet *лат.* то есть; а именно

vols volumes тома *(о книгах)*

vs. versus *лат.* против; в сравнении с

Vt. Vermont штат Вермонт

W. Wales Уэльс; Wednesday среда; West запад

w. watt *эл.* ватт; weight вес

War. Warwickshire Уорикшир

Wash. Washington штат Вашингтон

Wed. Wednesday среда

W. F. D. Y. World Federation of Democratic Youth ВФДМ, Всемирная Федерация Демократической Молодёжи

W. F. T. U. World Federation of Trade Unions ВФП, Всемирная Федерация Профсоюзов

WHO World Health Organization Всемирная организация здравоохранения *(ООН)*

W. I. West Indies Вест-Индия

WIDF Women's International Democratic Federation Международная Демократическая Федерация Женщин

Wis. Wisconsin штат Висконсин

wk. week неделя

W. O. War Office Военное министерство *(Англии)*

Worcs. Worcestershire Вустершир

WPC World Peace Council Всемирный Совет Мира

wt weight вес

Wyo. Wyoming штат Вайоминг

Y. C. L. Young Communist League Лига коммунистической молодёжи Англии

yd. yard ярд *(91,44 см)*

yld your letter dated ваше письмо от (такого-то) числа

Y. M. C. A. Young Men's Christian Association Христианский союз молодых людей *(международная организация)*

Yorks Yorkshire Йоркшир

yr. younger младший

Y. W. C. A. Young Women's Christian Association Христианский союз молодых женщин *(международная организация)*

Таблица глаголов, изменяющихся не по общим правилам

Неопределённая форма	Прошедшее время	Причастие прошедшего времени	Основные значения
abide [ə'baɪd]	abode [ə'boud] abided [ə'baɪdəd]	abode [ə'boud] abided [ə'baɪdəd]	пребывать; держаться
arise [ə'raɪz]	arose [ə'rouz]	arisen [ə'rɪzn]	подняться; возникнуть
awake [ə'weɪk]	awoke [ə'wouk]	awaked [ə'weɪkt] awoke [ə'wouk]	будить проснуться
be [bi:]	was [wɔz] were [wə:]	been [bɪn]	быть
bear [bɛə]	bore [bɔ:]	born(e) [bɔ:n]	нести; родить
beat [bi:t]	beat [bi:t]	beaten ['bi:tn]	бить
become [bɪ'kʌm]	became [bɪ'keɪm]	become [bɪ'kʌm]	стать, сделаться
befall [bɪ'fɔ:l]	befell [bɪ'fel]	befallen [bɪ'fɔ:(ə)n]	случиться
begin [bɪ'gɪn]	began [bɪ'gæn]	begun [bɪ'gʌn]	начать
bend [bend]	bent [bent]	bent [bent] bended ['bendɪd]	согнуть(ся)
beseech [bɪ'si:tʃ]	besought [bɪ'sɔ:t]	besought [bɪ'sɔ:t]	умолять, упрашивать
bid [bɪd]	bad(e) [beɪd] bid [bɪd]	bid(den) ['bɪd(n)]	велеть; просить
bind [baɪnd]	bound [baund]	bound [baund]	связать
bite [baɪt]	bit [bɪt]	bit(ten) ['bɪt(n)]	кусать
bleed [bli:d]	bled [bled]	bled [bled]	кровоточить

Продолжение

Неопределённая форма	Прошедшее время	Причастие прошедшего времени	Основные значения
blow [blou]	blew [blu:]	blown [bloun]	дуть
break [breik]	broke [brouk]	broken ['brouk(ə)n]	(с)ломать
breed [bri:d]	bred [bred]	bred [bred]	выращивать
bring [briŋ]	brought [brɔ:t]	brought [brɔ:t]	принести
build [bild]	built [bilt]	built [bilt]	строить
burn [bə:n]	burnt [bə:nt]	burnt [bə:nt]	жечь; гореть
burst [bə:st]	burst [bə:st]	burst [bə:st]	разразиться; взорваться
buy [bai]	bought [bɔ:t]	bought [bɔ:t]	купить
cast [kɑ:st]	cast [kɑ:st]	cast [kɑ:st]	кинуть; лить (*металл*)
catch [kætʃ]	caught [kɔ:t]	caught [kɔ:t]	ловить, поймать
choose [tʃu:z]	chose [tʃouz]	chosen ['tʃouzn]	выбрать
cleave [kli:v]	{ clove [klouv] cleft [kleft] }	{ cloven ['klouvn] cleft [kleft] }	рассечь
cling [kliŋ]	clung [klʌŋ]	clung [klʌŋ]	цепляться; льнуть
clothe [klouð]	clothed [klouðd]	clothed [klouðd]	одеть
come [kʌm]	came [keim]	come [kʌm]	прийти
cost [kɔst]	cost [kɔst]	cost [kɔst]	стоить
creep [kri:p]	crept [krept]	crept [krept]	ползти
cut [kʌt]	cut [kʌt]	cut [kʌt]	резать
dare [dɛə]	{ durst [də:st] dared [dɛəd] }	dared [dɛəd]	сметь

deal [diːl]	dealt [delt]	dealt [delt]	иметь дело
dig [dɪg]	dug [dʌg]	dug [dʌg]	копать
do [duː]	did [dɪd]	done [dʌn]	делать
draw [drɔː]	drew [druː]	drawn [drɔːn]	тащить; рисовать
dream [driːm]	{ dreamt [dremt] / dreamed [driːmd] }	{ dreamt [dremt] / dreamed [driːmd] }	грезить, мечтать
drink [drɪŋk]	drank [dræŋk]	drunk [drʌŋk]	пить, выпить
drive [draɪv]	drove [drouv]	driven ['drɪvn]	гнать; ехать
dwell [dwel]	dwelt [dwelt]	dwelt [dwelt]	обитать; задерживаться *(на чём-л.)*
eat [iːt]	ate [et]	eaten ['iːtn]	кушать, есть
fall [fɔːl]	fell [fel]	fallen ['fɔːl(ə)n]	падать
feed [fiːd]	fed [fed]	fed [fed]	кормить
feel [fiːl]	felt [felt]	felt [felt]	чувствовать
fight [faɪt]	fought [fɔːt]	fought [fɔːt]	сражаться
find [faɪnd]	found [faund]	found [faund]	находить
flee [fliː]	fled [fled]	fled [fled]	бежать, спасаться
fling [flɪŋ]	flung [flʌŋ]	flung [flʌŋ]	бросить
fly [flaɪ]	flew [fluː]	flown [floun]	летать
forbid [fə'bɪd]	forbade [fə'beɪd]	forbidden [fə'bɪdn]	запретить
forget [fə'get]	forgot [fə'gɔt]	forgotten [fə'gɔtn]	забыть
forgive [fə'gɪv]	forgave [fə'geɪv]	forgiven [fə'gɪvn]	простить
freeze [friːz]	froze [frouz]	frozen ['frouzn]	замёрзнуть; замораживать
get [get]	got [gɔt]	got [gɔt]	получить
gild [gɪld]	{ gilt [gɪlt] / gilded ['gɪldɪd] }	{ gilt [gɪlt] / gilded ['gɪldɪd] }	позолотить

Продолжение

Неопределённая форма	Прошедшее время	Причастие прошедшего времени	Основные значения
give [gıv]	gave [geıv]	given ['gıvn]	дать
go [gou]	went [went]	gone [gɔn]	идти, уходить
grind [graınd]	ground [graund]	ground [graund]	точить; молоть
grow [grou]	grew [gru:]	grown [groun]	расти
hang [hæŋ]	{ hung [hʌŋ] hanged [hæŋd]	{ hung [hʌŋ] hanged [hæŋd]	висеть; повесить
have [hæv]	had [hæd]	had [hæd]	иметь
hear [hıə]	heard [hə:d]	heard [hə:d]	слышать
hew [hju:]	hewed [hju:d]	{ hewed [hju:d] hewn [hju:n]	рубить, тесать
hide [haıd]	hid [hıd]	hidden ['hıdn]	прятать(ся)
hit [hıt]	hit [hıt]	hit [hıt]	ударить; попасть
hold [hould]	held [held]	held [held]	держать
hurt [hə:t]	hurt [hə:t]	hurt [hə:t]	причинить боль
keep [ki:p]	kept [kept]	kept [kept]	хранить
kneel [ni:l]	knelt [nelt]	knelt [nelt]	становиться на колени; стоять на коленях
knit [nıt]	knit [nıt]	knit(ted) ['nıt(ıd)]	вязать
know [nou]	knew [nju:]	known [noun]	знать
lay [leı]	laid [leıd]	laid [leıd]	класть, положить
lead [li:d]	led [led]	led [led]	вести

lean [liːn]	leant [lent] / leaned [liːnd]	leant [lent] / leaned [liːnd]	опереться, прислониться
leap [liːp]	leapt [lept] / leaped [liːpt]	leapt [lept] / leaped [liːpt]	прыгать
learn [ləːn]	learnt / learned [ləːnt]	learnt / learned [ləːnt]	учить
leave [liːv]	left [left]	left [left]	оставить
lend [lend]	lent [lent]	lent [lent]	одолжить
let [let]	let [let]	let [let]	пустить; дать
lie [lai]	lay [lei]	lain [lein]	лежать
light [lait]	lit [lit]	lit [lit]	осветить
lose [luːz]	lost [lɔst]	lost [lɔst]	терять
make [meik]	made [meid]	made [meid]	делать
mean [miːn]	meant [ment]	meant [ment]	подразумевать
meet [miːt]	met [met]	met [met]	встретить
mishear [misˈhiə]	misheard [misˈhəːd]	misheard [misˈhəːd]	ослышаться
mislead [misˈliːd]	misled [misˈled]	misled [misˈled]	ввести в заблуждение
mistake [misˈteik]	mistook [misˈtuk]	mistaken [misˈteik(ə)n]	неправильно понимать
mow [mou]	mowed [moud]	mown [moun]	косить
pay [pei]	paid [peid]	paid [peid]	платить
put [put]	put [put]	put [put]	класть
read [riːd]	read [red]	read [red]	читать
rebuild [riˈbild]	rebuilt [riˈbilt]	rebuilt [riˈbilt]	перестроить
ride [raid]	rode [roud]	ridden [ˈridn]	ездить верхом
ring [riŋ]	rang [ræŋ]	rung [rʌŋ]	звонить

Продолжение

Неопределённая форма	Прошедшее время	Причастие прошедшего времени	Основные значения
rise [raɪz]	rose [rouz]	risen ['rɪzn]	подняться
run [rʌn]	ran [ræn]	run [rʌn]	бежать, течь
saw [sɔː]	sawed [sɔːd]	sawn [sɔːn] / sawed [sɔːd]	пилить
say [seɪ]	said [sed]	said [sed]	говорить, сказать
see [siː]	saw [sɔː]	seen [siːn]	видеть
seek [siːk]	sought [sɔːt]	sought [sɔːt]	искать
sell [sel]	sold [sould]	sold [sould]	продавать
send [send]	sent [sent]	sent [sent]	посылать
set [set]	set [set]	set [set]	устанавливать
sew [sou]	sewed [soud]	sewed [soud] / sewn [soun]	шить
shake [ʃeɪk]	shook [ʃuk]	shaken ['ʃeɪk(ə)n]	трясти
shave [ʃeɪv]	shaved [ʃeɪvd]	shaved [ʃeɪvd] / shaven ['ʃeɪvn]	брить(ся)
shear [ʃɪə]	sheared [ʃɪəd]	shorn [ʃɔːn]	стричь
shed [ʃed]	shed [ʃed]	shed [ʃed]	проливать
shine [ʃaɪn]	shone [ʃɔn]	shone [ʃɔn]	светить, сиять
shoe [ʃuː]	shod [ʃɔd]	shod [ʃɔd]	обувать; подковывать
shoot [ʃuːt]	shot [ʃɔt]	shot [ʃɔt]	стрелять; давать побеги
show [ʃou]	showed [ʃoud]	shown [ʃoun]	показывать

shrink [ʃrɪŋk]	shrank [ʃræŋk]	shrunk [ʃrʌŋk]	сокращаться, сжиматься; отпрянуть
shut [ʃʌt]	shut [ʃʌt]	shut [ʃʌt]	закрывать
sing [sɪŋ]	sang [sæŋ]	sung [sʌŋ]	петь
sink [sɪŋk]	sank [sæŋk]	sunk [sʌŋk]	опускаться, погружаться
sit [sɪt]	sat [sæt]	sat [sæt]	сидеть
sleep [sli:p]	slept [slept]	slept [slept]	спать
slide [slaɪd]	slid [slɪd]	slid [slɪd]	скользить
smell [smel]	smelt [smelt]	smelt [smelt]	пахнуть; нюхать
sow [sou]	sowed [soud]	sowed [soud] / sown [soun]	(по)сеять
speak [spi:k]	spoke [spouk]	spoken [ˈspouk(ə)n]	говорить
speed [spi:d]	sped [sped]	sped [sped]	ускорять; спешить
spell [spel]	spelt [spelt] / spelled	spelt [spelt] / spelled	писать или читать по буквам
spend [spend]	spent [spent]	spent [spent]	тратить
spill [spɪl]	spilt [spɪlt] / spilled [spɪld]	spilt [spɪlt] / spilled [spɪld]	пролить
spin [spɪn]	spun [spʌn] / span [spæn]	spun [spʌn]	прясть
spit [spɪt]	spat [spæt]	spat [spæt]	плевать
split [splɪt]	split [splɪt]	split [splɪt]	расщепить(ся)
spoil [spɔɪl]	spoilt [spɔɪlt] / spoiled	spoilt [spɔɪlt] / spoiled	портить
spread [spred]	spread [spred]	spread [spred]	распространиться

Продолжение

Неопределённая форма	Прошедшее время	Причастие прошедшего времени	Основные значения
spring [sprɪŋ]	sprang [spræŋ]	sprung [sprʌŋ]	вскочить; возникнуть
stand [stænd]	stood [stud]	stood [stud]	стоять
steal [stiːl]	stole [stoul]	stolen ['stoul(ə)n]	украсть
stick [stik]	stuck [stʌk]	stuck [stʌk]	уколоть; приклеить
sting [stiŋ]	stung [stʌŋ]	stung [stʌŋ]	ужалить
stink [stiŋk]	stank [stæŋk] / stunk [stʌŋk]	stunk [stʌŋk]	вонять
strew [struː]	strewed [struːd]	strewn [struːn] / strewed [struːd]	усеять, устлать
stride [straid]	strode [stroud]	stridden ['stridn]	шагать
strike [straik]	struck [strʌk]	struck [strʌk]	ударить, бить; бастовать
string [striŋ]	strung [strʌŋ]	strung [strʌŋ]	нанизать; натянуть
strive [straiv]	strove [strouv]	striven ['strivn]	стараться
swear [swɛə]	swore [swɔː]	sworn [swɔːn]	присягать, присягнуть
sweep [swiːp]	swept [swept]	swept [swept]	мести; промчаться
swell [swel]	swelled [sweld]	swollen ['swoul(ə)n]	вздуться
swim [swim]	swam [swæm]	swum [swʌm]	плыть
swing [swiŋ]	swung [swʌŋ]	swung [swʌŋ]	качаться
take [teik]	took [tuk]	taken ['teik(ə)n]	взять, брать

teach [ti:tʃ]	taught [tɔ:t]	taught [tɔ:t]	учить
tear [tɛə]	tore [tɔ:]	torn [tɔ:n]	рвать
tell [tel]	told [tould]	told [tould]	рассказа́ть, сказа́ть
think [θiŋk]	thought [θɔ:t]	thought [θɔ:t]	ду́мать
throw [θrou]	threw [θru:]	thrown [θroun]	броса́ть
thrust [θrʌst]	thrust [θrʌst]	thrust [θrʌst]	толкну́ть; су́нуть
tread [tred]	trod [trɔd]	trodden ['trɔdn]	ступа́ть
unbend ['ʌn'bend]	unbent ['ʌn'bent]	unbent ['ʌn'bent]	разогну́ть(ся)
understand [ˌʌndə'stænd]	understood [ˌʌndə'stud]	understood [ˌʌndə'stud]	понима́ть
undertake [ˌʌndə'teik]	undertook [ˌʌndə'tuk]	undertaken [ˌʌndə'teik(ə)n]	предприня́ть
upset [ʌp'set]	upset [ʌp'set]	upset [ʌp'set]	опроки́нуть(ся)
wake [weik]	woke [wouk] waked [weikt]	woken ['wouk(ə)n] waked [weikt]	просыпа́ться; буди́ть
wear [wɛə]	wore [wɔ:]	worn [wɔ:n]	носи́ть (*оде́жду*)
weave [wi:v]	wove [wouv]	woven ['wouv(ə)n]	ткать
weep [wi:p]	wept [wept]	wept [wept]	пла́кать
win [win]	won [wʌn]	won [wʌn]	выи́грывать
wind [waund]	wound [waund]	wound [waund]	заводи́ть (*механи́зм*)
withdraw [wið'drɔ:]	withdrew [wið'dru:]	withdrawn [wið'drɔ:n]	взять наза́д; отозва́ть
wring [riŋ]	wrung [rʌŋ]	wrung [rʌŋ]	скрути́ть; сжать
write [rait]	wrote [rout]	written ['ritn]	писа́ть

Measures and Weights   **Таблица мер и весов**
Measures of Length   **Меры длины**

English	inch In.	foot Ft.	yard	mile	centimetre	metre	kilometre
Russian	дюйм	фут	ярд	миля	сантиметр см	метр м	километр км
1 inch =					2,54		
1 foot =	12				30,5	0,3	
1 yard =	36	3			91	0,9	
1 mile =			1760			1609	1,6
1 centimetre =	0,39						
1 metre =	39,4	3,28	1,09		100		
1 kilometre =			1094	0,6		1000	

Weights Меры веса

English / Russian	ounce Oz. / унция	pound Lb. / фунт	gram / грамм г	kilogram / килограмм кг	tonne / тонна т
1 ounce =			28,3		
1 pound =	16		454	0,45	
gram =	0,35				
1 kilogram =		2,2	1000		
1 tonne =		2204,6		1000	

А 64 АНГЛО-РУССКИЙ СЛОВАРЬ. 20 000 слов. Под ред. О. С. Ахмановой и Е. А. М. Уилсон. Изд. 24-е, переработ. и дополн. М., «Русский язык», 1974.
640 стр.

4И(Англ) (03)

Редактор *В. Я. Есипова*
Корректоры: *И. А. Кравец, М. А. Лупанова*
Технический редактор *Е. А. Сиротинская*

Сдано в набор I/VIII 1973 г. Подписано в печать 6/VI 1974 г.
Формат издания 70×90/32. Бумага типогр. № 1.
Печатных листов 20 (23,4). Учетно-издательских листов 35,5.
Тираж 200 000 экз. Заказ № 17004.
Цена словаря в переплете 95 коп.

Издательство «Русский язык».
101000, Москва, Центр, Лучников пер., 5.

Типография Франклин, Будапешт